ULRICH SCHEUNER

Staatstheorie und Staatsrecht

ULRICH SCHEUNER

Staatstheorie und Staatsrecht

Gesammelte Schriften

Herausgegeben von

Joseph Listl und Wolfgang Rüfner

DUNCKER & HUMBLOT / BERLIN

Gedruckt 1978 bei Berliner Buchdruckerei Union GmbH., Berlin 61
Printed in Germany

ISBN 3 428 04225 5

Inhaltsverzeichnis

IV. Staatsleitung, Gesetzgebung und Verwaltung

V. Grundrechte

*

Die Fundstelle der Erstveröffentlichung jedes Beitrages ist am Fuße der einzelnen Titelseiten und in der *Gesamtbibliographie* des Verfassers am Ende dieses Bandes (S. 811 ff.) angegeben.

Abkürzungsverzeichnis

a. A.	anderer Ansicht
Abg.	Abgeordnete(r)
ABGB	Allgemeines Bürgerliches Gesetzbuch (für Österreich)
abgedr.	abgedruckt
Abh.	Abhandlung(en)
Abs.	Absatz
Abschn.	Abschnitt
Abt.	Abteilung
abw.	abweichend(e, er, es)
Afd.	Afdeling
AfK	Archiv für Kommunalwissenschaften
AGB	Allgemeines Gesetzbuch für die Preußischen Staaten
Ak., Akad.	Akademie
allg.	allgemein(e, er, es)
ALR	Allgemeines Landrecht für die Preußischen Staaten
altpr.	altpreußisch(e, er, es)
am.	American; amerikanisch(e, er, es)
Amtsbl.	Amtsblatt
Anh.	Anhang
Anm.	Anmerkung
AöR	Archiv des öffentlichen Rechts
Arbeitsgem., ArbG.	Arbeitsgemeinschaft
Arch.	Archiv
ArchbürgR	Archiv für bürgerliches Recht
ArchVR	Archiv des Völkerrechts
Art.	Artikel
AS	Amtliche Sammlung
Aufl.	Auflage
Ausg.	Ausgabe
ausgew.	ausgewählt(e, er, es)
ausl.	ausländisch(e, er, es)
Az.	Aktenzeichen
Bad.StGH	Staatsgerichtshof für das Land Baden
BadVGH	Badischer Verwaltungsgerichtshof
BAG, BArbG	Bundesarbeitsgericht; Entscheidungen des Bundesarbeitsgerichts
bay., bayer.	bayerisch(e, er, es)
Bay. Bgm.	Der Bayerische Bürgermeister
BayerVerf.	Bayerische Verfassung
BayGO	Bayerische Gemeindeordnung
BayVBl., BayVerwBl., BayVwBl.	Bayerische Verwaltungsblätter
BayVerfGH	Bayerischer Verfassungsgerichtshof
BayVerwBl.	Bayerische Verwaltungsblätter

BayVerwGH	Bayerischer Verwaltungsgerichtshof
BayVwBl.	Bayerische Verwaltungsblätter
BB	Der Betriebsberater
BBG	Bundesbeamtengesetz
Bd.	Band
Bde.	Bände
bearb.	bearbeitet
Bearb.	Bearbeiter; Bearbeitung
begr.	begründet
Beitr.	Beitrag, Beiträge
bes.	besonders
BGB	Bürgerliches Gesetzbuch
BGBl.	Bundesgesetzblatt
BGH	Bundesgerichtshof
BGHSt	Entscheidungen des Bundesgerichtshofes in Strafsachen
BGHZ	Entscheidungen des Bundesgerichtshofes in Zivilsachen
Bibl.	Bibliothek
BMin.	Bundesminister
BNotO	Bundesnotarordnung
br., brit.	British; britisch(e, er, es)
BRAO	Bundesrechtsanwaltsordnung
BT, BTag	Bundestag
BT-Dr., BT-Drucks.	Drucksache(n) des Deutschen Bundestages
Bundesverf., BV	Bundesverfassung
BVerfG	Bundesverfassungsgericht
BVerfGE	Entscheidungen des Bundesverfassungsgerichts
BVerfGG	Gesetz über das Bundesverfassungsgericht
BVerwG	Bundesverwaltungsgericht
BVerwGE	Entscheidungen des Bundesverwaltungsgerichts
BWahlG	Bundeswahlgesetz
cap.	capitulum
cass.	cassation
CDU	Christlich Demokratische Union
Cmnd.	Command Papers (Papers presented to Parliament by Command of Her Majesty — London, Her Majesty's Stationary Office)
coll.	collection
const., constit.	constitutional
CR	Corpus Reformatorum
CSU	Christlich Soziale Union
d.	der, die, das
DDR	Deutsche Demokratische Republik
ders.	derselbe
d. h.	das heißt
Diss.	Dissertation
DJT, DJurTag	Deutscher Juristentag
DÖV	Die Öffentliche Verwaltung
Drucks.	Drucksache(n)
DRZ	Deutsche Rechts-Zeitschrift
dt., dtsch.	deutsch(e, er, es)
Dt. Verw.	Deutsche Verwaltung

DÜV	Dampfkesselüberwachungsverein
DVBl.	Deutsches Verwaltungsblatt
E	Entscheidung(en); Entwurf
ebd.	ebenda
ed.	editio(n); edidit; ediert von; edited by
Ed.	Edition
EG	Europäische Gemeinschaft
EGKS	Europäische Gemeinschaft für Kohle und Stahl
EHR	English Historical Review
Einl.	Einleitung
engl.	English; englisch(e, er, es)
Entsch.	Entscheidung(en)
Enz.	Enzyklopädie
ESVGH	Entscheidungssammlung des Hessischen Verwaltungsgerichtshofes und des Verwaltungsgerichtshofs Baden-Württemberg
etc.	et cetera
ev.	evangelisch(e, er, es)
e. V.	eingetragener Verein
EWG	Europäische Wirtschaftsgemeinschaft
f.	folgend(e Seite); für
FAZ	Frankfurter Allgemeine Zeitung
FDP	Freie Demokratische Partei
Festg.	Festgabe
Festschr.	Festschrift
ff.	folgende (Seiten)
FinAusglG	Finanzausgleichsgesetz
Frankf.	Frankfurter
Frhr.	Freiherr
frz.	französisch(e, er, es)
G, Ges.	Gesetz
GdS	Grundriß der Soziologie
Geistesw.	Geisteswissenschaft(en)
gemeins.	gemeinsam(e, er, es)
ges.	gesammelt(e, er, es)
Ges.	Gesetz
Gesch.	Geschichte
Geschforsch.	Geschichtsforschung
GeschO	Geschäftsordnung
GewArch.	Gewerbearchiv
GewO	Gewerbeordnung
GG	Grundgesetz
ggf.	gegebenenfalls
G. m. b. H.	Gesellschaft mit beschränkter Haftung
GMBl.	Gemeinsames Ministerialblatt
GO	Gemeindeordnung
Gött.	Göttinger, Göttingische(r)
GS	Gesetzessammlung
GS. NW	Sammlung des bereinigten Landesrechts Nordrhein-Westfalen

GVBl., GVOBl.	Gesetz- und Verordnungsblatt
GV/NW	Gesetz- und Verordnungsblatt für das Land Nordrhein-Westfalen
GVOBl.	Gesetz- und Verordnungsblatt
H.	Heft
hamb.	hamburgisch(e, er, es)
Handb., HB	Handbuch
HdbDStR	Handbuch des Deutschen Staatsrechts
hess.	hessisch(e, er, es)
Hess. StGH	Hessischer Staatsgerichtshof
Hess. Verf.	Hessische Verfassung
Hess. VGH	Hessischer Verwaltungsgerichtshof
hist.	historisch(e, er, es)
Hist. Z., HZ	Historische Zeitschrift
Hl.	Heilige(n, r, s)
hrsg.	herausgegeben
Hrsg.	Herausgeber
HWB	Handwörterbuch
HZ	Historische Zeitschrift
i. d. F.	in der Fassung
impress.	impression
insbes.	insbesondere
Inst.	Institut
int., intern.	international(e, er, es)
JagdO	Jagdordnung vom 15. 7. 1907
Jahrb.	Jahrbuch
Jahrg., Jg.	Jahrgang
JbIntR	Jahrbuch für internationales Recht
Jg.	Jahrgang
Jh.	Jahrhundert
JöR	Jahrbuch des öffentlichen Rechts der Gegenwart
jr.	junior
jur., jurist.	juristisch(e, er, es)
JurTag	Juristentag
JuS	Juristische Schulung
JW	Juristische Wochenschrift
JZ	Juristenzeitung
Kap.	Kapitel
kgl.	königlich
Kgr.	Königreich
KirchE	Entscheidungen in Kirchensachen
Kl.	Klasse
koninkl.	koninklijk(e)
KPD	Kommunistische Partei Deutschlands
krit.	kritisch(e, er, es)
LandgemeindeO	Landgemeindeordnung
LG	Landgericht

lib.	liber
Lit.	Literatur
LS	Landessatzung
MA	Mittelalter
Mass.	Massachusetts (USA)
m. b. R.	mit besonderer Rücksicht
MDR	Monatsschrift für Deutsches Recht
m. E.	meines Erachtens
MGLL	Monumenta Germaniae Historica Leges
Mill.	Million(en)
MilReg.	Militärregierung
MinBl.	Ministerialblatt
MinPräs.	Ministerpräsident
Mitt.	Mitteilung(en)
M. P.	Member of Parliament
Nachr.	Nachrichten
nds., niedersächs.	niedersächsisch(e, er, es)
Nds.	Niedersachsen
Neubearb.	Neubearbeitung
Neudr.	Neudruck
N. F.	Neue Folge
niedersächs.	niedersächsisch(e, er, es)
NJW	Neue Juristische Wochenschrift
Nr.	Nummer
NRW, NW	Nordrhein-Westfalen
O	Ordnung
öff., öffentl.	öffentlich(e, er, es)
österr.	österreichisch(e, er, es)
ÖstZöffR	Österreichische Zeitschrift für Öffentliches Recht
OLG	Oberlandesgericht
Orig.	Original
OTr.	(Preußisches) Obertribunal
OVG	Oberverwaltungsgericht
OVGE	Entscheidungen der Oberverwaltungsgerichte für das Land Nordrhein-Westfalen in Münster sowie für die Länder Niedersachsen und Schleswig-Holstein in Lüneburg
parl.	parlamentarisch(e, er, es)
Phil., Philos.	Philosophie
phil.-hist.	philosophisch-historisch(e, er, es)
philos.	philosophisch(e, er, es)
pol., polit.	politisch(e, er, es)
Pol.	Politik
PolVj.	Politische Vierteljahresschrift
pr., preuß.	preußisch(e, er, es)
Preuß.	Preußen
PreußVerf	Preußische Verfassung
Pr. OTr.	Preußisches Obertribunal
Pr. OVG	Preußisches Oberverwaltungsgericht

Q. o. t.	Quod omnes tangit
qu.	quaestio
Rdnr.	Randnummer
Rechtsphil., RPhil.	Rechtsphilosophie
Rechtspr.	Rechtsprechung
rechtsw.	rechtswissenschaftlich(e, er, es)
RegBl.	Regierungsblatt
RG	Reichsgericht
RGBl.	Reichsgesetzblatt
RGSt.	Entscheidungen des Reichsgerichts in Strafsachen
RGZ	Entscheidungen des Reichsgerichts in Zivilsachen
RHaushO	Reichshaushaltsordnung
Rheinl.-Pfalz, Rh-Pf., Rh-Pfalz	Rheinland-Pfalz
RPhil.	Rechtsphilosophie
RV	(Weimarer) Reichsverfassung
RVBl.	Reichsverwaltungsblatt
S.	Satz, Seite
Schr.	Schrift(en)
Schweiz.	Schweizerisch(e, er, es)
Sect.	Section
SED	Sozialistische Einheitspartei Deutschlands
Sekt.	Sektion
Sitz. Ber.	Sitzungsbericht(e)
Sitzg.	Sitzung
SJZ	Schweizerische Juristenzeitung
SoldatG	Soldatengesetz
sozialwiss.	sozialwissenschaftlich(e, er, es)
Sozialwiss.	Sozialwissenschaft(en)
Soziol.	Soziologie
Sp.	Spalte; Spruchpraxis (der DÖV)
SPD	Sozialdemokratische Partei Deutschlands
staatsbürgerl.	staatsbürgerlich(e, er, es)
staatsr.	staatsrechtlich(e, er, es)
Staatsw.	Staatswissenschaft(en)
StabG, StabilitätsG	Stabilitätsgesetz
Sten. Ber.	Stenographischer Bericht
StGB	Strafgesetzbuch
StGH	Staatsgerichtshof
STO	Städteordnung
StR	Staatsrecht
Tit.	Titel
Tl., Tle	Teil(e)
Trib.	Tribunal
Tz.	Teilziffer
u. a.	und andere; unter anderem
u. d.	unter dem
Übers.	Übersetzer; Übersetzung

UN	United Nations
Univ.	Universität; University
Un. St., Un. States.	
U. S., USA	United States (of America)
unveränd.	unverändert(e, er, es)
Urt.	Urteil
U. S., USA	United States (of America)
usw.	und so weiter
u. U.	unter Umständen
v.	versus; vom; von
V, Verf.	Verfassung
VerfGH	Verfassungsgerichtshof
Verhandl.	Verhandlung(en)
Veröff.	Veröffentlichung(en)
Verw.	Verwaltung
VerwArch.	Verwaltungsarchiv
VerwGH, VGH	Verwaltungsgerichtshof
VerwRechtspr., VerwRspr.	Verwaltungsrechtsprechung
VGH	Verwaltungsgerichtshof
vgl.	vergleiche
VO	Verordnung
Vol.	Volume(n)
Vorbem.	Vorbemerkung
VU	Verfassungsurkunde
VVDStRL	Veröffentlichungen der Vereinigung der Deutschen Staatsrechtslehrer
VwGO	Verwaltungsgerichtsordnung
VwRspr.	Verwaltungsrechtsprechung
WA	Weimarer Ausgabe (der Werke Martin Luthers)
Wahlp.	Wahlperiode
WeimRV, WRV	Weimarer Reichsverfassung vom 11. 8. 1919
Westf.	Westfalen
WHG	Wasserhaushaltsgesetz
wiss.	wissenschaftlich(e, er, es)
Wiss.	Wissenschaft(en)
WRV	Weimarer Reichsverfassung vom 11. 8. 1919
württ.-bad.	württemberg-badisch(e, er, es)
Württ.-Bad.	Württemberg-Baden
z.	zum; zur
Z., Ztschr.	Zeitschrift
ZaöRV	Zeitschrift für ausländisches öffentliches Recht und Völkerrecht
z. B.	zum Beispiel
ZevKR	Zeitschrift für evangelisches Kirchenrecht
ZGB	(Schweizerisches) Zivilgesetzbuch
ZgesStW	Zeitschrift für die gesamte Staatswissenschaft
Ziff.	Ziffer
ZParl.	Zeitschrift für Parlamentsfragen

ZRP	Zeitschrift für Rechtspolitik
zsgest.	zusammengestellt
ZSR	Zeitschrift für Schweizerisches Recht
z. T.	zum Teil
Ztschr.	Zeitschrift

EINLEITUNG

Das wissenschaftliche Werk Ulrich Scheuners

Von Joseph Listl und Wolfgang Rüfner

Dieser Band enthält eine Auswahl von 31 Beiträgen, die *Ulrich Scheuner* im Laufe der vergangenen drei Jahrzehnte zu Grundfragen der Staatstheorie und zum Staatsrecht der Bundesrepublik Deutschland veröffentlicht hat. Die Beschäftigung mit der theoretischen Grundlegung des Staates und den Rechtsfragen seiner Verfassung bildete, wie seine in diesem Bande veröffentlichte Bibliographie ausweist, stets den Schwerpunkt der wissenschaftlichen Arbeit Scheuners. Aus Raumgründen und wegen der bei der Anordnung der in diesem Bande vereinigten Beiträge verfolgten Systematik mußte auf die Aufnahme von Arbeiten aus dem Völker- und Verwaltungsrecht verzichtet werden.

Auch die zahlreichen Veröffentlichungen Scheuners zum Staatskirchenrecht konnten in diesem Band keine Berücksichtigung finden. Der Verzicht auf den Abdruck staatskirchenrechtlicher Beiträge fiel den Herausgebern jedoch deshalb leicht, weil von seinen bis zum Jahre 1973 erschienenen staatskirchenrechtlichen Arbeiten unter dem Titel „Schriften zum Staatskirchenrecht" bereits eine Sammlung von 30 Arbeiten vorliegt. Diese Ausgabe wurde, versehen mit einer einleitenden Würdigung des Einflusses, den Scheuner nach dem Zweiten Weltkrieg auf die Entwicklung des Staatskirchenrechts in der Bundesrepublik Deutschland ausgeübt hat, von J. Listl besorgt (*Ulrich Scheuner*, Schriften zum Staatskirchenrecht. Hrsg. von Joseph Listl, Verlag Duncker & Humblot, Berlin 1973 = Staatskirchenrechtliche Abhandlungen, Bd. 3).

Bei der Auswahl der in diesem Bande abgedruckten 31 Beiträge ließen sich die Herausgeber von einer dreifachen Rücksicht leiten: Durch die systematische Anordnung der einzelnen Artikel sollen die Grundauffassungen Scheuners zu den wichtigsten Problemen der heutigen Staatstheorie und zum Staatsrecht der Bundesrepublik Deutschland im Zusammenhang wiedergegeben werden. Ferner waren die Herausgeber darauf bedacht, aus dem Schrifttum Scheuners nur Beiträge auszuwählen, die überwiegend Grundsatzfragen behandeln und denen daher über den aktuellen Anlaß ihrer Abfassung hinaus eine bleibende Bedeutung

Listl, DÖV 78, 916 (75 Jahre), Listl, DÖV 81, 293, Rüfner, DVBl 81, 444, Schlaich, NJW 81, 1427, Rüfner, DÖV 07, 987 zukommt. Schließlich war bei der Auswahl der einzelnen Arbeiten auch noch die Absicht bestimmend, mit Vorzug diejenigen Artikel aufzunehmen, die, wie ihr Abdruck in anderen thematischen wissenschaftlichen Sammelwerken der Staatslehre, der Politikwissenschaft und des Staats- und Verfassungsrechts zeigt, bereits ein breiteres Interesse gefunden haben.

Die Gesamtbibliographie Ulrich Scheuners, die in diesem Bande erstmals der Öffentlichkeit vorgelegt wird, enthält seine sämtlichen selbständigen Schriften und alle Beiträge, die von ihm vom Jahre 1927 bis zur Gegenwart in Zeitschriften und Sammelwerken erschienen sind. Die Herausgeber waren bei der Erstellung der Bibliographie um ein Höchstmaß an Vollständigkeit bemüht. In der Bibliographie nicht berücksichtigt wurden Buchbesprechungen und Diskussionsbeiträge, wie sie z. B. in den Veröffentlichungen der Vereinigung der Deutschen Staatsrechtslehrer oder in den Heften der „Essener Gespräche zum Thema Staat und Kirche" enthalten sind. Auch die zahlreichen Rechtsgutachten, die Scheuner im Laufe seines Lebens für öffentliche und private Auftraggeber erstattet hat, wurden nur dann in der Bibliographie verzeichnet, wenn sie veröffentlicht worden sind.

Die Herausgeber überreichen diesen Band ihrem Lehrer Ulrich Scheuner, der am 24. Dezember 1978 bei voller Schaffenskraft das 75. Lebensjahr vollendet, als ein Zeichen ihres Dankes und mit dem Wunsche für eine noch viele Jahre währende ungebrochene und fruchtbare wissenschaftliche Wirksamkeit.

1. Juli 1978 Joseph Listl, Augsburg/Bonn

Wolfgang Rüfner, Kiel

Häberle, NJW 79, 696, Friesenhahn, DÖV 79, 379, Achterberg, DVBl 79, 754, Kröger, JZ 80, 207

I. Grundfragen des Staates und der Verfassung

Staat

I. Die wissenschaftliche Lehre vom Staat
1. Erscheinung und Name des Staates
2. Geschichte der Staatswissenschaften
3. Das Erbe des Staatsdenkens

II. Aufgabe und Legitimation des Staates
1. Menschliche Existenz und staatliche Ordnung
2. Der Begriff des Politischen
3. Legitimation der Staatsleitung
4. Utopie der Staatenlosigkeit

III. Struktur des Staates
1. Staat als rationale Verbandseinheit
2. Leitung und Verantwortung
3. Die Stellung des Individuums
4. Geistige Grundlagen
5. Staat als geographisch-historische Individualität

IV. Der Staat und die sozialen Mächte
1. Souveränität
2. Staat und Gesellschaft
3. Parteien, Verbände, Nationen
4. Staat und Wirtschaft

V. Staat und Recht
1. Recht und Gerechtigkeit
2. Formung und Fortbildung des Rechts
3. Recht und Macht
4. Rechtskonstruktion des Staates

I. Die wissenschaftliche Lehre vom Staat

1. Erscheinung und Name des Staates

a) Seitdem sich das soziale Leben der Menschheit über die primitiven Stufen familiärer oder stammesmäßiger Gemeinsamkeit zu größeren rational und institutionell gesicherten Formen des Zusammenlebens erhoben hat, bildet das politische Gemeinwesen in seinen verschiedenen historischen Gestaltungen eine Grundlage der menschlichen Existenz.

Aus: Handwörterbuch der Sozialwissenschaften. Hrsg. von E. von Beckerath u. a. Bd. 12, Stuttgart, Tübingen, Göttingen 1965, S. 653 - 664. — Abdruck mit freundlicher Genehmigung der Verlage J. C. B Mohr (Paul Siebeck), Tübingen, und Vandenhoeck & Ruprecht, Göttingen.

Die von ihm erfüllte Aufgabe der abschließenden Ordnung und Befriedung einer menschlichen Gemeinschaft hat in verschiedenster Weise Gestalt gewonnen. Struktur, Umfang und Name des politischen Gemeinwesens haben von den religiös fundierten Stadtherrschaften des alten Orients, der antiken Polis, dem hellenistischen und später dem römischen Großreich über den persönlichen Lehnsnexus des Mittelalters und die dynastischen Gebietszusammenfassungen zum modernen uniformen Staat tiefe Wandlungen erfahren. Aber es wäre ein historischer Relativismus, wollte man nur auf die neuzeitliche Form des Flächenstaates den Namen Staat beziehen. Eine solche Einengung würde auch die seit der Antike bestehende Kontinuität und Einheit der politischen Theorie sprengen. Über alle historischen Variationen hinweg bleibt die politische Vereinigung in allen Hochzivilisationen ein einheitliches Phänomen.

b) Mit dem Zurücktreten der neukantischen Methodenlehre, die das Objekt von der Methode her bestimmen möchte, und dem stärkeren Hervortreten ontologischer Strömungen steht auch die Einheit des Gegenstandes des politischen Gemeinwesens außer Zweifel, ob man es in Geschichte, Soziologie oder Rechtswissenschaft behandelt. Die Lehre vom soziologischen und juristischen Staatsbegriff *(Georg Jellinek)* ist gründlich überholt. Unter den Sozialwissenschaften sind zur Lehre vom Staat die wichtigsten Beiträge in der Regel von der Philosophie und der politischen Theorie ausgegangen, seltener von der Rechtslehre, die zwar die anderswo entwickelten Gedanken in ihren begrifflichen „Chiffren" einzufangen weiß, aber ihrer Natur nach auf das Bestehende, weniger das Grundsätzliche und das Künftige sieht.

c) In der Vielfalt der geschichtlichen Formen hat auch der Name der politischen Gemeinschaft gewechselt. Die griechische Polis benannte einen historischen Typ, während Rom die Bezeichnungen respublica, civitas, regnum dem Mittelalter weitergab. Der Name Staat kam in der italienischen Welt des 15. Jahrhunderts auf, zuerst als Bezeichnung eines Machtbesitzes, um dann die politische Organisation und schließlich seit dem 17./18. Jahrhundert die zur politischen Einheit vereinte menschliche Gesamtheit zu bezeichnen. Doch hat die westliche Lehre immer stärker die *personale Verbindung*, die „nation", oder das *institutionelle Band*, das „government", betont und hat sich damit in größerer Realitätsnähe gehalten als die deutsche Auffassung, die die Abstraktion des Staates als *ideeller Einheit* in die Mitte rückt.

2. Geschichte der Staatswissenschaften

a) Politische Philosophie als das Denken über die Grundlagen der politischen Vorgänge kennzeichnet den Beitrag der *Antike*. Die Frage nach dem Vorbild im politischen Zusammenleben durchdringt die Lehre *Platos* und lebt auch bei *Aristoteles* fort, dessen beschreibende und analytische Übersicht der politischen Formen seinen außerordentlichen Einfluß auf die Folgezeit begründet. In der Einheit und Gleichheit der Menschen und der Beständigkeit höheren Rechts hinterließ die Stoa der christlichen Welt ein Gedankenerbe, das diese aufgriff und verwandelte. Das Staatsdenken im *Mittelalter* war wesentlich theologisch bestimmt, sah im Staat die göttlich vorgegebene Ordnung, deren Gesetze sie in den Tugenden und Pflichten des Herrschers ausprägte und deren Bestimmung sie in der Verfolgung des Gemeinwohls umgrenzte. Fachlich oblag es seit der Formung des mittelalterlichen Wissenschaftssystems der Ethik und Politik, neben der Theologie Fragen des politischen Lebens zu behandeln. In zunehmender Loslösung von der Theologie behielt dies auf *Aristoteles* aufbauende Fach der Politik bis in das 18. Jahrhundert seinen Platz in der Lehre. Im 17. Jahrhundert aber übernahm für das Staatsdenken die neue empirisch-rationale Methode wissenschaftlichen Denkens die Führung und gewann, zuerst von *Thomas Hobbes* fruchtbar gemacht, in der analytisch-systematischen Naturrechtslehre ihren Ausdruck. Hier wurde, entscheidend für die Folgezeit, der Staat aus der Vereinigung der Individuen begründet, nicht mehr als Ordnung vorausgesetzt, und aus anthropologischer Sicht aus der Furcht vor dem staatenlosen Chaos oder dem Triebe der Sozialität *(Samuel Pufendorf)* erklärt. Nach dem Niedergang des Naturrechts konnte sich eine weite, die sozialen wie die rechtlichen und ethischen Fragen umgreifende Staatswissenschaft oder Politik, vertieft durch den philosophischen Beitrag des deutschen Idealismus *(Immanuel Kant, Johann Gottlieb Fichte, Georg W. F. Hegel)*, bis ins 19. Jahrhundert halten *(Robert von Mohl, Friedrich Christoph Dahlmann, Johann Gustav Droysen)*. Zwischen 1840 und 1860 ging der alte Zusammenhang der Sozialwissenschaften verloren. Jedenfalls in Deutschland löste die positivistische Rechtslehre das Band zur politischen Philosophie und gab ihr nur noch als historischem Ausblick Raum in der als vergleichender Überblick des Staatsrechts verstandenen „Allgemeinen Staatslehre“. Am stärksten bewahrte noch die Geschichtswissenschaft den Blick auf die politischen Strukturen und bestimmte daher das Staatsbild der Zeit *(Heinrich von Treitschke, Friedrich Meinecke)*. Seit 1900 entwickelte eine an Typen und Ideen orientierte Soziologie eine an Machtbildung und Organisation orientierte Staatsvorstellung *(Max Weber)*. So vollzog sich eine Ausbildung spezieller Aspekte des Staates, die weithin überhaupt zur Annahme nach Fächern unterschiedener Staatsbegriffe führte.

b) Erst in der *Gegenwart* öffnet sich in neuer Gemeinsamkeit der Disziplinen wieder ein umfassendes Bild des Staates als eines einheitlichen Gegenstandes. Die Staatsrechtslehre erfaßt über das Verständnis der rechtlichen Verfassung des Gemeinwesens hinaus deren politische und ethische Grundlagen und berührt sich nahe mit der Politischen Wissenschaft, die ihr Augenmerk vor allem dem realen politischen Prozeß und der politischen Theorie zuwendet. Die Soziologie vermag zur Erkenntnis der gemeinschaftsbildenden und institutionellen Strukturelemente des Staates beizutragen, die Geschichte erhellt die Individualität historischer Staatsformen und sollte eine Epoche davor schützen, die eigene zeitbegrenzte Ordnung zu normativer Geltung zu erheben oder zur Rückprojizierung auf das Ganze der Geschichte zu benutzen. Aber der Kern der Staatslehre kann nur in einer philosophischen Ontologie des menschlichen Daseins und seiner sozialen Strukturen liegen, die von einer Anthropologie aus die Aufgabe des politischen Gemeinwesens für eine humane und zivilisierte Existenz erhellt. Die Wissenschaft vom Staate beruht demnach heute wieder auf einer universal ausgerichteten Arbeit, die die Kontinuität der Tradition wie die Öffnung gegenüber Realität und Denkform der Gegenwart aufweist.

3. Das Erbe des Staatsdenkens

a) In der Abfolge geschichtlicher Staatsformen und politischer Ideen bildet sich im Absinken zeitbedingter Vorstellungen und im Aufbau eines Kontinuums das Grundgewebe der modernen Theorie. Die Antike übermittelt ihr den Satz der anthropologischen Notwendigkeit des Staates *(Aristoteles)*, die Idee der in Selbstentfaltung und Erziehung gewonnenen politischen Freiheit und der Herrschaft des Volkes über sich selbst, aber auch den Gedanken gerechter und gemäßigter Herrschaft. Die religiös bestimmte christliche Sicht in Spätantike und Mittelalter übernimmt die Themen des gerechten Regiments und der Grenzen der Machtübung. Ihre Lehre fügt den Staat in den von Gott geordneten Kosmos ein und unterwirft ihn dem diesem eingezeichneten Recht. Politische Herrschaft gründet sich, freilich immer im kritischen Rahmen des ihrer wartenden Gerichts, auf höhere Autorität. In der Vorstellung der höheren Norm des Sittengebotes und der Ausrichtung auf das Gemeinwohl knüpft die moderne katholische Staatslehre hieran an. Neben der herrschenden Linie, die vom Prinzip der Einheit her die monarchische Form betont, durchziehen das spätere Mittelalter aber auch populare Ideen einer Überordnung des Ganzen über den Herrscher und einer Grundlage seines Gebotes im consensus omnium *(Marsilius von Padua, Nikolaus von Cusa)*. Die Reformation löst die Bindung an den Maßstab des Naturrechts, ohne zunächst mit der Hinnahme des Staates (Obrigkeit) als *vorgegebener Ordnung* zu brechen. Aus dem älteren Ansatz gestifteter Ordnung und herrscherlicher Suprematie erheben sich Theorie und Praxis des Absolutismus, die der Neuzeit den Gedanken der alle überhöhenden staatlichen Einheit, der voluntativen Formung von Gesetz und Recht und das Vorbild einer bürokratisch-militärischen Organisation vermacht. In Aufnahme der älteren Gegensätze trat ihr eine von der Gesamtheit ausgehende Staatsauffassung entgegen, die, beeinflußt von der im westlichen Calvinismus aufkommenden Idee des Gottesbundes, die Machtübung aus dem Konsens, dem Vertrage, ableitet und begrenzt. Die im 17. Jahrhundert eintretende grundlegende Wendung vom Gedanken gestifteter Ordnung zur Begründung des Staates aus der Einigung der einzelnen konnte zwar auch der Rechtfertigung unbeschränkter Herrschergewalt dienen *(Hobbes)*, wirkte aber nachhaltig im Sinne einer Fundierung der politischen Macht in der Zustimmung aller. Den Gedanken einer Einigung zu einer bürgerlichen Gemeinschaft (civil society), in der Personen Leitung nur in begrenztem und kontrolliertem Auftrag erhalten (trust) und individuelle Freiheiten der Regierung (government) Schranken ziehen, hat aus den Kämpfen des 17. Jahrhunderts der angelsächsische Raum entwickelt. Die Betonung des Ganzen gegenüber einer im Herrscher verkörperten Einheit führte auf dem Kontinent zu zwei verschiedenen Staatsbildern. In Deutschland formte sich die Vorstellung einer auch den Herrscher einfügenden und überwölbenden Staatseinheit, die zwar die idealistische Philosophie *(Hegel)* als geistige Form des Volkes versteht, die aber später mehr und mehr institutionelle Züge annimmt, so daß sich ihr gegenüber die außerstaatlichen Lebensformen des Volkes als Gesellschaft konstituieren. In Frankreich dagegen tritt die souveräne Nation das Erbe des Herrschers an, freilich von dessen Bindung an ein höheres Recht gelöst und im Ansatz schrankenlos.

b) Im Verlauf des 19. Jahrhunderts tritt im Staatsdenken die Frage nach der ethischen und rechtlichen Bindung der souveränen Staatsmacht zurück, deren Machtcharakter eine soziologisch vitalistisch ausgerichtete Theorie betont. Gegenüber den Folgen einer Überhöhung des Staates wird heute im Bild des freiheitlichen Staates das Moment der *Einigung freier Bürger* zu einem Gemeinwesen mit begrenzter Gewalt unterstrichen und die Notwendigkeit sichernder Vorkehr gegen die Lösung von Maß und Recht hervorgehoben. Leitbild wird der demokratische Staat mit der Abhängigkeit aller Regierung von Einsetzung und Mitbestimmung der Gesamtheit. Das 19. Jahrhundert hat aber im Schoß der westlichen Welt eine zweite politische Vorstellung entstehen lassen. *Karl Marx* unterstellte das politische Leben dem ökonomischen Gesetz der Gesellschaft und lehrte, daß im Zuge der Gewinnung menschlicher Freiheit durch Umsturz der ökonomischen Struktur der Staat, in dem er nur das Machtinstrument der herrschenden Klasse sah, absterben werde. Nur im Übergang der Machtausübung durch die proletarische Diktatur bleibe er bestehen. Die neuere kommunistische Theorie verlängert dies Fortleben eines „gewandelten" Staates für die Zeit des Fortbestehens imperialistischer Gegenmächte. Nach dem Untergang der von vitalistischen Machtideen bestimmten faschistischen Systeme hat im Zuge des Übergangs der gesamten Welt zu freier Staatenbildung das westliche Staatsdenken in dieser antagonistischen Entzweiung die Herrschaft überall angetreten. Die eigenen Beiträge anderer Kulturkreise, Rechtsidee und gebundene Lebensform des Islam, der geformte Stil Ostasiens, die föderalistische und tolerante Denkart Indiens, kommen vorerst nur als mitbestimmende Faktoren zur Geltung.

Jenseits des Gegensatzes selbstbestimmter Freiheit und geschichtsphilosophisch begründeter Gesellschaftsformung aber zeichnen sich neue Probleme des politischen Lebens ab, die über die heutige Gestalt des geschlossenen Nationalstaats zur Entscheidung internationaler politischer Zentren führen können und die in wachsender Existenzabhängigkeit und Technizität heutiger Lebensführung Sinn und Wirkung politischer Freiheit neu zu durchdenken zwingen.

II. Aufgabe und Legitimation des Staates

1. Menschliche Existenz und staatliche Ordnung

Während die ältere Zeit den politischen Verband als eine göttlich oder natürlich vorbestimmte Lebensform ansah, bei der nicht *Ursprung* und *Wesen*, sondern allein die rechte *Gestalt* der Klärung bedürfe, erhält in der neueren Zeit auch die Frage nach Grund und Bestand der politischen Gemeinschaft ihren Sinn. In der Antwort auf diese Grundfragen erweist sich jede Staatstheorie als unzureichend, die nur Teilaspekte ins Auge faßt und den Staat nur nach dem Bilde eines bestimmten historischen Typs, nur mit einer formalen Begrifflichkeit oder rein empirisch zu erfassen sucht. Den ersten Weg geht eine vom Nationalstaat der modernen Zeit abgeleitete Auffassung, die den Staat als Form eines Volkes begründen, also von diesem ableiten will, statt zu erkennen, daß die politische Einheit die nationale nicht vorfindet, sondern erst historisch erschafft. Die Gegenwart bietet hierfür im Vorgang der nationalen Einheitsformung (nation-building) der neuen afrikanischen Staaten ein Beispiel. Alle rein formalen Konstruktionen ferner, die mit einer „ursprünglichen Herrschermacht" *(Jellinek)* operieren, durch den Verweis auf die Rechtspersönlichkeit des Staates der Frage nach den tragenden sozialen Kräften der Politik ausweichen oder gar den Staat mit der Rechtsordnung identifizieren *(Hans Kelsen)* und damit die Spannung wirklicher und normativer Ordnung aufheben, tragen mit ihren realitätsfernen Aussagen nichts zum Verständnis bei.

Unfruchtbar sind auch alle verhüllenden Bilder aus Biologie und Mechanik, wie der Organismusgedanke oder die Bezeichnung des Staates als Apparat. Die letztere Ansicht löst wie jede instrumentale Deutung den personalen Charakter der politischen Vereinigung auf und macht aus der Leitung des Staates bloße Machthaber. Endlich kann auch eine soziologische Beschreibung wohl gewisse Seiten der politischen Struktur erhellen, aber nicht ihr Wesen gegenüber anderen Verbänden erklären. Insbesondere führt eine vorwiegend am instituionellen Gefüge ausgerichtete Sicht nicht zum Ziel. Sie erfaßt die Bedeutung der organisatorischen Rationalität am Staate, aber nicht den sich in der Gesamtheit vollziehenden Vorgang der Vereinigung (Integration) und der geistigen Einwirkung *(Richard Bäumlin)*. Empirische Betrachtung steht zudem in Gefahr, das Moment der Macht zu überschätzen. Es ist notwendig, den Staat nicht nur als Sein, sondern als eine Aufgegebenheit des menschlichen Daseins zu erfassen. Vom Boden einer philosophischen Anthropologie her muß der Staat in eine Anschauung der menschlichen Existenz und ihrer Bestimmung eingefügt werden. Das weist auf ein weltanschaulich begründetes Bild des Menschen zurück. Geht man aus von der Vorstellung des Menschen als einer selbstbestimmten, geistig freien Person, wie sie die antik-humanistische Tradition in langer Entwicklung geschaffen hat, so wird der soziale und politische Zusammenschluß als Überhöhung und Sicherung des individuellen Lebens zur aufgegebenen Notwendigkeit menschlichen Daseins. Der politischen Gemeinschaft fällt im verflochtenen Gewebe sozialer Verbindung eine einzigartige Aufgabe zu, die die anderen sozialen Kräfte überformt: Befriedung und Ordnung in höchster Instanz. Von der sozialen Natur des Menschen ausgehend, ist daher im Staat die oberste Gewähr für Frieden und Ordnung zu erblicken. Der Staat ist mithin die rational gefügte menschliche Wirkungseinheit, der in einem Raume in höchster Instanz die Wahrung von Frieden und Ordnung aufgetragen ist.

Es ist klar, daß von einem anderen Bilde des Menschen und einer abweichenden Weltsicht her die Erscheinung des Staates sich anders bestimmt. Wo der Mensch nur als psycho-physisch determinierter Teil der Natur gesehen wird, kann politische Ordnung nur als bloße Machtübung ohne Sinn gedeutet werden. Wo die menschliche Bestimmung ganz auf ein transzendentes Heil gestellt ist, muß der irdische Staat in einer Spannung zu dieser höheren Berufung stehen und den Charakter einer vorläufigen Notordnung einnehmen. Die abschließende Befriedung ist ein Moment des Staates, das ihn von Teilkräften des sozialen Bereichs unterscheidet; aber nicht in jeder historischen Epoche vermag das politische Regiment diesen Auftrag wirksam zu erfüllen. Seit jeher erscheint der Staat als eine Vielheit individueller politischer Einheiten.

Das ist historisches Faktum, nicht wesensmäßig bedingt. Die politische Aufgabe könnte auch eine die ganze Erde umspannende Gemeinschaft erfüllen, und heute schon nehmen internationale Organisationen echte politische Aufgaben wahr.

2. Der Begriff des Politischen

Vom Staat her bestimmt sich auch der Begriff des Politischen. Man kann den Bereich des Politischen auch auf den Bereich ausdehnen, in dem sich die sozialen Kräfte mit Bezug auf die Gesamtheit begegnen. Stets aber hat die Politik ihren sachlichen Bereich in der staatlichen Ordnung. Politik ist nicht, wie eine weitverbreitete Lehre der Gegenwart meint, gegenstandslos und nur durch die Intensität des Gegensatzes von Kräften bestimmt (Freund-Feind-Theorie von *Carl Schmitt*). Diese Lehre vom okkasionellen Charakter politischer Fragen beschränkt das Politische auf das Moment des Kampfes und erweist sich als Derivat von Auffassungen der modernen Soziologie, die im physischen Zwang den Kern des Staates erblicken *(Max Weber)*. Hier wird ein Teilmoment für das Ganze genommen. Macht bildet zudem in erster Linie geistigen Einfluß, potentielle Wirkungsmöglichkeit *(Rudolf Smend)* und nur in Grenzsituationen unmittelbar physische Behauptung. Von hier folgt freilich der unlösbare Zusammenhang politischer Ordnung mit dem Moment des Militärischen, dessen richtige Eindämmung und Beherrschung ein Grundproblem der Politik darstellt. Macht ist aber nicht der Sinn des politischen Lebens, sondern Voraussetzung für die Erfüllung der befriedenden und ordnenden Funktion.

Vom Politischen her wird der Charakter staatlichen Lebens als bewegender Prozeß sichtbar. Sie bezeichnet auf die Zukunft gerichtetes Wirken und Planen, die auf die Gestaltung des sozialen Zusammenlebens gerichtete Tätigkeit, die bis zur bewußten Formung des sozialen Gefüges reichen kann (Spätabsolutismus, moderner Wohlfahrtsstaat). Zur Politik gehört daher die Auseinandersetzung um die nach Umfang und Richtung historisch verschieden bestimmten Ziele des Ganzen, die verdeckt und begrenzt auch im nichtdemokratischen Staatswesen stattfindet, und das Ringen um Erlangung und Behauptung der Macht. Aber politisches Handeln ist im Kern persönlicher Wille und Entscheidung. Es gibt daher keine überpersönliche „Staatsraison" oder „Dämonie des Politischen", sondern allein die Entscheidung und Verantwortung leitender Personen. Daher weist politisches Handeln zuletzt auf ethische Stellungnahme; hier liegt der Ansatz zur Einwirkung der Theologie. Die ethische Seite der Politik macht klar, daß jede Machtübung der sittlichen Rechtfertigung bedarf, um aus bloßer Gewalt zu verbindender Autorität zu werden, und daß *Verantwortung* und *Gerechtigkeit*

Grundmomente politischen Lebens sind. Politik ist aber nicht nur Bewegung und Veränderung, sie nimmt auch in ihren Ergebnissen in Gestalt von Institutionen und in der Rechtsordnung feste und dauerhafte Gestalt an.

3. Legitimation der Staatsleitung

Da dem Staate mit der Leitung und Gestaltung des Ganzen die Überordnung, der Unterschied von Regierenden und Regierten zu eigen ist und er Einfügung des einzelnen fordert, bedarf jede Person, die diese Funktion der Bestimmung über andere (Herrschaft) ausübt, der Legitimation. Die ältere Zeit entnahm sie, wie die Begründung des Staates, der göttlichen Anordnung (Divine Right of Kings), die Gegenwart kennt nur mehr die Legitimation vom Volk *(Volkswillen)* her. Ausdruck findet sie im Verfassungsrecht, das heute von der Legislative gestaltet wird, aber von der Gesamtheit aufgenommen und geübt werden muß, um tatsächliche Anwendung und innere Bindungskraft (Geltung) zu erlangen. Daneben gründet sich die Legitimation der Staatsführung darauf, daß sie politische Ideen und ideelle Momente für sich wirksam machen kann, wie den nationalen Gedanken, Tradition oder soziale Wohlfahrt und Reform *(Staatsbewußtsein)*. Im modernen Staat, der seine religiöse Basis verloren hat und sich starken individualistischen Strömungen auch staatsverneinender Art gegenübersieht, sind Recht und Ideenhintergrund besonders wichtig. Der totalitäre Staat sucht seine Rechtfertigung in der Vollstreckung einer Ideologie. Wo bloße Betonung der Überlieferung herrscht, kann man vom Prinzip der Legitimität sprechen.

Mit der rechtlichen Legitimation hängt die Erscheinung der Revolution zusammen. Solange der Herrscher göttlichen Auftrags war, konnte es nur Herrscherwechsel, nicht freie Änderung der Staatsform geben. Die Revolution ist daher eine Konsequenz des modernen vom Volk ausgehenden Staatsdenkens. Sie ist nicht lediglich Sturz der faktischen Ordnung und Bruch bestehenden Rechts, sondern vor allem Ersetzung der in ihrer legitimierenden Überzeugung entfallenen bisherigen institutionellen und ideellen Form durch eine neue politische Idee. Das unterscheidet sie vom bloßen Machtwechsel des Staatsstreiches. Älter und tiefer als die vom Ideal sozialen Fortschritts abgeleitete Revolutionsvorstellung ist der Gedanke, daß einem die Rechtsgrundlage und die Gerechtigkeit mißachtenden Regime von Rechts wegen Widerstand geleistet werden kann. In älterer Zeit auch mit Vertragsbruch des Herrschers begründet, erscheint heute der Widerstand als Ausdruck wagenden Rechtsgewissens.

4. Utopie der Staatenlosigkeit

In der Entwicklung der politischen Philosophie hat die Gattung der utopischen Beschreibung, der Antizipation oder Erwartung künftiger Möglichkeiten, stets eine wichtige und belebende Rolle gespielt. Neben Skizzen idealer Staatstypen findet sich seit alters eine Linie des Denkens, die auf eine ideale menschliche Lebensform ohne organisierte politische Leitung hofft. In älterer Zeit zumeist religiös ausgerichtet, hat für die Gegenwart der Marxismus mit seiner Betonung der klassenlosen Gesellschaft und des Absterbens des Staates grundlegende Bedeutung. In der Überzeugung von der konstituierenden Funktion der wirtschaftlichen Verhältnisse für das ganze Dasein und der Erreichung der Selbstbefreiung des Menschen durch Wandel der ökonomischen Struktur wird der Staat als Machtinstrument der herrschenden Klasse angesehen und seine Überwindung zum Gebot der Entwicklung. Während der westliche Sozialismus diese These aufgegeben hat, hält sie der Leninismus fest, erachtet aber, solange der Klassenkampf der Revolution mit den imperialistischen Staaten andauert, einen „sozialistischen" Staat für notwendig. Der Einfluß dieser Ideen auf die moderne Soziologie ist vielfach spürbar. Man erkennt ihn in der These, der Ursprung des Staates liege stets in Machtüberschichtung *(Alexander Rüstow)*, aber auch in der Meinung vom Herabsinken des Staates in ein bloßes Netz technischer Dienste für die Gesellschaft. Alle diese Theorien gehen von einem optimistischen Menschenbild aus, das den Kräften der Gesellschaft jene Sozialgestaltung zutraut, die nach der Erfahrung der Geschichte nur die kontinuierliche Anstrengung einer rational gefügten Gemeinschaft leisten kann.

III. Struktur des Staates

1. Staat als rationale Verbandseinheit

Kann Notwendigkeit und Funktion des politischen Gemeinwesens allein von der politischen Philosophie erhellt werden, so vermag die soziologische Analyse den Aufbau des Staates als geistige Wirkungseinheit, als kontinuierlichen Prozeß der Zusammenfassung persönlicher Kräfte zu erläutern. Sie liefert damit zugleich die Grundlage für die rechtliche Begriffsbildung, die, wenn sie nicht formaler Realitätsferne oder bloßer Normlogik verfallen will, eine dogmatische Abbreviation der Faktoren des Soziallebens und ihrer ideellen Bewertung sein muß. Der Staat teilt mit allen menschlichen Verbänden gewisse Grundzüge. Ausgangspunkt ist die Erkenntnis, daß das Individuum in seiner wesensmäßigen geistigen Verbindung mit anderen Menschen, in seiner dialektischen Abhängigkeit zu den gesellschaftlichen Gebilden gesehen werden muß. Fehlgehend sind daher alle organizistischen Bilder des politischen Prozesses oder die Idee seiner kausalen Gesetzlichkeit (die geistigen Vorgängen inadäquat ist), ebenso aber die Figur des isolierten Individuums, das nur in äußere Beziehung zu anderen gesetzt werden kann. Die Realität menschlicher Gemeinschaften zeigt überindividuelle Lebensformen und einen Gemeingeist, in dem Autonomie personaler Entscheidung sich mit einer überpersönlichen Einheit des Bewußtseins und Formen vertretungsweisen Handelns für das Ganze zu einem Lebensgefüge verbinden (Integrationslehre). Dabei muß zwischen den nahen nichtrationalen Gemeinschaften (Familie, Freundschaft) und den durch Lebensgefühl unbewußt gebildeten Gruppen (Stamm, Volk) auf der einen Seite und den organisierten, d. h. rational geformten und fortgeführten Einheiten auf der andern Seite unterschieden werden. Mit Bedeutung und Umfang der letzteren nimmt ihre Artikulation und Gliederung zu. Für sie ist bezeichnend, daß zu dem lebensmäßigen Miteinander, dem Bewußtsein geistiger Einheit Elemente der rationalen Verfestigung (Institutionen, Ämter, Vertretungsverhältnisse) treten, die dem Ganzen aktuelle Handlungsfähigkeit und überpersonale Kontinuität sichern. Ihren Niederschlag finden sie zugleich in der normativen Festlegung des Rechts, vor allem in der Verfassung des Gemeinwesens.

2. Leitung und Verantwortung

Die Aufgabe des Staates erfordert ständige Entscheidung und tätiges Handeln, daher gehört Überordnung und Leitung zu seinen Grundelementen. Eine Aufhebung des Unterschiedes von Regierenden und Regierten kann nur eine utopische oder anarchische Lehre annehmen. Jede politische Leitung muß sich auf legitimierende Momente, göttliche Weisung, Tradition, Legalität oder die in der Gegenwart wirksame demokratische Idee stützen. Mit ihrer Wahrnehmung verbindet sich Macht, vor allem jenes ihrer Elemente, das man Herrschaft, als institutionalisierte politische Macht, d. h. gesicherte Bestimmung über Menschen, bezeichnen kann. Jede Herrschaft aber beruht auf Einfluß und Zustimmung, sei es daß dieser Vorgang sich in Gestalt einer auf Verantwortung, Kontrolle und Mitwirkung gründenden dualistischen Zusammenarbeit aller oder bestimmter Kreise abspielt, oder daß — in autoritären und totalitären Regimen — eine Hinnahme und Einfügung besteht. Nur von diesem Standpunkt aus kann man von einer begrenzten Mitverantwortung der Bevölkerung an dem Bestand eines autokratischen Systems sprechen. Staatsleitung ist daher niemals eine reine Funktion der Macht. Sie ist dann von Autorität begleitet, wenn ihre Übung kraft ihrer inhaltlichen und rationalen Qualität Ansehen und Überzeugung hervorruft *(Carl Joachim Friedrich)*. Verantwortung besteht nur in einem auf die aktive Mitwirkung der Gesamtheit ausgerichteten Staatswesen. Sie bedeutet, soll sie nicht nur Ausdruck einer Gewissenspflicht sein, verfahrensmäßige Geltendmachung von Maßstäben des Rechts und des Gemeinwohls.

Kein Staat kann wegen der Handlungsfähigkeit auf Elemente der Leitung in Ämtern und Vertretungen (Organen) verzichten. Eine direkte Demokratie mit Bestimmung aller Fragen durch alle ist höchstens in eng begrenzten Verhältnissen denkbar. Zwar kann eine Verfassung in erheblichem Maße personale und sachliche Entscheidungen der Abstimmung aller (Plebiszit) überlassen, aber auch die schweizerische konsiliare Demokratie benötigt *institutionelle Einrichtungen,* also die Spannung von Selbstherrschaft und Leitung *(Max Imboden).* Eine für die Relation der Leitung zum Ganzen grundlegende Beziehung ist die *Repräsentation,* die das Handeln der wenigen zur Darstellung des Willens der vielen macht. Ihr wesentliches Element ist nicht, wie die neuere Lehre seit *Edmund Burke* meint, die Unabhängigkeit vom Willen der Repräsentierten, sondern die Fähigkeit, auf Grund enger Beziehung zu den Vertretenen deren Entscheid verbindlich darzustellen. Es liegt also ein Moment der Vertretung zugrunde, das mit dem freien ebensowohl wie mit dem imperativen Mandat zusammengehen kann. In einer repräsentativen Versammlung, in der Verschiedenheit der Interessen und Gemeinwohl zugleich Ausdruck finden *(Friedrich),* kann daher in einer im Grundsätzlichen geeinten politischen Gemeinschaft die Mehrheit für das Ganze handeln.

Der moderne Staat ist ein kunstvoll gegliedertes System, je nach Staatstyp das einer Konzentration der Dezision und der Überwachung von oben (gegebenenfalls in durch Partei und Bürokratie gedoppelter Form) oder das einer gegenseitigen Ergänzung und Kontrolle vieler Organe. Die mit der Bestimmung der Staatsziele und der Festlegung der Richtlinien der gesamten Staatstätigkeit betraute Regierung (einschließlich der politischen Zwecken dienenden Gesetzgebung) hat in hierarchischer Unterordnung Ämter, Beauftragte und unter Umständen sogar autonome Vereinigungen für die Ausführung zur Verfügung. Im modernen Staat können diese exekutiven Stellen auch mit begrenzter Selbständigkeit der Entscheidung (Autonomie) ausgestattet oder von Weisungen in Bindung an eine Sachaufgabe freigestellt (Richter, Wissenschaftler) sein.

3. Die Stellung des Individuums

Die der modernen Zeit eigene Spannung von Staat und Individuum hat zur Grundlage eine Staatsauffassung, die das Gemeinwesen aus den einzelnen aufbaut, das moderne Selbstbewußtsein geistiger und religiöser Freiheit und die Beweglichkeit des heutigen Menschen. Der Staat muß sich in Zielsetzung und Leistung seinen Bürgern gegenüber rechtfertigen, er benötigt in seiner differenzierten Gesellschaft ihre Mitarbeit. Ähnlich wie der antike und mittelalterliche Stadtstaat seine Bürger in Rechten und Pflichten deutlich abhob, umgrenzt der Staat heute in der Staatsangehörigkeit den personalen Rahmen, in dem er politische Mitwirkung gewährt. Die Verstärkung der Territorialität seiner Einwirkung und eine Hebung der Stellung der Fremden verringern freilich das Gewicht dieser Abgrenzung. Politische Aktivierung streben heute alle Staatsformen an. Auch die totalitären Regime und die Einparteiensysteme der neuen außereuropäischen Länder rufen das Volk auf, freilich nicht zu eigener Mitwirkung, aber zum Mitvollzug der von der Leitung verkündeten Ziele und Ideen. In den demokratischen Staatstypen erhält dagegen die individuelle Freiheit grundlegende Bedeutung. Aus älteren Ansätzen — ständische Freiheiten, Herrschaftsverträge mit dem Fürsten — entspringt hier die Forderung der Mitwirkung aller an der politischen Bestimmung, der Grundsatz der politischen Gleichheit und der mit ihr verbundenen sozialen Egalisierung, vor allem aber die Idee der *Grund-* und *Menschenrechte* als einer Sicherung der persönlichen Unabhängigkeit als der Basis der bürgerlichen Aktivität im Staate. Alle diese Vorstellungen strahlen heute auch in nichtdemokratische Staatstypen aus. Soziale Gleichheit ist als Klassenlosigkeit Ziel der neuen Gesellschaft des Sozialismus, und die Grundrechte werden dialektisch zu Freiheiten im Dienst der gesellschaftlichen Ziele umgeformt. Mehr und mehr entwickeln sich heute die Grundrechte zu einer Wesensaussage des Staates. Indem sie soziale Gewährungen, den Schutz objektiver Einrichtungen und die Aufstellung politischer Leitprinzipien in sich aufnehmen, entwickeln sie sich über Sicherung eines Freiheitsbereichs hinaus zu einem Verfassungsvertrage der pluralistischen Gesellschaft über Grundlagen der ganzen bürgerlichen Ordnung. Die Demokratie ist freilich zu allen Zeiten nicht ein Staat der Individuen, sondern der Gruppen gewesen. Das Prinzip der allgemeinen Gleichheit ist in ihr daher stets auch auf die Bildung sozialer Mächte bezogen, es richtet sich auch gegen geformte politische Eliten, führende Schichten oder Bürokratien.

4. Geistige Grundlagen

Mit dem Schwinden der Nähe von Religion und Staat muß der säkuläre Staat die für seine Einheit und Dauer nötigen geistigen Kräfte selbst gewährleisten. Das geschieht durch Bezugnahme auf *legitimierende Werte,* wie Nation, ein soziales Ideal oder geschichtliche Traditionen. Autokratische Staaten vermögen kraft ihrer Beherrschung der Mittel der Meinungsbildung und dank planvoller Indoktrinierung hier wirksam vorzugehen. In totalitären Systemen tritt das Element der herrschenden Ideologie hinzu, d. h. von auf praktische Gestaltung ohne Rücksicht auf den Wahrheitsgehalt angelegten Ideen. Nicht weniger aber bleibt die Demokratie auf die Bildung eines politischen Bewußtseins ihrer Bürger, auf einigende ideelle Momente, auf politische Erziehung angewiesen.

5. Staat als geographisch-historische Individualität

Die besondere räumliche Beziehung des Staates erwächst aus seiner Funktion als abschließende höchste Macht. Sie ließ zwar in historischen Epochen das Nebeneinander mehrerer politischer Gewalten im gleichen Raum zu, wußte aber stets die Übung der öffentlichen Hoheit von den ihr untergeordneten Mächten zu sondern. Ordnung und Friede haben einen notwendigen räumlichen Bezug. Der moderne Staat hat die territoriale Ausdehnung zur Ausschließlichkeit (Souveränität) gesteigert, die alle fremde Einwirkung abwehrt und das Gebiet und seine Bewohner tunlichst einer uniformen Rechtsordnung und Administration unterstellt und gleichformt. Zugleich bedeuten aber Lage, Umfang und Art des Gebietes ebenso wie das Verhältnis zu den Nachbarn ein entscheidendes Stück der historischen Individualität eines Gemeinwesens, sein Schicksal und seine Möglichkeit. Größere Veränderungen haben daher stets qualitativen Charakter. Ebenso aber bestimmt auch die Geschichte durch das Gewicht der Tradition, die ihr entströmenden geistigen Kräfte und auch durch das Bild, das sie für andere Völker und Länder von diesem Staate formt, die Individualität eines Gemeinwesens.

IV. Der Staat und die sozialen Mächte

1. Souveränität

Über andere Gruppen und Kräfte des menschlichen Zusammenlebens beansprucht das politische Gemeinwesen ordnende und gestaltende Befugnis. Freilich gibt es Zeiten, in denen wie im frühen Mittelalter die Vielgliedrigkeit der öffentlichen Gewalt und die Schwäche der zentralen Leitung die politische Macht eher aufgespalten erscheinen läßt. Auch stellt von der Spätantike bis zur beginnenden Neuzeit der Dualismus von Staat und Kirche besondere Probleme, ohne allerdings die weltliche Position des politischen Regiments in Frage zu stellen. Seit dem späten Mittelalter aber steigt die Idee der einheitlichen und höchsten Macht, der *„suprema potestas“*, empor. Das 16. Jahrhundert *(Jean Bodin)* prägt für diese über alle anderen Gebilde erhöhte oberste Bestimmung, die es dem Fürsten beilegt, den Begriff der Souveränität, und die Folge erweitert das zur nur durch das Naturgesetz begrenzten Verfügung des Staates über alle Vorgänge und Erscheinungen auf seinem Territorium. Nach außen führt der gleiche Gedanke zum Bild des in sich streng abgeschlossenen souveränen Staates.

In dem ständigen Kreislauf politischer Erscheinungen bringt die Gegenwart der demokratischen Staaten wieder den Aufstieg partikularer Kräfte, der Parteien, Interessengruppen, autonomen Verbände, die eine vielgliedrige (pluralistische) Ordnung bilden, in der politische Leitung zuweilen den Charakter vertraglicher Einigung der unter ihr stehenden Mächte annimmt. Auch in der internationalen Sphäre lockert sich die staatliche Abschließung, so daß zwar der Staat der Hort sozialer Vorsorge und der politischen Aspirationen bleibt, seine zentrale Stellung aber nach mehreren Seiten abgeschwächt erscheint.

2. Staat und Gesellschaft

Innerhalb der politischen Gemeinschaft, die alle zu geordneter Zusammenarbeit führt, läßt sich außerhalb der institutionalisierten Leitung und Verwaltung eine Sphäre sozialer Aktivität und Gruppenbildung erkennen, die gegenüber den Staatsinstitutionen eine selbständige, nicht gebundene Gestaltung zeigt. Die ältere Zeit ließ alle diese Bildungen in die umfassende bürgerliche Gesellschaft eingehen. In der angelsächsischen Welt erhielt sich dieser weite Begriff der „civil society", dem als formende und gestaltende Funktion im Auftrag des Ganzen (trust) das „government" gegenübertritt.

In Deutschland dagegen entwickelte sich am Ausgang des 18. Jahrhunderts eine *Kontrastierung* von Gesellschaft und Staat, zunächst in der Vorstellung eines rechtlich geordneten Bereichs bürgerlicher Lebenssicherung gegenüber dem Staat als der Verwirklichung der sittlichen Freiheit des Menschen *(Hegel)*, dann unter dem Einfluß des Liberalismus als Gegensatz der unpolitischen staatsfreien Sphäre des Bürgertums gegenüber der überlieferten militärisch-bürokratischen Herrschaft.

In der sozialistischen Theorie wird dieser Gegensatz noch weiter zur Überwindung des Machtstaates durch die neue sozialistische Gesellschaft fortgebildet. Diese Kontrastierung einer als staatsfrei gedachten autonomen Gesellschaft als eigenen Sinngebildes zu einem auf Apparatur und Macht verengten Staate war zeitbedingter Ausdruck der politischen Spannungen des 19. Jahrhunderts und hat ihren Sinn in der modernen Industriewelt verloren *(Horst Ehmke)*, deren soziale Gruppen sich auf den Staat hin als ihn mitbestimmende Kräfte entfalten *(Joseph H. Kaiser)*. Eine Beibehaltung des Unterschiedes von Staat und

Gesellschaft hat keine Berechtigung mehr als artikulierte Trennung zweier sozialer Reiche, als Gegensatz von Freiheit und Zwang, Autonomie und Herrschaft, sondern nur als beschreibende *Abbreviatur zweier Sphären des Gemeinwesens,* zwischen dem engeren Raum der Institutionen der Leitung und Administration auf der einen und dem weiteren Kreis der vielgliedrigen Gruppen und Gebilde auf der anderen Seite. Aber auch der letztere Bereich ist auf das Ganze bezogen und bildet einen Teil des politischen Prozesses, der Richtungsbestimmung (Willensbildung) der Gesamtheit. In dieser Funktion wird er daher als der Bereich des „Öffentlichen" verstanden, und hier haben Vorgänge wie die öffentliche Meinung und die Parteibildung ihren Platz.

3. Parteien, Verbände, Nationen

Die verschiedenen Staatstypen prägen sich auch in den Gebilden des sozialen Lebens aus und zeigen damit, daß die politischen Formen auch auf das gesellschaftliche Feld sich auswirken, wie sie umgekehrt von dort wieder beeinflußt werden. So entsprach der Aufsplitterung der mittelalterlichen Fürstentümer und der Schwäche ihrer zentralen Leitung die Zahl und Regsamkeit der autonomen lokalen und regionalen Gewalten. Die absolute Monarchie und der moderne Einparteienstaat begünstigen dagegen selbständige Teilgebilde nicht; sie möchten alle bestehenden sozialen Gliederungen vielmehr ihrer Direktion und Kontrolle einfügen. Demgegenüber bildet der heutige demokratische Staat ausgesprochen den Typ einer Gruppengesellschaft, in der intermediäre Gewalten einen weiten Entfaltungsraum haben und an der sozialen und politischen Bestimmung einen starken Anteil nehmen. Ihre Differenzierung und ihr Interessengefüge ermöglichen die der Demokratie eigene offene Auseinandersetzung um die politischen Ziele des Ganzen und begünstigen ein gewisses politisches Gleichgewicht. Sie sind daher ein wesentlicher *Bestandteil des politischen Prozesses,* in dem ihnen die Vorformung der von der institutionellen Staatsleitung zu treffenden Entscheidungen zufällt. Unter ihnen ragen die politischen Parteien hervor, die mit oder ohne verfassungsrechtliche Anerkennung Gleichgesinnte zur Teilnahme an der rechtlich geordneten staatlichen Willensbildung zusammenfassen und die Übernahme der Leitungsmacht im Staate anstreben. Artikulation und aktuale Beweglichkeit des politischen Spiels der Demokratie beruht auf ihnen. Daß neben ihnen und in ihnen eine Vielfalt von Interessenverbänden zu wachsendem Einfluß gelangt und mitunter die einheitliche Leitung des Ganzen durch das Übergewicht besonderer Interessen überwuchert erscheint, ist ein Ausdruck der überwiegend wirtschaftlichen und sozialen Orientierung der Politik im modernen Industriestaat, aber auch des Bedürfnisses einer Ergänzung der Vertretung des Volkes durch die Parteien im Sinne größerer Vielfalt und einer direkten außerparlamentarisch geübten Gruppenrepräsentation. Zugleich wird darin die weniger räumlich als funktionell-berufliche Gliederung einer mobilen Erwerbsgesellschaft sichtbar. Im Einparteiensystem wird die Partei zu einer herrschenden politischen Schicht, einem Leitungsinstrument, oft in der Form einer organisatorischen Doppelung und Kontrollfunktion neben der normalen Bürokratie.

Im Unterschied zu älteren Staatstypen, die auf rechtlich verfestigten Stratifikationen der Bevölkerung beruhten (Stände, Berufsgruppen, grundherrliche Bindung), weisen alle modernen Staatstypen die Tendenz zu einer egalitären Gesellschaftsstruktur auf. Öffnung der Bildung und des Aufstiegs sind nicht nur Forderungen der sozialistischen Systeme, sondern auch Wirklichkeit der Industriegesellschaft, die ökonomische Klassengegensätze durch Wohlstand und soziale Vorsorge überwindet. Die Ausbildung einer sozialen und politischen elitären Führung wird dagegen, sofern sie nicht Abschließung und Vorrecht, sondern Funktion bedeutet, auch im demokratischen Gefüge ihren Platz haben. Im Einparteienstaat nimmt der herrschende Funktionärskader die Stelle dieser mitgestaltenden Leistungsschicht ein.

Unter den nichtorganisierten Vergesellschaftungen der Gegenwart sind sprachliche und nationale Einheiten immer noch von grundlegender Bedeutung. Die Bildung der europäischen Nationen war seit der beginnenden Neuzeit nicht so sehr Voraussetzung als Folge der politischen Einigung, wenn auch erst die Französische Revolution die kulturell-sprachliche Einheit zum Nationalstaat überhöhte und den Nationalismus zur beherrschenden Kraft auch des internationalen Lebens erhob. Im Westen vor der Vorstellung weiterer Gemeinsamkeit regionaler Art im Zurückweichen, erweist sich die Idee des Nationalstaats als formende Kraft in der Staatswerdung in Asien und Afrika. Nationale Kohäsion erscheint als sicheres Bindemittel staatlicher Einheit, vermag aber auch Grenzen zu überwinden; in jedem Fall bleibt sie ein Grundmoment heutiger Staatsbildung.

4. Staat und Wirtschaft

In der dynamischen Gesellschaft unserer Zeit erscheint die Hebung der wirtschaftlichen Produktivität als eines der wichtigsten Ziele des Staates. Allen Staatstypen ist daher heute ein erhebliches Maß *staatlicher Lenkung der Wirtschaft* gemeinsam, sei es — in den sozialistischen Systemen — durch direkte Planung und Anordnung sowie die staatliche Verfügung über die Produktionsmittel, sei es — in den Demokratien — durch indirekte Lenkungsmittel (Steuern, Subventionen,

Kredite). Dabei kann ebensowohl ein ideologisches Leitbild (Sozialismus, Marktwirtschaft) wie pragmatische Einstellung die staatliche Politik bestimmen. Auch in einem liberalen System, das eine Einschränkung staatlicher Intervention fordert, gibt es keinen Eigenbereich der „Wirtschaft“, sondern bleibt individuelle Erwerbsführung, gebunden an die rechtlichen Voraussetzungen der politischen Ordnung (Eigentum, Berufsrecht, Währung). Die Gegenwart erwartet in steigendem Maße vom Gemeinwesen Förderung der Produktivität und Sicherung der Konjunktur. Da ferner das Einzeldasein immer tiefer von allgemeinen Zusammenhängen abhängig wird, so erweitert sich immer mehr das Maß politischer Bestimmung über das individuelle Leben, auch dort, wo wesentliche Entscheidungen (Löhne, Preise) sozialen Mächten überlassen bleiben. Dieser Typ des Wohlfahrtsstaates mit einer „gemischten“ Wirtschaftsform von Freiheit und staatlicher Direktion, mit umfassender Vorsorge gegen Risiken des Lebens und egalitärer Umverteilung der Einkommen bestimmt zunehmend das Bild des modernen Industriestaates. Aufnahme kompetitiver Elemente in die sozialistische Produktion lassen andererseits eine künftige Annäherung der westlichen und sozialistischen Formen als möglich erscheinen.

V. Staat und Recht

1. Recht und Gerechtigkeit

Ordnung des sozialen Zusammenlebens als Grundaufgabe des politischen Gemeinwesens berührt sich wesensmäßig mit der Natur des Rechts. Auch das Recht gehört zur notwendigen Struktur menschlicher Gemeinschaft, der es ein rational geformtes Bild geordneten Lebens vorhält. Während aber im Staate das Moment der Zusammenfassung der Menschen zu einer aktionsfähigen Wirkungseinheit, mithin das sozialgestaltende Gemeinschaftshandeln, das aktive Tun die Oberhand hat, stellt das Recht ein *normatives Vor-Bild* rechten Handelns vor Augen, das Individuen wie Gesamtheit bindet, ist es ein Urteil über menschliches Tun, dem freilich die Sanktion der Gemeinschaft folgen kann. Es legt für das soziale Verhalten feste Maßstäbe und Grenzen fest. Die Verbindlichkeit seiner Maximen entstammt dem ethischen Gehalt des Rechts. Sittlichkeit und Recht sind nicht dasselbe. Die sittlichen Grundsätze betreffen ein weites Feld menschlichen Verhaltens und weisen über das Maß des Rechts, die Gerechtigkeit, hinaus auf höhere grundlegende Werte. Das Recht ist enger an den Bereich der Sozialität gebunden, aber verbindet auch den Menschen innerlich und nicht nur durch heteronomen Zwang. Das Recht gewinnt seine verpflichtende Kraft aus seinem Streben nach Verwirklichung des ethischen Gehalts der Gerechtigkeit, es weist damit auf die weltanschaulichen Grundlagen ethischer Setzung zurück. Die Rechtsordnung bildet aber nicht lediglich eine ideelle Ordnung, ihre Normen wollen das Sozialleben bestimmen. Die Geltung des Rechts beruht daher in einer dialektischen Verbindung von Sollen und Sein. Der Geltungsgrund liegt im ethischen Bezuge, im Streben nach Gerechtigkeit, zur Geltung gehört aber auch die faktische Aufnahme des Rechts in der Gemeinschaft. Es wird von der Rechtsgesinnung aufgenommen, d. h. seine Werte werden realisiert, in der Mehrheit der Fälle befolgt. In diesem Vorgang einer Gestaltung für eine konkrete geschichtliche Gemeinschaft, in der es geformt (gesetzt oder festgestellt) und durch rationale Entscheidung und durch soziale Vorkehr gesichert wird, erhält das Recht seine seinsmäßige Verwirklichung.

2. Formung und Fortbildung des Rechts

Die Rechtsordnung gründet ihre sittlichen Grundsätze auf die in einer bestimmten Anschauungstradition anerkannten Werte. Sie muß diese Prinzipien aber durch rationale Entscheidung zur Anwendung in einer konkreten geschichtlichen Gemeinschaft ausformen. In älterer Zeit und heute noch im Völkerrecht vollzieht sich diese Formung der Regeln im Wege des Gewohnheitsrechts durch Anwendung und Richterspruch. Im übrigen hat der Staat diese Aufgabe als Gesetzgeber übernommen. In jedem Falle liegt dem positiven Rechtssatz eine Formung durch eine „Rechtsquelle" (Gewohnheit oder Gesetz) zugrunde. Das Recht erweist sich als geschichtlich bedingt, sein Wandel kann sowohl durch eine Veränderung der ethischen Anschauungen wie durch einen Wechsel der sozialen Gegebenheiten bedingt sein. Die stets bestehende Aufgabe der Fortbildung des Rechts erfüllt in der Hauptsache der Gesetzgeber, sie kann aber auch durch ein rechtliches Weiterdenken der Rechtsprechung (Common Law, Richterrecht), endlich durch die Begriffe prägende und erneuernde Arbeit der Rechtslehre erfolgen.

3. Recht und Macht

Die Verbindung von Recht und gesellschaftlicher Realität wirft das Problem des Verhältnisses von Staatsmacht und Recht auf. Es war zu einfach, wenn der Positivismus das Recht als Willensgebot des Staates ansah. In seinem faktischen Bestand bedarf es stets des Konsenses der ganzen Gemeinschaft, und in seinem Bezuge auf das Sittengebot ruht es auf einer vom Staat unabhängigen Grundlage. Wohl aber stehen Recht und Macht in enger Wechselwirkung. Das Gesetz ist nicht nur Feststellung bestehender Rechtsauffassung, sondern zugleich Instrument politischer Gestaltung und Erneuerung, mithin ein politischer

Akt. Je konkreter sein Inhalt, je mehr heute die Gesetzgebung zum Mittel wirtschaftlicher Lenkung und zum Ergebnis des Ausgleichs pluralistischer Interessen wird, desto sichtbarer wird dieser Charakter des politischen Staatsaktes (Maßnahmengesetz). Umgekehrt hat Macht ohne Recht keinen Bestand. Der Staat, sogar ein gewaltsam begründetes Regime, unterstellt sich bindenden Regeln, mithin dem Recht, und wenn auch Fakten kein Recht erzeugen, so kann doch effektiver Besitzstand durch die Annahme der Gemeinschaft Rechtsgestalt gewinnen. Der soziale Bezug des Rechts zeigt sich auch darin, daß die Rangordnung seiner Sätze dem politischen Aufbau des Staates und seiner Teilbereiche folgt.

Die Gewähr des Rechtes liegt nicht, wie der Positivismus meinte, allein im Zwang, sondern in der sozialen Reaktion der Gemeinschaft, die auch in einer bloßen kritischen Ablehnung bestehen kann (so im Völkerrecht, das erst Ansätze kollektiven Zwanges kennt). Die moderne Zeit tendiert zu steigender Einbindung des staatlichen Prozesses in feste rechtliche Form, sowohl im Sinne der Mäßigung der Macht wie zur Sicherung individueller Rechte und grundlegender Werte.

Grenzsituationen von Recht und Macht stellen Revolution, Widerstand und Ausnahmezustand dar. Wo der sittliche Grund der bestehenden politischen Ordnung schwindet und neue Werte aufsteigen, begegnen wir bei dem resultierenden rechtlichen Bruch der echten Revolution. Wo die Macht den Rahmen sittlicher Bindung verläßt und Unrecht als positives Gesetz verkündet oder gesetzlos verfährt, kann Ungehorsam oder selbst Widerstand aus dem höheren Rang ethischer Verpflichtung begründet werden. Abweichung vom normalen Recht zum Schutz des Grundbestandes der bestehenden Ordnung hat seit der römischen Diktatur die Rechtsauffassung immer im Maße des Notwendigen gebilligt; doch kann sie legitim nur zur Wiederherstellung des Bestehenden, nicht als Weg zu seiner (autoritären) Änderung dienen.

4. Rechtskonstruktion des Staates

Die rechtliche Erfassung des staatlichen Lebensvorganges stellt zwei Aufgaben: Es gilt die überpersönliche *Kontinuität* über den Wechsel der Regierenden und die *Selbständigkeit* des Ganzen gegenüber seinen Gliedern zu sichern. Lange Entwicklung hat die Fortdauer des Ganzen über dem Wechsel regierender Personen und Regime hinweg erreicht, hat Recht und Vermögen der Gesamtheit von den individuellen Gliedern geschieden und die Zurechnung des Handelns beauftragter Vertreter (Organe) zum Ganzen von deren persönlichen Verhalten getrennt. Heute dient die Figur der Rechtspersönlichkeit des Staates diesem Zweck, ohne mehr zu sein als eine rechtliche Hilfskonstruktion, die nicht darüber täuschen darf, daß der politische Prozeß keinen substanzhaften Willen erzeugt, sondern das ständige vertretende Handeln von Personen für die Einheit und deren integrierendes Zusammenwirken erfordert.

Die rechtliche Ordnung, in der für das Ganze das Zusammenspiel der leitenden Institutionen, die grundrechtliche Sicherung der Bürger sowie grundlegender Einrichtungen, endlich die Festlegung von Leitprinzipien des politischen Handelns erfolgt, ist die Verfassung, ihrer Natur nach ein Entwurf, der die politische Zukunft formell und materiell einfangen soll, ihrem Bestande nach im besonderen abhängig von einer Gewähr in sich selbst und der fortbildenden Anwendung ausgesetzt. In der staatlichen Tätigkeit hat die neuere Zeit, in Umdeutung der als Mittel politischer Mäßigung verstandenen Gewaltenteilungslehre *Charles de Montesquieus,* verschiedene *Funktionsbereiche* unterschieden: Gesetzgebung als oberste politisch-rechtliche Bestimmung im Gewand von Normen, Regierung als den aktualen Teil der Staatsleitung, der in konkreter Zusammenordnung, dem Gegenspiel der leitenden Organe und dem Wirken nach außen besteht, Verwaltung als heute an den Gesetzesauftrag gebundene Ausführung der Staatsziele, Rechtsprechung als die verbindliche Feststellung und Sicherung bestrittenen oder verletzten Rechts durch den Einsatz staatlicher Autorität.

Literatur

Jellinek, Georg: Das Recht des modernen Staates, I: Allgemeine Staatslehre, Berlin 1900; 3. Aufl. unter dem Titel: Allgemeine Staatslehre. Unter Verwertung des handschriftlichen Nachlasses durchgesehen u. ergänzt v. Walter Jellinek, Berlin 1914, 6. Neudr. Darmstadt 1959

Carlyle, Sir Robert / *Carlyle,* Alexander J.: A History of Medieval Political Theory in the West, 6 Bde., Edinburgh u. London 1903 - 1936, Neudr. New York 1950

Weber, Max: Die Wirtschaft und die gesellschaftlichen Ordnungen und Mächte, I. GdS, III, 1. Tübingen 1921; 2. Aufl. unter dem Titel: Wirtschaft und Gesellschafte. 2 Halbbde. GdS, III, 1925; 4. Aufl. unter dem Titel: Wirtschaft und Gesellschaft. Grundriß der verstehenden Soziologie. 2 Halbbde., Hrsg.: J. Winckelmann, 1956; neueste Ausg. (1. Bd.) 1964

Meinecke, Friedrich: Die Idee der Staatsräson in der neueren Geschichte, München 1924, 3. Aufl. 1929; wieder abgedr. in: Werke, I. Hrsg.: W. Hofer, Darmstadt, München u. Stuttgart 1957, 2. Aufl. 1960

Kelsen, Hans: Allgemeine Staatslehre, Berlin 1925 (Enz. d. Rechts- u. Staatswiss., Abt. Rechtswiss., 23)

Schmitt, Carl: Verfassungslehre, Leipzig u. München 1928, 3. Aufl. Berlin 1957

Smend, Rudolf: Verfassung und Verfassungsrecht, Leipzig u. München 1928; wieder abgedr. in: Staatsrechtliche Abhandlungen und andere Aufsätze, Berlin 1955

Kunz, Josef L.: Die Staatsverbindungen. Hb. d. Völkerrechts, II, 4, Stuttgart 1929

Leibholz, Gerhard: Das Wesen der Repräsentation unter besonderer Berücksichtigung des Repräsentativsystems. Ein Beitrag zur allgemeinen Staats- und Verfassungslehre, Berlin 1929 (Beitr. z. ausländischen öff. Recht u. Völkerrecht, 13); 2. Aufl. unter dem Titel: Das Wesen der Repräsentation und der Gestaltwandel der Demokratie im 20. Jahrhundert, Berlin 1960

Heller, Hermann: Staat, Hwb. d. Soziol. Hrsg.: A. Vierkandt, Stuttgart 1931

Finer, Herman: The Theory and Practice of Modern Government, London 1932, 2. Aufl. 1951, Neudr. 1954

Mc Illwain, Charles H.: The Growth of Political Thought in the West, from the Greeks to the End of the Middle Ages, New York 1932, Neudr. 1955

Schmitt, Carl: Der Begriff des Politischen, Leipzig u. München 1932 (Wissenschaftl. Abh. u. Reden z. Philosoph., Pol. u. Geistesgesch., 10); Neudr. 1963

Jennings, Sir W. Ivor: The Law and the Constitution, London 1933, 5. Aufl. 1959

Heller, Hermann: Staatslehre. Hrsg.: G. Niemeyer, Leiden 1934

de Lagarde, Georges: La naissance de l'esprit laïque au déclin du moyen âge. 6 Bde. I: Bilan du XIIIe siècle, Wien 1934, 3. Aufl. Löwen u. Paris 1956; II: Marsile de Padoue, ou le premier théoricien de l'état laïque, Wien 1934, 2. Aufl. Paris 1948; III: Secteur social de la scolastique, Paris 1942, 2. Aufl. (als Bd. II) u. Löwen 1958; IV: L'individualisme ockhamiste: Ockham et son temps, Paris 1942, Neudruck unter dem Titel: Guillaume d'Ockham: Défense de l'empire, Löwen u. Paris 1962; V: L'individualisme ockhamiste: Bases de départ, Paris 1946, Neudr. unter dem Titel: Guillaume d'Ockham: Critique des structures ecclésiales, Löwen u. Paris 1963; VI: L'individualisme ockhamiste: La morale et le droit, Paris 1946

Friedrich, Carl J.: Constitutional Government and Politics. Nature and Development, London u. New York 1937; 2. Aufl. unter dem Titel: Constitutional Government and Democracy. Theory and Practice in Europe and America, Boston 1941, Neudr. 1950 (Der Verfassungsstaat der Neuzeit, Berlin, Göttingen u. Heidelberg 1953 [Enz. d. Rechts- u. Staatswiss., Abt. Staatswiss.])

Kägi, O. Werner: Zur Entstehung, Wandlung und Problematik des Gewaltenteilungsprinzips. Ein Beitrag zur Verfassungsgeschichte und Verfassungslehre, Diss. Zürich 1937

Sabine, George H.: A History of Political Theory, New York 1937, 3. Aufl. 1961

Vyshinskij, Andrej I.: Sovetskoe gosudarstvennoe pravo, Moskau 1938 (The Law of the Soviet State, New York 1948, London 1949)

Brunner, Otto: Land und Herrschaft. Grundfragen der territorialen Verfassungsgeschichte Südostdeutschlands im Mittelalter, Baden (Wien) 1939 (Veröff. d. Österr. Inst. f. Geschforsch., 1); 4. Aufl. Wien u. Wiesbaden 1959

Mitteis, Heinrich: Der Staat des hohen Mittelalters. Grundlinien einer vergleichenden Verfassungsgeschichte des Lehnszeitalters, Weimar 1940, 7. Aufl. 1962

Hintze, Otto: Gesammelte Abhandlungen. I: Staat und Verfassung. Gesammelte Abhandlungen zur allgemeinen Verfassungsgeschichte. Hrsg.: F.

Hartung, Leipzig 1941; 2. Aufl. hrsg. v. G. Oestreich, Göttingen 1962; II: Zur Theorie der Geschichte. Hrsg.: F. Hartung, Leipzig 1942; 2. Aufl. unter dem Titel: Soziologie und Geschichte. Gesammelte Abhandlungen zur Soziologie, Politik und Theorie der Geschichte. Hrsg.: G. Oestreich, Göttingen 1964

Löwith, Karl: Von Hegel bis Nietzsche, New York u. Zürich 1941; 2. Aufl. unter dem Titel: Von Hegel zu Nietzsche. Der revolutionäre Bruch im Denken des 19. Jahrhunderts. Marx und Kierkegaard, Stuttgart, Wien u. Zürich 1950, 4. Aufl. 1958

Schwarzenberger, Georg: Power Politics. An Introduction to the Study of International Relations and Post-War Planning, London 1941; 3. Aufl. unter dem Titel: Power Politics: A Study of World Society, 1964

Friedmann, Wolfgang: Legal Theory, London 1944, 4. Aufl. 1960

Kohn, Hans: The Idea of Nationalism. A Study in Its Origins and Background, New York 1944, 4. Aufl. 1948 (Die Idee des Nationalismus. Ursprung und Geschichte bis zur Französischen Revolution, Heidelberg 1950)

de Jouvenel, Bertrand: Du pouvoir. Histoire naturelle de sa croissance, Genf 1945 (Power, the Natural History of Its Growth, London u. New York 1948)

Kelsen, Hans: General Theory of Law and State, Cambridge (Mass.) 1945, 3. Aufl. 1949

Laun, Rudolf: Studienbehelf zur Vorlesung über allgemeine Staatslehre, Hamburg 1945; 8. Aufl. unter dem Titel: Allgemeine Staatslehre im Grundriß. Ein Studienbehelf, Schloß Bleckede (Elbe) 1961

Nawiasky, Hans: Allgemeine Staatslehre. 4 Tle. Tl. 1: Grundlegung, Einsiedeln, Köln u. Zürich 1945, 2. Aufl. 1958; Tl. 2: Staatsgesellschaftslehre. 2 Bde., 1952 u. 1955; Tl. 3: Staatsrechtslehre, 1956; Tl. 4: Staatsideenlehre, 1958

Rommen, Heinrich A.: The State in Catholic Thought. A Treatise in Political Philosophy, St. Louis 1945

Verdross, Alfred: Grundlinien der antiken Rechts- und Staatsphilosophie, Wien 1946, 2. Aufl. 1948 (Rechts- u. Staatswiss., 1)

Wheare, Kenneth C.: Federal Government, London u. New York 1946, 3. Aufl. 1953

Ritter, Gerhard: Vom sittlichen Problem der Macht. 5 Essays, Bern 1948, 2. Aufl. u. München 1961 (Dalp-Taschenbücher, 355)

Thoma, Richard: Grundriß der allgemeinen Staatslehre, Bonn 1948

Burdeau, Georges: Traité de science politique. 7 Bde., Paris 1949 - 1957

Messner, Johannes: Das Naturrecht. Handbuch der Gesellschaftsethik, Staatsethik und Wirtschaftsethik, Innsbruck u. Wien 1950, 3. Aufl. u. München 1958

Rüstow, Alexander: Ortsbestimmung der Gegenwart. Eine universalgeschichtliche Kulturkritik. 3 Bde., Erlenbach (Zürich) u. Stuttgart 1950 - 1957

Barker, Sir Ernest: Principles of Social and Political Theory, Oxford 1951, Neudr. 1953

Mochi Onory, Sergio: Fonti canonistiche dell'idea moderna dello Stato. Imperium spirituale, iurisdictio divisa, sovranità, Mailand 1951

Welzel, Hans: Naturrecht und materiale Gerechtigkeit, Göttingen 1951, 4. Aufl. 1962 (Jurisprudenz in Einzeldarstellungen, 4)

Dombois, Hans A.: Strukturelle Staatslehre, Berlin 1952

Talmon, Jacob L.: The Origins of Totalitarian Democracy, London 1952; am. Ausg. unter dem Titel: The Rise of Totalitarian Democracy, Boston 1952 (Die Ursprünge der totalitären Demokratie, Köln u. Opladen 1961)

Heckel, Johannes: Lex charitatis. Eine juristische Untersuchung über das Recht in der Theologie Martin Luthers, München 1953 (Abh. d. Bayerischen Ak. d. Wiss., Philosoph.-hist. Klasse, NF 36, 1953)

Duverger, Maurice: Droit constitutionnel et institutions politiques, Paris 1955, 6. Aufl. 1962

Friedrich, Carl J.: Die Philosophie des Rechts in historischer Perspektive, Berlin, Göttingen u. Heidelberg 1955 (Enz. d. Rechts- u. Staatswiss., Abt. Rechtswiss.)

v. Hippel, Ernst: Geschichte der Staatsphilosophie in Hauptkapiteln. 2 Bde., Meisenheim (Glan) 1955 u. 1957

Lippmann, Walter: Essays in the Public Philosophy, Boston 1955, engl. Ausg. unter dem Titel: The Public Philosophy, London 1955

de Jouvenel, Bertrand: De la souveraineté. A la recherche du bien politique, Paris 1955 (Über Souveränität. Auf der Suche nach dem Gemeinwohl, Berlin u. Neuwied [Rh.] 1963 [Politica 9])

Weischedel, Wilhelm: Recht und Kritik. Zur Anwendung ethischer Prinzipien in der Rechtsprechung des Bundesgerichtshofs. Vortrag vor der Juristischen Studiengesellschaft in Karlsruhe am 11. November 1955, Karlsruhe 1956, 2. Aufl. 1959 (SchrReihe d. Juristischen Studiengesellsch. Karlsruhe, 19)

Kantorowicz, Ernst H.: The King's Two Bodies. A Study in Medieval Political Theology, Princeton (N. J.) 1957

Loewenstein, Karl: Political Power and the Governmental Process, Chicago 1957, London 1958 (Verfassungslehre, Tübingen 1959)

Barth, Hans: Die Idee der Ordnung. Beiträge zu einer politischen Philosophie, Erlenbach (Zürich) u. Stuttgart 1958

Conze, Werner: Staat und Gesellschaft in der frührevolutionären Epoche Deutschlands, Hist Z. München, 186 (1958)

Dabin, Jean: L'Etat ou le politique, Paris 1958 (Der Staat oder Untersuchungen über das Politische, Berlin u. Neuwied [Rh.] 1964 [Politica, 6])

Fraenkel, Ernst: Die repräsentative und die plebiszitäre Komponente im demokratischen Verfassungsstaat, Tübingen 1958 (Recht u. Staat in Gesch. u. Gegenwart, H. 219/220)

Hermens, Ferdinand A.: The Representative Republic, Notre Dame (Ind.) 1958 (Verfassungslehre, Bonn u. Frankfurt [M.] 1964 [Kölner Schr. z. pol. Wiss., 1])

Schieder, Theodor: Staat und Gesellschaft im Wandel unserer Zeit. Studien zur Geschichte des 19. und 20. Jahrhunderts, München 1958

Verdross, Alfred: Abendländische Rechtsphilosophie. Ihre Grundlagen und Hauptprobleme in geschichtlicher Schau, Wien 1958, 2. Aufl. 1963 (Rechts- u. Staatswiss., 16)

Badura, Peter: Die Methoden der neueren allgemeinen Staatslehre, Diss., Erlangen 1959

Brecht, Arnold: Political Theory. The Foundations of Twentieth Century. Political Thought, Princeton (N. J.) 1959 (Politische Theorie. Die Grundlagen des politischen Denkens im 20. Jahrhundert, Tübingen 1961)

Friedrich, Carl J.: Demokratie als Herrschafts- und Lebensform, Heidelberg 1959 (Studien z. Pol., 10)

Häfelin, Ulrich: Die Rechtspersönlichkeit des Staates, I: Dogmengeschichtliche Darstellung, Tübingen 1959

Imboden, Max: Die Staatsformen. Versuch einer psychologischen Deutung staatsrechtlicher Dogmen, Basel u. Stuttgart 1959, Neudr. 1964

Smend, Rudolf: Staat. Evangelisches Kirchenlexikon, III. Hrsg.: H. Brunotte u. O. Weber, Göttingen 1959, 2. Aufl. 1962

Strauss, Leo: What is Political Philosophy? And Other Studies, Glencoe (Ill.) 1959

Fetscher, Iring: Rousseaus politische Philosophie. Zur Geschichte des demokratischen Freiheitsbegriffs, Berlin u. Neuwied (Rh.) 1960 (Politica, 1)

Parsons, Talcott: Structure and Process in Modern Societies, Glencoe (Ill.) 1960

Wheare, Kenneth C.: The Constitutional Structure of the Commonwealth, Oxford 1960

Bäumlin, Richard: Staat, Recht und Geschichte. Eine Studie zum Wesen des geschichtlichen Rechts, entwickelt an den Grundproblemen von Verfassung und Verwaltung, Zürich 1961

Vile, M. J. C.: The Structure of American Federalism, London 1961

Ehmke, Horst: „Staat“ und „Gesellschaft“ als verfassungstheoretisches Problem. In: Staatsverfassung und Kirchenordnung. Festg. f. Rudolf Smend. Hrsg.: K. Hesse, S. Reicke u. U. Scheuner, Tübingen 1962

Hesse, Konrad: Der unitarische Bundesstaat, Karlsruhe 1962

Imboden, Max: Die politischen Systeme, Basel u. Stuttgart 1962, Neudr. 1964

Maier, Hans: Die Lehre der Politik an den deutschen Universitäten vornehmlich vom 16. - 18. Jahrhundert. In: Wissenschaftliche Politik. Eine Einführung in Grundfragen ihrer Tradition und Theorie. Hrsg.: D. Oberndörfer, Freiburg (Br.) 1962 (Freiburger Studien z. Pol. u. Soziol.)

Passerin d'Entrèves, Alessandro: La dottrina dello Stato. Elementi di analisi e di interpretazione, Turin 1962

Peters, Hans / *Freiherr v. d. Heydte,* Friedrich A. / *Ridder,* Helmut / *Bindschedler,* Rudolf L.: Staat. Staatslexikon, 6. Aufl., Bd. VII, Freiburg (Br.) 1962

Scheuner, Ulrich: Das Wesen des Staates und der Begriff des Politischen in der neueren Staatslehre. In: Staatsverfassung und Kirchenordnung. Festg. f. Rudolf Smend. Hrsg.: K. Hesse, S. Reicke u. U. Scheuner, Tübingen 1962

Smend, Rudolf: Das Problem der Institutionen und der Staat. Z. f. evangelische Ethik, Gütersloh, 6 (1962)

Ullmann, Walter: Principles of Government and Politics in the Middle Ages, London 1962

McWhinney, Edward: Comparative Federalism: States' Rights and National Power, Toronto 1962

Barion, Jakob: Hegel und die marxistische Staatslehre, Bonn 1963

Friedrich, Carl J.: Man and His Government. An Empirical Theory of Politics, New York 1963

Hennis, Wilhelm: Politik und praktische Philosophie. Eine Studie zur Rekonstruktion der politischen Wissenschaft, Berlin u. Neuwied (Rh.) 1963 (Politica, 14)

v. Hippel, Ernst: Allgemeine Staatslehre, Berlin u. Frankfurt (M.) 1963

Plamenatz, John P.: Man and Society. Political and Social Theory. 2 Bde., London u. New York 1963

Sontheimer, Kurt: Politische Wissenschaft und Staatsrechtslehre, Freiburg (Br.) 1963

Bülck, Hartwig / *Lerche*, Peter: Föderalismus als nationales und internationales Ordnungsprinzip. In: Föderalismus als nationales und internationales Ordnungsprinzip. Die öffentliche Sache, Berlin 1964 (VVDStRL 21)

Greenleaf, W. H.: Order, Empiricism and Politics. Two Traditions of English Political Thought, 1500 - 1700, London 1964

Kaufmann, Arthur: Recht und Sittlichkeit, Tübingen 1964 (Recht u. Staat in Gesch. u. Gegenwart, H. 282/283)

Krüger, Herbert: Allgemeine Staatslehre, Stuttgart 1964

Post, Gaines: Studies in Medieval Legal Thought. Public Law and the State, 1100 - 1322, Princeton (N. J.) 1964

Stankiewicz, Wladyslaw J. (Hrsg.): Political Thought Since World War II. Critical and Interpretice Essays, London u. New York 1964

Das Wesen des Staates und der Begriff des Politischen in der neueren Staatslehre

I.

Zahlreiche Untersuchungen befassen sich in der Gegenwart mit den Wandlungen im Erscheinungsbild des modernen Staates. Seine Beschreibung als Sozialstaat, Verwaltungsstaat oder Justizstaat bildet den Gegenstand vieler Darstellungen[1]. Dem Wesen und Begriff des Staates selbst aber wendet sich in der heutigen deutschen Staatslehre nur selten die Aufmerksamkeit zu. Das hat seinen Grund nicht nur in der stärkeren Hinwendung zu der Position des Individuums im Spannungsfeld des Einzelnen und des Gemeinwesens, die das Erbe der Überforderung staatlicher Macht in der jüngsten deutschen Vergangenheit ist. Der Grund ist vor allem im Stande der staatsrechtlichen Vorstellungen zu suchen, die immer noch weithin im Banne längst überholter Begriffsbildungen des 19. Jahrhunderts verharren und die Lösung der staatlichen Grundfragen allein in formalen Rechtskonstruktionen suchen. Es stellt einen eigenartigen Zug der neueren Erörterung über Staat und Politik in Deutschland dar, daß sie häufig ihren Ausgang nicht von einer Untersuchung des Staates, sondern von dem Begriff des Politischen aus nimmt. Diese Neigung dürfte sich schon auf Max Weber zurückführen[2] und sie erfährt eine Verstärkung durch die moderne soziologische Forschung, die sich gern den technischen Mitteln der Staatsführung und dem Ringen um die Staatsmacht zuwendet und so eher das Feld der Auseinandersetzungen analysiert als die umfassendere Frage nach Grund und Sinn der staatlichen Gemeinschaft behan-

Aus: Staatsverfassung und Kirchenordnung. Festgabe für Rudolf Smend zum 80. Geburtstag. Hrsg. von Konrad Hesse, Siegfried Reicke, Ulrich Scheuner. Tübingen 1962, S. 225 - 260. — Abdruck mit freundlicher Genehmigung des Verlages J. C. B. Mohr (Paul Siebeck), Tübingen.

[1] Vgl. etwa *Forsthoff*, Verfassungsprobleme des Sozialstaats, 2. Aufl. 1961; *R. Marcic*, Vom Gesetzesstaat zum Richterstaat, 1957; *A. Hollerbach*, AöR 85 (1960), S. 243 ff.

[2] Grundlegend ist seine Schrift „Politik als Beruf", 1919, 3. Aufl. 1958. Ist hier die Verbindung von Staat und Politik festgehalten, so wird sie abgelehnt bei *Carl Schmitt*, Der Begriff des Politischen, 1927, 2. Aufl. 1932 (diese Auflage ist der 3., zum Teil gekürzten von 1933 vorzuziehen). In der Gegenwart nimmt diesen Ausgangspunkt *Grewe*, Der Begriff der politischen Partei, in: Festgabe f. Erich Kaufmann, 1950, S. 70 ff. sowie *D. Sternberger*, Begriff des Politischen, 1960.

delt. Bei einem Autor, dessen Definition des Politischen weitreichende Wirkung entfaltet hat, bei Carl Schmitt, wird freilich der notwendige Zusammenhang zwischen dem Politischen und dem Staate in Abrede gestellt und für das Politische ein eigener Kategorienbereich in Anspruch genommen[3]. In der Tat sind aber die Begriffe des Staates und des Politischen als Bezeichnung eines Grundbereiches menschlicher Lebensgestaltung unlöslich aufeinander bezogen. Es könnte daher unwesentlich erscheinen, von welchem der beiden Begriffe eine Betrachtung den Ausgang nimmt. Doch liegen gewisse Nachteile in dem Einstieg vom Begriff des Politischen her. Innerhalb des staatlichen Geschehens wird im Bereich des Verfassungsrechts die Zone der politischen Vorgänge als eine engere, zentrale Sphäre abgegrenzt, die sich von den mehr ausführenden Aufgaben im Staate unterscheidet. Hier tritt ein besonderer Sinn des Wortes „politisch" hervor, der auf Differenzierungen im Staate abzielt und daher das Ganze staatlicher Existenz aus den Augen verlieren kann[4]. Der Begriff des Politischen verlockt aber ferner, ihn in einen Gegensatz zum Unpolitischen, zum Neutralen zu stellen und ihm damit, angesichts der Vielseitigkeit des oft polemisch verwendeten Wortes „neutral", einen positiven oder negativen Akzent zu geben, der wiederum vom Kern der Frage nach dem Wesen politischen Handelns und Geschehens wegführt[5]. Wer sich um eine Klärung der Begriffe „Staat" und „Politik" bemüht, wird darum besser vom eigentlichen Kern der Fragestellung, von der Bestimmung des Staates und seiner Stellung im menschlichen Zusammenleben ausgehen.

Die deutsche Lehre vom Staat hat im Laufe des 19. Jahrhunderts die Verbindung zu der älteren gemeineuropäischen Tradition der Staatsauffassung mehr oder weniger gelockert. In der Rechtswissenschaft unterlag sie nach der Mitte des Jahrhunderts einer doppelten Einwirkung, einer methodischen wie einer politischen, die sie nach einer vielfältig bewegten voraufgehenden Diskussion auf den Weg einer formalen Verengung und Erstarrung führte. Mit dem Heraufkommen der Richtung C. F. von Gerbers und Labands ergab sich auch die Theorie des öffentlichen Rechts der systematisch-konstruktiven Methode, die das Recht von seinen politischen und sozialen Voraussetzungen löste und als ein System abstrakter Begriffe und ihrer formalen Verknüpfung verstand. In ihr vermochte auch der Begriff des Staates, herausgenommen aus einer umfassenderen philosophischen Anschauung und auf eine „rein juristische" Begriffsbildung zurückgeführt, nur mehr einen

[3] *C. Schmitt,* S. 11 - 15.

[4] Zu diesem besonderen Begriff des Politischen siehe *R. Smend,* Die politische Gewalt im Verfassungsstaat, 1923, jetzt in: Staatsrechtliche Abhandlungen, 1955, S. 77 ff.

[5] Vgl. wiederum *C. Schmitt,* S. 11 f.

formal rechtskonstruktiven Ausdruck finden. Es war das Anliegen dieser methodischen Bewegung, eine Trennung der Rechtswissenschaft von politischen und sozialen Erwägungen herbeizuführen. Das war im Schoße der Zivilrechtswissenschaft ein — mit allen damit verbundenen Verzichten und Verhärtungen — durchführbares und hier von dem ernsten Streben nach Unabhängigkeit und Objektivität getragenes Streben[6]. Im Bereiche des öffentlichen Rechts, des Verfassungsrechts zumal, das von den politischen Bewegungen und Wertungen unmittelbar lebt, war dieses Bemühen notwendig vergeblich. Die Trennung von den politischen Grundlagen des Rechts bedeutete hier nichts anderes als die Hinnahme des Bestehenden, den Verzicht auf eine prinzipielle Auseinandersetzung mit der gegebenen politischen Ordnung. Und eben hierin liegt die zweite, die politische Stellungnahme dieser Lehre. Mit der Gründung der nationalen Einheit, mit dem Erfolg des fest gegründeten konstitutionellen Staates waren die Kämpfe der der Revolution von 1848 folgenden Generation zum Abschluß gekommen. Die Führer der positivistischen Schule im Staatsrecht nahmen dies Ergebnis nicht nur an, sie standen auf seiner Seite und ihre juristische Begriffsbildung stand im Dienste der Verfestigung der gewonnenen Lösung[7].

Es mag genügen, das an einigen wenigen Grundzügen nachzuzeichnen. Aus der älteren Lehre übernahm Gerber als einen Zentralbegriff die Staatsgewalt zur Bezeichnung der Willensmacht des Staates. Ihren Inhalt bestimmte er als Herrschen, dem gegenüber die Bürger des Staates nur als Objekte erscheinen[8]. Der Untertan wurde als dem Staat gegenüber in einem dem familienrechtlichen Verhältnis verwandten personenrechtlichen allgemeinen Gewaltverhältnis befindlich angesehen[9], in dem die staatsbürgerlichen Rechte nur objektive Rechtssätze, aber keine individuellen Berechtigungen darstellen[10]. Sprach sich schon in

[6] Daß in dieser Trennung vom Politischen ein Moment des Strebens nach Gerechtigkeit und Unparteilichkeit der Rechtslehre liegt, hat *Wieacker* in seiner Biographie Windscheids mit Recht hervorgehoben (Gründer und Bewahrer, 1959, S. 193 f.).

[7] „Nachdem die Tat der Neugestaltung Deutschlands vollbracht ist, entsteht das Bedürfnis, sich zum Bewußtsein zu bringen, worin diese Tat bestanden hat, welchen Erfolg sie bewirkt hat. Die Befriedigung dieses Bedürfnisses ist eine Aufgabe der Rechtswissenschaft." So *Laband* in der Vorrede zur ersten Auflage seines Staatsrechts, 1876 (zitiert nach 5. Aufl., Bd. I, 1911, S. VI). Zur antiliberalen Grundhaltung Gerbers siehe *W. Wilhelm*, Zur juristischen Methodenlehre im 19. Jahrhundert (Frankfurter Wiss. Beiträge, 14), 1958, S. 124 f., 156.

[8] *C. F. v. Gerber*, Grundzüge eines Systems des deutschen Staatsrechts, 2. Aufl. 1869, S. 21, Anm. 3, 42, 220. Zur Willens- und Herrschermacht des Staates siehe schon *Zoepfl*, Grundsätze des allg. und des constitutionell-monarchischen Staatsrechts, 3. Aufl. 1846, S. 89 f.

[9] Heute ist der Begriff des Gewaltverhältnisses zu einer traditionellen Ermächtigung abgeschwächt, bei *Gerber* (S. 223) aber meint er noch ein volles Unterworfensein.

diesen auf das amtliche Gebot abgestellten Begriffen und in der Einschätzung der Untertanen die Anknüpfung an die überlieferte monarchische Anschauung aus, so trat der gleiche Zug darin hervor, daß von den beiden Organen des Staates, Fürst und Volksvertretung, nur dem ersteren eine unmittelbare Realisierung der Staatsgewalt, dem Parlament nur eine Art Mitwirkung zugeschrieben wird[11]. In die gleiche Richtung weist der von Laband entwickelte Begriff der Sanktion, der entgegen einer nur vorbereitenden Mitwirkung des Parlaments den eigentlichen Gesetzesbefehl dem Bundesrat zuschreibt[12], den Schwerpunkt der Gesetzgebung also in den Akt der verbündeten Regierungen verlegt. Die Reihe solcher Begriffsbildungen, von denen etwa die Sanktion bis in die Gegenwart ein zähes Nachleben führt, läßt sich leicht vermehren. Es zeigt sich, daß jene vom Politischen abgesetzte Begrifflichkeit alles andere als unpolitisch war. Sie war vielmehr bestimmt, entgegen dem Ansatz der liberalen Auffassung den Kernpunkt der Macht beim Monarchen zu belassen, die Präponderanz der Beamtenorganisation vor der Volksvertretung, das Übergewicht der Staatsbehörden gegenüber dem einzelnen zu sichern. Die Begriffe Gerbers verliehen einer bestimmten, nämlich der monarchisch-konservativen Anschauung Form. Daß sie sich über zwei Umwälzungen hinweg in einer demokratischen Verfassung erhalten haben und hier die Vorstellungen von Herrschaft, Gewaltverhältnis, Gesetzesbefehl, unmittelbaren Organen oder Verfassungsorganen fortdauerten, ist nur begreiflich, wenn man sich die prägende Wirkung dieser spätkonstitutionellen politischen Welt auf das deutsche Bürgertum vergegenwärtigt. Hinter dieser ganz auf die monarchische Tradition abgestellten Begriffswelt wird ein Kapitel deutscher Verfassungsgeschichte sichtbar. Dem deutschen Liberalismus war es nicht gelungen, zur entscheidenden Mitwirkung im Staate aufzusteigen, aber er fand sich nach der Reichsgründung in seiner Mehrheit mit dem Errungenen ab. So wie die Monarchie im konstitutionellen System Deutschlands den Kern der Macht festhielt, so vermochte auch die staatsrechtliche Begriffsbildung den Schritt von einem im Herrscher und seinen Dienern zentrierten Staatsdenken zu einer Anschauung

[10] S. 33. Dagegen werden die Bürgerrechte als echte persönliche Rechte bereits früher angesehen von *Zachariae,* Deutsches Staats- und Bundesrecht, 3. Aufl. 1865, Bd. 1, S. 143.

[11] Immerhin erkennt *Gerber* an, daß es die Aufgabe der Volksvertretung sei, vom Volk ausgehende Motive dem Staat laufend zuzuführen (S. 223). *Laband* ging dagegen so weit, zu leugnen, daß das Volk durch seine Vertretung einen Anteil an den Staatsgeschäften nehme. Nach erfolgter Wahl höre jeder Anteil des gesamten Volkes auf (Staatsrecht des Dt. Reiches, 5. Aufl., Bd. 1, 1911, S. 297).

[12] Bd. 2, S. 29. Der Beschluß des Reichstags wird als Erklärung nur gegenüber dem Bundesrat, nicht etwa an das Volk definiert (S. 28). Vgl. dagegen *Zachariae,* Bd. 2, S. 167, wo klar die Einwilligung (Zustimmung) der Volksversammlung herausgearbeitet ist.

nicht zu vollziehen, die die politische Leitung aus der Vereinigung und dem Auftrag der Bürger des Gemeinwesens ableitete[13], nicht einmal später nach dem Sturz der Monarchie.

Daß die staatsrechtliche Begriffsbildung in innerer Verbindung zu den politischen Auseinandersetzungen einer Epoche erfolgt, ist ein oftmals wiederholter und unter dem Aspekt der Zeitbezogenheit der Denkformen[14] natürlicher Vorgang. Erst das Festhalten der Begriffe eines vergangenen Zeitabschnittes unter veränderten Bedingungen, wie wir es in der Folge in der deutschen Lehre beobachten können, muß sich eine kritische Beurteilung gefallen lassen. Dennoch ist auch schon für die spätkonstitutionelle Staatstheorie des ausgehenden 19. Jahrhunderts in Deutschland die Frage zu stellen, ob sie nicht durch ihre einfache Neigung zur Transposition des Bestehenden ins Allgemeine und ihre weitgehende Anknüpfung an noch vorkonstitutionelle oder frühkonstitutionelle Anschauungen bereits hinter den Problemen der Zeit zurückblieb[15]. Gilt das auch von der Behandlung der allgemeinen Grundfragen der Staatslehre? Die Antwort hierauf fällt deshalb nicht leicht, weil in der Stellungnahme der Theorie des späteren 19. Jahrhunderts die Einwirkungen aus der zeitgenössischen politischen Lage (im Sinne einer unkritischen Bestätigung des Bestehenden) sich mit denen der methodischen Einstellung begegneten, die in der gleichen Richtung wirkten. Von den letzteren wird alsbald zu sprechen sein. Das politische Moment wird in erster Linie spürbar in einer Staatsvorstellung, die den Staat als eine aus sich selbst, aus seinem faktischen Bestand begründete Erscheinung, als ein hinzunehmendes historisches Faktum betrachtete[16]. Damit trat die Theorie in einen Gegensatz zu

[13] Statt dessen verharrte die deutsche Staatslehre in einem eigenartig substanzhaften Denken vom Staat als einem dem Volke gegenüberstehenden Willensverband. Vgl. *Gg. Jellinek*, Staatslehre, 3. Aufl., 5. Neudr. 1929, S. 180 f., 406 ff., für den das Volk zu einem Element des beherrschenden Staatsverbandes herabsinkt.

[14] Zu der Zeitnähe in der Vergegenwärtigung der Normen und Begriffe (am Beispiel der hermeneutischen Aufgabe) siehe *Gadamer*, Wahrheit und Methode, 1960, S. 373 ff.

[15] Im neueren Schrifttum hat sich die Neigung verbreitet, das Zeitalter des ausgehenden 19. Jahrhunderts und seine Institutionen mit dem Beiwort „klassisch" zu schmücken. Versteht man dies Wort im echten Sinn einer Zeit der reifen Höhe, der bleibenden und geschlossenen Form und der verbindlichen Gestaltung — zum Begriff der Klassik jetzt *Paul Frankl*, The Gothic, Princeton 1960, S. 620 ff. und *Gadamer*, S. 269 ff. —, dann besteht kein Anlaß, die großbürgerliche Welt einer geistig bereits an sich zweifelnden Epoche, in deren kulturellem Leben Niedergangserscheinungen auftraten, als klassisch anzusprechen. Die Tatsache allein, daß die deutsche Rechtswissenschaft den formalen Abschluß ihrer Lehren in Kodifikationen erreichte (deren Zustandekommen der politischen Einigung zu danken war), berechtigt dazu nicht.

[16] Auf dies Anerkennen der Faktizität weist hin *Smend*, Art. „Staat", in: Ev. Kirchenlexikon, Bd. 3, 1959, Sp. 1106.

der deutschen Lehre des 18. Jahrhunderts, aber auch der folgenden Jahrzehnte. Im 18. Jahrhundert stand die deutsche Staatslehre im Strom der allgemeinen europäischen Meinung der Aufklärung und damit noch in der freilich stark säkularisierten christlichen Tradition. Die Frage nach dem Staat wurde im Rahmen einer philosophischen Gesamtkonzeption des menschlichen Lebens beantwortet. Seit dem Aufkommen des rationalen Naturrechts wurde der Staat nicht mehr als reines Moment der Herrschaft von göttlicher Einsetzung und Inpflichtnahme, sondern als Konsequenz des natürlichen Bedürfnisses des Menschen zur Vergemeinschaftung angesehen. Seine Grundlage wurde dabei in der Vereinigung aller erblickt, auch dort, wo die Theorie alsbald eine Übertragung der Herrschaft auf den Herrscher annahm[17].

Die westliche Staatslehre ist noch im 19. Jahrhundert in Verbindung mit den älteren Linien der Staatsanschauung geblieben. Das gilt vor allem für das angelsächsische Denken, dessen entscheidende Vorstellungen bereits am Ende des 17. Jahrhunderts sich ausgeformt hatten. Hier war der Staat das Gemeinwesen der Bürger, gegründet und begrenzt durch den Konsens aller, in dem Macht nur im Auftrag des Volkes und als Amt (trust) ausgeübt wurde, gebunden an die überlieferte Idee des Gemeinwohls[18]. In Frankreich haben die älteren Vorstellungen unter dem Einfluß Rousseaus gewisse Umformungen erfahren. Wo die Idee der direkten Herrschaft des Volkes einen unmittelbaren Ausdruck suchte, hat sie freilich nur zu messianischen Hoffnungen einer politisch-sozialen Neuordnung geführt[19]. Aber mit dem Gedanken der souveraineté nationale, dem Ausdruck des allgemeinen Willens, wurde doch ein Element eingeführt, das in seiner Befreiung von der sittlichen und rechtlichen Bindung, die auch den Herrscher der älteren Lehre stets umgeben hatte, dem Staatsdenken einen eigentümlich radikalen und absolutistischen Zug verleihen konnte. Im ganzen hielt sich aber die französische Theorie dem Immanenzdenken des Staates ebenso fern wie der einfachen Anerkennung faktischer Macht. Sie vermochte daher dem Staat gegenüber „kritisch" zu bleiben[20] und verstand auf dem Boden einer allgemeinen Idee des Gemeinwohls den besonderen Zug der ge-

---

[17] Um nur zwei für die Staatspraxis bedeutsame Autoren zu nennen, finden wir diese Konzeption bei dem Frhrn. *v. Martini*, Allgemeines Recht der Staaten, 2. Aufl., Wien 1788, S. 5 ff. und bei *C. G. Svarez* in seinen Kronprinzenvorträgen, 1791/92 (*Conrad / Kleinheyer* [Hrsg.], Vorträge über Recht und Staat von C. G. Svarez. Wiss. Abh. der Arbeitsgemeinschaft f. Forschung des Landes NRW, Bd. 10, 1960, S. 6 f., 462 ff.).

[18] Für eine gegenwärtige Darlegung dieser Gedanken siehe *Ernest Barker*, Principles of Social and Political Theory, 2. Druck 1952, S. 184 ff., 226 ff.

[19] Vgl. *Talmon*, Political Messianism, 1960, S. 35 ff.

[20] *R. Smend* hat in seinem Art. „Staat" als „kritisch" das Staatsdenken eines Abstandes und eines wertenden Gegenübers zum Staate verstanden (Sp. 1106).

schichtlichen Entwicklung, die zur Teilnahme des ganzen Volkes, zur Demokratie führte, zu erfassen[21].

In Deutschland[22] stand Kant mit der Einbettung der Staatsvorstellung in eine Philosophie der menschlichen Selbstbestimmung zur sittlichen Freiheit noch in der Überlieferung, wenngleich die Ablehnung des allgemeinen Wohls als Aufgabe des Staates[23] und die zentrale Stellung des Freiheitsbegriffes in seiner individuellen Prägung schon darüber hinausführt. Bei Hegel dagegen gewinnt der Staat jenseits individueller Vereinigung und Zwecksetzung eine objektive immanente Rechtfertigung als geschichtliche Verwirklichung, als gegenwärtiger Geist[24]. Gehen in diese Konzeption auch die individuellen Zwecke dialektisch als Vorstufe ein, so liegt hier doch ein wirksamer Ansatz zu einem Verständnis des Staates als in sich ruhender Erscheinung. Strömungen der Folgezeit haben den Immanenzgedanken, gelöst von den menschlichen Trägern politischer Vereinigung, weiter entwickelt. Fr. J. Stahl faßt den Staat auf als sittliches Reich, gegründet nicht auf die einzelnen Menschen, sondern auf das Volk als Ganzes, das „seine Bestimmungsgründe, die Macht und das Gesetz seines Bestandes und seiner Wirksamkeit in sich trägt“[25]. Aus seiner theistischen Anschauung konnte er den Staat, nicht ganz ohne Beziehung zum Volk, aber doch ohne Verbindung mit dem aktualen Volkswillen, in sich gründen. Die Verbindung, die sich von dort mit einer Ansicht ergab, die die Obrigkeit in den Mittelpunkt des Staates rückte[26], die Ablehnung aller vertraglichen Vorstellungen wie auch der Verknüpfung der Aufgabe des Staates mit einer individuellen Lebenssicherung, zeigen, wie sehr sich hier eine Auffassung geltend machte, die den Staat institutionalisierte und von seinen personalen Grundlagen löste. In der gleichen Richtung wirkte die Idee des Organismus ein, die in unklarem Anschluß an naturwissenschaftliche Bilder wiederum kollektivierenden Tendenzen Anhalt bot, auch wenn sie später von Gierke genossenschaftlich aufgefaßt wurde und damit den Beitrag individueller Vereinigung eher zur Gel-

---

[21] Siehe *A. de Tocqueville*, La démocratie en Amérique, 7. Aufl. 1839, Bd. 2, S. 102 ff.

[22] Zur Abwendung der idealistischen Philosophie von der naturrechtlichen Sicht siehe meine Ausführungen in Studium Berolinense, Gedenkschrift zur 150. Wiederkehr des Gründungsjahres der Fr.-Wilh.-Universität zu Berlin, 1960, S. 134 ff. (abgedruckt in diesem Band als Beitrag Nr. 3).

[23] Metaphysik der Sitten, § 89.

[24] Rechtsphilosophie, §§ 270, 274. Von dieser Auffassung her wird auch der Gedanke des allgemeinen Besten von seiner Ausrichtung auf das Wohl der Individuen gelöst und auf die konkrete staatliche Gestalt bezogen (§ 126).

[25] Die Philosophie des Rechts, 5. Aufl., Bd. II, 2, 1878, S. 133, 140.

[26] S. 142; zu der notwendigen Ableitung des monarchischen Prinzips aus diesen Ansätzen *E. Kaufmann*, Studien zur Staatslehre des monarchischen Prinzips, 1906, S. 79.

tung zu bringen vermochte. Mit dem Aufkommen der „juristischen“ Methode fanden diese Neigungen, den Staat als eine für sich bestehende, weiterer Begründung aus dem Ganzen des sozialen Lebens nicht bedürftige Gegebenheit anzunehmen, ihren rechtskonstruktiven Ausdruck in der Behandlung des Staates als Rechtssubjekt. Nun wurde, in Entlehnung aus dem Privatrecht, der Staat als Willensmacht, als Herrschaft aufgefaßt, der über Volk und einzelne gebietet[27].

Die gegen Ende des 19. Jahrhunderts eintretende Einengung der deutschen Staatslehre auf eine beschreibende und rechtskonstruktive Behandlung des Staates ist ferner vor allem das Ergebnis des Aufstiegs der positivistischen Rechtsmethode. Eine tiefere Begründung der Aufgabe und Natur des Staates wurde nicht mehr als Aufgabe der Rechtswissenschaft angesehen, sondern in die Philosophie als etwas von rechtlicher Untersuchung Getrenntes verwiesen[28]. Auch bei Georg Jellinek, der noch die älteren Theorien überblickt und darstellt, sind sie doch nur mehr Zeugnisse einer überwundenen Ideengeschichte. In Wirklichkeit traten im Positivismus an die Stelle philosophischer Begründungen vitalistisch-naturalistische Vorstellungen, die zumeist am Staate das Moment der Macht in den Vordergrund rückten[29]. In der Tat erhält auch bei Georg Jellinek das Faktum der tatsächlichen, d. h. machtmäßigen Existenz des Staates eine normbegründende Bedeutung[30]. Die positivistische Richtung der Rechtswissenschaft strebte danach, das Recht als einen eigenen Bereich dogmatischer Kategorien und Rechtsinstitute unabhängig von seinen gesellschaftlichen Grundlagen — die nur den Ausgangspunkt lieferten — und von tieferen philosophischen Überlegungen als ein geschlossenes System des rechtlichen Denkens zu entwickeln. Dieses Ziel, in das Savignys Lehre vom selbständigen Rechtsinstitut[31], aber auch naturrechtliche Systemgedanken eingingen, führte

---

[27] *C. F. v. Gerber*, Grundzüge eines Systems des deutschen Staatsrechts, 2. Aufl. 1869, S. 220/21. Bei *Albrecht* (Gött. Gelehrte Anzeigen, 1837, 150./151. Stück, S. 1492) bedeutet die Persönlichkeit des Staates, in der er den Schlüssel einer „wahrhaft staatsrechtlichen“ Auffassung erblickt, daß dem Individuum im Bereich des Staates als Haupt oder Glied desselben jede Persönlichkeit abgesprochen wird. Hier sieht man deutlich, wie die Rechtskonstruktion des Staates mit der Tendenz zusammenhängt, den Staat immanent, unabhängig von seinen menschlichen Gliedern, aufzurichten. Der Glaube, die Grundfragen des Staates mit einer Rechtsformel lösen zu können, bezeichnet auch methodisch den Weg der Verarmung des deutschen staatsrechtlichen Denkens. Eine Rechtskonstruktion — an sich brauchbar — tritt an die Stelle einer wirklichen Staatstheorie.

[28] Vgl. *C. F. von Gerber*, S. 21, Anm. 2.

[29] So wird bei *Gerber* (S. 21) die Staatsgewalt als eine „Naturkraft“ bezeichnet.

[30] Vgl. seine Lehre von der normativen Kraft des Faktischen (Allg. Staatslehre, 3. Aufl. 1929, S. 373 ff.), nicht minder aber auch das Element der ursprünglichen Machtdurchsetzung, das in seinen Staatsbegriff eingeht (S. 180).

daher die philosophischen Konzeptionen der älteren Zeit — vor allem Hegels und Stahls — nur mehr in abgekürzter Form als reine Formeln mit[32]. Die systematische Methode zielte darauf ab, durch Lösung von den politischen und wirtschaftlichen Auseinandersetzungen ein objektives und wertfreies System der Rechtsbegriffe zu entfalten. Hier übernahm die den sozialen Gebilden zugewandte Forschung naturwissenschaftliche Methodenlehren und gelangte damit zu einem naturwissenschaftlich orientierten Monismus[33]. Da aber die Sozialwissenschaft nicht wie die Naturforschung einen der Geschichtlichkeit und damit dem Wandel entzogenen Gegenstand besitzt, mußte die rechtliche Konstruktion sich auf ein bestimmtes historisches Rechts- und Staatssystem abstützen. Hier lag die eigentliche Schwäche der „naturwissenschaftlich-juristischen" Lehre. Indem sie die ethischen Grundlagen des Rechts aus ihrer formalen Betrachtung entfernte und auf eine philosophische Begründung des Rechts und des Staates verzichtete, geriet sie in die Abhängigkeit des positiven Gesetzes, damit in die Bahn der Anerkennung des Bestehenden und Geltenden, d. h. in eine Hinnahme der tatsächlichen Macht. Auf der anderen Seite hypostasierte sie bestimmte geschichtliche Inhalte zu zeitlosen und vermeintlich wertfreien Kategorien, wobei sie sich in ihrer methodischen Verengung der Ansatzpunkte einer selbstkritischen Würdigung beraubte[34].

So kam es, daß die Vorstellungswelt des konstitutionellen Militär- und Beamtentums, der schließlich aus den politischen Kämpfen der Jahrhundertmitte siegreich hervorgegangen war, zum Ausgangspunkt der positivistischen Staatstheorie wurde und ihr die Tendenz aufprägte, Volk und Gesellschaft dem Staat als einem in sich ruhenden gebietenden Herrschaftsbereich gegenüberzustellen, in dem das Volk nur mehr ein Objekt (Gerber), eine Grundlage oder ein Element des Staatsbegriffes darstellte.

Es war von den methodischen Voraussetzungen, nach denen der Gegenstand der Forschung in seiner Erscheinung von dem methodischen Ansatzpunkt her fixiert und bestimmt wird[35], folgerichtig, den

---

[31] Über die Herkunft der positivistischen Methoden jetzt vor allem *W. Wilhelm*, Zur juristischen Methodenlehre im 19. Jahrhundert (Frankf. Wiss. Beiträge, 14), 1958, S. 46 ff., 88 ff. und *Wieacker*, Gründer und Bewahrer, S. 187 ff., 204 ff.

[32] Etwa im Bild der „unableitbaren, ursprünglichen Gewalt".

[33] Über das Zurücktreten der idealistischen Strömungen und das Nachrükken naturwissenschaftlich-monistischer Denkformen siehe jetzt *Th. Schieder*, Das deutsche Kaiserreich von 1871 als Nationalstaat (Wiss. Abh. d. Arbeitsgemeinschaft f. Forschung des Landes NRW, Bd. 20), 1961, S. 55 ff.

[34] Für die gleichzeitige rechtshistorische Forschung wird derselbe Vorgang kritisch beleuchtet bei *E. W. Böckenförde*, Die deutsche verfassungsgeschichtliche Forschung im 19. Jahrhundert, 1961, S. 187 ff.

[35] Vgl. *Gg. Jellinek*, 136 ff., S. 162 f.

Staatsbegriff schließlich aufzuspalten in einen sozialen und einen juristischen Begriff[36]. Zwar wurden diese beiden Begriffe aufeinander bezogen, aber im Ergebnis blieb für den Rechtsbegriff vom Staate nur die leere Form des mit Herrschermacht ausgerüsteten Rechtssubjekts[37]. Die Konstruktion des Staates als Rechtsperson hat ihren Nutzen als Ausdruck der Einheit der politischen Vereinigung, der sich ihre Glieder und ihre Amtsträger zuordnen. Sie offenbart aber ihre Schattenseite darin, daß sie den eigentlichen Kernvorgang staatlichen Lebens, die Gewinnung der Einheit aus der Vielfalt der sozialen Kräfte und geistigen Strömungen, verdeckt und statt dessen hinter den mit der Leitung des Staates betrauten Organen eine Art substantiellen Staatswillen annimmt[38].

Die letzte Konsequenz neukantischer Methodik hat in eindrucksvoller Geschlossenheit Hans Kelsen vollzogen, indem er die Lehre vom Recht streng auf die Fragen der formalen Verknüpfung der Normen beschränkte. Der Staat wurde in dieser Sicht zu einem reinen rechtlichen Anknüpfungspunkt und verschmolz mit der Rechtsordnung[39]. In einer solchen Sicht reiner Normativität ist zwar das inhaltliche Moment politischer Gestaltung beim Staate völlig getilgt, aber auch der Gegenstand der Staatslehre verlorengegangen.

Es hat gegenüber dieser Entwicklung der positivistischen Staatslehre nicht an zeitgenössischen warnenden Stimmen gefehlt. Otto v. Gierke hat in zwei grundlegenden Besprechungen[40] die „Überschätzung der Leistungskraft der formalen Logik" gerügt[41], an der Notwendigkeit einer philosophischen Grundlegung der Staatslehre festgehalten[42] und deutlich erkannt, daß der Rechtsformalismus letztlich zur Anlehnung an

[36] *Jellinek*, S. 174 ff. Neuere Autoren haben diese Aufgliederung des Staatsbegriffes nach der Betrachtungsweise noch weiter geführt und noch die ideelle oder ethische Betrachtung des Staates unterschieden. Vgl. *Laun*, Allg. Staatslehre, 7. Aufl. 1948, S. 8, 19/20; *Nawiasky*, Allg. Staatslehre, Bd. 1, 1958, S. 1 ff. In Wirklichkeit drückt sich hier der im neukantischen methodischen Ansatz liegende Auseinanderfall eines mehreren Wissenschaftszweigen gemeinsamen Gegenstandes aus, der nur einheitlich erfaßt werden kann. Richtig *R. Thoma*, Grundriß der Allg. Staatslehre, 1948, S. 13.

[37] Zur Kritik des methodischen Ansatzes der positivistischen Rechtswissenschaft und zu ihrer formalen Entleerung immer noch grundlegend *E. Kaufmann*, Kritik der neukantischen Rechtsphilosophie, 1921, S. 64 ff., 75 ff.

[38] Zu diesen Nachteilen der Personifizierung des Staates, sofern sie über eine rechtstechnische „Chiffre" hinausgeht, auch *Bäumlin*, Staat, Recht und Geschichte, 1961, S. 19.

[39] Zur Kritik an Kelsen siehe *Smend*, Staatsr. Abh., S. 132 f.; *H. Heller*, Staatslehre 1934, S. 54 f.

[40] Die Grundbegriffe des Staatsrechts, 1874, Neudruck 1915; Labands Staatsrecht und die deutsche Rechtswissenschaft, 1883, Neudruck 1961.

[41] Labands Staatsrecht, S. 14.

[42] S. 22.

die Tatsache der Macht und zur Unterwerfung unter die Kategorie des Nutzens führen werde[43]. Aber was Gierke demgegenüber selbst darzubieten hatte, reichte nicht zu. Zwar vermied seine Lehre vom Organismus allzu grob biologische Bilder und suchte den Aufbau des Staates als Personenverband zu klären. Aber gegen die organische Theorie muß Ähnliches eingewandt werden wie gegen die Personifizierung des Staates. Sie setzt die Zuordnung der Kräfte zur Einheit schon voraus, um deren Gewinnung es im Staate geht. Daher werden gerade die zentralen Vorgänge staatlicher Selbstbestimmung nicht erfaßt oder in ihrer komplexen Struktur unter ein genossenschaftliches Schema gepreßt.

II.

Es ist oft beobachtet worden, daß angesichts der Erstarrung und Formalisierung des Staatsbegriffes im Bereich der positivistischen Rechtswissenschaft zum Ende des 19. Jahrhunderts die eigentliche Diskussion um die Grundfragen von Staat und Politik im Felde anderer Wissenschaftszweige geführt worden ist, vor allem in der Soziologie und in der Geschichtswissenschaft[44]. Für den tieferen Einblick kann kein Zweifel bestehen, daß zu den wichtigsten und wirkungsreichsten Erörterungen der Probleme des Staates im späteren 19. Jahrhundert die sozial- und geschichtsphilosophische Lehre von Karl Marx gehört, die ungeachtet ihrer geistigen Herkunft aus der idealistischen Welt entschieden aus der Sphäre der überlieferten Vorstellungen heraustrat. Sie bleibt der idealistischen Epoche verbunden in der zentralen Stellung, die sie der menschlichen Selbstverwirklichung und dem Problem der Entzweiung und Selbstentfremdung des Menschen zuweist. Aber sie tritt aus ihr heraus, indem sie die Befreiung und Erfüllung des menschlichen Daseins nicht der eigenen sittlichen Entfaltung zuweist, sondern von der Änderung der zur Entfremdung beitragenden ökonomischen Umweltbedingungen erwartet[45]. Hier geht Marx weit über Hegel hinaus in der Richtung auf eine Verflechtung der menschlichen Person als eines Gattungswesens in die gesellschaftliche Entwicklung. Damit ergibt sich ein verändertes Menschenbild, vor allem aber zugleich eine Akzentverschiebung gegen den Staat, der nicht mehr als Abschluß menschlicher Vergesellschaftung, sondern als Ausdruck der eine freie Vereinigung hemmenden ökonomisch-politischen Kräfte erscheint. Der Staat rückt in eine doppelte Negation. Er wird zum Instrument der gesellschaftlichen Entfremdung,

---

[43] S. 96.

[44] Vgl. *Smend*, Politisches Erlebnis und Staatsdenken seit dem 18. Jahrhundert, 1943, jetzt in: Staatsr. Abh., S. 356.

[45] Vgl. hierzu *Löwith*, Max Weber und Karl Marx, in: Gesammelte Abhandlungen, 1960, S. 57 f.

zur Sicherung der feudalen oder kapitalistischen Herrschaft und damit letztlich zu einem bloßen Machtapparat. Zweitens aber tritt der Staat im Zeichen der utopischen Erwartung einer klassenlosen Gesellschaft, die ohne eine rationale Institutionalisierung der Ordnung und des Friedens bestehen soll, in die Perspektive der historischen Überwindung[46]. Das erste Element der Staatsauffassung bei Marx berührt sich mit der Einschätzung des Staates als Macht, die seither in der modernen Soziologie eine weite Wirkung geübt hat. Das zweite Moment dagegen ist eingebettet in die Geschichte der radikalen demokratischen Strömungen mit chiliastischem Einschlag, in die Kette der Theorien von der Überwindung weltlicher Obrigkeit und aller menschlichen Unterordnung zugunsten einer volle Erfüllung menschlichen Daseins verheißenden gesellschaftlichen Daseinsform, die seit dem französischen Frühsozialismus die Moderne durchziehen. Die Geschichte hat noch immer gelehrt, daß Staatsvorstellungen dieser Art im Zeichen des erhofften Endumschlages zur stärksten faktischen Machtkonzentration neigen. Die heutige marxistisch-leninistische Theorie hat diese Grundzüge einer Auffassung des Staates als Herrschaftsinstrument noch schärfer nachgezeichnet. Ihr ist der Staat „Institution der herrschenden Klasse"[47], der als feudaler oder bürgerlicher Staat nur einen Zwangsapparat der dominierenden Minorität darstellt. In der Periode des Überganges freilich, den die Diktatur des Proletariates bildet, steigt der Staat zu einem höheren Typus auf, dem die Organisierung des Sozialismus, die Überleitung in eine neue Gesellschaft aufgegeben ist[48]. In diesem neuen Staat verkörpert sich eine Sicht des Staates als eines ganz auf den Endzweck abgestimmten, ganz in seiner Funktion tätigen zentralen Apparates, dem auch eine theoretische Bemühung gilt. Mit dem Überwiegen des Endzieles aber gewinnt dieser Staatstyp gegenüber dem Menschen einen Zug des Übermächtigen, dem gegenüber nicht nur jeder kritische Abstand entfällt, sondern dem auch die Einzelnen verfügbar werden. Wo das Ziel nicht mehr am gemeinen Besten gemessen werden kann, wo der Konsens der Bürger als agens durch ein Entwicklungsgesetz ersetzt ist, stehen wir vor einem Bilde der politischen Einheit, das die in der europäischen Überlieferung erarbeiteten mäßigenden Momente eines Staatsverständnisses um der Endhoffnung willen verwirft. Der Staat wird hier als Instrument, als Werkzeug eines notwendigen Sozialprozesses gesehen, der eigentliche Prozeß sozialer Gestaltung und Ordnung aber außerhalb seiner gesucht.

---

[46] Über die utopische Seite der Lehre von Marx siehe *Talmon*, Political Messianism, 1960, S. 218 ff.

[47] Große Sowjetenzyklopädie (deutsche Übersetzung Berlin 1957), Art. „Staat", S. 4.

[48] S. 13 f., 85 f.

In der Neigung, am Staate allein das Machtmoment zu betonen, begegneten sich aus verschiedenen Richtungen, von materialistischen wie vitalistischen Strömungen aus, wie auch von einem positivistischen Realismus her, viele Auffassungen im späteren 19. Jahrhundert. Diese Tendenz hat sich vor allem in der modernen Soziologie erhalten. Sie tritt hier etwa in der historischen Ableitung des Staates aus Eroberung und Überlagerung hervor, die allzusehr Kämpfe der Herrschaftsschichten als Inhalt des politischen Geschehens wertet[49]. In einer anderen Wendung des Machtgedankens und des Gegensatzes von Staat und Gesellschaft wird umgekehrt für die heutige Phase der Geschichte ein Zurücktreten des Machtelements und damit überhaupt der leitenden und bestimmenden Rolle des Staates angenommen. So hat in unserem Jahrhundert Léon Duguit von einer Umwandlung des Staates in ein „ensemble des services publics" gesprochen[50]. Solche auch vom Syndikalismus (Harold Laski) aufgenommenen Vorstellungen, die den Staat in die pluralistische Reihe anderer Verbände einfügen, bilden noch in der Gegenwart wirksame Gedanken[51]. Es ist die Schwäche dieser Staatsdeutung, daß sie den Staat nur als Feld des Machtkampfes, der Interessenauseinandersetzung und der Eroberung des Organisationsapparates kennt, ohne darüber hinaus zu der Frage der Bestimmung des Staates für das soziale Leben vorzudringen. Methodik und Neigung der Soziologie veranlassen sie leicht, nur das Technische und Institutionelle am Staate, die rationale Beherrschbarkeit zu sehen, die ethischen Maßstäbe des politischen Lebens und die Einbeziehung des ganzen Volkes in seinen Bereich zu übersehen. Dazu trägt auch das Festhalten am Gegensatz von Staat und Gesellschaft bei, der in dieser Schärfe nur in Frankreich, vor allem aber in Deutschland als Ausdruck des Auseinandertretens von Beamtenstaat und Bürgertum im 19. Jahrhundert entwickelt worden ist[52]. Nur zu leicht verleitet dieser Unterschied dazu, am

---

[49] Eine solche Deutung bei *A. Rüstow*, Ortsbestimmung der Gegenwart, Bd. 1, 1954, S. 37 ff.

[50] Seine Lehre, die jede Personifizierung des Staates ablehnte und aus sozialen Lagen normative Prinzipien ableitete, hat in der französischen Theorie stark nachgewirkt. Kritisch *Burdeau*, Traité de Science Politique, Bd. 2, 1952, S. 27 ff.; *W. Friedmann*, Legal Theory, 4. Aufl. 1960, S. 178 ff.

[51] Wenn *Forsthoff* (Verfassungsprobleme des Sozialstaats, 2. Aufl. 1961) die Entscheidung über die gesteigerte Vorsorge des modernen Sozialstaates nur als unpolitische dienende Funktion unter Vermeidung aller Herrschaft fordert, so liegt das in dieser Richtung einer Technisierung des Staates. Er verkennt, daß gerade die massenwirksamen Sozialentscheidungen des heutigen Staates politischen Charakter tragen und nicht unpolitisch getroffen werden können.

[52] Zur Entstehung dieses Gegensatzes siehe *Conze*, HZ 186 (1958), S. 1 ff.; *Th. Schieder*, Staat und Gesellschaft im Wandel unserer Zeit, 1958, S. 61 ff. Zu seiner Kritik siehe den Beitrag von *Ehmke*, „Staat" und „Gesellschaft" als verfassungstheoretisches Problem, in: Staatsverfassung und Kirchenordnung. Festgabe f. Rudolf Smend, 1962, S. 23 ff.

Staate nur das Zwangsmoment im Unterschied zu der gesellschaftlichen Freiheit zu betonen.

Mit einer sehr großen geistigen Kraft hat Max Weber versucht, den Staat als Machtorganisation zu begreifen und strukturell zu analysieren. Er sah das den Staat gegenüber anderen Verbänden Kennzeichnende im „Monopol legitimer physischer Gewaltsamkeit“[53], in der Herrschaft. Im Mittelpunkt dieser Anschauung steht der rationale Machtapparat, der jeweils im Machtkampf gewonnen und angewendet werden kann. Es entsprach dem Streben Webers nach wertfreier Erkenntnis, daß er diesen Machtkampf nur beschreibend untersucht, ihn aber keinen Maßstäben unterwirft. In der Tiefe seines Denkens blieb aber die Forderung nach Zügelung der Macht und verantwortlichem Handeln erhalten. In dem Gedanken einer Verantwortungsethik des politischen Handelns (als einer im Unterschied zu normativ gedachter Gesinnungsethik an den Folgen orientierten teleologischen Wertskala) gab Weber, eigentlich in einem Gegensatz zu seiner wertfreien Einstellung, diesem Ziel Ausdruck[54]. Daß die Macht für Weber, obwohl er gern von „physischer Macht“ spricht, ein geistiges Phänomen war, zeigen seine Typen der Legitimierung der Herrschaft, die überwiegend geistige Kräfte hervorheben.

Daß der Begriff der Macht allein nicht zureicht, um den Staat in seiner Aufgabe im menschlichen Leben zu kennzeichnen und zu begründen, wird bei Max Weber in seinem Fragen nach der Legitimierung der Herrschaft erkennbar. Seine Antwort weiß freilich nur typisierende Hinweise auf Motive zu geben. In der Stufe des europäischen Denkens, als die Auffassung vom Staate als Macht sich ausbreitete, bot sich aber eine andere Ausfüllung der hier entstehenden Lücke an. Im nationalen Staate, in der Einigung und Verkörperung der Nation sah die europäische Welt Bestimmung und Legitimation des Staates[55]. Die Schwäche und Gefahr dieser Theorien, die damit den Staat in den Dienst eines anderen, teils romantisch konzipierten, teils naturalistisch verstandenen sozialen Gebildes stellten, sind erst in unserer Zeit in der expansiven Übersteigerung des Nationalgedankens in der Außenpolitik und seiner zerstörenden Funktion für die Gerechtigkeit staatlicher Ordnung im Innern deutlich sichtbar geworden. Die Bedeutung kultureller und traditionaler Zusammengehörigkeiten für die staatliche Einheit, das

[53] Politik als Beruf, 3. Aufl. 1958, S. 8.

[54] S. 57 f. Vgl. zur Ablehnung eines bloßen Machtstaatsdenkens wie einer Ästhetisierung der Macht bei Weber, *Mommsen,* Max Weber und die deutsche Politik 1890 - 1920, 1959, S. 51.

[55] Zu der Rolle des Nationalstaatsgedankens im deutschen geistigen Leben nach 1870 siehe jetzt *Th. Schieder,* Das deutsche Kaiserreich von 1871 als Nationalstaat, 1961, S. 55 ff.

Staatsbewußtsein und auch die aktualen politischen Zielsetzungen eines Staates liegen gerade in dem so stark auf homogene Struktur abgestellten modernen Gemeinwesen zu Tage. Aber das Verhältnis von Volk und Staat ist komplexer, sicherlich nicht ein solches unbedingter originaler oder ethischer Priorität des nationalen Moments. Ein bleibender Staatsbegriff kann Wesen und Bestimmung des Staates nicht an seiner nationalen Komponente orientieren[56].

Eine besondere und eigenartige Gedankenreihe hat der Machtgedanke im Bereich der Geschichte ausgelöst. Hier, wo die Auseinandersetzung der „Großen Mächte" das eigentliche Feld der politischen Geschichte seit jeher bildete, hätte sich aus dem Zurücktreten der geschichtsphilosophischen Spekulation und der moralisierenden älteren Historie eigentlich eine beschreibende objektive Einstellung zur Macht ergeben müssen. In der Tat hat die „Realpolitik" eine solche rationale Distanz nicht lange halten können. Vielmehr machte sich auf der einen Seite die Neigung bemerkbar, die Macht zu verherrlichen und den Machtkampf zum Prinzip der Geschichte zu erklären, auf der anderen, die Macht in negativer Bewertung zu dämonisieren. Treitschke hat sich ernst mit der Frage der sittlichen Bindung politischer Machtübung auseinandergesetzt. Er hat die Politik dem allgemeinen Sittengesetz unterstellt, freilich zugleich zwischen privater Moral und der öffentlichen Pflicht gegenüber dem Staate und seiner Selbstbehauptung unterschieden[57]. Indem er die Erhaltung der Macht als eine sittliche Aufgabe bezeichnete, hat er den Machtgedanken stark betont[58]; aber er zog ihm immer wieder sittliche Grenzen. Für die hier betrachtete Linie des historischen Denkens ist an seinen Vorstellungen aber vor allem das Auftreten des Gedankens unlösbarer Konflikte zwischen den Geboten der Moral und den Forderungen des Staatswohls bemerkenswert. Damit wurde die Frage der Kollision zwischen Politik und Moral aufgeworfen, die in der Folge immer wieder die Diskussion beschäftigt hat. In der Annahme eines solchen tiefen Konfliktes mögen romantisierende und auch ästhetisierende Momente mitklingen. Im Grunde zeigte sich hier ein Grundproblem der politischen Ethik, das der älteren Lehre von den Pflichten des Herrschers durchaus — vor allem in der Auseinandersetzung mit Machiavelli — vertraut gewesen war, das aber einem Zeitalter bürgerlichen Denkens, dem die Ethik der Fürstenspiegel

[56] Die ältere Zeit bis zum Aufstieg des Nationalgedankens im 19. Jahrhundert hat Staatsbegriff und Staatsbewußtsein nicht am nationalen (eher am dynastischen) Gedanken orientiert. Auch später und in der Gegenwart ist die Idee eines übernationalen Staates keineswegs bedeutungslos geblieben. Vgl. *Th. Schieder*, Gestalt des übernationalen Staates, in: HZ 184 (1957), S. 336 ff.

[57] Politik, 5. Aufl., Bd. 1, 1922, S. 97 f.

[58] S. 103.

fremd geworden war, erneute Schwierigkeiten bereiten mußte. Wenn Jacob Burckhardt die Macht als „an sich böse" erklärte[59], so drückt sich darin die Zurückhaltung und Skepsis eines ganz dem Leben der Kultur und des Geistes gewidmeten Forschers aus, aber der eigentliche Grund seiner Stellungnahme wird damit nicht bezeichnet. Er gelangt vielmehr in der auch Burckhardt bedrängenden Frage zum Ausdruck, ob nicht das politisch handelnde Individuuum eine „Dispensation vom gewöhnlichen Sittengesetz" haben solle. Das Bekenntnis zu der Unentschuldbarkeit des politischen Verbrechens auch vor dem historischen Erfolg aber zeigt, daß sich Burckhardt der ethischen Entscheidung dieses Problems nicht entzog[60].

Das Thema wird im Nachgang des ersten Weltkrieges, in dem die Frage der moralischen Grundlagen der Politik — in der Betonung der Staatsnotwendigkeit auf deutscher Seite, in dem Vorwurf der Machtanbetung gegen den Feind auf der englisch-amerikanischen Seite[61] — leidenschaftlich erörtert worden war, von Friedrich Meinecke erneut aufgegriffen und eine Stufe weitergeführt. Meinecke wendet sich ab von der Idee des Machtstaates, er lehnt auch eine besondere Staatsmoral ab, aber er gerät in einen anderen seltsamen Zwiespalt. Dem Staatsmann stellt er die Aufgabe, nach dem Wohl des Staates, der wahren Staatsräson zu handeln. Er schreibt aber dieser an ihn herantretenden Forderung einen eigenartigen zwingenden Charakter zu, indem er hier von einem „strengen und lückenlosen Kausalzusammenhang" spricht, von Motiven, die den Staatsmann „treiben" und die einen individuellen und generellen Charakter zugleich tragen[62]. Er beugt das individuelle Verhalten des Politikers unter ein generelles Lebensgesetz des Staates — schon hier in Verkennung dessen, daß es eine objektiv erkennbare staatliche Eigengesetzlichkeit nicht gibt, sondern das Staatswohl sich letztlich immer nur dem individuellen Entschluß offenbart — und sieht es in einem unlösbaren Konflikt mit sittlichen Forderungen. So richtig hier das große Problem der ethischen Fundierung politischer Entscheidungen erkannt ist, so klar eine naturalistische Gewaltethik abgewiesen wird[63], so seltsam ist die Kennzeichnung des Machtzwecks als etwas „Naturhaften", als einer „unüberwindlichen Schicksalsmacht"[64]. Hier tritt in die ethische Fragestellung ein Moment der Ro-

---

[59] Weltgeschichtliche Betrachtungen, Bd. 4, Basel 1956, S. 25.

[60] S. 175.

[61] Ein Teil der Literatur ist genannt bei *Meinecke,* Die Idee der Staatsräson, 3. Aufl. 1929, S. 530 f. Eine moderne distanzierte Rückschau auf jene Diskussionen bei *W. Friedmann,* Legal Theory, 4. Aufl. 1960, S. 530 ff.

[62] Staatsräson, S. 2.

[63] S. 538.

[64] S. 27 (hier taucht der Ausdruck der „Tragik" auf), 553 ff. In diesem Zwiespalt wird das Problem auch belassen bei *C. J. Friedrich,* Die Staats-

mantisierung der Macht, ein nur aus der Tradition des späteren 19. Jahrhunderts erklärlicher Glaube an eine naturhafte und überindividuell unentrinnbare Mächtigkeit des Politischen ein, die von den wirklichen Lösungen ablenkt. Statt zu erkennen, daß die Ausübung der Macht den Politiker vor die Versuchlichkeit der Machtbehauptung und des unethischen Utilitätsdenkens stellt, daß aber eine politische Ethik, die diesen Namen verdient, ihn immer klar mit der sittlichen Verantwortung belasten muß und seine Entscheidung nicht durch Anerkennung von „Schicksalsmächten" verwischen darf, wird hier eine dämonische Macht eingeführt, die den Einzelnen auf den falschen Weg zu führen imstande ist. Bleibt so die gestellte Frage bei Meinecke letztlich unbewältigt, so bedeutet doch sein Werk insofern einen großen Schritt voran, als hier nach der naturalistischen Machtdeutung des 19. Jahrhunderts der ethische Kern der politischen Entscheidung wieder klar herausgearbeitet wurde. Meinecke schrieb 1924. Drei Jahre später veröffentlichte Carl Schmitt seinen „Begriff des Politischen", in dem mit der dem Autor eigenen Brillanz aber auch verhüllenden Sprunghaftigkeit des Denkens der Gegensatz Politik und Moral beiseite geschoben wird, indem das Feld des Moralischen mit den Kategorien „Gut und Böse" als etwas ganz anderes erscheint als die dem Politischen eigene Unterscheidung von „Freund und Feind"[65]. Mit dieser einfachen Disjunktion von Politik und Ethik tritt Schmitts Schrift auf die Seite einer die ethischen Fragen beiseite lassenden, letztlich am Kampfe orientierten Machtvorstellung. Ob man die Wahl dieses Standpunktes auf ein aus dem Existentialismus abzuleitendes dezisionistisches Denken zurückführt[66] oder vielleicht doch eher im letzten Grunde hier nur ein passiv-ästhetisches und daher zu Romantisierungen neigendes Verhalten gegenüber dem Politischen wirksam sieht[67], es ist klar, daß die Formel „Freund - Feind" mit ihrer kategorialen Zuspitzung des Kampfmoments[68] in der Tradition einer Hypostasierung der Macht ins Überindividuelle, Naturhafte steckenbleibt. Ein so kluger Autor wie Carl Schmitt hat die Augen vor dieser entscheidenden Schwäche seiner Posi-

räson im Verfassungsstaat (deutsche Übers. 1961), S. 14: Widerspruch zwischen Individualethik und staatlicher Selbstbehauptung. Das Grundanliegen dieser Schrift, die Sicherung der Verfassungsordnung, liegt auf einem anderen Gebiete.

[65] Begriff des Politischen, 1927, S. 13/14.

[66] So *Chr. Graf von Krockow,* Die Entscheidung. Eine Untersuchung über Ernst Jünger, Carl Schmitt, Martin Heidegger, 1958, S. 82 ff.

[67] Mir scheint eine solche Deutung durch die bestechende, aber auch bezeichnende Vorliebe für symbolistische Wendungen und für die äußersten Zuspitzungen nahegelegt.

[68] Diese Seite ist herausgearbeitet (aber ohne Konfrontation mit der ethischen Grundfrage) bei *Peter Schneider,* Ausnahmezustand und Norm. Eine Studie zur Rechtslehre von Carl Schmitt, 1957, S. 235 ff.

tion nicht ganz verschlossen. Es ist signifikant, daß im „Begriff des Politischen“ das Thema der politischen Anthropologie, und damit der wahre Kernbereich des Politischen, angeschlagen wird[69]. In der Frage, ob der Mensch von Natur aus „gut“ oder „böse“ ist, wird das Problem berührt, daß jede Definition des Staates und des Politischen aus einer umfassenden anthropologischen Sicht entwickelt werden muß. Aber Schmitt weicht den Fragen aus. Er kritisiert den ethischen Optimismus anarchistischer und liberaler Theorien, bekennt sich zu einer Deutung des Menschen als „böses“, als „gefährliches“ Wesen, aber die Frage wird nur als solche der Natur des Menschen erörtert, die Frage der sittlichen Entscheidung aber als ein Versuch zur Scheidung der Menschen in gute und schlechte beiseite geschoben. Vielleicht kommt in seiner Spätschrift, im „Gespräch über die Macht“, wo dieser Gedankengang im Anschluß an Burckhardts Bezeichnung der Macht als böse wieder aufgegriffen wird, ein stärkeres Verständnis für dies ethische Grundproblem zutage. Aber letztlich wird auch hier wieder nur die Frage gestellt, ob Macht gut oder böse ist, nicht aber, ob das menschliche Handeln, das jede politische Tat darstellt, ethisch gebunden ist[70].

Unter den so viel tieferen Erschütterungen und Enthüllungen, die der Mißbrauch der Macht im nationalsozialistischen Reiche heraufführte, hat Gerhard Ritter das Problem der ethischen Bindung der Macht erneut in einem Buche zu meistern gesucht, dessen einzelne Fassungen selbst wieder ein Stück innerer Geschichte dieser Gedanken darstellen[71]. Hier wird die Erkenntnis eindringlich in die Tiefe geführt. Klar wird gesehen, daß kämpferische Machtballung und friedliche rechtstiftende Dauerordnung immer zusammengehören, zwei Seiten ein- und derselben Grundaufgabe menschlichen Daseins, eben des politischen Bereichs bilden[72]. An geschichtlichen Beispielen (Machiavelli, Morus) wird das Ringen der Theorie und der handelnden Männer um Tugend und sittliche Haltung im staatlichen Leben verdeutlicht. Aber diese Antinomie des Politischen[73] wird nicht aufgelöst, sondern — in einer inneren Übereinstimmung mit Meinecke — stehen gelassen. Politisches Handeln als sittlich gebundene Entscheidung wird gegenübergestellt den „übermenschlichen, dämonischen Kräften“, den „unlenkbaren Schicksalsmächten“ des politischen Machtstrebens[74]. In der durch Erfahrung ge-

[69] Begriff des Politischen, S. 46 - 55.

[70] Gespräch über die Macht und den Zugang zum Machthaber, 1954, S. 20 ff. Bezeichnend dort S. 28: Die Macht als „etwas Objektives und stärker als jeder Mensch“.

[71] Siehe das Vorwort zu „Die Dämonie der Macht“, Betrachtungen über Geschichte und Wesen des Machtproblems im politischen Denken der Neuzeit, 6. Aufl. 1948 (1. Aufl. 1940 unter dem Titel „Machtstaat und Utopie“).

[72] Dämonie der Macht, S. 164.

[73] *G. Ritter*, Das sittliche Problem der Macht, Bern 1948, S. 91 ff.

schärften klareren Abstellung auf die eigenverantwortliche persönliche Entscheidung als Grundmoment politischen Handelns dringt Ritter über die Ansätze Meineckes heraus. Den Weg zu einer politischen Ethik verschließt er sich aber letztlich doch wieder durch die Hinnahme von „Schicksalsmächten“. Es ist für die Stärke dieser Neigungen, im Politischen von der Macht her unbeherrschbare Kräfte und Gewalten zu sehen, bezeichnend, daß wir den „Schicksalsmächten“ selbst im Bereiche der Theologie begegnen. Hier, wo es nur die persönliche Verantwortung des Christen in seinem Handeln unter Gottes Gebot geben kann, wo keine Mächte, auch keine satanischen, ihm diese Verantwortung abnehmen können, bleiben Dämonien ein Ausweichen, ein ungeklärter Rest eines von anderen Seiten her eingeführten Fremdkörpers im ethischen Denken[75]. Bei Walter Künneth[76] wird zwar mit Recht als Ansatzpunkt der „Dämonie“ die Versuchung der Macht ins Auge gefaßt, aber statt zu einem spezifisch ethischen Problem zu einer Affinität des Politischen zur Dämonie fortentwickelt. Daß Politik eine besondere Schuldverflochtenheit mit sich bringen kann, ist richtig gesehen. Aber in der Ablehnung der ethischen Grundfrage politischen Handelns als Moralisierung liegt das Ausweichen vor der Einsicht, daß alle politische Entscheidung vor der ethischen Frage steht und ethischen Maßstäben unterworfen bleibt. Daß dem Christen die Schwere und Unlösbarkeit großer sittlicher Entscheidungen gegenwärtig ist, daß er die Voreiligkeit irdischer Gerichte über die Geschichte durchschaut[77], darf nicht dazu führen, die Schärfe der ethischen Frage durch die Zulassung dämonischer Gewalten zu verdunkeln. Eine christliche ethische Fragestellung kann keine Eigengesetzlichkeiten des politischen Bereiches, keine isolierte Betrachtung eines Momentes, etwa des Kampfes, am Staate kennen, sondern muß die Frage stets in die Sicht der ganzen Heilsbestimmung des Menschen stellen[78]. Sie muß daher, und hierin hat ihr auch eine säkulare Staatslehre zu folgen, jede Mythisierung von Mächten und Prozessen ablehnen und den ethischen Entscheidungs- und Verantwortungscharakter politischen Handelns ohne Ausweichen herausstellen.

---

74 S. 104.

75 Jede Dämonisierung des Politischen führt unausweichlich zur Auflösung der personalen Entscheidung und damit zur Instrumentalisierung des Menschen. Siehe zutreffend *H. Wendland,* Die Kirche in der modernen Gesellschaft, 1956, S. 178.

76 Siehe *Walter Künneth,* Die Politik zwischen Dämon und Gott, 1954, S. 31 ff., 436 ff.

77 *Künneth,* S. 442 ff.

78 Diese Einsichten sind klar herausgearbeitet bei *H. Thielicke,* Theologische Ethik II, 2 (1958), Nr. 898 ff., 1050 ff. Dort kritisch zu Meinecke (Nr. 1062 f.) und C. Schmitt (Nr. 805 ff.) sowie richtig die Ablehnung einer Charakterisierung der Macht (als einer Eigengesetzlichkeit) als gut oder böse (Nr. 1111).

III.

Der voraufgehende kritische Überblick, der notwendigerweise nur einen Auswahlcharakter tragen konnte, hat versucht, einige der Grundlagen zu zeichnen, von denen in der Gegenwart der Neuansatz der Staatslehre ausgehen muß. Die Lage hat sich dabei seit den zwanziger Jahren, als der Gelehrte, dem diese Zeilen gewidmet sind, in seinem Werke „Verfassung und Verfassungsrecht" eine neue Linie zu eröffnen unternahm, noch nicht grundlegend gewandelt, wenn auch die allgemeine geistige Situation einem solchen Vorhaben heute weiter aufgeschlossen erscheint. Die Denkwelt des späteren 19. und beginnenden 20. Jahrhunderts ist weiter zurückgetreten und in ihren philosophischen Ausgangspunkten noch stärker in Frage gestellt. Die große Grundlinie des heutigen Denkens, die über historische Relativierungen wieder den zeitlosen Grundfragen ontologischer Art sich zuzuwenden und die Subjektivierungen der erkenntnistheoretischen Diskussion zurückzuschieben beginnt, öffnet sich eher den großen Grundfragen des Staates. Vor allem hat die aufwühlende Erfahrung unserer Zeit den Blick geschärft für die Bedeutung der Staatstheorien und ihre geschichtliche Wirkungskraft und hat auf der anderen Seite das Verständnis neu eröffnet für die im politischen Bereich aufbrechenden ethischen Fragen. Es ist kein Zufall, daß entscheidende Seiten der gegenwärtigen staatstheoretischen Diskussion auch im theologischen Gespräch aufleuchten. Hier ist der Zusammenhang mit der antik-christlichen Überlieferung erhalten oder erneuert worden, hier ist vor allem die Erkenntnis der ethischen Grundstruktur politischen Handelns und die Verknüpfung einer Bestimmung des Staates mit einer Anthropologie im theologischen Ansatz von selbst gegeben.

Wie stellt sich nun die heutige Lage dar? In der angelsächsischen Welt ist — wenn auch hier formale und naturalistische Züge bei Austin oder im Gefolge darwinistischer Lehren[79] eindringen konnten — die ältere, für diesen Bereich noch immer in der Ideenwelt Lockes sich darstellende Anschauung lebendig geblieben[80], soweit nicht in der modernen amerikanischen Soziologie Tendenzen sich bemerkbar machen, die eine apparathafte Auffassung vom Staate als betriebstechnischer Organisation stärker hervorkehren. Das bürgerliche Gemeinwesen wird hier im

[79] Es würde eine dankenswerte Klärung der politischen Theorie des 19. Jahrhunderts bedeuten, wenn einmal der Einfluß von Charles Darwin auf biologisch-vitalistische Machttheorien untersucht werden könnte. Es würde sich dann zeigen, daß auch das westeuropäische Denken hier einen wesentlichen Beitrag zu der Übersteigerung eines Machtdenkens geliefert hat.

[80] Über den beherrschenden Einfluß Lockes auf das angelsächsische Denken vgl. *Peter Laslett* im Vorwort zu seiner kritischen Ausgabe der Two Treatises of Government, Cambridge 1960, S. 78. Siehe auch *J. W. Gough*, John Locke's Political Philosophy, 1950.

alten Zusammenhang der Verfolgung des Gemeinwohls gesehen[81]. Die ethischen Fragen politischen Handelns sind gegenwärtig, und soweit eine „public philosophy" einsetzt, greift sie — schon der starken klassischen Tradition entsprechend — auf die alte Tradition politischen Denkens zurück[82]. In Frankreich ist die Verbindung mit der älteren Ideenwelt gleichfalls erhalten, wenngleich die Staatstheorie hier Einflüsse einer rechtlich-formalen Denkweise, vor allem aber eines soziologischen Denkens zeigt, das vor allem in der Theorie vom „fait social" bei Duguit und in der Theorie der Institution (Hauriou, Renard) wirksam geworden ist[83]. Die deutsche Staatstheorie ist durch die idealistische Philosophie und die folgende romantische Periode von den Wurzeln des älteren naturrechtlichen Denkens abgeschnitten worden, so sehr einzelne Elemente dieser Vorstellungswelt fortlebten[84]. Seit der Mitte des 19. Jahrhunderts hat eine sich formal isolierende Staatsrechtslehre den Gegenstand ihrer Untersuchung weitgehend aus den Augen verloren. Gegenüber der Begriffswelt des Positivismus bedarf es eines vollen Neuansatzes. Die in anderen Wissenschaftszweigen fortgeführte Diskussion ist in einer eigentümlichen Einseitigkeit vom Phänomen der Macht fasziniert worden, ob sie sich nun positiv oder negativ zu ihm stellte. Die soziologische Forschung hat unter dem Einfluß Max Webers den Staat vorwiegend als Zweckorganisation, als rationale Herrschaftsstruktur gesehen, ohne ihrer ganz beschreibenden Neigung entsprechend für die philosophischen Grundfragen aufgeschlossen zu bleiben. Es ist die Geschichtswissenschaft, in der in der Auseinandersetzung um die moralischen Fragen der Machtübung die Sicht auf zentrale Fragen der Staatslehre wieder freigelegt worden ist. Die hierbei neu gewonnene Berührung mit der Theologie ist nicht zufällig. Daß sich die katholische Moralphilosophie eine umfassende Sicht des Staates kraft ihrer naturrechtlich-thomistischen Basis erhalten hat, bedarf keiner Hervorhebung[85]. Die evangelische Lehre, im 19. Jahrhundert zu einer Auflösung der politischen Grundfragen in einem optimistischen Kulturstaatsdenken geneigt, ist seit den Auseinandersetzungen der dreißiger Jahre zu einer Diskussion der zentralen Fragen der Aufgabe weltlicher Ordnung, ihrer Grenzen und ihrer Bindungen, zurückgekehrt. Sie hat den theologischen Ansatz der Reformation in einer Verbindung mit

---

[81] Ganz bewußt wird diese Linie aufgenommen bei *Walter Lippmann*, The Public Philosophy, 1955 (London Edition), S. 103 ff.

[82] Hierzu *Leo Strauss*, What is Public Philosophy?, 1959, S. 6 ff.

[83] Diese beiden Einflüsse durchdringen die Theorie von *Georges Burdeau*, vor allem auch in der Aufnahme des Institutionsgedankens (Traité de Science Politique, Bd. 2, 1952, S. 148 ff.).

[84] Zu diesem Bruch grundlegend *R. Stadelmann*, Deutschland und Westeuropa, 1948, S. 11 ff.

[85] *W. Schöllgen*, Recht und Bedeutung des Staates im Lichte der katholischen Moraltheologie, 1954.

einer Metaphysik der weltlichen Gewalt und einer Heilsgeschichte des Menschen wieder offengelegt[86].

Aus dem Bereich der Staatslehre selbst hat der Neubeginn der zwanziger Jahre in bewußter Abkehr vom Rechtsformalismus das Bild des Staates zu zeichnen unternommen[87]. Wenn ich hier nur die gemeinsamen Linien dieser Bemühung hervorhebe, so geht es dabei darum, die normative Betrachtung wieder in einen weiteren Zusammenhang der politisch-sozialen Wirklichkeit einzufügen, in Aufnahme der neueren soziologischen Untersuchung und einer philosophischen Lehre von den überindividuellen Gebilden den Staat nicht mehr als ein substanzhaft gedachtes Herrschaftsschema, nicht als „Willen" oder „Macht", sondern als einen dialektischen Prozeß geistiger Vereinheitlichung (Integration), als einen immer erneuerten Lebensvorgang zu begreifen[88]. Die stärksten Antriebe sind dabei einerseits von einer soziologischen Analyse des Staates als Aktionseinheit (Heller) ausgegangen, andererseits aus einer stärker von einer Philosophie der menschlichen Gemeinschaften berührten Anschauung des Staates als eines geistigen Sinnzusammenhanges (Smend). In der Zuwendung zu den materialen Sinngehalten der staatlichen Existenz wurde dabei zugleich auch der Zugang zu den Werten und den ethischen Entscheidungen erschlossen, zu denen im Gebiete der Rechtswissenschaft seither die materiale Wertethik einen Zutritt gebahnt hat.

Wer in diesem Felde die Erörterungen aufzunehmen sich anschickt, wird sich zunächst einem weiten Dickicht methodischer Auseinandersetzungen gegenübersehen. Erscheint es richtig, von ihnen den rechten Ausgang zu erhoffen und gewissermaßen von dorther zugleich den Erfolg der Untersuchung bestimmen oder bestätigen zu lassen? Je mehr die moderne Philosophie aus der neukantischen Erkenntnistheorie herauswächst, desto mehr verblaßt auch eine der herrschenden Vorstellungen dieser Richtung, daß die Wahl der Methode — das ist vom Boden

---

[86] Hierzu etwa *Trillhaas,* Die lutherische Lehre von der weltlichen Gewalt und der moderne Staat, in: Macht und Recht. Hrsg. v. Dombois-Wilkens, 1956, S. 32 ff.; *H. Gollwitzer,* Die christliche Gemeinde in der politischen Welt, 1954. Der Anteil Karl Barths an dieser Erneuerung bedarf hier nur des Hinweises.

[87] Vgl. hierzu: *E. Kaufmann,* Kritik der neukantischen Rechtsphilosophie, 1921; Zur Problematik des Volkswillens, 1931; Vorwort zum Bande „Recht und Rechtsidee" der Gesammelten Schriften (Bd. 3), 1961. *H. Triepel,* Staatsrecht u. Politik, 1927; *R. Smend,* Verfassung und Verfassungsrecht, 1928; *H. Heller,* AöR, N. F. 16, S. 321 ff.; *ders.,* Staatslehre, Hrsg. v. G. Niemeyer, 1934. *Dietrich Schindler,* Verfassungsrecht und soziale Struktur, 1932; *W. Kägi,* Die Verfassung als rechtliche Grundordnung des Staates, 1945.

[88] Siehe die zusammenfassende Würdigung der Integrationslehre und des geisteswissenschaftlichen Ansatzes der zwanziger Jahre bei *R. Smend,* Art. „Integrationslehre", in: HWB d. Sozialwiss., 5, 1956, S. 299 ff.

eines subjektiven Kritizismus aus folgerichtig gedacht — den Gegenstand bestimme. Es wird vielmehr deutlich, daß eine ontologisch bestimmte Realitätsanschauung dem Gegenstand selbst eine andere Bedeutung zumessen muß. Das kann für die moderne Theorie keine Rückkehr zu unkritischer Naivität bedeuten, aber es stellt klar, daß in einem gewissen Sinne der Gegenstand auch die Methode bestimmt. Der gewählte Standpunkt muß ihm angemessen, muß seinen Dimensionen entsprechend bestimmt sein. In jedem Fall muß von der heutigen Einsicht aus die Meinung abgewiesen werden, daß die Erfassung eines einheitlichen Lebensbereiches je nach dem gewählten methodisch-wissenschaftlichen Blickpunkt verschiedene Erkenntnisobjekte darbiete. Die Vorstellung, der Rechtswissenschaft gehöre ein anderer Staatsbegriff zu als der sozialwissenschaftlichen oder historischen Betrachtung, gehört zu den Irrtümern, die in einer Überschätzung des erkenntnistheoretischen Moments in der Gewinnung der Einsicht in die realen Zusammenhänge beruht. Die Staatslehre hat es mit einem einheitlichen Phänomen des Staates und der Politik zu tun, das wohl unter dem Gesichtspunkt der verschiedenen Wissenschaften unterschiedliche Aspekte seiner selbst offenbaren kann, hier mehr die strukturellen Gerüste, dort die Geschichtlichkeit und Wandelbarkeit seiner konkreten Formen, das aber nur in einer einheitlichen Definition umschrieben und als das gleiche Erscheinungsbild von allen Standpunkten aus erkannt werden kann. Vergeblich muß auch der Versuch sein, eine bestimmte Seite der staatlichen Existenz, sei es die sozialwissenschaftliche[89], sei es die geschichtliche, zur Grundansicht zu erheben. Er wird der Vielseitigkeit des Spektrums, das der staatliche Bereich als ein Grundmoment des menschlichen Daseins bietet, nicht gerecht.

Eine methodisch notwendige Einsicht bezeichnet es indes, daß der Staat nur mit den Erkenntnismitteln der Geisteswissenschaften zu erfassen ist. Die Anwendung eines naturwissenschaftlichen Gesetzesdenkens auf soziale Gebilde — wie sie von ihren Anfängen her der Soziologie immer wieder nahe liegt — würde die Strukturen verkennen, um deren Verständnis es sich handelt. Wie immer man die den Geisteswissenschaften adäquate Methode benennen mag, nur eine Erkenntnisweise, die der Geschichtlichkeit ihres Objekts gerecht wird und die den Sinnzusammenhängen zwischen den Lebensvorgängen beschreibend und verstehend nachzugehen imstande ist, wird die hier gestellte Aufgabe lösen können[90]. Der Staat ist eine geistige Wirklichkeit, er ist ein

[89] Daher vermag ich auch den Versuch von *Drath*, Festschrift für Rudolf Smend, 1952, S. 41 ff. nicht für gelungen zu halten, für die Erfassung des Staates allein die Soziallehre für maßgeblich zu deklarieren.

[90] Zu der Erkenntnisweise der Geisteswissenschaft jetzt *Gadamer*, Wahrheit und Methode, 1960, S. 1 ff., 281 ff.; *Rothacker*, Die dogmatische Denkform in den Geisteswissenschaften und das Problem des Historismus (Akad. der

Lebensprozeß, der Menschen zu einer Wirkungseinheit kraft einer geistigen Zuordnung zusammenschließt. Er kann daher nur im Rahmen einer Lehre zwischenpersonaler Beziehungen und der aus ihnen hervorgegangenen geistigen Verknüpfungen begriffen werden[91].

Diese Einheit der Blickweise gilt auch für die rechtliche Betrachtung des Staates. Die positivistische Wissenschaft glaubte an ein Eigenleben der juristischen Dogmatik unabhängig von den realen Grundlagen rechtlicher Ordnung[92]. Ist man sich aber demgegenüber klar, daß juristische Begriffe nur ordnende Abkürzungen und Zusammenfassungen sind, die die Rechtswissenschaft aus den sozialen Gegebenheiten und Sachzusammenhängen entwickelt, so erweist sich die Vorstellung eines besonderen rechtlichen Staatsbegriffs als unhaltbar. Die Rechtsbegriffe weisen zwar gegenüber denen soziologischer Forschung einen höheren Grad von Allgemeinheit und präziser und formaler Prägung auf, aber sie sind wie diese sachbezogen und an den sozialen Realitäten orientiert[93]. Wie das Recht aus politischen und sozialen Lebensvorgängen und Auseinandersetzungen hervorgeht und sie zu gestalten und durch seine Vorzeichnungen zu formen unternimmt, so sind seine Begriffe, die solche realen Erscheinungen umschreiben, an deren konkreten geschichtlichen Erscheinungsbildern ausgerichtet[94]. Schon Georg Jellinek hat dieses Aufeinanderbezogensein seiner beiden Staatsbegriffe nicht verkannt[95]. Die rechtliche Betrachtung des Staates erhebt sein Bild in die dogmatisch-systematischen Zusammenhänge des rechtlichen Denkens und muß dazu prägend vereinfachen. Aber solche „Chiffren" und Abkürzungen dürfen kein Eigenleben gewinnen und in ihren für die praktische Handhabung vereinfachenden Vorstellungen vom „Staatswillen", von der „Staatspersönlichkeit", den „Organen" usw. als eine gesonderte Erfassung des Staates gedeutet werden. Es ist schon betont worden, daß die moderne konstruktive Erfassung des Staates mit der Figur der Rechtsperson neben Vorteilen auch den erheblichen Nachteil mit sich bringt, daß sie den Prozeßcharakter der staatlichen Einheitsbildung verbirgt und die Rechtsbeziehungen zwischen den am

Wiss. u. d. Literatur Mainz, Abh. Geistes- und sozialw. Klasse, 1954, Nr. 6), S. 243 ff.

[91] *Smend,* Art. „Integrationslehre", in: HWB d. Sozialwiss., 5, 1956, S. 299 ff.; *H. Heller,* Art. „Staat", in: HWB d. Soziologie, 1931, S. 612 f.

[92] Zu dieser Lehre von der eigenen Entwicklungskraft der juristischen Begriffe (Jhering) siehe *Wilhelm,* S. 114 ff.

[93] *J. Esser,* Grundsatz und Norm, 1956, S. 210: „Rechtsbegriffe sind Niederschlag sachbezogener Vorstellungen und Unterscheidungen."

[94] *H. Coing,* Die juristischen Auslegungsmethoden und die Lehren der allgemeinen Hermeneutik (Arbeitsgem. f. Forschung des Landes NRW, Heft 84), 1959, S. 10 f.

[95] *Gg. Jellinek,* Staatslehre, S. 162.

Staatsprozeß kraft Amtes und Mandates besonders teilnehmenden Personen in das Schema eines Organismus preßt.

Geht man von der Zusammenarbeit mehrerer Wissenschaftszweige an der Erhellung des Staatsbegriffs aus, so fällt heute sicherlich der Soziologie eine weittragende und wichtige Rolle zu. Aus ihren Untersuchungen der Struktur sozialer Verbände läßt sich gerade für die Überwindung eines substanzhaften Denkens vom Staat und der Macht, für die Erkenntnis der Zusammenordnung staatlicher Vorgänge vieles gewinnen. Die institutionellen Verfestigungen des staatlichen Lebens, die für die Dauer und die Handlungskraft des Staates von entscheidender Bedeutung sind, sind ebenfalls soziologischer Untersuchung besonders zugänglich. So könnte von hier aus der farblos gewordene, entleerte Begriff des Staatsorgans in der Sichtbarmachung des Dienstes an der institutionellen Fortführung der politischen Einheit und der Leitungsaufgaben der entscheidenden Haupteinrichtungen ersetzt und in den institutioneller Aufträge und Aufgaben umgeformt werden[96]. Wieweit freilich aus soziologischer Sicht allein der Weg zu einem richtigen Ausgleich der personalen Elemente des Staates und der aus ihrer Verbindung hervorgehenden überindividuellen und überdauernden objektiven Einheit gefunden werden kann, mag zweifelhaft sein. Hier ist die Staatslehre auf die Hilfe der Philosophie angewiesen, deren eindrücklichste Darlegungen für diesen Zusammenhang heute noch immer die Vorstellung von den Objektivationen und vom Gemeingeist bildet, wie sie Nicolai Hartmann entwickelt hat[97].

Stärke und Gefahr soziologischer Betrachtung erweist sich am Problem der rationalen Technik und Organisation im Staate. Seitdem die rationale Naturrechtslehre mit Hobbes erstmals den Versuch unternahm, die atomistisch zergliedernde und kompositorische Methode der modernen Naturwissenschaft auf politische Gebilde zu übertragen[98], hat sich die Einsicht in die Struktur komplexer Verbände ungemein differenziert und verfeinert. Zum Gedanken der Machtverteilung, des Ausgleichs, der Zusammenordnung, der Planung und der administrativen Leitung kann die Gegenwart aus dem ganzen Bereich politischen und wirtschaftlichen Lebens reiche Erfahrung beisteuern. Auf der anderen Seite meldet sich aber hier immer wieder die Versuchung, den Staat ganz in einen Betrieb, in ein zweckrational konstruiertes und beherrschbares Instrument umzudeuten und seine grundlegende Sinnbestimmung im menschlichen Leben zu vernachlässigen. In neuester Zeit se-

---

[96] Vgl. zu diesen institutionellen Elementen *Ehmke,* Grenzen der Verfassungsänderung, 1953, S. 58 ff.; *Bäumlin,* S. 37.

[97] Das Problem des geistigen Seins, 1933, S. 151 ff., 396 ff.

[98] Zu dieser Leistung des Hobbes *E. Cassirer,* Die Philosophie der Aufklärung, 1932, S. 341 ff.

hen wir diese Neigung bei Schelsky zu der These führen, der moderne Staat werde infolge seiner Verbindung mit der Technik und der aus ihr sich ergebenden Notwendigkeit einfachen Funktionierens zu einem technischen Gebilde, bei dem es nur auf das optimale Funktionieren ankommt. Politik im Sinne der normativen Willensbildung falle in diesem Raum eigentlich aus, weil es keine Entscheidungen zu fällen, keine Herrschaft zu üben gebe[99]. Diese Auffassung, die aus äußeren Formübernahmen betrieblich-apparathafter Organisation durch den modernen Staat auf eine grundsätzliche Mutation des Politischen, auf ein „Absterben des Staates“ im Sinne der Herrschaft über Menschen[100] schließt, verkennt die Entwicklungsrichtung der Gegenwart grundsätzlich. Zwar treten vom Organisatorischen und vom „Verbraucher“ her gesehen technisch-funktionshafte Züge am Staate sinnfällig heute in Erscheinung. Aber keineswegs ersetzen sie Entscheidungen oder politische Auseinandersetzungen. Im Gegenteil, je mehr der Staat dem einzelnen Lebensvorsorge abnimmt und ihn damit in Abhängigkeiten verstrickt, je mehr die Führungsschicht im Staate für alle planen, denken und vorsorgen muß, desto weitreichender werden die zu treffenden Dispositionen. Eben darum erweitert sich das Feld politischer Bestrebungen heute vor allem in die Sozial- und Wirtschaftspolitik hinein, wo die Interessenverbände das Mittel der Teilnahme weiter Kreise an diesen politischen Auseinandersetzungen um die Verteilung, um die sozialen Zielsetzungen bilden. Ich kann es nicht für richtig halten, daß technische Sachnotwendigkeiten politische Dispositionen ersetzt haben. Fast könnte man eher besorgen, daß einmal aus den ungeheuer gesteigerten technischen Wirkungsmitteln, der geistigen und sozialen Formbarkeit des modernen Menschen — vielleicht sogar selbst seiner biologischen Umformung — ein erschreckendes Übermaß politischer Beherrschung hervorgehen könnte[101].

Im Bereich der Historie erhebt sich für die politische Begriffsbildung eine der auf das Konkrete und Besondere abgestellten Natur historischer Denkweise entsprechende Problematik. Schon immer ist zu Recht in der Staatslehre betont worden, daß nicht nur der Name, sondern auch die Erscheinung des modernen Staates erst mit dem Beginn der Neuzeit auftritt[102]. Daß die antike Polis etwas ganz anderes bedeutet als der Personenverband des frühen Mittelalters und der spätere Flächenstaat, ist Gemeingut der Geschichtswissenschaft. Folgt daraus aber, daß

---

[99] *H. Schelsky,* Der Mensch in der wissenschaftlichen Zivilisation (Arbeitsgemein. f. Forschung des Landes NRW, Heft 96), 1961, S. 20 ff.

[100] S. 26.

[101] Kritisch gegen Schelsky auch *Schieder,* S. 49 f.

[102] *G. Jellinek,* S. 129 ff.; *Laun,* Staatslehre, S. 9 ff. Zur Entstehung des Namens „Staat“ siehe *A. O. Meyer,* Die Welt als Geschichte 10 (1950), S. 229 ff.

es unstatthaft — auch für eine weitergespannte historische Übersicht — sein würde, überhaupt einen einheitlichen terminus „Staat“ aufzustellen und durchgehend zu verwenden? Der Historiker Otto Brunner hat sich gegen die Gefahren einer Rückprojizierung von Begriffen und Vorstellungen späterer, erst recht der eigenen Epoche, auf andersstrukturierte historische Zeiten mit großer Eindringlichkeit gewandt[103]. Ihm ist ohne weiteres darin recht zu geben, daß in der unreflektierten Verwendung neuzeitlicher Begriffe die Möglichkeit liegt, entscheidende Formen und Zusammenhänge anders geordneter Epochen zu verkennen und zu übersehen. Eine auf die eingehende Erfassung vergangener Sozialstrukturen abgestellte Erörterung wird also in der Verwendung zeitloser allgemeiner Begriffe sehr vorsichtig sein müssen. Andererseits aber darf hier auch die Gefahr einer historisierenden Auflösung nicht verkannt werden. Die Staatstheorie hat doch zu allen Zeiten, wenn auch unter wechselnden Namen, polis, respublica, regnum, civitas, status doch immer das gleiche vor Augen gehabt, die politische Einheit, in der dem Menschen Ordnung und Frieden gewährleistet wird[104]. Die konkreten Typen und Formen freilich, in denen diese Grundaufgabe Gestalt gewonnen hat, sind tief verschieden. Aber das schließt nicht aus, daß die Wissenschaft diese vielgestaltigen konkreten Gestalten politischer Einheit doch mit einem übergreifenden Begriffe zusammenfaßt. Mit diesen Einschränkungen und Vorbehalten ist, so scheint mir, die Verwendung eines weiten allgemeinen Staatsbegriffes auch historisch zu rechtfertigen[105].

IV.

Wenn wir uns nach diesem methodischen und definitorischen Ausblick nun der eigentlichen Aufgabe der Wesensbestimmung des Staates und des Politischen zuwenden, so darf zunächst festgestellt werden, daß beide Begriffe notwendig aufeinander bezogen sind. Der Begriff des Politischen kann nur vom Staate her und nur als Ausdruck staatlicher Lebensvorgänge erfaßt werden. Es ist zwar richtig, daß der übertragene Sprachgebrauch seit langem das Wort Politik und politisch auch für Geschehnisse im sozialen Bereich verwendet. Man spricht von Verbandspolitik, von der Politik eines Industrieunternehmens oder sogar

[103] *O. Brunner*, Land und Herrschaft, 4. Aufl. 1959, S. 111 ff., 146 ff.

[104] Es ist bezeichnend, daß auch *O. Brunner* den Ausdruck „politische Verbände“ ganz allgemein gebraucht (S. 163).

[105] Zu durchgreifenden Vorstellungen transpersonaler Staatskontinuität im Mittelalter siehe *Beumann*, Zur Entwicklung transpersonaler Staatsvorstellungen, in: Das Königtum. Vorträge und Forschungen. Hrsg. v. *Th. Mayer*, Bd. 3, 1956, S. 186 ff. Kritisch dagegen gegen eine zeitlos gültige Definition des Staates *Smend*, Art. „Staat“, in: Ev. Kirchenlexikon, Bd. 3, 1959, Sp. 1107. Vgl. auch schon *Hintze*, Wesen und Wandlung des modernen Staats, Sitz. Ber. Pr. Ak. d. Wiss. Phil-Hist. Kl., 1931 (XXX), S. 3 ff.

einer Einzelperson. Man darf sich durch diese ausdehnende Wortverwendung aber nicht irreführen lassen. Sie lehnt sich an die eigentliche Sinngebung des Politischen an, aber wenn wir die trennende Säule der Begriffe öffentlich und privat anwenden, so zeigt sich bald, daß diese „Politik" dem Bereich des privaten Lebens angehört, daß sie nichts mit der res publica zu tun hat. Es erscheint daher auch nicht berechtigt, dem Begriff des Politischen im Sozialleben etwa einen weiteren Anwendungsbereich zu eröffnen[106].

Der Begriff des Politischen hat freilich noch die weitere Eigenart, daß er innerhalb der staatlichen Gestalt zugleich auch zur Bezeichnung des eigentlichen Kernbereichs staatlicher Selbstbestimmung und Entscheidung verwendet wird. Davon wird noch zu reden sein.

Unter den Momenten, die die Erscheinung des Staates bestimmen, hat sich in neuerer Zeit, wie wir schon sahen, das Augenmerk vor allem auf die Machtentfaltung gerichtet. So falsch es ist, die Macht mit dem Staate selbst gleichzusetzen und Sinn und Aufgabe des Staates in seiner eigenen Machtbehauptung allein zu sehen, so unleugbar ist das Merkmal der Macht dem Staate zu eigen. Dabei ist es freilich von vornherein notwendig, Macht ausschließlich als ein geistiges Phänomen zu verstehen. Auch wo an ihrem Ausgang der Einsatz physischer Zwangsmittel der Überwindung steht, ist ihr eigentliches Band der Gehorsam der Machtträger, die Annahme der Machtübung durch die Allgemeinheit, die Motivierung und Legitimierung derjenigen, die über die Macht verfügen, lauter geistige Vorgänge. Macht ist psychische Einflußmöglichkeit, Bewirken des Gehorsams gegen die auch ohne eigene Prüfung angenommene Weisung und Anordnung, Erwartung der normalen Durchsetzbarkeit der von der Leitung kommenden Direktiven. Wichtiger als das Element der reinen Gewalt ist daher für die Macht das Vorhandensein von Leitung und Regierung, die Ziele weist und die Menschen nach ihnen auszurichten weiß. Im Element der Macht liegt daher beim Staate zugleich der Unterschied von Regierenden und Regierten, von Handelnden und Gehorchenden, von Entscheidung und Verwirklichung beschlossen. Es gehört zu den radikalen Verkennungen staatlicher Bestimmung, wenn diese Differenzierungen, wie dies in den meisten utopischen Soziallehren geschieht, verworfen werden und eine Gesellschaft der Gleichen, der Vollkommenen oder der Klassenlosen vorgestellt wird. Es mag möglich sein, daß in überblickbaren kleinen Verhältnissen eine staatliche Ordnung mit einem Minimum an verfaßter, institutioneller Staatlichkeit auskommen und die direkte Demokratie den Stand gleicher Beteiligung am politischen Leben erhalten kann. In

[106] Die Einbeziehung gesellschaftlicher Vorgänge in den Begriff des Politischen bei *Heller,* Staatslehre, S. 203 f. erscheint daher nicht begründet.

Wahrheit ist auch hier indes die laufende Leitung der Geschäfte Beauftragten des Volkes übertragen, und praktisch kann es im Flächenstaat nicht anders zugehen, als daß mit der institutionellen Verfestigung auch der Unterschied der Regierung zu den Bürgern sich herausstellt[107].

Mit der Macht ist das Element des Kampfes um ihre Eroberung verbunden. Antagonistische Spannung und Auseinandersetzung um konkrete Ziele, um Einfluß und um Eroberung der Staatsleitung gehören zum Bilde staatlichen Lebens. Aber der Kampf und die Macht sind nicht Selbstzweck. Es war der Grundirrtum der neueren vitalistischen und naturalistischen Strömungen wie einer an ihnen genährten Geschichtsdeutung, in der Entfaltung von Macht den obersten Sinn staatlicher Aktivität zu erblicken. Es wird damit ein Einzelmoment staatlichen Wesens verselbständigt und an die Stelle des Ganzen gesetzt.

Ähnliches gilt auch von dem Vorhandensein einer organisatorischen Grundlage des Staates. Ohne daß sie in älteren Zeiten am Staate hervorträte, ist sie in der Gegenwart zu einem augenfälligen Strukturmoment des Staates geworden. Aber das politische Gemeinwesen teilt diese Seite mit vielen anderen sozialen Gebilden. Apparathafte und bürokratische Formen sind heute längst nicht mehr auf staatliche Einrichtungen beschränkt, sie gehören zum Bilde der modernen Wirtschaft ebenso wie zu dem zahlreicher Gruppen des sozialen Lebens. Vom Institutionellen her läßt sich gerade das Besondere, Kennzeichnende des Politischen nicht verdeutlichen.

Der Staat ist überhaupt nicht allein aus einer Beschreibung seiner Lebensvorgänge zu verstehen. Um ihn als eine zeitlose notwendige Komponente menschlichen Lebens zu verstehen, bedarf es vielmehr einer umfassenden Deutung seiner Bestimmung für das menschliche Dasein. Das Wesen des Staates macht, wie jüngst richtig bemerkt wurde, nicht etwas Seiendes, sondern seine *Aufgabe* aus. Nur im Rahmen einer politischen Anthropologie wird die grundlegende Rolle des Staates als höchster Instanz des menschlichen Lebens zur Wahrung von Ordnung, Frieden und Gerechtigkeit erkennbar.

Der Staat muß vom Menschen und seiner Bestimmung her verstanden werden. In diesem Zusammenhang mit einer metaphysischen Deutung des menschlichen Daseins hat ihn schon die antike Philosophie gesehen[108], und auf dem Boden einer solchen umfassenden Konzeption

---

[107] Gegen die Idee der Identität von Regierenden und Regierten siehe auch *Bäumlin*, S. 47.

[108] Mit Recht sagt *Verdross* (Abendländische Rechtsphilosophie, 1958, S. 30), daß für das griechische Denken eine philosophische Anthropologie die Grundlage bildet.

steht die gesamte ältere Staatslehre. Die antike Philosophie stellte an den Staat die Frage nach der besten Staatsform und nach der erzieherischen Verwirklichung eines idealen Menschenbildes im Gemeinwesen[109]. In ihrem Zeitbewußtsein eines statischen, nicht auf ein Ziel hin orientierten Laufes der Dinge war der Kreislauf der Formen, der Wechsel bestimmter Grundtypen des Staates angelegt. Die christliche Glaubenslehre unterwarf dagegen den Staat der religiösen Heilsgeschichte und machte ihn in ihrem kritischen Abstand zu einer zur Abwehr des irdischen Chaos göttlich gestifteten Notordnung[110].

Aus dieser Herleitung des Staates aus einer Deutung des menschlichen Lebens folgt freilich auch, daß eine Wesensbestimmung des Staates nur im Rahmen eines umfassenden, weltanschaulich angelegten anthropologischen Bildes möglich ist. Von einem Menschenbilde aus, wie es in manchen Richtungen des modernen Existentialismus vertreten wird, wo der Mensch nur als Getriebener, als von der Angst geschüttelter verfremdeter Burger dieser Welt gesehen wird, der keine Bestimmung, keine Sinngebung im Leben besitzt oder finden kann, wird auch der Staat nur zu leicht zu einer bloßen Machtdarstellung herabsinken oder überhaupt nicht in den Gedankenkreis einer solchen Sinnentleerung des menschlichen Lebens treten. Auch von einer Auffassung des Menschen, die nur seine naturhaften, vitalistischen Züge ins Auge faßt, führt kein Weg zu einer über das Machtmoment hinausgreifenden Staatsvorstellung. Bedeutet diese Bindung des Staates an das Ganze einer Konzeption menschlichen Daseins nicht eine verwirrende Fülle verschiedener Anschauungen? Das gilt gewiß für die Einzelausführung des Staatstypus, der Lehre von der Legitimierung des Staates und von dem Aufbau staatlicher Leitung. Für die Grundfragen des Staates selbst aber hat sich früh in Europa eine Tradition gebildet, die durch die Zeiten hindurch eine im Kerne einheitliche Anschauung vom Staate bewahrt hat. Wir können diese von der Antike heraufführende Auffassung als die humanistische Tradition bezeichnen, die hier wie auf anderen Gebieten einen entscheidenden Bestandteil der europäischen Geisteswelt bildet[111]. Sie setzt mit Platon und Aristoteles ein, von denen der letztere die Notwendigkeit politischen Gemeinschaftslebens in einer für die Folge grundlegenden Weise dargetan hat. Er sieht im Staate die Bestimmung des Menschen und nennt als die Aufgabe des Staates die Beförderung der Gerechtigkeit und des vollkommenen Lebens. Die christliche Lehre übernahm von der antiken Philosophie den Gedanken vom Menschen als politischen, auf die Gemeinschaft angelegten Wesen. Aber sie begegnete dem Staate skeptisch, sie sah in ihm eine

[109] Vgl. *Leo Strauss*, What is Public Philosophy?, 1959, S. 90 ff.

[110] Vgl. *Trillhaas*, S. 28 ff.

[111] Über das Gewicht dieser Tradition siehe *Gadamer*, S. 7 ff.

Ordnung der gefallenen Welt[112]. Daher tritt bei ihr das Streben antiker Lehren nach dem vollkommenen Staat ebenso zurück wie eine ungebrochene Hinnahme des politischen Wesens. Der Staat tritt unter die heilsgeschichtliche Erwartung und wird von dort her in Bindung und Pflicht genommen. Augustinus, dessen Gedanken so tiefen Einfluß auf die Folgezeit ausgeübt haben, setzt dem menschlichen Leben das Ziel der beatitudo[113] und stellt den Staat unter das Gebot der justitia und des Friedens[114]. Es ist die große Leistung der mittelalterlichen christlichen Philosophie, die Endbestimmung des Staates eingeschmolzen zu haben in die Herrscherpflichten, in denen nun das Moment der Ordnung, des Friedens und der Gerechtigkeit wiederkehrt. In den Herrschereiden und den Lehren der Fürstenspiegel wird daraus die Bindung des Herrschers an den Grundzweck des Staates, der nun weiter auch unter dem Gedanken des bonum commune umschrieben wird. In einem großartigen Gemälde hat der Wiener Theologe Nikolaus von Dinkelsbühl 1414 vor dem Kaiser noch einmal die Summe dieser Gedanken entfaltet. Dem Kaiser liegt es ob, pax et tranquillitas, commodum et salus der Welt zu befördern. Ihm ist die Verantwortung für die felicitas des Volkes sowohl im Bereich der Politik wie des moralischen Heils aufgetragen[115]. Die spätere Zeit hat bis an den Ausgang des 18. Jahrhunderts diese ursprünglich heilsgeschichtlich angelegte, dann mehr und mehr säkularisierte Bestimmung des Staates festgehalten. Sie wird nun zur irdischen Glückseligkeit, steht aber immer noch in innerer Verbindung mit einem Menschenbilde, das in den Pflichten des Menschen gegen sich selbst Ziel und Pflicht der Selbstvervollkommnung einschließt[116]. Auch in der Neuen Welt klingt dieser Gedanke noch in der Unabhängigkeitserklärung vom 4. 7. 1776 in dem Recht des „pursuit of happiness" für jeden Menschen an[117].

So wird in der ganzen Entwicklung dieser älteren Staatsanschauung der Staat immer als ein dem Menschen Aufgegebenes verstanden. Von dort her wird es verständlich, weshalb in dieser Staatslehre auch die politische Ethik einen so wichtigen Raum einnimmt. Die Erfüllung der

---

[112] Diese kritische Einschätzung des Staates ist unabhängig von der großen Streitfrage, ob die soziale Bestimmung des Menschen prälapsarisch sei. Vgl. hierzu *Verdross,* S. 56 f.

[113] De Civitate Dei, Buch 19, cap. 27.

[114] Buch 19, cap. 13 und Buch 4, cap. 4.

[115] *Mansi,* Sacr. Conciliorum Collectio, Bd. 28, S. 516.

[116] Siehe *Pufendorf,* De Officio hominis et civis, 1682, Buch 1, cap. 5 und Buch 2, cap. 5; *Thomasius,* Institutionum jurisprudentiae divinae libri tres, 1694, Buch 2, cap. 2 und Buch 3, cap. 7.

[117] Vgl. dazu *Ursula M. von Eckardt,* The Pursuit of Happiness in the Democratic Creed, 1959, S. 100 ff., 311 ff., deren Darlegung aber wenig mehr von der älteren Herkunft dieses Begriffs erkennen läßt.

menschlichen Aufgaben im Staate, seien es die des Regenten oder die des Bürgers, wird als eine sittliche Pflicht aufgefaßt. Politisches Handeln wird unter die Bindung sittlicher Schranken, unter die Pflicht zur Förderung des bonum commune gestellt. Erst mit der Erhebung des Volkes zum Souverän in Rousseaus Lehre, dem gegenüber nun keine solchen Bindungen mehr bestehen, wird diese ethische Bindung des politischen Lebens aufgegeben und eine Entscheidungsgewalt jenseits der moralischen Maßstäbe konstituiert.

Es sind die beiden Momente des Friedens und der Ordnung, die zusammen mit dem der Gerechtigkeit, die Umschreibung der Staatsaufgaben in der humanistischen Überlieferung bilden. Mit der Hervorhebung des Friedens ist zugleich die Sicherung der Bürger, aber auch die Segnung eines ungestörten bürgerlichen Lebens gemeint. Das Element des Kampfes und der Macht wird damit überhöht von einer tieferen Bestimmung des Staates. Von dieser Grundlage aus tritt die Definition von Carl Schmitt in ihrer Einseitigkeit deutlich hervor. Der Gedanke, einen eigenen Bereich des Politischen überall dort anzunehmen, wo sich Gegensätze bis zur letzten Kampfsituation zuspitzen, bedeutet, daß Schmitt den Kampf für die wahre Bestimmung des Staates erachtet. Zugleich wird aber die Fragestellung bei ihm dadurch verunklärt, daß er dem Politischen nicht wie dem Staate, auf den es bezogen ist, einen bestimmten Bereich der Daseinsgestaltung zuweist, sondern das Politische jeweils in der okkasionellen Kampfsituation erblicken möchte. Da sich nach Schmitt auch außerstaatliche Fragen zum politischen Gegensatz verschärfen können — etwa wirtschaftliche Fragen —, so greift damit der Bereich des Politischen weiter als der des Staates. In dieser Aufspaltung bricht die unhaltbare These auf, daß das Politische nicht wie der Staat einen ganz bestimmten Bereich menschlichen Lebens zugeordnet ist, sondern aus anderen Gebieten her durch existentielle Gegensatzbildung seinen Raum gewinnen könnte.

Ungenügend ist es freilich auch, den Frieden allein im Begriff des Staates und des Politischen zum Ausdruck zu bringen, wie dies Sternberger tut[118]. Damit wird die gestaltende, ordnende Aufgabe des Staates nicht genügend zum Ausdruck gebracht und es wird außerdem das dem Erringen des inneren Friedens vorangehende Stadium der kämpferischen Auseinandersetzung allzusehr zurückgedrängt.

In dem Gedanken der Ordnung drückt sich ein anderes entscheidendes Merkmal des Staates aus. Er ist nicht eine Ordnungsmacht unter

[118] Begriff des Politischen, 1960. Hier wird richtig der Frieden als Ziel der Politik angesprochen, dann aber als politische Kategorie bezeichnet und ferner als Grund, Merkmal und Norm des Politischen umschrieben. Das letztere ist logisch unhaltbar, weil ein Merkmal eines Begriffs nicht dessen Norm sein kann.

anderen, sondern ihm steht es zu, Ordnung und Wohlfahrt in höchster und letzter Instanz zu gewährleisten. Das ist nur möglich durch die überlegene Macht des Staates, der damit — abgesehen von der besonderen Position gegenüber der Kirche — allen anderen sozialen Kräften seines Raumes als höchste, qualitativ von ihnen unterschiedene Entscheidungsgewalt entgegentritt.

Fassen wir diese Erläuterungen des Staatsbegriffs zusammen, so können wir in Kürze definieren: Der Staat ist die menschliche Wirkungseinheit, der in einem Raume in höchster Instanz die Wahrung von Ordnung und Frieden aufgetragen ist.

Daß der Staat die höchste und letzte Gewähr für die friedliche Ordnung eines Gebiets leistet, hängt mit seiner Machtbildung zusammen. Eben an diesem Punkte kann sich schon heute die Frage erheben, ob diese Aufgabe notwendig eine Vielzahl von Staaten erfordert, ob nicht heute bereits durch die wachsende Konzentration bestimmter Aufgaben im internationalen Bereich auch die internationale Ordnung in die Sphäre dessen hineinwächst, was man als „politische Ordnung" bezeichnen kann. Von der tieferen Bestimmung des Politischen her würde auch eine die Welt umfassende einheitliche Herrschaftsmacht die Aufgabe des Staates wahrzunehmen haben. Daher wird in dem Maße, wie Aufgaben des Staates auf die Gesamtheit der internationalen Gemeinschaft übergehen, eine Verschränkung der politischen Ordnung im nationalen und internationalen Felde eintreten[119].

Der Begriff des Politischen ergibt sich aus den Klarlegungen über das Wesen des Staates von selbst. Politisch in einem weiteren Sinne ist das, was sich auf den Staat als tätige, handelnde Macht, kurz, als aufgegebene Lebensbewältigung bezieht. Mit dem Begriff der Politik verbinden wir den Gedanken des handelnden Eintretens, der Entscheidung, des Ringens um die Macht, aber auch deren Handhabung.

Da der Staat, wie wir dargelegt haben, nicht ein statisches Sein darstellt, sondern einen in steter Bewegung und Neugestaltung befindlichen Lebensprozeß, so meint das Politische spezifisch die auf die Verwirklichung dieses Prozesses gerichtete Tätigkeit. Sie ist das Ringen um die Macht, die Teilnahme an der Auseinandersetzung um staatliche Ziele, die Entscheidung über diese konkreten Aufgaben der Gesamtheit und ihre Ausführung.

Politisches Handeln ist verantwortliches, ethisch gebundenes und begrenztes Handeln. Es steht nicht unter irgendeinem Zwang von höhe-

[119] Zu diesem Hineinwachsen der Menschheit in eine globale überstaatliche Ordnung siehe *J. H. Kaiser,* ÖstZöffR 10 (1960), S. 420 ff. Vgl. auch *Jaspers,* Vom Ursprung und Ziel der Geschichte, 1949, S. 242 ff.

ren Schicksalsmächten, sondern bedeutet menschliche Entscheidung über Fragen des Gemeinwohls, die persönlich getroffen werden und daher auch von jedem individuellen Gewissen zu tragen und zu verantworten sind. Wohl bietet eine traditionelle, vielfach verfestigte Anschauung vom Gemeinwohl, vom Staatsinteresse, dem Politiker manchen Anhalt für sein Tun, aber sie kann ihn nicht der sittlichen Prüfung entheben, die seine Aktion an ethischen Maßstäben mißt.

Mit dem Begriff des Politischen bezeichnen wir zugleich einen engeren Bereich innerhalb des staatlichen Lebens, in dem die eigentlichen Kernvorgänge des Kampfes um die Leitung im Volke und der Durchsetzung der eigenen Auffassung sowie die Tätigkeit der mit der Leitung des Staates betrauten Repräsentanten und Agenten sich abspielen. Man kann diesen Bereich auch als „Verfassungsleben" bezeichnen, doch hat das den Nachteil, daß sich damit der Gedanke einfinden könnte, Politik sei nur Ausführung von Verfassungsnormen. So sehr sie dies im Rechtsstaat ist, wo sie an die Verfassung strikt gebunden bleibt, so liegt doch nicht in dieser Bindung ihr Wesen und ihre Aufgabe. Als Gestaltung des gemeinen Wesens ist Politik vielmehr selbständige Zielsetzung, Formung und Willensäußerung. Sie umfaßt, das möchte gegenüber eigenen früheren Ausführungen zu betonen sein, die stärker nur die Exekutive im Auge hatten[120], sowohl die Legislative wie die Spitze der Exekutive, Regierung und Parlament. Ist man sich einmal darüber klar, daß Politik kein Gegensatz zum Recht ist, sondern Rechtsgestaltung durch Gesetzgebung in sich begreift — ebenso wie auch andere politische Entscheidungen innerhalb der Exekutive durch eine Verfassungsgerichtsbarkeit in ihrer Rechtsgebundenheit offengelegt werden können —, so wird man auch den politischen Charakter der Gesetzgebung — deren Resultat zugleich Rechtsetzung ist, die mit ihrer Gültigkeit einem unpolitischen und unparteiischen rechtsstaatlichen Vollzuge unterliegt — erkennen können. Im modernen Staate, der fast alle wesentlichen Entscheidungen dem Gesetzgeber überantwortet hat, muß sich daher der politische Einschlag der Gesetzgebung verstärken. In der Fülle kurzfristiger und maßnahmeartiger, d. h. auf engere Anwendungsfelder begrenzter und steuernder Gesetze kommt diese Verlagerung aktueller politischer Entscheidungen in die Legislative zum Ausdruck.

Wenn man den politischen Bereich in diesem engeren Sinne kurz mit „Staatsleitung" umschreiben will, so umfaßt er in erster Linie die Tätigkeit der Gesetzgebung und der Regierung, d. h. der richtungbestimmenden Staatsorgane. Zu ihm gehören aber auch die Aktionen der auf diesen zentralen Raum im Staate zielenden Parteien und Interessen-

---

[120] Festschrift für R. Smend, 1952, S. 268 ff. (abgedruckt in *diesem* Band als Beitrag Nr. 20).

gruppen, die auf die Entscheidungen in diesem Felde einzuwirken suchen. Die Rechtsprechung reicht in dieses Gebiet insoweit hinein, als sie, betraut mit der Wahrung der Verfassungsordnung, politische Entscheidungen kontrollieren und durch ihre Urteilssprüche daher politische Wirkungen erzielen kann.

Hegel und die deutsche Staatslehre des 19. und 20. Jahrhunderts

Viele der deutschen Universitätsgründungen haben für ihre Zeit durch Lehrmethode und geistige Ausrichtung paradigmatische Bedeutung gewonnen. Aber wohl keine von ihnen hat von Anfang an auf allen Gebieten so tief und so nachhaltig auf die Gesamtheit der Wissenschaft, ihren Geist und ihren Stil eingewirkt, wie die in einer Zeit tiefster Not ins Leben gerufene Friedrich-Wilhelms-Universität in Berlin. Das liegt nicht nur daran, daß sie, in der Hauptstadt des bald wieder in seine geschichtliche Rolle eintretenden preußischen Staates gelegen, an dessen Aufstieg und an dem ganz Deutschlands im 19. Jahrhundert teilnahm. Der entscheidende Grund für ihre außerordentliche Wirkung ergab sich daraus, daß die Hochschule unter dem Einfluß Wilhelm von Humboldts, Fichtes und Schleiermachers ganz und gar aus dem Geist der deutschen idealistischen Anschauung heraus geschaffen und fortgetragen wurde und so allem Älteren gegenüber zum Ausdruck dieser neuen, die Zeit erfüllenden Gesinnung wurde. In diesem Sinne darf man auch die Worte verstehen, die Hegel in seine Antrittsrede zu Berlin am 22. Oktober 1818 einfügte: „Auf hiesiger Universität, der Universität des Mittelpunktes, muß auch der Mittelpunkt aller Geistesbildung und aller Wissenschaft und Wahrheit, die Philosophie, ihre Stelle und vorzügliche Pflege finden[1].“ Nicht minder aber trug zum Einfluß Berlins bei, daß es gelang, in jedem Fach hervorragende Männer an die neue Universität zu ziehen, so daß sie bald und für ein ganzes Jahrhundert zum eigentlichen Richtmaß und Ansporn der deutschen akademischen Entwicklung geworden ist.

Das gilt auch für die Lehre vom Staate in ihrem weiteren, nicht auf das engere Fach des Staatsrechts als Zweig der Jurisprudenz beschränkten Sinne. Denn die Beschäftigung mit dem Staat, mit der „Politik“, seit dem Mittelalter von Theologen und Philosophen als ein Zweig der philosophia moralis gepflegt, ist immer eine Aufgabe vieler Wissen-

---

Aus: Studium Berolinense. Gedenkschrift der Westdeutschen Rektorenkonferenz und der Freien Universität Berlin zur 150. Wiederkehr des Gründungsjahres der Friedrich-Wilhelms-Universität zu Berlin. Berlin 1960, S. 129 - 151. — Abdruck mit freundlicher Genehmigung des Verlages Walter de Gruyter & Co., Berlin.

[1] Vgl. hierzu *Max Lenz*, Geschichte der Kgl. Friedrich-Wilhelms-Universität zu Berlin, Bd. II, 1, 1910, S. 33.

schaften gewesen[2]. In der Geschichte der politischen Theorie, der „Politik“ im älteren und weiteren Sinne, sind zu allen Zeiten entscheidende Beiträge nicht allein von der Rechtswissenschaft, sondern von Theologie, Philosophie und Geschichte geleistet worden. Auch die Wirkung der Berliner Hochschule für die Staatslehre zeigt diesen charakteristischen Zug. Wenn ihr Wirken auch auf diesem Felde alsbald die Züge einer neuen Richtung zeigt, so sind es die philosophischen Lehrer, Fichte und Hegel, die dafür bestimmend sind. Erst als die Philosophie in die Hände Gablers (1833) und Schellings (1840) übergegangen war und in die juristische Fakultät mit Friedrich Julius Stahl 1840 ein Denker von großer selbständiger Kraft und lebendigem politischem Verständnis eingetreten war, wird hier wie in der gesamten um die Jahrhundertmitte noch philosophisch fundierten Rechtswissenschaft der juristische Anteil an der Staatslehre führend. Das Aufkommen des Positivismus, dessen pragmatische Hinnahme der bestehenden Macht den Zusammenhang mit den Ideenströmungen und den politischen Kräften aufgibt, läßt dann erneut die Erörterung der eigentlichen Fragen des Staates an andere Fachrichtungen, die Historie und die Soziologie — es genüge an die Namen Treitschke, Meinecke, Max Weber zu erinnern — übergehen[3]. Die Diskussion dieses Jahrhunderts greift dann nach dem ersten Kriege erneut vom Boden der Rechtslehre und ihrer nun wieder vertieften methodischen und philosophischen Grundlagen unter Triepel und Smend die Probleme des Staates auf. Es ist kein Zufall, daß gleichzeitig, in Zustimmung und Kritik, auch das Bild Hegels wieder in der Auseinandersetzung auftaucht[4]. Gewiß ist das Erbe Hegels in dieser Zeitspanne zwischen 1830 und 1930 nur eines der Momente unter vielen anderen, die die Entwicklung der Staatslehre bestimmt haben. Aber es ist mächtig genug, daß es möglich erscheint, einen Überblick über die Staatslehre dieser Periode an ihm zu orientieren.

[2] Zu diesem älteren weiteren Begriff der Politik als der Lehre vom Staat, der Staatskunst und der politischen Ethik siehe *O. Brunner,* Adeliges Landleben und Europäischer Geist, 1949, S. 126 ff.; Land und Herrschaft, 4. Aufl. 1959, S. 114/16.

[3] Zu diesem Ortswechsel des Staatsdenkens, dessen Hut nun in die Sphäre der politischen Historie übergeht, vgl. *R. Smend,* Politisches Erlebnis und Staatsdenken seit dem 18. Jahrhundert (Nachdr. d. Akad. Göttingen, 1943, Nr. 13), S. 528.

[4] Ich will nur zwei Schriften anführen: Die gründliche philosophische Untersuchung von *Franz Rosenzweig,* Hegel und der Staat, 2 Bde., 1920 und *Hermann Heller,* Hegel und der nationale Machtstaatsgedanke in Deutschland, 1921.

1. Naturrecht und Politik am Ausgang des 18. Jahrhunderts und die Wandlung in der Philosophie des Idealismus

Um die Wirkung der idealistischen Philosophie auf die deutsche Staatslehre zu verstehen, muß man sich den Stand der Anschauungen vor Augen stellen, wie er am Ausgang des 18. Jahrhunderts sich in der Rechtslehre und politischen Theorie Deutschlands darstellte. Zwei Richtungen beherrschten das Feld, einander nicht ausschließend und auch nicht durchgängig gegensätzlich eingestellt, aber doch deutlich geschieden. Die tragende und vorwärtsdrängende Kraft lag in der Naturrechtslehre. Hervorgegangen aus der großen Anschauung des 17. Jahrhunderts vom Menschen und von den Grundlagen der politischen Gemeinschaft, immer noch getragen von einem säkularisierten Rest theologischer Gedanken, hat die deutsche Philosophie (vor allem Christian Wolff) und Rechtslehre in der ersten Hälfte des 18. Jahrhunderts, insbesondere im mitteldeutschen Raum von Halle und Leipzig, in einer starken systematischen Leistung ein zusammenhängendes Gesamtbild der rechtlichen Beziehungen des Menschen und der Gemeinschaft entwickelt, das als Grundlage der gesamten folgenden Rechtsentwicklung bis in unsere Zeit gedient hat. Hier finden wir die Vorstellung eines im Kreis seiner Rechte und Pflichten eingebetteten Individuums, das zugleich eingefügt ist in die engeren Gemeinschaften von Ehe, Familie und Dienst wie in die aus dem Zusammenschluß der einzelnen hervorgehende bürgerliche Gesellschaft, den Staat, der mit oberster Gewalt die allgemeine Wohlfahrt befördert und dem auch alle Verbindungen der Menschen seines Gebiets unterstellt sind[5]. Also noch keine Unterscheidung von Gesellschaft und Staat, vielmehr bezeichnet societas civilis noch im alten Sinne das politische Gemeinwesen[6]. Der seit dem 17. Jahrhundert vorwaltenden Tendenz zur Ableitung aller gesellschaftlichen Bildungen nach naturwissenschaftlichem Vorbild aus ihren individuellen Elementen entsprechend, wird der Staat vom Einzelnen her aufgebaut, wiewohl mit starker und unabhängiger Leitung versehen. Der Staatszweck wird mit Wohlfahrt oder später mit Glückseligkeit (beatitudo, felicitas) umschrieben, im Kern also vom Individuum her abgeleitet[7]. Der theologische Hintergrund wird in der Übernahme der älteren Einteilung in Pflichten gegen Gott, gegen sich selbst und gegen andere (den Nächsten)[8] deutlich erkennbar.

---

[5] Vgl. dies Schema bei *Heineccius,* Elementa iuris naturae et gentium, Halle 1738.

[6] Erst *August Ludwig Schlözer,* Allgemeines Staatsrecht und Staatsverfassungslehre, Göttingen 1793 faßt die bürgerliche Gesellschaft nur mehr als unorganisierte Vorstufe der staatlichen Vereinigung auf (S. 63 f., 71 f., 93 f.).

[7] *Nettelbladt,* Systema elementare universalis iuris naturae, 4. Aufl. 1777, § 1068 (salus publica). Bei *Thomasius,* Institut. Iurisprudentiae Divinae, 1694, Lib. III, cap. V, §§ 3, 4 tritt hier auf die beatitudo civilis.

Die deutsche Naturrechtslehre ist bis zum Ausbruch der französischen Revolution über diese Auffassung, die zwar von einer libertas civilis sprach, aber darunter nur die rechtlich indifferenten Handlungen der Untertanen verstand[9], nicht hinausgekommen. Während England echte bürgerliche Freiheiten zu entwickeln vermochte, während in Frankreich der Freiheitsgedanke immer stärker wurde und in Rousseau zur Herrschaft des uniformen Gemeinwillens aller im Staate als Mittel der Erhaltung individueller Freiheit, damit zugleich zur Übertragung der Souveränität des Herrschers auf das Volk führte, blieb in Deutschland der Untertan in seiner ständischen Stellung, blieb der Gehorsam gegen eine nur wenig beschränkte Obrigkeit erhalten. Dennoch hat im Verein mit ausländischen Einflüssen diese Naturrechtslehre eine außerordentliche Bedeutung dadurch erlangt, daß sie sich die Kraft zur Bewältigung des sozialen Lebens zutraute[10] und damit der Boden für die große Reformgesetzgebung des späten 18. Jahrhunderts geschaffen wurde, die sich vor allem in Österreich und Preußen vollzog[11]. Im System des preußischen Allgemeinen Landrechts erscheint, neben allen retardierenden ständisch-absolutistischen Elementen, doch dank der Gesinnung seines Schöpfers Svarez auch die klare Tendenz der Beschränkung der staatlichen Macht, der Festigung des Rechts und der Sicherung der Rechte des Einzelnen; hier wird auf dem Boden des friderizianischen Preußen eine volle beispielhafte Ausprägung dieser deutschen naturrechtlichen Gedankenwelt, in ihrer Gesinnung zugleich der reformerischen Erneuerung wie des traditionellen Verharrens, geschaffen[12]. Damit aber war die Leistungskraft der deutschen Naturrechtslehre, deren Glückseligkeitsströmung schon manche recht seichte Stellen aufwies[13], erschöpft. Die französische Revolution zeigte ihr die weitergehenden Konsequenzen, die der sensualistisch und voluntaristisch begründete westliche Freiheitsbegriff für das Staatsleben zu entwickeln vermochte. Die Exzesse der revolutionären Kräfte schreckten indes die Regierungen und die Öffentlichkeit bald zurück[14]. Die grund-

---

[8] Vgl. noch *Kant*, Metaphysik der Sitten, II. Teil: Ethische Elementarlehre: Von Pflichten gegen sich selbst. Von Tugendpflichten gegen andere.

[9] *Nettelbladt*, § 1093.

[10] Auf diese Kraft zur Lebensgestaltung weist hin *Ernst Cassirer*, Die Philosophie der Aufklärung, 1932, Vorrede S. XII.

[11] Vgl. *Hans Thieme*, Das Naturrecht und die europäische Privatrechtsgeschichte, 2. Aufl. 1954, S. 17 ff.; *Fr. Wieacker*, Privatrechtsgeschichte der Neuzeit, 1952, S. 197 ff.

[12] Siehe *H. Conrad*, Die geistigen Grundlagen des Allg. Landrechts für die pr. Staaten (ArbG. f. Forschung d. Landes Nordrhein-Westf., Geistesw., 77), 1958, S. 24 ff.

[13] Hier mag etwa die von wohlfeiler Staatsweisheit überfließende Vorlesung des späteren Kurerzkanzlers *Carl von Dalberg* in der Erfurter Akademie nützlicher Wissenschaften vom 3. 8. 1793 „Von Erhaltung der Staatsverfassungen" genannt sein (Erfurt 1793).

legenden Konflikte und Auseinandersetzungen der Revolution, ihr Ringen um persönliche und bürgerliche Freiheit und um die Erneuerung der politischen Formen, werden erst von der Philosophie des Idealismus auf einer tieferen Grundlage aufgenommen und verarbeitet[15].

Noch weniger in die Zukunft hinein wies der Weg der anderen Richtung der deutschen Staatslehre, die in Reichshistorik und „Statistik", d. h. geographisch-realistischer Staatsbeschreibung (in gewissem Sinne eine Vorläuferin der heutigen Political Science), die überlieferte Wirklichkeit in ihrer ganzen strukturellen Vielfalt darzustellen suchte. Weniger den Territorien als dem Reich zugewandt, trug diese auf eine praktische Vorbereitung für die Staatsgeschäfte abzielende Literatur, wie sie namentlich in Göttingen (Johann Stephan Pütter) zuhause war, aber auch in den ungeheuren Foliantengebirgen J. J. Mosers und in Kochs Straßburger Tätigkeit ihren Ausdruck fand, in Achtung und Liebe vor der ererbten politischen Lebensform das Reich und mit ihm das alte Europa über die letzten Jahrzehnte des ancien régime. Unphilosophisch, aber auch unberührt von den aufkommenden romantischen Empfindungen der Zeit, pflanzte diese trockene aber solide Schule ihre Methode über Johann Ludwig Klüber[16] in den Deutschen Bund und in das nun erstarkende territoriale Landesrecht fort. In den gründlichen Werken von Heinrich Zoepfl[17] und Heinrich Albert Zachariae[18] klang sie aus. Manches von der Begriffswelt dieser „historisch-positiven" Methode[19] ging noch in den konstruktiven Gedankenbau des spätkon-

---

[14] Über diese Erstickung der Reformepoche in der abwehrenden Haltung nach 1792/93 in Österreich siehe jetzt *E. Wangermann*, From Joseph II. to the Jacobin Trials, 1959, S. 106 ff.

[15] Über die Bedeutung der frz. Revolution für Hegel siehe die hervorragende Arbeit von *Joachim Ritter*, Hegel und die französische Revolution (ArbG. f. Forschung des Landes Nordrhein-Westf., 63), 1957. Zur Konfrontation der idealistischen Denker mit der französischen Revolution siehe jetzt auch *J. L. Talmon*, Political Messianism. The Romantic Phase, 1960, S. 177 ff.

[16] Öffentliches Recht des Teutschen Bundes, 1817, 4. Aufl. 1840. Die Grundbegriffe sind, wie noch deutlicher die 1803 veröffentlichte Schrift: „Einleitung zu einem neuen Lehrbegriff des deutschen Staatsrechts" zeigt (der teilweise die ersten Paragraphen des späteren Werks entnommen sind), noch dem Naturrecht verhaftet: Vertragsgründung des Staats, Untertanschaft und Staatsgewalt im Gegenüber, Herleitung des allgemeinen Staatsrechts aus dem jus gentium universale usw. Mehr als alle anderen Autoren ist *Klüber* die Brücke, über die das ältere Reichsrecht bis in die spätkonstitutionelle Begriffswelt hinübergreift.

[17] Grundsätze des allgemeinen und des constitutionell-monarchischen Staatsrechts mit besonderer Rücksicht auf das allgemeingültige Recht in Deutschland 1841 (5. Aufl. als „Grundsätze des gemeinen deutschen Staatsrechts m. b. R. auf das allgemeine Staatsrecht" 1863).

[18] Deutsches Staats- und Bundesrecht, 1841, 3. Aufl. 1863. In die gleiche Richtung gehört auch (mit stärkerem Einschlag romantisch-historischen Denkens) *Fr. Schmitthenner*, Grundlinien des allgemeinen oder idealen Staatsrechts, 1843.

stitutionellen Staatsrechts über, aber die geschichtsverständige und keineswegs unpolitische Tradition dieser Schule erlebte doch mit dem Aufstieg des alle wesentlichen Fragen in seinem abstrakten und leeren Formalismus zerreibenden Konstruktionsschemas des Positivismus ihren Untergang.

Bei Kant vollzieht sich eine entscheidende Wandlung des Freiheitsbegriffes, die für die ganze idealistische Richtung bestimmend ist. Anstelle des eudämonistischen Trieb- und Erfüllungsstrebens der englischen Philosophie wird die Freiheit als sittliche Selbstgestaltung, als Bindung nur an die eigene Bestimmung, aber in Anerkennung der moralischen Pflicht verstanden. Kants Lehre faßt in erster Linie diese Selbständigkeit der individuellen Vernunft und damit die individuelle Situation ins Auge. Der Staat wird in seiner Zielsetzung — entsprechend ähnlichen Tendenzen der ganzen 90er und 80er Jahre (W. v. Humboldt, Versuch, die Grenzen der Wirksamkeit des Staates zu bestimmen) — vom individuellen Lebensgefüge her und daher eng begrenzt verstanden[20]. In den Einzelheiten seiner Staatsgestaltung lehnt sich Kant an die Gedankenwelt der späten Naturrechtslehre an. Er stellt zwischen der individuellen Freiheit und der Staatseinrichtung einen Zusammenhang in dem Gedanken der Mitwirkung des aktiven Bürgers her[21], aber doch nur in sehr allgemeinem Zusammenhang und mit der Note, daß nicht alle zu solchem Handeln als aktive Glieder berufen seien. Freiheit wird in erster Linie als eine an einer allgemeinen Maxime orientierte moralische Selbstbestimmung des einzelnen verstanden, zu der Staat und Gesetze eher als äußere Bindung im Gegensatz stehen. Hier liegt ein Grund, weshalb die kantische Lehre — anders, als es für ihre sittlich belebende und gerade den Pflichtgedanken stärkende Wirkung auf ihre Zeit gilt — später nicht selten die Quelle eines unpolitischen Individualismus abgegeben hat. Für die Staatslehre des 19. Jahrhunderts hat Kant am stärksten gewirkt durch seine Betonung des Rechtsgedankens. Rechtsstaatsgedanke und Begrenzung der Staatsziele erweisen sich als von dort beeinflußt.

Den fundamentalen Gegensatz der französischen Revolutionsphilosophie zwischen dem unbedingten Freiheitsdrang des Individuums und der Bindung an die Gemeinschaft hat Fichte viel schärfer herausgearbeitet. Selbstentfaltung und Vervollkommnung des einzelnen als vernünftiges Wesen steht auch für ihn im Vordergrund, ist der Sinn der Freiheit. Auch seinem Staatsdenken ist eine deutliche Verbindung

[19] So benennt *Klüber* selbst seine Methode (4. Aufl., S. 17).

[20] Als Beschränkung des Staatszwecks auf den bloßen Rechtsschutz wird dies Moment später verstanden von *R. v. Mohl*, Encyclopädie der Staatswissenschaften, 1859, S. 82 f.

[21] Metaphysik der Sitten, 1797, Teil I, § 46.

der atomisierten Freiheit des Individuums und des politischen Ganzen nicht gelungen. Zwar treten bei Fichte in der wirtschaftlichen Vorstellung der geschlossenen Staatseinheit und später in seiner Zuwendung zum Gedanken der Nation starke universale Züge auf, aber auch hier, vor allem in seiner Konzeption der nationalen Bestimmung, steht das Ziel der persönlichen Erziehung und Vervollkommnung am Ende[22]. Das Erbe Fichtes ist von der Rechtslehre bald durch Hegel überschattet worden und daher äußerlich nur in geringem Grade aufgenommen[23]. Mit der Idee der persönlichen Selbstbestimmung und mit der vom romantischen Ursprungsdenken und ihrer Verklärung des Schöpferischen getragenen Vorstellung der nationalen Idee hat Fichte weithin Einwirkung erlangt, wenn auch wohl erst gegen die Jahrhundertmitte hin und stärker im historisch-politischen Felde[24].

Der für die Auffassung des Staates entscheidende Schritt Hegels über die frühere Entwicklung hinaus besteht darin, daß für ihn die sittliche Freiheit sich nicht in individueller Selbstbestimmung erfüllt, sondern als Teil des objektiven sittlichen Bewußtseins[25] erst mit der Einordnung des Menschen in das Allgemeine, in die Gemeinschaften und den Staat, die Verwirklichung findet[26]. Die individuelle Freiheit weist für Hegel über sich hinaus, weil bei ihm Freiheit ein Vorgang, ein Prozeß des geistigen Lebens, nämlich des Selbstbewußtseins des objektiven Geistes im Rahmen der individuellen Vernunft ist[27]. So rückt die Freiheit in einen größeren überindividuellen Zusammenhang, sie wird gesellschaftlich und politisch verstanden. Sie drängt zu ihrer Verwirklichung in der geschichtlichen Erscheinung des Staates[28].

[22] In diesem Sinne auch *Meinecke*, Weltbürgertum und Nationalstaat, 7. Aufl. 1928, S. 108. Zu den Widersprüchen in Fichtes innerster Spannung zwischen Selbstbewußtsein und Einordnung vgl. *Talmon*, S. 193/95.

[23] In den eigentlich staatsrechtlichen Werken erscheint *Fichte* nur im Literaturverzeichnis mit einer „Staatslehre", 1820 (z. B. *Maurenbrecher*, Grundsätze des heutigen deutschen Staatsrechts, 1837, S. 18; *Zoepfl*, Grundsätze, 3. Aufl. 1846, S. 22). Es ist daran zu erinnern, daß seine gesammelten Werke erst 1845/46 herausgegeben wurden.

[24] Zur späteren Einwirkung Fichtes vgl. *Rothacker*, Einleitung in die Geisteswissenschaften, 2. Aufl. 1930, S. 67 f., 187.

[25] Rechtsphilosophie, 1821, Ausgabe Hoffmeister, §§ 154 - 57.

[26] Rphil., § 257. Dort der in seiner Zeit von der Staatslehre immer wieder zitierte Satz vom „Staat als der Wirklichkeit der sittlichen Idee".

[27] Randbemerkung zu S. 155 (Rphil. ed. Hoffmeister, S. 412): „Begriff der Freiheit hat zu seiner Existenz das Selbstbewußtsein." Dazu: „Die Weltgeschichte ist die Darstellung des göttlichen, absoluten Prozesses des Geistes in seinen höchsten Gestalten, dieses Stufenganges, wodurch er seine Wahrheit, das Selbstbewußtsein über sich erlangt" (Phil. d. Weltgeschichte, Ausg. Hoffmeister, 1955, S. 75).

[28] Rphil., § 153: „Auf die Frage eines Vaters, nach der besten Weise, seinen Sohn sittlich zu erziehen, gab ein Pythagoreer (auch anderen wird sie in den Mund gelegt) die Antwort: wenn du ihn zum Bürger eines Staates von guten Gesetzen machst."

Es kann angesichts der Weite des hegelischen Denkgebäudes und der unermeßlichen Literatur dazu nicht die Aufgabe dieser kurzen Zeilen sein, seine Grundgedanken darzulegen[29]. Wie für andere Philosophen gilt auch für ihn, daß er zu verschiedenen Zeiten und in verschiedenen Wissenschaften jeweils nur mit einem Teil seiner Lehre eingewirkt hat. So läßt sich ein wesentlicher Teil seines Einflusses auf das politische Denken nicht aus den speziellen Äußerungen seiner Rechts- und Staatsphilosophie ableiten, sondern ergibt sich aus den Grundkategorien seines philosophischen Ansatzes. Die Vorstellung des dialektischen Prozesses, der im objektiven Geist niedergelegte Gedanke überindividueller geistiger Zusammenhänge oder die Idee der Geschichtlichkeit des geistigen Seins und seiner Zielgerichtetheit, das sind Denkmomente, die ebensowenig aus den Grundlagen der modernen Geschichte wie der Staatslehre oder Soziologie weggedacht werden können. Fragen wir aber nach den besonderen Ideen, durch die Hegel die Staatslehre geformt hat, so möchten folgende Zusammenhänge hervorzuheben sein: Im Unterschied zu Kant und Fichte, die noch an der individualistischen Ableitung des Staates aus der Vertragslehre festhalten, gewinnt der Staat bei Hegel eine eigene Existenz und Bestimmung. In Hegels Freiheitsbegriff wird das Problem der Stellung des Menschen in den wirtschaftlichen und politischen Ordnungen nicht als ein äußeres Gegenüber von Individuum und Gemeinschaft erfaßt, sondern von dem Gedanken der Entzweiung und Entfremdung aus als eine Aufgabe verstanden, in deren Lösung sich die Auseinandersetzung des Menschen mit seiner Zeit und ihren Kräften vollzieht. Endlich aber wird der Staat in seiner konkreten Geschichtlichkeit als ein Wirkliches, als ein zugleich damit „in sich Vernünftiges" begriffen[30]. Nur kurz einige Worte zu diesen Grundzügen.

Die Lösung vom Vertragsschema der Staatsbegründung[31] und damit von einer individuellen Bestimmung des Staatszwecks als Sicherung individueller Rechte leitet sich her aus der Sicht des Staates als des gemeinen Willens, als der notwendigen Verbindung der einzelnen. Das ist gleich weit entfernt von einer bloßen Annahme des Staates als Machtapparat, als Superstruktur der Gesellschaft wie von Rousseaus volonté générale. Der Staat ruht vielmehr in sich als ein System von Institutionen[32], in denen er den Prozeß seines Lebens entfaltet[33]. Es ist

---

[29] Aus der neueren Literatur seien genannt: *K. Barth*, Die protestantische Theologie im 19. Jahrhundert, 1947, S. 343 ff.; *E. Weil*, Hegel et l'Etat, Paris 1950; *Löwith*, Von Hegel zu Nietzsche, 2. Aufl. 1953; *Th. Litt*, Hegel, 1953; *L. Landgrebe*, Hegel und Marx (Marxismusstudien, Studiengemeinschaft der Evang. Akademien), 1954, S. 39 ff.; *J. Ritter* (mit umfassender Bibliographie).

[30] Vorrede zur Rechtsphil., XXI (Hoffmeister S. 15).

[31] Vgl. die Kritik in Rphil., § 258.

[32] Rphil., § 263.

freilich diese immanente Begründung des Staates in seiner sittlichen Bestimmung, die zugleich den Boden für die konservative Ausprägung von Hegels Lehre abgibt. Von hier aus nehmen Vorstellungen wie die — philosophisch nicht begründbare — Verkörperung des Staates im Monarchen[34], die Ablehnung der Gewaltenteilung, die Deutung der Bürokratie als des allgemeinen vermittelnden Standes ihren Ausgang[35]. Trifft auch die so oft wiederholte Wendung des Denkers als des preußischen Staatsphilosophen nicht zu[36], so ist ein konservativer Zug im Staatsdenken Hegels, eine Neigung zum Bewahren, deutlich. In seinem Staat kommt die Mitbestimmung der einzelnen zu kurz. Zu dem aus der Bundestheologie herkommenden politischen Gemeinwesen der angelsächsischen Tradition steht dieser exekutivisch geführte Staatstyp im Gegensatz. Wo immer die — namentlich angelsächsische — Kritik an seiner Fremdheit gegenüber demokratischen Einrichtungen und seiner Begünstigung der Leitung von oben Anstoß nimmt[37], da ist diese Seite seiner Auffassung im Spiel.

Im Gegensatz hierzu geht von Hegels Freiheitsbegriff und der Vorstellung der Entzweiung die entscheidende Verbindung zu den Kräften der progressiven gesellschaftlichen Gestaltung aus. Indem sich das Problem der Freiheit vor allem im Rahmen der bürgerlichen Gesellschaft, dem Kampfplatz „der individuellen Privatinteressen aller gegen alle"[38] zeigt, hat Hegel, wie die Forschung der letzten Jahre herausgearbeitet hat[39], den Blick auf die Konflikte und Spannungen der bürgerlichen Arbeitsgesellschaft gelenkt. Er sucht die Gegensätze vom überhöhenden Staat her zu versöhnen. Wenn aber die Hegelsche Linke diese Rolle des Staates zurückweist und zugleich den Akzent immer

[33] Rphil., § 271. *Fr. J. Stahl* hat bei aller Kritik Hegels diesen Punkt als wesentlich erkannt und bejaht (Phil. d. Rechts, 5. Aufl., Bd. 1, 1878, S. 471: „Familie und Staat haben ihren Zweck in sich, sind nicht bloßes Mittel für das Individuum (ja sogar wird in pantheistischer Übertreibung das gerade als ihr Zweck betrachtet, die Individuen als solche aufzuheben), desgleichen haben sie ihre Notwendigkeit, den Grund ihrer Geltung, in sich, gründen sich nicht auf den Willen und Vertrag der Individuen."

[34] Rphil., § 279.

[35] Rphil., § 303.

[36] Hierzu jetzt *J. Ritter*, S. 48/49. Vgl. positiver zu dieser Verbindung mit Preußen dort *Schieder*, S. 68.

[37] Ein Beispiel angelsächsischer Kritik unter diesem Gesichtspunkt bei *W. Friedmann*, Legal Theory, 3. Aufl. 1953, S. 90 ff.

[38] Rphil., § 289.

[39] *Löwith*, S. 260 ff.; *Ritter*, S. 38 f. In seiner Spätschrift über die englische Reformbill von 1831 (Schriften zur Politik u. Rechtsphilosophie, Ausg. Lasson) hat *Hegel* geradezu den Klassencharakter der englischen Gesellschaft (S. 291 ff.), die Herrschaft einer beschränkten Schicht (S. 318, 323) und den Zusammenhang von wirtschaftlichen Gegensätzen und politischer Verfassung (S. 317) hervorgehoben.

mehr statt auf den abschließenden Staat auf die Kräfte der Gesellschaft und ihre Auseinandersetzung legt, so nimmt von hier eine entscheidende Richtung der politischen Theorie des 19. Jahrhunderts ihren Ausgang. Durch die der liberalen aber auch der sozialistischen Lehre eigene Trennung von Staat und Gesellschaft ist eine Hegel fremde Dialektik in das öffentliche Leben getragen worden, die aber zum bezeichnenden Ausdruck des politischen Gegensatzes zwischen der ererbten staatstragenden Schicht und der bürgerlichen Wirtschaftsmacht im 19. Jahrhundert werden konnte, heute freilich in der „affluent society" des egalitären Wohlfahrtsstaates ihre Berechtigung verloren hat.

Endlich die Geschichtlichkeit[40]. Sie hat die naturrechtliche Welt von einem anderen Punkt her überwunden als die historische Schule. Statt wie diese im historischen Rückblick zu erlahmen — hierzu die Kritik an Savigny in der Rechtsphilosophie: § 211 —, ruft die Hegelsche Geschichtsauffassung als eines Prozesses des Selbstbewußtwerdens zur Tat auf. Den grundlegenden Zug seines Geschichtsbildes, die übersteigerte Vorstellung von der Erfüllung der Zeiten in der nahenden Gegenwart[41], hat freilich die Folge alsbald verworfen.

Der Sozialismus hat von ihm den Gedanken der historischen Notwendigkeit abgeleitet und zur messianischen Hoffnung eines Endstadiums der alle Entfremdungen überwindenden neuen Gesellschaft überhöht. Die Geschichtswissenschaft hat, unter Aufgabe der Gesamtdeutung der Geschichte, von hier die Idee der Bewegung, der Aufeinanderfolge der Stufen und des Auf und Nieder der Mächte entnommen, ohne die die neueren zyklischen Kulturdeutungen von Spengler, Toynbee, Rüstow oder Alfred Weber nicht denkbar sind, die ihrerseits wieder — begrenztere — Ansätze einer Sinndeutung der Geschichte enthalten.

2. Staat und Gesellschaft

Philosophische Grundlagen der deutschen Staatslehre vor der Herrschaft der positivistischen Rechtsmethodik

Die außerordentliche Breite und Vielfalt der Auswirkungen Hegels nötigt dazu, nach den einzelnen Richtungen und Gruppen zu scheiden, wenn wir nun seinem Einfluß auf die zeitgenössische Staatslehre nachgehen. Die Zeit zwischen etwa 1810 und 1870, die wir damit ins Auge

---

[40] Auch hier hat *Fr. J. Stahl* mit scharfem Blick das Wesentliche erkannt (Bd. 1, S. 478): „Das große Motiv, welches sie bewegt, ist Objektivität und Geschichtlichkeit. Damit wurde die Unwahrheit der Abstraktion erkannt, welche nur das Ruhende, Unabänderliche zu erfassen vermag."

[41] Zu dieser Umdeutung einer zielgerichteten Geschichte in ein Selbstbewußtwerden des Geistes vgl. *K. Barth*, S. 377.

fassen, ist eine Epoche lebhafter Bewegung und Auseinandersetzung innerhalb des Staatsdenkens. Überwiegt auch in der Rechtswissenschaft eine traditionelle Linie, deren Begriffe noch vom Naturrecht her ihren Ursprung haben, so wird doch die Frage nach Wissen und Zweck des Staates von den verschiedensten Ansatzpunkten her angegangen und bleiben die Erörterungen im Zusammenhang mit den politischen Ereignissen der Zeit wie mit der philosophischen Bewegung.

a) Unter den verschiedenen Gruppen ist in ihrer Nachwirkung die streng das Erbe bewahrende sog. *Hegelsche Rechte* wohl die schwächste. Sie hat das philosophische Gedankengebäude zu bewahren getrachtet, aber insbesondere die politische Theorie kaum fortentwickelt[42]. Nur bedingt könnte zu ihr Heinrich Leo gezählt werden, dessen „Naturlehre des Staates" von 1833 zwar den Staat hegelisch als die „concrete, vernünftige Gestalt der Freiheit" bezeichnet, aber weitgehend historische und naturwissenschaftliche Kategorien für die Staatstheorie heranzieht[43]. Es muß übrigens bemerkt werden, daß entgegen vielfacher Annahme Hegels Einwirkung auf die konservativen Strömungen der Zeit gering blieb. Für sie war der von ihm mit bitterem Spott bedachte Haller, später dann Stahl bedeutsam. Von Hegel entfernte sie schon ihre theologische Verbindung, der sein immanenter „Pantheismus" fremd blieb.

b) Das Verhältnis *Stahls* zu Hegel ist das eines Kritikers, der aber doch die Größe des Gegners anerkennt und manches von ihm gelernt hat. In den Grundzügen wendet sich Stahl gegen Hegels Rationalismus, er lehnt die Denkform der Dialektik ab[44] und tadelt in dem pantheistischen Ruhen der Dinge in sich die Auflösung des subjektiven Elements, der Persönlichkeit[45]. Er sieht endlich in der Vernunftherrschaft eine Geringachtung der Wirklichkeit. Aber er erkennt an, daß Hegel ein objektives Ethos gegründet habe, er lehnt seinen Staatsgedanken vom „sittlichen Reich" an die Betonung des Sittlichen im Staate bei Hegel an[46]. Was Stahl in seinen eigenen Gedankengängen weit von Hegel entfernt, ist die grundlegende Rolle des persönlichen theistischen Prinzips, die von daher hergeleitete Idee der Herrschaft, die im persönlichen monarchischen Prinzip sich verkörpert[47], endlich die Sicht der Ge-

---

[42] Über diese Richtung siehe *Löwith,* S. 65 ff. Zum Einfluß Hegels auf den Historiker Luden siehe *Heller,* Hegel und der nationale Machtstaatsgedanke, 1920, S. 142 ff.

[43] Über Leo siehe *Heller,* S. 155 ff.; *Lenz,* Bd. II, 1, S. 277 ff.

[44] Philos. d. Rechts, Bd. 1, S. 425 ff., 442 ff.

[45] S. 452 ff., 458 ff. und hierzu *E. Kaufmann,* Studien zur Staatslehre des monarchischen Prinzips, 1906, S. 69 ff.

[46] Bd. II, 2, S. 7, 133. Vgl. hierzu *G. Masur,* Friedrich Julius Stahl, 1930, S. 120 f.

[47] Vgl. *Kaufmann,* S. 85 f.

schichte nicht als der Gang des Allgemeinen, sondern als die Vielfalt konkreter realer Kräfte. Stahl ist der erste der großen Gegner Hegels, durch den doch vieles von seinen Gedanken weitergetragen worden ist[48]. Vielleicht ist es nicht am wenigsten Stahl zu verdanken, wenn die bei Hegel anklingende Staatsidee eines nicht von den Bürgern abgeleiteten, sondern aus seiner Herrschaftsbestimmung unabhängig von ihnen begründeten Staates, mit der er den Kern der politischen Macht beim Monarchen und bei dem überlieferten Beamtenkörper beließ, in der deutschen Form der konstitutionellen Monarchie eine Fortführung fand; doch ist daran auch der Anteil des Verfechters des „monarchischen Prinzips" nicht gering. Öffnete sich auch Stahl modernen Gedanken, den Grundrechten, dem Rechtsstaat, der Repräsentation des Volkes, so leben doch in ihm vor allem die konservativen Elemente Hegels fort.

c) Faßt man die Entwicklungslinien der deutschen Staatslehre bis etwa 1860 näher ins Auge, so bezeichnet Stahl in ihrem Rahmen, so glänzend seine Rolle in der Berliner Fakultät und über sie hinaus als Politiker in der Öffentlichkeit war, doch eher eine abnehmende Seite. Hatten bei seiner Berufung die Hegelianer widerstrebt[49], so wurde er nun einsamer gegenüber der anschwellenden liberalen Strömung. Längst zog neben ihm Gneist als Extraordinarius wachsende Hörerscharen an, aber bis 1858 mußte dieser dem älteren System Preußens mit herber Kritik gegenüberstehende Rechtslehrer warten, bis ihm Fakultät und Ministerium das Ordinariat öffneten[50]. Seit den 40er Jahren dringt die liberale Ideenwelt immer mehr vor. Aber es wäre falsch, ihr etwa eine bestimmte gedankliche Grundlage beizumessen. Im ganzen zeigt vielmehr die Staatslehre dieser Jahrzehnte ein reiches, aber eklektisches Bild. Nachhaltig erweisen sich die Fernwirkungen naturrechtlicher Anschauuungen[51]. Man spricht vom Staatsvereine[52], verwendet vor allem die Begriffe der Staatsgewalt und der Untertanenpflicht, wie sie schon das 18. Jahrhundert ausgebildet hatte[53]. Daneben bemerkt man allenthalben Einflüsse der historischen Richtung in der Darbietung historischer Entwicklungslinien und Begründungen des Staates, erkennt die Wirkung der romantischen Anschauung darin, daß

---

[48] Vgl. *Masur*, S. 120 f.

[49] Hierzu *Lenz*, Bd. II, 1, S. 514 und IV, S. 549.

[50] *Lenz*, Bd. II, 2, S. 283 ff., 325 f. Stahl starb 1861.

[51] Der Vielfalt der Einflüsse entspricht auch der weite Name der „Staatswissenschaften", der jetzt für die rechtliche und wirtschaftliche Befassung mit dem Staat in Aufnahme kommt. Vgl. *K. S. Zachariä*, Vierzig Bücher vom Staate, 2. Aufl., Bd. 1, 1838, S. 169 ff.

[52] Vgl. *Maurenbrecher*, S. 20.

[53] Siehe *K. S. Zachariä*, Bd. 1, S. 82; *Schmitthenner*, Grundlinien des allgemeinen oder idealen Staatsrechts, 1843, S. 274 f.

nun zunehmend vom Volke die Rede ist[54] und findet daneben Züge eines naturalistischen Denkens, aus dem der Organismusgedanke, Vorstellungen einer Naturlehre oder Physiologie des Staates, die Zuwendung zur Bevölkerungslehre und ähnliches sich ergeben. Dennoch bleibt bei der Mehrzahl der namhafteren Autoren der Einfluß der idealistischen Philosophie und hier namentlich des — auch öfters eigens angeführten — Hegels von größter Bedeutung. Die sittliche Grundbestimmung des Staates, seine Begründung aus sich selbst heraus wird weithin angenommen. Maurenbrecher[55] nennt den Staat die „zur Erreichung der höchsten Bestimmung des Menschen organisierte Gesellschaft". Bei Zoepfl[56] lesen wir, daß der Staatszweck die vernünftige Idee ist, welche durch das Dasein des Staates verwirklicht wird und dessen sittliches Wesen bildet. Am stärksten sind die Anlehnungen bei Schmitthenner. Der Staat wird als „ethisches Institut" bezeichnet[57] und innerhalb des Geschichtsprozesses der Entwicklung des Geistes ist der Staat das System des sittlichen Lebens, in dem ein Volk die Genüge des irdischen Daseins haben soll[58]. Verwendet diese Epoche weiterhin die Begriffe eines anstaltlichen Denkens, sieht sie in der Staatsgewalt den wichtigsten Ausdruck des Staates, der die Unterwerfung des einzelnen entspricht, so erkennt sie doch eine höhere Bestimmung des Staates an und stellt in der Lehre von den Staatsformen die Gegensätze der Zeitgeschichte in den Staatsbildern zur Erscheinung. Erst mit dem Erscheinen der konstruktiven Jurisprudenz geht die sittliche Grundlage des Staates verloren[59]. Nun wird er, wie bei einigen älteren Autoren, eine Summe von hoheitlichen Einrichtungen, die entweder einfach mit dem Organismusgedanken erklärt oder aus der Figur der Rechtspersönlichkeit dargestellt wird[60].

[54] *Zoepfl*, 3. Aufl. 1846, S. 11 ff.; *Dahlmann*, Politik, 2. Aufl. 1847, S. 2/3.

[55] S. 20.

[56] S. 46.

[57] Grundlinien, S. 252.

[58] S. 258 f.

[59] So bei *C. F. von Gerber*, Grundzüge eines Systems des deutschen Staatsrechts, 2. Aufl. 1869, S. 1 ff., 211 ff. Damit verkoppelt sich für die juristische Betrachtung die Abstellung auf den Persönlichkeitsgedanken. Nur formelhaft werden daneben Wendungen wie „Volk als sittlich geeintes Ganzes" mitgeführt. Den Kern der Anschauung bildet vielmehr die alte, aus den einstigen Hoheitsrechten addierte „Staatsgewalt". Das Staatsrecht, so lesen wir (S. 3), „ist die Lehre von der Staatsgewalt".

[60] Da schon das 18. Jahrhundert den Staat als persona moralis kannte, bildet dieser Gedanke keine große Neuerung. Liest man die seichte Besprechung *Albrechts* zu Maurenbrecher (Göttingische Gelehrte Anzeigen, 150./151. Stück v. 21. 9. 1837, S. 1489 ff.) und die Behauptung, nur das Denken des Staates als juristische Person könne die Grundformel für eine wahrhaft staatsrechtliche Auffassung des Staates bilden, so wundert man sich, wie jemals ein so schwacher Gedanke in den Ruf einer wissenschaftlich bedeutenden Wende gelangen konnte. Es ist vermutlich der konstruktivistisch-positive Anklang, der *Albrecht* seinen Ruf verschafft hat.

d) Wenn sich der Blick auf die Nachfolge Hegels im Staatsdenken richtet, so wird man freilich zwei Namen besonders hervorrücken müssen, die beide nicht nur eine gewisse Grundanschauung und einzelne Formeln übernommen haben, sondern die die Gedanken Hegels vor allem im Hinblick auf die Entwicklung der Gesellschaft fortgeführt haben. *Lorenz von Stein* und *Rudolf von Gneist* sind sowohl der Stärke ihrer philosophischen Bildung nach, wie ihrer Richtung nach sehr verschieden. Gemeinsam[61] ist ihnen aber die Fortsetzung einer Hauptlinie des hegelischen Einflusses, das Streben nach einer Lösung der Beziehung von Gesellschaft und Staat. Bei weitem der Bedeutendere als Theoretiker ist Stein. In seiner Auffassung der Gesellschaft verläßt er aber schon früh Hegels Stellung. Sie wird nicht mehr als ein dem Staate eingefügtes Feld wirtschaftlicher Auseinandersetzung gesehen, sondern als der eigentliche Mittelpunkt des geschichtlichen Vorganges und des Ringens um die Freiheit. In den Kämpfen der Klassen, dem Problem der Egalität im Wirtschaftlichen, im Eigentum werden die Probleme gesucht[62]. Die Frage der Freiheit tritt hinter die sozialen Auseinandersetzungen zurück, oder besser, sie ist in ihnen recht eigentlich enthalten und aufgegeben. In seinen späteren Schriften ist Stein gemäßigter. Die Abstellung auf die sozialen Gegensätze tritt zurück. Dafür arbeitet sich nun ein umfassendes System des Ineinander von Staat und Gesellschaft aus, in dem den freien Bildungen der Gesellschaft, den Vereinen als der Grundform der freien Verwaltung in Selbstverwaltungskörpern eine wichtige Rolle zufällt. Mit diesem Begriff werden aber von der Gemeinde bis zum wirtschaftlichen Verein die freien Bildungen der gesellschaftlichen Kräfte zusammengefaßt[63]. So weit alle einzelnen Vorstellungen sich von Hegels Bildern entfernen, in der Idee des dialektischen Zusammenwirkens der Teile, in der Betonung der staatsbürgerlichen Freiheit als eines Kernbegriffs[64], in der ganzen Behandlungsart, in der sich ein Gedanke systematisch mit dem anderen zusammenfügt, erkennt man das Erbe der hegelischen Kategorien.

---

[61] Die erste Auflage der Verwaltungslehre (1864) trägt die Widmung Steins an Gneist.

[62] Der Socialismus und Communismus des heutigen Frankreich, 1842, S. 23 ff. „Die Bedingung des staatlichen Rechts ist derselbe materielle Besitz; selbst da, wo die Staatsgewalt am entschiedensten in den Händen des Volkes ruht, hängt sie von einem gewissen Besitz ab. ... Wohin man blickt, bildet der Besitz die Basis für die Erreichung aller Güter, die die Civilisation ihrem Begriff nach als allgemein setzt“ (S. 24).

[63] Vgl. Verwaltungslehre, 2. Aufl., Teil I, Abt. 2 und 3. Die Selbstverwaltung und ihr Rechtssystem. Das System des Vereinswesens, 1869. Die Nähe zu dem Ansatz *Gierke*'s in dem ersten Bande des Genossenschaftsrechts (1864) ist erkennbar.

[64] Verwaltungslehre, 2. Aufl., Teil I, 1869, S. 87.

Bei Gneist ist der philosophische Grund gering. Sein Interesse geht auf die Erkenntnis der realen Verhältnisse in ihrer geschichtlichen Bedingtheit und auf die Reformen, die er für Preußen erstrebt. Aber nicht nur der Unterschied Staat - Gesellschaft und das Streben, zu seiner Versöhnung beizutragen[65], rücken Gneist und Stein einander nahe. Die liberale Gesinnung, die beide einte, wirkt sich in der Betonung der Freiheit aus, die sich Gneist durchaus nicht als Staatsfremdheit des Beiseitestehens, sondern als tätige Mitwirkung des ehrenamtlichen Laienelementes darstellt. Im Ausblick auf England, in dem er die Vorbilder einer solchen freien Mitarbeit der gesellschaftlichen Kräfte an Staatsverwaltung und Staatsleistung fand, ist Gneist in einer Zeit, in der sich nach der Erringung des nationalpolitischen Zieles und in der Enttäuschung schon der Rückzug der deutschen geistigen Kräfte vom Staat vorbereitete, für die Verbindung von Staat und Gesellschaft, von alter Ordnung des Fürstenstaates und bürgerlicher Schicht eingetreten. Er hat mit seinen Bestrebungen in Verwaltungsreform und in der Schaffung der Verwaltungsgerichtsbarkeit manches erreicht. Liegt die ungleich größere theoretische Eindrücklichkeit in Steins Werk, so bleibt es doch in seinen späten Jahren zunehmend isoliert und hat keine eigentliche Nachfolge gefunden. Das positivistische Staatsrecht wandte sich der reinen pragmatischen Beschreibung zu, und das Verwaltungsrecht stieß mit Otto Mayer die Verwaltungslehre aus der auf die bloße Rechtsdarbietung verengten Behandlung aus. Demgegenüber erscheint Gneist in seiner langen Wirksamkeit an der Berliner Universität (1839 - 1895), die er gleich Stahl mit langjähriger parlamentarischer Zugehörigkeit (Abgeordnetenhaus 1858 - 93, Reichstag 1868 - 84) vereinte, wiederum als eine diesem Ort gemäße Vertretung des öffentlichen Rechts von weiter praktischer und politischer Wirkung[66].

3. Hegel und die revolutionäre Gesellschaftskritik

Wie schon bei Stahl gilt es in sehr viel höherem Maße bei den Vertretern der Hegelschen Linken, daß Hegels Gedankenwelt bei seinem Kritikern und Gegnern sehr viel eingehender bewahrt und fortentwik-

[65] In seinem bedeutenden Werk „Verwaltung, Justiz, Rechtsweg“, einer kritischen Würdigung der realen Staatsverfassung und -verwaltung um die Mitte des Jahrhunderts, sagt Gneist (S. 3): „In dem inneren Bau der englischen Parlamentsverfassung liegt jenes gelöste Problem der Verbindung von Staat und Gesellschaft, welches die gesonderte Doktrin vom ‚Staat‘ und von der ‚Gesellschaft‘ nicht zu lösen vermag, an dessen Lösung Deutschland zweifelt, Frankreich verzweifelt.“

[66] *Smend* (Nachr. d. Akad. Göttingen, Phil.-Hist. Kl., 1943, Nr. 13, S. 528) hat gewiß Recht, daß Gneist's Streben die Schwäche eines Restaurationsversuches (gemessen vor allem an den Reformen des ersten Jahrzehnts des 19. Jahrhunderts) trägt. Aber als Ausdruck liberaler Mitgestaltung am Staate ist sein Werk doch weittragender als es auf den ersten Blick erscheint.

kelt worden ist als bei seinen Nachfolgern. Das gilt vor allem für die Wirkung Hegels auf die sozialistische Lehre, auf Karl Marx, Friedrich Engels und die spätere sozialistische und kommunistische Theorie. Es ist heute längst deutlich geworden, daß diese Verwendung hegelischer Kategorien bei Marx nicht nur eine Umwälzung der philosophischen Gedanken Hegels bedeutet, sondern in erheblichem Maße eine Fortführung, wenn auch in anderer Richtung und mit neuen Fragestellungen. Der Gedanke der Freiheit des Menschen ist, verstärkt zu der aus seiner Entfremdung durch äußere wirtschaftliche Einengung fließenden Aufgabe der Befreiung, ein Grundansatz der Lehre von Marx. Verändert ist die Erscheinung des Menschen. Die strenge Ausrichtung auf das Geistig-Vernünftige bei Hegel ist einer weiter strukturierten Persönlichkeit gewichen, bei der auch die ökonomischen Bedürfnisse mitsprechen und deren Anlage auf die Arbeit zu ihrem tiefsten Wesen gehört[67]. Vor allem aber wird die Geschichtlichkeit in eine ganz neue Deutung gerückt. Sie bleibt nicht mehr Geistesgeschichte allein, sondern wird zum Träger der notwendigen gesellschaftlichen Veränderungen, zu einem Prozeß, in den aktiv miteinzugreifen aber zu den Aufgaben des Menschen gehört. Ihr Ziel liegt nun nicht mehr in dem Selbstbewußtsein des Geistes, sondern in der Schaffung derjenigen sozialen Voraussetzungen, unter denen die Entfremdung des Menschen überwunden werden kann. Indem dies Ziel einer vollkommenen Gesellschaftsordnung auf die Erde herabgeholt wird und ihr Kommen messianistisch als Notwendigkeit verheißen wird, gewinnt zugleich, wenn nun freilich in einem völlig gewandelten materialistischen Sinne, die marxistische Lehre wieder die Gestalt einer umfassenden Sinndeutung der gesamten Geschichte, wie sie auch Hegel seiner Philosophie der Geschichte gegeben hatte[68].

In seiner Ausstrahlung auf die moderne sozialistisch-kommunistische Theorie hat Hegel einen sehr viel weiteren geistigen Raum als mit anderen seiner Auswirkungen erreicht. Namentlich greift hier sein Einfluß über die deutschen Grenzen hinaus, die er sonst im allgemeinen nur in begrenztem Maße überschritten hat. In der marxistischen Theorie leben, wenn auch umgebildet und verändert, wichtige Bestandteile des hegelischen Erbes fort, die dialektische Methode, die Grundvorstellungen der Freiheit des Menschen und der Geschichte als eines geschlossenen sinnvollen Ablaufes. Dagegen hat diese Richtung der Ausbreitung von Gedanken des Philosophen auf die allgemeine Staats-

---

[67] Vgl. *Landgrebe*, S. 44 ff.; *Jakob Barion*, Die philosophischen Grundlagen des Marxismus im System Hegels, in: Materialismus und europäisches Geschichtsdenken, 1954, S. 11 ff.

[68] Vgl. *Iring Fetscher*, in: Marxismusstudien, 3. Folge, 1960, S. 86 f.; *Talmon*, S. 218 ff.

theorie erst langsam eingewirkt. Lange Zeit stand mehr die politische Polemik gegen die marxistische Anschauung im Vordergrund. Erst in der Gegenwart beginnt die in der Theorie von Marx liegende Fragestellung in ihrem objektiven Gehalt allgemeine Aufmerksamkeit auf sich zu ziehen. Die Verbindungen zum liberalen Denken sind jedenfalls früh abgerissen und heute steht die liberale Staatsauffassung den sozialistischen Ansichten, etwa über den Umfang der Staatsaufgaben, ablehnend gegenüber.

4. Die Stellung der Historie und Soziologie

Etwa um die Zeit der Reichsgründung unterwirft sich, wie schon früher hervorgehoben, die Rechtslehre den Methoden des Positivismus und damit werden die eigentlichen Grundfragen des Staates in diesem Bereiche heimatlos. So ist es in den Jahrzehnten zwischen 1870 und 1920 im wesentlichen die Geschichte und später die beginnende soziologische Forschung, die ein Bild des Staates zu entwerfen vermag und damit die Anschauungen der Zeit bestimmt. Für die Geschichte bedeutet das im Blick auf Hegel die Fortführung eines Einflusses, der bis zur Mitte des 19. Jahrhunderts noch auf unmittelbare Verbindung zum Werk des Philosophen zurückgeht. So nahm Droysen in seinen Bemühungen um eine methodische Klärung von Grundfragen der Geschichte (Historik) manche Gedanken Hegels auf. Sybel fand in kritischer Beschäftigung mit den Meinungen Stahls den Weg zum idealistischen Erbe[69]. In besonderem Maße aber hat man seit jeher den Blick auf die Beziehungen gelenkt, die zwischen Hegels Überlieferung und der Lehre von Heinrich von Treitschke bestanden haben mögen, der in der Zeit des beginnenden Kaiserreiches an der Berliner Universität eine führende Stellung einnahm. Wie viele Männer seiner Generation, die zuerst stärker vom romantischen und historischen Erbe beeindruckt waren, ist Treitschke im Gang der Erfahrung und auch Enttäuschung vom Streben zum deutschen Nationalstaat auf den preußischen Staat hingeführt worden, dessen Stärke allein es gelang, die Hindernisse der deutschen Einheit zu überwinden. Auf diesem Wege hat sich Treitschke in der späteren Zeit auch den Gedankengängen Hegels an manchen Punkten genähert[70]. Hier ist vor allem die Auffassung des Staates als einer Erfüllung des Selbstbewußtseins zu nennen. Die Kritiker der Anschauungen des Historikers freilich meinen in der Regel, es sei der Gedanke der Macht des Staates, den er bei Hegel gefunden und übernommen habe. Dieser These ist mit Zurückhaltung zu begegnen. Sieht man von den Früh-

[69] Vgl. *Seier*, HZ 187 (1959), S. 104 f.

[70] Dazu *Walter Bussmann*, Treitschke, 1952, S. 225 ff. Über Hegel und Mommsen siehe *Alfred Heuss*, Theodor Mommsen und das 19. Jahrhundert, 1956, S. 137, 182.

schriften Hegels ab, so steht bei ihm niemals die Macht des Staates, sondern seine sittliche Aufgabe in der Erziehung und Entfaltung der Menschen im Vordergrunde. Nur in der Sicht der Weltgeschichte werden die Staaten als Einheiten angesprochen, die sich mit Macht gegenübertreten. Auch bei Treitschke sind die sittlichen Bindungen des Staates niemals beiseite gerückt worden, wenn bei ihm auch an die Stelle der Freiheit als oberster Bestimmung des Staates die Behauptung und die Bewährung der Macht tritt. Aber es bliebe zu fragen, ob der Gedanke des machtmäßigen Wettbewerbes der Staaten, der gegen Ende des 19. Jahrhunderts das Zeitalter des Imperialismus allenthalben erfüllt, nicht eher aus vitalistischen und biologischen Anschauungen entsprossen ist als aus Erinnerungen an idealistisches Denken.

Zweifellos gewinnen in der Geschichtsschreibung in jenem Zeitabschnitt universalistische Tendenzen an Gewicht. Der Blick richtet sich weniger auf die innere Ordnung des Staates als auf seine Behauptung und Entfaltung nach außen. Der Machtgedanke gewinnt eine stärkere Beachtung, gemeinsam mit der Idee des Nationalstaates. Ebensowenig wie die Staatsrechtslehre hat die Geschichte vor dem ersten Weltkrieg die Tiefen staatlichen Geschehens ergründet. Man meinte weithin vielmehr, im System des Verfassungsstaates mit seiner noch starken Exekutive ein gültiges und bleibendes deutsches Verfassungsschema gewonnen zu haben. In der Rechtslehre wirkte sich die positivistische Gesinnung in einem Verzicht auf Infragestellung der zeitgenössischen Lösungen, in einem Hinnehmen des Bestehenden aus. Sie hat zwar in der Allgemeinen Staatslehre, wie man nun die Grundlehren des Staates zu nennen begann, eine Reihe von eingehenden und erfolgreichen Bearbeitungen erlebt[71], aber es fehlt diesen Werken die drängende Problematik der älteren Zeit. Es werden keine Probleme erörtert sondern nur Begriffe entwickelt, die das Bestehende abstrahieren und dieser spätkonstitutionellen Ordnung den — unverdienten — Glanz einer abschließenden Entwicklungsepoche verleihen. Nur langsam beginnt auch heute die deutsche Staatstheorie sich von den Begriffsprägungen dieser Zeit und von ihrem so starken Eigenbewußtsein zu lösen.

Einen ganz anderen Weg beschritt die soziologische Wissenschaft. Hervorgegangen aus der methodischen Forderung nach exakter Gesetzlichkeit im sozialen Leben, betrachtete sie den Staat nur mehr vom Blickpunkt der Gesellschaft her, die ihr eigentliches Feld darstellte. Die Grundaufgabe des Staates trat daher in dieser Anschauung zurück. Die institutionelle Seite des Staates kam in den Vordergrund, und so nimmt es nicht wunder, daß selbst ein so weitblickender Gelehrter wie Max

[71] *Georg Jellinek*, Allgemeine Staatslehre, 1900, 3. Aufl., 5. Neudr. 1929.

Weber beim Staate sich doch einem Denken nähert, das seine apparathaften Züge allzu stark betont. Im Gegensatz zur Historie ist der Blick der Soziologie mehr auf die innere Gestalt des Staates gerichtet. Aber von der Soziologie führen schon wegen des anderen methodischen Ansatzes keine Brücken zur idealistischen Philosophie. Sittliche Wertsetzungen und metaphysische Bestimmung des Staates mußten einer Wissenschaft fremd bleiben, deren führender Autor, Max Weber, an der Idee einer voraussetzungslosen Wissenschaft ohne Politik und ohne Wertung festhielt[72]. Im eigentlichen hat sich dies Staatsbild der soziologischen Betrachtung erst später durchgesetzt und auch die Anschauungen anderer Disziplinen berührt. Die hier geprägte apparathafte Ansicht vom Staate hat in den letzten beiden Jahrzehnten größere Annahme gefunden, so wenig sie über bloße institutionelle Beobachtung hinaus die Fragen der Zuordnung des einzelnen zum Staate zu lösen vermag.

Die Darstellung der Auswirkungen Hegels soll hier nicht über den Abschluß des 19. Jahrhunderts hinaus geführt werden. Sie müßte sonst die Ansätze einer Erneuerung der deutschen Staatslehre aus der Erkenntnis der Notwendigkeit des politischen Ausblicks, vor allem aber aus dem Neuansatz der Integrationslehre in ihren Gesichtskreis rücken. Der Zeitpunkt scheint aber noch nicht gekommen, wo in Deutschland dieser, durch die Ereignisse von 1933 erstmals jäh abgebrochene Anfang auf breiter Grundlage fortgeführt werden kann. Die Erschütterung des Staatsgedankens ist in Deutschland so tief, daß die Betrachtung der politischen Theorie davon beeinträchtigt wird. Weithin ist die heutige deutsche Staatslehre einfach zu stark individualistischen Deutungen des Staates als subsidiärer Sicherungsanstalt zurückgekehrt. Eine solche Stellungnahme zu den Problemen der jetzigen Epoche würde aber zu weit führen.

Ein Wort noch zur Meinung über Hegel. Sie hat nicht weniger als die Breite seines Einflusses weitschwingenden Wandlungen unterlegen. Der Bewunderung folgte der Abstieg und diesem doch erst nach langer geduldiger Arbeit neues Verständnis und neue Verlebendigung. Kritischer hat sich schon seit der allgemeinen Skepsis gegenüber der deutschen geistigen Entwicklung, die der erste Weltkrieg dort einleitet, das Ausland zu Hegel gestellt. Die angelsächsische Lehre hat das Hegelbild des zweiten Jahrzehnts unseres Jahrhunderts, das in England aus Hegel einen Philosophen der Macht und der reaktionären Beharrung machte, niemals ganz überwunden. Aber diese Kritik beruht mehr auf einer Wertung gewisser einzelner Züge des hegelischen Gedan-

---

[72] Vgl. *Wolfg. J. Mommsen,* Max Weber und die deutsche Politik, 1959, S. 69 ff.

kenwerkes als auf einer wirklichen Bewältigung seiner Grundlagen. In Deutschland selbst hat sich die Aufmerksamkeit heute auf Züge philosophischen Denkens Hegels gerichtet, die oft außerhalb der früher beachteten Bestandteile liegen. Seine Stellung zur Arbeit, die Verbindungen seiner Welt zu der der sozialistischen Theorie, aber vor allem auch die Fortbildung der hegelischen Ansätze bei Späteren finden Beachtung.

Überblickt man einmal den ganzen weiten Umfang der Wirkungen Hegels in der Staatslehre des 19. Jahrhunderts, so stellt sein Beitrag eine nicht wieder zu löschende Inschrift auf der Tafel der politischen Theorien dar. In unendlich weiter Verzweigung reicht ihr Einfluß in tief verschiedene Anschauungsgruppen und in die Vorstellungen zahlreicher Disziplinen hinein. Unter diesem Gesichtspunkt darf Hegel unter den vielen großen Gelehrten, die an der Friedrich-Wilhelms-Universität gewirkt haben, wohl eine besondere Stelle beanspruchen. Sehr verschieden sind die Haltungen, mit der man ihm gegegnet: Kritik und sogar Ablehnung auf mancher Seite, Achtung und Studium auch in der veränderten Gegenwart, Erwartung von Hilfe und Anregung bei der Bewältigung neuer geschichtlicher Probleme, alles das finden wir. So hat die Gestalt Hegels, in kritischem oder anerkennendem Licht gesehen, in jedem Falle aber immer noch eine wirksame geistige Kraft, ihre Geltung über die Zeit bewahrt und stellt ein fortwirkendes Element aus der Geschichte der Berliner Hochschule dar, ein Zeugnis ihrer Größe, ihres Reichtums und ihrer Freiheit.

Nationalstaatsprinzip und Staatenordnung seit dem Beginn des 19. Jahrhunderts

I.

Nimmt man die Satzung der Vereinten Nationen und die Liste ihrer Mitglieder zur Hand, so tritt deutlich hervor, daß der Staatenpluralismus auch heute die Grundlage der internationalen Staatenordnung darstellt. Die Charta der Vereinten Nationen erkennt die Unabhängigkeit ihrer Mitglieder mit der Formel der „sovereign equality" in verbindlicher Weise an, auch wenn diese Formel stärker die rechtliche Theorie als die politische Wirklichkeit widerspiegelt. Die große Bewegung der Dekolonisation hat diesen Zug der internationalen Gemeinschaft zum Pluralismus noch verstärkt. Die Vereinten Nationen zählen 132 Mitglieder, zu denen noch die kleine Zahl der der Organisation nicht angehörenden Staaten tritt. Dem äußeren Befund nach ist der Staat nach wie vor die Grundeinheit der internationalen Gemeinschaft, auf den auch ihre rechtliche Ordnung zugeschnitten ist. Es ist freilich eine andere Frage, welche Rolle hier die Erscheinung des Nationalstaates spielt. Als Nationalstaaten wird man nur einen Teil dieser Staatenwelt ansprechen können. Im außereuropäischen Raume ist dieser Begriff nicht ohne weiteres anwendbar. Es besteht freilich in der Gegenwart eine Neigung, die Nation einfach als das Staatsvolk in seiner jeweiligen Abgrenzung zu verstehen. Aber eine solche Sicht des Problems des Nationalstaates würde dessen historischen und geistigen Hintergrund doch allzusehr verkürzen. Er würde die Elemente nicht aufnehmen, die dem Nationalstaatsprinzip in der Entwicklung seit der Französischen Revolution eine so weitgehende Einwirkung auf die Staatsbildung und die Politik der Mächte seit dem 19. Jahrhundert eingeräumt haben.

In der gegenwärtigen Struktur der Staatengemeinschaft treten aber neben dem Festhalten an der Souveränität des einzelnen Staates andere, über ein bloßes pluralistisches Nebeneinander der Staaten hin-

Aus: Staatsgründung und Nationalitätsprinzip. Unter Mitwirkung von Peter Alters hrsg. von Theodor Schieder. München - Wien 1974, S. 9 - 37 (= Studien zur Geschichte des neunzehnten Jahrhunderts. Abhandlung der Forschungsabteilung des Historischen Seminars der Universität Köln. Bd. 7). — Abdruck mit freundlicher Genehmigung des Verlages R. Oldenbourg, München - Wien.

ausweisende Züge hervor. In der Weltpolitik vermögen nur einige herausragende Mächte noch eine bestimmende und wirklich unabhängige Stellung einzunehmen. Bedeutsame Bewegungen weisen auf eine Verstärkung regionaler oder hegemonialer Bildungen als Bausteine einer Gliederung der Staatenwelt hin[1]. Doch wäre es auch für die Gegenwart unrichtig, von einer Überwindung des Nationalstaatsgedankens auszugehen. Die Selbständigkeit des einzelnen Staates verliert gewiß ihre Bedeutung dadurch, daß kleinere und auch schon mittlere Staaten weder militärisch noch wirtschaftlich mehr eine effektive Unabhängigkeit besitzen, vielmehr von ihren Beziehungen zu anderen Staaten oder Staatengruppen, von Zusammenschlüssen von Staaten oder von der Gesamtorganisation der Staatenwelt abhängen. Der Raum eigener, souveräner Entscheidung wird selbst für die Weltmächte geringer, sicherlich aber ist er für die kleineren Länder fühlbar enger geworden. Die internationale Ordnung, verkörpert in internationalen Organisationen, übernimmt in steigendem Umfang Aufgaben und Funktionen des einzelnen Staates, etwa auf dem Gebiete der wirtschaftlichen Regelung, der Währungsrelationen, des Gesundheitswesens oder künftig auch des Umweltschutzes. Aber man darf sich nicht darüber täuschen, daß noch immer der unabhängige Staat wesentliche Funktionen des politischen und gesellschaftlichen Lebens erfüllt. Er ist der Bezugspunkt der wirtschaftlich-sozialen Entwicklung, die heute in der inneren Politik voransteht. Er hat die Aufgabe der Sicherheit zu erfüllen, ihm ist der Auftrag des inneren und sozialen Friedens anvertraut. Er trifft die Entscheidung über die politische und soziale Grundordnung und greift damit tief in das Leben seiner Bürger ein. Es ist eine andere Frage, wieweit der heutige Staat, auch wenn wir den Blick auf den europäischen Raum beschränken, noch dem Bilde des Nationalstaats des 19. Jahrhunderts entspricht, dessen Ziel von einem Bewußtsein besonderer Eigenart und Selbständigkeit getragen und dessen Politik stark von geschichtlichen und territorialen Aspirationen bestimmt war. Am ehesten dürfte in Europa heute noch Frankreich in dieser Tradition stehen. Außerhalb Europas aber kann der Nationsgedanke, da er nicht in geschichtlicher Überlieferung gleicherweise verwurzelt ist, oft mehr nur die Bedeutung eines in die Zukunft weisenden Prinzips der Einigung erhalten, die unter anderen Bedingungen zustandegekommene Staatsbildungen zu fundieren sucht.

Wir stehen heute in einer Zone des Übergangs. Neue Lösungen zeichnen sich erst in der Ferne ab, und daher ergibt sich noch an vielen Stel-

---

[1] Die Frage der Struktur des heutigen Staatensystems behandeln *Th. Schieder*, Zum Problem des Staatenpluralismus in der modernen Welt, Köln und Opladen 1969 (Arbeitsgem. für Forschung des Landes Nordrhein-Westfalen, Geisteswiss., H. 157); *W. Friedmann*, Law in a Changing Society, 2. Aufl., London 1972, S. 458 ff.

len — wieder vornehmlich im europäischen Raume — eine nahe Verbindung zum 19. Jahrhundert. Auch das internationale Recht bleibt dieser Epoche noch in erheblichem Maße verhaftet. Es ist notwendig langsam in seiner Bewegung, da es für die Fortbildung stets auf den allgemeinen Konsens der Staaten angewiesen ist, der in einer ideologisch gespaltenen Welt derzeit eher schwerer zu gewinnen ist. Daher lassen sich in der heutigen Völkerrechtsordnung zahlreiche mehr beharrende Elemente feststellen. Es ist dabei bemerkenswert, daß gerade die sowjetische Völkerrechtslehre entschieden eher konservative Züge trägt, die auf eine Betonung der Souveränität, die Hervorhebung des Moments einzelstaatlicher Zustimmung und die Zurückhaltung gegenüber internationalen Bildungen hinauslaufen[2].

Solange aber innerhalb der Staatenwelt so tiefe politisch-ideelle Gegensätze andauern, ist eine wirkliche Inangriffnahme der Strukturprobleme der internationalen Gemeinschaft nicht zu erwarten. Es bildet eine tiefe Paradoxie unserer Zeit, daß die Notwendigkeit einer überwölbenden internationalen Ordnung immer stärker fühlbar wird, daß aber der Zustand der Staatenwelt in ihrer antagonistischen Spaltung Fortschritte in dieser Richtung kaum möglich macht. So bleibt es bei einem Verharren auf einem von vielen bereits als überholt angesehenen Zustand. Hier liegt auch der Grund, weshalb sich Einrichtungen und Vorstellungen des 19. Jahrhunderts, zu denen auch der Gedanke der Selbständigkeit des nationalen Staates gehört, so stark erhalten.

Der Nationalstaat ist ein wesentlich europäisches Gewächs[3]. Er erlebte seinen Höhepunkt in der Entwicklung des europäischen Staatensystems im 19. Jahrhundert bis zum Nachabend des Ersten Weltkrieges. Seither ist seine ideelle Geltung im europäischen Raume eher zurückgehend. Während des Zweiten Weltkrieges dachten manche in die Zukunft gerichteten Bewegungen an seine Überwindung durch föderative Formen. Aber schon die Erklärungen der Alliierten während des Krieges ließen die Wiederherstellung der einzelnen Staaten als Ziel erscheinen, und demgemäß hat sich die politische Gestaltung nach 1945 vollzogen. In ganz anderer Form erhebt sich das Problem der Nation in den außereuropäischen Zusammenhängen. Hier wird, sofern er aufgenommen wird, der Begriff der Nation zu einem Faktor der staatlichen Einheitsbildung über stammesmäßigen, religiösen und sprachlich-kul-

---

[2] Von einem „visible traditional trend" spricht in seiner Darstellung der sowjetischen Völkerrechtsanschauung *K. Grzybowski*, Soviet Public International Law, Leiden 1970, S. 22.

[3] Zu den Schwierigkeiten des Islam, aus seiner mehr universalistisch (Kalifat) ausgerichteten Vergangenheit zur Vorstellung der Nation zu gelangen, siehe *L. Milliot*, La conception de l'Etat et de l'ordre légal dans l'Islam, in: Recueil des Cours de l'Académie de droit international à la Haye (RdC) 75 (1949 II), S. 591 ff.

turellen Differenzierungen. Das „nation-building" tritt hier in den Vordergrund.

Die Rolle des Nationalstaatsprinzips für die Staatenordnung läßt sich — bei aller Verkürzung, die solche Einteilungen mit sich bringen — nur innerhalb gewisser Perioden betrachten. Ich möchte drei Abschnitte unterscheiden. Zunächst gilt es, einen Rückblick auf die vornationale Epoche dynastischer Staatenbildungen am Beginn der Neuzeit zu werfen. Ohne sie lassen sich weder die Bestände übernationaler Staatenordnung im 19. Jahrhundert noch gewisse Tendenzen der Neuzeit zu regionaler und hegemonialer Gestaltung verstehen. Mit dem Abschluß dieser Zeit in der Französischen Revolution beginnt dann das eigentliche Zeitalter des Nationalstaates, das seinen Höhepunkt in der Spanne zwischen der Mitte des 19. Jahrhunderts und dem ersten Jahrzehnt nach dem Ersten Weltkrieg erreicht. Auch in diesem Abschnitt freilich beherrschte der Nationastaat niemals allein das Feld; er stand stets in Auseinandersetzung mit anderen Prinzipien der Staatsbildung und politischen Zielsetzung. Die dritte Periode setzt ein mit dem Zurücktreten jenes letzten Hervortretens des Nationalstaatsgedankens in den 20er Jahren dieses Jahrhunderts. Das beginnt schon mit den Enttäuschungen an diesem Prinzip, die sich in den 30er Jahren ausbreiten, und führt nach dem Zweiten Weltkrieg im europäischen Raum zu einem Niedergang der nationalen Idee. Auf der anderen Seite wird aber die Gegenwart bestimmt von dem eingreifenden Vorgang der Dekolonisation, der die Staatenordnung grundlegend umformt. In diesem Ausblick, der nur skizzenhaft die Wandlungen des Nationsbegriffs wird aufzeigen können, verwende ich einen zweiten grundlegenden Begriff, den des Staates, im Sinne einer die tiefgreifenden strukturellen Unterschiede älterer und neuerer Formen übergreifenden Kategorie. Ich folge dabei nicht dem in manchen Kreisen üblichen Brauch, den Begriff des Staates erst für die Erscheinung des neuzeitlichen Machtgebildes zu gebrauchen[4]. Abgesehen davon, daß eine solche Einengung des Staatsbegriffs das Zurückreichen der Grundlagen des neueren Fürstenstaates in das spätere Mittelalter zu gering einschätzt[5], läßt die Ausklammerung der politischen Ordnungen früherer Zeiten aus dem Bilde des Staates die

[4] Diese Beschränkung des Staatsbegriffs auf den neuzeitlichen Fürstenstaat aufgrund einer am quellenmäßigen Sprachgebrauch wie an der unterschiedlichen Gestalt jeweiliger Herrschaft orientierten Auffassung bei *O. Brunner*, Land und Herrschaft, 3. Aufl. Wien 1959, S. 160 ff. Das Merkmal der Souveränität verwendet *H. Quaritsch*, Staat und Souveränität, Frankfurt 1970, S. 17 ff.

[5] Vgl. zur Wortgeschichte *W. Mager*, Zur Entstehung des modernen Staatsbegriffs, Wiesbaden 1968 (Abhandlungen der Mainzer Akademie der Wiss. und Lit., Geistes- und Sozialwiss. Klasse, Nr. 9), und für die monarchische Souveränität *A. J. Black*, Monarchy and Community. Political Ideas in the Later Conciliar Controversy 1430 - 1450, Cambridge 1970, S. 44 ff. und S. 130 ff.

wesentlichen Grundprobleme außer acht, die übergreifend die Formen des politischen Zusammenlebens seit der Antike bestimmt haben.

Bei der Vorstellung der Nation ist es viel schwieriger, zu einer tragfähigen Begriffsgrundlage zu gelangen. Die weitschichtigen Untersuchungen der letzten Jahrzehnte haben seine schillernde Vielschichtigkeit nur immer weiter beleuchten können. In ihm vereinigen sich sehr verschiedene Elemente. Bis zum 18. Jahrhundert tritt der Begriff noch in einer einfachen und undifferenzierten Form auf. Nation kann jede politische Einheit heißen, und so hören wir denn auch von einer preußischen Nation. Wird der Begriff also einerseits oftmals einfach durch die politische Abgrenzung definiert, so tritt doch — mit Herder vor allem — daneben auch schon die Konzeption größerer geschichtlich-kultureller Einheiten ans Licht. Eine entscheidende Umbildung und Präzisierung erfährt der Begriff in der Amerikanischen und Französischen Revolution; es verbindet sich mit ihm nun der Gedanke der politischen Selbstbestimmung und des Bewußtseins der Freiheit. Dieser stärker politisch bestimmte Begriff bleibt in der Folge auch für das 19. Jahrhundert lebendig[6]. Aber sowohl in der deutschen wie auch in der italienischen Anschauung bleibt mit dem Gedanken der Nation ein Moment der Sprache, der kulturellen Einheit verbunden, das der nationalen Bewegung ihre eigentliche, über die bestehenden staatlichen Abgrenzungen hinausführende Stoßkraft verleiht[7]. Das Bestreben, vorgegebene nationale Einheiten zu einigen, wird für die Mitte des 19. Jahrhunderts bezeichnend; die hier vorwaltende Nationsvorstellung enthält

---

[6] Vgl. für Frankreich die Deutung der Nation im Sinne einer Sendung des liberalen Bürgertums bei Benjamin Constant. Siehe *M. Zenner*, Der Begriff der Nation in den politischen Theorien Benjamin Constants, in: Historische Zeitschrift 213 (1971), S. 38 - 68. Allgemein für die Nation als Gesinnungsgemeinschaft *Th. Schieder*, Probleme der Nationalismus-Forschung, in: *ders.* (Hrsg.), Sozialstruktur und Organisation europäischer Nationalbewegungen, München - Wien 1971, S. 15.

[7] Erst die Annahme einer unabhängig von den Staatsgrenzen bestehenden sprachlich-kulturellen Verbundenheit gab dem Nationalstaatsgedanken des 19. Jahrhunderts seine Sprengkraft gegenüber den bestehenden Staaten, die noch erhöht wurde durch die — in Italien von Cavour bewußt verwandte — Hinzunahme der Idee bürgerlicher Freiheit. Vgl. *Th. Schieder*, Der Nationalstaat in Europa als historisches Phänomen (Arbeitsgem. für Forschung des Landes Nordrhein-Westfalen, Geisteswiss., H. 119), Köln und Opladen 1964, S. 20 f. In Italien haben Mazzini und Mancini das voluntative Moment stark betont, aber auf der Grundlage bestehender ethnischer Gegebenheiten. Vgl. *F. Valsecchi*, Nation, Nationalität, Nationalismus im italienischen Denken, in: Historische Zeitschrift 210 (1970), S. 19 f.; *Th. Schieder*, Typologie und Erscheinungsformen des Nationalstaats in Europa, in: ebd. 202 (1966), S. 66. In der Tat ist die italienische Einigung eine bürgerliche Bewegung gewesen, die in den anderen Regionen außerhalb des Nordens keinen allgemeinen Boden besaß. Vgl. *R. Romeo*, Problemi storico-sociali del movimento nazionale in Italia, in: *Schieder* (Hrsg.), Sozialstruktur und Organisation, S. 43 ff.; *D. Mack Smith*, Victor Emanuel, Cavour and the Risorgimento, London 1971, S. 148 ff. und S. 266 f.

dabei sowohl Elemente des voluntativen Zusammenschlusses wie der objektiven Gegebenheit in Sprache, Kultur und Geschichte. In der Entwicklung des Nationalgedankens im 19. Jahrhundert läßt sich daher ein Gegensatz zwischen einer auf das subjektive Moment gegründeten westlichen Auffassung und der zentraleuropäischen Neigung der Betonung objektiver Merkmale nur als rein relativer begreifen[8]. Daneben dauert aber auch im amtlichen Sprachgebrauch die Bezeichnung der Nation als Staatsvolk fort. In der Epoche nach dem Zweiten Weltkrieg, als die neuen Grenzen Europas vom Nationalstaatsprinzip weitgehend bestimmt wurden, waren es wiederum mehr die Gegebenheiten der Sprache und Geschichte als die der Willenseinheit, die die Nationsauffassung tragen.

Es ist hier nicht der Ort, um in eine Erörterung des Wesens der Nation einzutreten. Es erscheint nur notwendig, darauf hinzuweisen, daß auch die Gegebenheiten der Sprache und Kultur bei näherer Betrachtung sich nicht als der Geschichte vorgegebene, sondern im Gegenteil von ihr entscheidend geformte Grundlagen erweisen. Nationale Einheit ist stets auch das Werk politischer Kräfte gewesen. Alle europäischen Nationen, wenn wir sie in ihren sprachlich-kulturellen Zügen und ihrem Bewußtsein der Einheit nehmen, sind durch politische Vorgänge mitgestaltet worden, die den Kern der Bewußtseinsbildung und der kulturellen Ausstrahlung bildeten[9]. Auch die sprachlichen Grenzen sind in höherem Grade als meist angenommen durch die politischen Vorgänge und die Verschiebung von Herrschaftsgrenzen beeinflußt worden. Und auf der anderen Seite hat eine Verschiedenheit in Sprache und Kultur sich nicht zur Höhe des nationalen Gedankens entfalten können, wenn und solange sie nicht von dem politischen Willen zur Formung einer besonderen Einheit belebt wurde. Im Nationsbegriff sind daher objektive Gegebenheiten und das Moment der subjektiven politischen Vereinigung miteinander verbunden, in einer Mischung, die in den einzelnen historischen Situationen verschiedene Aspekte gewinnen kann.

---

[8] Für die Ausgestaltung des Nationalgedankens spielt eine wesentliche Rolle auch die Trägerschaft, die im 19. Jahrhundert vor allem bürgerliche Schichten umfaßte. Hierzu *Schieder,* Der Nationalstaat in Europa, S. 25 ff.; *W. Conze,* Nation und Gesellschaft. Zwei Grundbegriffe der revolutionären Epoche, in: Historische Zeitschrift 198 (1964), S. 11 ff.

[9] Zur Nationbildung in der älteren europäischen Geschichte siehe *Schieder,* Der Nationalstaat in Europa, S. 18. Zur Rolle von Königtum und Ständen in Frankreich: *E. Schmitt,* Repräsentation und Revolution, München 1969, S. 45 ff. und S. 114 ff.; *J. Roels,* Le concept de représentation politique (Anciens Pays et Assemblées d'Etat XLV), Löwen - Paris 1969, S. 92 ff.

II.

Die europäische Staatenordnung des 19. Jahrhunderts entsprang aus dem System souveräner Staaten auf dynastischer Grundlage, das sich am Beginn der Neuzeit geformt hatte. Seine Umgestaltung unter nationalen Gesichtspunkten ist auch im Laufe des 19. Jahrhunderts nur teilweise erfolgt. Pfeiler des älteren Staatssystems in der Form übernationaler Staatsbildungen blieben in Gestalt der drei Kaiserreiche — und im weiteren kann man hierzu auch die ottomanische Hohe Pforte zählen — bis zum Ende des Ersten Weltkrieges entscheidende Faktoren des europäischen Mächtesystems. Erst in den Verträgen, die den Ersten Weltkrieg beendeten, kam — nicht ohne politische Begrenzungen zuungunsten der besiegten Mächte — das Nationalstaatsprinzip als das ausschlaggebende zur Geltung. Bis dahin dauerten ältere Komponenten der Staatenbildung in Europa fort. Sie reichen ihrerseits auf die Formperiode des frühneuzeitlichen Fürstenstaates zurück, der sich seit dem späteren Mittelalter wesentlich um dynastische Mittelpunkte ausformt. Nachdem sich die universalen Vorstellungen des Mittelalters in einem langen Prozeß der Abschwächung aufgelöst haben, baut sich die europäische Staatenordnung seit dem 16. Jahrhundert auf der Konzeption eines Nebeneinanders unabhängiger Staaten auf. Größe und Stellung der Staaten bedeuten dabei für Jahrhunderte zunächst noch die Basis einer Rangfolge und Differenzierung, die erst im 19. Jahrhundert der Staatengleichheit formeller Natur Platz macht[10].

Die Einheit der politischen Bildung stützt sich in dieser Epoche aber nicht auf vorgegebene größere nationale Einheiten, sondern sie wird in der Hauptsache durch das monarchische Element dargestellt. Daß daneben auch ständisch-kommunale Elemente zur Staatsbildung führen können — in der Schweiz, mit Einbau eines fürstlichen Elements in den Niederlanden[11] —, können wir hier, da es Einzelerscheinungen waren, vernachlässigen. Die dynastische Staatsbildung findet ihren Zentralisationspunkt in Konzeptionen, die an die Kontinuität der Krone oder des Hauses anknüpfen und die die Fähigkeit haben, über zeitliche und räumliche Entfernungen hinweg einen Einheitsgedanken zu begründen[12]. Allerdings ist in der Zeit vor der Französischen Revolution

[10] Über das ältere Rangverhältnis der Staaten siehe noch *A. W. Heffter,* Das europäische Völkerrecht der Gegenwart, Berlin 1844, S. 44 ff. Der Aachener Kongreß von 1818 führte mit der alphabetischen Rangfolge die formelle Gleichheit ein.

[11] Zur einigenden Position des Statthalters in den Generalstaaten siehe *S. J. Fockema Andreae,* De Nederlandse Staat onder de Republiek (Verhandelingen d. Koninkl. Nederlandse Akad. van Wetenschappen, Afd. Letterkunde, N. D. 68, No. 3), Amsterdam 1961, S. 7 ff.

[12] Zur Rolle der Krone als einigende und kontinuierende rechtliche Einrichtung siehe *F. Hartung,* Die Krone als Symbol der monarchischen Herr-

die Staatsbildung immer eine gegliederte. Mit wenigen Ausnahmen — zu denen England gehört — zeigten die Monarchien vor 1789 einen Aufbau, nach dem sie aus einzelnen historisch geformten Landschaften und Territorien zusammengesetzt waren, die von einer einheitlichen fürstlichen Macht überwölbt wurden[13]. Im Grunde waren diese monarchischen Staaten gewissermaßen ein Teppich zusammengesetzter kleinerer regionaler Gebilde, in dem im Grunde diese vielfach ständisch verfestigten regionalen Einheiten eine fortdauernde Existenz bewahrten[14]. In Spanien blieben Aragón, Valencia und Navarra besondere Körper im Aufbau der Monarchie, und noch bis zum Beginn der bourbonischen Herrschaft nahmen Aragón und Valencia kaum an den großen finanziellen Leistungen für die spanische Außenpolitik teil[15]. Umgekehrt besaßen die Aragonesen nicht das Recht zum Handel mit den amerikanischen Besitzungen, die von Kastilien aus begründet worden waren[16]. In den britischen Inseln hat erst die Union mit Schottland 1707 die Vereinigung der beiden bis dahin gesonderten Königreiche vollzogen[17]. Auch Frankreich, dem man geneigt sein möchte, einen höheren Grad von Einigung zuzuschreiben, blieb bis 1789 ein Staat vielfacher Gliederung. Nicht nur hatten verschiedene Provinzen ihre Stände behalten, sie bewahrten teilweise auch eigene Parlamente neben dem *Parlament de Paris,* und nicht zuletzt am Widerstand auch der provinziellen Parlamente und Stände brachen sich die unter Ludwig XVI. unternommenen administrativen Reformen[18].

---

schaft im ausgehenden Mittelalter, in: *ders.,* Staatsbildende Kräfte der Neuzeit. Gesammelte Aufsätze, Berlin 1961, S. 9 ff. Zur Krone und zum Begriff des Haupt- und Nebenlandes: *H. Lentze,* Föderalismus und Zentralismus in der europäischen Geschichte, in: Der österreichische Föderalismus und seine historischen Grundlagen (Schriften des Instituts für Österreichkunde), Wien 1970, S. 6 ff.

[13] Hierzu *Lentze,* Föderalismus und Zentralismus, S. 7 ff., der von einer monarchischen Union von Ständestaaten spricht, und *K. von Raumer,* Absoluter Staat, korporative Libertät, persönliche Freiheit, in: Historische Zeitschrift 183 (1957), S. 67 ff.

[14] Zur Entwicklung des habsburgischen Gesamtstaates siehe *E. C. Hellbling,* Die habsburgischen Hausnormen des Mittelalters in rechtlicher Sicht, in: *N. Grassi* und *W. Ogris* (Hrsg.), Festschrift Hans Lentze, Innsbruck - München 1969, S. 295 - 313.

[15] Siehe zu dieser ungleichen Verteilung der Finanzlast *J. H. Elliott,* Imperial Spain, London 1963, S. 193 f.; *J. Lynch,* Spain under the Habsburgs, Oxford 1964, Bd. 1, S. 183 f., S. 337 ff. und Bd. 2, S. 30 ff.; *H. Kamen,* The War of Succession in Spain, London 1969, S. 320 ff.

[16] *Lynch,* Bd. 1, S. 19.

[17] Auch hier waren bis dahin die Schotten von dem einträglichen Handel mit den englischen Kolonien ausgeschlossen. Vgl. *G. M. Trevelyan,* England under Queen Anne, London 1932, Bd. 2, S. 197.

[18] *J. Egret,* La pré-révolution française, Paris 1962, S. 204 ff.; *ders.,* Louis XV et l'opposition parlementaire, Paris 1970, S. 140 ff.

Es bedarf hier keiner weiteren Beispiele. Vielmehr ist ein weiterer wichtiger Gesichtspunkt in diesem Zusammenhang hervorzuheben. Die einzelnen Teile, aus denen die Monarchien der absolutistischen Periode zusammengesetzt waren, besaßen ihre überlieferten historischen Rechtsgrundlagen, die sie zu bewahren trachteten. Wo sie es vermochten, bestanden sie immer wieder darauf, von jedem neuen Herrscher ihre Privilegien und Rechte bestätigt zu erhalten. Die spanischen Könige verpflichteten sich, die *fueros* von Aragón zu beachten, die habsburgischen Könige Ungarns mußten ihre Krönung durch Zusagen erwirken, die Souveräne der belgischen Provinzen beschworen bis zuletzt die *Joyeuse Entrée* von Brabant[19]. Bei der Vereinigung mit einer anderen Monarchie erhielten Länder Zusicherungen für die Bewahrung ihrer Rechte[20]. Der absolute Herrscher war zumeist nicht in der Lage, sich über diese Rechte hinwegzusetzen. Erst im 18. Jahrhundert ging man daran, sie zurückzudrängen; aber ein Erfolg ist darin nur den beiden deutschen Staaten beschieden gewesen, die im aufgeklärten Absolutismus eingreifende Staatsreformen durchzuführen vermochten.

Diese regionale Sonderung der einzelnen Territorien hatte aber auch eine andere Seite. Sie erleichterte es, im absolutistischen Zeitalter die zahlreichen Veränderungen der Grenzen und dynastischen Verbindungen für die Bewohner dieser Gebiete erträglich zu machen. Der Erwerber eines Gebietes drang nicht in dessen rechtliche Grundordnung tief ein. Er bestätigte die Freiheiten des Landes und begnügte sich, durch Bestellung eines Statthalters oder sonstiger oberster Beamter, Einsetzung von Gerichten und ähnliche Änderungen seine Herrschaft auszuprägen und zu befestigen. Im 17. und 18. Jahrhundert lassen sich zahlreiche solche Zusicherungen beim Erwerb neuer Gebiete nachweisen[21]. Durch diese Versprechungen, die sich zuweilen auch auf Religion

---

[19] *R. van Bragt,* De Blijde Inkomst van de Hertogen van Brabant (Anciens Pays et Assemblées d'Etat XIII), Löwen 1956; *G. van Dievoet,* L'Empereur Joseph II et la Joyeuse Entrée de Brabant (ebd. XVI), Löwen 1958, S. 90 ff. In Böhmen gingen solche Rechte nach der Schlacht am Weißen Berge und der Vernewerten Landesordnung von 1626 verloren.

[20] So gab Ludwig XII. von Frankreich 1499 den Ständen der Bretagne bei seiner Heirat mit Anna von Bretagne, der Erbin des Herzogtums, ausdrückliche Zusicherungen (vgl. *J. J. Schmauss,* Corpus Juris Gentium Academicum, Leipzig 1730, Bd. 1, S. 155). Eine Reunion mit der Krone fand 1532 statt, aber das Land behielt sein eigenes Parlament. Vgl. *F. Lot* und *R. Fawtier,* Histoire des institutions françaises au moyen-âge, Bd. 2: Institutions Royales, Paris 1958, S. 496 f.

[21] Vgl. Privileg König Sigismund Augusts von Polen für Kurland von 1561: Zusicherung der Bewahrung der Augsburgischen Konfession, der alten Rechte und der Ernennung von Landeseinwohnern deutscher Sprache zu den Ämtern (*Schmauss,* Corpus Academicum, Bd. 1, S. 315); Verbindung der livländischen Stände mit Litauen vom 26. 12. 1566 (*J. Dumont,* Corps Universel Diplomatique du Droit des Gens, Amsterdam 1726 ff., Bd. 5, S. 132); Friede von Oliva vom 23. 4. 1660 (*Dumont,* Bd. 6, 2 und 3, S. 303); Friede von Nystadt zwischen

und Sprache bezogen, schaltete der dynastische Staat auch im wesentlichen Probleme aus, die sich aus der sprachlich-kulturellen Eigenart solcher Territorien ergeben konnten. Er war in diesem Punkte im allgemeinen sehr duldsam, namentlich soweit sprachliche Fragen in Frage standen. Ernst nahm man es noch im 17. Jahrhundert, aufgrund der Befürchtung, daß religiöse Gegensätze Bürgerkriege herbeiführen könnten, mit der religiösen Einheit. Hier ist es, bei den Kämpfen zwischen nördlichen und südlichen Niederlanden, in Spanien bei den Moriskos (1616), in Frankreich bei der Revokation des Edikts von Nantes (1685), zu größeren Vertreibungen der andersgläubigen Bevölkerung gekommen. Erst im 18. Jahrhundert oder noch später verwandelten sich die europäischen Staaten in Länder mit einer religiös gemischten Bevölkerung.

Blickt man auf die Entwicklung der europäischen Staatenordnung bis an die Schwelle der Französischen Revolution zurück, so spielt in ihr ein nationales Element im Sinne einer vorgegebenen, an objektiven Merkmalen entwickelten Zugehörigkeit zu nationalen Gemeinschaften keine maßgebende Rolle. Bis in das 17. Jahrhundert ist es eher der religiöse Gegensatz, der mit der Reformation einsetzt, der auf die Staatenbildung — z. B. in den Niederlanden — eine Einwirkung ausübt. Aber auch hier überwiegt das Streben des dynastischen Staatswesens, seine Einheit entweder durch strenge Aufrechterhaltung oder Herstellung religiöser Uniformität zu bewahren oder sie oberhalb der religiösen Gegensätze auf Duldung und Toleranz zu begründen. Die nationalen Gegensätze im Sinne sprachlich-kultureller Verschiedenheiten sind angesichts der namentlich in Osteuropa zu beobachtenden Begrenzung des Nationsbegriffs auf gewisse ständische Schichten und aufgrund der geringen Eingriffstiefe des Regimes in die überlieferten rechtlichen und sozialen Strukturen für die Staatenbildung nicht maßgeblich. Monarchische Verbindungen verschiedener Länder und Wechsel der Dynastien aus einem Land ins andere sind für dieses Zurückstehen des nationalen Elements ein bezeichnendes Zeugnis. Im Grunde steht die Beförderung des Wohles der Untertanen höher als die Erhaltung kultureller Differenzen. In der Literatur des aufgeklärten Naturrechts, deren Grundsätze für die zeitgenössische Regierungsführung richtunggebend waren, wird der Religionsverschiedenheit gedacht, aber von kulturellen Differenzen innerhalb des Staates ist keine Rede. Wo von Volk und Nation die Rede ist, ist einfach das Staatsvolk gemeint[22]. Nur

Rußland und Schweden: Abtretung Finnlands unter Gewähr der Religion, der alten Rechte und Gewohnheiten (*Dumont*, Bd. 8, 1, S. 36). Hierzu *Lentze*, Föderalismus und Zentralismus, S. 7.

[22] Siehe etwa die Behandlung der Rechte der Völker in diesem Sinne bei *K. A. von Martini*, Erklärung der Lehrsätze über das allgemeine Staats- und Völkerrecht, Bd. 2, Wien 1791, S. 20 ff.

auf diesem Boden läßt sich der die Nachwelt schockierende Vorgang der polnischen Teilungen verstehen. In den Erklärungen der drei Höfe zur Besitzergreifung der ihnen zufallenden Gebiete wird das Friedensinteresse angesichts der Dekomposition des polnischen Staates betont und der Schutz der Religion und ihrer Rechte zugesichert[23]. Das sind Wendungen, die sich noch fast ebenso ein Jahrhundert später bei der österreichischen Okkupation Bosniens und der Herzegowina 1878 in der Proklamation des Kaisers wiederfanden, die gleiches Recht für alle nach dem Gesetz und Schutz von Leben und Glauben, von Hab und Gut verhieß[24]. Daher ging es auch bei den Versuchen Josephs II., in seinen Landen der deutschen Sprache einen Vorrang zu geben, viel mehr um die administrative Einheit als etwa um die Förderung einer bestimmten nationalen Gruppe oder Kultur[25]. Es war für die nun schon einsetzende nationale Bewegung bezeichnend, daß sich gegen diese Maßnahme der Widerstand in verschiedenen Gebieten, vor allem in Ungarn, erhob. Man kann mit einigem Vorbehalt sagen, daß der monarchische Staat des 18. Jahrhunderts noch einen übernationalen Charakter trug.

Ein letzter Punkt muß noch berührt werden. Für diese ältere Epoche bleiben die staatsbildenden Momente auf Europa beschränkt. Der Blick ist noch nicht auf die Möglichkeit außereuropäischer selbständiger Staaten gerichtet. Zwar wurden im 16. und 17. Jahrhundert zeitweise vertragliche und diplomatische Beziehungen zu Staaten in anderen Kontinenten unterhalten — etwa zum Großmogul, zu indischen Fürsten, zu China —, aber ohne daß diese Beziehungen das volle Gewicht internationaler Verhältnisse erlangten[26]. Die Völkergemeinschaft blieb noch streng auf die christliche Gemeinschaft des Abendlandes beschränkt[27]. Die Diskussion noch des 16. Jahrhunderts in Spanien, ob auch die überseeischen Völker eine echte Staatenbildung zeigen könnten[28], war längst zurückgetreten hinter der Auffassung, daß diese jen-

---

[23] Vgl. die Dokumente über die erste Teilung bei *G. F. Martens,* Recueil général des traités, 2. Aufl., Göttingen 1817, S. 97 ff.

[24] Siehe die Proklamation des österreichischen Kaisers vom 28. 7. 1878 bei *Martens,* Recueil, 2. Serie, Bd. 3, Göttingen 1878, S. 467 f.

[25] So auch das abgewogene Urteil bei *C. A. Macartney,* The Habsburg Empire 1790 - 1918, London 1968, S. 99 f.

[26] Zu diesen Beziehungen in Asien siehe *C. H. Alexandrowicz,* An Introduction to the History of the Law of Nations in the East Indies, Oxford 1967, S. 83 ff. und S. 185 ff.

[27] Das Völkerrecht ist demnach ein europäisches Recht. Siehe *G. F. von Martens,* Europäisches Völkerrecht, Bd. 1, Stuttgart 1821, S. 19 ff. und S. 59 ff. Auch *Heffter,* Das europäische Völkerrecht, S. 11, beschränkt das Völkerrecht im Blick auf die Gesetze der Humanität wesentlich auf die christlichen Staaten.

[28] Zu dieser von Fr. de Vitoria eingeleiteten Diskussion siehe *J. Höffner,* Kolonialismus und Evangelium, 2. Aufl., Trier 1969, S. 303 ff.

seits des europäischen Kreises gelegenen Gebiete der Okkupation und Besitznahme offenstünden. Nur mittelbar, über die koloniale Herrschaft, waren diese Länder der europäischen Rechtsgemeinschaft verbunden. Es kann also festgestellt werden, daß für die Zeit des 16. bis 18. Jahrhunderts die Ausdehnung der Grundsätze der europäischen Staatengemeinschaft auf außereuropäische Länder noch fernliegt und daß erst recht von einer Anerkennung eigener Rechte der Völker dieses Raumes keine Rede sein kann.

III.

Wenn im 18. Jahrhundert der Begriff der Nation in steigendem Maße gebraucht wird, so geschieht dies doch in der Regel in synonymer Bedeutung mit dem Ausdruck des Volkes als Bezeichnung der Bevölkerung eines Staates[29]. Die Deutung des Volkes als einer ursprünglichen kulturellen Gemeinschaft durch Herder[30] dringt noch nicht in das politische Bewußtsein der Zeit ein. Die Verbindung von Volk und Nation bleibt auch noch nach 1789 in Frankreich erhalten, nun aber erfährt der Gedanke der Nation eine neue und dynamische Deutung als Ausdruck der Freiheit und der politischen Selbstbestimmung eines Volkes. „Dans toute nation libre", so schreibt Sieyès[31], „et toute nation doit être libre, il n'y a qu'une manière de terminer les différends qui s'élèvent touchant la constitution. Ce n'est pas à des notables qu'il faut avoir recours, c'est à la nation elle-même". Diese Konzeption der Nation hält sich im Rahmen einer politischen Bestimmung der Nation vom Staate her. Aber die Nation wird nun zum Ausdruck der freien Selbstbestimmung. In ihr verkörpert sich in Ablösung des durch den Fürsten hergestellten Bandes der Einheit[32] das Prinzip des freien Willens, den sie freilich nicht unmittelbar selbst, sondern durch ihre Repräsentanten im Parlament äußert[33]. Diese Auffassung wird zur Leitidee der Französischen Revolution. Nation ist das Volk, das in Selbstbestimmung seine

---

[29] Vgl. *R. von Laun,* Der Wandel der Ideen Staat und Volk als Äußerung des Weltgewissens, Barcelona 1932, S. 170 ff.; *Roels,* Le concept de représentation, S. 97. Die Auffassung der Nation als Gemeinschaft der Sprache durch Turgot (siehe hierzu *H. Kohn,* The Idea of Nationalism, New York 1948, S. 229) war vereinzelt und ohne Folgen.

[30] Hierzu *Kohn,* S. 427 ff.

[31] Qu'est-ce que le Tiers Etat (1789), Ausgabe von R. Zapperi, Genf 1970, S. 177.

[32] Für diese Stellung des Fürsten als nationalen Repräsentanten, neben dem im 18. Jahrhundert auch in Frankreich das Parlament als mitwirkende repräsentative Erscheinung auftritt, siehe *E. Schmitt,* Repräsentation und Revolution, S. 117.

[33] Zur Verbindung des Gedankens der nationalen Souveränität bei Sieyès mit dem der Repräsentation siehe *Roels,* Le concept de représentation, S. 100 ff.

politische Freiheit gewonnen hat. In dieser Konzeption wirkt sich die im 17. Jahrhundert durch Hobbes und Pufendorf, sodann durch Rousseau verbreitete Anschauung aus, daß die Staaten nicht eine von Gott gegebene institutionelle Ordnung darstellen, sondern aus dem Konsens, dem Vertrage unter ihren Gliedern hervorgehen[34].

Mit diesem freiheitlichen Nationsbegriff erhält die Nation eine Sendung. Das Volk, das diese Freiheit errungen hat, wird zum Vorbild der anderen, und damit gewinnt der Begriff eine Auswirkung auf die internationale Staatenordnung. Zunächst erklärte freilich die französische Nationalversammlung, daß sie auf Eroberungen verzichten und den Krieg nur zur Verteidigung führen wolle[35]. Freilich lag in dem Gedanken der politischen Freiheit schon eine Tendenz der Ausdehnung beschlossen, die schon 1790 in der Besitzergreifung der päpstlichen Besitzung Avignon aufgrund eines Votums der Bevölkerung Ausdruck fand[36]. Mit dem Ausbruch des Krieges mit den kontinentalen Monarchien 1792 aber erschien der Gedanke, es gelte anderen Völkern die politische Freiheit zu bringen. Nicht mehr die Staaten, sondern die Völker erschienen als Träger des internationalen Rechts, in dem der Kampf gegen die Monarchien als gerecht seine Legitimation fand. Im Dekret vom 19. 11. 1792 verhieß der Konvent allen Völkern Hilfe bei der Wiedererlangung der Freiheit, und er wies am 15. 12. 1792 die Generale an, in den eroberten Gebieten die Feudalrechte zu beseitigen und den Völkern Brüderlichkeit und Beistand anzubieten[37]. In der Anwendung führte dieser Gedankengang bereits zur Annexion immer weiterer Gebiete

---

[34] Zu dieser Begründung des Staates aus dem Konsens (Vertrag) siehe für Hobbes *L. Strauss*, The Political Philosophy of Hobbes, 4. Aufl., Oxford 1963, S. 65 f.; *B. Willms*, Die Antwort des Leviathan, Neuwied und Berlin 1970, S. 116 ff.; für Pufendorf siehe *H. Denzer*, Moralphilosophie und Naturrecht bei Pufendorf, München 1972, S. 165 ff.

[35] Siehe Erklärung vom 22. 5. 1790 und hierzu *R. Redslob*, Völkerrechtliche Ideen der Französischen Revolution, in: Festgabe Otto Mayer, Tübingen 1916, S. 281 ff.; *W. Martens*, Völkerrechtsvorstellungen der Französischen Revolution, in: Der Staat 3 (1964), S. 295 ff.; *P. Bastid*, La révolution de 1848 et le droit international, in: RdC 72 (1948 I), S. 181 ff.

[36] Vgl. zur Eingliederung von Venaissin und Avignon *R. Redslob*, Histoire des grands principes du droit des gens, Paris 1923, S. 319 f.; *H. O. Ziegler*, Die moderne Nation, Tübingen 1931, S. 115 ff.; *W. Martens*, S. 300 f. Doch wird noch beim Ausbruch des Krieges mit der monarchischen Allianz 1792 abermals von der Nationalversammlung betont, daß man keine Eroberungen wolle. Vgl. *W. Martens*, S. 302.

[37] *W. Martens*, S. 307 ff.; *R. Schnur*, Weltfriedensidee und Weltbürgerkrieg, in: Der Staat 2 (1963), S. 309 ff.; *P. Mirkine-Guetzevitch*, in: RdC 83 (1953 II), S. 309 ff. In dem Dekret vom 15. 12. 1792 erklären die Abgeordneten: „Ils déclareront aux peuples qu'ils leur apportent paix, secours, fraternité, liberté et égalité. Ils proclameront la souveraineté du peuple et la suppression de toutes les autorités existantes." In dieser Weisung an die französischen Generale kommt der revolutionär-expansive Charakter des nationalen Prinzips deutlich zum Ausdruck.

in der Idee einer „Befreiung“. Die zunächst hier noch veranstalteten Plebiszite trugen schon Merkmale der Verfälschung, wie offene Stimmabgabe in der Präsenz der Truppen[38]. Als auch die negativen Auswirkungen solcher Anschauungen sichtbar wurden, veranlaßte Danton im Frühjahr 1793 eine Aufhebung jener Dekrete und sprach sich wie die Verfassung vom 24. 6. 1793 für die Nichteinmischung in andere Staaten aus[39]. Aber der Keim einer expansiven Auswirkung des Nationsbegriffes war gelegt. Die imperialistischen Tendenzen der napoleonischen Machtausdehnung können freilich aus ihm nicht mehr abgeleitet werden.

In der Epoche der Französischen Revolution hat somit der Nationsbegriff, noch ohne Verbindung mit der Vorstellung vorgegebener nationaler Einheiten, erstmals auf die Struktur der europäischen Staatenordnung eingewirkt. Damals trat schon der dem Prinzip der nationalen Souveränität innewohnende dynamische und verändernde Zug hervor. Die Befreiung der Völker von der Feudalherrschaft der alten Monarchien und damit verbunden in einigen Fällen von Fremdherrschaft stellte eine fortwirkende Losung dar. Namentlich in Italien legte sie den Grund für die erwachende Nationalbewegung des 19. Jahrhunderts. Aber überall, wo sich im Anfang des 19. Jahrhunderts der Gedanke der Nationalität, der nationalen Selbständigkeit erhob, war die Ausstrahlung der Ideen der Großen Revolution am Werke. Das galt besonders für die Epoche der revolutionären Bewegungen von 1848, die nicht nur in Frankreich den Befreiungsgedanken für andere Völker, vor allem Polen, belebte[40], sondern nun auch das Übergreifen der nationalen Idee nach Zentral- und Osteuropa hervorrief. Indem sich der Gedanke des nationalen Staates in der voraufgehenden und folgenden Periode außerhalb Frankreichs über die Idee politischer Freiheit hinaus mit einer anderen Nationsvorstellung, der Idee einer vorgegebenen historisch-kulturellen Einheit der Völker, verband, erhielt er erst seine volle Sprengkraft für das internationale Gefüge, die den Vorgängen in der Mitte des Jahrhunderts in Deutschland und Italien zugrunde lag.

Davor liegt freilich die Zeit der Restauration nach dem Ende der napoleonischen Herrschaft, die noch einmal den nationalen Gedanken im internationalen Felde zurückschob. Für die Verbündeten der Allianz, die Napoleon zu Fall brachte, stand für ihre Verhandlungen in Frankfurt mit Napoleon und in Chatillon, wie für ihre Haltung während des

[38] Zu den Plebisziten der Revolution und ihrer Verfälschung siehe *Redslob*, Histoire, S. 320 f., der die Abstimmung in Belgien 1793 „une amère comédie“ nennt.

[39] Zu dieser Rücknahme der revolutionären Erklärungen vom 19. 11. und 15. 12. 1792 *W. Martens*, S. 312; *Bastid*, S. 182.

[40] *Bastid*, S. 182.

Wiener Kongresses, das Ziel der Wiederherstellung des „juste équilibre de l'Europe", des Friedens und der Ruhe in Europa, also ein Begriff der alten Staatenwelt, im Vordergrund[41]. Im Ergebnis brachte daher der Wiener Kongreß eine Aufnahme und Befestigung der älteren europäischen Ordnung, in dem die nationale Frage sowohl in ihrer innenpolitischen wie ihrer internationalen Bedeutung noch kaum einen Stellenwert erlangte. Ganz freilich blieb bei dieser Neuordnung der europäischen Verhältnisse der nationale Gedanke nicht ausgeschaltet. Es war den Staatsmännern bewußt, daß mit der Begründung des italienischen Königreichs nationale Bestrebungen eine erste Belebung erfahren hatten. Auch hatte sich im Widerstreit zur napoleonischen Fremdherrschaft in Deutschland selbst der nationale Gedanke erstmals über die Empfindung kultureller Gemeinsamkeit zu politischer Wirksamkeit erhoben[42]. So trat auch in den Wiener Verhandlungen von 1815 das nationale Moment an einzelnen Stellen in Erscheinung. Eine Erklärung der Mächte hob hervor, Gebiete dürften unter keinen Umständen weiterhin einen Bestandteil des französischen Territoriums bilden, für die auch in Jahrhunderten die Verschiedenheit ihres Geistes zur französischen Nation sich nicht aufheben lasse[43]. Besonders bedeutsam war es, daß der britische Staatsmann Lord Castlereagh den Alliierten für ihren Besitz polnischer Teilgebiete nahelegte, besondere politische Einrichtungen für die polnischen Gebiete zu schaffen. Polen, so betont der britische Minister, war ein unabhängiger Staat; man könne die alten Einrichtungen dieser Gebiete nicht einfach beseitigen, das Glück dieser Nation und der Friede dieses Teiles Europas verlangten, daß man ihnen besondere politische Einrichtungen gebe. Man könne ihre Existenz „comme peuple" und ihre nationale Sprache nicht auslöschen[44]. In ihrer Antwort auf diese Zirkularnote erklärten sich die drei Teilungsmächte zu solchen Maßregeln bereit, wobei Österreich darauf hinwies, es teile den Wunsch des Zaren, den „peuples de différentes souches" Gerechtigkeit

---

[41] Erklärung der Mächte nach der (vergeblichen) Unterhandlung von Frankfurt mit Napoleon vom 1. 12. 1813. Sie wollen „un état de paix qui, par une sage répartition des forces, par un juste équilibre, préserve les peuples des calamités sans nombre". Vgl. *C. d'Angeberg,* Le Congrès de Vienne, Bd. 1, Paris 1863, S. 78 f. Das Protokoll des Kongresses von Chatillon vom 17. 2. 1814 nennt als Ziel das Prinzip der Souveränität und Unabhängigkeit aller Staaten Europas, sieht vor „une Italie divisée en états indépendants", und am 25. 3. 1814 betont die Schlußerklärung, daß die Nationen ihre gegenseitige Unabhängigkeit respektieren sollen (*d'Angeberg,* Bd. 1, S. 111 und S. 143).

[42] Es genügt, auf Fichte und Arndt hinzuweisen.

[43] In Chatillon enthält die Schlußerklärung der Alliierten die Ablehnung der französischen Forderung, „que des peuples étrangers à l'Esprit français, des peuples que des siècles de domination ne fondraient pas dans la nation française, devaient continuer á en faire partie" des französischen Gebietes (*d'Angeberg,* Bd. 1, S. 145).

[44] Zirkularnote vom 21. 2. 1815 bei *d'Angeberg,* Bd. 1, S. 795.

widerfahren zu lassen, die die Vorsehung unter einem Zepter vereint habe[45]. Und in der Tat sah Art. 1 der Wiener Kongreßakte die Errichtung des selbständigen Herzogtums Warschau unter russischer Herrschaft vor und ordnete an: „Les Polonais, sujets respectifs de la Russie, de l'Autriche et de la Prusse, obtiendront une représentation et des institutions nationales, réglées d'après le mode d'existence politique que chacun des gouvernements, auxquels ils appartiennent, jugera utile et convenable de leur accorder[46].“ Man wird in dieser Bestimmung der Wiener Akte, so unbestimmt sie war, doch einen Ausdruck einer begrenzten Anerkennung des nationalen Prinzips inmitten der sonst im älteren dynastischen Sinne orientierten Staatenordnung erblicken dürfen[47]. Ihm gegenüber besaß freilich in der Anschauung der Zeit die europäische Ordnung den Vorrang, die etwa eine Wiederherstellung Polens ausschloß und die Gebietsänderungen nicht an den Willen der Bevölkerung, sondern an die Sanktion Europas band[48].

Auch sonst leuchtet gelegentlich in diesen Verhandlungen von 1815 ein Hinweis auf die nationale Situation auf[49]. Im übrigen aber wurde die wiederhergestellte europäische Staatenordnung durch eine Anknüpfung an die älteren monarchischen Rechte und eine Verteilung von Gebiet und Bevölkerung nicht nach Berücksichtigung nationaler Zusammengehörigkeit, sondern nach dem Gesichtspunkt der politischen Machtabwägung bestimmt. Es ist bemerkenswert, daß sich ein Staatsmann, dem man im allgemeinen ein geringes Gefühl für die nationale Frage nachsagt, Metternich, jahrelang nach 1814 entgegen den zentralistischen Tendenzen seines Monarchen bemüht hat, in den italienischen Provinzen Lombardei-Venetien wie auch in Illyrien durch die Errichtung selbständiger Königreiche und einer eigenen Verwaltung dem von ihm erkannten nationalen Bewußtsein Rechnung zu tragen. Nur geringe Teile dieser Vorschläge wurden indes realisiert[50].

---

[45] Siehe die Antwortnote der Mächte bei *d'Angeberg*, Bd. 1, S. 797 ff.

[46] Diese Bestimmung findet sich schon in der österreichisch-russischen Übereinkunft über die polnische Frage vom 3. 5. 1815 (*d'Angeberg*, Bd. 1, S. 1147).

[47] In der Tat schufen die Teilungsmächte gewisse besondere Einrichtungen für ihre polnischen Gebiete, die freilich nach dem Aufstand von 1830 in Wegfall kamen.

[48] In diesem Sinne die berühmte Instruktion Ludwigs XVIII. an Talleyrand von der Hand des letzteren (*d'Angeberg*, Bd. 1, S. 215 ff.).

[49] So begrüßt die Proklamation des preußischen Königs vom 5. 4. 1815 für das Rheinland die Aufnahme dieser Gebiete deutschen Ursprungs, die nicht einem fremden Staat gehören dürfen, dem sie nach Sprache, Sitten und ihren von deutscher Freiheit erfüllten Bräuchen fremd sind (*d'Angeberg*, Bd. 2, S. 1031).

[50] Zu diesen Plänen Metternichs siehe *H. von Srbik*, Metternich, Bd. 1, München 1925, S. 207 ff.; *A. C. Haas*, Metternich. Reorganization and Nationality 1813 - 1818, Wiesbaden 1963, S. 81 ff. und 97 ff.

Die Hauptträger des Nationalstaatsgedankens wurden im 19. Jahrhundert die liberalen Strömungen. Der Gedanke der Nation entsprach sowohl ihrer Forderung nach politischer Freiheit und Mitwirkung wie dem sich nun regenden Einheitsstreben in Deutschland und Italien sowie dem Verlangen anderer Nationalitäten nach Selbständigkeit. Von größter Bedeutung war es, daß sich nun in den zentraleuropäischen Nationalbewegungen die Idee der politischen Selbstbestimmung mit einem durch objektive sprachlich-kulturelle Merkmale definierten Nationsbegriff verband, der auch dort, wo an sich die westliche voluntative Nationsauffassung den Ausgangspunkt bildete, wie in Italien, für den Umfang der territorialen Ansprüche der nationalen Einigung bestimmend wurde. Im dritten Viertel des Jahrhunderts vollzogen sich im Gefolge dieser Idee des nationalen Einheitsstaates die großen Veränderungen der europäischen Karte, die die alte Staatenordnung weitgehend umformten. Der Liberalismus zeigte sich dabei als kämpferische Bewegung, die keineswegs der Gewaltanwendung sich versagte. Seine Ausbreitung unter den Schweizer Kantonen war von einigen gewaltsamen Aktionen begleitet, und auch die Einigung Italiens vollzog sich durch militärische Feldzüge, denen die Plebiszite, die nach der Eroberung abgehalten wurden, nur eine nachträgliche Bestätigung geben konnten.

Auch in diesem Abschnitt der Mitte des 19. Jahrhunderts, in dem sich die italienische und deutsche Einigung im Zeichen des nationalen Prinzips vollendete und in dem unter dem Einfluß nationaler Ideen die Grundlage für die Selbständigkeit der Balkanstaaten gelegt wurde, kann man nicht von einer beherrschenden Stellung des Nationalstaatsgedankens sprechen. Einer solchen Anerkennung des nationalen Gedankens stand sowohl die Existenz der großen, auf übernationalen Grundlagen errichteten Monarchien in Europa entgegen wie auch die realen Interessen der Großmächte, die in sich zahlreiche innere Spannungen zwischen erhaltender und verändernder Tendenz enthielten. Der österreichische Kaiserstaat, in dem der Aufstieg der nationalen Bestrebungen immer schärfere Gegensätze erzeugte[51], konnte das nationale Prinzip nicht zur Grundlage seines Bestandes machen. Es hätte dazu tiefgreifender Umgestaltungen bedurft, die sich in der Richtung auf eine Föderation verschiedener Nationalitäten bewegt hätten[52] oder

---

[51] Vgl. *R. A. Kann,* The Multinational Empire, New York 1950, Bd. 1, S. 29 ff. und S. 178 ff., Bd. 2, S. 21 ff.; *L. Gumplowicz,* Das Recht der Nationalitäten und Sprachen in Österreich-Ungarn, Innsbruck 1879, S. 21 ff. und S. 97 ff.; *Macartney,* The Habsburg Empire, S. 638 ff.

[52] Föderale Vorschläge sind wohl von einzelnen Schriftstellern *(Löhner, Fischhof, Popovici)* entwickelt worden, wie sie in den Planungen noch des Erzherzogs und Thronfolgers Franz Ferdinand erscheinen (vgl. *Kann,* Bd. 2, S. 12 ff., S. 143 ff., S. 187 ff. und S. 197 ff.).

die durch Verwirklichung einer personalen nationalen Autonomie Möglichkeiten des Ausgleichs geschaffen hätten[53]. Der Ausgleich von 1867, der in Ungarn der auf einen politisch-assimilierenden Nationsbegriff ausgerichteten magyarischen Herrschaft die Oberhand gab, ließ solche Wege noch schwieriger erscheinen[54]. So wurde Österreich-Ungarn in seiner Entwicklung im späteren 19. Jahrhundert zum Beispiel eines übernationalen Staates, an dem sich die Sprengkraft des nationalen Gedankens sichtbar erwies[55]. Das Zarenreich, nach außen für die Selbständigkeit der Balkanstaaten eintretend, ging seit den 70er und 80er Jahren zu einem Kurse über, der die Selbständigkeit der Völker des Reiches zurückdrängte und dem herrschenden russischen Volkstum die maßgebende Stellung zuwies[56]. Die Gründung des Deutschen Reiches erschien als eine Verwirklichung der nationalen Bestrebungen. Sie schloß indes mit der Auflösung des Deutschen Bundes, auf der sie beruhte, die Deutschen des österreichischen Kaiserstaates von der Einigung aus, und so enthielt die Reichsgründung tatsächlich — nicht ohne den Zusammenhang mit der preußischen Tradition — ein wesentliches staatlich-partikulares Element. Diese Seite erscheint noch stärker, wenn man sich vor Augen hält, daß das Reich von 1871 kein reiner Nationalstaat war, da er in den Polen und Dänen fremde Nationalitäten in seine Grenzen einschloß. Die hieraus sich ergebenden Spannungen haben in den kommenden Jahrzehnten eher zugenommen als daß sie überwunden werden konnten[57]. Dies Problem wurde durch die Einverleibung von Elsaß-Lothringen noch verstärkt. Zu erheblichen Teilen aus politisch-militärischen Gründen vorgenommen[58], traten in dem Eintreten der deutschen Öffentlichkeit für die Annexion doch auch die

---

[53] Auch diese Ideen, wie sie namentlich Karl Renner und Otto Bauer vertraten, liefen im Ergebnis auf eine nationale Autonomie und damit auf föderale Strukturen hinaus. Vgl. *Kann*, Bd. 2, S. 154 ff.; *St. Verosta*, Theorie und Realität von Bündnissen. Heinrich Lammasch, Karl Renner und der Zweibund (1897 - 1914), Wien 1971, S. 235 ff. Der Blick von Fischhof und Renner war dabei auf die Schweiz gerichtet, und so konnte der Gedanke entstehen, in Österreich (sei es in beiden Reichsteilen oder nur in Zisleithanien) eine monarchische Schweiz zu schaffen. Vgl. *Th. Schieder*, Nationale und übernationale Gestaltungskräfte in der Geschichte des europäischen Ostens, Krefeld 1953, S. 15 f.; *ders.*, Idee und Gestalt des übernationalen Staates seit dem 19. Jahrhundert, in: Historische Zeitschrift 184 (1957), S. 345 f.; *ders.*, Die Schweiz als Modell der Nationalitätenpolitik, in: Festgabe für Hans Herzfeld, Berlin 1958, S. 495; *Verosta*, S. 283 ff.

[54] Siehe *Verosta*, S. 207 ff.

[55] *Schieder*, Idee und Gestalt des übernationalen Staates, S. 350 f.

[56] *R. Wittram*, Das Nationale als europäisches Problem, Göttingen 1954, S. 161 ff. und S. 183 ff.; *Th. Schieder*, Das Deutsche Kaiserreich von 1871 als Nationalstaat (Wiss. Abh. der Arbeitsgem. für Forschung des Landes Nordrhein-Westfalen, Bd. 20), Köln und Opladen 1961, S. 29 f.

[57] *Schieder*, Das Deutsche Kaiserreich, S. 22 ff.

[58] Vgl. *L. Gall*, Zur Frage der Annexion von Elsaß und Lothringen 1870, in: Historische Zeitschrift 206 (1968), S. 317 f.

Momente historischer und ethnischer Argumentation stark hervor[59]. Gerade an diesem Beispiel konnte der Gegensatz zwischen dem westlichen, am subjektiven politischen Willen zur Gemeinschaft ausgerichteten Begriff der Nation, wie ihn so glänzend Renan vertrat, und der deutschen Anschauung, die sich hier eines kulturell-ethnisch gefärbten Begriffes bediente, deutlich hervortreten[60]. Allein in diesem Gegensatz lag bereits ein Moment der tiefen Gegensätze, die das Nationalproblem in Europa im späteren 19. Jahrhundert aufriß.

Auch das politische Interesse der großen Mächte war gegenüber dem nationalen Prinzip geteilt. England unterstützte zwar, auch im Zusammenhang liberaler Vorstellungen, die Cavour zu nähren verstand, die nationale Einigung Italiens, aber wie in Österreich und Preußen überwog bei ihm im Blick auf das übernationale Gebilde des ottomanischen Reiches durchaus das Verlangen nach Erhaltung dieses Bestandes. Und weder England noch Frankreich gingen anläßlich des polnischen Aufstandes von 1863 über Bezeugungen einer politischen Sympathie hinaus. Die territorialen Veränderungen der Jahrhundertmitte, die durch die dem Nationalitätsprinzip zugeneigte Politik Napoleons III. begünstigt wurden[61], führten keine grundlegende Änderung der europäischen Ordnung herbei, die nach wie vor auf dem Bestande der Staaten, nicht der Völker beruhte. Das Verlangen nach nationaler Selbstbestimmung blieb ein politisches Prinzip, das in das positive Völkerrecht keinen Eingang fand[62]. Bis 1914 standen im Vordergrund der europäischen Szene die drei Kaiserreiche, die einer reinen Verkörperung des Nationalstaatsprinzips nicht zugeneigt waren[63]. Unterhalb dieser Oberfläche

[59] Vgl. hierzu die Kontroverse um die Annexion von 1871 bei *W. Lipgens*, Bismarck, die öffentliche Meinung und die Annexion von Elsaß und Lothringen 1870, in: Historische Zeitschrift 199 (1964), S. 31 - 112; *Gall*, Zur Frage der Annexion, S. 265 - 386; *W. Lipgens*, Bismarck und die Frage der Annexion 1870. Eine Erwiderung, in: ebd. 206 (1968), S. 586 - 617; *R. Buchner*, Die deutsche patriotische Dichtung vom Kriegsbeginn 1870 über Frankreich und die elsässische Frage, in: ebd., S. 327 - 36; *E. Kolb*, Bismarck und das Aufkommen der Annexionsforderung 1870, in: ebd. 209 (1969), S. 318 - 356.

[60] Vgl. zu diesem Gegensatz *H.-U. Wehler*, Krisenherde des Kaiserreiches 1871 - 1918, Göttingen 1970, S. 18 f.

[61] Zu Napoleon III. siehe *Th. Ruyssen*, Les minorités nationales de l'Europe, Paris 1923, S. 224 ff.

[62] Eine Ausnahme macht *J. C. Bluntschli*, Das moderne Völkerrecht, Nördlingen 1868, der auch ein Recht der nationalen neben der staatlichen Existenz anerkennen will (S. 48). Aber auch für ihn ist das Nationalitätsprinzip ein politisches Prinzip, kein rechtlich anerkannter Maßstab der Staatenbildung (Allgemeine Staatslehre, 6. Aufl., Bd. 1, Stuttgart 1886, S. 106 f.). Sehr vorsichtig äußert sich hier auch *G. Jellinek*, Allgemeine Staatslehre, 3. Aufl. Berlin 1914, S. 116 ff.

[63] Zu diesem Problem des übernationalen Staates siehe *Schieder*, Idee und Gestalt des übernationalen Staates, S. 336 ff. Der erste übernationale Staat, der durch das nationale Prinzip gesprengt wurde, war Dänemark in seinem Ringen mit seinen deutschen Provinzen.

des geltenden Rechts und der herrschenden politischen Grundsätze freilich gewannen die nationalen Strömungen an Kraft und bereiteten so die Auflösung der übernationalen Staatsbildungen am Ausgang des Ersten Weltkrieges vor.

Die Wirkung des Nationalstaatsgedankens auf Bild und Erscheinung der Staaten muß freilich, auch in der Auswirkung auf die Staatenbeziehungen, noch von einer anderen Seite her betrachtet werden. Die Stärke der Einwirkungen der nationalen Idee auf das Verhältnis der Völker ergab sich nicht nur aus dem steigenden Bewußtsein der kulturellen und politischen Eigenständigkeit der nationalen Gemeinschaften, sondern vor allem auch daraus, daß nun im 19. Jahrhundert der einzelne Staat nach der Begründung der allgemeinen Schulpflicht und der viel stärkeren geistigen Mobilisierung seiner Bürger viel tiefer in die Sphäre der individuellen Freiheit eingriff. Damit mußten sich aber allenthalben nun in Schule und Verwaltung die sprachlichen Probleme weit dringlicher erheben. Zentralisierende Tendenzen sowie später das nationale Verlangen nach Uniformität, das zu assimilierenden Tendenzen führte, mußten daher die Konflikte verschärfen, die sich hier ergeben konnten. Sofern eine nationale Gruppe jenseits der Grenze Anlehnung und Unterstützung fand, wie dies angesichts der irredentistischen Neigungen in einzelnen Staaten oder der panslawistischen Tendenzen in Osteuropa der Fall war, ergaben sich daraus teils offene, teils latente internationale Konfliktszonen. Sie haben zu der Erhöhung der Spannungen in Europa erheblich beigetragen und vertiefen den Eindruck der negativen Wirkungen, die vom nationalen Gedanken ausgegangen sind. In jedem Fall aber erklärt dieser Problemkreis zwischen Sprachenkampf, Assimiliationstendenz und Irredenta, daß auch indirekt vom Nationalitätsprinzip bereits vor 1914 starke, wenn auch mehr verdeckte Einwirkungen auf die internationalen Beziehungen ausgingen.

Diese tiefere Einwirkung nationaler Probleme auf das Leben des einzelnen ging parallel mit einer Ausdehnung des nationalen Gedankens über die ursprünglich erfaßten Schichten des Adels und der Bildung in breitere Kreise des Bürgertums. Dieser Prozeß der gesellschaftlichen Ausdehnung nationaler Ideen kann hier nicht näher verfolgt werden[64]. Die Verbreiterung der gesellschaftlichen Basis der nationalen Strömungen, die auch die Arbeiterschaft nicht unberührt ließ, erklärt es auch, weshalb internationale Bestrebungen zur Überwindung der nationalen Gegensätze durch friedliche Zusammenarbeit, wie sie auch die Sozia-

---

[64] Zu diesem Problem der gesellschaftlichen Struktur der nationalen Idee siehe *Schieder*, Der Nationalstaat in Europa, S. 25 f., *W. Zorn*, Sozialgeschichtliche Probleme der nationalen Bewegung in Deutschland, in: *Schieder* (Hrsg.), Sozialstruktur und Organisation europäischer Nationalbewegungen, S. 97 - 115.

listische Internationale vertrat, sich am Vorabend des Ersten Weltkrieges gegenüber der Stärke des natioanlen Empfindens in den Völkern als unwirksam erwiesen.

Auch für das 19. Jahrhundert gilt, daß die nationale Idee ihren europäischen Charakter bewahrt. Eine Ausnahme macht nur die Unabhängigkeitsbewegung der amerikanischen Staaten. Der Abfall der Vereinigten Staaten gründete sich gegenüber der britischen Krone auf Vorstellungen der freien Bestimmung eines Volkes über sich selbst. Und in den Erklärungen der lateinamerikanischen Staaten, mit denen sie ihre Unabhängigkeit beanspruchen, erschien in Auswirkung der Ideen der Französischen Revolution die Bezeichnung der neuen Staaten als freie Nationen[65]. Im übrigen aber zeigt sich im Verhältnis der europäischen Staaten zu außereuropäischen Ländern und Gebieten kein Einfluß nationaler Fragen. Die koloniale Ausdehnung, die nach zeitweiligem Zurücktreten in den letzten Jahrzehnten des 19. Jahrhunderts einen neuen Impuls erhielt, folgt dem älteren System des Rechtserwerbs durch Okkupation oder Eroberung. Auch die Auswahl derjenigen nichteuropäischen Staaten, die schließlich als Teilhaber der völkerrechtlichen Gemeinschaft anerkannt werden, wurde durch politische Erwägungen ohne Zusammenhang mit dem Gedanken der Selbstbestimmung determiniert. Der Gedanke, daß sich zwischen der Idee nationaler freier Bestimmung und den kolonialen Verhältnissen eine Verbindung ergeben könnte, blieb dieser Epoche noch fremd. Eher läßt sich wohl davon sprechen, daß der europäische Imperialismus in seinen Motiven und Empfindungen mit dem Nationalstaatsgedanken in einer Beziehung gestanden hat. Ob sich bereits in jener Zeit Stimmen finden lassen, die den inneren Widerstreit zwischen der kolonialen Herrschaft und dem nationalen Prinzip erkannt haben, dürfte eine Frage künftiger Forschung sein.

IV.

Die Periode des ersten Jahrzehnts nach dem Ersten Weltkrieg bezeichnet den Höhepunkt des Einflusses des Nationalstaatsgedankens auf die Staatenordnung Europas. Die Westmächte hatten sich schon während des Weltkrieges gegenüber den Zentralmächten der nationalen Idee als einer Sprengkraft bedient, die sie gegen Österreich und das ottomanische Reich ansetzten. Bei der Neugestaltung der Karte Europas nach 1918 wurde dem Gedanken nationaler Abgrenzung der Gebiete der neuen Staaten ein wichtiger Platz eingeräumt, auch wenn in man-

[65] Zur Verwendung des Nationsgedankens in der lateinamerikanischen Unabhängigkeitsbewegung siehe *Schieder*, Zum Problem des Staatenpluralismus, S. 16 und S. 65 f.

chen Einzelentscheidungen die Waage sich aus politischen Gründen ohne Rücksicht auf nationale Prinzipien zuungunsten der Besiegten senkte. Vor allem die aus der Auflösung des Habsburgerreiches hervorgehende mittel- und osteuropäische Staatenwelt suchte sich — nicht immer zu Recht — auf den Gedanken der nationalen Unabhängigkeit ehemals geteilter oder unfreier Völker zu stützen. Gerade in diesem Raum konnte wegen der siedlungsmäßigen Mischung der sprachlich-kulturellen Gruppen eine klare Lösung nicht erzielt werden. Die Probleme, die sich hier erheben mußten, wurden von den Siegermächten nicht übersehen. Sie suchten ihnen durch die Auferlegung der Minderheitenverträge an die neuen oder stark vergrößerten Länder Osteuropas entgegenzuwirken. Die bekannten Einzelheiten brauchen hier nicht verfolgt zu werden[66]. Diese Verträge waren stark vom westlichen Vorstellungskreise bestimmt. Sie suchten das nationale Problem durch Sicherung bestimmter individueller Grundrechte auf Wohnsitz, Freiheit und Freiheit des Sprachgebrauchs zu sichern, ohne das dahinterliegende tiefere Problem der Gruppenrechte zu sehen und ohne zu berücksichtigen, daß in der Struktur jener Staaten manche Zusagen an praktischem Gewicht verloren. Dennoch lagen in diesen Verträgen Möglichkeiten eines international gesicherten Mindestbestandes individueller Rechte im nationalen Felde, die ausgleichend hätten wirken können, wären sie voll zum Tragen gelangt. Tatsächlich hat auch die Aktivität des Völkerbundes[67] und haben auch lokale Verständigungen — etwa in Estland und Lettland — die Tendenz der neuen Staaten Osteuropas, sich ungeachtet ihrer multinationalen Zusammensetzung zu Nationalstaaten im Sinne der vorherrschenden Gruppen zu entwickeln, während des ersten Nachkriegsjahrzehnts abschwächen können. Mit der Verstärkung der nationalen Spannungen am Ende der 20er Jahre traten in Osteuropa die Gegensätze wieder schärfer hervor[68].

---

[66] Zusammenfassende Überblicke über die nationalen Probleme nach 1918/19 und die Bemühungen um Minderheitenschutz bei *G. Erler*, Das Recht der nationalen Minderheiten, Münster 1931; *O. Göppert,* Der Völkerbund, Stuttgart 1938, S. 575 ff.; *J. Stone,* International Guarantees of Minority Rights, New York 1933; *I. L. Claude,* National Minorities, Cambridge (Mass.) 1955.

[67] Der Völkerbund übernahm aufgrund der Verträge eine Garantie der Verträge und setzte einen Minderheitenausschuß ein. Zahlreiche Tagungen des Völkerbundes beschäftigten sich mit Minderheitenfragen, und in einigen Fällen wurde auch der Internationale Gerichtshof befaßt. Gewiß blieben viele Beschwerden der Volksgruppen ohne Wirkung, aber es wäre ungerecht, diese ausgedehnte Bemühung des Völkerbundes zu unterschätzen. Vgl. zu ihr *Göppert,* S. 583 ff.; *Claude,* S. 55 ff. Dort, wo spezielle Abkommen wie in Oberschlesien (1923) genaue Einzelheiten festlegten, haben internationale Instanzen wertvolle Ausgleichsergebnisse erzielt. Vgl. hierzu *G. Kaeckenbeeck,* The International Experiment of Upper Silesia, London 1942.

[68] Zum Scheitern der Regelungen siehe *Claude,* S. 31 ff.; *A. Cobban,* National Self-Determination, Oxford 1944, S. 35 ff.

Nach dem Zusammenbruch der übernationalen Staatsbildungen in Ost- und Zentraleuropa bildete das Nationalstaatsprinzip, getragen von den Forderungen der bisher nicht zu nationaler Selbständigkeit oder zur Einfügung in einen Staat der eigenen nationalen Prägung gelangten Völker und Volksgruppen, eine naheliegende Formel für die Lösung der territorialen Fragen der europäischen Staatenwelt. Die 1919 gefundenen Lösungen haben die Gefahren des nationalen Prinzips für den Frieden unter den Völkern und Staaten deutlich gezeigt. Die neuen Staaten Osteuropas, die angesichts der Siedlungslage überwiegend wiederum mehrnationale Bevölkerungen umfaßten, strebten im Zeichen der Nationalstaatsvorstellung dahin, ihre Ordnung auf der Basis der herrschenden Volksgruppe im Sinne nationaler Uniformität auszubauen. Die Tiefenwirkung des modernen Staates in Verwaltung, Schule und kultureller Förderung führte daher zu Benachteiligungen der anderen Volksgruppen, die ihrerseits im Sinne der herrschenden Vorstellungen weitgehende Ansprüche auf nationale Sicherung und auch auf autonome Einrichtungen erhoben. Soweit nationale Gruppen sich dabei auf Nachbarstaaten gleichen Volkstums stützen konnten, mußte das notwendig — zumal hier Revindikationen der Besiegten sich damit verbanden — zu politischen Spannungen führen. Die Loyalität der minoritären Volksgruppen wurde bezweifelt, und damit wurden im Rückschlag die assimilatorischen Tendenzen gestärkt, die einen wachsenden Druck erzeugten. Schon am Ausgang der 20er Jahre zeichnete sich das Scheitern ausgleichender Bemühungen ab. Die Zuspitzung nationaler Forderungen unter dem Nationalsozialismus, die dann in offene imperialistische Ausdehnung umschlug, erledigte nicht nur die Möglichkeiten ausgleichender Regelungen, sie brachte auch den Gedanken nationaler Selbstbestimmung im europäischen Raum in Mißkredit.

Es war für die Entwicklung charakteristisch, daß schon während des Zweiten Weltkrieges im Westen das Scheitern des auf den nationalen Gedanken gegründeten Staatensystems nach 1919 allgemein festgestellt wurde[69]. Am Ausgang des in Osteuropa so furchtbaren und durch verbrecherische Taten des Hitler-Regimes gekennzeichneten Ringens griff man daher zu einem erstmals nach den Balkankriegen 1912/13 in Bulgarien und Thrazien angewandten, 1922 nochmals im griechisch-türkischen Konflikt erneuerten radikalen Mittel, der zwangsweisen Entfernung andersnationaler Bevölkerungen. Die Vertreibung der deutschen Bevölkerung aus den Gebieten östlich der Oder und Neiße, der Tschechoslowakei wie aus den Ländern Osteuropas, in geringem Umfang ergänzt durch Überführung ungarischer Gruppen aus der Slowakei, bildet das Schlußkapitel der nationalen Auseinandersetzungen der 20er

[69] Vgl. neben den in Anm. 68 Genannten noch *M. Moskowitz,* The Politics and Dynamics of Human Rights, New York 1968, S. 1 ff.

und 30er Jahre, wiederum in gewissem Sinne unter nationalem Vorzeichen, weil auf uniforme Zusammensetzung der Bevölkerung gerichtet.

Es bleibt nur eine wesentliche Feststellung. In allen diesen Auseinandersetzungen zwischen Deutschen und Tschechen, Ukrainern, Ungarn, Litauern usw., die die Zwischenkriegszeit erfüllten, erscheint der Begriff der Nation und der Volksgruppe immer ethnisch, d. h. durch vorgegebene, zumeist sprachlich-kulturelle Gesichtspunkte bestimmt. Die Praxis minoritäter Probleme hat zwar herausgearbeitet, daß die individuelle nationale Zugehörigkeit letztlich nicht objektiv bestimmbar ist, sondern auf subjektivem Bekenntnis beruht, aber im übrigen trat in der Phase zwischen den beiden Weltkriegen eine an ethnischen Merkmalen ausgerichtete Nationsauffassung durchweg in den Vordergrund.

Es hängt mit dem negativen Urteil über die Ergebnisse der Anwendung des nationalen Prinzips nach 1918 zusammen, daß bei der Neugestaltung der Staatenordnung nach 1945 ebenso wie bei der Abfassung der Charta der Vereinten Nationen in San Francisco 1945 das nationale Prinzip ganz zurücktrat. Der Gedanke eines Schutzes der Minderheiten ist nach dem Zweiten Weltkrieg nicht wieder aufgegriffen worden. Bemühungen um eine Deklaration sind fruchtlos geblieben[70], und auch im Rahmen der Bemühungen der Vereinten Nationen um den Schutz der Menschenrechte ist zwar — im Zusammenhang antikolonialer Tendenzen — das Selbstbestimmungsrecht anerkannt worden, aber Bestrebungen zur Sicherung minoritärer Gruppen haben in der Arbeit der Menschenrechtskommission der UN nur zu geringen Ansätzen geführt[71]. In der gegenwärtigen Staatenordnung spielt daher — von dem noch zu behandelnden Problem der Selbstbestimmung abgesehen — das nationale Prinzip eine sehr geringe Rolle. Das erklärt sich auch aus außereuropäischen Einflüssen. Für die lateinamerikanischen Staaten sind ihre Grenzen historisch fixiert, und sie sind mehr an der Einfügung von Zuwanderern in die eigene nationale Kultur interessiert[72].

---

[70] Eine eingehende Würdigung der Bestrebungen zum Minderheitenschutz im Rahmen der UN bei *F. Ermacora,* Der Minderheitenschutz in der Arbeit der Vereinten Nationen, Wien 1964; *Claude,* S. 114 ff. Unabhängig von den UN sind seit 1945 nur zwei detaillierte Abkommen über Minderheitenschutz, in Triest und in Zypern (1959, aber seither durch die Kämpfe überholt), geschlossen worden.

[71] Siehe *Ermacora,* S. 68 ff.; *Claude,* S. 176 ff.; U. N. Commission of Human Rights, Definition and Classification of Minorities, E/CN 4/Sub 2/85, New York 1950.

[72] Es entsprach dieser Grundeinstellung, wenn sich schon 1925 im Völkerbund der brasilianische Vertreter Mello Franco für eine Deutung des Minderheitenschutzes im Sinne einer Überleitung zur Assimilation aussprach. Vgl. *Göppert,* S. 584. Entsprechend lehnte die Panamerikanische Konferenz in Lima 1938 den Gedanken des Schutzes ethnischer oder sprachlicher Min-

Erst recht sind die Grenzen der heutigen afrikanischen Staaten historisch, d. h. durch die Festlegungen der Kolonialzeit, determiniert, obwohl dadurch an vielen Orten stammesmäßige Zusammenhänge durchschnitten werden. Angesichts der starken stammesmäßigen Empfindungen würde hier eine Einstellung auf nationale Prinzipien weithin auflösend wirken.

Im europäischen Raume wirkten nach 1945 auch andere Zusammenhänge im Sinne einer Abschwächung des nationalen Prinzips ein. Im Bereiche des sowjetischen Einflusses in Osteuropa werden die nationalen Unterschiede in Sprache und Kultur aus dem politischen Felde entfernt und auf den Rang kultureller Erscheinungen zurückgeführt. Die sowjetische Auffassung legt zwar entscheidendes Gewicht auf die Selbstbestimmung der Völker, aber dieser Gedanke verbindet sich nicht unbedingt mit der Anerkennung objektiver Vorgegebenheit der Völker. Die nationale Selbstbestimmung erscheint nur als ein Übergang zu gesellschaftlicher Freiheit im Sinne der sozialistischen Entwicklung. Die Freiheit eines Volkes verwirklicht sich durch seine soziale Befreiung und Umgestaltung. Damit tritt es aber in die brüderliche Gemeinschaft der sozialistischen Nationen ein, in der nationale Gegensätze alten Stiles nicht mehr möglich erscheinen. Der nationale Gedanke ist mithin im sowjetischen Gedankenbereich eine Erscheinung des Überganges; er ist ein Faktor der Überwindung des kapitalistisch-imperialistischen Systems; er bringt ein Erwachen der Völker, nicht zu einer nationalen, sondern zu einer sozialistischen Erneuerung[73].

In Westeuropa hat sich seit dem Zweiten Weltkriege eine Anschauung verbreitet, die das Zurücktreten der nationalen Souveränität gegenüber der stärkeren internationalen Verflechtung betont. Man wird diesem Gedanken gegenüber freilich darauf hinweisen müssen, daß die Stellung des einzelnen Staates auch in der Gegenwart noch von starken Motiven getragen wird. Er ist das Zentrum sozialer Sicherheit und wirtschaftlicher Lenkung, äußere Freiheit und innerer Frieden werden noch immer von ihm verbürgt. Über den einzelnen Staaten hat sich allerdings in Westeuropa das Bewußtsein der Zusammengehörigkeit aus-

---

derheiten für Amerika ab, wo solche Probleme nicht existierten. Vgl. *Cobban*, S. 62.

[73] Siehe *G. Tunkin*, Theoretische Fragen des Völkerrechts, dt. Übers. in: Modernes Völkerrecht, Berlin 1965, S. 355 ff.; *R. Arzinger*, Das Selbstbestimmungsrecht im allgemeinen Völkerrecht der Gegenwart, Berlin (Ost) 1966, S. 94 ff., S. 148 ff., S. 234 ff.; *B. Meissner*, Sowjetunion und Selbstbestimmungsrecht, Köln 1962, S. 88 ff. Auch der Nationalbegriff gerät, vor allem in der neueren Theorie der DDR, in die Linie einer dialektischen Deutung, die mit der sozialen Entwicklung verbindet und den sozialistischen vom bürgerlichen Nationsbegriff unterscheidet. Vgl. *P. C. Ludz*, Zum Begriff der Nation in der Sicht der SED, in: Deutschland-Archiv 5 (1972), S. 17 ff.

gebreitet, das in den Europäischen Gemeinschaften zu einer engeren Verbindung auf wirtschaftlichem Gebiet geführt hat. Da es gleichzeitig gelungen ist, die älteren Grenzprobleme in Westeuropa weithin zu bereinigen, scheint heute eher der Staat als die Nation die bestimmende Einheit zu sein.

Im westlichen Europa begegnen ethnische Fragen heute vor allem in einer besonderen neuen Entwicklung, die nun unterstaatliche regionale Bereiche, wie die katalonischen und baskischen Provinzen Spaniens, Wales in England oder den frankophonen Teil des Jura im Kanton Bern in der Schweiz, zu einem verstärkten Bewußtsein ihrer besonderen Gemeinschaft erhebt und Forderungen nach regionaler Autonomie entstehen läßt.

V.

In der Entwicklung nach dem Zweiten Weltkrieg hat sich für die Gestaltung der internationalen Staatenordnung an die Stelle des Nationalstaatsgedankens das Selbstbestimmungsrecht als der entscheidende auf Umgestaltung drängende Gesichtspunkt in den Vordergrund geschoben. Sein Zusammenhang mit dem nationalen Gedanken, wie ihn die Französische Revolution geprägt hat, ist ohne weiteres erkennbar. Bei der Selbstbestimmung aber tritt nun nicht, wie auf weiten Strecken des 19. Jahrhunderts, die Anpassung der Staatsgrenzen an vorgegebene ethnisch-kulturelle Einheiten hervor[74], sondern es wirkt sich in ihrer Forderung wieder das ursprüngliche politische Prinzip der nationalen Freiheit aus. Der Vorgang der Dekolonisation, der von diesem Grundsatz getragen wurde, hat das Bild der internationalen Gemeinschaft tief verändert. Aus einer europäisch-westlichen Gemeinschaft, die weite Teile anderer Kontinente nur als abhängige Gebiete in ihren Kreis einschloß, ist nun erstmals in der Geschichte des Völkerrechts eine alle Völker der Erde umfassende Staatengesellschaft geworden, die über alle Erdteile reicht. Daß die Bewegung zur Verselbständigung der kolonialen und halbkolonialen Gebiete, die nach dem Ersten Weltkriege einsetzte, mit dem Gedankengut der europäischen nationalen Überlieferung zusammenhängt, ist unzweifelhaft. Es ist eher erstaunlich, daß die Westmächte, die während des Ersten Weltkrieges das Prinzip des Selbstbestimmungsrechts gegen ihre europäischen Gegner verwendeten, die Rückwirkung dieser Idee auf ihre Herrschaft in außereuropäischen Ländern nicht erkannt haben. Nur die Vereinigten Staaten traten schon am Ausgang des Ersten Weltkrieges dafür ein, daß den aus dem

[74] Auf diese Verbindung von Selbstbestimmung und „the idea of the cultural nation" weist hin *H. S. Johnson*, Self-Determination within the Community of Nations, Leiden 1967, S. 27 f. Siehe auch *R. Emerson*, in: American Journal of International Law 65 (1971), S. 463.

ottomanischen Reich gelösten Territorien der Weg zur politischen Selbständigkeit geöffnet wurde. Man fand für diese aus türkischem und deutschem Besitz frei gewordenen Gebiete dann die Lösung der Unterstellung unter das Mandatssystem des Völkerbundes, in dessen Rahmen einer kleinen Anzahl von Gebieten des Nahen Ostens der Übergang in die Unabhängigkeit in Aussicht gestellt wurde. In der Auffassung der beiden großen Kolonialmächte, Frankreichs und Englands, bedeutete der Abschluß des Ersten Weltkrieges noch einmal eine neue erweiterte Phase ihrer imperialen Herrschaft, wenn auch in England nun in den 20er Jahren eine innere Umdeutung dieser Position im Sinne einer Verstärkung des *self-government* in den Kolonien und eines Commonwealth-Gedankens einsetzte[75].

Mit der Einrichtung des Mandatssystems und dem ihm innewohnenden Gedanken der *trusteeship* und Verantwortung der verwaltenden Macht setzte aber eine neue Linie ein, die in sich schon einen Ansatz zur Selbstbestimmung hin enthielt. Sie kam zwischen den beiden Weltkriegen nur im Irak zur Realisierung einer neuen Unabhängigkeit. Aber in diesem Zeitabschnitt begannen bereits an mehreren Stellen, vor allem in Indien, in Ägypten, in Nordafrika, nationale Bewegungen die Forderung nach Unabhängigkeit zu erheben. Früher als die westlichen Staaten erkannte die Sowjetunion die Bedeutung dieser Forderung; schon Lenin griff den Gedanken des Selbstbestimmungsrechts auf, den seither die sowjetische Politik gerade in seiner antikolonialen Tendenz betonte. Auch am Ausgang des Zweiten Weltkrieges war die Meinung der westlichen Kolonialmächte noch nicht auf eine rasche Entwicklung vorbereitet. Man rechnete noch mit längeren Übergangsfristen bis zu einer Erringung der Selbständigkeit[76]. Zwar fand die Idee der Selbstbestimmung in die Charta der Vereinten Nationen Aufnahme (Art. 1), aber allein die Sowjetunion und einige außereuropäische Staaten suchten auf raschere Verwirklichung dieses Grundsatzes durch Anträge in San Francisco hinzuwirken[77].

Die Entwicklung hat dann freilich diese Zurückhaltung rasch überholt. Schon früh erreichten die sich verstärkenden antikolonialen Strömungen in den Vereinten Nationen, daß in die beiden in Arbeit befind-

[75] Zur Fortentwicklung der Ideen in England siehe *R. von Albertini*, Dekolonisation, Köln und Opladen 1966, S. 48 ff.

[76] Bezeichnend hierfür der während des Krieges geschriebene Abschnitt bei *Cobban* (S. 123 ff.), der wohl die nahende Entwicklung in Indien und dem Nahen Osten behandelt, für Afrika aber noch nur an erweiterte Selbstverwaltung denkt.

[77] Zum Antrag der Sowjetunion, die Verwirklichung der Unabhängigkeit zu beschleunigen, im Dokument 2/926 vom 11. 5. 1945 der Konferenz von San Francisco, siehe Documents of the U. N. Conference on International Organisation, San Francisco 1945, Bd. 4, S. 881. Dazu *G. Tunkin*, in: RdC 119 (1966), S. 15.

lichen Konventionen der Menschenrechte als erster Artikel das Selbstbestimmungsrecht aufgenommen wurde[78]. Der entscheidende Durchbruch erfolgte mit der am 14. Dezember 1960 verabschiedeten Resolution Nr. 1514 (XV) der Generalversammlung, in der die Unterwerfung von Völkern unter Fremdherrschaft als Verneinung grundlegender Menschenrechte bezeichnet und allen Völkern das Recht der Selbständigkeit zuerkannt wurde[79]. Seit dieser Grundsatzerklärung sind immer wieder weitere Entschließungen in der gleichen Richtung angenommen worden, deren Schärfe mit den Jahren angestiegen ist. Neben dem Widerspruch zu den Menschenrechten und der Charta wird nun der Fortbestand des Kolonialismus als „Verbrechen" bezeichnet[80]. Grundgedanke dieser Stellungnahme ist, daß das Selbstbestimmungsrecht nun zu den anerkannten rechtlichen Regeln des Völkerrechts zähle, eine Auffassung, die heute weithin angenommen wird, obwohl die Menschenrechtskonventionen, die dies klar aussprechen, noch nicht in Kraft getreten sind[81].

Bei dieser Anerkennung des Prinzips der Selbstbestimmung bleibt die Frage offen, wem sie zusteht. Gilt sie für alle Völker und Volksgruppen? Es besteht kein Zweifel, daß in der Gegenwart das Recht der Selbstbestimmung im wesentlichen nur im Blick auf koloniale Abhängigkeit und ihre Beendigung betont wird. Der Begriff der Selbstbestimmung ist heute ganz überwiegend auf die koloniale Situation bezogen[82]. Auch die sowjetische Lehre, die anfänglich Schwierigkeiten empfand, Nationen im Völkerrecht Rechte zuzugestehen, erkennt heute ein Recht auch von Völkern auf die Verwirklichung dieses Rechts an[83]. Aber ein Recht zur Sezession von einem bestehenden Staate wird — außer bei der kolonialen Situation — nicht anerkannt. Die internationale Praxis hat hierfür in ihrer Stellungnahme bei der Erhebung Ostnigeriens (Biafra) gegen die Zentralregierung einen deutlichen Beweis geliefert. Nur vier Staaten erkannten den abgefallenen Landesteil an,

---

[78] Vgl. zu dieser Resolution der Generalversammlung vom 5. 2. 1952 — 545 (VI) — *Johnson*, Self-Determination, S. 37 ff.

[79] Text der Resolution 1514 (XV) in: UN Yearbook 1960, S. 49.

[80] Vgl. Resolution Nr. 2708 (XXV) vom 14. 12. 1970 in: UN Monthly 1971, Nr. 1, S. 60. Siehe zur Entwicklung dieser Stellungnahme gegen den Kolonialismus auch *R. Emerson*, in: *K. J. Twitchett*, The Evolving United Nations, London 1971, S. 83 ff.

[81] Zur Rechtsfrage der Geltung des Selbstbestimmungsrechts als völkerrechtliche Regel siehe *E. Menzel*, Die Vereinten Nationen und das Selbstbestimmungsrecht der Völker, in: Jahrbuch für Internationales Recht 11 (1962), S. 270 ff.

[82] Diese Verengung des Gedankens der Selbstbestimmung stellt zutreffend fest *R. Emerson*, in: American Journal of International Law 65 (1971), S. 463.

[83] Siehe *M. N. Andrjuchin*, in: *D. B. Lewin* und *G. P. Kalnushnaja*, Völkerrecht, dt. Übers. Berlin (Ost) 1967, S. 140 ff.

im übrigen ließ man die Niederwerfung der Erhebung ohne Eingriff geschehen[84]. Der andere Ausgang in Bangla Desch ist auf das kriegerische Eingreifen Indiens zurückzuführen; die Vereinten Nationen hielten sich auch in diesem Konflikt ganz zurück und suchten nur auf rasche Feuereinstellung zu drängen[85]. Ein Sezessionsrecht wird auch heute von der Organisation für Afrikanische Einheit, der die meisten afrikanischen Staaten angehören, abgelehnt[86].

Aus dem Selbstbestimmungsrecht kolonialer Völker wird freilich, und hier eröffnen sich andere schwerwiegende Zusammenhänge, von der in den Vereinten Nationen über die Mehrheit verfügenden afroasiatischen Staatengruppe die Folgerung gezogen, daß Befreiungsbewegungen, die mit Gewalt für dies Ziel eintreten, legitim seien[87]. An diesem Punkte stehen sich heute, wie die am 24. 10. 1970 angenommene Entschließung der Generalversammlung über Prinzipien des Völkerrechts betr. freundliche Beziehungen und Zusammenarbeit zwischen Staaten zeigt[88], die überlieferte Auffassung des internationalen Rechts und eine neue Anschauung schroff gegenüber. Während die traditionelle, von den westlichen Staaten vertretene Rechtsansicht in der Entschließung darin zum Ausdruck gelangt, daß jeder Staat sich der Organisation oder Unterstützung bewaffneter Kräfte oder Gruppen zu enthalten hat, die von seinem Gebiet aus in andere Staaten eindringen, wird an einer anderen Stelle dieser kompromißhaften Entschließung ausgesprochen, daß jeder Staat sich von Zwangsmaßnahmen zurückzuhalten habe, die Völkern die Verwirklichung ihres Selbstbestimmungsrechts entziehen, und daß diese Völker in ihrem Kampf um Selbstbestimmung Unterstützung erfahren sollen. Mit dieser letzteren Wendung weist die Erklärung auf die sowjetische Lehre von der Rechtmäßigkeit des zur Befreiung von Völkern aus Abhängigkeit geführten Befreiungskrieges hin[89]. Diese Theorie des legitimen Befreiungskampfes wi-

---

[84] Vgl. zu diesem Vorgang, der durchaus der traditionellen Haltung der Staaten bei inneren Auseinandersetzungen in einem Lande entsprach, *D. A. Ijalaye,* in: American Journal of International Law 65 (1971), S. 551 ff.

[85] Siehe die Resolution der Generalversammlung vom 7. 12. 1971 Nr. 2793 (XXVI), in: UN Monthly 1971, Nr. 1, S. 45.

[86] Vgl. *D. Bowett,* in: Proceedings of the American Society of International Law 1966, S. 131.

[87] Siehe hierzu die Resolution des Sicherheitsrates über die Legitimität der Bestrebungen der Bevölkerung Namibias (Südwestafrika) zur Unabhängigkeit: Nr. 301 (1971) vom 20. 10. 1971, in: International Legal Materials 1971, S. 1296.

[88] Resolution Nr. 2625 (XXV), Abdruck in: American Journal of International Law 1971, Anhang S. 243.

[89] Zu dieser Lehre siehe *Andrjuchin,* S. 141 - 152; *G. B. Starushenko,* in: *G. Tunkin,* Contemporary International Law, Moskau 1969, S. 90 ff., der für die Legitimität des Befreiungskrieges aufgrund der Menschenrechte und des in ihnen liegenden Widerstandsrechts eintritt.

derspricht freilich dem allgemeinen, heute geltenden Gewaltverbot und kann nicht als anerkannte völkerrechtliche Regel bezeichnet werden. Die Auseinandersetzungen um die gewaltsame Verwirklichung des antikolonialen Selbstbestimmungsrechts zeigen aber, wie dies im 19. Jahrhundert die Bestrebungen auf Zusammenführung oder Loslösung ethnisch vorbestimmter Nationen bewiesen, die Erschütterungen, die von solchen Bestrebungen auf nationale Unabhängigkeit für die bestehende Staatenordnung ausgehen können. Noch hat die internationale Rechtsauffassung in dieser Frage keine allgemein anerkannte Linie gefunden. Starke Kräfte drängen indes zu einer Haltung, nach der die Fortsetzung kolonialer Regime als unrechtmäßig erscheint und der Widerstand gegen sie daher legitimiert wird[90]. An diesem Punkte wirkt der Gedanke nationaler Unabhängigkeit der Völker in der Gegenwart jedenfalls auf die Gestaltung der Staatenordnung und ihres Rechtes in erheblichem Maße ein, auch wenn sich hier aufgrund der drängenden politischen Forderungen einheitliche rechtliche Anschauungen noch nicht gebildet haben.

Grenzen des nationalen Unabhängigkeitsstrebens zeigen sich freilich dort, wo die Verwirklichung des Verlangens nach politischer Selbständigkeit zur Errichtung von Staatengebilden führen würde, die unter den heutigen Bedingungen wirtschaftlich und politisch das Maß staatlicher Einheiten nicht mehr erfüllen könnten. Schon heute hat die durch einen Ausschuß der Vereinten Nationen zur Verwirklichung der Entkolonialisierung[91] geförderte Verselbständigung kleinerer abhängiger Territorien zur Gründung sehr kleiner internationaler Einheiten geführt[92]. Im Schoße der Vereinten Nationen sind daher auch Überlegungen angestellt worden, ob die Forderung der Selbstbestimmung in allen Fällen nur durch Herstellung voller Unabhängigkeit erfüllt werden kann, ob nicht in manchen Fällen auch die Gewähr einer weitgehenden Autonomie ihrem Gehalt entsprechen kann. Schon heute kann man, insbesondere auch im Hinblick auf die staatliche Gliederung Afrikas, von einer weitgehenden Fragmentierung der Staatenwelt sprechen, bei der es zweifelhaft wird, of manche der neuen Staaten an Umfang und Bevölkerung die Kraft haben können, um ohne stärkere Anlehnung an andere Mächte oder an internationale Organisationen die

---

[90] Diese Auffassungen beziehen sich gegenwärtig vor allem auf die portugiesischen Besitzungen in Afrika, Namibia (Südwestafrika) und Rhodesien.

[91] Der Ausschuß aus 17 (inzwischen 24) Mitgliedern wurde durch die Resolution der Generalversammlung Nr. 1654 (XVI) vom 27. 11. 1961 (UN Yearbook 1971, S. 56) eingesetzt. Er tritt für die Unabhängigkeit auch der kleineren Gebiete ein.

[92] Kritisch gegenüber dieser Schaffung sehr kleiner staatlicher Gebilde *R. Emerson*, in: American Journal of International Law 65 (1971), S. 468 ff., und in: *Twitchett*, United Nations, S. 95 ff.

Funktionen eines modernen Staates voll zu erfüllen. Eine Korrektur mag in der Festigung regionaler Organisationen liegen, die den kleineren Staaten ergänzende Unterstützung zu leisten vermögen.

Sucht man abschließend die Lage der Gegenwart zusammenfassend zu überblicken, so ergibt sich ein differenziertes Bild. Im europäischen Raum hat der Nationalstaatsgedanke an Einfluß verloren. Das Streben nach Abgrenzung der Staaten entsprechend vorgegebener, ethnisch-kulturell bestimmter nationaler Gemeinschaften ist im Rückschlag auf Übersteigerungen und Mißbrauch dieses Gedankens nach dem Ersten Weltkriege geringer geworden. In Osteuropa, wo diese Probleme am stärksten nach dem Ersten Weltkrieg hervortraten, hat sich die durch die sowjetische Vorherrschaft erzwungene Ruhe in allen territorial-nationalen Fragen über die Völker gesenkt. In Westeuropa sind Fragen nationaler Gruppen nur an wenigen Stellen, und hier meist in regionalem Zusammenhang, von aktualer Bedeutung[93]. Außerhalb Europas hat das Verlangen nach Selbstbestimmung im Sinne der Auflösung fremder Abhängigkeit eine allgemeine Geltung errungen. Die innere Verbindung dieses Verlangens mit dem Gedanken nationalstaatlicher Unabhängigkeit ist klar erkennbar. Trotzdem führt die Verselbständigung ehemals kolonialer Gebiete nicht überall zu staatlichen Erscheinungen, die mit den nationalstaatlichen Bildungen des 19. Jahrhunderts vergleichbar erscheinen. In vielen dieser neuen Staaten blieb die Abgrenzung durch die oft über Stammesgrenzen und territoriale Zusammengehörigkeiten hinweg gezogene koloniale Grenze zurück, und es wird erst eines langen Prozesses des „nation-building" bedürfen, ehe die verselbständigten Territorien ein über innere Gegensätze hinwegreichendes, einheitliches politisches Bewußtsein in ihrer Bevölkerung geschaffen haben werden. Soweit man bei dieser Entwicklung von einer Wirkung des Nationalstaatsprinzips sprechen kann, erscheint jedenfalls durchweg ein am Staatsvolk orientierter Nationsbegriff wirksam und ist die nationale Forderung nicht durch vorgegebene ethnische Einheiten, sondern durch die Idee der politischen Freiheit und Selbstbestimmung begründet[94]. Vom Ganzen der Staatengemeinschaft her tritt in der Gegenwart die Selbständigkeit des einzelnen Staates stärker zu-

---

[93] Am Rande Europas liegt ein solcher nationaler Gegensatz in Zypern vor.

[94] Im Zuge der Verselbständigung ehemaliger Kolonialgebiete in Afrika haben an einigen Stellen auch mit Unterstützung der Vereinten Nationen Befragungen über die künftige Zuweisung zu einem neuen Staate stattgefunden. Das gilt für Kamerun und Togo (1956, 1958, 1961), während man die für West-Irian 1969 veranstaltete Befragung der Bevölkerung nur bedingt hierher zählen kann. Vgl. hierzu *Johnson*, Self-Determination, S. 83 ff. Zu Afrika und West-Irian *H. von Mangoldt*, Die West-Irian-Frage und das Selbstbestimmungsrecht der Völker, in: Zeitschrift für ausländisches öffentliches Recht und Völkerrecht 31 (1971), S. 197 ff.

rück. Von dort her gesehen wird man daher eher die Vorstellung nationaler Unabhängigkeit als eine im Rückgang befindliche Auffassung ansehen können. Sowohl der regionale Zusammenschluß der Staaten wie die Hegemonialbildung in der Gefolgschaft der Weltmächte unterstreichen diesen Zug der Entwicklung.

Schon erhebt sich jenseits der nationalen Gegensätze ein neues Feld internationaler Spannungen aus dem Bereich des Unterschieds der Rassen und der aus ihm sich an vielen Orten ergebenden offenen oder versteckten Diskriminierung. Die Probleme liegen hier auf einem anderen Gebiet als bei der nationalen Frage. Die Unterschiede der beteiligten Gruppen sind tiefer fundiert, Angleichungen schwerer zu bewirken; die Verknüpfung der rassischen Benachteiligungen mit sozialer Schichtung führt auf diesem Sektor von Gruppenbeziehungen zu besonders schwerwiegenden und schwer lösbaren Spannungen und Emotionen. In der Regel handelt es sich zudem hier um Probleme, die durch Wanderungen oder, wie im Falle der nichtweißen Bevölkerung in Amerika afrikanischer Herkunft, durch Zwangsverpflanzungen, durch Sklaverei entstanden sind. Die internationale Gemeinschaft hat sich dieses Problems, dessen Dimensionen mit zunehmender Beweglichkeit der Weltbevölkerung eher zunehmen werden, mit großem Nachdruck angenommen. In der Konvention zur Beseitigung aller Formen rassischer Diskrimination vom 21. 12. 1965, die von 71 Staaten unterzeichnet wurde, haben die Vereinten Nationen ein Instrument geschaffen, dessen Beachtung die Staaten zur Aufhebung und Verhütung der vielfachen Methoden rassischer Benachteiligung verpflichtet[95]. Die hier entstehenden Probleme liegen aber auf einem anderen Felde als die der nationalstaatlichen Idee. Gemeinsam ist ihnen nur eine Frage, die sich auch innerhalb nationaler, vor allem sprachlich-kulturell bedingter Unterschiede innerhalb eines Staates erhebt. Liegen nicht Möglichkeiten der Lösung und des Ausgleichs in der Wendung zu einer Staatsgestaltung, die übernationale Züge trägt und die das friedliche Zusammenleben verschiedener nationaler Gruppen, aber auch verschiedener rassischer Bestandteile in einem politischen Gemeinwesen ermöglicht? Die Bedeutung, die der Herausbildung entsprechender Vorstellungen innerhalb der Staatenordnung zukommt, wird heute kaum überschätzt werden können. Aber die Hoffnungen sind hier sehr begrenzt. Über einige Vorbilder hinaus — die Schweiz, Belgien, für das Zusammenleben mehrerer Rassen Malaya oder Brasilien —, wo man bereits breitere Ansätze einer solchen Entwicklung erkennen könnte, zeigen sich noch keine ent-

---

[95] Zum Problem der Rassendiskrimination in der heutigen Staatengemeinschaft siehe *N. Lerner*, The Convention in the Elimination of all Forms of Racial Discrimination, Leiden 1970; *J. Delbrück*, Die Rassenfrage als Problem des Völkerrechts und nationaler Rechtsordnungen, Frankfurt 1971.

scheidenden Ansätze für eine übernationale und die Rassengegensätze überwindende Staatsvorstellung, die dennoch für die Zukunft der internationalen Beziehungen als eine Aufgabe von größter Dringlichkeit erscheinen muß.

Konsens und Pluralismus als verfassungsrechtliches Problem

I. Die neuere Staatstheorie und der Prozeß der politischen Entscheidungsbildung

1. Das Problem des Konsenses, sowohl gesehen im Hinblick auf die Formung einer maßgebenden politischen Entscheidung wie in bezug auf die Gesetzgebung oder auf den im Verfassungsstaat vorausgesetzten und normativ festgelegten Grundkonsens über die gemeinsamen Grundlagen des politischen Lebens, ist in der deutschen Staatslehre wenig behandelt[1]. Der Grund hierfür scheint mir in zwei Richtungen zu liegen. Noch immer wirkt in der deutschen Staatstheorie eine Vorstellung nach, die im 19. Jahrhundert den Staat als eine vorgegebene höhere Einheit betrachtete, eine Persönlichkeit[2], die mit Willen begabt ist, bei der daher das Problem der Gewinnung der Einheit des Zusammenwirkens und der Entscheidung hinter dieser bald mit hegelischer ideeller Postulierung, bald mit organizistischen Bildern begründeten substanzhaften Staatseinheit zurücktritt[3]. Und ferner rückte in der positivistischen Lehre des 19. Jahrhunderts mit ihrer Konzentrierung auf rechtliche

Aus: Rechtsgeltung und Konsens. Hrsg. von Günther Jakobs. Berlin: Duncker & Humblot 1976, S. 33 - 68 (= Schriften zur Rechtstheorie. H. 49).

[1] Es ist bezeichnend, daß keines der neueren Werke der Staatslehre (Krüger, Zippelius, Herzog) den Begriff im Register verzeichnet; auch das sonst so gründliche Ev. Staatslexikon, 2. Aufl. 1975, behandelt ihn nicht. Besser steht es um den Begriff des Pluralismus.

[2] Damit ist nichts gegen die schon länger zurückreichende rechtliche Behandlung des Staates als rechtliche Einheit, als juristische Person gesagt. Das ist ein brauchbares rechtliches Bild, aber andererseits keine staatstheoretische Darlegung des staatlichen Wirkungsprozesses. Zur Geschichte der Rechtsfigur der Rechtspersönlichkeit des Staates siehe *U. Häfelin*, Die Rechtspersönlichkeit des Staates, 1959.

[3] Ein Beispiel für das Verdecken der Probleme durch die Annahme eines personhaft gedachten Staatswillens bietet der für die positivistische Theorie des späteren 19. Jahrhunderts wichtige *C. F. von Gerber*, bei dem wir (Grundzüge eines Systems des deutschen Staatsrechts, 2. Aufl. 1869, S. 19) lesen: „Die Staatsgewalt ist die Willensmacht eines persönlich gedachten sittlichen Organismus. Sie ist nicht eine künstliche und mechanische Zusammenfassung vieler Einzelwillen, sondern die sittliche Gesamtkraft des selbstbewußten Volkes." Die Staatsgewalt wird dann weiter als „Naturkraft" bezeichnet. Von diesem unklaren Gemisch von Gedanken Hegels (Staat als Vollendung der sittlichen Bestimmung) und der organischen Theorie werden freilich die eigentlichen Fragen der politischen Entscheidungsbildung ganz verdrängt.

Formen das Begriffspaar Gesetz und Gesetzesausführung in den Vordergrund, und in dieser normativen Sicht war für das Stadium der der Gesetzgebung vorangehenden politischen Auseinandersetzung, der Formung des Gesetzesinhaltes kein Raum mehr. O. Mayer, dessen dogmatische Einseitigkeiten auch sonst die publizistische Wissenschaft noch belasten, sah in den zentralen Vorgängen des Verfassungslebens, die das staatliche Dasein bestimmen, innere Vorgänge der sich ordnenden obersten Gewalt und bezeichnete sie als „verfassungsrechtliche Hilfstätigkeiten“[4]. Für ihn zählten rechtlich nur die „nach außen“ gerichteten Handlungen „im Namen des Staates als eines fertigen Ganzen“, vor allem das Gesetz und die zu seiner Ausführung ergehenden Akte. In ähnlicher Richtung wirkte die formale Rechtsstaatstheorie ein, die den Staat dem Recht unterwarf — ohne dem Problem der Formung des Rechts durch den Staat, der Wechselwirkung von Recht und Macht wirklich nachzugehen — und ebenfalls in der Hauptsache auf das Spannungspaar Gesetz - Gesetzesausführung rekurrierte. Das Gesetz aber erschien als Ausfluß des Staatswillens, zugleich aber als Verkörperung des Rechtsgedankens, wiederum ohne Reflexion über die Relation von Recht und politischer Macht. In diesem Vorstellungskreis konnten zwar die Formen der Gesetzgebung Beachtung finden, das Ringen um ihren Inhalt aber wurde in eine vorrechtliche Sphäre verwiesen. In der Gegenwart kann man eine andere Linie beobachten, die in gewisser Weise diese ältere Anschauungsweise wieder aufnimmt und dem Problem der politischen Meinungsbildung und Entscheidung ausweicht. Sie stellt an Stelle des Staates den Gedanken der Verfassung und des Verfassungsrechts in den Mittelpunkt und gelangt wiederum damit zu normativer Verengung. Auch wenn man die zuweilen auftretende Neigung ablehnt, die Gesetzgebung nur mehr als Ausführung des Verfassungsgebotes aufzufassen und die Aufgabe freier Gestaltung des sozialen Lebens in der modernen Gesetzgebung damit zu verkennen, so wird doch wiederum durch die Verfassung, so wie früher durch die willensbegabte Staatsgewalt, ein normativer Ausgangspunkt gesetzt, durch den die Frage des Konsenses, auf dem die Norm beruht, zurückgedrängt wird.

Wenn wir uns das Verständnis des Konsenses als eines Grundvorganges im demokratischen Gemeinwesen, wie auch das seiner offenen Pluralität erschließen wollen, so müssen wir, wie Konrad Hesse richtig betont hat[5], jedes substanzhafte Denken vom Staat hinter uns lassen ebenso wie die Vorstellung von der Verfassung als einer Grundnorm, deren Bestand und Ausgestaltung nicht an die Fortdauer des grundlegenden Verfassungskonsenses gebunden ist, sondern die einfach vor-

---

[4] Deutsches Verwaltungsrecht, 3. Aufl., Bd. 1, 1924, S. 7/8.

[5] Grundzüge des Verfassungsrechts der Bundesrepublik Deutschland, 8. Aufl. 1975, S. 7.

ausgesetzt wird. Wir müssen vielmehr auf eine der älteren Grundfragen der Staatslehre zurückkommen, wie denn aus der Vielheit der Menschen, aus der Verschiedenheit ihrer Auffassungen und Interessen, aus der Einwirkung der von ihnen formierten Gruppen sich eine politische Einheit bilden und behaupten kann. Die Verfassung wird dann wieder zu einem Bestandteil dieses als lebendiger sich immer wieder erneuernder Prozeß aufgefaßten politischen Geschehens, das den zentralen Vorgang innerhalb der Formation des politischen Ganzen darstellt. Die Verfassung wird damit zu einem Entwurf, der in diesen Vorgang bestimmte stabilisierende und dauerhafte Elemente in Gestalt institutioneller Formen und der Setzung von Zielen sozialer Gestaltung festlegt und für die Zukunft normativ zur Verbindlichkeit erhebt[6]. Eine Auffassung der Verfassung und des Gesetzes, die sie nicht allein in ihrer normativen Natur, sondern in ihrer Funktion im politischen Geschehen ins Auge faßt, führt notwendig zu der Frage des Konsenses, auf dem sowohl die Grundordnung des Gemeinwesens, die Verfassung beruht, wie die Verbindlichkeit des von den verfaßten politischen Gewalten gesetzten Rechts. Die Frage des Konsenses leitet aber hin zu grundlegenden Tatbeständen des staatlichen Zusammenlebens, zu den Kräften, aus denen sich die staatliche Einheit aufbaut und kontinuiert, zu den institutionellen Ordnungen, die diesen Vorgang der Darstellung und Vertretung des Ganzen, der Entscheidung und ihrer Durchsetzung tragen. Sie tritt auch hervor in der Unterscheidung der Staats- und Regierungsformen wie in dem Problem der Legitimität der bestehenden Einrichtungen, jedenfalls soweit es sich um demokratische Ordnungen handelt.

Mit dieser Vorbemerkung ist schon, um dies kurz zu erwähnen, der methodische Ansatzpunkt dieser Betrachtung bezeichnet. Sie untersucht Konsens und Pluralismus als Begriffsbildungen der politischen Theorie, die auf die reale Erfassung der politischen Vorgänge ausgerichtet ist, sie aber zugleich in prägenden Grundbegriffen und Deutungen zu erfassen sucht. Die Verwurzelung der politischen Begriffe in der geschichtlichen Entwicklung bedingt dabei notwendig auch historische Ausblicke. In erster Linie soll aber die Bedeutung dieser Begriffsprägung für die Gegenwart vorangestellt werden.

2. Die neuere Staatslehre, die über die Rechtskonstruktionen des späteren 19. Jahrhunderts hinausführt, hat zu der Problematik der Gewinnung der staatlichen Einheit mancherlei Erwägungen angestellt, die hier nur angedeutet werden können; Rudolf Smend hat in der Lehre der Integration die hier entstehende Aufgabe, die Gewinnung

---

[6] Zu einem solchen Begriff der modernen Verfassung als einer Ordnung des politischen Prozesses und der sozialen Gestaltung siehe *Badura*, Festschrift Scheuner, 1973, S. 21, 33.

der staatlichen Einheit aus der Beteiligung der einzelnen an ihr zu erklären, umrissen: er vermochte die Blicke wieder auf die Elemente dieses Prozesses staatlicher Vereinigung, die Institutionen, die geistigen Werte und Kräfte zu richten[7]. Von einer anderen, soziologisch ausgerichteten und die gesellschaftlichen Kräfte betonenden Grundlage aus hat auch Hermann Heller das Problem der staatlichen Wirkungseinheit unter dem Gedanken der Organisation angegangen[8]. Bei ihm leuchtet das Problem der Verbindung der Individuen in dem Begriff der Einung und in der Teilhabe an gemeinsamen Bedeutungszusammenhängen auf[9]. Dagegen führt die Gedankenrichtung Carl Schmitts, die in so starkem Maße noch auf die Gegenwart einwirkt, in ihrer Ausrichtung auf die Entscheidung eher von dem Phänomen des Konsenses fort, der in ihr leicht den Charakter des formalen Kompromisses und des Ausweichens vor der Dezision erhalten kann[10]. An eine Linie der Staatsauffassung anknüpfend, die von Bodin und Hobbes ihren Ursprung nimmt, neigt diese Lehre, die den Kern des politischen Lebens im existentiellen Konflikt erblickt[11], dazu, Verständigung und Einigung auf bestimmte Felder des staatlichen Lebens, z. B. föderale Formen, zu begrenzen und der souveränen Entscheidung nachzusetzen. Die gemeinsame Grundlage des demokratischen Gemeinwesens, in dieser Theorie nicht übersehen, wird in eine substantielle Homogenität gelegt[12].

Die Lehre der Zeit nach 1945 hat nur in geringerem Umfang das Problem der Willensvereinheitlichung im Staate wieder aufgegriffen[13]. Ihr Interesse gilt in erster Linie der Beschränkung der Staatsmacht, den individuellen Freiheitsrechten und dem Rechtsschutz. Die Struktur der staatlichen Entscheidungsbildung verfolgt sie am ehesten im Zusammenhang der Erörterung von Parteien und Interessenverbänden, auch in den neu erschlossenen Dimensionen der Regierung (Staatsleitung)

---

[7] Verfassung und Verfassungsrecht, 1928, jetzt in: Ges. Abhandlungen, 2. Aufl. 1968, S. 119 ff.; Art. Integration, in: Ev. Staatslexikon, 2. Aufl. 1975, Sp. 1024 ff. Zu den Grundlagen seiner Lehre, freilich zu sehr vom Boden heutiger politikwissenschaftlicher Konzeptionen, *W. Mols*, Allgemeine Staatslehre oder politische Theorie?, 1969; *ders.*, AöR 94 (1969), S. 513 ff.; *W. Schluchter*, Entscheidung für den sozialen Rechtsstaat, 1969, S. 52 ff., sowie *Manfred Friedrich*, PolVj 13 (1972), S. 582 ff.

[8] *H. Heller*, Staatslehre, 1934, S. 37 ff., 228 ff., und dazu *Schluchter* (Anm. 7), S. 250 ff.

[9] *Heller* (Anm. 8), S. 83.

[10] *Carl Schmitt*, Verfassungslehre, Neudr. 1954, S. 23, 75 (Verfassung als Entscheidung).

[11] Der Begriff des Politischen, 1932, S. 13 ff.

[12] Verfassungslehre, S. 65, 228 f.

[13] Vgl. *R. Herzog*, Allgemeine Staatslehre, 1971, S. 338 ff., bei dem aber das dezisionistische Element stark hervortritt. Ferner mit einem mehr normativen Akzent *F. Ermacora*, Allgemeine Staatslehre, Bd. 1, 1970, S. 272 ff., 409 ff.

und der Planung. Im Ganzen aber hat insbesondere der Begriff des Konsenses keine größere Bedeutung erlangt. In weiterem Umfang hat sich dagegen die deutsche Theorie in neuerer Zeit dem Gedanken des Pluralismus zugewandt. Seine Einführung in die deutsche Diskussion ist vor allem Ernst Fraenkel zu verdanken[14], der amerikanischen Auffassungen folgte. Seitdem hat die Theorie des Pluralismus in der politischen Wissenschaft einen festen Platz gewonnen, obwohl ihre Ausgestaltung hier Gegenstand beträchtlicher Auseinandersetzung ist, in die neuerdings Fritz Scharpf eingeführt hat[15]. Für die Staatstheorie hat Hans Zacher in einer gedankenreichen Studie die Bedeutung der pluralen Gestaltung für die moderne Demokratie dargelegt[16]. Der enge Zusammenhang der beiden Begriffe Pluralismus und Konsens, beide im wesentlichen auf die Theorie der Demokratie bezogen, wird noch darzulegen sein. Schon jetzt darf bemerkt sein, daß von den beiden Begriffen der Gedanke des Konsenses nicht nur eine ältere Überlieferung, sondern auch ein größeres Gewicht besitzt.

3. Die Vorstellung eines pluralistischen Aufbaus des Staates gehört erst einer relativ jüngeren Entwicklung an. In der heutigen Form ist sie erst im letzten Menschenalter von der Sozialwissenschaft geprägt worden. Dagegen reicht die Hervorhebung des Konsenses, der Zustimmung der Beherrschten, als eine Grundlage der staatlichen Einheit und der politischen Herrschaftsübung weit zurück. Sie ist vor allem in der angelsächsischen Theorie zu Hause, in der John Locke dem Konsens eine grundlegende Stelle zuwies. Die englische Anschauung knüpft damit nur an eine weit ältere europäische Überlieferung an, die auf dem Kontinent durch die absolute Monarchie zurückgedrängt wurde. Ihre Wurzeln reichen — wenn ich von der Antike hier absehe — bis in die mittelalterliche Welt zurück. Schon im späteren Mittelalter vertraten bedeutende Autoren die Meinung, daß weltliche Macht sich auf die Zustimmung des Volkes gründen müsse. Das Element des Konsenses wird als Grundlage der Einsetzung von Herrschaft schon von Wilhelm von Ockham hervorgehoben[17]. Im Rahmen der konziliaren Theorie des 15.

[14] Der Pluralismus als Strukturelement der freiheitlich-rechtsstaatlichen Demokratie, jetzt in: *E. Fraenkel,* Deutschland und die westlichen Demokratien, 6. Aufl. 1974, S. 197 ff.

[15] *Fritz Scharpf,* Demokratietheorie zwischen Utopie und Anpassung, 1970, S. 29 ff.

[16] Pluralität der Gesellschaft als rechtspolitisches Problem, Der Staat 9 (1970), S. 161 ff.

[17] Für Ockham ist die Zustimmung des Volkes eine der legitimen Quellen der Autorität. Ist freilich Herrschaft übertragen, so steht sie unmittelbar zu Gott und kann nur unter besonderen Umständen entzogen werden. Vgl. *Georges de Lagarde,* La naissance de l'esprit laïque au déclin du moyen âge, Bd. IV: Guillaume d'Ockham. Défense de l'Empire, 1962, S. 227, 232; *A. St. McGrade,* The Political Thought of William of Ockham, Cambridge 1974, S. 105 ff.

Jahrhunderts wurde insbesondere von Nikolaus von Cusa die Gewalt des Gemeinwesens auf den Konsens des Volkes zurückgeführt[18], und andere zeitgenössische Stimmen äußerten ähnliche Gedanken[19]. Die hiermit begründete Gedankenrichtung, die die Gesamtheit über den Fürsten stellte und Herrschaft auf Zustimmung gründete, wirkte in der Folge fort. Sie bildete den Ausgangspunkt für die Lehre von der gemäßigten Monarchie und wurde von der ständischen Literatur des 16. Jahrhunderts aufgenommen, so wie sie auch in der Wirklichkeit spätmittelalterlicher Herrschaftsverträge, die die Macht der Fürsten beschränkten, ihren Ausdruck fand[20]. Im 16. Jahrhundert gewann dann noch stärker die Vorstellung eines pactum, eines Vertrages zwischen Herrscher und Volk — dieses repräsentiert durch die ständischen Mächte — Raum in derjenigen Richtung der politischen Theorie, die auf eine Beschränkung der herrscherlichen Stellung ausgerichtet war. Mit dem Vertrage verband sich in diesem so sehr von religiösen Kräften bewegten Zeitalter die Idee des religiösen Bundes (foedus), in den Herrscher und Volk mit Gott eintraten und der die Grundlage für den Bund bildete, den Fürst und Volk miteinander eingingen[21]. In dieser Anschauung gewann schon die Lehre vom Staatsvertrag Gestalt, die in der Naturrechtsepoche das Fundament der Staatstheorie bilden sollte. Vertrag und Konsens traten damit in der Begründung und Legitimierung der Herrschaft in den Vordergrund.

Freilich stand mit dieser Auffassung, die vertragliche Momente im politischen Gemeinwesen und die Grenzen fürstlicher Gewalt betonte,

---

[18] Concordantia Catholica Lib. II. cap. 14: „Nam si natura aeque potentes et aeque libri homines sunt: vera et ordinata potestas unius communis atque potentis naturaliter non nisi electione et consensu aliorum constitui potest, sicut etiam lex a consensu constituitur." Siehe hierzu *J. E. Gough*, The Social Contract, 2. Aufl., Oxford 1957, S. 40 f.; *Paul E. Sigmund*, Nicholas of Cusa and Medieval Political Thought, Cambridge (Mass.) 1963, S. 137 f.; *P. Pernthaler*, Cusanus-Gedächtnisschrift. Hrsg. v. O. Grass, Innsbruck 1970, S. 66.

[19] Daß der Handlung einer Gemeinde eine Beratung oder ein stillschweigender Konsens vorhergehen müsse, lehrte auch Johannes de Segovia. Vgl. *A. J. Black*, Monarchy and Community. Political Ideas in the Later Conciliar Controversy, Cambridge 1970, S. 37, 161. Siehe auch *Gough* (Anm. 18), S. 36 ff. Dahinter steht die ältere Maxime „Quod omnes tangit, ab omnibus probari debet". Zu ihr siehe *Gaines Post*, Studies in Medieval Legal Thought, Princeton 1964, S. 163 ff.; *A. Marongiu*, Q. o. t. Principe fondamental de la Démocratie et du Consentement, in: Album Helen Maud Cam (Studies presented to the International Commission for the History of Representative and Parliamentary Institutions, XXIII/XXIV). Bd. 2, 1961, S. 101 ff.

[20] Zu den Herrschaftsverträgen des Mittelalters siehe *W. Näf*, Schweizer Beitr. zur allg. Geschichte 7 (1949), S. 41 ff.

[21] Siehe hierzu *G. Oestreich*, Geist und Gestalt des frühmodernen Staates, 1969, S. 167 ff.; ferner Gough (Anm. 18), S. 53 ff. Ein Beispiel dieser Idee gibt das berühmte, von Duplessis-Mornay oder Languet verfaßte Werk der „Vindiciae contra Tyrannos" (1579, hier: Frankfurt 1608), S. 6, 9, 28, 67.

die aufsteigende absolutistische Lehre in Widerspruch, die in Bodin einen prägnanten Ausdruck fand. In dieser Anschauung wird das Gewicht auf die Erwerbung der souveränen Macht und ihre Ausübung gelegt[22]. Nicht der Konsens, sondern der Gehorsam bildet dazu das entsprechende Gegenstück. Indem die Staatstheorie des 17. Jahrhunderts zum Aufbau des Staates aus den einzelnen heraus überging, statt ihn von oben her, aus göttlicher Einsetzung abzuleiten, trat der Sozialvertrag an den Beginn der staatlichen Ordnung[23]. Nach der Meinung des Hobbes entäußerte freilich das Volk sich mit der Unterwerfung unter einen Herrscher aller Macht, aber bei anderen wurde das Element der Zustimmung und des Vertrages gerade der Erhaltung bestimmter Rechte des Individuums dienstbar gemacht. Das galt vor allem für John Locke, bei dem daher, wie noch darzulegen sein wird, der Konsens zu einer für die Begründung und den Bestand der Regierung grundlegenden Voraussetzung wurde[24]. Daneben wurde die Bedeutung des Konsenses im angelsächsischen Raum von dem Fortleben der Bundestheologie mit der Vorstellung der Staatsgründung durch Covenant getragen[25] und schlug feste Wurzeln im Denken der amerikanischen Kolonien[26]. Mit der Staatsvertragslehre des Naturrechts wurde das Grundthema der Versöhnung menschlicher Freiheit und politischer Ordnung offengelegt, das mit dem 18. Jahrhundert dann in der Idee des Gesellschaftsvertrages von Rousseau zu einer Theorie der demokratischen Gemeinschaft fortentwickelt wurde. Im Unterschied zu englischer Lehre, die am individuellen Konsens — ausgedrückt durch die Repräsentation des Volkes — und an dem entsprechenden Begriff des anvertrauten Amtes (trust) die Konzeption eines gemäßigten Staatswesens darlegte, schob

[22] Die Entstehung der Herrschaft wird daher auch bei Bodin nicht auf Übertragung, sondern auf Gewalt und Geschichte, nicht aber auf Vertrag zurückgeführt. Vgl. *H. Quaritsch*, Staat und Souveränität, Bd. 1, 1970, S. 274 f.

[23] Nicht notwendig trug diese Ableitung der Staatsgewalt die Züge populistischer oder gar demokratischer Art. Der Vertrag konnte ebensowohl der Begründung absoluter Herrschaft dienen. In der englischen Revolution des 17. Jahrhunderts erwuchs aus diesen Vorstellungen der Gedanke eines „Agreement of the People", einer Verfassung, wiederum eng mit dem des religiösen Bundes verknüpft. Vgl. *Gough* (Anm. 18), S. 93 ff.; *M. Gralher*, Demokratie und Repräsentation in der Englischen Revolution (Heidelberger Politische Schriften, Bd. 6), 1973, S. 103 ff.

[24] Two Treatises on Government (ed. Laslett 1960), Lib. II, §§ 104 - 106, und dazu *J. W. Gough*, John Locke's Political Philosophy, 2. Aufl., Oxford 1973, S. 52 ff.; *John Dunn*, The Political Thought of John Locke, Cambridge 1969, S. 129 ff., 145.

[25] Ein bekanntes Beispiel einer auch praktisch von diesen Ideen getragenen Setzung einer Charter sind die Fundamental Orders of Connecticut vom 14. 1. 1639, ganz beherrscht von der Vorstellung des unter göttlicher Führung gestifteten Bundes. Text bei *R. L. Perry* und *John C. Cooper*, Sources of our liberties, 1959, S. 115 ff.

[26] Hierzu *Oestreich* (Anm. 21), S. 177 f.; *G. L. Haskins*, in: Liber Memorialis Georges de Lagarde, 1970, S. 201 f.

Rousseau die Frage des fortdauernden Konsenses des Volkes wieder durch die Vorstellung des Gemeinwillens und seiner unbedingten Richtigkeit zur Seite. Der Konsens wird bei ihm zur Annahme der Uniformität der Gesinnung in der politischen Gesellschaft. Die Möglichkeit verschiedener politischer Richtungen und ihres Ausgleichs als Aufgabe der Gewinnung eines Konsenses bleibt bei ihm, der nur einen wahren Gemeinwillen kennt, versagt, und daher rührt die zweideutige Rolle, die die Lehre Rousseaus seither bis in die Gegenwart für die Anerkennung der Bedeutung des freien Konsenses in der demokratischen Gemeinschaft spielt. Sie hat die Anerkennung der Einigung der Bürger als Grundlage des Gemeinwesens entscheidend gefördert, sie hat aber mit der Forderung eines einheitlichen Gemeinwillens auch solchen politischen Gewalten, die ohne realen Konsens des Volkes dessen wahren Willen zu verkörpern behaupten, den Weg zu minoritärer und sogar totalitärer Herrschaft offengelassen[27].

4. Das 19. Jahrhundert stellt in der Entwicklung der Aufmerksamkeit für das Problem des Konsenses im Staatsleben einen Zeitraum dar, in dem sich in der Entwicklung der Verfassungen der Gedanke des „government by consent"[28], der Ableitung der Macht vom Volke her und der aktiven Beteiligung des Volkes durch repräsentative Institutionen[29] in steigendem Maße verwirklichte. In der theoretischen Auseinandersetzung stand aber, nachdem die Lehre vom Staatsvertrag mit dem Ende der Aufklärung zurückgetreten war, im Vordergrund die Frage nach der Verteilung der politischen Macht, dem Maß der han-

[27] Indem der Gemeinwille die absolute Richtigkeit verkörpert (Contrat Social II, 3), ohne daß dem Vorgang der Einigung nähere Beachtung zugewandt wird, und indem Einstimmigkeit verlangt wird, enthält Rousseaus Lehre in der Tat Ansätze, die eine den wahren Gemeinwillen für sich beanspruchende Minderheit stützen können. Das hat *J. L. Talmon*, The Origins of Totalitarian Democracy, 1952, S. 43 ff., verdeutlicht. Demgegenüber verteidigt *Imboden*, Rousseau und die Demokratie, 1963, S. 11 ff., die volonté générale als Idee einer autonomen Bestimmung des Volkes und erblickt in ihr eine eher normative Kategorie. Die Frage kann hier nicht vertieft werden. Es bleibt aber zu bedenken, daß Rousseau der Gewinnung seiner allgemeinen Übereinstimmung nicht nachgeht und eine Vielfalt von Richtungen im Volk bekämpft. Darin liegen bei ihm Züge, die dem Gemeinwillen eine absolute Macht übertragen. In diesem Sinne auch *M. Kriele*, Einführung in die Staatslehre, 1975, S. 226; *F. Scharpf*, Demokratietheorie zwischen Utopie und Anpassung, 1970, S. 26 f.

[28] Zum Begriff des „Government by Consent" siehe *J. W. Gough*, Locke's Philosophy (Anm. 24), S. 52 f.; *A. H. Birch*, Representation, London 1971, S. 33.

[29] Siehe hierzu *J. St. Mill*, Representative Government (Every man's Library, Ed. 1957), S. 207: „There is no difficulty in showing that the ideally best form of government is that which the sovereignty, or supreme controlling power in the last resort, is vested in the entire aggregate of the community; every citizen not only having a voice in the exercise of that ultimate sovereignty, but being, at least occasionally, called on to take an actual part in the government, by the personal discharge of some public function, local or general."

delnden Teilnahme der Bürger am Staat durch Wahlen und Ämter, das Verhältnis von Regierung und Parlament und der Aufstieg der Parteien sowie deren Rolle. In Deutschland behielt im konstitutionellen System die von der Einsetzung durch das Volk unabhängige Exekutive bis 1918 einen entscheidenden Anteil an der Staatsleitung, und blieb das Parlament auf Beteiligung an bestimmten Entscheidungen (Gesetzgebung, Haushalt) beschränkt, so daß hier der Gedanke des Konsenses eher auf das Zusammenwirken innerhalb dieses dualistischen Systems angewandt werden konnte, die Vorstellung einer allgemeinen demokratischen Legitimierung der Regierung aber ausschied. Zudem wurde die Frage der Bildung der politischen Entscheidungen, wie wir gesehen haben, durch die vereinfachenden Vorstellungen von der Einheit der Staatsgewalt und des Staatswillens beiseite gerückt. Mit dem Siege der demokratischen Prinzipien, die auch in den westlichen Ländern, in England und Frankreich, im Sinne der Beteiligung aller Bürger an den Wahlen, sich erst in diesem Jahrhundert vollendete, wurde die Fundierung aller Machtausübung im Volk und in seinem Auftrage der anerkannte Ausgangspunkt der staatlichen Legitimität. In der Ausgestaltung dieses Prinzips aber folgte die Verfassungsentwicklung bestimmten im 19. Jahrhundert entwickelten Modellen des parlamentarischen Regierungssystems oder der präsidentiellen Herrschaft und nahm, im Zeichen eines unreflektierten Mehrheitsprinzips und einer als Ausdruck von Recht und Vernunft angesehenen Gesetzesherrschaft[30] nur langsam die Probleme auf, die sich aus der Herrschaft der Parteien[31], der Bildung außerstaatlicher Mächte sowie aus der wachsenden Dissonanz der Meinungen über Staatsziele und über den Umfang staatlicher Eingriffe ergaben.

---

[30] Für einen großen Teil der gegenwärtigen Staatsrechtslehre scheinen Probleme gelöst, sobald eine Frage der Entscheidung des Gesetzes überantwortet wird. Daß das Gesetz noch im 19. Jahrhundert in seiner Allgemeinheit als Ausdruck der Gerechtigkeit und Vernunft und als Schranke der Macht angesehen wurde, trägt hierzu bei. Erfüllt es aber in der Gegenwart noch diese Funktion der ausgleichenden Gerechtigkeit und wird es nicht zuweilen die Form, in der im Ringen der Standpunkte eine Mehrheit die Veränderung gesellschaftlicher Situationen verwirklicht? Siehe hierzu *L. Wildhaber*, ZSchweizR, N. F. 94 (1975), S. 118 ff.

[31] Nicht überzeugend ist der Versuch von *G. Leibholz*, Strukturprobleme der modernen Demokratie, 3. Aufl. 1967, S. 93 ff., 120 ff., den Parteienstaat als eine Form der identitären unmittelbaren Demokratie zu deuten, weil die Parteien ein unmittelbarer Ausdruck des Volkswillens seien. Diese Auffassung verkennt, daß auch innerhalb der Parteien das repräsentative Prinzip wirksam wird und daß die Verschiedenheit ihrer Richtung die identitäre Einheit nicht ohne Formen des Ausgleichs, wie sie eben das repräsentative Prinzip enthält, zuwege bringen kann. Vgl. kritisch *W. Hennis*, Die mißverstandene Demokratie, 1973, S. 120, Anm. 86; *Kriele*, VVDStRL 29 (1971), S. 69.

Wenn in der Gegenwart das Problem des Konsenses und seiner Bedeutung für den demokratischen Entscheidungsprozeß und für die pluralistische Offenheit des Gemeinwesens eine besondere Aufmerksamkeit findet, so hängt das mit den Sorgen zusammen, die die Entwicklung des demokratischen Systems heute begleiten. Die Hoffnung, daß sich demokratische Verfassungen über die Erde ausbreiten würden, hat sich ebensowenig wie nach 1918 nach dem zweiten Weltkrieg dauerhaft erfüllt. Im Gegenteil, der Bereich der Welt, in dem demokratische Grundsätze Geltung besitzen, zeigt eher eine schrumpfende Tendenz, und die Gegensätze der politisch-sozialen Systeme stehen sich derzeit ungeachtet aller äußeren Entspannung eher schärfer gegenüber als vor einem Vierteljahrhundert. Der revolutionäre Kampf gegen die freiheitlichen Staatsformen verwendet zwar die Vokabeln der Emanzipation und der Aufklärung, aber steht im Dienste politischer Ideen, die absolute Geltung beanspruchen und daher des Konsenses der Beherrschten entraten zu können glauben. In den demokratischen Staaten aber zeigen sich Anzeichen einer scharfen Auseinandersetzung um die Ziele der Gemeinschaft, die Rechte einzelner Bevölkerungsgruppen, die Abwägung zwischen Freiheit und Gleichheit. In den kommenden Jahren werden diese Gegensätze nicht mehr durch ein wirtschaftliches Wachstum mit immer neuen Verteilungsquoten überdeckt werden können, und die Auseinandersetzungen um die Grundlagen des demokratischen Staates werden schärfer hervortreten. Unter diesen Umständen gewinnt die Notwendigkeit, unter den Gruppen und Parteien des Volkes ein bestimmtes Maß an grundlegender Einigung, einen Grundkonsens, zu erhalten, an Gewicht. Und ebenso werden in der Tagespolitik die Grundlagen der Mehrheitsbildung sowie der Konsens, auf den sich die gemeinsame Rechtsordnung stützen muß, deutlicher beleuchtet werden.

Auch die plurale Struktur und Offenheit der Gesellschaft, in der wir leben, unterliegt in der Gegenwart manchen Einflüssen, die sie beschränken könnten. Auch im Bereich der westlichen Welt, die sich zu diesen Prinzipien bekennt, werden Strömungen sichtbar, die in ihrer Bindung an absolut gesetzte Vorstellungen und Ziele Elemente einer Abwendung von dieser Vielfalt und einer Unduldsamkeit enthalten. Im Rahmen der staatlichen Einrichtungen treten bisweilen bei herrschenden politischen Richtungen Neigungen auf, allen Staatsbürgern dienende Veranstaltungen der Erziehung oder der Information nicht im Sinne einer Anerkennung verschiedener Kräfte und Anschauungen im Volke offenzuhalten, sondern in bestimmten Richtungen zu orientieren und damit im Sinne einer Begrenzung der freien Auseinandersetzung zu gestalten. So mag es daher angezeigt erscheinen, den beiden hier betrachteten Begriffen und ihrer Tragweite für die Gegenwart näher nachzugehen.

II. Pluralismus

5. Die begriffliche Deutung des Pluralismus geht zunächst von der Erscheinung der Gliederung der modernen Gesellschaft in Gruppen und Verbände aus und erblickt in ihm ein System der Zulassung solcher Gruppen und ihres Einflusses auf den Staat. In dieser Auffassung ist Pluralismus daher ein Ausdruck der Ausbreitung der Verbände und ihrer Betätigung im öffentlichen Leben. Der pluralistische Staat wird gekennzeichnet durch die Existenz verschiedenartiger und differenzierter Gruppen, die unterschiedliche Interessen, Anschauungen und Lebensbereiche verkörpern und die sich nicht nur in einer dem Staat abgewandten Form entfalten, sondern auf die Gesamtheit einwirken und einzuwirken bestimmt sind[32]. Das Modell einer pluralistischen Gesellschaft wird demnach von der Vielfalt und der Richtungsdifferenz der verschiedenen sozialen Gruppen und Verbände bestimmt. Es wird dabei davon ausgegangen, daß sich diese unterschiedlichen Gruppierungen untereinander in einem gewissen Gleichgewicht halten, so daß sich eine Selbstregulierung der Gesellschaft ergibt[33]. Eine solche Konzeption erinnert an die Vorstellungen der Konkurrenz und der Harmonie im liberalen Denken, bei dem aus den Individuen und ihrer Auseinandersetzung ein allgemeiner Ausgleich das Ergebnis bildet. Mir scheint allerdings mit dieser Definition, die den Bestand verschiedener Gruppen herausstellt und die für die Betätigung dieser Vereinigungen grundlegende Duldung ihres Bestandes und ihrer Tätigkeit mehr zurückrückt, noch keine befriedigende Begriffsbestimmung gewonnen zu sein. Das entscheidende Moment ist doch nicht das Vorhandensein der Gruppen, sondern die Bereitschaft des Staates, durch Gestattung und Öffnung ihnen gegenüber ihnen einen Raum der öffentlichen Tätigkeit einzuräumen und damit auch sich selbst der Vielfalt der Meinungen und Richtungen zu erschließen. In dieser Offenheit des Gemeinwesens gegenüber verschiedenen politisch-sozialen Meinungen, Strömungen und auch organisierten Kräften liegt der Kern einer pluralistisch strukturierten politischen Gemeinschaft[34].

---

[32] In dieser Definition des Pluralismus und der pluralistischen Gesellschaft von der Rolle der Verbände her stimmen im Grundsatz überein: *K. Loewenstein*, Verfassungslehre, 2. Aufl. 1969, S. 367 ff.; *H. Zacher*, Der Staat 9 (1970), S. 161, 166; *ders.*, Freiheitliche Demokratie, 1969, S. 125 f.; *R. Herzog*, Allg. Staatslehre (Anm. 13), S. 67 ff.; *ders.*, Ev. Staatslexikon, 2. Aufl. 1975, Sp. 1848 ff.; *R. Zippelius*, Allg. Staatslehre, 4. Aufl. 1973, S. 117 ff.; *W. Fiedler*, Sozialer Wandel, Verfassungswandel, Rechtsprechung, 1972, S. 56; *F. Scharpf*, Demokratietheorie zwischen Utopie und Anpassung, 1970, S. 29 f.

[33] *R. Herzog*, Staatslehre (Anm. 13), S. 71 f.

[34] Älter als die Zulassung pluraler Richtungen im politischen und sozialen Leben ist die Abwendung von der Forderung religiöser Einheit. Die religiöse Toleranz beginnt in Europa schon mit dem Ende des 18. Jahrhunderts und führt in der Folge zu weltanschaulicher Offenheit und Neutralität des Staa-

Zur pluralistischen Einstellung gehört mithin die Ablehnung einer Festlegung des Staates auf bestimmte politische oder weltanschauliche Doktrinen oder Wertsetzungen, die für die Gestaltung der Rechtsordnung oder sogar für Haltung und Gesinnung der Bürger verbindlich gemacht werden und die dem Staat den Charakter einer Ausrichtung in bestimmter Richtung verleihen.

Aus dieser Deutung der pluralistischen Haltung ergibt sich ihr innerer Zusammenhang mit der Anerkennung der Meinungs- und Vereinigungsfreiheit, vor allem aber auch eine Anerkennung verschiedener politischer Richtungen und weltanschaulicher Strömungen. Der Pluralismus ist also nicht so sehr das Aufwachsen vielfacher sozialer Gruppen in der Öffentlichkeit, als vielmehr eine grundlegende Offenheit des Staates, die solchen divergierenden Kräften Bestand und Bewegungsfreiheit einräumt. Von dieser Seite aus steht der Pluralismus in engem Zusammenhang mit grundrechtlichen Sicherungen kollektiver Betätigung. Es handelt sich dabei aber nicht allein um die Ausgrenzung bürgerlicher Freiheit im liberalen Sinne. Vielmehr liegt die Bedeutung dieser freien Entfaltung der Gruppen in ihrer konstitutiven Wirkung für den Staat selbst, dessen politischer Aufbau damit in der Wirksamkeit von Parteien, dem Verhältnis von Regierung und Opposition, der Einwirkung von Verbänden auf das öffentliche Leben pluralistische Züge annimmt.

6. Der Pluralismus bildet einen Grundzug der modernen Demokratie und ist am ehesten in einer demokratischen Gesellschaft zu Hause, in der nicht die der älteren Monarchie eigene Vorstellung einer inneren Einheit des Ganzen oder das Mißtrauen der Aristokratie gegen Gruppenbildung vorhanden ist. Pluralismus ist indes auch mit anderen gemäßigten Staatsformen vereinbar[35]. Nur dort ist er ausgeschlossen, wo der Glaube an die absolute Verbindlichkeit einer bestimmten Ideologie oder politischen Doktrin herrscht und demzufolge abweichende Meinungen keine Duldung finden.

Die pluralistische Demokratie bildet mithin ein Staatswesen, das verschiedenen Anschauungen, Richtungen und Gruppen freie Entfaltung sichert und in einer Sphäre der Öffentlichkeit die Auseinandersetzung verschiedener gruppenmäßig organisierter Kräfte zuläßt. Diese plura-

---

tes. Neutralität bezeichnet hier die Distanz des modernen Staates zum religiösen Bereich. Vgl. *K. Schlaich,* Neutralität als verfassungsrechtliches Prinzip, 1972, S. 131 ff.

[35] In der konstitutionellen Monarchie des 19. Jahrhunderts lag eine monarchische Tradition vor, die in der Krone Einheit und Geschlossenheit des Ganzen verkörperte, die aber andererseits im Zuge liberaler Einflüsse Parteien und Verbände — diese mit einigen Beschränkungen — zuließ, so daß sich ein Feld pluraler Auseinandersetzung ergab. Dennoch überwog in der Theorie der Gedanke der Einheit, aus dem heraus den Parteien gegenüber Vorbehalte sich ergaben.

listischen Differenzen erstrecken sich auch auf den Begriff des Gemeinwohls, der wohl als ideelle Forderung einheitlich bleibt, dessen konkrete Ausgestaltung aber innerhalb verschiedener Richtungen eine verschiedene Ausprägung hervorruft und zu abweichenden Zielsetzungen führt[35a]. Das Gemeinwohl bleibt dennoch, soweit es eine normative Kategorie des Rechts bildet, eine objektive Festlegung, die an Hand der Festsetzungen der Verfassungsordnung objektiv bestimmbar bleibt. Für den Gesetzgeber selbst ist das Gemeinwohl innerhalb der Anschauungsvarianten der verschiedenen politischen Richtungen variabel bestimmbar, bleibt aber an den in der Verfassung bestimmten normativen Rahmen gebunden, der den allgemeinen Grundkonsens der Gesamtheit wiedergibt. Bindung an das Gemeinwohl bedeutet aber auch für den Bereich der Staatsleitung, daß sie sich als Repräsentant des Ganzen in dessen Bestimmung nicht allein von Gruppeninteressen und partikularen Kräften leiten lassen darf, sondern für sie das allgemeine Interesse aller Bürger eine verbindliche Richtschnur bildet.

7. Wenn hier der Zusammenhang einer pluralistischen Einstellung des Gemeinwesens mit der Demokratie hervorgehoben wird, so wird die Demokratie als eine Staatsform verstanden, in der die Legitimation aller Macht- und Amtsausübung vom Volke abgeleitet wird und die Wahrnehmung übergeordneter Funktionen nur auf Grund eines Auftrags des Volkes und in sachlicher und zeitlicher Begrenzung vorgenommen wird. Demokratie ist mithin eine Form der institutionell organisierten Herrschaft, in der wie in jeder anderen Form des Staates Elemente der Macht und der Leitung vorhanden sind, in der sich aber Machtübung stets vom Volk her legitimieren muß und in der alle Bürger auf dem Boden der Gleichheit einen Anteil an den Entscheidungen besitzen. Damit werden Vorstellungen abgelehnt, die Demokratie als eine herrschaftslose Lebensform, als Selbstregierung des Volkes sehen wollen, in der es keine Leitung und keinen Zwang, keine Überordnung mehr gebe, das Zusammenleben daher ohne institutionelle Formen auskommen könne. Diese radikale Konzeption eines sozialen Aufbaus, die deutlich die Züge einer sozialen Utopie trägt, beruht auf einem Menschenbild, das den einzelnen isoliert und außerhalb einer gesellschaftlichen Verantwortung stellt. Sie verkennt, daß menschliches Zusammenleben nicht ohne Konflikte und Spannungen verläuft, daß in ihm Frieden und Ordnung, ebenso wie Recht und Freiheit nur durch die Errichtung geregelter Formen der Gemeinschaft gesichert werden können, die das Moment der Macht und der Überordnung in sich enthalten. Die

[35a] Zur differenzierten Auffassung des Gemeinwohls im Lichte verschiedener politischer Anschauungen (pluralistischer Gemeinwohltatbestand) siehe *P. Häberle*, Öffentliches Interesse als juristisches Problem, 1970, S. 60 f., 208 ff. Ferner auch *H. Ryffel*, Rechts- und Staatsphilosophie, 1969, S. 290 f.

Postulierung einer Identität von Regierenden und Regierten, die nur die unmittelbare Demokratie als solche gelten lassen will, baut auf einem optimistischen Menschenbilde auf, das die wirkliche Natur des Menschen, die ihn als soziales Wesen ausweist (Aristoteles), außer acht läßt. In der politischen Realität führt diese identitäre These, wie dies bereits bei Rousseau angelegt ist, zur Behauptung einhelliger politischer Meinungen, die dann aber auch in der Vorgabe identitärer Verwirklichung der Volksherrschaft von minoritären Gruppen und Parteien festgesetzt und erzwungen werden können. Die identitäre Auffassung erweist sich mithin bei näherer Prüfung gerade als Ausgangspunkt für politische Gestaltungen, in denen die Legitimation der Herrschaft nicht im Auftrag der Bürger liegt, sondern in der Behauptung einer Übereinstimmung mit dem wahren Willen der Gesamtheit oder dem künftigen ideologischen Ziel der Herrschaftslosigkeit, in der also die Grenzen der Machtanwendung verfließen. Es ist daher bezeichnend, daß im Bereich solcher identitärer Vorstellungen antipluralistische Anschauungen auftreten, die sich gegen die freie Vielfalt der Meinungen und Kräfte wenden, in der sie nur einen Vorgang der Erhaltung bestehender Strukturen erblicken, dem gegenüber für sie der gesellschaftliche oder klassenmäßige Antagonismus zum Ausgangspunkt wird, von dem aus der Übergang in herrschaftslose Formen bewirkt werden soll[36].

8. Der pluralistische Grundzug der modernen demokratischen Gesellschaft bildet daher den Ansatz moderner Theorien der Demokratie, die das Maß der Selbstverwirklichung des einzelnen durch die plurale Vielfalt der Gruppen gesichert sehen, in denen die verschiedenen Interessen zur Auswirkung gelangen. Diese namentlich in den Vereinigten Staaten entwickelte Pluralismustheorie, die einen Ausgleich der dergestalt vertretenen Kräfte erwartet, ergänzt die durch Wahlen gegebene Teilnahme des Bürgers durch seine Einwirkung über die Gruppenbildung[37].

Anklänge an die liberale Erwartung der Harmonie aus Konkurrenz sind hierbei nicht zu verkennen, und jedenfalls wird eine staatsrechtliche Bestimmung der Demokratie mit Hilfe der politischen Lehre mit diesem einen Merkmal nicht auskommen, sondern auf die Legitimitätsfundierung im Volk und auf die Gründung der Macht im Auftrag (trust) verweisen müssen. Gegen das pluralistische Element wendet sich nicht nur empirischer Zweifel, ob in der Kräftevielfalt ein wirk-

---

[36] Zur Kritik der identitären Demokratievorstellungen siehe *Zacher*, Demokratie (Anm. 32), S. 14 ff.; *W. Hättich*, Demokratie als Herrschaftsordnung, 1967, S. 27 ff. Zu den antipluralistischen Tendenzen der identitären Lehre der Neuen Linken siehe auch *G. A. Ritter*, in: Der Überdruß an der Demokratie, 1969, S. 61 ff.

[37] Hierzu *Scharpf* (Anm. 32), S. 29 ff.; *Ulrich von Allemann*, Parteiensysteme im Parlamentarismus, 1973, S. 130 ff.

licher Interessenausgleich erfolgt, sondern vor allem die radikale Richtung, die in den pluralen Gruppen eine Verdeckung des fundamentalen gesellschaftlichen Konfliktes erblickt. Sie möchte stattdessen, in Anlehnung an identitäre Vorstellungen, die universelle Partizipation setzen, die sie im Rätegedanken realisiert sieht[38]. Daß der Rätegedanke, mit seiner Ablehnung repräsentativer Formen, nicht die Vertretung aller anstrebt, sondern Ausdruck der revolutionären Strategie ist[39], läßt ihn als eine politische Konzeption erscheinen, die auf die Herstellung der Einheit in einer vorbestimmten politischen Richtung abgestellt ist und in der daher die Offenheit des politischen Lebens aufgehoben wird. Die hier an der Bedeutung pluralistischer Vielfalt geübte Kritik entspringt daher einem Gedankenkreise, der die Struktur demokratischer Herrschaftsübung in Auftrag und Verantwortung nicht anerkennt, weil er der Idee der Herrschaftslosigkeit nachgeht, der aber im Ergebnis zu neuen, von Einsetzung und Willen der Gesamtheit gelösten Formen der Herrschaft gelangt, die außerhalb realer demokratischer Kontrolle stehen[40].

Mit dieser Kritik am Pluralismus zeigt eine andere kritische Einstellung Berührungen, die im Pluralismus eine Beeinträchtigung der politischen Einheit des Staates erblicken möchte. Sie leitet sich aus jener älteren Strömung der politischen Lehre her, die den Staat zuerst als souveräne Macht, als höchste und geschlossene politische Einheit versteht. Als in den zwanziger Jahren der Engländer Laski eine Theorie des Pluralismus entwickelte, die eine Auflösung des Staates in eine Vielfalt gesellschaftlicher Bildungen annahm, erblickte Carl Schmitt in einer solchen Konzeption einen Gegensatz zu seiner auf Macht und Entscheidung gegründeten Sicht politischer Einheit. Er setzte daher dem Pluralismus außerstaatlicher Machtkomplexe, der Polykratie in Wirtschaft und Gesellschaft ein negatives Vorzeichen[41]. Die Charakterisierung des Parlaments als Stätte des pluralistischen Systems zeigte Anklänge an spätere Parlamentarismuskritik. Auch in der Gegenwart finden sich Äußerungen, die in der pluralen Entfaltung mächtiger Verbände Gefahren für die übergeordnete Einheit des Staates sehen[42]. Daß bei mangelnder Ausgeglichenheit unter den sozialen Kräften die

---

[38] Vgl. eine Darlegung dieser Parlamentarismuskritik bei *U. Bermbach* (Hrsg.), Theorie und Praxis der direkten Demokratie, 1973, S. 154 ff. (Rätegedanke versus Parlamentarismus).

[39] Zur revolutionären Bestimmung des Rätegedankens siehe *Bermbach*, dort S. 161 ff.

[40] Zur Kritik des Rätegedankens siehe *G. A. Ritter*, in: *K. Scheuch*, Die Wiedertäufer der Wohlstandsgesellschaft, 1968, S. 200 ff.

[41] *Carl Schmitt*, Hüter der Verfassung, 1930, S. 71 ff. Kritisch hierzu *Fraenkel* (Anm. 14), S. 200 ff.

[42] Siehe *R. Herzog*, Staatslehre (Anm. 13), S. 71 f.

Gefahr übermäßiger Einwirkung bestimmter mächtiger Gruppen entstehen kann, ist nicht zu verkennen und durch die heutige Vormachtstellung der Gewerkschaften in den westeuropäischen Ländern belegt. Diese Erscheinung, die in erster Linie ein Problem sinkender Vorordnung der Gesamtheit vor partikulären Loyalitäten ist, berechtigt aber nicht zu einer ablehnenden Haltung gegenüber der Offenheit des modernen Staates. Sie mahnt nur daran, daß mit dieser Öffnung nicht zugleich der Anspruch und die Pflicht der staatlichen Institutionen aufgegeben werden darf, für die Gesamtheit aller Bürger tätig zu sein und über allen partikulären Kräften zu stehen.

9. Der Pluralismus im Sinne der Öffnung des Staates für eine Vielfalt von Richtungen und Kräften ist eine verhältnismäßig junge Erscheinung. Der älteren Zeit galt die Einheit der politischen Gesinnung in einem Gemeinwesen als ein wesentliches Gut, und sie betrachtete die Bildung bestimmter politischer Gruppierungen gern als eine bedenkliche und zu vermeidende Erscheinung. Auch Demokratien können sich einer ganz bestimmten Richtung verschreiben. Das Genf Calvins, das man vielleicht eher wohl als ein oligarchisches Regime bezeichnen könnte, ist hier ebenso zu nennen wie die mittelalterlichen Stadtrepubliken Italiens, die man auch als republikanisch, aber nur in begrenztem Maße als demokratisch verfaßt ansehen kann. Wenn die italienischen Kommunen Parteiungen kannten, so führten sie doch nicht zu einem friedlichen Nebeneinander der Gruppen, sondern in der Regel zur Austreibung einer Richtung aus der Stadt, und, wie wir es von der Parte Guelfa in Florenz kennen, zur Errichtung der dauernden Vorhand einer organisierten Gruppe. Das Mittelalter gab im politischen Leben dem Prinzip der concordantia, der Einigung, durchaus den Vorzug. Das konfessionelle Zeitalter vollends, in dem politische und konfessionelle Gegensätze nur zu leicht in offenen Kampf umzuschlagen drohten, stand allen Faktionen (factiones) als Ursache von Unruhen und Bürgerkrieg ablehnend gegenüber, und darin folgte ihm die absolute Monarchie[43]. Erst seit dem Ende des 16. Jahrhunderts wurde in der politischen Theorie die Möglichkeit erwogen, in einem Territorium verschiedene religiöse Gruppen zu dulden[44]. Im politischen Bereich setzte sich diese Ansicht erst in der englischen politischen Theorie des 18. Jahrhunderts durch. Parteien hatten sich hier bereits am Ende des 17. Jahrhunderts als lose Richtungsgruppierungen ausgebildet, aber die Abneigung gegen sie blieb noch dem englischen augusteischen Zeitalter eigen[45]. Es

[43] Scharf gegen Faktionen als Quelle des Bürgerkrieges äußert sich *Jean Bodin*, Six Livres de la République, Ausg. 1583 (Aalen 1960), S. 582, 647, 652.

[44] Ein entscheidender Beitrag hierzu war die Stellungnahme des einflußreichen Werkes von *Justus Lipsius*, Politicorum sive Civilis Doctrinae libri sex, Ausg. Antwerpen 1604, Buch. IV, cap. 2.

stellte aber einen bedeutenden theoretischen Durchbruch dar, wenn Bolingbroke in seinen Schriften die Meinung vertrat, daß eine Opposition zulässig und auch für das politische Leben notwendig sei[46]. Die Tragweite dieser These war groß. Hier wurde nun offen die Existenz und die Tätigkeit verschiedener Strömungen im Staate anerkannt.

10. Auf dem Kontinent ging diese Entwicklung noch langsamer vor sich, weil ihr die Neigung der Monarchien entgegenstand, in der Krone die über allen Gegensätzen stehende höhere Einheit des Ganzen verkörpert zu sehen. In Deutschland begann im Vormärz die Einsicht in die Berechtigung, ja Notwendigkeit unterschiedlicher Parteien[47]. Aber lange noch wirkte die Abneigung gegen ihre Differenzen fort, die Bismarck in seiner Gegenüberstellung des Wirkens der Regierung für das Gemeinwohl mit dem „Parteihader" zu nutzen verstand. Eine ähnliche Einstellung der Zurückhaltung, sogar Abneigung, bestand lange, noch bis in die 50er Jahre dieses Jahrhunderts hinein, gegenüber den Interessenverbänden in der Bundesrepublik. Hier wirkte sich aus, daß, während die englische Anschauung stets betont hat, daß im Parlament Interessen verschiedener Art vertreten würden[48], in Deutschland oftmals im politischen Leben die Vertretung von Interessen ungünstig beurteilt wurde. Man sprach von der Herrschaft der Verbände (Eschenburg), und erst in jüngster Zeit hat sich eine nüchterne Beurteilung der Interessengruppen durchgesetzt, deren Berechtigung und Notwendigkeit nun ebenso wie die der Parteien anerkannt wird[49].

---

[45] Entgegen einer Meinung, die in jener Zeit nur kleinere Gruppen oft familiären Interesses kennen will (*R. Walcott*, English Politics in the Early 18th Century, Oxford 1956, S. 34 ff. 70 ff.) setzt sich heute die Meinung durch, daß die beiden großen Richtungen, Tories und Whigs, bereits große Parteiformationen, wenn auch loser Natur, darstellen. Vgl. *J. H. Plumb*, The Growth of Political Stability in England 1675 - 1725, London 1967, S. 129 ff.; *G. Holmes*, British Politics in the Age of Anne, New York 1967, S. 13 ff.; *K. Kluxen*, Das Problem der politischen Opposition. Entwicklung und Wesen der englischen Zweiparteienpolitik im 18. Jahrhundert, 1956, S. 48 ff. Zu der negativen Einstellung, die noch Königin Anne gegenüber den Parteien behielt, siehe *Holmes*, S. 16/17. Sie blieb noch im weiteren 18. Jahrhundert vielfach lebendig. Siehe *I. Kramnick*, Bolingbroke and his Circle, Cambridge (Mass.) 1968, S. 153 f.

[46] Siehe *Kluxen* (Anm. 45), S. 103 ff.; *I. Kramnick* (Anm. 45), S. 160 ff.

[47] Einer der ersten Autoren, die die Notwendigkeit eines Parteiensystems für die repräsentative Demokratie und die konstitutionelle Monarchie vertraten, war *Karl Salomo Zachariä*, Vierzig Bücher vom Staate, 2. Aufl., Bd. 3, 1839, S. 215 f. Er sagt von der konstitutionellen Monarchie: „Eine Regierung ohne Opposition ist mit dem Zwecke dieser Verfassung ebenso unvereinbar, als eine Regierung ohne Partei im Volke." Hier wird die plurale Öffnung des Staates sehr klar bezeichnet.

[48] *A. H. Birch*, Representation, London 1971, S. 37 ff., 72 ff.; *Samuel H. Beer*, Modern British Politics, London 1965, S. 17 ff., 61 ff.; *K. v. Beyme*, Interessengruppen in der Demokratie, 1969, S. 14.

[49] *v. Beyme* (Anm. 48), S. 14 ff.; *Zacher*, Demokratie (Anm. 32), S. 48 ff. Dabei wird die Vertretung besonderer Interessen betont, die insbesondere in

In dieser Entwicklung liegt es auch begründet, daß die im Zeichen pluraler Kräfte sich vollziehende Wandlung der politischen Szene erst verhältnismäßig spät in der politischen Theorie volle Berücksichtigung gefunden hat. Das Festhalten an der Vorstellung eines einheitlichen Staatswillens bildete für die Rechtslehre auch hier ein Hindernis, das auch die Einsicht in die Wirkungsweise parlamentarischer Regierung verzögerte. Es wurde nicht deutlich erkannt, daß auch die plurale Öffnung des Staates das Streben nach Einigung nicht ausschließt. Zum mindesten setzt die Anerkennung der Vielfalt der Gruppen voraus, demgegenüber die Notwendigkeit eines unter ihnen bestehenden Konsenses über gemeinsame Grundlagen als wichtig erscheinen zu lassen. Auf dies Problem wird bei der Behandlung des Konsenses zurückzukommen sein. Die pluralistische Einstellung braucht daher nicht mit einem Relativismus gleichgesetzt zu werden. Die Offenheit der staatlichen Gemeinschaft gegenüber differenzierten Kräften und Interessen kann durchaus eingebunden sein in eine gemeinsame in der Verfassung niedergelegte Grundlage, die in der Verschiedenheit die grundlegende Einheit der staatlichen Ordnung sichert und möglicherweise auch bestimmten dieser Ordnung gegnerischen Kräften in der politischen Entfaltung Begrenzungen auferlegt. Grundsätzlich aber wirkt sich die pluralistische Grundeinstellung der modernen Demokratie dahin aus, daß ihr die Freiheit der Gruppierungen und der Verbandsbildung zugrunde liegt und daß in ihr die Legitimität der Opposition gegenüber der Regierung notwendig anerkannt werden muß[50]. Die Anerkennung der Berechtigung einer politischen Opposition, eine angemessene Ausgestaltung der Stellung oppositioneller Parteien und Gruppen, bildet jedenfalls einen Bestandteil einer offenen staatlichen Lebensform. Indem der Pluralismus somit die Annahme verschiedener Anschauungen in sich schließt, erscheint er in einem Gegensatz zu der marxistischen Lehre des Klassenkampfes, die von der Richtigkeit einer einzigen Lehre ausgeht und die das politische Leben nicht auf die freie Auseinandersetzung, sondern auf den kämpferischen Ausschluß anderer als der gesellschaftsverändernden Kräfte begründet.

---

einem Zweiparteiensystem das Verbandswesen zu einem ergänzenden und wichtigen Faktor in der Darstellung der gesellschaftlichen Vielfalt macht.

[50] Zum Problem der Opposition in der pluralistischen Theorie siehe *H. P. Schneider*, Die parlamentarische Opposition im Verfassungsrecht der Bundesrepublik Deutschland, Bd. 1, 1974, S. 173 ff., der ihre Bedeutung für die Erhaltung einer politischen Auseinandersetzung und Öffentlichkeit insbesondere bei langdauernder Herrschaft einer Mehrheitsgruppe darlegt. Ferner meine Ausführung, DÖV 1974, S. 437 (abgedruckt in *diesem* Band als Beitrag Nr. 15). Neuerdings hat die Verfassung Hamburgs durch Gesetz v. 18. 2. 1972 (GVBl. S. 21) die Position der Opposition ausdrücklich als Bestandteil der Demokratie mit dem Auftrag der Kritik der Regierung und der Gewinnung von Alternativen anerkannt. Vgl. *H.-P. Schneider*, S. 261 f.

11. Die pluralistische Gesellschaftsform beruht auf der Existenz und politisch-sozialen Wirksamkeit unterschiedlicher Kräfte und Gruppen. Bedeutet das, daß sich diese Mächte in einer bestimmten Ausgewogenheit, einer Art Gleichgewicht, befinden sollen? Die moderne Pluralismustheorie ist mit Recht bestrebt, im Bilde des aus dem Mit- und Gegeneinander der Interessen resultierenden Kräftespiels nicht an den Ansatz der liberalen Theorie von der Harmonie, die sich aus Diskussion und Ausgleich ergibt, oder an die Konkurrenztheorie Schumpeters anzuknüpfen[51]. Das Bild der pluralistischen Auseinandersetzung muß komplex gesehen werden und läßt sich jedenfalls nicht auf solche einfachen harmonisierenden Modelle zurückführen. Es verbürgt keineswegs einen allgemeinen Ausgleich der Interessen, es vermag auch das unterschiedliche Gewicht und den verschiedenen Organisationsgrad einzelner Gruppen nicht aufzuheben, aber es läßt jedenfalls die Bildung differenzierter Kräfte und Richtungen offen, ohne eine bestimmte Anschauung oder soziale Macht zu verfestigen und zu perpetuieren[52]. Das entscheidende Moment der pluralen Struktur der politischen Gemeinschaft ist demnach nicht in der Erwartung einer ausgleichenden Wirkung der Offenheit gegenüber verschiedenen Strömungen zu suchen, sondern in der Verhinderung von solchen Herrschaftsmomenten, die in der Festlegung auf bestimmte Anschauungen und politische Richtungen unter Ausschluß der Entfaltung anderer Kräfte bestehen. Der Pluralismus zeigt sich vor allem auch in der Sphäre der Öffentlichkeit, deren Kritik in der Gegenwart die wichtigste Gegenwirkung gegen die herrschende politische Richtung darstellt.

Es ist allerdings richtig, daß sich nach manchen Richtungen Probleme bei der Gewichtung der pluralistischen Kräfte ergeben. Wenn eine Gruppe oder mehrere von ihnen in der politischen Gemeinschaft eine überragende, beherrschende Stellung gewinnen und die Entscheidungen der staatlichen Organe entsprechend zu beeinflussen vermögen, wie dies in vielen westeuropäischen Staaten derzeit in der Stellung der Gewerkschaften zum Ausdruck gelangt, so könnte die Frage entstehen, inwieweit eine solche Lage nicht verfassungsrechtlich Ausdruck finden sollte, wenn nicht der Rahmen von Verantwortung und Kontrolle verdeckt werden soll. Insofern besteht in einer pluralistischen Gesellschaft

---

[51] Zur liberalen Harmonielehre *C. Schmitt*, Verfassungslehre, 1928, S. 315 f. Kritisch zu harmonisierenden Theorien *Narr-Naschold*, Theorie der Demokratie, Bd. 3, 1971, S. 236 ff.

[52] *H. P. Schneider* (Anm. 50), S. 177 f. Wenn *Naschold* (Organisation und Demokratie, 3. Aufl. 1972, S. 47 ff.) das Modell der auf Wettbewerb gegründeten innerorganisatorischen Demokratie kritisch betrachtet, weil es die Partizipation beschränke und bestehende Schichtung erhalte, so ist dies bereits faktisch in Frage zu ziehen und verkennt, daß neuere Partizipationstheorien viel eher minoritären Gruppen eine Sonderstellung einräumen.

ein Problem des Gleichgewichts, das auch von der Seite der faktischen Entwicklung her beeinträchtigt werden kann[53].

Dies Problem der Ausgeglichenheit der verschiedenen Kräfte und Gruppen tritt besonders dort in Erscheinung, wo der moderne Staat sozialen Organisationen wesentliche öffentliche Funktionen überantwortet. Wir sehen das im Bereich des kollektiven Arbeitsrechts, wo nach Art. 9 Abs. 3 GG den Tarifpartnern die Festlegung von Löhnen und Arbeitsbedingungen in einem Kernbereich gewährleistet ist, der ihnen damit zugleich im Rahmen der der Regierung in Art. 109 Abs. 4 GG übertragenen Aufgabe der konjunkturellen Steuerung eine Schlüsselrolle anvertraut. Diese Regelung ruht auf der normativen Voraussetzung realer Gleichgewichtung der beiden Seiten, weil nur dieser Ausgangspunkt es möglich und sinnvoll erscheinen läßt, diesen Gruppen eine so weitreichende, die Gesamtheit berührende Entscheidung anzuvertrauen[54]. Würde diese faktische Parität der Partner nicht mehr, und zwar effektiv, gegeben sein, so würde die normative Voraussetzung entfallen, unter der Art. 9 Abs. 3 GG diese Entscheidung an soziale Kräfte überlassen konnte. Eine andere, aber gleichfalls auf Vielfalt und Ausgewogenheit gerichtete Problematik zeigt der Aufbau des derzeitigen Rundfunks und Fernsehens. Die Überlassung an Staatsanstalten der Länder, die selbst dies Instrument nicht für regierungspolitische Ziele nutzen dürfen, hat die Fernsehentscheidung des Bundesverfassungsgerichts[55] dadurch auszugleichen gesucht, daß sie die Freiheit von Staatseinfluß und einseitiger Ausrichtung einer Organisationsform anvertraut hat, die allen in Betracht kommenden gesellschaftlichen Kräften Einfluß in den Organen der Anstalten einräumt und die rechtlich auf Ausgewogenheit und Sachlichkeit festgelegt ist[56]. Es ist hier nicht auf die Frage einzugehen, ob dies Ziel der „Neutralisierung" der Fernsehanstalten erreicht worden ist. Im Prinzip ist jedenfalls hier eine inhaltliche Pluralität der Sendungen und eine Ausgewogenheit des Programms in politischer, aber auch kultureller und weltanschaulicher Hinsicht angesprochen. Sie wird durch eine organisatorische Heranziehung gesellschaftlicher Kräfte und die formelle Überantwortung der Anstalten an den — auf Neutralität festgelegten — Staat zu lösen gesucht.

Ob hier nicht ein zu großes an liberale Vorstellungen erinnerndes Vertrauen in die selbsttätige Wirkung pluraler Kräfte zum Ausgleich

[53] Hierzu *R. Herzog*, Staatslehre (Anm. 13), S. 72.

[54] Siehe zu dieser Grundlage der Parität in Art. 9 Abs. 3 GG: *J. H. Kaiser*, Die Parität der Sozialpartner, 1973, S. 37 ff.; *G. Girardet*, Die Ausgewogenheit der sozialen Gegenspieler als Verfassungsgebot, Diss. Bonn 1973.

[55] BVerfGE 12, S. 205, 259 ff.

[56] BVerfGE 12, S. 205, 260 f.

hin im Spiele war, ist eine Frage, die sich in der Gegenwart stellt, ohne daß dadurch die grundsätzliche These, daß das Fernsehen pluraler Offenheit zu dienen hat, in Zweifel zu ziehen wäre. Die Frage geht eher dahin, ob die organisatorischen Mittel, die das Gericht als Richtlinie angab, dies effektiv zu sichern imstande gewesen sind[57].

12. Suchen wir nun aus dem Prinzip des Pluralismus einige Folgerungen für die Gestaltung der staatsrechtlichen Ordnung abzuleiten, so können wir auf folgende Punkte hinweisen:

a) Der Pluralismus schließt es aus, daß im Staate eine bestimmte politische Richtung für sich die Richtigkeit ihrer Entscheidungen in Anspruch nehmen kann. Er fordert die Öffnung zu abweichenden Strömungen, die Zulassung einer Opposition.

b) Das schließt auch Probleme des Minderheitenschutzes und der Duldsamkeit (Toleranz) ein. Die offene Demokratie, die vielfältige Richtungen zuläßt, ist darauf angewiesen, daß diese untereinander, so sehr sie die eigene Ansicht für richtig halten, doch offen bleiben für das Nebeneinander anderer Richtungen und für das Zusammenleben mit ihnen. Gerade wenn man heute Toleranz in einem weiteren Sinne als geistige Öffnung, besonders aber als Grundsatz des einvernehmlichen Zusammenlebens verschiedengerichteter Gruppen verstehen muß, muß auch im politischen und staatlichen Bereich der Gedanke der Duldsamkeit erhalten bleiben. Staatliche Einrichtungen dürfen daher, wo sie auf Meinungsbildung oder Erziehung einwirken, keine einseitige Ausrichtung — wohl die Hinlenkung auf gemeinsame Grundlagen der Gemeinschaft — aufweisen. Sie sind nicht zur Farblosigkeit, aber zur Neutralität gehalten[58].

c) Die Zulassung einer offenen Meinungsbildung und gesellschaftlichen Aktivität von Gruppen ist doch im letzten Ende auf Formen der Bildung einer politischen Entscheidungsfähigkeit des Staates und öffentlicher Einrichtungen angelegt. Sie setzt daher die gemeinsame Anerkennung bestimmter Grundlagen der Gemeinschaft voraus, die vor allem in den Festlegungen der Verfassung wie in dem Bestand der überlieferten Institutionen und rechtlichen Ordnung zu finden sind. Ohne eine solche gemeinsame Basis würde es schwerfallen, den Grundsatz der Mehrheitsentscheidung zu legitimieren, würde auch die Frei-

---

[57] Zu den Fragen der organisatorischen Sicherung der Meinungspluralität im Fernsehen — Rundfunk siehe *K. Schlaich,* Neutralität als verfassungsrechtliches Prinzip, 1972, S. 83 ff.; *P. Lerche,* Werbung und Verfassung, 1967, S. 96 f.; *K. P. Jank,* Die Rundfunkanstalten der Länder und des Bundes, 1967, S. 24 ff.; *Chr. Starck,* Rundfunkfreiheit als Organisationsproblem, 1973, S. 67 ff.

[58] Zur Neutralität der Schule siehe *Schlaich* (Anm. 57), S. 91 ff.; *Zacher,* Der Staat 9 (1970), S. 183.

heit des öffentlichen Lebens von der Gefahr der Auflösung bedroht werden können. Zu dieser Grundlage gehört, daß, bei aller Verschiedenheit seiner Interpretation, die Grundlage eines übergeordneten Gemeinwohls anerkannt bleibt, die das Handeln der staatlichen Organe an ihre Verantwortung allen Bürgern gegenüber — und nicht nur der sie tragenden politischen Gruppe gegenüber — bindet.

d) Von dieser gemeinsamen Grundlage aus läßt es sich erklären, daß der demokratische Staat der Offenheit gegenüber gesellschaftlich-politischen Gruppen gewisse äußerste Grenzen zieht, daß er solche Richtungen, die in erkennbarer Gegnerschaft zu einer freiheitlichen Verfassung stehen, die also gerade diese Offenheit beseitigen wollen, auch wenn sie sie derzeit ausnutzen, mit Beschränkungen in ihrer Betätigung versieht. Die pluralistische Grundeinstellung ist, wie schon hervorgehoben, nicht mit einem Relativismus zu verwechseln. Sie kann zusammengehen mit einer in den Grenzen freiheitlicher Demokratie bleibenden Verteidigung gegen verfassungsgegnerische Kräfte.

e) Es würde zu weit führen, die Pluralität in allen Bereichen des staatlichen Lebens zu untersuchen. Sie ist ausgeprägt im politischen, aber vornehmlich auch im geistigen Bereiche. Wenn das Grundgesetz die Freiheit der Meinungsäußerung, sowie die Freiheit von Kunst und Wissenschaft anerkennt (Art. 5 GG), so wird damit dieser plurale Zug ausgeprägt. Er schließt es aus, in die Freiheit der Meinungsbildung und Presse durch richtungslenkende Maßregeln einzugreifen. Das schließt aber nicht aus, daß eine Staatsregierung ihre eigene Meinung und Ausrichtung klar ausdrücken, auch propagieren kann. Dies darf nur nicht unter Beschränkung anderer Richtungen, abgesehen von solchen, die die Grundlagen der Gemeinschaft in Frage stellen, geschehen. Dem Staate ist es daher auch nicht verwehrt, eine eigene künstlerische Meinung zu haben und sie zu fördern, sofern er nicht andere Strömungen behindert oder beeinträchtigt. Keineswegs gebietet der Grundsatz des Pluralismus ein soziales oder kulturelles Gießkannenprinzip, das alle gleichmäßig fördert. Auch der plurale Staat kann, durch die jeweilige Regierung, hier eine eigene Ansicht und Haltung zeigen.

f) Nur am Schluß sei kurz darauf hingewiesen, daß sich die pluralistische Grundlage der heutigen bundesdeutschen Verfassungsordnung aus zahlreichen Bestimmungen des Grundgesetzes — der Meinungsfreiheit, der Freiheit von Wissenschaft und Kunst, der Vereinigungsfreiheit, der Ermächtigung der Tarifpartner in Art. 9 Abs. 3, der Freiheit der Parteibildung in Art. 21 — deutlich ableiten läßt. Das Bundesverfassungsgericht hat insbesondere im weltanschaulich-religiösen Bereich diese Pluralität entwickelt und daraus auch, wie es hier geschehen ist, Neutralitätspflichten des Staates und seiner Einrichtungen hergeleitet[59].

Nicht weniger geht in die gleiche Richtung seine Betonung der Meinungs- und Pressefreiheit als fundamentaler Prinzipien des demokratischen Staates[60]. Es kann demnach kein Zweifel bestehen, daß die pluralistische Grundrichtung in der Struktur der Verfassungsordnung des Grundgesetzes ihre Stütze findet.

III. Die Rolle des Konsenses in der Theorie und der Verfassung

13. Für den Aufbau des demokratischen Staates, der auf dem Willen und der Zustimmung seiner Bürger beruht, stellt der Vorgang der Herbeiführung ihrer Übereinstimmung in der politischen Entscheidung ein grundlegendes Element seiner Verwirklichung als politisches Geschehen dar. Dort, wo die Macht in der Hand eines einzelnen, Monarchen oder Diktators, oder einer elitär herausgehobenen Gruppe ruht, bedarf es dieser Gewinnung eines die Gesamtheit darstellenden Willens nicht in gleicher Weise. In der monarchischen Spitze verkörperte sich einst, als sie noch eine wirkliche Leitung besaß, Einheit und Handeln des Ganzen, von ihr leitete sich die rechtliche Vollmacht der staatlichen Organe ab[61]. In der aristokratischen Herrschaft begrenzter Schichten mit ihrer Bevorzugung kollegialer Leitung und beschließender Versammlungen tritt die Frage nach der Bildung und Erhaltung des Konsenses schon deutlicher hervor, bleibt aber auf den inneren Kreis der Bevorrechtigten beschränkt. Erst in der Demokratie, die als Regiment des Volkes alle oder jedenfalls einen weiten Kreis des Volkes zur Mitwirkung beruft, wird die Zustimmung aller oder jedenfalls der Mehrheit zu einem notwendigen Ausgangspunkt für die Entscheidung und das Handeln der Gesamtheit. Geht man davon aus, daß auch der demokratische Staat, selbst dort, wo enge Verhältnisse ein Zusammentreten aller zur politischen Beschlußfassung möglich machen, erst recht aber in größeren räumlichen Verhältnissen, über Instrumente verfestigter Staatsleitung verfügen muß, daß also auch die Demokratie nicht eine herrschaftslose Staatsform darstellt, so rückt die Frage nach der Einsetzung der leitenden Ämter und ihres Verhältnisses zum Volke in den Mittelpunkt. Die Formung eines gemeinschaftlichen politischen Willens kann in der Demokratie nur auf der Zustimmung des Volkes — gleich wie weit dessen Grenzen gezogen sind — beruhen, die sich nicht auf die Hinnahme der Entscheidungen der zur Leitung berufenen Stel-

---

[59] Vgl. BVerfGE 10, S. 59, 84; 12, S. 45, 54; 19, S. 1, 8; 19, S. 223, 238 ff.; 19, S. 268, 278 ff.; 24, S. 236, 247 f.

[60] BVerfGE 7, S. 198, 208; 25, S. 256, 265, und dazu *Hesse,* Grundzüge (Anm. 5), S. 160.

[61] Zur Stellung des Monarchen im absoluten Staate siehe für das französische Beispiel *E. Schmitt,* Repräsentation und Revolution, 1969, S. 65 ff.

len beschränkt. In der demokratischen Theorie gewinnt daher notwendig der Konsens eine besondere Bedeutung, zumal sich in ihm die gundsätzliche Frage der Volksherrschaft äußert, wie die Freiheit des einzelnen mit seiner Einfügung in das Ganze zusammengeht.

Wir haben gesehen, daß schon im Mittelalter dort, wo populistische Strömungen auftraten, der Gedanke der Ableitung aller Autorität aus dem Konsens auftritt. Die Lehre vom Staatsvertrage hat dann vom 16. bis 18. Jahrhundert die Gründung der Gemeinschaft aus einem Vertrag hervorgehen lassen[62], an dem alle Bürger sich zusammenfinden, um eine Herrschaft einzusetzen oder sich ihr zu unterwerfen. Dieser Vertrag konnte freilich bei manchen, wie etwa bei Hobbes, den vollen Verzicht auf eigene Teilnahme an der Herrschaft in sich schließen. Das 19. Jahrhundert hat diesen niemals als geschichtliches Faktum, sondern nur als gedankliches Modell gedachten Vertragsbegriff aufgegeben. Besonders in Deutschland hat es vielmehr mit Hilfe verschiedener Vorstellungen, der Idee des Staates als einer in sich bestehenden substantiellen Einheit des Willens (Hegel)[63], dem Bilde vom willensbegabten Organismus, der Lehre von der Fürsten- oder Volkssouveränität, die Einheit des staatlichen Handelns gewissermaßen als vorgegeben angesehen und so den Gedanken an die Erringung des politischen Willens in den Hintergrund geschoben. Erst in der Gegenwart, in der sich die Theorie der demokratischen Gemeinschaft von dem älteren Gedanken einer substanzhaft gedachten Staatsgewalt löst, gewinnt der Prozeß der Formung der politischen Einheit neue Bedeutung.

In der Demokratie geht es nicht allein um die Ableitung der Leitungsmacht aus dem Volke, in ihr kommt es auf die Herstellung einer für die Gesamtheit verbindlichen Entscheidungsmacht an, deren Beschlüsse auch bei den Gruppen der Opposition und der nicht unmittelbar an der Entscheidung beteiligten Kreise als verbindlich Annahme finden. Der Vorgang der Formierung eines für die Gesamtheit verbindlichen Willens, in Formen, die der gefaßten Entscheidung Legitimität und Verbindlichkeit verleihen, seine Anerkennung durch die Gesamtheit, bildet den Kern des politischen Lebens[64]. Er setzt mehr als

---

[62] Zur Lehre vom Staatsvertrage siehe *O. v. Gierke,* Johannes Althusius, 4. Aufl. 1929, S. 79 ff.; *J. W. Gough* (Anm. 18), S. 67 ff., 105 ff.; *H. Steinberger,* Konzeption und Grenzen freiheitlicher Demokratie, Beiträge zum ausländischen öffentlichen Recht und Völkerrecht, Bd. 60, 1974, S. 35 ff. Daß manche Autoren zwei oder mehrere Verträge (über Staatsgründung und Herrschaftseinsetzung) kennen, ist hier nicht weiter zu verfolgen, weil diese Auffassungen am grundsätzlichen Konsens festhalten.

[63] *G. W. F. Hegel,* Grundlinien der Philosophie des Rechts (Hrsg. Hoffmeister), 4. Aufl. 1955, § 258.

[64] Die Natur dieses Konsenses ist freilich ein komplexer Vorgang. Er ist deutlich ausgeprägt in dem Verhalten der repräsentativen Vertretung des

nur einen staatsbegründenden oder verfassungsstiftenden Konsens voraus, er fordert eine immer wieder sich erneuernde Konsensbildung. Konsens in der Demokratie ist nicht ein einmaliges Geschehen, er bildet den Grundzug der politischen Vorgänge, in denen sich das Wirken eines Volksstaates abspielt.

14. Die naturrechtliche Theorie des Staates postulierte den Konsens aller für die Begründung des politischen Verbandes und die Einsetzung der Herrschaft. Dem folgt die Darlegung der Bedeutung des Konsenses bei John Locke, bei dem die Einigung aller Bürger auf das Zustandekommen der Gemeinschaft gerichtet ist und noch nicht in deutlicher Weise auf die Führung der Regierung bezogen wird[65]. Immerhin führt Locke bereits die Autorität des Gesetzes auf den Konsens der Gemeinschaft zurück[66] und sieht die Möglichkeit des Widerstandes gegen eine ungesetzliche, tyrannische Regierung vor[67]. Diese Gedanken gewannen jedenfalls in der angelsächsischen Welt in der Folge eine Kraft, die sich vor allem in den Ideen der amerikanischen Revolution zeigte. Die Erklärung der Unabhängigkeit der Kolonien vom 4. Juli 1776 betonte die Freiheitsrechte und fährt fort: „That to secure these rights, governments are instituted among men, deriving their just powers from the consent of the governed; that whenever any form of government becomes destructive of these ends, it is the right of the people to alter or to abolish it, and to institute a new government[68].“ Daß eine Staatsleitung auf der Zustimmung der Regierten beruhen müsse, ist ein fester Grundsatz der angelsächsischen Auffassung vom demokratischen Gemeinwesen[69]. Dieses Einverständnis wird durch die Repräsentanten

Ganzen oder besser in deren Mehrheit, er ist dagegen eine aus aktiver Mitwirkung (Wahlen, Abstimmungen) und allgemeiner Stützung des politischen Systems gemischte Zustimmung beim Bürger. Vgl. *Hättich* (Anm. 36), S. 47 f.; *W. von Simson*, VVDStRL 29 (1971), S. 13 f., 30 ff. Zur Theorie der Systemstützung (System Support) siehe *John C. Wahlke*, Policy Demand and System Support in Gerhard Loewenberg, Modern Parliaments. Change or Decline, Chicago 1971, S. 141 ff.

[65] Two Treaties on Government II, § 121, 122. Über das Fehlen einer Forderung fortdauernder Konsenses siehe *J. W. Gough*, Locke's Political Philosophy (Anm. 25), S. 65.

[66] Two Treatises II, § 134.

[67] Two Treatises II, § 207 - 209.

[68] Siehe auch die Verfassung von Virginia v. 12. 7. 1776, Sect. 2: „That all power is vested in, and consequently derived from, the people; that magistrates are their trustees and servants, and at all times amenable to them.“ Daher gibt dann Sect. 3 dem Volk das Recht, „when any government shall be found inadequate or contrary to these purposes, a majority of the community has an indubitable, inalienable, and indefeasible right to reform, alter, or abolish it.“ Vgl. ferner *H. Steinberger* (Anm. 62), S. 41.

[69] Siehe *J. St. Mill*, Representative Government (Everyman's Edit.), 1957, S. 217, mit Betonung der Partizipation aller; *S. M. Lipset*, Political Man, London 1963, S. 22 ff.; *C. J. Friedrich*, Man and His Government, New York 1963, S. 239.

des Volkes, das Parlament, ausgedrückt und führt folgerichtig zu der Einsetzung der Regierung durch deren Mehrheit, zu dem System des responsible government[70]. Der Konsens hat demnach einen festen und grundlegenden Ort in der politischen Theorie Englands und der Vereinigten Staaten. Er verbindet sich hier, ebenfalls bis auf das 17. Jahrhundert und Locke zurückgehend, mit dem Gedanken, daß Regierung und Amt einen Vertrauensauftrag des Volkes, einen trust darstellen, der seiner Natur nach begrenzt und widerruflich ist[71].

Für die kontinentale Lehre ist die Befassung mit dem Konsens in starkem Maße durch Rousseau beeinflußt und damit auch in gewissem Umfang belastet worden. Rousseau hält an der Vorstellung der Staatsgründung durch Vertrag fest, durch die das Individuum sich der Leitung der volonté générale unbedingt unterwirft. In der Vorstellung dieses Gemeinwillens, der nicht irren kann und dem der einzelne sich vollkommen einordnet, wird aber der eigentliche Vorgang des Konsenses, der ständigen Gewinnung einer Übereinstimmung verdeckt und durch eine ideell und normativ vorausgesetzte Gemeinsamkeit ersetzt, die eine uniforme Gesinnung der Bürger fordert und nicht ihren realen Willen, sondern ihre ideale Vernunft verkörpert. Gegenüber der Einheit dieses Gemeinwillens gibt es keine sozialen Gruppen und auch keine legitimen Meinungsverschiedenheiten. In dieser Tendenz liegen die verborgenen repressiven Züge der Rousseauschen Doktrin beschlossen[72]. Der Versuch des Genfer Philosophen, Freiheit und öffentliche Ordnung zu vereinen, führte ihn nicht zum freien Konsens, sondern zu dem Postulat einer einheitlichen politischen Gesinnung der Bürger, in der der einzelne seine Freiheit wiederfinden soll.

Die französische Lehre ist diesen Ideen nur soweit gefolgt, als sie die Ableitung aller Gewalt aus dem Volke im Begriff der nationalen Souveränität entwickelt hat, sie hat aber die volle Einordnung des einzelnen in den Gemeinwillen ebenso abgelehnt, wie sie die von Rousseau verworfene repräsentative Form der Demokratie angenommen hat[73]. Im Ergebnis gelangte die traditionelle französische Auffassung zu einem Bilde, das aus der nationalen Souveränität die Legitimität der

---

[70] Zum Zusammenhang von Demokratie, responsible government und representation siehe Sir *Ivor Jennings,* Cabinet Government, 3. Aufl., Cambridge 1959, S. 13 f.

[71] *Locke,* Two Treatises II, § 171, 240. Dazu *J. W. Gough,* Locke's Political Philosophy (Anm. 25), S. 154 ff.

[72] Vgl. oben Anm. 27; *J. W. Gough,* Social Contract (Anm. 18), S. 164 ff.

[73] Ich verweise hier auf die Lehre von *Benjamin Constant,* Cours de Politique Constitutionelle, Collection complète des œuvres, Bd. 1, 1818, S. 173 f., 183 ff., der die volonté générale annimmt, aber die unbegrenzte Unterwerfung der Bürger unter sie ablehnt und das repräsentative Prinzip vertritt.

staatlichen Gewalt herleitete und den nationalen Willen in erster Linie in der Volksvertretung dargestellt sah[74]. Die Anerkennung von Parteien und sozialen Gruppen fügte sich in dieses Bild ein, in dem Züge der bestehenden nationalen Einheit und der aus ihr abgeleiteten volonté nationale wiederum der Herausarbeitung der Bildung dieses Willens entgegenstanden. Der Konsens bleibt mehr für die Grundkonstituierung des Gemeinwesens bedeutsam[75]. Die neuere marxistisch beeinflußte Theorie der démocratie gouvernante sucht eine Realisierung des Volkswillens durch Unterordnung der Leitenden zu bewirken[76]. Im Ganzen jedenfalls ist die Bedeutung einer allgemeinen Zustimmung für den demokratischen Prozeß in Frankreich schwächer ausgeprägt als in der angelsächsischen Theorie, teils in Nachwirkung des Einheitsdenkens der Revolution, teils durch den neueren Einfluß einer zum Ausdruck des realen Volkswillens drängenden marxistischen Auffassung.

15. Die Stellungnahme der deutschen Staatstheorie zu den hier vorliegenden Fragen ist im 19. Jahrhundert durch zwei Momente bestimmt worden. Im ersten Teil dieses Jahrhunderts trug der Aufbau der deutschen Staaten dualistischen Charakter; der überlieferten monarchischen Organisation stand die Volksvertretung mit begrenzten Rechten gegenüber. In dieser Lage lag es nahe, die Willensbildung der Gesamtheit aus der in Staatshaupt und Exekutive gegebenen Einheit abzuleiten und in dem Begriff der Staatsgewalt diese Einheit gewissermaßen als vorgegeben anzunehmen. In der Tat hat die Personifikation des Staates und seine Ausstattung mit einer aus dem Souveränitätsgedanken abgeleiteten Herrschergewalt die Lehre der zweiten Hälfte des 19. Jahrhunderts bestimmt[77]. In ihrer vorausgesetzten Willenseinheit ließ sie ein Verständnis der Willensbildung als eines Vorgangs der Gewinnung politischer Entscheidung nur begrenzt zu. Zweitens verstärkte sich diese Situation dadurch, daß die konstitutionelle Theorie den Staatswillen immer noch in erster Linie in der Exekutive und ihrem Handeln verkörpert sah und demgegenüber die Formen parlamentarischer Beschlußfassung zurücktraten. Erst recht fanden Parteien und Interessenverbände in diesem Vorstellungsbilde keinen rechten Platz.

---

[74] Darstellung der „klassischen" französischen Theorie bei *G. Burdeau,* Traité de Science Politique, Bd. 4, 1952, S. 243 ff.

[75] Siehe *Burdeau,* Traité, Bd. 1, 1949, S. 109 ff.

[76] *Burdeau,* Traité, Bd. 6, 1956, S. 213 ff., 292 ff. Die Idee der démocratie gouvernante und des Staats als Bündel von Diensten geht schon auf Léon Duguit zurück.

[77] Siehe die Behandlung der Staatsgewalt bei *Gg. Jellinek,* Allg. Staatslehre, 3. Bearb., Neudruck 1966, S. 427 ff. Hier wird einfach aus der Forderung, daß ein Zweckverband einen Willen haben müsse, eine solche Verbandsgewalt und weiter die dem Staat entsprechende souveräne Herrschergewalt abgeleitet.

Sie wurden dem gesellschaftlichen Raume zugewiesen; ihr Kampf um die Staatsmacht wurde gesehen, aber ihre Erscheinung wurde doch streng von den Verfassungsorganen des Staates getrennt gehalten[78]. Diese Vorgabe einer bestehenden Einheit des Staates und seiner Gewalt erstreckte sich auch auf die Konzeption der Gewaltenteilung. Sie wurde als Aufgliederung einer einheitlich vorgestellten Staatsmacht angenommen, statt als Aufbau einer institutionell gegliederten Organisation des Staates verstanden zu werden[79].

Die Einsicht in die Bedeutung willentlicher Übereinstimmungen im Staate hat erst in neuerer Zeit von mehreren Ansätzen her eingesetzt. Der wichtigste unter ihnen ist die Aufgabe der Vorstellung vom Staat als einer substantiell gedachten Einheit, die willensbegabt und in sich geschlossen ist, und die Einsicht darin, daß die Erscheinung des Staates als politischer Prozeß, als eine Verwirklichung eines Wirkungszusammenhanges menschlichen Denkens und Handelns verstanden werden muß[79a]. Mit einer solchen Auffassung ergibt es sich von selbst, daß der Gewinnung einheitlicher und verbindlicher Entscheidungen und ihrer Durchsetzung eine neue Bedeutung zugemessen wird. Es werden sodann die Lebensäußerungen des Staates, vor allem im politischen Bereich, nicht nur als Entscheidungen verstanden, sondern als Vorgänge komplexer Natur, bei denen sowohl die Formung der zu fassenden Entscheidung aus einer Vielfalt von Ansichten und Kräften, wie ihre Durchsetzung in der Gesamtheit, ihre Annahme durch das Ganze schärfer beleuchtet wird. Endlich aber richtet sich der Blick auch auf Konsensbildungen unter sozialen Gruppen, deren Einigung, wie der der Sozialpartner, in der Rechtsordnung des Staates bestimmte öffentliche Aufgaben zugewiesen sind.

An drei Bereichen des heutigen Verfassungsrechts soll die grundlegende Bedeutung des Konsenses für die Funktionen des demokratischen Staates und seine Handlungsfähigkeit aufgewiesen werden. An dem Grundkonsens, der die Verfassung trägt und der über den Wechsel der Mehrheitsbildung und Regierung hinweg die dauerhafte Zielrichtung des Staates und die Sicherung der bürgerlichen Freiheit festlegt, und den Bedingungen, unter denen die Mehrheitsbildung und die Gleichsetzung der Majorität mit der Beschlußfassung des Ganzen steht und die es in pluralistischen Gesellschaften mit wechselnder Mehrheitsbildung ermöglichen, Entscheidungen der Mehrheit und der regierenden

[78] Siehe *Gg. Jellinek* (Anm. 77), S. 113 ff. und *H. Rehm*, Deutschlands politische Parteien, 1912, S. 1 - 4.

[79] Zur Gewaltenteilung als funktionale Gliederung siehe *Smend*, Staatsrechtliche Abhandlungen, 2. Aufl. 1968, S. 205 ff.

[79a] Siehe hierzu *H. Heller*, Staatslehre, 1934, S. 228 ff.; *R. Bäumlin*, Staat, Recht und Geschichte, Zürich 1961, S. 18 f.

politischen Gruppe als für die Gesamtheit verbindlich anzunehmen. Endlich an den besonderen Formen, in denen in bestimmten öffentlichen Bereichen verbindliche Festsetzungen durch soziale Gruppen getroffen werden können, denen die Rechtsordnung eine Vollmacht oder einen Auftrag hierzu erteilt hat. Konsens erscheint in diesem letzteren Zusammenhange nicht so sehr als ein Bestandteil demokratischer, sondern eher ständischer Willensbildung.

16. Wenden wir uns zunächst dem Grundkonsens zu, der die politische Gemeinschaft trägt und der in der Gegenwart weithin in der Form der Verfassungsordnung Gestalt angenommen hat. Der politische Verband des Staates als einer auf stete Aktualisierung angelegten Wirkungseinheit ruht auf den institutionellen Ordnungen, die ihm die Kontinuität und die Bereitschaft zum Handeln sichern. Sie begründet sich daneben aber auf eine grundsätzliche Übereinstimmung der Bürger mit der staatlichen Ordnung, die nicht nur deren organisatorische Gestalt, sondern auch deren sachliche Ziele und Ausrichtung umfaßt. In der Demokratie ist die Bestimmung der jeweiligen politischen Richtung des Staates der Hand wechselnder Amtsträger, Regierungen und Parlamentsmehrheiten anvertraut, die jeweils nur von einem Teil des Volkes getragen werden. Wenn sich auch diejenigen Bürger, die nicht mit der herrschenden politischen Anschauung oder Partei übereinstimmen, ihrer Entscheidung fügen, so beruht diese Anerkennung auf dem Grundkonsens der Verfassung, der den ordnungsgemäß bestellten Verfassungsorganen legitime Macht verleiht und bei allen die Bereitschaft zur Annahme ihrer Verfügungen begründet. Diese Hinnahme politischer Entscheidungen wird insbesondere dadurch verstärkt, daß eine Verfassung bestimmte gemeinsame Grundlagen des Zusammenlebens — Freiheitsrechte der Bürger, Staatsziele und Richtungsbestimmungen — festlegt und damit dem Wechsel politischer und parteilicher Leitungsgruppen entzieht. In diesem Zusammenhang kann eine Verfassung als eine Einigung über die institutionellen, vor allem aber über die sachlichen Grundlagen des Staates verstanden werden, die von allen gemeinsam angenommen werden.

Es reicht nicht aus, in der Verfassung mit der liberalen Auffassung nur eine Beschränkung der Staatsmacht, eine limitierende Norm zu sehen[80]. Ebensowenig ist es zureichend, wenn an ihr das Moment der Entscheidung allein betont wird[81]. Ihr wesentlicher Sinn ist auf die Zukunft gerichtet, für die sie auf lange Dauer Verfahren und inhaltliche Ausrichtung der staatlichen Gemeinschaft bestimmen möchte. Dieser in die Zukunft gerichtete Aspekt, die Verfassung als verbindlicher

[80] In diesem Sinne auch *Badura*, Ev. Staatslexikon, 2. Aufl. 1975, Sp. 2710; *ders.*, Festschrift f. U. Scheuner, 1973, S. 26, 32.

[81] Wie dies bei *Carl Schmitt*, Verfassungslehre, 1928, S. 44 geschieht.

Entwurf gemeinsamer Entwicklung, ist es, den man als Grundkonsens bezeichnen kann. Er trägt nicht selten Kompromißcharakter, wie es bei den Verfassungen von Weimar (1919) und Bonn (1949) der Fall war. Darin liegt ein gewisses Element des Vertraglichen, auch wenn man die ältere Vorstellung des Staatsvertrages heute nicht mehr verwenden mag. Sie läßt sich, wie Badura gezeigt hat, deuten als „ein Plan, der Aufgaben normiert, ein Versuch der Bestimmung der politischen Zukunft durch Leitgedanken und Richtlinien für den politischen Prozeß und die Wirksamkeit des Staates, der Entwurf einer politischen Form"[82]. Auf dieser Basis erwächst das Vertrauen, das den Staat und seine Organe trägt[83].

Aus dieser Konzeption der Verfassung ergibt sich, daß die staatliche Gemeinschaft eine solche gemeinsame Grundlage benötigt, die die äußere Ordnung ihrer Institutionen und — in dieser oder jener Form, in Grundrechten oder Zielbestimmungen der Verfassung niedergelegt — die sachlichen Aufgaben ihrer Wirksamkeit festlegt[84]. In einem weiteren Sinne ruht jede Staatsform auf solcher — oft mehr passiven — Übereinstimmung in Grundfragen. Im besonderen aber gilt das von der Demokratie, die aus der Mitwirkung und freiwilligen Zustimmung der Bürger hervorgeht. Ohne diese gemeinsame Grundlage könnten politische Entscheidungen ihrer Organe ins Leere fallen, weil sie nicht mehr von einer Zustimmung getragen werden. Dadurch wird der Entscheidung des Gesetzgebers eine Begrenzung gegeben, auf die sich die Sicherheit von Minderheiten und Sozialgruppen gründet, die nicht zur jeweiligen herrschenden Richtung gehören. Gewiß kann sich diese gemeinsame Grundlage im Laufe der Zeit durch einen Wandel der Verfassung, der nicht nur tatsächliche Abweichung, sondern echte normative Veränderung bedeutet, fortbilden. Doch sind solchen Wandlungen des normativen Gehaltes insbesondere dort, wo eine Verfassungsgerichtsbarkeit über seine Einhaltung wacht, engere Schranken gezogen[84].

Wo aber das Handeln der politischen Staatsleitung die Sphäre des Grundkonsenses verläßt, entsteht — ganz abgesehen davon, ob eine

[82] *Badura*, Festschrift Scheuner (Anm. 80), S. 33.

[83] Zum Vertrauen *W. Hennis*, Die mißverstandene Demokratie, 1973, S. 17.

[84] Die Theorie des Grundkonsenses ist in der deutschen Lehre noch wenig entfaltet. Siehe indes *Badura*, Festschrift Scheuner (Anm. 80), S. 27, 33. Ähnlich *D. Grimm*, AöR (1972), S. 500 über die Verfassung als Sozialordnung. Auf breiter Grundlage und in differenzierter Weise arbeitet den Verfassungskonsens heraus *H. P. Schneider*, Die parlamentarische Opposition im Verfassungsrecht der Bundesrepublik Deutschland, Bd. 1, 1974, S. 100, 115, 167, 375. Eine Äußerung aus den Vereinigten Staaten mag dies ergänzen. In einer Rede in Philadelphia äußerte sich der Präsident der Vereinigten Staaten, *Ford*, einem Bericht gemäß (International Herald Tribune 20. 5. 1975) wie folgt: „He spoke of seeking ‚a consensus of national purpose' and said that, while a free people will never find unanimity, they must at least agree on the pursuit of certain common goals in order to remain free."

Verfassungsverletzung erfolgt und ob ein Verfahren zu ihrer Feststellung besteht — eine Erschütterung des Gemeinwesens, dessen Veränderung über seine konstitutiven Züge hinaus nun nicht mehr von einem allgemeinen Konsens getragen wird. In krassen Fällen kann das zum Schwinden des Gehorsams der Bürger und zum Niederfall der Verfassungsordnung führen.

17. Auch innerhalb der Verfassungsordnung findet der Konsens seinen Platz bei der Bildung der politischen Entscheidungen, insbesondere dort, wo diese repräsentativen Versammlungen oder dem Volke unmittelbar anvertraut sind. Gerade in der Demokratie wird die politische Richtung der Gesamtheit in weitem Umfang durch Verfahren der Beschlußfassung der Gesamtheit oder ihrer Vertretung gewonnen. In der Regel gibt für die Entscheidung hier, mag sie die Einsetzung leitender Regierungsorgane oder die Gesetzgebung betreffen, das Mehrheitsprinzip den Ausschlag. Ohne in sich eine tiefere Rechtfertigung, etwa in der Vermutung der Nähe der größeren Zahl zur Richtigkeit und Vernunft der Entscheidung zu beanspruchen[85] oder der Quantität eine größere Autorität zuzuschreiben, stellt das Mehrheitsprinzip ein seit alter Zeit herangezogenes Entscheidungsmittel dar, das indes an ganz bestimmte Voraussetzungen seiner Anwendbarkeit gebunden bleibt[86].

Das Mehrheitsprinzip erfordert, daß die Entscheidung direkt durch die Gesamtheit erfolgt oder durch Vertretungen, die eine echt repräsentative Funktion ausüben[87]. Es setzt stets ein geordnetes Verfahren voraus, in dem Meinungen offen hervortreten können und die Entschließung in informierter und freier Weise erfolgt[88]. Die moderne Zeit hat dies bei den Volkswahlen, die durch Parteien und Gruppen vorbereitet werden und eine umfassende Unterrichtung wenigstens ermöglichen, zu einem komplexen, manchen eigenen Gesetzen folgenden Modus ausgebaut[89]. Die Mehrheitsentscheidung ruht aber ferner auf dem Grundkonsens, der gewisse Fragen der jeweiligen Disposition der Mehrheit entzieht und damit der überstimmten Minderheit die An-

---

85 Gegen diese Annahme *H. Krüger*, Allgemeine Staatslehre, 2. Aufl. 1966, S. 284.

86 Zur Geschichte und Deutung des Mehrheitsprinzips siehe meine Schrift: Das Mehrheitsprinzip in der Demokratie (Rheinisch-Westf. Akademie der Wiss. Geisteswiss. Vorträge. G. 191). Opladen 1973, S. 17 ff.

87 *H. Krüger* (Anm. 86), S. 285. Es ist freilich zu berücksichtigen, daß eine solche repräsentative Eigenschaft in nichtdemokratischen Staatsformen, wie in der älteren Zeit, auch ständischen nicht auf Wahl beruhenden Vertretungen zukommen kann. Dasselbe gilt wie wir sehen werden, auch von den Formen ständischer Vertretung, die der moderne Staat in sich aufnimmt.

88 Daher kann Konsensbildung heute ein komplexes vielstufiges Verfahren und Kräftespiel darstellen. Vgl. *H. P. Schneider* (Anm. 84), S. 176 f.

89 Hierzu *H. P. Schneider* (Anm. 84), S. 194 ff.

nahme einer Entscheidung der Mehrheit und ihrer Herrschaft in der Staatsleitung für kürzere oder längere Zeiträume ermöglicht. Dem Schutze dieser Basis dient die Erschwerung der Verfassungsänderung, die etwa in der Bundesrepublik eine Änderung der Verfassung an den Konsens aller wesentlichen politischen Kräfte bindet. Das Mehrheitsprinzip findet ferner eine Schranke dort, wo Fragen zur Entscheidung stehen, die der Verfügung der Mehrheit nicht unterworfen werden können. Dazu gehört seit alters die religiöse Situation[90], die Differenzierung in nationale Gruppen[91], und es mögen auch andere Bereiche, etwa der der Familie in ihrem engsten Bereich, hierher gezählt werden können. Praktisch werden durch den Schutz der Grundrechte auch andere Bereiche, die individuellen Lebensentscheidungen oder die Meinungsfreiheit, der Verfügung einfacher Mehrheiten entzogen. Die Mehrheitsentscheidung setzt auch eine plurale Offenheit voraus, da sie von der Möglichkeit differenzierter Meinungen und ihrer Gleichheit in dem hier gezeichneten Rahmen ausgeht. An diesem Punkte berühren sich Pluralismus und Konsensbildung. Ohne Zulassung verschiedener Auffassungen, ohne — wie wir heute sagen können — Opposition, kann eine verbindliche Konsensbildung in der modernen Demokratie nicht möglich sein. Zu den mehr tatsächlichen Voraussetzungen jeder Mehrheitsentscheidung gehört auch die Möglichkeit des Wandels der Mehrheit. Strukturelle Minderheiten, insbesondere nationale oder auch sozial schwache Gruppen, bedürfen daher des besonderen Schutzes, der sie nicht der unabänderlichen Mehrheitsherrschaft ausliefert.

Endlich aber besitzt die Mehrheitsentscheidung auch ihren Sinn nur für die öffentlichen, politischen Angelegenheiten. Ihr Verfahren kann, was die heutige Strömung einer sog. „Demokratisierung" aller Lebensbereiche übersieht, nicht auf solche Räume menschlicher Lebensführung erstreckt werden, die eigenen Sachgesetzen und Grundstrukturen unterliegen, wie dies für das Verhältnis von Eltern und Kindern, Lehrer und Lernendem, Fachmann und Gehilfen, Arzt und Patient gilt[92].

18. Die Konsensbildung erstreckt sich also bei der Mehrheitsentscheidung nicht nur auf die Gewinnung der Mehrheit an sich, sondern auf die Auswirkung ihrer Entscheidungen auf die nicht zur herrschen-

---

[90] Hierzu meine Darlegung in: Mehrheitsprinzip (Anm. 86), S. 28 f. Bekannt ist die Regelung des Westfälischen Friedens von 1648, die Beschlußfassungen des Reichstags über religiöse Fragen an die itio in partes der beiden Konfessionsparteien band.

[91] Zur nationalen Frage siehe *P. Schäppi*, Der Schutz sprachlicher und konfessioneller Minderheiten im Recht von Bund und Ländern, Zürich 1971.

[92] *W. Hennis*, Demokratisierung, in: Die mißverstandene Demokratie, Demokratie, Verfassung, Parlament, Studien zu deutschen Problemen, 1973, S. 34 f., 38 ff.

den Mehrheit gehörenden Gruppen und deren Einordnung in sie. Insofern spielt sich die Mehrheitsentscheidung innerhalb eines Grundkonsenses ab. Diese Überlegungen gelten auch für die heutige Gesetzgebung, für die neben den Parteien des Parlamentes noch die außerparlamentarischen Kräfte einzubeziehen sind. Das bedingt gewisse vertragsartige Elemente der heutigen Gesetzgebung, deren Inhalt zuweilen zwischen Bürokratie, Interessengruppen und Parteien ausgehandelt wird[93]. Auch hier begegnen einverständliche Grenzen, die eingehalten werden und die heute zuweilen weit über verfassungsrechtliche Festlegungen hinaus gewisse soziale Erwartungshaltungen mächtiger Gruppen umfassen[94].

Im Raum der Staatsleitung, der grundsätzlichen politischen Entscheidungen, wird die Rolle des Konsenses, was hier nur angedeutet werden kann, durch die Regierungsform und ihre Ausgestaltung durch die Verfassungskonventionen vorbestimmt.

In der dualistisch aufgebauten Präsidentschaftsform der Vereinigten Staaten gilt für manche Grundentscheidungen die Notwendigkeit des Konsenses zwischen Präsident und Kongreß. In den parlamentarischen Regimen, vor allem solchen mit Zweiparteiensystem, herrscht das Mehrheitsprinzip. Der allgemeine Konsens aller Gruppen wird selten gesucht. In der Gegenwart beobachtet man sogar hier eher eine neue Tendenz zu scharfer Polarisierung, die zuweilen an den Rand der Gefährdung des Grundkonsenses führen kann[95]. Demgegenüber gewinnt der Konsens eine weitere Rolle in solchen Regimen, die an der Staatsleitung sämtliche Parteigruppen oder doch jedenfalls die überwiegende Mehrzahl von ihnen beteiligten. In diesem System der „Konkordanzdemokratie" wird in der Tat ein dem allgemeinen Konsens näherkommender Einigungsvorgang sichtbar, dessen Schwäche in der mangelnden Ausprägung von Alternativen, vielleicht auch in langsamerer Innovation liegt[96]. Unzweifelhaft aber treten in der Gegenwart an manchen Stellen des politischen Lebens die vertragsmäßigen Formen der Konsensgewinnung eher stärker hervor. Daß föderale Strukturen auf

---

[93] Auf diese Elemente hat neuerdings *L. Wildhaber*, Ztschr. f. Schweizerisches Recht, 94 (1975), S. 120 f., 122 ff. zu Recht hingewesen.

[94] Auf diese Erwartungshaltungen nimmt das Sondergutachten des Sachverständigenrates vom 19. 8. 1975 (BT-Drucksache 7/3976, S. 8) Bezug, wenn hier die Frage aufgeworfen wird, wie weit der „soziale Konsens" ausreiche, um Bedingungen herzustellen, die zu Vollbeschäftigung und angemessenem Wirtschaftswachstum führen.

[95] Innerhalb der Mehrheit spielt der Konsens eine wichtige Rolle bei den sog. Koalitionsvereinbarungen. Zu ihnen siehe *A. Schüle*, Koalitionsvereinbarungen im Lichte des Verfassungsrechts, 1964; für die Schweiz *Wildhaber* (Anm. 92), S. 128.

[96] Zur Natur der Konkordanzdemokratie siehe *G. Lehmbruch*, Die Proporzdemokratie, 1967; *M. Imboden*, Die Politischen Systeme, Basel 1962, S. 42 ff.

Konsensbildung angelegt sind, mag hier nur kurz vermerkt sein. Das Verhältnis der Einzelstaaten untereinander, wie das von Gesamtstaat und Gliedern, ist stark von vertragsähnlichen Einigungen durchsetzt.

19. Für die Bildung des Konsenses erwiesen sich die repräsentativen Strukturen der Demokratie noch immer als die geeignetsten. Die in den letzten Jahren aufgekommene Meinung, daß Formen der identitären Demokratie, d. h. unmittelbar demokratische Aktionen, Rätebildung und ähnliche Formen eine weitergehende und bessere Form der Beteiligung aller an der Bildung der Entscheidungen herbeiführen würden, hält einer Prüfung nicht stand. In jenen Aktionen und Initiativen, wie erst recht in den bei ihrer Bildung schon auf bestimmte Kreise beschränkten Räten, kommen minoritäre Gruppen zum Zuge, die in dem allgemeinen Verfahren der Wahl und Repräsentation keine Bedeutung erlangen könnten. Indem sie ihre partikuläre Meinung aber mit der eines fiktiven „Volkswillens"[97] gleichsetzen, versuchen sie eine aus dem allgemeinen Konsens heraustretende Gewichtung zu erlangen, die ihnen in einem Verfahren chancengleicher politischer Einflußnahme nicht zufallen würde. Der Ausgleich wird in einer Berufung auf eine Vertretung des Volkes gesucht, zu der diese Gruppen keine legitimierende Grundlage besitzen, die der repräsentativen Vertretung gleichkäme oder gar überlegen wäre. In der Demokratie kann Konsensbildung nur auf dem Boden der Gleichheit erfolgen; die Berufung auf unmittelbare Darstellung des Volkes kann daher minoritären Gruppen keine Position gegenüber den Rechtsgrundlagen des allgemeinen Konsenses geben[98].

20. In einer besonderen Gestalt begegnen wir dem Konsens im öffentlichen Recht, wo der Staat gewisse Räume des öffentlichen Lebens der Bestimmung durch die in ihnen bestehenden sozialen Kräfte zuweist. Das geschieht an wichtiger Stelle zunächst im Feld der Regelung der Tarife und Arbeitsbedingungen. Hier hat sich eine autonome Regelung zunächst tatsächlich außerhalb staatlicher Verfügung entwickelt, wird heute aber im Rahmen des Art. 9 Abs. 3 GG in der Verfassungsordnung gewährleistet und damit vom Staate ermächtigt. Hier gilt freilich nicht die Entscheidung der Mehrheit, sondern eine Parität der beiden in Auseinandersetzung stehenden sozialen Kräfte, der Organisationen der Arbeitnehmer und derjenigen der Arbeitgeber. Der Konsens trägt hier also ständischen Charakter insofern, als die ver-

---

[97] Kritisch zur Vorstellung eines identitär zu erschließenden Volkswillens *Hättich* (Anm. 36), S. 47 ff. Daß das repräsentative System zugleich Schutz bedeutet vor sektoraler Macht von Gruppen, die in ihrer Organisation eher die Immobilität als die Erneuerung befördern, s. *Ralf Dahrendorf*, Die neue Freiheit, 1975, S. 80 ff.

[98] Zur Kritik dieser direktdemokratischen Strömungen siehe oben Anm. 56.

handelnden Gruppen aus ihrer sozialen Funktion heraus ohne quantitative Rücksicht bestimmt werden. Ihr Konsens wird in die allgemeine Rechtsordnung als ein Bereich autonomer Gestaltung eingefügt, dessen weitreichender Einfluß auf die Gesamtheit und ihre wirtschaftliche Entwicklung erst in neuerer Zeit voll zu Bewußtsein gekommen ist. Die Schwierigkeit solcher nicht in den demokratischen Prozeß einzufügender ständisch-korporativer Entscheidungsformationen, wie man sie für die Neutralisierung des Fernsehens durch Gruppeneinfluß versucht hat oder wie sie derzeit in der Hochschulverwaltung durch das Spiel mit „Paritäten" die innere Struktur einer Erziehungsverwaltung lähmen, liegt darin, daß dort, wo sich nicht hinreichend deutlich soziale Kräfte abzeichnen, denen in entsprechender Abstufung Bestimmung übertragen werden kann, die Lösungen durch die Zuteilung von Stimmquoten und „Paritäten" vom staatlichen Gesetzgeber weithin vorbestimmt werden, so daß von einem echten, für den Bereich repräsentativen Konsens kaum gesprochen werden kann. Hier liegt ein weites Feld der staatlichen Vordeterminierung des eingeräumten Konsensprozesses, das zumeist den Charakter der hier erzielten Übereinstimmungen als eines echten Konsenses ausschließt.

21. Im Ausblick kann noch einmal bemerkt werden, daß der Konsens in allen Staatsformen seinen Platz hat, vor allem in Form einer passiven Annahme und Anerkennung von Herrschaft, daß er aber im besonderen im demokratischen Gemeinwesen beheimatet ist. Indem die Demokratie sich auf Zustimmung und Mitwirkung aller Bürger gründet, erlangt der Konsens in ihr eine konstitutive Bedeutung. Eine wichtige Rolle spielt er in der Gestalt des Grundkonsenses der Bürger, der jenseits von wechselnden politischen Richtungen eine gemeinsame Grundlage von Zielsetzungen und Ordnungen im Staate erhält und damit die Einordnung anderer Gruppen in die Herrschaft der jeweiligen herrschenden politischen Mehrheit ermöglicht. Konsens in diesem Sinne ist kein einmaliger Vorgang, sondern ein sich stets erneuerndes und fortdauerndes Element staatlicher Einheit. Der Konsens zeigt sich aber ebenso in der Anwendung des Mehrheitsprinzips und seiner Einfügung in eine Reihe von Voraussetzungen seiner legitimen Geltung, dem Schutz anderer Gruppen, der Achtung gemeinsamer Rechtsgrundlagen, dem geordneten Verfahren der Majoritätsbildung. Er greift damit über die Erzielung der Einigkeit in der herrschenden Mehrheit hinaus und bezieht auch die anderen Kräfte des Staates in den Vorgang der Auseinandersetzung, Entscheidungsformung und Annahme der Entscheidung durch die Gesamtheit ein. In diesem Sinne liegt im Gedanken des Konsenses auch eine Grenze der Mehrheitsherrschaft. Politisch reicht diese Fragestellung noch über die rechtlichen Grundlagen hinaus, indem sie die Frage aufkommen läßt, in welchen Formen sich staatslei-

tende Entscheidungen vollziehen können, ob mehr in der antagonistischen Spannung gegensätzlicher politischer Richtungen oder in dem Zusammenwirken aller oder doch der meisten Kräfte des politischen Lebens an den Aufgaben der Regierung. Auf eine schwerwiegende Frage ist hier nicht näher eingegangen worden, auf die Rolle, die im Staate der Konsens mächtiger Sozialgruppen gewinnen kann, die außerhalb der institutionellen Ordnung des Ganzen auf dessen Entscheidungen Einfluß üben. In vielen westeuropäischen Ländern tritt dies Problem in der Gegenwart in der Stellung der Gewerkschaften hervor, die über ihre soziale Aufgabe hinaus und neben den Institutionen der allgemeinen Repräsentation eine bestimmende Einwirkung erlangt haben[99]. Hier zeichnet sich das Problem ab, wieweit heute im politischen Leben die Rolle des Staates durch Einfluß und Macht der Gruppen ergänzt oder auch überformt wird. Begriff und Erscheinung des Konsenses sind jedenfalls, das mag zum Abschluß hervorgehoben werden, in der Analyse des politischen Prozesses in der Demokratie, in der sich ihre Entscheidungen vorbereiten und formen, ein grundlegendes Element, das stärker als bisher die Aufmerksamkeit der Staatstheorie auf sich ziehen sollte.

---

[99] Siehe hierzu *H. Zacher*, Gewerkschaften in der rechtsstaatlichen Demokratie einer Arbeitnehmergesellschaft, Festgabe für Franz Böhm, 1975, S. 707 ff., 729 ff.

Verfassung

I. Begriff und Bedeutung

1. Entwicklung der modernen Verfassung

Die moderne geschriebene Verfassung als Zusammenfassung der Grundgesetze des Staates entstand erst Ende des 18. Jahrhunderts, als überall der Gedanke systematischer Kodifikation vordrang. Die rechtliche Festlegung bestimmter Punkte der Staatsordnung und ihre Heraushebung als Grundgesetz ist indes viel älter. Bereits im Mittelalter entwickelte sich im Rahmen des Lehnssystems und später der ständischen Verknüpfung von Herrscher und Land die Erscheinung vertragsähnlicher Festlegung landesherrlicher Rechtsbeschränkungen und ständischer Vorrechte und Freiheiten. Unter diesen Herrschaftsverträgen nimmt die *Magna Charta* Englands (1215) durch Tradition und Ruhm den ersten Platz ein. Doch können ihr andere Urkunden, wie die Goldene Bulle Andreas' II. von Ungarn (1222), die Blijde Inkomst Brabants (1356) oder der Tübinger Vertrag in Württemberg (1514), als Ausdruck ähnlicher Tendenzen zur Seite gestellt werden. Diesen Abmachungen ist gemeinsam die Bindung des Herrschers an bestimmte rechtliche Zusagen und Pflichten, deren Bruch zuweilen unter die Garantie eines ständischen Widerstandsrechts gestellt ist. Auch sonst begegnen wir im Mittelalter nicht selten Teilregelungen verfassungsrechtlicher Fragen (z. B. die Goldene Bulle Karls IV. von 1356). Mit dem 17. Jahrhundert setzte sich, in England namentlich von Sir *Edward Coke* vertreten, der Gedanke der lex fundamentalis als der Grundlage der staatlichen Einrichtungen durch, und wir finden in dieser Periode die ersten Ansätze systematischer Aufzeichnung. Hierher gehören in Skandinavien die schwedische (kurze) Verfassung von 1612 und die Regierungsform von 1634, vor allem aber die umfassendere dänische Lex Regia Friedrichs III. von 1665, alle drei aber vom Fürsten aufgestellte und erlassene Ordnungen, die dänische das Muster einer absolutistischen Verfassung. Die englische Auseinandersetzung dieser Zeit führte dagegen zu einer neuen Auffassung. Unter Einfluß der Lehre vom *Gottesbund (Covenant)* und der (naturrechtlichen) These der Begrün-

---

Aus: Staatslexikon. Hrsg. von der Görres-Gesellschaft, 6. Aufl., Bd. 8, Freiburg i. Br. 1963, Sp. 117 - 127. — Abdruck mit freundlicher Genehmigung des Verlages Herder, Freiburg i. Br.

dung des Staates in der Vereinigung der Bürger *(Staatsvertrag)* entstand hier — zuerst übrigens in die Praxis umgesetzt in den Fundamental Orders of Connecticut (14. 11. 1639) — die Vorstellung einer aus dem Willen des Volkes hervorgehenden Verfassung; über Entwürfe (Agreement of the People 1648, Instrument of Government 1635) kam man indes nicht hinaus. Der Absolutismus stand dem Verfassungsgedanken fern. Der entscheidende Schritt zur Einführung der systematisch geschriebenen Verfassung wurde von der *amerikanischen Revolution* getan. Der Verfassung von Virginia (12. 6. 1776) folgten rasch die Verfassungen anderer Einzelstaaten, die Articles of Confederation des Bundes (1777) und schließlich die noch geltende Verfassung der Vereinigten Staaten (17. 9. 1787). Die europäische Entwicklung knüpft an diese Vorgänge an. Zwar gelangten die Verfassungsentwürfe des Großherzogs (späteren Kaisers) Peter Leopold von Toskana, 1779 - 82 unmittelbar unter dem Einfluß der amerikanischen Muster entworfen, nicht zur Vollendung. Aber sowohl die kurzlebige polnische Verfassung vom 3. 5. 1791 wie die französische vom 3. 9. 1791 gehen auf amerikanische Vorbilder zurück.

Mit der *französischen Verfassung* setzt die Kette der geschriebenen Verfassungen ein, die seither in starker gegenseitiger Beeinflussung die Entwicklung aller modernen Staaten gekennzeichnet hat. Nur England ist bei dem älteren Brauch geblieben, lediglich einzelne Teile des Verfassungsrechts gesetzlich zu regeln. Eine geschriebene Verfassung gehört heute zu der unentbehrlichen Ausstattung eines Staates ohne Rücksicht auf die Staatsform.

2. Die Verfassung als Norm und Aufgabe

Es ist die Bestimmung einer Verfassung, die rechtliche Grundordnung für ein Staatswesen festzulegen, die für lange Dauer die künftige politische Entwicklung in einen festen Rahmen einfügen soll. Sie konstituiert den Staat und bestimmt seine Staatsform, legt seinen organisatorischen Bau fest und — wenn sie eine solche weitergehende Regelung anstrebt — auch die fundamentale Rechtsstellung seiner Bürger und gewisse leitende Grundsätze der staatlichen Einstellung zur Gestaltung des sozialen und wirtschaftlichen Lebens, zur internationalen Sphäre usw. Da der Vertragsgedanke ganz zurückgetreten ist, wird Ursprung und Legitimation der Verfassung heute aus dem Gedanken der *Volkssouveränität* abgeleitet (auch in autoritären und totalitären Staaten). Das Volk ist die Quelle der verfassunggebenden Gewalt. Der Begriff der Verfassung umfaßt mithin die auf Dauer angelegten obersten Rechtsnormen, die Bürgerfreiheit und Organisation der staatlichen Institutionen wie auch Leitgedanken der staatlichen Zielsetzung als Grundlage der politischen Gemeinschaft eines Volkes regeln.

Was das Verfassungsrecht von anderen Rechtsgebieten unterscheidet, sind der Lebensbereich, den es gestaltet, und der Umstand, daß das Verfassungsrecht seine Geltung nicht wie alles andere staatliche Recht auf die Gewährleistung der übergeordneten Staatsmacht stützen kann, sondern diese Macht selbst und damit seinen Bestand in sich herstellen und sichern muß. Eine Verfassung muß in ihrer Struktur selbst die Voraussetzungen für ihre Durchsetzung und ihre Dauer erbringen, sofern sie nicht ausnahmsweise — wie eine garantierte Verfassung oder die Verfassung eines Gliedstaates im Bund — von einer übergeordneten Macht von außen her gestützt und erhalten wird. Die Verfassung regelt die Formung und Ausübung der politischen Macht. Sie hat es daher mit starken sozialen Kräften zu tun, deren Entstehung und Wirken sie tatsächlich nicht voll regulieren und bestimmen kann (Parteien, Verbände, bürokratische und militärische Institutionen). Ihre Ordnung reicht daher viel stärker ins Ungewisse der Zukunft als die anderer Rechtsnormen. Jede Verfassung ist im Grunde nur ein Entwurf der politischen Form, mit der die Gegenwart künftige Zeiten zu binden sucht.

Verfassung und politische Wirklichkeit stehen in einer Spannung, die ein gewisses Maß nicht überschreiten darf. Sonst tritt der geschriebenen, aber nicht mehr real geltenden Verfassung, der nominellen Verfassung, eine abweichende Verfassungswirklichkeit gegenüber, die sich zur realen Verfassung entwickelt. Im Zeitpunkt der Entstehung einer Verfassung schließt sie sich eng der politischen Lage an, sofern sie nicht bewußt die bestehende Machtverteilung und Regierungsweise durch eine Fassade als „semantische Verfassung“ *(Loewenstein)* verhüllen will. Man hat die Verfassung als Entscheidung bezeichnet. Das ist insofern unrichtig, als jede nach einer Revolution oder Staatsveränderung geschaffene Verfassung die Grundlinien ihrer Ordnung bereits durch die Situation vorgeschrieben findet; 1919 in Weimar und 1949 in Bonn war es klar, daß die neue Verfassung für Deutschland demokratisch, rechtsstaatlich, föderal sein mußte. Diese faktische Verbindung der Verfassung darf indes nicht dazu führen, „vorkonstitutionelle Prinzipien“ die nicht im Verfassungstext erscheinen, zu normativer Geltung zu erheben.

Die Eigenart des Verfassungsrechts liegt in seiner Natur als politisches Recht. Versteht man die Politik als oberste, alle sozialen Kräfte ordnende Gestaltung und Befriedigung des menschlichen Zusammenlebens unter dem Gebot des Gemeinwohls, so ist der politische Bereich im Staat derjenige, in dem die Auseinandersetzung um die aktualen Ziele des Gemeinwesens, um die Interpretation des Gemeinwohls stattfindet. Auch diese Zone ist dem Recht untergeordnet. Aber ihre rechtliche Ordnung trägt der Dynamik dieses Bereichs Rechnung, regelt nur den Rahmen und überläßt die nähere Ausfüllung der Praxis. Um die Normen des Verfassungsrechts legt sich der Hof der bloßen Konventionen und Traditionen des Verfassungslebens, die noch nicht Recht sind, aber doch als moralisch und herkömmlich verbindlich angenommen werden. Beweglichkeit und Anpassung sind für eine Verfassung, soll sie Bestand haben, unerläßlich. Sinn der konstitutionellen Formen ist es, den Prozeß der politischen Auseinandersetzung, Entscheidung, Sammlung in Bahnen zu weisen. Sie sind nicht nur vorgeordnete Ämter und Institutionen, sie stellen zugleich der kommenden Zeit die Aufgabe der Bewahrung und Anpassung an veränderte Bedingungen. Im modernen Staat, wo die personelle Verkörperung an Bedeutung verliert, steigt die Verfassung zum Symbol und Ausdruck der nationalen Einheit empor.

II. Verfassungsentwicklung

1. Deutschland

Gegenüber der westlichen und amerikanischen Verfassungsgeschichte, in der die Entstehung einer Verfassung stets als Akt der Selbstgestaltung (Frankreich) oder gar der Begründung nationaler Selbständigkeit erscheint (USA 1787, Italien 1848), weist die deutsche Entwicklung einen besonderen Zug auf. Fast alle Verfassungen, die den gesamten deutschen Raum angehen, entstammen nicht voller Selbstbestimmung, sondern stehen in Bindung gegenüber europäischen Festsetzungen. Die Ordnung des Heiligen Römischen Reichs wurde seit 1648 durch das Instrumentum Pacis Osnabrugensis, einen internationalen Friedensvertrag, neu gestaltet, die Deutsche Bundesakte vom 8. 6. 1815 bildete einen Bestandteil des Werkes des Wiener Kongresses, und die Verfassungen von 1919 und 1949 waren beide das Ergebnis internationaler Neubegrenzung, ja heute der Teilung des deutschen Staates. Entwicklungsgeschichtlich lassen sich 3 Stufen unterscheiden: Die frühkonstitutionelle Epoche, einsetzend mit der bayerischen Verfassung von 1808, schuf nach 1814 in Süd- und Mitteldeutschland eine Reihe von Verfassungen, denen als Grundzug eine Mitwirkung der repräsentativen Versammlung an Gesetzgebung und Finanzen und der Beginn einer noch begrenzten Bürgerfreiheit bei starker, der französischen Charte Constitutionelle von 1814 folgender Betonung der fürstlichen Macht als Mitte des Staates eigen waren. Typisch war häufig der Erlaß dieser Verfassungen durch den Fürsten, die „Oktroyierung". Das lose Band der Bundesakte und Wiener Schlußakte (1820) könnte kaum als Verfassung bezeichnet werden, hätte es nicht auch Ansätze von Rechtszusicherungen für die Bürger der Einzelstaaten enthalten. Die Revolution von 1848 leitet den zweiten Abschnitt ein, in dem auch die beiden führenden Staaten, Preußen und Österreich, die Forderung nach einer Konstitution annahmen. Der Verfassungstyp der Zeit bis 1918 war in der Verteilung des Gewichts zwischen der immer noch — insbesondere nach dem Ausgang des preußischen Verfassungskonflikts 1862 bis 1867 — den Kern des Staates bildenden militärisch-bürokratischen Exekutive (Monarchie) und dem Parlament dualistisch gestaltet und hätte Machtverschiebungen auch zugunsten der parlamentarischen Seite nicht entgegengestanden. Die in den einzelstaatlichen Verfassungen überall vorgesehenen Grundrechte blieben mehr deklamatorisch, da die rechtsstaatlich orientierte Gesetzgebung ihre Hauptanliegen erfüllte, ein Vorrang der Verfassung aber ebenso wie die unmittelbare Anwendung von Verfassungsnormen unbekannt blieb. Erst mit der Weimarer Verfassung (11. 8. 1919) und dem Bonner Grundgesetz (23. 5. 1949) wurde in der dritten Stufe der Anschluß an das westliche demokratische Vorbild erreicht. In der Ausbildung eines strikten Vorrangs der Verfassung, gesichert durch die Verfassungsgerichtsbarkeit und durch eine in alle Rechtsbereiche ausstrahlende Grundrechtsinterpretation, traten hierzu neue Elemente hinzu, die teils der deutschen Tradition des Rechtsstaats entsprachen, teils die Aufgabe der politischen Einigung und Konstanz durch judizielle Vorkehr zu sichern trachteten. An dieser Entwicklung nahm der unter kommunistischem Einfluß in der Deutschen Demokratischen Republik konstituierte Teil Deutschlands keinen Anteil. Seine politische Form, als Volksdemokratie bezeichnet, fügt sich in das Schema eines ohne Gewaltenteilung wirkenden Stufenbaus von Volksvertretung und leitenden Gremien ein, deren Bindung und Begrenzung nicht in der Machtverteilung, sondern in der starren Ausrichtung auf eine ideologische Grundlage liegt.

2. Österreich

Das lange Festhalten am monarchischen Zentralismus war die Staatsräson eines Verbands, dessen Einheit über der nationalen Vielfalt nur die Dynastie verkörperte. Daher fand die Verfassungsbewegung spät Eingang. Die Verfassung für die österreichischen Länder von 1849 blieb Episode, den gesamtstaatlichen Ordnungen von 1860 und 1861 war keine Dauer beschieden. Erst der dualistische Ausgleich von 1867 zeichnete die Grundlinien im Verhältnis der beiden Reichshälften vor, die durch übereinstimmende Gesetze beider Teile im Dezember 1867 festgelegt wurden und denen sich die Staatsgrundgesetze vom 21. 12. 1867 einfügten. Es gab der österreichischen Hälfte eine konstitutionelle Ordnung und schuf in den Rechten der Staatsbürger eine bedeutende Grundlage für die Folgezeit im Sinn bürgerlicher und nationaler Freiheit. Nach der Auflösung der alten Monarchie verlieh die Verfassung vom 1. 10. 1920 (geändert 1925 und 1929) dem Staatswesen nicht nur die Züge des demokratischen Rechtsstaates, sondern prägte unter dem Einfluß ihres Schöpfers *Kelsen* zugleich Stil und Methode des Rechtslebens für lange Zeit. Den politischen und sozialen Spannungen, die Deutschland 1933 das Ende der Demokratie und das nationalsozialistische Regime brachten, folgte wenig später auch in Österreich die Abkehr vom demokratisch-parlamentarischen Weg in den Versuch der Verfassung vom 30. 4. 1934, ein Gemeinwesen nach dem korporativen Prinzip aufzubauen. Er hat, nicht zuletzt unter dem wachsenden Druck der deutschen Einwirkung, keinen Bestand haben können. Die wiedererstandene Republik ist daher 1945 wieder zu dem Werk von 1920 zurückgekehrt, dem mit der Erringung der äußeren Souveränität im Staatsvertrag vom 15. 5. 1955 ein besonderer Rang als Zeichen nationaler Sammlung zuteil geworden ist.

3. Schweiz

Früher als die Welt des alten Reichs hat die Eidgenossenschaft die Bahn konstitutioneller Verfassungsgebung beschritten, und rascher hat sie eine dauerhafte Lösung finden können. Die Entstehung der heutigen eidgenössischen Verfassung verknüpft sich mit dem halben Jahrhundert, das von dem losen Bund der alten Eidgenossenschaft zum Bundesstaat führte. Die Verfassung der Helvetischen Republik eröffnete die Reihe der Verfassungen mit einem kurzlebigen Zentralismus, der in der Mediationsakte vom 19. 2. 1803 die Rückkehr zur kantonalen Souveränität folgte. Diese lose Form föderalen Zusammenschlusses blieb auch im Bundesvertrag vom 7. 8. 1815 erhalten, der nach Fremdeinfluß wieder die eigene verfassungsrechtliche Gestaltung zur Geltung brachte. Zum Träger des Strebens nach stärkerer Zusammenfassung wurde, besonders seit 1830, die liberale Strömung. Die Entladung der konfessionellen und politischen Spannung im Sonderbundskrieg von 1847 machte den Weg zu einer bundesstaatlichen Einigung frei. Die Verfassung vom 12. 9. 1848 fand den Ausgleich zwischen der alten Selbständigkeit der Kantone und der Gesamtnation, zwischen den konfessionellen und sprachlichen Besonderheiten und der überwölbenden Staatsidee. Ihre Grundzüge hat die Gesamtrevision vom 29. 5. 1874 unberührt gelassen. Die Verbindung der föderalistischen Idee mit der ererbten Bürgerfreiheit, das Prinzip der „konsiliaren Demokratie" *(Imboden)*, die neben dem behördlichen und repräsentativen Element in der Staatsleitung auch die unmittelbare Referendumsdemokratie zum Tragen bringt, gibt diesem Werk sein Gepräge. Zahlreiche Einzeländerungen haben der allmählich wachsenden Verantwortung des Bundes Rechnung getragen und die Züge der unmittelbaren Demokratie verstärkt.

III. Typologie moderner Verfassungen

Ein gliedernder Überblick der Verfassungen kann verschiedene Maßstäbe anlegen. Er kann auf der einen Seite auf die rechtliche Form und den Vorrang der Verfassung, auf der anderen auf die inhaltliche Weite der Grundordnung, endlich aber auf den Typ des geschaffenen Staats abstellen. Nach der Rechtsform läßt sich die ungeschriebene Verfassung — heute sehr selten geworden, zumal auch in England Teilbereiche, wie die Stellung des Oberhauses, die der Minister oder die Thronfolge, gesetzlich geordnet sind — der geschriebenen gegenüberstellen. Wichtiger ist die Feststellung, daß in der Verfassungsurkunde, dem formellen Verfassungsrecht, nicht notwendig der Gesamtbestand der zur staatlichen Grundordnung gehörenden Normen erfaßt wird. Zum (materiellen) Verfassungsrecht gehören auch jene ergänzenden Vorschriften, die die zentralen Institutionen näher regeln und ihr Verfahren bestimmen. Es gibt auch Verfassungen, die sich bewußt auf Grundlinien beschränken und dadurch den Kreis dieser Verfassungsnormen außerhalb des Textes sehr erweitern (z. B. die französische Verfassung vom 4. 10. 1958, die erst durch eine Reihe von Verordnungen vervollständigt wird). Eine andere Form der Erweiterung des Verfassungsrechts ist die Übung, bestimmte gesetzgeberische Materien durch Annahme mit qualifizierter Mehrheit in das Verfassungsrecht einzubeziehen (so namentlich in Italien). Bedenklich ist es, wenn Abweichungen von der Verfassung in einfachen Gesetzen durch qualifizierte Mehrheiten zugelassen werden, ohne daß dies im Text erkenntlich wird (*Verfassungsdurchbrechungen*). Diese unter der Weimarer Verfassung oft angewendete Übung wird vom Grundgesetz von 1949 (Art. 79 III) untersagt.

Nach dem Maß des Vorrangs der Verfassung kann man biegsame Verfassungen, in denen die Überordnung der Verfassung gar nicht oder nur in erschwerter Abänderung, jedenfalls aber nicht in einer Unwirksamkeit verfassungswidriger Gesetze zum Ausdruck kommt, und starre Verfassungen einteilen. In den letzteren wird die Verfassung zum obersten Recht des Landes erhoben, hinter der die Normen des Gesetzgebers zurücktreten und deren Vorrang durch die Gerichte (Prüfung der Verfassungsmäßigkeit der Gesetze) überwacht wird. Während im 19. Jahrhundert die meisten Verfassungen keine Vorsorge für ihre Durchsetzung trafen, steigt heute die Zahl der Staaten, in denen die Verfassung als fundamentale Ordnung besonders gesichert wird.

Nach ihrem Inhalt lassen sich Verfassungen unterscheiden, die sich mit dem Charakter eines Organisationsstatuts begnügen, von anderen, die in Grundrechten und sachlichen Leitsätzen eine umfassende Sozialgestaltung anstreben. Dabei ist die irrige Meinung abzulehnen, die die grundrechtlichen Normen als unpolitischen rechtsstaatlichen Bestandteil dem politischen Teil, der Machtverteilung gegenüberstellt (*C. Schmitt*). Diese Trennung reißt Zusammengehöriges auseinander. Die Freiheit der Bürger hat einen unmittelbaren Bezug auf ihre Mitwirkung am freiheitlichen Staat; sie bezeichnet nicht Staatsferne, sondern macht ein Grundelement des politischen Aufbaus aus. Das geschützte Recht des Bürgers wird zum grundlegenden Konstitutionsprinzip des Staatsgefüges. Einen besonderen Charakter tragen bundesstaatliche Verfassungen, da in ihnen noch Regelungen zur Kompetenzverteilung, über den Einfluß des Bundes auf die Glieder und umgekehrt dieser auf die Entscheidungen im Bund hinzutreten.

Immer wird die Einteilung der Verfassungen nach dem von ihnen verkörperten Staatsbild die bedeutsamste bleiben. In ihr lebt ein Element der Lehre von den Staatsformen. Sie stellt hierbei freilich nicht ab auf die Spitze des Staates, sondern faßt das ganze Problem der Selbstgestaltung, die Aufgliederung der Macht, die Art der Ämterordnung, die Stellung des Bürgers und die geistige Sinngebung des Staates ins Auge. So gesehen, wird man unterscheiden können:

a) *Totalitäre* Staatswesen. Sie kennzeichnet im Grundbau die Konzentration der Macht in einem kleinen Kreis oberster Machthaber, die sich zwar auf plebiszitäre Anerkennung stützen, deren eigentliche Legitimation aber nicht der aktuale Volkswille, sondern die Verkörperung und Interpretation der maßgebenden politischen Ideologie darstellt. In deren Dienst wird instrumental nicht nur der oft nur als Apparat angesehene Staat gestellt, sondern auch das zum Werkzeug des utopischen oder dämonischen Endziels herabgedrückte Individuum. Auch Grundrechtsdeklarationen stehen unter dem Vorbehalt des Staatszwecks. In der Regel dient eine herrschende Partei als Träger und Hüter der politischen Lehre (Einparteienstaat). In der kommunistischen Welt, die nach dem Ende der nationalsozialistischen Herrschaft diesen Typ repräsentiert, wird die Unterstellung von Verfassung und Recht unter das ideelle Zukunftsziel noch durch die Lehre vom Kampf der Klassen und vom Aussterben des alten Staates verstärkt.

b) *Autoritäre Staaten.* Sie stellen einen realistischen Staatstyp dar, in dem die Behauptung der Macht für eine herrschende Gruppe, Schicht oder Parteirichtung den Ausgang bildet. Auch wenn eine ideelle Ausrichtung in Anlehnung an religiöse oder nationale Traditionen verwendet wird, gewinnt diese politische Basis nicht die Oberhand über Staatsinteresse und Recht. Vom Individuum wird eher konformistische Einfügung oder Passivität, nicht aber politische Indoktrination erwartet. Auch hier wird die plebiszitäre Akklamation gern verwandt, während sonst im Staatsbau die Konzentration bei der Exekutive hervortritt. Eine herrschende Partei (zeitweise die Falange in Spanien) oder auch Neigung zum Staatskorporativismus (Portugal, Österreich 1934, in gewerkschaftlichem Gewand im Argentinien *Peróns*) ist zu beobachten. In den neuen afro-asiatischen Staaten ist ein Einparteienregime mit autoritären, aber zugleich sozialistischen Einschlägen oft das Mittel, um die noch ausstehende gesellschaftliche Umformung und den Prozeß der Nationswerdung von oben zu lenken und zu vollziehen.

c) *Demokratische Staaten.* Gemeinsam ist ihnen die Legitimation, aber auch die effektive Ableitung und Bestimmung der Macht aus dem Volkswillen. Jede Ausübung leitender Ämter ist zeitlich begrenzt und muß sich immer von neuem durch Volkswahl legitimieren. Der aktiven Mitwirkung aller Bürger im Staat entspricht die grundrechtliche Sicherung ihrer Lebenssphäre. In den modernen Staaten wird diese Mitwirkung des Volkes und die Kontrolle der Regierung in der Regel durch eine repräsentative Versammlung ausgeübt. Nur ausnahmsweise hat sich, wie in der Schweiz, daneben eine unmittelbare Sachentscheidung des Volkes (Referendum und Initiative) auf breitem Raum entwickelt. Die europäischen Staaten folgen in der Annahme des parlamentarischen Regierungssystems, das den Bestand der Regierung an die Übereinstimmung mit der Parlamentsmehrheit bindet, dem Vorbild Englands, während die amerikanische Form der strengen Funktionsteilung zwischen Exekutive und Parlament, die voneinander unabhängig sind, auf Lateinamerika ausgestrahlt hat. Beide Typen der demokratischen Verfassung stehen im modernen Massenstaat unter der Tendenz, die Stellung des leitenden Staatsmannes zu verstärken, Regierung und (Mehrheits-)Gruppen im Parlament aneinanderzurücken, daher die Machtverteilung auf dem Spiel Mehrheit - Opposition aufzubauen. In allen demokratischen Formen nimmt die Verfassung einen besonderen Rang ein. Ihr fällt in einer pluralistisch strukturierten Gesellschaft die Aufgabe zu, oberhalb des Wechsels der parteigeprägten Staatsführung und der ständigen öffentlichen Auseinandersetzung der Gruppen den dauerhaften Bestand der Institutionen und Werte der Gemeinschaft zu verkörpern und zu sichern.

IV. Verfassungslehre

Es hängt mit der zentralen Rolle der Verfassung in der Demokratie zusammen, daß es nur hier eine Verfassung im Sinn einer das ganze Staatswesen gestaltenden Richtnorm und daher nur hier eine eigentliche Verfassungslehre als Theorie dieser Wirkung der Verfassung als normativer Basis der Ämterordnung und der Rechtseinrichtungen gibt. Diese Rolle kommt zunächst zum Ausdruck in der Aufmerksamkeit, die Entstehung, Änderung und Bestand der Verfassung finden. Im Begriff des *pouvoir constituant,* der beim Volk liegenden verfassunggebenden

Gewalt, wird der Grundsatz ausgesprochen, daß hier die ausschließliche Quelle der Legitimation aller Autorität in heutiger Zeit liegt. Teiländerungen der Verfassung werden freilich nicht dem Volk, sondern meist qualifizierten Parlamentsmehrheiten (ggf. mit nachfolgender Volksabstimmung) übertragen. Die Frage ist, ob diese als *„pouvoir constitué"* bezeichnete Instanz gleiche Vollmacht wie das Volk hat. Hier greift die Lehre von den Grenzen der Verfassungsänderung ein. Soweit sie naturrechtliche Schranken der Gestaltung betont, muß ihre Grundlage im Naturrecht gesucht werden. Ihr eigentlicher Kern liegt aber in dem Prinzip, daß die Änderung einer freiheitlichen, auf Begrenzung und Rationalisierung der Macht *(Ehmke)* ausgerichteten Grundordnung ihre Grenze an der Erhaltung dieses Bürgerfreiheit und Umgrenzung der Machtübung sichernden Gesamtsystems findet. Diese Schranke gilt aber auch für das Volk selbst, dem nur eine irrige Lehre eine — noch dazu als stets latent vorhanden angesehene — Allmacht der Verfassungsgestaltung beilegt. Wo die Basis der Grundordnung angegriffen wird, geht in Wahrheit eine Revolution, ein Umsturz, vor sich. Das Grundgesetz der Bundesrepublik Deutschland sucht diese Auffassung positivrechtlich zu befestigen (Art. 79 III). Es lehnt damit die Auffassung ab, die in der Demokratie einen Staatstyp des Relativismus mit beliebigem Inhalt sieht *(Kelsen)*, und bekennt sich statt dessen zur Sicht der Demokratie als eines an bestimmte Werte und Ziele gebundenen Gemeinwesens.

Eine andere Seite der grundlegenden Stellung der Verfassung wird durch das Bemühen moderner Verfassungen beleuchtet, ihre Suprematie und ihren Bestand zu gewährleisten und gegen Gefahren zu sichern. Die älteren Mittel des Verfassungseides und der Ministeranklage sind, auch wo noch positives Recht, ohne Bedeutung. Wichtiger sind schon Erschwerungen der Verfassungsänderung und die Beteiligung vieler Instanzen an grundlegenden Entscheidungen. Mehr und mehr entwickelt sich indes in der Gegenwart die *Verfassungsgerichtsbarkeit* zum bevorzugten Mittel der Verfassungssicherung. Ihr liegt nicht nur die Durchsetzung des Vorrangs der Verfassung (Prüfung der Gesetze) ob, sie entscheidet Streitigkeiten unter den Teilnehmern des politischen Bereichs und schützt die Bürgerfreiheit. Je ausgedehnter die Befugnisse der Verfassungsgerichte desto mehr kann sich die Aufgabe der Fortentwicklung der Verfassung und der Verwirklichung ihrer Ziele auf den Richter verlagern, dem freilich hierfür mehr negative Mittel (Aufhebung von Normen) als die Befugnis zu positiver Gestaltung offenstehen. Die Rolle der Verfassung als oberste Norm wird hierdurch gestärkt, wobei indes die Gefahr einer Überinterpretation nicht übersehen werden darf. In jedem Fall rückt dort, wo wie in den USA und jetzt in der Bundesrepublik Deutschland der Richter in erheblichem

Umfang diese Funktion ausübt, die Justiz in eine verfassungsgestaltende Rolle. Nur dort, wo sie dabei in fester religiöser oder sittlicher Bindung steht, kann sie diese Aufgabe meistern.

In einem weiteren Sinn der Bestandssicherung der Verfassung steht auch die Einrichtung des *Notstands,* der gegen äußere oder innere Angriffe die Handlungsmacht der Staatsleitung stärkt. Macht man sich von der irrigen Vorstellung frei, als lasse der Notstand nur einen Verfassungsrestbestand übrig, so wird deutlich, daß seine Anwendung unter dem Gebot der Bestandssicherung und Wiederherstellung der Verfassung steht, das keinen Raum für Umgestaltungen läßt. Nur von der Annahme einer (Sinn und Recht des Instituts widersprechenden) Verwendung der Notbefugnis zur Umformung der Verfassung wird es verständlich, daß man die Verfügung über den Ausnahmezustand zum Signum der inneren Souveränität erklären kann.

Während der Schutz der Verfassung gegen gegnerische Betätigung in der Regel dem Strafrecht anvertraut wird, hat das Grundgesetz im *Parteiverbot* (Art. 21) und der *Grundrechtsverwirkung* (Art. 18) neue Mittel der präventiven, durch den Richter gehandhabten Verfassungssicherung eingeführt.

In den Zusammenhang der Bestandserhaltung gehört auch der Gedanke, daß grundlegende Ziele und Werte der Verfassung (z. B. die Demokratie, der Schutz der Menschenwürde) einen Vorrang vor anderen Verfassungsbestimmungen besitzen. Es ist dies für die Verwendung dieser Grundnormen zur Auslegung anderer Verfassungsartikel ein richtiger Gedanke, doch ist der Idee, daß es „verfassungswidrige Verfassungsnormen" geben könnte, mit Zurückhaltung zu begegnen. Dem Verfassungsgeber steht es frei, von seinen Regeln für konkrete Sonderfälle abzugehen, und dasselbe gilt, wenn nicht die früher erwähnte Grenze der Verfassungsänderung erreicht wird, auch für Verfassungsänderungen.

Alle Sicherungen der Verfassung können indes nicht hindern, daß das Leben einer Verfassung sich in steter Fortentwicklung zeigt, daß sich neben ihr ergänzende Regeln bilden, daß schließlich die Übung und Überzeugung der Verfassungsorgane auch Regeln der Verfassung fortbilden, aufheben oder durch neue Gewohnheit ersetzen kann. Dieser Vorgang, den man als *Verfassungswandel* bezeichnet, kann, weil im Wesen des Rechts begründet, nicht positiv ausgeschlossen werden.

Auch der demokratischen Verfassung sind bestimmte Wertgrundlagen zu zeigen, wie sie nicht nur in Grundfreiheiten und Sicherungen von Einrichtungen, sondern auch in der Festsetzung sachlicher Ziele und Richtungen der Staatstätigkeit vorkommen. Das Bekenntnis einer Verfassung zum Rechtsstaat, zur Gewaltenteilung, zur Idee sozialer Gerechtigkeit oder zur Achtung vor der internationalen Ordnung enthält ebenso wie die grundrechtlichen Freiheiten normative Sätze, die eine weite Wirkung für die ganze Rechtsordnung haben können. Mit der Proklamation solcher Prinzipien aber erreicht eine Verfassung ihr Bewußtwerden und damit ihre Verankerung im Volk. Das wird um so wichtiger, je mehr heutige Verfassungen über die Ämterordnung eine umfassende Sozialgestaltung anstreben und entfalten.

V. Verfassungsrecht und Verfassungsauslegung

Mit der übergeordneten Stellung der Verfassung gewinnt die Frage der Auslegung erhöhte Bedeutung. Wenn die moderne Hermeneutik Interpretation als Aufgabe aktualer Verlebendigung dogmatischer und normativer Aussagen versteht, so muß die Auslegungslehre sich diese Auffassung zunutze machen. Sie wird sich daher im Einklang mit der überwiegenden Tendenz der Rechtslehre abwenden von der voluntaristischen Methode einer Ausrichtung am „historischen" Willen des Gesetzgebers, zumal gerade im Verfassungsbereich ein solches Vorgehen das Gewicht der Bindung durch frühere Generationen auf Kosten der Bewältigung gegenwärtiger Probleme allzusehr verstärken würde. Erscheint somit als Gebot der Interpretation die Verweisung auf den objektiven dauerhaften Sinn der Norm in ihrer Konkretisierung im Fall und in der gegenwärtigen Zeitphase, so wird stärker auf Text und Sinngehalt der Norm als auf ihre historische Intention und auf zeitgebundene Einzelfassungen abzustellen sein. Dabei wird die fortgeschrittene Erfahrung und die soziale Umwelt, der die Anwendung begegnet, in Rechnung zu stellen und schließlich der nachvollziehenden und fortbildenden Funktion vor allem auch des Richters Beachtung zu geben sein. Das schließt keinen Verzicht auf logisches und systematisches Verständnis ein, aber das Recht wird dabei als eine in der Handhabung verlebendigte Materie, nicht als starre historische Fixierung angesehen. Es bedarf immer wieder der neuen zeitnahen Formulierung und Verdeutlichung.

Die Eigenart des Verfassungsrechts drückt sich darin aus, daß seine Dynamik und bewußte Lückenhaftigkeit nicht übersehen wird, die eine Annahme logischer Geschlossenheit ausschließt. Die Institutionen des Verfassungsrechts sind von ihrer Funktion im Ganzen her, von der notwendigen Zusammenarbeit der Organe und ihrer Einigung her zu interpretieren und daher vor der Auflösung in ein Schema gegensätzlicher Ansprüche zu bewahren. Grundrechte stellen sich als Verstärkungen bestimmter Rechtsbereiche und Rechtseinrichtungen dar, nicht aber als ein geschlossenes System von Berechtigungen. Vor allem dürfen ihre Verbindung zur Ämterordnung, ihr Sinn als politische Freiheiten und

Sicherungen nicht außer acht gelassen werden. Jede Verfassungsbestimmung muß auf das Gesamtgefüge der Grundordnung bezogen, nicht isoliert gesehen werden. Eine harmonisierende Auslegung ist dort nicht zu entbehren, wo Widersprüche und Rangkollisionen auftreten.

Die Prinzipien der Auslegung werden den Zielsetzungen und Werten der Verfassung zu entnehmen sein (Rechtsstaat, Gleichheit, Bundesstaat als Ordnung des Zusammenwirkens), hinter denen grundlegend Menschenbild und Staatsanschauung aufscheinen. Verfassungsauslegung ist grundlegend von der Handhabung kodifizierter Teilordnungen des bürgerlichen und kriminellen Rechts verschieden. Ihr System beruht in ihr selbst, es muß der in sich selbst zu vollziehenden Gewährleistung des politischen Bereichs und seiner vielfachen Verstrebung mit dem in Fortentwicklung befindlichen Gebiet der ideellen Anschauungen wie den wandelbaren Gegebenheiten der sozialen Kräfte und Schichtungen Rechnung tragen. Wie die Verfassung nicht nur fortwirkende Norm, sondern zugleich Auftrag und Aufgabe für die künftige Zeit ist, so ist Verfassungsauslegung Mitgestaltung und Formung des Verfassungslebens.

Literatur

Schmitt, Carl: Verfassungslehre, München 1928

Smend, R.: Verfassung und Verfassungsrecht, München 1928

Kägi, W.: Die Verfassung als rechtliche Grundordnung des Staates, Untersuchungen über die Entwicklungstendenzen im modernen Verfassungsrecht, Zürich 1945

Giacometti, Z.: Schweiz. Bundesstaatsrecht, Zürich 1949 (Neubearb. der 1. Hälfte von F. Fleiner: Schweiz. Bundesstaatsrecht, Tübingen 1923

Näf, W.: Spätmittelalterliche Herrschaftsverträge, in: Schweizer Beiträge zur allg. Geschichte, Bd. 7, Aarau 1949

Peaslee, A. J.: Constitutions of Nations, 3 Bde., Concord (New Hampshire) 1950

Bachof, O.: Verfassungswidrige Verfassungsnormen (Recht und Staat in Geschichte und Gegenwart, H. 163/164), Tübingen 1951

Ehmke, H.: Grenzen der Verfassungsänderung, Berlin 1953 (Diss. jur., Göttingen)

Friedrich, C. J.: Der Verfassungsstaat der Neuzeit (Enzyklopädie der Rechts- und Staatswiss., Abt. Staatswiss.), Berlin usw. 1953 (Orig.: Constitutional Government and Democracy, Boston 1937, 2. Aufl. 1950)

Gough, J. W.: Fundamental Law in English Constitutional History, Oxford 1955

Huber, E. R.: Deutsche Verfassungsgeschichte seit 1789, 4 Bde., Stuttgart 1957 ff.

Partsch, K. J.: Verfassungsprinzipien und Verwaltungsinstitutionen (Recht und Staat in Geschichte und Gegenwart, H. 221), Tübingen 1958

Carsten, F. L.: Princes and Parliaments in Germany, From the Fifteenth to the Eighteenth Century, Oxford 1959

Hartung, F.: Deutsche Verfassungsgeschichte vom 15. Jahrhundert bis zur Gegenwart, Leipzig 1914, 7. Aufl. Stuttgart 1959

Hesse, K.: Die normative Kraft der Verfassung (Recht und Staat in Geschichte und Gegenwart, H. 222), Tübingen 1959

Jennings, W. I.: Cabinet Government, Cambridge 1936, 3. Aufl. 1959

Loewenstein, K.: Verfassungslehre, Tübingen 1959 (Orig.: Political Power and the Governmental Process, Chicago 1957, London 1958)

Gadamer, H. G.: Wahrheit und Methode, Grundzüge einer philosophischen Hermeneutik, Tübingen 1960

Bäumlin, R.: Verfassung und Verwaltung in der Schweiz, in: Verfassungsrecht und Verfassungswirklichkeit, Festschr. H. Huber, Bern 1961

Forsthoff, E.: Zur Problematik der Verfassungsauslegung, Stuttgart 1961

Loewenstein, K.: Über Wesen, Technik und Grenzen der Verfassungsänderung, Berlin 1961

Hintze, O.: Staat und Verfassung, Gesammelte Abh. zur allg. Verfassungsgeschichte, Leipzig 1941 (2. Aufl., Hrsg. G. Oestreich, Einl. F. Hartung, Göttingen 1962)

Imboden, M.: Die politischen Systeme, Basel 1962

Krüger, H. / *Rauschning*, D.: Die Gesamtverfassung Deutschlands, Nationale und internationale Texte zur Rechtslage Deutschlands (Staatsverfassungen der Welt in Einzelausgaben, Bd. 1), Frankfurt/M., Berlin 1962

Runeby, N.: Monarchia Mixta, Maktfördelingsdebatt i Sverige under den tidigar stormakttiden, Stockholm 1962

Ehmke, H. / *Schneider*, P.: Prinzipien der Verfassungsauslegung (VVDStRL, H. 20), Berlin 1963

Die neuere Entwicklung des Rechtsstaats in Deutschland

I. Rechtsstaat und politische Verfassung

Durch allen Wandel der Schicksale und Verfassungen hindurch hat sich der Rechtsstaatsgedanke als ein Zentralbegriff der neueren deutschen Verfassungsgeschichte behauptet. Anfang des 19. Jahrhunderts ist dieser Ausdruck, zunächst in einem sehr weitgehenden und unbestimmten Sinne, in die deutsche Rechtsvorstellung eingeführt worden[1] und hat seither als eine spezifisch deutsche Begriffsprägung Heimatrecht gewonnen[2]. Für lange Jahrzehnte bildete dabei die Forderung nach dem Rechtsstaat das Gefäß für vielseitige, auf die Verwirklichung des Verfassungsstaates und die Überwindung der älteren Formen der absolutistischen Administration gerichtete Bestrebungen, trug also einen stark politischen Charakter. In diesem Zusammenhang mit dem Ganzen der Verfassungsordnung und der Staatseinrichtungen haben vor allem *Robert von Mohl* und *Rudolf von Gneist* das Rechtsstaatsprinzip gesehen. Nach der Mitte des 19. Jahrhunderts, als das konstitutionelle System Fuß gefaßt hatte, konzentrierte sich die Diskussion um die Erfüllung des Rechtsstaats mehr auf ein engeres Feld. Nun rückte der Raum der Verwaltung in den Mittelpunkt und es ging in der Hauptsache um eine rechtliche Durchformung des administrativen Bereiches. Der Grundsatz der Gesetzmäßigkeit der Verwaltung und die Fragen des Rechtsschutzes traten — wie es namentlich bei *Otto Bähr* sichtbar wird — in den Vordergrund, und der Begriff nahm eine engere und mehr formale Gestalt an. Man verließ sich im spätkonstitutionellen Staat zum Ausgang des 19. Jahrhunderts darauf, daß in ihm Mäßigung der politischen Macht, Achtung vor der menschlichen Persönlichkeit und ein zureichendes Maß materieller Gerechtigkeit in der Gesetzge-

Aus: Hundert Jahre deutsches Rechtsleben. Festschrift zum hundertjährigen Bestehen des Deutschen Juristentages 1860 - 1960. Hrsg. von Ernst von Caemmerer, Ernst Friesenhahn, Richard Lange. Bd. 2, Karlsruhe 1960, S. 229 - 262. — Abdruck mit freundlicher Genehmigung des Verlages C. F. Müller, Karlsruhe.

[1] Die genaue Herkunft des Wortes ist noch nicht geklärt. In der idealistischen Philosophie, vor allem bei *Kant,* kommt es noch nicht vor. *R. Thoma,* der zuletzt (JöR 4 [1910], S. 197, Anm. 2) diese Frage untersucht hat, nennt mit Recht *R. v. Mohl* als denjenigen Autor, der den Begriff eingebürgert hat. Aber *Mohl* hat ihn bereits vorgefunden.

[2] Darauf, daß hier eine besondere Prägung des deutschsprachigen Raumes vorliegt, hat schon *L. v. Stein,* Verwaltungslehre, 2. Aufl., Bd. I, 1, 1869, S. 296 hingewiesen.

bung selbst durch den Verfassungsstaat gesichert war[3] und orientierte den Rechtsstaat auf die weiteren im Bereich der Verwaltung zu realisierenden Folgen. Politische Form und rechtsstaatliche Prinzipien traten in einem gewissen Sinne auseinander. Auch die Veränderung der Staatsform im Jahre 1918 schien, wie es in seinem bekannten Worte *O. Mayer* ausdrückte[4], das Gebiet der Verwaltung ebensowenig wie den Gedanken des Rechtsstaats zu berühren[5]. In der Gesetzmäßigkeit der gesamten Staatstätigkeit schien der Rechtsstaat geborgen. Seine Verknüpfung mit der politischen Freiheit war dem Blick dieser Epoche schon teilweise entrückt. So vermochte eine einflußreiche Verfassungslehre der Weimarer Zeit das Prinzip des bürgerlichen Rechtsstaats mit den eigentlich politischen Bestandteilen der Verfassung, den machtbildenden Faktoren, zu kontrastieren, den Rechtsstaat also betont in den Raum unpolitisch bürgerlicher Sicherheit und Kontrolle staatlicher Macht zu verweisen[6]. Die materiale Grundlage des Rechtsstaats in der Freiheit der Person und in der Bindung der Macht an das Recht und die notwendige Verknüpfung rechtsstaatlicher Mäßigung des Staates und freiheitlicher Verfassung war allzusehr hinter der Betonung der Herrschaft des Gesetzes und der strikten Bindung der Ausführung zurückgetreten. Es ist ein übertreibendes Urteil, wenn ein englischer Historiker gemeint hat, die maßgebenden deutschen Kreise hätten den Rechtsstaat auch ohne die Demokratie erhalten zu können geglaubt[7]. Aber gewiß erwies sich der formale Rechtsstaatsgedanke als wirkungslos, sobald das Gesetz zum Instrument des unbeschränkten Machtwillens einer totalitären Partei geworden war. Gegenüber dem Unrecht in Gesetzesform mußte ein formales Rechtsstaatsprinzip notwendig versagen[8].

---

[3] *O. Mayer,* dessen Definition des Rechtsstaats („Staat des wohlgeordneten Verwaltungsrechts", vgl. Dt. Verwaltungsrecht, 3. Aufl., Bd. 1, S. 58) nur mehr die formale verwaltungsrechtliche Seite betonte, wies doch immerhin (S. 55 ff.) noch auf den Verfassungsstaat als Voraussetzung hin.

[4] Verwaltungsrecht, 3. Aufl., 1924, Vorwort S. VI.

[5] Die Möglichkeit einer neuen Inhaltsbestimmung hat *Thoma,* HdbDStR, Bd. 2, 1932, S. 233 wenigstens angedeutet.

[6] *C. Schmitt,* Verfassungslehre, 1928, S. 125 ff., 200 ff. Für ihn ist der Rechtsstaat nur eine Temperierung der politischen Formprinzipien des Staates, eine Beschränkung der Staatsmacht. Daß die politische Freiheit ein staatsbegründendes politisches Prinzip ist, auf dem der demokratische Staat ruht, wird hier ebenso verkannt, wie der Umstand, daß die Grundsätze der gemischten Verfassung und der Mäßigung der Macht nicht minder zur politischen Form des Staates gehören, jedenfalls diese Grundsätze mit autoritären und totalitären Staatsstrukturen nicht vereinbar sind.

[7] *A. J. P. Taylor,* Bismarck, 1955, S. 267 sagt von den deutschen Liberalen der Weimarer Zeit: „They believed that they could have the rule of law without democracy." Das ist als Gesamturteil nicht richtig (man vgl. z. B. *H. Hellers* Streitschrift: Rechtsstaat oder Diktatur, 1930), aber die Gefahren einer zu formalen Ausdeutung des Rechtsstaats in jener Epoche sind richtig beleuchtet.

In der Zeit des Wiederaufbaus staatlicher Ordnung nach 1945 ist gerade die Herstellung des Rechtsstaats in Deutschland gegenüber dem Unrecht der voraufgegangenen Jahre besonders betont und empfunden worden. Zum ersten Male ist nun auch Wort und Begriff in das Verfassungsgesetz selbst aufgenommen worden, in Verbindung freilich mit dem Zusatz „sozial" (Art. 20, 28 GG), um dessen genaue Bestimmung Rechtslehre und Rechtsprechung noch ringen. Mehr noch als früher erscheint der Rechtsstaat als eine von lebhaften Gefühlswerten durchdrungene Idealvorstellung der deutschen Verfassungsentwicklung von grundlegendem Gewicht. Der Rechtsstaat nimmt im deutschen Rechtsdenken jedenfalls eine ungleich wichtigere Stellung ein als das stets ein wenig blasse Bild des „règne de la loi" im französischen Recht und kommt eher der zentralen Bedeutung nahe, die für die angelsächsische Rechtsüberlieferung der „rule of law" besitzt[9]. Man ist sich in der deutschen Staatsrechtslehre weithin einig darin, daß das Grundgesetz nicht den formalen Rechtsstaatsbegriff des Positivismus erneuert hat, sondern eine materiale auf inhaltliche Gerechtigkeit der Staatsführung abzielende Vorstellung aufnahm[10]. Aber kann man wirklich heute feststellen, daß der politische Gehalt des Rechtsstaatsprinzips, seine unlösliche Verknüpfung mit einer freiheitlichen Verfassung klar erkannt werden? In vielen Darlegungen findet sich der Gedanke individueller Freiheit vom Staate immer noch vorangestellt, wird der Kern der Idee in der Abgrenzung zwischen Bürger und Staat gesehen[11], ohne daß es deutlich gemacht wird, daß nicht das Gesetz an sich, sondern allein die von einer freigewählten Volksvertretung beschlossene oder ermächtigte Norm die nötigen Garantien gewährt, daß nicht ein Höchstmaß an individueller Staatsferne, sondern eine im Einklang mit der politischen Verantwortung und Pflicht des Bürgers eines freien Staates bemessene und zugleich in den politischen Einrichtungen gesicherte Freiheit den Kern des Rechtsstaats bildet. Wenn man sich heute zu Recht von einer

---

[8] Mit Recht weist auf diese Schwäche hin *Menger*, Der Begriff des sozialen Rechtsstaats im Bonner Grundgesetz, 1953, S. 17. Vgl. auch *W. Kägi*, Rechtsstaat und Demokratie, in: Festgabe Giacometti, 1953, S. 132 f.

[9] Zur grundlegenden Bedeutung des rule of law siehe *Sir Alfred Denning*, The Changing Law, 1953, S. 5 ff.; *Sir Carleton Kemp Allen*, Law and Orders, 2. Aufl., 1956, S. 22.

[10] So *Menger*, S. 17; *Bachof*, VVDStRL 12 (1954), S. 39 ff.

[11] Auch die sonst verdienstliche Schrift von *Fechner*, Freiheit und Zwang im sozialen Rechtsstaat, 1953, kommt über die Antithese von Freiheit und staatlichem Zwang nicht heraus. Sie erkennt nicht, daß ein Ansatz unzureichend ist, der nur das Individuum voraussetzt, statt den Bürger (civis) anzusprechen, dessen Freiheit nicht nur in Staatsferne, sondern in aktiver Teilnahme am freien politischen Leben besteht. Zwang und Bindung durch die Gemeinschaft stehen nicht notwendig im Gegensatz zu rechtsstaatlicher Freiheit; sie werden es erst im Unmaß, in der Mißachtung des Kernes freier personaler Entfaltung und bei Verfahrenswillkür.

formalen Rechtsstaatsdeutung abwendet[12], wie sie dem spätkonstitutionellen positivistischen Rechtsdenken zu eigen war, so gilt es vor allem diese tieferen politischen Grundlagen des Rechtsstaats klarzulegen. Mir scheint es in dieser Beziehung in der deutschen Rechtsanschauung noch zu fehlen. Rechtslehre und Rechtsprechung wenden zwar der sorgfältigen und verfeinerten Ausarbeitung der Folgerungen des Rechtsstaats eine große Aufmerksamkeit zu, und sicherlich ist diese eingehende Durchführung des Prinzips in seinen Einzelheiten von großem Wert. Aber — auf eine bemerkenswerte Ausnahme in der Judikatur darf hier hingewiesen werden[13] — nur selten wird die unentbehrliche Grundlegung des Rechtsstaats in einer gemäßigten politischen Verfassung dabei erkannt und hervorgehoben. Nur von diesem Fundament her aber kann es deutlich werden, daß der Rechtsstaat ein politisches Formprinzip darstellt, das allein in einer freien Verfassungsordnung verwirklicht werden kann. Und nur, wenn als Subjekt des Rechtsstaats nicht das isolierte Individuum, sondern der freie Bürger eines freien Staates erkannt wird, wird der Sinn rechtsstaatlicher Freiheit nicht als rechtliche Schrankenlosigkeit mißverstanden, sondern als Element einer politischen Ordnung begriffen werden, die auf der Sicherung der persönlichen Lebenssphäre beruht. Die Vorstellung des Rechtsstaates kann nicht auf die ausführenden Funktionen des Staates beschränkt bleiben, so sehr die einzelnen Folgerungen des Prinzips dort ihren Schwerpunkt finden. Die grundlegenden Sicherungen des Rechtsstaates liegen bereits in der Verfassung, in ihrer freiheitlichen Gestalt, in den Grundrechten und in der Gewähr einer maßvollen und ausgleichenden Gesetzgebung. Wenn sich heute der rechtsstaatliche Gesetzestypus, für den die Elemente der Allgemeinheit und der Dauer unentbehrlich sind, in der raschen Abfolge von gesetzlichen Anordnungen aufzulösen droht, die mehr gestaltend verwalten als dauerhaft normativ ordnen, so wird damit eine Grundlage der Gesetzesbindung berührt[14]. Und wenn der

---

[12] Wer freilich an einem formal-technischen Rechtsstaatsbegriff festhält, wie *Forsthoff* (Festgabe für C. Schmitt, 1959, S. 61) und in ihm nur „ein System rechtstechnischer Kunstgriffe zur Gewährleistung gesetzlicher Freiheit", d. h. eine bloße Gesetzlichkeit, erblickt, wird sich den Weg zu einem richtigen Verständnis des Grundgesetzes und seiner inhaltlich geformten Vorstellung nicht erschließen können. Der „liberale" Rechtsstaat, mit dem dabei operiert wird, ist übrigens eine irreführende Bezeichnung, wenn man dabei etwas Unpolitisches verstehen will. Gerade die großen liberalen Vorkämpfer des Rechtsstaats, *Mohl* oder *Gneist*, haben ihn durchaus als einen politischen Begriff verstanden.

[13] Das Bundesverfassungsgericht (Entsch. 9, S. 268, 281) hat in anerkennenswerter Weise die Erhaltung einer funktionsfähigen und verantwortlichen Regierung als Voraussetzung des Rechtsstaats bejaht und die Beeinträchtigung dieser Funktion durch das Bremer Personalvertretungsgesetz von 1957 daher festgestellt. Es heißt dort: „Der demokratische Rechtsstaat im Sinne des Grundgesetzes (Art. 28 Abs. 1 Satz 1) setzt notwendig eine funktionsfähige und verantwortliche Regierung voraus."

Staat seine Aufgabe als unparteiischer Hüter des Gemeinwohls gegenüber den sozialen Gruppen und Mächten versäumt, so wird die persönliche Freiheit seiner Bürger dadurch möglicherweise stärker gefährdet als durch kleine Lücken in der gesetzlichen Ausformung von Verwaltungsmaterien.

Wir werden auch andere Tendenzen der heutigen Rechtsstaatsauffassung unter diesem Gesichtspunkt kritisch zu würdigen haben. Das gilt von der Neigung, den eigentlichen Kern des Rechtsstaats mehr und mehr allein in der Justizförmigkeit, d. h. im Ausbau gerichtlichen Rechtsschutzes, zu erblicken. Dabei wird nicht nur der beträchtliche Wert eigener Kontrollen der Rechtmäßigkeit innerhalb der Verwaltung selbst unterschätzt, sondern auch die Bedeutung verkannt, die schon einer von der Achtung vor der Persönlichkeit und dem Streben nach sozialer Gerechtigkeit geleiteten Gesetzgebung selbst zukommt. Die Tragweite des Rechtsstaats reicht über den Bereich des Rechtsschutzes hinaus. Die Fragen des sozialen Rechtsstaates, die den Ausgleich zwischen den Bürgern und ihre Teilhabe an staatlichen Leistungen zum Gegenstand haben, verlangen vorwiegend eine gesetzgeberische Lösung und entziehen sich jurisdiktioneller Bewältigung[15]. Zum anderen darf aber das Element der Mäßigung als Grundbestandteil des Rechtsstaates nach jeder Richtung hin nicht außer acht gelassen werden. Es besitzt auch für die Ausgestaltung rechtsstaatlicher Einrichtungen und Verfahren selbst Geltung. Wo die Kontrollen im Übermaß gehäuft werden, wo die Maßstäbe individuellen Schutzes bis auf unwesentliche Nebenfragen erstreckt werden, da werden die großen personalen Werte, um die es sich im Grunde handelt, eher verdunkelt als geschwächt. Die Veränderung administrativen Ermessens führt nicht notwendig zu größerer individueller Freiheit, sondern zuweilen in die ärgere Tyrannei einer uniformierten und unbeweglichen Egalisierung, in der die Verwaltung individuelle Fälle nur mehr schematisch behandeln kann[16]. Die Kraft des Rechtsstaatsgedankens kann nur bewahrt werden, wenn er stets auf seine tragende Grundlage in der Stellung der Einzelpersönlichkeit und ihrer Freiheit zurückgeführt wird und

---

[14] Vgl. hierzu *Hans Huber*, Niedergang des Rechts und Krise des Rechtsstaats, in: Festgabe Giacometti, 1953, S. 39 ff.; *ders.*, Das Recht im technischen Zeitalter, 1960, S. 4; *M. Imboden*, Gestalt und Zukunft des schweizerischen Rechtsstaats, 1960, S. 13 ff. Ferner meine Ausführungen: Die Aufgabe der Gesetzgebung in unserer Zeit, in: Mitt. der Kommunalen Gemeinschaftsstelle für Verwaltungsvereinfachung 1960 = DÖV 1960, S. 601 - 611 (abgedruckt in *diesem* Bande als Beitrag Nr. 21).

[15] Vgl. hierzu *Reuß*, in: Reuß / Janz, Sozialstaatsprinzip und soziale Sicherheit 1960, S. 9, 16 ff. Siehe auch BVerfGE 1, S. 104.

[16] Es entspricht dieser Erkenntnis, wenn das BVerfG (Bd. 7, S. 129, 154) die Einräumung auch eines weiten Ermessensspielraums für zulässig erklärt (siehe dagegen aber die gegen übermäßige Ermessensgewährung gerichteten Urteile BVerfGE 7, S. 282, 302 und 8, S. 71, 76).

die Fähigkeit zur Unterscheidung zwischen einer bürgerlichen Freiheit und einem anarchischen Individualismus erhalten bleibt.

Erscheint es auch geboten, stärker als bisher in der deutschen Rechtslehre die notwendige Verbindung des Rechtsstaats mit einer freiheitlichen politischen Ordnung zu betonen[17] und die grundlegenden personalen Werte, in deren Zeichen die Rechtsstaatsidee steht, über allen einzelnen Folgerungen aufleuchten zu lassen, so wird man den Ausbau der rechtsstaatlichen Einrichtungen in der gegenwärtigen Rechtsordnung der Bundesrepublik, gerade auch im Verfassungsrecht, als eine wesentliche Verstärkung gegenüber dem Stande noch unter der Weimarer Verfassung ansehen dürfen. Das gilt nicht nur im Hinblick auf die Verbreiterung des Rechtsschutzes (Art. 19 Abs. 4 GG), sondern vor allem für die erhöhte Wirkungskraft der grundrechtlichen Sicherungen und ihre Einwirkung auf den gesamten Bereich von Rechtsprechung und Verwaltung (Art. 1 GG) wie für die wachsende rechtliche Durchformung der Verwaltung selbst. Auch der politische Aufbau des Staatswesens ist hierbei von Bedeutung. Demokratie und Rechtsstaat sind keine Gegensätze, sie bedingen und stützen einander[18]. Die rechtsstaatliche Mäßigung bewahrt den demokratischen Staat davor, der Gefahr einer Radikalisierung des aktuellen Mehrheitsentscheides oder einer Verabsolutierung des Gleichheitssatzes — die notwendig weitgehenden Zwang und Unfreiheit beinhalten müßte — zu erliegen[19]. Je stärker daher das heutige deutsche Verfassungsrecht die Züge eines gemäßigten, auf der Freiheit seiner Bürger aufgebauten Staates trägt, desto sicherer erscheinen auch die Fundamente des Rechtsstaats gelegt.

Dabei wird man davon ausgehen können, daß die Rechtsstaatsidee keine unabänderlichen Züge aufweist. Wie jede bedeutende und dauerhafte geistige Vorstellung können sich die Einrichtungen und Gestaltungsformen wandeln, die für ein Zeitalter die rechtsstaatliche Ordnung verkörpern[20]. Wo liegen die entscheidenden Momente des Rechts-

---

[17] Auf die Voraussetzung des Rechtsstaates in einem bestimmten Verfassungsbilde macht auch *Friesenhahn* (Recht, Staat, Wirtschaft, Bd. 2, 1950, S. 242) aufmerksam. Der Rechtsstaat, so führt er zutreffend aus, setzt den Verfassungsstaat ebenso voraus, wie Gewaltenteilung und ein durch die Volksvertretung (oder das Volk) beschlossenes Gesetz.

[18] So mit Recht *K. von Orelli*, Das Verhältnis von Demokratie und Gewaltenteilung und seine Wandlungen insbes. im schweizerischen Bunde, 1947, S. 44 f., 49 ff., der besonders auf die übereinstimmende Anthropologie (Glaube an die Entwicklungsmöglichkeit und die guten Anlagen des Menschen) von demokratischer und rechtsstaatlicher Idee aufmerksam macht. Ebenso *Imboden*, S. 6/7; *R. Bäumlin*, Die rechtsstaatliche Demokratie, 1954, S. 49 ff.

[19] Zu dieser Gefahr *W. Kägi*, Die Verfassung als rechtliche Grundordnung des Staates, 1945, S. 153 ff.; *ders.*, Zur Entwicklung des schweizerischen Rechtsstaats, in: Hundert Jahre Schweizerisches Recht, Jubiläumsgabe der Ztschr. f. Schweiz. Recht 1952, S. 205.

staats? Auch in der Gegenwart hören wir darauf keine einhellige Antwort. Macht den Kern eines rechtsstaatlichen Aufbaus, so wie es eine formale Rechtsstaatslehre meint, die Gesetzmäßigkeit der Vollziehung aus[21]? Oder ist das materiale, auf die Verwirklichung der Gerechtigkeit gerichtete Ziel des Staates maßgebend[22]? Liegt das Grundelement des Rechtsstaats im Schutz individueller Freiheit und einer Begrenzung der Staatsziele[23]? Oder ist endlich die Verwirklichung des Gedankens vor allem in der Justizförmigkeit, in der Gewährung umfassenden Rechtsschutzes zu erblicken[24]? In allen diesen Umschreibungen der Rechtsstaatsidee werden Elemente seiner Erscheinung angesprochen oder Voraussetzungen seiner Geltung bezeichnet. Das Nebeneinander verschiedener Auffassungen und die oft sehr allgemeine Verwendung des Rechtsstaatsbegriffes zur Begründung bestimmter rechtlicher Forderungen zeigen, daß auch in der Gegenwart noch eine sehr große Spannweite des Begriffes besteht. In der Tat zeigt auch ein Blick auf die Geschichte des Rechtsstaats, wie sehr sich im Laufe der Zeit die Anschauungen gewandelt haben und auch heute noch in Veränderung begriffen sind, während über viele der praktischen Konsequenzen aus dem Prinzip eine viel weitgehendere Einigkeit besteht. Er erscheint daher richtig, in einem Ausblick auf die historische Entfaltung des Gedankens den Weg zu seinen wesentlichen Zügen freizulegen.

II. Herkunft und Ausgestaltung des Rechtsstaats im XIX. Jahrhundert

Der Begriff des Rechtsstaats tritt erst um die Wende des 19. Jahrhunderts hervor. Wenn wir, wie noch darzulegen sein wird, in dem Gedanken der rechtlichen Bindung und Mäßigung der Staatsmacht und des Schutzes der persönlichen Freiheit den Kern der Rechtsstaatsidee erblicken können, so reichen die geistigen Wurzeln dieser beiden Hauptanliegen auf sehr viel ältere und weitere Vorstellungskreise der Staatslehre zurück, die sich bis zur Antike und zum Mittelalter zurückverfolgen lassen. Die Beugung des Herrschers unter das Recht gehört ebenso

[20] Auf diese Wandlungen weist für den englischen rule of law hin *Sir Carleton Kemp Allen,* S. 22. Vgl. auch *Apelt* für die deutsche Entwicklung VVDStRL 12, S. 108.

[21] Vgl. z. B. *Thoma,* JöR 1910, S. 214 und für die österreichische von der reinen Rechtslehre berührte Auffassung *Antoniolli,* Allgemeines Verwaltungsrecht, 1954, S. 51, 102.

[22] Im Sinne einer solchen unvermeidlich unbestimmten Deutung des Rechtsstaates vgl. *Darmstaedter,* Die Grenzen der Wirksamkeit des Rechtsstaates, 1930, S. 129 ff.

[23] Vgl. auch hierzu *Darmstaedter,* S. 7 ff. und kritisch *Bäumlin,* S. 58.

[24] In dieser Richtung etwa *Fleiner,* Verwaltungsrecht, 8. Aufl., 1928, S. 37. Vgl. auch die Betonung dieses Moments bei *Friesenhahn,* S. 267.

wie der Gedanke der Freiheit zu den Grundelementen politischen Denkens seit dem Altertum. Schon bei *Aristoteles* lesen wir, daß nicht Menschen, sondern die Vernunft (logos) herrschen solle[25]. In der mittelalterlichen Welt hat der Gedanke, daß der Herrscher nicht nur vom Gesetze gelöst ist, sondern auch wiederum sub lege steht, einen festen Platz[26]. Aus der Pflicht des Herrschers, das Recht zu schützen, entwikkelt sich im späteren Mittelalter die Auffassung, daß er an die Fundamentalgesetze seines Landes gebunden ist[27], ein Ansatz, der freilich in den absoluten Monarchien des kontinentalen Europas nicht weiter zur Entfaltung gelangte, aber grundlegende Bedeutung im angelsächsischen Bereich gewann[28]. Die Weiterbildung dieses Ideenkreises führt zu den für das moderne Verfassungsrecht so einflußreichen Thesen *Lokkes,* daß alle Herrschaft nur ein beschränkter Auftrag (trust) ist, der nach „promulgated standing laws" erfüllt werden soll[29].

In einem verwandten Sinne geht schon die ältere Zeit davon aus, daß eine gemischte Verfassung die Staatsmacht beschränke und stellt der rechtlich geordneten „temperierten" Herrschaft die schrankenlose Despotie der Tyrannis gegenüber[30]. Im 18. Jahrhundert entspringt dieser

[25] Eth. Nicom. 1134 a in fine. Dieser Gedanke ist immer wieder aufgegriffen worden. Wir begegnen ihm in der Zeit der englischen Kämpfe des 17. Jahrhunderts (vgl. *J. W. Gough,* Fundamental Law in English Constitutional History, 1955, S. 137) wie auch noch in der Verfassung von Massachusetts vom 25. 10. 1780 Teil I Art. 10: „... to the end it may be a government of laws and not of men". (Text in *Perry / Cooper,* Sources of our liberties, 1959, S. 378.) Vgl. auch *Imboden,* S. 7.

[26] Zu der Verbindung, in der die Stellung des Herrschers supra legem zu dieser Rechtsbindung des Fürsten erscheint, siehe die tiefdringenden Ausführungen bei *Ernst H. Kantorowicz,* The King's Two Bodies, 1957, S. 143 ff. Dort S. 163 der Satz aus dem Urteil Humphrey of Bohun v. Gilbert of Clare (1282): „dominus rex qui est omnibus et singulis de regno suo iusticie debitor". Vgl. ferner die Anklage gegen Richard II. durch das Parlament (1399): „Item, idem rex nolens justas Leges et Consuetudines Regni sui servare et protegere, set secundum sue arbitrium Voluntatis facere quicquid desiderium ejus ocurrerit ..." (*E. C. Lodge* und *G. A. Thornton,* English Constitutional Documents 1307 - 1485, 1935, S. 28). Dazu *B. Wilkinson,* Constitutional History of Medieval England 1216 - 1399, Bd. 2, 1952, S. 294.

[27] Hier mag hingewiesen werden auf die bei *Nicolaus Cusanus* (Concordantia Catholica III, 12) zu findende Äußerung, daß dem Regenten im Einvernehmen mit den Ständen obliegt „cuncta universalia rempublicam tangentia statui et ordinari" und der executor dieses Rechts zu sein: „quoniam est ipsa constitutio regula secundum quam subiecti potestatem regis ordinatam esse volunt".

[28] Zur Ausgestaltung der Bindung des Herrschers an fundamentale Gesetze siehe *J. W. Gough,* S. 40 f., 66 ff.; ferner *M. A. Judson,* The Crisis of the Constitution 1603 - 1645, New Brunswick 1949, S. 55 f., 99 ff.

[29] On Civil Government, Teil II §§ 136, 139. Dazu *J. W. Gough,* Locke's Political Philosophy, 1950, S. 143 ff.

[30] So die Gegenüberstellung des rex politice imperans, der sich an das Gesetz bindet, und des Tyrannen bei *Sir John Fortesue,* De Laudibus Legum Angliae (1471), *Ed. Chrimes,* 1949, Cap. 9.

Richtung dann das Prinzip der Gewaltenteilung als eines Mittels zur Mäßigung der politischen Gewalt im Interesse der persönlichen Freiheit[31].

Eine dritte, gleichfalls weit zurückreichende Überlieferung stellt der Staatsmacht die hergebrachte Freiheit der Bürger gegenüber, die herrscherlicher Willkür Schranken setzt und als Freiheit im Recht[32] geschützt ist[33]. Die Verbindung, die diese Verteidigung einer naturrechtlich gegebenen natürlichen Freiheit des Menschen eingeht, wird zum Ansatzpunkt der Idee der natürlichen Rechte, die in den frühen Charters der amerikanischen Kolonien aufgenommen wird und die wiederum für die angelsächsische Welt durch *Locke* maßgeblich formuliert wird[34]. Für das 18. Jahrhundert wird dann die Freiheit in der westlichen Anschauung Grenze und Ziel des Staates. Ihr dient auch das Prinzip der Gewaltenteilung und das Bild des gemäßigten Staates. Mit diesen Tendenzen und Forderungen der aufklärerischen Staatsphilosophie ist der Umkreis der verfassungsrechtlichen Prinzipien schon im wesentlichen bezeichnet, der die Grundlage der rechtsstaatlichen Entwicklung abgibt. In den am Ausgang des 18. Jahrhunderts in den Vereinigten Staaten und in Frankreich geschaffenen Verfassungen finden sich diese Elemente — Gewaltenteilung, Grundrechte und Schutz der individuellen Freiheit, Betonung des Gesetzes[35] — zu dem Bilde des Verfassungsstaates zusammen, der bis zur Gegenwart die Voraussetzung des Rechtsstaates darstellt.

Die der Rechtsstaatsidee entsprechende Vorstellung des „rule of law" hat sich in England in ihren Grundzügen, die Elemente des common law mit den Sätzen der Bill of Rights und anderen Gesetzen aus der Zeit des Kampfes gegen das „arbitrary government" vereinigen, schon in der Zeit der Aufklärung befestigt[36]. Der Kern der englischen Vorstellung

[31] Zur freiheitsfördernden Bestimmung der Gewaltenteilung siehe *Imboden,* Die Staatsformen, 1959, S. 53 ff.; *ders.,* Montesquieu und die Lehre der Gewaltentrennung, 1959, S. 14 ff.

[32] Mittelalterliche Freiheit ist niemals Freiheit von rechtlicher Bindung, sondern stets in einem status wurzelnde Stellung. Vgl. *O. Brunner,* Land und Herrschaft, 4. Aufl. 1959, S. 137 f.

[33] Zum Gedanken der säkularen Freiheit im mittelalterlichen Leben siehe jetzt *H. Grundmann,* HZ 183 (1957), S. 23 ff.

[34] Civil Government, Teil II §§ 131, 138 und dazu *J. W. Gough,* Locke's Political Philosophy, 1950, S. 24 ff.

[35] Die französische Verfassung v. 3. 9. 1791 begrenzt den Staatszweck auf die Erhaltung der Menschenrechte (Art. 2), verkündet, daß ein Staat ohne Grundrechte und Gewaltenteilung „n'a point de constitution" (Art. 16), d. h. kein gemäßigter Staat ist, und erkennt das Gesetz als Ausdruck des allgemeinen Willens an (Art. 6). Die amerikanische Verfassung v. 17. 7. 1787 behandelt in strenger Scheidung die drei Gewalten (Art. 1 - 3) und nennt in der Präambel u. a. „justice" und „the blessings of liberty" als Ziel des Staates.

[36] Seine lange Zeit hindurch verbindliche Deutung hat dieser Begriff frei-

liegt im Gedanken der persönlichen und politischen Freiheit, die auf das engste miteinander verbunden sind[37]. Denn individuelle Freiheit kann nur in einem „liberalen" Staate bestehen, in dem politische Mitbestimmung des Volkes, Freiheit der öffentlichen Meinung und Presse und die Anerkennung einer politischen Opposition verbürgt sind[38]. Von dieser Grundlage aus ergeben sich die maßgeblichen Einzelzüge des rule of law, die in England lediglich positiven Einzelgesetzen anvertraut oder als Regeln des common law anerkannt sind. Neben der Betonung der individuellen Freiheiten (persönlicher Schutz, Freiheit des Gedankens und der Presse usw.) und der Gleichheit legen das englische wie das amerikanische Recht[39] dabei aus geschichtlicher Überlieferung besonderes Gewicht auf einen ausgebauten Schutz durch allgemeine Gerichte, heute freilich ohne die *Dicey*'sche Tendenz einer Ablehnung spezieller Verwaltungsgerichte[40].

In den kontinentalen Staaten vollzog sich die Entwicklung langsamer. Trotz des Eindringens aufklärerischer Ideen, die etwa zu einer Ablehnung unmittelbarer Richtersprüche des Souveräns (Machtsprüche) führten[41] und das Bild des gemäßigten Staates als Maßstab auf-

---

lich erst durch *A. V. Dicey*, The Law of the Constitution (1. Aufl. 1885) erfahren, dessen Auffassung — insbesondere seine Abneigung gegen jedes „administrative law" als unenglisch und autoritär — heute rasch zurücktritt. Vgl. *Sir Ivor Jennings*, The Law and the Constitution, 3. Aufl., Reprint 1948, S. 53 ff., 289 ff.; *W. Friedmann*, Law in a Changing Society, 1959, S. 490; *S. A. de Smith*, Judicial Review of Administrative Action, 1959, S. 9 f. Dabei betont *Jennings* (S. 46), daß der rule of law in England seit 1689 existiert.

[37] Vgl. *Jennings*, S. 47, 59.

[38] Die englische Auffassung betont mit Recht, daß die bloße Forderung einer verbindlichen rechtlichen Ordnung für den rule of law nicht ausreicht, weil eine „Gesetzlichkeit" für jeden Staat gilt (vgl. zur Gesetzlichkeit im kommunistischen System jetzt *O. Kirchheimer*, AöR 85 [1960], S. 34 ff.). Ein materialer, politischer Begriff des rule of law, so bemerken es moderne englische Autoren, läßt sich, wenn auch überhaupt als eine stets vage Idee, nur für ein demokratisches Staatswesen entwickeln. So *Jennings*, S. 59/60; *Friedmann*, S. 491 und *ders.*, Law and Social Change in Contemporary Great Britain, 1952, S. 282 f. Ich darf ferner verweisen auf eigene Ausführungen in „Begriff und Entwicklung des Rechtsstaats", in: Macht und Recht, Beiträge zur lutherischen Staatslehre der Gegenwart. Hrsg. v. *Dombois*, 1956, S. 83 f.

[39] Der Unterschied der beiden Systeme, in der Existenz einer starren Verfassung und eines richterlichen Prüfungsrechts in den USA begründet, ist hier nicht näher zu entwickeln. Siehe *W. Friedmann*, Law and Social Change, S. 491 ff.

[40] Dieser Zug wird besonders erkennbar in dem der amerikanischen Lehre angehörenden ursprünglich verfahrensrechtlichen Begriff des Due Process of Law, der sich später zu einer inhaltlichen Schutzformel für fundamentale Rechte im substantive due process entwickelt hat. Vgl. *E. Dumbauld*, The Bill of Rights and What it Means Today, 1957, S. 90 ff.; *R. Deppeler*, Due Process of Law, Bern 1957, S. 20 ff., 55 ff.

[41] Vgl. *J. J. Moser*, Abhandlung von den Kaiserlichen Machtsprüchen, Frankfurt 1750; *Eb. Schmidt*, Rechtsprüche und Machtsprüche der preußischen Könige des 18. Jahrhunderts, 1943.

tauchen ließen[42], war der deutsche Fürstenstaat des 18. Jahrhunderts in seinen Grundanschauungen noch weit entfernt von einer Bindung an Gesetzmäßigkeit und einer Gewähr individueller Rechte. Der Weite seiner auf Beförderung der allgemeinen „Glückseligkeit" gerichteten Ziele[43] entsprach eine Administration, in der weite und ungebundene Vollmachten und Aufträge für Beamte, nicht aber Gesetze bestimmend waren. Der Rechtslehre kannte zwar den Begriff der bürgerlichen Freiheit der Untertanen, verstand darunter aber nur das nach der Unterwerfung unter die Regierungsgewalt verbleibende Residuum der natürlichen Freiheit[44]. Erst am Ende dieser Geschichtsperiode traten Ansichten hervor, die man als Ansätze rechtlicher Beschränkung staatlicher Macht erkennen kann. Das gilt von der Lehre einer Begrenzung der Staatszwecke auf den engeren Bereich der Sicherheit und des Schutzes des Rechts, wie sie bei dem Verfasser des Preuß. ALR erkennbar wird[45]. Hierher gehört auch die strenge Betonung eines rechtlich geordneten Verfahrens namentlich in Strafsachen und das Aufkommen des Grundsatzes „nulla poena sine lege"[46].

---

[42] Siehe die Äußerung des preußischen Staatsministers und Präsidenten der Akademie der Wissenschaften *Grafen von Hertzberg* in seiner Rede vom 1. 10. 1789 „Abhandlung über das dritte Jahr der Regierung Friedrich Wilhelms II.", wo die preußische Monarchie eine „gemäßigte Regierung" genannt wird (S. 2).

[43] Zu diesem Staatsziel siehe *Achenwall*, Ius naturae, 5. Aufl., Pars II, 1763, §§ 102, 103; *Carl von Dalberg*, Von der Erhaltung der Staatsverfassungen, 1795, S. 8 („wahre Glückseligkeit" als Endzweck jeder Staatsverfassung).

[44] Siehe *Achenwall*, § 107. Wie blaß diese bürgerliche Freiheit ausfällt, zeigt freilich der Rat dieses Autors (§ 202), der Untertan, der Unrecht von seinem Fürsten erleide, möge mit bescheidenen Vorstellungen dagegen angehen, sonst aber lieber auswandern als durch Beschwerden die öffentliche Ruhe stören. Es mildert diesen Rat freilich, daß tatsächlich der deutsche Untertan damals oft nur ein paar Meilen zu wandern hatte, um die Grenzen seines Territoriums zu überschreiten.

[45] Hier ist vor allem hinzuweisen auf die Vorträge von *Svarez* beim Kronprinzen 1791/92 (Vorträge über Recht und Staat. Hrsg. v. *Conrad*, Wiss. Abhandlungen der Arbeitsgemeinschaft für Forschung des Landes Nordrhein-Westfalen 10, 1960 S. 8/9). Dagegen wäre es irrig, aus der späteren Verwendung des § 10 II 17 ALR im Sinne eines engeren Polizeibegriffes Rückschlüsse auf entsprechende Tendenzen des Gesetzes zu ziehen. Vgl. hierzu jetzt die eingehende Untersuchung von *G. Kleinheyer*, Staat und Bürger im Recht (Bonner Rechtsw. Abh. 47), 1959, S. 114 ff.

[46] Siehe die Äußerungen von *Svarez* gegen Machtsprüche, Vorträge, S. 428/29 und dazu *Kleinheyer*, S. 112 f., 145 f. Als 1794 Kaiser Franz in Wien zur Aburteilung der „jakobinischen" Umtriebe einiger Wiener Kreise ein Sondertribunal einsetzte, reichte der stellvertretende Präsident der obersten Justizstelle *Frhr. von Martini* ein Votum vom 15. 10. 1794 ein, in dem er einer solchen Maßnahme widersprach. Das wird mit der Gefahr eines Abgehens „vom ordentlichen Wege Rechtens", mit dem „Schutz des Gesetzes" begründet, der jedem Verbrecher zustehe, und mit dem bei einem Sondergericht eintretenden Verlust sonst zustehender Rechtsmittel. Kaiser Franz gab nach und überwies den Prozeß dem normalen Wiener Criminalgericht. Vgl. *Ernst*

Auf die Fortbildung der Anschauungen hat sicherlich die Philosophie *Kants* einen Einfluß geübt. Hier finden wir eine Begrenzung der Staatszwecke, eine Unterwerfung des Staats unter Rechtsgesetze[47], die Hervorhebung der Freiheit und Gleichheit der Bürger als Grundlage des Staates[48], die Gegenüberstellung des gewaltenteilenden Staates zur Despotie[49]. Der Aufbau des Staates vom Gedanken der sittlichen Freiheit des Einzelmenschen her mußte um so eindringlichere Wirkung ausüben, als er den Charakter einer allgemeinen Forderung des Rechts trug[50]. Die philosophische Freiheitsidee hat vor allem Theorien über die Beschränkung des Staates auf die Verfolgung des Rechtszweckes hervorgerufen[51]. Die weitere politische Wendung in der Richtung auf den Verfassungsstaat, in deren Rahmen der Begriff des Rechtsstaates zuerst hervortritt, entstammt der allgemeinen konstitutionellen Bewegung des Frühliberalismus. Das läßt sich vor allem bei *R. von Mohl* beobachten. Für ihn ist der Rechtsstaat einfach der Typ des neueren Staates, der, aus dem Vertrage der einzelnen abgeleitet, seine Wirksamkeit im Interesse der Freiheit der Individuen beschränkt, genaue Gesetze erläßt und Gerichte zum Schutz des Untertanen bereitstellt[52]. Für diesen Charakter des Staates ist die Verfassung bestimmend, deren Grundsätzen auch die Anstalten der Verwaltung unterstehen müssen. So mündet bei *Mohl* rechtsstaatliche Auffassung in die allgemeine Bahn des Verfassungsstaates ein[53]. Eine politische Konzeption, die unter dem Gedanken des Rechtsstaats den ganzen Aufbau des Staates ins Auge faßt, finden wir auch bei *Lorenz von Stein*. Klingt schon bei *Mohl* der Unterschied von Staat und Gesellschaft an, so wird er für *Stein* grundlegend. Ihm geht es im letzten Ende darum, im Staate die Selbstbestimmung der Bürger, die freie Entfaltung der gesellschaftlichen Kräfte zur Geltung zu brin-

---

Wangermann, From Joseph II to the Jacobin Trials, Oxford 1959, S. 160 ff. (Text der Eingabe Martinis dort S. 188 ff.).

[47] Metaphysik der Sitten (Philos. Bibl. 47, Neudruck 1959), § 45.

[48] § 46; Zum Ewigen Frieden, Kleinere Schriften (Philos. Bibl. 47 I, Neudruck 1959), S. 128 ff.

[49] Zum Ewigen Frieden, S. 128.

[50] Über *Kants* Bedeutung vgl. *R. v. Mohl*, Die Geschichte und Literatur der Staatswissenschaften, Bd. 1, 1855, S. 241 f.

[51] Gegen diese Auffassung wendet sich *Mohl*, Das Staatsrecht des Kgr. Württemberg, Bd. 1, 1829, S. 11, Anm. 4; System der Präventiv-Justiz und der Rechts-Polizei, 1834, S. 15. Der Staat sei nicht auf Rechtswahrung beschränkt, sondern habe auch vorzubeugen.

[52] Staatsrecht des Kgr. W., Bd. 2, S. 3 ff.; Gesch. u. Literatur der Staatsw., S. 230. Bei *Aretin / Rotteck*, Staatsrecht der constitutionellen Monarchie, 2. Aufl., Bd. 2, 1838, S. 198 wird zum Rechtsstaat die Gewaltenteilung und die Stellung der Volksvertretung gerechnet.

[53] Es werden bei *Mohl* (Staatsrecht, Bd. 2, S. 24) Reste unumschränkter Herrschaft in der Verwaltung und ältere „hausherrliche Ansichten" als unvereinbar mit dem Rechtsstaat bezeichnet.

gen, die als System der „freien Verwaltungskörper" (Selbstverwaltung und Verbandswesen) in das Ganze sich einfügen[54]. Ohne daß überhaupt der Rechtsstaat für *Stein* ein zentraler Begriff genannt werden kann, möchte er die Verwaltung, deren eigene gestaltende Selbständigkeit er im Begriff der Vollziehung, d. h. der leitenden Verwaltung (einschließlich der Verordnung), erfaßt, dem Gesetz als dem Ausdruck der freien Selbstbestimmung des Volkes unterstellen[55]. Aus einem solchen Staatsbilde, in dem die Entfaltung der autonomen Freiheit des Einzelnen den Ausgangspunkt bildet und in dem Staat und gesellschaftliche Kräfte nicht einen Gegensatz, sondern eine Ergänzung bedeuten, ergeben sich die praktischen rechtsstaatlichen Folgerungen, Rechtsschutz[56], Verantwortlichkeit des Staates (nicht des Beamten)[57], die Selbstverwaltung der freien Verwaltungskörper[58] von selbst. Im Ganzen also ein Bild des Zusammenwirkens staatlicher Organisation und gesellschaftlicher Kräfte.

In den Zusammenhang einer Auffassung vom Rechtsstaat, die den Blick auf das Ganze der staatlichen Erscheinung richtete, gehört auch *R. v. Gneist*. In der herkömmlichen Darstellung wird er nur als Vertreter der besonderen Verwaltungsgerichtsbarkeit gegenüber den justizstaatlichen Tendenzen *Bährs* angeführt. Diese Kennzeichnung ist indes zu eng. Sie wird der eigentlich politischen Grundhaltung seines Lebenswerkes nicht gerecht[59]. Auch für *Gneist* stand die Unterscheidung und zugleich Verbindung und Versöhnung von Staat und Gesellschaft im Mittelpunkt seiner politischen Anschauung[60]. In der Einfügung der

---

[54] Verwaltungslehre, 2. Aufl. 1869, Bd. I, 1, S. 25 ff., 294 ff.; Bd. II, S. 5 ff., 27 ff., 148 ff. Besonders deutlich treten die Grundlinien in seinem Spätwerk hervor: HB der Verwaltungslehre, 3. Aufl. 1887, wo die Einheit von Verfassung und Verwaltung betont wird (S. 27) und in Selbstverwaltung und Vereinswesen der Ausdruck selbstbestimmter Kräfte der Gesellschaft gefunden wird (S. 67 ff.). Im Grunde ist dieser Gedanke schon in der Schlußbemerkung zu seinem Jugendwerk „Der Socialismus und Communismus des heutigen Frankreichs, 1842" (S. 446) lebendig, wo es heißt, daß nicht mehr der Staat die Gesellschaft, sondern diese den Staat durch ihre Entwicklung bedinge.

[55] Verwaltungslehre, Bd. I, 1, S. 82 ff.

[56] Bd. I, S. 440 ff.

[57] Bd. I, S. 368 ff.

[58] Bd. II, S. 148 ff.

[59] Die übliche Auffassung der Entwicklung stützt sich auf die Behandlung bei *O. Mayer* (Verwaltungsrecht, 2. Aufl., Bd. 1, S. 38 ff., 60 ff.), die indes erheblicher Korrekturen bedarf. Schon der Begriff des Polizeistaates ist überholt. Mit ihm läßt sich der aktive, auf allgemeine Wohlfahrt gerichtete spätabsolutistische Staat mit seinem bereits weitausgebauten Rechtsschutz für wohlerworbene Rechte nicht erfassen. Als zeitgenössische Äußerung gegen diesen im Liberalismus aufgekommenen Begriff siehe *H. Zoepfl*, Grundlagen des allg. Staatsrechts, 3. Aufl. 1846, S. 56 f. Richtig über Gneist *R. Thoma*, JöR 1910, S. 209 ff.

[60] „Die Verfassung des Staates ist seine organische Verbindung mit der Ge-

Gesellschaft zu tätiger Mitwirkung im Staate, im Ehrenamt des Bürgers in der Verwaltung erblickte *Gneist* den entscheidenden Schritt zur Verwirklichung eines Rechtsstaates, in dem nicht ein abgeschlossenes, zentral geleitetes Beamtentum allein, das der Lenkung durch ein Parteiregime ausgesetzt sein könnte, sondern die Kräfte der ganzen Gesellschaft bestimmend waren[61]. Der Rechtsstaat hing bei *Gneist* also mit der gesamten Verfassungsstruktur zusammen. Offenbarte doch für ihn gerade die Zeit der preußischen Reaktion nach 1849 deutlich, daß konstitutionelle Einrichtungen wie auch brauchbare Verwaltungsinstitutionen nicht zureichten, um den Mißbrauch durch ein Parteiregiment zu verhüten[62]. Ihre Ergänzung durch ein System der Selbstverwaltung bildete daher seine Forderung. Es entspricht dieser Grundeinstellung von *Gneist,* daß es ihm in erster Linie auf die Einbeziehung eines ehrenamtlichen Laienelements in die Verwaltung ankam. Für die von ihm geforderte Rechtskontrolle — neben der er in weitestem Umfang von der Ministerverantwortlichkeit bis zur öffentlichen Meinung auch die politischen Kontrollen würdigte — genügte es ihm daher, wenn das ältere System der unzulänglichen Administrativjustiz aufgegeben und in den unteren Instanzen Kollegialbehörden (Kreis- und Bezirksausschüsse in Preußen) als entscheidende und zugleich gerichtliche Instanzen eingerichtet wurden[63]. *Gneist* wird mit Recht als Verfechter einer gesonderten Verwaltungsgerichtsbarkeit gegenüber der Übertragung kontrollierender Funktionen auf die bestehenden ordentlichen Gerichte in Anspruch genommen[64], aber er betrachtete den Rechtsschutz nie als alleinige und isolierte Lösung[65]. Die Gewähr guter Verwal-

---

sellschaft" (Rektoratsrede „Die Eigenart des preußischen Staates", 1873, S. 23). In dieser Hinsicht verkennt auch die sonst treffliche Darstellung der deutschen und schweizerischen Theorien des Rechtsstaats von *Garzoni,* Die Rechtsstaatsidee im schweizerischen Staatsdenken des 19. Jahrhunderts, 1952, S. 87 ff. *Gneist,* indem sie ihn zu den Vertretern eines formalen Rechtsstaatsgedankens rechnet. Das ist für *Stahl* und *Bähr,* aber nicht für *Gneist* haltbar.

[61] Vgl. Verwaltung, Justiz, Rechtsweg 1869, S. 86 ff., 186 ff.; Der Rechtsstaat, 2. Aufl. 1879, S. 278 ff.

[62] Vgl. Verwaltung, Justiz, Rechtsweg, S. 184 ff.; Rechtsstaat, S. 157, 216 ff., 229 ff., 247 ff., 291. Verhandlungen des 12. DJT (1875), Bd. 2, S. 226. Es darf bemerkt werden, daß *Gneist,* der seit 1840 an der Berliner Universität lehrte, durch lange Verzögerung fester Anstellung selbst Zurücksetzungen erfahren hatte, die zwar auf die Haltung der Fakultät zurückgingen, aber wohl nicht ohne politische Gründe waren. Vgl. *Max Lenz,* Geschichte der Kgl. Friedrich-Wilhelms-Univ. zu Berlin, Bd. II, 2, 1918, S. 124, 283 ff., 325.

[63] Rechtsstaat, S. 292 ff. mit Betonung des Ehrenamts in kollegialen Behörden; Verhandl. d. 12. DJT, Bd. 2, S. 239.

[64] Rechtsstaat, S. 265 ff., 352 Anm. 62, 354 Anm. 63 a; Verhandl. d. 12. DJT (1875), Bd. 2, S. 231 ff.

[65] Vgl. seine Bemerkung in „Der Rechtsstaat", S. 330: „Der Rechtsstaat ist nicht Juristenstaat, welcher durch Arbeitsteilung sein Recht einem einzelnen Berufsstand auftragen könnte, während die übrige Gesellschaft ihrem Er-

tungseinrichtungen an sich und die Bedeutung guter Gesetze wird bei ihm nicht verkannt.

Die geschichtliche Entwicklung ist in Preußen und anderen deutschen Ländern *Gneist* weithin gefolgt. Sie schuf eine Verwaltungsgerichtsbarkeit als Teil der Verwaltung, als Mittel eigener, durch unabhängige Instanzen gewährleisteter Kontrolle der Verwaltung; sie ergänzte es durch die Einrichtung von kollegialen, mit Laien besetzten, weisungsfreien Spruchausschüssen für wichtigere Verwaltungsentscheidungen. *Gneist* war kein philosophischer Kopf und auch seine Vorstellungen vom Rechtsstaat tragen oft unbestimmte Züge. Aber sein praktischer Blick erfaßte mit besonderer Schärfe den unlösbaren Zusammenhang zwischen einer rechtsstaatlichen Verwaltung und dem Ganzen freiheitlicher Verfassungseinrichtungen. Darin liegt wohl auch eine Erklärung für seine starke Wirkung. Sein Eintreten für Zusammenarbeit und Verbindung von Staat und Gesellschaft entsprach der tatsächlichen Lage des konstitutionellen Staates, in dem der überlieferte Staatsapparat und die bürgerlichen Gruppen sich zusammenfanden[66].

Aus seinen Anschauungen läßt sich noch ein Weiteres erkennen. Der Rechtsstaat setzt ein gemäßigtes Staatswesen, nicht notwendig aber ein demokratisches Regime voraus. *Gneist* hat gezeigt, daß beim Fehlen demokratischer Elemente die Gefahr bestehen kann, daß in konsequenter Handhabung der nichtdemokratischen Momente einer Verfassung ein parteiisches Regiment mit unzureichenden rechtsstaatlichen Garantien errichtet werden kann, solange die Staatsleitung etwa über eine weite Verordnungsgewalt verfügt, die Unabhängigkeit der Gerichte nicht voll verbürgt ist oder die Grundrechte mangels richterlicher Kontrolle keine echte Wirksamkeit üben[67].

In der Tat vollzog sich in Rechtsetzung und Rechtsanwendung der Übergang zur vollen rechtsstaatlichen Ausgestaltung gerade während der entscheidenden Periode seines Wirkens, etwa zwischen 1850 und 1880. Die Entwicklung begann mit der Ablehnung der Administrativjustiz, jener seit dem 18. Jahrhundert aufgekommenen, aber erst im 19.

---

werb und Genuß nachgeht und in Vereinsrecht und Presse ihre Interessen organisiert."

[66] Vgl. über ähnliche Vorstellungen des Zusammenwirkens bei *Sybel Seier*, HZ 187 (1959), S. 106/07 und allgemein zu dieser Vereinigung des Beamtenstaats mit den bürgerlichen Kräften *Th. Schieder*, HZ 177 (1954), S. 59 ff.

[67] Siehe die ausführliche Darstellung der reaktionären Praxis bei *Gneist*, Rechtsstaat, S. 216 ff. Dieser Gedanke gehört auch nicht der Vergangenheit an. Bei der Beratung der Verwaltungsgerichtsordnung im Jahre 1959 hat sich der Abg. Dr. *Arndt* im Bundestag nachdrücklich für die Erhaltung der ehrenamtlichen Beisitzer in der Berufungsinstanz ausgesprochen und dabei auf die Anschauung der preußischen Gesetzgebung von 1883 berufen (Sten. Ber. BTg, 3. Wahlp., 89. Sitzung v. 11. 11. 1959, S. 4820 C).

Jahrhundert ganz entwickelten Vorstellung, daß die eigentlichen Gebiete der Verwaltung einer gerichtlichen Kontrolle nicht unterworfen sind, sondern nur einer internen Verwaltungsaufsicht unterliegen[68]. Gegen sie hatte schon die Frankfurter Nationalversammlung in ihrem Verfassungsentwurf (§ 182) Stellung genommen. Das Kernstück des Rechtsstaates, die strenge Bindung der Verwaltung an das Gesetz, hat in zwei Stufen seine Verwirklichung erfahren. In der älteren Periode, in der auch der Gesetzesbegriff noch konstitutionell auf die Formel „Freiheit und Eigentum" festgelegt, der sachliche Bereich der Gesetzgebung also begrenzt ist, wird die Verwaltung nur daran gebunden, nicht gegen bestehende Gesetze zu handeln, bleibt aber im Besitz ihrer älteren vorkonstitutionellen Ermächtigungen und Freiheiten[69]. Erst mit der zweiten Stufe gelangt die Ansicht zur Herrschaft, daß jeder Eingriff der Verwaltung sich auf gesetzliche Ermächtigung zurückführen müsse und daß die ältere Pflege der „Wohlfahrt" durch die Verwaltung nicht mehr statthaft ist[70]. Diese Entwicklung ist noch nicht mit der Einführung des konstitutionellen Verfassungssystems vollzogen, sie ist erst eine Frucht der strengeren Auffassung von Lehre und Praxis. In der preußischen Rechtsprechung setzt diese Ansicht sich schon in einzelnen Urteilen des Obertribunals durch, die eine nicht gesetzlich gestattete Subdelegation als Grundlage einer Verfügung nicht für ausreichend erklären[71] und den Satz aussprechen, daß die Gerichte prüfen dürfen, ob eine Verordnung von einer gesetzlich ermächtigten Behörde innerhalb der Grenzen ihrer gesetzlichen Delegation erlassen wurde[72]. Mit dem bekannten Kreuzbergurteil des Preußischen Oberverwaltungsgerichts vom 14. 6. 1882, das den Versuch des Berliner Poli-

[68] Ich kann hier auf die verwickelte Geschichte der Trennung von Justiz- und Verwaltungssachen nicht eingehen. Auch hier bedürfen die üblichen Darstellungen teilweise der Berichtigung. Die Entwicklung verläuft hier nicht geradlinig, sondern vielfach wird erst — zuweilen unter französischem Einfluß — im 19. Jahrhundert die gerichtliche Kompetenz mehr und mehr beschränkt, die bis dahin bei Behauptung eines erworbenen Rechts auch in Fragen der Verwaltung Zuständigkeiten besaß. Vgl. hierzu *Gneist*, Verwaltung, Justiz, Rechtsweg, S. 162 ff.

[69] Wo keine Verwaltungsgesetze bestanden, war darnach die Verwaltung noch weitgehend frei. Vgl. hierzu *O. Bähr*, Der Rechtsstaat, 1864, S. 63 f.

[70] *Thoma*, S. 212 schreibt die literarische Verbreitung dieser Ansicht erst *Laband* (1878) zu. Vgl. auch *Thoma*, Der Polizeibefehl im badischen Recht I, 1906, S. 98 ff. Die ältere Auffassung noch bei *Pözl*, Bayerisches Verfassungsrecht, 3. Aufl. 1860, S. 369/70. Nach ihm darf die Regierung nichts als Zweck verfolgen, was durch die Verfassung oder Gesetzgebung ausgeschlossen ist, und darf auch nicht durch Verfassung und Gesetz anerkannte (wohlerworbene) Verhältnisse verletzen, ist aber in der Wahl ihrer Mittel zur Ausführung ihrer Zwecke frei. Nur positivrechtlich untersagte Mittel sind ihr verwehrt.

[71] Pr. OTr., Urteil v. 1854, Entsch. Bd. 26, S. 136.

[72] Pr. OTr., Urteil v. 8. 5. 1865, Entsch. Bd. 55, Anh. S. 5.

zeipräsidenten, durch eine Berufung auf die weitere Umgrenzung der Staatsaufgaben in älteren Instruktionen (Instruktion für die Regierungen v. 3. 12. 1808) seine Verordnung über Baubeschränkungen zum Schutze des Kreuzbergdenkmals zu verteidigen, vereitelte und § 10 II 17 ALR als nunmehr im engeren Sinne der Gefahrenabwehr ausgelegte Grundnorm der polizeilichen Befugnisse einführte, setzt sich die neue Lehre endgültig durch[73]. Daß diese Lehre den Sieg errang, steht also in einem erkennbaren Zusammenhang mit der Einrichtung der Verwaltungsgerichte, die nun in der Lage waren, die gesetzlichen Grundlagen der Verwaltung schärfer zu prüfen. Auch jetzt freilich bleibt infolge der historischen Einengung des Gesetzesbegriffes und der Freilassung eines weiten Bereiches von Verwaltungshandlungen im Zeichen der Verwaltungsverordnung, der Anstaltsgewalt und ähnlicher Begriffe der Verwaltung noch ein, freilich zunehmend verengter, freier Bereich erhalten[74].

So kann die Entwicklung zum vollausgebildeten Rechtsstaat im letzten Viertel des 19. Jahrhunderts als abgeschlossen gelten. Es ist vielleicht kein Zufall, wenn auch durch die gleichzeitige positivistische Strömung der Rechtslehre mitbedingt, daß mit diesem Zeitpunkt die weiteren, politisch-verfassungsrechtlichen Aspekte des Rechtsstaats mehr zurücktreten und eine Neigung entsteht, den Rechtsstaatsbegriff formal im Sinne der Gesetzmäßigkeit der Verwaltung und des Rechtsschutzes zu verstehen. Sein Schwergewicht verlagert sich jedenfalls — wir haben früher *O. Mayers* Äußerung erwähnt — auf die Sphäre der Verwaltung. Für diese Entwicklung darf man auch den Einfluß von *Friedrich Julius Stahl* und von *Bähr* anführen. Mit seiner bekannten Definition des Rechtsstaats „Der Staat soll Rechtsstaat sein, das ist die Losung und ist auch in Wahrheit der Entwicklungstrieb der neueren Zeit. Er soll die Bahnen und Grenzen seiner Wirksamkeit wie die freie Sphäre seiner Bürger in der Weise des Rechts genau bestimmen und unverbrüchlich sichern und soll die sittlichen Ideen von Staatswegen, also direkt, nicht weiter verwirklichen (erzwingen), als es der Rechts-

---

[73] Pr. OVG 9, S. 353. Vgl. dazu *W. Jellinek*, Verwaltungsrecht, 3. Aufl. 1931, S. 424.

[74] Dieser — nicht nur in der Theorie *L. von Steins* — ursprünglich sehr weite Bereich für Verfügungen der Verwaltung ohne Gesetzesgrundlage, der Organisationsrecht (vgl. *Gneist*, Gesetz und Budget, 1879, S. 66 ff.), Beamtenrecht, Militär, Schule usw. umfaßte, ist fortschreitend durch die Theorie eingeengt worden, lebt aber noch heute im Begriff der Verwaltungsverordnung und des Gewaltverhältnisses fort. Nicht mit Unrecht hat *Imboden*, Das Gesetz als Garantie rechtsstaatlicher Verwaltung, 1954, S. 14 ff. diese Vorstellungen gesetzesfreier Zonen als Residuum älterer Rechtsanschauungen kritisiert. Es geht hier gewiß nicht um Ausdehnung gesetzlicher Perfektion, aber an Stelle der heutigen historisch-gewohnheitsrechtlichen Grundlage könnte ebensowohl eine — hinreichend weite — gesetzliche Ermächtigung treten.

sphäre angehört d. i. nur bis zur notwendigsten Umzäunung. Dies ist der Begriff des Rechtsstaats, nicht etwa daß der Staat bloß die Rechtsordnung handhabe ohne administrative Zwecke, oder vollends bloß die Rechte der Einzelnen schütze, er bedeutet überhaupt nicht Ziel und Inhalt des Staates, sondern nur Art und Charakter denselben zu verwirklichen"[75] hat *Stahl* in der Folge immer wieder Anerkennung gefunden[76]. Im Einklang mit seiner Staatsphilosophie gibt sie seiner Überzeugung Ausdruck, daß der sittliche Charakter des Staates keiner gesetzlichen Festlegung bedarf, ebenso wie die Stellung des Staates als alle Lebensvorgänge regierender Anstalt. Die Abkehr von der Einschränkung der Staatszwecke auf die Verfolgung des Rechts korrespondiert also mit *Stahls* weiter Auffassung der staatlichen Aufgabe, der Verzicht auf eine Verbindung mit politischen Momenten, die Begrenzung auf die Form des Handelns, entspricht wiederum einer Auffassung, die die Stellung des Herrschers im christlichen Staate nicht einengen möchte. So will jedenfalls *Stahls* Definition auch nicht, wie man gemeint hat, das Verlangen nach voller Gesetzmäßigkeit der Verwaltung ausdrücken. *Stahl* reserviert vielmehr der Regierung einen weiten Bereich der Verordnung zur selbständigen Entscheidung ohne Gesetzesbindung[77] und ist der Ansicht, daß bestimmte Gegenstände der Verwaltung niemals Justizsachen werden, d. h. gerichtlicher Kognition unterliegen können[78]. Sein Denken nähert sich eher der älteren Stufe des Rechtsstaates. Wie sich aber in seinen Lehren Ansätze freiheitlicher Art — Anerkennung der Mäßigung der Staatsgewalt und der Grundrechte — mit der festen Wahrung der monarchischen Stellung vereinen[79], so schränkt auch seine formale Umschreibung des Rechtsstaats den Kreis der verfassungsrechtlichen Voraussetzungen ein. Bei *Otto Bähr* liegt die Begrenzung des Rechtsstaatsbegriffes in anderer Richtung. Für ihn steht allein der gerichtliche Rechtsschutz — übrigens keineswegs nur der der ordentlichen Gerichte, er läßt in den unteren Instanzen besondere Gerichte des öffentlichen Rechts zu und bevorzugt nur für die höchste Instanz ein einheitliches Gericht[80] — im Vordergrunde und so lenkt auch seine

---

[75] Die Philosophie des Rechts, 3. Aufl. 1856, Bd. II, 2, S. 137.

[76] *Gneist*, Rechtsstaat, S. 33 verbindet freilich seine Zustimmung mit der Kritik, daß *Stahl* die Möglichkeit der Umbiegung rechtsstaatlicher Grundsätze vom Verfassungsbereich her nicht sehe. Volle Zustimmung bei *Thoma*, S. 201.

[77] Bd. II, 2, S. 194. Die Sphäre der Regierung im engeren Sinn (umfassend Erlaß von Post-, Paßordnungen usw.) wird als durch das Gesetz „nur negativ" umgrenzt erklärt, also im Sinne der älteren Stufe des Rechtsstaates gedeutet.

[78] S. 608 f. Dagegen die Kritik von *Bähr*, S. 77 ff.

[79] Zu Stahls Leben siehe *G. Masur*, Fr. J. Stahl, Geschichte seines Lebens, 1930, S. 187 ff.

[80] Vgl. *Bähr*, Der Rechtsstaat, 1864, S. 71.

Auffassung den Blick auf den engeren Bereich der Verwaltung und auf Momente des formalen rechtsstaatlichen Schutzes.

Es ist hier nicht der Raum, die weiteren Geschicke der Rechtsstaatsidee zu verfolgen. Es genüge festzuhalten, daß die formale Rechtsstaatsauffassung nun die Oberhand gewann und bis zum Ausgang der Weimarer Periode vorherrschend blieb. In der Gesetzmäßigkeit, im Ausbau des gerichtlichen Schutzes wie in der Schaffung ergänzender Garantien (z. B. im Bereich der Amtshaftung) erblickte diese Epoche ihre Aufgabe. Bis 1918 bildete dabei das Gesetz den obersten Rahmen, dessen souveräne Verfügung angesichts des Fehlens eines richterlichen Prüfungsrechts hier wie anderwärts — etwa bei der Frage, ob bei Enteignungen Entschädigung zu gewähren sei — die endgültige Entscheidung bedeutete. Erst in der Weimarer Zeit trat durch das Hervortreten der Grundrechte mit echtem Verfassungsrang und die Anerkennung des richterlichen Prüfungsrechts eine Verstärkung der rechtsstaatlichen Sicherungen ein. Stetiges Streben nach weiterer Stärkung rechtsstaatlicher Garantien war aber seit dem Ausgang des 19. Jahrhunderts die Signatur der Entwicklung, die auf dem Gebiet der Einführung von Generalklauseln für die verwaltungsgerichtliche Zuständigkeit, der Einführung der Staatshaftung (an Stelle der Haftung des Beamten) und in der fortschreitenden gesetzlichen Durchformung des materiellen Verwaltungsrechts bedeutsame Erfolge zu verzeichnen hatte[81].

An diesem Ausbau des Rechtsstaats hat auch der Deutsche Juristentag einen kräftigen Anteil genommen. Zwar war bei ihm bis zur Satzungsänderung von 1906 das Verwaltungsrecht nicht als Gegenstand seiner Beratungen anerkannt[82]. Aber trotzdem treten auch früher schon wiederholt Themen des öffentlichen Rechts, gerade auch solche des rechtsstaatlichen Bereichs, in seinen Beratungen hervor. Die wiederholte Befassung mit dem Recht der staatlichen Verantwortlichkeit für Fehlhandlungen der Beamten mag man damaliger Auffassung entsprechend dem Zivilrecht zuzurechnen haben[83]. Aber die Erörterung der Frage, ob ein Richter das verfassungsmäßige Zustandekommen der Gesetze prüfen darf — *Gneist* bejahte dieses formelle Prüfungsrecht, lehnte aber eine materielle Prüfungsbefugnis ab[84] — und die — wie-

---

[81] Vgl. *Thoma*, S. 212 f.

[82] Vgl. *Conrad*, in: Hundert Jahre deutsches Rechtsleben, Bd. 1, S. 6. Schon auf dem 12. DJT (1875) hatte *Gneist* den Antrag auf Erweiterung auf das öffentliche Recht gestellt (Verh., Bd. 2, S. 8).

[83] Vgl. das Gutachten *Bluntschli* zum 6. DJT (1867), Bd. 1, S. 45 ff. und die Verhandlungen, Bd. 3, S. 55 ff., das Gutachten *Kißling* zum 8. DJT (1869), Bd. 1, S. 388 ff. und die Verhandlungen des 9. DJT (1871), Bd. 3, S. 26 ff., 50 ff., 340 ff., sowie des 28. DJT (1906), Bd. 1, S. 102 ff.; Bd. 2, S. 324 ff.

[84] 4. DJT (1863), S. 4 ff.

derum *Gneist* anvertrauten — Äußerungen auf dem 12. Deutschen Juristentage zur Verwaltungsjurisdiktion[85] bedeuten wichtige Beiträge zu rechtsstaatlichen Grundfragen[86]. Mit der Erörterung der Einrichtung eines Reichsverwaltungsgerichts auf dem 30. Deutschen Juristentage von 1910[87] wurde ein Thema aufgewofen, das zwar erst nach langer Zeit positive Wirkungen zeitigte (im zweiten Weltkrieg), aber auch eine historische Grundlage des heutigen Bundesverwaltungsgerichts bildet[88].

III. Materialer Rechtsstaat und Sozialstaatsgedanke

Die formale Auffassung des Rechtsstaats, wie sie seit dem Ausgang der großen politischen Auseinandersetzungen der Mitte des 19. Jahrhunderts und mit dem Eindringen der positivistischen Anschauungen die Vorherrschaft erlangt hatte, vermied es, in den Begriff des Rechtsstaats Aussagen über die Begrenzung der Staatszwecke oder die verfassungsrechtlichen Voraussetzungen aufzunehmen. Sie sah das eigentliche Anwendungsfeld des Prinzips in der Verwaltung und bezeichnete die Gesetzmäßigkeit aller Rechtsanwendung im Staate, die feste Umgrenzung der Befugnisse der Verwaltung sowie die Gewähr geordneten Rechtsschutzes als Inhalt des Rechtsstaats[89]. Indem sie den Grundsatz der Gesetzmäßigkeit der Verwaltung in den Mittelpunkt stellte, übersah diese Lehre zwar den Zusammenhang mit dem Verfassungsstaat nicht, nahm sogar in Verkennung der geschichtlichen Entwicklung an[90], daß die neuere Stufe des Rechtsstaats, die durchgängige Bindung

[85] 12. DJT (1875): Bd. 2, S. 222 ff.

[86] Zu erwähnen ist noch die Verhandlung zur Rechtskraft von Entscheidungen der Verwaltungsbehörden auf dem 26. DJT (1902), Gutachten *Schultzenstein* (Bd. 1, S. 86 ff.).

[87] Gutachten in Verh. des 29. DJT (1908), Bd. 2, S. 1 ff. *(Schultzenstein)* und des 30. DJT (1910), Bd. 1, S. 51 ff. *(Thoma)*, Verhandlungen dort Bd. 2, S. 309 ff.

[88] Aus neuerer Zeit sei vor allem auf die Erörterungen zur öffentlichrechtlichen Entschädigung auf dem 41. DJT (1955) hingewiesen.

[89] Vgl. die Definitionen bei *Meyer-Anschütz*, Lehrbuch des Dt. Staatsrechts, 7. Aufl. 1914/19, S. 29; *Fleiner*, Institutionen des deutschen Verwaltungsrechts, 8. Aufl. 1928, S. 130 ff.

[90] Die Hinweise von *O. Bühler* (Die subjektiven öffentlichen Rechte, 1914, S. 71 ff.) auf das erst später erfolgte Durchdringen der Bindung der Verwaltung fanden allseits Ablehnung (*Fleiner*, S. 131 Anm. 3; *W. Jellinek*, Verwaltungsrecht, 3. Aufl. 1931, S. 88). In der Tat fällt aber das volle Durchdringen des Rechtsstaats im Sinne durchgängiger Gesetzesbindung der Verwaltung nicht mit dem Erlaß der Verfassungen zusammen. Ein so angesehener Autor wie *H. A. Zachariae* lehrt noch 1867 (Dt. Staats- und Bundesrecht, 3. Aufl., Bd. 2, S. 201) entsprechend der in Anm. 70 gekennzeichneten Ansicht, daß die Vollziehung keine gesetzlich ausgeschlossenen Zwecke verfolgen und keine gesetzlich verbotenen Mittel verwenden darf, und bezeichnet (S. 198) als Recht der Staatsgewalt, „alles zu verwirklichen, was nach dem Gesetz oder dem Bedürfnisse nach geschehen muß“. Hier ist noch keine Rede von dem Nachweis gesetzlicher Ermächtigung für jedes Handeln der Ver-

der Verwaltung an gesetzliche Ermächtigung, schon in den Formeln der Verfassungen über den Bereich des Gesetzes beschlossen war, aber sie blieb dabei, daß der Rechtsstaat nur die Form der Ausübung der Staatsgewalt betreffe. Diese Verengung und Formalisierung des Rechtsstaatsgedankens war ohne wesentliche Bedeutung für die formal-institutionellen Ausprägungen, die im einzelnen aus dem Prinzip entwikkelt wurden. Aus der Gesetzmäßigkeit ließ sich die Forderung eines Ausbaus der materiellen Verwaltungsgesetzgebung, die Einschränkung der Verordnungsbefugnisse, die Kontrolle des Ermessens und die Forderung ausreichenden Rechtsschutzes ohne Schwierigkeit ableiten. Das Fehlen eines klaren inhaltlichen Bezuges auf das Fundament der personalen Freiheit und auf die Existenz einer gemäßigten Verfassung mußte sich aber verhängnisvoll auswirken, sowie diese Grundlagen des ganzen Gebäudes, vor allem der rechtsstaatliche Gehalt der Gesetzgebung, ins Wanken gerieten. Als mit den Grundrechten die Basis der persönlichen Freiheit beiseite gesetzt wurde, und der Gesetzgeber zum Mittel einer totalitären Politik geworden war, blieb vom Rechtsstaat nur mehr eine leere Schale der Gesetzlichkeit, wie sie schließlich in jedem modernen Staate aus rein administrativen Gründen zentraler Leitung bestehen muß[91].

Die Wiederherstellung der Einrichtungen des Rechtsstaates nach 1945 hat daher die Abwendung von einer formalen Auffassung mit sich gebracht[92]. Es ist klar geworden, daß mit der bloßen Gesetzmäßigkeit noch kein zureichendes Fundament gelegt ist. Es gilt, die tieferen und weiteren Schichten offenzulegen, in denen die Idee des Rechtsstaats wurzelt und mit deren Erhaltung sie untrennbar verbunden bleibt. Der Rechtsstaatsbegriff kann nicht nur auf die Form staatlichen Handelns, auf die äußere Legalordnung bezogen werden, er bedeutet ein Bekenntnis zu ganz bestimmten materialen Grundwerten der europäischen Rechtsentwicklung, die Identifizierung mit einem geschlossenen Bilde menschlich-politischer Existenz. Welches sind diese Grundelemente?

Es ist keine brauchbare Umschreibung des Rechtsstaats, wenn man ihn als Staat der materialen Gerechtigkeit bezeichnet. Sein Wesen liegt nicht darin, daß er eine Verwirklichung der Gerechtigkeit ist. Welcher

---

waltung. Auch bei *Georg Meyer* (Lehrbuch des deutschen Verwaltungsrechts, Teil I, 1883, S. 63) wird zwar (unter Bezugnahme auf *Laband* und *Rosin*) die Forderung ausdrücklicher gesetzlicher Ermächtigung für Verordnungen vertreten, aber (gegen die Genannten) der Erlaß von Verfügungen noch auf Grund der allgemeinen Rechtsstellung der Polizei im Staate gestattet (S. 64).

[91] Zu den Gefahren dieser Formalisierung und Entleerung des Rechtsstaatsbegriffes vgl. *Kägi*, Festgabe Giacometti, 1953, S. 132 ff.

[92] Die geschlossenste Darlegung dieser Grundlagen einer materialen Rechtsstaatsauffassung bei *Kägi*, in: „Hundert Jahre Schweiz. Recht", S. 173 ff.

Maßstab sollte hier angelegt werden? Gerechtigkeit möchte auch der totalitäre Staat für sich beanspruchen, selbst wenn er dabei Menschenwürde und Freiheit außer Kurs setzt. Den Rechtsstaat als Gerechtigkeitsstaat benennen, heißt wiederum zu einer letztlich formalen Definition Zuflucht nehmen. Es muß klar ausgesprochen werden, welche Art gerechter Gestaltung zu seinem Wesen gehört[93].

Auch die alleinige Hervorhebung des Schutzes individueller Rechte eröffnet keinen Weg zum Verständnis des Rechtsstaats. Bei einer solchen Deutung wird vielmehr dem Irrtum Vorschub geleistet, als sei der Rechtsstaat Ausdruck eines schrankenlosen Individualismus, in dem sich die isolierten Individuen gegen den Staat zu behaupten haben. Es fehlt das Moment der Bindung, der Mitbeteiligung am freien politischen Leben des Staates, das im rechtsstaatlichen Aufbau das Korrelat der Freiheit bildet.

Erst recht kann der Rechtsstaat nicht mit einzelnen seiner Ausprägungen und Folgerungen gleichgesetzt werden, weder mit der Gesetzmäßigkeit noch mit dem Rechtsschutz. Es muß auf die geistige Vorstellungswelt zurückgegriffen werden, in der seine Grundwerte beheimatet sind. Unter diesem Gesichtspunkt werden zwei Vorstellungskreise als für den Rechtsstaat maßgebend erscheinen. Zunächst die persönliche Freiheit. Der tiefere Sinn aller rechtsstaatlichen Institutionen ist die Achtung und Erhaltung personaler Freiheit als der Grundlage eines Staates, in dem der Mensch sein Leben in echter Selbstbestimmung ohne zwangsweise Entfremdung und Direktion seines Daseins zu führen vermag. Daher verkörpert sich dieser Gehalt des Rechtsstaats in besonderer Weise in den Grundrechten oder in dem ihnen entsprechenden normativen Bestand der Rechtsordnung[94]. Die Freiheit, um die es sich hier handelt, ist aber die Freiheit des Bürgers, nicht die eines isolierten staatsfremden Individuums[95]. Sie ist nicht nur um des Einzelnen willen gegeben, sondern ist zugleich ein Wesenselement der freiheitlichen politischen Ordnung. Freiheit darf also nicht nur als Lösung von Zwang verstanden werden[96]. Sie kann nur dann behauptet und mit

[93] Richtig *Kägi*, S. 178 (Rechtsstaat kein Gerechtigkeitsstaat). Nicht unbedenklich die Definition bei *v. Mangoldt-Klein*, Grundgesetz, S. 600.

[94] So mit Recht *Kägi*, S. 175.

[95] In diesem Sinne BVerfGE 4, S. 1, 13, wo die Gemeinschaftsbezogenheit und Gemeinschaftsgebundenheit der Person betont wird.

[96] Daher wird man die grundsätzliche Kennzeichnung der Freiheit des Art. 2 GG als lediglich negativen Abwehranspruch bei *Maunz / Dürig* (Grundgesetz, Anm. 26 zu Art. 2) trotz der zugefügten Sozialbindung (Anm. 25) als unzureichend empfinden müssen. Die Freiheit des Art. 2 GG ist nicht ohne Beziehung zur politischen Teilnahme des Bürgers zu bestimmen und daher in der verfassungsmäßigen Ordnung auch an eine Pflicht zu verantwortlicher freier Lebensführung gebunden. Richtig *Fechner*, Freiheit und Zwang im sozialen Rechtsstaat, 1953, S. 52 ff.; *Hennis*, Vierteljahreshefte f.

Sinn erfüllt werden, wenn der Selbständigkeit gegenüber Staatsgewalt und Verbandsmacht das wirkliche Streben nach selbstverantwortlicher Lebensführung entspricht. Wo dies Gefühl für Freiheit, wo der „spirit of freedom" fehlt, wo statt dessen ein reines individuelles Anspruchsdenken vorherrscht, da ist das Fundament des Rechtsstaates gefährdet[97].

Das zweite Grundelement des Rechtsstaates ist die rechtliche Bindung der Macht, des staatlichen Eingriffs ebenso wie des staatlichen gestaltenden Ausgleichs. Die Forderung reicht weit über eine bloße Legalität hinaus. Ihr eigentliches Ziel ist der Kampf gegen Willkür und Unrecht, das in ungleicher, parteiischer, schrankenloser Übung der politischen Herrschaft liegt. Darum geht der Sinn dieser Rechtsbindung nicht bloß auf Beschränkung der Vollziehung, sondern auch auf eine Gesetzgebung, die inhaltlich vom Geiste der Gerechtigkeit und Gleichheit[98] getragen ist und den Lebensbereich des einzelnen Bürgers sicher und beständig umgrenzt. Auch hier wiederum spielt der Bürger keine bloß passive, fordernde Rolle, sondern es gehört zur rechtsstaatlichen Ordnung, daß er selbst mit über ihre Ausgestaltung bestimmt, daß er Anteil an der Gesetzgebung hat, mit anderen Worten, das rechtsstaatliche Gesetz muß ein vom Volk oder von einer Volksvertretung beschlossenes Gesetz sein[99].

Fassen wir das Ergebnis zusammen: Der Rechtsstaat ist nicht nur der Staat einer gesetzmäßigen Verwaltung oder der umfassenden Gerichtskontrolle, nicht nur der Grundsatz der Rechtssicherheit und Vollzugsbindung. In einem materialen Sinn verstanden meint er ein auf der Achtung personaler Freiheit und auf dem Prinzip einer zu ihrem Schutze gemäßigten und fest geordneten Staatsmacht aufgebautes Gemeinwesen, dessen vom Volke ausgehende Rechtsordnung alles Staatshandeln an diese Grundlagen und an das Streben nach einer gerechten und gleichmäßigen Gestaltung der menschlichen Beziehungen bindet. In Kürze: Der Rechtsstaat verkörpert in sich den Schutz der persönlichen und politischen Freiheit des Bürgers und die Mäßigung und rechtliche Bindung aller öffentlichen Machtausübung.

Zeitgeschichte, 1959, S. 16; W. *Friedmann,* Law in a Changing Society, 1959, S. 495.

97 Vgl. zu dieser „Disziplin der Freiheit" *Clinton Rossiter,* in: „Aspects of Liberty", Essays presented to Robert E. Cushman, 1958, S. 19 ff.: „A man must want to be free." Siehe auch *Leibholz,* Das Wesen der Repräsentation, 2. Aufl. 1960, S. 217 f.

98 Die Rechtsgleichheit als Bestandteil des Rechtsstaats ist im deutschen Recht oft weniger betont. Für die schweizerische Auffassung jedoch *Kägi,* S. 193 f.

99 Vgl. W. *Friedmann,* S. 493; *Friesenhahn,* Recht, Staat, Wirtschaft, Bd. 2, S. 242. Siehe auch §§ 88, 234 a, 241 a StGB.

Der Rechtsstaat ruht daher auf der Anerkennung bestimmter traditioneller Werte der europäischen Rechtskultur und auf der Verbindung zu bestimmten Einrichtungen des Verfassungsrechts. Seine ideellen Grundlagen umschließen die Anerkennung von Würde und Freiheit des Menschen als grundlegende Werte, den Glauben an eine materiale, das menschliche Zusammenleben inhaltlich bestimmende Gerechtigkeit, deren Verwirklichung dem Gesetzgeber obliegt, und an die Notwendigkeit einer Begrenzung politischer Macht. Im Zusammenhang mit diesen Anschauungen stehen die verfassungsrechtlichen Voraussetzungen des Rechtsstaates, die man kurz im Bilde des freiheitlichen Gemeinwesens (Verfassungsstaates) erfassen kann. Sie umschließen vor allem Gewaltenteilung und Grundrechte[100], umfassen aber ferner den Vorrang des Gesetzes und die Unabhängigkeit der Gerichte. Ob die Grundrechte in Gestalt besonderer Freiheitsverbürgungen verfassungsrechtlich geordnet sind oder wie in England in der Rechtsordnung ihr Inhalt gewährleistet ist, begründet dabei keinen Unterschied[101]. Das Verfassungsrecht kann noch weitere Garantien hinzufügen, so vor allem die Prüfungsbefugnis der Gerichte, durch die auch der Gesetzgeber einer Kontrolle am Maß der fundamentalen Bestimmungen der Verfassung unterworfen wird[102], die Gewähr besonderer Rechtskontrollen (Verfassungsbeschwerde) oder die nähere inhaltliche Deutung der leitenden Gerechtigkeitsvorstellungen (Sozialstaatsprinzip).

So weitgehende Unterschiede sich bei der Wesensbestimmung des Rechtsstaates zeigen, der bald in seiner weiteren Verflechtung in ein Menschen- und Staatsbild begriffen, bald nur formal umschrieben wird, so sehr herrscht über eine Reihe von institutionellen Ausprägungen des Rechtsstaates allgemeines Einverständnis. Die Rechtsentwicklung hat seit langem eine Kette von Folgerungen des Rechtsstaatsprinzips herausgearbeitet, die im Grundsatz anerkannt sind, selbst wenn es auch in der Gegenwart immer erneuter Durchdenkung und Prüfung bedarf, um aus ihnen jeweils die vollen praktischen Konsequenzen zu gewinnen. Rechtslehre und Praxis haben in den letzten Jahren auch in diesem verhältnismäßig gut gesicherten Bestande rechtsstaatlicher Einrichtungen noch manche Frage vor sich gefunden[103]. Hierher gehören:

---

[100] So richtig *Friesenhahn*, Bd. 2, S. 242; *Kägi*, S. 175, 176.

[101] Die Verbürgung der englischen Freiheiten ruht auf den Grundlagen der Habeas Corpus Akte (zu ihr *Sir Alfred Denning*, Freedom under the Law, 5. Aufl. 1952, S. 3 ff.), der Bill of Rights und auf einfachen Gesetzen und Herkommen. Vgl. *W. Friedmann*, S. 492 f.

[102] Das richterliche Prüfungsrecht trägt nicht nur rechtsstaatliche Züge. Es hat auch seine politische Seite als Mittel zur Wahrung des Vorrangs der Verfassung (speziell einer Bundesverfassung gegenüber Einzelstaaten) und als Ausdruck gewisser Vorbehalte gegenüber dem Gesetzgeber.

1. Das Prinzip der Gesetzmäßigkeit der ausführenden Staatstätigkeit bedarf als solches keiner Begründung mehr. Im heutigen deutschen Recht wird hier ein strenger Maßstab angelegt. Ermächtigungen zu Rechtsetzungsakten wie zur unmittelbaren Vollziehung müssen inhaltlich begrenzt, ihrer Zwecksetzung nach auf einen bestimmten Aufgabenbereich gestellt und beschränkt sein und dürfen weder vage Generalermächtigungen noch gar Blankovollmachten darstellen[104]. Das ist von der Rechtsprechung in Anwendung des Art. 80 GG und entsprechender Bestimmungen der Landesverfassungen vor allem für Verordnungen ausgesprochen worden[105], auch wenn gelegentlich in den letzten Jahren das Bundesverfassungsgericht hier Übersteigerungen der Ansprüche entgegengetreten ist, wenn das Wesentliche der Rechtsbeschränkung im Gesetz bereits angeordnet war[106]. Es gilt aber ebenso für Ermächtigungen zu Einzelverfügungen. Auch sie müssen, sogar in noch erhöhtem Maße — das schließt freilich Generalklauseln als solche nicht aus — den Erfordernissen klarer Zwecksetzung, erkennbarer Begrenzung und berechenbarer Sicherheit entsprechen[107].

2. Mit den Anforderungen des Rechtsstaats ist die Gewähr von Ermessen an eine Verwaltungsbehörde nicht unvereinbar. Es ist dabei davon auszugehen, daß Ermessen im Rechtsstaat niemals eine rechtsfreie Entscheidungsfreiheit und einen gerichtlicher Kontrolle entzogenen Raum bildet, sondern eine nach Ziel und Zweck bestimmte, sowie durch verfassungsrechtliche und gesetzliche Richtsätze (Gleichheit, Verhältnismäßigkeit, Unparteilichkeit) gebundene Wahlfreiheit des Ob und Wie in einem festumrissenen Rahmen[108]. Jeder Ermessensakt ist gerichtlich auf die Überschreitung dieser ihm gesetzten rechtlichen Grenzen überprüfbar[109]. Im Blick auf diese Gestaltung der modernen Ermes-

---

[103] Überblick hierüber bei *Bachof*, VVDStRL 12 (1954), S. 55 ff.; *Menger*, in: *Bettermann / Nipperdey / Scheuner*, Die Grundrechte III/2, 1959, S. 751 ff.

[104] Ganz allgemein BVerwGE 2, S. 116/117; BVerfGE 6, S. 32, 42; 8, S. 276, 325; 9, S. 137, 147. Vgl. dazu *Ule*, in: Staats- und verwaltungsrechtliche Beiträge, hrsg. v. d. Hochschule für Verwaltungswissenschaften, Speyer, 1957, S. 157 f.; *Neumann*, Wirtschaftslenkende Verwaltung, 1959, S. 76 ff.

[105] Vgl. BVerwGE 2, S. 121; 330; BayVerfGH, NF 1 II, S. 91; 4 II, S. 141 f., 191 f.; BVerfGE 1, S. 14, 60; 2, S. 307, 333/34; 5, S. 71, 76; 7, S. 282, 320/04; 8, S. 71, 77; 9, S. 83, 87; 10, S. 251, 255. Vgl. dazu *Bachof*, S. 66.

[106] BVerfGE 4, S. 7, 21.

[107] Vgl. BVerfGE 9, S. 201, 217 über Erfordernisse des rechtsstaatlichen Polizeibegriffs.

[108] Damit entfallen alle älteren Auffassungen vom Ermessen als Wesenselement einer rechtsfreien Verwaltung. Die heutige deutsche Lehre kennt nur ein gebundenes Ermessen. Zu den inneren Bindungen des Ermessens (Gesetzeszweck, Sachgerechtigkeit) vgl. *Menger*, System des verwaltungsgerichtlichen Rechtsschutzes, 1954, S. 128 f.; *ders.*, Die Grundrechte III/2, S. 753 ff.; *Bachof*, S. 7 ff.

senslehre vermag ich die Bedenken nicht zu teilen, die neuerdings in der schweizerischen Lehre[110] gegen den Ermessensbegriff erhoben werden. Sie gelten aber wohl richtigerweise nur dem „freien", d. h. unkontrollierbaren Ermessen, der Ansicht, die einen inneren unüberprüfbaren Raum freier Wahl als gegeben annimmt, statt im gesamten Bereich der Ermessensübung eine Schrankensetzung durch begrenzende Rechtsprinzipien für wirksam anzunehmen[111]. Es darf vor allem nicht verkannt werden, daß ohne ein Feld frei gestaltender Initiative und Auswahl keine Verwaltung aktiv für die Befriedigung der Bedürfnisse des modernen Lebens wirken kann. Der Gegenpol wäre die — leider in manchen Gebieten des Sozial- und Fürsorgerechts erreichte oder angestrebte — mechanische Uniformierung aller behördlichen Maßnahmen und Leistungen nach genau fixierten Normalsätzen, und damit die lähmende Egalisierung und Unbeweglichkeit eines bürokratischen Leviathan.

Es erscheint daher mit rechtsstaatlichen Prinzipien durchaus vereinbar, wenn neuerdings Lehre und Rechtsprechung auch in der Anwendung unbestimmter Begriffe einen gewissen „Beurteilungsspielraum" der Behörde zuerkennen, der zwar auch kontrollierbar ist, in dem aber eine Spanne eigener Wahlfreiheit in der Auslegung der Verwaltung verbleibt[112]. Dasselbe gilt von der Verwendung von Generalklauseln, solange sie nach Inhalt und Zweck hinreichend bestimmt und begrenzt sind[113].

3. Aus dem Rechtsstaatsprinzip haben Lehre und Rechtsprechung eine Reihe von rechtlichen Grundsätzen für Erlaß und Auslegung von Rechtsnormen und Verfügungen hergeleitet, die hier nur kurz gestreift werden können. In erster Linie ist hier das Verbot einer Rückwirkung zu erwähnen, sofern damit Vorschriften zeitlich — es sei denn mit geringer und vorhersehbarer Auswirkung — in ihrer Geltung zurück-

---

[109] In diesem Sinne ist die Gewährung eines Ermessens rechtsstaatlich unbedenklich. Vgl. BVerfGE 9, S. 132, 147 und BVerwGE 9, S. 287/88.

[110] *H. Huber*, Festgabe Giacometti, S. 66 („trojanisches Pferd des rechtsstaatlichen Verwaltungsrechts"); *Imboden*, Das Gesetz als Garantie rechtsstaatlicher Verwaltung, 1954, S. 14 f. Kritisch hierzu *Menger*, S. 752 ff.

[111] Zu den äußeren Schranken des Ermessens (Zuständigkeit, Begrenzung der Wahl, Zuweisung bestimmter Mittel) treten danach die inneren Grenzen und Bindungen (Gleichheit, Zweckwahrung usw.). Vgl. richtig *Jesch*, AöR 82 (1957), S. 209 f., der freilich (S. 211) unrichtigerweise doch einen „freien Begriffskern" annimmt. Zum Ermessensbegriff vgl. aus der reichen Literatur *Ule*, Gedächtnisschrift f. W. Jellinek, 1955, S. 309 ff.; *Bachof*, JZ 1955, S. 97 ff.

[112] Vgl. zum unbestimmten Begriff *Bachof*, JZ 1955, S. 97 ff.; *Ule*, Verwaltungsgerichtsbarkeit (*v. Brauchitsch*, Verwaltungsgesetze, Bd. I), 1960, S. 319; *Menger*, S. 717 ff.; *Werner*, DVBl. 1957, S. 226; BVerwGE 6, S. 177 und 8, S. 192.

[113] Vgl. hierzu *H. J. Wolff*, Verwaltungsrecht, 3. Aufl. 1959, S. 130; BVerfGE 8, S. 71, 79.

datiert werden oder bestehende Rechtsverhältnisse durch sie grundlegend ohne Rücksicht auf erworbene Positionen verändert werden[114]. Besondere Bedeutung hat unter diesen Folgerungen der aus der auch im öffentlichen Recht angewandten Formel von Treu und Glauben entwickelte Grundsatz des Vertrauensschutzes erlangt, der davor schützt, daß die Verwaltung lange bestehende Verhältnisse ohne zwingenden Grund ändert, ihre eigenen früheren Zusagen und Standpunkte, auf die sich Verfügungen der Bürger verlassen und aufgebaut haben, verleugnet oder ihre Fehler auf Kosten des einzelnen korrigieren möchte[115]. In diesen Zusammenhang gehört auch das hier nicht zu erörternde Problem der Bindung des Staates, auch des Gesetzgebers, an im Gesetz oder Plan niedergelegte Dispositionen oder gar Einladungen an die Bürger, die zur Grundlage individueller Maßnahmen geworden sind. Dies Prinzip der Plangewährleistung muß um so größere Bedeutung erhalten, je mehr der Staat lenkende und damit individuelle Entschlüsse und Vermögensverfügungen anregende und leitende Funktionen übernimmt[116]. Es ist aber eine Verkennung des Rechtsstaatsprinzips, wenn der Vertrauensschutz neuerdings dazu verwendet wird, um der Verwaltung die Rücknahme rechtswidriger Verfügungen zu versagen, die einzelne begünstigen. Man mag aus dem Gedanken die Folge ziehen, daß hier im Einzelfall Übergangsfristen angemessen sein können, wenn Dispositionen im Vertrauen auf den Akt getroffen wurden (z. B. falsche Gehaltsberechnungen)[117]. Aber Aufrechterhaltung unrechtmäßiger Begünstigungen stellt zugleich eine elementare Verletzung des Gleichheitssatzes und damit einen grundlegenden Verstoß gegen die Verfassung dar. Sie würde den begünstigten Bürger ohne Grund in eine bessere Rechtslage bringen und das Zutrauen in die unparteiliche Handhabung des Rechts gefährden[118].

Ein weiteres Folgeprinzip des Rechtsstaats ist in der Bindung der Verwaltung an die Regel der Verhältnismäßigkeit des Eingriffs, d. h. die Pflicht zur Auswahl des am geringsten belastenden Mittels oder zur mindest notwendigen Eingriffsbeschränkung, herausgearbeitet worden. Hier wird der Sorglosigkeit oder mangelnden Überlegung der Behörden

[114] Daß eine Rückwirkung nicht schlechthin ausgeschlossen ist, hat die Rechtsprechung stets anerkannt. Vgl. BVerfGE 7, S. 92, 93 (Voraussetzung: Vorhersehbarkeit, sachliche Rechtfertigung, Unbedeutendheit) und 7, S. 129, 153 sowie 10, S. 141, 177. Ein Überblick der Problemlage bei *Forsthoff*, Lehrbuch des Verwaltungsrechts, 7. Aufl. 1958, S. 141 ff.

[115] Gute Formulierungen bei *H. J. Wolff*, S. 129.

[116] Vgl. *Ipsen*, VVDStRL 11 (1952), S. 129; *Forsthoff*, S. 181; *Neumann*, S. 91.

[117] In diesem eingeschränkten Sinne haltbar BVerwGE 9, S. 256; vgl. auch Bd. 10, S. 12.

[118] So mit Recht gegen die Rechtsprechung (BVerwGE 5, S. 312) *Forsthoff* in der Einleitung seines Werkes, S. V.

vorgebeugt[119]. Ob man freilich diesen Grundsatz so einfach auf den Gesetzgeber übertragen kann, wie dies die Lehre und Rechtsprechung vielfach annimmt[120], erscheint fraglich. Die Weite seiner Entscheidung wird nur beim Hinzutreten anderer grundrechtlicher Maßstäbe solcher engen Begrenzung unterworfen sein können.

4. In Gestalt der Rechtsgleichheit, der gleichmäßigen Rechtshandhabung frei von Willkür und Parteilichkeit, kennt die Rechtsstaatslehre die Anwendung des Gleichheitssatzes seit jeher[121]. Darüber hinaus ist aber auch die egalitäre Rechtsanwendung heute ein Gebot der allgemeinen Gerechtigkeitsvorstellung. Es kann nicht übersehen werden, daß hier andere Gesichtspunkte mitbeeinflussend sind. Einmal die demokratische Gleichheit, die heute die egalitäre Neigung bestärkt, zum anderen vor allem aber das Sozialprinzip, das auf Gleichberechtigung und gleichmäßige Beteiligung an Staatsleistungen hindrängt[122].

5. Die Forderung eines umfassenden Rechtsschutzes des Bürgers gegen Anordnungen der Behörden ist eine schon seit *Gneist* und *Bähr* mit dem Rechtsstaatsgedanken fest verknüpfte These. Sie hat in der heutigen deutschen Gesetzgebung in der Einführung der Generalklausel in der Verwaltungsgerichtsbarkeit[123] und darüber hinaus in der Verfassungsbestimmung des Art. 19 Abs. 4 GG, die gegen alle Handlungen der öffentlichen Gewalt Rechtsschutz zusagt, volle Erfüllung gefunden[124]. Die Auswirkung dieses generellen Rechtsschutzes, der noch durch die Kontrolle der Gesetze auf ihre Übereinstimmung mit der Verfassung verstärkt wird, die dem Bundesverfassungsgericht zugewiesen ist, ist eine sehr weitreichende. Sie drängt nicht nur zunehmend auf die rechtliche Durchgestaltung der noch unzureichend geregelten Verwaltungsgebiete (z. B. des Schulrechts)[125], sie bringt auch eine Verlagerung der Gewichte zwischen Gesetzgeber und Richter hervor, die den Gerichten

---

[119] Siehe BVerfGE 8, S. 71, 76 und *R. v. Krauss*, Der Grundsatz der Verhältnismäßigkeit, 1955.

[120] Vgl. BVerfGE 8, S. 71, 80; *Krauss*, S. 42 ff.

[121] Vgl. BVerfGE 9, S. 137, 147 und dazu *Hesse*, AöR 77 (1951), S. 213 ff.

[122] Zu dieser Veränderung siehe *Hesse*, S. 219 ff. Mit der stärker sozialstaatlichen Ausprägung der gleichen Teilhabe an Staatsleistungen geht eine Verschärfung des Maßstabs in der Gleichbehandlung bei Eingriffen parallel. Begünstigungen einzelner, etwa durch Steuervereinbarungen, hält das heutige Recht nicht mehr für tragbar. Vgl. BVerwG, in: VerwRspr. 12, S. 411.

[123] Jetzt in der Verwaltungsgerichtsordnung vom 21. 1. 1960 (BGBl. I S. 17), § 40.

[124] Als Krönung des Rechtsstaates kann daher mit Recht *Friesenhahn* (S. 269) diese Entwicklung bezeichnen. Zu Art. 19 Abs. 4 GG jetzt *Bettermann*, in: *Bettermann / Nipperdey / Scheuner*, Die Grundrechte, Bd. III/2, 1959, S. 782 ff.

[125] Andere Materien, wie das Wehrrecht, haben inzwischen eine ausführliche Gesetzesregelung erfahren.

einen stark gesteigerten Anteil an der Rechtsfortbildung und damit auch an der Durchsetzung des Rechtsstaates zuweist. Zugleich wirkt diese umfassende judizielle Nachprüfung auch auf das materielle Recht selbst ein. So wie sie notwendig neue Diskussionen zum Ermessensbegriff und zur Handhabung unbestimmter Begriffe hervorgerufen hat, so beeinflußt sie auch in steigendem Maße die älteren Vorstellungen einer engeren Begrenzung des Begriffs des subjektiven Rechts. Unter prozessualen Gesichtspunkten der Erleichterung des Zugangs zur gerichtlichen Kontrolle hat dieser Begriff eine Erweiterung erfahren, die immer wieder fragen läßt, ob seine Verwendung — an Stelle der des gesicherten Interesses — nicht überholt erscheint[126], hat aber auch etwa das Interesse des Nachbars im Baurecht, des Benutzers einer Anlage andererseits eine Verstärkung im Sinne des Schutzes durch richterliche Handhabung erhalten[127].

6. Neben dem gerichtlichen Schutze gilt die Forderung des Rechtsstaates — heute wird diese Seite manchmal vernachlässigt — auch der rechtlichen Durchordnung und Formung des eigentlichen Verwaltungsverfahrens. Gerade diese Garantien, die schon im Gange der Verwaltung selbst liegen, dürfen nicht unterschätzt werden. Vollends ist es verfehlt, in ihrer Ausgestaltung einen Verstoß gegen den Rechtsstaat zu erblicken, weil damit die Anrufung der Gerichte hinausgeschoben oder gar überflüssig gemacht würde; das wäre eine Verkennung der Friedensaufgabe jeder Gerichtsbarkeit. Kann bereits vor Anrufung des Richters durch ein geordnetes Verfahren ein die Beteiligten befriedender Ausgleich erzielt werden, so kann das niemals einen Verstoß gegen rechtsstaatliche Forderungen beinhalten[128].

7. Der Rechtsstaat enthält auch wesentliche Grundsätze für die Ausgestaltung des gerichtlichen Verfahrens, sowohl im Zivilprozeß wie im Strafverfahren und im öffentlichen Rechtsschutz[129]. Unter ihnen hat die

---

[126] Die herrschende Lehre hält freilich am subjektiven Recht fest, vgl. *Bachof*, VVDStRL 12 (1954), S. 72 ff. und ebenso dort *Naumann*, S. 115.

[127] Es kann hier nicht auf die weiterreichende Frage eingegangen werden, ob nicht Art. 19 Abs. 4 GG zugleich auch in der Forderung geordneter staatlicher Eingriffe einen materiellen Schutz fudamentaler Grundrechte beinhaltet, wie ihn die amerikanische Rechtsprechung aus dem Grundsatz des due process entwickelt hat.

[128] In diesem Sinne zutreffend *Bachof*, Wehrpflichtgesetz und Rechtsschutz, 1957, 25 ff., der mit Recht auch weisungsfreie justizähnliche Beschlußkörper in der Verwaltung für rechtlich zulässig erklärt (S. 47). Verfehlt die Einstellung gegen eine Besserung des Verwaltungsverfahrens bei *Bettermann*, VVDStRL 17 (1959), S. 168, der sich — in einem rechtsstaatlich unhaltbaren Sinne — gegen Justizförmigkeit der Verwaltung ausspricht. Ähnlich unrichtig *Reuß*, DÖV 1958, S. 659. Vgl. insgesamt die Verhandlungen der Staatsrechtslehrervereinigung in Wien (1958) zum Verwaltungsverfahren, VVDStRL, Heft 17, S. 118 ff.

[129] Hierzu BVerfGE 8, S. 174, 181, sowie *Bettermann*, Grundrechte III/2, S. 811 ff.

Rechtsprechung in neuerer Zeit namentlich diejenigen Regeln herausgearbeitet, die eine ausreichende Beteiligung des Betroffenen sicherstellen und unter der Formel des „rechtlichen Gehörs" verstanden werden[130].

8. Auf die Auswirkungen rechtsstaatlicher Prinzipien im materiellen Strafrecht, die zudem durch die besonderen Vorschriften der Verfassung speziell ausgeprägt sind (Art. 102 - 104 GG), kann hier nur verwiesen werden[131].

9. Seit jeher hat man auch die Ausgestaltung der Verantwortlichkeit des Staates für die Handlungen seiner Organe zu den rechtsstaatlichen Garantien gerechnet. Figurierte in älterer Zeit hier noch die Ministerverantwortlichkeit (einschließlich der Ministerklage), so hat sich längst das Schwergewicht nun auf eine ausreichende Haftung des Staates selbst für die Fehlleistungen seiner Verwaltung als Grundsatz verlagert[132]. Die Entwicklung ist hier freilich noch sehr im Flusse. Die unzulängliche Lösung des Bürgerlichen Gesetzbuches mit ihrer auf das Verschuldensprinzip gegründeten persönlichen Haftung des Beamten ist zwar längst (seit 1909/10) durch Übernahme der Verantwortlichkeit auf den Staat (Art. 34 GG) teilweise korrigiert, aber in der Aufsplitterung der Staatshaftung in privatrechtliche Verkehrssicherung, Ausübung öffentlicher Gewalt, heute judiziell danebentretende objektive Haftung für schuldloses und schuldhaftes Fehlhandeln des Staates aus Aufopferung[133] wird die nicht mehr zureichende Gesetzeslage sichtbar[134]. Rechtsstaatliche Grundsätze werden hier die klare Herausarbeitung eines öffentlichrechtlichen Prinzips der Haftung für Betriebsfehler der staatlichen Organisation als Gefährdungshaftung fordern[135].

10. Zu den Konsequenzen des Rechtsstaates gehört auch der Ausgleich für solche rechtmäßigen Einwirkungen des Staates, die dem Ein-

[130] BVerfGE 7, S. 53, 57; 275, 279; 9, S. 89, 95.

[131] Hierzu *Lange*, Berliner Kundgebung des Deutschen Juristentages, 1952, S. 61 ff.: Der Rechtsstaat als Zentralbegriff der neuesten Strafrechtsentwicklung; *Sax*, Die Grundrechte, Bd. III/2, S. 909 ff.

[132] So schon *Thoma*, JöR 1910, S. 208; *Friesenhahn*, S. 278 f. Zur ganzen Rechtslage siehe den vorzüglichen Überblick bei *Bettermann*, Grundrechte, S. 830 ff.

[133] Seit BGHZ 13, S. 88. Hierzu meine Ausführungen in Gedächtnisschrift für W. Jellinek, 1955, S. 334 ff. Vgl. jetzt auch BGHZ 30, S. 123.

[134] Zur Kritik des bestehenden Zustandes siehe auch die Ausführungen von *Reinhardt*, 41. DJT (1955), Bd. I, 1, S. 233 ff.

[135] Es ist ein schwacher Trost, daß die Lage in ausländischen Rechten kaum besser ist. Im französischen Recht hat wenigstens die Rechtslehre klar die grundsätzliche Forderung einer Übernahme des Risikos von Fehlleistungen der Verwaltung auf den Staat herausgearbeitet und aus dem Gedanken der égalité devant les charges publics, also einem sozialen Prinzip, begründet. Vgl. *Waline*, Droit Administratif, 8. Aufl. 1959, S. 725 ff. Vgl. auch BGHZ, in: DVBl. 1960, S. 480.

zelnen gegenüber der Gesamtheit ein besonderes, nicht mehr zur einfachen Sozialpflichtigkeit zu rechnendes Opfer auferlegen. Insofern besitzen Enteignung und Aufopferung einen deutlichen rechtsstaatlichen Zusammenhang. Ihre heutige Entwicklung steht freilich mehr unter sozialstaatlichen Gesichtspunkten. Auch hier ist der bestehende, verfassungsrechtlich gesicherte Rechtszustand (Art. 14 GG) nicht in vollem Maße zureichend. Wenn es auch immer unmöglich sein wird, den Staat zum Träger aller sozialen Lebensrisiken zu machen oder nationale Katastrophen und Wirtschaftskrisen finanziell nach Entschädigungsgrundsätzen abzuwickeln, so werden doch die Versuche der öffentlichen Hand, ihre Lasten im Wege der einseitigen Heranziehung einzelner Bürger auf diese abzuwälzen oder wenigstens durch unzulängliche Entschädigung zu mindern, in einem Sozialstaat, der 40 % des Nationaleinkommens umverteilt, immer mehr sinnlos erscheinen. Dieser Fragenbereich wächst zusehends aus der älteren Vorstellungswelt der Eingriffsverwaltung in den Raum der sozialen Leistungen und Verteilungen hinüber[136].

11. Im Bereich der Verfassungsgerichtsbarkeit kann sowohl die Verfassungsbeschwerde, ein Rechtsbehelf von ausgesprochen rechtsstaatlicher Tendenz, als in einem weiteren Sinne auch die Normenkontrolle in einen rechtsstaatlichen Zusammenhang gerechnet werden. Die bundesstaatlichen und innerstaatlichen Streitigkeiten dagegen gehören in andere verfassungsrechtliche Vorstellungskreise[137].

Angesichts dieses ausgedehnten Ausbaus rechtsstaatlicher Institutionen könnte man versucht sein, die Entwicklung für nahezu abgeschlossen zu halten. Aber wie wir schon auf einzelnen Gebieten neue Probleme aufsteigen sahen, so gibt es auch heute im deutschen Recht noch manche Fragenbereiche, in denen um eine weitergehende Verwirklichung rechtsstaatlicher Forderungen gerungen wird. Voran steht hier das wiederum von der schweizerischen Lehre[138] — diesmal zu Recht — hervorgehobene Gebiet der sog. besonderen Gewaltverhältnisse. Dringen auch hier heute rechtliche Durchformung und vor allem Gewähr von Rechtsschutz vor, so fehlt es doch noch an der grundlegenden Einsicht, daß dies Gebiet nicht begrifflich dem Grundsatz gesetzmäßiger Gestaltung entzogen ist, sondern lediglich kraft einer historischen Einengung des Rechtssatzbegriffes ihm vorenthalten bleibt.

---

[136] Zur öffentlichrechtlichen Entschädigung vgl. die Verhandlungen des 41. DJT (1955), Bd. I, 1, S. 5 ff., 233 ff. (Gutachten von *Schack* und *Reinhardt*), Bd. II C, S. 1 - 114 (Berichte von *Schäfer* und *Fischer*). Ferner *Bettermann*, S. 861 ff.

[137] Eine die ganze Verfassungsgerichtsbarkeit unter rechtsstaatliche Gesichtspunkte stellende Würdigung bei *Wintrich / Lechner*, in: *Bettermann / Nipperdey / Scheuner*, Die Grundrechte, Bd. III/2, S. 649.

[138] *Imboden*, S. 13 f.

Die Unterstellung unter eine gesetzliche Grundlage brauchte dabei keineswegs die Preisgabe der hier notwendigen weiten Ermächtigungen zu bedeuten, aber sie würde an vielen Stellen erhebliche Unklarheiten der heutigen, im Grunde auf gewohnheitsrechtlichen älteren Titeln beruhenden Rechtslage bereinigen[139]. Ähnliches gilt von dem Gebiet der Organisationsgewalt, in der so leicht die Frage ihrer Zuschreibung an Legislative oder Exekutive mit dem Problem ihres grundsätzlichen rechtlichen Auftrags verwechselt wird[140]. Hier wie bei dem Gewaltverhältnis handelt es sich um die begriffliche Lösung aus dem Gesetzesvorbehalt, gegen die Bedenken obwalten, nicht aber gegen die Forderung, daß die hier bestehenden Zuständigkeiten der Exekutive auf gesetzlicher oder verfassungsrechtlicher Grundlage überlassen bleiben und die notwendigen weiten Ermächtigungen enthalten. Nicht weniger grundsätzlich sind die Fragen, die sich mit der in der Gegenwart anwachsenden Betätigung der Verwaltung in privatrechtlichen oder jedenfalls nichthoheitlichen Formen verknüpfen. Inwieweit bleibt hier der Staat an die rechtsstaatlichen Grundsätze gebunden, wieweit wirken hier auf sein Handeln insbesondere die grundrechtlichen Bindungen ein, die sonst seine Behörden verpflichten. Die Entwicklung ist noch in Bewegung, tendiert aber zu wachsender Annahme einer solchen Bindung auch im nichthoheitlichen Raume[141]. Mit ihnen hängt die weiterreichende Problematik zusammen, die sich überhaupt mit der rechtsstaatlichen Bindung derjenigen Maßnahmen der Verwaltung befaßt, die nicht der Eingriffsverwaltung, sondern der sozialen Verteilung und Vorsorge zugehören. Bei ihnen greifen die meisten der für die Abwehr staatlichen Handelns entwickelten Prinzipien nicht ein, weil hier der Bürger gerade umgekehrt seinen gleichen Anteil an den Vorteilen und Leistungen des Gemeinwesens begehrt. Hier tritt in erster Linie der Gleichheitsgedanke in den Vordergrund und das weist bereits hinüber zum sozialen Rechtsstaat.

Entwicklungsprobleme ergeben sich also bereits im Bereich der überlieferten rechtsstaatlichen Folgesätze, vor allem dort, wo neue soziale Verhältnisse auftreten oder die Formen und Gehalte des Verwaltungshandelns sich ändern. Darüber hinaus aber vollziehen sich in der Gegenwart Wandlungen, die viel tiefer in die Grundlagen des Recht-

---

[139] Zum Gewaltverhältnis in heutiger Auffassung vgl. *Krüger* und *Ule*, VVDStRL 15 (1957), S. 109 ff., 133 ff.; *Obermayer*, Verwaltungsakt und innerdienstlicher Rechtsakt, 1956, S. 84 ff.

[140] Zur Organisationsgewalt vgl. *Köttgen*, VVDStRL 16 (1958), S. 154 ff., der sich bemüht, ihre rechtliche Grundlage und Zuteilung zur Exekutive verfassungsrechtlich zu begründen, und die Darlegung eines abweichenden Standpunktes vom Boden der österreichischen Lehre bei *Ermacora*, dort, S. 191 ff.

[141] Vgl. *Bachof*, VVDStRL 12, S. 56 f.; *Ipsen*, DVBl. 1953, S. 485 ff.; *Neumann*, S. 89 f.

staats hinabreichen. Sie ergeben sich aus der Veränderung der wirtschaftlichen und sozialen Lebensbedingungen der modernen Welt, sie entstammen aber auch teilweise einem sich vollziehenden Wandel der zugrunde liegenden Gerechtigkeitsvorstellungen, die namentlich im Vordringen des sozialen Gedankens und der Tendenz zur Egalisierung sich geltend machen. Auf einem Felde sind sie auch die Folge der rechtlichen Neugestaltung, dort nämlich, wo es um die Auswirkung der gesteigerten richterlichen Kontrolle geht, von der schon früher die Rede war. Es ist schon darauf hingewiesen worden, daß im Zusammenhang mit der Rolle der Grundrechte und der richterlichen Prüfungsbefugnis gegenüber Gesetzen das Gewicht der Gerichte in der Rechtsgestaltung sich bedeutend erhöht hat. Die moderne Auffassung erkennt zu Recht richterlicher Judikatur die Fähigkeit zu, als Rechtsquelle Recht fortzubilden und zu erzeugen[142]. Man kann also feststellen, daß in der gegenwärtigen Rechtsstruktur der deutschen Verfassungs- und Rechtsordnung den Gerichten ein nicht unerheblicher Teil der Rechtserzeugung tatsächlich zufällt. Damit aber wird von dieser Seite her der Grundsatz der Gesetzmäßigkeit in einem gewissen Umfang gewandelt. Neben den Gesetzgeber tritt als Gestalter der rechtlichen Grundlagen der Vollziehung der Richter, insbesondere der Verfassungsrichter, der die Prüfung der Gesetze handhabt. Das entspricht der heutigen Verfassungslage nach dem Grundgesetz, das den einfachen Gesetzgeber zugunsten der Beständigkeit grundlegender Richtsätze der Verfassung, vor allem der grundrechtlichen Verbürgungen, einschränkt. Diese Entwicklung ist nicht ohne Kritik geglieben. Sie wird neuerdings in grundsätzlicher Weise von *Ernst Forsthoff*[143] geäußert. Für ihn geht durch diese Stellung des Richters die Sicherheit fester Gesetzesmaßstäbe verloren. Er tadelt insbesondere auch, daß man heute die Verfassung von Wertvorstellungen her auslege, die nicht dem Gesetzestext entnommen werden, sondern die man über und hinter der Verfassung in einem Wertsystem zu finden strebe. Eine solche geisteswissenschaftliche Auslegungsmethode führe zur Abdankung der juristischen Methode zugunsten „irgendwelcher geisteswissenschaftlicher Arten der Deutung“[144]. Diese Auffassung verfehlt in entscheidenden Punkten sowohl Sinn und Geist des Grundgesetzes, wie die Grundrichtung der modernen Rechtslehre. Die Unterstellung des Gesetzes unter die Verfassung ist eine Grundentscheidung des Grundgesetzes und zieht notwendig, da es der Richterkontrolle unterstellt ist (Art. 93, 100 GG), die Steigerung richterlicher Rechtseinwirkung mit sich. Die modernen Auslegungsmethoden

---

[142] Vgl. *Esser*, Grundsatz und Norm in der richterlichen Fortbildung des Privatrechts, 1956, S. 20 ff.

[143] *Forsthoff*, DÖV 1959, S. 41 ff.; Die Umbildung des Verfassungsgesetzes, Festgabe für C. Schmitt, 1959, S. 36 ff.; NJW 1960, S. 1273.

[144] Festgabe, S. 41.

aber, die nicht mehr der positivistischen Willensdoktrin und der Wortdeutung folgen, sondern in Erschließung des objektiven, entwicklungsfähigen Sinnes des Gesetzes, vor allem aber der Verfassungsnorm, die zugrunde liegenden historischen Rechtsvorstellungen und Wertsetzungen in die hermeneutische Aufgabe einschließt, ist die allein einer Verfassung entsprechende, die ausdrücklich den Vorrang der Grundrechte zu sichern unternimmt (Art. 1 Abs. 3 GG), und die den Richter an „Gesetz und Recht" verweist (Art. 20 GG). Im Grunde geht *Forsthoffs* Stellungnahme von einer Rückwendung zu einer streng positivistischen Rechtsmethodik aus; auch sein Rechtsstaatsbegriff ist ein rein formaler, wenn nicht überhaupt den Kern des Rechtsstaats in „Kunstgriffe" auflösender. Eine solche Rückkehr zu einem Gesetzespositivismus ist aber in einer Verfassung mit Rangerhöhung über das Gesetz und mit Grundrechten nicht möglich. Wenn *Forsthoff* schließlich insbesondere den Verfassungssatz des sozialen Rechtsstaats als in seiner Auslegung und Anwendung verfassungsauflösend kennzeichnet, so wendet er eine Spaltung zusammenhängender Verfassungseinrichtungen an, wie sie früher *Carl Schmitt* mit seiner Gegenüberstellung des unpolitischen Rechtsstaats zu den politischen Formprinzipien der Verfassung vertrat. Nur, daß jetzt nicht die politische Dezision gegen das normative Element, sondern gegen die Grundwerte der Verfassungsordnung ein formales Gesetzesdenken angerufen wird, das freilich angesichts der Einführung des Gesetzgebers in eine übergeordnete Verfassungsordnung seiner Substanz entbehrt, weil es Souveränität des Gesetzgebers voraussetzt.

Richtig ist an den Beobachtungen *Forsthoffs* nur, daß die heutige Lage in der Tat infolge der richterlichen Verfassungshandhabung ein verstärktes Element der Rechtsfortbildung zur Geltung bringt. Hier liegt auch für den Rechtsstaat ein wichtiges Problem. Das Gesetz hat in ihm eine zentrale Rolle zu erfüllen, nicht nur als fester Maßstab, sondern auch als Mittel der sozial gerechten Gestaltung, vor allem im Bereich staatlicher Leistungsgewährung und Vorsorge. Zum Rechtsstaat gehört neben normgebundener Vollziehung nicht minder auch eine rechtsstaatliche, d. h. zu gerechtem Ausgleich und dauerhafter Ordnung strebende Gesetzgebung. Diese Funktion des Gesetzes wird dort beeinträchtigt, wo die richterliche Prüfung an Verfassungsmaßstäben die notwendige Entscheidungsfreiheit des Gesetzgebers nicht zu achten weiß. Solange die freie Bestimmung des demokratischen Gesetzgebers nicht erkennbar mit den in der Verfassung aufgestellten begrenzenden und beständigen Richtsätzen in Widerspruch tritt, wird sein Handeln unter der Verfassung vom Richter nicht in Zweifel gezogen werden dürfen. Es ist erfreulich, daß sich neuerdings das Bundesverfassungsgericht wiederholt zu einer Gestaltungsfreiheit des Gesetzgebers bekannt hat[145]. Formeln, wie die vom „Ermessen des Gesetzgebers" geben die Rechtssituation nicht zutreffend wieder; sie verkürzten die echte Freiheit der Legislative. Auch die Anwendung des Gedankens der Verhältnismäßigkeit im Bereich der Gesetzgebung begegnet Bedenken, wo sie nicht durch Anlehnung an normative Festlegungen der Grundrechte eine Stütze findet[146]. Zwischen Gesetz und Richtermacht besteht eine Aufgabenteilung, deren Innehaltung von beiden Seiten eine Bedingung rechtsstaatlicher Entwicklung darstellt.

Es darf dabei freilich nicht übersehen werden, daß die moderne Entwicklung die Abschwächung des Gesetzes durch die Überzahl der Normen, ihren raschen Wechsel und die allzu häufige Aufnahme untergeordneter Vorschriften in das Gesetz befördert. Im Hinblick auf diese Zahl bald vergänglicher Gesetze kann man fast von einer Erosion des Gesetzesbegriffes als fester Grundlage der Rechtsanwendung sprechen[147]. Als Gegengewicht gegen diese Tendenzen aber gewinnt die Verfassungsnorm als die eigentlich beständige Grundlage des Rechts und mit ihr die richterliche Funktion an Ansehen und Gewicht.

Die tiefsten Wandlungen des Rechtsstaates aber ergeben sich heute aus der gewandelten Sozialstruktur. Wo der Rechtsstaat einst mit dem selbständigen, nach Freiheit strebenden Bürger rechnen konnte, verstrickt sich der moderne Mensch zusehends in Abhängigkeiten: vom Staate, der sein Dasein durch seine Vorsorge sichert und damit verdeckt leitet, aber nicht weniger von der Macht der Verbände, ohne die er keine wirtschaftliche Sicherheit fände, die ihn aber zugleich auch regulativ in generelle Rahmenbindungen seiner Existenz zwingend einordnet[148]. Wo ist hier die Eigenverantwortlichkeit der Lebensbestimmung geblieben, die Essenz aller Freiheit? Ist sie mit dem Streben nach risikoloser Sicherheit, wenngleich in wachsender Abhängigkeit, vertauscht worden?

Wenn das Grundgesetz als normative Richtschnur administrativer, aber auch legislativer Gerechtigkeit den Sozialstaat aufgenommen hat (Art. 20, 28 GG), so trägt es dieser Entwicklung bereits Rechnung. Rechtsgleichheit und Gerechtigkeitsstreben rechtsstaatlicher Art müßten auch ohnedem in gleiche Richtung weisen. Es ist heute fast einhellig

---

145 BVerfGE 8, S. 28, 37; 9, S. 291, 302. Es liegt in der gleichen Richtung, wenn im Gebiet der Rechtsanwendung der bayerische Verfassungsgerichtshof das Vorbringen unbedeutender Umstände als Verletzung rechtsstaatlicher Grundsätze zurückgewiesen hat (BayVerfGH 8, II, S. 48).

146 Gegen das „Ermessen des Gesetzgebers" auch *Fuß*, JZ 1959, S. 331.

147 Zur Erschütterung des Gesetzes *H. Huber*, Recht, Staat und Gesellschaft, 1954, S. 13 ff.; *ders.*, Festgabe Giacometti, S. 71 ff.

148 Eine eindrucksvolle Analyse dieser Lage bei *W. Friedmann*, Law in a Changing Society, 1959, S. 485 ff.

anerkannt, daß das Sozialstaatsprinzip bindende Verfassungsnorm ist[149]. Damit ist zunächst eine Regel der Auslegung aufgestellt, die einseitig individualistische Deutungen der Verfassung ausschließt. Auf den Satz vom Sozialstaat können aber auch unmittelbar rechtliche Folgerungen etwa im Bereich des Sozial- und Fürsorgerechts gestützt werden[150]. Wie alle grundlegenden Maßstäbe der Verfassung ist der Sozialstaat aber ferner auch verbindliche Weisung für den Gesetzgeber, indem bestimmte Wertvorstellungen festgelegt werden. Der Sozialstaat bedeutet Betonung der allgemeinen Gleichheit, Hilfe für den sozial Schwächeren, Ausgleich der sozialen Spannungen in der Gesellschaft. Das sind Aufgaben, die nicht so sehr der Rechtsanwendung, als vielmehr der gestaltenden Einwirkung des Gesetzgebers und der gewährenden Verteilung und Lenkung des Staates anheimfallen. Insofern bedeutet der Gedanke des sozialen Rechtsstaats gerade einen besonders wichtigen Maßstab für die von den älteren Prinzipien der gesetzmäßigen Verwaltung weniger erfaßten Räume der Leistungsvorsorge des Staates und der Wirtschaftslenkung.

Gegenüber allen Ansätzen zu sozialer Sicherung und ausgleichender Verteilung gilt es aber, niemals das Grundanliegen des Rechtsstaats außer Acht zu lassen: die Erhaltung der persönlichen Freiheit. Auch hierfür kann das Sozialstaatsprinzip beitragen, wenn man deutlicher erkennt, daß es sich nicht nur an den Staat wendet, sondern auch Bedeutung für die sozialen Gruppen und Verbände hat. Ihnen gegenüber freilich wirkt es sich weniger als Berechtigung, wie als Bindung aus. Es weist den Staat an, durch Eindämmung sozialer Übermacht von Gruppen die persönliche Freiheit zu schützen, deren Eigenwert der Ausgangspunkt der Rechtsstaatsvorstellung bleibt[151]. Es ist daher unrichtig, wenn neuerdings die Neigung besteht, Art. 19 Abs. 3 GG eine möglichst weite Deutung zu geben, und auch den sozialmächtigen Gruppen die Nutzung der personalen Freiheitsrechte ohne Einschränkung zuzugestehen. Mindestens für solche Verbände, die nicht lediglich private, der Individualsphäre nahestehende Positionen haben, dürfte eine ge-

---

[149] In diesem Sinne *Bachof,* VVDStRL 12, S. 38 ff.; *Reuß,* in: *Reuß / Janz,* Sozialstaatsprinzip und soziale Sicherheit, 1960, S. 8 ff. (und die dort weiter Genannten). Abweichend Leugnung eines normativen Gehalts bei *Forsthoff,* VVDStRL 12, S. 8 ff.; Festgabe Schmitt, S. 48 ff. Die Verfassungsgeltung ist auch vom BVerfG anerkannt (Entsch. Bd. 8, S. 274, 329). Skeptisch zum „sozialen Rechtsstaat" als politische Idee *W. P. Berghuis,* Rechtsstaat en Welvaartsstaat, Kampen 1956, S. 11 f., 22 f. (unter Bezug auf die deutsche Diskussion).

[150] So vor allem in der Zuerkennung des Anspruchs auf Fürsorgeleistung vgl. *Reuß,* S. 30. Vgl. auch BVerwGE 10, S. 15.

[151] Diese Deutung des Sozialstaatsprinzips auch bei *Fechner,* S. 5 f., *Menger,* S. 27/28; *Partsch,* Verfassungsprinzipien und Verwaltungsinstitutionen, 1958, S. 29 f.; *Reuß,* S. 16.

nauere Prüfung der Vorbehalte in der Anwendung von Grundrechten angebracht sein, die Art. 19 Abs. 3 GG hier selbst zum Ausdruck bringt. Die Gesetzgebung vollends steht hier noch vor künftigen Problemen, deren Grundlinien sich in der heutigen Auffassung noch nicht abzeichnen. Die Duldung sozialer Abhängigkeit ist kein Element des Rechtsstaats. Gehört ein weites Maß sozialer Sicherheit, dargeboten von Staat und Gesellschaft, heute zu den unentbehrlichen Grundlagen persönlicher Entfaltung, so gilt es doch immer eingedenk zu sein, daß nicht in Unterwerfung erkaufte Ruhe und Sicherheit, sondern die mit aktivem politischem Bürgersinn einhergehende Verantwortung und Freiheit das Lebenselement des Rechtsstaates bilden[152].

---

[152] Rechtssicherheit ohne persönliche und politische Freiheit könnte nur ein Zerrbild rechtsstaatlicher Grundsätze sein. Sie wäre ebensowenig Freiheit im Sinne der Anteilnahme am Staate und Selbstbestimmung, wie das, was ein italienischer Autor in der Zeit des gefestigten Fürstenstaates für politische Freiheit erklärte. Vgl. *Battista Guarini,* Trattato della politica libertà, 1599 (zitiert nach *Rudolf Albertini,* Das florentinische Staatsbewußtsein im Übergang von der Republik zum Prinzipat, 1955, S. 294): „Il frutto che pretende il buon cittadino e che nasce dalla politica libertà, è di godere nella quiete pubblica la privata di si fatta maniera, che dalle insidie, e dalle guerre interne ed esterne sicura sia la sua vita, l'onore delle sue donne, l'educazione della sua prole, l'uso de'suoi provenuti, la libertà de'suoi traffichi ..." Hier lesen wir, was auch heute zuweilen droht: Verwechslung individualistischer Ruhe und Staatsferne mit wirklicher Freiheit.

Staatszielbestimmungen

I. Verbindliche Sachgehalte in der Verfassungslehre

Die deutsche Staatsrechtslehre der letzten 20 Jahre ist in hohem Maße Verfassungslehre gewesen. Sie hat nicht so sehr den Staat als konkrete wirkende Einheit politischen Geschehens als vielmehr seine Rechtsordnung zu ihrem Gegenstand gemacht. Der Gelehrte, dem dieser Beitrag gewidmet ist, hat dies Zurücktreten des Staates als eines im traditionellen Sinne eigenen geistig begründeten Gestaltungsfaktors mit dem Emporwachsen der modernen Industriegesellschaft und mit der besonderen Lage der Bundesrepublik erklärt[1]. Eine bedeutende Darstellung des Verfassungsrechts der Bundesrepublik stellt bewußt an den Anfang des Buches Sinn und Bedeutung der Verfassung, nicht Dasein und Bewegung des Gemeinwesens, dessen Ordnung die Verfassung ist[2]. Man wird in allen diesen Anzeichen den Ausdruck der geringen Bewußtheit staatlicher Einheit und Gemeinsamkeit erblicken können, die noch immer das politische Leben in der Bundesrepublik Deutschland kennzeichnet, und ebenso den noch wirksamen Rückschlag auf frühere Übersteigerungen des Staatsgedankens und der nationalen Empfindung. Daraus ergibt sich die heute vorwiegende Neigung, die Grundlinien politischen Handelns in der Bundesrepublik nicht mehr in die Linie einer kontinuierlichen politischen Tradition des Gemeinwesens zu stellen; wird doch heute weithin die noch am Beginn der Bundesrepublik bewahrte geschichtliche und rechtliche Identität aufgegeben[3] und verblaßt die Vorstellung der Nation. So ist in der Gegenwart in der Bundesrepublik wie auch in der mit ihrem politischen System befaßten Staatsrechtslehre die Ordnung der Verfassung, das in ihr gegebene normative Band, an die Stelle unterliegender geistiger, nationaler oder tra-

---

Aus: Festschrift für Ernst Forsthoff zum 70. Geburtstag. Hrsg. von Roman Schnur. München 1972, S. 325 - 346. — Abdruck mit freundlicher Genehmigung der C. H. Beck'schen Verlagsbuchhandlung, München.

[1] *Ernst Forsthoff*, Der Staat der Industriegesellschaft, 1971, S. 42 ff.

[2] *Konrad Hesse*, Grundzüge des Verfassungsrechts der Bundesrepublik Deutschland, 5. Aufl. 1972.

[3] Zur Abkehr von dem Gedanken der Fortsetzung der historischen und rechtlichen Identität der aus dem 19. Jahrhundert überkommenen deutschen Staatsgründung siehe *Kewenig*, in: Ostverträge — Berlin-Status. Münchener Abkommen — Beziehungen zwischen der BRD und der DDR. Kieler Symposium, 1971, S. 305 f.

ditioneller Verbundenheit getreten und nimmt in der staatsrechtlichen Untersuchung den ersten Platz ein[4].

Aus dieser Lage folgt der Vorrang, den die Verfassungsinterpretation in der staatsrechtlichen Literatur gewonnen hat. Ausgangspunkt und Mitte der Arbeit ist das Grundgesetz. Indem man seinen Vorrang — der in gewissem Maße die lebendige geistig-politische Einheit eines nicht nur normativ zusammengehaltenen Staatswesens ersetzen muß — in umfassender Weise herausgearbeitet hat, wird oft und in einem gesteigerten, zuweilen sogar übersteigerten Sinne auch die aktuelle politische Entscheidung nicht so sehr als Betätigung selbständiger politischer Richtsetzung, die innerhalb des vorgezeichneten Rahmens des Grundgesetzes vor sich geht, sondern als Verwirklichung von normativ vorgegebenen Geboten aufgefaßt. Ein Beispiel für diese Tendenz, die wichtige politische Entscheidungen vornehmlich im Blickfeld der Verfassungsverwirklichung erörtert, bietet die in den letzten beiden Jahren geführte Debatte um die Verträge von Moskau und Warschau vom Jahre 1970[5]. Sie ist ganz überwiegend von der Frage bestimmt worden, wie sich die Hinnahme tatsächlich eingetretener Situationen und Verhältnisse in die Ordnung des Grundgesetzes einfüge, ohne daß die eigentliche historisch-politische Dimension dieses Sicheinfindens in geschichtlich tiefgreifende Veränderungen der deutschen und europäischen Lage voll zum Ausdruck kam[6]. Das Grundgesetz ist heute, über seine Aufgabe hinaus, die Institutionen des politischen Prozesses zu organisieren und in Gestalt der Grundrechte dem Ganzen einen freiheitlichen sachlichen Gehalt zu gewähren, Grundlage des staatlichen Geschehens geworden. Auch wo in seinem Rahmen der freien politischen Gestaltung und Entscheidung Raum gelassen ist, zeigt sich oft die Neigung, auch für diesen Bereich selbständiger Gestaltung des Gesetzgebers in der Verfassung nach Anhalt und Bindung zu suchen[7].

---

[4] Zur Bedeutung des Grundgesetzes für den Zusammenhalt des Gemeinwesens *Forsthoff*, S. 71 ff. Ich habe auf diese grundlegende Rolle der Verfassung in der BRD hingewiesen, AöR 95 (1970), S. 362 ff.

[5] Abkommen von Moskau vom 12. August 1970 (BT-Dr. VI/3156), Abkommen von Warschau vom 7. Dezember 1970 (BT-Dr. VI/3157).

[6] In der eingehend geführten Debatte über die Ostverträge im Bundestag am 23. - 25. Februar 1972 überwog die verfassungsrechtliche Betrachtungsweise. Nur wenige Redner haben die weiteren historisch-politischen Aspekte erörtert (vgl. *Schröder* [23. Februar], Sten. Ber. S. 9820 ff.; *R. v. Weizsäcker* [24. Februar], S. 9837 ff.; *Carlo Schmid* [25. Februar], S. 9971 ff.).

[7] So hat man etwa versucht, die politisch-empirisch entwickelte Form der sozialen Marktwirtschaft als durch das Grundgesetz geboten zu erweisen. Vgl. in diesem Sinn *H. C. Nipperdey,* Soziale Marktwirtschaft und Grundgesetz, 3. Aufl. 1965; *ders.,* in: Bettermann / Nipperdey, Die Grundrechte, Bd. IV/2, 1962, S. 758 ff. Kritisch hiergegen *H. Ehmke,* Wirtschaft und Verfassung, 1961, S. 18 ff.; *H. P. Christen,* Die Wirtschaftsverfassung des Interventionismus, Zürich 1970, S. 202 ff.; meine Darlegung, in: Die staatliche

Auch wenn man sich von Auffassungen fernhält, die die Gestaltungsfreiheit des Gesetzgebers und die freie Richtungswahl politischer Entscheidungen im Rahmen des Grundgesetzes allzu sehr normativ einengen möchten, so bringen doch Anlage und Auslegung der Verfassung ein erhebliches Maß an Bindung der politischen Funktionen mit sich. Die Einrichtung einer umfassenden Verfassungsgerichtsbarkeit trägt dazu bei, den Vorrang der Verfassung und ihre Ausstrahlung in weite Bereiche der Rechtsordnung zu sichern. Der Gegenstand der vorliegenden Untersuchung gehört in diesen Zusammenhang. Es wird eine Kategorie von Verfassungsnormen ins Auge gefaßt, die gerade den Gesetzgeber und die Sphäre der politischen Entscheidung zu binden vermag, die aber bisher erst eine geringere Beachtung gefunden hat. In erster Linie hat sich die Aufmerksamkeit der Rechtslehre bisher, wenn es sich um Bindungen der obersten Funktionen handelt, den Grundrechten zugewandt. In ihnen erblickt man eine dem Schutz individueller Freiheit dienende Beschränkung staatlichen Handelns. Sie erscheinen dem Gesetzgeber gegenüber als eine vorrangige Zone höherer Gebote, die er einzuhalten hat. In dieser Richtung bewegt sich auch die Rechtsprechung des Bundesverfassungsgerichts, wenn sie — freilich in einer nicht ganz unbedenklichen Verallgemeinerung und Systematisierung — von einer „Wertordnung“ oder einem „Wertsystem“ der Grundrechte spricht[8]. Freilich ist heute das Verständnis der Grundrechte — wenn auch nicht unumstritten — über die Betonung der subjektiven Abwehrrechte gegen den Staat hinausgewachsen. In den grundrechtlichen Verbürgungen sind neben den subjektiven Berechtigungen und Freiheiten auch zumeist wichtige Bestandteile objektiven Rechts enthalten, die bestimmte Rechtseinrichtungen und Institutionen sichern und über Abwehrrechte des einzelnen hinaus dem Staat bestimmte Pflichten der Erhaltung und Verwirklichung dieser geschützten Bereiche auferlegen[9]. Zur Erhaltung einer pluralistische Vielfalt spiegelnden Erscheinung der Massenmedien vermag der Staat, besonders beim Fernsehen, auch auf die organisatorische Gestaltung der

Einwirkung auf die Wirtschaft, 1971, S. 21 ff. Umstritten ist auch die Frage, wieweit Art. 5 GG das System der Ausgestaltung des Rundfunks (Fernsehens) zwingend vorschreibt. Stärker im Sinne verfassungsrechtlicher Festlegung etwa *P. Lerche*, Rundfunkmonopol, 1970, S. 58 ff., 102 ff. Im Sinne größerer Offenheit *W. Rudolf*, Über die Zulässigkeit privaten Rundfunks, 1971, S. 18 ff.; *Werner Weber*, Der Staat 11 (1972), S. 88 ff. Vgl. auch die Meinung in BVerfGE 31, S. 337, abw. 340 f.

[8] Vgl. BVerfGE 19, S. 226, 236; 19, S. 394, 396; 25, S. 167, 179. Zu dem Bedenken gegen eine Ausformung der einzelnen Grundrechte zu einem geschlossenen Wertsystem *K. Hesse*, Grundzüge, S. 124 f.; meine Bemerkung, AöR 95 (1970), S. 401.

[9] Siehe hierzu *K. Hesse*, Grundzüge, S. 124 und meine Darlegung, DÖV 1971, S. 510, 513 (abgedruckt in *diesem* Bande als Beitrag Nr. 29).

Träger der Meinungsbildung einzuwirken[10]. Auch der Bereich der Koalitionsfreiheit muß durch ordnende und auf die Ausgewogenheit der Partner und ihrer Mittel bedachte staatliche Vorkehr realisiert werden[11]. Auch die Rechtsprechung hat sich dieser objektiven Seite der Wirkung grundrechtlicher Bestimmungen nicht verschlossen[12]. So vollzieht sich hier eine langsame Wandlung, die von rein subjektiv-rechtlicher Deutung hinwegführt zu einer Betonung freiheitsverbürgender objektiver Ordnungen und Gebote.

Neben den Grundrechten finden sich im Grundgesetz aber auch andere Vorschriften, die, ohne grundrechtliche Züge zu tragen, Weisungen und Richtlinien für das Handeln der Staatsorgane aufstellen. Unter ihnen sind etwa das Gebot völkerrechtsfreundlicher und friedlicher Außenpolitik (Art. 25, 26 GG), die Verweisung auf übernationale Zusammenarbeit (Art. 24), das Wiedervereinigungsgebot (Art. 23 und Präambel), auch heute schon herausgearbeitet worden. Eine systematische literarische Behandlung steht aber noch aus. Schon früh hat H. P. Ipsen[13] die Festlegung der Formel vom sozialen Rechtsstaat, als „Staatszielbestimmung" angesprochen. Ich habe dann etwas später, unter Hinweis auf Art. 26 GG und das Prinzip des sozialen Rechtsstaats von verfassungsrechtlichen Leitgrundsätzen gesprochen, in denen mit rechtsverbindlicher Kraft gewisse Richtlinien und Grundsätze normiert seien[14]. Dabei wurde ihr Unterschied von bloßen Programmsätzen und ihre Bedeutung auch als Auslegungsrichtlinien hervorgehoben. Neuerdings hat Peter Lerche einen weiteren Kreis verbindlicher Verfassungsvorschriften objektiven Gehalts als „Verfassungsdirektiven" behandelt, vor allem unter dem Gesichtspunkt eines individuellen Rechtsschutzes[15]. Erst die Einführung der wirtschaftspolitischen Zielsetzungen des „gesamtwirtschaftlichen Gleichgewichts" in Art. 109 Abs. 4 GG hat dann in weiterem Maße den Blick für derartige verfassungsrechtliche Zielsetzungen freigemacht, deren verbindlicher und richtunggebender Charakter erkannt wurde[16].

[10] Vgl. *Maunz / Dürig / Herzog*, Grundgesetz, Rdnr. 4 - 5 zu Art. 5 GG; *Jörg Müller*, Die Grundrechte der Verfassung und der Persönlichkeitsschutz des Privatrechts, Bern 1964, S. 184 f.; *Saladin*, Grundrechte im Wandel, Bern 1970, S. 72 ff.

[11] *Franz-Jürgen Säcker*, Grundprobleme der kollektiven Koalitionsfreiheit, 1969, S. 33 ff., 71 ff.; *P. Lerche*, Verfassungsrechtliche Zentralfragen des Arbeitskampfes, 1968, S. 64 f. Enger dagegen *R. Scholz*, Koalitionsfreiheit als Verfassungsproblem, 1971, S. 234 ff.

[12] Vgl. BVerfGE zur Institutsgarantie des Eigentums 24, S. 367, 389; zur Pressefreiheit 25, S. 258, 268.

[13] Über das Grundgesetz, 1950, S. 14.

[14] Die Auslegung verfassungsrechtlicher Leitgrundsätze, Rechtsgutachten zur hessischen Sozialisierung, 1952 (vergriffener Privatdruck), S. 34 - 40.

[15] AöR 90 (1965), S. 341 ff.

Ich habe dann in einem neueren kurzen Ansatz[17] von Verfassungsprinzipien als bindenden Zielbestimmungen für die obersten Staatsorgane gesprochen[18]. Einer besonderen Problematik, die mit unserem Thema in Beziehung steht, hat Horst Ehmke Bemerkungen gewidmet: der Bedeutung von Kompetenzbestimmungen für die sachliche Beauftragung des Gesetzgebers und die Begrenzung der Grundrechte[19].

Es wird hier nicht möglich sein, eine eingehende Untersuchung einzelner solcher Verfassungsprinzipien vorzunehmen. Das würde auch angesichts der vorhandenen Erörterungen zum Rechtsstaat und zum Sozialstaatsprinzip bei diesen beiden Grundsätzen zu weit führen. Es sollen indes die allgemeinen verfassungsrechtlichen Probleme dieses Gebietes im Überblick behandelt werden. Dabei wird das Schwergewicht auf solche Prinzipien gelegt, die im besonderen Ziele und Weisungen für die staatliche Tätigkeit enthalten.

II. Begriff der Staatszielbestimmung

Es erscheint zuerst erforderlich, den Begriff der Staatszielbestimmung als einen besonderen Unterfall der Kategorie der Verfassungsprinzipien von anderen auf Sachinhalte gerichteten normativen Aussagen der Verfassung abzugrenzen. Das gilt insbesondere für folgende Verfassungsnormen:

a) Grundrechte

Auch wenn die Entwicklung heute das Verständnis der Grundrechtsbestimmungen über die Deutung als negative Abwehrrechte hinausgeführt und die in ihnen enthaltenen objektiven Normsetzungen deutlich gemacht hat, so bleibt doch das Grundprinzip grundrechtlicher Bestimmung die Gewährleistung bestimmter individueller oder kollekti-

---

[16] Vgl. hierzu *Klaus Stern,* in: Stern / Münch, Gesetz zur Förderung der Stabilität und des Wachstums der Wirtschaft, 1967, S. 54 ff.; *Elmar Stachels,* Das Stabilitätsgesetz im Rahmen des Regierungshandelns, 1970, S. 15 ff.; *K. Vogel,* Bonner Kommentar, 2. Aufl., Rdnr. 69, 80, 109 f. zu Art. 109 GG. Auch im Ausland sind solche verfassungsrechtlichen Zielsetzungen anerkannt: *Fritz Gygi,* Die schweizerische Wirtschaftsverfassung, Schweiz. Juristenverein, 1970, S. 287 ff., 342 ff.; *Hans Huber,* in: H. H. und Egon Tuchtfeldt, Wirtschaftspolitische Ziele in der Verfassung?, 1970, S. 37 ff.; *E. Steindorff,* Die Vertragsziele der EGKS als Rechtsvorschriften und Richtlinien, Berichte der Dt. Gesellschaft für Völkerrecht 2 (1957), S. 94 ff.

[17] AöR 95 (1970), S. 361 sowie in: Die staatliche Einwirkung auf die Wirtschaft, 1971, S. 59 ff.

[18] Etwas unklarer ist der Gebrauch des Ausdrucks Verfassungsprinzip durch das Bundesverfassungsgericht (Bd. 12, S. 36, 41). Es rechnet hierzu ebenso den Bundesstaat wie das Prinzip der Rundfunkfreiheit. Der Begriff ist hier also in sehr unbestimmtem Sinne verwendet.

[19] *Ehmke,* VVDStRL 20 (1963), S. 90 f. Hierzu auch *Häberle,* AöR 95 (1970), S. 110, Anm. 68.

ver Rechtspositionen und Lebensbereiche. Es werden in diesen Vorschriften nicht für die staatliche Wirksamkeit Leitsätze und Ziele entwickelt, sondern in der Sicherung eines staatspolitischen Rechtsstandes der Individuen und der Verbürgung bestimmter Rechtseinrichtungen (Eigentum, Familie) werden diese Bereiche der politischen Verfügung entzogen und ein übergeordneter Bestand sachlicher Gehalte festgelegt. Gewiß sind auch, wie Smend gezeigt hat[20], die Grundrechte konstituierende Elemente der staatlichen Gemeinschaft, aber im Sinne bestehender Gewähr für Freiheit und Schutz und damit für die freiheitliche Gestaltung der politischen Gemeinschaft. Ihre Bestimmung ist es indessen nicht, Aufgaben und Richtung für das staatliche Handeln festzulegen, sondern sie dienen eher dessen Begrenzung. Ein wenig anders liegt es nur bei einer im Grundgesetz nur gering vertretenen Gruppe von Grundrechten, den sozialen Zusagen. In ihnen werden, im Unterschied zu den Freiheitsrechten künftige Entwicklungen angesprochen und nicht selten auch in der Tat — freilich immer vom Individuum her gesehen — Aufgaben der Verbesserung des Lebensraumes der Bürger gestellt. Man kann das deutlich bei der von der Generalversammlung der Vereinten Nationen am 16. Dezember 1966 gebilligten Konvention über wirtschaftliche, soziale und kulturelle Rechte erkennen. Wenn hier angemessene und befriedigende Arbeitsbedingungen (Art. 7), ein Recht auf Arbeit (Art. 6) und Bildung (Art. 13) anerkannt werden, so werden damit dem Staate Pflichten auferlegt, Schritte zu unternehmen, um diese Rechte zu verwirklichen (Art. 2). Hier kann man von einer Aufgabenstellung für den Staat sprechen[21]. In der Tat tragen soziale Grundrechte gegenüber den überlieferten Formen des Freiheitsrechts einen besonderen Charakter. Sie legen in erster Linie Pflichten auf, ohne imstande zu sein, fest umrissene individuelle Ansprüche zu erzeugen[22]. An diesem Punkte ergeben sich also Berührungen mit staatlichen Zielbestimmungen, soweit soziale Grundrechte nicht als Programmsätze angesehen werden[23], sondern als verbindliche Rechtsnormen. Sie

---

[20] Verfassung und Verfassungsrecht, in: Staatsrechtliche Abhandlungen, 2. Aufl. 1968, S. 117 f., 260 ff. (integrierender Sachgehalt der Verfassung). Zur konstitutiven Bedeutung der Grundrechte für das Gemeinwesen auch *Häberle,* Die Wesensgehaltsgarantie des Art. 19 Abs. 2 Grundgesetz, 1962, S. 8 ff.

[21] Vgl. hierzu *A. Khol,* Die Menschenrechtserklärung der Völkergemeinschaft, 1968, S. 31.

[22] Siehe *A. Khol,* S. 31/32; Zur Eigenart sozialer Grundrechte *Th. Tomandl,* Der Einbau sozialer Grundrechte in das Positive Recht, 1967, S. 24 ff. (soziale Gr. als „Verfassungsprogramm"); *G. Brunner,* Die Problematik der sozialen Grundrechte, 1971, S. 14 ff.; beide Autoren heben die engen Grenzen hervor, in denen sich aus solchen Normen subjektive Rechte herleiten lassen.

[23] Rechtslehre und Rechtsprechung helfen sich, seit der Weimarer Zeit, damit, daß sie solche Rechtsnormen als Programmsätze deuten. Vgl. *Brunner,* S. 26 f. und BayVerfGH Bd. 13 II, S. 144 ff.

können sich dann wesentlich nur an den Gesetzgeber richten. Im Grundgesetz finden sich Vorschriften dieser Art nur in Art. 6 Abs. 4 und 5 GG. In ihnen hat die Rechtsprechung Auslegungsrichtlinien, vor allem aber ein Gebot an den Gesetzgeber gesehen[24].

b) Institutionelle Gewährleistungen

Es handelt sich hier um Bestimmungen, die nicht individuelle Rechte, sondern Rechtseinrichtungen oder auch Institutionen des öffentlichen Rechts sichern. Bei ihnen geht es ausdrücklich um Erhaltung bestimmter Einrichtungen und schon dadurch unterscheiden sie sich von Zielsetzungen. Auch diese Form der Gewährleistung kann für die Gestalt des Staates konstituierende Bedeutung haben (z. B. die Garantie der Selbstverwaltung in Art. 28 GG), aber gerade hier tritt der Charakter einer Begrenzung staatlicher Tätigkeit wiederum stark hervor.

Es ist mit Recht bemerkt worden[25], daß die frühere scharfe Unterscheidung zwischen individuellen Freiheitsrechten und institutionellen Garantien[26] nicht mehr aufrechterhalten werden kann, seitdem die in den meisten Verbürgungen individueller Rechte enthaltenen Bestandteile einer objektiven öffentlichen Ordnung des Gemeinschaftslebens deutlicher erkannt wurden[27]. Es gibt gewiß Vorschriften, in denen allein die Garantie eines Rechtsinstituts (Ehe und Familie in Art. 6 Abs. 1)[28] oder einer Einrichtung des staatlichen oder öffentlichen Bereichs (Selbstverwaltung in Art. 28 Abs. 2; Beamtentum in Art. 33 Abs. 5[29]; Privatschule in Art. 7 Abs. 4)[30] erscheint. Auch aus ihnen ergeben sich unmittelbar verbindliche Anweisungen der Verfassung, deren Nichtbeachtung zur Ungültigkeit von Gesetzen führen kann[31]. Auf der ande-

---

[24] Daher hat sie aus Art. 6 Abs. 5 GG sogar ein zwingendes zeitlich befristetes Gebot an den Gesetzgeber herausgelesen BVerfGE 25, S. 167 ff., 184 ff.; 26, S. 44, 60; 26, S. 206, 210.

[25] *Hesse*, Grundzüge, S. 116.

[26] *Carl Schmitt*, Freiheitsrechte und institutionelle Garantien der Reichsverfassung, in: Verfassungsrechtl. Aufsätze, 1958, S. 140 ff.; *ders.*, in: Anschütz / Thoma, Handb. d. Dt. Staatsrechts, Bd. 2, 1932, S. 595 f.

[27] Vgl. *Häberle*, S. 292 ff.; meine Darlegung DÖV 1971, S. 508 (abgedruckt in *diesem* Bande als Beitrag Nr. 29).

[28] Das Bundesverfassungsgericht spricht hier von einem Grundrecht (Bd. 19, S. 394, 397).

[29] Vgl. BVerfGE 8, S. 1, 12; 8, S. 332, 343 (Strukturprinzipien); 15, S. 167, 180.

[30] Die Rechtsprechung hat aus Art. 7 Abs. 4 einen Anspruch des Trägers der Privatschule auf staatliche Förderung und Subventionierung hergeleitet (BVerwGE 23, S. 347 ff.; 27, S. 346 ff.).

[31] Solche unmittelbare Wirkung wird hergeleitet für Art. 6 Abs. 1 GG (Ehe und Familie) BVerfGE 6, S. 50, 72; 10, S. 59, 66 (Grundsatznorm); für Art. 7 Abs. 4 (Religionsunterricht) BVerfGE 6, S. 309, 355; für Art. 28 Abs. 2 (Selbstverwaltung) BVerfGE 11, S. 266, 273; 11, S. 351, 360.

ren Seite treten neben die Individualrechte die in den Grundrechtsnormen enthaltenen objektiven Gebote[32], die in der neueren Rechtsprechung etwa bei dem Art. 5 (Pressefreiheit, Fernsehfreiheit) sogar stärker zum Tragen kommen als die individualrechtliche Komponente[33]. Für die Verfassungsprinzipien ergibt sich daraus die Lehre, daß keineswegs nur die individualrechtliche Ausprägung für die Geltung und Durchsetzung verfassungsrechtlicher Gebote von Bedeutung ist. Die objektiven Aussagen können als Regeln der Auslegung wie als richtunggebende Weisungen, die ihnen entgegenstehende Normen unwirksam machen, für die Rechtsordnung und für den Einzelnen erhebliche Bedeutung gewinnen, auch wenn nicht unmittelbar aus ihnen subjektive Rechte herzuleiten sind.

c) Gesetzgebungsaufträge

Eine besondere, von den Verfassungsprinzipien und Staatszielbestimmungen klar zu unterscheidende Gruppe von Verfassungsnormen bilden die Gesetzgebungsaufträge, die die Verfassung an zahlreichen Stellen erteilt, z. B. für die Regelung der Kriegsdienstverweigerung (Art. 4 Abs. 3), des Parteienrechts (Art. 21 Abs. 3), der Neugliederung (Art. 29 Abs. 7), des Wahlrechts und der Wahlprüfung (Art. 38 Abs. 3 und 41 Abs. 3), für die Errichtung der Bundesbank (Art. 88) oder des Gemeinsamen Senats der Obersten Gerichtshöfe (Art. 95 Abs. 3)[34]. Diese Vorschriften bilden die Grundlage verfassungsausführender einfacher Gesetze von teils größerer, teils geringerer Bedeutung. Manche dieser Gebote sind für die Funktionen des Verfassungslebens derart wichtig, daß die erforderlichen Rechtsnormen unbedingt ergehen mußten (Wahlrecht, Regelung der Wahl des Bundespräsidenten Art. 54 Abs. 7, Einsetzung des Bundesverfassungsgerichts Art. 94 Abs. 2, Gestaltung des föderalen Finanzausgleichs Art. 107 Abs. 2). Andere solche Aufträge für den Gesetzgeber konnten zeitlich aufgeschoben werden und sind, wie etwa das Parteiengesetz vom 24. Juni 1967, das Gesetz über die Bundesbank vom 26. Juli 1957 oder das Richtergesetz vom 8. Juli 1961, verhältnismäßig spät vollzogen worden. Einzelne Aufträge, wie der der Neugliederung des Bundesgebietes, sind bis heute unerfüllt geblieben. Auch im Bereich der Grundrechte finden sich solche Aufträge des Gesetzgebers, insbesondere in Art. 3 Abs. 2, 4 Abs. 3 und 6 Abs. 4 und

[32] Die Mehrschichtigkeit der grundrechtlichen Normen erkennt auch die Rechtsprechung an: BVerfGE 6, S. 50, 72; 20, S. 162, 177; 27, S. 71, 81.

[33] Siehe etwa BVerfGE 12, S. 205, 261/62; 20, S. 162, 177; 31, S. 314, 326. Siehe auch BVerwGE 28, S. 278 ff.

[34] Die Errichtung des Gemeinsamen Senates trat an die Stelle des ursprünglich vorgesehenen Obersten Gerichtshofes, der ein „unerfüllter Gesetzgebungsauftrag" geblieben war. Vgl. *Adolf Arndt*, Das nicht erfüllte Grundgesetz, 1960, S. 15 zu unerfüllten Aufträgen.

5 GG. Im Unterschiede zu Vorschriften, die die Schaffung institutioneller Einrichtungen fordern und die daher von Einzelnen oder auch von Verfassungsorganen nicht geltend gemacht werden können[35], können sich bei solchen die Grundrechte berührenden Aufträgen Individuen auf das Verfassungsgebot auch schon vor Erfüllung berufen, um die Unterlassung des Gesetzgebers zu rügen[36]. Die Verfassungsbeschwerde wird unmittelbar gegen den Gesetzgeber freilich nur zu richten sein, wenn seine Verpflichtung fest umgrenzt ist und daraus ein Recht des Beschwerdeführers entspringt[37]. In der Regel wird aber die rechtliche Abhilfe indirekt über eine Beschwerde gegen ein auf der Unterlassung des Gesetzgebers beruhendes Gerichtsurteil oder durch einen Vorlagebeschluß (Art. 100 Abs. 3 GG) erreicht werden[38]. Ansprüche auf ein Handeln des Gesetzgebers hat die Rechtsprechung in neuerer Zeit vor allem im Zusammenhang mit dem Auftrag zur Gleichstellung des unehelichen Kindes und der unehelichen Mutter anerkannt[39].

Im ganzen lassen sich diese gesetzgeberischen Aufträge leicht von den allgemeinen Grundsätzen der Verfassung sondern. Sie betreffen in der Regel keine grundsätzlichen Fragen, sondern ausführende Verfassungsergänzungen oder gesetzgeberische Veränderungen, die oft von begrenzter Bedeutung sind. Daß sie in der Verfassung erscheinen, hat entweder seinen Grund darin, daß hier zum Verfassungsrecht gehö-

---

[35] Zum Fehlen eines Anspruchs der Länder auf Ausführung des Art. 29 GG siehe BVerfGE 13, S. 54, 73.

[36] Vgl. BVerfGE 6, S. 257, 264.

[37] BVerfGE 11, S. 255, 261 (Verfassungsbeschwerde gegen ein Gesetz). Für weitergehende Zulassung von Verfassungsbeschwerden *Rudolf Schneider*, AöR 89 (1964), S. 24 ff. und *P. Lerche*, AöR 90, S. 350/51. Ich halte das nicht für begründet, weil sich objektive Pflichten nicht ohne weiteres in Berechtigungen Dritter umdeuten lassen. Eine besondere Lage entsteht bei Gleichheitsverstößen durch Nichtangleichung bestimmter Gruppen an gewährte Vorteile. Hier erfolgt die Berechtigung besser nicht durch Nichtigerklärung des Gesetzes, sondern durch Feststellung des Verstoßes durch das Gericht und Nachholung des Gesetzgebers (BVerfGE 15, S. 46, 49 ff.; 31, S. 1, 7). Das hat aber nichts mit einem Verfassungsauftrag zu tun, sondern entspricht der ambivalenten Deutungsmöglichkeit des Gleichheitsprinzips, das sowohl durch diskriminierende Ungleichbehandlung wie durch fehlende (weil vergessene) Angleichung verletzt werden kann. Die Verbindung der Ausführung des Gleichheitssatzes mit den Verfassungsaufträgen bei *Lerche* (AöR 90, S. 354) scheint mir daher nicht zutreffend.

[38] Vgl. hierzu die prozessuale Anknüpfung an ein auf der fehlenden gesetzlichen Regelung beruhendes Urteil in BVerfGE 25, S. 167, 172.

[39] Siehe BVerfGE 25, S. 167, 173; 26, S. 206, 210; 31, S. 101, 111, wo Art. 6 Abs. 5 GG als ein Verfassungsauftrag bezeichnet wird, dessen Gebote schon vor Erfüllung vom Gesetzgeber und der Rechtsprechung zu beachten sind und Nichtausführung des Auftrags in angemessener Frist die Verfassung verletzt (BVerfGE 8, S. 210, 221; 18, S. 280, 283). Vgl. auch die Fälle BVerfGE 17, S. 148 ff. und 22, S. 163, 173, in denen ein Vorlagebeschluß den Anstoß zum Verfahren gab. Endlich siehe BVerwGE 29, S. 144 ff.

rende Normen vorgesehen werden (Wahlrecht, Diäten der Abgeordneten usw.), oder Neugestaltungen von Bestandteilen der Rechtsordnung vorgesehen sind, die im Detail der Verfassungsgeber nicht vornehmen kann (Stellung des unehelichen Kindes). Die Eigenart dieser Bestimmungen ist im allgemeinen ihr präziser, auf ganz spezielle Normen gerichteter Gehalt[40].

Zu ihnen gehören nicht die Verfassungsnormen, die dem einfachen Gesetzgeber erlauben, grundrechtliche Verbürgungen näher inhaltlich zu umschreiben und zu begrenzen, wie dies beim Eigentum in Art. 14 Abs. 1 Satz 2 und schwächer in Art. 12 Abs. 1 Satz 2 geschieht. Hierbei handelt es sich um Offenhaltung der Grenzen grundrechtlicher Aussagen in gewissem, beschränktem Umfang, in der Rücksicht auf den Wandel gesellschaftlicher Verhältnisse und die Einfügung des grundrechtlichen Gehalts in die wirtschaftliche und soziale Entwicklung.

Auf die Frage, inwieweit Gesetzgebungsaufträge sich aus Kompetenzermächtigungen, z. B. der Bestimmung des Art. 74 Ziff. 16 (Verhütung des Mißbrauchs wirtschaftlicher Machtstellungen), entnehmen lassen, wird später einzugehen sein[41].

d) Verfassungsprinzipien und Staatszielbestimmungen

Wenn wir uns nun der hier betrachteten Kategorie von Verfassungsaussagen zuwenden, so läßt sich deren Inhalt dadurch kennzeichnen, daß sie in allgemeiner oder auch begrenzterer Form Grundsätze und Richtlinien für das staatliche Handeln aufstellen, und ihm in bestimmten Richtungen durch Gebote und Weisungen Orientierungen und sachliche Aufgaben geben. Das wirkt sich nicht in Gestalt spezieller engerer Gesetzgebungsaufträge aus, sondern betrifft entweder sehr allgemeine Grundeinstellungen staatlichen Tuns, wie beim Gebot des Sozialstaates, oder bezieht sich doch auf die grundsätzliche Behandlung bestimmter Sachgebiete, wie dies beim Verbot des Angriffskrieges (Friedensgebot) oder bei dem neu eingeführten Grundsatz des gesamtwirtschaftlichen Gleichgewichts (Art. 109 Abs. 4) zu beobachten ist. Es handelt sich hier im Grunde um eine Ausrichtung der staatlichen Aktion an ihr verfassungsrechtlich vorgesetzten Maßstäben, die teils

---

[40] Zur Frage, ob gegen solche verfassungsausführenden Bestimmungen verfassungsrechtliche Prüfung begehrt werden kann nach Art. 93 Ziffer 4 GG, siehe *P. Kirchhoff,* Föderale Streitigkeiten über Auslegung einfacher Gesetze, DÖV 1972, S. 109 ff.

[41] Siehe hierzu *Lerche,* S. 361 und *Häberle,* AöR 95 (1970), S. 110 Anm. 48; *ders.,* Öffentliches Interesse als juristisches Problem, 1970, S. 396 f., 468 ff. Daß umgekehrt spezielle Verfassungsaufträge außerhalb des Zuständigkeitskataloges der Art. 73 ff. liegende besondere Bundeskompetenzen begründen können, ist allgemein anerkannt. Vgl. BVerfGE 1, S. 1, 167, 177; 7, S. 305, 313.

einen grundsätzlich, die ganze staatliche Gemeinschaft prägenden Gehalt verkörpern (Rechtsstaat, Sozialstaat), teils mittlere auf bestimmte Sachgebiete bezügliche Aufgaben und Ziele umreißen (globale Wirtschaftslenkung, Ausgleich der Kriegsfolgelasten in Art. 120, 120 a, 131).

Den Oberbegriff dürfte die Kategorie der Verfassungsprinzipien (Verfassungsgrundsätze) darstellen, die diese formenden und richtunggebenden Sachgehalte der Verfassung objektiven Charakters umschreiben, ohne darauf Gewicht zu legen, ob sie in die Zukunft gerichtet oder mehr der Erhaltung bestimmter Grundentscheidungen der Grundordnung dienen. Als solchen Grundsatz wird man vor allem das Rechtsstaatsprinzip bezeichnen können[42], das die ganze Verfassung durchzieht und in seiner grundlegenden Bedeutung zu ihren formenden Gedanken gehört[43]. Unter diesen Grundsätzen werden als Zielbestimmungen diejenigen anzusprechen sein, die einen dynamischen Zug tragen, die auf künftige, noch zu gestaltende soziale Fragen hinweisen und der staatlichen Aktivität weniger Grenzen ziehen als vielmehr die Bahn weisen. Das gilt vom Sozialstaatsprinzip, das in seiner Bestimmung auf staatliche Aktivität zur Förderung sozial schwächerer Kreise, auf Ausgestaltung der egalitären und vorsorgenden Bestrebungen der Gemeinschaft hinweist. Gerade, weil es keine festumrissene, bis in Einzelheiten entfaltete Aussage enthält, wie man das vom Rechtsstaatsgedanken sagen kann[44], bedeutet der Sozialstaatsgrundsatz eine normative Bindung der staatlichen Aktivität[45], die sowohl als Auslegungsgrundsatz Bedeutung besitzt wie als Richtungsbestimmung für den Gesetzgeber[46]. Auch die in Art. 109 Abs. 4 GG eingeführte Auf-

---

[42] Dagegen ist es zweifelhaft, ob es sinnvoll ist, ein grundlegendes Aufbaumoment des Grundgesetzes, den Bundesstaat, hier anzuführen. So indes BVerfGE 12, S. 36, 41.

[43] Ich bin mir bewußt, daß ich in dieser Deutung des Rechtsstaats als unmittelbar formendem Element der Verfassung von der von *Carl Schmitt* gezeichneten (Verfassungslehre, 1928, S. 123 ff., 200 ff.) Gegenüberstellung von rechtsstaatlichem Prinzip und politischer Verfassung, der auch *Forsthoff* (Industriegesellschaft, S. 70) folgt, abweiche. Ich sehe das Rechtsstaatsprinzip nicht als unpolitischen Gedanken an, sondern als ein in die politische Form eingeschriebenes Gebot der Mäßigung und Gerechtigkeit und damit einen auch das politische Handeln prägenden Gehalt.

[44] Auf die weittragende Ausformung des Rechtsstaatsgedankens in einzelnen Konsequenzen, wie Grundsatz der Verhältnismäßigkeit, der Systemtreue, Vertrauensschutz kann hier nicht eingegangen werden. Vgl. hierzu meine Hinweise, AöR 95, S. 359. Vgl. hierzu BVerfGE 7, S. 89, 92; 7, S. 194, 196; 20, S. 323, 331; 11, S. 378, 388; 28, S. 264, 277.

[45] Ich bin mir bewußt, hier wiederum von der Beurteilung des Sozialstaatsgedankens durch *Forsthoff* (Begriff und Wesen des modernen Rechtsstaates, VVDStRL 12, S. 8 ff. = Rechtsstaat im Wandel, 1964, S. 27 ff.; Rechtsstaatlichkeit und Sozialstaatlichkeit, 1968; *ders.*, Industriegesellschaft, S. 68) abzuweichen. Auch hier kann ich sonst nur verweisen auf meine Darlegung, in: Die staatliche Einwirkung auf die Wirtschaft, 1971, S. 63 ff.

gabe der Erhaltung eines „gesamtwirtschaftlichen Gleichgewichts" enthält eine Zielbestimmung. Wiewohl formal nur für die öffentliche Haushaltsgebarung verbindlich, reicht doch die verfassungsrechtliche Bedeutung dieser, durch § 1 StabG vom 8. Juni 1967 in seinen besonderen Zielen gesamtwirtschaftlicher Lenkung erläuterten und präzisierten Bestimmung weit darüber hinaus. Sie gewährt dem Staat die bislang zwar angenommene, aber nicht festgelegte Ermächtigung zu globaler wirtschaftlicher Lenkung im Wirtschaftsleben[47]. Damit wird aber zugleich die Aufgabe der Konjunktursteuerung, die heute immer mehr zum zentralen Gebiet staatlicher Politik wird, ausdrücklich aufgetragen. Ferner kann man hierher rechnen das Gebot der Völkerrechtsfreundlichkeit und Friedlichkeit, das in Art. 25 und 26 GG ausgesprochen ist, sowie die Ausrichtung der Bundesrepublik auf übernationale Zusammenarbeit, die in Art. 24 GG erscheint und seither grundlegende Bedeutung für die Einordnung in den europäischen Bereich gewonnen hat.

In einem engeren Bereich treten Zielbestimmungen namentlich dort hervor, wo sie in Kompetenzgewährungen eingekleidet sind. Sind grundsätzlich Zuständigkeiten auch keine Aufträge, so können sie doch, insbesondere dort, wo in ihrer Definition richtungweisende, auf staatliche „Pflege" oder „Förderung" hindeutende Ausdrücke erscheinen, als Zielsetzungen verstanden werden, wo aus ihnen hervorgeht, daß man eine staatliche Aktivität erwartet oder gar vorschreibt. Solche Kompetenzbestimmungen, die zugleich Zielweisungen sind, begegnen besonders in der eidgenössischen Verfassung, wo sie in dem Artikel 31 bis dem Bunde eine ganz allgemeine, wenn auch praktisch nicht stark hervortretende Aufgabe der „Mehrung der Wohlfahrt des Volkes und der wirtschaftlichen Sicherung der Bürger" stellen, aber in den Art. 31 bis Abs. 3 (Erhaltung gefährdeter Wirtschaftszweige und Berufe sowie des Bauernstandes), 31 quinquies (Wirtschaftskrisen, Verhütung und Arbeitsbeschaffung), 34 bis (Einrichtung der Kranken- und Unfallversicherung), 34 quater (Altersversicherung) und 34 quinquies (Familie, Wohnungswesen) dann speziellere Aufgaben zuweisen[48]. Im deutschen

[46] Vgl. BVerfGE 13, S. 331, 346; 14, S. 288, 296. Die Sozialstaatlichkeit wird hier als Verfassungsprinzip gekennzeichnet und dient als Rechtfertigung gewisser Freiheitsbeschränkungen für höherverdienende Angestellte (BVerfGE 29, S. 231, 235, 242).

[47] Zu dieser allgemeinen Bedeutung des Art. 109 Abs. 4 GG für die Ermächtigung zur Wirtschaftslenkung siehe *Stern*, in: Stern / Münch, Ges. zur Förderung der Stabilität, 1967, S. 53 f.; *Stachels*, S. 15 f., 20 ff.; *Vogel*, in: Bonner Kommentar, 2. Aufl., Rdnr. 87 - 106 zu Art. 109; *Reiner Schmidt*, Wirtschaftspolitik und Verfassung, 1971, S. 152 ff.

[48] Siehe hierzu *Aubert*, Traité du droit constitutionnel suisse, Bd. 2, 1967, S. 684 f.; *A. Favre*, Droit constitutionnnel suisse, 2. éd. 1970, S. 412 ff.; *H. Huber*, in: H. H. und Egon Tuchtfeldt, Wirtschaftspolitische Ziele in der Verfassung?, 1970, S. 16 ff.; *Christen*, S. 293 ff., 303 ff.

Verfassungsrecht waren derartige speziellere wirtschafts- und sozialpolitische Zielbestimmungen noch in der Weimarer Verfassung in einem gewissen Ausmaß enthalten, wo man sie freilich als bloße Programmsätze rechtlich weitgehend abwertete[49], und finden sich in den Landesverfassungen, wo Schutz des Mittelstandes, der Landbevölkerung, der Arbeit und Arbeitskraft, ein Recht auf Bildung und Erziehung und weitere soziale und kulturelle Aufgaben auftreten[50]. Ihre Bedeutung ist angesichts des Überganges der sozialen und wirtschaftlichen Entscheidungen auf den Bund relativ sehr begrenzt geblieben.

Im Grundgesetz kann man innerhalb der Kompetenzbestimmungen, die eine zielgerichtete Tendenz aufweisen, nennen die Förderung der wissenschaftlichen Forschung (Art. 74 Ziff. 13 mit Art. 91 b), die Kartellaufsicht (Art. 74 Ziff. 16), die Förderung der landwirtschaftlichen Erzeugung (Art. 74 Ziff. 17), die Sicherung der Krankenhäuser (Art. 74 Ziff. 19 a), die Verteidigung (Art. 87 a) und die Wirtschaftslenkung (Art. 74 Ziff. 11 mit Art. 109 Abs. 4). In allen diesen Vorschriften weist schon der Gebrauch dynamischer Ausdrücke wie „Förderung", „Schutz", Sicherung, Störungsabwehr auf den Charakter der Norm als Aufgabenzuweisung, als Gebot staatlichen Tätigwerdens hin.

Schon Ehmke hat mit Recht darauf aufmerksam gemacht, daß zwischen den Sachkompetenzen und den Grundrechten Wechselbeziehungen bestehen, die es erlauben, sowohl die Grundrechtsinterpretation durch die in den Zuständigkeiten enthaltenen Anweisungen und Richtungsbestimmungen zu deuten, wie auch aus diesen anderen verfassungsrechtlichen Normen für die Grundrechte zu Abgrenzungen und Verdeutlichungen zu gelangen[51]. Er hat dabei richtig auf die Einheit der Verfassungsordnung hingewiesen. In neuerer Zeit beginnt das Bundesverfassungsgericht nun auch institutionelle Gesichtspunkte bei der Auslegung der Grundrechte heranzuziehen. Es stellt dem in Art. 4 Abs. 3 GG gewährleisteten Recht der Kriegsdienstverweigerer auf Gewissensachtung in seinen Einzelauswirkungen, z. B. der Frage der Dienstleistungspflicht während des schwebenden Verfahrens der Anerkennung als Kriegsdienstverweigerer, die in Art. 12 a Abs. 1, 73 Nr. 1 und 87 a enthaltene verfassungsrechtliche Einrichtung der Bundeswehr und die hier begründete Entscheidung für eine funktionsfähige Verteidi-

[49] Aus der WRV sind anzuführen Art. 151 (Wirtschaftsordnung), 155 (Bodenreform), 164 (Mittelstand), 165 (Rätegedanke). Zur Einschätzung als Programmsätze siehe *Anschütz,* Reichsverfassung, 14. Bearb. 1933, S. 515, 700, 723, 741, 744.

[50] Vgl. z. B. Verfassung v. Bayern, Art. 124, 125, 128, 151, 153, 163, 164, 166, 167; Hessen, Art. 28, 33, 38, 42, 43, 55.

[51] VVDStRL 20 (1963), S. 91 f.

gung gegenüber und gelangt hier zu Abwägungen, bei denen Grundrecht und Verfassungsprinzip gegeneinander beurteilt werden[52]. An anderen Stellen taucht die Bedeutung der freiheitlichen Demokratie auf[53], und man könnte auf Prinzipien wie die aus dem Rechtsstaat sich ergebende Pflicht zur Wahrung des Rechtsfriedens — etwa gegenüber Berufung auf Grundrechte für gewalttätige Aktivitäten — verweisen. Im Grunde stellt die weithin auf der Heranziehung des Gemeinwohlgedankens beruhende Rechtsprechung zu den Grenzen der Art. 12 und 14 GG bereits eine solche Heranziehung von, hier freilich nur in allgemeinen Formeln ausgedrückten Zielvorstellungen dar[54]. Wir haben es hier im ganzen mit einem noch wenig beachteten Vorgang zu tun, der stärker die grundrechtlichen Bestimmungen in das Ganze der Verfassung einfügt. Es bahnt sich hier wie an anderen Stellen eine Entwicklung an, die Stellung und Bedeutung der Grundrechte von der alleinigen Betonung subjektiver Abwehrrechte zu einer Funktion als sachlicher Inhaltsbestimmung der Verfassungsordnung, als Grundlegung objektiver leitender Grundsätze für die Rechtsordnung verschiebt.

Insgesamt darf indes der Umfang der Bindung der politischen Funktionen durch diese Zielbestimmungen nicht überschätzt werden. Wie Lerche richtig bemerkt hat[55], stellen diese Gebote doch immer nur einzelne Punkte der Weisung gegenüber einer sehr weitgedehnten gesetzgeberischen und politischen Gestaltungsfreiheit dar. Diese wird auch von der Rechtsprechung grundsätzlich anerkannt und respektiert[56]. Es kommt hinzu, daß an manchen Stellen die gestellten Ziele in sich gewisse Widersprüche und Konflikte aufweisen, was besonders von der wirtschaftspolitischen Zielsetzung des „magischen Vierecks" in § 1 StabG (und damit Art. 109 Abs. 4 GG) gilt. Solche Zielkonflikte aber eröffnen, wie ähnliche Konflikte zwischen Grundrechten[57], Möglichkeiten der Abwägung und der Beweglichkeit für den gebundenen Gesetzgeber und erhöhen tatsächlich dessen Beweglichkeit und Entschlußfreiheit.

In der Tat bleibt doch hervorzuheben, daß die verfassungsrechtlichen Gebote durch Prinzipien und Zielbestimmungen dem Gesetzgeber nur begrenzte Bindungen auferlegen. Er bleibt frei, die gesellschaftspoli-

---

[52] BVerfGE 28, S. 243, 261; 28, S. 264, 276; 32, S. 40, 46.

[53] Vgl. auch BVerfGE 11, S. 46, 50; 28, S. 51, 54.

[54] Zu diesen im Gemeinwohlgedanken liegenden Vorstellungen siehe *Häberle,* AöR 95, S. 96 ff.

[55] AöR 90, S. 355 f.

[56] Vgl. BVerfGE 21, S. 73, 83; 23, S. 50, 56; 29, S. 221, 235: „Im sozial- und gesellschaftspolitischen Bereich hat der Gesetzgeber einen weiten Raum zur freien Gestaltung."

[57] Vgl. zu diesen *Lepa,* DVBl. 1972, S. 161 ff.

tischen und wirtschaftlichen Ziele zu wählen, die er verfolgen will. Gerade auch im wirtschaftlich-sozialen Bereich geben ihm die Zielbestimmungen zwar einen gewissen Anhalt, stehen aber an Bindungswirkung weit hinter den grundrechtlichen Maßstäben zurück. Der Gesetzgeber bleibt frei, sozialpolitische Erwägungen[58], Bestrebungen zur Förderung bestimmter Gruppen[59] oder auch Bestrebungen zu verfolgen, die auf strukturelle gesellschaftliche Änderungen hinwirken. Die Grundnorm kann um so weniger allzu weitgehende Weisungen erteilen, als sie für ein pluralistisches Gemeinwesen gilt, in dem sehr unterschiedliche geistige und gesellschaftliche Anschauungen vorhanden sind[60] und daher der Staat nicht nur im weltanschaulichen Felde, sondern auch im wirtschaftlich-sozialen Bereich sich gegenüber den pluralen Strömungen eine gewisse Neutralität auferlegen muß.

III. Verhältnis zur älteren Lehre vom Staatszweck

Es bleibt die Frage nach der Verbindung der modernen Staatszielbestimmungen mit der älteren Lehre vom Staatszweck und damit nach ihrem staatstheoretischen Hintergrund aufzuwerfen. Diese Beziehung ist, um es vorwegzunehmen, eine sehr entfernte. Heutige Staatszielbestimmungen des positiven Verfassungsrechts spiegeln zwar die Vorstellungen der Gegenwart über die Aufgabe des Staates in partikularer und systemloser Form wieder, aber sie folgen aktualen Anlässen und geben keine grundsätzliche Anschauung mehr. Nur im Gedanken des Sozialstaates klingt eine umfassendere Sicht der Sinngebung gegenwärtiger staatlicher Aktion an. Wie dies im ganzen für die moderne Staatszwecklehre charakteristisch ist, ist die Verbindung zu den älteren Lehren, in denen das Problem nach Sinn und Aufgabe des Staates allgemein gestellt wurde, abgerissen[61]. Was uns als Staatszielbestimmungen begegnete, stellt positive teilhafte Aussagen dar, die bestimmte politische Gehalte normieren, ohne das Problem der Aufgabe des modernen Staates als Grundfrage der staatlichen Existenz und Bestimmung anzugreifen. Der Staat wird vielmehr vorausgesetzt, die Zwecke

---

[58] Zu diesen siehe BVerfGE 23, S. 50, 57 (Nachtbackverbot); 24, S. 220, 227.

[59] z. B. Handwerk (BVerfGE 12, S. 99 ff.), Landwirtschaft (BVerfGE 18, S. 315, 327); Weinbau (BVerfGE 21, S. 150, 155); Mittelstand (BVerfGE 21, S. 292, 298 f.).

[60] Zum Pluralismus siehe *Ryffel*, Rechts- und Staatsphilosophie, 1969, S. 475 ff.

[61] Über die Auflösung der älteren Staatszwecklehre und das Fehlen einer entsprechenden Diskussion in der Gegenwart siehe vor allem *R. Smend*, Verfassung und Verfassungsrecht, in: Staatsrechtl. Abhandlungen, 2. Aufl. 1968, S. 160 ff., 184 f., 196 f. und ferner dort S. 503 ff. Siehe auch *Hespe*, Zur Entwicklung der Staatszwecklehre in der deutschen Staatsrechtswissenschaft des 19. Jahrhunderts, 1964.

instrumental ihm aufgegeben. So sind diese Bestimmungen des Grundgesetzes zugleich auch Ausdruck der Lage des modernen Staates. Er wird als empirisches Faktum angenommen, aber im Pluralismus der politischen Theorien erscheint er bereits teilweise — etwa in der marxistischen Theorie vom Staat als Zwangsverband der Herrschenden — in Frage gestellt[62], während auf der anderen Seite eine Aufnahme der Diskussion um die Notwendigkeit und die Rechtfertigung des Staates noch nicht wieder vorgenommen ist, sondern mehr eine Verweisung auf verschiedene traditionelle Betrachtungsweisen vorherrscht, unter denen in der Staatslehre des Grundgesetzes bis heute eine wesentlich vom Gedanken individueller Selbstentfaltung im rechtlich geordneten Gemeinwesen geprägte und unter kantischen Gedankeneinflüssen stehende Lehre bestimmend gewesen ist[63].

Im Grunde führt die Staatszwecklehre notwendig auf die fundamentale Frage nach dem Sein und der Sinnbestimmung des Staates zurück. Und hier entspricht es der geistigen Lage der Gegenwart, daß wir vor einem Pluralismus der politischen Theorien stehen, in deren Anschauung der Staat jeweils ein sehr verschiedenes Aussehen gewinnt. Wenn man absieht von den heute mächtig wieder andrängenden utopisch-anarchischen Ideen[64], in denen die Notwendigkeit des politischen Zusammenschlusses zugunsten eines auf eine ideale Mitmenschlichkeit gegründeten Gesellschaftszustandes geleugnet wird, überwiegt in der marxistisch beeinflußten Auffassung eine Deutung des Staates als Machtverband, dessen Überwindung und Ersetzung als Entwicklungsziel erscheint. Auch die heutige Soziologie und Politikwissenschaft neigt einer Lehre zu, die am Staate empirisch das Machtverhältnis betont, teils unter dem Einfluß marxistischer Vorstellungen vom Kampf der Klassen, teils aus einem Streben nach empirischer, von ethisch-metaphysischen Bestandteilen gelöster Theorie, die etwa Max Weber zu seiner Konzeption des Staates als eines jeweils für den Machthaber verfügbaren bürokratisch-technischen Apparates führte[65]. In der Hervor-

[62] Es gehört zu den positiven Folgen der in der Mitte der 60er Jahre aufbrechenden politischen Krise, daß diese theoretische Infragestellung auch die Staatslehre wieder zu einer Vertiefung zu den Grundfragen zurückführt.

[63] Vgl. zu dieser auch aristotelische Elemente enthaltenden Gedankenwelt *Zippelius*, Allg. Staatslehre, 3. Aufl. 1971, S. 241 ff.

[64] Zu ihnen etwa *Zippelius*, S. 252 ff.; *Gerhard A. Ritter*, in: *E. Scheuch* (Hrsg.), Die Wiedertäufer der Wohlstandsgesellschaft, 1968, S. 188 ff.

[65] Diese Deutung des Staates als technischer Apparat — hinter der bei *M. Weber* eine Anerkennung der Macht liegt — ist der Gefahr ausgesetzt, die eigentlichen Grundfragen zu übergehen oder doch wieder bei der Annahme von Machtentscheidungen zu enden. Sie sucht durch institutionelle Elemente zu erweitern: *R. Herzog*, Allg. Staatslehre, 1971, S. 75 ff., 84 ff., 152 ff. (charakteristisch die Wendung vom Staat als „Werkzeug“, S. 152). In der neueren Systemtheorie zeigt sich noch stärker die Neigung, durch Beziehungsmodelle den Grundfragen der politischen Existenz auszuweichen.

hebung der Macht begegnet sich diese Lehre oft mit einer von ganz anderen Antezendenzien herkommenden Auffassung des Staates als des übergeordneten, Entscheidung bringenden Machtverbandes, der Ordnung und Frieden durch seine souveräne Dezision herstellt; im Ursprung dieser Staatslehre sind Bodin und Hobbes unschwer zu erkennen[66]. Auf eine andere Gedankenwelt von breiter Grundlage im westlichen Staatsdenken der Neuzeit seit Locke und Rousseau weist die Bemühung zurück, den Staat mit der Forderung individueller Freiheit zu vereinen und ihn aus der Sicht des Schutzes individueller Güter und Rechte zu rechtfertigen. In dieser auch vom Liberalismus des 19. Jahrhunderts weithin angenommenen Haltung rücken die Grundrechte in die Mitte staatlicher Aufgabenstellung[67]. Demgegenüber sind heute die Vorstellungen einer von Hegel herkommenden Deutung des Staates als Selbstzweck, als Verwirklichung eines sittlichen oder geistigen Prinzips, zurückgetreten[68]. Eine über empirische Theorie hinausreichende Staatsbetrachtung wird auch heute notwendig auf die tieferen Fragen der politischen Anthropologie, der Bestimmung der menschlichen Persönlichkeit in der Gemeinschaft und auf die ethischen Probleme des politischen Handelns zurückführen müssen; sie wird dabei notwendig der aristotelischen Tradition begegnen[69].

In der pluralistischen Dissonanz der politischen und staatstheoretischen Anschauungen der Gegenwart wird daher eine Lehre vom Staatszweck im Sinne der älteren Auffassung als einer vorgegebenen Anlage und Ordnung nicht aufzubauen sein. Eine allgemeine Deutung der Ziele des Staates läßt sich jeweils nur im Zusammenhang der Sinngebung und Rechtfertigung des Staates und damit im Zusammenhang einer Staatslehre gewinnen, die in den Grundfragen eine bestimmte Stellung bezieht. Die Betonung des geschichtlichen Wandels, die unser Zeitalter kennzeichnet, läßt aber das Verlangen nach solchen allgemeinen Deutungen der staatlichen Aufgabe eher zurücktreten hinter dem Bestreben nach Bestimmung des für eine Zeit maßgeblichen Staatsbildes. Es erscheint heute eher möglich, die Aufgabenstellung des modernen Staates empirisch zu ergründen und in einem Staatsbilde zu

---

[66] Eine solche Auffassung liegt der Lehre von *Carl Schmitt* zugrunde, bei dem jene beiden Autoren nicht ohne Grund immer wieder erscheinen. Vgl. auch hierzu *H. Hofmann*, Legitimität gegen Legalität, 1964, S. 62 ff. Allgemein zu dieser Richtung *Alexander Passerin d'Entrèves*, The Notion of the State, 1967, S. 44 ff.

[67] Eine auf die westliche Tradition der Bestimmung staatlicher Aufgabe vom Menschen und seiner Freiheit her gegründete Theorie bietet *Carl Joachim Friedrich*, Man and His Government, 1963, S. 37 ff., 350 ff.

[68] Sie liegen noch zugrunde der Konzeption von *Herbert Krüger*, Allg. Staatslehre, 2. Aufl. 1966, S. 193 ff. Die Staatszwecklehre Krügers (S. 759 ff.) folgt aber dann einer empirisch-historischen Linie.

[69] Auf diesen Grundlagen entwickelt *Passerin d'Entrèves* seine Lehre.

deuten[70]. In diesem Zusammenhang können die positiven Setzungen einzelner Staatsziele oder auch mehr grundlegender Zielbestimmungen (Rechtsstaat, Sozialstaat) eine Bedeutung für die Erkenntnis der in der Gegenwart maßgeblichen Vorstellungen von den politischen Aufgaben des Staates gewinnen. Nicht die grundlegende Begründung des Staates erscheint mehr als Gegenstand der Staatszwecklehre, sondern, auf einer mehr mittleren Ebene der Reflexion, die Beschreibung der tatsächlichen Funktionen des heutigen politischen Gemeinwesens.

Sucht man die Möglichkeit einer heutigen Untersuchung der Staatsziele derart zu bestimmen, so wird der Gegensatz zur älteren Lehre ohne weiteres deutlich. Dieser kam es stets auf eine Herausarbeitung einer „absoluten", einer allgemein gültigen Staatszwecklehre an. Das war selbstverständlich für das Mittelalter, für das mit der Ordnung des politischen Gemeinwesens auch dessen Sinnbestimmung vorgegeben war. Sie erscheint in der älteren Anschauung heilsgeschichtlich begründet[71] und wird dann in der thomistischen Lehre als ein Bestandteil der natürlichen Ordnung rational aufgefaßt[72]. Das politische Dasein ist nach mittelalterlicher Anschauung auf die Verfolgung der gemeinsamen Wohlfahrt der Menschen[73], auf das Gemeinwohl ausgerichtet. Diese Aufgabe, die auch mit den Begriffen von pax, tranquillitas, ordo und justitia umschrieben wird und die für den Fürsten auch die Verantwortung für das geistliche Wohl seiner Untertanen einschließt, ist vorgegeben. Das rechtmäßige Regiment muß auf diese Bestimmung hin angelegt und geordnet sein[74]. Die nähere Entfaltung praktischer Aufgaben finden wir eher in der Umschreibung der Pflichten des Herrschers, wie sie namentlich die Fürstenspiegel bieten[75].

---

[70] In diesem Sinne sind die Erörterungen von *Krüger* (Anm. 68), S. 759 ff. und *R. Herzog* (Anm. 65), S. 107 ff. orientiert.

[71] Vgl. hierzu *W. Berges*, Die Fürstenspiegel des hohen und späten Mittelalters, 1938, S. 36 ff.; *W. Ullmann*, Principles of Government and Politics in the Middle Ages, 1961, S. 117 ff.

[72] *Berges*, S. 116 ff.; *Passerin d'Entrèves*, The Medieval Contribution to Political Thought, 1939, S. 19 ff.; *G. Alan Gewirth*, Marsilius of Padua, Bd. 1, New York 1951, S. 92 ff.

[73] *Thomas Aquinas* (Th. de Lucca), De Regimine Principum, Lib. I, cap. 14: „Hi soli partes sunt multitudinis congregatae, qui sibi invicem communicant in bene vivendo."

[74] Siehe *Ockham*, Dialogus, in: Goldast, Monarchia S. Romani Imperii, vol. II, 1614 (Neudruck Graz 1960), Lib. II, cap. 6, S. 794: „Omnis enim principatus aut ordinatur principaliter ad bonum seu conferens commune bonum, scilicet principantis et principantium et etiam subiectorum: aut non ordinatur ad bonum commune. Si ordinetur ad bonum commune, sic est principatus temperatus et rectus. Si non ordinatur ad bonum commune, est principatus vitiatus et transgressio."

[75] Hierzu *Berges*, S. 101 ff., 129 ff. Diese Literatur reicht bis ins 18. Jahrhundert. Siehe zu einigen Kapiteln aus ihr *Gerhard Oestreich*, Geist und

Erst mit der erneuerten Fragestellung des rationalen Naturrechts des 17. Jahrhunderts nach Entstehung und Begründung des Staates aus der analytischen Bildung vom Individuum her, die vor allem mit Hobbes einsetzt[76], ergibt sich dann die Möglichkeit, den Staatszweck spezifischer von der Grundkonzeption des Staates her zu bestimmen. Sie führt zu der Variation verschiedener Staatszwecktheorien, die hier nicht dargestellt werden kann[77]. Sie reichen von dem die Macht begründenden Gedanken der Furcht (Hobbes) zu der Vorstellung einer Sicherung menschlicher Freiheit und menschlichen Besitzes bei Locke. In der deutschen Lehre haben lange mittelalterliche Überlieferungen nachgewirkt, auch wenn nun die Verantwortung des Fürsten für das geistliche Heil seiner Untertanen seit dem 17. Jahrhundert zurückgewiesen wird[78]. Im Sinne der reformatorischen Pflichtenlehre bleibt den deutschen Staatszwecklehren eine starke Betonung des Gemeinwohls und der Pflichten des Regenten erhalten[79]. Daneben aber bricht sich in der älteren deutschen Staatslehre die Ansicht Bahn, daß dem Staate die Aufgabe der Beförderung der allgemeinen Wohlfahrt zukommt, und der Kreis der Regentenpflichten wird über Erhaltung von Frieden und Recht hinaus weiter gezogen[80]. Im Begriff der vom Staat zu befördernden „Glückseligkeit", verstanden als äußeres Wohlergehen der Bürger, endet diese Linie im späten Naturrecht[81]. Das 19. Jahrhundert, in dem Hegel den Staat in sich selbst als die Verwirklichung der sittlichen Freiheit des Menschen rechtfertigt und die organische Lehre die natürliche Gegebenheit des Staates voraussetzt, gab mit dem naturrechtlichen Gedanken auch das Fragen nach einem allgemeinen Zweck des Staates auf. Es folgte teils der hegelisch bedingten Vorstellung eines Selbstzwecks des Staates[82] oder wandte sich im Positivismus einer am jeweili-

---

Gestalt des frühmittelalterlichen Staates, 1969, S. 11 ff. (Stoizismus), 187 ff. (Sozialdisziplinierung im Absolutismus).

[76] Bezeichnend für ihn ist die im Laufe seines Denkprozesses eintretende Abwendung vom Gedanken des Gemeinwohls. Vgl. *Leo Strauss*, The Political Philosophy of Hobbes, Ausg. 1952, S. 33.

[77] Vgl. hierzu *G. Jellinek*, Allg. Staatslehre, 3. Aufl., S. 230 ff.; *Hans Maier*, Die ältere deutsche Staats- und Verwaltungslehre, 1966, S. 76 ff., 173 ff.

[78] Siehe hierzu (zu Arnisäus) *H. Dreitzel*, Protestantischer Aristotelismus und absoluter Staat, 1970, S. 181 ff.

[79] *H. Maier*, S. 79 f.; *Dreitzel*, S. 183.

[80] Bei *V. v. Seckendorff*, Teutscher Fürstenstaat, Jena 1737, Teil II, cap. 8 § 2 erscheint neben Friede und Gerechtigkeit die Wohlfahrt als Hauptzweck. Siehe auch *H. Maier*, S. 170 ff. und *ders.*, Die ältere deutsche Staatslehre und westliche politische Tradition, 1966, S. 19 f., der zu Recht die große Vielfalt der bei Seckendorf geschilderten Staatsaufgaben hervorhebt.

[81] Siehe z. B. *Justi*, Natur und Wesen der Staaten, Mitau 1771 (Neudruck Aalen 1969), S. 61 ff.

[82] Vgl. *R. Maurenbecher*, Grundsätze des heutigen deutschen Staatsrechts, 1837, S. 30 ff. Zur zentralen Stellung der Freiheit in Hegels Denken siehe

gen Bestand ausgerichteten Theorie der „relativen Staatszwecke"[83] zu, die schon mehr in die Richtung einer empirischen Erkenntnis des Staatsbildes geht. Mit dem Verlust der ethischen Dimension, der im 19. Jahrhundert eintritt[84], und der rational-empirischen Ausrichtung war die Abkehr von der älteren Lehre vollzogen. Sie dauert bis heute an.

Diese Untersuchung hat sich nicht die Erneuerung der Staatszwecklehre zur Aufgabe gesetzt, sondern das bescheidenere Ziel, die im Verfassungsrecht der Gegenwart auftretenden Staatszielbestimmungen positiv zu deuten und, wie im letzten Abschnitt versucht wurde, in die Überlieferung einzureihen. Sieht man die Entwicklung von der älteren Lehre her, so liegt in der Aufnahme selbst allgemein gehaltener Staatszielbestimmungen in die Verfassungsordnung keine Anknüpfung vor. Man kann aber wohl feststellen, daß sich in diesem Vorgang das Bestreben auswirkt, eine Bestimmung wenigstens der konkreten Ziele einer Verfassung und damit ein für eine Zeit gültiges Staatsbild in Teilen festzulegen. In der Tat läßt sich aus den im Grundgesetz formulierten Staatszielen vor allem die starke Neigung des heutigen Gemeinwesens zum Sozial- oder Wohlfahrtsstaat ablesen. Nicht ohne Grund erscheint die Formel vom sozialen Rechtsstaat und werden in der Zuweisung der Wirtschaftslenkung an den Staat und anderen auf Sozialgestaltung gerichteten Bestimmungen Züge des modernen Staates hervorgehoben, die auch in der heutigen Lehre ganz allgemein sein Bild bestimmen. Indem sich auch in einzelnen Staatszielbestimmungen dieser Trend des Zeitalters zum sozial aktiv tätigen Gemeinwesen, wie übrigens auch — auch das ist nicht unwichtig — zu transnationalen Zusammenschlüssen zeigt, liegen hier konkrete Aussagen zu geschichtlich sich ergebenden Aufgabenstellungen des Staates vor.

Joachim Ritter, Hegel und die frz. Revolution, jetzt in: Metaphysik und Politik, 1969, S. 183 ff., 197 ff.

[83] Siehe hierzu *G. Jellinek*, S. 250 ff.; *Hespe*, S. 23 ff., 25 ff. In dieser Richtung dachte schon *R. v. Mohl*. Siehe seine „Politik", 1859, S. 65 ff. Dabei tritt steigend die Ablehnung des Wohlfahrtszwecks, entsprechend der liberalen Sicht, hervor. Siehe die Nebeneinanderstellung von Rechts- und Wohlfahrtszweck noch bei *Schmitthenner*, Grundlinien des allg. oder idealen Staatsrechts, 1843, S. 340 ff.

[84] Zu dieser schon im 18. Jahrhundert mit der Trennung von Recht und Moral und der Zuweisung der letzteren an eine bloße Innerlichkeit eintretenden Entwicklung siehe *Joachim Ritter*, S. 299 f.

II. Parlamentarische Demokratie

Das repräsentative Prinzip in der modernen Demokratie

I.

Neuere Äußerungen über Lage und Entwicklung des modernen demokratischen Staates sprechen oftmals von einer wachsenden Annäherung seiner Einrichtungen und ihres Funktionierens an einen plesbiszitären Typus. Auch dort, wo das Verfassungsrecht ein repräsentatives System festlegt, wirkt es sich nach dieser Ansicht in steigendem Maße unter dem zentralisierenden unpersönlichen Einfluß der Parteien und der Wandlung der Wahlen zu unmittelbar demokratischen Sachentscheiden im Sinne direkter demokratischer Staatsformation aus. Über solche feststellenden Aussagen hinaus zeigt sich zugleich eine kritische Haltung gegenüber dem repräsentativen Prinzip und eine Neigung, mindestens seine Ergänzung durch plebiszitäre Einrichtungen für wünschenswert zu halten. Es handelt sich bei diesen Strömungen um weitverzweigte, freilich auch aus sehr verschiedenen Richtungen herkommende Vorstellungen. Eine Gruppe erweist sich besonders beeindruckt durch die soziologischen Wandlungen der Wählerschaft, in der die Züge der Individualität und der damit verbundenen Urteilsfähigkeit und Rationalität in der Gegenwart mehr und mehr durch Erscheinungen der Vermassung, der emotionalen Hingabe an einfache und irrationale Formeln ersetzt werden. Wenn diese Richtung eine solche Entwicklung feststellt, der eine Forderung nach Berücksichtigung des aktuellen Volkswillens, demzufolge eine Wandlung des Repräsentanten zum Mandatar und eine Neigung zum Plebiszit entspricht, so sieht sie gerade gegenüber solchen Tendenzen im repräsentativen Prinzip die Verteidigung der individuellen und verantwortlichen Entscheidung[1]. In der Tat berührt jeder Hinweis auf den „Massenmenschen" und seine abnehmende Urteilsfähigkeit ein grundlegendes Moment der demokratischen Staatsform. Die Demokratie ist auf einem Menschenbilde errichtet, dem die Idee der Selbstbestimmung und Verantwortlichkeit des Menschen zugrunde liegt und setzt daher eine rationale Entschei-

---

Aus: Verfassungsrecht und Verfassungswirklichkeit. Festschrift für Hans Huber. Bern 1961, S. 222 - 246. — Abdruck mit freundlicher Genehmigung des Verlages Stämpfli & Cie., Bern.

[1] Vgl. hierzu *Michael Oakeshott,* Die Massen in der repräsentativen Demokratie, in: Masse und Demokratie. Hrsg. von *Hunold,* Zürich 1957, S. 189 ff. und zur Erhaltung des persönlichen Elements in der Demokratie dort *W. Kägi,* S. 108 ff.

dungsfähigkeit der Staatsglieder voraus. Wird diese anthropologische Grundannahme[2] in Frage gestellt, so wird das Fundament der Demokratie erschüttert. Zweifel an der Fähigkeit der Menge, eine gemäßigte und vernünftige politische Mitwirkung zu entfalten, finden sich noch im älteren Liberalismus. Er wollte deshalb das Wahlrecht auf die Träger von Besitz und Bildung beschränken[3]. Ein Rückgriff auf solche Ansichten würde aber mit dem politischen Bewußtsein einer voll entfalteten Demokratie, wie es sich heute in den westlichen Ländern präsentiert, unvereinbar sein. Der moderne demokratische Staat geht von dem Grundgedanken der politischen Selbstbestimmung *aller* seiner Bürger aus. Eine Argumentation mit den Merkmalen der modernen Massengesellschaft, insofern sie eine Minderung der individuellen Autonomie und Rationalität bewirken, kann daher im Rahmen der demokratischen Staatsauffassung immer nur als eine Warnung und als eine Mahnung zur erzieherischen Bemühung um die Verlebendigung der politischen Anteilnahme und Verantwortung erscheinen. Sie wird gerade plebiszitäre Einrichtungen weit weniger als repräsentative Formen rechtfertigen können.

Von sehr verschiedenen Ansatzpunkten her begegnen wir in der heutigen Literatur weithin der Meinung, daß auch bei rechtlichem Fortbestand der repräsentativen Einrichtungen sich doch ihre reale Erscheinung grundlegend gewandelt und die spezifisch repräsentativen Züge weitgehend abgestreift habe. In der Beobachtung dieser Wandlungen, vor allem aber in ihrer theoretischen Deutung bestehen freilich beträchtliche Unterschiede. Dort, wo die Entwicklung zum Parteienstaat mit festgefügten, streng disziplinierten politischen Parteien als ein folgerichtiges Ergebnis der massendemokratischen Wirklichkeit angesehen und daher die Bildung des Volkswillens den Parteien anvertraut wird, wird die Funktion der Wahl in einer konkreten Sachentscheidung zwischen Parteirichtungen und mithin als eine konkrete plebiszitäre Dezision angesehen[4]. Wo indes der Aufstieg der Parteien weniger positiv beurteilt wird, erscheint die durchgängige Abhängigkeit des einzelnen Abgeordneten vom Parteiapparat als Bildung oligarchischer Führungsgruppen, wird von der „Mediatisierung" des Bürgers durch

[2] Es ist kein Zufall, daß *Machiavelli* wie *Hobbes* von einem pessimistischen Menschenbild ausgehen und von dort her die Notwendigkeit strenger Herrschaft begründen. Siehe *Machiavelli,* Discorsi sopra la Prima Deca di Tito Livio, Buch 1, Kap. 3; *Hobbes,* Leviathan, Teil I, Kap. 13, Teil II, Kap. 1. Zur Bedeutung des anthropologischen Bildes für die Staatshteorie allgemein siehe *E. Kaufmann,* Festgabe R. Smend, 1952, S. 177 ff.

[3] Vgl. *Th. Schieder,* Die Krise des bürgerlichen Liberalismus (Staat und Gesellschaft im Wandel unserer Zeit, 1958), S. 67 f.

[4] Hierzu besonders *G. Leibholz,* Strukturwandel der modernen Demokratie, 1952 (jetzt neu abgedruckt in: Strukturprobleme der Demokratie, 1958, S. 93 ff.).

die Parteien gesprochen und daraus die Folgerung abgeleitet, daß es bei dieser Entwicklung an einem hinreichenden Ausdruck des Volkswillens durch die parlamentarische Repräsentation fehlen könne; daher werden plebiszitäre Einrichtungen zur Stärkung der Mitwirkung des Volkes angeraten[5].

Endlich richtet sich von einem anderen Blickpunkt her das Augenmerk auf die Frage, ob der heutige Modus parlamentarischer Darstellung der nationalen Einheit noch die in einem Pluralismus der Kräfte und Interessen gespaltene moderne Gesellschaft repräsentieren könne[6]. Kann, so mag man im Zusammenhang mit solchen Überlegungen fragen, die heutige Form der Wahl mit ihrer von den Parteien her bestimmten Personenauslese, vermag die soziologische Erscheinung des zum Berufspolitiker gewordenen Volksvertreters mit einer gewissen Tendenz zur Annäherung an einen öffentlichen Funktionär die legitimierende Wirkung für die parlamentarische Institution zu erhalten, an der die Verpflichtungskraft ihrer Entscheidungen für das Volksganze hängt? Weist nicht Entstehung und Aufkommen der Verbände und Interessengruppen darauf hin, daß die gesellschaftlichen Kräfte andere Formen der Vertretung und des Einflusses auf die Staatsleitung suchen? Alle diese Erwägungen und Gedanken stehen miteinander in vielfältiger Verknüpfung. Sie erheben teils mehr kritisch, teils mehr im Sinne einer Selbstprüfung die Frage nach der Bewährung des repräsentativen Prinzips in der Gegenwart und nach der politischen Bedeutung parlamentarischer Einrichtungen. Steht es so, daß sich tatsächlich hinter einer Fassade repräsentativer Formen plebiszitäre Elemente durchsetzen? Muß man gar annehmen, der moderne Parteienstaat habe wesentliche Züge des Repräsentativsystems, Diskussion, Öffentlichkeit, Unabhängigkeit der Abgeordneten geschwächt und verdrängt, so daß nur der Übergang zu unmittelbar demokratischen Formen Abhilfe bringen kann? Oder werden in dieser Schilderung der Gegenwart nicht manche Züge des politischen Lebens übersehen oder unrichtig gedeutet? Liegt der an sie anknüpfenden Deutung nicht vielleicht sogar eine Vorstellung zugrunde, die eine bestimmte, aber zeitgebundene und heute vergangene Auffassung der Repräsentation verabsolutiert und

---

[5] *Werner Weber*, Spannungen und Kräfte im westdeutschen Verfassungssystem, 2. Aufl. 1958, S. 21 ff., 55 ff., 60 ff.

[6] *Joseph H. Kaiser*, Die Repräsentation organisierter Interessen, 1956, S. 348, 352 ff. sieht als Alternative zur integrierenden Rolle der Parteien bei der Herstellung der politischen Einheit nur die offene Darstellung der pluralistischen gesellschaftlichen Interessen durch „représentation de fait“ der organisierten Interessen, die plebiszitäre Institutionen hervorrufen können. Der Autor, dem diese Zeilen gewidmet sind, sieht in der Macht der Verbände eine für die repräsentative Ordnung gefährliche Erscheinung die das persönliche Element im Politischen aufhebt (*Hans Huber*, Staat und Verbände, 1958, S. 19 ff.).

daher die veränderte soziologische Umwelt an einem überholten Maßstabe mißt?

War das 19. Jahrhundert überwiegend vom Gedanken repräsentativer Staatsgestaltung beherrscht, so treten sich heute in der politischen Ideenwelt wie in Verfassungsrecht und Praxis repräsentative und plebiszitäre Elemente gegenüber. Einrichtungen der unmittelbaren Demokratie haben an Raum gewonnen, aber sie haben die repräsentativen Institutionen nicht verdrängt. Ganz abgesehen von der Anwendung der Repräsentation auf die Darstellung des Volksganzen im Staatshaupt, kennt das Verfassungsrecht der meisten westlichen Staaten auf Repräsentation beruhende Volksvertretungen[7]. Nicht selten verbindet eine Verfassung mit parlamentarischer Vertretung Volksabstimmungen, direkte Volkswahlen des Staatshaupts oder anderer Organe und Initiativrechte der Bevölkerung, wenn auch der Umfang, den diese Einrichtungen im schweizerischen Staatsrecht gewonnen haben, nirgends erreicht wird[8]. Die Einstellung neuer Verfassungen ist schwankend. Das Grundgesetz der Bundesrepublik Deutschland hat 1949 mit Entschiedenheit ein rein repräsentatives System aufgerichtet. Die Verfassung der V. Republik in Frankreich hat 1958 — in einem Lande streng repräsentativer Tradition — außer dem Verfassungsreferendum auch eine Volksabstimmung über Gesetze eingeführt (Art. 3, 11, 89)[9]. Doch mag man hierin auch ein cäsaristisches Element dieser Verfassung erblicken. Repräsentative und plebiszitäre Komponenten einer Verfassung schließen sich also nicht aus, wiewohl sie in der Tiefe auf abweichenden Vorstellungen vom Wesen der Demokratie beruhen können. So behält das repräsentative Prinzip in der Gegenwart seinen festen Platz im Recht. Ich glaube auch, daß es weder in dem teilweise angenommenen Umfang durch den Einfluß der Parteien plebiszitär umgewandelt wird, noch daß seine Bedeutung und seine legitimierende Wirkung so stark abgenommen hat, wie andere meinen. Den soziologischen Veränderungen der letzten Jahrzehnte wird vielleicht deshalb eine so prinzipielle Bedeutung beigelegt, weil als Ausgangspunkt eine historische, an frühliberale Vorstellungen gebundene Konzeption der Repräsentation zugrunde gelegt wird. Das repräsentative Prinzip ist mit der Entwicklung der demokratischen Staatsform unmittelbar von

---

[7] Von den Schwierigkeiten der Anpassung demokratischer Einrichtungen auf Länder außerhalb der westlichen Überlieferung soll hier nicht die Rede sein.

[8] Auf die in neuester Zeit auftretenden Bedenken gegen eine zu große Erweiterung der unmittelbaren Demokratie in der Schweiz ist hier nicht einzugehen. Vgl. *W. Kägi / H. Huber / M. Imboden* u. a., in: *Kägi*, Grenzen der direkten Demokratie (Sonderdruck der „Neuen Zürcher Zeitung" 1959).

[9] Das Referendum bleibt aber, da es nur während der Parlamentssession beantragt werden kann, an repräsentative Elemente gebunden. Vgl. *Duverger*, La cinquième République, 1959, S. 38 f.

Anfang an verknüpft. Es bildet im Wandel der Formen und Einrichtungen eine über die Jahrhunderte einheitliche Erscheinung. Wer die ältere ständisch-parlamentarische Entwicklung als Vertretung bloß partikularer Interessen ausschließt und erst mit der Darstellung nationaler Einheit die Geschichte der Repräsentation beginnen läßt[10], wird die grundlegende Funktion des repräsentativen Prinzips bei der Bildung des freiheitlichen und gemäßigten Staates nicht erfassen können. Die Bindung des Repräsentativsystems — und des mit ihm gleichgesetzten Parlamentarismus — an bestimmte frühkonstitutionelle Grundsätze — Öffentlichkeit, freie Diskussion im Plenum und Weisungsfreiheit der Abgeordneten — findet sich in der deutschen Literatur seit dem Anfang der zwanziger Jahre[11]. Sie unterliegt dem methodischen Einwand, daß es nicht angeht, eine grundlegende staatsrechtliche Idee an die Begriffswelt eines bestimmten Zeitabschnitts zu binden, dem damit eine normative Rolle gegeben wird. Die ideelle Grundlage repräsentativer Formen liegt vielmehr in den älteren und weiteren Vorstellungen der Begründung aller staatlichen Leitung auf Zustimmung (Delegation) des Volkes und der Fähigkeit von Vertretern, das Volk durch ihre Handlungen wirksam zu verbinden, d. h. modern ausgedrückt, den Volkswillen verbindlich auszudrücken. Das repräsentative Prinzip geht freilich auch nur mit einer Auffassung der Demokratie zusammen, die ihren Sinn nicht in der Aufhebung des Unterschiedes von Regierung und Volk, in der Identität von Herrschaft und Beherrschten, erblickt, sondern den Unterschied von Regierenden und Regierten in einem politischen Gemeinwesen anerkennt und die Ableitung und Legitimierung aller staatlichen Machtübung aus der Zustimmung und Einsetzung durch das Volk begründet[12]. Es wird notwendig sein, auf einige geschichtliche Zusammenhänge einzugehen, um die Ideenwelt der repräsentativen Demokratie zu verdeutlichen.

---

[10] So *Leibholz*, Das Wesen der Repräsentation, 2. Aufl. 1960, S. 48 ff. Eine wichtige Rolle bei dieser Einengung der Erscheinung spielt der lange zurückliegende politische Streit der Restaurationsepoche um ständische oder repräsentative Verfassungsformen. Zu ihm siehe *Zoepfl*, Grundsätze des allgemeinen und des constitutionell-monarchischen Staatsrechts, 3. Aufl. 1846, S. 257 ff.; *E. R. Huber*, Deutsche Verfassungsgeschichte seit 1789, Bd. 1, 1957, S. 304 f.

[11] Für die Verbreitung dieser Vorstellung dürfte vor allem *Carl Schmitt* (Die geistesgeschichtliche Lage des heutigen Parlamentarismus, 2. Aufl. 1926, S. 7 ff., 41 ff.; Verfassungslehre 1928, S. 208 ff., 310 f.) zu nennen sein. Werden seine Gedanken auch nicht mehr als Ganzes übernommen, so wirken sie doch in die gegenwärtige Diskussion noch weithin hinein.

[12] Zu diesen tieferen Unterschieden innerhalb der Auffassungen von der Demokratie siehe insbesondere *Fraenkel*, Die repräsentative und die plebiszitäre Komponente im demokratischen Verfassungsstaat, 1958; *Carl J. Friedrich*, Demokratie als Herrschafts- und Lebensform, 1959, S. 28 ff., 57 ff.; *Th. Schieder*, Die geschichtlichen Grundlagen und Epochen des deutschen Parteiwesens (Staat und Gesellschaft im Wandel unserer Zeit, 1958, S. 133 ff.).

II.

Die Grundzüge der modernen Vorstellung vom repräsentativen System sind vor allem durch *Edmund Burke* geprägt worden. Er hat die Idee, daß der einzelne Abgeordnete nicht seinen Wahlkreis, sondern die ganze Nation vertritt und nicht von Weisungen (mandates) seiner Wähler abhängig gemacht werden kann, wenn nicht als erster entwickelt, so doch zu allgemeiner Geltung gebracht. Ihm folgen die Französische Revolution wie die kontinentale Lehre[13]. Wenn in der deutschen Theorie dann — unter ganz bestimmten politischen Spannungen — der Gegensatz ständischer und repräsentativer Verfassungen ausgebildet und verabsolutiert wird, so ist diese Entgegensetzung — die der angelsächsischen Auffassung immer fremd geblieben ist — zeitgebunden und längst überholt. Gewiß weichen ältere ständisch-parlamentarische Vertretungen in ihrer Zusammensetzung und Zuständigkeit wie in ihrem Verfahren vom neuzeitlichen Typus ab. Aber auch sie stehen auf der Grundlage der Idee der Repräsentation[14].

Versteht man unter Repräsentation im weiteren Sinne die Vergegenwärtigung einer Person, Gruppe oder Idee durch eine Person (Personenmehrheit) oder ein Symbol[15], so bedeutet Repräsentation im spezifischen Bereich des öffentlichen Lebens von Kirche und Staat[16] die Darstellung einer Personenmehrheit oder einer korporativen Einheit durch eine Person oder eine Personengruppe (Versammlung) mit verbindender Wirkung[17]. Der heute so scharf betonte Unterschied der Re-

---

[13] Zur kontinentalen Lehre siehe *Burdeau,* Traité de Science Politique, Bd. 4, 1952, S. 232 ff.

[14] In der deutschen Forschung darf für dies Zurückreichen der Repräsentativverfassung in die Zeit der ständischen Vertretungen angeführt werden *O. Hintze,* Weltgeschichtliche Bedingungen der Repräsentativverfassung, HZ 143 (1931), S. 1 ff. Förderlich auch *O. Brunner,* Land und Herrschaft, 4. Aufl. 1959, S. 395 ff., den sein berechtigter Kampf gegen Rückübertragung moderner Begriffe indes zu weit führt. Seine Ablehnung der Repräsentation für das Mittelalter ist, wie zu zeigen sein wird, auch für Europa außerhalb Englands nicht begründet.

[15] Ich schließe mich hier den Darlegungen von *Leibholz,* Die Repräsentation, 2. Aufl. 1960, S. 34 ff. an, dem auch zuzustimmen ist, daß die Repräsentation Vergegenwärtigung eines ideellen Wertes bedeutet, d. h. nur Vorgänge von erhöhter allgemeiner Bedeutung bezeichnet.

[16] Die Verwendung des Begriffs repraesentatio reicht schon auf die spätantike (patristische) Literatur (Tertullian) zurück. Vgl. *Hintze,* S. 6.

[17] Für die mittelalterliche Entwicklung der Repräsentationsidee vor allem im Blick auf Herrscher und Stände siehe die grundlegenden Forschungen von *Gaines Post,* Plena Potestas and Consent in Medieval Assemblies, Traditio 1 (1943), S. 355 ff.; A Romano-Canonistic Maxim: „Quod omnes tangit" in *Bracton,* Traditio 4 (1946), S. 197 ff.; Roman Law and Early Representation in Spain and Italy 1150 - 1250, Speculum 18 (1943), S. 212 ff.; The Two Laws and the Statute of York, Speculum 29 (1954), S. 417 ff. Ferner *Helen M. Cam,* Medieval Representation in Theory and Practice, Speculum 29 (1954), S.

präsentation zu einer Vertretung ist geschichtlich nicht gleicherweise ausgeprägt. Man kann eher sagen, daß sich die repräsentative Funktion aus den Vorstellungen der Vertretung allmählich herausschält. Die ideellen und institutionellen Wurzeln der mittelalterlichen Ständevertretung liegen in folgenden drei Momenten:

1. Ebenso wie die Person des Herrschers eine politische Einheit etwa im Bilde von Haupt und Gliedern darstellte, so setzte auch eine ständische Versammlung die bestehende Einheit einer Gruppe, einer Region oder universitas voraus. Wo die nationale Einheit schwach war und regionale Elemente noch die Oberhand besaßen, konnte sich auch keine starke Vertretung des Ganzen entwickeln. Dafür bietet Frankreich vom 14. bis 16. Jahrhundert ein Beispiel. Nicht zuletzt weil es den regionalen Ständeversammlungen gelang, das eigentliche Steuerbewilligungsrecht festzuhalten und die Etats Généraux oft nur der vorbereitenden Information über die königlichen Begehren dienten, blieben die Generalstände schwach[18]. Man kann sogar mit Recht sagen, daß Ständeversammlungen ein Mittel für einen Fürsten bilden konnten, Territorien zusammenzufassen, wie es manche deutschen Beispiele, die burgundischen Lande und vor allem das England der Tudorzeit zeigen[19]. Für die Vorstellung, daß in den Ständen ein regnum, eine Landschaft oder sonstige Einheit zugegen sei, war keine Korporationseigenschaft der vertretenen Einheit notwendig[20].

2. Wo liegt der Übergang vom älteren fürstlichen Hoftag und Rat zur ständischen Versammlung? Vom Realen her dürfte er im Erstarken bestimmter Mächte im Lande, insbesondere aber in den finanziellen Bedürfnissen der Herrscher liegen. Mit Recht hat aber G. Post darauf hingewiesen, daß der Gedanke einer repräsentativen Vertretung nicht allein faktisch zu erklären ist, sondern sich unter dem Einfluß romanistischer und kanonistischer Anschauungen entwickelt[21]. Es lag dem Herrscher ob, das Land nach dem Ziel des Gemeinwohls zu regieren und

---

347 ff.; *G. L. Haskins,* The Growth of English Representation, Philadelphia 1948; *J. Russell Major,* The Estates General of 1560, Princeton 1951, S. 3 - 15; *ders.,* Representative Institutions in Renaissance France 1421 - 1559, Madison 1960, S. 16 ff.

[18] Es sei hier nur daran erinnert, daß die französischen Könige wiederholt die Hilfe der Stände bemüht haben, um drückenden Verpflichtungen (Madrider Vertrag 1526) zu entgehen. Vgl. *J. Russell Major,* Representative Institutions, S. 134 ff.; *Buisson,* Potestas und Caritas, Die päpstliche Gewalt im Spätmittelalter (Forschungen zur kirchlichen Rechtsgeschichte. Hrsg. von Feine. 2), 1958, S. 382 f., 392 f.

[19] Vgl. *J. Russell Major,* Estates General, S. 8/9.

[20] Siehe *Helen M. Cam,* Speculum 29, S. 350.

[21] *Post,* Speculum 18 (1943), S. 213 ff., 29 (1954), S. 418 ff. Siehe auch *Kallen,* HZ 165 (1942), S. 275 ff.

in besonderen Lagen Hilfe und auch finanzielle Beiträge von Rechts wegen einzufordern. Bei solchen besonderen Leistungen aber gelangte die romanistische Maxime zur Anwendung: „Quod omnes tangit, ab omnibus approbetur" und forderte Zustimmung und Rat des ganzen politischen Körpers[22]. In älterer Zeit entschieden dabei die Stände nicht frei nach Zweckmäßigkeit. War die Notlage gegeben, so war der Fürst im Recht, eine Hilfe zu fordern und damit die Entscheidung der Versammlung rechtlich gebunden[23]. Erst später wird daraus eine freie zweckbestimmte Entschließung. Am Ausgang des Mittelalters haben diese Vorstellungen die weitere Form gewonnen, daß für die wichtigen Angelegenheiten des Landes und die Gesetze der Konsensus gefordert wird[24]. Dadurch wird die Befolgung des Gemeinwohls sichergestellt[25]. In der Auseinandersetzung des 16. Jahrhunderts entfaltet sich die Lehre vom Konsens — unter dem Einfluß der Vertragslehre, der Bundestheologie und des Tyrannenbegriffs — zur allgemeinen Forderung der Ableitung der Herrschermacht aus der Zustimmung der Beherrschten[26].

Dort, wo sich im Gegensatz zur absolutistischen Theorie die repräsentative Darstellung des Ganzen in einer Versammlung — auch als Teil einer den Herrscher einbeziehenden Repräsentationsvorstellung[27]

---

[22] Zu dieser Maxime siehe *Post*, Speculum 29, S. 420 f.; *Ernst H. Kantorowicz*, The King's Two Bodies, 1957, S. 171 f., 362. Die Formel begegnet zuerst im päpstlichen Bereich (Innozenz III., *Post*, Speculum 18, S. 224), dann 1244 bei der Berufung eines Hoftages durch Friedrich II. von Hohenstaufen (*Kantorowicz*, S. 362, Anm. 160).

[23] Vgl. *Post*, Speculum 29, S. 424; *O. Brunner*, Vom Gottesgnadentum zum monarchischen Prinzip, in: Das Königtum (Vorträge und Forschungen. Hrsg. von Th. Mayer. 3), 1956, S. 283 f. Berufung auf außerordentliche Notlagen spielt auch im deutschen Ständewesen des 17. Jahrhunderts eine Rolle für den fürstlichen Anspruch, dann ohne Bewilligung Abgaben einzuheben. Vgl. *Carsten*, Princes and Parliaments in Germany, 1959, S. 400 f. Aus der englischen Geschichte ist auf die Entscheidung von King's Bench in Rex v. Hampden (1638) zu verweisen (*Gardiner*, Constitutional Documents of the Puritan Revolution, 3. Aufl. 1906, S. 115 ff.). Siehe dazu *Helen M. Cam*, Speculum 29, S. 354.

[24] In diesem Sinne namentlich die Äußerungen von *Nicolaus Cusanus*, Concordantia Catholica, 1433, Buch 3, Kap. 12 über die Heranziehung des concilium utriusque status primatum et praesulum zur Gewinnung einer concordia für Gesetze und das Staatswohl um „per consensum cuncta ordinari".

[25] *Ockham*, Dialogus de potestate imperiali et papali (*Goldast*, Monarchia S. Rom. Imperii, Bd. 2, 1614, S. 794): „Omnis enim principatus aut ordinatur principaliter ad bonum seu conferens commune bonum ... Si ordinetur ad bonum commune, sic est principatus temperatus et rectus."

[26] Hier faßt *Althusius* die Entwicklung zusammen, wenn er sagt, daß regni administratores et rectores zum gemeinen Wohl gewählt werden und ihnen von der Allgemeinheit nur Macht „secundum justas leges administrandi et regnendi corpus" übertragen wird (Politica, 3. Aufl., 1614, Cap. 18, §§ 1, 26 - 29).

[27] Über englische Theorien, die auch den Herrscher selbst als Stand in eine

— erhielt, wurde die Idee des allgemeinen Konsenses der maßgebende Ausgangspunkt. Wenn John Locke den Eintritt in die politische Gesellschaft auf den „Consent“ gründet (Two Treatises II §§ 96, 97, 122), so leitet er die alte Überlieferung in die neue Epoche einer auf die Freiheit des Menschen gegründeten Staatsauffassung über.

3. Endlich bedurfte die ständische Vertretung der Fähigkeit, ihre Konstituenten wirksam verpflichten zu können. An dieser Stelle zeigt die mittelalterliche Entwicklung noch deutlich eine Nähe zur Lehre von der Vertretung von korporativen Einheiten. Von ihr übernahm sie den zunächst für die Prozeßvertretung einer Diözese oder Kirche ausgebildeten Begriff der plenaria potestas[28]. In den Ausschreiben für die Ständeversammlungen fordert der Fürst, daß die Vertreter mit voller Vertretungsmacht ausgerüstet erscheinen[29]. In dieser an die Vertretung erinnernden Form trat die Frage hervor, die auch in der Gegenwart jedes repräsentative System beschäftigen muß: durch welche Vorgänge erwerben die Repräsentanten ihre Legitimation, die ihnen die Befugnis gibt, für die Vertretenen zu sprechen und zu handeln. Wenn der repräsentative Charakter jener älteren Versammlungen heute in Frage gestellt wird, weil in ihnen nur partikulare Interessen zur Vertretung gelangt seien[30], so übersieht diese Auffassung, daß dem Mittelalter der Gedanke einer aus einzelnen Individuen bestehenden Gesellschaft fremd war, daß es vielmehr von einer Gliederung des politischen Gemeinwesens ausging; diesem Bilde entsprach die ständische Vertretung. Daher hat sich auch die Idee, daß der einzelne Vertreter das Ganze des Volks repräsentiert, erst langsam entwickelt.

III.

Von seiner historischen Grundlage aus lassen sich bestimmte Züge des modernen Repräsentativsystems deutlicher ins Licht rücken. Es ist leicht zu erkennen, daß das Element der öffentlichen Verhandlung und das der Weisungsunabhängigkeit der Abgeordneten erst in der neueren Zeit überhaupt eine Rolle spielt. Bis in das 18. Jahrhundert waren

---

Lehre von den drei Ständen einbeziehen, siehe *Corinne Comstock Weston*, Engl. Hist. Review 75 (1960), S. 426 ff.

[28] Über den kirchlichen oeconomicus und proctor, vgl. *Post*, Speculum 18, S. 213 ff.

[29] Siehe *Post*, Speculum 29, S. 427. In den französischen Generalständen kam es nicht selten zur Berufung auf mangelnde Vollmacht der Vertreter. Vgl. *Hoyt*, Speculum 29, S. 368; *J. Russell Major*, Representative Institutions, S. 29, 37.

[30] Diese Ansicht, die Stände hätten nur private Interessen verfochten, noch bei *Hartung*, Herrschaftsverträge und ständischer Dualismus, in: Schweizer Beiträge zur allgemeinen Geschichte 10, 1952, S. 174 ff.

die Verhandlungen des englischen Unterhauses nicht der Öffentlichkeit zugänglich, und für die ältere Zeit war es bedeutsamer, daß der Vertreter seinen Bezirk verpflichten konnte, als daß er von ihm kein Mandat empfing. Im Kern der repräsentativen Verfassung steht die Forderung, daß politische Machtausübung auf der Zustimmung der Regierten beruht und diese Mitwirkung durch ständige repräsentative Einrichtungen zur Geltung gebracht werden soll. Sie steht daher in unlöslichem Zusammenhang sowohl mit dem Gedanken der Bindung aller Herrschaft an Gemeinwohl[31] und Recht wie mit dem des „temperierten" Staates. Das repräsentative Prinzip kann nur dort gedeihen, wo der Grundsatz der Mäßigung der politischen Macht gilt. Es steht daher in naher gedanklicher Verbindung auch zu dem später herausgearbeiteten Prinzip der Gewaltenteilung, ja, man wird Loewenstein[32] zustimmen können, der die Technik der Repräsentation als Vorbedingung der Verteilung der politischen Macht unter mehrere Organe bezeichnet. Die repräsentative Idee anerkennt und bestätigt den Unterschied von Regierenden und Regierten. Sie sieht wohl im Volke, insbesondere bei der Verteidigung der Verfassung selbst[33], die oberste Instanz, aber sie meint nicht, daß das Volk selbst entscheiden und regieren solle. Indem sie die wichtigsten Aufgaben staatsleitender Art Regierung und Parlament überträgt, also einem wenngleich vom Volke eingesetzten, doch beschränkten Kreise von Personen, bleibt ihr ein Zug der Auswahl eigentümlich, ein aristokratisches Moment[34]. Und sicherlich liegt in dieser Richtung, in der Gefahr einer zu großen Entfernung der Staatsleitung von der legitimierenden Bestellung durch das Volk, in dem Schwinden der für jede Repräsentation nötigen Nähe zum Volk[35], die spezifische Entartungsmöglichkeit eines repräsentativen Systems.

Die Repräsentation ist eine Ordnung der Delegation vom Volk her, nicht der unmittelbaren Entscheidung durch das Volk. Das gilt auch im Verhältnis von Legislative und Exekutive, in welchem der ersteren mehr die Kontrolle und die richtungweisende Gesetzgebung, nicht die tägliche Entscheidung zufällt[36]. Den Ausgleich gegen dies Element dele-

---

[31] Darauf weist auch richtig hin *Fraenkel,* S. 7.

[32] Verfassungslehre 1959, S. 36. A. A. *Leibholz,* Repräsentation, S. 61, der sich hier von dem zu späten historischen Ansatz seiner Betrachtung leiten läßt. Ein Blick auf *Locke* (Two Treatises II, §§ 141, 144, 243) zeigt, wie eng bei ihm Verteilung der Macht und Ausübung der Legislative durch eine gewählte Versammlung verknüpft sind.

[33] Einschließlich des Widerstandsrechts. Vgl. *Locke,* Teil II §§ 199 ff., 220 ff.

[34] Richtig *Fraenkel,* S. 6. Kritisch hebt dies Moment hervor *C. Schmitt,* Verfassungslehre, S. 219 f., 314 f. Von hier wird deutlich, wie vorsichtig man sein muß, eine Verkleinerung des entscheidenden Personenkreises im Staate mit „oligarchisch" zu kennzeichnen.

[35] Zu dieser „Nähe" treffend *Leibholz,* S. 38.

gierter Entscheidung bildet der Gedanke, daß alle Macht im Staate nur als zeitgebundener Auftrag oder, wie es die englische Tradition so treffend ausdrückt[37], als trust ausgeübt wird. Es gehört zu den entscheidenden, aber nur selten erörterten Zügen der modernen politischen Theorie, daß in der Lehre von der Volksherrschaft, wie sie Rousseau begründet hat, die Bindung aller obersten Entscheidung an eine höhere Verantwortung und an das Gemeinwohl, an der auch die absolute Monarchie festgehalten hatte, verlorenging und der Volkswille nunmehr eine absolute Geltung erlangte[38]. Hier steht das Repräsentativsystem deutlich auf der anderen Seite; zu seiner Staatsidee gehören Verantwortung der Regierenden und Kontrolle der Regierten.

Es gehört in dieses Bild, daß die vom Volk gewählte Vertretung im Repräsentativsystem einen bevorzugten Platz einnimmt. In England wird nach dem Urteil eines so guten Kenners wie G. R. Elton[39] das Parlament schon mit den großen revolutionären Gesetzen Heinrichs VIII. zugleich mit dem König in die Rolle einer höchsten Autorität erhoben. Es entspricht nicht dem Sinn des repräsentativen Systems, dem Volke eine unmittelbare Einwirkung in Gestalt von Sachentscheidungen zu geben, sondern ihm *personale Entscheidungen,* nämlich die Auswahl seiner Vertreter und möglicherweise auch von Amtsträgern oder auch des Staatshaupts zu übertragen. Das Volk übt hier einen Akt des Vertrauens, der Übertragung von Macht zur verantwortlichen Ausübung aus.

---

[36] Vgl. aus neueren englischen Äußerungen *L. S. Amery,* Thoughts on the Constitution, 3. Druck 1949, S. 2 p: „Our system is one of democracy, but of democracy by consent and not by delegation, of government of the people, for the people, with, but not by the people." Die Ablehnung der Delegation bezieht sich hier nur auf die Relation Parlament - Exekutive.

[37] Der Gedanke des trust ist besonders von *Locke* entwickelt worden. Vgl. Two Treatises, Teil II § 156 und dazu *J. W. Gough,* John Locke's Political Philosophy, 1950, S. 136 ff., und *P. Laslett* in der Einleitung seiner kritischen Ausgabe der Two Treatises (1960), S. 112 ff.

[38] Über die Schwäche der Schranken, die gegen die volonté générale verbleiben, vgl. *Derathé,* J. J. Rousseau, 1950, S. 333 ff.

[39] The Tudor Constitution, Documents and Commentary, 1960, S. 229 f. In den Kämpfen des 17. Jahrhunderts dringt die Auffassung der Parliamentary Sovereignty dann vollends durch. *M. A. Judson,* The Crisis of the Constitution, 1949, S. 81 ff.; *Hoyt,* Speculum 29, S. 357, 373. Seit dem 18. Jahrhundert hat die Zugehörigkeit zu den Commons besonderes Gewicht. Daher kritisiert *Burke* die Annahme der Peerage durch den älteren Pitt: „He ought to have kept the power of superintendency if not of direct management of the H. of Commons in his own hands, for some time at least." Brief an Charles O'Hara vom 29. Juli 1766 (während des letzten Ministeriums Pitts), in: The Correspondence of Edmund Burke, Ed. Copeland, Bd. 1, 1958, S. 263.

IV.

Wenn das repräsentative System dem Volke zu unmittelbarer Bestimmung grundsätzlich nur personale Entscheidungen (Wahl der Volksvertreter) zuweist, so schließt es doch Verbindungen mit Einrichtungen plebiszitärer Art nicht aus. Wie die Gestaltung moderner Verfassungen zeigt, schließen sich repräsentative und plebiszitäre Elemente innerhalb einer Ordnung nicht aus. Unter den Mitteln der unmittelbaren Demokratie, die in einer solchen Verbindung erscheinen, haben namentlich sechs Institutionen Bedeutung erlangt: Die Auflösung des Parlaments, die das Volk zum Schiedsrichter aufruft, das Gesetzesreferendum, die Gesetzesinitiative, die Volksabstimmung über Verfassungsrevisionen und die Wahl des Staatshaupts oder der Regierung sowie auch deren Abberufung durch das Volk; endlich die Aufstellung von Kandidaten zur Wahl in Versammlungen der Wählerschaft[40]. Von ihnen gehört die letzte Form in einen besonderen Zusammenhang; sie ist bestimmt, nach Formung eines Parteiensystems dem Wähler eine stärkere direkte Beteiligung an der Kandidatenaufstellung zu geben, berührt aber — da sie der Vorbereitung der Wahl dient — das repräsentative Gefüge sonst nicht weiter. Die Einrichtung der „Primary“ ist daher eher eine Vervollkommnung der Repräsentation, als eine plebiszitäre Maßnahme von einem anderen Prinzip aus. Auch die Auflösung hat heute weithin eine plebiszitäre Bedeutung eingebüßt. Sie hat lange in der Theorie und auch in der Praxis die Rolle eines Mittels der Exekutive gespielt, um bei Konflikten mit dem Parlament das Volk zur Entscheidung aufzurufen[41]. In England ist gegenwärtig die Auflösung, von ihrer Rolle bei Minderheitsregierungen oder bei Revolten innerhalb der Mehrheit[42] abgesehen, eine kleine Wahlprämie für die regierende Partei geworden, die einen für sie günstigen Wahltermin bestimmen kann. Dabei ist bezeichnend, daß die eigentliche Bestimmung über sie in neuerer Zeit vom Kabinett auf den Premier allein übergegangen ist[43]. Die moderne Form der Auflösung ist die Selbstauflösung der Volksvertretung. Die von einer Initiative der Wähler ausgehende Auflösung durch Volksabstimmung[44] ist dagegen eine

[40] Auf die plebiszitäre Bestellung von Organen der Gerichtsbarkeit und Verwaltung ist hier nicht einzugehen.

[41] Zu dieser Funktion im liberalen Zeitalter siehe für England *Sir Ivor Jennings,* Cabinet Government, 3. Aufl. 1959, S. 8. Schon *Bagehot,* The English Constitution 1867 (The Worlds Classics, 1958, S. 212), hält die Auflösung durch den Monarchen für überholt.

[42] Zu diesem Fall *Jennings,* S. 425/26; *Morrison,* Government and Parliament, 2. Aufl. 1959, S.84.

[43] Vgl. *Jennings,* S. 417, 427 f. Eine Verweigerung der Auflösung durch die Krone ist heute schwerlich mehr denkbar.

[44] In einigen deutschen Landesverfassungen eingeführt: Baden-Württemberg Art. 43; Bayern Art. 18 (hier genügt 1 Million Wähler zur Abberufung).

plebiszitäre Korrektur, die einer kollektiven Abberufung (recall) des Parlaments gleichkommt. Politisch kann sie zum Instrument einer parlamentarischen Minorität werden, die auf Wahlerfolge hofft. Im streng repräsentativen System ist sie ein Fremdkörper, das den durch die Wahl an das Parlament erteilten Vertrauensauftrag einschränkt. Das Gesetzesreferendum fügt sich, insbesondere als Fakultativbefugnis der Parlamentsminderheit oder eines Teils der Wählerschaft, dem repräsentativen System leichter ein, weil es die Aufgabe der Festlegung des Gesetzesinhalts der Volksvertretung beläßt und nur die Frage des „Ja" oder „Nein" den Wählern zuwendet. Auch dies Mittel mag Kräften dienen (Parteien oder Interessengruppen), die im Parlament keine Mehrheit zu bilden vermögen. Als obligatorische Abstimmung schmälert das Referendum dagegen das Gewicht des Parlaments stärker und dasselbe gilt von der Gesetzesinitiative, insbesondere wo sie einen formulierten Gesetzesentwurf vorlegt und damit die Bestimmung des Gesetzesinhalts ganz den außerparlamentarischen Kräften vindiziert. Wo dagegen die Initiative die Form einer Anregung, eines (bindenden) Auftrags an den Gesetzgeber besitzt, die Volksvertretung also wiederum die Fassung des Entwurfes selbst formt[45], kommt das repräsentative Element stärker zum Zuge. Die Bindung einer Verfassungsänderung (wie der Annahme einer neuen Verfassung) an ein Plebiszit kann hingegen auch innerhalb eines repräsentativen Schemas mit dem erhöhten Rang und der Verpflichtungskraft der Verfassung begründet werden. Sie dient im Sinne einer Erschwerung der Änderung der Stabilität und der rechtlichen Bindung der Macht.

Die umstrittenste Form der reinen Demokratie bildet im modernen Verfassungsstaat die Volkswahl des Staatshaupts[46]. Obwohl sie im Unterschied von den anderen Formen unmittelbarer Volksbestimmung, die meist Sachentscheidungen treffen, eine personelle Dezision beinhaltet, bringt sie doch eine schwerwiegende Verschiebung der Gewichte im Gesamtgefüge der Verfassung mit sich. In den Vereinigten Staaten, wo sie sich entgegen ursprünglicher Anlage entwickelt hat, wird die Volkswahl des Präsidenten aufgewogen durch die rechtliche

---

Ebenso in einigen Schweizer Kantonen, wo diese Abberufung indes neben der reinen Demokratie keine Rolle mehr spielt. Vgl. *Giacometti,* Das Staatsrecht der schweizerischen Kantone, 1941, S. 296.

[45] So in einzelnen Schweizer Kantonen. Vgl. *Giacometti,* S. 422, 473 f. Ebenso bei der Totalrevision der Bundesverfassung (Art. 120 BV). Dazu *Giacometti,* Schweizerisches Bundesstaatsrecht, 1949, S. 709, 711 f.

[46] Die Wahl des Regierungsrates durch das Volk in den Schweizer Kantonen kann auch als Bestellung eines zweiten kleineren Repräsentativkörpers für die Führung der Exekutive gedeutet werden (siehe *Giacometti,* Staatsrecht der Kantone, S. 370); durch die Berücksichtigung des Proporzes wird hier jedenfalls das Element plebiszitärer Stärkung der Exekutive ausgeschaltet.

Separation der Legislative und deren tatsächliche politische Unabhängigkeit, die nicht nur auf Verfassungsdisposition, sondern vor allem auf dem Umstand beruht, daß die amerikanischen Parteien nicht zentralisiert sind und daher die Mitglieder beider Häuser des Kongresses dem Präsidenten ein oft die Parteilinien überspringendes eigenes politisches Wollen entgegensetzen[47]. In einem Staat mit zentralisierten Parteien kann eine plebiszitäre Präsidentschaft ihre Macht nur als Gegenspieler der Parteien und des Parlaments entfalten, der ihrer Vielheit gegenüber die Einheit des Entschlusses verkörpert. Ich teile die Auffassung nicht, daß die Verfassungsform der Weimarer Republik wegen der Mischung von plebiszitärer Wahl des Staatshaupts und Parlamentarismus von vornherein eine autoritäre Anlage und einen unheilbaren Widerspruch in sich trug[48], aber es ist richtig, daß gegenüber einem in der Uneinigkeit vieler Parteigruppen schwachen Regierungssystem der vom Volk gewählte Präsident sehr große Einflußmöglichkeiten besitzt.

Wenn eine Verfassungsordnung, wie diejenige der Bundesrepublik Deutschland von 1949, in bewußter Entscheidung das plebiszitäre Element praktisch ausgeschaltet hat[49], so erhebt sich die Frage, ob unter ihr die Vornahme einer Volksabstimmung in einem Einzelfall ohne Verfassungsänderung zulässig sein kann. Die Frage ist zu verneinen. Die Überweisung einer Sachentscheidung an die Wählerschaft ist in einer solchen Ordnung gleichbedeutend mit einer den Einzelfall weit übersteigenden Schmälerung der umfassenden Verfügungsbefugnis der Volksvertretung und greift in deren Rechte ein[50]. Das Problem stellte sich in Deutschland, als 1958 einige deutsche Länder und Gemeinden versuchten, durch „Volksbefragungen" über Atomwaffen auf die Verteidigungspolitik des Bundes Einfluß zu nehmen. Die Frage ist freilich in dem Verfahren vor dem Bundesverfassungsgericht nicht wirklich ausgetragen worden, weil für dessen Urteile[51] der Umstand ausreichte, daß der Gegenstand der Volksbefragung in die Bundeskompetenzen der Verteidigung und der auswärtigen Gewalt eingriff und

---

[47] Auf dieses Moment weist mit Recht hin *Fraenkel,* S. 24 f.; ferner *W. Goodman,* The Two Party System in the United States, 1960, S. 70 f. Zum Fehlen fester Parteilinien im Verhalten des Kongresses siehe *Ranney / Kendall,* Democracy and the American Party System, 1956, S. 392 f.

[48] So *Loewenstein,* AöR 75 (1949), S. 181 ff. Zustimmend *Friesenhahn,* VVDStRL 16 (1958), S. 68.

[49] Die Auflösungsfälle der Art. 63, Abs. 4 und 68, Abs. 1 GG sind wenig reale Notausgänge bei Verfassungsstillstand. Art. 28 (Gebietsveränderungen) steht auf einem anderen Blatte.

[50] A. A. *Fuß,* AöR 83 (1958), S. 395. Anders mag es in den deutschen Ländern stehen (*Fuß,* S. 396), die aber an ihre Kompetenzschranken gebunden bleiben. Amtliche Befragungen mit öffentlicher Abstimmung sind stets verfassungsrechtlich relevant.

[51] Entscheidung des BVerfGE 8, S. 104 ff., 122 ff. (Urteile vom 30. 6. 1958).

damit ein hinreichendes Argument für die Unzulässigkeit des Unternehmens bereits ohne Eingehen auf das größere Grundproblem gegeben war. Das Gericht hat in der Form amtlicher Befragungen einen Vorgang der Staatswillensbildung erblickt, unabhängig von der rechtlichen Bindekraft des Plebiszits[52]. Da auch „informative" Befragungen in einer Demokratie schwer vermeidbare Bindungswirkungen entfalten, bedeutet eine solche Befragung eine der Verfassung widersprechende Einschränkung der freien, nur durch die Verfassung gebundenen Entscheidungsbefugnis des Parlaments[53].

V.

Auch dort, wo Elemente der reinen Demokratie in einer Verfassungsordnung einbeschlossen sind, bleibt dem repräsentativen Prinzip notwendig ein weiter Raum erhalten. Der moderne großräumige Staat kann die repräsentativen Formen nicht nur rein technisch nicht entbehren, seine schwierigen und weitverzweigten Aufgaben erfordern auch für die Gesetzgebung die ständige oder häufig tagende Arbeit einer arbeitsfähigen und erfahrenen Volksvertretung[54]. Die Verbindung der beiden Komponenten des demokratischen Staates kann ungeachtet ihrer verschiedenen ideellen Grundlagen dann wirksam und funktionsfähig bleiben, wenn hierbei das plebiszitäre Element nicht absolut verstanden wird, sondern als eine Ergänzung und Verbesserung des repräsentativen Prinzips erscheint und damit auch dessen Grundanlage zu einem gemäßigten und an rechtliche Schranken gebundenen Staatswesen anerkennt. In einer solchen Verfassungsordnung erscheinen die Formen der reinen Demokratie als Verstärkung der Mitwirkung der Bürger am politischen Leben, als Inanspruchnahme des Volkes als Schiedsrichter in bestimmten Auseinandersetzungen (Schutz der Minderheit) und als Zuweisung bestimmter wichtiger Sachentscheidungen unmittelbar an die Wählerschaft. Daneben aber behält die Entscheidung repräsentativer Versammlungen ihre Verpflichtungskraft; es fügt sich das plebiszitäre Element in ein Staatswesen ein, das alle Träger des Staatswillens, Mehrheit und Minderheiten, in eine gemeinsam anerkannte feste Rechtsordnung einbezieht und keine unbeschränkte oder außerhalb der rechtlichen Form wirkende Gewalt kennt[55]. An-

[52] Auch das nur informative Plebiszit ist in einer Demokratie Willenskundgebung des Volkes und damit mehr als Meinungsäußerung im vorstaatlichen Raume.

[53] So auch *W. Kägi*, Festgabe Giacometti, 1953, S. 123.

[54] Über die Notwendigkeit repräsentativer Elemente in der Demokratie *W. Kägi*, ZSR 75 (1956), S. 784 *a* ff.

[55] Diese auch das Schweizer Staatsleben rechtlich tragende Konzeption einer gemäßigten, „rechtsstaatlichen" Demokratie hat namentlich *W. Kägi* im Gegensatz zur radikalen dezisionistisch-absolutistischen Form herausge-

ders liegt es dort, wo plebiszitäre Einrichtungen und Forderungen sich auf eine hiervon grundsätzlich abweichende Vorstellungswelt gründen, wo radikaldemokratische Ideen auftreten, die allein die unmittelbare Entscheidung des Volkes als echte Verwirklichung der Demokratie betrachten und daher repräsentative Institutionen nur als Abschwächung oder Aushilfe der Demokratie ansehen. Eine solche Auffassung der Demokratie, die den unmittelbaren Entscheid der Bürgerschaft verabsolutiert, ihm unbeschränkte Geltung verleiht oder ihn gar als eine jederzeit wirksame ungeformte Möglichkeit anerkennen möchte, weist auf radikale demokratische Vorstellungen zurück, wie sie von Rousseau ausgegangen sind, wie sie aber letztlich mit den Gedanken in Konflikt treten, auf denen das Repräsentativprinzip beruht. Wo die demokratische Verfassungstheorie heute unmittelbar auf Rousseau zurückzugreifen sucht, wird sie nicht selten in diese radikale Richtung gezogen. Denn bei ihm finden wir nicht nur die Ablehnung der repräsentativen Formen (Contrat Social III, 15), der Gewaltenteilung (II, 2), der ausgleichenden intermediären Gewalten (II, 2, III, 13), sondern auch zugleich die Ansicht, der Volkswille sei stets gerecht (II, 3), die Unteilbarkeit der politischen Macht und die Überbetonung politischer Einheit. Sein Staatsbild geht zwar von der Freiheit individueller Entfaltung aus, aber sie läßt den Einzelnen ganz in dem Allgemeinwillen aufgehen. Rousseau kennt Ämter und eine Exekutive (III, 2), er läßt sogar für weniger wichtige Fragen Mehrheitsentscheidung zu (IV, 2), aber sein eigentliches Ziel ist die volle Einstimmigkeit der Empfindung und des Wollens, ist die Uniformität der Gesinnung[56]. Ihr opfert er die Mäßigung einer gemischten Staatsform (III, 7) wie die Teilung der Gewalt. Sind die absolutistischen Implikationen dieser Theorie politischer Uniformität auch bei Rousseau selbst nicht gesehen noch entfaltet, sie lassen sich doch aus ihm gewinnen[57]. In der neueren deutschen Literatur wird die radikale Tendenz des demokratischen Typus zumeist mit dem Begriff der Identität von Herrschaft und Beherrschten bezeichnet[58]. Diese Kennzeichnung wird Rousseau nicht ganz gerecht, weil sie den Gedanken der politischen Uniformität nicht deutlich zum Ausdruck

---

arbeitet. Vgl. Festgabe Giacometti, 1953, S. 108 ff.; ZSR 75 (1956), S. 773 a ff. Siehe auch *H. Schneider*, Volksabstimmungen in der rechtsstaatlichen Demokratie. Gedächtnisschrift für W. Jellinek, 1955, S. 164 ff.

[56] Auf dieses Moment hat vor allem *Talmon*, The Origins of Totalitarian Democracy, 1952, S. 40 ff., 98 ff., überzeugend hingewiesen, wobei er auf die Herkunft dieser Gesinnungseinheit aus der moralischen Konzeption Rousseaus abhebt. Vgl. auch *W. Ziegenfuß*, J. J. Rousseau, 1952, S. 178 ff.

[57] Neuere Versuche, der Aufweisung der totalitären Elemente in Rousseaus Theorien zu widersprechen, sind nicht sehr überzeugend: *John W. Chapman*, Rousseau-Totalitarian or Liberal?, New York 1956; *F. Glum*, J. J. Rousseau, Religion und Staat, 1956, S. 295 ff.

[58] Bestimmend war wohl *C. Schmitt*, Verfassungslehre, S. 204 f., 234 f.

bringt. Sie hat darüber hinaus den Fehler, daß sie die wesensmäßige Aufgabe des Staates, Frieden und Ordnung durch Macht zu sichern, verschleiert oder leugnet. Man mag die Funktion einer Regierung dann trotzdem anerkennen, angesichts der Absolutsetzung des einigen und präsenten Volkes ist ihre Aufgabe der politischen Gestaltung im Auftrag des Volkes verkannt. Der Formel der Identität wohnt sogar ein gewisses utopisches Element inne, als ob, je mehr die Regierung dem Volke folge und je einiger dies sei, desto weniger Staat nötig sei. In der Realität führt diese Konzeption eher dazu, Ausschüssen und Personen, die sich auf ihre Übereinstimmung mit der einhelligen Volksstimmung berufen, eine emotional begründete absolute Macht zu gewähren. Tyrannische und cäsaristische Konsequenzen liegen dieser radikalen Konzeption sehr nahe[59]. Insbesondere ihre Berufung auf eine jederzeit zu aktualisierende formlose und unbeschränkte Willensbildung des Volkes kann als Auflösung des Verfassungsstaates erscheinen[60]. So mögen plebiszitäre und repräsentative Elemente in einer Verfassung miteinander sich verbinden, wenn sie beide auf dem Boden einer gemäßigten, Aufgabe und Grenzen des Staats wie seiner Leitung anerkennenden Staatsauffassung bleiben. Mit den Auffassungen der radikalen Demokratie, die allem echten Auftrag zu verantwortlicher Entscheidung für das Volk entgegen ist, wird das Repräsentativprinzip nicht zusammengehen können.

VI.

Es bleibt nach dieser Untersuchung des Bereiches, den das heutige Verfassungsrecht dem repräsentativen Prinzip, teilweise in Verbindung mit plebiszitären Elementen, einräumt, sowie der Möglichkeit und Grenzen einer Verbindung beider Komponenten der demokratischen Idee, ein kurzes Wort zu den Fragen, die die Diskussion um die Auswirkungen des modernen Parteienstaates auf repräsentative Einrichtungen aufgeworfen hat. Haben die Lebensäußerungen der Parteien eine stille, faktische Umformung jener Institutionen in plebiszitäre Vorgänge herbeigeführt? Wie weit läßt die Funktionsweise des Parteienstaates eine echte überzeugende Legitimation des einzelnen Abgeordneten und der ganzen Volksvertretung bestehen? Beide Fragen stellen nicht wie die radikaldemokratische Anschauung die Repräsentation

---

[59] *Talmon*, S. 44 ff. Eine Kritik der Leugnung des essentiellen Gegensatzes von Regierung und Regierten auch bei *Hennis*, Meinungsforschung und repräsentative Demokratie, 1957, S. 38 f.

[60] Gegen diese Vorstellung eines stets handlungsfähigen souveränen Volkes, die in der radikalen Auffassung vom pouvoir constituant auch die Verfassungsordnung aufzulösen droht, *W. Kägi*, Festgabe Giacometti, 1953, S. 122 ff.; *P. Schneider*, Juristenzeitung 1961, S. 37.

als solche in Frage, aber meinen, zwischen dem verfassungsrechtlichen und dem faktischen Bestand ihrer Einrichtungen erhebliche Unterschiede zu bemerken. Es wird richtig sein, zunächst den ersten Gesichtspunkt ins Auge zu fassen, den namentlich *Leibholz* eingehend dargelegt hat. Es kann dabei nicht verkannt werden, daß das heutige Bild der Volksvertretung von dem der liberalen Epoche weit abweicht. Aber hier ist zunächst die Frage zu erheben: war die Ansicht jener Zeit maßgebend? Ist sie nicht nur eine zeitgebundene Auffassung der Repräsentation, deren Geschichte, wie wir früher gezeigt haben, sehr viel weiter zurückführt? Bleibt nicht der Kern repräsentativer Erscheinungen dort erhalten, wo die Fundierung der Staatsleitung auf den Konsens des Volkes, auf Auftrag und Kontrolle besteht, die Entschließungen der Vertretung Verpflichtungskraft für das Ganze haben und sie und ihre Mitglieder durch zureichende Vorgänge zu ihrer Stellung legitimiert werden? Legt man diese für längere Zeiträume gültige Definition zugrunde, so hat das Parteiwesen seine Grundlagen nicht aufgehoben. Gewiß ist heute bei der Wahl des einzelnen Abgeordneten seine Zugehörigkeit zu einer bestimmten Partei wichtiger für den Wähler als seine persönlichen Eigenschaften[61]. Die Wahl ist heute in den Ländern mit straff organisierten wenigen Parteien[62] — also etwa in Großbritannien oder Deutschland — zu einer — auch infolge der Herausstellung bestimmter Personen in der vorangehenden Agitation — Volkswahl des leitenden Politikers und seiner Führungsgruppe geworden. Sie hat sich damit dem amerikanischen Typus der plebiszitären Bestellung des Leiters der Exekutive angenähert. Es bleibt aber der Unterschied, daß eine Parlamentswahl immer zugleich auch eine über die Spitze hinausreichende Auswahl des politischen Führungspersonals bleibt, dem in Regierung und Parlament zahlreiche keineswegs so unselbständige Aufgaben zufallen. Im heutigen politischen Leben bedeuten die Parteien doch nur, daß in einer nicht mehr von Individuen und von lokalen und regionalen Verhältnissen geformten Gesellschaft, ihrer Struktur entsprechend, zentrale zusammenfassende Gruppen auftreten. Es ist auch nicht richtig, daß die Parteien den Gemeinwillen formen[63]. Sie üben auf seine Entstehung durch Formulierung der Fragen, ihre Reduktion und Vorsichtung, einen maßgebenden Einfluß; aber gebildet wird der Staatswille im Parlament, wo auch die regierende Mehrheit sich dem Gemeinwohl unterstellt und oft das Kompromiß von Regierung und Opposition den Ausschlag gibt. Die Parteien

---

[61] Statt aller *Sir Ivor Jennings*, Cabinet Government, 3. Aufl. 1959, S. 17.

[62] Wo noch der einzelne Abgeordnete lokal unabhängig verwurzelt ist, wie im Frankreich der III. und IV. Republik, liegen die Verhältnisse sowieso anders.

[63] So *Leibholz*, Strukturprobleme, S. 94.

bleiben im vorpolitischen Felde, immer noch — trotz Anerkennung in Art. 21 Grundgesetz — freie, nicht staatliche Bildungen. Die neuesten Entscheidungen des Bundesverfassungsgerichts zu den Kommunalwahlgesetzen einiger Länder, die die Parteien im örtlichen Bereich den ganz frei gebildeten Wählergruppen gleichstellen, haben — abgesehen von der Inbezugnahme des Selbstverwaltungsgedankens — eine ausschließliche Willensbildung des Volkes durch sie abgewiesen[64]. So hat sich der Wahlvorgang verändert, aber weder hat er seine repräsentative Auswahlfunktion eingebüßt, noch haben sich die Parteien an die Stelle der Volksvertretung gesetzt.

Was die Unabhängigkeit des einzelnen Abgeordneten anbelangt, so wird oft die soziologisch gewiß starke Abhängigkeit von seiner Partei (und Fraktion) überschätzt. Die fachliche Aufteilung der parlamentarischen Arbeit gibt vielen Abgeordneten relativ unabhängige Bereiche der Mitwirkung, wo sie als Experten auch die Parteilinie oft weitgehend beeinflussen. Auch die Parteidisziplin muß im richtigen Zusammenhang gesehen werden. Angesichts der heutigen Arbeitsweise der Parlamente, die eine ausführliche Verhandlung jeder Frage im Plenum nicht mehr zuläßt, dient sie einer gestrafften Parteitaktik, die einheitliche, vorher berechenbare Entscheidungen sichert und ohne die eine stabile Regierung wie eine echte Opposition nicht zu führen wären[65]. Im ganzen überträgt sich die Tendenz unseres heutigen gesellschaftlichen Lebens zur Gruppenbildung und funktionalen Zusammenarbeit auch auf das Erscheinungsbild der Repräsentation. Der einzelne Abgeordnete tritt stärker als Glied einer Gruppierung auf. Solange sich aber die Parteien aus der Volkswahl legitimieren und ihr Anspruch, für die Wähler zu handeln, die Konstituenten verpflichtet, bleibt das repräsentative Moment wirksam, da auch die Fraktion als Gruppe nicht in ihrer Entscheidung von der Wählerschaft her bestimmt wird. Die Vereinzelung des individuellen Abgeordneten ist ebensowenig wie seine Weisungsfreiheit ein Bestandteil einer nicht zeitgebundenen Repräsentationsvorstellung. Beide Momente waren für die liberale Auffassung typisch, waren aber an deren soziologische Voraussetzungen gebunden. Wir können heute sogar auch eine gewisse Tendenz zu erhöhter Abhängigkeit des Abgeordneten von seinem Wahlkreis und dessen Parteimaschinerie in England beobachten. Die Suez-Affäre hat in ihren Folgen zum Ausscheiden einer ganzen Reihe von Abgeordneten geführt, die das Vertrauen der örtlichen Parteiorganisation wegen ih-

[64] BVerfG, Beschluß vom 12. 7. 1960, BVerfGE 11, S. 266 ff.; Urteile vom 2. 11. 1960 (DÖV 1960, S. 869) und 15. 11. 1960 (NJW 1961, S. 19).

[65] Es muß aber auch darauf hingewiesen werden, wie häufig beide Parteien in England die Stimmabgabe freigeben. Vgl. die Zahlenangaben bei *Nigel Nicholson*, People and Parliament, 1958, S. 71 f.

rer Haltung verloren hatten[66]. Hier zeigte sich, daß der heutige Wähler bei Parteikonflikten sich in der Regel gegen nicht parteitreue Abgeordnete wendet. Es bleibt wünschenswert, diesen Prozeß der Bindung in Grenzen zu halten und es ist daher richtig, wenn sich Verfassungen und Gesetze bemühen, durch ihre Vorschriften dem Volksvertreter eine grundsätzliche Unabhängigkeit und Weisungsfreiheit zu sichern. Repräsentation ist nicht nur Vergegenwärtigung durch individuelle Personen. Auch das Parlament als Ganzes, als gegliederte Personengruppe, erfüllt eine repräsentative Funktion. Daß sie infolge der heutigen Parteistruktur durch stärker plebiszitäre Vorgänge ersetzt sei, vermag ich nicht zuzugeben. Das Parlament bewahrt noch eine echte Funktion des Bestimmens und Entscheidens für seinen Auftraggeber, das Volk. Die Tendenzen, diese Entscheidungsfreiheit durch die Theorie vom „Mandat" der Wähler einzuschränken, die nur grundlegende Sachentscheidungen erlaubt, welche in der Wahl zur Debatte standen, sind auch in England erst in Ansätzen entwickelt und oft unwirksam gewesen; sie würden allerdings das plebiszitäre Element verstärken[67].

VII.

Wichtige Probleme der heutigen Entwicklung repräsentativer Einrichtungen liegen, wie mir scheint, nicht so sehr in diesen plebiszitären Umformungen als vielmehr in der Verbindung zwischen der Volksvertretung und ihrer Glieder mit der Wählerschaft, auf der Legitimation und Verpflichtungskraft des Handelns der Repräsentanten beruht. Wenn diese Verbindung sich lockert, so entfällt ein entscheidendes Moment der Repräsentation: die nicht nur rechtlich sondern auch politisch gegebene Verbindlichkeit ihrer Aktion für das vertretene Ganze. Die bedeutsamen Erscheinungen liegen hier vor allem in der zunehmenden Umgestaltung der Stellung des Abgeordneten, der als Berufspolitiker in eine halbamtliche Stellung zu gelangen im Begriffe ist, und im Auftreten der organisierten Interessengruppen. Seit Max Weber den Blick auf die Verwandlung der Stellung des Politikers in einen Beruf gelenkt hat, hat man auch hierin eine Entfernung vom Wähler sehen wollen. Es ist jedoch zu bedenken, daß die Arbeitsteilung der Gesellschaft fortschreitet; das leitende Personal der Politik muß sich

[66] Übersicht über die Fälle bei *D. E. Butler* und *R. Rose*, The British General Election of 1959, 1960, S. 123. Über den bekanntesten Vorgang, die Wiederaufstellung Nigel Nicholsons in Bournemouth, die die Wählerschaft mit 3762 gegen 3761 Stimmen ablehnte, hat N. selbst in „People and Parliament" 1958 in objektiver Weise berichtet. Interessant ist, daß N. trotz vorsichtiger Intervention der Parteileitung zu seinen Gunsten unterlag.

[67] Zu dem Grundsatz, daß eine Regierung wichtige Fragen — von Notfällen abgesehen — nur dann aufgreifen soll, wenn sie bei der vorangehenden Wahl Teil ihrer politischen Erklärung bildeten, vgl. *Jennings*, Cabinet Government, S. 50 ff.

in größeren Ländern dieser rasch wechselnden Szenerie ganz widmen. Was aber die gerade in Deutschland noch oft mit Unverständnis behandelte Frage der ökonomischen Sicherung des Abgeordneten anbelangt[68], so sollte man nicht verkennen, daß in einer von Gruppenegoismen durchsetzten Gesellschaft heute ökonomische Sicherung durch den Staat oft mehr an Unabhängigkeit und ausgesparter Neutralität ermöglicht, als eine „freie" Position, die nicht selten doch nur eine virtuelle Abhängigkeit von Gruppen und Interessen verschleiert[69].

Aufschlußreiche Probleme der Repräsentation treten in dem Auftreten der Interessengruppen zutage. Die Einflußnahme der organisierten speziellen Interessen gehört noch ganz dem freien Raum gesellschaftlicher Vorgänge an[70]. Sie sind bisher nirgends, wie es für die Parteien in Art. 21 des Grundgesetzes der Bundesrepublik Deutschland geschehen ist, verfassungsrechtlich als „notwendige Instrumente"[71] der Bildung des Staatswillens anerkannt. Ihnen fehlt auch hierfür die Fähigkeit, in Ausrichtung auf das Gemeinwohl auch nicht zu ihnen gehörende Kreise zu verbinden, wie dies in der Volksvertretung im Verhältnis von Mehrheit und Minderheit der Fall ist[72]. Auf der anderen Seite aber ist ihr Einfluß, sowohl auf die Vorbereitung der Gesetze durch die Regierung wie auf deren parlamentarische Behandlung, oft ein sehr bedeutender, zumal sie in der Volksvertretung nicht nur von außen durch Methoden der Verbindungsnahme und der öffentlichen Meinungsbildung, sondern von innen her durch Querverbindungen zu Abgeordne-

[68] Ein Beweis hierfür ist das Scheitern der 1960 unternommenen Bemühungen, eine Altersversorgung der Mitglieder des Bundestages nach dem Muster ausländischer Einrichtungen zu schaffen. Der aus der Mitte des Bundestages eingebrachte Entwurf (BTag, 3. Wahlp., Drucks. 1444 vom 2. 11. 1959) wurde trotz beredter Verteidigung seines Ziels durch *Carlo Schmid* (101. Sitzung des Bundestages vom 12. 2. 1960, Sten. Ber. S. 5437 ff.) im Parlament kühl aufgenommen und fand wenig Gnade in der Öffentlichkeit.

[69] Über die bei der Labour Party in England entwickelte Gestalt des „sponsored M. P.", den von den Trade Unions gestellten Abgeordneten, siehe *J. D. Stewart*, British Pressure Groups, 1958, S. 165 - 184; *Sir Ivor Jennings*, Parliament, 2. Aufl. 1957, S. 36 (1955 von 277 Laboursitzen 96). Diese Erscheinung ist das Korrelat der engen Verbindung der Labour Party mit den Gewerkschaften.

[70] Daran bewirken auch Bestimmungen über ihre Heranziehung bei der Vorbereitung der Gesetze keine Änderung. Vgl. Art. 32, Abs. 3 BV und in Deutschland § 33 Gemeins. GeschO der Bundesministerien, Teil II (Fassung vom 10. 3. 1960). Ebenso wie oben *Hans Huber*, Staat und Verbände, 1958, S. 21 f.

[71] So der Ausdruck in BVerfGE 1, S. 223 ff.; 2, S. 11; 4, S. 30 f.; 5, S. 134; DÖV 1960, S. 705/06. Dazu *Gustave Peiser*, Revue du droit public 75 (1959), S. 639 ff.

[72] Auf die Bedeutung dieses Umstands, der in der wesensmäßigen Unfähigkeit der Verbände liegt, das Ganze zu repräsentieren und eine übergeordnete Orientierung am Gemeinwohl zu gewährleisten, weist mit Recht hin *H. Huber*, S. 21, 30.

ten ihre Interessen geltend machen können[73]. Der Empfänger dieser Festgabe hat die Gefahren, die im Erstarken der Gruppen für Gesetzgebung und Verfassung liegen können, deutlich gekennzeichnet[74]. Wesentliche Ordnungsprinzipien, die Stadien der Gesetzgebung[75], die Gewaltenteilung, aber auch der Föderalismus[76] können dabei verletzt und aufgelöst werden. *Hans Huber* hat aber auch die Bedeutung der Erscheinung der Interessenorganisationen für die Repräsentation erkannt. Er erblickt in ihnen ein Stück „existentieller Repräsentation", das zu der „konstitutionellen Repräsentation hinzukommt"[77]. In der Tat wirkt das Auftreten der Verbände in den Bereich der politischen Repräsentation hinein, aber es verdrängt nicht die verfassungsrechtliche Stellung der Volksvertretung. Wie so viele Erscheinungen der modernen Parteiendemokratie ist auch die Organisation der Interessen ein Ausdruck der modernen, nicht mehr aus isolierten Individuen, sondern aus Gruppen bestehenden, gegliederten Gesellschaft. Diese Gliederung baut sich nicht mehr nur örtlich, sondern vor allem funktional, d. h. nach wirtschaftlichen und sozialen Interessen und Berufen auf. Die Zusammenschlüsse solcher gleichgerichteter Interessen üben eine repräsentative Funktion für diese Interessen aus[78]. Aber diese Funktion ersetzt nicht die Vertretung des Ganzen im Parlament, sie tritt auch nicht an die Stelle der Parteien. Ihnen gegenüber zeigen die organisierten Gruppen vielmehr wichtige Schwächen. Nicht entscheidend ist dabei, daß die Verbände dem gesellschaftlichen Raum angehören und der verfassungsrechtlichen Anerkennung entbehren. Auch dort, wo unter ständisch-korporativen Einflüssen Wirtschaftsparlamente eingerichtet wurden, haben sich die gleichen Mängel geltend gemacht. Die Summierung der Interessen ergibt keine Vertretung des nationalen Ganzen, das die

[73] Zu den Methoden der Einflußnahme siehe *Jean Meynaud*, Les groupes de pression en France, 1958, S. 126 ff., 178 ff.; *W. H. J. Mackenzie*, Brit. Journal of Sociology, 1955, S. 137 ff.; *S. H. Beer*, Pressure Groups and Parties in Britain, Am. Soc. Sc. Review 1956, S. 1 ff.; *ders.*, The Representation of Interests in British Government, dort 1957, S. 628 ff.; *H. Eckstein*, Pressure Group Politics, 1960, S. 40 ff.; *V. O. Key jr.*, Political Parties and Pressure Groups, 4. Aufl. 1958, S. 144 ff.; *J. H. Kaiser*, Die Repräsentation organisierter Interessen, 1956, S. 253 ff.

[74] *Hans Huber*, Staat und Verbände, 1958, S. 19 ff.

[75] In England, wo die Exekutive heute die Gesetze überwiegend gestaltet, richtet sich daher der Schwerpunkt der Einwirkung der Pressure Groups auf sie. Vgl. *Eckstein*, S. 17 ff.

[76] Verbände neigen zur Beeinflussung zentraler Institutionen. Vgl. *Goodman*, Two Party System, S. 385 ff.; *Kaiser*, S. 358 f. In Deutschland hat neuerdings freilich die Verbandsmacht in einem Falle (Sonntagsarbeit in Stahlwerken), wo die Bundestagsmehrheit sich unzugänglich zeigte, den Weg über die Länderregierungen und den Bundesrat mobilisiert.

[77] S. 19.

[78] *Huber*, S. 19; *Goodman*, S. 381 ff. und die eingehende Darlegung bei *Kaiser*, S. 338 ff.

moderne Auffassung als einheitlichen Körper ansieht. Insofern hat *Rousseau* recht, daß die volonté de tous nicht mit der volonté générale gleichzusetzen ist[79]. Interessenverbände vermögen auch in ihrer Summierung nicht das nationale Ganze darzustellen und wie eine Volksvertretung eine für alle verbindliche Entscheidung zu gewinnen[80]. Das im Parlament wirksame repräsentative Prinzip ruht auf der Grundlage der Anerkennung gemeinsamer Grundlagen der Verfassungsordnung und des Staatsgedankens durch die Beteiligten. In der Respektierung dieses Rahmens liegt die tiefere, über eine äußere Zweckmäßigkeit hinausgehende Rechtfertigung der Anwendung des Mehrheitsprinzips bei der öffentlichen Willensbildung[81]. Demokratische Formung des staatlichen Willens fordert die offene Auseinandersetzung der politischen Meinungen und Gegensätze, erkennt daher Sinn und Recht der Opposition an. Sie kann aber deren Einfügung in die von der Mehrheit getroffene Bestimmung erwarten, weil die gemeinsame Basis nicht verlassen wird und weil aller Auftrag zur Staatsleitung zeitlich begrenzt ist und erneuter Bestätigung des Volkes bedarf; der Wechsel der Leitung gehört mit zu diesem System[82]. Im Spiel der sozialen Gruppen kann es aber ihrer stationären Struktur nach keinen Wechsel und keine offene Willensbildung geben; ihr partikulares Interesse hat auch die großen allgemeinen Fragen gar nicht im Blick. Daher kann politische Entscheidung nur im Wirken der politischen Gruppen in der Volksvertretung gefunden werden. Daher üben auch die Verbandsinteressen ihren Einfluß durch die verantwortlichen Organe, Regierung, Parlament, Parteien indirekt aus. Ihre repräsentative Rolle beschränkt sich darauf, die in den großen Parteien nicht mehr individuell gespiegelten partikularen gesellschaftlichen Kräfte zu integrieren und zugleich neben den wenigen Hauptrichtungen der Parteipolitik die disjunktive Vielfalt der Gruppen zur Geltung zu bringen[83].

---

[79] Die rechtliche Gewichtsfixierung zwischen den sozialen Gruppen in einem Wirtschaftsparlament könnte wohl einem stationären Korporativismus, nicht aber einer dynamischen Industriegesellschaft gerecht werden. Auch steht der Typ des an partikulare Interessen gebundenen Funktionärs, der hier überwiegen wird, zurück hinter dem Parteipolitiker, dessen Aufstieg in die erste Führungsreihe einer Partei stets voraussetzt, daß er die engere Bindung an eine Gruppe abstreift und zur „nationalen Persönlichkeit" wird.

[80] Daß auch große soziale Gruppen das Gemeinwohl berücksichtigen, ändert nichts daran, daß sie auch zusammen mit ihren sozialen Gegenspielern nicht das Ganze ausmachen.

[81] Zur Überlieferung und Begründung des Mehrheitsprinzips siehe *Willmoore Kendall*, John Locke and the Doctrine of the Majority Rule (Illinois Studies in the Social Sciences vol. 26), 1941, S. 112 ff.

[82] Ebenso auch der Schutz der Minderheit.

[83] Auf diese Rolle der Verbände, gesellschaftliche Kräfte zu integrieren und neben dem Zweiparteiensystem mit seiner unvermeidlichen Vereinfachung der großen politischen Fragen die disjunktive Vielfalt der partiku-

In der Aufgabe der Parteien, bereits in sich und in ihrer Wechselwirkung aufeinander die mannigfaltigen sozialen Kräfte aufzufangen, zu formieren, auszugleichen und so die Sichtung und Vorformung der Grundfragen für die politische Entscheidung zu leisten und damit die verbindliche Bestimmung der politischen Richtung innerhalb der repräsentativen parlamentarischen Versammlung zu gewährleisten, liegt auch die Antwort auf eine Auffassung, die in den politischen Auseinandersetzungen der Gegenwart nur mehr das Ringen pluralistischer Machtgruppen sehen möchte, deren Kompromisse die schwachen Staatsorgane registrieren. Gewiß ist es heute nicht selten, daß die Regierung über das Parlament hinweg direkt mit den Interessenten verhandelt und gar Vereinbarungen sozialer Gruppen dem Parlament eine bestimmte Sachentscheidung aufnötigen[84], aber diese Vorgänge — so sehr sie die Verpflichtungskraft der parlamentarischen wie der exekutiven Verfügung überhaupt abschwächen — lassen Regierung und Nationalvertretung die Hüter des allgemeinen Wohles und sein berufener Ausdruck in der Regel der Fälle bleiben. Gegenüber dem pluralistischen Machtkampf sind es gerade die Parteien, die in ihm vermitteln, den Ausgleich finden und notfalls zwischen Gegensätzen entscheiden müssen.

VIII.

In dieser kurzen Skizze ist nicht die Rede von der repräsentativen Rolle der Regierung oder des Staatshaupts, kurz der Exekutive gewesen. Auch an der Idee von den Pflichten des Herrschers, vom Auftrag der Regierenden und von Kontrolle und Verantwortung ließen sich Grundelemente moderner Staatstypen entfalten. Aber es ist doch die Stellung der ständischen und parlamentarischen Repräsentationsorgane, in deren Geschichte sich der Weg zum modernen demokratischen Staate abspielt. Das System der Teilung der Macht ist im Kampf mit der Exekutive und ihrem Anspruch auf ausschließliche Repräsentation der nationalen Einheit entstanden und fand seine Mitte in der Stellung der parlamentarischen Versammlung. Sie verkörpert die Prinzipien des freiheitlichen Staates in besonderer Weise: den Konsens des Volkes, die Aufrichtung eines überlegten Systems der „checks and balances", die Bindung aller an die Verfassung und das im Gesetz geprägte Recht. In ihrer Mittelstellung zwischen Volk und Staatsleitung, in ih-

---

laren Verbindungen wiederzugeben, weist treffend hin *Eckstein*, S. 162/63. Vgl. ferner auch *Wigny*, in: „Aspects du régime parlementaire Belge", 1956, S. 12 f.; *Ganshof van der Meersch*, Pouvoir de fait et règle de droit, 1957, S. 65 ff.

[84] Vgl. dazu *Ganshof van der Meersch*, in: Aspects etc., S. 129 f.; *Lambotte*, in: Le contrôle parlementaire de l'action gouvernementale (Bibliothèque de l'Institut Belge de science politique 2), 1957, S. 38 f.

rer Zusammensetzung aus einer Zahl von Personen, die mannigfache Regionen, Interessen und Meinungen vertreten, führt die repräsentative Versammlung die stets bestehende Notwendigkeit vor Augen, daß politische Herrschaft von wenigen über viele geführt wird. Aber das repräsentative Prinzip unterstellt die Bestimmung des leitenden politischen Personenkreises, der in der Hauptsache aus ihrem Schoße hervorgeht, einer immer erneuten Zustimmung der Wählerschaft. Es bedeutet Auswahl der Personen, aber mit offenem Zugang, politische Entscheidung durch einen leitenden Kreis, aber in offener Auseinandersetzung der Meinungen und Gruppen. Das repräsentative Prinzip kann mit Elementen unmittelbarer Volksentscheidung zusammenwirken, in ihnen sogar eine Verstärkung seiner Legitimation suchen, aber es geht weder mit der cäsaristischen Konzentration der Repräsentation in der Exekutive noch mit der täuschenden Vorstellung einer Selbstregierung des Volkes im Gedanken der Identität, mit der Berufung auf einen stets präsenten, allmächtigen und rechtlich unbeschränkten Volkswillen zusammen. So wird es richtig sein, wenn man das Geschick des modernen freiheitlichen Staates mit dem seiner Parlamente für unlöslich verbunden hält.

Politische Koordination in der Demokratie

I.

Es gehört zu den Erbstücken der konstitutionellen Staatstheorie, daß sich die deutsche Staatsrechtslehre auch heute nur langsam den Problemen der inneren Struktur der Staatsleitung, den Methoden ihres Zusammenwirkens, der Gewinnung oberster politischer Zielsetzungen und Entscheidungen zuwendet. Noch immer wirkt die Vorstellung einer fast substanzhaft gedachten Einheit des Staatswillens und die Neigung nach, nur die nach außen hervortretende rechtliche Entscheidung in Gesetz, Verordnung oder sonstiger Maßregel für bedeutsam zu halten. Nur der Prozeß der Gesetzgebung, wie auch die in ihm entfalteten Einflüsse von Verbänden, sind in neuerer Zeit näherer Untersuchung unterzogen worden. Indes gehören die Vorgänge, durch die in verschiedenster Form Einwirkung, Kontrolle und Anregung zwischen Regierung und Parlament hin und her geübt wird, gehören aber auch die Methoden, in denen innerhalb der Verfassungsorgane der Exekutive eine Richtungsbestimmung und ein Zusammenwirken herbeigeführt wird, in gleicher Weise in den Bereich des Verfassungsrechts, auch wenn diese Fragen in den Verfassungstexten der Regel nach nur andeutungsweise behandelt werden und daher ihre Lösung in erster Linie der Verfassungspraxis und den in ihr sich bildenden Regeln und Gewohnheiten zufällt. Es ist notwendig, in einer sehr viel realistischeren Weise die im Verfassungsrecht sich vollziehenden Rechtsakte als Ergebnisse eines Prozesses der Auseinandersetzung und der Gewinnung von Zielsetzungen und Entscheidungen zu begreifen, als die Einheit des „Staatswillens" vorauszusetzen. Der moderne demokratische Staat ist viel weniger ruhende Hoheit, aus der die einzelnen Rechtsetzungen und Maßregeln hervorgehen, als vielmehr ein höchst ausgedehnter und komplizierter Prozeß der Formung und Ermittlung einer Übereinstimmung des Volkes, die sich heute vor allem in den Äußerungen der öffentlichen Meinung vollzieht und der auf sie reagierenden, sie aber auch wiederum gestaltenden Aktion und Handlung der obersten Staats-

---

Aus: Die moderne Demokratie und ihr Recht. Festschrift für Gerhard Leibholz zum 65. Geburtstag. Hrsg. von Karl Dietrich Bracher, Christopher Dawson, Willi Geiger, Rudolf Smend unter Mitwirkung von Hans-Justus Rinck. Bd. 2: Staats- und Verfassungsrecht. Tübingen 1966, S. 899 - 922. — Abdruck mit freundlicher Genehmigung des Verlages J. C. B. Mohr (Paul Siebeck), Tübingen.

organe. Nicht der in altkonstitutioneller Weise heute noch zuweilen angenommene Unterschied von Staatswillen und Volkswillen, sondern der einheitliche Prozeß demokratischer Ziel- und Entscheidungsbildung macht den Kern des demokratischen Staatslebens aus.

An drei Stellen läßt das Grundgesetz erkennen, daß auch die Vorgänge der Formung und Sicherung einer einheitlichen Zielsetzung und Ausrichtung im politischen Bereich zur verfassungsrechtlichen Regelung zählen. In Art. 21 GG spricht es von der Mitwirkung der Parteien bei der politischen Willensbildung des Volkes. Hier hat die Verfassung offenbar den Weg demokratischer Meinungs- und Entscheidungsformung im Auge, an dem die Parteien sowohl bei der Formierung der Meinungen im Volke wie bei ihrer Umsetzung in rechtliche Entscheidungen in Regierung und Parlament beteiligt sind. Es scheint freilich, als ob der Ausdruck „Mitwirkung“ angesichts eines verfassungsmäßig festgelegten Systems des Parlamentarismus (Art. 67 GG) nicht klar genug gewählt worden ist. Deutlicher wird das Problem der Herbeiführung einheitlicher oberster Stellungnahmen angesprochen in der Zuweisung der Bestimmung über die „Richtlinien der Politik“ an den Bundeskanzler (Art. 65 GG). In dieser schon aus der Weimarer Verfassung übernommenen Formel wird deutlich, daß oberste politische Richtungsbestimmung für den Bereich der Exekutive eine rechtliche Befugnis darstellt und jedenfalls in dem ihr zugewiesenen Bereich auch eine rechtliche Verbindlichkeit äußert[1]. Können auch Legislative und Rechtsprechung nicht gebunden werden, so wird innerhalb der Exekutive hier doch eine Kompetenz anerkannt. Vor allem aber weist der Ausdruck Richtlinie auf die an dieser Stelle wahrgenommene Tätigkeit der Koordination hin, die die Aktion des Kabinetts nach innen und außen, aber auch für eine zeitliche Spanne ordnet und ausrichtet[2]. Wie bei so vielen Verfassungsbestimmungen, bleibt es freilich eine Frage der politischen Wirklichkeit, inwieweit sich diese Befugnis tatsächlich mit Inhalt erfüllt. Endlich spricht Art. 53 Satz 3 GG davon, daß der Bundesrat von der Bundesregierung „über die Führung der Geschäfte auf dem Laufenden zu halten“ ist. Der Ausdruck „Führung der Geschäfte“ meint sicherlich nicht administrative Details, sondern die politischen Entscheidungen der Regierung. Auch diese Bestimmung dient einer Koordination, nämlich dem Zusammenwirken von Bund und Ländern.

---

[1] Mit Recht erblickt eine rechtliche Befugnis hier *E. W. Böckenförde,* Die Organisationsgewalt im Bereich der Regierung, Berlin 1964, S. 206. Die Richtlinien sind aber keine Rechtssätze, wenn sie auch eine rechtliche Bindung entfalten. Vgl. *Amphoux,* Le Chancelier Fédéral dans le régime constitutionnel de la République Fédérale Allemande, Paris 1962, S. 247 ff.

[2] Auf diese Koordinationsbedeutung weisen richtig hin *W. Hennis,* Richtlinienkompetenz und Regierungstechnik, Tübingen 1964, S. 12; *E. U. Junker,* Die Richtlinienkompetenz des Bundeskanzlers, Tübingen 1965, S. 59 f.

In diesen Bestimmungen ist also bereits jeweils der Bereich angesprochen, dem diese Untersuchung sich zuwenden möchte, die Aufgabe, innerhalb der leitenden Behörden der Exekutive, aber auch zwischen ihr und dem Parlament für eine Übereinstimmung und Einheitlichkeit der politischen Ausrichtung zu sorgen. Es stellt eine der Verfassungswirklichkeit, aber, wie man sieht, auch dem Verfassungsrecht gegenüber allzu vereinfachende Sicht dar, wenn das Ergebnis dieser Bemühung, die Einheit der Entscheidung, bereits vorausgesetzt wird. Im modernen Staate ist vielmehr diese einheitliche Orientierung der politischen Leitung zwar eine anerkannte Forderung, aber keineswegs eine immer erreichte Wirklichkeit. Die starke Ausdehnung der staatlichen Tätigkeit, die wachsende Zahl und der Umfang der Zentralbehörden lassen die Koordination schon innerhalb der Exekutive zu einem Problem werden. Es kann sich heute in einem Staate durchaus ereignen, daß zwei Ministerien verschiedene Auffassungen verfolgen, sogar in der Öffentlichkeit einander bekämpfen. Die für wirtschaftliche und soziale Fragen zuständigen Ressorts werden mitunter unter sich keineswegs eine abgestimmte Linie verfolgen, ganz zu schweigen von ihrem Zusammenspiel mit dem Finanzminister. Die Probleme greifen aber auch in das Verhältnis von Legislative und Regierung ein. Längst ist im heutigen Staat die Gesetzgebung über ihre Funktion der Rechtsetzung hinaus zu einem Mittel geworden, um wechselnde wirtschaftliche Entscheidungen auf eine gesetzliche Grundlage zu stellen und wirtschaftlichen Maßregeln, Subventionen und steuerlichen Einwirkungen als Instrument politisch-sozialer Zielsetzungen die Form zu geben. Damit sieht sich notwendig die Gesetzgebung stärker in die Entscheidungen der täglichen Politik einbezogen und stellt sich daher auch die Frage des Zusammenwirkens von Exekutive und Legislative bei den entsprechenden Zielbestimmungen.

Hier liegen in der Tat Probleme, denen das Verfassungsrecht keine zu große Beachtung schenkt, die aber um so mehr die moderne Staatspraxis beschäftigen. Wie kann die so außerordentlich angewachsene zentrale Maschinerie der heutigen Staaten angesichts divergierender Tendenzen und auch im Blick auf die schwer übersehbare Fülle und Technizität der Entscheidungen zusammengehalten, koordiniert und im Sinne eines einheitlichen Wirkens ausgerichtet werden? Die Antwort darauf muß, da das Verfassungsrecht in der Regel nicht zureicht, aus dem Funktionsschema jeder Verfassung gewonnen werden, das bestimmten Organen die Verantwortung für diese Einheit zuweist. Es wird nötig sein, sich mit den Methoden und Mitteln einer solchen Zusammenordnung zu befassen, endlich aber auch die besonderen organisatorischen Einrichtungen ins Auge zu fassen, die im besonderen für diese Aufgabe geschaffen wurden oder jedenfalls mit ihr betraut werden.

Es mag nur noch bemerkt sein, daß das Problem sich keineswegs auf demokratische Staaten beschränkt, die wir hier vor allem ins Auge fassen wollen. Ein Land wie die Sowjetunion, mit ihrer riesigen Ausdehnung und ihrer staatlichen Planung, sieht sich nicht minder dem Problem der Koordination, vor allem auf wirtschaftlichem Gebiet gegenüber. Die häufigen Umorganisationen der zentralen Behörden sind hierfür ein beredtes Beispiel. In einem autoritären oder totalitären Staatswesen ist keineswegs durch die Konzentration der höchsten Entscheidung das Problem der Zusammenarbeit gelöst. Es kommt darauf an, daß die Entscheidungen auch wirklich bis zur Spitze herangetragen werden, daß sich nicht in der Umgebung der Machthaber Neben-Regierungen und Gegensätze bilden[3].

II.

Das Problem der Sicherung einer einheitlichen Leitung im Staate ist in der heutigen Form eine moderne Erscheinung. Es hängt zusammen mit der Ausdehnung der zentralen Aktivität des Staates, aber auch mit den modernen Kommunikationsmöglichkeiten, die überhaupt erst eine technische Auswirkung auf den ganzen Bereich der Administration, sowie eine laufende Verarbeitung der neuen Ereignisse ermöglichen. Das Problem politischer Einheit lag in früheren Zeiten eher in anderer Richtung. Es lag darin, wie sich über weite Distanzen und Zeiträume in größeren Staatsgebilden überhaupt die zentrale Leitung durchsetzte: Konnten nicht, wie im feudalen Aufbau des Mittelalters, die lokalen Instanzen eine mehr oder weniger große Selbständigkeit gewinnen[4]? Das heutige Problem entsteht daher eigentlich erst im 19. Jahrhundert. Natürlich reicht es in gewissen Seiten weiter zurück. Gegenüber regionalen und ständischen Kräften strebte schon der absolute Staat nach einheitlicher zentraler Lenkung durch den Fürsten und seine nächsten

---

[3] Es kann vorkommen, daß in solchen Regimen auch die herrschende Persönlichkeit bewußt untergeordnete Stellen eine verschiedene Haltung einnehmen läßt und ihre Differenzen duldet, um ihnen gegenüber als höhere Autorität dann die letzte Bestimmung zu haben. Hitler hat solche Methoden (z. B. Gegenüberstellung von Ribbentrop gegen das Auswärtige Amt, der Parteiinstanzen gegen den Staatsapparat) häufig benutzt, wie er auch die Zahl ihm direkt unterstehender Stellen im Laufe der Zeit so steigerte (es waren schließlich über 50), daß daraus sich eher Verwirrung als Zusammenordnung ergab.

[4] Solche Probleme der Verbindung zu entfernten Posten dauerten tief ins 19. Jahrhundert an. Noch 1878 konnte die englische Regierung Südafrika nicht direkt telegrafisch erreichen und mußte auch damals noch von indischen Vizekönigen ein hohes Maß unabhängiger Entscheidung hinnehmen. Vgl. *John P. Mackintosh*, The British Cabinet, London 1962, S. 256 f.

Diener, und unter energischen Herrschern konnte hier viel erreicht werden. Ludwig XIV. lehnte es ab, einen ersten Minister zu bestellen, und übernahm selbst die Aufgabe oberster Ausrichtung des Staates, selbst bis hinein zu Weisungen für die Gestaltung von Feldzügen[5]. Auch im preußischen Staate bildete sich in der Form der Regierungen aus dem Kabinett unter Friedrich Wilhelm I. und Friedrich II. ein System persönlicher Staatsleitung aus, das dem Souverän ein sehr großes Maß eigener Entscheidung und Zusammenordnung gestattete. In den Händen schwächerer Monarchen führte eine solche Konzentration der Entscheidung auf den Monarchen freilich leicht zu einer Mitherrschaft der Umgebung. Die große Rolle der Kabinettsräte unter Friedrich Wilhelm III. hat der Freiherr vom Stein vergeblich durch seine Reform des Regierungssystems zu beseitigen gestrebt[6]. Vor dem konstitutionellen Zeitalter bildete allein Sachsen im 18. Jahrhundert die Position des leitenden Ministers aus[7].

Auch im 19. Jahrhundert vergeht lange Zeit, ehe die Frage der politischen Zusammenordnung in ihrer wirklichen Bedeutung erkannt wird. In der Lehre von der Solidarität des Kabinetts[8] wird in England in den 30er Jahren die Einheit der Stellungnahme des Kabinetts gewonnen, noch ehe das parlamentarische System voll ausgebildet ist. Auf dem Kontinent bleibt im Rahmen der konstitutionellen Monarchie eine gewisse grundsätzliche Unklarheit. Ist es der Ministerpräsident oder der Monarch, in dessen Hand die letzte Zusammenführung liegt? Nach dem konstitutionellen System trug der Premierminister die Verantwortung vor dem Parlament. Aber dies konnte sie nicht geltend machen, und in seiner Ernennung und Amtsdauer hing der Ministerpräsident wiederum vom Monarchen ab. Die Bedeutung der Frage erhellt aus Beispielen. Es war mangelnde Kontrolle über seinen Außenminister, den Herzog von Gramont, die Emile Ollivier, der mit der Rücknahme der hohenzollernschen Kandidatur in Spanien die Krise für beigelegt hielt, dahin führte, daß Gramont den Kaiser zu jenem schar-

---

[5] Zu Anweisungen für Feldzüge siehe *G. M. Trevelyan,* England under Queen Anne, Reimpression, Bd. II, 1948, S. 129. Zur Entscheidungskonzentration unter Ludwig XIV. auch *Hans Hausherr,* Verwaltungseinheit und Ressorttrennung, Berlin 1953, S. 152 f.

[6] Zu Steins Kampf gegen die Kabinettspolitik, die zu seiner Entlassung 1807 führte, siehe *Gerhard Ritter,* Stein, Bd. I, Stuttgart 1931, S. 210 ff.

[7] *Hausherr,* S. 48 ff.

[8] Noch 1824 bestand Georg IV. in einer außenpolitischen Frage auf separater Befragung der Kabinettsmitglieder durch ihn selbst und auf individuellen Stellungnahmen. Vgl. *A. Aspinall,* The Cabinet Council 1783 - 1835 (Proceedings of the Br. Academy, Vol. XXXVIII [1952], S. 221). Zur Herausbildung der kollektiven Verantwortung des Kabinetts siehe *A. Berriedale Keith,* The British Cabinet System, 2. Aufl., London 1952, S. 92 ff.; *Sir Ivor Jennings,* Cabinet Government, 3. Aufl., Cambridge 1959, S. 134 f.; *Mackintosh,* S. 143 ff.

fen Vorgehen brachte, das den Krieg unvermeidlich machte[9]. Viel deutlicher noch der andere Fall: Bei seinem Abgang im Jahre 1890 wählte Bismarck zur Begründung seines Abschiedsgesuches bekanntlich das Problem der politischen Koordination aus, das in der königlichen Ordre vom 8. September 1852 über Immediatvorträge der Minister beim Monarchen enthalten war. Indem er diese Ordre den preußischen Kabinettsmitgliedern in Erinnerung brachte, hatte er die Leitungsbefugnis des Ministerpräsidenten betont und nahm er den kaiserlichen Wunsch auf Aufhebung dieser Ordre zum äußeren Anlaß des Rücktritts. Mag hierbei auch die Kunst des Staatsmannes, dem Rücktritt eine grundsätzliche staatsrechtliche Wendung zu geben, mitgesprochen haben, der Vorgang zeigt, wie klar dem Kanzler die Notwendigkeit einer leitenden Zusammenordnung der inneren und äußeren Politik vor Augen stand[10]. Hatte doch schon der Ministerpräsident des Jahres 1863 dem preußischen Gesandten in Paris, Graf von der Goltz, zu dessen von der Linie seiner Politik abweichenden Haltung geschrieben: „Was die dänische Sache betrifft, so ist es nicht möglich, daß der König zwei auswärtige Minister habe, d. h. daß wichtigste Posten in der entscheidenden Tagesfrage eine der ministeriellen entgegengesetzte Politik immediat beim König vertrete[11].“ Für den Gründer des Deutschen Reiches konnte im konstitutionellen System ein Zweifel daran nicht bestehen, daß die leitende Zusammenfassung die Aufgabe des verantwortlichen Ministers war. Gegenüber Abschwächungen, die hier das preußische Kollegialsystem brachte, hat er daher im Reiche staatsrechtlich die gesamte politische Verantwortung allein beim Kanzler belassen. Dennoch warf der komplizierte Bau des konstitutionellen Staatswesens innere Probleme der Koordination auf, die — wie etwa der Konflikt zwischen politischer und militärischer Führung 1871 vor Paris[12] — auf den Monarchen als Schiedsrichter zurückführten. In der Hand der Nachfolger Bismarcks aber ist es dann weniger und weniger gelungen, gegenüber einem in den Vordergrund drängenden Monarchen diese einigende Funktion des Kanzlers wirklich zu realisieren.

Bezieht man das konstitutionelle System ein, so läßt sich das Problem der zusammenfassenden Vereinheitlichung der Politik in der neueren Entwicklung außerhalb des Raumes autoritärer und totalitä-

[9] Siehe hierzu *Theodore Zeldin*, Emile Ollivier and the Liberal Empire of Napoleon III., Oxford 1963, S. 176 ff.

[10] Es empfiehlt sich nachzulesen die Ausführungen in Gedanken und Erinnerungen, Bd. II, S. 307 f.

[11] Vgl. den Brief Bismarcks an v. d. Goltz, in: Gedanken und Erinnerungen, Bd. II, Stuttgart 1898, S. 1 f.

[12] Zu den Konflikten um die Kriegführung zwischen Bismarck und Moltke und der ausgleichenden Rolle Wilhelms I. siehe *Gerhard Ritter*, Staatskunst und Kriegshandwerk, Bd. I, München 1954, S. 258 ff., 281 ff.

rer Staatsformen am besten an drei unterschiedlichen Regierungsformen aufzeigen: An dem Beispiel der konstitutionellen Monarchie, der amerikanischen Präsidentschaft, und dem englischen Kabinettssystem, das so weitgehend auch die kontinentalen parlamentarischen Formen beeinflußt hat.

Es wurde soeben schon hervorgehoben, daß die konstitutionelle Verfassungsordnung staatsrechtlich die Aufgabe der Koordination der Politik dem verantwortlichen Erstminister oder dem kollegialen Kabinett auferlegte, daneben aber auch dem Monarchen eine gewisse Befugnis der Zusammenordnung erhielt. Mit der Einführung einer bestimmenden Mitwirkung des Volkes und der Volksvertretung sowie nach dem Grundsatz der Verantwortlichkeit, der die Verlagerung der Entscheidung dorthin verlangt, wo die politische Verantwortung gegenüber dem Parlament besteht, war die Position des verantwortlichen Ministers diejenige Stelle, in der staatsrechtlich die Koordination der Politik gelegen sein mußte. Die zeitgenössische staatsrechtliche Literatur hat diese Probleme nur in geringem Maße erkannt. Sie hielt in Deutschland, in der Gefolgschaft von Robert von Mohl[13], an der Meinung fest, es komme vor allem auf die rechtliche, d. h. staatsgerichtliche Verantwortung der Minister an, während sie die Bedeutung der politischen Verantwortung nicht wirklich erfaßte[14]. In der Tat hat auch die spätere Literatur der politischen Verantwortung, da sie nicht durch eine Abberufung vom Parlament durchgesetzt werden konnte, kein großes Gewicht beigemessen, sie teilweise sogar für eine leere Formel gehalten[15]. Anders ein Teil der Politiker. Das berühmte Amendement Bennigsen aus dem Norddeutschen konstituierenden Reichstag, das für Art. 17 der Verfassung die Übernahme der Verantwortlichkeit durch den Reichskanzler bei der Gegenzeichnung vorsah, traf aber die entscheidende Stelle[16]. Bismarck selbst hat jedenfalls diesen Zusammenhang wohl

[13] *R. v. Mohl*, Die Verantwortlichkeit der Minister, Tübingen 1837. Ein Werk, das einseitig allein die Ministeranklage herausstellt.

[14] Hierher gehört auch der sonst so urteilsfähige *R. v. Gneist*, Verwaltung, Justiz, Rechtsweg, Berlin 1869, S. 204, der die politische Verantwortlichkeit mit dem Parteiregime gleichsetzt und daher der rechtlichen den Vorzug gibt. Auch im Norddeutschen konstituierenden Reichstag haben liberale Abgeordnete allein auf die Ministeranklage Gewicht gelegt. Vgl. *E. R. Huber*, Deutsche Verfassungsgeschichte seit 1789, Bd. III, Stuttgart 1963, S. 660 (Waldeck, Lasker, Gneist).

[15] *Laband*, Deutsches Staatsrecht, 5. Aufl., Bd. I, Tübingen 1911, S. 377 ff., hebt am Reichskanzler seine Eigenschaft als Bevollmächtigter des preußischen Königs und Minister des Kaisers stark hervor, während er meint, die Verantwortlichkeit sei nicht zu einem Rechtsinstitut ausgestaltet, weil niemand sie geltend machen könne. Zur Bedeutung der konstitutionellen Verantwortung siehe *Rudolf Morsey*, Die Oberste Reichsverwaltung unter Bismarck 1867 - 90, Münster 1957, S. 22 f.

[16] Vgl. hierzu *E. R. Huber*, S. 659 f. Die These, Bismarck selbst habe jenes Amendement angeregt, bleibt doch wohl unbewiesen. Vgl. *Morsey*, S. 25 ff.

verstanden und sich später öfters auf eine Verantwortung vor dem Parlament berufen, um sich gegenüber dem Monarchen oder anderen Kräften durchzusetzen und seine leitende Position zu stärken[17]. Eine Nahtstelle der Gesamtverantwortung zeigte sich schon unter dem ersten Kanzler. Die staatsrechtliche Praxis, wonach die Gegenzeichnung sich nicht auf die militärische Kommandogewalt erstreckte, ließ hier bereits einen Bereich jenseits dieser politischen Koordination entstehen, den der Fürst freilich in Grenzen zu halten wußte[18].

Unter den Nachfolgern Bismarcks aber traten die Unsicherheiten, die dem konstitutionellen System hinsichtlich der obersten Koordination anhafteten, deutlicher in Erscheinung. Abgesehen von dem mißlungenen Experiment einer Trennung des preußischen Ministerpräsidentenamtes vom Kanzleramt unter Caprivi, das ebenso wie unter Bismarck die Schäden einer fehlenden Koordination an diesem Zentralpunkt zeigte, verloren die Kanzler infolge des Vordrängens des kaiserlichen Einflusses die Position der Zusammenordnung, die die Verfassung von ihnen erwartete. Denn nur im Kanzler konnten die Fühlung mit Reichstag und Parteien, die Verbindung zum Monarchen wie die föderalistische Linie zum Bundesrat vereinigt werden. Schon der erste Nachfolger Bismarcks, den der badische Gesandte einen zwischen Kaiser und Reichstag sich mühenden Staatsmann nannte, scheiterte daran, daß er, kein Höfling, das Vertrauen des Kaisers nicht zu erhalten vermochte[19]. Aus der einseitigen militärischen Orientierung Wilhelms II. ergab sich schon im Frieden eine gewisse Divergenz der militärischen und politischen Leitung. Zwar sind die leitenden Staatsmänner über die militärischen Feldzugsplanungen (Schlieffenplan) orientiert gewesen[20], aber es war möglich, daß im Außendienst die Militär-Attachés sich erlauben durften, die Berichterstattung der Diplomaten zu durchkreuzen[21], und daß der Admiral von Tirpitz einen unheilvollen Einfluß auf die Versuche eines politischen Ausgleichs mit England erlangen konnte[22]. Vollends nach Ausbruch des Weltkrieges wurden die Mängel

---

[17] In einer eindringlichen Analyse des Konstitutionalismus, der ich sonst nicht durchweg folgen kann, hebt *E. R. Huber* diese aus der Verantwortlichkeit entspringende Unabhängigkeit des leitenden Ministers richtig heraus (S. 21 f.).

[18] Zur Herausnahme des Militärs aus der Gegenzeichnung und damit aus der politischen Verantwortlichkeit siehe *Ritter*, Staatskunst, Bd. I, S. 221 ff.

[19] Zum Sturz Caprivis siehe *W. Zechlin*, Staatsstreichpläne, S. 118 ff.; *Norman Rich*, Friedrich von Holstein, Bd. I, Cambridge 1965, S. 416 ff.

[20] Siehe *Ritter*, Bd. II, S. 255. Die Haltung der zivilen Stellen zu dem Problem der Planung war freilich vorwiegend rezeptiv.

[21] Vgl. hierzu *Gerhard Ritter*, Die deutschen Militär-Attachés und das Auswärtige Amt, SB Heidelberg Phil.-Hist. Kl. Jahrg. 1959 Abh. 1, und Staatskunst Bd. II, S. 165 ff.

[22] Vgl. *Ritter*, Bd. II, S. 198 ff. Übrigens bestand gerade im Marinebereich

einer zentralen Koordination immer deutlicher. Die Kriegführung erschien als ein technischer, der Politik entzogener Bereich, wenn es auch Bethmann Hollweg gelang, in zentralen, die Gesamtpolitik berührenden Fragen der Kriegführung, wie dem U-Bootkrieg, sein Mitspracherecht zu erhalten. Als dann 1916 die eigentliche Entscheidung auch in politicis immer mehr auf die Oberste Heeresleitung überging, konnte doch von hier aus eine politische Leitung des Krieges nicht erreicht werden, wie sie die westlichen Staaten durch ihre Kriegskabinette herstellten. Zum Untergang des konstitutionellen Systems in Deutschland hat der Mangel an politischer Koordination entscheidend beigetragen[23].

Es soll hier nicht untersucht werden, wieweit diese Ungewißheiten der obersten Koordination sich im Weimarer Staate in der — neben dem Reichskanzler, dem die Verfassung die Bestimmung der Richtlinien der Politik übertrug (Art. 56) und dem die politische Bestimmung auch nach dem Sinn des parlamentarischen Regimes zustand — starken Stellung des Reichspräsidenten fortsetzten. Erst nach dem Abgang Brünings hat sich hier das Schwergewicht ganz zum Präsidenten verlagert. Aber nicht an diesem Punkt, sondern an der nicht ausreichenden Grundlage in Parteien und Parlament ist die erste deutsche Republik zugrunde gegangen[24].

Ein völlig anderes Bild bietet die Entwicklung in den Vereinigten Staaten. Die verfassungsrechtliche Anlage ist hier eine ganz andere. Durch die strenge Gewaltentrennung schafft die Verfassung im Grunde ein Problem der Zusammenordnung von Exekutive und Legislative. Auf der anderen Seite ist das Amt des Präsidenten so stark angelegt, daß sich notwendig hier eine oberste Zusammenfassung der Exekutive ergeben muß, die infolge der großen Häufung der Entscheidungen dann wiederum das Problem der organisatorischen und personalen Bewältigung dieser Entscheidungsfülle aufwirft. Die letztere Problematik ist allerdings erst allmählich hervorgetreten. Am Anfang banden sich die Präsidenten noch stark an das Kabinett, und im späteren 19. Jahrhundert konnte zeitweise der in seinen Ausschüssen höchst aktionsfähige Kongreß eine Oberhand gewinnen[25]. Erst in diesem Jahrhundert

---

durch die Fülle der Immediatstellungen selbst im militärischen Kommando ein weitgehender Mangel an Koordination. Vgl. *W. Hubatsch*, Der Admiralstab, Göttingen 1958, S. 86 ff.

[23] Hierzu jetzt grundlegend *Gerhard Ritter*, Staatskunst, Bd. III, 1964. Eine frühere tüchtige Darstellung dieser Wirrnisse bei *Otto v. Moser*, Die obersten Gewalten im Weltkrieg, Stuttgart 1931, S. 150 ff.

[24] Hierzu *Dietrich Bracher*, Die Auflösung der Weimarer Republik, 2. Aufl. 1957, S. 29 ff., 47 ff., 93 ff.

[25] Im Jahre 1885 erschien das Werk eines jungen Gelehrten, *Wilsons* „Congressional Government", dessen Ergebnisse schon der Titel andeutet. Eine Übersicht der Entwicklung der Präsidentschaft gibt *Edward S. Corwin*,

setzt der stete Aufstieg der Präsidentschaft ein, der in ihr die Mitte der nationalen Politik begründet. Die starken Persönlichkeiten von Theodore Roosevelt, Wilson, F. D. Roosevelt und Kennedy haben hierzu ebenso beigetragen, wie die anwachsende Bedeutung des Bundes im nationalen Leben, der Aufstieg der USA zur Weltmacht mit globalen politischen und militärischen Engagements und endlich die in allen Demokratien zu beobachtende Sammlung der Wählerentscheidung und der öffentlichen Meinung auf zentrale leitende Personen[26]. Die Koordination mit dem Kongreß konnte zwar nicht verfassungsrechtlich gelöst werden, aber die Verfassungswirklichkeit hat längst eine Initiative zu Gesetzen in die Hand der Departments gegeben, und hat in Begegnungen des Präsidenten mit Politikern bei Besprechungen oder auch Mahlzeiten im Weißen Haus in Anwesenheit präsidentieller Berater, in der Lobby des Kongresses und — nicht zuletzt — in der Nutzung des Telefons die Verbindungen geschaffen, die die Verfassung nicht kennt. Da der Präsident nicht selten mit einer gegnerischen Mehrheit in einem der Häuser des Kongresses zu rechnen hat und darum häufig mit wechselnden Mehrheiten arbeitet, bleibt zwar der Kongreß eine wichtige unabhängige Gewalt, aber eine Zusammenordnung ist möglich.

Das eigentliche Problem der Koordination in den Vereinigten Staaten liegt vielmehr darin, die außerordentliche Entscheidungsmacht des Präsidenten als Spitze der Exekutive, auf die unvermeidlich jede wichtige Entscheidung zukommt[27], als militärischer Oberbefehlshaber, als Staatshaupt und als Führer seiner Partei arbeitsmäßig zu bewältigen und zu verhüten, daß sich einzelne Ressorts — etwa die riesige Maschinerie des Militärs mit ihren Allianzbindungen und Einsätzen — oder Teile der Außenpolitik verselbständigen und der zentralen Kontrolle entgleiten[28]. Der Ausdruck der präsidentiellen Stellung spiegelt sich heute besonders deutlich in den um das Amt emporgewachsenen Behörden und Hilfsapparaten, in der „Institutionalisierung" des leitenden Amtes. F. D. Roosevelt tat, fast unbemerkt, den ersten entscheidenden Schritt, als er durch Order vom 8. 9. 1939 ein Executive Office einrichtete, dessen Bestandteile heute, stärker verselbständigt, zentrale Funktionen erhalten haben. Hierzu gehört das Bureau of the Budget, das als eine Art ad-

---

The President, Office and Powers, 4. Aufl., New York 1957, S. 1 - 30. Siehe ferner *Clinton Rossiter*, The American Presidency, New York 1956, S. 53 ff.

[26] Auf diese allgemeine Tendenz aller modernen Demokratien hat insbesondere *Gerhard Leibholz* hingewiesen (Strukturprobleme der modernen Demokratie, Karlsruhe 1958, S. 104 ff.). Für die USA siehe *Rossiter*, S. 60 ff.

[27] Die Last und Schwere dieses steten „decision-making" ist mit den organisatorischen Hilfen lebendig geschildert bei *Theodore C. Sorensen*, Decision-Making in the White House, 1963, S. 9 ff., 57 ff.

[28] Als Zeichen eines Strebens nach Festhalten der Kontrolle darf man die Entlassung MacArthurs durch Präsident Truman anführen. Vgl. *Richard E. Neustadt*, Presidential Power, 3. Aufl. 1960, S. 143 ff.

ministrativer Stab dient, der 1947 errichtete National Security Council für die Fragen der Verteidigung, das engere White House Office, das direkt den Präsidenten in Korrespondenz und Kommunikation unterstützt. In diesem Apparat hat sich neben den Mitgliedern des Kabinetts, deren Rat der Präsident einholt (Verfassung Art. II Sekt. 2), und dem Vizepräsidenten, der ihm als Verbindung zum Senat dient, die eigentliche persönliche Koordinationsmaschinerie des Präsidenten entwikkelt[29]. Sie wird stets entscheidend von der Persönlichkeit des Amtsinhabers geprägt, wie dieser sich entscheidet, wie weit er noch nichtamtliche, beauftragte Helfer und Berater zuziehen oder gar (wie Wilson Oberst House, oder Roosevelt Harry Hopkins) mit entscheidenden Missionen betrauen will. Unter Eisenhower konnte es dahin kommen, daß zeitweise der Chef des White House Staff, Sherman Adams, fast eine Stellvertretungsrolle spielen konnte; andere Präsidenten, F. D. Roosevelt oder Kennedy, haben trotz Verwendung von Beratern, Brain trusts und Formulierungsgehilfen immer die Führung fest in ihrer Hand behalten[30]. In der präsidentiellen Pressekonferenz vermochten manche Inhaber des Amtes sich ein Mittel der Koordination durch Einwirkung auf die öffentliche Meinung zu schaffen[31].

Richten wir nunmehr den Blick auf England, so zeigt sich wiederum eine andere Entwicklung. Hier geht die Linie von einem lose organisierten Kabinett, einem Kreis von Gentlemen, die miteinander die leitenden Aufgaben teilen, über ein fester gefügtes, kollektiv verantwortliches Kabinett zur beherrschenden Stellung des Premierministers, die an die Machtfülle des amerikanischen Präsidenten heranreicht. Am Ausgang des 18. Jahrhunderts konnte noch unter schwächeren Premiers Georg III. eine koordinierende Stellung einnehmen[32], im ersten Drittel des 19. Jahrhunderts aber ging die Leitung auf das Kabinett über, das sich zwar häufig durch Zusammenkünfte abstimmte, aber noch eine lose Organisationsform zeigte. So konnte im September 1804 die Kriegserklärung an Spanien von den in London anwesenden Kabinettsmitgliedern ohne Anwesenheit des Außenministers beschlossen werden[33]. Erst gegen Mitte des Jahrhunderts bildete sich klar die kollektive Verantwortlichkeit aus, und in einem Kreis von ungefähr 12-16 Personen eine engere Zusammenarbeit. Während des Krimkrieges wurde ein War Committee eingesetzt, aber es ist bekannt, wie wenig

[29] Ein Überblick über diese Einrichtungen um den Präsidenten bei *Rossiter*, S. 97 ff.

[30] Zum Wirken der Helfer Kennedys siehe *Theodore C. Sorensen*, Kennedy, London 1965, S. 251 ff. (The Kennedy Team).

[31] Siehe *Sorensen*, Kennedy, S. 310 ff.

[32] *Richard Pares*, Georg III. and the Politicians, Oxford 1953, S. 173 ff.

[33] *Aspinall*, S. 178 Anm. 4.

wirkungsvoll die englische Kriegführung war[34]. Mit der Festigung des Parteizusammenhanges seit den 80er Jahren und den starken Persönlichkeiten einiger Premiers (Disraeli, Gladstone) beginnt der Aufstieg des Prime Minister, der sich seither ununterbrochen fortgesetzt hat. Diese hervorgehobene Stellung des Premiers, die Übung, einige wenige Minister zu näheren, häufigeren Beratungen zuzuziehen, dem Kabinett aber die Aufgabe der allgemeinen Koordination zu übertragen, genügten im wesentlichen bis zum ersten Weltkriege, um die Einheitlichkeit zu wahren. Die einzige organisatorische Neuerung war die Einrichtung des Committee of Imperial Defence (1902), das erste Beispiel eines koordinierenden Gremiums für die Verteidigungspolitik[35].

Einen entscheidenden Einschnitt in Richtung auf stärkere Zusammenfassung bedeutete der erste Weltkrieg. Asquith schuf alsbald ein War Council, das keine bedeutende Rolle gewann. Es war Lloyd George, der nach Übernahme der Regierung im Dezember 1916 ein War Cabinet aus fünf Personen (statt der 23 in Asquiths Rat) schuf, das in täglichen Zusammenkünften die eigentliche zusammenfassende Kriegsleitung in die Hand nahm[36]. Die gleichen Ereignisse wiederholten sich im zweiten Weltkriege. Auf das wenig wirksame Kriegskabinett Chamberlains folgte das Kriegskabinett Churchills mit fünf Mitgliedern, in dem die dominierende Rolle Churchill zufiel. Zugleich wurden aber auch besondere Superminister für Kriegsaufgaben in Beaverbrook (Luftfahrt) und Bevin (Arbeit) geschaffen, die später ins Kriegskabinett eintraten. Die Zusammensetzung des leitenden Gremiums unterlag allerdings zahlreichen Änderungen[37].

Die Nachkriegszeit hat jedesmal diese extreme Konzentration abgebaut, aber doch gewisse Elemente der stärkeren Zusammenfassung beibehalten oder fortentwickelt[38]. So hat die heutige englische Regierungspraxis eine Reihe von Einrichtungen und Formen aus der Erfahrung zweier Kriege gewonnen, die sich nun auch in der Gestaltung der Zusammenarbeit im Kabinett zeigen. Diese Züge lassen sich kurz in folgender Richtung charakterisieren. Das Kabinett bleibt auch in der Gegenwart der eigentliche Ort der gemeinsamen Beratung und damit der Koordination. Da es in der Zahl stark angewachsen ist (etwa 25 - 30

---

[34] Zu diesem Ausschuß *Mackintosh*, S. 138.

[35] Vgl. hierzu *Hand Daalder*, Cabinet Reform in Britain 1914 - 1963, London 1964, S.145 ff.

[36] Hierzu *Daalder*, S. 29 ff.; *Mackintosh*, S. 348 ff.

[37] Zur Rolle des Kabinetts als Mittel der Koordination siehe *Mackintosh*, S. 381 ff. Zur Ausbildung des Kabinetts siehe auch *Gerhard A. Ritter*, Deutscher und Britischer Parlamentarismus, Tübingen 1962, S. 27 ff.; *ders.*, Regierung und Parlament in Großbritannien, Polit. Vierteljahresschrift 5 (1964), S. 20 ff.

[38] *Daalder*, S. 14 f., 247 ff.

Mitglieder), wird heute ein kleiner Kreis als Cabinet Minister (Minister im Kabinettsrang), als eine engere Gruppe ausgeschieden, die das eigentliche Kabinett bildet. Zahl und auch fachliche Zugehörigkeit zu diesem Gremium sind wechselnd. Als Mittel einer Zusammenordnung werden, ebenso als Methode, um umfangreichere Aufgaben aus dem Kabinett herauszunehmen und vorzubereiten, häufig Komitees einiger Minister verwendet[39]. Eine große Bedeutung für die einheitliche Zusammenfassung besitzt natürlich die überragende Stellung des Premierministers. Ihm fallen heute manche Entscheidungen zu, die früher das Kabinett traf, so etwa die Auflösung des Parlaments. Gebunden an die Rücksichten innerhalb seiner Partei, vermag er doch relativ selbständig sein Kabinett zusammenzustellen. Die regelmäßigen, alle 1 - 2 Jahre erfolgenden Umbildungen (reshuffle) des Kabinetts geben ihm Gelegenheit, Belohnung und Tadel in Ausscheiden und Beförderung zu besseren Posten zu verteilen. Da sein Einfluß auf das Unterhaus und die Partei durch den leader of the House of Commons sowie das System der Whips gesichert ist, verfügt der Premier über sehr große Macht.

Neben diesem Aufbau des Kabinetts in sich haben sich aber auch besondere Formen der Zusammenordnung entwickelt. Zu ihnen gehört zunächst die Zusammenfassung gewisser Sachbereiche entweder durch einen Ausschuß — wie das Committee of Imperial Defence — oder, wie es nach längeren Versuchen und Schwankungen bei der Verteidigung überhaupt erfolgt ist, durch Bestellung eines koordinierenden Ministers[40], schließlich eines Minister of Defence[41]. Als ein viel schwierigeres Problem hat sich das Bemühen um Zusammenordnung der wirtschaftlichen Ministerien erwiesen. In einem gewissen Sinne dient hier — auch wegen ihrer im Hinblick auf ihre alleinige Ausgabeninitiative verfassungsrechtlich starken Stellung — die Treasury als koordinierende Stelle; sie hat in längeren Zeiträumen diese Rolle ausüben können. Auch heute, wo es sich wieder um die Dämpfung inflationistischer Tendenzen und die Verteidigung des Pfundes handelt, ist es das Programm der Maßnahmen des Schatzamts (und seines Budgets), das im Vordergrund steht[42]. Auf dem Gebiete der wirtschaftlichen Fragen zeigen sich auch langsam wachsende Ansätze einer zentralen Planung. Sie kamen nicht zu voller Wirkung in der ersten Labourregierung nach 1945. Im

[39] Zur Verwendung von Komitees siehe *Mackintosh*, S. 439 ff.

[40] Über Pläne während der 30er Jahre und die führende Rolle des Ministry of Supply im Kriege siehe *D. N. Chester*, The Organization of British Central Government 1914 - 1956, London 1957, S. 227 ff.; *Daalder*, S. 169 ff.; *Sir Ivor Jennings*, S. 136 ff.

[41] Hierzu *Daalder*, S. 188 ff.

[42] Zu der führenden Rolle der Treasury im wirtschaftlichen Bereich siehe *Sir Ivor Jennings*, S. 145 ff.; *Daalder*, S. 217, 226 ff.

Jahre 1961 errichtete die Regierung Macmillan den National Economic Development Council und die National Income Commission, die beide in den folgenden Jahren, da ohne eigentliche Befugnisse, einen mehr vorbereitenden Charakter gewannen[43]. Mit dem Kabinett Wilson erhielt 1965 der Gedanke der Planung einen Auftrieb, aber die wirtschaftlichen Krisenerscheinungen haben bisher eine größere Entwicklung zurückgehalten. Auf einem anderen wichtigen Gebiete wurde durch die Schaffung eines Ministers für Science ein Ansatz gewonnen[44].

Im ganzen läßt die englische Entwicklung erkennen, daß die Anpassungsfähigkeit des englischen Systems sich auch in der Gegenwart als voll wirksam erweist und neue Aufgaben der Koordination und Planung in Angriff genommen werden können. Verfassungsrechtliche Fragen werden bei der Flexibilität der britischen Verfassung nicht aufgeworfen. Die Entwicklungen vollziehen sich jeweils in relativ freier Form, da auch gesetzliche Grundlagen nicht benötigt werden und sich daher jede Regierung in der Lage sieht, ihre eigenen Wege zu suchen.

III.

Richten wir nach diesem Ausblick in die Geschichte und in die ausländische Entwicklung den Blick zurück auf die Erscheinungen des deutschen Verfassungsrechts und Verfassungslebens, so kann zunächst davon ausgegangen werden, daß das Problem der Koordination hier insbesondere in drei Verfassungsbereichen auftritt. Einmal im föderalen Gefüge, sodann im Verhältnis von Regierung und Parlament und endlich — der wichtigste Bereich — im Aufbau der Exekutive.

Vielleicht aber ist es noch wichtiger zu fragen, in welchen Sachbereichen sich besondere Bedürfnisse nach einer Zusammenordnung geltend machen. Da im Aufbau der Bundesregierung das Gebiet der Verteidigung bereits unter einem Minister einheitlich zusammengefaßt ist, dem auch im Frieden die entscheidenen Befugnisse zustehen (Art. 65 a GG), so tritt hier nicht, wie in manchen anderen Staaten mit noch getrennten Waffengattungen, ein Vereinheitlichungsproblem auf. Eher

[43] Siehe *Daalder*, S. 232 ff.

[44] Die Schaffung eines Wissenschaftsministeriums ist ein bedeutsamer Schritt, der wiederum auf den Kriegserfahrungen zur grundlegenden Bedeutung der Technik für die moderne Kriegführung beruht. Damals hatte Churchill in Lord Cherwell einen zentralen Berater eingesetzt, dessen Wirken freilich heute einiger Kritik unterliegt. Über diese Kriegserfahrungen *C. P. Snow*, Science and Government, London 1960. Zu der Entwicklung der Betreuung der Forschung, die mit dem Council for Scientific and Industria Research 1916 einsetzt, siehe *Chester*, S. 257 ff. Dies damals geschaffene Department wurde 1961 zu einem Ministerium ausgebaut (*Daalder*, S. 257 f.; *Sir Harry Melville*, The Department of Science and Industrial Research, London 1962; *Lord Hailsham*, Science and Politics, London 1963).

scheint hier indes, wie neuere Vorgänge zeigen, die Schwierigkeit einer ausreichenden Wirkungskraft der zentralen Führung aufzutreten, wie es bei sehr großen, stark mit technischen Aufgaben und Planungen befaßten Zentralbehörden in der Tat zum Problem wird. Dagegen darf man heute die Koordination als Aufgabe vor allem in dem Gebiet der wirtschaftlichen und sozialen Lenkung und Vorsorge und der Bildung bezeichnen. Im ersteren Felde zeigt sich angesichts der immer mehr sich ausdehnenden Aktivität des Staates, vor allem seiner Wirtschaftslenkung, Sozialvorsorge und Umverteilung des Volkseinkommens das Bedürfnis, daß alle Ressorts, deren Wirksamkeit auf die Produktion, das Nationaleinkommen und seine Verteilung, aber auch auf die Konjunkturpolitik Einfluß hat, in einem gewissen Maße aufeinander abgestimmt werden. Nirgends zeigt sich heute die Gefahr stärker, daß jedes Ressort getrennte Ziele verfolgt, die, an sich vielleicht begründet und vertretbar, doch insgesamt die Kraft der Volkswirtschaft überanstrengen, inflationistische Tendenzen anfachen und schließlich das finanzielle Gleichgewicht erschüttern. Eine zusammenhängende Wirtschafts- und Sozialpolitik wird heute, da der Staat zugleich für Konjunktur und Währung verantwortlich ist, zu einer Forderung, die sich in allen hochindustrialisierten Staaten erhebt. Ein weiteres Gebiet, auf dem eine koordinierende Bemühung nötig erscheint, ist das der Erziehung und Bildung, einschließlich der Förderung der Forschung. Der Zusammenhang mit dem wirtschaftlichen Gebiet liegt auf der Hand. Ohne eine Verstärkung der menschlichen Ausbildung kann der wissenschaftlich-technische Fortschritt, der zur Grundbedingung der industriellen Staaten gehört, nicht realisiert werden.

Im Unterschied zu der Verfassungslage in England und auch Amerika, wo die nötigen organisatorischen Vorkehrungen im Rahmen der der Exekutive zustehenden Vollmachten bleiben, treten in der Bundesrepublik, nicht nur wegen der berührten föderalen Zusammenhänge, rechtliche Fragen auf. Das gilt vor allem für Maßnahmen, die den Bereich innerministerieller Organisation überschreiten und planende Befugnisse begründen, soweit dadurch über interne Information und Vorberechnung Wirkungen oder Bindungen für dritte Personen ausgehen.

Vieles wird freilich in den Bereich der der Bundesregierung zustehenden Organisationsgewalt fallen, oder wird durch die Geschäftsordnungen der Bundesregierung oder des Parlaments bewirkt werden können, die ihre Grundlage in Verfassungsermächtigungen (Art. 40, 65 GG) finden. Aber sicherlich ist angesichts der strengeren Beobachtung der Gesetzesbindung, der Begrenzung der Verordnung und der eingehenderen Verfassungsregelung der Bereich auch der durch die Verfassungspraxis zu gewinnenden Lösungen in der Bundesrepublik enger begrenzt. Dennoch haben sich auch in diesem Rahmen eine Reihe von Erscheinungen entwickeln können, die zeigen, daß das Problem der obersten Koordination im deutschen Verfassungsrecht wie in der staatlichen Wirklichkeit nicht übersehen wird, wenn auch die erzielten Ergebnisse noch begrenzt genannt werden können. Es wird endlich auch Anlaß sein, die Frage zu erheben, ob sich innerhalb der deutschen zentralen Organe Ansätze organisatorischer Einrichtungen zur Koordination finden.

Was zunächst den föderalen Bereich anlangt, so liegt hier eine verfassungsrechtlich geordnete Kooperation von Bund und Ländern im Bereich der Gesetzgebung durch die Mitwirkung des Bundesrates vor (Art. 50, 76 Abs. 2, 77 GG). Die Bürokratie der Länder erhält hier die Möglichkeit, auf die Bundesgesetzgebung vom Standpunkt nicht nur föderaler Interessen, sondern auch der administrativen Erfahrung und Zweckmäßigkeit Einfluß zu nehmen. Diese Regelung bezieht sich indes nur auf Gesetzgebung und Verwaltung. An der politischen Leitung, ebenso an der für die Gesetzgebung maßgebenden politischen Zielbestimmung haben die Länder keinen Anteil. Vielleicht zeigt sich hierin eine Schwäche des Bundesrates, der seit der Weimarer Zeit zu einem bürokratischen Organ der legislativen und administrativen Mitarbeit geworden ist, aber keine eigentlich politische Zusammenstimmung mehr herbeiführen kann. Daß hier eine Lücke besteht, zeigt sich, wenn gemeinsame konjunkturpolitische Maßnahmen von Bund, Ländern und Gemeinden zur Debatte stehen, wie sie heute zur Eindämmung der Inflation und zur Erhaltung einer stabilen Wirtschaft notwendig erscheinen. Hier steht, wenn nicht verfassungsändernde Maßnahmen neue Wege schaffen, nur die Methode der Verhandlung offen, die eine sehr mühsame Abstimmung erfordert. Konferenzen der Ministerpräsidenten der Länder mit dem Kanzler, schon in der Weimarer Epoche auftretend, können ein Aushilfsmittel bilden, das aber noch gering entwickelt ist[45]. Auf diesem Gebiete sind bedeutsamere Entwicklungen gebunden entweder an vertragliche Einigungen zwischen Bund und Ländern oder an fortbildende Verfassungsänderungen.

Wenn man von einer Koordination im Verhältnis von Parlament und Regierung spricht, so muß zuerst erkannt werden, daß diese Vokabel auf die Grundbeziehung von Legislative und Exekutive nicht anwendbar ist. Im modernen gewaltenteilenden und auf Verantwortung und

[45] In den Vereinigten Staaten ist sowohl die Ebene der gemeinsamen Beratungen der Einzelstaaten und ihrer Organe untereinander, wie der gemischter Konferenzen des Bundes und der Staaten bereits stärker entwickelt. Vgl. *W. Brooke Graves*, American Intergovernmental Relations, New York 1964, S. 185 ff., 590 ff. und meine Darlegungen DÖV 1966, S. 518 ff. zum kooperativen Föderalismus (abgedruckt in *diesem* Bande als Beitrag Nr. 19).

Kontrolle aufgebauten Rechtsstaate liegt dem Parlament nicht ob, mit der Regierung eine Koordination anzustreben, sondern eine wirksame Kontrolle auszuüben und damit den demokratischen Grundsatz der politischen Verantwortlichkeit zur Geltung zu bringen[46]. Daraus ergibt sich, daß eine gewisse Trennung ihrer Funktionen und ihrer Wirkungsmittel auch im parlamentarischen System erhalten bleiben muß, so sehr dies Regime sonst nach einer Gewaltenvereinigung drängt, die jedenfalls die Regierung und die sie tragende Parlamentsmehrheit nahe zusammenführt, zu enger Zusammenarbeit bringt und die eigentliche Gegenrolle daher der Opposition überläßt und zuweist[47]. Ein zu enges Zusammenspiel zwischen Parlament und Regierung, vor allem eine Verwischung ihrer getrennten Aufgaben in Regierung und Gesetzgebung kann dazu führen, das Parlament oder einzelne Gruppen seiner Abgeordneten so stark in eine Mitverantwortung für Maßnahmen der Administration zu führen, daß das Gegenüber einer Kontrolle beeinträchtigt wird[48]. Dem wird man freilich im Sinne der eindrucksvollen Ausführungen von Richard Bäumlin zu einem Teile entgegenhalten können, daß die Einwirkung von Regierung und Parlament aufeinander stets eine wechselseitige ist, daß auch die Regierung durch Gesetzes- und Haushaltsinitiative, Erklärungen und Anregungen, Beeinflussung der Fraktionen und andere Mittel die parlamentarische Tätigkeit mitbestimmt[49]. Man wird also grundsätzlich die besonderen Funktionen von Parlament und Regierung auch im parlamentarischen Regime so ausformen und erhalten müssen, daß vor allem die Aufgabe der wirksamen politischen Kontrolle und der Wahrung einer politischen Verantwortung gewahrt bleibt[50]. Aber man wird anerkennen müssen, daß die wachsende Aktualisierung der Gesetzgebung, die Bedeutung des Haushaltes für Konjunkturpolitik und Wirtschaftslenkung und die in manchem nicht mehr rückgängig zu machende Mitwirkung der Legislative an administrativen Aufgaben auch ein gewisses Maß an Koordination beider Gewalten bedingen. Diese Koordination geschieht vor

---

[46] Auf die Bedeutung der „Kontrollfunktion des Parlaments" weist hin *Gerhard Leibholz,* Macht und Ohnmacht der Parlamente (Schriftenreihe der Friedrich Naumann Stiftung), 1965, S. 57 ff. Siehe ferner *R. Bäumlin,* Die Kontrolle des Parlaments über Regierung und Verwaltung, Schweiz. Juristenverein, Bd. 100 (1966), S. 168 ff.

[47] Zur Rolle der Opposition siehe *Hans Peters,* Die Rolle der Opposition in der parlamentarischen Demokratie, OeZöffR 10 (1960), S. 423 ff.; *W. Hennis,* Parlamentarische Opposition und Industriegesellschaft, in: Gesellschaft — Staat — Erziehung 1 (1956), S. 205 ff.; *Archibald S. Foord,* His Majesty's Opposition, Oxford 1964.

[48] Auf diese Gefahr weist hin *Leibholz,* S. 62 ff.

[49] *Bäumlin,* S. 250. Kontrolle bedeutet auch gegenseitige Einwirkung.

[50] Vgl. zur politischen Kontrolle *Bäumlin,* S. 257 ff. und *Eichenberger,* Die politische Verantwortlichkeit der Regierung im schweizerischen Staatsrecht, Festgabe Hans Huber, Bern 1961, S. 108 ff.

allem durch die Einwirkung der Regierung über die Mehrheitsfraktionen, aber auch durch die zunehmende Zusammenarbeit von Regierung und Opposition, die den zu beobachtenden Tendenzen auf eine Hinwendung des parlamentarischen Regimes zu einem weniger dramatischen Wechsel der Regierung in einem spannungsloseren Mehrparteienregime entsprechen könnten. Der wichtigste Bereich solcher Koordination liegt im Haushaltsrecht. Hier sind längst dem 19. Jahrhundert gegenüber die Rollen vertauscht. Im Grunde sind es angesichts eines ausgabenfreudigen und von den Interessenten zu Subventionen und Zuwendungen gedrängten Parlamentes lediglich der Finanzminister und der Haushaltsausschuß des Parlamentes, die noch eine eingrenzende Funktion den Ausgaben gegenüber wahren. Die Vorkehrungen des deutschen Verfassungsrechts zu diesem Punkte sind kaum ausreichend. Art. 113 GG hat sich als wenig wirksam erwiesen. Ob auf dem von ihm gewiesenen Wege genügend Schranken errichtet werden können, bleibt zweifelhaft. Vielleicht wird auf die Dauer nur die Zubilligung einer ausgabenerhöhenden Initiative allein an die Regierung, wie in England, einen Ausweg zeigen[51].

In dem dritten und zentralen Bereich der Koordination, im Gebiet der Exekutive selbst, wird man den von der Verfassung gezeichneten Rahmen für eine führende und koordinierende Position des Bundeskanzlers für ausreichend ansehen können, zumal die Geschäftsordnung der Bundesregierung diesen Rahmen noch ausbaut. Es kommt mehr darauf an, daß diese Möglichkeiten auch wirklich genutzt, daß hier eine echte Leitungsfunktion, entsprechend der Annahme der Verfassung, ausgeübt wird[52]. Von diesem Standpunkt aus ist unzweifelhaft der Bundeskanzler eine oberste koordinierende Instanz, die auch befugt ist, sich über die Geschäftsführung der anderen Minister zu orientieren, sie zu einer einheitlichen Ausrichtung auf die — möglicherweise konkret gefaßten — Richtlinien anzuhalten und damit eine einheitliche politische Zielsetzung und ein Zusammenwirken aller Ressorts sicherzustellen[53]. Diese Position des Bundeskanzlers ist auch organisatorisch — so wie sich in den Vereinigten Staaten die Stellung des Präsidenten in seinen begleitenden Dienststellen zeigt — zum Ausdruck gekommen. Das Bundeskanzleramt geht auf das Reichskanzleramt zurück, das bereits bei der Reichsgründung geschaffen wurde. Aus einer noch in der Weimarer Zeit bescheidenen Behörde hat es sich heute zu einem etwas grö-

---

[51] In dieser Richtung bewegen sich auch die Vorschläge der Kommission für die Finanzreform (Gutachten über die Finanzreform, 1966, S. 46 f.).

[52] Siehe *W. Hennis,* S. 10 ff.

[53] Dazu, daß Richtlinien auch konkret gefaßt sein können, siehe *Junker,* S. 49 ff.; *Böckenförde,* S. 206 f.; *H. Schäfer,* Bulletin 1965, S. 140 ff. Zur Koordination durch dieses Mittel *Junker,* S. 59 f.; *Böckenförde,* S. 175.

ßeren Amt entwickelt, das ausgedehntere Aufgaben erfüllt. Insbesondere bereits unter dem Kanzler Adenauer wurde es dahin entwickelt, daß es in seinen Referaten eine sachliche Kenntnis des Geschehens der einzelnen Ressorts und eine Verbindung zwischen ihnen und dem Kanzler herstellen kann. Es erfüllt also in hohem Maße eine die Koordination unterstützende und fördernde Tätigkeit und darf insoweit als ein zentrales Mittel der Zusammenordnung angesehen werden. Damit überschreitet es auch nicht den Rahmen einer unterstützenden Aufgabe und dringt nicht in den den verantwortlichen Ministern und dem Kanzler vorbehaltenen Bereich eigener politischer Bestimmung ein[54]. Es ist übrigens interessant festzustellen, wie spät sich in England trotz der großen Stellung des Premiers eine vergleichbare, auch heute noch sehr bescheidene Stelle, das Cabinet Secretariate entwickelt hat. Bis 1916 gab es aus Gründen der Vertraulichkeit keine Aufzeichnung über die Beratungen des Kabinetts (außer dem Bericht des Premiers an den König). Auch heute noch stellt das Cabinet Office ein sehr kleines, in den Aufgaben eng begrenztes Sekretariat dar[55]. In Frankreich mußte ebenfalls bis in die 30er Jahre der Ministerpräsident, der zugleich stets ein Ressort führte, aus dessen Stab seine Hilfskräfte für eine zentrale Hilfsstelle gewinnen. Erst damals wurde in der Présidence du Conseil eine Dienststelle für den Regierungschef geschaffen, die heute noch — im Palais Matignon domiziliert — dem „Premier Ministre du gouvernement français" dient. Die Verfassung von 1958 enthält auch eine dirigierende und damit koordinierende Aufgabe des Premiers (Art. 21), aber seine Stellung ist heute gegenüber der des Präsidenten der Republik eine konstitutionell beschränkte. Den Vorsitz im Rat der Minister führt der Präsident (Art. 9).

Innerhalb der Bundesregierung wird von dem Mittel, Ausschüsse einzusetzen, im allgemeinen in gewissem Umfang Gebrauch gemacht. Es gibt eine ganze Anzahl solcher Kabinettsausschüsse, die teils langfristig gebildet werden, teils für kurzfristige Zwecke eingesetzt werden können, wie z. B. der 1966 eingesetzte Ausschuß zur Herbeiführung eines Haushaltsausgleichs (sog. Streichquartett)[56]. Der wichtigste der Kabinettsausschüsse ist der Bundesverteidigungsrat (errichtet 1955), dem ein Sonderminister als Vorsitzender angehört[57]. Er zeigt durch eine Dienststelle, Unterausschüsse und eine gewisse Entscheidungsbefugnis bereits Ansätze zu einer organisatorischen Selbständigkeit[58]. Das 1951

[54] Vgl. zu dieser Begrenzung des Bundeskanzleramts *Böckenförde*, S. 241 f.

[55] Vgl. *Sir Ivor Jennings*, S. 242 ff.; *Daalder*, S. 244 f.

[56] Siehe Keesings Archiv 1965, S. 12136 A; Die Welt v. 21. 4. 1966.

[57] Bundesminister für besondere Aufgaben Dr. Krone. Vgl. Zusammensetzung des Kabinetts Erhard, Bulletin 1965, S. 1389 und dazu *Böckenförde*, S. 247 f.

zur Koordination eingesetzte „Wirtschaftskabinett" (Koordinierungsausschuß für Wirtschaftsfragen) hat die erwünschte Zusammenordnung der wirtschaftlichen und sozialen Ressorts nicht herbeiführen können. Forderungen des Bundestages auf einen solchen Ausschuß für Wissenschaftsfragen haben zur Gründung eines Interministeriellen Ausschusses für Wissenschaft und Forschung geführt, der die Wissenschaftsförderung der Ressorts zusammenordnen soll[59].

Ein weites Kapitel eröffnet die Sonderstellung einzelner Minister, die einer Koordination dient. Hier ist vor allem auf den Finanzminister hinzuweisen, dem Art. 112 und 113 GG eine gewisse Sonderstellung einräumen, die die §§ 26 ff. GeschO der Bundesregierung und §§ 21, 22 RHaushO noch ausgestalten. Hier wird, wie es auch tatsächlich der Fall ist, dem Finanzminister eine besondere Verantwortung für den Ausgleich des Haushalts auferlegt. Die in Art. 65 Satz 3 GG der Bundesregierung erteilte Ermächtigung, ihre innere Organisation zu regeln, gibt ihr die Befugnis, auch einzelnen Mitgliedern eine solche begrenzte Sonderstellung mit einem stärkeren Gewicht der Entscheidung zu gewähren. Es ist heute, wo die Haushaltsführung so ungemein starken Einwirkungen der Interessen, die häufig auch ganze Ressorts für sich einspannen können, ausgesetzt wird, notwendig, die Stellung des Finanzministers zu stärken, ohne daß man, wie Böckenförde[60], befürchten müßte, daß damit die Gleichheit der Minister und ihre Entscheidungsfreiheit beeinträchtigt würde.

Es gehört zur gleichen Erwägung, daß auch das in § 26 Abs. 2 GeschO der Bundesregierung verankerte Einspruchsrecht des Innen- und Justizministers gegen die Rechtmäßigkeit von Gesetz- oder Verordnungsentwürfen als vereinbar mit Art. 65 GG anzusehen ist. Darüber hinaus nehmen gewohnheitsmäßig diese beiden Ressorts auch noch in Anspruch, die anderen Ressorts bei der rechtsbegrifflichen und rechtstechnischen Gestaltung ihrer Entwürfe zu beraten; auch hierin liegt ein Element der Koordination in der Handhabung der rechtlichen Formen und Begriffe durch die Bundesregierung. Wenig entwickelt worden sind im deutschen Verfassungsleben bisher Ansätze einer wirt-

---

[58] Vgl. *Böckenförde,* S. 247 f., dessen Meinung, der Ausschuß überschritte daher die Grenzen des Art. 65 GG, ich indes nicht teilen kann. Da von dem Ausschuß stets auf das Kabinett zurückverwiesen werden kann, entzieht er diesem keine Entscheidung.

[59] Vgl. Keesings Archiv 1964, S. 11606 A; 1965, S. 11782 C; 1966, S. 12316 B.

[60] *Böckenförde,* S. 184 ff.

Böckenförde verkennt, daß eine sinnvolle Gliederung des Kabinetts, etwa durch gruppenweise Zusammenfassung von Ministern, gleiche Fragen stellen würde und ebenso wie diese Form der besonderen Verstärkung der Fachautorität dennoch statthaft sein würde, weil die Abhängigkeit der Ressorts von den Finanzen ihnen keine Mitbestimmung über diese einräumt.

schaftlichen Planung. Auch dort, wo nur eine informative Planung in Frage kommt, ist nur auf dem Gebiete der Bildung durch Übersichten des Wissenschaftsministers ein Fortschritt erzielt worden, die die Wissenschaftsförderung des Budgets zusammenstellen[61]. Dagegen steht einer wirtschaftlichen Planung weniger ein verfassungsrechtliches Bedenken, als die Ablehnung der Idee einer Planung durch die Theorie der Marktwirtschaft und deren Befolgung durch die deutsche Regierungspolitik entgegen.

Zu den Maßregeln einer Koordination darf man endlich auch das Presse- und Informationsamt der Bundesregierung insofern zählen, als eine einheitliche Vertretung der Regierung in der Öffentlichkeit auch ein Instrument der Zusammenordnung darstellt, auch wenn diese Vertretung hier nicht parteipolitisch, sondern staatspolitisch ausgerichtet ist und eine Information der Öffentlichkeit in sachlicher Hinsicht erstrebt[62]. Im Grunde wirkt sich hier auch die kollektive Verantwortung aus, denn eine Stellungnahme der Regierung gegenüber der öffentlichen Meinung bedeutet angesichts der immer mehr direkten Aussprache, die moderne Regierungen mit der Bevölkerung über das Parlament hinweg zu führen pflegen, auch ein Stück demokratischer Verantwortlichkeit und wechselseitiger Beeinflussung.

Ein letztes Mittel der Koordination, das im Bereich der Bund-Länderbeziehungen legitim und hergebracht ist, aber innerhalb der Ressorts ein gewisser Fremdkörper bleibt, ist die Abrede unter Ministerien. Sie hat im Grunde im Verfassungsrecht keinen rechten Platz, da Zentralbehörden nach der rechtlichen Konstruktion nicht einmal selbständige Rechtsträger sind, also nicht innerhalb der einheitlichen Staatspersönlichkeit mit sich selbst kontrahieren können. Dennoch kommen solche Abreden vor, sind zuweilen langdauernd und werden in der Regel sorgsam eingehalten.

Blickt man in eine weitere Entwicklung, so würde die Koordination vor allem stärkere gesetzliche und sogar verfassungsmäßige Grundlagen im Raum der föderalen Zusammenarbeit erfordern. Hier reichen angesichts der Tendenz zur Trennung der Ebenen, die das Grundgesetz beherrscht, die Verfassungsgrundlagen nicht immer unzweifelhaft für Verabredungen aus. Dagegen wird man im Bereich der Bundesregie-

[61] Vgl. Bundesbericht Forschung I (1965), Btag, IV. Wahlperiode, Drucks. IV/2964 und dazu meine Darlegungen zur Bildungsplanung, in: DÖV 1965, S. 541 ff.

[62] Die Deutung der Öffentlichkeitsarbeit der Regierung als Prämie der Macht bei *Leisner*, Die Öffentlichkeitsarbeit der Regierung im Rechtsstaat, Berlin 1966, S. 152 ff., läßt daher wohl zu stark das tatsächliche Interesse gegenüber der rechtlichen Begrenzung zu Wort kommen. Vgl. auch *Bäumlin*, S. 239 Anm. 94.

rung durch Art. 65 die verfassungsrechtlichen Grundlagen ausreichend gelegt finden. Nimmt man die hier erteilte Ermächtigung zu näherer Regelung durch die Geschäftsordnung der Bundesregierung nicht zu eng, sondern sieht hierin die Befugnis, auch innerhalb der Regierung gewisse Vorrechte zu schaffen und gruppenweise Koordination zu bewirken, so lassen sich die notwendigen Maßregeln ohne Änderung des bestehenden Rechts durchsetzen. Derjenige Bereich, in dem eine Fortentwicklung der Zusammenfügung wohl am meisten erwartet werden kann, dürfte der der Planung vor allem im wirtschaftlichen und sozialen Felde sein. Hier hat bislang eine mehr ideell begründete als sachlich gerechtfertigte Zurückhaltung der deutschen Politik vorgelegen. Die Entwicklung der staatlichen Aufgaben auf dem Gebiete der Konjunktursicherung und der Erhaltung wirtschaftlicher Stabilität können indes auf die Dauer ohne planende Elemente nicht erfüllt werden.

Wir sind am Ende unseres Weges angelangt und dürfen noch einmal zurückblicken. Auch im demokratischen Staate ist es nicht die Gesetzgebung allein, die die Zielsetzungen und Maßstäbe der öffentlichen Wirksamkeit aufrichtet. Um sie einzuleiten, um ihr überhaupt die Richtung und die Ziele zu geben, bedarf es vielmehr, wie in jedem Staatswesen, auch einer leitenden exekutiven Tätigkeit. Ihr vor allem obliegt es dabei, die Aufgaben des Staates miteinander abzustimmen, einen Ausgleich zwischen den Ansprüchen der Bevölkerung und einzelner Volkskreise auf Förderung, Hilfe und Begünstigung und den Forderungen der Stabilität und der vernünftigen Finanzgebarung zu finden, sowie dem Staatswesen auch in seinen administrativen Äußerungen eine Einheitlichkeit zu sichern. Im Rahmen dieser leitenden Aufgaben, die vornehmlich die Regierung, aber in gewissem Maße, soweit es an der aktuellen Formung der wirtschaftlichen und sozialen Zielsetzungen teilnimmt, auch das Parlament zu erfüllen haben, kommt es darauf an, in dem ausgedehnten und komplizierten Bau des modernen Staates eine gemeinsame Linie zu bestimmen und die Zusammenarbeit aller staatlichen Kräfte herbeizuführen. Vielfache Einrichtungen dienen dieser Aufgabe. Sie muß aber erfüllt werden, um die Einheit des Staates und die Wirksamkeit seines Handelns zu sichern. Die Rechtslehre setzt oftmals diese Einheit als selbstverständlich voraus. Unsere Betrachtung hat gezeigt, daß sie vielmehr erst das Ergebnis planvoller Tätigkeit der Staatsorgane und einer sie dabei unterstützenden Gestaltung des Verfassungsrechts wie der Staatspraxis ist.

Verantwortung und Kontrolle in der demokratischen Verfassungsordnung

I. Staatstheorie und Wandlungen des Verfassungslebens

Der Begriff der Verantwortung und der eng mit ihm zusammenhängende der Kontrolle spielen in der deutschen Staatsrechtslehre keine hervortretende Rolle. Kontrolle wird noch meist im Sinne nachträglicher Prüfung des Handelns der Exekutive durch das Parlament verstanden, oftmals aber auch nur als Rechtskontrolle aufgefaßt, bei der dann die gerichtliche Prüfung in den Vordergrund rückt. Das Grundgesetz kennt nur den Begriff der Verantwortung, verwendet ihn in den Art. 28 Abs. 2, 34, 46 und 65 GG, aber jeweils in sehr unterschiedlicher Bedeutung. In Art. 28 Abs. 2 GG dient er zur Bezeichnung der Selbständigkeit der Gemeinden, ihrer Lösung aus der Verantwortung gegenüber dem Staat[1], in Art. 34 und 46 GG ist an eine finanzielle Haftung und Inanspruchnahme für straf- oder zivilrechtliche Haftung gedacht. Die politische Kontrolle ist demnach nur in Art. 65 GG angesprochen; das Wort findet sich aber gerade dort nicht, wo ebenfalls — in Art. 38, 58 und 68 GG — eine politische Verantwortung in Frage steht. In diesem Befunde drückt sich wohl vor allem die unvollkommene Anpassung der deutschen Staatstheorie und politischen Begriffsbildung an die Vorstellungswelt der Demokratie aus, in deren Leben Verantwortung und Kontrolle eine zentrale Bedeutung besitzen. Nicht weniger macht sich hier wiederum die nachwirkende Verhaftung des deutschen staatsrechtlichen Denkens in den Gedanken und Begriffen der konstitutionellen Ära bemerkbar, aus der die Konzepte einer allzu substanzhaft gedachten Staatsgewalt, der staatlichen vorgegebenen Willenseinheit und andere organisch-personale Züge übernommen werden. Statt dessen wird es auch im Anschluß an moderne gesellschaftswissenschaftliche Einsicht notwendig sein, für die staatstheoretische

Aus: Festschrift für Gebhard Müller. Hrsg. von Theo Ritterspach und Willi Geiger. Tübingen 1970, S. 379 - 402. — Abdruck mit freundlicher Genehmigung des Verlages J. C. B. Mohr (Paul Siebeck), Tübingen.

[1] „Eigene Verantwortung" bildet in Art. 28 Abs. 2 GG den Gegensatz zur unbegrenzten staatlichen Oberaufsicht (so schon *R. Gneist*, Der Rechtsstaat, 2. Aufl. 1879, S. 309). Der demokratische Zusammenhang wird deutlich dadurch, daß diese Unabhängigkeit sich aus der örtlichen Demokratie der Bürger legitimiert (vgl. *H. Peters*, Grenzen der kommunalen Selbstverwaltung, 1926, S. 41 ff.).

Betrachtung den Staat nicht als bestehende Willenseinheit zu behandeln, sondern die Einheit als das Ergebnis eines in steter lebendiger Bewegung befindlichen Prozesses der Auseinandersetzung der Meinungen und Kräfte und der Zusammenführung anzusehen, der sich in bestimmten, geordneten institutionellen Formen und Verfahren vollzieht. Der Staat als ideelle Einheit besteht und aktualisiert sich im Handeln von Personen und Personengruppen, die für die Gesamtheit wirken. Das gilt für den politischen Meinungskampf, für die staatsleitenden verbindlichen Entscheidungen, an denen Parlament und Exekutive beide Anteil haben, wie für die ausführende Tätigkeit eingesetzter Staatsorgane und für den tragenden aktiven oder passiven Konsens der Bürger.

Verantwortung und Kontrolle haben in dem staatlichen Lebensprozeß ihren Platz als Ausdruck einer demokratischen Gestaltung. Der Verweis auf den Volkswillen bedeutet im demokratischen Gemeinwesen die Bezeichnung der Quelle der Legitimierung der politischen Entscheidung. Ihre Ausübung und die Befugnis ihrer Träger muß hier stets auf den demokratischen Konsens der Gesamtheit zurückgeführt werden, der in Wahlen und Abstimmungen seine institutionelle Form findet und die Aktion der eingesetzten beauftragten Träger der staatlichen Ämter als öffentliche Meinung in der pluralistischen Vielgestaltigkeit der Anschauungen und Gruppen begleitet. Verantwortung und Kontrolle zielen dabei auf die innere Relation zwischen der auftraggebenden Gesamtheit und den berufenen Inhabern politischer Entscheidung. Auch der Volkswille ist keine reale Gegebenheit. Im demokratischen Staatswesen nimmt er in den institutionellen Formen der Verfassung Gestalt an. Er trägt den von der überwiegenden Zahl der Bürger geschlossenen und stillschweigend aufrechterhaltenen Grundkonsens über die Verfassungsform und die staatlichen Grundprinzipien (einschließlich der Grundrechte), in dessen Rahmen die Entscheidung der Mehrheit als Wille des Ganzen gilt, weil sie, gebunden an die Grundlagen der Verfassungsordnung und damit begrenzt, von allen angenommen und respektiert wird. Volkswille und staatliche Entscheidung sind daher im demokratischen Staat keine Gegensätze, sondern die staatlichen Formen und Verfahren der „Willensbildung“ sind daran orientiert, aus der Pluralität der im Volke vorhandenen Meinungen und Richtungen (Parteien) eine am Mehrheitsentscheid und Konsens ausgerichtete politische Bestimmung zu formieren, die als Ausdruck des Volkswillens verbindlich werden kann. Die oberste politische Bestimmung nimmt im heutigen Rechtsstaat weithin die Form des Gesetzes an. Es gehört zu den Schwächen des überlieferten, am konstitutionellen Bilde ausgerichteten Staatsdenkens, daß das Gesetz nur als Schranke oder in seiner Funktion für die Rechtsordnung gesehen wird, nicht als

Mittel politischer Selbstbestimmung des Ganzen und als demokratische Lösung wirtschaftlicher und sozialer Fragen. An der Vorbereitung und inhaltlichen Gestaltung des Gesetzes nimmt aber die Regierung entscheidenden Anteil, so wie heute umgekehrt das Parlament in früher dem exekutiven Ermessen überlassene Zonen politischen Handelns, die Außenpolitik, die Verteidigung, die Organisation hineinwirkt. Dies feine und bewegliche Spiel des Zusammenwirkens der obersten Organe kann weder von einem starren, als Funktionentrennung mißdeuteten Gewaltenteilungsprinzip noch von einem reinen Kompetenzdenken erfaßt werden. Hier bedarf es anderer, der demokratischen Ordnung gemäßer Begriffe, die das Moment der Beauftragung, der Mäßigung der Machtausübung und Überwachung der Amtsführung zur Geltung bringen. Verantwortung und Kontrolle drücken diese Struktur in besonders eindrücklicher Form aus.

Die Schwierigkeiten einer angemessenen begrifflichen Ausrüstung beleuchten auch Beispiele aus der jüngsten Rechtsprechung des Bundesverfassungsgerichts. In dem ersten Urteil zur Parteienfinanzierung[2] wird von dem Prozeß der Meinungs- und Willensbildung des Volkes gesprochen (S. 97), diese aber dann der staatlichen Willensbildung gegenübergestellt (S. 99) und die Forderung entwickelt, daß die Willensbildung des Volkes (einschließlich der der Parteien) „staatsfrei" bleiben solle[3]. Hier hatte sich das liberal-konstitutionelle Bild des Gegensatzes von Staat und Gesellschaft — statt Gesellschaft trat der Begriff des Volkes ein — als übermächtig erwiesen. Daß in der Demokratie der Wille des Volkes sich in den institutionellen Formen der Verfassung bildet, daher nicht zum Staatswillen in Gegensatz gesetzt werden kann, war übersehen. Verkannt war auch, daß die Legitimierung und Beauftragung der politischen Leitung vom Volke her sich in einer wechselseitigen Beeinflussung und Einwirkung erfüllt. Es kann daher keinen von der Einwirkung der institutionellen Organe freien Raum politischer Meinungsbildung geben, wohl aber Grenzen der zulässigen Formen des Einflusses. Die „staatsfreie" Meinungsbildung des Urteils wird daher der Struktur des demokratischen politischen Prozesses ebensowenig gerecht wie die Annahme einer Verweisung der Parteien in eine rein gesellschaftliche Sphäre, während Art. 65 und 68 GG voraussetzen, daß dem führenden Parteigremium oder einer Parteikoalition die aktuelle politische Direktion des Ganzen übertragen wird. In einer zweiten Entscheidung zum selben Thema[4] hat das Gericht dann Gele-

[2] BVerfGE 20, S. 56 (97 ff.).

[3] BVerfGE 20, S. 56 (99). Die Wendung des Art. 21 GG ist richtiger; hier wird von politischer Willensbildung, nicht Bildung des Staatswillens gesprochen, freilich durch das Wort „Mitwirkung" die bestimmende Rolle der Parteien nicht voll gekennzeichnet.

[4] BVerfGE 24, S. 300 (348 f.).

genheit genommen, zutreffend klarzustellen, daß sich politische Willensbildung schon im Handeln der Parteien vollzieht, daß die Parteien die Politik der Regierung prüfen oder verteidigen, d. h. mitbestimmen, und daß es sich hier um einen kontinuierlichen Prozeß handelt.

Der Bereich der Kontrolle gehört im demokratischen Staatswesen zu dem Gebiet der Beziehungen zwischen Machtgeber und Ermächtigtem, zwischen dem Volk als legitimierendem Faktor und den bestellten Organen, Parlament und Regierung wie den weiteren Einrichtungen. Er umgreift aber auch Beziehungen zwischen den leitenden Organen selbst, wobei wiederum die Relation Regierung - Parlament in den Mittelpunkt rückt. Der Vielfalt der oberen Organe des Verfassungslebens liegt, das hat schon Montesquieu in seinem „aller de concert“, seiner Vorstellung der „balance“ angedeutet, auch eine Vielfalt mitwirkender und hemmender Einflußnahme und Kontrolle zugrunde[5]. Außerhalb des Blickfeldes dieser Untersuchung befindet sich die Rechtskontrolle in der ausführenden Verwaltung, wie sie in der Aufsicht des Staates über die Selbstverwaltung und andere Einrichtungen und im gerichtlichen Rechtsschutz gegen das Verwaltungshandeln liegt. Die letztere Funktion wird zudem heute ganz vom Gedanken der Sicherung des einzelnen gegen den Staat beherrscht und hat die früher hier gegebenen Züge einer inneren Selbstkontrolle der Verwaltung zurücktreten lassen[6]. Aber auch der Bereich der politischen Kontrolle, den wir hier betrachten, zeigt reiche Differenzierung. Läßt doch die Legitimationsbeziehung zwischen Volk (Wählerschaft) und Parlament auch hier eine — in der Wahl aktualisierte — Verantwortung der Gewählten zu, die mit dem Ausschluß von Weisungen (Art. 38 GG) zwar verdeckt, aber nicht ausgeschlossen wird[7]. Weitere Elemente der politischen Kontrolle werden in Bildung und Wirkung der öffentlichen Meinung sichtbar[8] und erst recht im gegliederten Aufbau der Verfassungsorgane. In der Einrichtung der Verfassungsgerichtsbarkeit wird zunächst die Wahrung der rechtlichen Grenzen des politischen Handelns am Maßstab der

[5] Auf diese Form der Kontrolle durch „Zusammenwirken“ und Aufsicht über anderer Organe Amtsführung hat *R. Bäumlin*, Schweiz. Juristenverein, 1966, Heft 3, S. 244, aufmerksam gemacht.

[6] Vgl. hierzu *C. H. Ule*, Verwaltungsprozeßrecht, 4. Aufl. 1966, S. 3 ff.

[7] Zur Wahl als demokratischer Kontrolle *Bäumlin*, S. 224; *K. Loewenstein*, Verfassungslehre, 2. Aufl. 1969, S. 287. Der „appeal to the electorate“ ist eine Fundamentalvorstellung der englischen Lehre; vgl. *Sir Ivor Jennings*, Cabinet Government, 3. Ed. 1959, S. 13 f. Es gehört in diesen richtig erkannten Zusammenhang, wenn das Bundesverfassungsgericht (E 24, S. 300 [348]) davon spricht, daß die Parteien schon vor der Wahl Rechenschaft über ihre Arbeit geben.

[8] Zur Kontrollfunktion von Presse und Massenmedien siehe *John P. Mackintosh*, The British Cabinet, 2. Ed. 1968, S. 597 ff.; ferner — mit kritischem Ton gegenüber einem Übermaß der Kontrolle — *Ian Gilmour*, The Body Politic, 1969, S. 368 ff., 426 ff.

Verfassung gesichert. Aber die fortgestaltende Interpretation der Verfassung weist ihr eine Rolle der politischen Mitwirkung zu, die sehr wohl auch ein Element der politischen Kontrolle enthält[9]. Das Schwergewicht dieser Untersuchung wird bei den Beziehungen zwischen den politischen Organen liegen; auf die verfassungsgerichtliche Funktion kann nur im Ausblick eingegangen werden.

Ein kurzer Blick auf die Literatur zeigt, daß in der deutschen Verfassungslehre vor allem Loewenstein der Erscheinung der Kontrolle, vor allem der Interorgan- und Intraorgankontrolle, breiten Raum gewidmet hat[10]. Die Kontrollfunktion des Parlaments hat Leibholz in einer Abhandlung erörtert[11], die im Einklang mit weithin geäußerten Ansichten den Rückgang dieser Funktion feststellt und Abhilfen untersucht. Die wichtigsten Beiträge werden indes der Schweizer Lehre verdankt, in der Kurt Eichenberger[12] und Richard Bäumlin[13] dem Begriff der Kontrolle und dem heutigen Funktionieren politischer Kontrolle zwischen Regierung und Parlament grundlegende Untersuchungen zugewandt haben.

Eine Betrachtung der Relation dieser leitenden Instanzen wird freilich die tiefen Wandlungen beachten müssen, die sich in der Gegenwart im Funktionsbereich der Verfassung vollziehen. Die moderne Demokratie präsentiert sich in Europa als sozialer Staat, der immer weitere Aufgaben der Vorsorge und wirtschaftlich-sozialen Lenkung an sich zieht. Im Mittelpunkt der politischen Auseinandersetzung stehen Fragen der Wirtschaftsstruktur, der heute dem Staat überantworteten Konjunkturlenkung, der Umverteilung, kurz ökonomische und soziale Interessen. Hauptinstrument der Sozialgestaltung ist, auch unter staat-

[9] Das ist seit jeher in den USA anerkannt (vgl. *Eugene V. Rostow,* The Sovereign Prerogative, 1962, S. 1 ff., 83 ff.; *Archibald Cox,* The Warren Court, 1968, S. 4 f.). In der Bundesrepublik zieht man es vor, diese gestaltende Rolle der Richterentscheidung hinter formalen Argumenten rationaler Ableitung richterlicher Konkretisierung zu verbergen. Doch bahnt sich hier ein Wandel an: vgl. *J. Esser,* Grundsatz und Norm, 2. Aufl. 1964; *C. W. Canaris,* Systemdenken und Systembegriff in der Jurisprudenz, 1969; *F. J. Säcker,* Grundprobleme der kollektiven Koalitionsfreiheit, 1969, S. 95 ff. Zur politischen Gestaltungsrolle eines internationalen Gerichts, der Entwicklung der Verträge der Europäischen Gemeinschaften durch den Europäischen Gerichtshof in Luxemburg, siehe *A. W. Green,* Political Integration by Jurisprudence, 1969, S. 21 ff., 414 ff.

[10] *K. Loewenstein,* Verfassungslehre, 2. Aufl. 1969.

[11] Abgedruckt in: *G. Leibholz,* Strukturprobleme der modernen Demokratie, 3. Aufl. 1967, S. 295 ff.

[12] *Eichenberger,* Die politische Verantwortlichkeit der Regierung im schweizerischen Staatsrecht, Festschrift f. Hans Huber, Bern 1961, S. 108 ff.; *ders.,* Die Problematik der politischen Kontrolle im Verwaltungsstaat, SJZ 61 (1965), S. 288 ff.

[13] *Bäumlin,* Die Kontrolle des Parlaments über Regierung u. Verwaltung, Schweiz. Juristenverein, 1966, Heft 3, S. 165 ff.

lichen Aspekten, die Gesetzgebung. Der Einfluß der durch Sachkunde und Informationsfülle gestützten Exekutive auf den Gesetzesinhalt ist in dieser rasch veränderlichen Normengebung indes im Steigen, und Methoden der langfristigen Planung werden die Gewichte eher noch weiter verschieben. Wie demgegenüber eine Kontrollaufgabe des Parlaments erfüllt werden kann, ist eine der heute diskutierten Fragen. Sie führt hinein in Reformen der Geschäftsordnung der Parlamente[14], Forderungen nach Verstärkung ihrer Arbeitsmittel[15], aber auch in neue Formen einer „Kontrolle durch Beteiligung", wie in Rollenverschiebungen im Haushaltsrecht.

II. Historische und staatstheoretische Grundlagen von Verantwortung und Kontrolle

Verantwortung und Kontrolle bilden Grundelemente einer demokratischen Verfassungsordnung. Sie sind das Gegengewicht jedes im demokratischen Staate erteilten Mandates zum Handeln für die Gesamtheit und zur Bestimmung über das Geschick der Bürger. Sie stellen sicher, daß dort, wo die Verhältnisse des größeren Staates die Errichtung fester Institutionen fordern und damit die Demokratie sich nur mittelbar durch Beauftragte verwirklicht, der die demokratische Struktur tragende Konsens der Bürger sich in der Rechenschaftspflicht der Träger eines Amtes und in der Verfügung über ihren Auftrag auswirkt. Die beiden Begriffe gehören mithin zum Bilde der mittelbaren, der repräsentativen Demokratie. Denn mit Recht hat Eichenberger darauf hingewiesen, daß zur Verantwortung stets zwei Instanzen gehören, derjenige, der verantwortlich ist, und der, dem gegenüber diese Rechenschaftspflicht besteht[16].

Geben wir der Demokratie über Formeln wie die der Volksherrschaft oder der Ableitung aller Gewalt vom Volke her hinaus einen präziseren Formsinn, so bezeichnet sie ein Gemeinwesen, in dem alle institutionelle Machtübung vom Konsens der Gesamtheit her legitimiert wird, in dem allen Bürgern zu gleichem Recht eine Mitwirkung am politischen Geschehen eröffnet ist, daher jede Ausübung von Bestimmung und Macht nur auf direktem oder indirektem Auftrag des Volkes beruht und nur als gegenständlich und zeitlich begrenztes Mandat unter wirksamer Verantwortung geübt wird. Man wird der Erscheinung der

---

[14] Vgl. die Debatten im Dt. Bundestag am 18. 6. 1969 (240. Sitzung, Sten. Ber., S. 13293 ff.) und die Änderung der GeschO des Bundestages v. 2. 7. 1969 (BGBl. I, S. 779). Für die Schweiz vgl. die Hinweise auf Debatten bei *Bäumlin*, S. 199 ff.

[15] Vgl. *Leibholz*, S. 305 ff.

[16] *Eichenberger*, Festschr. f. H. Huber, S. 118. Ebenso *Bäumlin*, S. 240.

Verantwortung nicht ansichtig, wenn man den Blick nur auf die unmittelbare Demokratie richtet und an ihr mißt. Die mit schwärmerischen Elementen durchsetzte Idee einer „Identität von Regierenden und Regierten“[17] hat heute zwar neue Kraft in einer antiautoritäten Denkform gefunden, die alle Macht und Machtausübung aufheben möchte. Ein solches Denken führt in utopische Vorstellungen. Ein modernes Gemeinwesen ist ohne Einrichtung mittelbarer institutionalisierter Formen und Ämter nicht als wirkende Einheit zu erhalten. Die Idee einer Selbstregierung des Volkes ohne institutionelle Einrichtungen, Organe und Ämter, die auch in der deutschen Staatslehre immer wieder als Idealbild erscheint, an dem man repräsentative Gestaltungen messen möchte, trägt der Realität keine Rechnung, setzt aber auch eine fiktive Einheit des Volkes voraus, die eine Freiheit und Pluralität der Meinungen ausschließen würde. Sie trägt in sich die Gefahr des Umschlags in Betätigung dieser Einheit als bloße Akklamation und damit in autoritäre Formen[18]. Nur in einer repräsentativen Demokratie ist echte Begrenzung politischer Machtausübung, Gliederung der Entscheidungsbefugnis als eines Mittels hierzu und echte Verantwortung der Handelnden möglich[19].

Wenden wir uns einer begrifflichen Klärung zu. Der Begriff der Verantwortung hat seine Heimat im rechtlichen Denken. Das Einstehenmüssen für eine fehlsame, vor allem schuldhafte Handlung gehört zu den Grundvorstellungen des Rechts, greift auch in das öffentliche Amtsrecht über. Schon das Mittelalter kennt für republikanische Amtsträger eine Verantwortlichkeit. So mußte etwa das auf Zeit berufene Stadthaupt italienischer Stadtrepubliken, der Podestà, nach Ende seiner Amtszeit für eine Zeit verfügbar bleiben, falls Klagen gegen ihn gerichtet würden (Syndikatsklage)[20]. Auch der Beamte des absoluten Staates haftete persönlich für die Rechtmäßigkeit seines Tuns. Indes geht es hier noch mehr um die Frage der Rechtmäßigkeit und um den Schutz des einzelnen vor Übergriffen. Eine Verantwortung für politisches Handeln entwickelt sich erst in späterer Zeit; die älteren Epochen

---

[17] Dies die von *Carl Schmitt* geprägte Formel: Verfassungslehre, 1928, S. 204 ff.

[18] Zur Kritik der Lehre von der Demokratie als Selbstregierung ohne Institutionen, als identitäre Staatsform siehe *E. Fraenkel,* Die repräsentative und die plebiszitäre Komponente im demokratischen Verfassungsstaat, 1958, S. 7 ff.; *Bäumlin,* S. 207 ff.; vgl. auch *H. Huber,* Das Gesetzesreferendum, 1969, S. 16 f.

[19] Daran ändert nichts, wenn in ihr begrenzte Formen plebiszitärer Mitbestimmung eingeführt sind. So zu Recht auch *H. Huber,* S. 12.

[20] Vgl. zu dieser Einrichtung *Alan Gewirth,* Marsilius of Padua, Bd. 1, 1961, S. 23; *D. Waley,* The Italian City Republics, 1969, S. 69; vgl. hierzu auch *W. Ullmann,* Principles of Government and Politics in the Middle Ages, 1961, S. 274 f., 284.

kennen hier nur die Kategorie des Hochverrates[21]. Wir müssen unterscheiden zwischen verschiedenen Formen der Verantwortung. Es gibt eine innere, an das Gewissen gebundene transzendente Autorität[22]. Ihr steht gegenüber die rechtliche Verantwortung, an Verletzung eines festen Maßstabs der Pflicht gebunden und in der Regel mit zivilrechtlichen, strafrechtlichen oder disziplinären Folgen bewehrt. Aus ihr leitet sich die ältere Form der Anklage wegen politischen Handelns ab, die auf gerichtliche Strafe wegen Verrats, Unterschlagung oder ähnlicher Delikte zielt[23]. Erst im Laufe des 18. Jahrhunderts schält sich aus ihr eine eigentlich politische, staatsrechtliche Verantwortung ab, die auf den Kern des politischen Entscheides zielt und neue Formen entwickelt. Der mittelalterliche Herrscher war sicherlich durch das Recht gebunden, dessen Schranken er oft im Kröngungseide beschwor, und stand in der Pflicht, für das Recht zu sorgen und das Gemeinwohl zu wahren. Aber es gab hierfür keine irdische Instanz. Für diese innere Bindung war er nur Gott verantwortlich. Vor seinen Richtern hob Karl I. von England am 21. 1. 1649 hervor: „No earthly power can justly call me (who am your King) in question as a delinquent[24]." Die Verantwortung heftete sich daher im älteren Recht an die „ungetreuen" Ratgeber; ihnen wurde, wie damals Strafford und Laud, der Prozeß gemacht.

Der entscheidende Schritt liegt in der Wandlung der politischen Theorie zu der Idee einer auf den Konsens der Bürger gegründeten Herrschaft, in der alle diejenigen Personen, die Regierung ausüben, sei es die Exekutive oder das Parlament, nur delegierte und begrenzte Macht als Auftrag (trust) innehaben[25]. Sie sind daher „all of them accountable to some other Power in the Commonwealth"[26]. Mit diesen Anschauungen Lockes verbindet sich noch der Gedanke einer Rechenschaft im älteren Sinne als Strafe. Das gilt bemerkenswerterweise auch für das

---

[21] Daher werden auch die Verfahren gegen die Monarchen, Karl I. von England und Ludwig XVI. von Frankreich, in diesem Zeichen geführt. Vgl. die Anklage gegen Karl I. bei *Gardiner,* The Constitutional Documents of the Puritan Revolution, Impression 1927, S. 371 und das Urteil (S. 380). Der Mißbrauch dieser Begriffe war oft nur zu offenkundig.

[22] Sie ist gemeint, wenn *Luther* in der 80. These seiner Wittenberger Disputation sagt: „Rationem reddent Episcopi, Curati et Theologi, Qui tales sermones in populum licere sinunt" (nämlich die Ablaßpredigt). Siehe WA, Weimar, Bd. 1, S. 237.

[23] Das englische Recht kannte in der Form der Bill of Attainder eine Verurteilung durch das Parlament. Vgl. den Act of Attainder gegen den Earl of Strafford v. 10. 5. 1641 bei *Gardiner,* S. 156 ff.

[24] Vgl. *Gardiner,* S. 374.

[25] Eine entscheidende Rolle kommt hierbei *John Locke* zu. Vgl. Two Treatises on Government (Ed. Laslett 1960), Buch II, §§ 139, 149, 171.

[26] *J. Locke,* Buch II, § 153. Ed. Laslett, S. 387.

Parlament[27]. Aber damit ist der Weg geöffnet. Zum letzten Mal 1701 erheben die Gemeinen in England Anklage gegen einen Ratgeber des Königs, Lord Somers, aber sie petitionierten zugleich auf seine und zweier anderer Entfernung[28]. Walpole ließ als erster davon ab, gestürzte Gegner zu verfolgen[29]. Der erste klare Fall einer nur politischen Verantwortlichkeit ist der Sturz von Lord North im Jahre 1782, der nach der Annahme eines Antrags im Unterhaus, daß die Führung der Geschäfte nicht länger in der Hand der bisherigen Minister bleiben solle, sich zurückzog[30].

Um die gleiche Zeit begegnet die erste klare theoretische Unterscheidung zwischen strafrechtlicher und verfassungsrechtlicher Verantwortung bei Alexander Hamilton im „Federalist". Er leitet mit Locke aus dem public trust des Amtes der Exekutive eine Verantwortung ab. Aber entgegen der älteren Meinung, die auf Strafe geht, betont er nun die Amtsentfernung als Sanktion. „Responsibility is of two kinds, to censure and to punishment. The first is the most important of the two; especially in an elective office. Man, in public trust, will much oftener act in such a manner as to render him unworthy of being any longer trusted, than in such a manner as to make him obnoxious to legal punishment[31]." Hier findet man zuerst eine klare Unterscheidung der älteren Form strafrechtlicher Verfolgung und der neueren Art der politischen Rechenschaft, die sich in der Entfernung aus dem Amt äußert. Die Durchsetzung dieses Gedankens zog sich in Europa zeitlich bis tief in das 19. Jahrhundert hin.

An dieser Stelle mögen zwei Feststellungen eingefügt sein. Zunächst sei bemerkt, daß die Unverantwortlichkeit der Fürsten auch im 19. Jahrhundert erhalten blieb und in allen Verfassungsurkunden festgelegt wurde[32]. Ihre Folge liegt klar zutage. Durch die Ausbildung der Gegenzeichnung übernahmen die Minister die Verantwortung und im Laufe der Zeit auch die Macht. Der Ausschluß der Verantwortlichkeit öffnete für den erblichen Monarchen in der Gegenwart — wo die demokratische Verfassungsgrundlage eine Verbindung von Verantwor-

[27] Auch das Parlament hat nur „a Fiduciary Power to act for certain ends" und das Volk als Supreme Power mag „alter or remove the Legislative when they find the legislative act contrary to the trust reposed in them" (Buch II, § 149).

[28] Die Anklage verlief im Sande. Vgl. *G. M. Trevelyan,* England under Queen Anne, Bd. I, Impress. 1948, S. 130; *E. N. Williams,* The Eighteenth Century Constitution, 1960, S. 77.

[29] Siehe *A. Foord,* His Majesty's Opposition, 1964, S. 68.

[30] Vgl. hierzu das Rücktrittsgesuch von Lord North v. 18. 3. 1782 bei *Williams,* S. 90.

[31] *The Federalist,* Ed. J. E. Cooke, 1961, Brief No. 70, S. 476.

[32] Vgl. Bayern 1818 § 1; Verfassung der Nationalversammlung 1848 § 73.

tung und echter Macht fordert — die Tür zum Ausscheiden aus effektiver politischer Mitbestimmung.

Ein tieferes Problem bleibt die allgemeine Auffassung, daß das Volk, der Souverän der Demokratie, keine Verantwortung trägt. Die demokratische Staatsidee mißt dem Volke einen Grad der Vernünftigkeit und Richtigkeit zu, der sich der Prüfung entzieht. Gegen den Willen der Gesamtheit gibt es keinen Appell. Das Ganze, so drückt es Marsilius von Padua aus, ist mehr als seine Teile[33]. Dieser Gedanke an die Vormacht des Ganzen wird dann bei Rousseau, gestützt auf seine optimistische Menschenauffassung, ins Grundsätzliche weitergeführt. Die Volksmeinung ist immer auf das Richtige und das Gemeinwohl gerichtet[34]. Allerdings gibt Rousseau zu, daß das Volk sich irren könne; es kann getäuscht oder korrumpiert werden. Für die moderne demokratische Theorie steht fest, daß die Entscheidung des Volkes selbst unanfechtbar ist und keine Verantwortlichkeit begründet. Lediglich von den Eingrenzungen der Verfassung her kann möglicherweise bei der Gesetzesinitiative eine Kontrolle durch andere Organe denkbar werden[35]. Die hier berührten Probleme führen in tiefe grundsätzliche Fragen der Staatsformlehre, die hier nicht verfolgt werden können.

In England setzte sich nach der Reform von 1832 die Vorstellung, daß die Minister nicht dem Monarchen, sondern dem Parlament staatsrechtlich verantwortlich sind, rasch durch. Sie führte zur Entstehung des parlamentarischen Systems, das den Bestand der Regierung an das Vorhandensein einer Mehrheit im Unterhaus knüpfte. Zum Namen dieses Regimes wurde die Bezeichnung „responsible government"[36]. Die deutsche Staatslehre hielt lange an dem Gedanken fest, daß nur eine strafrechtliche oder finanzielle Verantwortung der Minister die Verfassung sicherstelle[37]; in dem konstitutionellen System, in dem das Kabinett vom Fürsten eingesetzt wurde, konnte sich eine volle politische Verantwortung nicht entwickeln. Nur in der Haushaltsbewilli-

---

[33] *Marsilius v. Padua,* Defensor Pacis, Ed. Scholz, 1932, Dictio I, cap. 13, § 2: „Omne totum maius esse sua parte ... Unde satis evidenter per necessitatem infertur, universitatem civium aut ipsius valenciorem multitudinem, que pro eodem accipienda sunt, magis posse quid eligendum et quid spernendum discernere, quacumque sui parte seorsum."

[34] Contrat Social II, cap. 3: „Il s'ensuit de ce qui précède que la volonté générale est toujours droite et tend toujours à l'utilité publique."

[35] Zu den Problemen einer rechtlichen Kontrolle der Volksinitiative in der Schweiz siehe *Aubert,* Traité de droit constitutionnel suisse, Bd. 1, 1967, S. 135 ff. (Fälle Rheinau und Chevallier).

[36] Vgl. *Mackintosh,* S. 80 ff., 118 ff.

[37] Zu erwähnen sind hier *R. v. Mohl,* Die Verantwortlichkeit der Minister, 1837; *ders.,* Encyclopädie der Staatswissenschaften, 1859, S. 442 f.; aber auch noch *R. Gneist,* Verwaltung, Justiz, Rechtsweg, 1869, S. 158 f.; *ders.,* Gesetz und Budget, 1879, S. 98 f.

gung und in politischen Debatten konnte das Parlament seine Kritik artikulieren. Daher erhielt sich in den Verfassungen des Kontinents die altertümliche Einrichtung der Anklage des Staatshaupts und der Minister durch das Parlament bis heute. Die französischen Verfassungen von 1875, 1946 und 1958 kennen alle die Anklage des Präsidenten wegen „haute trahison“[38]. Die italienische Verfassung von 1947 sieht in Art. 91 und 96 eine parlamentarische Anklageerhebung sowohl gegen den Präsidenten der Republik wie gegen Mitglieder der Regierung vor. Die österreichische Bundesverfassung ordnet Klagen gegen den Bundespräsidenten wegen Verfassungsverletzung und gegen Mitglieder der Bundes- und Länderregierungen wegen Gesetzesverletzung jeweils auf Beschluß der Parlamente an (Art. 142). Im Grundgesetz ist der Präsident weitgehend politischer Befugnisse entkleidet, aber einer unter diesen Umständen papierenen Anklage, die Bundestag oder Bundesrat wegen vorsätzlicher Verfassungs- oder Gesetzesverletzung erheben können, ausgesetzt. Der Kanzler unterliegt nur der politischen Verantwortung (Art. 67, 68). Im ganzen trägt diese Art der Staatsoberhaupt- oder Ministeranklage heute archaische Züge und könnte leicht entbehrt werden. Sieht man von den USA ab, wo 1868 Präsident Johnson beinahe durch eine Anklage gestürzt wurde, so hat die Ministeranklage in den kurhessischen Streitigkeiten der Mitte des 19. Jahrhunderts eine geringe Rolle gespielt[38a]. Die Anklage gegen gestürzte Machthaber, wie sie in Frankreich nach 1940 vor der Haute Cour de Riom und nach 1945 gegen Pétain erhoben wurde, gehört mehr in den Bereich geschichtlicher Symbolhandlungen als den der Herstellung des Rechts.

Gegenüber dem Begriff der Verantwortung erscheint der der *Kontrolle,* dem angelsächischen Sprachgebrauch entlehnt, eher als ein jüngerer Begriff. In der hier einschlägigen Bedeutung bezeichnet er sowohl die Form indirekter Leitung — die hier nicht in Frage steht — wie andererseits laufende Überwachung. Er drückt ein Verhältnis der kritischen und berichtigenden Einwirkung aus. Dem Begriff der Aufsicht steht er nahe, aber er entbehrt des der Aufsicht innewohnenden Elements der Überordnung und der sie begleitenden Eingriffsmittel[39]. In dem hier betrachteten Zusammenhang haben wir unter Kontrolle die von dem Auftraggeber oder von einem anderen dazu berufenen Verfassungsorgan geübte begleitende Überwachung zu verstehen, die sich verschiedener, der Funktion der Organe wie der Lage angemesse-

---

[38] Gesetz v. 25. 2. 1875 Art. 6; Verf. 1946 Art. 12; Verf. 1958 Art. 68.

[38a] Vgl. hierzu *E. R. Huber,* Deutsche Verfassungsgeschichte, Bd. 3, 1963, S. 449.

[39] Zum Begriff der Aufsicht vgl. *E. Stein,* Die Wirtschaftsaufsicht, 1967, S. 1 ff. Zum Begriff der Kontrolle siehe *Th. Ellwein,* Parlament u. Verwaltung, 1967, S. 265.

ner Mittel bedienen kann. Die Bezeichnung Kontrolle ist weit und elastisch aufzufassen. Sie umgreift die Beobachtungs- und Einwirkungsmethoden, mit denen das Verhalten des Verantwortlichen klargelegt und mit einer Stellungnahme oder Einwirkung beeinflußt wird.

Versuchen wir zum Abschluß der staatstheoretischen Betrachtung ein kurzes System der Verantwortung in ihrer verfassungsrechtlichen Funktion zu entwerfen. Dabei ist es zunächst notwendig, klar zu scheiden zwischen den Formen einer Verantwortung nach allgemeinem Recht, Zivilrecht, Strafrecht und Disziplinarrecht. Kommt das letztere sowieso nur im Felde der Ausführung in Betracht, wo beamtete Kräfte tätig sind, so entfällt im allgemeinen schon wegen des Fehlens unmittelbarer Zusammenhänge und der Berührung individueller Interessen im Bereich des Zivilrechts eine Haftung der obersten Verfassungsorgane. Der Versuch von Dagtoglou, für das Parlament eine Haftung aus Amtspflichtverletzung anzunehmen[40], dürfte keine Zustimmung verdienen. Von der strafrechtlichen Verantwortung ist heute die staatsrechtliche deutlich abgesetzt. Auch die Ministeranklage gehört nicht zum strafrechtlichen Bereich; ihre Sanktion ist im allgemeinen nur die Amtsentfernung. Eine Trennungslinie muß aber auch gezogen werden zwischen der rechtlichen Verantwortung der leitenden Instanzen und ihrer politischen Rechenschaftslegung. In das erstere Feld gehört die Ministeranklage, die Rechtsverletzungen — gegen Verfassung oder auch Gesetz — ahndet. Daß die ältere Form einer vom Parlament geübten Kontrolle heute mehr oder weniger bedeutungslos geworden ist, ist schon ausgeführt worden. Eine rechtliche Kontrolle der obersten Organe übt auch die Verfassungsgerichtsbarkeit, wiederum allein unter rechtlichen Gesichtspunkten, aus. In ihren verschiedenen Formen dient sie einerseits im Spiel der föderalen Kräfte dem Schutz der bundesstaatlichen Ordnung, sichert auf Antrag politischer Instanzen im Wege der abstrakten Normenkontrolle den Vorrang der Verfassung, schützt die Verfassung in Gestalt der Grundrechte auch vor dem Eingriff des Gesetzgebers im Wege des Anrufs durch betroffene Individuen. Mit alledem wird aber keine Verantwortung geltend gemacht, sondern individueller Rechtsschutz gewährt oder die Verfassungsordnung als Element des politischen Lebens gesichert. Außer der Feststellung der Unwirksamkeit einer Norm oder eines Handelns entgegen der Verfassung werden keine Folgerungen gezogen. Von allen diesen Erscheinungen hebt sich die staatsrechtliche oder politische Verantwortung deutlich ab. Sie ist ausgerichtet nicht sowohl am Maßstab des Rechts als des Gesamtwohls, das hier das Volk oder stellvertretend ein Verfassungsorgan wahrnimmt. Ihr Sinn, ihr Ziel, ihre Sanktion ist politisch ausgerichtet[41].

[40] Vgl. *Dagtoglou*, Ersatzpflicht des Staates bei legislativem Unrecht, 1963.

An der Erscheinung der politischen Verantwortlichkeit lassen sich folgende Merkmale und Formen feststellen:

a) Es müssen sich im Verfassungsgefüge bei der Verantwortung zwei Instanzen getrennt gegenüberstehen. Das setzt eine gegliederte Staatsordnung voraus. Autoritäre und totalitäre Regime kennen keine echte Verantwortung; daher ist dort politische Kritik angewiesen auf den Handstreich und die Entmachtung als Herrschaftswechsel oder die Revolution[42].

b) Wer verantwortlich gemacht wird, muß eine selbständige Entscheidungsbefugnis besitzen. Dort, wo Unterordnung und Gehorsam herrscht, gibt es nur eine letzte Verantwortung des Befehlenden und für den Untergebenen nur den Gehorsam. Verantwortet werden kann politisch nur das, was eigene Bestimmung, was freier Entschluß war. Es war daher nicht zutreffend, wenn in der älteren englischen Lehre Bagehot das Kabinett nur einen Ausschuß des Parlaments genannt hat, und ich würde auch jenen nicht folgen können, die in der Gegenwart eine Suprematie des Parlaments gegenüber der im Kabinett institutionalisierten exekutiven Leitung annehmen[43].

c) Aus dem Vorangehenden folgt, daß grundsätzlich zu Verantwortung und Kontrolle Distanz gehört. Eine Prozedur der Verantwortung kann nicht vor sich gehen, ohne daß die kontrollierende Stelle gegenüber dem geprüften Handeln Abstand bewahrt hat[44]. Hier freilich vollziehen sich heute im Verhältnis zwischen Regierung und Parlament bedeutsame Änderungen, die eine „Kontrolle durch Zusammenwirken, durch Mitwirkung“ herstellen, damit freilich aber wohl die spätere Verantwortung erschweren oder unmöglich machen. Davon wird noch die Rede sein müssen.

d) In der Verantwortung werden Pflichten geltend gemacht, die man in weiterem Sinne als rechtliche ansprechen kann. Aber der Maßstab ist nicht der der Rechtsverletzung, sondern der der wirksamen Wahrnehmung des Gesamtwohls, jedenfalls ein letztlich nicht justitiables Moment[45]. Daher vermag die Verfassungsgerichtsbarkeit, auf den recht-

[41] Zu diesen Unterscheidungen siehe *Eichenberger*, S. 114 ff. Vgl. auch *H. W. Bayer*, Die Aufhebung völkerrechtl. Verträge im deutschen parlamentarischen Regierungssystem, 1969, S. 130 ff.

[42] Zu der Notwendigkeit eines „Gegenüber“ siehe auch *Eichenberger*, S. 118; *Bäumlin*, S. 240.

[43] So aber *Friesenhahn*, VVDStRL 16 (1958), S. 39 f. Vgl. auch *Bayer*, S. 139, 150 ff.

[44] Das liegt freilich anders bei der „Kontrolle durch Mitwirkung“. Vgl. *Bäumlin*, S. 241 ff.

[45] Bei der Pluralität der Ansichten ist das Gemeinwohl im politischen Sinne kein rechtlicher Standard, sondern seine Bestimmung selbst politische Aktion. Vgl. *C. J. Friedrich*, Man and His Government, 1963, S. 312; *Bäumlin*, S. 243 f.

lichen Bereich beschränkt, die politische Kontrolle nicht zu ersetzen, sondern nur dort zu entlasten, wo politische Mängel und rechtliche Verstöße zusammenfallen[46]. Möglich ist es auch, daß, wie im Falle des Vorgehens gegen das Nachrichtenmagazin „Der Spiegel" im Jahre 1962, Rechtsverstöße zugleich erhebliche politische Fehlhandlungen darstellen.

e) Die Sanktion der politischen Verantwortung weicht klar von jedem strafrechtlichen Anklang ab. Sie braucht nicht notwendig in bestimmten Folgen, z. B. der Amtsentziehung, zu bestehen; diese stellt nur das letzte und schwerste Instrument im Arsenal der Kontrolle dar. Öffentliche Diskussion des politischen Handelns unter Darlegung der politischen Fehler, Anträge im Parlament, auch wenn sie nur demonstrative Bedeutung haben, können zureichen.

f) Zur politischen Verantwortung gehört aber jedenfalls Öffentlichkeit als Lebenselement demokratischen Verfassungslebens. Vielfach wird die Aufdeckung politischer Fehlhandlungen allein schon eine wichtige Sanktion darstellen.

g) Es hängt vom Verfassungsrecht ab, ob die Verantwortung individuell oder kollektiv ausgestaltet ist. Im englischen Konventionalrecht hat sich eine strenge Regel kollektiver Verantwortung des Kabinetts ausgebildet. Sie wurde nur ausnahmsweise durchbrochen, als 1935 im Falle von Sir Samuel Hoare (später Lord Templewood) ein Minister die faktisch vom Kabinett gebilligte Vermittlung zwischen Äthiopien und Italien auf seine Schultern nahm[47] oder als ein persönliches Versagen nur den einzelnen traf wie im Falle Profumo[48].

Die kollektive Verantwortung des Kabinetts, in England seit den 60er Jahren des 19. Jahrhunderts gelehrt und gefordert, geht hier parallel mit der Ausbildung einer stärkeren Stellung des Prime Ministers und einer Wandlung des Kabinetts aus einer Gruppe von Politikern in das von einer disziplinierten Partei gestellte Führungsgremium. Sie hat vor allem den offenen Austrag von Differenzen im Kabinett zurückgedrängt und auch dadurch zur Erhöhung der Position des Premiers beigetragen. Auch erleichtert sie es der Regierung, über einzelne politische Versehen leichter hinwegzukommen[49]. In den kontinentalen Ländern

---

[46] Vgl. *Eichenberger,* S. 114. In der Klärung der Rechtsfragen kann aber der Verfassungsgerichtsbarkeit ein objektivierender und befriedender Zug innewohnen. Eine politische Kontrolle der Gestaltungsfreiheit des Gesetzgebers hat auch das BVerfG stets abgelehnt. Vgl. BVerfGE 2, S. 79 (86); 3, S. 52 (57); 10, S. 20 (40); 10, S. 234 (246); 12, S. 45 (51); 13, S. 97 (110); 17, S. 199 (203); 21, S. 73 (78); 24, S. 300 (346).

[47] Vgl. hierzu *A. J. P. Taylor,* English History 1914 - 1945, 1965, S. 427 Anm. 1; *G. A. Ritter,* Die Kontrolle von Regierung und Verwaltung in Großbritannien, Festgabe für E. Fraenkel, 1963, S. 297.

[48] Siehe *Mackintosh,* S. 54.

hat die gemeinsame Verantwortung niemals die gleiche Stärke erreicht. In Koalitionsregierungen ist sie naturgemäß schwächer ausgeprägt.

Sicherlich tritt die politische Verantwortung dort am sichtbarsten hervor, wo wie im parlamentarischen System die Möglichkeit eröffnet ist, daß das Parlament die Regierung durch ein Mißtrauensvotum stürzt. Wo diese Möglichkeit nicht gegeben ist, wie in dem Präsidentschaftsregime der Vereinigten Staaten, treten andere Mittel der Kritik — Ablehnung von Gesetzentwürfen der Administration, Veranstaltung von Untersuchungen in für sie unangenehmen Fragen, Haushaltskürzungen oder auch einfach die politische Debatte — als Methoden der Geltendmachung einer politischen Verantwortung ein. Sie vermögen zwar nicht, wie das parlamentarische Regime den Dualismus von Exekutive und Legislative aufzuheben und finden ihre Auswirkung letztlich erst im plebiszitären Austrag der Präsidentenwahl[50]. Der Vergleich zeigt aber, daß es für die Formen der Verantwortlichkeit in demokratischen Staaten kein allgemeines und festes System gibt, sondern daß jede Verfassungsordnung hier vor besonderen Aufgaben steht.

III. Wandlungen und Probleme im Bereich der Verantwortung zwischen Regierung und Parlament

Richten wir den Blick auf die Ausgestaltung der Verantwortung im Grundgesetz, so begegnen wir im ganzen mehr traditionellen Lösungen. Die modernen Entwicklungen, die die Funktionsweise der Regierungen stark verändert haben und auch die Relation zum Parlament in bedeutsamer Weise modifizieren, lagen den Schöpfern des Grundgesetzes noch nicht vor Augen. Sie schöpften vor allem noch aus dem Kreis der Erfahrungen der Weimarer Periode, in der es auch niemals gelungen war, ein volles, die Wirklichkeit erfassendes Bild der parlamentarischen Regierungsweise zu gewinnen[51]. Wenn es richtig ist, daß diejenige Instanz, die Verantwortung geltend macht, über eine erhöhte politische Autorität verfügen muß, so kommen im demokratischen Staat als Rezipienten der Rechenschaft in erster Linie das Volk und das eigentliche Repräsentationsorgan, das Parlament, in Betracht. Wenn auch die letzte Verantwortung aller Verfassungsorgane gegenüber dem Volk unzweifelhaft zum demokratischen Grundbestand gehört, so ist sie im System

---

[49] Vgl. hierzu *A. H. Birch*, Representative and Responsible Government, 1964, S. 131 ff.; *Mackintosh*, S. 518 ff.; *I. Gilmour*, S. 213 ff.

[50] Zu den Problemen des amerikanischen Systems siehe *K. von Beyme*, Das präsidentielle Regierungssystem der Vereinigten Staaten in der Lehre der Herrschaftsformen, 1967, S. 30 ff.

[51] Siehe hierzu *G. A. Ritter*, Deutscher und Britischer Parlamentarismus, 1962, 32 ff.

des Grundgesetzes nicht stark institutionell ausgeprägt. Der rein repräsentative Charakter des vom Grundgesetz entworfenen Regierungssystems eröffnet formell dem Volke nur die Wahl als Mittel, sein politisches Urteil zur Geltung zu bringen. Sie ist freilich in allen demokratischen Staaten auch das entscheidende Instrument. Die Frage, ob ein Ausbau unmittelbarer Bestimmung der Wählerschaft über Sachfragen, ob Volksinitiative oder Referendum eine Form der Kontrolle über das Parlament darstellen, kann nur mit Zurückhaltung gestellt werden — Volksgesetzgebung ist nicht ein Stück gegliederter Verfassungsordnung, eher ein Moment ungegliederter unmittelbarer Volksherrschaft — und muß verneint werden[52]. Der einmalige Entscheid des Volkes kann keine Kontrolle parlamentarischer Arbeit sein, nur eine politische Andersbestimmung.

Verantwortung gegenüber dem Volk wird bei all den Verfassungsorganen, die nicht das Volk selbst einsetzt, vom Parlament geltend gemacht, also in das repräsentative Schema einbezogen. Dem Parlament gegenüber aber rückt durch die institutionell ausgebildete Kontrolle (Art. 67, 68 GG) die Regierung in eine besondere Stellung. Der Bundespräsident ist schon dadurch, daß die Minister für ihn die politische Verantwortung übernehmen (Art. 58 GG), politisch zurückgerückt, und es bedarf des schweren Aufwandes der Anklage gegen ihn (Art. 61 GG) nicht mehr. Die Verantwortung des Parlaments gegenüber dem Volke kommt außer in der Wahl vor allem darin zum Ausdruck, daß das Parlament auf eine legitimierende Verbindung und Nähe zum Volk und zur öffentlichen Meinung angewiesen ist. Der einzelne Abgeordnete ist zwar infolge der Festhaltung der Idee des freien Mandates einem rechtlich fundierten Einfluß der Wähler entzogen, aber durch die Wirksamkeit der politischen Parteien wird wiederum eine Art indirekter Kontrolle begründet, je stärker sie dem in Art. 21 Abs. 1 Satz 3 GG und im Parteiengesetz vom 24. Juli 1967 (§§ 7 ff.) enthaltenen Gebot innerer Demokratie entsprechen und etwa von den Beschlüssen von Parteitagen abhängig würden[53].

Darüber hinaus wird — hier kann man freilich nur den elastischeren Begriff der Kontrolle anwenden — eine Kritik des Parlaments auch ständig durch Presse, Massenmedien und Öffentlichkeit geübt.

Nehmen wir den beweglicheren Ausdruck der Kontrolle, so wird man im Grundgesetz überhaupt Ansätze eines feiner differenzierten

---

[52] Ich stimme darin überein mit *H. Huber*, Das Gesetzesreferendum, 1969, S. 19.

[53] Daß in England die Parteien nur in geringem Maß von den so stark namentlich bei der Labour Partei hervortretenden Parteitagen abhängig sind, hebt *R. T. McKenzie*, British Political Parties, 2. Ed. 1963, S. 188 ff., 485 ff. hervor. Ebenso *Samuel H. Beer*, Modern British Politics, 1965, S. 233 f.

Systems entdecken. Es fällt nicht zusammen mit dem der Gewaltenteilung, auch wenn wir dies in moderner Form nicht als starre Funktionentrennung, sondern als Gegen- und Zusammenspiel politisch verselbständigter Kräfte ansprechen. Es hieße m. E. den Begriff der Kontrolle überdehnen, wollte man die föderalistische Gliederung hier einbeziehen[54]. Im Unterschied zum Typ der gewählten zweiten Kammer (Senat), der oft verfassungsrechtlich die Funktion einer Prüfung und Kritik der Gesetzgebung der ersten Kammer anvertraut wurde, liegt dem Bundesrat ob, andere Kräfte, nämlich die eigenständigen politischen Tendenzen der Gliedstaaten, zur Geltung zu bringen. Die Bundesregierung zur Rechenschaft zu ziehen, ist der Bundesrat nach der begrenzten Definition seiner Kompetenz in Art. 50 und 53 Satz 3 GG nicht berufen[55]. Zu dem System der Gegenkontrollen im Grundgesetz wird man aber Einwirkungen der Regierung auf das Parlament zählen können. Neben der Gesetzesinitiative, die bei dem Umfang und der fachlichen Spezialität der Gesetzgebung eher an Bedeutung gewinnt und mit einer Einbeziehung von Verbänden und Diskussionen in der Öffentlichkeit noch weitere Elemente in Form einer Kontrolle durch Zusammenwirken in einen gegliederten Zusammenhang einschließt[56], wird man hierzu vor allem Art. 113 GG in seiner älteren, namentlich aber der jetzigen Fassung rechnen dürfen. Hier ist in Form einer Gegenwirkung der Bundesregierung das parlamentarische Bewilligungsrecht für Ausgaben eingeschränkt; es wird damit einer Entwicklung Rechnung getragen, die im Haushaltsrecht schon lange die einstige Gewichtsverteilung verschoben, die Aufgabe der Wahrung der Sparsamkeit vom Parlament, das sie nicht mehr wahrnimmt, auf den Finanzminister bzw. das Kabinett übertragen hat. Hier sehen wir schon in der Verfassung eine Form der Kontrolle ausgeprägt, die nicht die Form nachträglicher Prüfung besitzt, sondern sich in vorgängiger Mitwirkung äußert.

Wiederum wird man die Verfassungsgerichtsbarkeit hier nicht in ein Schema der politischen Kontrollen einbeziehen. Ihre rechtliche Kontrolle kann zwar klärend wirken und Konflikte zwischen obersten Organen lösen, aber der Maßstab ist nicht ein politischer und nicht Geltendmachung von Verantwortungen, sondern Streitschlichtung und Verfassungssicherung ist das Ziel.

---

[54] Für die Gewaltenteilung ist dies nun dem Vorgang von *K. Hesse* folgend (Der Unitarische Bundesstaat, 1963, S. 26 ff.) üblich geworden, ohne daß mich diese Deutung überzeugt.

[55] Vgl. auch *H. Schäfer*, Der Bundesrat, 1955, S. 105; *v. Mangoldt / Klein*, Grundgesetz, S. 1017, 1054.

[56] Zu der Auffassung der Gesetzesinitiative als einer Form gegliederter Kontrolle, in Gegenseitigkeit, bei der auch der Regierung eine Mitwirkung obliegt, siehe *Bäumlin*, S. 259 ff.

Wenn wir uns nun dem Kernbereich politischer Kontrolle, dem Verhältnis von Regierung und Parlament zuwenden, so treten hier am stärksten die Wandlungen vor Augen, die sich aus veränderten sozialen Entwicklungen wie aus Verlagerungen in der Funktionsweise der obersten Organe ergeben haben.

Das Grundgesetz weist, wie alle demokratischen Verfassungsordnungen, dem Parlament zwei Hauptaufgaben zu: Gesetzgebung und Kontrolle der Exekutive[57]. Die Frage, die heute angesichts der eingetretenen Veränderungen gestellt wird, zieht vor allem die wirksame Erfüllung der zweiten Aufgabe in Zweifel. Ist nicht die Überlegenheit der Exekutive in der Gegenwart so stark geworden, daß sie sich einer effektiven Nachprüfung durch die Volksvertretung weithin entzieht? Reichen die herkömmlichen Mittel und Methoden der Parlamentskontrolle noch aus?

In der Prüfung dieser Fragen wird darin Übereinstimmung herrschen, daß in der modernen Ausprägung des parlamentarischen Regierungssystems bei der Ausübung der Kontrolle sich nicht eigentlich die Regierung und die Gesamtheit des Parlaments gegenüberstehen. Entsprechend der monistischen Grundstruktur dieses Regimes[58] sind Regierung und Mehrheitspartei (oder Regierungskoalition) aneinandergeschlossen. Der eigentliche Gegensatz liegt eher zwischen Regierung und Opposition. Es ist freilich richtig, daß diese These nicht durchgängig gilt; auch zwischen der Regierung und der sie tragenden Parlamentsmehrheit besteht ein struktureller Unterschied, zuweilen auch Gegensatz[59]. Es bleibt also eine Eigenständigkeit des Parlaments auch in dieser Relation erhalten[60]. Nur in diesem Sinne wird der Einfachheit halber im folgenden vom Gegensatz Regierung und Parlament gesprochen.

---

[57] Siehe *Leibholz,* Strukturprobleme, 3. Aufl., S. 295.

[58] Die Einsicht, daß im politischen Kernbereich das parlamentarische System über eine Gewaltenteilung im Sinne einer Funktionsdifferenzierung hinausdrängt, ist von grundlegender Wichtigkeit. Siehe *U. Scheuner,* Entwicklungslinien des parlamentarischen Regierungssystems in der Gegenwart, Festschrift f. A. Arndt, 1969, S. 388 f. (abgedruckt in *diesem* Bande als Beitrag Nr. 12); *I. Gilmour,* The Body Politic, 1969, S. 247. Ein entscheidender Zug des Parlamentarismus ist das weite Maß, in dem das Parlament an politischen Führungsentscheidungen, nicht nur durch die Gesetzgebung, beteiligt ist. Vgl. *Ellwein / Görlitz,* Parlament u. Verwaltung, 1967, S. 24 ff.

[59] Daß dies auch praktisch sich in Aktionen, z. B. einer Normenkontrollklage des Bremer Senates gegen die Bürgerschaft (vgl. *Friesenhahn,* VVDStRL 16 [1958], S. 35, Anm. 67) auswirken kann, muß betont werden. Zur zentralen Gegensätzlichkeit von Regierung und Opposition siehe *G. A. Ritter,* Festgabe f. Fraenkel, S. 314 ff.

[60] In seiner Untersuchung „Zum Parlamentsverständnis des fünften Deutschen Bundestages" (1969) hat *Hans Maier* Abgeordneten die Frage vorgelegt, ob sie mehr dazu neigen, Regierung und Parlamentsmehrheit als Ein-

Gegenüber dem älteren Bild einer handelnden Regierung, die durch ein kontrollierendes Parlament in Grenzen gehalten wird durch mancherlei Vorgänge der Nachprüfung auch im Detail und durch Haushaltsüberwachung, — einem Bild, das noch das Grundgesetz ein wenig ungeprüft zugrunde gelegt hat — haben die allgemeinen gesellschaftlichen Umschichtungen wie die Ausgestaltung des politischen Prozesses einschneidende Veränderungen bewirkt. Sie lassen sich unter verschiedenen Gesichtspunkten nachweisen[61].

a) Der moderne Sozialstaat bringt mit seiner Ausweitung staatlicher Vorsorge und Lenkung eine Flut der Gesetzgebung mit sich. Damit wird die Zeit und Kraft des Parlaments in hohem Maße durch diese Aufgabe beansprucht[62]. Die Kontrollfunktion tritt zurück. Zudem gewinnt auch, durch ihre Sachkunde und ihre Hilfsmittel, die Regierung größeren Einfluß auf die Gesetzgebung, die sie vorbereitet und für die sie weithin auch bereits die Vorauseinandersetzung mit den sozialen Kräften und Gruppen führt. Das Parlament vermag dem nur durch die Ausdehnung der Gesetzgebung auf die grundlegenden wirtschaftlichen und sozialen Entscheidungen zu begegnen, die sowieso aus rechtsstaatlichen Gründen in der Regel Gesetzesform haben müssen. Das Maßnahmegesetz ist daher keine Verfallserscheinung parlamentarischer Legislation, sondern Ausdruck einer gewandelten, stärker lenkend eingreifenden politischen Gesetzgebung.

b) Eine effektive Kontrolle der ungemein ausgedehnten und hochspezialisierten Regierungs- und Verwaltungstätigkeit ist heute für die Volksvertretung unmöglich. Die geübte Kontrolle kann dementsprechend oft nur den Charakter des Zufälligen und Bruchstückhaften tragen[63]. Ein Parlament wie das englische hält in dieser Lage den Vorzug der politischen Debatte, unter Verzicht auf Einzelheiten, aufrecht. Es strebt nicht Einzelprüfung, sondern Debatte der politischen Grund-

---

heit anzusehen oder von einer Bestellung der Regierung unter Wahrung der gegenseitigen Eigenständigkeit zu sprechen. Die letztere Sicht wurde stärker betont, aber auch die erste mit einem Drittel der Voten. Das dritte Modell eines Gegensatzes von Regierung und Gesamtparlament fand bei der SPD und der — damals oppositionellen — FDP stärkeren Anklang (vgl. S. 13). Man kann daraus schließen, daß auch im Parlament ein nicht geringes Bewußtsein der selbständigen politischen Rolle, auch gegenüber der Regierung der gleichen Partei, lebendig ist. Das wird kaum für England in gleicher Weise gelten können.

[61] Einen Überblick über diese Veränderungen geben *Leibholz,* Strukturprobleme, 3. Aufl., S. 299 ff.; *Ellwein / Görlitz,* S. 42 ff.

[62] In der Einschätzung der Abgeordneten nimmt sie auch die erste Priorität ein. Vgl. *H. Maier,* S. 16 ff. Die steigende Bedeutung des Regierungsanteils an der Gesetzgebung wird auch im Ausland betont. Für Belgien siehe *H. van Impe,* Le régime parlementaire en Belgique, 1968, S. 207 f.

[63] Vgl. *Ellwein / Görlitz,* S. 225 ff.

lagen an[64]. Demgegenüber dringt das deutsche System, insbesondere durch die Fachausschüsse, tiefer in die einzelnen Fragen ein, verliert dafür aber wohl auch an politischem Profil[65]. Beide Ziele zugleich, Einzeldiskussion und Erörterung der politischen Kernfragen, werden sich kaum verwirklichen lassen.

c) Tiefen Wandel zeigt das Haushaltswesen. Die ältere Lehre hat das Zusammenwirken von Regierung und Parlament in diesem Bereiche anerkannt. Man mag demgegenüber suchen, die Bewilligung ganz in die Gesetzgebung hinüberzuführen[66]. Tatsächlich haben die Parlamente, seit sie im Blick auf die Wählerschaft zu Trägern einer bewilligungs- und subventionsfreudigen Ausgabenneigung geworden sind, ihren Einfluß erheblich eingeschränkt. Faktisch muß heute Sparsamkeit und Haushaltsausgleich vom Finanzminister — schon gegen seine Ministerkollegen — durchgesetzt werden, wobei ihn im Parlament der Haushaltsausschuß unterstützt, der damit eine spezifische Teilfunktion gewinnt. Verfassungsrechtlich sind diese Vorgänge noch keineswegs eingefangen. Die Einführung einer mehrjährigen Haushaltsplanung in Art. 110 GG in der Fassung von 1969 wie auch die Befugnisse des Gesetzes zur Förderung der Stabilität und des Wachstums vom 8. 6. 1967, die der Regierung eine globale Wirtschaftssteuerung auftragen[67], gehen in die gleiche Richtung einer Verstärkung des exekutiven Anteils. Der parlamentarische Anteil am Haushaltswesen wird nur durch neue Formen rechtzeitiger Mitwirkung erhalten und gesichert werden können.

d) Dasselbe gilt nicht weniger von der vordringenden Planungsarbeit überhaupt. Sie ist, sowohl in der Arbeitstechnik, der Datensammlung und Verarbeitung wie in der nicht normativ einzufangenden Vorberechnung eher wiederum eine Aufgabe der Exekutive[68]. Ihre Ausdehnung muß daher unvermeidlich wiederum den Anteil des Parlaments an der Entscheidung bedrohen, wenn nicht Formen der Beteiligung gefunden werden, die andere sind als die nachträglicher Prüfung, die gegenüber dem Plan ohne Sinn ist[69].

---

64 Siehe *Sir Edward Followes*, Die Kontrolle der Exekutive durch das Britische Unterhaus (Arbeitsgem. f. Forschung NW, Heft 110), 1963, S. 8 ff., 47 f. Es ist bemerkenswert, daß sich neuerdings Stimmen erheben, die auch für England zwecks wirksamerer Kontrolle den Ausbau der Fachausschüsse fordern. Vgl. *I. Gilmour*, S. 287 ff.

65 Hierzu *Ellwein / Görlitz*, S. 48 f.

66 So *Friauf*, Der Staatshaushaltsplan im Spannungsfeld zwischen Parlament und Regierung, Bd. I, 1968, S. 273 ff.

67 Vgl. *Stern / Münch*, Gesetz zur Förderung der Stabilität und des Wachstums der Wirtschaft, 1967, S. 34, 54/55 (Kompetenzverlust des Parlaments). Siehe auch *Ipsen*, Planung II, hrsg. v. J. H. Kaiser, 1966, S. 87.

68 Siehe *Scheuner*, VVDStRL 16 (1958), S. 125. Ebenso *ders.*, Festschr. f. A. Arndt, S. 398 f. (abgedruckt in *diesem* Bande als Beitrag Nr. 12).

e) Auf der Verlagerung von Entscheidungen in die Ebene supranationaler Bürokratien kann hier nur kurz hingewiesen werden. Hier ist parlamentarische Kontrolle möglich, aber wegen der technischen Einzelheiten und des Zeitmoments nicht leicht durchzuführen.

f) Endlich aber belastet die parlamentarische Kontrolle in der Gegenwart auch der — ganz allgemein zu beobachtende — Schwund der Öffentlichkeitswirkung von Parlamentsverhandlungen. Seit die Massenpresse es vorzieht, Sensationen, „Sex and Crime“ und tunlichst auch Streitforderungen von Interessengruppen voranzustellen, dringt das Wort des Parlaments gar nicht mehr zum Leser (oder Hörer und Seher)[70]. Gewiß gilt diese Situation auch für die Regierung, die aber breitere Möglichkeiten hat, dennoch die Aufmerksamkeit der Publizität zu erwecken. Auch die kritische Stellungnahme des Parlaments verhallt so zuweilen ungehört.

Diesen Erscheinungen gegenüber, die heute weithin auch erkannt sind, ist man nicht untätig geblieben, auf Abhilfen zu sinnen. Sie liegen einmal, und diese Möglichkeiten sind gerade jüngst breit erörtert und teilweise realisiert worden[71], in der Verbesserung der Arbeitsweise des Parlamentes. In der Tat liegen hier wesentliche Möglichkeiten, die die Staatsrechtslehre leicht zu unterschätzen geneigt ist[72]. Das gilt einmal für die Belebung der Plenardiskussion, bei der heute die Fragestunde im Vordergrund steht[73], die Zusammenfassung der Debatten über verwandte Materien in der Zeiteinteilung, die Veranstaltung von öffentlichen Hearings durch Ausschüsse bei wichtigen Gesetzentwürfen[74] und die Eröffnung der Möglichkeiten der Einsetzung von En-

---

[69] Hier kann nur verwiesen werden auf Methoden kooperativer Kontrolle, d. h. vorgängig einsetzender Mitbestimmung. Vgl. *Bäumlin*, S. 244 ff.; *Scheuner*, Festschr. f. A. Arndt, S. 400 Anm. 48 (abgedruckt in *diesem* Bande als Beitrag Nr. 12); *Eichenberger*, Regierungs- und Verwaltungsreform im Kanton Aargau (Bericht 1968), S. 81, 86.

[70] Diese Erscheinung der Öffentlichkeitswirkung der modernen Parlamente wurde in der 240. Sitzung des 5. Deutschen Bundestages v. 18. 6. 1969 mit vielen praktischen Details für Besserungen eingehend besprochen. (Sten.Ber. S. 13309 - 13315). Auch in England wird dies Phänomen bemerkt und man sucht ihm durch Unterrichtung der Presselobby und andere Mittel entgegenzuwirken. Vgl. *Mackintosh*, S. 600 f.

[71] Vgl. hierzu den Bericht über verschiedene Fraktionsanträge zur Geschäftsordnungsreform, BT-Drucks. V/4373, die Debatten in der 240. Sitzung des 5. Deutschen Bundestages v. 18. 6. 1969 (Sten.Ber. S. 13293 ff.) und die Änderung der GeschO v. 4. 7. 1969 (BGBl. I, S. 779).

[72] Auf sie hat zu Recht aufmerksam gemacht *Partsch*, VVDStRL 16 (1958), S. 74 ff.

[73] Vgl. 5. Deutscher Bundestag, 240. Sitzung v. 18. 6. 1969, Sten.Ber. S. 13315.

[74] z. B. für die Notstandsgesetzgebung 1968. Siehe die Informationssitzung d. Rechts- und Innenausschusses v. 9., 16. und 30. 11. und 7. und 14. 12. 1967. Informationssitzungen wurden auch für die Strafrechtsreform angewandt und sind weiterhin für sie geplant.

quête-Kommissionen. Ob dagegen die von manchen geforderte Öffentlichkeit der Ausschüsse einer breiteren Publizitätswirkung die Tür öffnet und nicht eher die Lebendigkeit des Meinungsaustausches hemmt, muß in Frage gestellt werden.

Eine andere Linie wird verfolgt, wenn man die Stärkung der Arbeitsmöglichkeiten des Parlaments, vor allem seine bessere Ausstattung mit Mitarbeitern für die Ausschüsse und Abgeordneten sowie die Erweiterung seiner Informationsmöglichkeiten, ins Auge faßt. Ihr wird mit Recht ein großes Gewicht beigemessen, wenn auch selbst ein weiter Ausbau dieser Mittel den Vorsprung der Exekutive an Information und Sachkunde niemals wettmachen kann[75].

Man wird aber darüber hinaus überhaupt die Frage stellen müssen, welches die Aufgabe und der Sinn parlamentarischer Kontrolle ist. Daß dies heute nicht mehr eine Detailprüfung von Regierung und Verwaltung bedeuten kann, ist evident. Daraus könnte der Schluß gezogen werden, der britischen Methode eines Verzichts auf Einzelheiten und Beschränkung auf die politischen Fragen den Vorzug zu geben. Das hieße indes, die seit der kaiserlichen Zeit vollzogene Entwicklung des deutschen Parlaments zu einer Arbeit in Ausschüssen rückgängig machen. Die dadurch erzielte ungleich stärkere Beteiligung an der Gesetzgebungsarbeit, aber auch an der Kontrollmöglichkeit, sollte nicht aufgegeben werden. Es scheint mir daher richtig, daß für die Bundesrepublik, wie dies Hans Maier dargelegt hat, ein gewisses Doppelziel, eine Mischform, angestrebt wird[76].

Endlich ist in der neuesten Literatur der Blick darauf gefallen, daß sich tatsächlich eine wichtige Form parlamentarischer Kontrolle entwickelt hat, die aus dem Kreis der nachträglichen „repressiven" Beaufsichtigung hinaus dahin geht, eine vorgängige „präsentive" Einwirkung durch Mitwirkung, durch die begrifflich erstmals von Bäumlin entwickelte „Kontrolle durch Zusammenwirken" zu erhalten[77]. Im deutschen Recht kann man solche Vorgänge beobachten in der Beteiligung ständiger Ausschüsse — etwa des Auswärtigen Ausschusses und des Verteidigungsausschusses — an wichtigen Grundentscheidungen,

[75] Zur Bedeutung dieser Maßregeln vgl. 240. Sitzung des 5. Deutschen Bundestages v. 18. 6. 1969, Sten.Ber. S. 13324, 13326. Ferner *H. Maier,* S. 23 ff. Immerhin sticht die Ausstattung des deutschen Parlaments noch vorteilhaft von der Lage in England ab. Vgl. *G. A. Ritter,* Festgabe f. Fraenkel, S. 320 ff.; *Loewenstein,* Zur Gegenwartslage des britischen Parlamentarismus, 1967, S. 52 ff. Für Belgien siehe *van Impe,* S. 170.

[76] *H. Maier,* S. 20 ff.

[77] Vgl. *Bäumlin,* S. 244 ff. *Wilhelm Kewenig* wird in Kürze zu diesem Bereich eine Studie „Staatsrechtliche Probleme parlamentarischer Mitregierung am Beispiel der Arbeit der Bundestagsausschüsse" vorlegen, der der Verf. manche Einsicht verdankt.

bevor sie von der Exekutive getroffen werden[78]. Eine andere Form stellt die Beteiligung an der Haushaltsausführung durch Vorbehalte für Ausgaben zugunsten parlamentarischer Freigabe dar. Sind diese Entwicklungen auch nicht ohne Bedenken, weil sie — ganz abgesehen von den Grenzen verfassungsrechtlicher Zulässigkeit — zwar Kontrolle geben (im Sinne begleitender Aufsicht und Einwirkung), aber später — wegen Eigenbeteiligung des Empfängers der Verantwortung — die Rechenschaft verunklaren, so werden doch solche vorgängigen Beteiligungen ein bedeutsames Mittel darstellen, mit dem dem Schwund parlamentarischen Einflusses gegenüber mehrjährigen Finanzplanungen und Planungsvorgängen überhaupt entgegengewirkt werden kann.

Diese Zeilen können die hier auftretenden Probleme nur andeuten, nicht mehr im einzelnen entwickeln. Insgesamt aber zeigen die Überlegungen zu den Wandlungen in der heutigen Form der Verantwortung und Kontrolle, daß sich dieser Bereich, wie so manche andere des Verfassungslebens, in steter Veränderung und Anpassung an neue Verhältnisse und Anforderungen befindet. Die Staatsrechtslehre tut daher gut, neben der Ausdeutung der Verfassungsnormen auch die in ihrer Anwendung sich vollziehende faktische Entwicklung nicht aus dem Auge zu verlieren.

[78] So wird wohl selten eine grundlegende Entscheidung über Waffensysteme und Waffenbeschaffung ohne solche Mitwirkung fallen.

Entwicklungslinien des parlamentarischen Regierungssystems in der Gegenwart

I.

Nimmt man heute Max Webers berühmten Vortrag „Politik als Beruf" zur Hand, der im Zeitpunkt der Einführung des parlamentarischen Regimes in Deutschland im Winter 1918/19 gehalten wurde, so treten im Abstand eines halben Jahrhunderts dem Leser alsbald zwei Grundtendenzen dieser Schrift entgegen. Sie enthält einmal einen bemerkenswerten Appell zugunsten eines auf eingehende Sachermittlung gegründeten politischen Denkens, eines Realismus der politischen Theorie, der bis in den bekannten Gegensatz der auf die Bekundung eines politischen Glaubens gerichteten Gesinnungsethik zu der auf die Schwere der ethischen Entscheidung im konkreten Falle gestellten Verantwortungsethik vertieft ist[1]. Sodann aber wird der Blick gelenkt auf den sich vollziehenden Wandel im Typ des zur Staatsführung berufenen Personenkreises: der zur monarchisch-konstitutionellen Staatsform gehörende Beamte wird dem parlamentarischen Politiker gegenübergestellt[2]. Dabei verkannte Weber nicht, daß auch der deutsche Honoratiorenpolitiker — wie er ihn nannte —, der seine Prägung in einer Zeit der Machtlosigkeit des Parlaments erfahren hatte, sich werde wandeln müssen[3]. Die methodischen Ansätze dieses Vortrages beweisen auch heute noch ihre Fruchtbarkeit. Sie gehen davon aus, daß das parlamentarische System nur auf dem Grunde einer Untersuchung der gesamten politischen Struktur und Überlieferung eines Landes zu verstehen ist und daß es als ein in seinem Ursprungslande, England, aus der Realität erwachsenes System einer sorgfältigen Beobachtung seiner tatsächlichen Ausgestaltung bedarf. Es stellt eine vielgestaltige und geschicht-

---

Aus: Festschrift für Adolf Arndt zum 65. Geburtstag. Hrsg. von Horst Ehmke, Carlo Schmid, Hans Scharoun. Frankfurt/M. 1969, S. 385 - 404. — Abdruck mit freundlicher Genehmigung der Europäischen Verlangsanstalt, Köln.

[1] *Max Weber*, Politik als Beruf, 2. Aufl. 1926, S. 57 ff. Daß die Auffassung Webers von der Überlegenheit einer rational geleiteten Erkenntnis über ideologisch bestimmte Thesen tief in seiner wissenschaftlichen Grundgesinnung wurzelte, bedarf keiner Darlegung. Vgl. *Topitsch*, in: Max Weber und die Soziologie heute, Verhandlungen des 15. deutschen Soziologentages 1965, S. 37.

[2] *Max Weber*, S. 27 ff., 46 ff.

[3] S. 47.

lich veränderliche Regierungsform dar, aufbauend auf in sich beweglichen Faktoren wie Parteien, Methoden der Regierungsführung, Arbeitsformen des Parlaments, und ihm ist daher nur eine Betrachtungsweise angemessen, die nicht die verfassungsrechtlichen Gestaltungen allein, sondern das ganze Spiel der sozialen Kräfte und die Ausdrucksformen des politischen Prozesses ins Auge faßt. Und endlich hat Max Weber damals einen Grundzug des Parlamentarismus richtig gekennzeichnet: Es ist ein politisches System, in dem die Entscheidungen in der Hand eines Kreises von Berufspolitikern, einer parlamentarischen Schicht liegen.

Seit dem Jahre 1919 sind manche Erfahrungen mit dem parlamentarischen System gewonnen worden. Die damals und wiederum nach 1945 gehegte Hoffnung, es werde sich als Verfassungsschema weit über die Welt verbreiten lassen, hat sich nicht erfüllt. Offenbar ist der Parlamentarismus in seiner eigentlichen Form an den Bereich der hochindustrialisierten Staaten mit ihren rationalen Formen der politischen Auseinandersetzung und begrenzten sozialen Spannungen gebunden. Die noch in Entwicklung befindlichen Länder, die einen sozialen Neubau oder Umbau vollziehen müssen, suchen nach Formen stärkerer Stabilität der Leitung, die sie teils in der fortdauernden Herrschaft einer Partei — mit oder ohne noch zugelassene Opposition — oder auch vielfach in der Machtausübung durch eine militärische Führungsschicht zu finden suchen, die vielerorts am ehesten eine sich von ererbtem Besitz abhebende und rational geschulte Personengruppe politischer Disponibilität abgibt. Die sozialistischen Systeme sind erst recht auf Kontinuierlichkeit der Herrschaft einer Klasse und Partei gegründet und nehmen dafür die krisenhafte Form in Kauf, in der sich in ihnen der politische Wechsel und die Ablösung leitender Machtträger vollzieht. In den demokratischen Staaten Europas ist der Parlamentarismus — in der Bundesrepublik freilich erst aus tiefstem Zusammenbruch wiederhergestellt — das vorherrschende System, so stark der Einfluß der amerikanischen Präsidentschaftsrepublik etwa für die Weimarer Verfassung gewesen ist, sich heute in Finnland bemerkbar macht[4] oder in der Ausgestaltung des präsidentiellen Regimes in Frankreich anklingt. Die konsiliare Demokratie der Schweiz mit ihren starken plebiszitären Zügen beruht weitgehend auf geschichtlicher Besonderung[5].

---

[4] Zur finnischen Verfassung mit ihrer stärkeren Position des Staatspräsidenten siehe *Paavo Kastari,* La présidence de la République en Finlande, Neuchâtel 1962; *ders.,* Revue du Droit Public 1967, S. 868 ff.; *K. v. Beyme,* Das präsidentielle Regierungssystem der Vereinigten Staaten in der Lehre der Herrschaftsformen, 1967, S. 64 ff.

[5] *Imboden,* Die politischen Systeme, 1961, S. 29 ff., schildert diese besondere Art der schweizerischen Verfassung.

Jedes politische System steht in der Geschichte und vermag sich daher von seinen Grundlagen aus im Laufe der Zeit zu wandeln, sich veränderten sozialen Bedingungen anzupassen und auch zu erneuern. Neben grundlegenden und daher auch beständigen Formen und Prinzipien weist es veränderliche Züge auf. Wir kennen diese Möglichkeit der Fortbildung, der veränderten Deutung und Anpassung bei den großen Formprinzipien der politischen Theorie, der Gewaltenteilung[6], der Repräsentation[7] oder Kontrolle. Es wäre daher falsch, das parlamentarische Regierungssystem allein nach einer bestimmten Entwicklungsstufe und ihrer zeitbedingten ideellen Deutung zu beurteilen, wie dies in den 20er Jahren mit von einer bis heute nachwirkenden Theorie unternommen wurde[8], die das Moment der öffentlichen Diskussion im Parlament betonte. Damit wurde einem Zuge des liberalen Bildes des Parlamentarismus und bestimmten Funktionsformen eine Bedeutung gegeben, die ihnen vor allem in der pragmatischen englischen Entwicklungsgeschichte gar nicht zukommt. Es gilt vielmehr heute die Frage zu stellen, wie sich Erscheinungsbild und Wirkungsweise dieser staatlichen Regierungsform unter modernen Bedingungen, in einer pluralistischen Gesellschaft, im Rahmen des Wohlfahrtsstaates und in einer durch die Massenmedien so stark veränderten Öffentlichkeit darstellt.

II.

Ein so bewegliches und so stark von den politischen Realitäten geformtes System wie der Parlamentarismus läßt sich nicht leicht mit begrifflichen Merkmalen erfassen. Man wird an ihm vor allem den Zug hervorheben können, daß kraft einer engen Verbindung des politisch leitenden Kabinettes mit der Volksvertretung dem Parlament und dem in ihm versammelten Personenkreis ein maßgebender politischer Einfluß auf die staatlichen Entscheidungen zukommt. Historisch ist das Regime in England ausgebildet worden, und von hier aus müssen auch seine Grundzüge bestimmt werden. Dort hat es — als Cabinet System oder Responsible Government — die ältere Form einer noch *vorwiegend*

---

[6] Zur Wandlung der Gewaltenteilung siehe *Werner Kägi,* Festschrift Hans Huber, 1961, S. 151 ff.; *Imboden,* Montesquieu und die Lehre von der Gewaltenteilung, 1959; *M. J. C. Vile,* Constitutionalism and the Separation of Powers, 1967, S. 315 ff.

[7] Vgl. meine Darlegungen, Festschrift Hans Huber, 1961, S. 225 ff. (abgedruckt in *diesem* Bande als Beitrag Nr. 9).

[8] Dieser Versuch, in *Carl Schmitts,* Die geistesgeschichtliche Lage des heutigen Parlamentarismus, 2. Aufl. 1926, S. 41 ff., 63 sowie Einleitung, S. 13 ff. unternommen, nach Rückgang von Öffentlichkeit und Diskussion den Parlamentarismus als überwunden zu erklären, identifiziert unzulässig eine Zeitstufe mit dem Ganzen einer komplexeren Erscheinung. Kritisch zur Methode auch *Gerhard A. Ritter,* Deutscher und britischer Parlamentarismus, 1962, S. 55, Anm. 45.

aristokratisch bestimmten Präponderanz des Parlaments mit einem gewissen Einfluß der Krone auf die Bestellung der Minister am Ende des ersten Viertels des 19. Jahrhunderts abgelöst[9]. Es hat dabei den monarchischen Entscheid als ein mitbestimmendes Element fortschreitend eliminiert[10] und die politische Leitung in die Hand der politischen Parteien gegeben, die sich am Ende des 17. Jahrhunderts formiert hatten[11], nun sich aber allmählich demokratisch umgestalteten. Die äußeren Merkmale des Regimes waren ein Vorrang des Parlaments, die aus der Abhängigkeit der Regierung von dessen Mehrheit fließende Rolle der Parteien und, wie schon der erste Theoretiker des Systems, Bagehot[12], bemerkt hat, eine strukturelle Verbindung von Legislative und Exekutive, also die Herstellung eines einheitlichen Machtzentrums im Staate anstelle eines dualistischen Aufbaus, wie er den Bau der kontinentalen konstitutionellen Monarchie kennzeichnete[13]. In der deutschen Entwicklung behielt bis 1918 die Krone einen maßgebenden Anteil an der politischen Leitung, vor allem in der Ernennung der Minister. Der Volksvertretung waren wichtige Rechte in Gesetzgebung und Haushaltsfestsetzung gegeben, aber eben nur Rechte der „Mitwirkung“, keine zentrale Position[14]. In der konservativen Begriffsbildung der deutschen Staatsrechtslehre wirkt diese Lage in der mangelnden Erfassung von Verantwortung, Kontrolle, Teilhabe des Parlaments an der Staatsleitung noch immer nach. Eine unscheinbare Bestimmung der Bismarckischen Reichsverfassung von 1871, Art. 9 Satz 2, der gleichzeitige Mitgliedschaft in Reichstag und Bundesrat untersagte, schloß praktisch, da Kanzler und Staatssekretäre des Reiches den Zugang zum Bundesrat benötigten, die Parlamentarier von der Regierung aus[15].

---

[9] Dazu *John P. Mackintosh*, The British Cabinet, 2. Aufl. 1968, S. 155 ff.

[10] Das hob schon *Bagehot*, The English Constitution, 1867, Ed. The World's Classics, S. 63 ff. hervor.

[11] Die Theorie, daß die englische Politik im 18. Jahrhundert nur von familienhaften und lokalen Gruppierungen bestimmt worden sei (*Sir Lewis Namier*, The Structure of Politics at the Accession of George III, 2. Aufl. 1957; *R. Walcott*, English Politics in the Early Eighteenth Century, 1956; *Richard Pares*, King George III and the Politicians, 1953, S. 61 ff.) ist nunmehr in der neueren Literatur stark eingeschränkt worden: *J. H. Plumb*, The Growth of Political Stability in England 1675 - 1725, 1967, S. 129 ff.; *Geoffrey Holmes*, British Politics in the Age of Anne, 1967, S. 1 ff., 285 ff.

[12] S. 9.

[13] Vgl. hierzu jetzt für die Frühzeit des 19. Jahrhunderts *Hartwig Brandt*, Landständische Repräsentation im deutschen Vormärz, 1968, S. 47 ff.; *E. R. Huber*, Deutsche Verfassungsgeschichte seit 1789, Bd. III, S. 11 ff.; *O. Hintze*, Das monarchische Prinzip, Ges. Abhandlungen, 2. Aufl., Bd. I, 1962, S. 379 ff.

[14] Daher auch die Verbannung der Parteien aus dem Verfassungsrecht. Hierzu *Radbruch*, HBDStR, Bd. I, 1930, S. 285 ff. Auch heute spricht Art. 21 GG nur von „Mitwirkung“.

[15] *E. R. Huber*, Bd. III, S. 829 f.; *K. Loewenstein*, Max Webers staatspolitische Auffassungen in der Sicht unserer Zeit, 1965, S. 15.

Demgegenüber hat sich in England früh die Auffassung durchgesetzt, daß ein Mitglied des Kabinetts (im weiteren Sinne) dem Parlament angehören müsse. In anderen Ländern ist diese Regel in ihrer Strenge nie übernommen worden[16]. Die niederländische Verfassung sieht sogar heute noch vor, daß ein Mitglied der beiden Häuser des Parlaments nicht zugleich Mitglied des Staatsrats (und damit Minister) sein kann (Art. 106). Der Sinn der gleichen Bestimmung der französischen Verfassung von 1958 (Art. 23) liegt freilich schon außerhalb der parlamentarischen Regierungsform und dient der Bindung des Kabinetts an den Staatschef.

Die Übertragung des Systems auf den Kontinent, zuerst nach Belgien, seit 1875 in Frankreich und später in die Niederlande und nach Skandinavien[17], zeigte freilich, daß andere soziale Bedingungen, ein anderes Wahlsystem und vor allem die Existenz vieler Parteien ganz andere Typen ausprägten. Koalitionskabinette zeigten geringere Kohärenz, Instabilität und eher einen Vorrang des Parlaments und seiner Ausschüsse, vor allem nicht jenen Machtanstieg des Premiers, den England erlebt hat. Die rechtlichen Merkmale des Regimes wurden in der kontinentalen Theorie schärfer ausgeprägt. Die Abhängigkeit der Regierungsglieder in Einsetzung und Dauer ihres Amtes wurde weithin als rechtlicher Ausdruck angesehen[18]. Vielleicht würde es — im Blick auf Formen einer Bestellung auf Zeit mit Abberufungsmöglichkeit[19] — genügen, weniger formal darauf abzustellen, daß das Kabinett seine Bestellung dem Parlament verdankt und sein Amt in enger Verbindung mit dessen Mehrheit führt. Jedenfalls gehört zu den Kennzeichen dieser politischen Form die Abschwächung des Gegensatzes zwischen Legislative und Exekutive, dessen Funktion von dem zwischen Regierung und Opposition übernommen wird[20], und die Ausschaltung eines Dualismus der politischen Bestimmung. Das läßt eine starke Stellung des Staatshaupts, wie sie die Weimarer Verfassung vorgesehen hatte, als Abweichung vom Grundtyp erscheinen, die manche für das Scheitern dieser Verfassung mit verantwortlich gemacht haben[21]. Das heu-

---

[16] In der Weimarer Zeit gehörten Kanzler wie Cuno und Luther dem Parlament nicht an.

[17] Vgl. *Raymond Fusilier*, Les Monarchies Parlementairs, 1960, S. 360 ff., 532 f., 216 ff., 86 ff.

[18] So meine eigenen Darlegungen, AöR, NF 13 (1927), S. 288 f.; ebenso *F. Glum*, Das parlamentarische Regierungssystem in Deutschland, Großbritannien und Frankreich, 2. Aufl. 1965, S. 1. Heute würde ich diese Ansicht für etwas zu formal halten.

[19] So die bayerische Verfassung v. 2. 12. 1946, Art. 44.

[20] Zur Rolle der Opposition siehe *H. Peters*, ÖstZöffR 10 (1960), S. 424 ff.; *W. Hennis*, Gesellschaft — Staat — Erziehung, I, 1956, S. 205 ff.; *Adolf Arndt*, Neue Sammlung 8 (1968), S. 111.

[21] So vor allem *Loewenstein*, AöR 75 (1949), S. 181 ff.; *ders.*, Verfassungslehre, 1959, S. 80 f.

tige französische Staatssystem mit seiner rechtlich und faktisch überragenden präsidentiellen Macht scheint mir schon jenseits des eigentlichen parlamentarischen Typus zu liegen[22].

Das parlamentarische System gründet sich auf den Gedanken der Repräsentation, d. h. der verbindlichen Vertretung des Ganzen durch Personen oder eine Personengruppe. Das Parlament repräsentiert aber daher in besonderem Maße, weil es in sich die Vielfalt der Kräfte und Spannungen des Volkes zum Ausdruck bringen kann[23]. Allen demokratischen Staatsformen ist das Streben nach Öffentlichkeit der politischen Entscheidung, nach Verantwortung und Kontrolle eigen. Der Parlamentarismus macht die Funktion der Leitung besonders in der Bestellung der leitenden Organe durch das Parlament und der Konzentration der Entscheidung innerhalb des parlamentarischen Personenkreises sichtbar. Es ist nicht, wie man gemeint hat, die rednerische Diskussion im Plenum, sondern der sichtbare Austrag der politischen Meinungsgegensätze in einem bestimmten Personenkreise und die Information der Öffentlichkeit hiervon, was den Parlamentarismus kennzeichnet.

Verfassungsrechtlich ist in den meisten Ländern das parlamentarische Regime gar nicht fixiert. Es ist viel eher ein Ergebnis der politischen Praxis. In England betreffen die das Oberhaus zurückdrängenden Gesetze von 1911 und 1949, die Anerkennung des Ministerpräsidenten und der öffentlichen Aufgabe der Opposition in der Ministers of the Crown Act (1937) und die Peerage Act (1963) nur einzelne Punkte; in Belgien, den Niederlanden, Norwegen und Schweden fehlt eine verfassungsrechtliche Festlegung[24]. Nur in Deutschland ist das System 1919 und 1945 jeweils unter bestimmten theoretischen Vorstellungen eingeführt und auch rechtlich statuiert worden[25]. Aber auch hier spielen Staatspraxis und Verfassungskonvention eine bedeutende Rolle. Glaubte man

---

[22] *Duverger*, Institutions Politiques, 6. éd. 1962, S. 545 spricht von „Orléanisme". Dualistische Züge betont *Gangl*, Verfassungsfragen der V. Republik, Graz 1964, S. 222 ff.

[23] Unter dem Einfluß der Burkeschen These der Vertretung nur des Ganzen wird dieser wichtige Zug, daß im Parlament auch die Interessen und die soziale Gliederung eines Volkes zum Austrag kommen sollen, in der deutschen Theorie meist verkannt, ja, oft sogar negativ beurteilt. Anders in England, wo man stets das Unterhaus als Bild der nationalen Interessen gesehen hat. Vgl. zu diesen Fragen *Hanna Fenichel Pitkin*, The Concept of Representation, 1967, S. 144 ff., 190 ff.

[24] Vgl. *Fusilier*, S. 352, 527, 78, 218, 301.

[25] Zu dieser theoretischen Vorbereitung, besonders der in ihr auftretenden Idee eines starken Präsidentenamtes siehe *Gustav Schmidt*, Deutscher Historismus und der Übergang zur parlamentarischen Demokratie, 1964, S. 268 ff. (M. Weber); *Wolfgang Mommsen*, Max Weber und die deutsche Politik 1890 - 1920, 1959, S. 324 ff.

den deutschen Typ des Grundgesetzes bereits durch die „Kanzlerdemokratie“ im Sinne einer starken Position des Kabinettschefs festgelegt, so hat der Übergang zur Großen Koalition 1966 gezeigt, daß sich im Parteienbündnis diese Züge abschwächen und andere Tendenzen hervortreten.

III.

Das parlamentarische System bietet sehr verschiedenen Ausgestaltungen Raum. Das wird erkennbar sowohl, wenn man seine historische Entwicklung betrachtet, wie in den Ergebnissen seiner Handhabung in verschiedenen Ländern. Legt man den geschichtlichen Ablauf zugrunde und geht dabei von England als Leitbild aus, so lassen sich drei Phasen unterscheiden. Die erste Periode fällt zusammen mit der Vorherrschaft liberaler Ideen. Noch wird das Wahlrecht beschränkten Kreisen nur gegeben, die Parteien sind noch nicht straff organisiert, üben noch vielfach das „cross voting“ und bieten daher der Regierung keine sichere Stütze; Parteiabsplitterungen sind nicht selten. Im Ganzen das Bild einer von einer bürgerlichen Schicht getragenen politischen Herrschaftsform, der keineswegs die exemplarische Bedeutung zukommt, die ihr jene schon abgelehnte deutsche Theorie zuschreiben möchte. Nicht ausreichend fundiert ist auch die Ansicht, in dieser Zeit sei der einzelne Abgeordnete wirklich frei und ohne Bindung gewesen, habe also dem heute noch von Art. 38 GG festgehaltenen Ideal entsprochen. Hier wird übersehen, wie stark in Deutschland ständische Einflüsse nachwirkten, wie wirksam auch schon in jener Frühzeit Interessenbindungen waren. Ein englischer Autor hat darauf aufmerksam gemacht, wie groß die Zahl der leitenden Männer von Eisenbahngesellschaften im britischen Unterhaus schon seit den 40er Jahren war, in einer Zeit, wo Tausende von Private Bills zugunsten dieser Unternehmen verabschiedet wurden[26]. Für Deutschland läßt sich, etwas später, ähnliches annehmen[27].

Die zweite Phase der Ausgestaltung des Parlamentarismus setzt in England um 1880 mit der Ausbildung einer straffen über das ganze Land ausgebreiteten Parteiorganisation, einer Hebung der Parteidisziplin und der Umbildung der älteren „Honoratiorenparteien“ zu mo-

[26] Auf den Untersuchungen von *Philip Williams*, EHR 67 (1952), S. 52 fußend, gibt *Samuel H. Beer*, Modern British Politics, 1965, S. 65 f. die Zahl der Eisenbahndirektoren im House of Commons zwischen 1841 - 1847 als 145 unter 815 Mitgliedern insgesamt an und für 1867 auf 179.

[27] Für Deutschland liegt die Forschung noch zurück. Vgl. aber für die Verbindung von Interessenverbänden und Parlament seit 1860 *Helmut Böhme*, Deutschlands Weg zur Großmacht. Studien zum Verhältnis von Wirtschaft und Staat während der Reichsgründungszeit, 1966, S. 155 ff., 259 ff., 356 ff., 376 ff.

dernen Massenparteien ein. Sie ist teilweise eine Folge der Demokratisierung des Wahlrechts (1868, 1884), geht aber ebensowohl auf die organisatorische Energie Joseph Chamberlains in der liberalen und Randolph Churchills in der konservativen Partei[28] und auf die Einführung neuer politischer Kampfmethoden zurück, unter denen etwa der direkte Appell an den Wähler durch Reisekampagnen — Gladstones Midlothian Campaign 1879[29] — erwähnt sei. Die Veränderungen machten sich nach vielen Seiten bemerkbar. Die Parteien und Fraktionen treten nun geschlossener auf[30]. Regierung und Opposition bilden sich noch schärfer gegeneinander aus, die zentralen Richtlinien und Ziele der Politik lassen die lokalen Einflüsse stärker zurücktreten. Seit dem Ersten Weltkrieg setzt dann auch die bis heute anhaltende Stärkung der Stellung des Premiers ein, der sich weit über seine Kollegen erhebt, und dem Entscheidungen zufallen — z. B. über den Zeitpunkt der Parlamentsauflösung —, die früher dem Kabinett verblieben[31].

Diese Wandlung von einem auf eine kleinere Führungsschicht abgestellten Parteiwesen und von der liberalen Abneigung gegen den Appell an die Massen zur modernen Volkspartei mit ihren in die Breite wirkenden Methoden der Propaganda ist schon früh von Ostrogorski bemerkt worden. Heute ist sie Gemeingut der Literatur[32]. Man wird freilich hinzufügen müssen, daß sich der Unterschied keineswegs in allen Ländern gleich ausgeprägt hat. In Frankreich hat sich der Aufbau einer zentralen Leitung und einer strengen Disziplin in den Parteien — abgesehen von den Kommunisten — nicht durchgesetzt, und es blieb daher mangelnde Gruppenkohärenz und Instabilität der Regierungen ein Kennzeichen der III. wie der IV. Republik, ohne daß die Elemente lokaler Parteigruppen auch in der V. Republik etwa verschwunden wären. In den Ländern mit einer Mehrheit von Parteien hat sich eine Präponderanz des Premiers nicht ausbilden können[33], weil Koalitions-

---

[28] Vgl. hierzu *Sir Ivor Jennings,* Party Politics, 1961, S. 134 ff., 154 ff.; *R. T. McKenzie,* British Political Parties, 2. Aufl. 1963, S. 7 f., 147 f.

[29] *Sir Ivor Jennings,* S. 134, 146.

[30] *Samuel H. Beer* (S. 257) gibt eine Übersicht der Geschlossenheit der Parteiabstimmungen im Parlament. Die Quote der geschlossen abgegebenen Stimmen betrug (in allen Entscheidungen, auch denen ohne Richtpunkt des Whip): Für die Konservativen 1860: 57,3 Prozent, 1881: 82,9 Prozent, 1899: 94,1 Prozent. Die liberalen Zahlen sind ähnlich.

[31] Zum Aufstieg der Stellung des Premiers vgl. *Sir Ivor Jennings,* Cabinet Government, 3. Aufl. 1959, S. 173 ff. Zum Übergang der Auflösungsentscheidung vom Kabinett auf den Premier (um 1918), *ders.,* S. 417 f.; *Mackintosh,* S. 448 ff.; *Loewenstein,* Zur Gegenwartslage des brit. Parlamentarismus, 1967, S. 11; *B. Waleffe,* Some Constitutional Aspects of Recent Cabinet Development in Great Britain and Belgium, Brüssel 1968, S. 15 ff., 159 ff.

[32] Vgl. *M. Ostrogorski,* Democracy and the Organization of Political Parties, London 1902. Heute *Th. Schieder,* Staat u. Gesellschaft im Wandel unserer Zeit, 1958, S. 152 ff.; *McKenzie,* S. 8 ff.

regierungen mit ihrer Notwendigkeit zu stets erneuerter innerer Einigung keine Einzelführung haben können.

Der Unterschied zwischen der älteren liberalen Prägung des Parteienlebens und den modernen Massenparteien ist in der Theorie teilweise als tiefer struktureller Wandel der Demokratie angesehen worden. Im Anschluß an die Darlegungen von Cecil S. Emden[34] in England, der hierin den Übergang zu einem plebiszitären Sachmandat des Wählers an die Regierung erblickte, hat Gerhard Leibholz daraus den Gegensatz zwischen der älteren liberal-repräsentativen parlamentarischen Demokratie und dem modernen Parteienstaat entwickelt, dem er plebiszitäre Züge beilegt. Die plebiszitären Momente sieht Leibholz in der strikten Bindung des Abgeordneten an die Parteidisziplin, die seinen repräsentativen Charakter — der hier ganz im Rahmen der Burkeschen Konzeption auf die „Unabhängigkeit" gestellt ist — abschwächt in den konkreten Sachaufträgen, die der Wähler den Parteien bei der Wahl erteilt (Mandat)[35]. Daher sei heute an die Stelle der repräsentativen Entscheidung der Parlamentarier eine Verlagerung der Entscheidung zum Volk hin eingetreten, der Staat maßgebend von den zum Ausdruck der Aktivbürgerschaft gewordenen Parteien bestimmt. In diesen Thesen treten richtige Beobachtungen hervor, aber auch bestreitbare Fakten, und in ihrem theoretischen Ergebnis scheinen sie mir keine ganz zutreffende Deutung. Auch im Zeitalter der Massenparteien bleibt das parlamentarische Regime eine Form der repräsentativen Demokratie und bleiben plebiszitäre Kennzeichen im Hintergrund. Die Sachentscheidung des Wählers ist schon von Emden überschätzt. In Wirklichkeit trifft auch der Wähler in einem Zweiparteiensystem, der mit der Wahl über die künftige Regierungsmannschaft entscheiden kann, eine personelle Entscheidung, erteilt keinen Sachauftrag, trifft nicht konkrete politische Bestimmungen. Keine englische Regierung hat sich je an die Theorie des Mandats gehalten. Weder die Abwertung 1931 und 1967, noch der Suez-Feldzug oder der Beitritt zur EWG sind einem Votum der Wähler vorgelegt worden[36]. Die moderne Wahl ist immer stärker auf eine oder wenige leitende Personen ausgerichtet, denen der

---

[33] Ein Bild der Ordnung des Grundgesetzes unter dem Typ der Kanzlerdemokratie entwirft *Jean Amphoux,* Le Chancelier Fédéral dans le régime constitutionnel de la République Fédérale Allemande, 1962, S. 155 ff. Dagegen hat *W. Hennis* zu Recht den sehr persönlichen und an bestimmte Mehrheitsverhältnisse gebundenen Charakter dieses Systems betont (Richtlinienkompetenz und Regierungstechnik, 1964).

[34] *Cecil S. Emden,* The People and the Constitution, 2. Aufl. 1956, S. 167 ff., 297 ff.

[35] *Leibholz,* Der Strukturwandel der modernen Demokratie, 1952, jetzt in: Strukturprobleme der modernen Demokratie, 3. Aufl. 1967, S. 78 ff.

[36] Zur Kritik an der Theorie des Mandats siehe *Sir Ivor Jennings,* Cabinet Government, S. 503 ff.; *Mackintosh,* S. 15 f.

Wähler zusammen mit einem allgemeinen Urteil über die Gesamtrichtung der Partei, der er den Vorzug gibt, eine Ermächtigung erteilt. Nicht zutreffend scheint mir auch die Lage des einzelnen Abgeordneten eingeschätzt. Die Bindung bei Abstimmungen ruht viel stärker auf einem Gefühl der Solidarität mit seiner Partei (verstärkt ggf. durch vorherige interne Beratung) als auf einem Zwang der Fraktion. Der Verlust an Selbständigkeit und Einfluß gilt aber viel stärker für England, wo der Backbencher in der Tat nur eine begrenzte Wirkungsmöglichkeit besitzt[37]. In Ländern mit einem ausgebauten System von Ausschüssen findet der Abgeordnete dagegen genügend Raum zu fachlich-politischer Arbeit in verhältnismäßiger Selbständigkeit. Oft wird hier sogar der Ausschußvertreter eher seine Partei als diese ihn beeinflussen können. Man wird einräumen können, daß die Wahl innerhalb eines Zweiparteiensystems, bei der der Wähler unmittelbar die Person des künftigen Premiers bestimmen kann, plebiszitäre Elemente zeigt. Es ist auch richtig, daß im modernen Staat den Parteien ein bestimmender Einfluß zukommt, weit über eine bloße „Mitwirkung" hinaus[38]. Sie sind mit den zentralen Entscheidungen der Gesamtheit eng verbunden, auch wenn sie nicht in den institutionellen Aufbau des Staatsorganismus eingefügt sind. Aber damit ist der repräsentative Charakter der modernen Demokratie nicht aufgehoben.

Das von Rousseau für einen Kleinstaat entwickelte Ideal direkter Entscheidung ist im modernen großräumigen Gemeinwesen nicht vollziehbar. Auch die Schweizer Demokratie ist daran gebunden, Vorentscheidungen durch Parlament und andere Organe zu treffen, und vermag nur vorbereitete Fragestellungen dem Volke vorzulegen[39]. Repräsentation bedeutet verbindliche Vertretung einer Gesamtheit durch ein Organ oder eine Personengruppe. Entscheidend ist für sie nicht die Unabhängigkeit des Vertreters, sondern dessen Fähigkeit, die repräsentierte Gesamtheit wirklich rechtlich, aber auch innerlich zu verbinden. Daher kommt es bei der Repräsentation so wesentlich auf das enge Band zwischen Repräsentierten und dem Repräsentanten an, auf

[37] Zur bescheidenen Rolle des Backbenchers *Loewenstein,* Zur Gegenwartslage, S. 42 ff., der mit Recht vor Übertreibungen indes warnt. Vgl. ferner *G. A. Ritter,* Festgabe Fraenkel, 1963, S. 316 ff.

[38] In der Verkennung dieser modernen Entwicklung und im Festhalten an der spätkonstitutionellen Lehre von der Partei als bloßer Wahlorganisation, die auf „Mitwirkung" beschränkt ist, liegt ein wesentlicher Mangel der Beurteilung der Stellung der Parteien in dem Urteil des BVerfG zur Parteienfinanzierung v. 19. 7. 1966 (BVerfGE 20, S. 56, 97 - 102). In der Kritik dieser an einem zu engen Bilde des Verfassungslebens orientierten Vorstellung von den Parteien als „staatsfreien" Verbänden (analog der Presse) bin ich mit *Leibholz,* Strukturprobleme, 3. Aufl., S. VIII ff. einig.

[39] Auf diese Seite der „konsiliaren" Demokratie macht zu Recht *Imboden,* Politische Systeme, S. 40 f. aufmerksam.

das zwischen ihnen herrschende Vertrauen. Der Repräsentation wohnt gewiß ein elitärer Zug inne, aber dafür kennt sie — was besonders die angelsächsische Auffassung seit Locke entwickelt hat — die Vorstellungen des „Trust“, des Vertrauensauftrages, der Kontrolle und der Verantwortung. In diesen Elementen, die sowohl zwischen Regierung und Parlament wie zwischen Abgeordneten und Wählern eine wesentliche Rolle spielen, entfaltet sich ein wichtiger Teil der Erscheinung des parlamentarischen Regimes. Sie werden bei einer Deutung des Parteienstaates im plebiszitären Sinne nicht hinreichend sichtbar[40].

Das Bild des modernen Parteienstaates mit zentral gelenkten Parteien, die sich als Regierung und Opposition gegenüberstehen und sich in der Staatsleitung nach der Entscheidung des Wählers ablösen können, so wie es England seit dem Ende des 19. Jahrhunderts bot, ist heute noch gültig, aber sicherlich sind wir bereits in eine neue Phase der Entwicklung eingetreten, in der neue Probleme auftreten, die die alten überschatten und die noch keine Lösung gefunden haben. Das soziale Bild der europäischen Staaten hat sich gewandelt und wirkt auf Aufgabe und Stellung der Parlamente und Regierungen zurück. Die Funktion des Parlaments ist in einer durch die Massenmedien geformten Öffentlichkeit und angesichts moderner technokratischer Bedürfnisse geändert, und endlich zeigen sich neue Tendenzen im politischen Prozeß mancher Länder, die an die Stelle des Gegensatzes von Regierung und Opposition den Ausgleich, das Zusammenwirken aller zu setzen streben (Proporzdemokratie). Hier, im heutigen Wohlfahrtsstaat, der die Parlamente zu Umschlagstellen wirtschaftlicher Verteilung macht, in einer Demokratie der Gruppen und Verbände, der Interessen, die oft mehr nach dem Vertrag als der höheren Entscheidung streben, treten neue Probleme hervor, denen wir uns nun zuwenden wollen.

IV.

Die herkömmliche Theorie wies dem Parlament im 19. Jahrhundert die Aufgabe der Gesetzgebung, der Feststellung des Staatshaushalts und der Kontrolle der Regierung zu. Diese zentralen Aufgaben kennzeichnen auch noch die gegenwärtige Lage, aber ihre Situation und ihr Verhältnis zueinander hat sich verschoben. Der moderne Sozialstaat hat die Tätigkeit der Gesetzgebung außerordentlich erweitert. Die Legislative hat es nicht mehr vorwiegend mit für längere Dauer ge-

---

40 Eine eindringliche Analyse der repräsentativen und plebiszitären Momente bei *Ernst Fraenkel,* Die repräsentative und die plebiszitäre Komponente im demokratischen Verfassungsstaat, 1958. Die Bedeutung des im repräsentativen Charakter des Parlamentarismus liegenden Moments der Differenzierung, der Kontrolle und Zusammenarbeit betont *Vile,* Separation of Powers, S. 212 ff.

dachten grundlegenden Ordnungen des privaten und sozialen Lebens zu tun, sondern die Gesetzgebung ist — nicht zuletzt unter dem Druck der Vorstellung von der Notwendigkeit eines formellen Gesetzes für jede den Bürger betreffende Regelung — die Umschlagstelle für die staatliche Wirtschafts- und Sozialpolitik geworden. Das bedingt eine große Anzahl technischer Gesetze, die rasch ergänzt und geändert werden müssen, und macht das Parlament zu einer Instanz der Verteilung der sozialen Vorteile, der wirtschaftlichen Hilfen, der Begünstigungen und Subventionen[41]. Die Gesetzgebungsarbeit nimmt fast die ganze Zeit der Volksvertretung in Anspruch, sie erhöht ihre Aufgliederung in Ausschüsse und läßt ihr nicht genug Raum für die Aufgabe der Kontrolle. Zugleich verschiebt sich aber auch das Schwergewicht nach einer anderen Seite. Das technische Detail dieser wirtschaftlichen Anordnungen wird von der Bürokratie besser beherrscht. Das Parlament kann ihr nur Gegenhalt bieten, wenn es sich auf die Information der Interessenverbände stützt, soweit diese nicht bereits den Weg zur Bürokratie gefunden haben. Es zeichnet sich hier ein Stück jener Zunahme der Bedeutung der Bürokratie ab, die in fast allen modernen Staaten bemerkbar wird[42]. Die zu erwartende Verstärkung der Planung, die immer größer werdende Kompliziertheit der Vorgänge, die Verwendung technischer Hilfsmittel, wird diesen Abstand eher vergrößern. Ergeben sich hier Verschiebungen innerhalb des parlamentarischen Systems, die die zentrale Rolle des Parlaments beeinträchtigen? Hier liegt jedenfalls ein wichtiger Fragenkreis vor. Der Gedanke, die Gesetzgebung stärker zu delegieren[43] — im Grundgesetz durch die starre Vorschrift des Art. 80 und seine Auslegung gehemmt — könnte naheliegen. Aber gerade auf wirtschaftlich-sozialem Gebiete ist die Entscheidung des Parlaments nötig, um zwischen den Gruppen und Interessen einen Ausgleich oder wenigstens eine Entscheidung herbeizuführen.

An einer Stelle tritt diese Machtverschiebung ganz evident zutage. Im Haushaltsrecht entscheidet das Parlament. Längst aber ist die eigentliche Aufgabe der Sparsamkeit, des Ausgleichs der Mittel weithin auf den Finanzminister und den Haushaltsausschuß übergegangen, weil im Plenum selbst die Wählerinteressen dem Parlament das Maß seiner Entscheidung entrungen haben[44].

---

[41] Zu dieser Aufgabenfülle der Gesetzgebung vgl. *Partsch*, Parlament und Regierung im modernen Staat, VVDStRL 16 (1958), S. 75 ff.

[42] Das Erstarken der Bürokratie ist eine allgemeine Annahme, vgl. *Partsch*, S. 102 ff.; *Brian Chapman*, British Government Observed, 1963, S. 30 ff.; *Eichenberger*, Die Problematik der parlamentarischen Kontrolle im Verwaltungsstaat, Schweiz. JZ, 1965, S. 285 ff.

[43] Solche Delegationen sieht auch *Friesenhahn*, VVDStRL 16, S. 39 vor.

[44] Zwar gehört die Entscheidung über den Haushalt als ein politisches Sachprogramm auf Zeit und staatsleitende Bestimmung dem Parlament, und

Ein großes Problem bedeuten auch für die zentrale Stellung des Parlaments die Verbände. Gewiß, die großen Parteien werden verstehen, sie sich zu integrieren und ihre Wünsche schon auf der Parteiebene miteinander zu koordinieren. Aber es droht die Gefahr, daß die Regierung in manchen Fragen über das Parlament hinweg direkt mit den Verbänden verhandelt und nachher die gesetzliche Lösung nur mehr ein Vollzugsakt der Legislative wird[45]. Daß die Schaffung eines Wirtschaftsparlaments hier kein Ausweg ist, ist längst eingesehen, auch Kontrollen des Lobbying können nur technische Hilfen bieten. Hier liegen Fragen des Regierungsstiles, der Durchsetzungskraft des Parlaments und der Parteien vor, die nicht durch rechtliche Mittel gelöst werden können.

Ein anderes Feld betrifft die wachsende Schwierigkeit für das Parlament, eine wirksame Kontrolle der Regierung, gar der ausgedehnten Verwaltungstätigkeit, auszuüben. Es besteht kein Zweifel daran, daß hier — nicht nur für die Opposition, auch für die Regierungspartei — eine wesentliche Aufgabe liegt[46]. Je mehr sich die Aufgaben des modernen Staates technisch schwieriger gestalten, je mehr sie sich auf supranationale Ebenen verlagern oder in Planungen niedergelegt werden, desto schwieriger wird eine Kontrolle. Parlamentarische Beauftragte von der Art des Wehrbeauftragten (Art. 45 b GG) können nur beschränkte Erfolge für sich buchen. Über die Einrichtung eines Ombudsmannes wird in einigen Ländern der Bundesrepublik diskutiert; ob sie neben der ausgedehnten Verwaltungsgerichtsbarkeit sinnvoll sein könnte, bleibt offen. Es wird notwendig sein, neue Formen und Wege parlamentarischer Kontrolle zu erschließen, um nicht zu stark diese echte parlamentarische Funktion anderen Kräften (Presse, Massenmedien) zu überlassen.

---

die neuere Lehre spricht ihm daher zu Recht gegenüber der konstitutionellen Zwecktheorie den Charakter eines materiellen Gesetzes (mit limitierter Wirkung) zu, vgl. schon *H. Heller,* VVDStRL 4 (1928), S. 128; *Böckenförde,* Die Organisationsgewalt im Bereich der Regierung, S. 114; *A. Arndt,* NJW 1963, S. 1275; *ders.,* Der Fernsehstreit vor dem Bundesverfassungsgericht, Bd. 2, 1965, S. 73; meine zustimmende Darlegung dort, S. 163; *H. Rupp,* Grundfragen der heutigen Verwaltungsrechtslehre, 1965, S. 26 f.; *Bullinger,* Ungedr. Gutachten zum Fernsehstreit, S. 41 ff. und wohl auch *Friauf,* Der Staatshaushaltsplan im Spannungsfeld zwischen Parlament und Regierung, 1968, S. 278 ff. Aber in der tatsächlichen Bestimmung ist, wie *Hettlage,* VVDStRL 14 (1956), S. 12 gesagt hat, das Parlament nicht mehr Hüter der Sparsamkeit und Wirtschaftlichkeit und daher zeigen sich im Verfassungsrecht (Art. 110 GG) Ansätze einer Stärkung der Einwirkung der Exekutive.

[45] Daß das Parlament oft nur vorherige außerparlamentarische Abreden sanktioniere, wird besonders in Belgien beklagt. Vgl. *W. J. Ganshof van der Meersch,* in: Aspects du régime parlementaire Belge, Colloque 1956, S. 129.

[46] Zur Bedeutung und Art der parlamentarischen Kontrolle siehe *Richard Bäumlin,* Schweiz. Juristenverein, 1966, S. 165 ff.; *G. A. Ritter,* Festgabe Fraenkel, 1963, S. 294 ff.; *Leibholz,* Strukturprobleme, S. 295 ff.

V.

Nach einer anderen Richtung vollzieht sich eine Veränderung in der Stellung des Parlaments, die seine Position in der Öffentlichkeit betrifft. Noch bis zum Ersten Weltkriege nahmen die Parlamente auch im Bewußtsein der Bürger eine zentrale Stellung ein, wurden ihre Debatten breit in der Presse behandelt. Heute haben die Parlamente Mühe, außer bei sog. großen Debatten, in der Presse ausführlich zu Wort zu kommen. Im Einfluß auf die Bevölkerung ist einem Abgeordneten, ja, manchem Minister der Rundfunk- und Fernsehkommentator, der Veranstalter wöchentlicher politischer Debatten und „Frühschoppen" weit überlegen. Wirkt das Parlament noch meinungsbildend, dringt seine Auffassung überhaupt ans Ohr der Bürger? Hier zeichnet sich eine tiefgreifende Wandlung innerhalb des politischen Prozesses, des Vorganges der Formung und Äußerung der öffentlichen Meinung ab. Die politische Diskussion findet heute in einem viel weiteren Rahmen als nur dem parlamentarischen statt. Gewiß, allein die Volksvertretung kann nach der Verfassung verbindlich entscheiden, Gesetze erlassen, die Regierung einsetzen. Aber — auch darin zeigt sich die Theorie, es komme alles auf die Diskussion im Parlament selbst an, als überholt — Technik und Stil des politischen Lebens führen heute zu einer ständigen, weitgehend auch neben dem Parlament stattfindenden Auseinandersetzung. In England wird es als schlechter Stil einer Regierung betrachtet, wenn sie wichtige Fragen nicht zuerst im Parlament erörtert[47]. In der Bundesrepublik, wo etwa außenpolitische Themen nur selten, gern nach wochenlanger Vorbereitung diskutiert werden, fehlt eine solche Gewohnheit. Daß der Regierungschef wichtige Gedanken und Entschlüsse zuerst den Massenmedien anvertraut, gehört wohl heute überall zu den Gepflogenheiten. Der amerikanische Präsident muß und darf das tun, weil er nicht im Kongreß auftreten kann. Bei einem parlamentarischen Regierungshaupt aber stellen sich hier Fragen der Verantwortung und der Zusammenarbeit[48].

Die Abhilfen können wiederum nicht in gesetzlichen Auskünften liegen, sondern in der Gestaltung jener Methoden der parlamentarischen Arbeit und Publizität, die man in Deutschland so gern zu gering veranschlagt[49]. Ein entscheidender Punkt wird sich nicht ändern lassen.

[47] Zur Abgrenzung von Massenmedien und Parlament in England siehe *Loewenstein,* Gegenwartslage, S. 64.

[48] *Richard Bäumlin* hat treffend darauf aufmerksam gemacht, daß Kontrolle auch in Zusammenarbeit wirksam ist, und man kann sagen, daß auch umgekehrt Kooperation Kontrolle ermöglicht (S. 244 ff., 250 ff.).

[49] Mit Recht hat *Partsch,* VVDStRL 16, S. 74 ff. auf die Bedeutung der Geschäftsordnungen und Methoden der parlamentarischen Arbeit hingewiesen. Zwei Beispiele: Die Zeiteinteilung hat weitreichende Bedeutung für ein Parlament (*Partsch,* S. 93 ff.). Mangelhafte Funktionen des britischen Kabi-

Während das englische Parlament noch immer danach strebt, die wesentliche Debatte und Entscheidung im Plenum zu halten, ist der Bundestag, wie seine Vorgänger, wie die Häuser des amerikanischen Kongresses oder das schwedische Parlament ein Haus, in dem ein großer Teil der wesentlichen Arbeit in den Ausschüssen geleistet wird. Das hat entschiedene sachliche Vorzüge, aber für die Wirkung in der Öffentlichkeit ebenso große Nachteile[50]. Auch wird es wohl kaum gelingen, im deutschen Parlament die Lebendigkeit der Rede und Diskussion romanischer Legislaturen zu erzielen, wenn auch das Wort Max Webers von der „unerhörten Langweile" wohlvorbereiteter und in der Partei durchdiskutierter Parlamentsreden[51] öfters bedacht werden sollte. Dagegen kann durch Fragen — hier ist manches schon gebessert durch die heutige Fragestunde —, durch öftere kurze und improvisierte Debatten die Publizität verstärkt werden.

Eine entscheidende Rolle, das hat Adolf Arndt in einem Anfang 1968 veröffentlichten Aufsatz betont, kommt der rechten Handhabung der Opposition zu. Sie ist im parlamentarischen System, dessen gewaltenvereinigende Züge schon bemerkt wurden[52], von grundlegender Wichtigkeit, weil sie das nötige Element der dualistischen Mäßigung, der Kontrolle und der Verantwortung ermöglicht. Sie ist, wie Arndt richtig betont hat, hier eine verfassungsrechtliche Notwendigkeit[53] und als solche im ehemaligen § 88 StGB der Strafrechtsänderung von 1951 anerkannt worden. Die Opposition kann sich in ihrer verfassungsrechtlichen Bestimmung nur im Verfassungsraum mit dessen Mitteln entfalten, sie gehört also in das Parlament und zum Parlament[54]. Gewiß wird heute ein Teil der Rolle eines Gegengewichtes gegen die Regierung von Kräften der Publizistik, auch der wissenschaftlichen Kritik übernommen. Aber das Spiel des parlamentarischen Regimes fordert, jedenfalls in seiner in England ausgebildeten Gestalt, eine parlamentarische Opposition, die in sich den wesentlichen Gedanken einer Alternative, einer Möglichkeit des Andersdenkens und -urteilens verkörpert. Die

---

netts wurzelten in der bis 1916 festgehaltenen Praxis, keine Aufzeichnungen vorzunehmen (*Sir Ivor Jennings*, Cabinet Government, S. 267 ff.; *Waleffe* [Anm. 31], S. 24 ff.). Aus der Gegenwart sei verwiesen auf den zum Verhältnis Parlament - Verbände ergangenen Antrag der SPD und CSU (BT Drucks. V/2955) vom 29. 5. 1968, nach dem die Ministerien nur solche Verbände heranziehen sollen, die sich in eine beim Präsidenten des Bundestages geführte Liste eingetragen haben, und ein Gesetzentwurf, von dem einschlägige Fachkreise unterrichtet wurden, auch auf Wunsch Abgeordneten verfügbar gehalten werden soll.

50 Zum Ausschußwesen: *Partsch*, S. 77 ff.

51 *M. Weber*, Politik als Beruf, 2. Aufl., S. 48.

52 Sie werden eingehend und kritisch diskutiert von *Vile*, S. 212 ff.

53 Neue Sammlung 8 (1968), S. 2 unter Hinweis auf BVerfGE 5, S. 85, 188.

54 Vgl. *Sir Ivor Jennings*, Parliament, 2. Aufl. 1957, S. 167 ff.

außerhalb des Verfassungslebens stehende Kritik gehört zur Demokratie, aber wo sie ihre ergänzende Rolle überschreitet, wo sie zu grundsätzlicher Ablehnung der bestehenden Ordnung wird, vermag sie wiederum ihre fruchtbare, eine gangbare andere politische Richtung aufzeigende Funktion nicht zu erfüllen, sondern entfaltet eine lähmende oder zerspaltende Wirkung. Das führt aber schon an eine letzte Problematik heran, der wir uns nun zuwenden.

VI.

Man hat es seit jeher als einen Vorzug des englischen Beispiels des Parlamentarismus angesehen, daß durch die Ausbildung eines Zweiparteiensystems — das auch dort keineswegs immer bestanden hat — ein klarer Wechsel der Regierungsführung und damit eine effektive Entscheidung des Wählers über die kommende Regierung möglich ist[55]. Diese Chance des Wechsels, die ähnlich auch in dem andersgearteten amerikanischen Präsidentschaftssystem sich entwickelt hat, schafft eine gewisse Dramatik, öffnet jedenfalls der kritischen Kontrolle der Wählerschaft echte Aussichten. Demgegenüber haben die Koalitionsregierungen des Kontinents eine andere Tendenz. Bei ihnen wird bei Neubildung der Regierung — mit oder ohne Neuwahl — oft nur der Anteil der Partner oder die Zusammensetzung des Kabinetts aus einem Bündnis von zwei oder mehr Parteien verändert. Das kann der Kontinuität zugute kommen, wird beim Sturz eines Ministeriums auch der Dramatik nicht entbehren, aber es tritt kein eigentlicher Wechsel der gesamten Richtung, nur eine Modifikation, eine Kursberichtigung ein. Diese Lage, wie sie unter der Weimarer Verfassung bestand und heute für Belgien und Holland gilt[56], kann Gewohnheiten und Anschauungen hervorrufen, die von den englischen abweichen. Ein schroffer Kurswechsel schiene in einem solchen System vielleicht sogar untunlich, ja, es kann sich die Neigung entwickeln, möglichst umfassende Koalitionen zu formen, mit dem Gedanken einer „Großen Koalition" einen positiven Gedanken zu verbinden.

Unter den besonderen Verhältnissen eines sprachlich, religiös und parteimäßig stark aufgegliederten Landes mit unbeweglichen Faktoren der Mehrheitsbildung (Sprache, Religion, Kantonseinteilung) hat sich in der Schweiz in den Kantonen wie im Bunde der Brauch entwickelt, alle zur Verfassung haltenden Parteien anteilig an der Zusammenset-

---

[55] Vgl. hierzu: Zur Neugestaltung des Bundestagswahlrechts. Bericht d. Beirats für Fragen der Wahlrechtsreform, 2. Aufl. 1968, S. 24 ff.

[56] In den skandinavischen Ländern bestand eine lange Alleinherrschaft der Sozialisten, so daß die Änderungen, die kürzlich sich in Dänemark und Norwegen zu den anderen Parteien vollzogen, wie ein grundsätzlicher Regierungswechsel wirken konnten.

zung der Regierungsorgane zu beteiligen, sofern eine Partei nicht die Opposition vorzieht[57]. Diese Übung, die normalerweise den Bundesrat zur Vertretung von etwa 7/8 der Mitglieder des Nationalrats macht[58], besteht in der Schweiz bei einer anderen Staatsform als der parlamentarischen. Dagegen hatte sich in Österreich nach 1945 eine solche Koalition der beiden großen Parteien langdauernd (bis 1966) entwickelt. Nachdem sie zunächst praktisch sich ergeben hatte — auch unter außenpolitischem Druck — erhielt sie dann eine wissenschaftliche Behandlung[59] und sogar eine ideelle Rechtfertigung. René Marcic, der die letztere gegeben hat, sieht im Ausgleich, in der Eintracht (concordia), einem altösterreichischen Gedanken aus der Zeit der Nationalitäten, den Sinn dieser Erscheinung[60]. Hier wird also das parlamentarische Regime — sieht man davon ab, daß seither diese Koalition beendet wurde — seiner Funktion der Auswechslung einer Regierung entkleidet. Wahlen können nur den Anteil, die Zusammensetzung der Regierung ändern. Es wird die Idee einer ständigen, wenn auch gewählten, und absetzbaren Regierung realisiert. Die Konkordanzdemokratie (so der Schweizer Ausdruck), das Proporzsystem stellt einen Typ demokratischer Staatsgestaltung dar, in dem die Zusammenarbeit der überwiegenden Mehrheit der Parteien eine dauerhafte Koalition bildet, in der nur parteimäßige Anteile und Personen wechseln. Es stellt ein System dar, das bei permanenten Minoritäten einigend und ausgleichend wirkt, bei starken Parteigegensätzen (so Österreich) u. U. zeitweise dem dann schrofferen Kurswechsel vorgezogen wird. Es entspricht einer Stabilität der Gruppen — daher seine Tendenz zur „Versäulung" und einer Bevorzugung des Vertrages vor der Mehrheitsentscheidung.

Die Nachteile der österreichischen Lösung sind oft kritisch beschrieben worden und bedürfen nicht der Wiederholung: Fehlende oder schwache Opposition, Verlagerung der Entscheidungen aus dem Parlament in paritätische Ausschüsse und Gremien, personalpolitische Versäulung, sogar parteipolitische Aufteilung der Großwirtschaft[61].

Die interessante Frage ist, ob nicht auch in anderen Ländern Tendenzen zu einer Milderung der Dramatik des parlamentarischen Regie-

---

[57] Wie dies die Sozialisten zwischen 1953 und 1959 taten. Vgl. *Jean-François Aubert,* Traité de droit constitutionnel suisse, Bd. 2, Neuchâtel 1967, S. 534.

[58] *Aubert,* S. 538. — Zum Schweizer System siehe auch *G. Lehmbruch,* Proporzdemokratie, 1967, S. 15 ff., 40.

[59] Als erste Darstellung: *A. Vulpius,* Die Allparteienregierung, 1957; *Lehmbruch* (Anm. 58); *René Marcic,* Die Koalitionsdemokratie, 1966.

[60] *Marcic,* S. 8 - 15, bes. S. 14; *Lehmbruch,* S. 20 ff.

[61] Zur Kritik: *G. E. Kafka,* VVDStRL 17 (1959), S. 61 ff.; *ders.,* Österreichs gelähmte Regierung, in: Wort und Wahrheit 10 (1962), S. 529 ff.; *A. Vodopivec,* Die Balkanisierung Österreichs, 1966.

rungssystems mit Wechsel der Parteigruppen in der Staatsleitung bemerkbar sind. Man kann allgemein hinweisen auf die Abschwächung der Unterschiede der großen Parteien, die nicht mehr Weltanschauungsparteien sind, die breite Schicht übereinstimmender Meinung unter ihnen im wirtschaftlichen und sozialen Felde, die in den USA und teilweise auch in England und Skandinavien zu beobachtende langfristige Regierung einer Partei (dies im Sinne einer Stabilität), die allgemeine Neigung des heutigen Staatslebens zu Verträgen und Vereinbarungen[62]. Liegt etwa in der heutigen Tendenz der Wählerschaft, wirtschaftlichen Interessen ein starkes Gewicht zu geben, eine Verlockung, zwecks stabiler Wirtschaftspolitik den politischen Wechsel zu vermeiden? Diese Fragen lassen sich nicht beantworten. Aber sie erlauben doch, im Ernst das Problem zu stellen, ob nicht manche Tendenzen der modernen Demokratie eher auf ausgleichende, vertragliche und unifizierende Formen der Staatsleitung gerichtet sind.

Für die Bundesrepublik hat die Bildung der Großen Koalition manche Probleme einer solchen Lösung der Konkordanz gezeigt. Die Schwäche der Opposition wurde in weiteren Schichten als Mangel empfunden und trug dazu bei, die „außerparlamentarische" Gegnerschaft gegen das bestehende System wachzurufen. Die Offenheit des Grundgesetzes für andere Formungen wie das Kanzlersystem trat hervor. Die von manchen befürchtete Ausschaltung des Parlamentes hat sich freilich nicht ergeben. Dagegen wurde nun schärfer der im Verfassungssystem der Bundesrepublik versteckt liegende Verweis auf den Ausgleich beleuchtet, der sich einmal aus der für viele Fragen nötigen Verfassungsänderung (Zweidrittelmehrheit) und zum anderen aus der föderalen Struktur ergibt, die im Bundesrat ebenfalls den Ausgleich der großen Parteien oft nahelegt. Demgegenüber betont eine starke Richtung in Wissenschaft und Politik den Vorzug des am englischen Beispiel orientierten Systems einer Chance des politischen Wechsels und einer regulären Kontrastierung von Regierung und Opposition. Diese Anschauung wird dabei notwendig auf die Frage des Wahlrechts hingeführt. In der Weimarer Nationalversammlung hatte einst Friedrich Naumann als einziger auf den Zusammenhang von Mehrheitswahl und englischem Parlamentarismus hingewiesen[63]. Heute ist diese Frage wieder aufgeworfen worden, wie immer man auch ihre Aussichten beurteilen mag[64]. Das Grundgesetz hat, man muß es wiederholen, nur die großen Umrisse des parlamentarischen Regimes festgelegt. Es hat sich gezeigt, daß

---

[62] Vgl. hierzu *Friauf*, AöR 88 (1963), S. 257 ff.

[63] 8. (Verfassungs-)Ausschuß der Nationalversammlung, Aktenstück Nr. 391, Sitzung v. 19. 4. 1919, S. 242.

[64] Zur Diskussion um das Wahlrecht siehe die kritische Schrift von *W. Hennis*, Große Koalition ohne Ende?, 1968.

die Form, die es zwischen 1949 und 1965 gewann, auf personalen Gegebenheiten und auf einer Zusammensetzung des Parlaments beruhte, deren Fortdauer man nicht ohne weiteres annehmen kann. Welche Richtung das System, das ohne eine Wahlrechtsänderung in eine von Koalitionen bestimmte Form einmünden muß, nehmen wird, läßt sich nicht absehen. Man wird abschließend nur feststellen können, daß die formalen Bestimmungen des Grundgesetzes einschließlich des konstruktiven Mißtrauensvotums keine große Formkraft erweisen werden. Nicht sie, sondern die politischen Kräfte und ihre Gruppierungen werden eine neue Phase der deutschen parlamentarischen Regierungsform bestimmen, die sich auch mit jenen anderen in den letzten Abschnitten dieser kurzen Übersicht angeschnittenen Fragen wird auseinandersetzen müssen.

Politische Repräsentation und Interessenvertretung

I. Die Demokratie als Gruppengesellschaft

Zwischen der Behandlung der Interessenverbände in der angelsächsischen politischen Wissenschaft und Rechtslehre und der Stellungnahme eines großen Teils der deutschen Staatsrechtslehre klafft immer noch ein erheblicher Gegensatz. Die angelsächsische Theorie hat sich nicht nur dem Studium der tatsächlichen Erscheinung und Auswirkung der „pressure groups" oder „interest groups" seit längerem gewidmet, sondern hat auch in der ihr eigenen realistischen Unbefangenheit diese Erscheinung als eine Konsequenz der modernen demokratischen Entwicklung anerkannt, ihre Nützlichkeit im ganzen positiv beurteilt[1] und ihr neben Parlament und Parteien einen Platz im Gefüge der demokratischen Willensbildung gegeben. Die Bedeutung der Interessenverbände wird in der namentlich im Zweiparteiensystem wichtigen differenzierten Vertretung bestimmter Interessen und Gruppen in der Öffentlichkeit[2], in ihrer informativen Rolle und Mitarbeit an den gesetzlichen Maßnahmen, endlich vor allem auch in der Aktivierung des Volkes zu praktischer Teilnahme gesehen. Wenn auch gewisse Gefahren nicht übersehen werden — Unterwanderung der verfassungsrechtlichen Institutionen und Verfahren, Verschiebung des relativen Gewichts von Gruppen im Sozialkörper durch die Stärke der Interessenballung — so überwiegt doch die Meinung, daß in der heutigen, durch Interessen und Organisationen geformten Gesellschaft die Interessenverbände ihren notwendigen Platz haben. Auch in Deutschland wird die Existenz der Verbände als Teil des demokratischen Lebensvorgangs von Autoren anerkannt, die sich von Vorstellungen der älteren liberalen Theorie

---

Aus: Die Öffentliche Verwaltung 1965, S. 577 - 581.

[1] Aus der schon unübersehbaren Literatur seien genannt: Für England: *J. D. Stewart,* British Pressure Groups, Oxford 1958; *Harry Eckstein,* Pressure Group Politics, London 1960; *Samuel H. Beer,* Modern British Politics, London 1965. Für die USA: *V. O. Key,* Politics, Parties and Pressure Groups, 4. Aufl. 1958, S. 24 - 182; *W. Goodman,* The Two-Party-System in the Un. States, New York 1960, S. 295 ff., 321 ff.; *H. Ehrmann,* Interest Groups in Four Continents, Pittsburg 1958. Für Frankreich: *Jean Meynaud,* Les groupes de pression en France, Paris 1958; *ders.,* Nouvelles Etudes sur les groupes de pression en France, Paris 1962.

[2] Auf die Ergänzung der integrative function der Parteien durch die reicher gegliederte Vertretungsskala, die disjunctive function der Gruppen weist besonders hin *Eckstein,* S. 30 f., 162 f. Ferner *McKenzie,* The Political Quarterly 29 (1958), S. 7 ff.; *Key,* S. 170 f.

über Parlament und Regierung gelöst haben und nach einer sinngerechten Erfassung der neuzeitlichen Verfassungsrechtslage streben[3]. Aber weithin werden noch in der Rechtslehre, aber auch in publizistischen und sogar politischen Äußerungen die Interessenverbände mehr als eine Erscheinung gewertet, deren Einfluß auf den Gang von Gesetzgebung und Administration eher als illegitim gewürdigt wird. Dabei spielen zwei alte Vorstellungskreise der deutschen Staatslehre eine Rolle. Einmal das Festhalten an der Idee eines überparteilichen „neutralen" Staates[4], die weder mit der demokratischen Struktur der Verfassung noch mit der pluralistischen Wirklichkeit mehr in Beziehung steht. Zum anderen die aus dem Frühliberalismus stammende Auffassung von der Sinngebung des Parlaments als Stätte individueller Diskussion und Überredung[5], mit der sich das Verlangen verbindet, der einzelne Abgeordnete müsse allein der Gesamtheit, nicht aber seinen Wählern oder speziellen Interessen verpflichtet sein. Es handelt sich hier um eine zeitgebundene und überholte Vorstellung der Repräsentation, die an bestimmte frühliberale Theoreme gebunden war, aber darin nachwirkt, daß in der Gegenwart das Augenmerk sich allein auf die Bindung des einzelnen Abgeordneten in seiner Fraktion oder Partei richtet[6], ohne umgekehrt seine Einflußmöglichkeit auf das Ganze der Partei und durch sie auf die politische Entscheidung zu erkennen. Von einer solchen Grundlage aus müssen dann die durch Art. 38 GG geschützte Unabhängigkeit des Abgeordneten und die Disziplin der Par-

[3] Vgl. *Hans Huber,* Staat und Verbände, 1958, S. 17 ff.; *W. Hennis,* Verfassungsordnung und Verbandseinfluß, in: Pol. Vierteljahresschrift 2 (1961), S. 24 ff.; *E. Fraenkel,* Der Pluralismus als Strukturelement der freiheitlich-rechtsstaatlichen Demokratie, Verhandlungen des 45. Deutschen Juristentages, Band II/B, S. 5 ff. Ich darf auf *meine Darlegungen* hinweisen, in: Beutler / Stein / Wagner, Der Staat und die Verbände, 1957, S. 10 ff.; Die Vertretung wirtschaftlicher Interessen in der Demokratie, Schriftenreihe des Deutschen Industrie- und Handelstages, Heft 73, Bonn 1961, S. 7 ff.; Das Spannungsverhältnis zwischen Verfassung und Verfassungswirklichkeit, in: Politisches Seminar der Staatsbürgerl. Vereinigung v. 1954, Heft 10 (1962), S. 7 ff.

[4] Hierher gehört auch die negative Beurteilung des Pluralismus als oligarchische Herrschaft der eine Entmachtung des Einzelnen und eine Auflösung der staatlichen Autorität entspricht. Vgl. *Werner Weber,* Das politische Kräftesystem in der wohlfahrtsstaatlichen Massendemokratie, 1965, S. 6 ff., wo richtige Beobachtungen in diesem Sinne theoretisch akzentuiert werden.

[5] Es ist sehr zweifelhaft, ob die These der individuellen Diskussion im Parlament jemals der Realität entsprach. Die neuere Forschung zeigt, daß Gruppeneinflüsse im politischen Leben älter sind, als meist angenommen. Für England lassen sie sich für die Dissenters bis ins 18. Jahrhundert nachweisen (*N. C. Hunt,* Two Early Political Associations. The Quakers and the Dissenting Deputies, Oxford 1961), während im 19. Jahrhundert bereits die Anti Corn Law League ein frühes Beispiel eines maßgeblichen Einflusses liefert (*Norman McCord,* The Anti Corn Law League, London 1958).

[6] Dieser Punkt scheint mir überbetont bei *Leibholz,* Verfassungsrecht und politische Wirklichkeit, Mitt. aus der Max-Planck-Gesellschaft, 1965, Heft 1 - 2, S. 49 ff.

teien zum Gegensatz werden. Damit wird aber zugleich der Weg zu einer modernen Theorie der Repräsentation versperrt, die der pluralistischen Gesellschaft unserer Tage gemäß ist.

Um Norm und Wirklichkeit der heutigen Demokratie richtig zu verstehen, bedarf es einer Einsicht in ihre Struktur als Gruppengesellschaft. Unter dem Einfluß der gruppenfeindlichen Ansichten *Rousseaus* und der ihm folgenden französischen Theorien haben sich in Deutschland seit langem Auffassungen des demokratischen Staatsaufbaus verfestigt, die allzusehr nur die Relation Individuum - Staat in den Mittelpunkt rücken und das demokratische Staatsleben aus einer Masse isoliert nebeneinanderstehender Einzelner zu entwickeln suchen. Damit verbindet sich dann die Idee, nur die plebiszitäre Form der Demokratie entspreche ihrem wirklichen Wesen. In Wirklichkeit führt im demokratischen politischen Leben die aktive Teilnahme eines weiten Kreises der Bürger in der Regel zur Bildung von Gruppen oder doch zur Geltendmachung des Einflusses bereits sozial oder wirtschaftlich geformter Gruppen. Das gilt ebenso für die griechische Polis[7] wie die mittelalterliche Bürgergemeinde[8], so verschieden auch die älteren oft familienhaften oder ständisch-zünftisch geformten Bildungen von den modernen Massenparteien und Organisationen sind. Im modernen großräumigen industriellen Staat ist die Bevölkerung wirtschaftlich und interessenmäßig gegliedert und weithin durch berufliche und wirtschaftliche Vereinigungen organisiert. Parteien und Verbände bestimmen den weit über das Parlament hinausreichenden täglichen Prozeß politischer Auseinandersetzung mit. Der Inhalt der politischen Entscheidungen ist im Wohlfahrtsstaat der Gegenwart in hohem Maß durch soziale und wirtschaftliche Fragen bestimmt, in denen in oft einschneidender Weise über das Wohl des Einzelnen — eher in der Form der Vorsorge und der Verteilung sozialer Vorteile als durch den Eingriff — bestimmt wird. Notwendig geht daher ein Großteil des politischen Interesses und der Aktivität des Einzelnen durch die Verbände.

Diese Lage ist nicht mehr mit den Rechtsbegriffen der liberalen Auffassung zu lösen. Der demokratische Willensbildungsprozeß ist nicht mehr absorptiv an amtliche Handlungen von Regierung und Parlament zu binden mit der Folge, daß eine Fühlungnahme mit sozialen Gruppen als staatsrechtlich unstatthaft erscheinen würde. Aus Vereinigungs-

---

[7] Siehe hierzu *V. Ehrenberg*, Der Staat der Griechen, 2. Aufl., Zürich 1965, S. 111 ff.

[8] Eine neuere Untersuchung der Florentiner Kommune im 14. Jahrhundert bezeichnet als ein fundamentales Prinzip der republikanischen Verfassung: the formulation of policy through group consultation, d.h. die Heranziehung weiter und verschiedenartiger Kreise zur Teilnahme am Regiment. Vgl. *G. A. Brucker*, Florentine Politics and Society 1343 - 78, Princeton 1962, S. 67 ff., 75 ff.

und Koalitionsfreiheit ergeben sich hier auch verfassungsorganisatorische Probleme, die nicht mehr nur vom Boden der Abwehr staatlicher Einwirkung zu erfassen sind. Vor allem gilt es, den Rechtsgedanken der Repräsentation in seiner gegenwärtigen Bedeutung zu erfassen und ihn von zeitgebundenen Deutungen zu lösen, die die reale Ungebundenheit des Mandatsträgers in den Vordergrund gerückt haben und die Funktion des Repräsentanten in der individuellen Diskussion erblicken. In diesem Rahmen wird dann auch die Position der Verbände besser begriffen werden können. Ausgangspunkt und Grundlage muß aber die Einsicht sein, daß die heutige Verfassungswirklichkeit von Gruppen mitbestimmt wird.

II. Die Stellung der Interessenverbände im Verfassungsrecht

Es erscheint nicht nötig, auf die soziologischen Gegebenheiten des Verbandswesens näher einzugehen, das heute weithin bearbeitet ist. Nur einige Punkte sind hervorzuheben. Die politische Einwirkung der Interessengruppen vollzieht sich in vielfacher Form, keineswegs etwa beschränkt auf das Herantreten von außen her an den Gesetzgeber. Vielmehr sind die mächtigen Interessen über Abgeordnete, Fachausschüsse und andere Verbindungsmittel fest in den Parteien, Fraktionen und damit im Parlament verankert[9]. Man hat aber beobachtet, daß sich entsprechend der steigenden Bedeutung der Exekutive im politischen Leben ein großer Teil der Aufmerksamkeit der Verbände auf die Exekutive richtet, vor allem auch die Bürokratie, die es schon im Frühstadium der Vorbereitung von Maßregeln zu beeinflussen gilt[10]. Daneben aber werden bei den großen Verbänden dauernde Fäden zu den Inhabern der politischen Entscheidung gesponnen[11], auch vorbei an dem Fachminister[12]. Diese Verbindungen sind immer dem Charakter des politischen Regimes und seiner Machtverteilung angepaßt. Man hat in Frankreich beobachtet, daß sich in der V. Republik die Kontakte zur Administration gegenüber denen zu parlamentarischen Kreisen verstärkt haben, daß aber auch gegenüber der stärkeren Staatsautorität die Methode der „action directe" der Demonstration und des Ungehorsams hervortritt[13]. Es ist kaum nötig, zu betonen, daß, seitdem sich internationale und supranationale Zentren der sozialen und wirtschaft-

---

[9] Zu diesen Methoden des Eindringens ins Parlament siehe *Stewart,* S. 152 ff.; *Meynaud,* Nouvelles Etudes, S. 250 ff.; *Gerard Braunthal,* The Federation of German Industry in Politics, Ithaca 1965, S. 150 ff.

[10] Das gilt auch für England, vgl. *Eckstein,* S. 18, 22. Für Deutschland hat auf diesen Zug hingewiesen *Hennis,* Pol. Vierteljahresschr. 2 (1961), S. 24 ff.

[11] Vgl. *Braunthal,* S. 193 ff.

[12] Beispiele bei *Braunthal,* S. 197 f., 206 f.

[13] Vgl. *Meynaud,* Nouvelles Etudes, S. 176, 204 ff., 270 ff.

lichen Entscheidung gebildet haben, das Netz der Interessenvertretungen sich auch bei ihnen etabliert hat.

Fragt man nach den rechtlichen Grundlagen, so befinden sich die Verbände weithin noch in der Situation, die vor der Aufnahme des Art. 21 GG in das Verfassungsrecht auch den Parteien zukam. Sie haben eine rechtliche Existenz im Verfassungsrecht zu allererst in den Bestimmungen über Vereinigungs- und Koalitionsfreiheit (Art. 9 GG). Ihre Rechtsfähigkeit oder sonstige rechtliche Position dagegen ruht im bürgerlichen Recht, ob sie nun als Verein oder nichtrechtsfähiger Verein organisiert sein mögen. Das sekundäre Verfassungsrecht nimmt von ihnen nur in einigen Bestimmungen der Geschäftsordnungen (§ 23 II GeschO Bundesministerien, § 10 GeschO Bundesregierung, § 73 II GeschO Bundestag) Kenntnis, um eine — freilich mehr im Sinn der administrativen Ordnung gemeinte[14] — Legitimation für ihre Heranziehung und Anhörung bei gesetzlichen Vorlagen zu bieten. In einzelnen Fällen sehen auch Gesetze die Anhörung von Verbänden speziell vor Erlaß von Maßregeln vor. Im Verwaltungsrecht haben die Verbände an manchen Stellen ihren Platz; namentlich im Wirtschafts- und Sozialrecht ist ein Recht der Entsendung oder des Vorschlags von Vertretern in Beiräte oder eine Heranziehung zur Mitwirkung in Gremien öfters gegeben[15]. Es bleibt aber hierbei wesentlich, daß damit die entsendenden oder mitwirkenden Verbände und ihre Vertreter nicht in einen amtlichen Zusammenhang kommen, sondern als freie gesellschaftliche Erscheinung auftreten. Anders liegt es dagegen dort, wo der Staat Organisationen öffentliche Aufgaben überträgt, wobei er sie dann gewöhnlich auch in der Form öffentlicher Körperschaften in seinen Aufbau einfügt. Sie werden dann zu Bestandteilen einer wirtschaftlichen, sozialen oder beruflichen Selbstverwaltung und scheiden aus unserem Gesichtskreis hier aus. Denn das Organisationsrecht des Staates hat nach 1945 die Linie im ganzen eingehalten, staatliche Aufgaben nicht an private Verbände auszuteilen.

Verfassungsrechtlich wichtiger ist die Frage der Legitimität einer Anhörung und Beteiligung von Verbänden an gesetzgeberischen Vorarbeiten und sonstigen beratenden Aufgaben. Man wird sie grundsätzlich als gegeben annehmen dürfen, sofern der Grundsatz der gleichmäßigen Berücksichtigung aller Beteiligten gewahrt wird (auf die es freilich ebensowenig wie überhaupt auf Anhörung einen Anspruch gibt). In einem tieferen Sinn läßt sie sich aus der Arbeitsweise einer demokra-

[14] Darauf, daß diese Vorschriften auch den Zweck der Ordnung und die Beschränkung des Zugangs auf Spitzenverbände bezwecken, weist hin *Hennis*, S. 28 f.

[15] Ein Überblick bei *H. U. Evers*, Der Staat 3 (1964), S. 46 f.

tischen Verwaltung in einer pluralistischen Gesellschaft begründen, die nicht allein von oben herab verwaltet. Eine Pflicht zur Heranziehung pluralistischer Kräfte dürfte aber ohne besondere gesetzliche Begründung nicht bestehen. Für den Rundfunk hat das Bundesverfassungsgericht sie als Gegengewicht der Übernahme der Sendetätigkeit in die Hand öffentlicher Körperschaften aus Art. 5 GG abgeleitet, eine den Gegebenheiten folgende, aber wohl nicht zwingende Annahme[16].

Von einer anderen Seite her ist zu fragen, wer organisatorisch berufen ist, die Kontakte zu den gesellschaftlichen Kräften zu nehmen. Liegt das in der Verwaltung im allgemeinen hierarchisch fest, so kann im Rahmen des Kabinetts die Frage der Überspielung des Fachministers — die § 10 GeschO Bundesregierung verhindern möchte — auftreten. Das weitgespannte Informationsrecht des Kanzlers[17] mag hier ein direktes Sicheinschalten des leitenden Politikers zuweilen begründen können, doch wird man verfassungsrechtlich diese Fragen durchaus als Probleme des Organisationsrechts behandeln müssen. Schwieriger noch wird die Frage bei Eingehung von Bindungen und Zusagen. Ich würde *Schuele* darin zustimmen, daß solche Vorgänge amtlichen Handelns am Verfassungsrecht zu messen sind[18], daher Bindungen über frei und nach dem Gemeinwohl zu treffende Entscheidungen nicht gegeben werden dürfen, und ich würde — etwas abweichend von *Schuele* — dazu neigen, solche „Abreden" weitgehend auch nicht als eigentlich rechtlich bindend anzusehen, sondern als politische Zusagen und Inaussichtstellungen. Selbstverständlich aber ist es, daß es — die politische Praxis hat bisweilen hier seltsame Ansprüche auftreten sehen — keinen rechtlichen Grund dafür gibt, daß Interessenverbände etwa die Besetzung eines Ministeriums mit einem Vertreter ihres Interesses oder mit von ihnen vorgeschlagenen Beamten fordern können.

Bei aller Dichtigkeit der Beziehungen — und man sollte dabei auch die Finanzierung mancher Verbände aus Haushaltsmitteln nicht übersehen[19] — bleiben aber die Interessenverbände im Raum des gesellschaftlichen Lebens, damit sowohl staatlichem Einfluß entzogen wie an-

---

[16] Vgl. BVerfGE 12, S. 205, 260 f. = DÖV 1961, 504 und dazu *Evers*, S. 54.

[17] Zu dessen Bedeutung *W. Hennis*, Richtlinienkompetenz und Regierungstechnik, 1964, S. 35 ff.; *E. U. Junker*, Die Richtlinienkompetenz des Bundeskanzlers, Tübingen 1964, S. 110 f.

[18] *A. Schüle*, Koalitionsvereinbarungen im Lichte des Verfassungsrechts, Tübingen 1964, S. 35 ff.

[19] Die meisten großen Verbände haben freilich wegen des unmittelbaren wirtschaftlichen Interesses ihrer Mitglieder weniger Schwierigkeiten als die Parteien, ihre finanziellen Bedürfnisse zu decken. Doch darf auf das Problem des Mitgliederbestandes der Gewerkschaften hingewiesen werden, das zwar keine finanziellen Fragen aufwirft, aber die Möglichkeit rechtlicher Mittel der Stärkung des Mitgliederbestandes ins Spiel bringt.

dererseits nur in dem gesetzlichen Rahmen zu einer öffentlichen Mitwirkung berufen, sonst dagegen auf freie Kontakte beschränkt.

III. Zur Stellung der Interessenverbände im Repräsentativsystem

Die verfassungsrechtliche Untersuchung hat gezeigt, und das dürfte auch für eine künftige Entwicklung gelten, daß die Interessenverbände dem freien gesellschaftlichen Bereich angehören und nicht zum staatlichen Aufbau gehören, auch dort nicht, wo ihre Vertreter beratend oder mitwirkend herangezogen werden. Dasselbe gilt auch für die Parteien, wenngleich deren Anerkennung im Grundgesetz ihnen bereits eine rechtliche Stellung im Verfassungsleben und Verfassungsrecht gibt, ohne sie freilich zu Bestandteilen der institutionellen Staatseinrichtungen zu machen. Für die Interessenverbände würde sich diese Lage auch dann nicht ändern, wenn man ihre Vertreter in einem Wirtschafts- und Sozialrat zusammenfaßte, der mit beratenden Funktionen an der Gesetzgebung mitwirkte. Die Verbände selbst würden dadurch nicht berührt.

Auch eine solche Vereinigung der Interessen in einer staatlichen beratenden Versammlung würde die die Interessen darstellenden und sammelnden Verbände nicht in die Rolle einer politischen Repräsentation bringen. Der Begriff der Repräsentation muß freilich aus der Enge der Rechtsvorstellungen des 19. Jahrhunderts gelöst und wieder mit seiner viel weiter zurückreichenden Geschichte verbunden werden[20]. Die Repräsentation hängt nicht an dem erst von *Burke* geschaffenen Vorstellungsbild eines nur das Ganze vertretenden, an kein Mandat gebundenen Abgeordneten. Diese Vorstellung hat zwar die moderne Form der Repräsentation geprägt, aber in ihrem Kern bezeichnet politische Repräsentation nichts anderes als das verbindliche Handeln eines durch Wahl oder Auftrag aus der Gesamtheit oder ihren Gruppen bestellten Personenkreises (oder auch einer Person). Wesentlich ist für die Repräsentation, daß sich der Kreis der Vertreter auf eine Gesamtheit beziehen kann, die als solche eine politische Einheit darstellt und daß die Beziehungen zwischen den Vertretern und den Vertretenen so eng gestaltet sind, daß das Handeln der ersteren als das des Ganzen zu gelten vermag. Das repräsentative Prinzip im Staatsleben ist Ausdruck eines gemäßigten Staatswesens, der Beteiligung aller oder wenigstens gewisser Teile der Bevölkerung an der politischen Leitung, und es drückt die Erfahrung aus, daß diese Mitwirkung, die Kontrolle und die aus ihr entspringende politische Verantwortung durch eine parlamen-

[20] Zur Geschichte siehe jetzt *Gaines Post,* Studies in Medieval Legal Thought, Princeton 1964, S. 61 ff., 81 ff., 163 ff. und *meine Darlegungen,* Festschrift Hans Huber, Bern 1961, S. 227 ff. (abgedruckt in *diesem* Bande als Beitrag Nr. 9).

tarische Versammlung am wirksamsten wahrgenommen wird[21]. Diese wirksame Vertretung des Ganzen setzt freilich voraus, daß die Repräsentanten sich in enger rechtlicher wie tatsächlicher Verbindung zu den Vertretenen befinden, damit ihre Handlungen von der Gesamtheit auch wirklich angenommen werden. Für diese Verbindung zu der Bevölkerung dürfte heute die Zusammenarbeit von Verbänden und Parteien nicht ohne Bedeutung sein. Denn diese Verbindung ist keineswegs allein aus dem Vorgang der Wahl, der sie rechtlich begründet und trägt, abzuleiten, sondern sie muß, wenn sie politisch wirksame Realität bleiben will, als dauernde Kommunikation wirken. Gerade in dieser Hinsicht ist die Wirksamkeit der Verbände auch staatstheoretisch mit der repräsentativen Funktion des Parlaments in Verbindung zu bringen. Sie sind — neben anderen Mitteln — eines der Elemente, durch die die Parteien (und damit auch die Abgeordneten) in Verbindung mit den im Volke vorhandenen Interessen und Kräften bleiben. Es ist der deutschen Lehre und ihrer strengen Bindung an die Formel *Edmund Burke's*, daß der Abgeordnete das Ganze vertrete, weniger vertraut, daß ein Parlament nur dann wirklich die Gesamtheit vertritt, wenn es auch ihre Interessen und sozialen Schichten in einer wirksamen Form in sich begreift. Wie dies geschieht, wird zu jeder Zeit anders beurteilt werden. Aber heute setzt es jedenfalls auch das Zusammenwirken mit den Interessen voraus, die sich gruppenmäßig konstituiert haben.

Zwischen der politischen Repräsentation durch die Parteien und der Wahrnehmung von Interessen besteht somit ein Zusammenhang, der freilich klar macht, daß die Interessenverbände als solche nicht als Repräsentation angesprochen werden können. Sie beziehen sich jeweils nur auf Teile des Ganzen, und erst in ihrer Gesamtheit können sie annähernd das Ganze decken. Den Parteien dagegen ist über ihre Teilfunktion hinaus die Beziehung auf die Eroberung der politischen Leitung, damit auf das Ganze zu eigen. Aber ihre repräsentative Funktion wird insofern durch die sozialen Organisationen gestützt, als diese dazu beitragen, den Parteien und dem Parlament einen laufenden Kontakt mit den Gruppen der Bevölkerung zu geben. Freilich kann sich hier auch eine Schwäche und eine Gefahr für das repräsentative System abzeichnen. Es liegt den Parteien ob, aus den widerstreitenden Interessen der sozialen Gruppen heraus zu politischen Entscheidungen zu gelangen; sie koordinieren, wenn sie große Volksparteien sind, diese Interessen schon in gewissem Umfang in sich selbst. Würde das Vertrauen darauf, daß es ihnen gelingen kann, aus dem pluralistischen Nebeneinander eine Linie des sozialen und politischen Ausgleichs zu finden, nicht mehr stark genug sein, so würde die Kraft der Interessen-

---

[21] In diesem Sinne definiert Repräsentation auch *A. H. Birch*, Representative and Responsible Government, London 1964, S. 13 ff., 235 ff.

verbände zunehmen und könnte sich an die Stelle des Parlaments setzen. Es ist schon heute ein nicht unbedenkliches Zeichen, daß im allgemeinen den Interessenverbänden ihre Finanzierung gelingt, während sie bei den Parteien zum Problem geworden ist. Dennoch kann die einigende und zusammenfassende Wirkung, die in jedem Staat die Annahme der Mehrheitsentscheidung und deren Bestimmung über das Gemeinwohl trägt, nur durch Parlament und Parteien erfolgen. In dieser Spannung muß ihnen die Entscheidung wie auch die Kraft bleiben, den Ausgleich der Interessen zu finden, dem Egoismus partikularer Interessen Grenzen zu setzen und damit das Ganze darzustellen. Es war ein Zeichen einer gewissen Schwäche in dieser Hinsicht, als Anfang 1965 die Bundesregierung ihren Entschluß, den gemeinsamen Getreidepreis in Brüssel zu akzeptieren, eigentlich zuerst mit den landwirtschaftlichen Verbänden abstimmte.

Aus dieser staatstheoretischen Betrachtung lassen sich doch auch bestimmte verfassungsrechtliche Folgerungen ableiten. Zunächst die Notwendigkeit, sich der pluralistischen Gruppenstruktur der modernen Gesellschaft auch verfassungsrechtlich klar zu werden und ihre Erscheinungen daher nicht für unstatthaft zu halten. Es gilt, darauf hat *Ernst Fraenkel* eindrucksvoll hingewiesen[22], in diesem Vorhandensein pluralistischer Gruppen und Kräfte in der Gesellschaft auch das Moment der dadurch offen gehaltenen freien Entscheidung über das Gemeinwohl und die Staatsziele zu erkennen und die dieser Lage angepaßten Formen der über das Parlament weit hinausreichenden ständigen öffentlichen Auseinandersetzung als einen angemessenen politischen Prozeß einer modernen Demokratie zu erkennen. Daraus ergibt sich aber zweitens die Einsicht in die Notwendigkeit eines gewissen Gleichgewichts dieser sozialen Gruppen und Kräfte. Denn nur auf diesem Mit- und Gegeneinander der Strömungen beruht die Sicherung der allgemeinen politischen Freiheit wie auch der individuellen Freiheit zwischen den Gruppenmächten. An einer Stelle der Sozialordnung, bei den Koalitionen des Art. 9 Abs. 3 GG, ruht sogar ihre im Grundgesetz vorgesehene Funktion notwendig auf der Erhaltung eines sozialen Gleichgewichts der Kräfte, denn sonst könnte der Staat diesen Sozialpartnern nicht die selbständige Formung der Lohnpolitik anvertrauen. Drittens aber folgt aus dieser Einsicht, daß als ein Gebot des Sozialstaates (Art. 20 GG) den staatlichen Organen der Schutz derjenigen Personenkreise obliegt, die nicht durch starke und demgemäß wirksame Gruppen vertreten sind. Hier liegt ein Verfassungsgebot vor, das unter Umständen bei Mißachtung zu Verletzungen auch des Gleichheitssatzes führen könnte. Eine vierte Folgerung bezieht sich auf das Ergänzungsverhältnis von Parteien und Interessenverbänden. Ohne es allzu har-

---

[22] *Fraenkel,* S. 7 ff.

monisch zu sehen, wird man es doch als eine verfassungstheoretische Notwendigkeit und auch als eine Realität betrachten können. Es zeigt sich hier, daß plebiszitäre Formeln allein in einer gruppenmäßig gestalteten Gesellschaft nicht zureichen, daß auch die in ihr gebildeten Gruppen ihren Anteil an der politischen Auseinandersetzung und Mitwirkung geltend machen. Endlich aber muß der Abstand betont werden, in dem diese Sicht von jeder Form der syndikalistischen Deutung der Relation Staat und Gesellschaft steht. Weder hält sie eine rechtliche Verfestigung der Gruppenstruktur, die sie in ständisch-korporative Formen einfügte, für mit der demokratischen Grundsttruktur vereinbar, noch meint sie, daß etwa in der Gegenwart der Staat durch die sozialen Kräfte und Gruppen abgelöst werde, wie das eine alte syndikalistische Formel forderte. Im Gegenteil ist die Entscheidungsfülle und Aktivität des Staates, gerade als Einrichtung des Ausgleichs zwischen und über den Gruppen, ständig im Wachsen.

Die künftige Entwicklung kann daher immer nur in begrenztem Ausmaß eine rechtliche Verfestigung der Lage der sozialen Verbände bringen. Der weitgehendste Schritt wäre die Einrichtung eines Wirtschaftsrates mit beratender Aufgabe. Gegen ihn sprechen die Erfahrungen der Weimarer Zeit, aber es ließe sich fragen, ob sie bei der seither fortgeschrittenen pluralistischen Entwicklung noch gültig sind. Als Mittel der Heranziehung dieser Kräfte an das Ganze, der Gewöhnung an Mitverantwortung — die heute von den großen Verbänden durchaus empfunden und geübt wird —, würde eine solche Versammlung vielleicht Dienste leisten können, die auch dem Gleichgewicht der sozialen Kräfte zugute kommen könnten. Sicherlich aber lassen sich rechtliche Fortbildungen denken bei den Formen und Methoden des beratenden Kontaktes zwischen den politischen Organen und den Interessenverbänden. Anhörung und Einflußnahme ließen sich wohl institutionell noch stärker regeln, ohne das man verkennen kann, daß sich starke Kräfte ihren Weg auch immer jenseits solcher formellen Kanäle suchen würden. An eine rechtliche Normierung der inneren Struktur der Interessenverbände wäre kaum zu denken, zumal sie ihrer Natur nach stark auf den Zusammenhang nach unten, zu den sie tragenden Individuen angewiesen sind. Vielleicht ließe sich an Pflichten der Publizität denken, wie sie die amerikanische Gesetzgebung über die für Beeinflussung des Parlaments aufgewendeten Mittel kennt. Es ist freilich eine andere Frage, ob solche Maßregeln wirksam wären. Im ganzen aber scheint es, als ob auf diesem Felde noch kein dringliches Bedürfnis nach rechtlicher, oder gar verfassungsrechtlicher Normierung sich geltend machte.

Die Parteien und die Auswahl der politischen Leitung im demokratischen Staat

Zur verfassungsrechtlichen Stellung der Parteien

I. Anerkennung der Parteien und Staatsauffassung

1. Bei der Untersuchung der verfassungsrechtlichen Position der Parteien ist man gewöhnt, den Blick auf die auffallende Phasendifferenz zu richten, die zwischen der Bedeutungssteigerung der Parteien in neuerer Zeit auf der einen und der ihr nur in erheblichem zeitlichem Abstand folgenden verfassungsrechtlichen Berücksichtigung auf der anderen Seite besteht. Seitdem in der Weimarer Epoche die Aufmerksamkeit auf diese Erscheinung gerichtet wurde, hat man sie meist mit einem Zögern, einem Zurückbleiben der rechtlichen Erkenntnis hinter der politischen Wirklichkeit erklärt. Das berührt aber sichtlich nur eine Seite der Frage. Der tiefere Grund, aus dem heraus das Verfassungsrecht sich so zurückhaltend gegenüber den Parteien gezeigt hat, liegt nicht in der fehlenden soziologischen Analyse, sondern — wie bei so vielen anderen sozialen und politischen Realitäten — in einem Festhalten an einer Grundanschauung, in deren Bild diese neuen Faktoren nicht hineinpaßten[1]. Die Abneigung gegenüber einer rechtlichen Kenntnisnahme von den Parteien entstammt einer Staatsauffassung, die der Tradition der kontinentalen Monarchie entsprach und in deren Mittelpunkt die Vorstellung der Einheit der staatlichen Willensrichtung und einer objektiven Auffassung des Gemeinwohls stand. Ergänzend traten hinzu die Einflüsse der frühliberalen politischen Theorie, die die Ansätze von Gruppenbildungen und Organisationen im Bereich der Volksvertretungen dank ihrer Tendenz zur Betonung des freien Mandats und der jeweils aus individueller Diskussion sich neu bildenden Mehrheit nicht erkennen konnte, noch mochte[2].

Die Erscheinung der Parteien stand im 19. Jahrhundert sowohl im Gegensatz zu der Ideenwelt des frühen Liberalismus, dessen aristokratisch gefärbtem Individualismus die Einbindung der Persönlichkeit in

---

Aus: Die Öffentliche Verwaltung 1958, S. 641 - 645.

[1] Deutlicher als in der Verfassungsgeschichte ist dies in der historischen Forschung heute erkannt. Vgl. *Th. Schieder,* Festschrift Ludwig Bergsträsser, 1956, S. 183 ff.

[2] Zu diesem liberalen Bilde der Repräsentation durch freie, unabhängige Männer siehe *Schieder,* HZ 177 (1954), S. 69 ff.

Parteidisziplin und kollektive Meinungen wenig zusagte, wie zu einer langbefestigten Tradition des Staatsdenkens, die sich den Staat nicht anders als ein von einem Zentrum aus einheitlich gestaltetes und gelenktes Gebilde zu denken vermochte, in dem die Staatsführung institutionell zugleich den Einheitsgedanken wie das Gemeinwohl verkörperte. Diese Vorstellung reicht zurück bis auf das Herrscherbild des Mittelalters, das den Fürsten in seinem Amte auf göttliche Berufung zurückführt und sein Regiment an die Wahrnehmung des Gemeinwohls bindet[3]. Indem sich der Herrscher dieser Pflicht zur Wahrung des Gemeinwohls unterwirft und sich dem Recht unterstellt, wird sein Regiment zur verbindlichen Darstellung der politischen Einheit und zur Entscheidungsinstanz über die Richtung des Staatswesens. Im absoluten Staate findet das ganze Staatsgefüge in der Person des Königs Einheit wie bewegenden Antrieb[4]. Es ist ein Bestandteil dieser Position, die am Ausgang des Mittelalters nicht ohne Kampf mit widerstreitenden Mächten — Ständen wie Städten — erhalten und gesteigert wurde, daß dem Fürsten die Sorge für Frieden und Ruhe, für „pax et tranquillitas" — wie die alte Formel seiner Aufgaben lautet — obliegt. Zur „Ruhe" in diesem älteren verfassungsrechtlichen Sinne aber gehört auch die Abwesenheit von Unruhe und Parteiungen, die noch im 17. Jahrhundert nur zu leicht zur Fronde und zum Aufstand aufflammen konnten. Die Monarchie hat daher überall lange an ihrer Gegnerschaft zu allen „Faktionen" festgehalten. „Der politische Kampf", so schrieb am 29. 12. 1783 *Georg III. von England* an den vierten *Herzog von Marlborough,* „geht nicht wie früher zwischen zwei Faktionen um die Macht, sondern um nicht weniger als darum, ob eine verzweifelte Faktion den Souverän zu einem bloßen Werkzeug in ihrer Hand reduzieren kann"[5]. Und diese Meinung klang noch als ein Stück politischer Romantik in dem Worte des letzten deutschen Kaisers, *Wilhelm II.,* an, als er 1914 ausrief, er kenne nur Deutsche, keine Parteien mehr.

Die Stärke, die in der europäischen Tradition diese Lehre von der notwendigen inneren Einheit der staatlichen Gesinnung und Willensbildung gewonnen hatte, erhellt daraus, daß die Staaten so lange sich sträubten, in ihren Grenzen religiöse Gewissensfreiheit zu gewähren, und daß noch der liberale Staat des 19. Jahrhunderts aus dieser Über-

---

[3] Vgl. z. B. *Marius Salamonius,* De Principatu, 1513, Ed. Mario d'Addio, 1955, fol. 77 r: „Manifestum itaque est Principis proprium esse undequaque communi utilitate intendere, et idipsum, ut summum bonum appetere."

[4] Vgl. die Schrift des französischen Ministers *Calonne,* De l'Etat de la France, London 1790, S. 60: „Dés que votre gouvernement est monarchique, vous ne pouvez, sans en contrarier les principes, vous dispenser de faire intervenir le Roi, dans tous les actes de l'administration."

[5] Vgl. *A. L. Rowse,* The Later Churchills, 1958, S. 146. Ferner *Richard Pares,* King Georg III and the Politicians, 1953, S. 70 ff.

lieferung zur Forderung der Einheit des national-kulturellen Elements gelangte. In einer solchen Anschauung, die in den zentralen Institutionen des Staates die Idee politischer Einheit und Übereinstimmung verankerte, blieb für die Anerkennung von Meinungsverschiedenheiten über Gemeinwohl und Staatsrichtung kein rechter Raum.

2. Wenn sich das Parteiwesen zuerst in England entfaltet hat und dort auch die Anerkennung seiner Rolle im politischen Leben zuerst erfolgte, so lag dem nicht nur der Verlauf der Geschichte, der seit 1688 den großen Familien die Macht in die Hand gegeben hatte, zugrunde, sondern auch eine ganze andere Staatsauffassung. Mit dem Sturz des Königstums göttlichen Rechts war der Anspruch auf eine ausschließliche Darstellung des Staates geschwunden und der Weg zur Anerkennung der Existenz von Meinungsgegensätzen über die Staatsrichtung, dann auch zur Einsicht in die Notwendigkeit einer Opposition[6], schließlich die Erkenntnis des Zusammenhangs einer freien Staatsform mit der Bildung von Parteien *(Burke)* geöffnet. Das geht noch Hand in Hand mit einer Gruppierung im Rahmen einer aristokratisch begrenzten politischen Schicht[7], aber es zeigt bereits eine entscheidende Wandlung: Der Zugang zur politischen Leitung ist nicht so sehr mehr Gegenstand der Entscheidung des Monarchen, als vielmehr das Ergebnis der politischen Auseinandersetzung im Parlament.

3. In England und erst recht in den Vereinigten Staaten galt eine Anschauung des Staates, die die Führung der Regierung als einen Auftrag des Volkes ansah, der im Wechsel verschiedenen politischen Kräften zufallen konnte, und die daher die Existenz politischer Parteien mit abweichender Meinung nicht nur zuließ, sondern geradezu voraussetzte. Es ist diese Konsequenz einer freien, auf Wahl und auf das repräsentative Prinzip gegründeten Verfassung, daß es gegensätzliche Meinungen über Staatswohl und jeweilige Richtung des Staates gibt, aus deren Ringen sich die Direktion des Staates ergibt, die — von einzelnen frühen Einsichten abgesehen[8] — dem kontinentalen, besonders

---

[6] Zum Aufkommen dieser Erkenntnis, vor allem bei *Bolingbroke* siehe *K. Kluxen,* Das Problem der politischen Opposition, 1956, S. 87 ff., 165 ff.

[7] Über die weithin familienhaft-personale Struktur der Parteigruppen im England des 18. Jahrhunderts siehe *Sir Lewis Namier,* The Structure of Politics at the Accession of George III, 2. Aufl. 1957.

[8] Bemerkenswert *Karl Salomo Zachariä,* Vierzig Bücher vom Staate, 2. Aufl., Bd. 3, 1839, S. 231: „Da die konstitutionelle Monarchie zwei ihrem Principe nach einander entgegengesetzte Verfassungen — die Monarchie und die Demokratie — in sich vereinigt, so kann sie nur unter der Bedingung auf die Dauer bestehen, daß das Volk (damit die Verfassung in der einen und in der anderen Eigenschaft ihre Vertreter habe) in zwei Partheien, in die royalistische und die demokratische, gespalten ist, daß jene Parthei die Rechte der Krone, diese die Freiheiten des Volkes als Partheisache vertheidiget. Nicht so darf sich das Verhältniß der Regierung zum Volke

aber dem deutschen Staatsdenken so schwer einging. Auch als die Parteien Gestalt gewonnen hatten, blieb die Neigung, den Staat mit der monarchischen Institution und der ihr verbundenen bürokratisch-militärischen Organisation gleichzusetzen und im Parteiengegensatz die Opposition mit einem negativen Vorzeichen abzuwerten. In der Staatsrechtslehre wirkte sich diese Tendenz dahin aus, daß man von den Parteien keine Notiz nahm. Man muß bei *Laband* förmlich suchen, um auch nur eine Erwähnung der Fraktionen des Parlaments zu finden[9]. Und selbst *Georg Jellinek*[10] erklärt, daß die Parteien bloße gesellschaftliche Erscheinungen seien, die in der staatlichen Ordnung keine Stelle hätten. Er weist also die Parteien in die gesellschaftliche, dem Staat gegenübertretende Sphäre. Damit wird aber ihre zentrale Funktion für die Staatsleitung und die Bestimmung der staatlichen Richtung geleugnet. Vielmehr setzt die Begriffsbildung *Jellineks* in den Vorstellungen der Staatsgewalt und des Staatsorgans die der monarchisch-konstitutionellen Theorie entsprechende Neigung zur Annahme einer vorausgesetzten Einheit des Staatswillens fort. Die Bezeichnung des Volkes und des Parlaments als Staatsorgane ruht auf der These, daß der Staat eines einheitlichen Willens bedürfe[11], mit der die ganze Problematik der Gewinnung einer solchen obersten Richtung des Staatswillens aus der Auseinandersetzung verschiedener Kräfte, die den Kern des modernen demokratischen Staates ausmacht, beiseite gesetzt und verkannt wird. In den Begriffen der Staatsperson und des Staatsorgans wird eine Einheit der staatlichen Willensrichtung vorausgesetzt, die zwar für die ausführende Tätigkeit der Behörden und Gerichte zutrifft, weil sie für sie im Gesetz und für die Verwaltung ferner in der Weisung gegeben ist. Aber es wird dabei übersehen, daß im demokratischen — und im Grunde auch bereits im konstitutionellen — Staate entscheidende verfassungsrechtliche Vorgänge der Bildung und Gewinnung eines einheitlichen Staatswillens aus der Auseinandersetzung verschiedener politischer und sozialer Kräfte dienen. Dieser Prozeß der Formung der politischen Richtung des Staates — und mit ihm ist zugleich die Auswahl des politischen Personals verbunden — vollzieht sich freilich nur zum Teil im Bereich der institutionellen staatlichen Einrichtungen; er erstreckt sich auch auf einen wesentlich weiteren Bereich des öffentlichen Lebens. Auch dies weitere Feld wird von der demokratischen

---

stellen, daß dieses (durch seine Vertreter) eine Opposition gegen die Regierung bildet. Eben so wenig kann und soll die Regierung über den Partheien stehn oder in dem Kampfe zwischen ihnen neutral bleiben. Denn weder in dem einen noch in dem andern Falle würde sie mit dem Volke und in Uebereinstimmung mit der öffentlichen Meinung regieren."

9 Staatsrecht d. Dt. Reiches, 5. Aufl., Bd. 1, 1911, S. 353.

10 Allgemeine Staatslehre, 3. Aufl., 5. Neudr. 1929, S. 114.

11 S. 550.

Verfassung ergriffen und in bestimmten Richtungen geregelt. Nur von diesem Blickpunkt her kann die institutionelle, für den politischen Prozeß grundlegende Funktion der Meinungsfreiheit als Freiheit der öffentlichen Meinung begriffen werden[12]. In diesem Gebiet liegt die Position und Aufgabe der politischen Parteien, die daher in Art. 21 GG ganz zutreffend als „Mitwirkung bei der politischen Willensbildung" umschrieben wird. Man kann freilich mit dem herkömmlichen Begriffsschema diese Funktion kaum angemessen erfassen. Es erlaubt im Grunde nur, die Tätigkeit der Parteien entweder mit dem Organbegriff oder ähnlichen Vorstellungen dem verfaßten Staat zu inkorporieren oder sie als gesellschaftliche Erscheinungen aus der Sphäre des Verfassungsrechts hinauszuweisen. Es ist bezeichnend, daß ein neuerer Versuch begrifflicher Deutung der Parteien und ihrer rechtlichen Stellung sie mit dem Gedanken der „Beleihung mit verfassungsrechtlichen Zuständigkeiten" zu erfassen sucht[13]. Darin wird verkannt, daß die Parteien gerade nicht dem Bereich der verfaßten Institutionen des Staates mit „Zuständigkeiten" angehören, daß die „Beleihung" nur in der ausführenden Staatstätigkeit vorkommen kann, nicht aber bei der Formung der Staatsrichtung, endlich, daß die Figur von „politischen Unternehmern", die damit den Parteien gegeben wird, ihnen durchaus unangemessen ist. Man wird die Stellung der Parteien nur verstehen können, wenn man festhält, daß sie nicht zum Bereich der „Staatsorgane", d. h. der institutionellen Einrichtungen des Staates, gehören, nicht Teil der Staatsorganisation sind, wohl aber dem Gebiet des „Öffentlichen", jener dem politischem Gemeinwesen, wenn auch nicht dem Staatsapparat, zugehörenden Sphäre des öffentlichen, des politischen Lebens eines Volkes zuzurechnen sind, den neuerdings wieder *R. Smend* unter Verweis auf die angelsächsisch-romanische Denkweise herausgearbeitet hat[14]. Innerhalb dieses Bereiches, in dem die Funktion der öffentlichen Meinung, der Massenbeeinflussungsmittel, der wirtschaftlich-sozialen Verbände anzusiedeln ist, ist den Parteien durch das Grundgesetz eine besondere verfassungsrechtliche Position zugewiesen, ohne daß sie damit zu Teilen der Staatsorganisation würden. Daß sie trotz dieser Stellung außerhalb des „Staatsapparates" zentrale Erscheinungen des heutigen demokratischen Staatslebens sind, das kann nur von einer Staatsauffassung her verstanden werden, die den Kern des Staates nicht in seinen Ämtern und Behörden, sondern im Vorgang der Gewinnung und Durchsetzung der einheitlichen Willensrichtung des Ganzen erkennt und die sich darüber klar ist, daß im demokratischen Staat

---

[12] Vgl. hierzu bes. *Ridder*, in: *Neumann / Nipperdey / Scheuner*, Grundrechte, Bd. 2, S. 256 ff. Vgl. auch *Sergio Fois*, Principi costituzionali e libera manifestazione del pensiero, 1945/47, S. 55 ff.

[13] *Menger*, AöR 78 (1952), S. 161.

[14] Gedächtnisschrift W. Jellinek, 1955, S. 1 ff.

die Willensrichtung des Staates nicht institutionell verfestigt (wie etwa im absoluten oder konstitutionellen Monarchen) vorgegeben ist, sondern jeweils in immer erneuter politischer Meinungsbildung und im Ringen der verschiedenen Strömungen erst konstituiert wird. Um hierbei die Rolle der Parteien zu sehen, bedarf es freilich auch der soziologischen Untersuchung der heutigen politischen Wirklichkeit.

II. Die Funktion der Parteien im demokratischen Staat

4. Mit dem Übergang des liberalen Staatstypus mit seinen aristokratischen Beimischungen[15] und seiner theoretischen Betonung der freien individuellen Entscheidung des einzelnen Abgeordneten zur modernen Demokratie — die Wandlung setzt in England mit der Entstehung fester Parteiorganisationen in den 70er Jahren bereits ein[16] — ist Einfluß und Bedeutung der Parteien im Staatsleben noch gestiegen. Die wichtigsten Momente dieser Wandlung lassen sich in folgender Weise charakterisieren:

a) Die Einführung des allgemeinen Wahlrechts zerbricht die Handhabung der Wahl durch begrenzte Honoratiorenkreise, sie fordert andererseits notwendig das Vorhandensein zusammenfassender und vermittelnder Aktionskerne in der Politik, wie sie die Parteien darstellen. Ohne die Parteien würden die heutigen Wählermassen keine Möglichkeit haben, zwischen den durch sie bereits vorgeformten und vorbereiteten Entscheidungen zu Sach- und Personenfragen überhaupt sinnvolle Äußerungen abzugeben.

b) Die im 19. Jahrhundert noch — gerade in Deutschland — weithin vorhandenen Reste nichtdemokratischer, verfestigter Machtstrukturen werden zurückgedrängt, so daß nun in der Tat die aktuelle Verfügung über die politische Macht im Staate ganz bei den von den Parteien dirigierten Organen (Parlament, Kabinett) liegt. Es stellt daher einen grundlegenden Irrtum dar, wenn heute demgegenüber die Aufrichtung staatlicher Autorität durch Stärkung der Bürokratie oder des Richtertums empfohlen wird[17]. Diese Kräfte haben eine wichtige, aber be-

---

[15] Vgl. *Benjamin Constant*, Coll. complète des œuvres, Bd. 1, 1818, S. 99: „Cependant il est désirable que les fonctions représentatives soient occupées, en général, par des hommes, sinon de la classe opulente, du mains dans l'aisance. Leur point de départ est plus avantageux, leur éducation plus soignée, leur esprit plus libre, leur intelligence mieux préparée aux lumières."

[16] Vgl. *R. T. McKenzie*, British Political Parties, 1955, S. 7 ff.

[17] Das ist die Grundlinie der Äußerungen von *Werner Weber*, Spannungen und Kräfte im westdeutschen Verfassungssystem, 2. Aufl. 1958, S. 73 f., 113 ff., 156 ff. Ferner: Die Verfassung der Bundesrepublik in der Bewährung, 1957, S. 30 („institutionelle Obrigkeit"); Der Staat und die Verbände, 1957, S. 24 f. Eine erhellende kritische Würdigung der Tendenz *Webers* zur büro-

grenzte Aufgabe im modernen demokratischen Staat, nicht aber die der politischen Leitung und auch nicht die der Verkörperung eines „Staatskerns".

c) Indem die Parteien zu den eigentlich bewegenden und dirigierenden Faktoren aufsteigen, tritt jedenfalls im parlamentarischen Staatssystem — anders nur in der speziell konstruierten amerikanischen Demokratie — der Unterschied von Regierung und Parlament zurück, da Kabinett und Parlamentsmehrheit sich decken. Die mäßigende Wirkung des Prinzips der Machtteilung für die Herrschaftsausübung wird, wie *Werner Weber* richtig beobachtet hat[18], teilweise durch ein Gleichgewicht der sozialen Kräfte und Organisationen, nicht weniger aber durch den Gegensatz Regierung und Opposition[19], endlich aber durch andere Gegengewichte — eine Verfassungsgerichtsbarkeit, den Föderalismus, Grundrechtssicherungen — erreicht.

d) Es vollzieht sich eine fortschreitende Veränderung der parlamentarischen Verhandlungsformen im Sinne einer Aushöhlung der Plenardebatten zugunsten der Ausschußtätigkeit, zugunsten aber auch einer Diskussion in Presse, Rundfunk und Publizität aller Art, einer Beteiligung weiterer organisierter Kreise an den politischen Verhandlungen (Einfluß der Verbände), eines stärkeren Hinübergreifens des Parlaments in den exekutiven Bereich durch die Ausweitung der Gesetzgebung und die Ausführlichkeit der Gesetze, die direkte Einflußnahme auf exekutive Entscheidungen, die Übernahme exekutiver — vor allem außenpolitischer — Aufträge durch Parlamentarier. Ihr entspricht eine Verlagerung der gesamten politischen Auseinandersetzung in einen weiteren Bereich der außerparlamentarischen Erörterung und Abklärung der Meinungen, an dem Parteien, Presse, Massenbeeinflussungsmittel, Verbände aller Art und zuweilen auch ad hoc gebildete Aktionsgruppen teilnehmen. Man kann diesen Bereich als die „Vorformung des politischen Willens" bezeichnen[20]. In ihm vollzieht sich in laufender, täglicher Stellungnahme — die die Raschheit und Reichweite der modernen Kommunikationsmittel ermöglicht und erzwingt — die eigentliche politische Debatte, soweit sie der Meinungsbildung, dem Abtasten der Volksstimmung oder deren Ausbrüchen dient, die Prägung der Ziele und der Fragen, der Gegensätze und der Bündnisse. Dem Parla-

---

kratisch-traditionellen Staatlichkeit bei *O. v. d. Gablentz*, Ztschr. f. Politik, 1958, S. 9 ff.

[18] Spannungen und Kräfte, S. 28; Bewährung, S. 41.

[19] Hierzu *Hennis*, Parlamentarische Opposition, in: Gesellschaft, Staat, Erziehung 1 (1956), Heft 5, S. 205 ff.

[20] Zum Begriff der „Vorformung des politischen Willens" meine Ausführungen, in: Ztschr. für evangelische Ethik 1 (1957), S. 34 ff. Der Ausdruck findet sich nun auch im Urteil des BVerfG (2 BvF 3 u. 6/58) vom 30. 7. 1958, S. 12 als „Vorformung der politischen Willensbildung des Volkes".

ment und der Regierung bleibt dann die freilich immer noch entscheidende Rolle, auf dem Grunde dieser Auseinandersetzung die verbindliche Festlegung der Staatsrichtung vorzunehmen, die laufende politische, vor allem außenpolitische Entscheidung zu treffen und im Gesetz die rechtlich bindende Fassung des Staatswillens auszuarbeiten.

5. Der staatstheoretischen Deutung dieser Wandlungen hat sich insbesondere *Gerhard Leibholz* angenommen[21], der in ihnen einen Übergang von einer liberal-repräsentativen zu einer parteienstaatlich-plebiszitären Demokratie gegeben sieht[22]. Ihm ist dabei insoweit durchaus beizustimmen, als er die beherrschende Stellung der Parteien als der maßgeblichen politischen Handlungseinheiten betont, die Wandlung der Parlamentsstruktur und des parlamentarischen Verfahrens feststellt und die Verschiebung des Schwergewichts der Diskussion und Vorentscheidung aus dem Parlament hinaus in eine breitere Schicht von mitgestaltenden und agierenden Einflüssen und Organisationen anerkennt. Dagegen zögere ich, ihm ohne weiteres in der Meinung zu folgen, daß damit in steigendem Maße wirkliche konkrete Sachentscheidungen in die Aktivbürgerschaft verlagert werden. Die Theorie des einem Parlament von der Wählerschaft zu erteilenden „Mandats", ohne das keine grundlegenden Sachentschlüsse gefällt würden, ist bekanntlich weitgehend fiktiv[23]. Tatsächlich werden außenpolitische Aktionen — in England die Suezintervention wie die Aufgabe Indiens — und innerpolitische Maßnahmen — wie Abwertungen der Währung — oftmals ohne Deckung in einer Wahlentscheidung getroffen, und bei der Schnelligkeit der heutigen Politik geht das häufig nicht anders. Auch bleibt es zweifelhaft, ob nicht die moderne Wahl immer noch eher den Charakter einer Kundgebung personalen Vertrauens (in den Führer der gewählten Partei) hat als konkrete Sachstellungnahme ist[24]. Auch dort, wo die plebiszitäre Sachentscheidung eigentlich zu Hause ist, in der Schweiz, sind diese Abstimmungen parteimäßig beeinflußt, tragen also auch wiederum personalen Charakter im Sinne des Sichverlassens auf eine Parteiempfehlung[25]. Was mir in dieser Auffassung der heutigen Demokratie als plebiszitäre Form zu kurz zu kommen scheint, ist der personale Zug des Repräsentativsystems. Er spielt gewiß nicht mehr

---

[21] Der Strukturwandel der modernen Demokratie, 1952.

[22] S. 16 ff.

[23] Hierzu *Sir Ivor Jennings*, Cabinet Government, 2. Aufl. 1951, S. 467 ff.; *ders.*, Parliament, 2. Aufl. 1957, S. 452: „The truth is that the mandate conferred by a general election is a mandate to govern according to democratic principles and in the light of a particular ‚philosophy' or ‚ideology'."

[24] So mit Recht auch *Fraenkel*, Die repräsentative und die plebiszitäre Komponente im demokratischen Verfassungsstaat, 1958, S. 18 ff.

[25] Vgl. zur Problematik der direkten Demokratie jetzt *W. Kägi*, Direkte D. in Gefahr?, 1958.

beim einzelnen Abgeordneten, wohl aber beim Vertrauen in den oder die Parteiführer und die Personengruppe der Partei als Ganzes eine maßgebende Rolle. Die repräsentative Demokratie ist auf dem Prinzip der personalen Vertretung aufgebaut, auf der Anerkennung dieser Vertretung und dem Vertrauen. Sie ist ohne diese personale Seite, die dem Volk vor allem die Wahl der Personen (heute tatsächlich der politischen Gruppen) überträgt, nicht aber die konkreten Sachentscheidungen, nicht vorstellbar. In der Meinung, Volksmeinung und Handlung der politischen Führung müßten sich decken wie Ursprung und Ausführung, steckt immer ein Stück des *Rousseau*schen Irrtums der Identität von Regierenden und Regierten[26].

6. Faßt man die Aufgaben zusammen, die in dieser modernen Staatswelt die Parteien spielen, so liegen sie in folgenden Richtungen:

a) Sie haben eine wichtige Rolle in der Legitimation der Autorität von Regierung und Parlament zu spielen. Da sie es sind, die das politische Personal auswählen, so ist ihre Beziehung zum Wähler, ihre Fühlung mit dem Volk von grundlegender Wichtigkeit. Nicht mit Unrecht muß daher eine Parteiengesetzgebung nach Art. 21 GG in der Sicherstellung einer demokratischen Innenstruktur der Parteien, vor allem einer möglichst breiten Mitwirkung der Mitglieder (oder gar Wähler?) bei der Kandidatenaufstellung ein Grundanliegen sehen. Welche Bedeutung dieser legitimierenden Funktion zukommt, ist selbst bei der Staatspartei der autoritäten und totalitären Systeme zu erkennen, denen — gewandelt in politische Erziehung, Überwachung und Indoktrinierung — diese Rolle nicht minder zukommt[27].

b) Sie sind es, die weithin über die staatliche Richtung, d. h. die politischen Maßnahmen, entscheiden. Das geschieht weniger durch Programme, als durch aktuelle Zielsetzungen wie durch langfristige Tendenzen und Grundeinstellungen (etwa in außenpolitischen oder wirtschaftlich-sozialen Fragen).

c) In ihrer Hand liegt vor allem die Wahl des politischen Personals, aber auch zu einem Teil der administrativen Spitzen. Es ist richtig, daß namentlich im Zweiparteiensystem die Wahl praktisch eine Volkswahl des Ministerpräsidenten ist[28]. Aber seine Präsentation, seine Auswahl vollzieht sich innerhalb seiner Partei. Mit der Kandidatenaufstellung umreißt die Partei allgemein den Kreis der politisch zu Einfluß gelangenden Personen; denn die Ernennung von Nichtparlamentariern zu Ministern wird heute seltener, so häufig sie — sogar für Reichskanz-

[26] Hierzu meine Äußerung, DÖV 1957, S. 634/35.

[27] Vgl. hierzu *S. Neumann*, Mod. Political Parties, 1956, S. 398 ff.

[28] Hierzu *Jennings*, Parliament, S. 26, 519 f.

ler — noch in der Weimarer Zeit vorkam. Die Parteien bestimmen aber, im besonderen bei Parlamentswahl des Staatshaupts, auch über diese Position. Sie beeinflussen oder ernennen (durch die ihnen zugehörenden Minister) leitende Verwaltungsbeamte, sie haben durch Richterwahlausschüsse bestimmenden Einfluß auf die Richterpersonalien oberer Gerichte, so sehr hier Tradition und Qualität auch die Entscheidung leiten und sichern. Durch die weitgehende Einführung des Wahlelements in das Kommunalrecht herrschen die Parteien auch in diesem Felde.

Man wird also nicht übertreiben, wenn man die Rolle der Parteien nicht lediglich in ihrer sachentscheidenden Funktion erblickt, sondern mindestens ebenso in ihrer Stellung als Gremien der Personalauswahl im leitenden Bereich der Verfassung, bis hinein in den der ausführenden Verwaltung. Zieht man in Erwägung, daß Personenauswahl immer eine selektive, um nicht zu sagen auch elitäre Funktion ausübt, so wird man der rein plebiszitären Deutung des modernen Parteienstaates entgegenhalten können, daß sie dies repräsentative Element, diese Rolle in der personalen Bestimmung des Staates, zu gering veranschlagt.

III. Die Auswahl des politischen Personals

7. Solange verfestigte und dauerhafte Herrschaftsstrukturen Staatsform und Verfassungsbild bestimmten, war der Aufstieg zur politischen Leitung durch Erbe, Vermögen oder Klassenschicht vorgegeben, deren Selektion ergänzt wurde durch das bewegliche Element des Emporsteigens in Bürokratie, Militär und Kirche. Diese Methode der Bestimmung des regierenden Kreises hat Deutschland praktisch überwiegend bis 1918 beherrscht, und sie hat in Gestalt der derart geformten Bürokratie lange in der Weimarer Zeit tatsächlich wie ideologisch nachgewirkt. Mit dem Typus des demokratischen Staates ist solche Auswahlmethodik nicht vereinbar, weil sie der Gleichheit, der zeitlichen Erneuerung aller Amtsaufträge, der Kontrolle und der Legitimation von unten her widerspricht. Das schließt nicht aus, daß die besondere Funktion der Bürokratie und des Staatsapparates in der Gegenwart, gerade gegenüber der Beweglichkeit des politischen Elements der Parteien, sorgsamer Erkenntnis und Prüfung bedarf. Es ist gewiß nicht bloß auf Ausführung und Gehorsam beschränkt, sondern erfordert hohe Initiative, aktive Mitwirkung auch bei staatsleitenden Aufgaben[29]. Wie die hierfür nötige Qualität der Personen, wie ihre — relative — Unabhängigkeit vom Wechsel der politischen Regime und der herr-

[29] Ein amerikanisches Urteil über diese aktive Rolle der Bürokratie bei *V. O. Key Jr.*, Political Parties and Pressure Groups, 4. Aufl. 1958, S. 761 ff.

schenden Parteigruppierungen gesichert werden kann, ist ein ernstes Anliegen der modernen Demokratie, das die heutigen deutschen Verhältnisse kaum schon gelöst haben. Aber die letzte Zielsetzung und Richtungsbestimmung im Staate zu geben ist nicht Sache des bürokratischen Apparates. Wo ihm diese Rolle zugewiesen wird, sind wir auf autoritären Wegen. Es ist bezeichnend, daß in den Entwürfen der neuen französischen Verfassung, in welcher das Schwergewicht der politischen Macht beim halbplebiszitär gewählten Staatspräsidenten liegt, von dem das Kabinett stärker abhängt als vom Parlament, nicht nur das Ausscheiden der Minister aus dem Parlament gefordert wird, sondern sogar der Gedanke auftrat, ihr Ausscheiden aus ihren Parteien zu fordern. Die richtige Stellung der beamteten Exekutive im Staat kann nur in Einsicht in ihre dienende Funktion, ihre Ausrichtung am überparteilichen Staatswohl und in ihrer Loyalität gegenüber wechselnden politischen Kursen gefunden werden, zugleich aber in einer gewissen Absetzung aus dem Zentrum politischer Entscheidung. Wieder in anderer Richtung liegt die Frage, wie weit über den Kreis der leitenden Bürokratie hinaus überhaupt ein parteilicher Personaleinfluß legitim erscheint. Eine solche Berechtigung dürfte wohl grundsätzlich zu verneinen sein, womit nicht unbedingt freilich jede Einwirkung der Parteien im Verwaltungsbereich auf sachliche Lösungen abgelehnt werden soll[30].

8. Beschränken wir den Blick auf die eigentliche Leitung des Staates, den Verfassungsbereich, so wird man heute im wesentlichen die Auswahl der maßgebenden Personen sich auf dem Wege über die Parteien vollziehen sehen. Im vorparlamentarischen Raume wirken an politischen Erörterungen auch Wirtschaftsführer, Verbandsfunktionäre und die in Presse und Massenbeeinflussungsmitteln tätigen Intellektuellen mit. Wollen sie in die eigentliche Führungsschicht aufsteigen, so wird der Weg indes meist über die Parteien führen. Die Frage, ob diese Form der Auslese der politischen Führung befriedige, wird vielfach mit kritischen Antworten versehen werden. Das gilt besonders für Länder, wie Deutschland, wo der Berufspolitiker seine Herrschaft angetreten hat, zumindest im Bunde überwiegt. Sicherlich deckt sich diese Führungsschicht nicht mehr mit der wirtschaftlichen Führungsgruppe, sie ist auch nicht mehr eine Honoratiorenklasse, sondern mehr und mehr ein selbständiger, freiwillig als Laufbahn gewählter Berufskreis von sehr verschiedener Herkunft, mit allmählich stärkerem Überwiegen des Funktionärstyps. Eine Rückentwicklung zu einer Volksvertretung aus neben einem Hauptberuf zeitweise tätigen Personengruppen erscheint schwerlich denkbar. Die Lösungen können also nur in der Rich-

[30] Zu diesen Problemen der Bericht der Parteienrechtskommission 1957 (Rechtliche Ordnung des Parteiwesens, 1. Aufl.), S. 75 ff. und *Peters*, Die Gewaltentrennung in moderner Sicht, 1954, S. 27 ff.

tung möglichst starker demokratischer Legitimierung der Abgeordneten durch die Methoden der Auswahl der Wahlkandidaten, der Sicherung ihrer inneren Unabhängigkeit auch in wirtschaftlich-sozialer Hinsicht, der strengeren Fernhaltung und Ausmerzung ungeeigneter, belastender Personen liegen.

9. In allen diesen Richtungen vermag der Gesetzgeber in begrenztem Umfang zu helfen. Die letzte entscheidende Gestaltung aber kann nur aus einer Entwicklung der demokratischen Lebensform, eines politischen Stils kommen. Die Einwirkung des Gesetzgebers auf demokratische Garantien bei der Kandidatenaufstellung wird einen wichtigen Gegenstand der Parteiengesetzgebung bilden, nicht weniger wie die Gewährleistung der freiheitlichen inneren Struktur des Parteiaufbaus[31]. Darüber hinaus aber wird stärker als bisher das Augenmerk des Gesetzgebers auch dem Status des Abgeordneten gelten müssen. Seine soziale Sicherung kann nicht über gewisse Grenzen geführt werden, wenn nicht die Entwicklung zum Berufspolitiker übersteigert und aus dem politischen Risiko — das notwendig zur politischen Betätigung gehört — eine Laufbahn gemacht werden soll. Auf der anderen Seite sind Probleme wie Altersvorsorge für Parlamentarier und laufende Diäten unter dem Gesichtspunkt zu wägen, daß älteren Politikern das Ausscheiden ermöglicht, dem langjährigen Politiker eine Sicherung geboten wird und daß die Opferseite des politischen Berufes nicht überbetont werden kann, wenn qualifizierte Personen sich dieser Aufgabe widmen sollen. Bedeutsam erscheint auch, obwohl dies nicht im Parteiengesetz geregelt werden kann, sondern dem Verfassungsrecht oder wenigstens Parlamentsrecht angehört, das Problem der Entfernung offenkundig ungeeigneter, durch ihr Verhalten sich als unwürdig zeigender Volksvertreter[32]. Hier dürfte der Gedanke des individuellen Mandates — der auch beim Parteiverbot seine Rolle spielt[33] — mit der Forderung nach — selbstverständlich verfassungsgerichtlich gesicherten — Formen solcher Parlamentsdisziplin in Widerstreit treten. Er scheint mir aber als der schwächere Wert.

In diese Fragen des politischen Personals greift auch das Problem der Parteienfinanzierung ein, das wohl im Vordergrund aller Parteigesetzgebung stehen wird. Ebensowenig wie eine Erhebung der Parteien zu Staatseinrichtungen mit ihrer freien Gründung und ihrer Natur als öffentliche, aber nicht staatliche Verbände vereinbar erscheint,

---

[31] Vgl. Bericht d. Parteienrechtskommission, S. 156 ff., 165 ff.

[32] Zu diesen Problemen im Sinne einer Unaufhebbarkeit des parlamentarischen Mandats *Köttgen*, Gedächtnisschrift f. W. Jellinek, 1954, S. 207 ff.

[33] Vgl. neuerdings hierzu Entscheidung des Niedersächsischen StGH v. 28. 3. 1958 (Nds. MinBl. Nr. 16, S. 25 ff.), die die Wirkung des Parteiverbots auf das individuelle Mandat ablehnt.

wird man auch die Staatsfinanzierung ohne Vorbehalt annehmen können. Andererseits dürfte eine zu weitgehende Beschränkung der Finanzierungsmittel der Parteien nach der personalen Seite hin den Funktionärstypus und den von außen „gesponserten" Abgeordneten möglicherweise fördern helfen[34].

Gesetzgeberische Mittel werden aber diese grundlegenden Fragen nur zu einem Teile lösen können. Ihre Fortentwicklung ist in nicht minderem, vielleicht sogar im größeren Maße Sache der politischen Sitte und der Entwicklung der demokratischen Gesinnung. Solange die Achtung vor Aufgabe und Ernst der Funktion des Politikers nicht gesichert ist, wird dieser Bereich nicht die Kräfte anziehen können, die für ihn nötig sind. Eine klare Einsicht in die leitende Rolle der Parteien ist unentbehrlich für ein rechtes Verhältnis auch zu den Problemen der Auswahl und Stellung des Politikers. Auch den Parteien selbst, ihrer Selbstdisziplin und ihrer Haltung, ist ein wichtiger Anteil an dieser Entwicklung anvertraut. Mit der Entwicklung und der inneren Struktur der politischen Parteien wie nicht minder ihrer legitimierenden Anerkennung und Unterstützung durch die Bevölkerung — von der wir in Deutschland gewiß noch weit entfernt sind — hängt die Stetigkeit und Funktionsfähigkeit des demokratischen Staates notwendig zusammen.

---

[34] Es ist hier nicht der Ort zu einer Kritik des Urteils des BVerfG (2 BvF 1/57) vom 24. 6. 1958 (DÖV 1958, S. 577) über die Steuerbefreiung von Parteispenden. Es scheint mir aber ein Einwand gegen Teile der Begründung dieses Urteils zu sein, daß es die Relation zwischen Rechten und Pflichten im politischen Bereich gering anschlägt. Wenn es für den Steuerpflichtigen den Grundsatz proportionaler Mehrbelastung der höheren Einkommen billigt, andererseits aber jede Beziehung der Steuerbefreiung auf diese proportionale Staffelung als Beeinträchtigung der Chancengleichheit der Parteien bei der Steuerbefreiung betrachtet, so hat es recht, daß in der Demokratie politische Rechte nicht mit finanziellen Leistungen zusammenhängen dürfen, aber es fragt sich, ob hier nicht auch die Steuerbefreiung starker, im politischen Raum tätiger Verbände in Rechnung zu ziehen gewesen wäre und ob man Steuerbefreiungen wirklich als indirekte Staatsbeiträge beurteilen darf.

Die Lage des parlamentarischen Regierungssystems in der Bundesrepublik

I. Stabilität und innerer Wandel

1. Das parlamentarische Regierungssystem hat seit jeher in den Verfassungstexten nur einen bescheidenen Niederschlag gefunden. Es ist eine Regierungsform, deren rechtlicher und politischer Bestand in erheblichem Maße nicht nur von rechtlichen Normen, sondern von den Gegebenheiten der politischen Wirklichkeit abhängt. Neben der Festlegung des Kernbestandes des Systems, der Verfügung des Parlaments über den Bestand des Kabinetts, wirken natürlich auch andere Bestandteile der Verfassungordnung ein, die föderale Gliederung, das Wahlrecht, die Stellung des Staatshaupts. Aber daneben spielen Fakten des politischen Lebens, Zahl, Struktur und Grundausrichtung der politischen Parteien vor allem, aber auch die Arbeitsweise des Parlaments, die Einflüsse von Gruppen und Verbänden außerhalb des Parlaments eine wichtige Rolle. Zusammen mit der Tradition des Verfassungssystems führen diese Tatsachen der politischen Realität sehr unterschiedliche Ausprägungen des parlamentarischen Systems herbei. Diese Regierungsform besitzt daher eine in sich stark differenzierte Erscheinung.

Man muß diese grundsätzliche Offenheit und Flexibilität des Systems für verschiedenartige Entwicklung vor Augen haben, wenn man die heute vielfach ausgesprochene Feststellung trifft, daß die staatliche Ordnung des Grundgesetzes in der Anordnung der politischen Leitung in den 25 Jahren seines Bestehens eine Beständigkeit gezeigt hat, die auch durch den markanten Wechsel des innen- und außenpolitischen Kurses nach der Bildung der sozial-liberalen Koalition nicht erschüttert worden ist. Es fragt sich freilich, ob diese Stabilität in der Bundesrepublik den Einrichtungen des Grundgesetzes zu verdanken ist oder auf andere Gründe sich zurückführt. Man wird der Verfassung selbst dieses Verdienst in einem beschränktem Sinne zusprechen können, daß jedenfalls die Väter des Grundgesetzes bestrebt gewesen sind, den Rahmen für eine stabile Ordnung zu entwerfen und Vorkehrungen gegen die Gefahren eines plebiszitären Radikalismus wie gegen die Ausbildung einer starken Exekutivgewalt zu treffen. Die Konzentration

Aus: Die Öffentliche Verwaltung 1974, S. 433 - 441.

der politischen Entscheidung in dem Verhältnis Regierung - Parlament, die strenge Festhaltung des repräsentativen Charakters der Gesamtordnung verbunden mit der betonten Zurücksetzung des Präsidentenamtes haben den entscheidenden Ansatz des parlamentarischen Regimes besser hervorgehoben als dies in der von wenig klaren Vorstellungen über eine starke Führungsmacht beeinflußten Weimarer Verfassung der Fall war. Diejenigen Einrichtungen freilich, denen man im Parlamentarischen Rat und in den früheren Jahren als wichtigen Neuerungen erhebliche Bedeutung beilegte, haben für die beständige Entwicklung keine Rolle gespielt. Das gilt vor allem für das konstruktive Mißtrauensvotum des Art. 67 GG und für die Richtlinienkompetenz des Kanzlers als Basis einer „Kanzlerdemokratie". Das konstruktive Mißtrauensvotum des Art. 67 GG war auf ein Mehrparteiensystem abgestellt und sollte einer von radikalen Flügeln bedrohten Mitte eine Stütze bieten. Da die Parteienverhältnisse sich anders gestaltet haben, hat es diese Funktion niemals erlangt[1]. Es ist zudem in der Gegenwart, in der die Aufgabe der Regierung fortlaufend Gesetzesakte und Gesetzesänderungen in sich schließt, die Fortführung der Geschäfte durch eine Minderheitsregierung nicht leicht vorstellbar, es sei denn, sie finde, wie in der Weimarer Praxis, die „Tolerierung" durch andere Gruppen. Sieht man von einigen erfolgreichen Fällen der Anwendung des konstruktiven Mißtrauensvotums in den Ländern ab[2], die aber stets durch einen Wechsel der Koalitionsbündnisse herbeigeführt wurden[3], so ist im Bunde die Ablösung eines Kanzlers nicht durch ein Mißtrauensvotum erfolgt, sondern durch Koalitionswechsel oder — so im Falle von *Willy Brandt* im Mai 1974 — durch einen Rücktritt auf Grund besonderer kritischer Umstände. Das Ausscheiden *Adenauers* am 16. 10. 1963 vollzog sich auf Grund eines dem Kanzler bei seiner letzten Kabinettsbildung auferlegten Versprechens im Wege des Personenwechsels zu *Erhard*.

---

[1] Zum konstruktiven Mißtrauensvotum siehe *Amphoux*, Le Chancelier Fédéral dans le régime constitutionnel de la République Fédérale Allemande, 1962, S. 435 ff.; *H. Steiger*, Organisatorische Grundlagen des parlamentarischen Regierungssystems, 1972, S. 266 f.; *M. Müller*, ZParl. 3 (1972), S. 285 ff. Skeptisch gegen die Wirksamkeit bereits *Friesenhahn*, VVDStRL 16 (1958), S. 60. Zum Schicksal des Mißtrauensvotums in Weimar siehe *K. v. Beyme*, Das parlamentarische Regierungssystem in Europa, 1970, S. 629 f. Auch er ist gegenüber dem Art. 67 zweifelnd (S. 632).

[2] Zu diesem Wechsel in der III. und VI. Wahlperiode des Landtags in Nordrhein-Westfalen 1956 und 1966 durch den Übergang der FDP zu einer Koalition mit der SPD siehe *v. Beyme*, S. 632.

[3] In diese Kategorie gehört im Bunde der Abgang Erhards und die Bildung der Großen Koalition im Jahre 1966. Auch hier erfolgte ein Wechsel der Koalitionspartner. Doch wandte man in diesem Falle das Mißtrauensvotum nicht an und Erhard lehnte es auch ab, sich zur Stellung der Vertrauensfrage nach Art. 68 drängen zu lassen.

Der einzige Anwendungsfall des konstruktiven Mißtrauensvotums, der Vorstoß der CDU/CSU am 27. April 1972, aussichtsreich geworden durch einen Fraktionswechsel einer Reihe von Abgeordneten, scheiterte eben an der gleichen Erscheinung, die ihn veranlaßt hatte, an der Wanderung von Abgeordneten „zwischen den Fronten“[4]. Die exzeptionellen Umstände dieses Vorgangs lassen ihn kaum geeignet erscheinen, für künftige Fälle eine Präzedenzwirkung zu entfalten. Der Wechsel von Abgeordneten von einer Fraktion (Partei) zur anderen ist, namentlich auch in den Landtagen, eine häufige und regelmäßige Erscheinung[5], und er hat eine wichtige Rolle bei dem Niedergang der kleinen Parteien in den 50er Jahren, damit also für die Konzentration auf wenige Parteien, gespielt[6]. Aber in angespannten Situationen wird im allgemeinen doch eher die Parteidisziplin sich durchsetzen[7]. Im Ergebnis gilt auch für die Bundesrepublik heute, daß in Ländern mit festgefügtem Parteiensystem und starker Parteidisziplin das Mißtrauensvotum keine praktische Bedeutung mehr besitzt. Eine Regierung wird in der Regel für die Zeit bis zu den nächsten Wahlen konstant bleiben. Vorzeitige Rücktritte des Kabinetts sind auf Zerfall des Koalitionsbündnisses oder auf einen Autoritätsverfall zurückzuführen[8].

Was die Richtlinienkompetenz des Bundeskanzlers betrifft, so besitzt sie für die innere Struktur des Kabinetts eine rechtliche Wirkung[9], aber auch sie ist in der Literatur in ihrer politischen Wirksamkeit erheblich überschätzt worden[10]. Die Stellung des einzelnen Kanzlers hängt in weitem Umfang von seiner Persönlichkeit und seinem Regierungsstil ab, so daß er für die Durchsetzung seiner politischen Linie nicht auf Art. 65 GG angewiesen ist. Sie wird aber andererseits auch in nicht geringem Maße durch seine Bindung an eine Koalition und die in ihr getroffenen Vereinbarungen begrenzt[11]. Insbesondere der letzte Ge-

[4] Zu diesem Vorgang siehe *R. Lange* und *G. Richter*, ZParl. 4 (1973), S. 40 f.; ferner *M. Müller*, ZParl. 3 (1972), S. 275 ff.

[5] Siehe zum Übertritt von Abgeordneten den Überblick bei *H. Kaack*, ZParl. 3 (1972), S. 3 ff.

[6] So richtig *H. Kaack*, S. 25, 27.

[7] Die Länderregierungen in Niedersachsen seit 1970 und Nordrhein-Westfalen seit 1971 konnten sich mit nur einer Stimme Mehrheit über Jahre behaupten. Die Lage im Bundestag 1972 war durch die seit 1969 erfolgte Wendung der Außenpolitik bedingt, die einzelne Abgeordnete der Regierungskoalition ablehnten.

[8] *v. Beyme* (Anm. 1), S. 633, 658.

[9] Vgl. zur Richtlinienkompetenz *Amphoux*, Le Chancelier Fédéral (Anm. 1), S. 247 ff., 291 ff.; *Böckenförde*, Die Organisationsgewalt im Bereich der Regierung, 1964, S. 206 ff.; *Kröger*, Die Ministerverantwortlichkeit in der Verfassungsordnung der Bundesrepublik Deutschland, 1972, S. 37 ff.; *Karehnke*, DVBl. 1974, S. 101 ff.

[10] Siehe *E. U. Junker*, Die Richtlinienkompetenz des Bundeskanzlers, 1965; *Knöpfle*, DVBl. 1965, S. 857 ff., 925 ff.

sichtspunkt schließt eine volle Führung durch den Leiter eines Koalitionskabinetts vielfach aus. Mit Recht hat man darauf hingewiesen, daß im Wechsel der Persönlichkeiten auch die vielberufene „Kanzlerdemokratie“ zurückgetreten ist[12]. Es bleibt freilich richtig, daß das Grundgesetz durch die alleinige Verantwortung des Kanzlers gegenüber dem Parlament (Art. 65, 67 GG) dessen Stellung deutlich herausgehoben hat. Angesichts der Tatsache, daß das Mißtrauensvotum hingegen nicht angewendet wird, darf diese Regelung nicht überschätzt werden. Die führende Stellung der leitenden Persönlichkeit ist vielmehr vor allem auch das Ergebnis der komplexen Bedingungen der modernen Regierungsaufgaben, die eine oberste Leitung und Koordination dringlich machen, sowie der Einwirkung der Öffentlichkeit, in der sich heute das Bild weniger leitender Personen allein deutlich ausprägt. Diese Ursachen haben auch im englischen Kabinettssystem zu einem seit langem zu beobachtenden Anstieg der Stellung und Macht des *Prime Minister* geführt[13].

2. Die entscheidenden Gründe für die relative Stabilität der politischen Verhältnisse in der Bundesrepublik dürften, so wenig man den Ansatz in ihren Verfassungseinrichtungen unterschätzen sollte, vor allem in zwei außerverfassungsrechtlichen Umständen liegen. Das sind die Entwicklung des Parteiensystems und der stetige wirtschaftliche Aufschwung[14]. Bei der Abfassung des Grundgesetzes rechnete man mit der Wiederkehr eines Vielparteiensystems, das auch in der Annahme des Verhältniswahlrechts eine gewisse Grundlage erhielt. Die Konzentration auf einige wenige Parteien war nicht vorhergesehen und ist wohl — neben dem taktischen „Verbrauch“ kleiner Koalitionspartner durch *Adenauer* in den 50er Jahren — vor allem auf zwei Umstände zurückzuführen: Auf die Gründung der CDU/CSU, die früher auseinanderstrebende Kräfte der bürgerlichen Seite in eine gemäßigte und breit angelegte Partei zusammenfaßte und damit zugleich radikalen Bildungen auf der Rechten ihre Chance nahm. Sodann aber auf die Erfahrung, die unter dem Vorgang der Teilung Deutschlands die kommunistische Richtung seit 1949 in eine Randstellung verwies und dadurch bis jetzt die Bildung einer radikalen parlamentarischen Gruppe auf

---

[11] Zu den Koalitionsvereinbarungen siehe *A. Schüle,* Koalitionsvereinbarungen im Lichte des Verfassungsrechts, 1964.

[12] Ich stimme hier der kritischen Beurteilung durch *W. Hennis,* Richtlinienkompetenz und Regierungstechnik, in: Politik als praktische Wissenschaft, 1968, S. 79 ff. ganz zu. Ähnlich *Werner Weber,* DVBl. 1969, S. 415.

[13] *John P. Mackintosh,* The British Cabinet, 2. Aufl. 1968, S. 428 ff.; *I. Gilmour,* The Body Politic, 1969, S. 205 ff.; *Lord Gordon Patrick Walker,* The Cabinet, 2. Aufl. 1972, S. 88 ff.

[14] Auf die Bedeutung dieses zweiten Moments weist hin *Werner Weber,* DVBl. 1969, S. 414.

der Linken in dieser Gestalt verhinderte. Vor allem aber hat hierzu eine unscheinbare Vorschrift des Wahlrechts in Bund und Ländern entscheidend beigetragen, der die Rechtsprechung des Bundesverfassungsgerichts ihren Segen gab[15], die in § 6 Abs. 4 BWahlG (und entsprechenden Landesbestimmungen) niedergelegte 5 %-Klausel. Hier hat eine Vorschrift des einfachen Gesetzesrechts eine ungemein weitreichende systemformende Bedeutung für das Verfassungsleben erlangt. Infolge dieser Bestimmung sind eine Anzahl kleiner Parteien, z. T. in einer Art Selbstaufgabe, ausgeschieden und haben sich radikale Flügel nicht entfalten können. Die Folge ist die Konzentration auf wenige Parteien, die heute im Bunde zu einer Form des Machtwechsels zwischen zwei Gruppen geführt hat. Dadurch haben jeweils die Regierungskoalitionen im Bund eine gesicherte parteiliche Grundlage erhalten, die ihnen eine stetige Regierungsführung ermöglichte. Die Tatsache, daß ein Machtwechsel sich erst nach langer Zeit vollzog und möglicherweise auch künftig der Übergang von einer regierenden Gruppe zur anderen langfristig angelegt ist, hat diesen Zug der Beständigkeit bestärkt.

Das zweite Moment, auf dem die Stetigkeit der Verfassungsentwicklung in der Bundesrepublik beruht hat, die Konstituierung einer anerkannten Grundlage des wirtschaftlichen und sozialen Lebens, lag außerhalb der engeren Sphäre der Organisation der politischen Leitung. Aber angesichts der entscheidenden Bedeutung, die heute für die Führung einer Regierung die wirtschaftlichen und sozialen Probleme besitzen, war die Gewinnung einer festen Konzeption der Wirtschaftsordnung ein stabilisierendes Element von hohem Rang. Nachdem die anfänglichen prinzipiellen Gegensätze, etwa im Felde der Sozialisierung und des wirtschaftlichen Dirigismus, in den 50er Jahren zurücktraten, hat der Gedanke einer marktwirtschaftlichen Ordnung bis in die Verfassungsauslegung hinein eine akzeptierte Grundlage abgegeben, die es auch erleichterte, zwischen den politischen Gruppen zu wechselnden Verbindungen zu gelangen. Noch am Beginn der 60er Jahre wurde weithin angenommen, daß sich die programmatischen Unterschiede der Parteien abgeflacht hätten. In diesem Vorgang lag zweifellos damit ein Faktor, der das Funktionieren des politischen Systems erleichterte. Seither sind in dieser Richtung Änderungen eingetreten. Die ideellen Gegensätze der politischen Gruppen haben sich verschärft, die in zwei Jahrzehnten geformte Ordnung der wirtschaftlichen Verhältnisse sieht sich Vorhaben gegenüber, die tief in ihre Struktur eingreifen, die inflatorische Entwicklung erschüttert darüber hinaus ihre Grundlagen. Auch die bisherige Deutung der Verfassungsfundamente, vor allem im Bereich der Grundrechte, wird durch die Diskussion um Eigentum, Sozialstaat, Wirtschaftssystem und Mitbestimmung auf eine

[15] BVerfGE 1, S. 208, 248 f.; 34, S. 81, 99 f.

Probe gestellt[16]. Dadurch gewinnt das politische System des Grundgesetzes schärfere antagonistische Züge, die nicht ohne Einfluß auf seine konkrete Ausgestaltung und seine Wirkungsweise bleiben. Insofern besteht auch hier zwischen den Institutionen der Verfassungsordnung und den in sie in Gestalt der Grundrechte hineingeschriebenen ideellen und sachlichen Festlegungen und Zielsetzungen ein enger Zusammenhang[17]. Wir werden auf ihn zurückkommen. Ohne eine feste gemeinsame Grundlage des Verfassungskonsenses ist auch das Funktionieren der politischen Organe Gefährdungen ausgesetzt.

3. Die Feststellung des Funktionierens der im Grundgesetz angelegten politischen Ordnung bedeutet aber nicht, daß sich diese Entwicklung notwendig genau in den von der Verfassung vorgezeichneten Bahnen vollzogen hat oder daß nicht im Laufe der Zeit neue Probleme aufgetreten sind, die Struktur und Wirkungsweise dieses Systems gewandelt haben. Wir haben schon gesehen, daß manche der Vorstellungen des Jahres 1949 über das Funktionieren des parlamentarischen Regimes sich nicht erfüllt haben. In der Tat liegt hier ein entscheidender Punkt für die Auseinandersetzung mit dem parlamentarischen System des Grundgesetzes. Wie auch im Ausland, sind in der Bundesrepublik in der Relation von Regierung und Parlament neue Züge hervorgetreten, stellt die moderne auf Planung und wirtschaftliche Lenkung eingestellte Aufgabenstellung eines Industriestaates veränderte Probleme, haben sich endlich auch andere institutionelle Verschiebungen ergeben. Die politische Ordnung der Bundesrepublik, wie sie sich heute präsentiert, hat sich in manchen Zügen von dem vorgezeichneten Bilde entfernt und ihre Zukunft wirft neue Fragestellungen auf. Es ist dieser Fragenkreis, dem wir hier nachgehen wollen.

In allen demokratischen Ländern ist es für die Parlamente schwieriger geworden, mit dem aus der Komplexität der heutigen Verhältnisse hervorgehenden Informations- und Entscheidungsvorsprung der Exekutive Schritt zu halten. Die älteren Vorstellungen von Verantwortung und Kontrolle bedürfen einer Überprüfung, auch in der Arbeitsmethode der Volksvertretungen. Das Bild des parlamentarischen Sy-

[16] Vgl. *H. P. Ipsen,* DÖV 1974, S. 292 ff.

[17] Auch unter diesem Gesichtspunkt ist es daher nicht mehr möglich, in der Sinndeutung der Grundrechte allein mit ihrer negativen Abwehrfunktion gegen den Staat auszukommen, wie es *Hans Klein,* Die Grundrechte im demokratischen Staat, 1972, S. 37 ff. anrät. Je mehr der ältere Gegensatz von Staat und Gesellschaft, der auf der Idee eines freien Raums der Sozialgestaltung durch die letztere beruhte, überholt ist und die staatliche Formung sich auf immer weitere Sphären des Daseins erstreckt, desto wichtiger werden die in den Grundrechten anerkannten objektiven Richtsetzungen, die dem sozialen Geschehen Richtung und Ziel geben. Vgl. *Badura,* Das Recht als gesellschaftliches Gestaltungsmittel (Hess. Hochschulwochen 1969), S. 12 ff.; *Jörg P. Müller,* Schweizer. Juristenverein 1973, S. 812 ff.

stems befindet sich daher allenthalben in einer Phase der Wandlung. Das ist nicht überraschend bei einem so variablen und biegsamen Prinzip. Notwendig wird jedenfalls heute eine Analyse der gegenwärtigen Lage und der in ihr angelegten Probleme der parlamentarischen Regierungsweise.

Die deutsche Staatstheorie hat auf diesem Felde noch immer einen Nachholbedarf zu vollziehen. Ihre Begriffe haben sich immer noch nicht völlig aus der Vorstellungswelt der konstitutionellen Monarchie und des späten 19. Jahrhunderts gelöst. Noch immer wird das Bild des politischen Systems von der Gewaltenteilung her untersucht, obwohl schon *Bagehot* 1867 darauf aufmerksam gemacht hatte, daß das Cabinet-System auf einer Fusion der politischen Macht der Exekutive und der Legislative beruhe[18]. Nur deshalb war es möglich, daß sogar das *Bundesverfassungsgericht* auf den Gedanken kommen konnte, die Wirksamkeit der politischen Parteien gemäß Art. 21 GG in einen staatsfreien Raum zu verweisen und zu verkennen, daß sie vielmehr im eigentlichen Zentrum der staatlichen Entscheidung sitzen und die zentralen Entscheidungen des Staates beeinflussen und lenken. Hier wirkte noch ein älteres Vorstellungsbild der Trennung von Staat und Gesellschaft mit, das im konstitutionellen Staat die Parteien in den außerstaatlichen gesellschaftlichen Bereich verwies[19].

Es ist freilich anzuerkennen, daß sich Erscheinungsformen eines so beweglichen Systems stets in der Entwicklung befinden und auch die Theorie nicht allezeit dem zu folgen vermag. Als am Ausgang des Ersten Weltkrieges sich die Aufmerksamkeit der deutschen Öffentlichkeit erstmals dem Parlamentarismus zuwandte, stand er in zwei Ausprägungen vor Augen. Die englische Regierungsweise hatte sich aus den labileren Anfängen der Mitte des 19. Jahrhunderts[20] mit der Etablierung fester Parteiorganisationen im letzten Drittel des Jahrhunderts zu einer Form des Machtwechsels zwischen zwei festen Parteigruppen ent-

---

[18] *Bagehot*, The English Constitution, 1867, Ausg. The World Classics Oxford 1958, Kap. I, S. 29. Es ist fast bestürzend zu sehen, daß heute noch das parlamentarische System unter dem Gesichtspunkt der besseren Durchführung der Gewaltenteilung behandelt werden kann mit der Forderung, die Funktionen auf verschiedene Parteien aufzuteilen, wobei man Regieren und Opponieren als Staatsfunktion begreift (*Gehrig*, DVBl. 1971, S. 633 ff.). Kritisch zu Gehrig auch *H. P. Schneider*, Die parlamentarische Opposition im Verfassungsrecht der Bundesrepublik Deutschland, 1974, S. 130 f.

[19] BVerfGE 20, S. 56, 99 ff. Das Gericht bediente sich dabei einer Unterscheidung zwischen der Willensbildung des Volkes und der staatlichen Willensbildung. Kann aber in einer Demokratie der Prozeß der Formung der politischen Entscheidungen der Gesamtheit, des Staates von dem Volke gelöst und die Meinungsbildung der Öffentlichkeit als staatsfrei definiert werden?

[20] *Mackintosh* (Anm. 13), S. 87 ff., 137 ff.

wickelt, in der das Kabinett und in ihm der Prime Minister immer mehr an Macht gewann. Gegenüber dieser dualistischen Ausprägung bot Frankreich das Bild eines Vielparteienstaates, in dem Instabilität der Regierungen und fehlende Parteidisziplin vorherrschten. Die deutsche Diskussion über den Parlamentarismus am Ausgang des Ersten Weltkrieges stand dem französischen Beispiel kritisch gegenüber und suchte die Vorzüge des englischen Systems im Anschluß an den Gedanken der starken Führerpersönlichkeiten durch die Schaffung eines plebiszitären Präsidentenamtes zu verstärken[21]. Sie bemerkte nicht den verfassungsrechtlichen Zwiespalt, den sie damit in das System hineintrug. Ob damit, wie *Loewenstein* gemeint hat[22], notwendig der Kern eines Konflikts in die Verfassung hineingelegt war, kann zweifelhaft sein. Das Scheitern der Weimarer Verfassung ist in erster Linie durch die fortschreitende Schwächung der demokratischen Kräfte der Mitte und die Fortdauer antidemokratischer Strömungen im Volke herbeigeführt worden. Erst zu später Stunde hat dann das Präsidentenamt das Fundament für eine vom Parlament wegführende Präsidialregierung geboten.

4. Auch bei der Schaffung des Grundgesetzes befand sich, wenn auch die Unsicherheiten Weimars vermieden wurden, die Theorie noch in einem gewissen Rückstand. Abgesehen von dem weitgehend irrealistischen Gesetzgebungsnotstand des Art. 81, dessen Anwendung nur in eine aufgeschobene ernste Verfassungskrise führen könnte, ist die Frage einer Auflösung des Parlaments unzulänglich geregelt. So sehr das ältere konstitutionelle Auflösungsrecht des Staatshaupts als Mittel politischer Einflußnahme heute überholt ist und höchstens als Appell an das Volk in politischen Krisen denkbar erscheint[23], so sehr wäre hier der auch in den Landesverfassungen meist eröffnete Weg der Selbstauflösung der Legislative mit qualifizierter Mehrheit geboten gewesen. Infolge dieser Lücke hat man sich im Herbst 1972 zu dem Umweg entschließen müssen, über den am 20. September gestellten und am 22. September abgelehnten Antrag des Kanzlers, ihm das Vertrauen auszusprechen, den Weg des Art. 68 für eine faktische Selbstauflösung im Einverständnis aller Parteien zu wählen[24]. Das ist kein ganz unbe-

---

[21] Vgl. zu den Ideen *Max Webers* über die plebiszitäre starke Führung *G. Schmidt,* Deutscher Historismus und der Übergang zur Parlamentarischen Demokratie, 1964, S. 264 ff.; *E. Portner,* Die Verfassungspolitik der Liberalen 1919, Bonn 1973, S. 133 ff.

[22] *Loewenstein,* Verfassungslehre, 2. Aufl. 1969, S. 90 f.

[23] Vgl. zur Problematik der Auflösung *v. Beyme* (Anm. 1), S. 833 ff. und *E. Busch,* ZParl. 4 (1973), S. 215 ff., der gut den Bedeutungswandel der Auflösung vom Kampfinstrument konstitutioneller Regierungen zum Mittel demokratischer Legitimationserneuerung zeichnet.

[24] Hierzu *Busch,* ZParl. 4 (1973), S. 241. Bundespräsident *Heinemann* kennzeichnet den Vorgang als „merkwürdigen Umweg“.

denklicher Vorgang. Denn nur bei der Zustimmung mindestens einer qualifizierten Mehrheit der Volksvertretung ist eine Selbstauflösung verfassungssystematisch legitim. Sonst würde eine simulierte Ablehnung eines Vertrauensersuchens der jeweiligen Parlamentsmehrheit die Möglichkeit eröffnen, über Art. 68 GG zu einem für sie vorteilhaften Zeitpunkt Neuwahlen herbeizuführen und damit die Wahl zu manipulieren[25]. In einem solchen Falle hätte freilich der Bundespräsident die Pflicht, den nach Art. 68 Abs. 1 Satz 2 an ihn gerichteten Vorschlag des Kanzlers zurückzuweisen.

5. Ehe wir uns im nächsten Abschnitt den Faktoren zuwenden, die heute einen Wandel des Parlamentarismus bedingen, sei kurz versucht, die Regierungsform der Bundesrepublik in den Kreis der unterschiedlichen Erscheinungsformen einzufügen, in denen sich das parlamentarische Regierungssystem in der Gegenwart präsentiert. Hier erscheint zunächst das dualistische antagonistische System des Gegensatzes zweier Parteien, die sich als Regierung und Opposition in der Macht abwechseln, wie es England bietet. In ihm ist die Führung seit langem an das Kabinett und seinen Chef, den Premierminister, übergegangen. Das Parlament bleibt Mittelpunkt politischer Auseinandersetzung. Die Ausgewogenheit des Regimes liegt in dem Gegensatz Regierung und Opposition; das kommt etwa in der Formung eines Schattenkabinetts durch die Opposition klar zum Ausdruck[26]. Wenngleich sich derzeit starke Tendenzen zeigen, daß die Liberalen als dritte Partei erhebliche Stimmengewinne erhalten, schließt die Beibehaltung des Wahlsystems der (relativen) Mehrheitswahl im Einerwahlkreis eine Änderung der dualistischen Parteistruktur im Unterhaus wohl aus. Kann das System an Machtkonzentration im Kabinett und Premier nur mit der amerikanischen Präsidentschaft verglichen werden, so bietet es dieser gegenüber den Vorzug, daß der politische Wechsel, auch der leitenden Person, jederzeit möglich bleibt, während in den USA einem gewählten Präsidenten gegenüber nur das impeachment verbleibt. In den meisten Ländern wird der Charakter des parlamentarischen Regimes durch das Vorhandensein zahlreicher Parteien bestimmt. Hier haben sich verschiedene Typen ausgebildet. Die Form der instabilen Regierungen dank der Aufteilung der großen Parteien in partikuläre

[25] Die Möglichkeit, daß eine Selbstauflösung durch Mehrheit des Parlaments zu dem Privileg der jeweiligen Regierung wird, zu einem ihr günstigen Zeitpunkt Wahlen herbeizuführen, erkennt richtig *F. Schäfer*, Der Bundestag, 1967, S. 294. Siehe auch dessen Vorschlag in der Enquête-Kommission, BT-Drucks. VI/3829, S. 89 f. Siehe ferner zu verschiedenen Vorschlägen einer Reform *Busch*, S. 242 ff.

[26] Hierzu siehe *R. M. Punnett*, Front Bench Opposition. The Role of the Leader of the Opposition, the Shadow Cabinet and Shadow Government in British Politics, London 1973.

Gruppen zeigt mit krisenhaften Erscheinungen Italien. In Belgien und den Niederlanden ist die Mehrzahl der Parteien auf die Länge gesehen eher ein Faktor der Kontinuität. Regierungsbildungen sind schwierig, aber da sie notwendig immer teilweise die gleichen Parteien einschließen, sind nicht nur radikale Wendungen ausgeschlossen, sondern ist auch ein hohes Maß an Kontinuität gesichert. In den skandinavischen Ländern hat die Aufspaltung des bürgerlichen Lagers zu langen Perioden sozialdemokratischer Herrschaft geführt, die erst in den letzten Jahren durchbrochen wurde. Doch ist hier die Chance des Machtwechsels noch erhalten geblieben. Sonst müßte sich die Frage erheben, ob nicht ein Grenzfall des Systems eingetreten sei, in dem der Einparteienherrschaft andere Elemente der Gegenwirkung als eine stets minoritäre Opposition gegenüberzustellen wären. Das ist ein Problemfeld, das sich in der Bundesrepublik in einzelnen Ländern stellen könnte; bisher hat indes überall noch in den Ländern und Stadtstaaten die Alleinherrschaft einer Partei Unterbrechungen durch Koalitionsbildungen erfahren. Eine besondere Gestaltung des Regimes hat für längere Zeit in Österreich durch eine Koalition der großen Parteien als sog. Konkordanzdemokratie bestanden[27]. Im Ergebnis näherte sich dies System in manchem der schweizerischen konziliaren Demokratie[28] an, in der in der exekutiven Leitung durch den Bundesrat fast alle Parteien vertreten sind und die Mitglieder der Exekutive dank der üblichen Wiederwahl ein hohes Maß an Kontinuität zeigen. In Österreich führte dies System bei überwiegend dualistischer Parteistruktur zu einer weit in den Bereich des öffentlichen Dienstes sowie des öffentlichen und wirtschaftlichen Lebens hineinreichenden parteipolitischen Versäulung — unterstützt durch regionale Züge dieser Parteidomänen —, deren negative Auswirkungen die Rückkehr zu einem dualistisch-antagonistischen System herbeigeführt hat, das in der Bundesrepublik durch föderative Machtverteilung — auch in parteipolitischer Hinsicht — gemildert wird.

Das System der Bundesrepublik kommt infolge seiner überwiegend dualistisch gestalteten Parteistruktur mit fest disziplinierten Parteien dem englischen Bilde nahe. Doch wird das hohe Maß an Machtkonzentration in Kabinett und Premier nicht nur durch den Regelfall von Koalitionsregierungen abgeschwächt, sondern nicht weniger durch das Gegengewicht, das der föderale Aufbau der Bundesrepublik in denjenigen Landesregierungen bietet, die politisch anders orientiert sind und die ihre Meinung u. U. durch die verfassungsrechtliche Institution

[27] Zu ihr siehe *René Marcic,* Die Koalitionsdemokratie, 1966; *Gerhard Lehmbruch,* Proporzdemokratie, 1967.

[28] Zur Deutung dieser Regierungsform siehe *M. Imboden,* Die politischen Systeme, 1962, S. 29 ff., 42 ff.; *Hans Huber,* Die schweizerische Demokratie, in: *ders.,* Ausgewählte Aufsätze, Bern 1971, S. 451 ff.

des Bundesrates zur Geltung bringen können. Auch die Bindung an eine der Interpretation durch das Bundesverfassungsgericht zugewiesene Verfassungsordnung bedingt besondere Züge des Regimes. Das alles bewirkt, daß die Regierungsform der Bundesrepublik durchaus eigene Züge trägt. Auch sind hier, wie es scheint, manche Probleme der modernen Stellung des Parlaments, etwa die Frage der mitwirkenden Kontrolle, der Arbeitsweise, der institutionellen Ausstattung der Volksvertretung schon weiter entwickelt als in England. Diesen Gegenwartsproblemen des Systems wollen wir uns nun zuwenden.

II. Strukturwandlungen des Parlamentarismus

6. Die ältere Theorie des Parlamentarismus stellte noch Regierung und Parlament als Gegenspieler gegenüber, eine Konzeption, die noch die Situation vor der Ausbildung einer strikten Parteiregierung widerspiegelte. Mit dem Eintritt der politischen Parteien in eine bestimmende Rolle hat sich, vor allem in den Ländern mit dualistischer Parteistruktur und fester Parteiorganisation, ein entscheidender Wandel vollzogen. Es stehen sich in der politischen Auseinandersetzung nicht so sehr Kabinett und Parlament als Regierung und Opposition einander gegenüber. In der politischen Praxis, die im parlamentarischen System die Aufgabenfelder von Legislative und Exekutive für das politische Handeln der staatsleitenden Organe eher als Einheit ansieht, tritt eine enge Verbindung des Kabinetts mit der die Mehrheit bildenden Partei (Fraktion) oder Parteienkoalition ein. Die dem Parlament zustehenden Befugnisse der Kontrolle werden, soweit sie in der Verfügung der Mehrheit stehen, zurückhaltend ausgeübt. Die Mehrheit sieht ihre Aufgabe mehr in der Unterstützung und Abdeckung des Handelns der Regierung als in einer Kritik und Überwachung. Die Aufgabe der kritischen Beobachtung und der Kontrolle fällt vielmehr überwiegend der Opposition zu. Politisch gesehen wird damit der Gegensatz zwischen Regierung und Oppositionspartei(en) zur maßgebenden Grundlage der Relation zwischen politischer Entscheidung auf der einen und Verantwortung und Kontrolle auf der anderen Seite[29]. Der Auftrag, die Verantwortung der Regierung geltend zu machen, ihr ein Gegengewicht und eine Alternative des Handelns entgegenzustellen, liegt in den Händen der Opposition. Das Verfassungsrecht und die Geschäftsordnungen ha-

[29] Diese Einsicht ist heute allgemein anerkannt. Vgl. schon *H. Peters*, ÖstZöffR 10 (1970), S. 433; *Steffani*, in: *ders.* (Hrsg.), Parlamentarismus ohne Transparenz, 2. Aufl. 1973, S. 33 ff.; *Grimm*, AöR 97 (1972), S. 511, 513. Für die englische Auffassung ist diese Erkenntnis selbstverständlich. Siehe *Punnett* (Anm. 26), S. 3 ff. Zur Bedeutung der Opposition vgl. auch *Adolf Arndt*, Opposition, in: Neue Sammlung 7 (1968), S. 1 ff.; *Gruner*, Regierung und Opposition im schweizerischen Bundesstaat, 1969.

ben die Folgerungen aus dieser Entwicklung noch nicht in vollem Umfang gezogen. Eine Konsequenz ist es, die dem Parlament zustehenden Kontrollrechte in erster Linie vom Standpunkt der Opposition zu sehen und demgemäß, wo es nötig und möglich ist, als Minderheitenrechte auszugestalten. Das verfügbare Instrumentarium für die Minderheit ist freilich in der gegenwärtigen Gestaltung begrenzt auf informatorische und kritische Fragen, die Großen, Kleinen und Mündlichen Anfragen (§§ 105 - 110 GeschO BTag) sowie auf die öffentliche Kritik im Plenum[30]. Das Minderheitenrecht, die Einsetzung eines Untersuchungsausschusses zu beantragen (Art. 44 GG, § 104 GeschO) hat nur begrenzte Bedeutung. Im Ausschuß entscheidet die Mehrheit und kann daher Gegenstand und Verfahren der Untersuchung in starkem Maße bestimmen[31]. Es wird eine Aufgabe der Zukunft sein, die Position der Opposition zu durchdenken und nötigenfalls andere Mittel der Kontrolle bereitzustellen, die insbesondere die Information und die Transparenz des Regierungshandelns verbessern. Es kann sich freilich hier nicht darum handeln, die Rechte der Opposition allzuweit auszudehnen, weil dies die Handlungsverantwortung der Regierung schmälern würde. Die Regierung hat ein berechtigtes Interesse, ihre Initiative, die Vertraulichkeit ihrer Beratungen und Vorplanungen und ihre Aktionsfähigkeit gewahrt zu sehen. Aber es wird für die künftige Entwicklung, namentlich auch der Arbeitsweise des Parlaments zu prüfen sein, wo und wann der Opposition Informationsrechte eingeräumt werden können. Jedenfalls gehört es zur Anerkennung ihrer wesentlichen Funktion im parlamentarischen System, daß ihr ausreichende parlamentarische Hilfsdienste zur Verfügung stehen, um — in geringem Maße — den Vorsprung der über die Sachkenntnis der Bürokratie verfügenden Regierung auszugleichen. In gewissem Maße wird dies in der Bundesrepublik bereits durch die Parteienfinanzierung sichergestellt, die den Parteien den Aufbau eines eigenen Apparates erleichtert. Es darf auch nicht übersehen werden, daß im Bunde die Opposition durch Verbindungen zu den ihr nahestehenden Länderregierungen zusätzliche Informationen und sachlichen Rat gewinnen kann.

Eines der deutschen Länder, der Stadtstaat Hamburg, hat neuerdings durch eine Verfassungsänderung vom 18. Februar 1972 (GVBl. S. 21) die Position der Opposition ausdrücklich in der Verfassung verankert.

---

[30] In der Tat ist der Anteil der Opposition an den in erster Linie politisch orientierten Großen Anfragen ein überwiegender (in der 4. Wahlperiode des Bundestages 68,6 %). Vgl. *Gertrud Witte-Wegmann*, Recht und Kontrollfunktion der Großen, Kleinen und Mündlichen Anfragen im Deutschen Bundestag, 1972, S. 122 ff., 129 ff. Bei den stärker sachorientierten Kleinen Anfragen ist dies weniger ausgeprägt (dort S. 158 f.). Siehe auch die Zahlenangaben bei *H. P. Schneider* (Anm. 18), S. 68.

[31] Zum Einfluß der Mehrheit auf die Arbeit der Untersuchungsausschüsse siehe *F. Schäfer* (Anm. 25), S. 281 ff.

Es heißt nunmehr im Art. 23 a:

(1) Die Opposition ist ein wesentlicher Bestandteil der Demokratie.

(2) Sie hat die ständige Aufgabe, die Kritik am Regierungsprogramm im Grundsatz und im Einzelfall öffentlich zu vertreten. Sie ist die politische Alternative zur Regierungsmehrheit.

Auch ist in Art. 32 der Verfassung ein durch Vorbehalt des Staatswohls beschränktes Recht einer Ausschußminderheit auf Aktenvorlage festgelegt worden. Man darf in diesen Bestimmungen einen Ansatz dafür sehen, die parlamentarischen Kontrollbefugnisse klarer als Minderheitenrechte zu konzipieren.

Es wäre allerdings falsch, das Verhältnis von Regierung und Parlament lediglich unter diesem Gesichtspunkt der Rolle der Opposition zu bewerten. Ungeachtet der nahen Verbindung der die Regierung tragenden Fraktionen zu dieser, behält doch auch das Parlament als Gesamtheit eine eigene Existenz und ein eigenes politisches Bewußtsein. Das ergibt sich einmal schon aus der verfassungsrechtlichen Lage, in der die staatlichen Funktionen zwischen Exekutive und Legislative abgegrenzt sind. Es gilt aber auch politisch in dem Sinne, daß die nicht an der Regierung personell beteiligte Gruppe der Mehrheitsabgeordneten, mitunter sogar die Fraktionsführung, in einem gewissen Gegenüber zur Regierung verharrt[32]. Auch das Parlament als Ganzes ist an Information und Kontrolle interessiert, und die Verteilung der Anfragen aus seiner Mitte zeigt, daß auch bei der Mehrheit ein Bedürfnis nach Information und Auskunft besteht.

7. Man muß sich dies Verhältnis von Regierung, Parlamentsmehrheit und Opposition stets vor Augen halten, wenn man sich einer für den Parlamentarismus grundlegenden Erscheinung zuwendet, die sein Bild wesentlich heute mitbestimmt. In allen Ländern, besonders aber dort, wo die Regierung über eine festgefügte Parteiengrundlage verfügt, ist ein Anstieg der Macht und Entscheidungsfreiheit der Exekutive zu bemerken, die auf Kosten der Mitwirkung und Kontrolle des Parlaments geht. Die Überlegenheit der Information, die Verfügung über die Sachkenntnis der Bürokratie, die steigende Bedeutung der planenden und wirtschaftlichen Entscheidungen, die teilweise in dem hergebrachten Gesetzesschema nicht aufgefangen werden, das alles verleiht der Regierung ein deutliches Übergewicht[33]. Das Parlament beschließt zwar

---

[32] Vgl. *Rausch / Oberreuter*, in: *Steffani*, Kritik (Anm. 29), S. 146 f.

[33] Siehe *Steffani* (Anm. 29), S. 31 f.; *Grimm*, AöR 97 (1972), S. 513 ff.; *Hennis*, Die Rolle des Parlaments und die Parteiendemokratie, in: *Hennis*, Die mißverstandene Demokratie 1973, S. 96 ff.

den Haushalt, aber abgesehen davon, daß er oft erst nach dem Beginn der Haushaltsperiode zustandekommt, vermag es den Umfang und die Prioritäten nur mehr sehr begrenzt noch zu beeinflussen. Der Übergang zu mehrjährigen Haushaltsperioden verringert noch seinen Einfluß. Es ist bezeichnend, daß im Rahmen der 1967/69 beschlossenen Finanzreform, insbesondere aber in dem ihrer näheren Durchführung dienenden Stabilitätsgesetz vom 8. 6. 1967, die konjunkturelle Steuerung ihrer Natur nach der Exekutive überlassen bleibt. Erst recht erscheint die parlamentarische Mitentscheidung zurückgedrängt bei der Planung. Sie ist in ihren Stadien der Datensammlung und -verarbeitung, im Grunde auch der Prioritäten- und Zielentscheidung, ein der Exekutive nahestehendes Geschäft, das infolge seines notwendig flexiblen Charakters gesetzlicher Regelung nicht zugänglich ist[34].

Diese Entwicklungen, die man noch für manche wirtschaftlichen Maßnahmen (Währungsfragen, Subventionswesen, internationale Wirtschaftspolitik) ergänzen könnte, werfen die Frage auf, ob die herkömmlichen Mittel parlamentarischer Entscheidung und Kontrolle ausreichen. In vielen wirtschaftlichen und finanziellen Fragen kommt die nachträgliche Kontrolle zu spät. Bei der Planung ist sie gegenstandslos, weil die in ihrem Rahmen ggf. auch durch Gesetzgebung gesetzten Daten bereits die Zukunft binden. Eine effektive parlamentarische Mitentscheidung kann daher hier nur dann erreicht werden, wenn man über den Begriff der nachträglichen Kontrolle hinausgeht und in den Rahmen der Kontrolle auch Formen der Mitwirkung als „präventive Kontrolle" einbezieht[35]. In diese Richtung zielen auch neuere Vorschläge zur Planungsbeteiligung des Parlaments, die von der Enquête-Kommission des Bundestages[36] gemacht worden sind oder die als Gesetzentwürfe in einigen Ländern vorgelegt wurden[37]. Sie zielen auf

---

[34] Zu dem Problem der politischen Planung siehe *H. Ehmke*, Planung im Regierungsbereich, Bulletin 1971, S. 2026 ff.; *ders.*, Aufgaben und Planung im Regierungsbereich, dort 1972, S. 29 ff.; *Jochimsen*, dort 1970, S. 949 ff.; *E. W. Böckenförde*, Der Staat 11 (1972), S. 429 ff.; *W. Kewenig*, DÖV 1973, S. 23 ff. sowie die vorzügliche Übersicht bei *Renate Mayntz* und *Fritz Scharpf*, Planungsorganisation. Die Diskussion um die Reform von Regierung und Verwaltung des Bundes, 1973 und die höchst instruktive Gutachtensammlung des Düsseldorfer Landtags: Parlamentarische Kontrolle der Regierungsplanung, 1973.

[35] Vgl. hierzu *R. Bäumlin*, Schweizer. Juristenverein, Bd. 100 (1966), S. 244 ff.; *W. Kewenig*, Strukturelle Probleme parlamentarischer Mitregierung am Beispiel der Bundestagsausschüsse, 1970; meine Darlegung, AöR 95 (1970), S. 379. Ferner Zwischenbericht der Enquête-Kommission, BTag-Drucks. VI/3829, S. 46 ff.

[36] Zwischenbericht Enquête-Kommission, S. 45 f. Zuweilen wird freilich auch Zurückhaltung gegenüber solcher parl. Mitwirkung sichtbar (vgl. *Seeger*, in der Düsseldorfer Sammlung, S. 27, 33). Siehe ferner *Liesegang*, ZParl. 3 (1972), S. 162 ff.

Vorlage von Planungen in einem bereits entwickelten Stadium an einen Planungsausschuß des Parlaments, der gegebenenfalls nähere Unterlagen anfordern kann. Dem Parlament wird dadurch Gelegenheit zu Stellungnahmen und möglicherweise Entschließungen gegeben. Auch hier wäre die Ausgestaltung als Minderheitenrecht zu beachten[38]. Auch für eine stärkere Mitwirkung im Haushaltsrecht wird eher an eine rechtzeitige Einschaltung des Haushaltsausschusses zu denken sein. Zu dieser weitreichenden Frage kann indes hier nicht näher Stellung genommen werden; es genügt, in diesem Rahmen das Problem aufzuzeigen[39].

8. Auch die Rollen in der Gesetzgebung bedürfen in diesem Zusammenhang der Erhaltung parlamentarischer Rechte der Prüfung. Das Festhalten an veralteten Vorstellungen über die Gewaltenteilung verdunkelt noch immer, daß dies Verfahren von Regierung und Legislative gemeinsam besorgt wird. Es ist unrichtig, die geringe Zahl der aus dem Parlament hervorgehenden Gesetzesvorschläge zu beklagen. Die Gesetzesinitiative, in Art. 76 GG eher versteckt als verdeutlicht, ist ein entscheidendes Gestaltungsrecht einer politischen Führung, da heute die Verwirklichung von Programmen und Reformen nur durch Gesetze möglich ist. Es ist also ein normaler Vorgang, daß der Inhalt der Gesetzgebung zunächst von der Exekutive entworfen wird, wobei bekanntlich sich die Mitwirkung der Verbände längst auf dieses Stadium konzentriert hat[40]. Der Einfluß des Bundestages auf die Gesetzgebung ist bedeutend, da das Haus dieser Aufgabe einen Hauptteil seiner Arbeit und Zeit widmet. Zur Wahrung des parlamentarischen Rechts gehört freilich, daß nicht, wie es in Bund und Ländern neuerdings immer mehr zur Unsitte geworden ist, das Parlament unter Zeitdruck gesetzt wird. Jedenfalls liegt auf diesem Felde heute noch ein Schwerpunkt effektiver parlamentarischer Mitentscheidung.

9. Das führt hinüber zu einem weiteren Punkt, der für die Gestaltung des parlamentarischen Systems von großer Wichtigkeit ist, die Arbeitsweise des Parlaments. Hier scheiden sich deutlich die Wege des englischen Unterhauses von dem des Bundestages. Im britischen House

---

[37] Zu diesen Entwürfen in Berlin und Nordrhein-Westfalen (letzterer v. d. Opposition eingebracht) siehe *U. Thaysen*, ZParl. 3 (1972), S. 176 ff.; *R. Schäfer*, dort S. 182 ff.

[38] Vgl. die in Anm. 34 genannte Sammlung, S. 43 f. *(Rietdorf)*.

[39] Zum Schwinden des parlamentarischen Einflusses auf den Haushalt siehe *Manfred Friedrich*, Parlamentsreform in den Bundesländern, Hess. Hochschulwochen 1973, Sonderdruck, S. 9. Zu neuen Entwicklungen im Haushaltsrecht *H. Boldt*, ZParl. 4 (1973), S. 534 ff.

[40] Siehe *Hennis* (Anm. 12), S. 190 ff.; *K. v. Beyme*, Interessengruppen in der Demokratie, 1969, S. 112 ff.; *Ellwein*, Das Regierungssystem der Bundesrepublik Deutschland, 3. Aufl. 1973, S. 163.

of Commons steht die politische Debatte im Plenum, die kritische Auseinandersetzung mit der Regierungspolitik, im Mittelpunkt. Es ist kein Parlament der Ausschüsse[41], sondern ein Forum der Öffentlichkeit. Der Bundestag hingegen ist, wie etwa auch der amerikanische Kongreß, ein Parlament der fleißigen Arbeit in Ausschüssen. Dadurch erlangt er auf die Gesetzgebung einen großen Einfluß, die Landtage auch teilweise auf Verwaltungsvorgänge. Aber er ist, auch wegen der bekannten Vorverteilung der Redezeiten und Redner, nur selten imstande, eine Plattform offener politischer Diskussion zu sein. Man hat diese Entwicklung getadelt[42]. Ich glaube indes, sie dürfte schwerlich zu ändern sein. Bei dem eingewurzelten Mißtrauen der Deutschen gegen zu viel Eloquenz, bei ihrer Neigung, Entscheidungen und Äußerungen in Fraktionsberatungen vorweg festzulegen, wird die große politische Debatte immer nur in Sternstunden gelingen. Dafür besitzt aber unzweifelhaft der Deutsche Bundestag unter den demokratischen Parlamenten kraft seiner sachlichen Arbeitsleistung und seiner guten Ausstattung mit personellen und sachlichen Hilfen immer noch ein Maß der Einwirkung auf Gesetzgebung und Verwaltungsprogrammierung, das ihn eher über andere Volksvertretungen hinaushebt. Dennoch sollte es die Aufgabe einer Fortentwicklung der Geschäftsordnung und der Arbeitsweise des Parlaments sein, neben der Erleichterung der wirksamen Ausschußarbeit[43] auch die lebendige politische Diskussion zu fördern[44].

10. Ein Fragepunkt, der noch erst am Rande erscheint, der aber zunehmend an Bedeutung gewinnen wird, betrifft die Ausschaltung des Parlaments durch die zunehmende Verlagerung wichtiger wirtschaftlicher Entscheidungen in internationale Organisationen[45]. Das gilt zunächst für den europäischen Bereich. Hier wird zwar der Bundestag regelmäßig über die Entscheidungen unterrichtet, aber er vermag auf sie auch bei Vorberatung vor den in Brüssel zu treffenden Dezisionen des Ministerrates nur geringen Einfluß zu nehmen. Wenn auf die Dauer

---

[41] Die Bestrebungen zur Verstärkung der Ausschüsse im britischen Parlament, die in den 60er Jahren unternommen wurden, sind unter Einfluß des Parlaments gedämpft worden. Vgl. *Mackintosh*, in: *G. Loewenberg*, Modern Parliaments. Change or Decline, New York 1971, S. 33 ff.

[42] *Hennis* (Anm. 33), S. 124 ff.

[43] Zu der Geschäftsordnungsreform des 5. Bundestages (1969) siehe *U. Thaysen*, Parlamentsreform in Theorie und Praxis, Opladen 1972. Für die Ausschüsse bedeutsam vor allem § 60, der ihnen die Befugnis zur Befassung mit ihrem Sachbereich zugehörigen Fragen auch jenseits spezieller Aufträge eröffnet. Vgl. *Thaysen*, S. 205; meine Darlegung, in: Demokratisches System und politische Praxis, Festschrift Eschenburg, 1971, S. 154. Zur Parlamentsreform siehe auch *H. P. Schneider* (Anm. 18), S. 43 ff., 227.

[44] Vgl. BTag GeschO § 37 (freie Rede) und § 111 nebst Anlage 2 (Fragestunde). Dazu *Thaysen* (Anm. 43), S. 109.

[45] Siehe *H. P. Ipsen*, DÖV 1974, S. 302 f.

hier nicht durch die Erweiterung der Befugnisse des Europäischen Parlamentes eine demokratische Mitwirkung stärker gesichert wird, wird die Frage auftauchen — die namentlich in England auch diskutiert wird —, ob nicht eine stärkere Kontrolle der Vorgänge durch die nationalen Parlamente notwendig werden wird. Der Einwand, daß die Brüsseler Organe in sich genügend Legitimation besäßen, kann nach dem derzeitigen Zustand der EG kaum überzeugen.

11. Besondere Probleme wirft das parlamentarische System in den Landtagen auf. Man hat gelegentlich bezweifelt, ob dieses dramatische System für diesen Bereich wirklich passend wäre[46]. Solange indes ein föderales System und damit der staatliche Charakter der Länder erhalten bleibt, wird auch die Übereinstimmung der politischen Systeme, obwohl von der Verfassung (Art. 28 Abs. 1 GG) nicht vorgeschrieben, den Grundzügen des Bundes entsprechend erhalten bleiben müssen, soll nicht die Mitwirkung der Länder im Bunde, vor allem im Bundesrat, erschwert werden. Es tritt hinzu, daß — zugegebenerweise in einer verfassungsrechtlich weder vorgesehenen noch unbedenklichen Weise — die Länderwahlen zu Elementen der Bundespolitik geworden sind, da sie Nachwahlen und ihre Barometerwirkung ersetzen. Der Übergang der Länder zu einem System ständiger Regierung nach Schweizer Muster, die *Hennis* ins Auge gefaßt hat[47], würde nicht nur die politische Substanz der Länder entscheidend schwächen, sie würde auch kaum realisierbar sein, da selbst in der Kommunalpolitik die Parteien das Heft in der Hand führen. Die Erhaltung des parlamentarischen Systems in den Ländern scheint mir daher im föderalen System als Basis der Entwicklung im Bunde begründet. Sie ermöglicht vor allem die wichtige Funktion der Länder zu entwickeln, die sie als Gegengewicht in der parteipolitischen Balance gegenüber der Bundesregierung besitzen und die es — sehr zum Vorteil der politischen Mäßigung — der jeweiligen Bundesopposition erlaubt, in einzelnen Ländern an der Verantwortung teilzunehmen. Das ist heute eine wesentliche Grundfunktion des Föderalismus geworden.

Die Stellung der Landtage in diesem System wird freilich angesichts des legislativen Kompetenzschwundes[48] der Länder sich stärker auf die Kontrolle und Mitwirkung in der Verwaltung verlagern. Hier besitzen

---

[46] In diesem Sinn *Hennis* (Anm. 12), S. 115 ff.; *ders.*, Große Koalition und kein Ende?, 1968, S. 24; *ders.*, ZParl. 2 (1971), S. 289 f. Er stützt sich auf das Fehlen der Opposition und eine Häufigkeit von breiten Parteikoalitionen. Diese Tendenz ist indessen heute zurückgetreten, wie *K. P. Siegloch*, ZParl. 3 (1972), S. 365 ff. in seiner Kritik an Hennis ausführt.

[47] *Hennis* (Anm. 12), S. 115 ff. und ZParl. (1971), S. 290. Kritisch *Siegloch*, ZParl. 3 (1972), S. 377 f.

[48] *M. Friedrich*, ZParl. 2 (1971), S. 70 ff.; *ders.* (Anm. 39), S. 4 ff.; *Apel*. ZParl. 2 (1971), S. 278.

die Länder noch erhebliche Gestaltungsmöglichkeiten; das zeigt deutlich die zunehmende Unterschiedlichkeit ihrer Orientierung im politischen und bildungspolitischen Bereich, die gerade in den letzten Jahren zu beobachten war. Sie mag in mancher Hinsicht als Fehlen der Einheitlichkeit der Lebensverhältnisse beklagt werden, sie zeigt aber, daß sich in den Ländern noch ein spezifisches politisches Element entfalten kann. Den Landtagen kann, insbesondere wenn sie von den Regierungen ausgehende „Richtlinienpolitik“ (etwa im Schulbereich) stärker unter ihre Kontrolle nehmen, eine Mitwirkung durchaus offenbleiben. Auch hier werden Minderheitsrechte bedeutsam sein. Dagegen wird es wohl kaum möglich werden, den Landtagen, ohne das Prinzip der Einheitlichkeit der Vertretung des Landesinteresses im Bundesrat zu schwächen oder gar zu anderen Lösungen der Zusammensetzung des Bundesrates überzugehen[49], einen stärkeren Einfluß auf die bundespolitische Vertretung des Landes zu sichern[50].

III. Ausblick

12. Richtet man den Blick auf die Fortentwicklung des parlamentarischen Systems, so treten eine Anzahl von Fragen auf: die Kritik am repräsentativen Prinzip, mit dem der Parlamentarismus wesensmäßig verknüpft ist, und die Bestrebungen nach Veränderung der politischen Formen, Wandlungen im Parteiensystem, die die dualistische Struktur modifizieren würden, die Frage von Verfassungsreformen. Hier können nur mehr kurz drei Punkte berührt werden, die mit den Bezeichnungen antagonistische oder ausgleichende Regierungsform, Bedeutung der Erhaltung eines grundlegenden Konsenses zwischen den politischen Kräften und Einfluß außerparlamentarischer Kräfte bezeichnet werden können.

Wenn gelegentlich die Verwendbarkeit des parlamentarischen Systems in den Ländern wegen der fehlenden Profilierung gegensätzlicher Richtungen und des Übergewichts von Aufgaben der Verwaltung angezweifelt worden ist und ein Regime der gemeinsamen Leitung durch alle politischen Gruppen empfohlen wurde, so sind ähnliche Tendenzen im Bunde nicht aufgetreten. Im Gegenteil, die kurze Periode der Großen Koalition (1966 - 1969) hat so viel Kritik erfahren und das Fehlen einer starken Opposition in dieser Zeit ist so sehr betont worden[51], daß man annehmen kann, eine antagonistische Ordnung dualistischer

[49] Eine Verwandlung des Bundesrats in ein von Volk oder Parlament der Länder gewähltes Organ würde in ihm praktisch alsbald eine Parteigliederung herbeiführen und seine föderale Rolle stark herabsetzen. Positiver *Apel*, ZParl. 2 (1971), S. 291.

[50] In diesem Sinne *F. Schäfer*, ZParl. 2 (1971), S. 286 f.

[51] Vgl. zu dieser Einstellung *H. P. Schneider* (Anm. 18), S. 71 ff.

Struktur mit der Chance des Machtwechsels entspreche den Wünschen der Bevölkerung. In der Tat wird in der Literatur die Konzentration der Parteien auf ein im wesentlichen dualistisches Schema fast durchweg begrüßt. Der Wunsch nach einer sichtbaren politischen Alternative überwiegt das Verlangen nach Kontinuität der politischen Linie. Das parlamentarische System als Ausgestaltung eines Ringens zweier gegensätzlicher Machtgruppen um die Wählerschaft, wie es dem jetzigen Bild des politischen Lebens in der Bundesrepublik entspricht, wird als eine annehmbare, ja, als die bessere Form der Ausprägung des in der Verfassung nur im Grundriß festgelegten Systems angesehen[52]. Nur eine tiefergreifende Änderung des Parteiensystems, die eine Vielzahl von Gruppen schüfe und die Koalition mehrerer Parteien für eine Regierungsbildung erforderte, würde zu weitreichenderen Änderungen führen.

Die Annahme dieses in einem gewissen Sinn dramatischen Systems des Machtwechsels setzt allerdings die Erkenntnis voraus, daß der politische Gegensatz der Machtgruppen in bestimmten Grenzen zu bleiben hat. Das parlamentarische System, mit seiner Abwechslung der regierenden Gruppen und seiner akzentuierten Abstellung auf die Befugnis auch einer geringen Mehrheit, über die politische Linie für die Gesamtheit zu entscheiden, hängt in verstärktem Maße von der Anerkennung einer gemeinsamen Basis ab, in dem diese Verfügungsbefugnis der jeweiligen Regierung ihre Grenzen findet und in der alle politischen Gruppen übereinstimmen, die für eine Regierungsbildung in Betracht kommen[53]. Diese Grundlage, die man auch als Verfassungskonsens bezeichnen kann, bildet das Fundament, auf der es für die Mehrheit möglich und legitim wird, ihre Entscheidungen als für das Ganze verbindlich auszuweisen. Denn die bloße quantitative Stimmenzahl kann als solche nicht als Basis für die Bereitschaft der Minderheit ausreichen, die Dezision der Mehrheit für das Ganze anzunehmen[54]. Es

---

[52] Weithin wird das Vorhandensein einer Aufteilung in Regierung und Opposition als Kennzeichen demokratischer Staatsordnung angesehen: *K. Hesse*, Grundzüge des Verfassungsrechts der Bundesrepublik Deutschland, 7. Aufl. 1974, S. 64 f.; *Ekkehart Stein*, Staatsrecht, 3. Aufl., S. 30 ff., 71 ff. Weitere Nachweise bei *H. P. Schneider* (Anm. 18), S. 72 ff. Man wird dem zustimmen können, aber es ist klarzulegen, daß damit nicht notwendig eine antagonistisch-dualistische Struktur gemeint sein kann. Verfassungssystematisch geboten ist nur die Offenheit der politischen Meinungen.

[53] Darauf, daß beide großen Parteien „accept the existing constitutional system in Britain" und „are dedicated to the preservation of the basic features of the Constitution", weist hin *R. M. Punnett* (Anm. 26), S. 13/14. Er hebt freilich auch hervor, daß in der Stellungnahme zu dem socio-economic system indes ein weiterer Spielraum der Gestaltung besteht.

[54] Für die breitere Begründung verweise ich auf meine Darlegung, in: Das Mehrheitsprinzip in der Demokratie (Rheinisch-Westf. Akademie der Wiss., Vorträge G 191), 1973, S. 54 ff. Siehe auch zum Verfassungskonsens *H. P. Schneider* (Anm. 18), S. 115.

bleibt daher für das parlamentarische System wesentlich, daß sich der antagonistische Konflikt in den Grenzen des Verfassungskonsenses hält, daß nicht die Grundlagen der gesellschaftlichen Ordnung von einer Regierung zur Disposition gestellt werden können. Das bringt es weiterhin mit sich, daß in dem Rahmen dieses Grundkonsenses die unterschiedlichen Meinungen offen bleiben, daß nicht eine Parteirichtung sich allein mit dem Volksganzen identifizieren kann. Das System trägt pluralistischen Charakter. Die Funktion und die Kritik der Opposition haben im Verfassungsrecht ihren notwendigen Platz. Das geschriebene Recht des Grundgesetzes spricht diesen Grundsatz ebensowenig aus wie das gleichfalls fundamentale Prinzip, daß die Legitimität des Systems nur durch die effektive Chance eines Machtwechsels auf der Grundlage eines Wahlganges beruht. Daher wären dort, wo, wie in einigen der Stadtstaaten, diese Chance nur recht bedingt besteht, besondere Vorkehrungen ausgleichenden Charakters notwendig. Diese Prinzipien sind indes der demokratischen Verfassungsordnung immanent und gehören daher über Art. 20 GG zu den Grundlagen der grundgesetzlichen Verfassungsordnung.

Aus ihnen ergibt sich, daß der Entscheidungsfreiheit der Mehrheit Grenzen gesetzt sind, auch über jene Schranken hinaus, die die Verfassung in ihren grundrechtlichen Festlegungen errichtet. In der Bundesrepublik kann ihre Einhaltung durch das *Bundesverfassungsgericht* überwacht werden, an das sich die parlamentarische Minderheit mit der Organklage bei Verletzung ihrer Rechtsstellung, mit der Normenkontrollklage bei Außerachtlassung der allgemeinen verfassungsrechtlichen Grenzen in der Gesetzgebung wenden kann[55].

Eine grundsätzliche Veränderung kann das parlamentarische System dadurch erfahren, daß die politischen Entscheidungen nicht mehr allein im Kreise der hierfür bestimmten Organe, Regierung und Parlament, fallen, sondern daß Kräfte außerhalb der institutionellen Ordnung des Staates solche Entscheidungen inhaltlich zu bestimmen vermögen. Das parlamentarische System beruht auf einer Annahme des repräsentativen Prinzips, das Legitimität und Verfügungsbefugnis des Parlaments konstituiert. Sein Kern ist die Übertragung von Entscheidungsmacht durch Vorgänge der Wahl und Vertretung, die zugleich die Voraussetzung dafür bilden, daß die politischen Strömungen innerhalb des Ganzen gesammelt und untereinander, sei es einigend, sei es antagonistisch,

---

[55] Zu den Formen des verfassungsgerichtlichen Vorgehens der Opposition in Organstreit und Normenkontrolle siehe *H. P. Schneider* (Anm. 18), S. 221 f., 225 f. Vielfach hat dieses Vorgehen sich auch in der Form der Normenkontrollklage politisch gleichgesinnter Landesregierungen ausgewirkt. Siehe meine Darlegung, AöR (1970), S. 386, Anm. 105 und die Hinweise bei *Schneider*, S. 228 f.

zum Austrag gebracht werden. Diese Grundlage der parlamentarischen Wirksamkeit wird bereits in Frage gestellt, wenn man den Bestrebungen der letzten Jahre folgt, die auf eine Veränderung im Sinne von Formen der direkten Entscheidung von unten auf drängen. Diese Formen würden die Basis eines parlamentarischen Systems in Frage stellen. Die Übertragung politischer Entscheidungen an ein Rätesystem, das von lokaler oder betrieblicher Basis aus aufzubauen wäre, würde, auch wenn eine undemokratische Beschränkung des Kreises der hierbei Mitwirkenden auf bestimmte Klassen der Bevölkerung vermieden würde, zu einer Fragmentierung des politischen Prozesses führen, aber keine Integration zu gesamthaften Entscheidungen ermöglichen[56]. Auch das imperative Mandat würde die eigentliche Leistung des Repräsentativsystems, die Bildung handlungsfähiger Gremien aus den divergierenden Antrieben der politischen Szene, blockieren.

Ein funktionierender Parlamentarismus muß aber dem Einfluß der Verbände und sozialen Gruppen Grenzen setzen. Er wird ihre Bedeutung in der modernen Gruppengesellschaft erkennen und sie in den Prozeß der Information und der Vorformung politischer Entscheidungen einschalten, aber er muß daran festhalten, daß politische Entscheidungen nicht durch die Anwendung wirtschaftlicher oder sozialer Druckmittel außerhalb des Parlaments erreicht werden dürfen. Die Bedeutung der Gewerkschaften für die gleichgewichtige Ermittlung der Lohn- und Arbeitsbedingungen in einer offenen Wirtschaftsform ist durch Art. 9 Abs. 3 GG zu einer Grundlage der Wirtschaftsordnung des Grundgesetzes erhoben worden. Aber damit ist auch die Begrenzung ihrer Position angezeigt. Ihr Aktionsraum liegt in der wirtschaftlichen und sozialen Sphäre, auf die rechtlich auch die ihnen von der Rechtsordnung zugestandenen Kampfmittel beschränkt bleiben. Der Kern ihrer Wirksamkeit, die Einwirkung auf Einkommensstrukturen und Arbeitsbedingungen, hat zudem nur in einer Ordnung freier Wirtschaft einen Platz, in der sich verschieden gestaltete Kräfte gegenüberstehen[57]. Die Vorstellung, daß Verbände darüber hinaus neben den politischen Organen zur Vertretung der Gesamtheit berufen wären, würde die Grundlagen des politischen Systems des Grundgesetzes verändern. Der Fortbestand der Überordnung der von allen Bürgern gebildeten Gemeinschaft der staatlichen Institutionen und ihre Entscheidungsbefugnis für die Gesamtheit in den Grenzen des allgemeinen Konsenses bildet das Fundament der parlamentarischen Regierungsweise[58]. Es wird

---

[56] Zum Rätesystem siehe *U. Bermbach*, in: *ders.*, Theorie und Praxis der direkten Demokratie, 1973, S. 154 ff.; *R. Herzog*, Allgemeine Staatslehre, 1971, S. 217 ff.

[57] Vgl. *Badura*, NJW 1974, S. 132 ff.

[58] Vgl. hierzu *Herzog* (Anm. 56), S. 220 ff.

für das Geschick des demokratischen Staatswesens von entscheidender Bedeutung sein, wieweit es in der Zukunft imstande bleibt, diesen Aspekt auch gegenüber machtvollen sozialen Gruppen und Organisationen zur Geltung zu bringen.

III. Föderalismus

Probleme der staatlichen Entwicklung der Bundesrepublik

I. Neue Fragen und Probleme

Es ist offenkundig, daß sich die Bundesrepublik in einer Phase des Wandels und der Neuorientierung befindet. Es sind nicht zuletzt die außenpolitischen Ereignisse des abgelaufenen Jahres 1970, die auf einen abschließenden Ausgleich mit den Staaten des Ostens gerichteten Abkommen von Moskau vom 12. August 1970 und Warschau vom 7. Dezember 1970, die es deutlich machen, daß eine ganze Epoche der Nachkriegszeit seit 1945 zu Ende geht. Es vollzieht sich in ihnen, gerade bedeutsam im Blick auf die eigene Staatlichkeit der Bundesrepublik, ein Vorgang der Klärung, des Abschieds von Hoffnungen und Zielsetzungen, die, im ersten Jahrzehnt nach 1945 geformt und bis in die Formulierungen des Grundgesetzes hineinwirkend, den Gedanken der deutschen Einheit in den Vordergrund stellten und die Entwicklung der Bundesrepublik ihm ein- und unterordneten. Es bleibt freilich offen, ob diese Veränderung nun zugleich eine langsame Bewegung auf ein eigenes Bewußtsein der Staatlichkeit und der selbständigen Gestaltung in der Bundesrepublik auszulösen vermag. Auch in der inneren Entwicklung der Bundesrepublik aber lassen sich Zeichen einer Wende erkennen. Das liegt nicht nur an dem innerpolitischen Wechsel, der sich nach langer Vorherrschaft einer politischen Richtung im Herbst 1969 durch die Bildung der sozial-liberalen Koalition vollzog. Die Geschehnisse sind tiefer begründet. Die 1949 aufgerichtete Verfassungsordnung sieht sich in der Gegenwart neuen Problemen gegenüber, denen sie sich stellen und die sie bewältigen muß. Damals wurde die Verfassung im Zeichen der Wiederherstellung einer demokratischen und rechtsstaatlichen Ordnung geschaffen, und sie rückte ganz verständlicherweise in der Abkehr von der vorhergegangenen Zeit unbeschränkter Gewaltübung die Sicherung der individuellen Rechte, die Stabilität einer freiheitlichen Ordnung und den Schutz vor staatlicher Macht in den Vordergrund[1]. Demokratie und Rechtsstaat werden, wenn man von radikalen Gruppen der jüngeren Generation absieht, auch heute als Grund-

---

Aus: Die Öffentliche Verwaltung 1971, S. 1 - 5.

[1] Die gegen das Grundgesetz als eine zu sehr im Rückblick auf die Vergangenheit ausgerichtete Ordnung gerichtete Kritik ist bekannt und braucht nicht wiederholt zu werden. Vgl. statt aller *Werner Weber*, Weimarer Verfassung und Bonner Grundgesetz, in: *ders.*, Spannungen und Kräfte im westdeutschen Verfassungssystem, 3. Aufl. 1970, S. 16 ff.

lage der politischen Gemeinschaft nicht in Frage gestellt. Aber es können sich Fragen erheben, ob die bestehende Verfassungsordnung den sozialen Fragen unserer Zeit nicht zu wenig Aufmerksamkeit zugewandt hat — die Formel des sozialen Rechtsstaats allein vermag hier doch die Gewichte nicht zu verändern —, ob nicht die starke Unterstreichung individueller Rechte konservative Züge in der gesellschaftlichen Entwicklung zu sehr befestigt hat und ob die wachsenden Verantwortungen, die der Staat in der modernen Entwicklung für Wirtschaftssteuerung und Konjunktur, für das Bildungswesen und für die planende Vorsorge für die Zukunft übernommen hat, bereits in der grundgesetzlichen Regelung ausreichend zum Ausdruck gekommen sind. Man wird gewiß hier den Gang der seither erfolgten politischen und rechtlichen Ausformungen nicht übersehen dürfen. Noch 1949 waren, etwa im sozialen Bereich (Art. 15, 74 Ziff. 15), Fragen offen, die erst die nachfolgende Zeit im Sinne einer bestimmten, von kräftigen liberalen und individualistischen Impulsen gestalteten Ordnung festgelegt hat. Heute, wo inzwischen die Verfassung zu einer von Lehre und Rechtsprechung allerorten angerufenen Grundlage der Fortgestaltung geworden ist, werden ihre Lücken deutlicher sichtbar und kommt mehr zur Geltung, daß man im Parlamentarischen Rate, aus begreiflichen Gründen der Zeit und der Kraft, die damals auch noch kaum erkennbaren sozialen Fragen unseres Zeitalters nicht in die Rechtsordnung aufnahm.

Es stellt ein Anzeichen des Wandels dar, daß sich gerade im Zeitpunkt des zwanzigjährigen Bestehens des Grundgesetzes in der Öffentlichkeit fast mehr Stimmen erhoben, die seine grundlegende Revision forderten als Äußerungen der Erkenntnis, wie sehr diese Verfassung doch zwei Jahrzehnte stetiger und freier Entwicklung ermöglicht und getragen hat[2]. Freilich gilt es auch hier den rechten Blick zu bewahren. Der wichtigste Anlaß zu dem Wunsche nach Änderung kam aus dem Bereich der föderalen Ordnung, in der sich die Spannungen zwischen Verfassungsrecht und realen Bedürfnissen heute besonders stark ausprägen. Aber sicherlich klang dabei auch die Forderung an, neuen Fragestellungen Raum zu gewähren. Ein weiterer Anstoß zu Neugestaltungen kommt aus dem Bereich der staatlichen Planung und des Eindringens technischer Hilfsmittel in die Staatsleitung. Sie werfen Probleme sowohl in der Zusammenordnung von Regierung und Parlament wie im Schutz des individuellen Bereiches auf, der mit den

---

[2] Ich darf für die Stellungnahme zur Revision verweisen auf *Hans Dichgans*, Vom Grundgesetz zur Verfassung, 1970 und meine Darlegungen, Juristen-Jahrb. 10 (1969/70), S. 17 ff. Eine Würdigung der Ordnung des Grundgesetzes im Überblick auch bei *Hans F. Zacher*, Freiheitliche Demokratie, 1969.

gegen die ältere staatliche Eingriffsverwaltung entwickelten Vorstellungen und rechtlichen Einrichtungen schwerlich ausreichende Sicherung vor der Überwältigung durch staatliche Veränderung seiner Umwelt erhält[3].

Sicherlich besteht heute ein wachsendes Bewußtsein des Wandels und der Notwendigkeit, die neuen Probleme anzugreifen. Es schlägt sogar in manchen Kreisen weit über den Gedanken der Reform zu einer grundlegenden Ablehnung der bestehenden gesellschaftlichen Ordnung aus. In jedem Fall macht sich ein Verlangen geltend, ein klareres Bild künftiger Aufgaben zu gewinnen. Gibt es ein solches Bild für die Bundesrepublik? Stehen dem die Momente des Abwartens, des Vorläufigen, nicht immer noch entgegen? Auf der anderen Seite gehen Lehre und Rechtsprechung weithin von einem bereits festgelegten Bilde einer „Wertordnung des Grundgesetzes" aus[4], als ob es wirklich eine so feststehende Welt anerkannter Grundwerte in diesem gesicherten Umfang gebe[5]. In der Tat haben aber Rechtslehre und Rechtsprechung in zwei Jahrzehnten eine festumrissene rechtliche und soziale Ordnung in wachsender Bemühung der Fundierung aus dem Grundgesetz ausgearbeitet, die definierbare Züge eines starken Individualismus, einer Betonung der Rechtsstaatlichkeit und eines weiten Ausbaus des individuellen Rechtsschutzes trägt, während demgegenüber sowohl die Fragen der politischen Einheit, ihres Aufbaus aus den sozialen und politischen Gruppen, ihres Grundkonsenses wie die Probleme der Wirtschafts- und Sozialordnung, endlich vor allem die Bereiche der gestal-

---

[3] Zu diesem Problemkreis siehe *Hans Huber*, Einführung zu Walther Burckhardt, Aufsätze u. Vorträge 1910 - 38, Bern 1970, S. 1 ff.; *Kurt Eichenberger*, Leistungsstaat und Demokratie, 1969, S. 14 ff. Ferner auch *Herbert Fiedler*, Theorie u. Praxis der Automation in der öffentl. Verwaltung, DÖV 1970, S. 469 ff.; *Adalbert Podlech*, Verfassungsrechtliche Probleme öffentl. Datenbanken, DÖV 1970, S. 473 ff.

[4] Vgl. zu dieser Rechtspr.: Von einem Wertsystem spricht das Bundesverfassungsgericht in manchen Entscheidungen: BVerfGE 6, S. 389, 420 (Wertentscheidung); 10, S. 59, 81 (Wertordnung der Verfassung); 13, S. 331, 346; 14, S. 288, 301; 19, S. 1, 8 (Wertvorstellungen des Grundgesetzes); 19, S. 226, 236 (grundgesetzliche Wertordnung); 19, S. 394, 396; 25, S. 256, 263 (objektive Wertordnung des Grundgesetzes). Vgl. hierzu *E. Stein*, Werte und Wertewandel in der Gesetzesanwendung des öffentl. Rechts, Scritti in onore di Gaspare Ambrosini, Bd. 3, 1970, S. 2041 ff. Kritisch gegenüber einem Wertsystem: *K. Hesse*, Grundzüge des Verfassungsrechts der Bundesrepublik Deutschland, 4. Aufl. 1970, S. 124. Man wird in der Tat einzelne Wertfestlegungen des GG anerkennen können, aber eine Gesamtordnung, ein „System" hat das Bedenken gegen sich, daß es die Entwicklung zu statisch festlegt und der subjektiven Wertung zu viel Raum einräumt. Vgl. auch *Wolfgang Birke*, Richterliche Rechtsanwendung und gesellschaftliche Auffassungen, 1968, S. 38.

[5] Zur Problematik der Wertphilosophie und der Festlegung auf Werte siehe *Hans Ryffel*, Rechts- und Staatsphilosophie, 1969, S. 156 ff., 249 ff., 278 ff.

tenden und planenden Tätigkeit des Staates und sein Zusammenspiel mit den gesellschaftlichen Kräften eher zurücktraten. Es ist wahrscheinlich, daß manche Züge dieses bestehenden Bildes im Wandel der gesellschaftlichen Verhältnisse, im Zuge von Reformen und angesichts eines stärkeren Akzents auf soziale Entwicklungen, gleichmäßige Teilnahme aller an den Vorzügen von Bildung, Eigentum und Vorsorge sich der Auseinandersetzung und Spannung ausgesetzt sehen werden, die auch manche Grundrechtsinterpretationen berühren wird. Die immer mehr eingeengte Existenz einer urbanisierten Gesellschaft wird Akzentverlagerungen, vielleicht von wirtschaftlicher mehr auf geistige Freiheit bringen, sie wird andererseits individuelle Verfügung zunehmend beschränken müssen[6]. Dabei wird man Reformen zu unterscheiden haben von einem Nachgeben gegenüber kurzfristigen Modeströmungen, die in einem Zeitpunkt notwendiger größerer sozialer Verantwortung noch dem Bilde größter individueller Beliebtheit anhängen und das Problem der sozialen Freiheit mit der individueller oder gar sexueller Libertinage verwechseln.

Die folgende Betrachtung wird kurz in drei Abschnitten einige Probleme aufreißen können. Sie wendet sich zuerst der Frage der Staatlichkeit und des Staatsbewußtseins in der Bundesrepublik zu, geht dann auf die bestehende Problematik der sozialen und gesellschaftlichen Ordnung im Zusammenhang mit der politischen Verfassung ein und wird endlich einen Blick auf die Rolle der Theorie bei der Bewältigung der anstehenden Fragen werfen, die die Notwendigkeit einer stärkeren Belebung der Staatslehre ins Licht zu rücken sucht.

II. Der Weg zur staatlichen Selbständigkeit der Bundesrepublik

Das nun beginnende Jahr 1971 lenkt den Blick ein Jahrhundert zurück auf die Gründung eines Deutschen Reiches, das nun der Gegenwart schon in weite Ferne entrückt erscheint. Zwar hält die Bundesrepublik mit ihm eine rechtliche, formale Identität aufrecht, aber im Bewußtsein der heutigen Generation ist doch das Empfinden des geschichtlichen Bruches stärker geblieben. Das Verfassungsbild des Bismarckschen Reiches mit seiner Erhaltung einer eigenen monarchischen Gewalt und seiner Vorrangstellung für überkommene Mächte in Be-

[6] Solche neuen Probleme werden vor allem die bisherige Auslegung der Art. 12 und 14 GG berühren, in deren Bereich die wirtschaftliche Steuerung des Staates stärker eingreift. Zu modernen Fragen der Eigentumsbestimmung siehe *Peter Pernthaler,* Der Wandel des Eigentumsbegriffes im technischen Zeitalter, in: Hundert Jahre Verfassungsgerichtsbarkeit, Wien 1970, S. 193 ff.; *Peter Saladin,* Grundrechte im Wandel, Bern 1970, S. 391 ff. Zur Gewerbefreiheit siehe *Hans Huber,* Wirtschaftspolitische Ziele in der Verfassung, 1970, S. 15 f., 27 ff.; *Heinz Peter Christen,* Die Wirtschaftsverfassung des Interventionismus, Zürich 1970, S. 303 ff.

amtenstand, Militär und Gesellschaft ist ungeachtet mancher kontinuierlicher Institutionen der Gegenwart fremd. Die damals geschaffene Reichseinheit ist 1945 zerbrochen. Daher bleiben die Fäden rechtlicher und ideeller Kontinuität heute nur mehr zur Weimarer Republik lebendig, deren Schicksal als Warnung fortwirkt und auf deren Einrichtungen man bei der Abfassung des Grundgesetzes häufiger zurückgriff. Sicherlich aber hat die Bundesrepublik — wie immer das geschichtliche Bewußtsein sich gestaltet — nur sehr langsam und schwer die Grundlagen einer eigenen staatlichen Existenz gewinnen können. Das lag weniger an den Jahren des Besatzungsregimes oder fortdauernden Begrenzungen ihrer Selbständigkeit, als vielmehr daran, daß das Grundgesetz selbst in der Frage der staatlichen Form Deutschlands unentschieden blieb[6a]. Lange Zeit hat sich an Hand der Offenhaltung gesamtdeutscher Möglichkeiten im Grundgesetz (Präambel, Art. 23, 116, 146) die Bundesrepublik nur als ein Übergang verstanden — der erste Bundespräsident wollte statt eines „Provisorium" von einem „Transitorium" sprechen — und hat zwar faktisch den Weg zu eigener Staatlichkeit von Anfang an beschritten, ohne daß dem aber das Empfinden der Bevölkerung voll gefolgt wäre[7]. Die Folgen dieser Situation für ein klares verfassungsrechtlich begründetes Bild der Bundesrepublik sind wohlbekannt. In der Außenpolitik konnte dieser Mangel eigenen Staatsbewußtseins lange durch eine Hinwendung zum europäischen Gedanken — mit dem man irrtümlich nationale und staatliche Einheit für unvereinbar hielt — und die außenpolitische Einbindung in den Westen verdeckt werden. Ebenso wurde die Frage der Macht durch die Einfügung in ein Bündnis ausgeschaltet. Man hat versucht, an die Stelle der staatlichen Gemeinschaft den Gedanken der Verfassung als einigendes und zusammenfassendes Band zu setzen[8]. Es bleibt aber zweifelhaft, ob eine abstrakte Vorstellung die einigende und bindende Kraft einer lebendigen politischen Gemeinschaft gewinnen kann.

Gewiß tritt heute in der europäischen Entwicklung — im Gegensatz zu der übrigen Welt, in der vor allem in den neuen Ländern der Drit-

---

[6a] Vgl. zu diesem Offenhalten des Grundgesetzes, für welche Einheit es gelten solle, *Maunz,* Dt. Staatsrecht, 17. Aufl. 1969, S. 38 ff.; *Konrad Hesse,* S. 34 f.

[7] Ich stimme hierin der Auffassung von *Golo Mann* zu, der feststellt (100 Jahre Auswärtiges Amt, Privatdruck 1970, S. 21): „Trotz aller Cautelen war die Bundesrepublik als ein Staat eigenen Gepräges angelegt von Anfang an und ist den Weg eines Staates gegangen."

[8] Sie steht voran im Eid des Beamten (z. B. § 58 BBG), während der Soldateneid (SoldatG § 9) die Bundesrepublik Deutschland anführt, freilich zusammen mit den heute erst recht schwierig gewordenen Gedanken von „Recht und Freiheit des deutschen Volkes". Zur Problematik dieser Eidesformel siehe jetzt *Theodor Schieder,* in: Die Stellung des Soldaten in Staat und Gesellschaft. Ein Cappenberger Gespräch, 1970, S. 33 f.

ten Welt Souveränität und eigene Identität notwendig stark betont sein müssen — der nationale Gedanke zurück, aber die eigene geschichtliche Herkunft und Berufung bleibt doch — im Unterschied zur Bundesrepublik — bei den anderen Staaten durchaus erhalten[9]. Es mag sein, daß in Zukunft soziale und gesellschaftliche Ordnungsprinzipien eine größere Bedeutung erringen werden. Für die Gegenwart gilt das aber noch nicht. Noch ist der selbständige Staat vor allem deshalb eine eigene Größe, weil in ihm die Gewährleistung des sozialen Lebensgefüges, der wirtschaftlichen Leistung und der Vorsorge gegeben ist.

Der Weg der Bundesrepublik kann nur in die Richtung einer Einfügung in die allgemeine europäische Entwicklung führen. Das schließt aber auch die Annahme eigener selbständiger Staatlichkeit ein. Hierzu hat sie vor einem Jahr schon *Golo Mann* ermuntert, wenn er sagte[10], „daß die Bundesrepublik sich selber erkennen muß, als das was sie ist, sozusagen sich selber anerkennen muß". Die Entwicklung der letzten Jahre führt auf diese Bahn. Wenn in seiner Rede zur Lage der Nation vom 14. Januar 1970 der Bundeskanzler *Brandt* von beiden Staaten in Deutschland sprach[11], so hat er damit nicht nur die Tatsache der staatlichen Existenz der Deutschen Demokratischen Republik zur Geltung gebracht — es kann dabei offenbleiben, wie weit darin noch Vorbehalte eines besonderen Verhältnisses der deutschen Teile mitsprachen —, sondern er hat die gleiche Klärung auch für die Bundesrepublik vollzogen. Die weitere Entwicklung läßt sich abmessen. Sie braucht nicht die Idee der Einheit einer Nation zu berühren; wie schon so oft in der deutschen Geschichte deckt sich der Raum der nationalen Gemeinschaft nicht mit den in ihm vorhandenen staatlichen Gebilden. Aber es sollte nun auch im Eigenbewußtsein des Grundgesetzes die eigene selbständige Staatlichkeit klar hervortreten.

Steht dem das Gebot des Grundgesetzes entgegen? Gewiß ist das Grundgesetz von der Hoffnung auf eine spätere Vereinigung ausgegangen. Sie klingt vor allem in Art. 23, 146 GG an. Die herrschende Meinung erblickt hierin im Einklang mit dem Bundesverfassungsgericht[12] verbindliche Festlegungen. Aber es bleibt zu bedenken, daß das

---

[9] Es genügt, auf den Anfang der Erinnerungen des Generals *de Gaulle* (Mémoires d'espoir, Paris 1970, S. 1) zu verweisen, die gewiß mit dem Blick dieses so eminent historisch denkenden Staatsmannes die Kontinuität der französischen Geschichte und Nation betonen: „La France demeure elle-même au long du temps."

[10] *Golo Mann*, S. 20.

[11] 22. Sitzung des VI. Bundestages, Sten.Ber. S. 840.

[12] Vgl. BVerfGE 4, S. 157, 164 ff. (Saarurteil); 5, S. 85, 126 ff. (KPD-Urteil). Vgl. auch *v. Mangoldt-Klein*, Grundgesetz, 2. Aufl., Anm. XI, 4 zur Präambel, Bd. 1, S. 49.

Bundesverfassungsgericht selbst diese rechtliche Intention des Grundgesetzes elastisch angewendet hat[13]. Zielbestimmungen von Verfassungen (Leitsätze, Richtlinien) können nur in einem geschichtlichen Rahmen ausgedeutet werden. Pflichten, die über den Stand der faktischen Geltung des Grundgesetzes hinausweisen, sind daher auch im Blick auf die geschichtliche Fortentwicklung, vor allem aber nach dem Gebot des Art. 25, 26 GG für den Frieden zu interpretieren[14]. Die eigene Staatlichkeit der Bundesrepublik steht einer späteren einmal sich öffnenden neuen Gestaltung der deutschen Frage nicht entgegen. Sie löst auch nicht den weiteren Zusammenhang nationaler Zusammengehörigkeit oder Nähe.

Im Grunde bleibt hier eine letzte Erkenntnis zu beachten. Seit dem Ausgang des Mittelalters ist die deutsche Verfassung fast immer mit europäischen Regelungen verbunden gewesen. Die Ordnung des ausgehenden Hl. Römischen Reiches stand im Osnabrücker Frieden von 1648, die ersten 11 Artikel der Deutschen Bundesakte bilden einen Bestandteil der Schlußakte des Wiener Kongresses vom 9. Juni 1815 (Art. 53 - 63). Art. 178 Abs. 2 WRV erklärte einen Vorbehalt zugunsten des Versailler Friedens vom 28. Juni 1919. Wenn die Verfassung von 1871 diese Verbindung nicht aufwies, so sprach daraus die Höhe der Macht, die damals Deutschland erreichte. Aber zugleich lag darin, daß hier die Zustimmung der europäischen Mächte zu dem neuen Reich nur faktisch gegeben wurde, ein Moment der verborgenen Gefährdung, das die Staatsschöpfung Bismarcks immer begleitete. Es ist darum nicht nur die Situation der Gegenwart, sondern ein altes Moment der deutschen Geschichte, wenn der Blick in die Zukunft beider Teile Deutschlands sich mit dem Gedanken einer gesamteuropäischen Ordnung verbindet.

III. Staatsleitung und gesellschaftliche Kräfte

Die Elemente der Wandlung werden in der Gegenwart auch in der staatlichen und sozialen Ordnung sichtbar. Hier treten neue Probleme und Tendenzen hervor, die in manchen Punkten auch den bestehenden Verfassungsstand berühren werden. Die Fundamente der grundgesetzlichen Ordnung, Demokratie und Rechtsstaat, die besondere Sicherung genießen (Art. 20, 79 GG) werden davon nicht betroffen. Von ihnen gehen nur diejenigen radikalen Bestrebungen ab, die eine völlige gesellschaftliche Umgestaltung, zumeist unter tiefen Eingriffen in die persönliche Freiheit, fordern. In einer gewissen Vereinfachung wird man sagen können, daß neue Entwicklungen sich vor allem im Zeichen

---

[13] BVerfGE 4, S. 164 ff.

[14] Siehe auch *K. Hesse*, S. 275.

zweier Tendenzen zeigen, in dem Verlangen nach tieferer Prägung der demokratischen Züge des Gemeinwesens und in Ansätzen zu stärkerem sozialen Ausgleich.

Was die Forderung nach „Demokratisierung“ anlangt, so liegen ihr weithin keine genauen Vorstellungen der geforderten organisatorischen Veränderungen zugrunde. In einem gewissen Umfang drückt sich darin eine allgemeine Abneigung gegen institutionelle Formung und politische Autorität überhaupt aus. Hier schwingen Ideen einer Gesellschaftsordnung ohne Überordnung und Leitung mit, die utopische Züge enthalten und absolut gesetzte soziale Ziele ohne Rücksicht auf den realen Willen des Volkes verfolgen möchten[15]. Soweit sich in diesen Bestrebungen dagegen Formelemente institutioneller Art zeigen, sind sie auf plebiszitäre Vorstellungen, auf Herbeiführung stärkerer Partizipation der in einem bestimmten Bereich Lebenden oder Betreuten und auf erweiterte Publizität staatlicher Vorgänge gerichtet. Hier mögen im Bereich der staatlichen Organisation Möglichkeiten begrenzter Reform sich zeigen, während im Grunde Gedanken zu grundlegender Veränderung des politischen Aufbaus darin nicht hervortreten. Es ist wohl nicht zufällig, daß die Forderungen der Demokratisierung sich oft stärker in Einzelbereichen des öffentlichen Lebens niederschlagen. So haben sie in besonderem Maße in neuerer Zeit im Felde des Bildungswesens Raum gewonnen, und hier hat auch die staatliche Hochschulgesetzgebung — möglicherweise wird ihr die Schulgesetzgebung folgen — diesen Tendenzen am weitgehendsten bisher Entfaltung gewährt. Freilich treten in diesem Zusammenhang schwerwiegende Probleme auf. Demokratie ist ein politisches Formprinzip, nach dem in einer Gemeinschaft Gleichberechtigter über öffentliche Fragen verfahrensmäßig geordnete Entscheidung gesucht und gefunden wird. Es läßt sich nicht auf jeden Lebensbereich übertragen, insbesondere nicht auf Einrichtungen und menschliche Beziehungen, die von anderen, aus der Sache her bestimmten Graduierungen und Relationen bestimmt sind. Das gilt für die Familie, aber auch für Prozesse des Lernens und der Ausbildung sowie für den an der Erkenntnis orientierten Raum der Forschung[16]. Sicherlich können in manchen Gebieten Formen der Partizipation, der Beratung und der Beteiligung stärker als bisher entfaltet werden. Entscheidungen, die unter bestimmten Sachvoraussetzungen stehen — das wird für die Lehre und Forschung durch Art. 5 GG, vielleicht durch den Ausdruck „Freiheit“ nicht zum klarsten, umschrieben,

---

[15] Zur ideenmäßigen Grundlage und Kritik der im politischen Raum hervortretenden Strömungen der Demokratiekritik *G. A. Ritter*, in: Der Überdruß an der Demokratie, Köln 1970, S. 43 ff.

[16] Zu diesen Fragen *Wilhelm Hennis*, Demokratisierung. Zur Problematik eines Begriffes, 1970.

und das gilt auch für Dezisionen wirtschaftlicher und wirtschaftslenkender Art — folgen aber anderen Gestaltungsprinzipien als denen politischer Mehrheitsbildung und des Gruppengegensatzes. Es scheint freilich, als ob noch ein gewisser Zeitraum notwendig sein wird, um diese Probleme in ihren Grundlagen zu erkennen. Etwas anderes ist eine Demokratisierung der Bildung im Sinne der Eröffnung weiteren Zugangs zu Ausbildungsgängen. Sie ist Ausdruck sozialer Gleichheit und ist, abgesehen von Fragen föderaler Organisation, bei denen die Verstärkung der Bundeskompetenz in Frage steht, im Rahmen der verfassungsmäßigen Organisationsmöglichkeiten realisierbar.

Verwandte, aber wiederum andere Fragen wirft die Sicherung der freien Meinung gegenüber der Konzentration in den Kommunikationsmitteln auf. Auch hier kann die Lösung, da es sich um Vorgänge von Bedeutung für alle Bürger handelt, nicht in einer erweiterten Verfügung der in einer Einrichtung der Presse oder des Fernsehens Tätigen liegen, sondern in einer überlegten staatlichen Einwirkung zur Gewährleistung der Offenhaltung der Meinungsbildung und der Sicherung ihrer pluralen Ausdrucksweite. Die Mittel hierfür werden im Bereich der Presse andere sein als in dem des vorerst noch nach dem Prinzip der Beschränkung der technischen Möglichkeiten organisierten Fernsehens. Für die Presse wird die Gewährleistung einer Vielfalt unternehmerischer Einheiten durch Kontrolle der Konzentration und geeignete Förderung mittlerer und lokaler Betriebe bedeutsam sein[17]. Bei den Medien der Fernübermittlung werden sich die heute durch Neutralisierung mittels gesellschaftlicher Integration (Repräsentanz von Gruppen) geregelten Fragen der Leitung bei einer Öffnung neuer vielfältiger technischer Möglichkeiten neu stellen und wird die Erhaltung einer öffentlichen Grundversorgung mit öffentlicher Finanzierung neben privaten Einrichtungen vielleicht eine neue verfassungsrechtliche Gestaltung der Materie nötig machen.

Ein weiteres Gebiet, auf dem in der kommenden Zeit neue, die Verfassung berührende Probleme hervortreten werden, wird im sozialen Raum die Unternehmensverfassung sein. Soweit hier die Idee der Demokratie mitwirkt, muß auf die spezifischen Sachvoraussetzungen der Leitung moderner Industriebetriebe verwiesen werden, die wiederum nicht einfach der Übertragung politischer Formgesetze zugänglich sind. In der modernen technischen Industriewelt treten bei der Leitung von Unternehmen spezialisierte Anforderungen an die Entscheidungen auf, die nicht allein aus dem Betriebe heraus zur Geltung kommen können. Verfassungsrechtlich wird hier vor allem die Tragweite des Art. 14 in

[17] Zur Entwicklung des Pressewesens siehe *H. Ehmke*, Verfassungsrechtliche Fragen einer Reform des Pressewesens, Festschrift Adolf Arndt, 1969, S. 77 ff.

die Debatte gezogen. Das wird hier ein neues Durchdenken der institutionellen Tragweite des Eigentumsbegriffs erfordern, die weniger eine einfache Ableitung von Leitungsbefugnissen aus Sacheigentum, als die funktionelle Rolle des Privateigentums in der sozialen Unternehmensverfassung ins Auge faßt. Das Eigentum der Beteiligten (Gesellschafter, Aktionäre) hat hier im Rahmen der in der Verfassung vorausgesetzten, auf Privateigentum und Unternehmerfreiheit gegründeten Ordnung die Funktion, die Bestellung der Leitung von Wirtschaftsunternehmen nach Grundsätzen der wirtschaftlichen Effizienz, der Rentabilität und der Produktivität sicherzustellen und eine dezentralisierte, in sich ausgewogene Wirtschaftsdisposition zu sichern[18]. In diesem Sinne kann die Eigentumsgarantie, institutionell verstanden, als Sicherung einer nicht zentral gelenkten und am Prinzip des Ertrages und der Leistung orientierten Wirtschaft Bedeutung gewinnen, wobei im einzelnen ein erheblicher Spielraum der sozialen Gestaltung der Eigentumsbildung wie der Verfügungsgewalt bleibt. Neue Fragen der Abgrenzung des Eigentums werden sich auch in anderen Materien, in der Städtesanierung und im Umweltschutz, stellen. Und ähnlich wird es erwartet werden können, daß sich im Anwendungsbereich des Art. 12 GG, in dem die bisherige Auslegung zuweilen die Grenzen staatlicher Wirtschaftssteuerung und eigener staatlicher Betätigung sehr eng zieht[19], die Grenzziehung zwischen dem Schutz der beruflichen Freiheit und der planenden und lenkenden Einwirkung der Gesamtheit in neuen Fragestellungen zeigen wird[20]. Weitreichende Probleme liegen auch in Art. 9 Abs. 3 GG. Hier gilt es einmal, das Gleichgewicht der Sozialpartner — und hier treten Seitenwirkungen zur Mitbestimmungsdebatte auf — zu erhalten. Zum anderen aber wird auch hier die Einfügung der weiten den Tarifpartnern überantworteten Entscheidung über wesentliche Daten der Preis- und Konjunkturentwicklung in die Gesamtverantwortung des Staates für ein gesamtwirtschaftliches Gleichgewicht (Art. 109 Abs. 4 GG) notwendig sein. Die konzertierte Aktion hat hierfür einen Ansatz gebildet (§ 3 StabilitätsG v. 8. 6. 1967), der indes keine volle Wirkung erreicht hat. Auch hier treten Fragen auf, wie die Entscheidung von sozialen Fragen, deren Verschränkung weite Kreise berührt, unter der Mitwirkung der Beteiligten in einer Form gestaltet werden kann,

---

[18] In dieser Deutung des Art. 14 GG nähere ich mich den Thesen, die in dem sog. *Biedenkopf*-Bericht (Mitbestimmung im Unternehmen, 1970), S. 108 ff., 131 ff. entwickelt werden.

[19] Vgl. z. B. *Dicke*, Verfassungsrechtliche Möglichkeiten und Grenzen der Wirtschaftslenkung in Italien und der Bundesrepublik Deutschland, 1969, S. 113 ff., 143 ff.; *V. Emmerich,* Das Wirtschaftsrecht öffentlicher Unternehmen, 1968, S. 114 ff. Offener dagegen *G. Püttner,* Die öffentlichen Unternehmen, 1969, S. 155 ff.

[20] Vgl. hierzu die kritische Stellungnahme von *Heinz Wagner,* VVDStRL 27 (1969), S. 47 ff.

die die Freiheit der dezentralisierten Disposition und das Gesamtinteresse wahrt. Das wirft endlich eine letzte, schon mehr theoretische Frage auf. Wieweit vermag überhaupt der heutige Staat in einer pluralistischen Gesellschaft einen Vorrang des ausgleichenden Gesamtwohles sicherzustellen und die Gefahr zu vermeiden, daß rechtlich oder faktisch weittragende Verfügungen an mächtige soziale Gruppen und Verbände übertragen oder von ihnen akquiriert werden?

Die hier berührten Zusammenhänge wirken sich in Problemen der eigenen staatlichen Organisation aus. Die zunehmende Einwirkung des Staates auf die Steuerung der Wirtschaft, seine Verantwortung für die Konjunktur — heute eine der zentralen Staatsaufgaben — werfen Fragen nicht nur einer Neugestaltung des Haushaltsrechts, sondern vor allem auch der Einordnung der Planung und vorausverfügenden Orientierung in die Relation Regierung - Parlament auf. Diesen Fragen kann hier nicht mehr nachgegangen werden. Es muß genügen, aus diesem weiten Bereich einige wesentliche Problemkreise angesprochen zu haben, die zeigen können, wie stark in den kommenden Jahren im sozialen und wirtschaftlichen Bereich bedeutsame, auch die Auslegung und wohl auch den Bestand der Verfassung berührende Fortentwicklungen heranstehen.

IV. Die Aufgabe der Staatslehre

Schon der notwendig summarische Überblick über einige der Probleme, die in den künftigen Jahren für die staatliche Fortentwicklung der Bundesrepublik sich ergeben werden, läßt deutlich hervortreten, daß bei der Lösung dieser Fragen nicht nur dem praktischen Ausgleich, sondern auch der theoretischen Durchdringung eine wichtige Rolle zufallen wird. Hier stellen sich insbesondere auch der Staatslehre Aufgaben, die sie lange mehr zurückgestellt hat. Viel zu lange hat die deutsche Staatsrechtslehre Begriffe und Vorstellungen früherer Stufen der deutschen Verfassungsentwicklung mitgeführt. Das Bild des Staates als eines hoheitlichen, in die individuelle Freiheit eingreifenden Apparates, die Vernachlässigung der eigentlichen politischen Entscheidungsvorgänge im Gemeinwesen zugunsten des Schemas Gesetzgebung — Vollziehung, das keineswegs alle Vorgänge des staatlichen Lebensprozesses zu erfassen vermag, die Vorstellung, durch Überführung von Entscheidungen in Gesetzesform würden Entscheidungsprobleme und der Ausgleich von Individuum, Gruppe und Gemeinschaft ohne weiteres gelöst, alles das beruht auf einer älteren Sichtweise, die gewissermaßen die staatlichen Maßregeln nur von außen her in ihren Folgen, nicht aber in der Heranbildung der Entscheidung und den darin liegenden Garantien und Sicherungen betrachtet und die, zu stark wohl vom Standpunkt der Entscheidungssituation des Richters bestimmt, die richtige Absteckung normativer Festlegung und konkreter Gestaltungsfreiheit sowohl in den Verfügungen der Staatsleitung wie der Exekutive überhaupt nicht mehr voll zur Geltung bringt. Es würde hier nötig sein, einmal über ältere Vorstellungsbilder von Gewaltenteilung hinaus die moderne Verteilung der Entscheidungsbefugnisse als Mittel der Sicherung der Freiheit wie als verfassungsrechtliche Garantie kontrollierter und verantwortlicher Entscheidung zu durchdenken. Dann würde sich zeigen, wie eng heute Gesetzgebung und leitende Sozialgestaltung zusammenhängen, wie der Begriff der Staatsleitung die Spitze der Exekutive ebenso wie das Parlament umfaßt, die beide in spezifischer Weise an den leitenden Entscheidungen teilhaben, die großenteils durch Gesetz getroffen werden, deren Vorbereitung und Steuerung aber wiederum — und gerade in der Gegenwart zunehmender planender Vorausschau — auch der Exekutive großen Einfluß eröffnen. Auch im Bereich der Vollziehung wird es dann deutlich werden, daß das Gesetz nicht nur Schranke, sondern auch Auftrag der Verwaltung darstellt, daß gesetzliche Ziele in vielen Bereichen ohne eine eigene selbständige Mitgestaltung der Verwaltungsinstanzen nicht erreichbar sind und daß das vielfach vertretene Ideal durchgängig bestimmter Vollzugsentscheidungen — gewissermaßen das Idealbild des Schalterbeamten — für einzelne Bereiche durchaus angemessen ist (Sozialvorsorge, Besoldungsrecht, Steuerrecht), für die planende, vorsorgende, auf den Menschen unmittelbar einwirkende Verwaltung (Bildungswesen, Gesundheitsfürsorge) aber eine Verengung auch der individuellen Erwartung einer leistenden und sozial formenden Verwaltung bildet.

Daneben wird sich die Aufmerksamkeit in einem höheren Maße der wachsenden Verflechtung von Staat und Gesellschaft widmen müssen. Daß sich in der Öffentlichkeit so weithin unter dem Zeichen der Demokratie so sehr unterschiedliche und teilweise undemokratische Gedanken entfalten konnten, mag auch dadurch bedingt sein, daß sich die Ausarbeitung einer eigentlich demokratischen Theorie erst langsam in der Bundesrepublik vollzogen hat. Gewiß bleiben auch im demokratischen Gemeinwesen Überordnung und Weisung, Einfügung des Einzelnen in institutionelle Bindungen und Gehorsam Bestandteile der politischen Gemeinschaft. Aber daneben bedarf es der Eröffnung des Blikkes auf die Grundvorgänge demokratischer Konsensbildung, auf die aktive Mitwirkung der Bürger, nicht nur in gelegentlichen Wahlentscheidungen, sondern in ständiger Wechselwirkung in der öffentlichen Meinung, in der Gruppenbildung und ihrer Partizipation an den Entscheidungen und in der Ausfüllung des Freiraums wirtschaftlicher und sozialer Gestaltung (auch dies für die meisten freilich durch Gruppen vermittelt).

Der hier berührte Bereich zentraler Entscheidung und ihrer Vermittlung an die Ausführung, der planenden Vorbereitung kommender politisch-administrativer Entscheidungen, das Zusammenspiel staatlicher Stellen und gesellschaftlicher Gruppen und Kräfte wird heute außerhalb des rechtlichen Zusammenhanges von anderen wissenschaftlichen Diszipinen bearbeitet, die ihrerseits wiederum der Gefahr unterliegen können, die technischen und organisatorischen Fragen allein im Blick zu haben und die stets notwendige Rückbeziehung auf die Rechtsstellung des Einzelnen und die Grenzen staatlicher Einwirkung nicht mit gleicher Intensität zu berücksichtigen. In der Zusammenführung der Erkenntnisse einer modernen Verwaltungslehre (und entsprechender Betrachtung zentraler Entscheidungsvorgänge) mit den Geboten des Verfassungsrechts und einer auch die Bewegung der Probleme und die Fortbildung des Rechts einbeziehenden Verfassungstheorie und Verwaltungsrechtslehre liegen wesentliche Forderungen auch an die Theorie des öffentlichen Rechts. Auch sie wird sich bewußt sein müssen, daß die Entwicklung an einem Wendepunkt steht und daß sie zu ihrem Teil an der Lösung neuer Probleme Anteil nehmen kann und sollte.

Kooperation und Konflikt

Das Verhältnis von Bund und Ländern im Wandel

1. Der Durchbruch zum kooperativen Föderalismus

Die Jahre 1967/69 stellen in der Entwicklung der bundesstaatlichen Ordnung der Bundesrepublik Deutschland einen Einschnitt von weitreichender Bedeutung dar. So sehr sich das Verhältnis von Bund und Ländern jederzeit in einer Bewegung und Fortbildung befindet und sich daher stetig leise Veränderungen in der verfassungsrechtlichen Handhabung in diesem Bereiche vollziehen, so brachten doch diese Jahre eine grundlegende Neuformung wichtiger Punkte, vor allem im Felde der finanziellen Beziehungen. Man kann sie, und man würde damit dem Grundgedanken des *Troeger*-Berichts[1] folgen, auf dem diese Änderungen beruhen, als Übergang zum Prinzip des kooperativen Föderalismus begreifen, der sich an die Stelle der strengen Abscheidung der beiderseitigen Sphären setzt, die in der Anlage des Grundgesetzes die Relation von Bund und Gliedstaaten bestimmen sollte. Versteht man unter dem kooperativen Föderalismus eine intensivere Zusammenarbeit auf allen Ebenen des staatlichen Lebens, Bund, Länder und Gemeinden, die, bei Erhaltung der Selbständigkeit der Teile sie auf eine einheitliche und planvolle gemeinsame Tätigkeit in der Verwirklichung der Ziele der Gesamtheit (des Gemeinwohls) ausrichtet[2], so ist dies Prinzip jedenfalls in der finanziellen Sphäre in den Grundgesetzänderungen der Finanzreform jener Jahre zum Ausdruck gelangt. Man wird dabei gewiß beachten können, daß die ursprünglich intendierte striktere Abgrenzung der föderalen Bereiche im Laufe der Jahre bereits gewisse Abschwächungen erfahren hatte. Abgesehen von der im Grundgesetz angelegten Zusammenarbeit, die die Ausführung der Bun-

---

Aus: Die Öffentliche Verwaltung 1972, S. 585 – 591.

[1] Gutachten über die Finanzreform in der Bundesrepublik Deutschland, Stuttgart 1966. Dazu *Patzig*, Gegenwartsfragen des Finanzverfassungsrechts, AöR 92 (1967), S. 297 ff.

[2] Zum Begriff des kooperativen Föderalismus siehe meine Darlegung, DÖV 1966, S. 518 (abgedruckt in *diesem* Bande als Beitrag Nr. 19), ferner *Wilhelm Kewenig,* Kooperativer Föderalismus und bundesstaatliche Ordnung, AöR 93 (1968), S. 433 ff.; *Christian Dominice,* Fédéralisme coopératif, in: Referate und Mitteilungen des schweizerischen Juristenvereins 103 (1969), S. 772; *Ulrich Häfelin,* Der kooperative Föderalismus in der Schweiz, dort, S. 573; *Konrad Hesse,* Aspekte des kooperativen Föderalismus in der Bundesrepublik, in: Festschrift für Gebhard Müller, Tübingen 1970, S. 143.

desgesetze durch die Länder (Art. 84 GG) notwendig in sich schließt, hatte der Bund darüber hinaus bereits auf einer Reihe von Sachgebieten Einfluß durch die Gewährung finanzieller Zuwendungen an die Länder erlangt, so sehr auch die rechtliche Grundlage dieser Fondswirtschaft ungesichert blieb.

Die Novellierungen des Grundgesetzes durch das 15. Änderungsgesetz vom 8. 6. 1967 und die 20. und 21. Änderung vom 12. 5. 1969 eröffnen eine neue Orientierung für die Zusammenarbeit von Bund und Ländern. In einem begrenzten, aber relativ unbestimmt gezogenen Rahmen erfährt die zuschußgewährende Fondsverwaltung des Bundes in Art. 104 a Abs. 4 GG eine Legalisierung[3]. Es wird ferner eine Gesamtverantwortung des Bundes und der Länder für eine Haushaltsführung begründet, die an die Grundsätze einer gesamtwirtschaftlich ausgerichteten Steuerung und Konjunkturpolitik gebunden ist (Art. 109 Abs. 2 GG und § 1 StabG v. 8. 6. 1967), und die Länder werden in diesem Rahmen einer konjunkturellen Lenkung ihrer Kreditaufnahme in Art. 109 Abs. 4 GG unterworfen. Endlich aber haben die Änderungen entgegen der bisherigen Ablehnung aller Formen des verwaltungsmäßigen Zusammenwirkens von Bund und Ländern eine solche Mitwirkung in Gestalt der in Art. 91 a und 91 b GG vorgesehenen Gemeinschaftsaufgaben eingeführt. In der Hauptsache wirken sich diese Veränderungen in drei Bereichen aus: a) Sie führen in der Finanzreform über die frühere theoretisch strenge Sonderung zu einem Ansatz eines Verbundes der finanziellen Gebarung zurück, in dem in ständiger Anpassung der Verteilung des Steueraufkommens und der Ausgleichsmaßnahmen, vor allem zugunsten der finanzschwächeren Länder, ein Gesamtzusammenhang der finanziellen Beziehungen hergestellt wird, der den heutigen Vorstellungen einer Einheitlichkeit der Lebensverhältnisse in der Bundesrepublik und der Realisierung eines gleichartigen Standards der Verwaltungsleistung entspricht. Die Entwicklung lenkt damit in Bahnen eines verbundenen Finanzsystems ein, wie es sich in den späteren Jahren der Weimarer Periode herausgebildet hatte. b) Die Neuerungen ermöglichen für bestimmte, freilich eng begrenzte Materien ein unmittelbares Zusammenwirken von Bund und Ländern bei den Gemeinschaftsaufgaben (Art. 91 a und 91 b GG). c) Schließlich zeichnet sich ein näheres Zusammenwirken von Bund und Ländern noch in einer dritten Richtung ab, die weniger deutlich im Grundgesetz ausgeprägt ist, aber in der allgemeinen Hinwendung zur Planung — Art. 106 Abs. 3 Ziff. 1 GG führt die mittelfristige Finanzplanung ein — begründet ist und hier ein in der Hauptsache freiwilliges kooperatives Verhalten herbeiführt. Mit diesen Änderungen haben sich in die Tiefe

[3] Als eine solche feststellende Hinnahme der Praxis deutet den Artikel *Günter Kisker*, Kooperation im Bundesstaat, Tübingen 1971, S. 284.

reichende Umgestaltungen vollzogen, die nicht nur die ursprüngliche Starre der Bereichsscheidung im Grundgesetz an einigen Stellen aufgelockert haben, sondern die im weiteren auch das Problem der Bund und Ländern zuzuweisenden Entscheidungsspielräume und Sachbereiche neu stellen. Diese neuen Entwicklungen sollen hier zunächst auf den drei genannten Gebieten — Finanzwesen, Gemeinschaftsaufgaben, Planung — untersucht werden, um dann zu den Fragen der Fortentwicklung zu gelangen.

Ob man bei dieser Neugestaltung wirklich von einer Verstärkung des kooperativen Föderalismus sprechen kann oder sie eher zu einem erheblichen Teile als Verstärkung der unitarischen Tendenzen im Bundesstaate ansehen sollte, ist eine Frage. *Konrad Hesse* hat zwar in der Planung bei den Gemeinschaftsaufgaben und in der Abstimmung zwischen Bund und Ländern im Rahmen der Finanzplanung im Finanzplanungs- und Konjunkturrat Elemente eines kooperativen Verhältnisses anerkannt, aber sonst im Rahmen der Finanzreform von 1967/69 mehr die Erweiterung der Bundeskompetenz und des Bundeseinflusses auf die Länder betont, während im Grundprinzip die strikte Trennung ihrer Bereiche erhalten geblieben sei[4]. Sicherlich ist ihm zuzugeben, daß die Reform auch deutliche Verstärkungen der Bundeseinwirkung gebracht hat. Aber auch die kooperativen Züge sind kräftiger ausgeprägt, als er es sehen möchte. Die Verteilung des Steueraufkommens ist an gegenseitige Abstimmung (Art. 106 GG) gebunden, und ebenso wird bei den Finanzzuweisungen (Art. 104 a Abs. 4 GG) auf Zustimmungsgesetze oder Verwaltungsvereinbarungen verwiesen. Hier treten also durchweg kooperative Formen in Erscheinung. Bei der Finanzplanung vollends, die dem Bunde als Auftrag (Art. 106 Abs. 3 Ziff. 1 GG) erteilt wird, ohne daß er Befugnisse rechtlicher Festlegung erhält, kommt es — auch außerhalb des Art. 91 b GG — entscheidend auf eine freiwillige Kooperation an[5]. Ich würde also gegenüber *Hesse* doch die in der Reform enthaltenen Bestandteile eines kooperativen Zusammenwirkens für stärker ansehen und es für begründet halten, von einem Übergang zu einem kooperativen System föderaler Beziehungen zu sprechen. Unzweifelhaft ist jedenfalls, daß die neuen Bestimmungen nichts an der bundesstaatlichen Grundstruktur, an der Selbständigkeit und Staatlichkeit der Länder, geändert haben. Die Wahrnehmung erweiterter Befugnisse durch den Bund ist zumeist an die Zustimmung der Länder im Gesetz geknüpft und damit wiederum der Zug der Zusammenarbeit verstärkt. Auch das Vordringen des Bun-

[4] Festschrift *Müller*, S. 150 ff.

[5] Vgl. zu Art. 91 b GG *Goroncy*, DVBl. 1970, S. 311, und zu der Kooperation in den institutionalisierten Räten *Albrecht Zunker*, Finanzplanung und Bundeshaushalt, Frankfurt 1972, S. 84 ff.

des auf dem Gebiet der gesetzgeberischen Landeskompetenzen, das in den letzten Jahren in einer Reihe von Grundgesetzänderungen erfolgte, beschränkt die Selbständigkeit der Länder nur in begrenzten Bereichen. Es hat sich im Schwerpunkt auf Gebieten vollzogen, die wie die friedliche Verwendung der Atomenergie, der Umweltschutz oder der Lärmschutz, neu oder verstärkt in den Gesichtskreis des vorsorgenden Sozialstaates getreten sind; nur im Einbruch in das Bildungswesen hat sich eine wesentliche Einbuße der Länder vollzogen. Freilich bedeutet dies stetige Vorrücken der gesetzgeberischen Bundeskompetenz für die Länder eine Veränderung ihrer Position, die in ihrer Konsequenz auf eine stärkere Verlagerung ihres Schwerpunktes in die Verwaltung einwirkt. In der Entwicklung des bundesstaatlichen Systems der Bundesrepublik sind die erfolgten Änderungen in erster Linie ein Rückschlag gegen den seit so vielen Jahren von den Ländern zäh geführten Verteidigungskampf um ihre Kompetenzen. Die öffentliche Meinung, die auf Effektivität und Einheitlichkeit der Verwaltung drängt, hat die Reform getragen und hat dazu geführt, daß der von den Ländern geführte Stellungskrieg um Zuständigkeiten im Gegenzuge zu erheblichen Einbrüchen in ihre Position geführt hat.

Faßt man die seit 1969 erfolgte Entwicklung ins Auge, so ergibt sich freilich nach manchen Richtungen der Eindruck einer sehr zurückhaltenden Weiterführung der gegebenen Impulse. Die Finanzreform konnte als Auftakt zu weiteren Neugestaltungen im bundesstaatlichen Bereich aufgefaßt werden, der weitere Schritte nach sich ziehen werde. Unter der 1969 gebildeten Regierung *Brandt / Scheel* hat man auch anfangs noch im Schoße des Parlaments an weiterreichende Verfassungsreformen vor allem in der bundesstaatlichen Struktur gedacht, die das System des Grundgesetzes erneuern oder doch an die Entwicklung anpassen sollten. Die zu ihrer Vorbereitung durch Antrag der Fraktionen des Bundestages eingesetzte Enquêtekommission[6] hat ihre Arbeit 1971 aufgenommen und fleißig fortgeführt. Ein legislatives Ergebnis kann aber in dem seinem Ende entgegeneilenden VI. Bundestag nicht mehr erwartet werden. Es stellt sich überhaupt die Frage, ob nicht die schärfer gewordene Parteienkonfrontation im Bundestag die Möglichkeit verfassungsändernder Umgestaltungen — von bestimmten einverständlichen Maßnahmen vor allem im Gebiet der Erweiterung von Sachkompetenzen des Bundes abgesehen — sehr eingeschränkt hat. Das mag, wie unten zu untersuchen sein wird, auch von den Plänen zu einer Neugliederung der Länder gelten, die in den letzten Jahren sich belebt haben und für die ein Ausschuß bestellt worden ist. Der Zeitraum 1969/72 hat im ganzen für die Fortentwicklung des föderalen Systems kaum

---

[6] Zu dem Enquête-Ausschuß siehe Bericht d. Rechtsausschusses des Bundestages, Drucks. VI/1211 und dazu *W. Kewenig*, DÖV 1971, S. 524 ff.

wesentlich neue Entwicklungen gebracht; er hat sogar im Bereich der Hochschulaufgaben die eröffnete Möglichkeit nicht ausschöpfen können, so daß das wichtigste Vorhaben, das Hochschulrahmengesetz, im politischen Streit und angesichts des sich abzeichnenden Mißerfolges einer nur in organisatorischen Änderungen konzipierten Hochschulreform stecken blieb. Neben den Elementen kooperativer Zusammenarbeit sind in diesem Zeitabschnitt vielmehr andere Züge eines politischen Gegenspiels zwischen dem Bund und einer Gruppe von Ländern hervorgetreten, die die im Laufe der Amtszeit des Kabinetts verschärfte innenpolitische Konfrontation widerspiegelten. Damit ist im Verhältnis von Bund und Ländern ein anderes Moment zur Geltung gelangt, das sich schon einmal in den 50er Jahren gezeigt hatte, das aber nun jedenfalls den Raum eines Konsenses für größere Veränderungen einengt. Es kommt hier eine Funktion der Länder im innenpolitischen Spiel zum Tragen, in der die Länder — und das wird voraussichtlich auch nach der Bundestagswahl 1972 gelten — stärker in ihrer Rolle als Gegengewicht im innenpolitischen Geschehen und als Träger eines eigenen politisch vom Bunde abweichenden Konzepts der Zielsetzung sich zur Geltung bringen.

2. Ansätze eines finanziellen Verbundsystems

In allen Bundesstaaten nehmen die finanziellen Beziehungen zwischen Bund und Gliedern eine Schlüsselstellung ein. Sie spiegeln die Kräfte und Einflüsse in realistischer Weise. In der Mehrzahl der Bundesstaaten hat auch der Weg zu einer Verstärkung der Einwirkung des Bundes oft über dessen größere Finanzmacht geführt. Durch Finanzzuweisungen vermag der Gesamtstaat im Wege der Auflage Normativbestimmungen durchzusetzen, und schwächere Glieder des Gesamtverbandes geraten in Abhängigkeit von ihm. In der deutschen Entwicklung hat der letztere Trend im Kaiserreich noch keine Rolle gespielt, weil hier umgekehrt die Finanzlage des Reichs jedenfalls in späterer Zeit sich in Bedrängnis befand[7]. Auch kannte die Zeit vor 1914 noch nicht die Forderung der Einheitlichkeit der Lebensverhältnisse oder gar die einer gleichartigen Verwaltungsausstattung. Die ärmeren Länder mußten mit sparsamen Methoden durchkommen. Erst die *Erzbergersche* Finanzreform von 1919 machte das Reich zum stärkeren Partner. Das ermöglichte ihm eine ausgleichende Rolle bei der Zuweisung von Steuerüberweisungen und führte schon in der Weimarer Zeit zu Klagen der Länder, daß der Bund durch Finanzzuweisungen an die Länder seinen Einfluß erweitere[8]. Das System einer Finanzierung der

[7] Vgl. W. *Patzig*, DVBl. 1971, S. 16 ff.
[8] Vgl. *Patzig*, S. 23.

Länder aus Überweisungen des Reiches führte in der Spätzeit Weimars, vor allem unter dem Druck der Krise in Wirtschaft und Finanzen nach 1930, zu einem weitgehenden Verbund zwischen Reich, Ländern und Gemeinden. Nach 1933 wurde das im Einheitsstaate noch wirksamer ausgebaut. Nach 1945 suchte man zu einer strengen Trennung der Haushalte zurückzukehren. In einem modernen Industriestaat mit starker Anspannung der Steuerpflicht muß indes jeder Versuch, Gesamtstaat und Glieder auf getrennte Finanzquellen zu verweisen, sich als vergeblich erweisen, und so erwiesen sich alsbald Elemente einer Verteilung aus gemeinsamen Steuerquellen als unentbehrlich. In der Tat ist das Ringen unter dem Grundgesetz immer einerseits um die Anteile der Länder an der gemeinsamen Masse (seit 1969 umfaßt sie neben der Einkommen- und Körperschaftssteuer auch die Umsatzsteuer), andererseits um den horizontalen Finanzausgleich unter den Ländern gegangen[9]. Es ist interessant zu sehen, daß in der Reform vom 23. 12. 1955 in das Grundgesetz (Art. 106 Abs. 4) hier der Hinweis auf die Wahrung der Einheitlichkeit der Lebensverhältnisse aufgenommen wurde, der in seiner Zielsetzung eher in einen Finanzverbund paßt als in das Trennungssystem, von dem das Grundgesetz ausging.

Grundlage der Entwicklung blieb immer der Gedanke der Sonderung der Haushalte (Art. 109 Abs. 1 GG), an dem auch die Reform von 1967 im Grundsatz festgehalten hat. Die starke Finanzmacht lag aber nach der Verteilung der Steuerquellen beim Bunde und so ergab sich im Laufe der Zeit erneut die Möglichkeit einer Ausdehnung des Einflusses des Bundes auf die Länder durch das Mittel der Finanzzuweisungen, vor allem im Bereich des Bildungswesens, des Sports und der Ausbildungsbeihilfen. Die rechtliche Grundlage dieser Fondswirtschaft des Bundes war nach der Anlage des Grundgesetzes und der Interpretation des Art. 30 GG durch das Bundesverfassungsgericht[10] nicht mit voller Sicherheit zu bestimmen. Innerhalb der ihm verfassungsrechtlich zustehenden oder kraft ungeschriebenen Rechts zuzuweisenden Gesetzgebungszuständigkeit war die Fondswirtschaft sicherlich dem Bunde zuzuerkennen[11], aber im Blick auf die ursprüngliche Fassung des Art. 106 Abs. 3 GG könnte man auch Finanzzuweisungen überhaupt als zulässig ansehen, wenn dies auch nicht unbestritten blieb[12]. An kriti-

---

[9] Eine kurze Übersicht dieses Ringens bei *Patzig*, S. 24 f.

[10] Fernsehurteil BVerfGE 12, S. 205, 243 ff. = DÖV 1961, S. 504.

[11] Die Meinung von *Groß* (DVBl. 1969, S. 127), daß eine Gesetzgebungskompetenz noch keine Finanzierungskompetenz begründe, ist nicht haltbar, da auch die Finanzierung auf materieller legislativer Disposition im Haushalt beruht. So auch *Kölble*, NJW 1966, S. 473 ff.; *Patzig*, AöR 92, S. 122 ff.

[12] Für Zulässigkeit im Raum des Gesetzgebungsrechts das *Troeger*-Gutachten, S. 14 f., 24 ff.; *Liesegang-Plöger*, DÖV 1971, S. 230; *Kisker*, S. 34 ff. Unter Hinweis auf die anfängliche Haltung der Verfassungsgeber und die Erstfas-

schen Einwänden gegen die Praxis des Bundes hat es freilich nicht gefehlt und immer wieder ist die Forderung erhoben worden, der Bund solle statt dessen die Länder zureichend finanziell ausstatten[13]. Für die großen Investitionen haben sich die Zuschüsse des Bundes als unentbehrlich erwiesen[14]. Für einige Materien ist durch Erweiterung der Bundeskompetenzen im Grundgesetz — Ausbildungsbeihilfen und Förderung der wissenschaftlichen Forschung (Art. 74 Ziff. 13, Ges. v. 12. 5. 1969), Förderung der Krankenhäuser (Art. 74 Ziff. 19 a, Ges. v. 12. 5. 1969), Hochschulneubauten (jetzt in Art. 91 a Ziff. 1) — eine verfassungsrechtliche Basis geschaffen worden.

Soweit die Gegenstände des Zuschußwesens nicht heute in Art. 91 a übergegangen sind, ist nun in Art. 104 a Abs. 4 eine allgemeine Grundlage geschaffen worden, die freilich die Gewährung auf bedeutsame Investitionen in Ländern und Gemeinden und auf bestimmte Zielsetzungen (gesamtwirtschaftliches Gleichgewicht, Ausgleich der Wirtschaftskraft und Wachstumsförderung) begrenzt. Das ist im Ergebnis eine gewisse Limitierung des Zuschußwesens[15]. Das kooperative Moment liegt in dem Recht der Länder, die Mittel auch abzulehnen, so schwer das bei wichtigen Bedürfnissen fallen mag. Es liegt aber auch in der wichtigen Hilfe, die dieser Artikel gerade für die schwächeren Länder bedeutet, die auf diese Hilfe angewiesen sind[16].

Der Schwerpunkt der Reform von 1967/69 liegt aber nicht bei der rechtlichen Fundierung der Finanzzuweisungen. Er muß vielmehr in denjenigen Bestimmungen gesehen werden, die die Haushaltsgesetzgebung von Bund und Ländern an gemeinsame Ziele binden und sie zugleich als wirtschaftslenkendes Steuerungsmittel anerkennen und ermächtigen, sowie im Ansatz der institutionellen Zusammenarbeit auf diesem Gebiete. Indem für Bund und Länder das gesamtwirtschaftliche Gleichgewicht verbindliche Aufgabe wird (Art. 109 Abs. 2 und 4, 104 a Abs. 4), wird eine Formel, deren Inhalt in § 1 StabG näher umschrieben ist, für sie zur rechtlichen Norm und wird zugleich das Zusammenwirken von Bund und Länder zur Verwirklichung dieser Ziele festgelegt

---

sung von Art. 106 Abs. 3 GG weitergehend für die Zulässigkeit der Finanzzuschüsse allgemein *Franz Klein,* DÖV 1968, S. 154 f.; *Klaus Vogel,* Bonner Kommentar, 2. Bearb., Rdnr. 97 zu Art. 104 a; *Tiemann,* DÖV 1971, S. 86.

13 Siehe *Seeger,* DÖV 1968, S. 781 ff.

14 Vgl. Zahlenangaben für den Umfang der Zuweisungen des Bundes im *Troeger*-Gutachten, S. 270/71 und bei *Patzig,* AöR 92, S. 343. Es bleibt offen, ob diese Zuwendungen auch nach Aufnahme des Art. 91 a GG für außerhalb von dessen Bereich liegende Aufgaben entbehrlich sein werden.

15 Vgl. *Vogel,* Bonner Kommentar, 2. Bearb., Rdnr. 98 zu Art. 104 a. Ferner *Kisker,* S. 285; *Tiemann,* BayVBl. 1970, S. 157 ff.

16 Siehe hierzu die Äußerungen des schleswig-holsteinischen Ministerpräsidenten *Lemke* im Bundesrat, 357. Sitzg. v. 23. 10. 1970, S. 250.

und damit ein Ansatz zur Verbindung der Haushalte geschaffen[17]. Über das Haushaltsrecht hinaus aber wirkt diese Bestimmung als grundlegende verfassungsrechtliche Normierung der wirtschaftslenkenden Funktion des Staates[18].

In die Richtung einer Verbindung der Haushaltsführung aller Ebenen weist in diesem Zusammenhang auch die Befugnis des Bundes, nach Art. 109 Abs. 4 die Kreditaufnahme der Länder und Gebietskörperschaften zu begrenzen. Dies ist mit gutem Erfolg durch die Begründung des Konjunkturrates (gemäß § 18 StabG) geschehen, dessen Tätigkeit sich wesentlich auf die Steuerung der Kreditvorhaben der öffentlichen Hand beschränkt[19]. Darüber hinaus aber führt auch die gesamte mittelfristige Finanzplanung des Bundes notwendig zu einer verstärkten Kooperation mit den Ländern, die hier eine offene freiwillige Mitwirkung darstellt[20]. Auch hier hören wir freilich die Klage, daß der Bund durch dieses System, vor allem seine Zuweisungen, die Länder weitgehend in ihrer Dispositionsfreiheit beenge und sie durch die in der Regel geforderte Eigenbeteiligung auch finanziell belaste[21]. Eine Schwäche dieser Finanzordnung ist es auch, daß mit Rücksicht auf die Länder die Gemeinden in ihr nur indirekt über die Länder beteiligt sind[22].

Im Gesamtergebnis bedeutet diese Neuordnung aber einmal die Einfügung von Bund und Ländern in eine einheitliche wirtschaftlich-konjunkturelle Konzeption der Haushaltsführung, die Verstärkung eines flexiblen, vom Bunde ausgehenden Ausgleichs für die finanzschwächeren Länder durch die Investitionshilfen (Art. 104 a) und die Ergänzungszuweisungen (Art. 107 Abs. 2 GG) und die Möglichkeit einer globalen Finanzplanung. Auf der anderen Seite bleibt den Ländern im

[17] So auch *Vogel*, Bonner Kommentar, Rdnr. 29 zu Art. 109; *Reiner Schmidt*, Wirtschaftspolitik und Verfassung, Baden-Baden 1971, S. 153 f.

[18] Siehe *Elmar Stachels*, Das Stabilitätsgesetz im System des Regierungshandelns, Berlin 1970, S. 15 ff., 24 ff.; *Peter Badura*, Wirtschaftsverfassung und Wirtschaftsverwaltung, Frankfurt 1971, S. 57 ff.

[19] Zur Einrichtung des Konjunkturrates siehe *Albrecht Zunker*, Finanzplanung und Bundeshaushalt, 1972, S. 86 ff., 173 f.

[20] Siehe in diesem Sinne *Zunker*, S. 80 f., 168 ff. Eine institutionelle Verfestigung hat diese Zusammenarbeit im Finanzplanungsrat erhalten, der sich auf § 51 Haushaltsgrundsätzegesetz vom 19. 8. 1969 stützt und der durch Empfehlungen auf die Haushaltsplanung von Bund und Ländern wirkt. Vgl. zu ihm *Zunker*, S. 174 ff.; *Kisker*, S. 205.

[21] Siehe die Beschwer, daß der Bund auf diese Weise die Ausgabendispositionen der Länder bestimme, eine Mischfinanzierung bewirke und den Ländern die Möglichkeit einer eigenen politischen Verfügung entziehe, in den Ausführungen der bayerischen Vertreter im Bundesrat (*Heubl* und Min.Präs. *Goppel*) im Bundesrat 362. Sitzg. v. 19. 2. 1971, S. 58 und 366. Sitzg. v. 9. 7. 1971, S. 187).

[22] Hierzu *Vogel*, Bonn. Kommentar, Rdnr. 127, 129 zu Art. 104 a.

Rahmen ihrer Mittel eine Wahl der Prioritäten und die auch aktiv genutzte Möglichkeit, mit eigenen Mitteln und Zuweisungen eine selbständige regionale Wirtschaftspolitik zu betreiben.

3. Gemeinschaftsaufgaben

Die Tendenz der Sonderung der Bereiche von Bund und Ländern erstreckte sich über den Finanzbereich hinaus auch auf die Verwaltung. Alle Formen einer Verwaltungsverbindung — von einigen Ausnahmen (Finanzverwaltung Art. 108 GG, Verfassungsschutz und Kriminalpolizei Art. 87 Abs. 1 GG) abgesehen — blieben dem Grundgesetz fremd und wurden besonders bei hierarchischer Anordnung als „Mischverwaltung" für unstatthaft gehalten. Auch hier hatte sich im Wege der Verfassungspraxis durch Vereinbarung eine administrative Zusammenarbeit — begrenzt auf Planung und Beratung — im Bildungswesen mit Bildungsrat und Wissenschaftsrat ergeben[23]. Diese Ansätze konnten sich verfassungsrechtlich auf den Umstand stützen, daß sie neben der Beratung nur die Befugnis zu formell nicht verbindlichen — freilich faktisch befolgten — Empfehlungen besaßen und daß in einem Bundesstaat in diesem Umfang institutionelles Zusammenwirken von Bund und Gliedern der Grundstruktur nicht widerspricht[24]. Sie sind nun durch das Institut der Gemeinschaftsaufgaben ersetzt worden, das in zwei Formen eine Koordination von Bund und Ländern ermöglicht, einer integrierten Gestalt, in der allgemeine Grundsätze gesetzlich festgelegt und rechtsverbindliche Rahmenpläne aufgestellt werden können (Art. 91 a), und einer fakultativen Art, bei der die Vereinbarung den Ausschlag gibt und gemeinsame Planung und Finanzierung vorgesehen sind[25].

Das Bedürfnis einer Koordination der Länder hat sich auf manchen Gebieten seit langem als ungemein stark erwiesen. Auf der Grundlage eines in der deutschen Verfassungstradition wurzelnden ungeschriebenen Teiles der bundesstaatlichen Gesamtverfassung[26] konnten sich die

---

[23] Zu diesen Einrichtungen *Thomas Oppermann*, Kulturverwaltungsrecht, Tübingen 1969, S. 560 ff. Verfassungsrechtlich kritisch *Rolf Grawert*, Verwaltungsabkommen zwischen Bund und Ländern in der Bundesrepublik Deutschland, Berlin 1967, S. 274 ff.

[24] Daher vermag ich die Bedenken nicht zu teilen, die *Kisker*, S. 160 hier aus der Ungleichheit von Bund und Ländern ableiten möchte. Eine Preisgabe von Länderrechten liegt nicht vor, da keine bindenden Entscheidungen gefällt werden.

[25] Auf die Auslegung der Art. 91 a und b kann hier nicht näher eingegangen werden. Siehe dazu *Kölble*, DÖV 1967, S. 1 ff.; *Maunz / Dürig*, Grundgesetz; *Franz Klein*, DÖV 1968, S. 153 ff.; *Goroncy*, DÖV 1970, S. 109 ff.; *ders.*, DVBl. 1970, S. 310 ff.; *ders.*, DÖV 1971, S. 85 f.; *Tiemann*, DÖV 1970, S. 161 ff., 725 ff.; *ders.*, DÖV 1971, S. 86 f.; *Patzig*, DVBl. 1969, S. 889 ff.

Länder zu gemeinsamer Beratung und Abstimmung im Wege des Vertrages und der Vereinbarung zusammenfinden. Auf diesem Wege sind auch institutionelle Formen der Zusammenarbeit — am sichtbarsten in der Ständigen Konferenz der Kultusminister — und Gemeinschaftseinrichtungen geschaffen worden, deren verfassungsrechtliche Grenzen dort lagen, wo die demokratische Legitimierung vom Parlament her beeinträchtigt oder eine Preisgabe wesentlicher Zuständigkeiten der Entscheidung der beteiligten Länder herbeigeführt wurde[27]. Die Zusammenarbeit erstreckt sich auch auf die gemeinsame Ausarbeitung von Gesetzesentwürfen für bestimmte Materien — Wasser- und Wegerecht, Verwaltungsverfahren —, die freilich von den Landtagen dann in teilweise stärker abweichender Form verabschiedet wurden[28]. Alle diese Vorgänge, die ihre Parallelen in anderen Bundestaaten haben, zeigen, daß im bundesstaatlichen Gefüge solche Formen des Zusammengehens sowohl einzelner wie aller Einzelstaaten wie ihrer Gesamtheit mit dem Bunde ein unentbehrliches Instrument föderaler Zielbestimmung und Administration darstellen, ohne das nur zentralistische Lösungen sich anböten. Das Grundgesetz hat in seiner rigiden Bereichstrennung diese Methoden vernachlässigt. Sie haben sich praktisch auf zuweilen ungesicherter Verfassungsgrundlage in erheblichem Umfang entfaltet. Die nun gefundene Lösung, deren Beschränkung vor allem in der Begrenzung auf die in Art. 91 a und b angeführten Einzelmaterien liegt, bricht das bisherige System des Grundgesetzes an einigen Punkten auf, aber man wird sie kaum als endgültig ansehen können. Der weite Bereich der Selbstkoordination der Länder[29] bleibt unberührt und damit die Frage offen, wann aus bundesstaatlichen Gründen hier eine Zustimmung oder Beteiligung des Bundes geboten erscheint[30]. Andere bundesstaatliche Verfassungen knüpfen den Abschluß von Vereinbarungen unter Gliedstaaten an die Zustimmung des Gesamtstaates[31]. Der wich-

---

[26] In der Annahme einer solchen in der Bundesverfassung enthaltenen Grundlage für Vereinbarungen der Länder (und der Länder mit dem Bund) stimme ich *Kisker,* S. 49 ff., 70 ff. zu, der hier ein Gewohnheitsrecht annimmt. Auch die begrenzte von Kisker angenommene Rückverweisung auf völkerrechtliche Grundsätze erscheint erwägenswert.

[27] Eine eingehende Untersuchung der Grenzen der Zwischenländer-Kooperation jetzt bei *Kisker,* S. 85 ff.; ferner *Zacher,* BayVBl. 1971, S. 321 ff.

[28] Zu diesen Vorgängen siehe meine Hinweise, AöR 95 (1970), S. 396.

[29] Hierzu *Groß,* DVBl. 1969, S. 95 f.; *Kisker,* S. 169 ff.

[30] Die Frage einer solchen Mitwirkung des Bundes wirft zutreffend *Kisker,* S. 154 ff. auf, bejaht sie aber nur in besonderen Fällen hochintensiver Regionalkooperation.

[31] So die Verfassung der USA in Art. I Sekt. 10, die Zustimmung des Kongresses für Staatenverträge fordert. Vgl. *Bernhard Schwartz,* The Powers of Government, Bd. I, 1963, S. 84 f. Ferner die eidgenössische Verfassung Art. 7, 85 Ziff. 5, 102 Abs. 7, die ebenfalls zu interkantonalen Verträgen Genehmigung des Bundesrates verlangt. Vgl. *A. Favre,* Droit Constitutionnel

tige Bereich der gemeinsamen Planung ist nur bei der Bildungsplanung in Art. 91 b an einem Punkte angeschnitten. Man wird daher die Regelung der Art. 91 a und b nicht als eine ausschließliche und eine Kooperation in anderen Bereichen unterbindende Ordnung ansehen dürfen[32]. Auch dürfte es an der Zeit sein, die These, daß Bund-Länder-Kooperation an sich schon verfassungsrechtlich kritisch zu beurteilen sei, zu überprüfen. Gewiß steht Bund-Länder-Zusammenwirken nicht auf einer Linie mit Verständigung nur unter Ländern. Aber gerade vom Gedanken eines kooperativen Föderalismus her erscheint eine Teilnahme des Bundes an Gesamtländervereinbarungen und -einrichtungen nicht sachfremd. Vorkehr gegen Übermacht des Bundes kann ebensowohl getroffen werden, wie es notwendig ist, die „gebündelte" Ländergewalt nicht zu einem die Struktur des Bundes beeinträchtigenden Fremdelement anwachsen zu lassen.

Auf der anderen Seite erhebt sich auch Kritik an der jetzigen Lösung der Gemeinschaftsaufgaben, die die Aufgabenteilung zwischen Bund und Ländern unübersichtlich mache und die Rechte der Landesparlamente allzusehr abschwäche[33]. In der Tat werden die in Art. 91 a und b aufgestellten finanziellen Planungen von den Landtagen schwer mehr zu ändern sein. Aber das ist nur ein Element in der Wandlung des Haushaltsrechts, in dem das Parlament durch Vorausplanung immer stärker zurückgedrängt wird, wenn nicht neue Formen seiner Einflußnahme entwickelt werden. Im gesamten wird man die Einführung der Gemeinschaftsaufgaben als einen Schritt zur stärkeren Betonung der Verständigung und Vereinbarung im Bereich Bund-Länder begrüßen dürfen. In der Anwendung sind im Hochschulneubau nützliche Ergebnisse erzielt worden und liegen die bei der Bildungsplanung aufgetretenen Probleme im politischen, nicht im föderalen Bereich[34].

4. Planung im föderalen Aufbau

In den letzten Jahren ist überall die Planung in den Vordergrund gerückt. In Bund und Ländern haben sich Ausschüsse und Projektgruppen mit den Fragen der Planung in Ressorts wie in der gesamten Staatsführung befaßt[35]. Diese Überlegungen gehen indes an dem föde-

---

Suisse, 2. Aufl. 1970, S. 138 ff.; *Jean-François Aubert,* Traité de droit constitutionnel suisse, Bd. I, 1967, S. 333 f.

[32] So auch *Maunz,* Festschrift G. Müller, S. 270, 274; *Tiemann,* DÖV 1971, S. 86.

[33] Vgl. *Tiemann,* DÖV 1971, S. 86 ff.

[34] Zur Bildungsplanung und zur Tätigkeit der Bund-Länder-Kommission für Bildungsplanung siehe Bulletin Nr. 157 v. 27. 11. 1971, S. 1675 ff.

[35] Vgl. aus den amtlichen Äußerungen *Jochimsen,* Bulletin Nr. 97 v. 16. 7. 1970, S. 949 ff.; *BMin. Jahn,* dort, Nr. 25 v. 17. 2. 1971, S. 274 ff.; BMin. *Ehmke,*

ralen Bereich meist vorbei, weil sie in den getrennten organisatorischen Gliederungen angestellt werden. Nur im Bereich der Finanzplanung ist die Abstimmung von Bund und Ländern bereits in die Wege geleitet und durch die Einrichtung von Finanzplanungsrat und Konjunkturrat auch institutionell organisiert. Andere Grundprobleme der Planung sind bereits erkannt und ausgiebig erörtert. So der Umstand, daß die Planung, d. h. die systematische Vorausberechnung künftiger gesellschaftlicher Entwicklungen und die daraus sich ergebende Zielsetzung, Prioritätenwahl und rationale Abstimmung der zu ergreifenden staatlichen Vorkehrungen, eine staatsleitende Aufgabe darstellt, die in erster Linie in den Aufgabenbereich der Exekutive, der Regierung fällt[36].

Die hieraus folgende Einflußminderung des Parlaments wird gesehen, wenn auch noch die Entwicklung entsprechender Methoden rechtzeitiger Einschaltung parlamentarischer Ausschüsse und anderer Mitwirkungsformen aussteht[37]. Es fehlt aber an einer Erkenntnis, daß auch im föderalen Bereich die vordringende Planung Veränderungen bewirkt. Gesehen wird das in manchen Bereichen, etwa der Raumordnung oder dem Umweltschutz. In Art. 91 b ist bei der Bildungsplanung eine Kooperation von Bund und Ländern vorgesehen. Aber sicherlich wird sich auch auf anderen Gebieten dies Vordringen des Bundes auf bisherige Bereiche der Länderaufgaben ergeben und es wird Aufgabe der Entwicklung kooperativer Formen der Abstimmung sein, eine zentralistische Wirkung dieses Vorgangs tunlich auszugleichen. Es ist bemerkenswert, daß das kürzliche Urteil des Bundesverfassungsgerichts zum numerus clausus wie selbstverständlich auf den Bund verweist, der eine bundeseinheitliche Regelung der Verteilung freier Studienplätze herbeizuführen hat und nur subsidiär auf Ländervereinbarungen verweist[38]. Es tritt hier hervor, wie sehr die Ausdehnung der Grundrechtsanwendung im Ergebnis auch eine unitarische Wirkung ausübt und den Bereich der Länderselbständigkeit einengen kann.

---

dort, Nr. 187 v. 16. 12. 1971, S. 2026 ff. Ferner dazu *Wahl,* DÖV 1971, S. 42 ff.; *Fritz W. Scharpf,* Planung als politischer Prozeß, Die Verwaltung 4 (1971), S. 1 ff.; *Frido Wagener,* in: Aktuelle Probleme der Ministerialorganisation (Schriftenreihe Hochschule Speyer, Bd. 48), S. 37 f., 62 und *Henle,* dort, S. 106 ff.; *W. Wittkämper,* Die Bundeswehrplanung, Die Verwaltung 4 (1971), S. 78 ff.; *Theiss,* Die Verwaltung 3 (1970), S. 73 f.

[36] Zu dieser Einordnung der Planung siehe *Klaus Gug,* Die Regierungsfunktion als Problem der Entscheidungsgewalt, Zürich 1971, S. 166 ff.; BMin. *Jahn,* Bulletin Nr. 25 v. 17. 2. 1971, S. 275.

[37] Zu diesem Problem siehe *W. Kewenig,* Staatsrechtliche Probleme parlamentarischer Mitregierung am Beispiel der Arbeit der Bundestagsausschüsse, 1970.

[38] Urteil v. 18. 7. 1972, Ziffer IV (1 BvL 32/70 u. 25/71).

5. Die föderale Grundstruktur

Es ist unzweifelhaft, daß sich neben der Ausbildung kooperativer Elemente in dem Verhältnis von Bund und Ländern der unitarische Zug auch weiterhin bemerkbar macht. Je mehr sich die sozialstaatlich untermauerte Forderung nach der Einheitlichkeit der Lebensverhältnisse und der ergänzenden Gleichmäßigkeit des Standards der Verwaltungsleistungen geltend macht, desto mehr wird das Verlangen nach Uniformierung vor allem im Felde der Gesetzgebung anwachsen. So sehr man daher für die Selbständigkeit der Länder auf die Komponente ihrer eigenen Gesetzgebung verweisen muß[39], so sicher wird man ein weiteres Anwachsen der Übertragung von Gesetzgebungskompetenzen auf den Bund vorhersehen müssen. Die neueren Veränderungen hier zeigen, daß abgesehen vom Vordringen des Bundes im Kulturbereich (Art. 74 Ziff. 13, 91 a und b) manche der Erweiterungen, so etwa die Beteiligung des Bundes an der Sicherung der Krankenhäuser (Art. 74 Ziff. 19 a, Novelle v. 12. 5. 1969), die Einfügung der Abfallbeseitigung, der Luftreinhaltung und der Lärmbekämpfung (Art. 74 Ziff. 24 neu, Novelle v. 12. 4. 1972), auch mit dem Wunsche der Länder zusammenhängen, bei besonders kostenträchtigen Gebieten die Hilfe des Bundes zu sichern. Im institutionellen Bereich sind die Veränderungen geringer. Hier sind sie vor allem von der Sorge um die innere Sicherheit veranlaßt worden. Dahin gehört der Ausbau der polizeilichen Seite des Grenzschutzes, die durch die Änderung des Art. 35 Abs. 2 GG, die eine Anforderung durch die Länder auch zur Aufrechterhaltung oder Wiederherstellung der öffentlichen Sicherheit und Ordnung ermöglicht (Novelle v. 28. 7. 1972, BGBl. I S. 1305), und die Neufassung des Bundesgrenzschutzgesetzes vorgenommen worden ist[40]. Dadurch ist der Bund etwas stärker in die Aufgabe der öffentlichen Sicherheit eingeschaltet worden. Die Stärkung des Bundes endlich auf dem Gebiet der Besoldung im öffentlichen Dienst durch Einfügung des Art. 74 a mit einer entsprechenden konkurrierenden Gesetzgebungszuständigkeit durch Gesetz vom 18. 3. 1971 (BGBl. I S. 206) erweitert zwar die Bundeskompetenz, aber auf einem Gebiete, auf dem diese Notwendigkeit längst anerkannt war und wo ihr Fehlen zu verfassungsgerichtlichen Auseinandersetzungen zwischen Bund und Ländern geführt hatte[41].

Eine Beurteilung des gegenwärtigen Standes des Föderalismus in der Bundesrepublik muß notwendig auf tiefere Probleme führen. An der

---

[39] Vgl. *K. Hesse*, Festschrift Müller, S. 154 f.; *Bullinger*, DÖV 1970, S. 797 ff.

[40] Vgl. Bundestagsdrucks. VI/2886 und den Bericht des Innenausschusses Drucks. VI/3569 v. 20. 6. 1972.

[41] Vgl. die Entscheidungen zum hessischen Richterbesoldungsgesetz, BVerfGE 31, S. 47 ff.; 32, S. 199 ff.

Oberfläche überwiegt der Trend zu einer Verstärkung des Bundes. Will man die föderale Struktur erhalten, so stellt sich die Frage, wo eine Abgrenzung der Aufgaben von Bund und Ländern möglich ist und wo sich für die Länder Schwerpunkte schaffen oder erhalten lassen, die ihnen eine Selbständigkeit in Entscheidung und Ausführung sichern. Die Antwort fällt nicht leicht. Starke Kräfte, getragen sowohl von der technokratischen und planerischen Neigung der Zeit, wie von gesellschaftspolitischen Tendenzen, drängen eher zur Einheit. Es droht die Entwicklung zum dezentralisierten Einheitsstaat. Nicht wenige erblikken auch im kooperativen Föderalismus, in dem unzweifelhaft ein vereinheitlichendes und unitarisches Moment steckt[42], eine Fehlentwicklung[43]. In den Landesregierungen wird eine Abkehr von den Gemeinschaftsaufgaben und ihre Ersetzung durch eine Rahmengesetzgebung erwogen. Die Methode, mit Bundeszuweisungen zugleich gewisse Länderausgaben zu determinieren und den Ländern weitere Folgekosten aufzuerlegen, hat sicherlich für die Prioritätenwahl der Länder ihre Bedenken. Aber es wäre schwer, den hier bewirkten Ausgleich der Finanzkraft unter den Ländern anders herbeizuführen. Es wäre indes zu prüfen, ob die Koordination in diesen gemeinsamen Aufgaben den Ländern einen größeren Spielraum lassen sollte.

Die Möglichkeit, eine von der öffentlichen Meinung geforderte Koordination durch Ländervereinbarungen oder gemeinsame Ländereinrichtungen bewältigen zu können, verspricht keine ausreichende Lösung, so nützlich sie auf bestimmten Gebieten wirken kann. Es erscheint dagegen wesentlich, einen Kern der Aufgaben herauszuarbeiten, die eine wirkliche Selbständigkeit der Länder tragen können. Sie werden zu einem geringeren Grade, als man theoretisch wünschen möchte, im Felde der Gesetzgebung liegen können. Hier ist der Drang zur Einheitlichkeit von den gesellschaftlichen Verhältnissen her beträchtlich, und er wird noch durch die Neigung zur rechtsstaatlichen Perfektion verstärkt. Vor allem aber muß den Ländern das Schwergewicht der Verwaltung auf den großen Gebieten des Innern (einschließlich Polizei), der Justiz, des Unterrichts und der sozialen Aufgaben bleiben. Hier können sie als große Personalverwaltungen, im Verwaltungsstil ihrer Behörden wie auch in der heute noch in der Wirtschaftspolitik gegebenen zielgerichteten Mittelverwendung, auch wenn diese Mittel teilweise vom Bunde stammen, eine erhebliche politische Selbständigkeit behaupten.

In diesem Zusammenhang erscheint auch die Neugliederung der Länder als ein Weg zur Stärkung ihrer Stellung. Verschiedene Entwürfe

---

[42] *K. Hesse*, Festschrift Müller, S. 145.

[43] Vgl. in diesem Sinne *Groß*, DVBl. 1969, S. 93 ff.; *Kisker*, S. 285 ff., 303 ff.

für eine Zusammenfassung in fünf Länder liegen vor[44]. Es bleibt freilich eigenartig, daß verfassungsrechtlich auch hier der Bund die Entscheidung zu erbringen hätte. Das ist wohl die Folge der geringen historischen Verwurzelung vor allem der norddeutschen Länder; denn in anderen Bundesstaaten ist die Garantie des Bestandes der Glieder, der nur freiwilliger Änderung unterliegt, ein Grundelement der Verfassungsordnung. Es bleibt zweifelhaft, ob auf diesem Wege nicht neue Probleme heraufgeführt würden. Drei Gesichtspunkte seien kurz angeführt: a) Auch die Zusammenlegung würde die Notwendigkeit eines finanziellen Ausgleichs nicht beheben[45] und könnte alle Überschneidungen in Ballungsräumen nicht beseitigen. b) Angesichts der Bedeutung, die die Länder für den Ausgleich der parteipolitischen Gegensätze besitzen, indem sie der jeweiligen Opposition auf dieser Ebene eine Mitregierung gewähren, würde jeder Eingriff in den Bestand politische Fragen aufwerfen, die schwer lösbar sind. c) Endlich aber würde die Zahl weniger Länder eine Kooperation unter ihnen wie mit dem Bunde möglicherweise erheblich erschweren.

6. Innenpolitische Gegensätze und föderale Ordnung

In den letzten Jahren ist im bundesstaatlichen Gefüge eine Erscheinung aufgetreten, die sich schon einmal Anfang der 50er Jahre abgezeichnet hatte, eine von einer Ländergruppe aus innerpolitischen Gründen ausgehende und im Bundesrat auftretende Opposition gegen den Bund. Wenn man an Weimar zurückdenkt, genügt es, die Rolle Bayerns am Beginn der 20er Jahre anzuführen, um ein historisches Beispiel hierfür zu geben[46]. Wer für die Amtszeit *Adenauers* die damals geführten Prozesse föderalen Gepräges untersucht, wird bald sehen, daß in ihnen das Land Hessen vielfach eine maßgebende Rolle spielte[47]. Der Vorgang ist also nicht neu, aber er hat, etwa vom Sommer 1971 an, eine gewisse Bedeutung erlangt. Am Beginn der Amtszeit des sozialliberalen Kabinetts betonte der Bundeskanzler den kooperativen Föderalismus und erwartete Hilfe bei den beabsichtigten Reformen[48] und noch am 13. 11. 1970 hob der neu antretende Präsident des Bundesrates den sachbezogenen Arbeitsstil im Bildungsbereich hervor[49]. Erst Mitte

---

44 Vgl. *Frido Wagener*, DÖV 1970, S. 154 ff.; *W. Rudolf*, DÖV 1971, S. 28 f.

45 Vgl. die bemerkenswerte Zusammenstellung von *H. Wick*, DÖV 1971, S. 109 ff.

46 Zu den weitreichenden Folgen dieser Konflikte der Weimarer Zeit siehe jetzt *E. R. Huber*, Festschrift Michaelis, Göttingen 1972, S. 173 ff.

47 Vgl. BVerfGE 6, S. 309 ff. (Reichskonkordat); 9, S. 122 ff. (Volksbefragung zur Atomrüstung); 10, S. 20 ff. (Preuß. Kulturbesitz); 12, S. 205 ff. (Fernsehstreit); 13, S. 54 ff. (Anwendung des Art. 29 GG).

48 Bundesrat Sitzg. Nr. 344 v. 24. 10. 1969, S. 226.

49 Bürgermeister *Koschnick* (Bremen), 358. Sitzg. v. 13. 11. 1970, S. 257 ff.

1971 wurde bei der Beratung des Städtebaugesetzes der Vorwurf laut, man wolle dem Bundesrat eine Oppositionsrolle gegen die Bundesregierung und die vom Bundestag beschlossenen Gesetze geben[50]. Dieser Kritik trat alsbald Widerspruch entgegen[51]. Sicherlich aber hat bei einigen Vorlagen seither — Städtebau, Betriebsverfassung, Ostverträge — der innenpolitische Gegensatz bei der Stellungnahme im Bundesrat eine Rolle gespielt, wenn auch in den meisten Fällen dann ein Kompromiß gefunden werden konnte. Man hat daran die Frage geknüpft, ob der Bundesrat seine Befugnisse überschreite, wenn er nicht Länderinteressen, sondern innerpolitische Gegensätze zum Ausdruck bringe. Eine solche Ansicht ist nicht begründet. Einmal läßt sich das Landesinteresse nicht von der innerpolitischen Auffassung der jeweiligen Landesregierung (und Landtagsmehrheit) trennen. Zum andern aber sind die Länder im Bundesrat, einem legislativen und politischen Organ, berechtigt, ihre Ansichten zur Bundesgesetzgebung, auch in ihrer politischen Abweichung, zu vertreten[52]. Die Grenze des Mißbrauchs läge dort, wo eine planvolle, auf Hemmung der Gesetzgebung gerichtete Aktion, vorläge. Der Vorgang hat aber auch für das bundesstaatliche Gefüge seine Bedeutung. Er macht deutlich, wie wichtig im Bundesstaat der parteipolitische Ausgleich ist, der durch die verschiedene politische Zusammensetzung der Länderregierungen bewirkt wird. Die Rolle des föderalen Elements als die einer innerpolitischen Balance und Mäßigung kommt hier zum Ausdruck, die ich für wichtiger halten möchte als die heute oft zu stark betonte einer Gewaltenteilung. Wirft man einen Blick auf die reale Lage der Gegenwart, so sieht man deutlich, daß manche Länder ein ganz bestimmtes innerpolitisches Regierungssystem verkörpern. Das ruft Spannungen, auch zum Bunde, hervor, ist aber ein Faktor auch der erhaltenen Vielfalt und der Nötigung zu politischer Kooperation. Es könnte sein, daß mit einer möglichen schärferen politischen Konfrontation in der Zukunft diese Funktion des föderalen Systems noch wichtiger werden würde. Sie könnte sogar die Kräfte stärken, die sich gegen die Ausbreitung der unitarischen Tendenzen wehren.

---

[50] Hess. MinPräs. *Osswald*, 369. Sitzg. v. 9. 7. 1971, S. 180 f.

[51] Rheinpfälz. MinPräs. *Kohl*, dort, S. 183 f. Siehe auch die spätere Auseinandersetzung *Kohl / Ehmke*, 370. Sitzg. v. 23. 7. 1971, S. 228 ff.; *Osswald / Filbinger*, 374. Sitzg. v. 3. 12. 1971, S. 335 ff.

[52] In diesem Sinne auch *Hans H. Klein*, Parteipolitik im Bundesrat?, DÖV 1971, S. 325 ff. Ebenso *Hans Laufer*, ZParl. 1 (1970), S. 327, der die Grenzen dieser Möglichkeiten der Nutzung des Bundesrats zeigt, zugleich darlegt, daß sich seit 1969 durch die stärkere politische Akzentuierung der Debatten des Bundesrats auch seine politische Rolle erhöht hat.

Struktur und Aufgabe des Bundesstaates in der Gegenwart

Zur Lehre vom Bundesstaat

I. Der Bundesstaat als Verbindung selbständiger (staatlicher) Regierungszentren in einer dualistischen Ordnung

Der Bundesstaat ist dank seiner komplizierten Bauart und seiner engen Bindung an wandelbare geschichtliche Gegebenheiten ein Staatsgebilde, dessen Wesen und Eigenart immer nur am konkreten Einzelfall wirklich erfaßt werden kann. Sein Bild muß viel eher von einer historisch-pragmatischen Betrachtung als von einer abstrakten Theorie her aufgebaut werden. Die bewegliche und feine Struktur des Bundesstaates will verstanden und gelebt, nicht so sehr theoretisch konstruiert sein. Daher kommt in einem bundesstaatlichen Verfassungsrecht der Staatspraxis, die das vielfädige Gewebe dieses Staatstyps handhabt, eine besondere Bedeutung zu. Sie setzt sein System der Verteilung und des Zusammenwirkens in lebendige Staatstradition um, sie vermag seine Ordnung auch rechtsergänzend und sogar rechtserzeugend zu wandeln. Dennoch darf auch die Bedeutung der Theorie des Bundesstaates nicht unterschätzt werden. Sie liefert der Politik wie der Rechtsanwendung die Grundanschauungen und Bilder, von denen sich das Staatsleben leiten läßt. Sind diese Grundlagen falsch gewählt, spiegeln sie veraltete Anschauungen verflossener Epochen wieder, so vermögen sie ein ernsthaftes Hemmnis für die Einsicht in das staatliche Gefüge der Gegenwart und für dessen rechtliche Würdigung zu bilden.

Man kann die Erkenntnis nicht umgehen, daß die deutsche Staatsrechtslehre heute über keine moderne, für die Fragen unserer Zeit gültige Bundesstaatslehre verfügt[1]. Zwar wird im allgemeinen noch die ältere Auffassung von *Laband*[2] bis *Georg Jellinek*[3] festgehalten, nach der zum Bundesstaat die Staatsqualität seiner (nichtsouveränen) Glieder, ihre Mitwirkung an der Willensbildung des Bundes und die unmittelbare Beziehung des Bundes zu den Bürgern gehört; zugleich wird

Aus: Die Öffentliche Verwaltung 1962, S. 641 - 648.

[1] Hierin stimme ich mit der gedankenreichen Untersuchung von *K. Hesse*, Der unitarische Bundesstaat, 1962, S. 3 ff. überein.

[2] Dt. Staatsrecht, 5. Aufl., Bd. 1, 1911, S. 55 ff.

[3] Allg. Staatslehre, 3. Aufl., 5. Neudr. 1929, S. 769 ff.

der Bundesstaat scharf von dem als völkerrechtliche Vereinigung aufgefaßten Staatenbund unterschieden. Diese Auffassung ist aber ebenso das Ergebnis bestimmter geschichtlicher Ereignisse wie das Resultat der Dogmatik der positivistischen Schule, die sich nur für formale und konstruktive Fragen interessierte. Die strenge Scheidung zwischen Bundesstaat und Staatenbund beruht auf dem historischen Gegensatz zwischen dem Deutschen Bund und dem ihm folgenden Deutschen Reiche. Sie ist schon deshalb nicht ganz zutreffend, weil der Deutsche Bund starke Momente staatlicher Einheit aufwies, die über das theoretische Bild des nur völkerrechtlichen Vereins (zu dem sich die Wiener Schlußakte von 1820 [Art. 1] bekannte) hinausgingen. Er besaß das aktive und passive Gesandtschaftsrecht, schloß Friedensverträge[4], verfügte über eine Anzahl ständiger institutioneller Einrichtungen, griff immer wieder kräftig in das Verfassungsleben seiner Glieder ein, kurz, er zeigte Züge einer echten Verfassung und einer staatsrechtlichen Verbindung[5]. Die Herausarbeitung der beiden Formen des Bundesverhältnisses behält zwar ihren praktischen Wert für eine idealtypische Einleitung föderaler Staatsbildungen. Aber die Übergänge zwischen ihnen sind fließender, und es gibt neben ihnen andere Arten einer Bundesvereinigung unter Staaten[6]. Die Hauptschwäche der älteren Konzeption des Bundesstaates liegt aber in ihrer Konzentration auf rein formale und konstruktive Gesichtspunkte. Die Frage, ob die Souveränität geteilt ist oder überhaupt gespalten sein kann, ob der Bund von den Einzelstaaten herzuleiten ist oder umgekehrt, die Abstellung überhaupt auf eine „originäre" Herkunft der Staatsgewalt, diese früher mit so viel Gründlichkeit behandelten Scheinprobleme entstammen einer heute überholten Staatsvorstellung, die den Staat statt als institutionell geordneten Verband seiner Bürger nur als eine ihnen übergeordnete „Staatsgewalt" im Stil der monarchischen Herrschaft zu denken vermochte und die in der „Unableitbarkeit" dieser Staatsgewalt der normativen Kraft des Faktischen, d. h. einer politischen Machtstaatslehre des Staates, huldigte[7].

---

[4] Vgl. die Ratifikation des Friedens mit Dänemark v. 2. 7. 1850, *Meyer / Zoepfl,* Corpus Juris Confoederationis Germanicae, 3. Aufl., Bd. 1, 1858, S. 535. Ferner die Teilnahme des Bundes an der Londoner Konferenz über Schleswig-Holstein 1864 (Beschlüsse bei *Meyer / Zoepfl,* Bd. 2, S. 532, 537).

[5] Mit Recht nennt *E. R. Huber* den Deutschen Bund einen staatenbündisch organisierten Gesamtstaat und spricht ihm staatsrechtliche Elemente zu (Deutsche Verfassungsgeschichte, Bd. 1, 1957, S. 665 ff.). Einem Bundesstaat vergleicht ihn wegen seiner Einwirkung auf seine Glieder *Zoepfl,* Grundzüge des allgemeinen und des constitutionell monarchischen Staatsrechts, 1846, Anh., S. 11.

[6] Daß alle Bundesverhältnisse gemeinsame Merkmale haben, hat mit Recht *C. Schmitt,* Verfassungslehre, 1928, S. 36 ff. herausgearbeitet.

[7] Vgl. zur Lehre, daß der Rechtsgrund des Staates nur in seinem eigenen

Jeder Versuch, die formalistische Bundesstaatslehre heute fortzuführen, verstrickt sich alsbald in eine Welt leerer konstruktiver Fragen, in der die „Eigenständigkeit“ und „Unableitbarkeit“ der staatlichen Befugnisse und die Überordnung oder Gleichordnung des Bundes diskutiert werden, aber ein Verständnis der historisch-konkreten Wirklichkeit und des Zusammenspiels der politischen Kräfte ausbleibt[8]. Es ist ein Kennzeichen dieser Betrachtungsweise, daß sie den Kern des Bundesstaats allein in der Kompetenzverteilung sucht. Sie geht dabei daran vorüber, daß dem Bundesstaat wohl eine Teilung der Aufgaben zugehört, zugleich aber auch ein reiches Zusammenspiel des Ganzen und der Glieder, daß gegenseitige Einflußnahmen, Akte der Leitung des Bundes wie der Beteiligung der Glieder zu beachten sind, kurz, daß erst das Ganze vielseitiger Beziehungen sein Wesen ausmacht.

Wichtige Anregungen für eine nicht vom Konstruktiven, sondern von der Erfassung der historisch-politischen Realität des Bundes und ihrer verfassungsrechtlichen Ordnung her entwickelte Bundesstaatslehre haben die Untersuchungen von *Smend*[9] gegeben. Sie heben vor allem den Charakter des Bundes als eines staatlichen Gesamtgebildes mit doppelter Zusammenfassung der staatlichen Kräfte in Bund und Gliedern und das Spiel des Zusammenwirkens aller Teile ins Licht. Daneben hat *C. Schmitt*[10] andere Momente, so die verfassungsrechtliche Homogenität und die gegenseitige Durchdringung der Organisation als Elemente des Bundesstaats beleuchtet. Die Schwierigkeiten der heutigen Betrachtung liegen in einem doppelten Grunde. Einmal in dem Mangel einer modernen Staatstheorie, die die Natur des Staates als institutioneller Zusammenarbeit der Bürger, als Ordnung von Ämtern und Aufgaben auffaßt und nicht durch eine substanzhaft gedachte „Staatsgewalt“ mit „Trägern“ und einem „Willen“ die Probleme eines des steten menschlichen Einsatzes und der Bestimmung des Gemeinwohls bedürftigen Personenverbandes verdeckt. Sodann aber wirkt sich die Veränderung im sozialen Bestande aus: Das Anwachsen des unitarischen Moments im

---

Willen beruhe (Verkennung des Legitimationsproblems!) und daher auf ein historisches Faktum zurückführt, *Georg Jellinek*, Allg. Staatslehre, 3. Aufl., 5. Neudr. 1929, S. 273 ff., 337 ff. Dazu meine Kritik, Festgabe für Smend, 1962, S. 233 f. (abgedruckt in *diesem* Bande als Beitrag Nr. 2).

[8] Ein Musterbeispiel solcher überholter Denkweisen, die schon *Triepel* (Festgabe Kahl, 1923, S. 51) treffend abgelehnt hat, sind die Darlegungen von *Herzog*, DÖV 1962, S. 81 ff. Hier wird der Bundesstaat geradezu in seinem Kern, der Zusammenfügung der Teile und der Vereinigung zu einem höheren nationalen Ganzen, zugunsten einer Theorie von der Unableitbarkeit und Unabtretbarkeit von staatlichen Befugnissen aufgefächert. Gegen *Herzog* zutreffend *Kölble*, DÖV 1962, S. 583 ff.

[9] Verfassung und Verfassungsrecht, jetzt in: „Staatsrechtliche Abhandlungen“, 1955, S. 223 ff., 268 ff.

[10] Verfassungslehre, 1928, S. 363 ff.

modernen Wirtschafts- und Sozialstaate und das gleichzeitige Nachlassen der echten föderalen, vom Volke ausgehenden Gliederungstendenz.

In neuerer Zeit sind in Deutschland zwei einander entgegengesetzte Deutungen des Bundesstaates vorgetragen worden. Die eine sucht die föderalistischen Ansprüche der Länder zu einem System der Gleichordnung von Bund und Ländern auszugestalten und konstruiert hierzu den Bund als dreigliedrigen Aufbau mit einem über Ländern und Zentralstaat stehenden Gesamtstaat[11]. Die andere Lehre orientiert sich an der sozialen Wirklichkeit und sucht mit der Feststellung des Schwindens der föderalen Elemente den Sinn der bundesstaatlichen Ordnung in einer besonderen Ausprägung der Gewaltenteilung in horizontaler Gliederung zu bestimmen[12]. Beide Auffassungen sind geeignet, das Bild des Bundesstaates stark zu beeinflussen, und sollen daher hier nacheinander gewürdigt werden[13]. Ihnen gegenüber aber wird festzuhalten sein, daß nur dort von einem bundesstaatlichen Aufbau die Rede sein kann, wo wirklich ein Bund besteht, d. h. nicht eine von einer Spitze aus delegierte und nur vom Ganzen her konzipierte und legitimierte Gliederung, sondern ein zusammengesetztes Staatswesen mit doppelten Entscheidungszentren. Die Teile müssen so viel Selbständigkeit besitzen, daß sie noch als staatliche Einheiten, als Sitz umfassender Gestaltungsmöglichkeit erscheinen. Das politische Leben des Bundesstaates ist andererseits durch einen Zusammenschluß zu nationaler Einheit gekennzeichnet, die die Einzelteile überhöht. In diesem Rahmen vermag der Bundesstaat in seinen Gliedern neben regionalen Momenten auch Kräften Raum zu gewähren, die sonst im Einzelstaat nur als Minderheiten oder als Opposition zum Ausdruck kommen.

---

[11] Diese Lehre ist besonders von *H. Nawiasky* entwickelt worden: Der Bundesstaat als Rechtsbegriff, 1920; Grundprobleme der Reichsverfassung. I. Teil. Das Reich als Bundesstaat, 1928, S. 35 ff.; Die Grundgedanken des Grundgesetzes für die Bundesrepublik Deutschland, 1950, S. 35 f.; Allg. Staatslehre, Bd. 3, 1956, S. 144 ff. Sie wird aufgenommen von *Maunz*, Dt. Staatsrecht, 11. Aufl. 1962, S. 163 f. und *Maunz / Dürig*, Grundgesetz, Art. 20, Rdnr. 5 ff.; ferner von *Geiger*, in: Föderalistische Ordnung, 1961, S. 122 ff.

[12] *K. Hesse*, Der unitarische Bundesstaat, 1962.

[13] Auf die andersgeartete angelsächsische Lehre vom Bundesstaat, wie sie *K. C. Wheare*, Federal Government, 3. Aufl. 1953, S. 16 ff. vom Gedanken strikter Sonderung der Organisation von Bund und Ländern her vertreten hat, kann hier nicht eingegangen werden. Hierzu meine Ausführungen, in: Föderalistische Ordnung, 1961, S. 63 ff. Neuere Arbeiten erkennen übrigens auch im angelsächsischen Bereich an, daß bundesstaatliche Ordnung ein Zusammenwirken und eine Verbindung beider Teile ist, ein „co-operative federalism", wie er sich auch in jenen Ländern entwickelt. Vgl. *A. H. Birch*, Federalism, Finance and Social Legislation, 1955, S. 39 ff.; *I. A. Trend*, in: A. R. L. Lower (Hrsg.), Evolving Canadian Federalism, 1958, S. 121 f.; *M. J. C. Vile*, The Structure of American Federalism, 1961, S. 66 f., 193 ff.

II. Der dreigliedrige Bundesstaat, eine unrealistische Konstruktion

Die Theorie eines dreigliedrigen Bundesstaates, in dem über Ländern und einem „Zentralstaat" noch ein „Gesamtstaat" steht, steht mit der historischen Entwicklung des Bundesstaates in Widerspruch und kann nur als Ausdruck bestimmter politischer Situationen und Bestrebungen und als Resultat besonderer staatstheoretischer Anschauungen verstanden werden. Die Bundesstaatslehre weist in ihrer Wurzel auf ein *dualistisches Konzept,* auf die Vereinigung mehrerer politischer Einheiten zu einem größeren Ganzen. In diesem Sinne sprach schon die deutsche Lehre des 18. Jahrhunderts von einem „systema civitatum", einer „composita" oder „foederata respublica", um damit Bildungen wie die Vereinigten Niederlande, die Eidgenossenschaft oder das Römische Reich zu kennzeichnen[14]. *Montesquieu* entwickelte unter Hinweis auf mittelalterliche Städtebünde, Holland, die Schweiz und das Reich, den Gedanken einer Staatenassociation, einer „société des sociétés", die den Vorzug der Freiheit mit der Kraft großer Staaten vereinen könne[15]. Wiesen die Bundessysteme des 18. Jahrhunderts alle sehr besondere historische Züge auf, so wurde in genauer Kenntnis der europäischen Verhältnisse und Lehren in Gestalt der Verfassung der Vereinigten Staaten von Amerika (1787) zum ersten Male bewußt der Typ eines „federal government" der loseren auf Gleichordnung und Einstimmigkeit gegründeten „confederacy" gegenübergestellt. In den Erläuterungen der Verfasser des „Federalist" wurden die Grundzüge dieser „mixed constitution"[16] als Schaffung eines zentralen Staates gedeutet, der zugleich unitarische (nationale) wie föderale Züge trägt, in jedem Falle aber die Souveränität der Einzelstaaten bestehen läßt. Mit dieser Vorstellung eines dualistischen Staatsgefüges, dessen Teile Staaten bleiben, war die Linie auch für die europäische Verfassungstheorie des 19. Jahrhunderts vorgezeichnet[17]. Allen diesen Äußerungen der älteren

---

[14] Nach dem Vorgang *Pufendorfs* finden sich diese Begriffe bei *Heineccius,* Elementa iuris naturalis et gentium, 1738, § 118; *J. St. Pütter,* Institutiones iuris publici, 6. Aufl. 1802, § 32; *Achenwall,* Ius naturae, 5. Aufl., Teil II, 1763, § 190; *Nettelbladt,* Systema elementare iurisprudentiae naturalis, 4. Aufl. 1777, §§ 1125 ff., der bereits von einer duplex potestas civilis, des Ganzen und der untergeordneten Teile spricht (§ 1129); Literaturübersicht bei *J. L. Klüber,* Europäisches Völkerrecht, 1821, S. 57/58.

[15] Esprit des Lois, Buch 9, Kap. 1 - 2.

[16] The Federalist (Krit. Ausgabe v. *J. E. Cooke,* Wesleyan, Univ. Press 1961), Nr. 40, S. 258 — An anderer Stelle betont *Hamilton* das „equilibrium between the General and the State Governments" (Nr. 30).

[17] Vermittelnd wirkt hier vor allem *Tocqueville,* La démocratie en Amérique, 1835, der im Einklang mit der älteren amerikanischen Meinung vor allem die Notwendigkeit einer Stärkung der nationalen Einheit vertritt und die Natur des Bundes als Ausdruck der nationalen Einheit des Volkes betont. Für Deutschland vgl. zur Unterscheidung von Bundesstaat und Staatenbund,

Lehre steht aber stets ein dualistischer Aufbau vor Augen. Über den Einzelstaaten erhebt sich der Bund, mit direkter Wirkung auf die Individuen, als die höhere nationale Einheit, die sich aus dem Auftrag des ganzen Volkes legitimiert. Immer ist das Ineinandergreifen (oder das Nebeneinander) zweier staatlicher Zentren die leitende Vorstellung, ist auch der Vorrang des Ganzen anerkannt.

Die ersten Ansätze zu einer abweichenden mehr bündischen Deutung zeigten sich in Amerika in der dem Bürgerkrieg voraufgehenden Periode in der Theorie von *Calhoun.* Er sah die Lehre von der Teilung der Souveränität für unhaltbar an und gelangte daher zu einer Anerkennung der Einzelstaatssouveränität, zu einer vertraglichen Sicht des Bundes und zur Annahme einer Befugnis der Glieder zur Annullierung von kompetenzwidrigen Bundesgesetzen und sogar zur Sezession[18]. Seine Auffassung war deutlich der Ausdruck südstaatlicher Opposition gegen die Gesamtentwicklung und trat daher nach dem Bürgerkrieg zurück, wenn Ideen dieses „dual federalism" auch lange nachwirkten. In Deutschland wurde der Gedanke der Unteilbarkeit der Staatshoheit und damit der der Unmöglichkeit eines aus Staaten aufgebauten Bundesstaates von *M. v. Seydel* aufgenommen, der das Reich in ein vertragliches Länderkollektivum umdeuten wollte[19]. Seine Ansicht vom vertraglichen Charakter des Reiches setzte sich nicht durch, aber sein theoretischer Ausgangspunkt, die Unteilbarkeit der Souveränität oder Staatshoheit erwies sich als ein fortwirkender Gedanke unter der Herrschaft eines formalen Staatsbegriffes. Einen Schritt auf die heutige Lehre zu bedeuten die Auffassungen von *Hänel*[20] und *Gierke*[21], nach denen Reich und Länder erst zusammen in ihrer Totalität den Gesamt-

---

J. L. Klüber, Öffentliches Recht des Teutschen Bundes, 4. Aufl. 1840, S. 117 f.; *Maurenbrecher,* Grundsätze des heutigen deutschen Staatsrechts, 1837, S. 87 f. Den entscheidenden Unterschied beider Typen führte in den offiziellen Sprachgebrauch ein die Erklärung des österr. Präsidialgesandten vom 5. 11. 1816 in der Bundesversammlung (siehe *Hänel,* Dt. Staatsrecht, 1892, S. 193).

[18] Zu C. John Calhoun vgl. *Kelly Harbison,* The American Constitution, 2. Aufl. 1955, S. 306 ff.; *Vile,* S. 25 f.

[19] Der Bundesstaatsbegriff, Tübinger Ztschr. 1872, S. 185 ff.; Die rechtliche Gestaltung des Bundesstaatsbegriffs, Hirths Annalen 1876, S. 641 ff.; Staatsrechtl. u. politische Abhandlungen, 1893, S. 117 ff.; Commentar zur VU d. Dt. Reiches, 1897, S. 6 ff. *Seydel* beruft sich wiederholt auf *Calhoun.* Gegen *Seydel Bluntschli,* Deutsche Staatslehre, 1874, S. 339 ff.; *Laband,* Staatsrecht, 5. Aufl., Bd. 1, S. 88 ff. Die These der geteilten Souveränität (später fortgebildet zur Lehre vom souveränen Gesamtstaat und den nichtsouveränen Teilstaaten) hat in Deutschland *Waitz* (Grundzüge der Politik, 1862) heimisch gemacht. Vgl. *Laband,* S. 62 f.

[20] Studien, Bd. 1, 1872, S. 63 ff. und Dt. Staatsrecht, 1892, S. 207.

[21] Labands Staatsrecht, Schmollers Jahrbücher, 1883, S. 1168 ff. Bei ihm finden wir aber keine Gleichordnung beider Teile, sondern der Vorrang des Ganzen bleibt gewahrt. Seiner These kommt in manchem nahe *Herzog,* DÖV, 1962, S. 32 f.

staat bilden, der zwar keine gesonderte juristische Person darstellt, aber den Zentralstaat und die Glieder überhöht. Es ist dieser Gedanke, den *Nawiasky*, nun freilich von der besonderen formalen Basis der reinen Rechtslehre aus, aufgenommen hat. Für ihn ist eine Staatlichkeit von Bund und Gliedern nur denkbar, wenn man sie als gleichgeordnete Teile einer höheren Ordnung denkt. *Nawiasky* erhebt aber den Gesamtstaat, der über ihnen steht, zur Rechtspersönlichkeit, der sogar bestimmte Kompetenzen, z. B. die Zuständigkeitsverteilung, die Verfassungsgebung, die Vertretung nach außen, zustehen können. In einer nicht ganz klaren Weise wird hier also sogar die Verteilung der Kompetenzen der Gesamtheit auf „Zentralstaat" und „Gesamtstaat" angenommen[22]. Nach dieser Auffassung ist die Bundesrepublik Deutschland das Ganze aus dem als „Bund" bezeichneten Gesamtstaat und den Ländern[23]. Trägt diese Lehre bei *Nawiasky* und *Maunz* den Charakter strenger förderalistischer Tendenz mit dem Ziel, eine Gleichordnung von Bund und Ländern darzulegen, so hat *Geiger* nach anderer Richtung den Gesamtstaatsgedanken zum Träger des die Verfassung durchdringenden und ergänzenden Prinzips der Bundestreue erheben wollen; in diesem Grundsatz erblickt er anstelle der Bundesaufsicht nunmehr die zentrale Einrichtung des deutschen Bundesstaates, die zwar das positive Recht nicht ändert, aber Kompetenzen begrenzen oder ihre Ausübung modifizieren kann[24]. Zeitweise hat auch das Bundesverfassungsgericht Neigung gezeigt, mit der Vorstellung einer solchen dreigliedrigen Bundesstaatsauffassung zu arbeiten. Im Konkordatsurteil[25] und im Fernsehurteil[26] treten Anklänge an jene Lehre auf. Indes hat das Gericht in seinem neueren Urteil zur Hessenklage[27] Anlaß genommen, die Konzeption eines dreigliedrigen Bundesstaates mit Entschiedenheit zurückzuweisen und klar festzustellen, daß die Bundesrepublik Deutschland der Bundesstaat, d. h. das Ganze staatlicher Einheit, darstellt. Tendenzen zu einer Gleichordnung von Bund und Ländern bleiben aber in seiner Rechtsprechung fühlbar.

---

[22] Allg. Staatslehre, Bd. 3, S. 159/61.

[23] Grundgedanken des Grundgesetzes, S. 35.

[24] **Föderalistische Ordnung, S. 115 ff., 122 ff.**

[25] Hier bedient sich das BVerfG (Bd. 6, S. 340 = DÖV 1957, S. 789 [Sp. 229]) der Wendung: „Die Bundesrepublik Deutschland, das sind verfassungsrechtlich der Bund und die Länder als ein Ganzes" und erwähnt (S. 364) die Bundesrepublik Deutschland, „deren Glieder der Bund und die Länder sind". Die unglückliche Auswirkung dieser Auffassung auf die Ansicht des Gerichts, nach der ein völkerrechtlicher Vertrag zwar das Ganze verpflichten kann, dem Bunde aber die Möglichkeit fehlen kann, die Teile zur Erfüllung anzuhalten, hat *Joseph H. Kaiser* (ZaöRV 16 [1958], S. 529 ff.) kritisch in überzeugender Weise dargetan und gewürdigt.

[26] BVerfGE 12, S. 254 = DÖV 1961, S. 504.

[27] BVerfGE 13, S. 77 f. = DÖV 1961, S. 699.

Eine kritische Stellungnahme zur Dreigliederungslehre wird zunächst festzustellen haben, daß ihr Ursprung erst in den Theorien der reinen Rechtslehre liegt. *Hänel* und *Gierke* können für sie nicht beansprucht werden[28]. Ihnen ging es nur darum, die Teilung der Hoheit zwischen staatlichen Einheiten, die sie nicht für rechtlich möglich hielten, zu vermeiden und andererseits die komplexe, zusammengesetzte Struktur des Bundesstaates deutlich zu machen, wenn sie ihn als Gesamtheit von Oberstaat und Unterstaaten definierten. Sie haben die dualistische Sicht des Bundesstaates, die nur die Glieder und das sie zusammenfassende Ganze kennt, nicht verlassen[29]. Die Annahme einer höheren Gesamtordnung ist vielmehr zunächst ein theoretisch-konstruktiver Gedanke. Er entstammt der reinen Rechtslehre *Kelsens,* dessen normative Methode im Staat nur mehr eine Normenordnung sieht und für deren formales Denken die Teilung der Kompetenzen zwischen Bund und Ländern nur aus einer übergeordneten Normordnung hergeleitet werden kann, ebenso wie eine solche nötig ist, damit beide als staatliche, d. h. souveräne Ordnungen nebeneinanderstehen können. Aus dieser methodisch-konstruktiven Einstellung erklärt sich *Kelsens* Annahme einer höheren „Gesamtverfassung“[30]. Ähnliches gilt für *Nawiasky.* Auch bei ihm bildet die Auffassung den Ausgangspunkt, daß Staaten Verbände mit „unabgeleiteter“ rechtlicher Macht darstellen[31], daß daher die Gliedstaaten nicht dem Ganzen untergeordnet sein können, sondern mit ihm, dem Zentralstaat zusammen erst den „Gesamtstaat“ bilden.

Wer die methodischen Voraussetzungen der reinen Rechtslehre nicht teilt, wer das Recht auf Verhältnisse des realen menschlichen Lebens und nicht nur auf normative Gegebenheiten bezieht, wird schon aus diesem Grunde die Argumentation der Dreigliederung nicht annehmen können. Die Staaten sind reale institutionelle Ordnungen, in deren Dienst Personen als „Organe“ tätig sind, sie sind lebendiges historisches Handeln und nicht nur normative Vorstellung. Die Wirklichkeit zeigt uns aber zwei institutionelle Gefüge, den Bund und die Glieder. Nur aus theoretischer Erwägung über ihnen eine dritte Ordnung zu behaupten, heißt ein konstruktives Luftschloß ohne Realitätsgehalt

---

[28] So richtig *Kaiser,* S. 531 ff.

[29] Das stellt auch *J. N. van der Houten,* Bondsstaat en Souvereiniteit, 1945, S. 26 ff. fest, der die Ansätze zu einer Scheidung von Gesamtstaat und Bundesstaat bei ihnen sorgsam beachtet.

[30] Allg. Staatslehre, 1925, S. 198 ff. Zum Staat als Rechtsordnung vgl. die Neufassung der Reinen Rechtslehre, 2. Aufl. 1960, S. 14, 289 ff. Siehe ferner *Kelsen,* in: VVDStRL 6 (1929), S. 57 f.

[31] Die Vorstellung der Unableitbarkeit ist ein positivistisches Dogma, dessen Überwindung nötig ist. Jede staatliche Macht ist der Legitimation, d. h. der Ableitung, bedürftig.

errichten. *Nawiasky* hilft sich, indem er annimmt, daß die Organe des Ganzen bald für den „Gesamtstaat", bald für den „Zentralstaat" und dessen Sonderinteresse tätig werden[32]. Von einer solchen Doppelaufgabe der bundesstaatlichen Institutionen findet sich aber im modernen Verfassungsrecht keine Spur. Sie würde auch dem demokratischen Grundsatz widersprechen, da die Tätigkeit für den „Gesamtstaat" schwerlich der Kontrolle des Parlaments, das nur dem Zentralstaat angehört, unterliegen könnte. Völkerrechtlich könnte man sich als Partner der Verträge den Gesamtstaat denken. Da er keine Befugnisse gegenüber den Teilordnungen besitzt, könnte er aber deren Ausführung im innerstaatlichen Bereich nicht gewährleisten[33]. Es ist hohe Zeit, mit den überholten Begriffsstreitigkeiten um „Unableitbarkeit" und „Originalität" der Staatsgewalt aufzuräumen, hinter denen nur Prestige- und Rangfragen stecken. Diese Vorstellungen sind unbrauchbar, weil jede staatliche Machtübung der Legitimation, d. h. der Ableitung, bedarf, sei diese nun demokratisch, vertraglich oder theokratisch (Gottesgnadentum) gedacht[34]. Die Idee einer Unableitbarkeit der Macht hängt mit der der Unbeschränkbarkeit der Staatsmacht eng zusammen, deren gefährliche Auswirkungen auf die Annahme einer Schrankenlosigkeit staatlicher Gewalt die Neuzeit nur zu klar gezeigt hat.

Einen Anstoß zur Annahme der Dreigliederung entnehmen *Nawiasky, Maunz* und *Geiger* aber ferner dem Verlangen, den Einzelstaaten Souveränität und Gleichordnung zuschreiben zu können. Auch hier geht es wieder nicht um Abgrenzung wirklicher Aufgaben, sondern um Rangfragen. Sie haben im bundesstaatlichen Denken ihren Platz seit jeher. Die Verfassungen der USA und der Schweiz ruhen auf der Vorstellung geteilter Souveränität[35]. Es ist gerade ein Charakteristikum der bundesstaatlichen Verfassung, das Neben- und Miteinander der beiden politischen Mittelpunkte zu ermöglichen. Auch hier muß man sich von begrifflichen Schranken des älteren Denkens lösen. Souveränität kann im Recht niemals Unbeschränktheit bedeuten, sondern stets nur einen Grad relativer oberster Entscheidung. Heute ist es schon bei mittleren Staaten zweifelhaft, wie weit sie im Bau der internationalen

---

[32] Allg. Staatslehre, Bd. II/2, 1955, S. 213 f.

[33] Schon im dualistischen Aufbau kann es sich ereignen, daß dem Bunde innerstaatlich ausreichende Mittel fehlen, um die Teilstaaten zur Ausführung seiner Verträge zu veranlassen. Das bildet bereits ein ernsthaftes völkerrechtliches Problem. Vgl. *Lord McNair,* The Law of Treaties, 1961, S. 82 f.; *Wheare,* S. 181 ff. und die bekannte Entscheidung des Privy Council Attorney General for Canada v. A. G. for Ontario (1937) A. C. 326. Vgl. auch *McWhinney,* Föderalismus und Bundesverfassungsrecht, 1962, S. 36 f.

[34] Zur Kritik an einer Staatslehre, die die Legitimation vergißt, siehe *Imboden,* Die Staatsformen, 1959, S. 59 f.

[35] Die eidgenössische Verfassung, Art. 3, nennt sogar ausdrücklich die Kantone „souverän".

Ordnung mit ihren wachsenden Bindungen noch echte Souveränität besitzen. Diese Diskussion innerhalb eines Bundesstaates erscheint also überholt. Auch das Problem der Überordnung oder Gleichordnung hat mehr nur formale Bedeutung, da im modernen Nationalstaat der Vorrang des Ganzen in der ganzen Staatsidee verwurzelt bleibt. Die eigentlichen Fragen des Bundesstaates liegen vielmehr im Zusammenspiel mehrerer Entscheidungszentren, in dem feinen Gewebe von Befugnissen und Pflichten, von Möglichkeiten der Zusammenarbeit und des Einflusses. Sie greifen über die zu Unrecht überbetonte Kompetenzabgrenzung hinaus auf den Einfluß des Ganzen auf die Teile (Aufsicht, Intervention, Exekution, Vorrang der Gesetze, Gebietsbestand, Sicherung der Homogenität im Politischen) und umgekehrt auf die Mitwirkung der Glieder an den Entscheidungen des Bundes (zweite Kammer, ggf. Verfassungsänderungen)[36], endlich auf Mittel des Ausgleichs und der Rechtskontrolle unter allen Beteiligten[37]. Nicht in begrifflichen Festlegungen um „originäre" Gewalt oder Gleichordnung, sondern in dem beweglichen Spiel der Kräfte und im Gleichgewicht unitarischer und föderaler Momente ist das wirkliche Dasein des Bundesstaates zu erfassen. Die Dreigliederungslehre kann dies feine System nur durch eine einseitige Fixierung auf Zuständigkeitsfragen verzerren und verunklaren. Man braucht sie gar nicht, um Bund und Gliedern zu ihrem Recht zu verhelfen. Es ist gerade das Besondere des Bundesstaates, daß jede Institution, jedes Handeln des Ganzen oder der Teile in einem vielfältigen Zusammenhang steht. Der Bund muß auch die Interessen der Länder im Auge behalten (Art. 32 Abs. 2, 72 Abs. 2 GG), die Landesregierungen ihrerseits dürfen in der Instruierung ihrer Vertreter im Bundesrat nicht Sonderinteressen, sondern nur das Wohl des Ganzen im Auge haben (Art. 50 GG). Das dualistische Gefüge des Bundesstaates fängt alle diese gegenseitigen Beziehungen vollauf in sich auf; eine Dreigliederung ist weder demgegenüber ein Gewinn, noch mit der demokratischen Stellung des gesamten Staatsvolkes und mit der Verfassung vereinbar[38].

---

[36] Für viele Autoren ist diese Mitwirkung der Glieder überhaupt das entscheidende Merkmal ihrer Staatlichkeit. Vgl. *Fleiner / Giacometti*, Schweizerisches Bundesstaatsrecht, 1949, S. 47 f.; *van der Houten*, S. 90.

[37] Gegen die einseitige Hervorhebung der Kompetenzteilung und die Würdigung der ganzen „spannungsgefüllten inneren Struktur des Bundesstaates" die eingehenden Darlegungen von *Imboden*, ZschweizRecht, N. F., 74 (1955), S. 230 ff.

[38] Wenn *Maunz* im Grundgesetz Unterschiede des Sprachgebrauchs und des rechtlichen Sinnes zwischen Bundesrepublik Deutschland (= Gesamtstaat) und Bund (= Zentralstaat) erkennen will, so muß ihm erwidert werden, daß beide Ausdrücke vom Verfassungstext synonym gebraucht werden. Das Wort Bund in Art. 24, 79 Abs. 3, die Begriffe Bundesflagge oder Bundesgebiet können immer nur einheitlichen Sinn haben und nicht auf einen

III. Bundesstaat und Gewaltenteilung

In der von *Hesse* aufgestellten Beschreibung des heutigen deutschen Zustandes[39] als den eines unitarischen Bundesstaates tritt uns eine andere methodische Sicht, durchaus der Realität zugewandt und die gegenseitige Beziehung von Recht und Wirklichkeit im Auge behaltend, entgegen. Daher wird man den Beobachtungen über die soziale Wandlung innerhalb der Verfassungsordnung der Bundesrepublik, von der die Überlegungen des Verfassers ausgehen, weithin folgen können. Es ist richtig, daß der föderale Gedanke als Ausdruck eigener regionaler Kräfte, einer Landesindividualität im historischen Sinne, schwächer geworden ist. Umgekehrt machen sich unitarisierende Momente stark geltend, von denen *Hesse* auf die Parteien, die Ausschöpfung der legislativen und administrativen Bundeskompetenzen und die Selbstkoordinierung der Länder durch gemeinsames Vorgehen hinweist. Man würde hier wohl noch auf andere Fakten hinzuweisen haben. Zuerst vor allem auf das heute in Deutschland außerordentlich starke Verlangen der Bevölkerung nach einheitlicher rechtlicher Regelung im Bereich der Wirtschaft und des sozialen Lebens. Hier erweist sich der moderne Sozialstaat als ein Motor der zentralen Entscheidung[40]. Angesichts dieses Lebensgefühls der Bevölkerung wird daher die Formel des Art. 72 Abs. 2 Ziffer 3 GG von der Einheitlichkeit der Lebensverhältnisse, noch gedacht als Begrenzung, umgekehrt zum eigentlichen Träger der Vereinheitlichung. Vereinheitlichend wirkt aber auch die wachsende Bedeutung der Grundrechte; je mehr die Verwaltung der Länder sich an ihnen ausrichtet, desto mehr treten damit zentrale rechtliche Gesichtspunkte in den Vordergrund[41]. Endlich wirkt aber auch gerade die umfangreiche Mitwirkung der Länder an der Bundesgesetzgebung, die nahezu bei allen wichtigen Gesetzen durch das Zustimmungserfordernis zu einem echten Veto — praktisch zu einem Einlenken des Bundestages — sich entwickelt hat, dahin, die politischen Kräfte des Bundes an

„Zentralstaat" bezogen werden. Wie hier *Hesse*, S. 6; vgl. ferner eingehend *H. Schäfer*, NJW 1961, S. 1282 ff.

[39] In diesem Zusammenhang kann der weiteren Probleme, die die Teilung Deutschlands aufwirft, nicht gedacht werden. Sie müssen aber in der Erörterung dieser bundesstaatlichen Fragen immer zugleich mitbedacht werden.

[40] Ich vermag die Meinung von *Hesse* (S. 32), der Sozialstaat sei nur mit föderalen Ideen, nicht mit der bundesstaatlichen Aufgabenteilung im Gegensatz, nicht zuzustimmen. Der Ruf nach uniformer Sozialleistung und Vorsorge steht gerade der selbständigen Initiative staatlicher Teilzentren entgegen, weil Differenzierungen, wie sie die Schweiz und die USA im Steuersystem und auch in sozialen Leistungen kennen, in der deutschen Gegenwart „untragbar" sein würden.

[41] Nur die bayerische Verwaltung und der bayer. Verfassungsgerichtshof vermögen noch durch Hinlenkung auf die Grundrechte der bayerischen Verfassung dem in gewissem Maß entgegenzuwirken. Auch der Rechtsstaat zeigt heute uniformierende und zentralistische Tendenzen.

der Erhaltung einer arbeitsfähigen Mehrheit auch im Bundesrat zu interessieren und Landes- und Bundespolitik eng zu verbinden. Angesichts des Zurücktretens föderaler Kräfte und der stärkeren unitarischen Praxis sucht *Hesse* nach einer neuen Sinngebung und Deutung des Bundesstaates. Er findet sie, im Einklang mit einer auch vom Bundesverfassungsgericht angetönten Lehre[42], in der Funktion des bundesstaatlichen Aufbaus als Mittel einer Gewaltenteilung innerhalb des Gesamtstaates und zugleich als Unterstützung des Rechtsstaates[43]. Die bundesstaatliche Ordnung ermöglicht nach seiner Ansicht ein Spiel politischer Kräfte, das in horizontaler Gewaltenteilung zwischen Regierung und Opposition — die manche Länder allein oder in Koalitionen regiert — stattfindet und das zugleich in der Stimmgebung im Bundesrat wie in regionalen Parteigruppierungen innerhalb der Parteien eine Auflockerung des zentralen Gefüges herbeiführt. Vor allem sieht *Hesse* die Funktion des bündischen Aufbaus darin, daß in Gestalt der Länderbürokratie — die über den Bundesrat einwirkt — dem Bundesgesetzgeber ein Gegenspieler eigener Position gegenübertritt. Die tatsächlichen Feststellungen dieser These können auch hier angenommen werden. Aber rechtfertigen sie die systematische Deutung, die aus ihnen gewonnen wird? Daß ein Bundesstaat den vielfältigen Kräften regionaler, minoritärer, nationaler, konfessioneller Art Raum gibt, ist eine altbekannte, schon im „Federalist"[44] hervorgehobene Funktion dieser Staatsform, die Stärke nach außen — wie einst *Montesquieu* formulierte — mit Freiheit im Innern verbindet. Die positive Funktion der bundesstaatlichen Struktur für die Teilnahme der Opposition an Regierungsverantwortung und daher für den inneren Ausgleich muß ausdrücklich anerkannt werden. Aber da es sich auch bei den verschiedenen politischen Konstellationen in den Ländern teilweise um regionale Eigenheiten handelt (Stadtstaaten), so würde ich diesen Effekt doch eher noch zum eigentlich föderalen Felde zählen. Anders aber steht es mit der Meinung, die mitentscheidende Rolle der Länderbürokratie sei ein kennzeichnender Zug der Verfassungsordnung des Grundgesetzes. Hier muß bedacht werden, daß im Verfassungsbau des Grundgesetzes die Bürokratie als Verfassungsglied nirgends auftritt. Sie ist von der Verfassung in eine dienende, vollziehende Rolle gewiesen. Ist es dann

[42] BVerfGE 12, S. 229 (Fernsehurteil): „Grundentscheidung der Verfassung ... zugunsten des föderalistischen Staatsaufbaus im Interesse einer wirksamen Teilung der Gewalten." Im gleichen Sinne *Zeidler,* AöR 86 (1961), S. 387 f.

[43] *Hesse*, S. 26 ff., 32.

[44] Siehe *Madison,* The Federalist (Anm. 16), in Nr. 10 und S. 63. Besonders ist dieser Zug des Bundesstaates stets in der Schweiz betont worden: *Fleiner / Giacometti*, S. 33 f.; *A. Manuel,* Le fédéralisme Suisse, Schweizer Monatshefte 1959, S. 718 ff. Über die Kräfte der amerikanischen Vielfalt siehe *W. J. Wagner,* The Federal States and their Judiciary, 1959, S. 52 ff.

aber, wenn in der Verfassung das Beamtentum keine rechtliche Stellung besitzt, zulässig, den Sinn des Bundesstaates darin zu sehen, daß in ihm die Länderbürokratie ein balanzierendes Gegengewicht gegen das demokratische Parlament bildet? Die Landesregierungen, die Vertreter in den Bundesrat entsenden, vermögen das zu tun; sie leiten ihren Auftrag aus eigener demokratischer Legitimation her. Aber die Länderbürokratie? Auch das den Beamten anvertraute öffentliche Amt, ihre administrative Aufgabe — die ebenso auch der Bundesexekutive zusteht — vermögen diese Deutung nicht zu begründen[45].

Es ist sicherlich möglich, den Bundesstaat aus der Sicht des Ganzen in seiner Bedeutung für eine Ausbalancierung der staatlichen Macht zu betrachten. Aber diese Begründung trägt doch im Grunde nur eine Gliederung der Verfassung der Gesamtheit, sie kann die Länder dann nur als rechtlich dem Zugriff der Bundesorgane entrückte Positionen[46] kennzeichnen, nicht aber als selbständige Zentren demokratisch legitimierter politischer Entscheidung. Dazu bedarf es im Bundesstaat des Momentes regionaler oder gruppenmäßiger Individualität, ohne das die eigentlichen Spannungen des föderativen Gefüges nicht bestehen können. Sieht man im Bundesstaate nur mehr ein Mittel der Gewaltenteilung des Gesamtstaates, so rückt er dem dezentralisierten Einheitsstaat innerlich schon sehr nahe.

Im Zusammenhang seiner Darlegungen schneidet *Hesse* ein bedeutsames Problem mit seiner kritischen Behandlung des Grundsatzes der Bundestreue an[47]. Dieser Begriff ist zunächst als eine ergänzende und der Interpretation von Normen dienende Kategorie entwickelt worden, die um die Verbundenheit im Bunde willen von den Beteiligten Zurückhaltung in der Geltendmachung eigener Rechte und gegenseitige Rücksichtnahme fordert. Er stellt also in erster Linie eine Auslegungsregel dar, nicht aber einen selbständigen ungeschriebenen Rechtssatz, aus dem unabhängig von einer Anlehnung an systematische Bestimmungen der Verfassung rechtliche Folgen abgeleitet werden können[48].

---

[45] Die Sachaufgabe der Verwaltung ist übrigens auch tatsächlich bei den Stellungnahmen des Bundesrates, soweit sie politisch bedeutsam werden, oft nur Nebenmoment, während der „Parteienbundesstaat" im Vordergrund steht, d. h. die oppositionelle Haltung andersorientierter Landesregierungen, die gewiß oft auch föderale Interessen sich angliedern kann. Vgl. hierzu *Olle Nyman,* Der westdeutsche Föderalismus, Stockholm 1960, S. 168 ff.

[46] So *Hesse,* S. 28.

[47] *Hesse,* S. 6 ff.

[48] *Frowein,* Die selbständige Bundesaufsicht nach dem Grundgesetz, 1961, S. 76 ff., sieht in ihr nur eine Auslegungsregel, wohl zu eng. Dagegen geht *Bayer,* Die Bundestreue, 1961, der in ihr einen allgemeinen Rechtsgrundsatz, eine Generalklausel sieht (35 ff., 72 ff.), zu weit. Man wird sie als ein dem Bundesaufbau entstammendes Rechtsprinzip auffassen können, aus dem in engen Grenzen unmittelbar Rechte und Pflichten, vor allem aber in Anleh-

Die Rechtsprechung des Bundesverfassungsgerichts hat diesen Grundsatz oft herangezogen, um Schranken der Rechtsausübung (Bundestreue der Länder bei Gewährung von Weihnachtszuwendungen in gegenseitiger finanzieller Rücksicht BVerfGE 3, S. 57) oder Pflichten der gegenseitigen Hilfe und Rücksichtnahme (Länderfinanzausgleich BVerfGE 1, S. 131) herzuleiten[49]. Es hat auch über die geschriebene Norm hinaus aus diesem Prinzip Pflichten oder Rechte begründet, wobei der Pflichtenkreis Bund wie Länder im Verhältnis zueinander wie die Länder untereinander verbindet. Neuerdings zeigt sich auch hier eine gewisse Zurückhaltung; das Gericht lehnt es ab, aus der Bundestreue selbständig ein Rechtsverhältnis herzuleiten[50]. Sieht man die Urteile des Bundesverfassungsgerichts durch, die den Grundsatz der Bundestreue heranziehen, so wird man bei manchen von ihnen finden, daß das gleiche Resultat auch aus verfassungssystematischen Gesichtspunkten hätte gewonnen werden können. Bei dem Volksbegehren hessischer Kommunen folgte die Pflicht der hessischen Landesregierung, alle Mittel einschließlich der Kommunalaufsicht zur Verhinderung von rechtswidrigen Eingriffen in die Bundeskompetenz anzuwenden, bereits aus der allgemeinen Pflicht eines Landes, Rechtsverletzungen in seiner Verwaltung entgegenzutreten; es hätte der Anrufung der Bundestreue nicht bedurft (BVerfGE 8, S. 122 ff.). Die Pflicht zur Finanzhilfe an leistungsschwächere Länder kann nicht aus der Bundestreue, sondern allein aus dem positiven Verfassungsrecht des Art. 107 Abs. 2 GG hergeleitet werden[51]. Man wird aus dieser Prüfung die Folgerung herleiten können, daß überall dort, wo eine verfassungssystematische Überlegung bereits eine Lösung der Rechtsfrage ergibt, die Bundestreue als Rechtsgrund (nicht als modifizierende Auslegungsregel) ausscheidet. Schon im Zivilrecht wird man es für richtig halten, dort, wo positivsystematische Gründe zureichen, nicht auf § 242 BGB zurückzugreifen. Dasselbe muß erst recht für das Verfassungsrecht gelten, das ein fein differenziertes System gegenseitiger Beziehungen von Bund und Ländern aufrichtet, das wohl mit dem Prinzip der Bundestreue verfeinert, nicht aber geändert oder gar im Billigkeitssinne umgeschmolzen werden darf. Vor allem hat, worauf *Hesse* richtig aufmerksam macht, dies Prinzip nichts zu suchen, wo es sich um die Gestaltungen der politi-

---

nung an bestehendes Recht Modifikationen dieser Rechte abgeleitet werden können. Vgl. *Kaiser*, S. 544. Siehe auch *McWhinney*, Föderalismus und Bundesverfassungsrecht, 1962, S. 58 ff.; *ders.*, Constitutionalism in Germany, 1962, S. 51 ff.

[49] Eine Übersicht in BVerfGE 12, S. 254 f. = DÖV 1961, S. 508.

[50] BVerfGE 13, S. 75 = DÖV 1961, S. 699. Vgl. dazu *Rupp*, Festgabe Carlo Schmid, 1962, S. 146.

[51] Gegen eine aus dem Bundesstaatsgefüge hergleitete Pflicht zu solcher Leistung auch *Görg*, Festgabe Herrfahrdt, 1961, S. 86.

schen Auseinandersetzung handelt, in denen die Gegensätze offen und mit Anwendung der Mittel auch des politischen Kampfes ausgetragen werden müssen[52].

IV. Handhabung der Bundesstaatsverfassung

Wenn dem Prinzip der Bundestreue von manchen Autoren ein besonderer Wert zugemessen wird, so deshalb, weil es der Beweglichkeit und Anpassungsfähigkeit des Verfassungsrechts dienen könnte[53]. Das ist ein richtiger Gedanke, bei dem freilich zu bedenken ist, wieweit der auf spezifische engere Rücksichtnahmen begrenzte Treupflichtgedanke zu tragen vermag. Als allgemeine Erkenntnis aber verdient die Forderung Anerkennung, daß gerade im Bundesstaate mit seinem spannungsreichen und daher beweglichen Status eine elastische Rechtsanwendung besonders angebracht ist. Es sind vor allem angelsächsische Schriftsteller, die uns diese Einsicht nahe bringen. Der Bundesstaat enthält stets in sich differierende Tendenzen, unitarische und föderale, mannigfache Gegensätze und Spannungen, so daß seine Rechtsordnung keine starre sein kann. Wie die Kräfte in ihm steigen und fallen, wie die Nation zusammenwächst oder regionale und politische Unterschiede bleiben, das wird auf die rechtliche Ordnung des komplexen Staatsaufbaus nicht ohne Wirkung sein. Die Grundlagen des Bundesstaates, vor allem die Rechte der Länder, bedürfen eines besonderen Schutzes, der es erklärt, warum gerichtliche Kontrollen in allen Bundesstaaten eine so wichtige Bedeutung haben. Aber die Einzelheiten der staatlichen Gestaltung können sich wandeln, und man mag es sogar als eine Aufgabe der Gerichte ansehen, wie in den USA, selbst zum Träger dieser Fortbildung zu werden.

Es unterliegt keinem Zweifel, daß das Ausmaß, in welchem sich eine solche Anpassung und Wandlung der verfassungsrechtlichen Ordnung im föderalen Bereiche vollzieht, und der Anteil, der daran der Gerichtsbarkeit zufällt, nach der Verfassungsordnung und der staatsrechtlichen Tradition verschiedener Länder auch sehr unterschiedlich ausfällt. In den Vereinigten Staaten wird die Fortentwicklung und Adaptation verfassungsrechtlicher Normen — hier freilich einer sehr allgemein gefaßten und zeitlich weit zurückreichenden Verfassung —

[52] Vgl. *Hesse*, S. 9 f. Man kann sich fragen, wie weit der Grundsatz der Bundestreue daher Maßstäbe auch für eigentlich politische Verhandlungen und Auseinandersetzungen innerhalb des bundesstaatlichen Gefüges (z. B. für den Verhandlungsstil im Sinne von BVerfGE 12, S. 255 ff. = DÖV 1961, S. 508) setzt und zu Recht herangezogen werden kann, ohne die nötige Beweglichkeit solcher Vorgänge zu stark einzuschränken. Vgl. auch *Peters*, Die Rechtslage von Rundfunk und Fernsehen, 1961, S. 24 f., *McWhinney*, Föderalismus, S. 64 f. und *Spanner*, DÖV 1961, S. 481 ff.

[53] In diesem Sinne *McWhinney*, Föderalismus, S. 21 f., 31, 64 f.

seit langem als eine Grundaufgabe der Handhabung des konstitutionellen Rechts angesehen und dem Obersten Gerichtshof dabei eine führende Rolle zugewiesen. Das gilt hier sogar für die Auslegung von Kompetenzbestimmungen. Aufbauend auf der grundlegenden Entscheidung McCulloch *v. Maryland*[54] — die die Lehre von den „implied powers" begründete — ist so die Formel vom „interstate commerce" im Laufe der Zeit zu einer umfassenden wirtschaftlichen Zuständigkeit des Bundes entwickelt worden, nach der heute der Bund eine Regelung der Arbeitsbedingungen für die Angestellten von Fensterreinigungsgesellschaften treffen darf, sofern die Unternehmen, deren Fenster gereinigt werden, Waren für den interstate commerce herstellen[55]. Entsprechendes gilt von der Befugnis des Bundes „to tax and to spend". Wurde die Befugnis zur Gesetzgebung hier früher daran gebunden, daß der Bund eine sonstige Kompetenz auf dem betreffenden Bereiche besaß, so hat die neuere Rechtsprechung diese Begrenzung aufgegeben und gestattet sogar steuerliche Maßnahmen, die nicht nur Einkommen erzielen wollen, sondern daneben wirtschaftsregulierende Wirkungen anstreben[56]. Auch in Australien hat die richterliche Interpretation der Verfassung einen erheblichen Spielraum eröffnet[57], während die Ausdeutung der kanadischen Verfassung — die allerdings sehr ausführlich und speziell gehalten ist (sie zählt die Kompetenzen sowohl der Föderation wie der Teile einzeln auf) — durch die Judikatur des Privy Council einer engeren Interpretation folgte[58]. Die europäische Verfassungspraxis hat eine Weite der Auslegung, wie sie in den Vereinigten Staaten üblich geworden ist, aus einer anderen, stärker am geschriebenen Recht orientierten Rechtstradition heraus nicht praktiziert. Immerhin darf aber die Handhabung des deutschen Verfassungsrechts sowohl in der Zeit der Verfassung von 1871 wie auch unter der Weimarer Verfassung — selbst wenn man die Interpretation des Art. 48

[54] 4 Wheaton 316 (1819). Vgl. hierzu *Ehmke,* Wirtschaft und Verfassung. Die Verfassungsrechtsprechung des Supreme Court zur Wirtschaftsregulierung, 1961, S. 112 f.

[55] Martino *v. Michigan* Window Cleaning Co 327 U. S. 173 (1946). Siehe ferner auch U. S. v. Wrightwood Dairy Co 315 U. S. 116 (1942) und zu diesen Urteilen *Fraenkel,* Das amerikanische Regierungssystem, 1960, S. 122 f. Die vorübergehende Einschränkung dieser Entwicklung nach dem New Deal (leitend Schechter Poultry Co v. U. S. 295 U. S. 495 [1935]) ist nicht von Dauer gewesen. Vgl. *Ehmke,* S. 139 ff.

[56] *Sonzinsky* v. U. S. 300 U. S. 506 (1937) und U. S. v. *Kahriger* 345 U. S. 22 (1953). Dazu *Schmidhauser,* The Supreme Court as Final Arbiter in Federal State Relations 1789 - 1957, 1958, S. 174 ff.; *Ehmke,* S. 161 ff.; *Adam,* DÖV 1961, S. 409 f.

[57] Vgl. hierzu *Wheare,* S. 146 ff.; *W. S. Livingston,* Federalism and Constitutional Change, 1956, S. 147 f.

[58] Siehe *McWhinney,* Föderalismus, S. 36 f.; *Bora Laskin,* Canadian Constitutional Law, 1960, Note S. 314 ff.

WeimRV als Sonderfall beiseite läßt — als beweglich bezeichnet werden. Das Grundgesetz ist unter verschiedenen Einflüssen weniger offen gehalten und neigt im Detail seiner Anordnungen mehr einer rigiden Festlegung zu. Es wäre übrigens nicht zutreffend, aus der Einrichtung einer Verfassungsgerichtsbarkeit Schlüsse für eine engere oder weitere Handhabung der Verfassung ziehen zu wollen. Das amerikanische Beispiel zeigt, daß gerade Gerichte auch zum Träger einer elastischen und Anpassungen befördernden Verfassungsauslegung werden können.

Auch in der Frage einer Handhabung der bundesstaatlichen Verfassung kommt es nicht allein auf die Probleme der Kompetenzverteilung an. Das Leben eines Bundesstaates wird gerade auf anderen Gebieten — in den Formen der Zusammenarbeit zwischen Bund und Ländern oder der neuerdings anwachsenden Zusammenarbeit der Länder unter sich, in den Mitteln des indirekten Einflusses (z. B. des Einflusses durch Finanzzuweisungen und finanzielle Hilfen), im Spiel zwischen offiziellen Maßnahmen und parteilichen Verbindungen — besonders bewegliche Formen zeigen, die sich immer wieder geänderten Verhältnissen und neuen Bedürfnissen anpassen können. Es mag darum in diesem Zusammenhang wichtig sein, auf die Bedeutung hinzuweisen, die den Verfassungskonventionen (d. h. dem usus legis) und in diesem Rahmen gerade auch Vereinbarungen im föderalen Aufbau zukommt. Machen sich neuerdings im Verwaltungsrecht Bedenken rechtsstaatlicher Art gegen Ausweitung vertraglicher Abreden geltend[59], so kann das doch nicht im staatsrechtlichen Gebiet gelten, wo Bund und Länder über ihre Rechte zu wachen verstehen[60]. Unter Umständen bilden sich sogar im Verfassungsleben institutionelle Formen der Zusammenarbeit neben der geschriebenen Ordnung aus, wie sie neuerdings vor allem in der Zusammenarbeit der Länder hervortreten. Selbst in den USA gewinnt dieser Bereich der Koordination unter den Einzelstaaten an Bedeutung. Hier arbeitet das Council of State Governments als Mittler zwischen den Staaten wie zwischen ihnen und dem Bunde[61].

---

[59] Vor allem *Bullinger*, Vertrag und Verwaltungsakt, 1962, S. 5 ff., 90 ff. Andersgerichtet dagegen *Imboden*, Der verwaltungsrechtliche Vertrag, 1958; *Salzwedel*, Die Grenzen der Zulässigkeit des öffentlich-rechtlichen Vertrages, 1958.

[60] Den weiten Bereich der Vereinbarungen zwischen den Ländern zeigten die Berichte der Zusammenkunft der deutschen Staatsrechtslehrer von 1960 (VVDStRL 19, S. 1 ff. *[Schneider]* und 86 ff. [*Schaumann* für die Schweiz]; siehe auch dort die Übersicht, S. 34 ff.). Schon im Bismarckreich diente vielfach der Bundesrat diesem Bedürfnis der Aufstellung von gleichmäßigen Vorschriften der Verwaltung durch zwischenstaatliche Vereinbarung, wobei nicht selten Anstoß und Leitung dabei dem Reich zufiel. Vgl. *Triepel*, Unitarismus und Föderalismus, 1907, S. 72 f.

[61] Hierzu *Vile*, S. 186 ff.; ferner *W. Anderson*, Intergovernmental Relations in Review, Minnesota Univ. Press 1960, S. 65 ff.

In Deutschland hat die Zusammenarbeit der Länder unter sich einen großen, in gewissem Umfang auch institutionell verfestigten Umfang gewonnen. Verfassungsrechtliche Überlegungen[62] zeigen freilich in dieser Richtung gewisse Grenzen auf. Die gemeinschaftliche Wahrnehmung bestimmter staatlicher Aufgaben auf dem Gebiete der Polizei, Fischerei usw. durch benachbarte Länder mittels gemeinsamer Behörden oder übergreifender Zuständigkeiten gehört seit jeher (auch in der Form von Gemeinschaftsgerichten) der deutschen Staatspraxis an. Ebenso werden Gemeinschaftseinrichtungen, die lediglich eine Koordination im Wege einstimmiger Stellungnahmen und der Aufstellung von Richtlinien herbeiführen, wie etwa die Ständige Konferenz der Kultusminister, sich innerhalb der festgesetzten Grenzen bewegen. Dagegen dürften Gemeinschaftseinrichtungen, die bindende Beschlüsse mit Mehrheit fassen, wegen des damit verbundenen Eingriffs in die demokratische Verantwortung des Einzellandes (Art. 28 GG) ebenso Bedenken begegnen wie eine treuhänderische Wahrnehmung von Aufgaben der Länder durch ein bestimmtes beauftragtes Land. Das dualistische Schema des Grundgesetzes kennt neben den Einrichtungen des Gesamtstaates, die gemeinsame Aufgaben einheitlich wahrnehmen, keine bündisch organisierten Ländereinrichtungen, die neben dem Bunde eine neue Gemeinschaftsebene der Länder herstellten. Aufgaben der Länder sind nach dem Verfassungssystem von den demokratischen Organen des einzelnen Landes zu entscheiden und auszuführen; es gibt keinen Bereich von gemeinsamen Institutionen der Länder[63]. An Grenzen stoßen auch gemeinsame Einrichtungen von Bund und Ländern. Soweit sie nur eine administrative Zusammenarbeit begründen, sei es im Wege von Verwaltungsabkommen oder formloser Absprachen, werden sie zwar die bestehende Zuständigkeitsverteilung nicht ändern dürfen, aber für bestrittene Gebiete oder Randfragen einen praktischen Ausweg bieten, der sich freilich der verfassungsrechtlichen Prüfung wird stellen müssen[64]. Auch auf diesem Gebiete wird, insbesondere dort, wo Bund und Länder in gemeinsamen Einverständnissen handeln, das praktische Verfassungsleben den Notwendigkeiten der Anpassung und der Fortentwicklung Rechnung tragen können, ohne daß immer die strenge verfassungsrechtliche Klärung solche Entwicklungen alsbald begleitet.

---

[62] *Klein,* Gemeinschaftsaufgaben zwischen Bund, Ländern und Gemeinden, 1961, S. 155 ff.

[63] So auch richtig *Klein,* S. 158/59. A. A. Ministerpräsident *Meyers* in „Föderalistische Ordnung", S. 55 f. In diesem Zusammenhang sind auch die Bedenken begründet, die gegen die Errichtung gemeinsamer Ländereinrichtungen durch den Staatsvertrag über die Errichtung der Anstalt des öffentlichen Rechts „Zweites Deutsches Fernsehen" vom 6. 6. 1961 (Abdruck Nds. GVOBl. 1962, S. 9) bestehen.

[64] Vgl. hierzu *Klein,* S. 155 f. und *Kölble,* DÖV 1960, S. 650 ff.

V. Zur Lage des Bundesstaates in der Gegenwart

Das Wesen des Bundesstaates wird eine nicht an konstruktiven Fragen, sondern an dem sachlichen Gehalt orientierte Auffassung in der Errichtung eines komplexen Staatsgefüges erblicken, das zwei selbständige Ebenen politischer Entscheidung kennt und in dem neben dem die Gesamtheit verkörpernden Bundesstaat Zentren umfassender (staatlicher) Zuständigkeit bestehen bleiben. Die Einzelgestaltung kann vielfache Modulationen aufweisen: sie kann Bund oder Ländern weitere Aufgaben und Einflußmöglichkeiten geben, sie kann ein ausgedehntes Feld ineinandergreifenden Zusammenwirkens beider Teile, aber auch nach angelsächsischem Muster schärfere Sonderung der beiden Organisationen bis hin zu doppeltem Aufbau von Organgruppen (Gerichte) kennen. Stets aber kann vom Bundesstaat nur die Rede sein, wo die Teile nicht nur eine Ausgliederung der Gesamtheit darstellen, sondern in sich selbst eine historisch-politische Legitimation, im demokratischen Staat auch die rechtliche Legitimation eigener demokratischer Konstitution besitzen. Daß dies Staatssystem zugleich auch im Gesamtaufbau Wirkungen der Machtverteilung, der Balancierung politischer Entscheidung, mithin der Gewaltenteilung bewirkt, kann anerkannt werden[65]. Aber Sinn und Aufgabe bundesstaatlicher Gestaltung liegt doch im Kern nicht hier, sondern in der Rechtfertigung, die sie als Ausdruck gesonderter, regionaler oder auch nationaler, konfessioneller oder sonst pluralistischer Kräfte gewinnt. Ohne einen Zug solcher föderaler Sonderung würden der Aufwand und die Reibung bundesstaatlicher Organisationsformen sich nicht begründen lassen.

In Deutschland ist das Bewußtsein der Einheit auf dem Gebiete von Wirtschaft und Sozialvorsorge weit vorgeschritten. Aber in anderen Bereichen, im Kulturleben namentlich, doch auch im Sektor der inneren und agrarischen Verwaltung haben die Länder noch Aufgaben, bei denen die Besonderheit des regionalen Lebens, die Herausarbeitung einer Individualität des Verwaltungsstiles, ihren Platz finden. Die deutsche Verfassungswirklichkeit zeigt gewiß das Bild eines monistischen oder unitarischen Bundesstaates nach manchen Richtungen. Aber sie scheint mir ihre Basis in regionaler Differenzierung noch nicht verloren zu haben, so daß man sie nur mehr aus Erwägungen für die Balance des Gesamtstaates begründen könnte. Bundesstaatliche Verfassungen lassen, vielleicht mehr als die Ordnungen von Einheitsstaaten, die Spannungen zwischen Verfassungstext und politischer Wirklichkeit

---

[65] Eine solche weiterführende Konzeption der Gewaltenteilung entspräche der Forderung von *W. Kägi*, dies Prinzip in einem umfassenderen Sinne neu zu deuten und fruchtbar zu machen (Festgabe H. Huber, 1961, S. 151 ff.), die auch den Bundesstaat dabei einbezieht (S. 169). Vgl. auch *Imboden*, Staatsformen 1959, S. 52.

erkennbar werden. Diese Spannungen aufzudecken, ihnen entweder durch die klare Entscheidung neuer verfassungsändernder Gestaltung oder durch eine bewegliche, auch eine Rückentwicklung nicht ausschließende Anwendung der Verfassungsnormen zu begegnen, ist eine Aufgabe, die von den Verfassungskräften des Bundesstaates eine stete Bewältigung der sozialen Veränderung, ein Weiterdenken und Fortentwickeln fordert. Weniger als andere Staatstypen kann ein föderaler Staatsaufbau durch Beharren für lange Dauer auf einem bestimmten Stande gehalten werden.

Wandlungen im Föderalismus der Bundesrepublik

I. Bundesstaatliche Ordnung als System des Zusammenwirkens staatlicher Einheiten

Untersuchungen zur bundesstaatlichen Struktur der Bundesrepublik sind in den letzten Jahren in steigendem Maße von der Erkenntnis getragen, daß Verfassungsnorm und Verfassungswirklichkeit sich hier voneinander entfernen[1] und daß es an der Zeit ist, die Grundlagen des 1949 im Grundgesetz festgelegten Systems kritisch neu zu überprüfen. Dabei ist *Konrad Hesse* so weit gegangen, angesichts der starken zur Vereinheitlichung drängenden Tendenzen von einem unitarischen Bundesstaat zu sprechen und seine Funktion nicht mehr so sehr in der Zusammenfassung selbständiger territorialer Gliedeinheiten zu einem größeren Ganzen als in der Gewaltenteilung innerhalb der nationalen Einheit zwischen den Bundesorganen auf der einen, Bundesrat und Länderbürokratie auf der anderen Seite zu suchen[2]. Von einer ganz anderen, praktischen Seite her führt heute die Verengung des finanziellen Bewegungsraums in Bund und Ländern auf eine Überprüfung und Verbesserung des föderalen Gefüges. Das Gutachten der Kommission für die Finanzreform[3] stellt den Umfang und das Gewicht der im Finanzbereich anstehenden Fragen eindringlich vor Augen. Können doch die finanziellen Beziehungen seit jeher beanspruchen, nicht nur entscheidende Bedeutung für ein Staatswesen zu haben, sondern auch über dessen Strukturfragen in einem höheren Grade von Wahrheit auszusagen als dies oft in der Theorie möglich ist. Zeiten finanzieller Enge und Krise sind immer auch der Besinnung auf die Zweckmäßigkeit und Wirksamkeit der staatlichen Organisation und damit auch der Reform günstig gewesen. So mag es heute, 15 Jahre nach dem Erlaß der Verfassung, geraten erscheinen, die bundesstaatliche Struktur der Bundesrepublik im Lichte der eingetretenen Veränderungen der wirtschaftlichen und politischen Lage wie der erfolgten stillen Eigenbewegung

---

Aus: Die Öffentliche Verwaltung 1966, S. 513 - 520.

[1] Dabei ist vor allem auf das Emporkommen institutioneller Formen der gemeinsamen Länderarbeit (*Bachof*, VVDStRL 21 [1964], S. 118 f.) sowie den uniformierenden Einfluß des modernen Sozialstaates (*Köttgen*, Festschrift f. d. OLG Celle, 1961, S. 79 ff.) hingewiesen worden.

[2] *Konrad Hesse*, Der unitarische Bundesstaat, Karlsruhe 1962, S. 27 f.

[3] Gutachten über die Finanzreform in der Bundesrepublik Deutschland, Stuttgart 1966.

des Verfassungslebens neu zu würdigen und die künftige Entwicklung zu bedenken.

Wenn eine Verfassung ihre Bestandskraft darin bewährt, daß sie sich dem Wandel der Verhältnisse entsprechend zu entfalten und fortzubilden vermag, so gilt das in ganz besonderem Maße von der bundesstaatlichen Ordnung. Für ein so kompliziertes, ständig von den Verschiebungen der sozialen und politischen Kräfte berührtes System, das auf Konsens und Zusammenarbeit angewiesen bleibt, ist Anpassung und Beweglichkeit eine grundlegende Forderung[4]. Es liegt eine Schwäche der föderalen Bestimmungen des Grundgesetzes darin, daß sie in manchen Punkten diesem Bedürfnis der Anpassung und des Ausgleichs zu wenig Rechnung tragen, zu starr gehalten sind. Das gilt nicht von der Kompetenzverteilung, für die ein gewisses Maß von Bestimmtheit notwendig ist, aber von der Regelung des Ineinandergreifens der gesetzesausführenden Verwaltung in Bund und Ländern und von der Verwendung bestimmter sehr allgemeiner Formeln für die Relation von Bund und Ländern (Art. 30, 70 GG). Dadurch wird die Flexibilität des Systems eingeengt, und manche Fortbildungen der staatsrechtlichen Praxis geraten in eine Zone verfassungsrechtlichen Zweifels. Es ist auch kein Zufall, daß von den bis Ende 1965 ergangenen 14 Verfassungsänderungen — sieht man von den beiden auf anderen Ursachen beruhenden Änderungen zum Wehrsystem ab — nicht weniger als 10 Novellen den Bereich der Kompetenzen oder der Finanzordnung im Bunde betreffen. Das zeigt, wie sehr in diesem Gebiete immer wieder Spannungen und Probleme auftreten.

Ein Teil der grundsätzlichen Auseinandersetzungen um die Struktur des Bundesstaates hat sich in den letzten Jahren in der Form begrifflicher Erörterungen um die rechtliche Konstruktion des Bundesstaates und den Begriff des Föderalismus abgespielt[5]. Diese Diskussionen haben eine beträchtliche Unsicherheit gezeigt, so daß die Beurteilung von *Hesse*[6] wohl gerechtfertigt erscheint, es fehle an einer modernen Bundesstaatslehre. Die eigene Auffassung kann hier nur in einem kurzen Umriß angedeutet werden. Dabei erscheint es nicht nötig, noch einmal

---

[4] So sagt der kanadische Professor *Edward McWhinney*, Comparative Federalism, Toronto 1962, S. 10: „It has been so generally accepted, that the constitutional texts do not embody timeless absolutes; that the meaning of the constitutions was not frozen once and for all at the time of drafting but that the words of the text need constantly to be interpreted in the light of changing social expectations and needs."

[5] Übersicht der Diskussion bei *Walter Schmidt*, AöR 87 (1962), S. 271 ff.; *Geiger*, Mißverständnisse um den Föderalismus, Berlin 1962. Ferner die Verhandlungen der Staatsrechtslehrertagung in Münster über den Föderalismus, VVDStRL 21 (1964), S. 1 ff. mit Referat von *Lerche* und Diskussion.

[6] S. 1.

auf eine schon im methodischen Ansatz veraltete (weil von einem überholten anstaltlichen Staatsbegriff und einer Außerachtlassung moderner Ableitung der politischen Gemeinschaft aus dem Konsens der Bürger ausgehende) und in den Kategorien — Überordnung oder Gleichordnung, Unableitbarkeit, Ursprünglichkeit der Staatsgewalt usw. — unfruchtbare Theorie einzugehen. Sie kann in ihrem Formalismus nicht dem Wesen des Bundesstaates als einer im politischen Konsens des Volkes begründeten Verbindung selbständiger Entscheidungszentren zu einer höheren — in der Regel im Nationalprinzip legitimierten — Einheit und ebensowenig den Formen eines auf Verständigung und Kompromiß beruhenden Zusammenwirkens gerecht werden[7]. Der Bundesstaat kann nur als ein Gebilde verstanden werden, das, von einer historisch sich wandelnden staatspolitischen Auffassung getragen[8], das Miteinander selbständiger Verbände (Staaten) in einem höheren, institutionell ebenfalls umfassend ausgestalteten Gemeinwesen ermöglicht. Innerhalb des weiteren Begriffes der Staatenverbindung und der föderalen Vereinigung (Bund) stellt der Bundesstaat eine spezifische, durch die Intensität der Einfügung der Glieder in einen mit eigenen Organen handelnden Verband gekennzeichnete Form dar. Von einer föderalen Struktur kann im weiteren Sinne dagegen dort schon gesprochen werden, wo selbständige politische Gemeinschaften auf Dauer durch rechtliche und institutionelle Bande und einen beständigen Konsens derart verbunden werden, daß ihre Unabhängigkeit beschränkt wird. Daher befindet sich eine lockere Verbindung wie das (britische) Commonwealth, dessen rechtliche und institutionelle Bindungen bei vielen Gliedern ganz geschwunden sind, von einem föderalen Ausgang auf dem Weg zu voller Selbständigkeit der Glieder[9]. Umgekehrt kann man von den Europäischen Gemeinschaften sagen, daß ungeachtet man-

---

[7] Ich darf in dieser Hinsicht auf meine Darlegungen zur „Struktur und Aufgabe des Bundesstaates in der Gegenwart“, DÖV 1962, S. 641 ff. verweisen (abgedruckt in *diesem* Bande als Beitrag Nr. 18). Leider ist auch der in manchem verdienstliche Aufsatz von *W. Schmidt,* AöR 87, S. 253 ff. in einer formalen Zielsetzung, nämlich einem Nachweis der „Gleichordnung“ von Bund und Ländern stecken geblieben, bei dem man sich fragt, ob das Volk, das der Verfasser nur als „soziologisches Substrat“ der Staatsgewalt kennt (S. 295), in seiner nationalen Einheit überhaupt gesehen wird.

[8] Sie ist weithin die Idee, in der größeren Einheit die engere, nähere Lebensform des Kleinstaats oder Stammverbandes zu erhalten (*Imboden,* VVDStRL 21, S. 136 f.) — im weiteren Rahmen wäre das das „Europa der Vaterländer“ —; es kann aber auch der Gedanke der kulturellen Sonderung oder eigenen Lebensform maßgebend sein. Dagegen reicht der im Bunde liegende Beitrag zur Gewaltenteilung nicht aus, um das Nebeneinander zweier Ebenen politischer Entscheidung zu rechtfertigen.

[9] Zu dieser Deutung *McWhinney,* Federal Constitution-Making for a multinational world, Leyden 1966, S. 99 ff. In der Tat vollzieht sich hier eine fortschreitende Auflösung der besonderen rechtlichen Bindung der Glieder und der Übergang ihrer Relation ins internationale Recht. Vgl. *J. E. S. Fawcett,* The British Commonwealth in International Law, London 1963, S. 144 ff.

cher föderalen Elemente (Zugriff auf Individuen, unabhängige Organe) ihr Zusammenschluß noch nicht den Grad erreicht hat, wo die staatlichen Glieder ihre volle Unabhängigkeit aufgegeben und sich gebunden haben. Föderale Vereinigungen können verschiedene, nicht auf die Typen Bundesstaat und Staatenbund beschränkte Formen aufweisen. Auch ihre Entwicklungstendenz kann verschieden sein. Sie können einen Übergang zu voller Selbständigkeit bilden (so das Commonwealth) oder zur Verstärkung der Einheit neigen. Eintretende Umstände können auch die Richtung umkehren, wie heute der im Gang befindliche Prozeß der Vereinheitlichung in Kanada durch die leidenschaftliche Betonung der sprachlich-kulturellen Eigenart in Quebec auch im wirtschaftlich-institutionellen Felde aufgehalten und vielleicht gegenläufig wird[10]. Für den Bundesstaat ist das Miteinander von politischen Verbänden auf zwei Ebenen charakteristisch. Er stellt ein zusammengesetztes Gebilde dar, das beide umgreift, seinen institutionellen Ausdruck aber nur im Gesamtstaat — und nicht in einer übergreifenden Konstruktion — findet. Denn das Lebenselement des Bundesstaats ist das historische Ereignis, das einen Bau geschaffen hat, der fortdauernde Konsens aller seiner Bürger und der Geist der Zusammenarbeit, der Verständigung und des Kompromisses[11]. Eben diese Momente bedingen auch die flexible, dynamische Struktur des Bundesstaates.

Fordert demgemäß der Bundesstaat eine gemeinsame Wertgrundlage aller Glieder, so erschöpft er sich organisatorisch nicht in einer Kompetenzverteilung, sondern beruht auf einem balancierten Verhältnis gesamtstaatlicher Einwirkung auf die Glieder und einzelstaatlicher Mitwirkung an der Leitung des Ganzen. Geschichtlich haben sich zwei Grundtypen ausgebildet. Der zuerst in den Vereinigten Staaten verwirklichte angelsächsische Aufbau mit zwei streng getrennten organisatorischen Ordnungen, die kein Ineinandergreifen des Vollzugs bei Bund und Ländern kennen, keine Aufsicht, sondern eine alle Gewalten umgreifende vertikale Kompetenzteilung. Sie hat der englische Rechtslehrer *Wheare* zu Unrecht unter dem Stichwort „co-ordinate and independent" zum einzigen Typ des Bundesstaates erhoben[12]. Ihm steht der mitteleuropäische Typ gegenüber, in dem Bund und Glieder enger verflochten sind, vor allem der Vollzug auch von Bundesgesetzen den Gliedern zusteht und diese aufsichtlicher Einwirkung unterliegen[13].

[10] Siehe hierzu *P. A. Crepeau* und *C. B. Macpherson*, The Future of Canadian Federalism, Toronto 1965.

[11] Mit Recht betont *McWhinney* die Notwendigkeit eines „sufficient minimum value consensus" und eines „general spirit of moderation and compromise" als Grundlage des Föderalismus (Federal Constitution-Making, S. 6, 135 ff.).

[12] *K. C. Wheare*, Federal Government, 3. Aufl., Oxford 1953, S. 3, 11 ff.

[13] Zur Unterscheidung dieser Ausprägungen des föderalen Systems meine

In der neueren Entwicklung beginnt aber auch im Bereich des angelsächsischen Föderalismus die Verflechtung und bildet sich auch hier ein vielfältig verstrebtes Gesamtgefüge aus. Denn von Sonderfällen der ohne genügende politische und soziale Kohärenz geschaffenen Bünde in Asien und Afrika (Mali, Nigeria, Malaysia) abgesehen, überwiegt heute in allen Bundesstaaten eine Tendenz, die zunehmend auf einheitliche Vorsorge für den Bürger in Erziehung, Sozialdiensten und wirtschaftlicher Hilfe hindrängt, die Kräfte der lokalen Sonderart einebnet und für manche Aufgaben auch größenmäßig auf weitere Räume weist. Mit dieser mächtigen Strömung haben sich heute alle Bundesstaaten auseinanderzusetzen[14].

II. Die föderale Ordnung des Grundgesetzes

Das Grundgesetz unterscheidet sich von seinen Vorgängern von 1867/71 und 1919 vor allem dadurch, daß es die Bereiche von Bund und Ländern durch scharfe und starre Linien abzugrenzen sucht. Insbesondere die *Bismarck*'sche Verfassung bildete hierzu in ihrer hohen Beweglichkeit, die die Gestaltung föderaler Beziehungen weithin dem einfachen Gesetz und der Verständigung überließ, einen Gegensatz. Das Reich konnte durch einfaches Gesetz eigene Vollzugsbehörden errichten; die Schaffung unmittelbarer Aufsichtsrechte von Reichsbehörden über Landesbehörden[15] oder deren Einsetzung als Rekursbehörden war durch Gesetz zulässig; in allen diesen Formen konnte eine Verflechtung und Durchdringung der Verwaltung vom Bunde aus betrieben werden. Ein subtiles, aber höchst bedeutendes Instrument föderaler Gestaltung war auch die nahe Verbindung zwischen dem Reich und der preußischen Monarchie. Bei dem Gewicht Preußens konnte dieses auch durch sein Vorbild ohne weiteres die kleineren Staaten leiten und beeinflussen, die dem preußischen Vorgehen oft einfach folgten, ja, die manche Verwaltungszweige an die preußische Verwaltung anschlossen (besonders im militärischen Bereich)[16]. Das Fehlen von Bestimmungen

---

Darlegungen, in: Föderalistische Ordnung. Hrsg. v. *Süsterhenn*, Koblenz o. J. (1961), S. 63 ff. Sie wird auch anerkannt bei *McWhinney* als Gegensatz von Common Law and Civil Law Tradition (Federal Constitution-Making, S. 1 bis 3).

[14] *W. Brooke Graves*, American Intergovernmental Relations, New York 1964, S. 16 f.; *Bernard Schwartz*, The Reins of Power, London 1963, S. 153 ff.; *Russel Kirk*, in: *Robert A. Goldwin*, A Nation of States, Chicago 1965, S. 51 f.; Bericht der Kommission für die Finanzreform, 1966, Tz. 75 - 80.

[15] Vgl. hierzu *Triepel*, Die Reichsaufsicht, 1917, S. 296 ff.

[16] Vgl. *Triepel*, Unitarismus und Föderalismus im Deutschen Reich, Tübingen 1907, S. 75 f. Ein Land, Waldeck, übertrug 1867 seine ganze Verwaltung an Preußen, das sie für den Fürsten ausübte. Vgl. *Laband*, Das Staatsrecht d. Dt. Reiches, 5. Aufl., Bd. I, Tübingen 1911, S. 133; *Triepel*, Reichsaufsicht, S. 293.

der Verfassung über die Abgrenzung der Verwaltung erleichterte diese Beweglichkeit. Sie hat, wenn auch die Macht des Reiches über die Jahrzehnte anstieg, keineswegs zu einer Aushöhlung der Länder geführt. Dazu trug, neben der starken Stellung, die diese im Finanzbereich behielten[17], vor allem die zentrale Stellung und die Arbeitsweise des Bundesrates bei, der wirklich zu einer Umschlagstelle zwischen Reich und Gliedstaaten wurde. Es ist bekannt, daß Ende der 70er Jahre eine föderalistische Welle Erfolge erzielen konnte[18], und eigentlich hat erst der erste Weltkrieg zwei entscheidende Veränderungen bewirkt: ein großes Anwachsen der Reichsbehörden, die nun erst das Feld der Wirtschaft und der Arbeitsverhältnisse für sich einnahmen, und die Kraft des nationalen Erlebnisses, die nunmehr die Deutschen den nationalen Staat als die entscheidende Einheit empfinden ließ. Bemerkenswert ist vor allem die große Rolle, die in diesem System Vereinbarungen der Länder untereinander wie solche des Reiches mit den Ländern spielten[19]. Da eine Verfassungsgerichtsbarkeit fehlte, waren die Glieder des Reiches in der Tat auf Verständigung angewiesen[20].

Die Weimarer Republik hat in zwei Etappen eine einschneidende Verstärkung der Zentralgewalt gebracht, zuerst in der Verfassung, sodann Ende der 20er Jahre unter der Einwirkung der Wirtschafts- und Finanzkrise. Der Kompetenzverteilung kam dabei ein geringerer Anteil zu; von grundlegender Bedeutung war hier nur die Übertragung der gesetzgeberischen Verfügung über die Steuern und der Finanzverwaltung auf das Reich (Art. 8 WeimRV). Daß dem Reich eine Grundsatzgesetzgebung über ein zentrales Gebiet der Länderverwaltung, die Schule, zugewiesen wurde (Art. 10 Ziff. 2), hat infolge der Differenzen um das Reichsschulgesetz keine praktische Auswirkung gehabt. Es zeigte sich, daß bei der sehr unterschiedlichen konfessionellen Lage und historischen Tradition in den Teilen des Reichsgebietes jedenfalls die mit Konfession und Weltanschauung zusammenhängenden Fragen besser der differenzierenden Behandlung der Länder verblieben. Auch in der Weimarer Verfassung war von entscheidender Bedeutung, daß die Verfassung die Ausdehnung der Reichsverwaltung nicht beschränkte; ein einfaches Gesetz konnte daher dem Reich die Finanzverwaltung übertragen (Gesetz über die Reichsfinanzverwaltung v. 10. 9. 1919, RGBl. S. 1591, *Erzbergersche* Steuerreform)[21].

---

[17] Hier ist vor allem auf das System der Matrikularbeiträge zu verweisen, vgl. *Triepel*, Unitarismus, S. 47 f., 31 ff.

[18] *Triepel*, Unitarismus, S. 48 ff.

[19] *Triepel*, Unitarismus, S. 47; Reichsaufsicht, S. 254 ff., 267.

[20] Aus diesem Bereich stammt die Rücksicht der Bundesglieder aufeinander, die Bundestreue und Bundesfreundlichkeit, die *Rudolf Smend* zuerst herausgehoben hat (Staatsrechtl. Abhandlungen, Berlin 1955, S. 51, 57 ff.).

[21] Vgl. *O. Bühler*, in: HdbDStR, Bd. I, 1930, S. 324.

Geringer wogen die reichseigenen Behörden in der Arbeitsverwaltung und Versorgung, wie man denn auch 1949 diese Zweige in den unteren Instanzen ohne Schwierigkeit hat wieder auf die Länder überführen können[22]. Gewichtiger dagegen war die nun erfolgte Konzentration der Verteidigung beim Reich. Aber insgesamt behielten die Länder, wie schon unter dem Kaiserreich[23], doch noch einen weiten Raum eigener Gestaltung in der Innen-, Kultur-, Landwirtschafts- und Wohnungspolitik. Dagegen bedeutete es eine Schwächung der Länder, daß der Reichsrat von einem halbdiplomatischen mitregierenden Organ nun zu einer mehr bürokratischen Instanz herabsank, dem nun freilich die unitarisch wirkenden Kräfte der Parteien, der Spitzenverbände und ganz generell des parlamentarischen Systems gegenübertraten[24]. Aber die stärkste vereinheitlichende Wirkung ging vom Finanzsystem aus. Jetzt setzte die dem Reich von 1871 noch unbekannte Stützung der ärmeren Länder durch den Verteilungsschlüssel der Steuern[25] wie durch die — freilich noch sehr begrenzte — auf § 35 FinAusglG gestützte Ergänzung der Steuerüberweisungen für „arme Länder" ein[26].

In dieser Richtung hat dann vor allem die Krise um 1930 eingewirkt. Die Notverordnungen griffen zwar auch sonst nun erheblich in den Länderbereich ein. Aber es darf nicht übersehen werden, daß *Brüning* ihre Hauptfragen vorher mit den Ländern besprach, sich überhaupt in seiner Politik auf Reichsrat und Konferenzen mit den Ministerpräsidenten der Länder abzustützen suchte[27]. Die eigentliche Erkenntnis jener Krisenjahre war die Einsicht, daß die Finanzen von Reich, Ländern und Gemeinden sich nicht trennen lassen, daß sie ein finanzielles Verbundsystem darstellen und in ihrer wirtschaftlichen Auswirkung als Ganzes gesehen werden müssen[28]. Zu einem gewissen Ausmaß wurde ein solches Gesamtsystem dann auch in den letzten Jahren der Weimarer Republik hergestellt oder wenigstens angelegt. Es hat einer längeren Zeit

---

[22] Einen trefflichen Überblick über die Verwaltungskompetenzen gibt *Lassar*, HdbDStR, Bd. I, S. 312 ff.

[23] Vgl. *Triepel*, Reichsaufsicht, S. 359.

[24] Daß diese uniformierenden Tendenzen schon wirksam wurden, hat mit Recht *Lassar* bemerkt (S. 312).

[25] Vgl. *O. Bühler*, S. 338.

[26] Siehe *Bühler*, S. 337. Im Jahre 1926 machte der Ausgleich indes erst 15,6 Mill. Mark aus. Wichtiger war daher wohl die damals bereits einsetzende Fondswirtschaft des Reiches als Einflußmittel, lebhaft umstritten aber verfassungsrechtlich noch nicht durch allgemeine Formeln gebunden. Vgl. *Lassar*, S. 316; *Köttgen*, Fondsverwaltung in der Bundesrepublik (res publica 14), Stuttgart 1965, S. 14 ff., 46 f.

[27] Es darf hier auf neuere historische Forschungen verwiesen werden: *Waldemar Besson*, Württemberg und die deutsche Staatskrise, Stuttgart 1959, S. 166 ff., 184 ff., 195 ff.

[28] Daß es sich hier um einen bleibenden modernen Erkenntnissatz handelt, bestätigt *Hettlage*, VVDStRL 14 (1956), S. 16 f.

bedurft, bis man unter dem Grundgesetz, das den Versuch getrennter Aufkommenssysteme unternehmen wollte, zu der Erkenntnis der Unerläßlichkeit eines breiter angelegten Verbundsystems — das zumindest das Trennsystem ergänzen muß — zurückgefunden hat, das eine innere Verbindung zwischen Aufgabenverteilung und Lastenträgerschaft für alle Teile der öffentlichen Verwaltung herstellt[29].

In einem Punkt unterschied sich die Zeit zwischen 1919 und 1933 bereits wesentlich von der voraufgehenden Epoche. Im Kaiserreich kamen in der Solidarität des monarchischen Gedankens politische Konflikte als Richtungsgegensätze zwischen Reich und Ländern nicht vor oder wurden doch verdeckt[30]. In der Weimarer Zeit, bei eingetretener Schwächung der preußischen Hegemonie[31], sah sich das Reich nicht nur einer steten Kritik an seinen zentralistischen Tendenzen ausgesetzt, die in der bayerischen Denkschrift von 1926 einen markanten Ausdruck fand; einzelne Länder verfolgten zeitweilig auch eine die Grundlagen des Verfassungskonsenses im Reich in Frage stellende radikale Politik (Thüringen, Sachsen in den frühen 20er Jahren) oder duldeten und förderten radikale Umtriebe (Bayern), so daß es zu schweren Konflikten und zum Einschreiten der Reichsgewalt kam[32].

Faßt man zusammen, so stellte sich unter der Verfassung von 1919 keineswegs ein reibungsloses System der Zusammenarbeit ein, zumal Fragen wie der Dualismus Preußen - Reich und die Neugliederung ungelöst blieben. Aber mit der Verstärkung der Reichsgewalt — mochte sie an einzelnen Punkten vielleicht auch zu weit gehen — war um 1930 ein Zustand erreicht, der dem allgemeinen Gefühl für die Verlagerung der wirtschaftlich-sozialen Schicksalsfragen auf den Gesamtstaat entsprach, den Ländern aber noch einen weiten Betätigungsraum, vor allem in innerer und kultureller Verwaltung beließ.

Nach den Überspannungen des Zentralismus im Dritten Reich bezweckt das Grundgesetz unter dem Einfluß des zeitlichen Vorangangs der Wiedererrichtung der Länder und der alliierten Wünsche, den am

---

[29] Kommissionsbericht über Finanzreform, Tz. 217 - 243. Ich vermag freilich die optimistische Annahme nicht zu teilen (Tz. 225), daß die Regelung von 1955 bereits die erforderliche Gesamtsicht hergestellt habe.

[30] Als Ausnahme kann man vielleicht den Thronfolgestreit in Braunschweig anführen.

[31] Preußen hat im ganzen in dieser Epoche treulich mit dem Reich — trotz politischer Divergenzen — zusammengearbeitet, aber hin und wieder beschritt es doch auch den Weg föderaler Opposition. Vgl. *Eberhard Schulz*, Zwischen Demokratie und Diktatur, Bd. I, Berlin 1963, S. 486 - 515.

[32] Zu Mitteldeutschland siehe *Poetzsch-Heffter*, JöR 13 (1925), S. 138 ff. Die wiederholten schweren Konflikte mit Bayern (Einwohnerwehren, Republikschutzverordnung und Ausnahmezustand 1923) wurden bezeichnenderweise stets durch Entgegenkommen des Reiches im Vereinbarungswege beigelegt. Vgl. *Poetzsch-Heffter*, S. 73 ff., 91 ff. sowie *Schulz*, S. 320 ff., 364 ff., 404 ff.

Ende der Weimarer Zeit erreichten Stand um ein erhebliches Maß zugunsten föderaler Kräfte zurückzuverlegen. Man darf aber den Blick, um das System des Grundgesetzes zu verstehen, nicht allein auf die Kompetenzfrage richten. Mit der Stärkung der Länderaufgaben verband sich ein die Verfassung durchziehender Ansatz, die Bundesgewalt in enge und starre Rechtsschranken vor allem in ihrer Verwaltungstätigkeit zu bannen (Art. 30, 83, 85 - 87), und eine gegenüber Weimar beträchtlich verstärkte Sicherung der Länder durch die Verfassungsgerichtsbarkeit. Dadurch ist aus einem auch nach 1919 weithin noch beweglichen ein starres föderales System geworden, und man geht kaum fehl, hier den Anlaß für zahlreiche Konflikte und einen ständigen Reibungsverlust der gesamten Verwaltung im Bunde zu erblicken.

In der Kompetenzverteilung liegt die wesentliche Note der Veränderung nicht. Mit dem Wegfall der Grundsatzgesetzgebung des Bundes in Fragen der Kirchen, Schulen und Hochschulen ist die Stellung der Länder im kulturellen Bereich stärker abgeschlossen worden; man darf anerkennen, daß sich in der Tat auf diesem Felde, wie die heutige Bildungsdebatte zeigt, Eigenart und Leistung der Länder am kräftigsten ausprägt, und wird vielleicht nur den in der früheren Kompetenz liegenden Anstoß des Bundes zum Handeln vermissen können. An einzelnen Punkten (Wasserrecht, Bauwesen) ergeben sich komplizierte Abgrenzungen, nicht immer glücklich, aber das berührt keine entscheidenden Punkte. Es ist die Versteifung in der Zusammenarbeit von Bund und Ländern, die aus der strengeren Trennung ihrer Verwaltungsorganisationen folgt und die Verkürzung der Aufsicht auf die Gesetzesausführung — womit aufsichtliche Möglichkeiten der Anrufung der Verfassungsgerichtsbarkeit im Raume der früheren „selbständigen" Aufsicht nicht entfallen —, die der Verfassungsordnung ihr signum gibt. Das erstreckt sich auch auf die Finanzordnung, wo Art. 106 Abs. 5 und 7 (Fassung v. 1955/56) die Länder gegen die Ingerenz des Bundes durch Fondswirtschaft und Zuweisungen zu sichern suchen.

Im politischen Denken und in der Literatur hat es bisher kaum viel Beachtung gefunden, daß mit dem Wegfall des preußischen Staates sich die ganze Struktur des Bundes weitgehend geändert hat. Es fehlt die unitarisierende und beispielhafte Wirkung des Großstaats unter den Ländern, die Länder sind nun allesamt auf einer gewissen mittleren Ebene. Damit fehlt aber dem Bunde eine entscheidende Hilfe: die am Sitz der Bundesregierung vorhandene Verwaltungserfahrung eines Landes, die nahe Zusammenarbeit, vor allem die Hilfe in Erwerb und Wechsel des Personals. Besonders im letzten Punkte sind die Auswirkungen höchst nachteilig, da die Fluktuation von Praxis und Ministeriallaufbahn zu gering wird. Es gehört zu den politischen Fakten des Staatslebens der Bundesrepublik, daß ihr größtes Land, in dem die

Bundesbehörden ansässig sind, niemals daran gedacht hat, die Rolle Preußens zu übernehmen, im Gegenteil, eher zu den föderalen Opponenten des Bundes zählt. Hier liegt eine der Ursachen, warum sich heute leichter eine Länderfront gegen den Bund aufbaut, und wohl auch ein Grund für die geringe politische Note des Bundesrates. Die Frage der Neugliederung kann man nach dem Urteil des Bundesverfassungsgerichts vom 11. 7. 1961 (BVerfGE 13, S. 54 ff.) wohl für nicht vordringlich halten. Geht man davon aus, daß sich ein moderner Staat in etwa 10 - 12 Jahren administrativ hinreichend verfestigt hat, so wird man gut tun, Art. 29 als unerledigten Verfassungsauftrag zu bewerten. Nur Vereinbarungen sind hier noch möglich und dem Bundesstaat angemessen. Immerhin hat die Zeit nach 1945 doch eine wesentliche Bereinigung der Landkarte gebracht und hat den Zusammenschluß von Baden-Württemberg — leider infolge des Urteils des BVerfG vom 23. 10. 1951 (BVerfGE 1, S. 14 ff.) in anfechtbarer Form erfolgt — hervorgerufen.

Die juristische Verfestigung der Verfassung wird abgeschlossen durch die Bestimmung des Art. 79 Abs. 3 GG, die gewisse Grundlagen des Bundesstaates der Verfassungsänderung entzieht. Die Tragweite dieser Vorschrift sollte zwar nicht überschätzt werden. Was sie sichert, ist weder Kompetenzverteilung noch Aufsichtsform im einzelnen. Erhalten werden muß nur die Natur der Länder als Staaten, d. h. mit ausreichendem Wirkungsbereich, die Mehrzahl der Länder und sowohl die Mitwirkung eines föderalen Organs bei der Bundesgesetzgebung wie die eigene Rechtsetzung der Länder[33]. Das bundesstaatliche Gefüge als solches bleibt aber jedenfalls geschützt, und auch insofern haben die Länder eine weitere Garantie erhalten.

III. Die Fortentwicklung unter dem Grundgesetz

So sehr das Grundgesetz nach rechtlicher Festlegung gestrebt hat, so hat es nicht verhindern können, daß sich im föderalen Bereich doch in den letzten 15 Jahren bedeutsame und tiefe Veränderungen ergeben haben. Sie gehen in verschiedene Richtung und zeigen im Ganzen eine verschärfte Spannung zwischen den Tendenzen zur juristischen Festlegung auf der einen, den Kräften der sozialen und politischen Entwicklung auf der anderen Seite. Es ist häufig betont, daß sich die Ordnung des Grundgesetzes einer Abschwächung der föderalen Empfindung in manchen Teilen ihres Gebietes und starken uniformierenden Tendenzen von mancher Seite her ausgesetzt sieht. Daß nur in den süddeutschen Staaten und den Hansestädten ein altes und gefestigtes Gefühl der Selbständigkeit lebendig ist, wird man kaum bestreiten kön-

[33] Vgl. *Th. Maunz*, Deutsches Staatsrecht, 14. Aufl. 1966, S. 185.

nen[34]. Hier liegt eine Schwäche des Föderalismus[35], doch sollte man landschaftliche Traditionen in anderen Ländern nicht zu gering bewerten. Viel eingreifender ist hingegen die aus den Gegebenheiten des heutigen wirtschaftlichen, sozialen und politischen Lebens stammende Neigung der Bevölkerung, einheitliche Regelungen über das ganze Gebiet des Bundes hin zu erwarten. Die Not der Vergangenheit und die Mobilität der Bevölkerung führte dazu, daß die deutschen Bürger heute Differenzen in Besteuerung, Sozialvorsorge, allgemeiner staatlicher Lebenserleichterung, Bildungsmöglichkeiten oder Wirtschaftsförderung nicht mehr hinzunehmen bereit sind. Damit fehlt die Bereitschaft, um der Selbständigkeit der Länder willen Besonderheiten oder gar Nachteile in Kauf zu nehmen, die früher vorausgesetzt wurde und die heute noch in anderen Bundesstaaten gilt. Verfassungsrechtlich kommt diese Grundstimmung darin zum Ausdruck, daß die in Art. 72 Abs. 2 Ziff. 3 als Schranke der konkurrierenden Gesetzgebung gedachte „Wahrung der Rechts- und Wirtschaftseinheit" und „Wahrung der Einheitlichkeit der Lebensverhältnisse" nicht nur, weil diese Forderung weitgehend erhoben wird, in der Regel als gegeben erscheint, sondern zuweilen geradezu als Weisung an den Bund, Fragen an sich zu nehmen, mißverstanden wird[36].

In der gleichen Richtung wirkt, wie schon in der Weimarer Epoche erkannt wurde, die Tätigkeit der beruflichen und wirtschaftlichen Verbände. Regional organisiert, geht doch auch ihr Streben nach Einheitlichkeit im ganzen Bundesgebiet und neigen sie dazu, lieber an die zentrale Tür zu klopfen als an viele Einzelpforten. Indem sie Leistungen und Vorteile vergleichen, die regional bestehen, wirken sie auch direkt auf Vereinheitlichung hin.

Besondere Probleme entstehen dort, wo dieser Zug zur einheitlichen Gestaltung sich in dem der Landesgesetzgebung vorbehaltenen Raum geltend macht. Das gilt gegenwärtig in erheblichem Ausmaß für das Schul- und Bildungswesen, bei dem eine ungeduldige öffentliche Meinung auf Einheit dringt, das gilt aber auch von den Bemühungen um Straßenbau (Verkehr), Reinhaltung der Gewässer[37] und der Luft oder von der Gesetzgebung über Beamtenrecht und Presse. Die Folge dieser

---

[34] So richtig auch *Maunz,* S. 173.

[35] Die auch nicht durch das Selbständigkeitsbewußtsein der Länderbürokratie ersetzt werden kann.

[36] Gegenüber der Großen Anfrage IV/1829 sahen sich in der 118. Sitzung des Bundestages v. 4. 3. 1964 der Bundesminister für wissenschaftliche Forschung, *Lenz* (Sten.Ber., S. 5451 D), und der Kultusminister des Landes NRW, Prof. *Mikat* (S. 5454 A) veranlaßt, zu betonen, daß Art. 72 Abs. 2 Ziff. 3 GG keine Zuständigkeit des Bundes begründen oder erweitern kann.

[37] Dabei hat die Reinhaltung der Gewässer schon vor 1918 die Aufmerksamkeit des Reiches auf sich gezogen. Vgl. *Triepel,* Reichsaufsicht, S. 426 ff.

Situation ist, daß die Länder den Weg gegenseitiger Abstimmung beschreiten müssen, sei es, daß sie Musterentwürfe für ihre Gesetzgebung (Wasser, Wege, Beamte usw.) aufstellen, die eine gewisse Einheitlichkeit sichern, oder daß sie darüber hinaus laufende Verständigung suchen, wie es auf dem Gebiete der Schule in der ständigen Konferenz der Kultusminister geschieht.

Diesen Tendenzen gegenüber haben sich aber umgekehrt auch die Länder in ihren föderalen Kräften geregt. Dabei haben sie auf einem Felde einen sichtbaren Erfolg errungen. Durch die weite, von ihnen durchgesetzte Handhabung des Begriffs „Zustimmungsgesetz" (gemäß Art. 77, 84 Abs. 1 GG) hat sich der Bundesrat bei einem großen Teil aller wesentlichen Gesetze das Zustimmungsrecht gesichert und damit den Ländern eine wirksame Verteidigungswaffe für ihre Anliegen an die Hand gegeben[38]. Der Bundesrat ist überhaupt die Stätte geworden, wo die Länder nicht nur bei der Gesetzgebung mitberaten, sondern im besonderen ihre Zuständigkeit sichern. Das hat freilich im Verein mit der Starre der Verfassung eine Folge, die einmal offen ausgesprochen werden muß. Über die Jahre hin spielt sich über Fragen der Kompetenzabgrenzung, der Verwaltungsformen, der zulässigen oder unzulässigen Methoden der Zusammenarbeit von Bund und Ländern ein mit großem juristischen Aufwand geführter „juristischer Stellungskrieg" ab. Das ist an sich natürlich, und auch die Anrufung des Verfassungsgerichts (z. B. über die Verteilung der Kompetenzen im Bauwesen BVerfGE 3, S. 407 oder im Wasserrecht BVerfGE 15, S. 1) ist ein normaler Vorgang föderaler Auseinandersetzung. Dennoch wird man auf die Dauer fragen müssen, ob hier nicht — auch in der Literatur — ein unverhältnismäßiger Arbeitsaufwand um oft geringe Fragen aufgewandt wird und ob nicht in manchen Punkten die Länder mit ihrem Widerstand nur Scheinsiege erfochten haben. Dem wahren Wesen des Bundes, der Verständigung und der Zusammenarbeit dient diese — gewiß zuweilen auch unumgängliche — stete Auseinandersetzung nicht immer. Von der Sache her gesehen, wird sie in kompetenzmäßig geteilten Gebieten (etwa beim Wasser) auch zum Hemmnis des Fortschritts. Den Höhepunkt dieser Tendenz zur Juridifizierung der föderalen Beziehungen stellte das Fernseheurteil vom 28. 2. 1961 (BVerfGE 12, S. 205 = DÖV 1961, S. 504) dar. Auf seine Bedeutung für Art. 5 GG, die hier nicht zur Debatte steht, ist nicht einzugehen. Für den föderalen Bereich ist dieses Urteil stark gefeiert und gar im Sinne der Freigabe eines Länderbundes mißverstanden worden. Heute ist schon deutlicher, daß es Jahre hindurch den Weg zur Kooperation von Bund und Ländern eher versperrt hat.

[38] *Hans Schäfer*, Der Bundesrat, Köln 1955, S. 86 ff.

In den letzten Jahren ist mehr und mehr eine Erscheinung in den Vordergrund getreten, die eine tiefgreifende Umformung der von der Verfassung vorgesehenen bundesstaatlichen Form beinhaltet. Die Länder gehen über die Vereinbarung einzelner gemeinsamer Einrichtungen (Gerichtsgemeinschaften, gemeinsame Behörden) und auch über institutionell in Konferenzen der Minister oder gemeinsamen Gesetzesentwürfen verfestigte Abstimmungen ihrer Gesetzgebung und Verwaltung — Formen, die sich fraglos im Rahmen der Verfassung halten[39] — hinaus und schaffen Gemeinschaftseinrichtungen, die Entscheidungen treffen oder Normen setzen können. An der Unzulässigkeit solcher aus der parlamentarischen Verantwortung des einzelnen Landes heraustretender und mit Hoheitsbefugnissen ausgestatteter Einrichtungen ist festzuhalten[40]. Die Entscheidung des Bundesverwaltungsgerichts zum II. Fernsehen[41] vermag demgegenüber nicht voll zu überzeugen, da sie sich im wesentlichen nur auf die Staatsqualität der Länder, die Zulässigkeit von Verträgen (die nicht unbegrenzt ist) und die föderalistische Gewaltenteilung beruft, alles Gesichtspunkte, die den Kern der Verfassungsbedenken, den Grundsatzaufbau des Bundes, der eine dritte Länderebene ausschließt, nicht berühren. Richtig ist freilich, daß an dieser Stelle ein echtes Bedürfnis des Staatslebens in Erscheinung tritt. Innerhalb der Grenzen der Verfassung ist es nur durch Methoden der auf freier jeweiliger Zustimmung beruhenden Koordination zu lösen, die nicht immer rechtlich und praktisch ausreichen. Es erscheint daher berechtigt, hier an eine Ergänzung der Verfassung zu denken. Die von der Kommission für die Finanzreform vorgeschlagenen Gemeinschaftsaufgaben von Bund und Ländern würden für einen bestimmten Kreis von Aufgaben eine Lösung durch Verfassungsänderung ermöglichen und, was für die Wirksamkeit der nötigen Planungen und Ausführungen wesentlich wäre, zugleich dem Bund eine Beteiligung eröffnen. Die gegen diesen Vorschlag aus Art. 79 Abs. 3 GG erhobenen Bedenken[42], es könne hier die Gesetzgebung der Länder ausgehöhlt werden, schlagen nicht durch, denn der Entwurf der Kommission bindet die Vereinbarung an die Zustimmung des Bundesrats, also an die Mitwirkung der Länder. Es muß jedenfalls beachtet werden, daß die Fortführung der jetzigen Wege der Koordinierung der Länder, wenn sie über ein gewisses Maß hinausgeht, die gesamte Grundlage der bundesstaatlichen Ord-

---

[39] Hierzu *Kölble,* NJW 1962, S. 1083.

[40] In diesem Sinne *Kölble,* NJW 1962, S. 1081 ff.; *F. Klein,* in: Gemeinschaftsaufgaben zwischen Bund, Ländern und Gemeinden, Berlin 1961, S. 158 ff., der insbesondere auch die „treuhänderische" Leitung einer solchen Einrichtung durch ein Land für unstatthaft hält. Ferner Kommission f. d. Finanzreform, Tz. 32 ff.

[41] DVBl. 1966, S. 566 ff.

[42] Siehe *Konow,* DÖV 1966, S. 368 ff.

nung verändern würde. Denkt man sich wichtige Gebiete derart in Gemeinschaftseinrichtungen der Länder koordiniert, so würden zwei unitarische Gebilde[43] nebeneinander bestehen: der Bundesstaat und daneben ein Länderbund. Auch der Hinweis auf die damit erzielte Gewaltenteilung könnte nicht hindern, daß damit der normative Gehalt des Art. 20 (Bundesstaat), des Art. 30 (Sache der Länder, nicht eines Länderbundes), der Art. 70, 83, 84 (eigene Angelegenheit, d. h. selbständig, nicht durch ein gemeinsames Gebilde) verletzt würde. Ein Staatsgebilde, in dem sich schließlich einmal der Bund, dann aber ein aus den Länderkompetenzen geformter Länderbund gegenüberstehen könnte, würde nicht nur der Landesbevölkerung jede Kontrolle über den Landesbereich entziehen, sondern auch die Vorzüge des Bundesstaates, das nähere politische Engagement im begrenzteren Raum, aufheben. Ob der von der Kommission für die Finanzreform vorgeschlagene Weg gegangen wird oder nicht, der Ausweg wird auf die Dauer durch Verfassungsänderung gefunden werden müssen. Denn in begrenztem Umfang, beschränkt auf Materien, in denen eine Vereinheitlichung aus wirtschaftlichen, finanziellen oder rein administrativen Gründen (z. B. Großforschung, Reinhaltung des Wassers, gewisse Planungsaufgaben) notwendig ist, wird diese Koordination der Länder als begründet und entwicklungsbedürftig anzusehen sein. Sie muß nur eine verfassungsrechtlich einwandfreie Grundlage erhalten. Überblickt man diese Entwicklung, so wird deutlich, daß sie an mehreren Punkten — die Finanzfrage soll hier nicht näher berührt werden, gehört aber auch hierher — über die Anlage des Grundgesetzes hinausgewachsen ist. Notwendig erscheint vor allem, unter einer Beachtung des Prinzips föderaler Ordnung, daß Verständigung und Kompromisse das Lebenselement dieser Staatsform bilden, dem Weg der Zusammenarbeit und Verständigung, den man heute auch mit dem Wort vom kooperativen Föderalismus bezeichnet, den Vorzug zu geben. Dazu müssen alle Seiten beitragen. Der Bund, indem er deutlich macht, daß er Selbständigkeit und Tätigkeitssphäre der Länder achtet und nicht um der Machterweiterung willen allein in fernere Bereiche vorzudringen sucht, die Länder, indem sie bei Koordinationsbereichen, in denen gemeinsame Planung und Verwaltung nötig wird, prüfen, ob nicht die Teilnahme des Bundes eine wirksamere und bessere Regelung ermöglicht.

IV. Der kooperative Föderalismus

In dem Gutachten der Kommission für die Finanzreform wird ein Gedanke erstmals in die amtliche Sprache eingeführt, dem für die künftige Entwicklung eine erhebliche Bedeutung beizumessen ist, der ko-

---

[43] Der von *Konow*, S. 373 unternommene Versuch, Unitarisierung und Zentralisierung zu scheiden, ist bloß ein Wortspiel.

operative Föderalismus[44]. Versteht man ihn richtig, so bezeichnet er das Prinzip, daß dort, wo die Sachaufgaben eine einheitliche und planend abgestimmte Zusammenarbeit aller Ebenen und Träger der öffentlichen Verwaltung erfordern, eine Koordination und ein Zusammenwirken aller Beteiligten, Bund, Länder und Gemeinden, herbeigeführt wird, daß grundsätzlich die öffentliche Tätigkeit in ihrem Zusammenspiel und ihrer gemeinsamen Verpflichtung für das Wohl der Bürger gesehen wird. Es wird damit ein föderales System bezeichnet, in dem die notwendigen Formen und Einrichtungen einer Zusammenarbeit der verschiedenen Verbände hergestellt werden. Der Begriff stammt aus der angelsächsischen Sphäre, vor allem wurde er in den Vereinigten Staaten in den letzten Jahrzehnten entwickelt. Hier wendet er sich anfangs gegen den älteren „dual federalism", der Bund und Einzelstaaten als streng getrennte Bereiche ansah[45], hat aber diesen Ausgang längst hinter sich gelassen. Er dient nun dazu, die immer umfangreichere Zusammenarbeit zu definieren, die seit dem Beginn dieses Jahrhunderts sich als „intergovernmental relations" zwischen den Staaten untereinander wie zwischen ihnen und dem Bunde aufgebaut hat.

Das wichtigste Mittel dieser — in gewisser Ähnlichkeit sich auch in Kanada und Australien vollziehenden — Entwicklung ist die der deutschen Fondswirtschaft ähnliche Methode der Bundeszuwendungen für bestimmte Zwecke unter Festlegung bestimmter zu erreichender Ziele und zu wahrender Standards (Grants in Aid)[46]. Diese Zuschüsse, die keinen verfassungsrechtlichen Schranken begegnen, setzten in den USA sehr früh ein, gewannen ihr volles Gewicht seit dem ersten und zweiten Weltkriege und dienen nun auf weiten Gebieten (Förderung der Landwirtschaft, Schulen und Berufsschulen, Straßen, Wohnungsbau, Gesundheitswesen und Krankenhäuser, Wasser und Luft usw.) sowohl einer vereinheitlichenden Leistungsvorsorge wie zugleich einem gewissen Finanzausgleich zwischen stärkeren und schwächeren Ländern[47].

---

[44] Bericht, Tz. 73 - 77.

[45] Hierzu *Vile*, The Structure of American Federalism, Oxford 1961, S. 159 ff.; zum cooperative Federalism siehe ferner *William Anderson*, Intergovernmental Relations in Review, Minnesota 1960, S. 25 ff., 65 ff.; Angaben auch bei *Lerche*, VVDStRL 21, S. 70, Anm. 18.

[46] Zu ihnen siehe *Vile*, S. 175 ff.; *W. Brooke Graves*, American Intergovernmental Relations, New York 1964, S. 477 ff. (mit Tabelle der ganzen Entwicklung, S. 934 ff.). Zum gleichen Vorgang in Canada und Australien *A. H. Birch*, Federalism, Finance and Social Legislation, Oxford 1955, S. 45 ff., 80 ff.

[47] Es mag genügen, zwei Zahlen zu nennen. Der Prozentsatz von Bundeszuschüssen im Verhältnis zum Gesamthaushalt der Staaten war 1902 0,7 %, 1957 10,1 %. Im Haushalt der Einzelstaaten weist auch der föderale Ausgleichsanteil innerhalb der Zuwendungen hohe Differenzen auf. In manchen Staaten (California, Virginia, New York) wirkt er sich negativ für den Emp-

Diese Entwicklung ist im deutschen Rahmen verfassungsrechtlich nicht in gleicher Weise denkbar[48], und sie ist zu einem Teil hier auch überflüssig, weil der Einfluß des Gesamtstaates auf die Vollziehungspraxis der Länder nicht erst durch diese den Zuwendungen beigegebenen Bedingungen begründet werden muß, sondern durch die Ausführung von Bundesgesetzen (Art. 84 GG) auf andere Weise verbürgt wird. Aber die Erscheinung selbst, die ergänzende Unterstützung gewisser Aufgaben aus zentralen Mitteln — auch denen der Länder gegenüber den Gemeinden —, die damit indirekt erreichte Beeinflussung und Steuerung, gehört zu den Methoden moderner Administration, die zwar in Grenzen gehalten, aber nicht entbehrt werden können[49].

Ferner aber haben sich heute in den Vereinigten Staaten Formen der interstaatlichen und staatlich-föderalen Zusammenarbeit entwickelt, die manche Parallelen zur deutschen Situation aufweisen, auch wenn in den Staaten alle Fragen infolge der großen Zahl der Einzelstaaten schwieriger sind. Für die Koordination der Einzelstaaten untereinander sorgen die Conference of Governors[50], die der Chief Justices[51] sowie ähnliche Gremien auf anderen Gebieten, etwa das American Law Institute (seit 1923), das das Restatement des Bundesrechts publiziert und sich der Vereinheitlichung des Landesrechts annimmt[52]. Seit der Präsidentschaft *Franklin D. Roosevelts* sind Konferenzen des Präsidenten mit den Governors der Staaten eine regelmäßige Einrichtung[53]; im Kongreß besteht ein Joint Federal-State Action Committee, das 1959 durch Gesetz eine Advisory Commission on Intergovernmental Relations einsetzte[54]. Alle diese Instrumente der Koordination sind im wesentlichen nur konsultativer und beratender Art, können — auch angesichts der Gewaltenteilung — keine verbindlichen Entscheidungen treffen[55]. Endlich haben die Staaten durch Vereinbarung (compact) vielfach gemeinsame Aufgaben (Ausbau von Flüssen usw.) in Angriff genommen[56].

---

fangsstaat aus, in anderen beträgt er über 20 % der Zuwendungen (in Alaska 39,8 %). Vgl. *Graves*, S. 571, 811.

48 Zu den verfassungsrechtlichen Problemen siehe *Köttgen*, Fondsverwaltung, S. 40 f.

49 Der von *Köttgen* (S. 53 ff.) empfohlene Weg einer Gesetzesbindung der Fondsverwaltung scheint mir im Hinblick auf die damit eintretende Erstarrung und Festlegung von Sozialansprüchen nicht unbedenklich.

50 Vgl. *Graves*, S. 185 ff. Sie übt auch erheblichen Einfluß auf den Kongreß aus.

51 Vgl. *Graves*, S. 592.

52 Vgl. *Graves*, S. 590.

53 Siehe *Vile*, S. 166 f.; *Graves*, S. 175, 185 ff., 585.

54 *Vile*, S. 168 ff.

55 *Vile*, S. 171.

56 *Vile*, S. 166; *Graves*, S. 597 ff.

Dieser Ausblick mag genügen, um Natur und Funktion eines kooperativen Föderalismus zu zeigen, wie er sich heute auch in anderen Bundesstaaten Bahn bricht. Man wird im ganzen feststellen können, daß eine wachsende Verflechtung der einzelnen Ebenen des föderalen Aufbaus notwendig geworden ist, jedenfalls in bestimmten Sachgebieten, die vor allem Wirtschaft und Sozialvorsorge betreffen. Die hieraus resultierenden Spannungen zwischen den Bedürfnissen des modernen Sozialstaates und einem auf strengere Trennung aufgebauten Verfassungssystem können nur durch Verständigung, Ausbau der verfassungsrechtlich zulässigen Formen beratender und koordinierender Zusammenarbeit und, nötigenfalls, durch Verfassungsänderung behoben werden. Im stillen spielt sich übrigens eine Unitarisierung auch durch die immer mehr fortschreitende Bindung der Verwaltung an die Grundrechte ab, die damit in die Länderverwaltung einheitliche Grundsätze hineintragen, die auch gerichtlich überwacht werden können[57]. Es wäre unrichtig, diese Entwicklung nur im Zeichen einer wachsenden Zentralisation und Uniformierung zu sehen. Durch Mitarbeit können die Länder vielmehr ihren Einfluß auf die Entwicklung sichern, eigene Räume der Entscheidung aussparen und durch ihren Einfluß auf gemeinsame Planungen das eigene regionale Interesse fördern; das letztere gilt auch sicherlich von der Wirtschaftspolitik, so schwer das heute unter dem auf Wettbewerbsgleichheit gerichteten europäischen Recht geworden ist[58].

In diesem Zusammenhang werden alle die Institutionen Bedeutung gewinnen, die die Gelenkstellen einer Zusammenarbeit bilden und den Einfluß der Länder auf den Bund verkörpern. Das dürfte in erster Linie der Bundesrat sein. Die Umschreibung seiner Aufgaben in Art. 50 GG ist freilich etwas trocken und eng, aber sie steht einer Übernahme stärker vermittelnder, sozusagen diplomatischer Aufgaben nicht im Wege. Die notwendige Entwicklungslinie läge in einer Ergänzung seiner funktionierenden bürokratischen Mitarbeit an Gesetzen und Verwaltung durch eine ständige Information mehr diplomatisch-koordinierender Art, wie sie früher durch die Gesandten der Länder sichergestellt wurde[59]. Weniger kann dagegen von einer Aktivierung der parla-

[57] Dieser Seiteneffekt der Ausdehnung der Grundrechtswirkung in die Verwaltung wird in den USA bemerkt, *Walter Hartwell Bennett*, American Theories of Federalism, Alabama 1964, S. 212 f.; siehe auch *Graves*, S. 229, 300.

[58] Zu diesen Problemen einer Wirtschaftspolitik in den Ländern interessante Bemerkungen bei *Köttgen*, S. 65 ff.

[59] In dieser Hinsicht enthält die neue GeschO des Bundesrates vom 1. 7. 1966 (BGBl. I, S. 437) in § 9 Abs. 3 einen richtigen Ansatz, der dem neugeschaffenen Ständigen Beirat der Bevollmächtigten der Länder die „Aufrechterhaltung der laufenden Verbindung zwischen Bundesrat und Bundesregierung" zuweist.

mentarischen Rolle des Bundesrates erwartet werden, da das parlamentarische System hier seine Aufgabe eng begrenzt[60]. Wie weit daneben andere Formen, etwa Zusammenkünfte der Ministerpräsidenten der Länder mit dem Kanzler, wie sie seit der Weimarer Zeit üblich sind, fortentwickelt werden können, bleibt offen. Vor allem aber erhalten hier solche auf Vereinbarung beruhende Gremien, wie der Wissenschaftsrat und der Bildungsrat, die Bund, Länder und Experten vereinen, eine besondere Bedeutung[61].

Sucht man diesen kurzen Überblick zu resumieren, so ist davon auszugehen, daß die föderale Gliederung des Bundes nicht nur die Norm der Verfassung ist, sondern auch in ihrer territorial und regional verwurzelten Form der deutschen Überlieferung und Gegenwart entspricht. Ich gehöre nicht zu denen, die ihren Wert nur mehr in einer Bedeutung für eine Gewaltenteilung erblicken, und besorge, daß die Formel der föderalen Gewaltenteilung eher wieder in die Enge der Trennungsmentalität führt. Die drängende sozialstaatliche Entwicklung zeigt, daß ein höheres Maß an kooperativer Verflechtung von Bund und Ländern, wie auch der Länder untereinander, als Gebot sich abzeichnet. Es kann zu einem guten Teil innerhalb des geltenden Rechts durch Vereinbarung, Koordination und Errichtung institutioneller Hilfen bewältigt werden, wird auf die Länge aber auch — vor allem im Finanzbereich — verfassungsändernde Korrekturen erfordern. Was aber vor allem notwendig ist, ist eine neue Besinnung auf Zusammenarbeit, Verständigung und Kompromiß als Elemente föderaler Gesinnung, die Vermeidung der Häufung verfassungsgerichtlicher Streitigkeiten zwischen Bund und Ländern und die Einsicht, daß die Öffentlichkeit die gemeinsame Lösung bestimmter Sachaufgaben im Gebiet der Bildung, des Verkehrs, der Erhaltung gesunder Lebensverhältnisse wie der wirtschaftlichen Planung und Förderung erwartet und Bund und Länder danach beurteilen wird, wie sie diese inhaltlichen Fragen lösen.

---

[60] Ob das in § 19 der neuen Geschäftsordnung des Bundesrats geschaffene Fragerecht eine große Bedeutung gewinnen kann, wird daher zweifelhaft sein. Nicht öffentliche Auseinandersetzungen, sondern Information und Verbindung sind der Kern der beim Bundesrat möglichen Zusammenarbeit.

[61] Vgl. meine Darlegungen zur Bildungsplanung, DÖV 1965, S. 541 ff., 545 f. Vgl. auch das Gutachten der Kommission für die Finanzreform, Tz. 33 und 34.

IV. Staatsleitung
Gesetzgebung und Verwaltung

Der Bereich der Regierung

I. Die Regierung in der Gewaltenteilungslehre des konstitutionellen Staates

1. Der erste Weltkrieg hat in ungleich tieferem Sinne Epoche gemacht als das zweite große Ringen der Völker, das unsere Generation durchlebt hat. Mit ihm endet ein ganzes Zeitalter, nicht nur in der Geschichte der europäischen Staatengemeinschaft, sondern auch in der politischen und sozialen Entwicklung der beteiligten Staaten. Allerdings sind diese Wandlungen im Felde des geistigen Lebens nicht jäh und unvermittelt in Erscheinung getreten; in dieser Hinsicht weisen die letzten 20 Jahre in Deutschland viel eher tiefe Bruchlinien auf. Schon Jahre vor 1914 geht durch das Reich des Geistes und der Kunst ein feines Beben, ein unruhevolles Ahnen der kommenden Wende. Umgekehrt ist es auffällig, wie lange manche Anschauungen und Kampfstellungen im politischen Leben der Jahrhundertwende — Gleichsetzung des Gedankens der Nation und der politischen Einheit mit bestimmten Kreisen und Parteien, der fortdauernde Kampf gegen früher führende Schichten auch nach ihrer Entmachtung, Traditionen des monarchischen Staates über unparteiische, neutrale Staatsleitung und geringere Bewertung der in den Parteien zum Ausdruck kommenden Teilkräfte, endlich gewisse seit dem Kirchenkampf der 30er Jahre zwischen den Konfessionen ausgetragene, aber im politischen Lager noch fortwirkende Residuen der kirchlichen Kämpfe des 19. Jahrhunderts und der liberalen Epoche — in Deutschland nachgewirkt haben und — begünstigt durch die seit 1945 eingetretene Überhöhung des Alterseinflusses — noch heute spürbar sind. Die Rechtswissenschaft wandelt ihrer Natur nach Denkweisen und Begriffe nur langsam. Im Gebiet des Zivilrechts hat sie, mit der Zeit des ausgehenden 19. Jahrhunderts durch das bedeutende und fein ausgeformte Werk der großen Kodifikationen verbunden, die Grundlagen der Dogmatik jener fruchtbaren Zeit festgehalten. Aber auch im Gebiet des Verwaltungsrechts und — so vielen und einschneidenden politischen Umwälzungen zum Trotz — in der Staatsrechtslehre besitzen die Vorstellungen und begrifflichen Prägungen aus der Ära des konstitutionellen Staates eine erstaunliche Kraft des

---

Aus: Rechtsprobleme in Staat und Kirche. Festschrift für Rudolf Smend zum 70. Geburtstag. Göttingen 1952, S. 253 - 301. — Abdruck mit freundlicher Genehmigung des Verlages Otto Schwartz & Co., Göttingen.

Überdauerns. Es ist das Ziel dieser Darlegungen, an einigen ausgewählten aber zentralen Punkten — der Lehre von der Gewaltenteilung und den Staatsfunktionen, der Abgrenzung des Bereiches oberster staatlicher Selbstbestimmung und Leitung, dem Verhältnis von Gesetz und Regierung, Recht und Politik und der Beziehung des politischen Gebietes zur richterlichen Gewalt — eine kritische Auseinandersetzung mit der überlieferten Begriffswelt zu versuchen und ihre Fortbildung zu unternehmen. Ihren Ausgangspunkt finden die Untersuchungen in den Gedanken, mit denen schon vor längeren Jahren Rudolf Smend auf geisteswissenschaftlicher Grundlage den materiellen Inhalt der geschriebenen und ungeschriebenen Normen der Verfassung und ihren politischen Sinngehalt aufzuweisen gesucht hat.

2. Alsbald nach dem Ende des ersten Weltkrieges behandelte Rudolf Smend die Wirkungen des damals eingeführten Verhältniswahlrechts und stellte dabei inmitten der „wesentlich statischen Betrachtungsweise" der Staatsrechtslehre den Charakter der staatlichen Willensbildung als eines „dynamischen Vorgangs", als eines „Lebensprozesses des politischen Körpers" heraus[1]. Einige Jahre später umschrieb er dann die besondere Stellung und Aufgabe der politischen Spitze der Exekutive, der Regierung, in ihrer politischen Natur auf der Basis einer Untersuchung über das Wesen des Politischen[2]. Und in seinem Hauptwerk „Verfassung und Verfassungsrecht" stellt er die Abgrenzung des besonderen Bereichs der Regierung im Rahmen der Staatsfunktionen hinein in die Polarität von Politik und Rechtsleben im Staate und in die integrierende Auseinandersetzung zwischen Legislative und Staatsleitung[3].

3. Seit diesen Arbeiten hat sich in Teilen der deutschen Staatsrechtslehre eine, wenn auch oft zurückhaltende, Anerkennung des besonderen Charakters der Sphäre der Regierung gegenüber der eigentlichen Vollziehung in der Verwaltung durchgesetzt[4]. Die Diskussion über den Begriff der Regierung wird indessen doch meist nur unter einem eng

---

[1] Die Verschiebung der konstitutionellen Ordnung durch die Verhältniswahl, Festgabe für Karl Bergbohm, 1919, S. 280, 286.

[2] Die politische Gewalt im Verfassungsstaat, Festgabe für Wilhelm Kahl, Teil III, 1923, S. 15 ff.

[3] Verfassung und Verfassungsrecht, 1928, S. 97 ff.; Les actes de gouvernement en Allemangne, Annuaire de l'Institut de Droit Public 19 (1931), S. 29 ff.

[4] Überblick und weitere Literatur bei *H. P. Ipsen,* Politik und Justiz, 1937, S. 155/56; *Forsthoff,* Verwaltungsrecht, Bd. I, 1950, S. 12 f.; *Hans Schneider,* Gerichtsfreie Hoheitsakte, 1951, S. 41 f.; *Loening,* Deutsche Verwaltung, 1951, S. 236 f. Gegen den Begriff der Regierung in neuerer Zeit *Peters,* Lehrbuch der Verwaltung, 1949, S. 8 f. (siehe aber S. 152); *W. Jellinek,* DRZ 1948, S. 271 und Nachtrag zum „Verwaltungsrecht", 1950, S. 4. Zweifelnd *Bachof,* Die verwaltungsgerichtliche Klage auf Vornahme von Amtshandlungen, 1951, S. 25 f.

begrenzten Blickwinkel geführt. Entweder geht es darum, das Wesen der Verwaltung als einer rechtlich gebundenen tätigen Verwirklichung der ihr gegebenen Staatszwecke zu bestimmen und ihr den Kreis der eigentlich richtunggebenden Bestimmung des exekutiven Handelns gegenüberzustellen. Oder der Blick ist nur auf das Problem der richterlichen Prüfung der Regierungsakte, d. h. auf das Verhältnis der Justiz zu den staatsleitenden Rechtshandlungen, eingestellt. Auch die jüngste eindringende und verdienstvolle Behandlung unseres Problemkreises[5] greift die Frage auf rechtsvergleichender Grundlage nur von diesem letzteren speziellen Punkte her an. Ich glaube, daß sowohl für die Abgrenzung zwischen Regierung und Verwaltung, wie für das Problem der Grenzen richterlicher Kontrolle gegenüber gewissen staatsleitenden Rechtsakten eine sichere Linie nur gewonnen werden kann, wenn der ganze Umkreis der Funktionslehre und das Verhältnis von Staatsleitung und Recht umfassend beleuchtet wird. Es ist mit Recht schon häufig betont worden, daß Wesen, Aufgabe und rechtliche Stellung der Regierung nur vom Ganzen des Staates und von den zentralen Fragen nach der Beziehung von Staat, Recht und Politik her erfaßt werden können.

Der Praxis der Gerichte tritt die Eigenart der obersten Staatsakte in der Tat in erster Linie bei der Frage der Grenzen richterlicher Zuständigkeit und Prüfungsbefugnis gegenüber Rechtshandlungen des inneren Verfassungslebens und der äußeren Politik entgegen. Das gilt auch für das Ausland. Das Gebiet der „actes de gouvernement", der „Acts of State" und der „political questions" spielt auch hier eine Rolle, die an Umfang und Gewicht in den einzelnen Rechtssystemen verschieden ist; sehr zurückgedrängt und formalisiert in Frankreich, ausgedehnter und freier in den Vereinigten Staaten. In Deutschland haften an dem Problem der Regierungsakte die Erfahrungen eines totalitären Regimes. Ein solches Staatswesen ist der gerichtlichen und verwaltungsgerichtlichen Kontrolle an sich schon abgeneigt. Es sucht aber ferner einen weiten Kreis von seinen politischen Zielen dienenden Handlungen (Festhaltung von Personen, Eingriffe in wirtschaftliche Betriebe, Eigentumsentziehungen aller Art, Maßnahmen der politischen Überwachung), die weit in das Gebiet der Verwaltung hineinreichen, durch gesetzliche Beschränkung des Rechtsweges oder auch durch Betonung ihres staatspolitischen Charakters der Nachprüfung des Richters zu entziehen. Dieser Zug eines autoritären oder totalitären Staatstyps, dem in Frankreich unter dem Zweiten Kaiserreich die Kategorie der actes de gouvernement eine starke Erweiterung unter dem subjektiven Merkmal des „mobile politique" verdankte[6], kann zu weitgehender Verdeckung

[5] Die in Anm. 4 genannte Abhandlung von *Schneider*.

der eigentlichen Fragestellung nach den staatsleitenden Handlungen führen, die dem Verfassungsbereich, der Sphäre politischer Entscheidung für die Gesamtheit angehören; denn er erweitert das Feld des Politischen tief in die Zone der ausführenden Verwaltungshandlungen hinein. In einem solchen System haftet der Stellung der richterlichen Gewalt eine Schwäche an. Ihre Autorität ist am Recht ausgerichtet; das Recht aber wird hier von der Vehemenz des politischen Willens zurückgedrängt. Dem Richter gewährt dieser ganz auf die politische Wirkungskraft ausgerichtete Staat nicht mehr die Macht und Autorität, durch einen Spruch den politischen Instanzen feste Rechtsschranken zu weisen, und Lösungen treten hervor, die etwa mit den Anfängen der Einrichtung des Konflikts im älteren preußischen Recht in Vergleich gesetzt werden können[7]. Diese Veränderung der ganzen Verfassungslage galt für das deutsche Regime nach 1933, das in erheblichem Umfang den Rechtsweg gesetzlich ausschloß. Sie gilt nicht weniger für den heutigen Rechtszustand in der Sowjetzone, wo auf gesetzlicher Grundlage die Exekutive oder die Volksvertretung durch Erklärung Angelegenheiten von der verwaltungsgerichtlichen Kontrolle ausnehmen kön-

---

[6] Die Urteile des Conseil d'Etat vor dem Second Empire betonen, daß es sich handele um „une question politique, dont la décision appartient exclusivement au gouvernement“: Lafitte Urt. v. 1. 5. 1822, Recueil des arrêts du C. d. E., S. 371; ferner Saint Leu, Rec. 1838, S. 641; Prince Louis Napoléon, Rec. 1844, S. 508. Erst mit dem Urteil Prince d'Orléans, Rec. 1852, S. 252, vollzieht sich die Wendung zu den „mesures de haute police“ und zum subjektiven Merkmal des politischen Motivs. Siehe auch Duc d'Aumale et Michel Levy, Rec. 1867, S. 472. Die Rückwendung zu einem objektiven Maßstab vollzieht das Urteil Prince Napoléon v. 19. 2. 1875, Sirey 1875, 3, 195 und Prince Joachim Murat, Rec. 1887, S. 418. Ebenso Trib. des Conflits, Rec. 1880, S. 801 und 1889, S. 412 sowie Cour de Cass., Sirey 1885, 1, 89. Vgl. Ausführungen des Comm. de gouvernement im Fall Couitéas, Rev. du droit public 1924, S. 86; *Jèze*, Revue du droit public 1922, S. 426 ff.; *Paul Duez*, Les actes de gouvernement, 1935, S. 30 ff.; *Ipsen*, Politik und Justiz, 1937, S. 19 ff.

[7] Zu der Absicht einer Beschränkung des Rechtswegs durch die Institution des Konflikts und zur gleichen Wirkung der Anfänge des Kompetenzkonflikts (bis 1847) siehe *Rönne*, Das Staatsrecht der preußischen Monarchie, 2. Aufl., Bd. I, 1, 1864, S. 260 und Bd. II, 1, S. 412; *Ipsen*, S. 256 ff. Eine Qualifikationsinstanz für die Bestimmung der politischen Akte hat *Ipsen* (S. 275 ff.) vorgeschlagen. In RVBl. 1936, S. 442 habe ich, unter Betonung des Kriteriums des politischen Moments und der Stellung der Justiz ihm gegenüber, den Kreis der Regierungsakte durch organisatorische Merkmale (Staatsoberhaupt, Minister) genauer bezeichnet. Rückschauende Betrachtung wird das Merkmal des Politischen, auch wenn man von seiner subjektiven Deutung, nach dem die Behauptung des politischen Charakters durch die Exekutive genügt, absieht und auf objektive Momente abstellt, nicht als zur Abgrenzung der richterlichen Tätigkeit geeignet ansehen. Nicht nur, weil ihm eine gewisse Unbestimmtheit anhaftet, sondern weil auch der politische Bereich rechtlich gestaltet und gebunden sein kann und daher richterlicher Kontrolle zugänglich zu sein vermag. Der politische Bereich ist nicht dem Recht entgegengesetzt oder entzogen, er weist nur kraft seiner irrationalen und beweglichen Struktur besondere Eigenheiten auf. Vgl. hierzu *Ipsen*, S. 240; *Hermann Heller*, Staatslehre, 1934, S. 250 ff.

nen und wo die Theorie vom Volkseigentum und seiner Herausnahme aus dem bürgerlichen Recht weite Gebiete auch der Kompetenz des ordentlichen Richters entzieht[8]. Sowohl nach 1933 wie heute in der sowjetischen Besatzungszone ist die Entwicklung entscheidend durch gesetzliche Eingriffe vorangetrieben worden. Denn das Reichsgericht und das Preußische Oberverwaltungsgericht haben, wie Schneider nachgewiesen hat[9], zwar im Einklang mit ihrer früheren Stellungnahme[10] die Notwendigkeit der Zurückhaltung richterlicher Prüfung bei gewissen Entscheidungen der obersten Staatsorgane anerkannt, aber gegenüber der bloßen Behauptung staatspolitischer Notwendigkeit bei Verwaltungsakten ihre Befugnis zur Prüfung aufrecht gehalten. Auch nach 1945 haben sich die Gerichte der Ostzone nicht kampflos der Beschränkung der Zuständigkeit gebeugt[11].

Die übermäßige Ausdehnung der Sphäre des Politischen ist allen totalitären Staaten eigen. Sie gilt nicht nur für die Begrenzung der richterlichen Nachprüfung, sondern wird in vielen Richtungen wirksam, etwa in der Einengung des privaten Bereichs des Einzelnen oder in der Bindung des geistigen und wissenschaftlichen Lebens an die Politik. Ebenso wie es bei anderen staatsrechtlichen Begriffen — Gesetz, Volkswille, Wahl — der Fall ist, so erhält auch der Begriff der Regierung und des Regierungsaktes und das Problem der Grenzen richterlicher Kontrolle im Gefüge eines solchen Regimes ein gänzlich anderes Aussehen. Der Vergleich mit der Rechtslage und mit den Begriffen in einem freiheitlichen Staatswesen ist nicht möglich. Daher sind auch Schlüsse aus dieser andersartigen Rechtssituation und aus ihrer Neigung zur mißbräuchlichen Ausdehnung des Politischen auf die Fragestellungen in einem demokratischen Staate nicht berechtigt.

4. Steht in der Diskussion über den Regierungsbegriff die Frage des Verhältnisses von Regierung und Rechtsprechung im Vordergrund, so führt eine eingehendere Untersuchung alsbald auf weitere und umfassendere Rechtsfragen, vor allem aus der Beziehung von Regierung und Parlament und aus der Fähigkeit der Regierung, allgemein wirksame Rechtshandlungen vorzunehmen. Läßt sich wirklich mit dem Schema des Positivismus: Gesetzgebung und Vollziehung (gegliedert in Ver-

---

8 Über die Entwicklung in der Deutschen Demokratischen Republik und ihren Ländern siehe *Loening*, AöR 75 (1949), S. 56 ff., 92 ff.; *ders.*, Dt. Verw. 1951, S. 236; *Meyer*, DVBl. 1950, S. 561 f.; *Schneider*, S. 21 ff.

9 S. 11; S. 9 ff. Erst das preußische Gesetz über die Geheime Staatspolizei v. 10. 2. 1936 (GS. S. 21) änderte die Rechtslage. Vgl. PrOVG 94, S. 136; 95, S. 136; 96, S. 83; 97, S. 105; 100, S. 220; 101, S. 212; 104, S. 178. RGZ 150, S. 337; 154, S. 145.

10 RGSt. 49, S. 163; 50, S. 316; 57, S. 385; 58, S. 271; 59, S. 188; 65, S. 364 und RGZ 107, S. 398.

11 Vgl. die Angaben bei *Loening* (Anm. 8).

waltung und Rechtsprechung) die Tätigkeit des Staates rechtlich ganz erfassen? Ist es richtig, daß alle neue rechtliche Gestaltung im Staate durch die Gesetzgebung vor sich geht? Es liegt auf der Hand, daß sich wichtigste Vorgänge des Verfassungslebens, Wahl des Staatspräsidenten durch das Parlament (Art. 54 Abs. 1 GG), Auflösung des Parlaments (Art. 68 GG), das parlamentarische Mißtrauensvotum (Art. 67 GG), die Bundesexekution (Art. 37 GG) nicht in den Gegensatz Gesetzgebung - Vollziehung einordnen lassen. Sie sind staatsleitende Akte der Regierung und des Parlaments, die ohne Zweifel rechtliche Wirkungen auslösen. So bewirkt die Auflösung des Parlaments das Ende des Abgeordnetenmandats und der Immunität (Art. 39 Abs. 1, 46, 49 GG), die Erklärung des Gesetzgebungsnotstands (Art. 81 GG) eröffnet einen neuen Weg der Gesetzgebung. Vielfach wird angenommen, daß zahlreiche Handlungen des Verfassungslebens rechtlich nur zwischen den obersten Organen Wirkungen auslösen, nicht aber für den Staatsbürger Rechte und Pflichten erzeugen. Aber die Einsetzung eines parlamentarischen Untersuchungsausschusses unterwirft den Staatsbürger möglicherweise der Zeugnispflicht (Art. 44 Abs. 2 GG), die Maßnahmen des Bundeszwanges begründen Gehorsamspflichten für die Landesbeamten (Art. 37 Abs. 2 GG). Selbst Handlungen der äußeren Politik, die im allgemeinen keine unmittelbare rechtliche Wirkung für den Einzelnen üben, können mitunter solche Folgen zeitigen; das gilt von der Anerkennung fremder Staaten und Regierungen[12], wie auch der Anerkennung des bestehenden Kriegszustandes zwischen fremden Staaten oder Bürgerkriegsparteien[13]. Diese wenigen Beispiele mögen die Bedeutung der Frage beleuchten. Im heutigen deutschen Verfassungsrecht ist es um so notwendiger, sich mit diesen Vorgängen des Verfassungslebens rechtlich zu beschäftigen, als sie zwar der Zuständigkeit der Verwaltungsgerichte entrückt sind, die umfassende Kompetenz des Bundesverfassungsgerichtes sie aber wenigstens teilweise vor diesem Gericht justitiabel macht, freilich, da es sich bei ihnen nicht um Normsetzung handelt, nicht nach Art. 93 Ziff. 2 GG, sondern nur auf dem Wege von Art. 93 Ziff. 1.

5. In der deutschen Staatslehre besitzt der Begriff der Regierung seit langem Heimatrecht. Er ist ihr erst mit dem Aufkommen des Positivis-

---

[12] Sie kann u. U. einwirken auf die gerichtliche Anerkennung von Verwaltungsakten (Enteignungen usw.) des fremden Staates. Vgl. *Chen,* The International Law of Recognition, 1951, S. 150 ff. und aus der Rechtsprechung zur Einwirkung der Anerkennung auf das Privatrecht die Fälle Un. St. v. Belmont (1937) 301 U. S. 324 und Pink (1942) 315 U. S. 203.

[13] Eine solche Erklärung räumt den kriegführenden Mächten die Befugnis zur Verhinderung des Konterbandehandels durch die Staatsbürger des anerkennenden Staates ein. Vgl. *McNair,* Legal Effects of War, 3. ed., 1948, S. 6 ff.

mus und der von ihm getragenen Deutung der Herrschaft des Gesetzes entschwunden. Wenn in der Gewaltenlehre Montesquieus und seines Zeitalters eine besondere Stellung der Regierung innerhalb der Exekutive nicht hervortritt, so liegt der Grund darin, daß hier die Exekutive noch in einem über bloße Ausführung weit hinausgehenden Sinne verstanden ist. In dem pouvoir exécutif vermag noch am Beginne der Französischen Revolution Jacques Necker die „force motrice d'un Gouvernement" zu sehen und ihm in der politischen Ordnung „le rôle essentiel" zuzuschreiben[14]. Diese umfassende Deutung der Aufgabe und Stellung der Exekutive ist auch für die deutsche Staatslehre der frühkonstitutionellen Epoche kennzeichnend. Die konsequenten Vertreter des monarchischen Gedankens lehnten die Gewaltenteilung überhaupt ab[15]. Jedenfalls aber stellten die Anhänger der monarchischen Gewalt die Stellung des Monarchen als die bewegende und leitende Kraft des Staates bewußt heraus[16] und begründeten damit eine Linie, die noch für die konstitutionelle Theorie der Jahrhundertmitte in der Kennzeichnung der Regierung als zusammenfassender Leitung des Staats im großen und ganzen bestimmend blieb[17]. Auf den Gedanken Hegels fußend, der die dialektische Totalität des Staates in seinen Teilfunktionen und die Natur seines Daseins als eine fortdauernde Hervorbringung und Selbstbestimmung kennzeichnet[18], hat Lorenz von Stein um die

---

[14] *J. Necker,* Du pouvoir exécutif dans les Grands Etats, Bd. I, 1792, S. 15, 18. Erst in der Restaurationsepoche wird in Frankreich dann die Theorie des besonderen p. royal oder p. neutre entwickelt (*Benjamin Constant,* Collection complète des œuvres, Bd. I, Paris 1818, S. 13 ff.).

[15] *Haller,* Restauration der Staatswissenschaft, Bd. I, 1816, S. 54 ff.; *L. de Bonald,* Oeuvres complètes, 2 éd., Bd. III, Paris 1817, S. 42 ff., Bd. IV, S. 227; *Ancillon,* Über den Geist der Staatsverfassungen, 1825, S. 32 ff. Noch *Anschütz,* Die gegenwärtigen Theorien über den Begriff der gesetzgebenden Gewalt und den Umfang des kgl. Verordnungsrechts nach preußischem Staatsrecht, 2. Aufl. 1901, S. 10, Anm. 8, stellt weitgehende Ablehnung der Gewaltentrennung in der deutschen Lehre (siehe *Laband* bis zur 4. Aufl. seines Staatsrechts) fest.

[16] Vor allem *Fr. J. Stahl,* Philosophie des Rechts, 5. Aufl., Bd. II, 2, 1878, S. 189 ff., 372 ff. Siehe auch die bayerische Verfassung vom 27. 5. 1818, Tit. II § 1 (*Huber,* Quellen zum Staatsrecht der Neuzeit, Bd. I, 1949, S. 66); fast wörtlich übereinstimmend Baden, Verfassung vom 22. 8. 1818, § 5 (*Huber,* S. 82), Württemberg, Verfassung vom 25. 9. 1819, § 4 (*Huber,* S. 102); Sachsen, Verfassung vom 4. 9. 1831, § 4 (*Huber,* S. 171).

[17] Auf dem Boden der Gewaltenteilungslehre entwickeln den Begriff der vollziehenden Gewalt in diesem Sinne *K. S. Zachariä,* 40 Bücher vom Staate, 2. Aufl., Bd. IV, 1840, S. 86; *Dahlmann,* Die Politik, 2. Aufl. 1847, S. 80, 82.

[18] In dieser Sicht einer dialektischen Herstellung der Einheit geht *Hegel* weit über rationalistisches Denken hinaus, obwohl er anfangs noch an der Gegenüberstellung des Allgemeinen (Gesetz) zum Besonderen (Regierung) festhält (System der Sittlichkeit, herausgegeben von A. Lasson, 2. Aufl., S. 484/85). Siehe Encyclopädie §§ 541, 542 sowie Rechtsphilosophie §§ 269, 272, 273, 275, 281.

Mitte des Jahrhunderts im Rahmen der Gewaltenteilungslehre noch einmal die besondere Natur der „vollziehenden Gewalt", der „Regierung" als des „allgemeinen Teiles der Verwaltung" als die „einheitliche Tat des Staates", als eine selbständig das Gesetz ergänzende Ausführung dargestellt und hierauf die weitere Lehre vom selbständigen Verordnungsrecht als Element der Exekutive gegründet[19].

6. Wenn diese Theorien sich bemühen, der vollziehenden Gewalt eine bedeutende Selbständigkeit zu gewähren, so liegt ihr Zusammenhang mit der Verfassungswirklichkeit des älteren konstitutionellen Staates offen zutage. Nach dieser Richtung hin waren ihre Anschauungen durchaus zeitgebunden, erschienen sogar in den 50er und 60er Jahren gegenüber der vordringenden voll entwickelten liberalen (konstitutionellen) Lehre schon als überholt; denn diese Lehre forderte für alle rechtsetzenden Anordnungen die Mitwirkung der Volksvertretung, erkannte der Exekutive nur mehr durch Verfassung verliehene oder vom Gesetz übertragene Rechtsetzungsvollmachten zu und verlangte für jeden Eingriff der Verwaltung in die Rechte der Staatsbürger ausdrückliche gesetzliche Grundlage. Die Theorie vom selbständigen, aus der Aufgabe der Exekutive abgeleiteten und als Teil exekutiver Funktionen angesehenen Verordnungsrecht, wie sie Lorenz von Stein und andere vortrugen[20], war bereits im Niedergange vor der neuen konsequenten Anschauung von der Gesetzesherrschaft und vom Rechtsstaat, die für jedes Handeln der Exekutive ausdrückliche Ermächtigung forderte. Was der älteren Auffassung von der Regierung ihre dauernde Bedeutung gibt, sind nicht ihre Meinungen über den Umfang der Rechtsbefugnisse der Exekutive, sondern ihre Einsicht in die besondere Rechtsnatur des Verfassungsbereiches, in dem Parlament und Regierung durch individuelle Rechtshandlungen, die nicht Gesetzesausführung darstellen, rechtliche Entscheidungen vornehmen und in dem im besonderen den Regierungsorganen die Aufgabe einer einheitlichen Zusammenfassung und Oberleitung der gesamten Staatstätigkeit obliegt, mit der sie kraft der Gesetzesinitiative die notwendige

---

[19] Die Verwaltungslehre, 2. Aufl., Bd. I 1, Die vollziehende Gewalt, 1869, S. 58 ff., 69 ff., 135 ff. Ihm nahe steht *R. v. Gneist*, Verwaltung, Justiz und Rechtsweg, 1869, S. 74 ff. Bemerkenswert, daß *Stein* die Selbstbestimmung des Staates dem Gesetz zuweist, aber zugleich erkennt, daß das Gesetz vor allem nicht zur Quelle aller neuen Anordnungen werden kann (S. 41, 76 ff.).

[20] *L. v. Stein*, Bd. I, 1, S. 116 ff., 301 ff.; *H. A. Zachariae*, Deutsches Staats- und Bundesrecht, 3. Aufl., Bd. II, 1867, S. 169: „Dies Verordnungsrecht versteht sich überall von selbst"; *H. Zoepfl*, Grundsätze des gemeinen deutschen Staatsrechts, 5. Aufl., Bd. II, 1863, S. 522 meint, es „spricht im Zweifel die Vermutung für das Verordnungsrecht der Krone, bis auf dem Wortlaute oder dem Geiste der Verfassung und aus der Natur des betreffenden Gegenstandes nachgewiesen werden kann, daß derselbe in den Bereich der Gesetzgebung gehört".

Gesetzgebung, wie mit den Weisungs- und Aufsichtsbefugnissen auch die Verwirklichung der gesetzlich festgelegten Staatsziele durch die Verwaltung gewährleisten[21].

7. Daß die Einsicht in diese Aufgabe der Spitze der Exekutive zur obersten Sammlung und Direktion im Staatswesen verloren ging und die Rechtsakte des Verfassungsbereichs — abgesehen von Haushaltsfestsetzung, Gesetz, Verordnung und Ausnahmemaßnahmen — überhaupt mehr und mehr aus der staatsrechtlichen Betrachtung ausschieden, möchte ich auf zwei Einflüsse zurückführen, die für die zweite Jahrhunderthälfte ausschlaggebend wurden und das staatsrechtliche Denken bis in die Gegenwart entscheidend beeinflußt haben: dem vollen Durchdringen der entwickelten Lehre des liberalen Konstitutionalismus und des Rechtsstaats[22] mit ihrem Rechtssatz- und Gesetzesbegriff und ihrer Auffassung vom Vorbehalt des Gesetzes und zweitens dem Auftreten der positivistisch-konstruktiven Methode im Staatsrecht. Beide haben den Blick der Staatslehre ganz überwiegend auf die Probleme von Gesetz und Verordnung sowie auf den Schutz der staatsbürgerlichen Freiheit im Bereich der gesetzesausführenden Verwaltung gelenkt. Für die rechtliche Durchformung der Verwaltung und die vollständige Verwirklichung des Rechtsstaatsprinzips kommt der neuen Strömung ein bedeutendes Verdienst zu. Sie hat aber zugleich die Vorgänge der Staatsleitung und des politischen Zusammenspiels der obersten Organe im Verfassungsleben für ihre Begriffsbildung überwiegend aus dem Blick verloren[23]. Es trug dazu vielleicht bei, daß dieser Bereich — abgesehen vom Haushaltsrecht, dessen rechtliche Konstruktion der preußische Verfassungskonflikt und sein Ausgang für Jahrzehnte bestimmte[24] — bis 1918 keine prinzipiellen staatsrechtlichen Kontroversen mehr erlebte. Erstaunlich bleibt nur, daß die Be-

[21] Es ist bezeichnend, daß sich in den Vereinigten Staaten, die ein förmliches Initiativrecht der Exekutive beim Kongreß nicht kennen, tatsächlich Wege herausgebildet haben, auf denen der Präsident durch befreundete Abgeordnete Entwürfe einbringt. Vgl. *Edward S. Corwin*, The President, Office and Powers, 3. Aufl. 1948, S. 324 ff.; *Herman Finer*, Theory and Practice of Modern Government, Revised Ed. 1949, S. 686 f.

[22] In seiner noch heute grundlegenden Studie „Der Vorbehalt des Gesetzes im preußischen Verfassungsrecht", Festgabe für Otto Mayer, 1916, S. 210, spricht *R. Thoma* vom „entschiedenen Liberalismus und Konstitutionalismus".

[23] Es steht in auffallendem Gegensatz zu der ausführlichen Behandlung der Frage, ob das Haushaltsgesetz ein Rechtssatz oder ein Verwaltungsakt ist, daß bei *Laband* der Untersuchung, ob die Verordnung, durch die die Volksvertretung aufgelöst wird, Rechtssatzqualität hat, da sie die Mandate der Abgeordneten beendet, überhaupt keine Aufmerksamkeit geschenkt wird (Staatsrecht, 5. Aufl., Bd. I, S. 343 f.).

[24] Mit Recht weist *J. Heckel*, HdbDStR, Bd. II, S. 368, darauf hin, daß die Theorie des Budgets als Verwaltungsakt (Gneist und Laband) nur das staatspolitische Ergebnis des preußischen Streites juristisch formulierte.

griffswelt dieser jüngeren konstitutionellen Theorie mit allen ihren Prägungen — wie materiellen und formellen Staatsfunktionen, Verwaltungsverordnung, Gewaltverhältnis, Rechtssatz als Willensmacht und Befehl unter Absehung von jeder inhaltlichen Qualifikation des Gesetzes als Recht, d. h. als einer gerechten Ordnung, Ermessen als gesetzesfreier Bereich der Verwaltung — über 1918 hinaus herrschend blieb. Die deutsche Rechtswissenschaft der bürgerlichen Epoche, international anerkannt, hat im Hochgefühl ihrer Leistungskraft tatsächlich die Zustände und Anschauungen ihrer Zeit für allgemein gültige, logisch gebotene Begriffe und Konstruktionen gehalten und ausgegeben und hat damit die Folgezeit bis heute beeindruckt, obwohl eindringendere Betrachtung rasch die meisten ihrer Prinzipien als lediglich historisch-konventionelle Abgrenzungen und Umschreibungen aufdeckt. Diesen zeitgebundenen Charakter der spätkonstitutionellen Begriffswelt hat seit langem eine Minderheit der Staatslehre vorgetragen[25]. Aber haben diese kritischen Stimmen wirklich — nach so viel staatsrechtlichen Veränderungen — die gewohnten Vorstellungen erschüttern können? Wäre es nicht an der Zeit, die historische Herkunft und Abhängigkeit dieser Begriffe klar ins Auge zu fassen, überalterte Wendungen, wie z. B. Gesetzesbefehl, Gewaltverhältnis, Verwaltungsakt auf Unterwerfung, auszuscheiden und die staatsrechtlichen Begriffe stärker an die Wirklichkeit des heutigen demokratischen Staatswesens anzupassen und damit fortzuentwickeln?

In Wahrheit hat sich, und damit komme ich zum ersten jener Einflüsse zurück, folgender Vorgang in der Mitte des 19. Jahrhunderts abgespielt. Die ältere konstitutionelle Theorie wies dem Parlament im Rahmen der Klausel „Freiheit und Eigentum“ nur begrenzte Mitwirkungsrechte zu[26] und gestand der Verwaltung, soweit nicht formelle Gesetze entgegenstanden, ein freies Handeln zu. Die jüngere Lehre dagegen, schon 1848 in Erscheinung tretend, aber damals noch nicht herrschend, fordert für jeden Rechtssatz die Verabschiedung durch die Legislative und gesteht der Exekutive nur mehr von der Verfassung besonders gewährte oder ihr durch Gesetz gegebene Verordnungs-

[25] *R. Smend* hat schon in seiner frühesten Arbeit (Die Preußische Verfassungsurkunde im Vergleich mit der Belgischen, 1904, S. 31 ff.) nachgewiesen, daß man in der umstrittenen Auslegung des Art. 62 VU nur durch den Rückgriff auf das allgemeine konstitutionelle Staatsrecht zu einer praktischen Lösung finden könne. Vgl. zu dem rein historischen Charakter der maßgebenden Begriffe sodann *Thoma,* S. 176 ff. und *H. Heller,* VVDStRL 4 (1938), S. 101 ff.

[26] Die spätere Theorie hat die Formel „Freiheit und Eigentum“ mit dem Rechtssatzbegriff gleichgesetzt (*Anschütz,* Gegenwärtige Theorien, S. 168). Man lese indes *H. A. Zachariae,* Bd. II, S. 159 f. und *Zoepfl,* Bd. II, S. 367 f., um zu sehen, daß diese Autoren zwischen der Formel als einer engeren Umschreibung der ständischen Mitwirkung und einer allgemeinen Beteiligung der Volksvertretung an jedem Rechtssatz klar unterscheiden.

vollmachten zu. Für die Verwaltung aber sieht sie im Gesetz nicht die Schranke, sondern die alleinige Grundlage ihres Handelns. Es ist ein Irrtum, anzunehmen, diese Auffassung habe schon 1850 beim Erlaß der preußischen Verfassung Geltung besessen. Sie ist vielmehr, wie Thoma nachgewiesen hat, erst später durch die Übernahme der Anschauungen des jüngeren konstitutionellen Staatsrechts in die Auslegung der Verfassung gewissermaßen durch Verfassungswandel übernommen worden[27]. Der Streit um das selbständige Verordnungsrecht des preußischen Königs schwelte jahrzehntelang, bis er mit dem Siege der Theorie von Laband / Jellinek / Anschütz beendet wurde, die insofern im Unrecht war, als die preußische Verfassung, wie Rudolf Smend in seiner ersten Schrift nachgewiesen hat, aus der belgischen Verfassung den rein formellen, nur den obersten Rang des Gesetzes betonenden, aber keine inhaltliche Abgrenzung enthaltenden Gesetzesbegriff übernommen hatte[28]. Der entscheidende Grundsatz des Rechtsstaats aber, daß die Verwaltung nur kraft gesetzlicher Ermächtigung handeln darf, ist erst in der berühmten Kreuzberg-Entscheidung des Pr. Oberverwaltungsgerichts vom 10. 6. 1882 (Entsch. Bd. 9, S. 363) endgültig durchgesetzt worden[29]. Denn die ältere Auffassung ging dahin, daß die Verwaltung tätiges Handeln des Staates sei, das in Verfassung und Gesetz seine Grenze finde, nicht aber im einzelnen auf eine gesetzliche Ermächtigung und Beauftragung angewiesen sei[30]. Ein ganz ähnlicher

---

[27] So insbesondere *Thoma,* S. 174, 186, 211, 213: „festes Gewohnheitsrecht", das den „ursprünglichen Sinn der Verfassungsurkunde umgestaltet".

[28] *Smend,* S. 32; *Thoma,* S. 185, 214.

[29] Denn in Wirklichkeit hat erst das PrOVG den § 10 II 17 als vorkonstitutionelle Rechtsgrundlage der Polizei „wiederentdeckt". So mit Recht *Thoma,* S. 219; *W. Jellinek,* Verwaltungsrecht, 3. Aufl. 1931, S. 424. *v. Rönne,* Staatsrecht, 2. Aufl., Bd. I, 1, S. 279 führt denn auch für die Polizei neben § 10 II 17 noch Tit. II 13 auf, wo von „Ruhe und Sicherheit" (§ 1), aber auch von „Beförderung des Wohlstandes" (§ 2) die Rede ist. Nicht richtig ist daher die Meinung (*Anschütz,* S. 128, aber auch *Jellinek,* S. 88), das ALR habe bereits den Grundsatz der Gesetzmäßigkeit der Verwaltung gekannt. Es will die wohlerworbenen Rechte schützen, aber eine durchgängige rechtliche Bindung der Verwaltung liegt ihm fern.

[30] Vgl. die Gegenüberstellung der Rechtsprechung als Funktion der Gerechtigkeit und der Verwaltung als der Tat bei *Stahl,* Phil. des Rechts II, 15, S. 608/09; *R. v. Mohl,* Das Staatsrecht des Königreichs Württemberg, Bd. II, 1831, S. 4. Noch weiter gingen die Vorstellungen des 18. Jahrhunderts über den Auftrag der Verwaltung. Bei *Fr. C. v. Moser,* Ueber Regenten, Regierung und Ministers, 1784, S. 129 findet sich die Erzählung: „Kaiser Joseph II. sagte zu einem Manne, den er in eine entlegene verwilderte Provinz hinausschickte und der um genaue Verhaltungsbefehle gebeten hatte, das herrliche Wort: Einem Manne wie Sie gibt man keine Instruktion als: Fac!" Für rechtsstaatliches Denken wäre eine solche Weite des Amtsauftrages eher Ausdruck schrankenloser Willkür als politischer Weisheit. Nicht so sehr in der Vollstreckung des Gesetzes, als in der Verbreitung „allgemeiner Glückseligkeit" sieht auch *Carl v. Dalberg* (Von der Erhaltung der Staatsverfassungen, Erfurt 1795, S. 8, 17) die wahre Aufgabe des Regenten.

Vorgang wie in Preußen spielte sich in den Niederlanden ab, dessen Grondwet von 1814 nur einen formellen Gesetzesbegriff enthielt. Der König erließ daher ohne Anstand auch ohne besondere Ermächtigung Verordnungen (Besluitenregeering), bis durch die berühmte Entscheidung vom 13. 1. 1879 der Hooge Rad seinen bisherigen Standpunkt aufgab und erklärte, „daß die Frage nicht sei, ob die Befugnis des Königs zum Erlasse allgemeiner Vorschriften durch eine ausdrückliche Bestimmung untersagt sei, sondern ob sie ihm durch Gesetz gewährt sei“[31].

8. Aus dem Vorgehenden wird ersichtlich, wie sehr die Aufmerksamkeit der jüngeren konstitutionellen Theorie auf die Verwaltung und ihre gesetzliche Bindung gerichtet war. So wurde sie, unter Außerachtlassung der Akte des Verfassungslebens, zu der Auffassung geführt, innerhalb der Staatstätigkeit nur mehr zwischen Gesetzgebung und Gesetzesausführung (Vollziehung) zu unterscheiden, den Gesetzgeber für souverän zu erklären, die Exekutive aber nur in ihrer ausführenden Funktion als Verwaltung zu beachten. Entscheidend wirkte in der gleichen Richtung das Durchdringen des Positivismus. Es ist kein Zufall, daß sein erster großer Vertreter, Laband, vom Handelsrecht herkam. Denn er äußerte, daß viele Begriffe zwar im Privatrecht gefunden seien, aber allgemeine Begriffe des Rechtes seien[32]. Für das Zivilrecht handelt es sich in der Tat nur um den Gegensatz Gesetzgebung und Gesetzesausführung durch Einzelhandlung und Rechtsgeschäft. Es sieht am Staate im wesentlichen nur seine Funktion als Wahrer und Schöpfer des Rechts, ohne näher in Rücksicht zu ziehen, daß der Staat daneben nicht weniger das organisierte Handeln der Volksgesamtheit für die Aufstellung und Verwirklichung politischer Zielsetzungen darstellt. In dem mit dem Positivismus allenthalben herrschend gewordenen Schema Gesetzgebung - Vollziehung finden aber die Akte des Verfassungslebens keinen Platz. Gerade noch, daß Otto Mayer sie in seiner Gliederung der Staatsfunktionen, in der er, wie auch bereits Laband, auf eine inhaltliche Umschreibung der Verwaltung verzichtet und sie als den nach Abtrennung von Gesetzgebung und Rechtsprechung bleibenden Rest der Staatstätigkeit definiert[33], als „verfassungsmäßige Hilfstätigkeiten“ umschreibt. Hier finden dann richtig Thronentsagung, Reichstagsauflösung, Anordnung eines Volksentscheides als „Geschäftsbesorgungen“ des Verfassungslebens Platz, die „jenseits des

---

[31] Weekblad van het Recht, Nr. 4330. Ein interessantes Beispiel der Verfassungswandlung durch Richterspruch. Vgl. *Kranenburg*, Het Nederlands Staatsrecht, 2. Aufl. 1925, S. 74 ff.

[32] Das Staatsrecht des Deutschen Reiches, 5. Aufl., Bd. I, 1911, S. VII (Vorwort zur 1. Aufl.).

[33] Deutsches Verwaltungsrecht, 3. Aufl., Bd. I, 1924, S. 7. So schon *Laband*, Bd. II, S. 174.

Punktes“ liegen, „wo der fertige Staat anfängt“. Es wird ihnen also durch die Kategorie „innerer Vorgang“[34] die rechtliche Bedeutsamkeit abgesprochen. Und ebenso werden dann der völkerrechtliche Verkehr, das militärische Kommando und das Staatsnotrecht aus der Verwaltung ausgeschieden, weil sie nicht an die bestehende Rechtsordnung gebunden oder jedenfalls nur in Teilen (z. B. der Militärverwaltung) gebunden seien. Daß es sich bei dem Staatsnotrecht und der Kriegführung um Konzentration der ganzen Staatsmacht bei der handlungsbereiten Exekutive (beim Heer mit der Wirkung nach außen und daher mit umfassenden Vollmachten im besetzten Gebiet), im übrigen beim Militär um einen traditionellen Vorbehalt des deutschen Staatsrechts vor 1914 handelte und daß, wie heute Art. 24 Abs. 2 und 26 Abs. 1 GG zeigen, die Außenpolitik von der Verfassung an rechtliche Schranken gebunden werden kann, hat O. Mayer nicht erkannt. Über seine Feststellungen ist die Staatslehre bis in die 20er Jahre dieses Jahrhunderts nicht hinausgekommen. Da praktisch die Zuständigkeit der Gerichte und Verwaltungsgerichte kaum je die staatsleitenden Akte berührte, blieb ihre Eigenart weiter verdeckt.

Auf der anderen Seite aber wurde der Grundsatz der Gesetzmäßigkeit der Verwaltung doch an einer wichtigen Stelle von der herrschenden Lehre erheblich eingeschränkt. Indem als Rechtssatz nur die Einwirkung auf Rechtsverhältnisse aller Staatsbürger aufgefaßt wurde, Anordnungen im „Innern“ der Staatsorganisation sowie innerhalb eines „besonderen Gewaltverhältnisses“ (Heer, Beamtendienst, Anstalt) aber keine „Rechtsnormen“ darstellen sollten, blieb tatsächlich ein bedeutender Bereich freier Bewegung als Verwaltungsverordnung und Dienstanweisung der Exekutive gesichert. Es soll hier nicht die eingebürgerte und dem positiven Recht (Art. 80, 84, 85 GG) angehörende Unterscheidung abgelehnt werden. Aber man muß sich darüber klar sein, daß es sich hier nicht um eine logische oder aus der Natur der Sache folgende Abgrenzung handelt, sondern um eine rein historisch-konventionelle Unterscheidung[35]. Der beste Beweis hierfür ist der schwankende Umfang dessen, was als Verwaltungsvorschrift jeweils anerkannt wird. Ältere Theorien rechnen noch Besoldungsordnungen, Armeeverordnungen aller Art, Posttaxen und sogar ein Prisenreglement hierher[36].

---

[34] Zur Kritik dieses Merkmals siehe den Beitrag von *Herbert Krüger*, in: Festschrift für Rudolf Smend, 1952, S. 211 ff.

[35] *Forsthoff*, Lehrbuch des Verwaltungsrechts, Bd. I, 1950, S. 104.

[36] Alle diese Rechtsanordnungen rechnet *Anschütz*, S. 81, 83, 89, 97, 148 zu den internen Vorschriften oder denen, die — wie das Prisenrecht — gar nicht die eigenen Staatsangehörigen berühren. Heute werden alle diese Kategorien als Rechtsverordnungen allgemein anerkannt sein.

9. Das Ergebnis dieser Betrachtungsweise der Staatstätigkeit ist nach vielen Richtungen hin unbefriedigend. Das Wesen der Verwaltung als eine an den politischen Staatszielen ausgerichtete, im Rechtsstaat aber durchweg an deren Formulierung im Gesetz, also an den gesetzlichen Auftrag — jede Ermächtigung ist für die Verwaltung zugleich Auftrag zum Tätigwerden — gebundene Verwirklichung der Staatsaufgaben bleibt unvollkommen, wenn nicht der Bereich der obersten Bestimmung dieser Ziele im Politischen mitberücksichtigt wird. Ohnedem wird die Verwaltung nur als Gesetzesausführung am Maßstab des Rechts gemessen, wobei aber alle die rechtlichen Bindungen, die ihr teilweise ungeschrieben aus dem Aufbau der Verwaltung, aus dem spezifischen Auftrag jedes Verwaltungszweiges erwachsen, nicht erkannt werden, da die Aufmerksamkeit nur auf die „Schranken" der Verwaltung gerichtet ist. Für die Auslegung eines Verfassungstextes, der bestimmte „verfassungsrechtliche Leitgrundsätze" für die gesamte Staatstätigkeit — einschließlich der Gesetzgebung — als bindende Verfassungsrichtlinien, z. B. das Prinzip des sozialen Rechtsstaats als einen allgemeinen Grundsatz der Rechtsetzung und Rechtsanwendung (Art. 20, 28 GG), aufstellt, genügt es nicht, die Begrenzung der Verwaltung aus den einzelnen Vorschriften zu entnehmen. Die spezifischen Zielsetzungen jedes Verwaltungszweiges geben auch Richtlinien für die Erkenntnis der Gebundenheit des Verwaltungsermessens in seinem Bereiche.

Grundlegend verkannt wird im Rahmen der positivistischen Lehre der Staatstätigkeit auch Sinn und Bedeutung der Gewaltenteilung. Als Einteilung materieller Funktionen mißverstanden, wird aus ihr eine starre Trennung der Funktionsbereiche herausgelesen. Darüber wird der eigentliche Sinn des Prinzips, die Forderung der Verteilung und Mäßigung der Staatsmacht zum Schutze der individuellen Freiheit als ein politisches Mittel des freiheitlichen Staates vernachlässigt, der in der angelsächsischen und französischen Auffassung noch so lebendig bewahrt wurde[37]. Im eigentlichen Bereich der politischen Selbstbestimmung des Staates ist die Gewaltenteilung nicht notwendig, wie in den Vereinigten Staaten, auf strenge Trennung der obersten Organe, sondern auf ein System der „checks and balances", der gegenseitigen Kontrolle, Begrenzung und der Zusammenarbeit gerichtet. Es wird meist übersehen, daß bei grundlegenden rechtlichen Entscheidungen des

[37] Der wesentlich politische Sinn der separation of powers ist in der Tat dem englischen Denken (vgl. *Sir Ivor Jennings,* The Law and the Constitution, 3. Aufl. 1948, S. 261 ff.; *Carleton Kemp Allen,* Law and Orders, 4. Impr. 1950, S. 8 ff.) wie dem amerikanischen (*Carl J. Friedrich,* Constitutional Government and Democracy, Aufl. 1950, S. 178 ff.) und französischen (*Maurice Hauriou,* Précis de droit constitutionnel, 2. éd. 1929, S. 352 ff.) wohl vertraut. Die Funktionenunterscheidung tritt demgegenüber zurück.

Staates Exekutive und Legislative oft gemeinsam handeln müssen. Das gilt nicht nur in den Vereinigten Staaten im exekutiven Bereich der Personalernennungen des Präsidenten (Mitwirkung des Senats), sondern in verschiedener Form überall bei der Haushaltsfestsetzung, dem jährlichen staatsleitenden Akt der Staatszielfestlegung auf dem Wege der Mittelvergebung[38].

II. Der Begriff der Regierung

1. Die Gewinnung eines Begriffs der Regierung wird nicht an Berichtigungen der heutigen Funktionenlehre sich zu versuchen haben, sondern muß die Bestimmung aus den Grundlagen, der Frage nach dem Staat, dem Wesen des Politischen und dem Verhältnis von Staat und Recht, entnehmen. Da der Begriff der Regierung auf das Ganze des Staates, auf seine Zielsetzung und Leitung abstellt, reicht er im Kerne über die Unterscheidung der Gewalten hinaus. In einem älteren weiteren Sinne bezeichnet Regierung, so wie heute vor allem noch das Wort government im angelsächsischen Bereich gebraucht wird, das Ganze der Wirksamkeit des Staates. Es ist dieser ältere Begriff, der uns namentlich im völkerrechtlichen Sprachgebrauch begegnet, wo die Verwendung des Wortes Regierung zur Bezeichnung des gesamten Staatswesens üblich ist[39]. In der völkerrechtlichen Terminologie wird freilich

[38] Eine für das deutsche Recht neue Form des Zusammenwirkens zwischen Exekutive und Legislative hat Art. 113 GG geschaffen. Er gibt der Bundesregierung nicht nur gegen budgetäre Beschlüsse von Bundestag und Bundesrat, sondern auch gegen Gesetze außerhalb des Haushalts, die eine Erweiterung der Staatsaufgaben und damit eine finanzielle Mehrbelastung mit sich bringen, ein Vetorecht, das durch die Legislative nicht überwunden werden kann. Vgl. *Wacke*, Das Finanzwesen der Bundesrepublik, 1950, S. 90 f.; *Belau*, Deutsche Verwaltung 1951, S. 429 ff. Diese Verstärkung des Einflusses der Regierung auf den Ausgleich des Haushalts und die Ausgabenbegrenzung ist freilich nicht ganz in den allgemeinen Gang der Gesetzgebung eingefügt, die der Regierung keine Mitbestimmung am Gesetzesbeschluß (wie bei der früheren Sanktion des Staatshaupts in Preußen vor 1918) eröffnet. Aber, wie das Veto des amerikanischen Präsidenten zeigt, Zustimmungs- und Einspruchsrechte der Exekutive bei Gesetzen bilden ein Mittel gegenseitiger Hemmung und Moderation im Sinne der als politisches Prinzip verstandenen Gewaltenteilung (vgl. zum Veto *Carl J. Friedrich*, S. 156 in diesem Sinne).

[39] Für den angelsächsischen Bereich und Frankreich gilt diese weitere Verwendung der Worte government (gouvernement) zur Bezeichnung der gesamten Staatsgewalt noch heute. Vgl. die Definitionen bei *Willoughby / Rogers*, Introduction to the problems of Government, 1925, S. 14: „The organization or machinery through which the State formulates and executes his will." *Herman Finer*, The Theory and Practice of Modern Government, Revised Ed. 1940, S. 7: „Government is Politics plus Administration." Daneben findet sich eine engere Bedeutung, die Government etwa auf den Verfassungsbereich abgrenzt (vgl. *Anson*, The Law and Custom of the Constitution, 5. ed., I, 1922, S. 14) oder es auch als Exekutive der Legislative gegenüberstellt (*Sir Ivor Jennings*, Cabinet Gouvernement, 2. ed. 1951, S. 20).

für die staatliche Gewalt, vor allem bei der Abgrenzung ihrer territorialen und personalen Hoheitssphäre, auch das Wort Jurisdiktion gebraucht. Beide Ausdrücke reichen weit in der Geschichte der Staatsanschauung zurück und beruhen auf älteren Vorstellungen. In ihnen spiegeln sich zwei Seiten der mittelalterlichen Lehre vom politischen Gemeinwesen wieder. In zahlreichen Zeugnissen wird unter dem Einfluß germanischen Denkens dem Staat und seinem Herrscher als oberste Aufgabe vor allem die justitia, die Wahrung des Rechts zugewiesen, wobei das Recht als eine über dem Fürsten stehende, der Gestaltung entzogene Macht erscheint. Die Pflicht des Regenten wird von dieser Anschauung in begrenztem Sinne verstanden, es wird an ihr der Schutz des Rechtes und des Friedens, nicht aber die aktive Lenkung des sozialen Körpers betont[40]. Der richtige Hinweis der rechtsgeschichtlichen Forschung auf diese Eingrenzung der Regentenaufgabe darf aber nicht übersehen lassen, daß neben ihr von früh an doch andere, aktivere Pflichten, der Schutz der Kirche, die Bekämpfung der Ungläubigen, auftreten. Im späteren Mittelalter jedenfalls gewinnt eine umfassendere Deutung der Herrscherstellung Raum; ihm wird nun die Sorge für das leibliche und geistige Wohl der Untertanen, also ein eigentliches Gestalten und Regierung übertragen[41], und wir begegnen nun auch häufiger den Wendungen „gubernatio“, „administratio“ und „cura“[42]. In der großartigen Ansprache des Theologen der Wiener Universität, Nikolaus von Dinkelsbühl auf dem Konstanzer Konzil vor Kaiser Sigismund (1415) wird die Aufgabe des Herrschers, „qui gubernacula tenet in mari huius mundi“ in einem tiefen und universalen Sinne als geistlich-weltliches Hirtenamt zur Beförderung der salus und

---

[40] Der Charakter des mittelalterlichen Staates als „Rechtsbewahrstaat“ ist zuerst von *Fritz Kern,* HZ 120 (1919), S. 1 ff. herausgearbeitet worden. Vgl. ferner an Hand der Krönungsversprechen *Percy E. Schramm,* Geschichte des englischen Königtums im Lichte der Krönung, 1937, S. 179 ff.; *S. B. Chrimes,* English Constitutional Ideas in the XVth Century, 1936, S. 16 ff.; *Hermann Aubin,* Festgabe G. Ritter, 1950, S. 77. In dieser Auffassung ruhen bereits die Wurzeln zweier Grundwerte eines Regiments, die bis an die Schwelle der Neuzeit immer wieder hervorgehoben werden: pax und tranquillitas. Siehe die Instruktion für die englischen Gesandten zur Konferenz von Calais 1439, die davon spricht, daß Gott „made the princes for his service and for the wele and behove of his people, that is to say to reule theim in tranquillite, namly by the mene of deue ministration of justice“. (Proceedings and Ordinances of the Privy Council Es. Sir Harris Nicolas, Bd. V, S. 357, zitiert bei *Chrimes,* S. 17).

[41] Versprechen Richards III. von England vor dem Parlament „tenderly desiring the wele, rest and prosperite of this lande“. *Lodge / Thornton,* Engl. Constit. Documents 1307 - 1485, Cambridge 1935, S. 35.

[42] Die im Titel Karls des Großen vorkommende Wendung „Romanum gubernans imperium“ (vgl. *Eichmann,* Kaiserkrönung im Abendland, Bd. I, 1942, S. 113) ist wohl noch auf spätantiken Einfluß zurückzuführen. Siehe jetzt: *P. E. Schramm,* HZ 172 (1951), S. 499. Gubernare als Ausdruck fürstlicher Aufgabe auch im Mainzer Landfrieden vom 25. 8. 1235, MGLL II, S. 241.

felicitas populi charakterisiert[43]. Rechtswahrung und Wohlfahrt stehen als Herrscheraufgaben im Mittelalter nebeneinander; die konservative Richtung betont im wesentlichen nur die justitia, die jüngeren Richtungen auch die umfassenden Pflichten des Regenten.

2. Es ist hier weder notwendig noch möglich, eine Entwicklung der Auffassung von den Staatszwecken in späterer Zeit zu zeichnen und dadurch zu beleuchten, in wie enger Verbindung mit ihnen stets die Definition der Tätigkeit des Herrschers und damit der obersten Staatsfunktion steht. Namentlich der Absolutismus hat dem Begriffe der Fürstengewalt und ihrer Regierungsrechte eine umfassende Deutung gegeben. Es ist klar, daß sich auch für die Gegenwart der Sinn der Staatsfunktionen als Teilmomente des staatlichen Lebens nur aus der Natur des Ganzen erfassen läßt[44]. Der Staat ist ein geistiger Lebensprozeß, in dem bewußtes menschliches Handeln eine Kollektiveinheit über den Wechsel der Individuen und der Zeit hinweg zu einheitlichem Wirken vereinigt. Der Vorgang ständiger Erneuerung und Betätigung dieser Einheit, den R. Smend als die integrierende Selbstgestaltung des Staates verstanden hat[45], dieser Modus der Bildung und Fortentwicklung des in ihm lebenden Gemeingeistes und der von ihm geprägten Institutionen und Formen objektivierten Geistes[46], steht aber unter der tieferen, im menschlichen Dasein angelegten Notwendigkeit der

---

[43] *Mansi*, Sacr. Conciliorum Collectio, Bd. 28, S. 516. Vgl. auch Acta Conc. Constantiensis, ed. H. Finke, Bd. II, S. 389, 396. Ich habe an anderer Stelle (Festgabe Erich Kaufmann, 1950, S. 322/23) auf die durch die Jahrhunderte gehende Geltung der Begriffe pax und tranquillitas, denen man felicitas an die Seite stellen kann, hingewiesen. Ich füge noch folgende Hinweise hinzu: Confessio Helvetica Posterior 1566, Tit. XXX, De Magistratu: „Magistratus omnis generis ab ipso Deo est institutus ad generis humani pacem et tranquillitatem, ac ita, ut primum in mundo locum obtineat." (*Niesel*, Bekenntnisschriften und Kirchenordnungen der nach Gottes Wort reformierten Kirche, 2. Aufl. 1946, S. 274; *Joh. Althusius*, Politica Methodice Digesta, Cap. XXXI, § 1: „Concordia et tranquillitas inter subditos, est eorundem mutua inter se et cum suo magistratu consensio, pax et benevolentia ...") Wie spät noch der Begriff der öffentlichen Ruhe lebendig war, beweist die Maßnahme des französischen Militärbefehlshabers General Duhesme 1808 nach der friedlichen Besetzung Barcelonas, dessen Bevölkerung gegen die Franzosen eingenommen war: „Man mußte einen Aufstand — befürchten. Öffentliche Ausrufer durchzogen daher, mit dem Ausdruck Ruhe! Ruhe! (Quietud! Quietud!) in Begleitung der Behörden der Stadt und spanischen Militärs die Straßen." (*Hermann v. Staff*, Der Befreiungskrieg der Katalonier in den Jahren 1808 bis 1814, Bd. I, Breslau 1821, S. 89.) Im Lichte dieses Berichts gewinnt auch die bekannte Aufforderung zur Ruhe des Berliner Kommandanten nach der Schlacht von Jena ihre Erklärung.

[44] Vgl. *R. Smend*, Verfassung u. Verfassungsrecht, S. 96.

[45] *Smend*, S. 18 ff. und schon Festg. Kahl, III, S. 16.

[46] Ich folge hier der Grundlegung, die *Nicolai Hartmann*, Das Problem des geistigen Seins, 1933, S. 177 ff., für das Verständnis der Kollektiveinheiten aus dem objektiven Geist, der sie beseelt, gegeben hat und seiner Lehre vom objektivierten Geist (S. 391 ff.).

Bildung politischer Gemeinschaft, die das friedliche und geordnete Zusammenleben der Menschen überhöht und schützt. Der Staat ist nicht eine geschichtlich vergängliche oder entbehrliche Form des Gemeinschaftslebens, er bildet als die oberste Zusammenfassung aller sozialen Kräfte zur friedlichen Ordnung und zur gemeinsamen Bewältigung der äußeren Daseinsaufgaben eine Grundform menschlicher Existenz. Form und Gestalt des politischen Gemeinwesens zeigen in der Geschichte ebenso tiefe Wandlungen wie der Umfang ihrer Tätigkeit und wie die Auffassungen über Staat und Politik. Im letzten Grunde kann das Wesen des Staates nur aus einer umfassenden Deutung des menschlichen Lebens bestimmt werden. Ich muß mich in dieser Skizze hier begnügen, als die obersten Werte, aus denen der Staat im sozialen Leben seine Bestimmung empfängt, Frieden, Ordnung und Gerechtigkeit zu bezeichnen[47]. Der Staat ist die umgreifende höchste kollektive Lebenseinheit, die die sozialen Spannungen in sich birgt und ausgleicht, und in seinen entwickelteren Formen tätig und umgestaltend in das Sozialleben hineinwirkt. Der Staat ist also, wie es Smend so eindringlich klargelegt hat, nicht ruhendes Sein, eine Verbindung statischer Elemente, sondern eine zu jeder Zeit durch organisiertes, d. h. bewußtes menschliches Eintreten erhaltene und fortgebildete Aktionseinheit[48].

3. Der Begriff des Politischen kann nur vom Staate her, und zwar vom Ganzen des Staates aus, bestimmt werden, auch wenn es sich dann weiter bei ihm darum handelt, innerhalb des vielschichtigen Gefüges des modernen Staates die engere Sphäre der eigentlichen politischen Entscheidung und Selbstbestimmung näher abzustecken. Von dieser Grundlage her ist Politik schöpferische Entscheidung über die das staatliche Ganze berührenden Ziele und die Erringung und Ausübung sozialer Macht zu ihrer Durchsetzung. Sie ist Setzung und Durchsetzung bestimmter Ideen und Ziele, die die soziale Gesamtheit gestalten. Politik ist menschliches Handeln. Wille und Aktion[49]. Es gibt auch ein politisches Handeln sozialer Gruppen innerhalb und außerhalb der Staaten — „Verbandspolitik" ist freilich keine wirkliche Politik — aber sie wird durch das Bemühen, die Leitung der Gesamtheit zu beeinflussen

---

[47] Daß die Natur des Staates nur aus seiner Aufgabe im Sozialleben, seinem „Zweck" erkennbar ist, kann ich hier nicht näher begründen. Vgl. richtig *H. Heller*, Staatslehre, 1934, S. 199.

[48] In glänzender Form hat *Donoso Cortes* dieser Einsicht Ausdruck gegeben (Lecciones de derecho politico, gehalten 1836/37 im Ateneum von Madrid, Obras Madrid 1893, Bd. 3, S. 126: „Todo Gobierno es una accion de tal manera que un Gobierno que no obra abdica: para un Gobierno obrar es ser." Der Staat lebt also nur im organisierten Handeln der ihn tragenden Menschen; andere Kollektiveinheiten, z. B. das Volk, vermögen dagegen ruhend, durch Fortleben eines Gemeingeistes unbewußter Art, zu bestehen.

[49] Vgl. von Älteren *Schäffle*, ZgesStW 53 (1897), S. 579 ff.; *Mannheim*, Ideologie und Utopie, 1929, S. 71.

oder gar zu erobern, doch wieder staatsbezogene Aktivität[50]. Politik ist auf Macht gerichtet. Denn als zunächst individuelle Entscheidung steht sie vor der Aufgabe, im sozialen Ganzen Einfluß und Macht zu erlangen und gegen widerstrebende Kräfte ihre Absichten zu verwirklichen. Die Auseinandersetzung mit Gegnern, das Ringen um die Macht, der Kampf sind daher notwendige Elemente des politischen Lebens. Und solche Lehren der Politik, die relativistischer Anschauung folgend keine obersten Ziele des Staates kennen als jeweils relativ von Gruppen und Teilmeinungen bestimmte Meinungen oder die einer kausalwissenschaftlich orientierten Soziologie folgen, nicht zuletzt auch die voluntaristische und aus der Intensität orientierte Deutung des Politischen bei Carl Schmitt[51], bleiben bei dieser Kennzeichnung des politischen Bereiches als Machtkampf und bei der Legitimität des faktischen Ergebnisses. Der Existenzfall, der letzte kämpferische Konflikt ist in der Politik aber kein normales Element, sondern seltener Fall äußerster Steigerung des politischen Durchsetzungswillens. Der Krieg ist nicht ein „Mittel der Politik", er ist die Grenze, an der ihre formenden Kräfte versagen und aussetzen. Kriegsziel ist aber auch nicht Vernichtung des Gegners, sondern dessen Überwindung und damit Einfügung in das eigene politische System oder wirklicher Ausgleich, also letztlich Friedensordnung[52]. Auch die äußere Politik der Staaten ist nicht bloße Selbstbehauptung und Machtstreben, sondern ist in der Gegenwart bereits von einem Streben nach höherer Harmonie aller Völker und Staaten erfüllt, jedenfalls diesseits des tiefen Grabens, der heute die ganze Welt ideologisch auseinanderführt[53].

---

[50] Das wird richtig hervorgehoben von *Heller*, Staatslehre, S. 204 f., und *Grewe*, Festg. Erich Kaufmann, S. 71.

[51] Der Begriff des Politischen, zuerst Archiv für Sozialwissenschaft 58 (1927), S. 1 ff. Damit gewinnt das Denken von *Schmitt* die ihm eigentümliche Wendung zum Existenzfall, d. h. entweder zur inneren Auseinandersetzung im Bürgerkrieg oder zur Außenpolitik, die auch wesentlich als Machtabgrenzung und Raumbildung verstanden wird. Diese Beleuchtung vom äußersten Fall her erlaubt scharfe Analysen, bedeutet aber occasionelle und skeptische Haltung gegenüber der normalen Entwicklung. Vgl. die Kritik bei *Smend*, S. 104 und *Bilfinger*, Zeitschrift für Politik 18 (1928), S. 294/95. Daß Politik nur ein Intensitätsgrad jedes Gegensatzes sei, wie *Carl Schmitt* meint, heißt Ablehnung der Anerkennung des Staates als eines existentiellen Bereiches des menschlichen Daseins.

[52] Daß Friede nicht nur Abwesenheit von Waffenkampf, sondern ein positiver Status des Miteinanderlebens ist, ist freilich dem modernen Völkerrecht ebenso verloren gegangen wie der Politik. Der italienische Legist *Lucas de Penna*, im Einklang mit allgemeinen Gedanken seiner Zeit, spricht aus: „Bellum geritur, ut pax acquiratur" und „Pax in charta conscripta non valet, nisi fuerit in corde radicata". Zitiert nach *W. Ullmann*, The Medieval Idea of Law, 1946, S. 195, 196. Noch *Heffter*, Das europäische Völkerrecht der Gegenwart, 2. Aufl. 1848, bemerkt (S. 314): „Der Friede soll einen Streit definitiv beenden; sonst wäre er nur ein Waffenstillstand."

[53] *Verdross*, Völkerrecht, 2. Aufl. 1950, S. 17 f.

4. Ehe wir uns aber der Frage nach der näheren Umgrenzung des politischen Kernbereichs des Staates zuwenden, noch ein wichtiger Punkt. Wie steht es mit dem Verhältnis von Politik und Recht? Zu den Werten, in deren Zeichen die staatliche Gemeinschaft steht, gehört auch die Gerechtigkeit. Es kann hier nicht näher begründet werden, daß ein Staat nur Bestand und Dauer gewinnt, wenn er Legitimität besitzt, d. h. im Rechte steht, wenn seine Bürger die Herrschaft als rechtmäßig — und seien sie auch unzufrieden oder unwillig — anerkennen. Darüber hinaus aber schützt der Staat das Recht, ja, der moderne Staat ist ganz wesentlich der Gestalter des größeren Teils aller Rechtssätze, ob er sie nun durch die Gesetzgebung formt oder kraft des Spruches der Gerichte und durch die Praxis der Behörden bildet[54]. Staat und Recht sind also aufeinander bezogen, aber nicht identisch. Jedenfalls eine Rechtsordnung vermag ohne politische Macht zu bestehen, wie in gewissem Umfang das Völkerrecht und jedenfalls das kirchliche Recht dartut. Aus dieser Sonderung, aber auch wieder engen Verknüpfung von Staat und Recht folgt, wie Smend für die Funktionslehre herausgearbeitet hat[55], eine tiefe Differenzierung aller staatlichen Tätigkeit. Sie dient einmal dem Recht und ist insoweit am Ziel der Gerechtigkeit ausgerichtet (oder sollte es sein). Zum anderen aber ist der Staat Gestalter des sozialen Lebens, der zwar seine Ergebnisse dauerhaft, also rechtlich legitim zu machen wünscht, aber nicht am Recht, sondern an politischen Ideen und Zwecken orientiert ist. Diese rechtliche und politische Seite am Leben des Staates können zwar nicht getrennt werden. In den meisten Staatshandlungen sind sie miteinander verbunden. Von hier aus aber lassen sich für eine inhaltliche Unterscheidung der Staatstätigkeit wichtige Ansätze gewinnen. Die Rechtsprechung erscheint unter diesem Gesichtspunkt vor allem als Rechtsfunktion; wird sie, wie etwa im politischen Strafrecht, Mittel der Durchsetzung des Staatsregimes, so dient sie freilich — nicht immer zu ihrem Besten — auch staatspolitischen Zielen. Die Gesetzgebung aber, in der die bürgerlich-rechtliche Rechtsquellenlehre nur ihre rechtsetzende Seite sieht, ist im modernen Staate längst das eigentliche Mittel der rechtlichen Festlegung, der planenden Formulierung und damit der dirigierenden Durchsetzung seiner politischen Zielsetzungen geworden. Es gibt Gesetze, in denen die rechtsfeststellende Wirkung überwiegt — etwa bürgerlich-rechtliche Normen —, andere — so die wirtschaftspoli-

---

[54] Insofern ruht also das Gesetz auf der gleichen psychischen Basis wie das Gewohnheitsrecht. Vgl. *Erich Kaufmann*, Das Wesen des Völkerrechts und die clausula rebus sic stantibus, 1911, S. 41 f.; *Rümelin*, Die bindende Kraft des Gewohnheitsrechts, 1929.

[55] S. 98 f. Ich würde freilich die Funktionen des Rechtslebens nicht als „Fremdkörper" im staatlichen Leben ansehen.

tischen Gesetze, Sozialisierungen, Regelung der Mitbestimmung in Betrieben —, bei denen das politische Element vorherrscht[56].

Gegenüber dem Recht bedeutet Politik Verteidigung bestehender Rechtslagen, meist aber Schaffung neuen Rechtes, also Rechtsänderung. Von dieser Basis aus zeigt das politische Moment im Staate entscheidende Unterschiede gegenüber dem Bereich des Völkerrechts. Dort sind für das Gestalten die einzelnen Staaten verantwortlich; dringt politisches Streben nach Änderung der Rechtslage nicht durch, bleibt der Besitzstand erhalten. Im Völkerrecht kann also jeder politische Streit auf der Basis des bestehenden Rechts entschieden werden: Die Forderung auf seine Änderung ist abzuweisen[57]. Die daraus folgende Spannung durch das Verbot gewaltsamer Lösung zu überwinden, ist ein Hauptanliegen des heutigen Völkerrechts. Anders im Staate. Hier kann die innerpolitische Spannung nicht ungelöst bleiben, sondern verlangt konstruktiven Ausgleich und aktive Behandlung. Hier kann die Entscheidung dem Richter nicht zugewiesen werden, weil er nicht neues Recht gestalten, sondern nur die Grenzen bestehenden Rechtes feststellen darf. Ist also die bestehende Differenz nicht aus der Verfassung zu lösen, weil sie keine Maßstäbe enthält (oder gibt es keine richterliche Kontrolle der Einhaltung der Grundnorm), so liegt die Lösung allein bei der Gesetzgebung. Hier liegt eine Grenze aller Verfassungsgerichtsbarkeit. Sie kann den streitenden Parteien die Grenzen des Rechtes weisen, die politische Neuformung aber nicht abnehmen, ebensowenig wie der internationale Richter. Der letztere kann zum Urteiler ex aequo et bono gemacht werden[58], ein staatliches Gericht würde damit zur politisch entscheidenden Instanz. Im Völkerrecht kann die Rechtsänderung unterbleiben, weil die soziale Ordnung innerhalb seiner Glieder, der Staaten, gewährleistet ist. Im Staate aber können ungelöste Differenzen zur revolutionären Entwicklung führen.

5. Wenn wir uns nun der näheren Abgrenzung der eigentlichen Sphäre des Politischen im Staate zuwenden, so fällt sie inhaltlich zusammen mit der obersten Zielsetzung, der Selbstbestimmung des Staates. Sie steht damit im Gegensatz einmal zum Wesen der Rechtsprechung, deren Funktion die Entscheidung von rechtlichen Streitigkeiten,

---

[56] *Georg Dahm*, Deutsches Recht, 1951, S. 46 f. unterscheidet ganz richtig rechtsbewahrende Gesetze und Zweckgesetze, die vorwiegend praktischen rationalen Zielen dienen.

[57] Über die Justitiabilität aller Streitigkeiten des Völkerrechts, auch der sog. politischen Fragen siehe *Guggenheim*, Lehrbuch des Völkerrechts, Bd. II, 1951, S. 604 f. Treffend *Schwarzenberger*, International Law, 2. ed. 1949, S. 390: „Every dispute is potentially both a legal and a political dispute. If the parties are willing to have it decided on the basis of the lex lata, the dispute is a legal dispute, and if not, it is of a political character."

[58] Das wird tatsächlich nur in unbedeutenderen Streitfällen geschehen.

die Findung des Rechts im konkreten Falle durch verbindlichen Spruch ist, die also stets nur bereits gegebenes Recht finden, nicht aber politisch gestaltend entscheiden darf. Soweit sie schöpferisch tätig wird, bringt sie nur — jedenfalls der zugestandenen Intention nach — bestehende Normen zur Entfaltung. Zum anderen grenzt sich der Bereich des Politischen ab von der ausführenden Verwirklichung der festgelegten Staatszwecke in der Verwaltung. Gewiß ragen politische Wertungen und Maßstäbe auch in die Verwaltung hinein. Der Bezug zum Ganzen kann sich auch bei an sich lokalen oder weniger bedeutenden Fragen mit einem Male ergeben, so daß sie politischen Aspekt bekommen[59]. Hier haftet das „politische Interesse“ indes nur von anderen Zusammenhängen her am einzelnen Akt. Anders steht es mit den politischen Grundentscheidungen des Staates, aber auch der jeweiligen Regierung, an denen die Verwaltung ausgerichtet ist. Die ersteren berühren sie nur, soweit sie gesetzlich festgelegt sind; insoweit ist auch jede Verwaltung staatspolitisches Handeln. Das Hineintragen anderer politischer Momente in sie erscheint dagegen nicht als statthaft und kann, wo das Recht (Art. 3 Abs. 3 GG) Absehen von politischen Unterscheidungen vorschreibt, zum Rechtsverstoß (Ermessensfehler) werden. Die Regierung aber vermag der Verwaltung ihre besondere politische Richtung nur in dem Rahmen mitgeben, als sie durch Gesetze und Verwaltungsvorschriften ihre besonderen Absichten und Ziele verbindlich zu machen in der Lage ist.

6. Der Bereich der Regierung im engeren Sinne ist innerhalb der politischen Sphäre, die sich mit dem deckt, was man auch den Bereich des Verfassungslebens nennen könnte, die zur Exekutive gehörende Seite. Freilich kann diese Abgrenzung nicht organisatorisch erfolgen; denn die heutigen Minister sind zugleich Organe der laufenden Verwaltung und ihre Akte werden auch als Verwaltungsakte behandelt und unterliegen der normalen verwaltungsgerichtlichen Kontrolle[60]. Für die Abgrenzung wird man einmal den Gedanken verwenden können, daß zur Regierung die Akte des eigentlichen Verfassungslebens gehören, wie die gegenseitigen Einwirkungen von Legislative und Exekutive aufeinander (Wahl des Bundeskanzlers Art. 63 Abs. 1 GG und Bundespräsidenten Art. 54 Abs. 1 GG, Parlamentsauflösung Art. 68 GG usw.), Anträge, Zustimmungen und Einsprüche (Einbringung von

[59] Über diese politische Färbung von Verwaltungsvorgängen siehe *Ipsen*, S. 169 und zutreffend auch *Loening*, Deutsche Verwaltung 1951, S. 236 unten. Verwaltungspolitische Motive bei der Versagung einer Genehmigung für einen infolge politischer Belastung genehmigungspflichtigen Bürgermeister schließen die verwaltungsgerichtliche Kontrolle nicht aus. Hess. VGH 26. 1. 1949, bei *Bauer*, VerwRechtspr., Bd. I, S. 334.

[60] So mit Recht *Loening*, S. 235. Über Verwaltungsakte der Bundesminister siehe *Füßlein*, DVBl. 1951, S. 33 ff.

Gesetzesvorlagen Art. 76 Abs. 1 GG, Zustimmung der Bundesregierung nach Art. 113 GG, Anträge der Länder, z. B. Art. 90 Abs. 3 GG), Akte der Bundesaufsicht und des Bundeszwanges und notrechtliche Maßnahmen. Dazu tritt die äußere Politik als ein Bereich der Darstellung des gesamten Staates nach außen. Wieweit man staatsleitende Individualakte zur Regierungsfunktion rechnen kann, vor allem das Haushaltsgesetz — seinem Wesen nach nicht auf Schaffung von Recht, sondern auf Festlegung eines Staatszielprogramms vom finanziellen Blickpunkt her gerichtet — hängt vom Rechtssatzbegriff ab. Nicht deshalb, weil das Haushaltsgesetz die Staatsbürger nicht unmittelbar verbindet — es ist doch im weitesten Rahmen der Staatsorganisation rechtsverbindlich — sondern weil es nicht ein Akt der Rechtsetzung, sondern ein politischer staatsleitender Akt ist, gehört es zur Sphäre der Regierung, an der hier wie auch an anderen Stellen die Legislative durch den Gesamtakt des Haushaltsgesetzes beteiligt ist[61].

Allen diesen Einzelabgrenzungen aber liegt ein tieferer inhaltlicher Maßstab zugrunde: Während zur Verwaltung die laufende Tätigkeit, die Ausführung der rechtlich festgelegten Aufträge und Maßstäbe des staatlichen Handelns gehört, erst recht das Technische, Lokale, das Besondere und Einzelne, zählt zur Regierung die politische Entscheidung, die Festlegung der Richtlinien, darüber hinaus aber die Oberleitung des Staates, durch die der Staat seine Einheit herstellt. Bei der Regierung geht es um die Zusammenfassung des politischen Willens des Staates, die Beziehungen der obersten Organe untereinander, die Bestellung der leitenden Personen, kurz um Handlungen der politischen Staatsführung[62].

III. Die Stellung der Regierung im Verfassungsrecht

1. Der Raum der Regierung in einer Einteilung der Staatsfunktionen wird zunächst durch die Differenzierung zwischen der Sphäre der politischen Gestaltung und der des Rechtslebens erhellt, wie sie R. Smend aufgewiesen hat[63]. Eine zweite Unterscheidung verläuft zwischen dem Bereich der Formung und Betätigung einer einheitlichen Staatsleitung und den abhängigen und ausführenden Funktionen des Staates. Zum politischen Bereich zählt im neuzeitlichen Staate in erster Linie die Gesetzgebung. Denn wir leben in einem Gesetzgebungsstaate,

---

[61] Siehe die vorzüglichen Darlegungen von *Heckel*, HdbDStR, Bd. II, S. 388 ff.

[62] Grundlegend noch immer die Kennzeichnungen von *Smend*, Festgabe Kahl, III, S. 16/17. Übersicht neuerer Umschreibungen bei *Loening*, S. 234.

[63] Verfassung und Verfassungsrecht, S. 97 ff. Eine Einteilung nach „political" und „administrative" functions auch bei *Sir Ivor Jennings*, The Law and the Constitution, 3. Aufl., Neudruck 1948, S. 19.

der seine Ziele großenteils in allgemeinen Normen niederlegt[64]. Daneben gehört zum politischen Gebiet die Spitze der Exekutive, die Regierung. Legislative und Regierung zusammen formen im verfassungsrechtlichen System der Gesetzgebung und der gegenseitigen Hemmungen die obersten Entscheidungen, den „Willen des Staates". Der Bereich der Gesetzgebung ist dabei in der Anschauung der Gegenwart entweder in der angelsächsischen und französischen Lehre rein formell als der in gehöriger Form ergehende Beschluß der Volksvertretung, also nach seinem verfassungsrechtlich höchsten Range, abgegrenzt[65]. Oder er umfaßt, wie im deutschen oder schweizerischen Recht, als inhaltlich umschriebenes Gebiet, alle Rechtssätze, d. h. alle allgemeinen rechtsgestaltenden Anordnungen, mit der historisch-traditionellen Einschränkung, daß bestimmte Kategorien genereller Weisungen als „nicht alle Staatsbürger berührend" (Verwaltungsvorschriften) in ihm nicht inbegriffen werden. In allen Staaten ist, seit dem Übergang vom mittelalterlichen Jurisdiktionsstaate zu einem regierenden, das soziale Geschehen aktiv gestaltenden Staate, das Gesetz, als Gebiet des Herrschers und heute als Beschluß der Volksvertretung, zugleich die Form der Rechtsfeststellung und Rechtsfortbildung wie auch das Mittel der politischen Lenkung und Formung des Soziallebens durch den Staat. So ist das Gesetz zugleich Ausdruck des souveränen Willens wie — besonders im modernen Rechtsstaat, der alle nachgeordnete Staatstätigkeit an seiner allgemeinen Norm ausrichtet — Rechtsetzung. Demgegenüber ist die Regierung derjenige Teil der Exekutive, in dem es um die schöpferische Entscheidung, die politische Initiative und die zusammenfassende Leitung des Staatsganzen, sowie die dirigierende Kontrolle der ausführenden Tätigkeiten geht. Innerhalb der letzteren ist die Verwaltung die tätige Verwirklichung der Staatsziele im Einzelnen und Besonderen. Sie ist im Rechtsstaat gebunden an den gesetzlichen Auftrag und die in ihm gegebenen rechtlichen Richtlinien, daher ist ihre Entscheidungsfreiheit stets letztlich im Recht gebunden, durch seine Maßstäbe begrenzt und bestimmt. Die Rechtsprechung steht vom Bereich des Politischen abgesondert im Dienste des Rechts. Sie trifft im Einzelfall in besonderem Verfahren die autoritative Feststellung bestrittenen oder verletzten Rechtes. Ihr Wesen wird durch den verbindlichen Rechtsspruch über konkrete Fragen bestimmt, der verselbständigt in besonderer Form ergeht[66].

[64] *Carl J. Friedrich,* S. 268: „Ever since the sixteenth century, legislation was believed to be the most striking manisfestation of political and governmental power."

[65] Er umfaßt also auch Individualgesetze. Vgl. *Jennings,* S. 263 f.

[66] Ich gehe im ganzen mit der Definition bei *R. Thoma,* HdbDStR, Bd. 2, S. 127 ff. einig, der mit Recht die durch ein Verfahren verselbständigte Natur und die Autorität des Richterspruchs hervorhebt. Das entscheidende

Die hier gegebene Einfügung der Regierung in das System der Funktionen geht davon aus, daß diese Einteilung nicht zwingenden logischen Charakter besitzt, sondern eine seit dem 18. Jahrhundert entwickelte historische Erscheinung im modernen Staatsleben darstellt. Die seither üblich gewordene Gliederung der Staatstätigkeit nach inhaltlichen Funktionen ist an die Stelle sowohl der älteren jurisdiktionellen Auffassung des Staatshandelns wie auch der Lehre des absoluten Staates getreten, die alle Entscheidung in der Hand des Herrschers vereinte und daher alle Regierungsrechte auf seine Person bezog. Mit dem Zurücktreten der monarchischen Stellung hat man dann freilich seit der Spätzeit des 19. Jahrhunderts von den staatsleitenden Funktionen nur mehr die Gesetzgebung beachtet und auch an ihr wesentlich nur die rechtsetzende Aufgabe, nicht aber ihre politische Rolle berücksichtigt. Es wurde von der Funktionenlehre des Positivismus übersehen, daß neben dem Gebiet der Vollziehung der Gesetzesnormen in der Zone der Verfassung auch individuelle rechtserzeugende Akte staatsleitender Art von Bedeutung sind.

2. Die Betrachtung der Regierung vom Problem der Regierungsakte her kann eine Verzeichnung des Verhältnisses von Regierung und Recht begünstigen. Es muß klar erkannt werden, daß auch im politischen Bereich rechtliche Bindungen bestehen. Die Meinung, der Bereich des Politischen und der Regierung sei rechtlich nicht gestaltet und entziehe sich auch rechtlicher Formung, ist in dieser Allgemeinheit unzutreffend.

Das Gebiet der Vorgänge des Verfassungslebens weist infolge der dynamischen und irrationalen Struktur der politischen Geschehnisse, die es zu regeln unternimmt[67], gegenüber anderen Rechtsmaterien eine stark ausgeprägte Eigenart als politisches Recht auf[68]. In diesem Bereich ringen starke und bewegliche soziale Kräfte und Meinungen miteinander und werden in ihrer Auseinandersetzung schöpferische Entscheidungen getroffen. Das sind Vorgänge, die sich keineswegs der rechtlichen Normierung durch die Verfassung entziehen, die aber eine volle

---

Moment sehe ich im konkreten verbindlichen Spruch, der an der Rechtsidee, der Gerechtigkeit und am geltenden Recht ausgerichtet ist. Das Merkmal der Streitentscheidung (*Friesenhahn*, Festg. Thoma, 1950, S. 28 ff.) ist im Hinblick auf die Strafgerichtsbarkeit und das richterliche Gutachten (avis consultatif des Internationalen Gerichtshofs, § 97 BVerfGG vom 27. 9. 1950) zu eng. Es kommt auf den von der Autorität des Staates getragenen Spruch über bestrittenes, bezweifeltes oder gefährdetes Recht im Dienste allein der Gerechtigkeit an. Unbrauchbar ist das Merkmal der Rechtsfeststellung über subjektive Rechte (so *E. R. Huber*, Wirtschaftsverwaltungsrecht, 1932, S. 153).

[67] Richtig *Schneider*, Gerichtsfreie Hoheitsakte, 1951, S. 41.

[68] Über die Sonderart des politischen Rechts *Bilfinger*, ZaöRV, Bd. I, 1 (1929), S. 57 ff. und meine Ausführungen, in: Recht, Staat, Wirtschaft, Bd. 3, 1951, S. 135.

innerliche Gebundenheit des Tuns nicht vertragen. Auch das politische Handeln des Staates steht unter der höheren Idee des Rechts, ist vom Rechte legitimiert und eingegrenzt, damit in gewissem Umfang auch sachlich gebunden. Es bewahrt aber eine hohe Beweglichkeit und Freiheit. Charakteristische Züge machen die Eigenart des Rechts im politischen Bereich aus: Das Überwiegen von formellen Verfahrensvorschriften anstelle inhaltlich festlegender Normen, Lücken der rechtlichen Regelung und jedenfalls bewußte Unvollständigkeiten, um der unübersehbaren Entwicklung Bewegungsspielraum zu lassen (z. B. Bundeszwang, Art. 37 GG), Bevorzugung weiter und dehnbarer Formeln und Begriffe (Interesse der Gesamtheit, Rechts- und Wirtschaftseinheit in Art. 72 GG, Leistungsfähigkeit, steuerschwach in Art. 106 Abs. 4 GG, gerechte Abwägung in Art. 14 Abs. 3 GG), endlich die innere Neigung zur Anpassung des Rechts an die Flüssigkeit und Veränderlichkeit des politischen Lebens durch Ausbildung von Verfassungsübung (Konvention) und gewohnheitsrechtlicher Rechtsveränderung (Verfassungswandel).

3. Im absoluten Staate des 16. - 18. Jahrhunderts bildet die Regierung den Kern des politischen Staatshandelns und die Quelle der förmlichen Rechtsetzung. Sie umschließt die Gesetzgebung und die oberste richterliche Autorität. Das Prinzip der Gewaltenteilung, aufgebaut auf dem Gedanken der Mäßigung der Staatsmacht durch Verteilung und Zusammenspiel der Entscheidungsmacht fordert die Unterscheidung und Trennung der legislativen und exekutiven Aufgabe und die vollständige Lösung der Justiz aus einer Verbindung mit der politischen Leitung. Solange die monarchische Macht als politische Realität bestand, stellten Volksvertretung und Exekutive tatsächlich verschiedene politisch-soziale Kräfte dar. Im heutigen Staat, wo Parlament und Regierung beide aus der Volkssouveränität ihre Legitimation empfangen und wo beide, namentlich im parlamentarischen Kabinettssystem, eng zusammenwirken, wird der Unterschied relativ, und die Repräsentation und Ausbalancierung der verschiedenen politischen und sozialen Kräfte liegt bei den Parteien und Interessengruppen[69]. Die Gewaltenteilung ist heute ein wichtiges, als Voraussetzung rechtsstaatlicher Durchformung der Staatstätigkeit (Art. 20 GG) nach wie vor wesentliches Organisationsprinzip. Es prägt aber nicht mehr reale politische Gegensätze echter politischer „Gewalten“ aus, es sei denn, man sehe in der Regierung die Spitze des an Macht ständig zunehmenden bürokratisch-managerialen Elementes, dem Parlament und Parteien als

[69] In einem gewissen Sinne wird daher heute das Moment der Mäßigung und Balancierung durch die Existenz mehrerer Parteien und Gruppen bewirkt. Vgl. *Werner Weber*, Spannungen und Kräfte im westdeutschen Verfassungssystem, 1951, S. 25 f.

andersartige soziale Kräfte gegenübertreten[70]. Im britischen Kabinettssystem gehen Kabinett und Parlamentsmehrheit eine enge Verbindung ein, in der die Exekutive die Führung hat; das Gegengewicht liegt hier vor allem bei der Opposition. Eine besondere Funktion kommt in diesem die heutige Bedeutung der Gewaltenteilung kennzeichnenden Verteilungsprinzip dem Staatshaupt in den europäischen Staaten zu. Durch seine politisch stark zurückgedrängte Stellung wird es in besonderem Maße befähigt zum Repräsentanten der nationalen Einheit über den Gegensätzen und Parteien, zur Übernahme einer neutralen Vermittlerrolle und zu einem Wahrer der dem Streit entzogenen festen Grundlage der verfassungsrechtlichen Kontinuität. Es erfüllt damit bestimmte notwendige Seiten der Regierungsfunktion.

Unter den rechtlichen Akten des politischen Bereichs behaupten die Gesetze im demokratischen Staate als Wille der Volksvertretung den höchsten Rang. In den westeuropäischen Staaten ohne starre Verfassung ist der Gesetzgeber wahrhaft souverän. In anderen Staaten dagegen, wie den Vereinigten Staaten von Amerika und der Bundesrepublik, die der Verfassung einen übergeordneten Rang zuweisen, wird der Gesetzgeber durch die Verfassung an beständige und feste rechtliche Grundsätze des Staates gebunden. Grundrechte und verfassungsrechtliche Leitgrundsätze (Art. 20, 26 GG) grenzen die Entscheidungsfreiheit des Gesetzgebers sachlich ein. In der Bundesrepublik kann man daher nicht von einer vollen Souveränität des Gesetzgebers sprechen[71]. Andererseits aber ist die politische Entscheidungsfreiheit des Gesetzgebers, wie auch der Regierungsorgane, nicht nur quantitativ, sondern qualitativ von dem an den sachlichen Auftrag und Maßstab des Gesetzes gebundenen Ermessen der Verwaltung verschieden[72]. Die nun wohl schon eingebürgerte Bezeichnung „Ermessen des Gesetzgebers" muß jedenfalls, um nicht mißverständlich zu werden, in diesem differenzierenden Sinne verstanden werden; es geht hier um partielle Eingrenzungen, nicht um durchgehende inhaltliche Bindung[73]. Bindungen des

---

70 Daß die „managerial, totalitarian society" eine Gefahr unserer Zeit ist, die ständige besondere Sicherungen erfordert, führt *R. H. S. Grossman*, Socialist Values in a changing civilization (Fabian Tract No. 286), 1950, S. 8/9, 12 aus und zweifelt daher, ob weitere Zentralisation der wirtschaftlichen Lenkung, und nicht vielmehr Stärkung des persönlichen Elements in ihr und Dezentralisation das Bedürfnis ist.

71 Von Grenzen der Souveränität des Gesetzes spricht VerfGH Rheinland-Pfalz, Urteil vom 12. 4. 1950, bei *Bauer*, VerwRechtspr., Bd. 2, S. 287.

72 Richtig *Schneider*, S. 41.

73 Vom „freien Ermessen des Gesetzgebers" spricht wiederholt das BundesVerfG in seiner Entscheidung im Südweststreit vom 23. 10. 1951. Ebenso Hess. StGH vom 4. 8. 1950, AöR 77, S. 331. Von Ermessensmißbrauch sprach schon RGZ 141, S. 395 (Festsetzung der Altersgrenze für Beamte und Art. 129 WeimRV). Mit der Übernahme verwaltungsrechtlicher Begriffe des Verwaltungsermessens sollte man im Verwaltungsbereich vorsichtig sein. (Siehe

Gesetzgebers können ferner auch aus überpositiven höheren Rechtsgrundsätzen folgen[74]. Auch der Verfassungsgesetzgeber selbst kann gebunden sein. Das Grundgesetz entzieht die Grundlagen der demokratischen Ordnung jeder Änderung (Art. 79 Abs. 3 GG). Selbst bei der Neugestaltung einer Verfassung oder der Totalrevision, wie sie Art. 146 GG vorsieht, können Beschränkungen (Art. 146 GG: Freiheit der Selbstbestimmung) vorgesehen sein. Das pouvoir constituant ist nicht notwendig rechtlich unbeschränkt, wenn es an vorhergehende rechtliche Ordnungen in rechtlicher Kontinuität anknüpft[75].

Ähnliches gilt für den Bereich der Regierung. Auch sie ist weithin verfassungsrechtlich begrenzt, nicht gebunden. Das gilt für die Aufstellung der Richtlinien der Politik, im besonderen aber für die Außenpolitik. Daneben fehlt es in ihrem Bereich nicht an streng rechtlich gebundenen Akten, in denen sie in bestimmten Fällen handeln muß (z. B. Verkündigung der Gesetze, Art. 82 GG; Weg der Gesetzgebung, Art. 76, 77 GG; Entlassung des Bundeskanzlers nach Mißtrauensvotum, Art. 67 Abs. 1 Satz 2 GG). Selbst für das Feld der Außenpolitik, an sich rechtlicher Normierung nicht zugänglich, kann die Verfassung Leitgrundsätze aufstellen, wie es das Grundgesetz in Art. 24 und 26 getan hat[76]. Soweit die rechtliche Bindung der Regierung reicht, ist ihr Handeln grundsätzlich richterlicher Prüfung unterworfen und kann bei Verletzung von Individualrechten gegen sie aus dem Gesichtspunkt der Amtshaftung vorgegangen werden[77]. Der Gedanke einer Haftung des Gesetzgebers selbst ist dagegen dem deutschen Recht fremd[78].

HessVGH). So will der Ausdruck „Willkür des Gesetzgebers" (vgl. HessStGH vom 14. 4. 1950, *Bauer*, Bd. 2, S. 308) nicht recht passen. Der BayStGH betont richtig nur die Bindung des Gesetzgebers, Entscheidung des bayr. VerwGH, Bd. 2, Anhang, S. 7, 47; *Bauer*, Bd. 2, S. 161, 185.

[74] So BayVerfGH, Entscheidung, Bd. 2, Anh., S. 45; Bad. StGH, *Bauer*, Bd. II, S. 129. Gegen die Heranziehung überpositiver Maßstäbe dagegen Hess. StGH, AöR 77, S. 330 unter Hinweis auf *Ipsen*, Dt. Verw. 1949, S. 490. Für überpositive Bindungen des Gesetzgebers *Andreas Brunner*, Rechtsstaat gegen Totalstaat, Zürich 1948, S. 29.

[75] Zum Unterschied von Verfassungsänderung und pouvoir constituant siehe *Carl Schmitt*, Verfassungslehre, 1928, S. 98.

[76] Auch die Umwandlung von allgemeinem Völkerrecht nach Art. 25 GG erzeugt eine verfassungsrechtliche Bindung des Gesetzgebers. Anders für Art. 84 bayer. Verf. BayVerfGH vom 2. 9. 1948, *Bauer*, Bd. 1, S. 277.

[77] Auf dem Gebiet der Außenpolitik enthält § 5 Ziff. 2 des Reichsgesetzes vom 22. 5. 1910 eine Einschränkung der Haftung, vor allem wichtig für Unterlassung des Schutzes eigener Staatsangehöriger im Ausland. Die öffentlichrechtliche Entschädigung kann auch Fälle freien Handels der Regierung betreffen, da sie an die Rechtmäßigkeit des Handelns anknüpft. Der französische Staatsrat wendet auf Handlungen der Regierung daher die théorie du risque (der égalité devant les charges publics) an: Soc. Boulanger et Cie, Sirey 1948, 3, 21: Eingriff der Regierung führt zu verlustreicher Fortführung einer Fabrik, zwecks Verhütung von Arbeitslosigkeit. Keine „faute", aber

4. Die Notwendigkeit einer handlungsfähigen Leitung des Staates durch einen kleinen Kreis regierender Personen — auch ein Einzelner als Haupt der Exekutive wird einen solchen Kreis um sich sammeln — ist seit jeher anerkannt. Nur gewisse revolutionäre Strömungen und Illusionen, wie sie etwa im Konventstyp der Französischen Revolution hervortraten und heute den formalen Aufbau der leitenden Organe der Sowjetunion bedingen, können an die Staatsleitung durch eine vielköpfige Versammlung denken. In Wahrheit begünstigt eine solche Parlamentsherrschaft die diktatorische Regierungsweise von Ausschüssen. In der Schweiz, wo die Verfassung von 1848/1874 in Art. 84 der Volksvertretung eine allgemeine Zuständigkeit für alle Gegenstände überträgt, ist tatsächlich der Bundesrat, den die Verfassung die „oberste vollziehende und leitende Behörde" nennt (Art. 91), zu einer starken und permanenten Exekutive geworden[79]. Eine bestimmende Macht hat die Regierungsgewalt des Präsidenten innerhalb der Vereinigten Staaten gewonnen. Auch im parlamentarischen Regime ist die Regierung nicht, wie früher gern angenommen, ein Ausschuß des Parlaments. Fortbestand und Zukunft dieses Staatstyps hängen davon ab, daß in ihm die Notwendigkeit einer selbständigen und aktiven Regierungsmacht anerkannt und verwirklicht wird. Mitwirkung des Parlaments und Kontrolle, nicht aber Schwäche der Regierung ist sein Prinzip[80]. Es entspricht dieser Einsicht, daß das Grundgesetz bemüht gewesen ist, Stabilität und Stellung der Bundesregierung zu festigen.

5. Nicht alle Handlungen der Regierungsorgane (Staatshaupt und Kabinett) sind staatsleitender Natur. Ein großer Teil, vor allem die Tätigkeit der Minister in ihrem Ressort, aber auch des Staatshaupts (z. B. Beamtenernennungen, Art. 60; Beglaubigung und Empfang von diplomatischem[81] Personal, Art. 59 GG) gehört der gesetzesausführenden Verwaltung an. Auch unter den staatsleitenden Akten bleiben

„l'intervention des représentants du gouvernement a fait subir, à la société requérante, un préjudice particulier qui, à raison de sa gravité, ne saurait être regardé comme une charge lui incombant normalement et pour lequel elle est fondée à demander une réparation pécuniaire".

78 Auch der französische Staatsrat lehnt sie ab. C. d. E. vom 15. 3. 1947, Panaget, Rec. 114: Keine Haftung der Regierung für Unterlassung der Stellung eines Budgetantrages, weil damit indirekt eine obligation des Parlaments angenommen werden würde. Vgl. auch Pébellier, Sirey 1946/47, 3, 11. und Note zu Sirey 1948, 3, 21.

79 Als Regierungsorgan bezeichnen daher den Bundesrat *Fleiner / Giacometti*, Schweiz. Bundesstaatsrecht, 2. Aufl. 1949, S. 568/69 unter Hinweis auf die Regierungskompetenzen der Bundesversammlung. Vom „Konventstyp" in der Schweiz und seiner Verwandlung spricht *Loewenstein*, AöR 75 (1949), S. 164 ff.

80 Siehe *L. S. Amery*, Thoughts on the Constitution, 1. Aufl. 1947, S. 19 f.

81 Zwischen regierender und verwaltender Tätigkeit von Ministern unterscheidet Bad. StGH vom 27. 11. 1948, *Bauer*, Bd. 1, S. 251.

viele an das Gesetz und die in ihm niedergelegten Maßstäbe gebunden, z. B. die Maßnahmen der Organisationsgewalt und der Bundesaufsicht, soweit sie nicht überhaupt mehr zur Verwaltung zählen. Auch soweit die Regierung an der Aufgabe der Rechtsetzung durch Verfassung oder Gesetzesdelegation beteiligt wird, geschieht das in der Regel nur in Ausführung des Gesetzes. Grundsätzlich geht also das Gesetz als der von der Volksvertretung herrührende oberste Wille des Staates den Handlungen anderer Organe vor. In einem bestimmten Teil der Tätigkeit der Regierung aber, der sich unmittelbar auf die Verfassung oder auf die ungeschriebenen Sätze des Gesamtaufbaus der Staatsordnung gründet, vermag die Regierung Rechtshandlungen vorzunehmen, die nicht vom Gesetz abhängen und unmittelbare rechtliche Wirkung erzeugen. Hierunter fallen die Akte der Einwirkung auf das Parlament (Auflösung, Verlangen der Einberufung des Bundestages, Art. 39 Abs. 3 GG; Einbringung einer Gesetzesvorlage, Art. 76) und auf andere Organe (Gegenzeichnung, Art. 58), bestimmte Maßnahmen der äußeren Politik (Anerkennung fremder Regierungen, Abschluß eines Waffenstillstands) und der Selbstbehauptung des Staates (Bundeszwang, Notrecht). In diesen Bereich durch Weisungen oder gesetzliche Bestimmungen einzugreifen, ist auch der Legislative durch die Verfassungsordnung verwehrt[82].

Es entspricht der Notwendigkeit der Bildung einer obersten Einheit der Staatsleitung, daß das Verfassungsrecht in erheblichem Umfang Rechtshandlungen kennt, zu denen Parlament und Regierung zusammenwirken müssen. Im Gebiet der Gesetzgebung kann die Zustimmung des Bundesrats (oder die Nichterhebung des Einspruchs) freilich, da der Bundesrat die Vertretung der Landesregierungen darstellt, nur als Beteiligung der Exekutive in ihrer föderalistischen Form an der Gesetzgebung angesehen werden[83]. Doch gehört hierher das Zustimmungs-

---

[82] Resolutionen, Beschlüsse und Empfehlungen des Parlaments können mit Bezug auf Art. 67 GG bedeutsam sein, begründen aber keine Verpflichtung der Regierung, bestimmte Gesetzentwürfe vorzulegen oder sonstige Handlungen vorzunehmen. In der Schweiz, wo die Bundesversammlung dem Bundesrat durch Motion verbindliche Weisungen erteilen kann, gilt dieser Satz nicht im Bereich der ausschließlichen Kompetenz des Bundesrats, also auch nicht für die auswärtige Politik. Vgl. *Giacometti*, S. 535, 551 und *H. Manfred Müller*, Über das Verhältnis von Bundesversammlung und Bundesrat in der Führung der auswärtigen Politik, 1945, S. 82, 91. Ebensowenig kann die Regierung dem Parlament, z. B. in Geschäftsordnungsfragen, Weisungen erteilen. Deutscher StGH vom 21. 11. 1925, *Lammers / Simons*, Bd. 1, S. 275; vgl. zur Selbständigkeit der Regierung auch *v. Mangoldt*, Deutsche Landesreferate zum III. Int. Kongreß für Rechtsvergleichung, 1950, S. 824 f.

Für die Weimarer Zeit (vgl. Art. 29 der preuß. Verf. von 1921) siehe *Köttgen*, Das deutsche Berufsbeamtentum und die parlamentarische Demokratie, 1928, S. 44; *Vogels*, Die preuß. Verfassung, 2. Aufl. 1927, S. 78. Für Frankreich *Esmein-Nézard*, Elements de droit constitutionnel français et comparé, 8. Aufl., Bd. 2, 1928, S. 204.

recht der Bundesregierung zu Ausgabenerhöhungen gemäß Art. 113 GG[84]. Im Gebiet der Regierung ist der wichtigste Fall des Zusammenwirkens der Legislative und Exekutive, also einer Teilnahme des Parlaments an der politischen Staatsleitung, die Annahme des Haushalts durch Gesetz[85]. Daneben ist auf die Zustimmung zu Staatsverträgen (Art. 59 GG) zu verweisen.

Über diese bestimmten rechtlichen Einwirkungen und das Mittel der Gesetzgebung hinaus nimmt die Legislative, verschieden stark innerhalb der einzelnen Verfassungssysteme und ihrer Verfassungspraxis — auch durch andere Methoden — tatsächlich an der Ausübung der Staatsleitung Anteil. Ein wichtiges Mittel hierfür sind neben Anfragen und Interpellationen die Ausschüsse, die Regierung und Verwaltung kontrollieren und dadurch bedeutenden Einfluß erlangen können. In Frankreich hat auf diesem Wege das Parlament sich zeitweise eine unmittelbare Teilhabe an der Verwaltung öffnen können[86]. In den Vereinigten Staaten dienen die Investigations (Public Hearings) einer Kontrolle der Legislative über die Exekutive. Im deutschen Recht wird als Grundsatz anerkannt, daß die Einrichtung von Ausschüssen und Untersuchungsausschüssen des Parlaments der Feststellung, Kontrolle und allgemeinen Meinungsbildung des Parlaments dienen kann, nicht aber zu einer Verwischung der Grenzen zwischen den Befugnissen der Regierung und des Parlaments führen darf[87]. In einem Falle, nämlich bei der Wahlprüfung, übt das Parlament sogar gemäß Art. 41 Abs. 2 GG rechtsprechende Funktion aus[88].

---

[83] Es kann hier nicht näher geprüft werden, inwieweit eine wesentlich parteipolitisch bedingte Stellungnahme der Länder im Bundesrat tatsächlich ein anderes Bild ergibt, das ihn einer zweiten Kammer nähert.

[84] Vgl. oben Anm. 38. Art. 113 bezeugt, daß in Deutschland wie im Ausland die budgetäre Entscheidung immer stärker an die Regierung gelangt. Vgl. *Finer,* S. 514, 517.

[85] Planfeststellungen für begrenzte Zeit sind ihrem Wesen nach Regierungsakte. Das trifft auch für den Versorgungsplan nach § 2 des Gesetzes über den Verkehr mit Getreide und Futtermitteln vom 24. 11. 1951 (BGBl., S. 901) zu, der nur feststellende Bedeutung hat.

[86] In einem Zeitungsartikel in der Naciôn in Buenos Aires schrieb *Poincaré* am 21. 10. 1929 über die Ausschüsse: „Leurs membres en arrivent à se considérer, non seulement comme des représentants du peuple chargés de contrôler le gouvernement, mais aussi comme des détenteurs du pouvoir exécutif.“ Vgl. auch *Finer,* S. 537.

[87] StGH vom 12. 1. 1922, *Lammers / Simons,* Bd. 1, S. 320 hat den Antrag, einen Untersuchungsausschuß für alle Akte der Regierung seit einem bestimmten Zeitpunkt einzusetzen, „die vermutlich verdienen, getadelt oder unterdrückt zu werden“, für unstatthaft erklärt. „Die Grenzen zwischen den Rechten des Landtags und der Landesregierung wären verdunkelt und verwischt.“ Vgl. ferner StGH, S. 378 ff. und *Erich Kaufmann,* Untersuchungsausschuß und Staatsgerichtshof, 1920, S. 17 ff. Heute wäre auf Art. 20 Abs. 3 GG (Gewaltenteilung) zu verweisen.

6. Zum Bereich der Regierung kann man nach ihrer inhaltlichen Natur die folgenden Gruppen von Rechtshandlungen zählen; die trotz ihrer verschiedenen Gestalt sich doch unter dem Merkmal der Leitung der inneren und äußeren Politik zu einer Einheit zusammenfügen:

a) Die Bestellung der obersten Organe des Staates: Wahl des Staatshauptes, des Premiers, Anklageerhebung gegen sie, Mißtrauensvotum, Abberufung. In der unmittelbaren Demokratie nimmt das Volk — wie in den kleinen Schweizer Kantonen — selbst die Wahl vor. Man kann daher in gewissem Sinne diesem Bereich auch den wichtigsten Akt der Teilnahme des Volkes am Staate in der repräsentativen Demokratie, die Parlamentswahl (die in England zugleich Wahl der Regierung ist), anfügen.

b) Staatsleitende Handlungen im Bereiche der inneren Politik, die dem Gebiet des gemeinsamen Handelns der obersten Organe, ihrer gegenseitigen Einwirkung aufeinander, dem Felde grundsätzlicher Auseinandersetzung und Zusammenarbeit von Bund und Ländern im Bundesstaat, der zusammenfassenden Bestimmung der politischen Linie des Staates und der Oberleitung ihrer Erfüllung durch die Verwaltung angehören. Hier wären zu erwähnen Gesetzesinitiative und Vetorecht der Regierung auf der einen[89] und auf der anderen Seite die Beteiligung der Legislative an der Regierung durch Haushaltsgesetze und durch die gesetzliche Festlegung vorübergehender Verwaltungspläne und wirtschaftspolitischer Zielsetzungen[90], die Bestimmung der Richtlinien der Politik[91], Zustimmung und Einspruch föderaler Organe im Gesetzgebungsverfahren (Art. 77, 84 Abs. 2, 85 Abs. 2, 132 Abs. 3 GG) oder im

[88] Die Wahlprüfung wurde früher als rechtlich begrenzter (*Laband*, Bd. 1, S. 337: „Grundsätze des Rechts und der Billigkeit, nicht politisches Parteiinteresse") Akt des politischen Ermessens angesehen (*Kaisenberg*, HdbDStR, Bd. 1, S. 400), in der Weimarer Zeit richterlich ausgestaltet und ist heute, da das Bundesverfassungsgericht die zweite Instanz nach dem Gesetz vom 12. 3. 1951 (BGBl. I, S. 166, § 48 BVerfGG) bildet, ebenfalls als Rechtsprechung ausgestaltet. So auch BayVerfGH, in: Entsch., Bd. I, Anh., S. 6. Auch in England fällt diese Aufgabe unter die constitutional jurisdiction des Parlaments. Vgl. *May / Campion*, Parliamentary Practice, 15. Aufl. 1950, S. 185.

[89] Die Gesetzesinitiative zählen manche Landesverfassungen auf, z. B. Hessen, Art. 106; Nordrhein-Westfalen, Art. 56.

[90] Der Rechtsstaatsgedanke nötigt, wirtschaftspolitische Beschränkungen und Verpflichtungen der Staatsbürger nur in Gesetzesform vorzunehmen; inhaltlich handelt es sich bei solchen Gesetzen aber oftmals mehr um administrative Planung. Vgl. z. B. Gesetz über Preise für Getreide inländischer Erzeugung für das Getreidewirtschaftsjahr 1951/52 und über besondere Maßnahmen in der Getreide- und Futtermittelwirtschaft vom 21. 7. 1951 (BGBl. I, S. 451).

[91] Fast alle Landesverfassungen übertragen dem Ministerpräsidenten diese Befugnis: Bayern, Art. 47 Abs. 2; Hessen, Art. 102; Rheinland-Pfalz, Art. 104; Nordrhein-Westfalen, Art. 55; Niedersachsen, Art. 28; Schleswig-Holstein, Art. 24.

Gebiet der Regierung — und Verwaltung — (Art. 84 Abs. 3, 87 Abs. 3, 37 Abs. 1 GG) oder entsprechende Akte der Länderregierungen (Art. 127 GG), Schlichtung durch föderale Organe (Art. 84 Abs. 4 GG) und endlich dirigierende Beeinflussung der Verwaltung (bayer. Verf. Art. 43: „Die Staatsregierung ist die oberste vollziehende und leitende Behörde des Staates", Art. 55 Ziff. 5: „Die gesamte Staatsverwaltung ist der Staatsregierung ... untergeordnet"). Kraft langer Tradition gehört hierher auch das Gnadenrecht, seinem Wesen nach ein Teil der Justiz[92].

c) Die das Staatsganze ins Spiel führenden Handlungen der auswärtigen Politik, soweit sie nicht nur wie der Schutz der Staatsangehörigen, konsularische Angelegenheiten, die laufende Mitwirkung in internationalen Verwaltungsorganisationen usw. zur Verwaltung des Auswärtigen gehören. Es wurde schon darauf hingewiesen, daß eine Reihe wichtiger Handlungen, für die die Regierung ausschließlich (ohne Mitwirkung des Parlaments) zuständig ist, wie die Okkupation herrenlosen Territoriums, die Erklärung der Neutralität sowie die Anerkennung fremder Staaten, Regierungen und Bürgerkriegsparteien oder die Feststellung eines bestehenden Kriegszustandes zwischen anderen Staaten für die eigenen Staatsangehörigen mittelbar recht einschneidende Folgen nach sich ziehen kann, indem damit implizite die Anerkennung gewisser Handlungen gegen die eigenen Staatsbürger (z. B. Prisennahme) als rechtmäßige Kriegführung oder als Akte einer rechtmäßigen Regierung qualifiziert werden[93]. An der auswärtigen Politik

---

[92] Mit Recht zählt die Gnade zur Rechtspflege, *Kern,* HdbDStR, Bd. 2, S. 476, 490. Es ist der letzte Rest der alten Verbindung des Staatshaupts mit der Rechtspflege (vgl. *R. v. Mohl,* Staatsrecht des Königreichs Wuerttemberg, Bd. 1, 1829, S. 208, aber Art. 85 Ziff. 7 der schweiz. Bundesverf.) und unterliegt seiner Natur als Akt weiten Ermessens sowie vor allem seinem Sinn als Handlung der Milde (aequitas) nach keiner richterlichen Kontrolle. So mit Recht Württ.-bad. VerwGH vom 13. 10. 1949, bei *Bauer,* Bd. 2, S. 502/03. Der Commissaire de gouvernement *Célier* bezeichnet in seinen Ausführungen zum Fall Gombert C. d. E. vom 28. 3. 1947, Sirey 1946/47, 3, 97 die Gnade nicht als einen Teil der Exekutive, „mais un droit sui generis, un droit régalien, attaché à un quatrième pouvoir, que l'on pourrait appeler le pouvoir souverain et qui, par sa nature même, s'échapperait au contrôle du juge administratif". Vgl. auch *A. B. Keith,* The King and the Imperial Crown, 1936, S. 332: Der König, als Fountain of Justice, hat das Gnadenrecht über Vergehen, „because they are done against the peace of the Crown".

[93] Besonders in der angelsächsischen, aber auch der französischen Rechtsprechung wird der Anerkennung großes Gewicht für die Respektierung von rechtlichen Handlungen fremder Staaten beigemessen. Vgl. The Divina Pastora (1819) 4 Wheat. 52; Oetjen v. Central Leather Co (1918) 246 U. S. 297; Banco de Bilbao v. Sancha y Rey (1938) 2. K. B. 176. Übersicht der ausgedehnten Rechtsprechung bei *H. Lauterpacht,* Recognition in International Law, 1948, S. 70 ff. und *T. C. Chen,* The International Law of Recognition, 1951, S. 224 ff. Kritisch gegen die Berücksichtigung der Anerkennung bei der Frage der Respektierung der Akte fremder Regierungen *Chen,* S. 166 ff., 254/55: „... the Executive ... has no doubt made important inroads into the function of the court".

nimmt das Parlament — außer in den Vereinigten Staaten der Senat — nur einen kontrollierenden Anteil, und dasselbe gilt, vom Vertragsschluß abgesehen (Art. 32 Abs. 2 und 59 Abs. 2 GG), auch für die föderalen Organe oder die Länderregierungen[94].

d) In besonders sichtbarer Weise tritt die Aufgabe der Regierung für die Zusammenfassung und Selbstbestimmung, aber auch Selbstbehauptung des Staates in Erscheinung in den Zuständigkeiten eines Notrechts oder einer Ausnahmegewalt. Das auf Gewaltentrennung gegründete Staatswesen bedarf in Zeiten äußerer Bedrohung, innerer Unruhe und Not sowie des Verfassungsstillstandes der Sammlung seiner Kräfte bei einem handlungsfähigen und handlungsbereiten Organ. Das ist die Regierung, entweder das Staatshaupt oder das Ministerkabinett. In der Hand der Regierung tritt in diesem Falle eine vorübergehende Vereinigung der Staatsgewalt und eine Lockerung der normalen Rechtsschranken staatlichen Handelns ein. Die Ausnahmegewalt ist daher nicht als eine Art vierter Gewalt[95], sondern als die zeitweilige, mehr oder weniger weitgreifende Herstellung der letzten Einheit staatlichen Handelns bei der Exekutive aufzufassen. Nur von diesem Standpunkt aus kann die auffallende Verwendung des Wortes „Gesetz" für die Rechtsetzungsakte des Gesetzgebungsnotstands gemäß Art. 81 GG eine gewisse Rechtfertigung finden[96].

e) Mit Zurückhaltung sind der Sphäre der Regierung auch bestimmte Akte der militärischen Führung zuzurechnen. Im Frieden wird freilich entgegen der älteren deutschen Auffassung das Gebiet nicht gesetzesgebundener Tätigkeit in diesem Felde gering zu bemessen sein. Im Kriege allerdings äußert sich in den Handlungen der Kriegführung wiederum das Recht des Staates zur Selbstbehauptung. Insbesondere fallen Handlungen der militärischen Gewalt bei Okkupation fremden

---

[94] Unter der Verf. von 1871, wo ein Bundesratsausschuß für auswärtige Angelegenheiten bestand, kam den Ländern nur ein Recht auf Unterrichtung und Fühlungnahme zu. Vgl. *Smend*, Festgabe Otto Mayer, 1916, S. 248 ff. Das weiterreichende Problem, inwieweit in Ausübung der auswärtigen Gewalt der Bund durch internationale Verträge die bundesstaatliche Zuständigkeitsverteilung zu seinen Gunsten ändern kann, wird in den Vereinigten Staaten, in Canada und Australien umstritten. (Vgl. *Wheare*, Federal Government, 2. Aufl. 1951, S. 181 ff.) Es hat im Unterschied zu Weimar (*Kraus*, HdbDStR, Bd. 2, S. 347) durch Art. 24 Abs. 1 GG einen grundsätzlich neuen Aspekt erhalten.

[95] So *Richard Grau*, HdbDStR, Bd. 2, S. 274. Solche Vollmachten sind ein zwingendes Bedürfnis jeden Staates. Das Fehlen ausreichender Bestimmungen für den Ausnahmefall im Grundgesetz ist ein äußerst gefährlicher Mangel, da das nun eingreifende ungeschriebene Notrecht des Staates schwerer einzugrenzen ist. Zum Notrecht lokaler Instanzen in der ersten Zeit nach dem 8. 5. 1945 siehe VGH Rheinland-Pfalz, bei *Bauer*, Bd. 2, S. 1 ff. Vgl. früher RGZ 117, S. 138 und RGSt. 63, S. 225/26.

[96] Kritisch zur Verwendung der Bezeichnung „Gesetz" in Art. 81 *W. Jellinek*, VVDStRL 8 (1950), S. 42, 65.

Staatsgebietes in den Raum freien, nicht an die heimische Rechtsordnung, wohl aber an das Völkerrecht gebundenen Vorgehens. Für die besetzten Gebiete sind sie als fremde, auf der Grundlage völkerrechtlicher Befugnis beruhende Rechtsakte fremdes Recht, das während der Dauer der Besetzung der Jurisdiktion des okkupierten Landes entzogen ist[97].

7. Im Rahmen dieser Untersuchung, die nur einen einführenden Überblick über die Probleme des Regierungsbereiches zu geben vermag, können einige weitere mit der rechtlichen Stellung der Regierung zusammenhängende Fragen hier nur mehr aufgeführt, aber nicht mehr erörtert werden. So der aus der besonderen Position der Regierungsorgane fließende Unterschied ihrer persönlichen Stellung zu der der Beamten[98] und die politische und rechtliche Verantwortung der Regierungsorgane. Ferner die aus der Aufgabe der Regierung als einigender Leitung und integrierender Repräsentation des Staatsganzen ihr erwachsende Pflicht, sich bei der Profilierung ihrer politischen Linie (administration, Regime) zwar an ihre politische Anschauung, auch im partiellen, parteipolitischen Sinne zu halten, aber hierin Mäßigung zu wahren und die Gesichtspunkte der höheren staatspolitischen Notwendigkeit zum Wohle des Ganzen voranzustellen[99]. Endlich das Verhältnis zwischen Regierung und Bürokratie und die Frage der Inkompatibilitäten im Regierungsbereiche.

IV. Die Rechtsprechung und der Bereich der Regierung

1. In dem Verhältnis der Legislative und der Regierung zueinander und in der Abgrenzung ihrer Funktionen ist — vor allem im parlamentarischen Regierungssystem — in erheblichem Maße nicht eine scharfe Trennung, sondern das Zusammenwirken und die gegenseitige Beeinflussung und Hemmung maßgebend. Mit der Verwaltung ist die Regierung als ihre leitende Spitze eng verbunden. Zwischen der Rechtspre-

[97] Über Okkupation fremden Gebietes und Regierungsakte siehe *Chen*, S. 63 ff. Zu ihrem Ausschluß aus der Gerichtsbarkeit des besetzten Landes siehe *Ipsen*, JbIntR 1 (1946), S. 608 ff.; AöR 74, S. 502.

[98] Das zeigt sich deutlich in der Tatsache, daß der Beamte seinen Eid nur auf Wahrung von Verfassung und Gesetz leistet, der Minister dagegen auch Arbeit zum Wohle des Volkes verspricht.

[99] Wie hier *Bilfinger*, AöR, N. F., 15 (1929), S. 443, der mit Recht der Pflicht des Ministers vor der des Abgeordneten, wenn beide in einer Person zusammentreffen, den Vorzug gibt. Auch der parlamentarische Minister ist Diener des Ganzen (*Glum*, Das parlamentarische Regierungssystem in Deutschland, Großbritannien und Frankreich, 1950, S. 198). Etwas anderes ist die staatspolitische Treupflicht des Beamten, die nachgeordneter und gesetzesausführender Natur ist, wie überhaupt in der Verwaltung die Berücksichtigung parteipolitischer Ziele ungesetzlich ist. Vgl. PrOVG 81, S. 433; RG, JW 1927, S. 2191; BayVerfGH vom 9. 6. 1950, bei *Bauer*, Bd. 2, S. 405.

chung und der Regierung aber besteht unter der Herrschaft der Prinzipien eines demokratischen und rechtsstaatlichen Staatsaufbaus eine durchgehende strenge Sonderung. Der Regierung gegenüber ist die Rechtsprechung durch ihre Unabhängigkeit, ihre Bindung allein an Gesetz und Recht, und die Garantien der persönlichen Unabhängigkeit der Richter gesichert. Probleme des Verhältnisses von Rechtsprechung und Politik treten nur in Grenzfragen in Erscheinung, wo es sich um Auswahl (Art. 95 Abs. 3 GG) oder Entfernung (Art. 98 Abs. 2 GG) von Richtern, das Nebeneinander parlamentarischer Untersuchungsausschüsse und richterlicher Verfahren oder die Frage der öffentlichen Erörterung von Gerichtsverfahren und Urteilen handelt[100]. Ernstere Fragen werden aufgeworfen, wo das Gesetz, das auch im Rechtsstaat Mittel politisch bestimmter Rechtsetzung sein kann, den Strafrichter zum Vollstrecker und Hüter ausgesprochen politischer Zielsetzungen — etwa auf dem Gebiete des Staats- und Verfassungsschutzes oder eines Wirtschaftsstrafrechts — macht und wo der Richter vor die Entscheidung gestellt werden kann, ob er sich auch gegenüber dem Gesetzgeber im äußersten Falle auf höhere Maßstäbe der Gerechtigkeit berufen und den Gehorsam versagen darf[101].

Soweit zum Einfluß der Regierung auf die Rechtsprechung. Von der anderen Seite, von der Justiz her stehen im Mittelpunkt der Erörterung die Grenzen ihrer Nachprüfung von Handlungen der Staatsleitung. Die neue deutsche Literatur vertritt hier den Standpunkt, daß eine richterliche Kontrolle bei den Akten des engeren politischen Bereichs infolge der Weite der Ermessensfreiheit rechtlich nicht oder nur schwer möglich, jedenfalls aber auch in bestimmtem Umfang nicht ratsam sei, da sie den Richter in Form der inhaltlichen Überprüfung freier hoheitlicher Akte zu einer politischen Stellungnahme führe. Die politische Entscheidung weise die Verfassung anderen Organen zu, der Richter verlasse hier sein eigentliches Tätigkeitsfeld[102]. Diese Auffassung, die ich auch früher geteilt habe, hebt mit Recht hervor, daß die Rechtsprechung im gewaltenteilenden Rechtsstaat nur bereits gegebene rechtliche Maßstäbe anwenden und entfalten darf, daß sie daher weder fehlende politische Entscheidungen ersetzen, noch in den Bereich freier politischer Entscheidung hineinwirken kann[103] und daß die lückenfüllende

---

[100] Hierzu *Rotberg*, Zu einem Richtergesetz, 1950, S. 11 ff., 31 ff.

[101] Vgl. den Beitrag von *Bockelmann*, Festschrift für Rudolf Smend, 1952, S. 23 ff. Da ich das Bestehen rechtlicher Grundsätze über dem positiven Recht anerkenne, so scheint mir freilich, die richterliche Aufgabe empfängt ihre tiefere Autorität nicht vom Gesetz, sondern von der Gerechtigkeit her.

[102] Von neueren ist hier hinzuweisen auf *Forsthoff*, Verwaltungsrecht, 1949, S. 391 f. (der auf die Gefährdung der staatlichen Gesamtordnung abstellt); *Krüger*, DÖV 1950, S. 537 f.; *Schneider*, S. 42 f.

[103] Diese Ansicht ist von *Triepel*, VVDStRL 5 (1929), S. 5 ff. begründet, von

Tätigkeit des Richters im Verfassungsbereich rechtsschöpferisch ist und damit politische Wirkungen auslöst[104]. Im Lichte der oben gewonnenen Erkenntnis über das Bestehen rechtlicher Bindungen im Verfassungsbereich erscheinen die weitergehenden Folgerungen indes zu allgemein; sie bedürfen der Verfeinerung und Differenzierung. Der Umfang der richterlichen Prüfung politischer Akte hängt nicht nur von der Zuständigkeit des Richters und vom Wesen seiner Aufgabe — die keineswegs jedes Rechtssystem in gleicher Weise bestimmt — ab, sondern es kommt auf den jeweiligen Aufbau des Verfassungssystems in allen seinen Teilen an. Das Problem kann im Grunde nur im Rahmen der einzelnen individuellen Staatsordnung gelöst werden.

2. Drei Gesichtspunkte sind dabei besonders zu beachten. Erstens kommt es entscheidend auf den Umfang an, in dem im einzelnen Staate der Bereich der Verfassung überhaupt juridifiziert, d. h. rechtlich normiert ist. Die bismarckische Reichsverfassung gab nur die Organisation und unterließ inhaltliche Festlegungen; sie sah von der Einfügung richterlicher Instanzen für verfassungsrechtliche Streitigkeiten unter die der obersten Organe ab; hierfür verwies sie auf den Bundesrat und seine Vermittlung[105]. Für richterliches Einwirken auf den politischen Bereich bot das Reich von 1870 daher keinen Raum. Auch in der britischen Verfassung begründen die Souveränität des Parlaments und die ungeschriebene Natur der Prärogative des Königs einen weiten Bereich, in dem sich Gesetzgebung und Staatsleitung frei bewegen. Ganz anders in den Vereinigten Staaten. Der verfassungsrechtliche Schutz der Einzelstaaten im Bundesstaat und die durch die Freiheitsrechte gegebenen constitutional limitations schaffen grundlegende und weittragende Schranken für die Tätigkeit von Kongreß und Präsident. In noch höherem Maße gilt das für Deutschland. Bereits die Weimarer Reichsverfassung enthielt starke Bindungen auch des Gesetzgebers, erst recht aber das Grundgesetz; der politische Bereich hat hier im Sinne einer strikten Überordnung dauernder Maßstäbe der Verfassung eine rechtliche Durchformung erhalten. Hier ist das Maß rechtlicher Bindung der obersten Organe viel weiter gezogen als etwa im britischen oder französischen Recht.

Carl Schmitt, Der Hüter der Verfassung, S. 22 ff., 36 ff. weiter ausgebaut worden. Sie ist im Kern rechtspolitischer Natur, kann aber auch rechtlich in gewissem Umfang aus der Gewaltenteilung gestützt werden (*Triepel,* S. 12/13). Der letztere Gesichtspunkt wird namentlich in den Vereinigten Staaten und neuerdings in Frankreich (vgl. Anm. 6) herangezogen. Vgl. auch *Hans Spanner,* Die richterliche Prüfung von Gesetzen und Verordnungen, Wien 1951, S. 39 ff.; *Hans Nef,* Zeitschr. f. schweiz. Recht, N. F., 69 (1950), S. 224 a.

[104] So mit Recht *Nef,* S. 224 a.

[105] Vgl. *Smend,* Verfassung und Verfassungsrecht, S. 121; *Triepel,* S. 9 f.

Zweitens ist für die Behandlung der Regierungsakte wichtig die Auffassung von Aufgabe und Stellung des Richters, von der Gewaltenteilung, der Volkssouveränität und nicht zuletzt vom Wesen und der Auslegung des Rechts[106]. In Staaten mit rein repräsentativem Aufbau, in Frankreich und Großbritannien, gibt es kein Prüfungsrecht des Richters gegenüber Gesetzen. In Großbritannien ist die Stellung des Richters eine starke, aber bis zum Erlaß der Crown Proceedings Act (1947, 10 und 11 Geo 6 c. 44) war die Krone auch in der Frage der deliktischen Haftung für ihre Organe richterlicher Kontrolle entzogen. Wo dagegen eine eigentliche Verfassungsgerichtsbarkeit besteht, staatsleitende Akte also direkt zum Gegenstand richterlicher Entscheidung werden, kann es eine Frage der Unzuständigkeit des Richters gegenüber politischen Akten nicht mehr geben, sondern handelt es sich nur um die Festlegung der inhaltlichen sachlichen Grenzen seiner Nachprüfung im Gebiet des Verfassungslebens.

Endlich hängt drittens die Stellungnahme zu den Regierungsakten ab vom Aufbau der Gerichte und vom Ausmaß der richterlichen Kontrolle der Verwaltung. Wo Verwaltungsgerichte wie in England fehlen, werden auch staatsleitende Akte der Exekutive sich im allgemeinen schon aus formellen Gründen der Anfechtung entziehen und höchstens einer Inzidenzkontrolle des Richters unterliegen. Die Verwaltungsgerichtsbarkeit des französischen Conseil d'Etat hingegen läßt grundsätzlich für alle Handlungen der Regierungsorgane den Rekurs zu[107]. Im heutigen deutschen Verwaltungsrecht schließt die Generalklausel alle Verwaltungsakte ein. Unter diesen Begriff fallen auch Verwaltungsentscheidungen der Minister, dagegen nicht, schon ihrer Richtung nach, die nicht gegen den Staatsbürger, sondern gegen die Legislative oder andere Instanzen gewendeten Einwirkungen der Regierung auf das Parlament oder ihre Handlungen im Gebiete der Bundesaufsicht, der auswärtigen Politik und des militärischen Bereichs beim Einsatz außer Landes[108]. Dieselbe innere Begrenzung auf den Bereich der eigentlichen

---

[106] Über die Bedeutung der verschiedenen Auffassung vom Recht und seiner Anwendung durch den Richter siehe *R. H. Großmann*, Die staats- und rechtsideologischen Grundlagen der Verfassungsgerichtsbarkeit in den Vereinigten Staaten von Amerika und in der Schweiz, 1948, S. 105 ff.

[107] Ein Beispiel der Anfechtung von staatspolitischen Entscheidungen (des Generalgouverneurs von Tunis) der Fall Couitéas, Sirey 1923, 3, 68.: Nichtvollstreckung eines rechtskräftigen Zivilurteils gegen einen Eingeborenenstamm wegen Aufstandsgefahr aus „interet géneral de l'ordre public" mit der Folge einer Haftung des Staates wegen risque.

[108] Mit Recht stellt *Loening*, Dt. Verw. 1951, S. 234 fest, daß das Fehlen der Verletzung subjektiver Rechte der Staatsbürger und die „rein interne" Wirkung staatsleitende Akte meist schon formal der Zuständigkeit der Verwaltungsgerichte entzieht. Daß auch abgesehen hiervon der Ausdruck „Verwaltungsakt" gewisse Akte nicht wegen ihres politischen Charakters, son-

Verwaltung enthält auch der Ausdruck „öffentliche Gewalt" in Art. 19 Abs. 4[109]. Andernfalls könnte diese Bestimmung umfassenden Individualrechtsschutzes dazu dienen, Verfassungsstreitigkeiten, in denen es nicht um Rechte, sondern um geschützte Interessen geht[110], noch über Art. 93 GG hinaus der ordentlichen Gerichtsbarkeit zu unterwerfen. Soweit es sich dagegen um die richterliche Inzidenzprüfung handelt, die bei individuellen Regierungsakten durch Art. 100 GG nicht berührt wird und für die namentlich der Weg der Amtshaftungsklage Bedeutung haben wird, kennt wohl das britische, französische und amerikanische Recht Schranken der Gerichtsbarkeit mit Ausschluß bestimmter Aktkategorien von der Prüfung, nicht aber das deutsche Recht. Es entzieht keinen Staatsakt schlechthin der Zuständigkeit zur richterlichen Inzidenzprüfung; es kennt nur inhaltliche Schranken der Kontrolle gegenüber dem Bereich freier politischer Entscheidung. Als in den 20er Jahren ein Wertpapierbesitzer gegen das Reich aus Amtshaftung wegen seiner Verluste in der Inflation klagte, hat das Reichsgericht nicht unter Berufung auf den staatspolitischen Charakter der Währungspolitik die Klage abgewiesen, sondern sich darauf gestützt, daß das Reichskabinett keine Pflicht dem Staatsbürger gegenüber zur Aufrechterhaltung der Währung habe, der Tatbestand des § 839 BGB also nicht gegeben sei, und daß zudem die Währungspolitik dem Ermessen unterliege[111].

3. In Staaten, in denen eine eigentliche Verfassungsgerichtsbarkeit, d. h. eine Möglichkeit zur unmittelbaren Anfechtung von Akten des Verfassungslebens durch Verfassungsorgane besteht, kann jedenfalls von „justizlosen" Akten im Gebiet der Verfassungsgerichtsbarkeit nicht gesprochen werden. Hier wird vielmehr das Handeln der Verfassungsorgane in weitem Umfang justitiabel gemacht, in der Annahme, daß insoweit auch bestimmte rechtliche Normen bestehen, die das Gericht anwenden (und ggf. schöpferisch ergänzen) kann. Die Einrichtung der Verfassungsgerichtsbarkeit zeigt, daß auch politische Entscheidungen rechtlich gestaltet und richterlich beurteilt werden können, sofern für sie inhaltliche oder wenigstens eingrenzende rechtliche Regeln bestehen. Politische und rechtliche Fragen sind, wie das schon Triepel dargetan

---

dern wegen ihrer verfassungsrechtlich-organisatorischen Natur ausschließt, wird vielfach bestritten, ist aber aus dem Wesen der Verwaltung als vollziehender, ausführender Tätigkeit abzuleiten. Übersicht der Meinungen bei *Loening*, S. 233; *Klein*, VVDStRL 8, S. 108 ff.

[109] So auch *Friesenhahn*, Dt. Verw. 1949, S. 482; *Klein*, S. 107.

[110] Daß Art. 19 Abs. 4 auch Interessen schützt, legt mit Recht *Klein* (S. 114/15) dar.

[111] RGZ 118, S. 325. Kritisch hierzu *Smend*, Annuaire de l'Institut de Droit Public 1931, S. 26 f.; *Carl Schmitt*, Die Reichsgerichtspraxis im deutschen Rechtsleben, Festgabe für das Reichsgericht, Bd. I, 1929, S. 176, Anm. 60.

hat[112], kein Gegensatz, da die politische Natur eines Aktes seine rechtliche Formung nicht ausschließt. Erst wo die rechtliche Regelung fehlt, wo der Richter also ohne Anhalt im Verfassungsgesetz oder im ungeschriebenen Recht der Verfassungsordnung frei entscheiden müßte, ist die Grenze der Verfassungsgerichtsbarkeit erreicht. Aber auch im Bereiche der rechtlichen Verfassungsordnung nimmt er dadurch, daß er das unvollständige Recht entfaltet und ergänzt, daß er unbestimmte Wertbegriffe auslegt und festlegt, in gewissem Umfang an der politischen Gestaltung teil. Daß er damit zu einem Faktor des politischen Verfassungslebens wird, hat die amerikanische Theorie für den Obersten Gerichtshof seit langem erkannt. Auch für das Bundesverfassungsgericht der Bundesrepublik wird dies bei dem sehr großen Umfang seiner Zuständigkeit nicht geleugnet werden können.

4. Eine besonders wichtige Rolle fällt den Gerichten im Bundesstaate zu. Sie haben hier die Rechte der Einzelstaaten zu sichern. Denn ein föderales Organ aus Vertretern der Länder (Landesregierungen), das bei Gesetzgebung und Verwaltung mitzubestimmen hat, kennt nur die Bundesrepublik. Der Senat der Vereinigten Staaten, Australiens und Kanadas, der Ständerat der Schweiz und der Bundesrat Österreichs sind parlamentarische Körperschaften von föderaler Zusammensetzung[113]. In diesen Ländern ist es allein der Richter, der über die Einhaltung der Kompetenzverteilung zwischen Bund und Ländern wacht. Auch wenn die Verfassungen das Verhältnis zwischen Bund und Ländern eingehend zu regeln pflegen, so haben die Gerichte auf diesem Gebiete, wo die Entwicklung ständig im Fluß bleibt, eine erhebliche Aufgabe ergänzender Rechtsfindung und Fortentwicklung[114].

---

[112] Die Reichsaufsicht, 1917, S. 393 ff.; Festgabe Kahl, II, 1923, S. 17 ff.; Staatsrecht und Politik, 1927, S. 18 f.; VVDStRL 5, S. 7 ff. Die gleiche Ansicht ist heute in der Völkerrechtslehre herrschend. Vgl. *Bilfinger,* ZaöRV 13 (1950), S. 640; *ders.,* Jahrb. d. Max Planck Gesellschaft 1951, S. 151.

[113] Die föderative Bildung dieser Organe nach dem Prinzip der gleichen Vertretung jeden Landes — nur Kanada und Österreich stufen hier ab — hat die eigenartige Folge, daß die zweiten Kammern eine unverhältnismäßig verstärkte Repräsentation der kleinen Länder (Staaten, Kantone) und der agrarischen Bezirke darstellen und daher eine von der ersten Kammer erheblich abweichende parteipolitische Färbung besitzen. Vgl. *Fleiner / Giacometti,* Schweiz. Bundesstaatsrecht, 1949, S. 505, Anm. 14; *M. L. Tripp,* Der schweizerische und der amerikanische Bundesstaat, 1942, S. 155/56; *Wheare,* Federal Government, 2. Aufl. 1951, S. 93 f. In Canada und Australien wird der Senat von Parteigesichtspunkten, nicht von föderalen Motiven beherrscht. Vgl. *A. B. Keith,* The Dominions as Sovereign States, 1938, S. 298 ff. Überall hier ist es den Gerichten aufgetragen, über die Grenzen zu wachen, die die Verfassung zwischen Bund und Länder zieht. Vgl. *Keith,* S. 476: „In the federations the formal allocation of powers by the constitutions may fairly be said to be of comparatively little importance as compared with the interpretation of these powers by the courts." Von diesem Gebiet hat in Deutschland die Forderung nach Staatsgerichtsbarkeit ihren Ursprung genommen. Vgl. *Triepel,* Reichsaufsicht, 1917, S. 703 ff.

5. Es ist hier nicht möglich, die Vielfalt der Gesichtspunkte näher darzulegen, unter denen die Frage der Grenzen richterlicher Kontrolle gegenüber politischen Handlungen zu betrachten ist. Nur einige kurze Bemerkungen über die Stellungnahme einiger anderer Länder mögen beigefügt sein[115].

In Frankreich[116] läßt sich die Entwicklung kurz dahin kennzeichnen: Entstehung des Begriffs der actes de gouvernement unter Restauration und Juli-Monarchie zur Rechtfertigung bestimmter staatspolitischer Maßnahmen gegen Anhänger Napoleons, Verwendung des Merkmals des politischen Akts im objektiven Sinne. Starke Erweiterung der Kategorie unter dem Zweiten Kaiserreich nach der subjektiven Theorie des politischen Motivs (mobile politique). Unter der Dritten Republik und der positiven Grundlage des Gesetzes vom 24. 5. 1872 (Art. 26) Rückkehr zu objektiven Maßstäben und zunehmende[117] Einengung des Bereichs, zugleich Abkehr vom Merkmal des Politischen. Mit dem Ende des Jahrhunderts Verzicht auf ein einheitliches Kriterium, Übergang zur katalogmäßigen Festlegung der Akte. Das Ergebnis ist die Ausscheidung folgender Gruppen aus der Zuständigkeit des Staatsrats:

---

[114] Streitigkeiten zwischen Bund und Ländern sind, da hier eingehende Normierungen mit inhaltlichen Maßstäben vorliegen, rechtliche Streitigkeiten. Über das in ihnen steckende Element politischer Wertung siehe *Berthold Müller*, Die Beziehungen der Gliedstaaten im Bundesstaatsrecht, 1936, S. 104 ff. Der Unterschied zwischen Rechtsstreitigkeiten und anderen Streitigkeiten im Bunde, bei denen Vermittlung Platz greifen sollte, hat schon bei der Beratung der deutschen Bundesakte von 1820 eine Rolle gespielt. Siehe *Karl Friedrich Eichhorn*, Betrachtungen über die Verfassung des Deutschen Bundes in Beziehung auf Streitigkeiten der Mitglieder desselben untereinander oder mit ihren Untertanen, Berlin 1833, S. 25 ff. Daselbst S. 42: „Außer dem Gebiet des positiven Rechts gibt es keine wahre richterliche Gewalt, die immer wesentlich einen Streit über ein *nach bestimmten Rechtsnormen erworbenes Recht* voraussetzt. Will man auch für Fälle, wo diese Bedingung der Ausübung einer richterlichen Gewalt fehlt, einen *Richter*, weil es Streitigkeiten geben kann, ohne daß es ein positives Recht für ihre Entscheidung gibt, so schiebt man dem Ausdruck *Recht und Richter* einen anderen Begriff unter, welches zwar ein sehr gutes Mittel ist, die Ansichten über die Frage der es gilt zu verwirren und mit Scheingründen zu täuschen, aber nicht jene aufzuklären. Der Richter, der außerhalb des positiven Rechtsgebiets zwischen unabhängigen Staaten Streitigkeiten entscheiden soll, muß sich das *Recht*, nach welchem er diese beurteilen soll, *erst nach seiner individuellen Ansicht bilden;* er möchte von dem *Gesetzgeber*, auf dessen *Rechtsgefühl* provoziert wird, schwer zu unterscheiden sein."

[115] Rechtsvergleichende Übersichten bei *Ipsen*, Politik und Justiz, 1937, S. 15 ff.; *Schneider*, S. 47 ff.

[116] Grundlegend *Vivien*, Etudes administratives, 1. Aufl. 1839, 3. Aufl. 1859, Bd. I, S. 30 ff.; *Laferrière*, Juridiction administrative, 2. Aufl., Bd. 2, 1896, S. 32 ff.; *Le Courteois*, Les actes de gouvernement, 1899; *Jèze*, Revue de droit public 1924, S. 425 ff.; *Duez*, Les actes de gouvernement, 1935.

[117] Über die ältere Rechtsprechung siehe oben Anm. 6. Treffend zum Zusammenhang zwischen der Entwicklung der Theorie und der jeweiligen Verfassungslage *Ipsen*, S. 22/23.

Akte der Exekutive im Verhältnis zu den Kammern, diplomatische Akte (Annexion, Notenwechsel, Anerkennung, Auslegung von Verträgen[118], Instruktionen), Maßnahmen zur Erhaltung der Sicherheit des Staates, vor allem Notverordnungen und Gesetzdekrete in Kriegszeiten (pouvoirs de guerre)[119].

Seit den 20er Jahren erhoben sich mehr und mehr Stimmen, die eine völlige Preisgabe der Kategorie der Regierungsakte forderten. Die Rechtsprechung des Staatsrats blieb indes konstant[120]. In der neuesten Zeit aber hat sie eine bedeutsame neue Wendung genommen. Mit dem Urteil Gombert[121] wird wieder ein einheitliches, freilich formales Kriterium für die ganze Kategorie gewonnen und an die Stelle bloßer Katalogaufzählung gesetzt. Der Regierungskommissar Célier arbeitete heraus, daß für die actes de gouvernement charakteristisch sei ihre Richtung gegen „une autorité échappant au contrôle du juge administratif". Es handele sich um „actes mixtes", die nicht allein die Exekutive, sondern zugleich das Parlament, fremde Staaten oder die Justiz (Gnadenerweise des Präsidenten sind aber reine Justizakte) berührten und daher der Zuständigkeit der Verwaltungsgerichte nicht unterfielen. Mit dieser neuen Theorie ist jede Anlehnung an eine Unterscheidung von gouvernement und administration aufgegeben, ebenso das Merkmal des Politischen[122]. Statt dessen wird ein ganz formales, im wesentlichen doch auf den Gedanken der Gewaltenteilung hinauslaufendes Kriterium gewählt, das den Kreis der Akte etwa auf den heutigen Stand stabilisieren dürfte.

---

[118] Sowohl der Staatsrat wie die Gerichte erkennen an, daß die Interpretation der politischen Bestimmungen eines Vertrages und die Behebung von Zweifeln Sache der beiden Kontrahenten oder des französischen Außenministers ist. So schon C. d. E. Vve Murat, Rec. 1823, S. 389; Paulat, Sirey 1926, 329; Commune de Lannes, Sirey 1937, 3, 79; Duhamel, Sirey 1935, 3, 25; Lecoq, Sirey 1949, 313. Die ordentlichen Gerichte prüfen dagegen die Verträge insoweit, als sich die Frage „rapporte à des interêts privés" Dalloz Hebdomadaier 1929, S. 69.

[119] Vgl. Urteile Bianchi v. 1. 12. 1942, Sirey 1943, 3, 39 und Laugier v. 16. 4. 1948, Sirey 1948, 3, 36.

[120] Ein interessanter Fall neuester Zeit betrifft eine auf Beschluß des Ministerrats zurückgehende bewußte Störung von Sendungen des Radio Andorra (Radiodiffusion Française, Trib. des Conflits 2. 2. 1950). Der Regierungskommissar lehnte Vorliegen eines Regierungsakts ab, weil keine Vertragsauslegung gegeben sei. Das Gericht hingegen erklärte: „que la mesure prescrite par le gouvernement ... échappe, à raison de sa nature à tout contrôle juridictionnel", weil sie gegen eine Stelle außerhalb der französischen Jurisdiktion gerichtet sei. (Sirey 1950, 3, 73 und dazu *Marcel Waline*, Traité élémentaire de droit administratif, 6. éd. 1950, S. 108.)

[121] Urt. v. 28. 3. 1947, Sirey 1946/47, 3, 89 mit ausführlicher Stellungnahme des commissaire de gouvernment *Célier*.

[122] *Célier:* „Une zone de l'arbitraire gouvernmental est définitivement éliminée de nos institutions."

Die Acts of State des britischen Rechts[123] beschränken sich, weil im inneren Bereich praktisch nach der allgemeinen Struktur des britischen Rechts die staatsleitenden Akte kaum vor den Richter gebracht werden können, auf Handlungen der Außenpolitik. Die juristische Grundlage des Begriffs bildet die Prärogative in ihrer Beziehung zu fremden Staaten; ohne daß die englische Literatur und Judikatur sich eingehender mit der Rechtfertigung der Erscheinung befaßt, begnügt sie sich mit katalogmäßiger Behandlung und der Klarstellung der Folgen. Die Akte sind für die Gerichte bindend und der Staatsbürger muß ihre mittelbaren Wirkungen hinnehmen[124]. Unter diesen Akten finden wir Anerkennung fremder Staaten, Annexion, Friedensschluß, Kriegserklärung und Beglaubigung fremder Vertreter. Einen Seitenzweig dieser Rechtsprechung, erst im 19. Jahrhundert erwachsen und voll ausgebildet, stellt die Bindung der Gerichte an Äußerungen des Außenamts über internationale Fragen wie Status diplomatischer Vertreter, Anerkennung, Fortdauer des Kriegszustandes usw. dar[125].

Von besonderem Interesse ist die amerikanische Rechtsprechung[126], weil hier der Befassung des Richters mit den „political questions", den politischen Entscheidungen der Legislative und Exekutive, keine formalen Schranken entgegenstehen, sondern die Begrenzung ausschließlich aus der Pflicht des Richters, nicht in den Bereich anderer Gewalten einzudringen, entwickelt worden ist. Entscheidend ist für die Erkenntnis der Unzuständigkeit für die Prüfung politischer Fragen die Respektierung der getroffenen oder noch zu treffenden Entscheidung einer anderen Gewalt auf ihrem Vorbehaltsgebiet. Hierher fallen Maßnahmen der äußeren Politik[127] — Anerkennung, Akte der militärischen Besetzung, Annexion, Vertragsschluß, Anerkennung des Bestandes fremder Staaten[128] — aber auch Handlungen der inneren Staatsleitung, gesetzgeberische Akte[129], gewisse Anordnungen der Bundesaufsicht[130]

---

[123] *Schneider,* S. 49 ff. *E. C. S. Wade,* Br. Yearbook of Intern. Law 15 (1934), S. 97 ff.; *ders.,* Constitutional Law, 4. Aufl. 1950, S. 193 ff.

[124] Bei Schadensansprüchen hat die Rechtsprechung indes eine gewisse Beschränkung des plea of Act of state entwickelt. *Wade,* Const. Law, S. 194 f.

[125] *A. Mann,* Transactions of the Grotius Society 29 (1944), S. 156 f.; *A. B. Lyons,* Br. Yearbook of Intern. Law 1946, S. 640 ff. sowie rechtsvergleichend Br. Yearbook 24 (1947), S. 116 ff., 25 (1948), S. 180 ff.

[126] *Schneider,* S. 60 ff.; *Charles Gordon Post,* The Supreme Court and Political Questions, 1936.

[127] Auch Entscheidungen über Umfang der Territorialgewässer: 332 U. S. 18, 34 = 91 L. Ed. 1889, 1896 Un. States v. State of California.

[128] Fortbestand Deutschlands nach 1945: Clark v. Allen 332 U. S. 503, 514 = 91 L. Ed. 1633, 1644.

[129] Cherokee Nation v. Georgia 5 Pet. 1 (1831).

[130] Sicherung der „republican form of government" in den Einzelstaaten; Mountain Timper Co v. Washington 243 U. S. 219 = 61 L. Ed. 685.

sowie des Notrechts bei Unruhen und im Bürgerkrieg. Überall hier ist es nicht das Fehlen von Rechtsnormen oder die politische Natur der Akte, die den Ausschlag gibt, sondern die fehlende „jurisdiction" des Gerichts. Die Schranken der Verfassung, vor allem die der Freiheitsrechte bleiben bestehen und können Anlaß zur Aufhebung geben. So hat der Oberste Gerichtshof eine Kriegsverordnung aus Hawai, die Militärgerichte nach dem Angriff auf Pearl Harbour einsetzte und jahrelang aufrechterhielt, für ungültig erklärt, weil „courts are indispensable to our system of government"[131].

6. Eine Behandlung des Problems der richterlichen Kontrolle politischer Akte für das deutsche Recht muß einen grundlegenden Unterschied zwischen der Lösung machen, die für die Verwaltungsgerichte gilt, und derjenigen, die in der Verfassungsgerichtsbarkeit Platz greift. Für die Verwaltungsgerichte gilt, daß Staatshandlungen jenseits des Bereichs der Verwaltung nicht zu ihrer auf Verwaltungsakte begrenzten Zuständigkeit gehören. Nicht aus rechtspolitischen Gründen[132], auch nicht wegen des politischen Charakters dieser Akte, sondern im Hinblick auf den Grundsatz der Gewaltenteilung und die spezielle Kompetenz des Bundesverfassungsgerichts für den Verfassungsbereich. In diesem Umfang also, für die Handlungen der Beziehung zwischen Regierung und Parlament, das Verhältnis von Bund und Ländern sowie die Außenpolitik sowie einzelne individuelle politische Entscheidungen (Richtlinienaufstellung, oberste Akte einer Kommandogewalt) wird man von einer fehlenden Zuständigkeit für jede Befassung mit diesen Akten sprechen können. Eine genauere katalogmäßige Aufstellung zu entwickeln könnte der Praxis überlassen bleiben[133]. Zu Inzidenzentscheidungen über solche Akte bleibt aber die Verwaltungsgerichtsbarkeit ebenso wie die ordentlichen Gerichte weiter zuständig. Nur werden sie diese Befugnis mit Zurückhaltung auszuüben haben.

Ganz anders aber für das Bundesverfassungsgericht. Seine Unzuständigkeit für Akte des Verfassungslebens kann niemals aus deren Natur sondern nur aus den Schranken der eigenen Kompetenzregelung abgeleitet werden. Auf der anderen Seite aber wird auch für das Bundesverfassungsgericht die Beachtung der besonderen Natur der politi-

---

[131] Duncan v. Kahamamoku (1946) 327 U. S. 304, 322 = 90 L. Ed. 688, 699.

[132] Mit Recht gegen Vermischung rechtspolitischer und rechtlicher Argumente *Loening*, S. 234.

[133] *Loening* (S. 236) und *Schneider* (S. 47) rechnen hierher auch Akte der Gefahrenabwehr für den Staat. Dem trete ich nicht bei. Sie sind stets von den Verwaltungsgerichten zu prüfen, soweit es sich um Einzeleingriffe handelt, die Rechte einzelner Staatsbürger betreffen. Auch früher hat die Rechtsprechung Ausnahmeverordnung und Einzelakte des Staatsnotstands geprüft. Vgl. RGZ 117, S. 138 (wo fälschlich von einer Staatsnotwehr die Rede ist) und RGSt 63, S. 215.

schen Entscheidungsfreiheit maßgebend sein. Es wird bei seiner Nachprüfung freier politischer Entscheidungen (Anwendung der Art. 37 oder 91, Gebrauch des ungeschriebenen Notrechts, Auslegung unbestimmter Wertbegriffe wie dringlich — Art. 84 Abs. 5 oder Mißbrauch — Art. 18) eine gewisse Zurückhaltung zeigen. Nur in Fällen klaren Mißbrauchs der Befugnis, grundsatzloser oder parteiischer Handhabung (Willkür) oder offener Verfassungswidrigkeit wird eine Aufhebung von Maßnahmen in Frage kommen. Das entspräche auch der zurückhaltenden Prüfung, die unter der Weimarer Verfassung der Staatsgerichtshof stets geübt hat, der sein Recht zur Prüfung aufrechterhielt, es inhaltlich aber vorsichtig anwandte[134].

[134] Vgl. StGH, *Lammers / Simons,* Bd. 1, S. 273 (über eine Notverordnung der preuß. Staatsregierung): „Wenn ihr die Verfassung eine Freiheit des Handelns in bestimmten Grenzen gewährt und ihr ein schnelles und entschlossenes Handeln durch ihre Amtspflicht geboten ist ... so kann ihr nur in ganz besonderen Fällen der Vorwurf einer Verfassungsverletzung gemacht werden, wenn sich nachträglich herausstellt, daß ihr Vorgehen doch nicht so dringend erforderlich war, wie es ihr erschien, als sie ihre Maßregel traf." Ferner Bd. I, S. 404; Bd. 2, S. 60; Bd. 4, S. 164 und 281; Bd. 5, S. 168. BayStGH dort Bd. 3, S. 213. Auch RGZ 107, S. 397; RGSt. 57, S. 385; 58, S. 271; 65, S. 364.

Die Aufgabe der Gesetzgebung in unserer Zeit

I. Das Bild der heutigen Gesetzgebung

Nur dreiviertel Jahrhunderte trennen uns von einer Epoche, in der die deutsche Rechtslehre und Gesetzgebungskunst am Ausgang des vorigen Jahrhunderts sich im Vollgefühl eines erreichten Hochstandes befanden. Die großen Kodifikationen des bürgerlichen Rechts, des Prozeß- und Handelsrechts erreichten damals ihren Abschluß und erfüllten als Verwirklichung des so lange gehegten Verlangens nach einem einheitlichen deutschen Recht die Öffentlichkeit mit Stolz. Sie wirkten aber auch als ausgewogene und zwar trocken, aber klar und präzise formulierte Festlegung der Anschauungen des bürgerlichen Zeitalters von einer gerechten Privatrechtsordnung weit über die Grenzen Deutschlands hinaus als Vorbild und Anregung. Wenn wir die Ergebnisse unserer heutigen Gesetzgebungsarbeit betrachten, die an Zahl weit größer sind und gleichfalls nicht selten wichtige Materien betreffen, so wird freilich zu einer gleichen Hochstimmung kein Anlaß sein. Daß mit der Ausdehnung des Gesetzesstoffes seine innere Verarbeitung, daß mit der oft gebotenen Eile die dogmatische Durchdringung und die Qualität der Rechtsschöpfung nicht immer Schritt gehalten haben, wird schwerlich in Abrede gestellt werden können. Die Gründe des *Unbehagens,* das wir gegenüber dem heutigen Erscheinungsbild der Gesetzgebung empfinden, liegen aber sehr viel weiter und tiefer als nur in einem Werturteil über die erreichte juristisch-technische Qualitätsstufe begründet. Diese Empfindungen des Zweifels reichen von der Infragestellung der Motive des Gesetzgebers in ihrer Herkunft allein aus objektiven Urteilen der Gerechtigkeit und von den Erfahrungen fortdauernder, von Interessenkämpfen umgebener Gesetzesänderungen bis zu dem Problem, ob die Normen, die unsere Gesetzblätter darbieten, wirklich noch den Charakter von Rechtsetzungsakten, von auf die Dauer berechneten Rechtsgeboten tragen oder ob nicht zuweilen nur ein Hinausgreifen in den Bereich laufender Verwaltungsführung und Wirtschaftslenkung in der Form von normativ eingekleideten Parlamentsentscheidungen vorliegt.

Aus: Die Öffentliche Verwaltung 1960, S. 601 - 611. — Die Abhandlung gibt einen Vortrag wieder, den der Verfasser vor der Mitgliederversammlung der Kommunalen Gemeinschaftsstelle für Verwaltungsvereinfachung (KGSt) am 20. Mai 1960 in Herford gehalten hat.

Es soll nicht verkannt werden, daß die deutschen Gesetzgebungsinstanzen seit dem Ausgang des zweiten Weltkrieges bei dem notwendigen *Neuaufbau der Rechtsordnung* viel tüchtige Arbeit geleistet haben. Es ist gelungen, in Bund und Ländern eine rechtsstaatliche Ordnung wiederherzustellen, Schäden des Krieges durch eine soziale Gesetzgebung auszugleichen und mancherlei Reformen vorzunehmen. Der Gesetzgeber hat mitunter schwierige Materien in einem neuen Geiste und mit gutem Griff angefaßt. Die Wehrgesetzgebung hat erfolgreich eine Hinwendung zu einem neuen Stil im Gefüge der Streitkräfte erkennen lassen. Die Kartellgesetzgebung hat sich ausländische Erfahrungen auf diesem undankbaren Felde staatlicher Wirtschaftsaufsicht nutzbar zu machen gewußt. Die Entstellung des Rechts in der Zeit Hitlers und die veränderten Bedingungen der Nachkriegszeit haben für weite Teile der Rechtsordnung die Notwendigkeit einer Neugestaltung mit sich gebracht. Der Wandel der Anschauungen hat sogar vor dem Bau des bürgerlichen Rechts nicht Halt gemacht, wo vor allem die Durchsetzung der Gleichberechtigung der Frau tiefere Eingriffe in die familienrechtliche Ordnung nach sich gezogen hat. Ein umfangreiches Pensum der Gesetzgebung entfällt auch auf die Landtage der Länder, in denen eine Neigung zu systematischer Erneuerung des Landesrechts bemerkbar wird, die sich etwa auf das Beamtenrecht, Schulrecht, Sozialrecht und Ordnungsrecht erstreckt. Auch hier wäre manche sorgfältige Leistung hervorzuheben; ich begnüge mich, das bayerische Straßen- und Wegegesetz vom 11. 7. 1958 zu erwähnen, das erstmals diese in allen Landesrechten seit alters der Zersplitterung überlassene Materie knapp und einheitlich aus einem Wurf heraus geordnet hat.

Der Gesetzgeber fühlt sich heute sogar zu bedeutsamen Neugestaltungen berufen. Er geht an wichtige Bereiche des Privatrechts, wie das Aktienrecht, heran. Und er steht im Begriff, mit der Einbringung des Entwurfs zu einem neuen Strafgesetzbuch die seit Jahrzehnten anstehende und immer wieder in neuen Anläufen angefaßte Aufgabe der Reform des Strafrechts der Lösung zuzuführen.

Der Anerkennung einzelner Leistungen gesetzgeberischer Arbeit steht freilich auf der anderen Seite eine zunehmende *Kritik* an den Resultaten der legislativen Tätigkeit gegenüber. Zahl und Umfang der Gesetze haben eine erschreckende Zunahme erfahren. Aber auch gegen Form und Inhalt der Gesetze melden sich Bedenken. Wenige der zahlreichen Gesetze zeigen die gedankliche und sprachliche Klarheit und Eindringlichkeit, die gute Gesetze auszeichnen. Viele Normen sind wortreich, mit Einzelheiten überhäuft, so daß die großen Linien überwuchert werden, und trotz oder gerade wegen ihrer Tendenz zu kasuistischer Ausführlichkeit sind sie lückenhaft und ohne richtunggebende allgemeine Grundsätze. Schlimmer aber ist es, daß manche der heutigen Gesetze der inneren Überzeugungskraft entbehren, die allein die Achtung vor dem Gesetz und die Bereitschaft zum Gehorsam zu verbürgen vermag. Der kundige Beurteiler, und nicht nur er, erkennt in den Regelungen der Gesetze den Einfluß mächtiger Interessengruppen, die sich im Gewande der Gesetzgebung ihre Teilhabe an staatlichen Leistungen und Subventionen zu sichern verstehen. Inmitten der anwachsenden Flut von Rechtsnormen kann man eher von einer Schwäche des Rechtsbewußtseins und einem Schwinden der Autorität des Gesetzes sprechen. Die Masse der oft veränderlichen und in ihrer politischen und sozialen Bedingtheit leicht durchschaubaren Normen kann das Empfinden echter, ethischer Verpflichtung an ihre Festsetzungen nicht mehr erzeugen. Das zunehmende Maß staatlicher Sozialgestaltung und Vorsorge ruft nicht eine entsprechende Anteilnahme der Bürger am gemeinen Ganzen hervor, sondern befördert mit seiner regulierten wohlfahrtsstaatlichen Betreuung nicht selten die Passivität und die Abwendung von der Verantwortung.

So ist es kein Wunder, daß sich kritische Stimmen in steigendem Maße mit der Erscheinung der heutigen Gesetzgebung befassen. Der schweizer Staatsrechtslehrer *Hans Huber*, dem wir eindringliche Betrachtungen zu unserem Thema verdanken, weist auf das immer stärkere Hervortreten eines technisierten Situationsrechtes, auf die Überflutung mit Normen hin, die der staatlichen Reglementierung und Lenkung dienen, die aber nicht mehr wirklich vom Rechtsbewußtsein der Bevölkerung aufgenommen werden. Die Folge ist eine Krise der Legalität, eine Überanstrengung des Rechts, dessen Gebote sich nicht mehr auf den festen Halt ethischer Anschauungen oder auch nur gesellschaftlicher Konventionen stützen können. Daher sucht der Gesetzgeber durch Häufung von Strafandrohungen und rechtlichen Sanktionen — vielfach vergeblich — seinen in der Wurzel schwachen Rechtsgeboten Beachtung zu sichern. Von ähnlichen Gedankengängen geht *Hermann Jahrreiss* aus. Er warnt vor einer Überschätzung der im bloßen Erlaß der Norm liegenden Macht des Gesetzgebers. Jede Norm könne nur den Versuch unternehmen, im Verhalten der Bürger wirklich anerkannt, aufgenommen und befolgt zu werden. Wo aber die Gesetze in unübersehbarer Menge ergehen und daher die Menschen nicht mehr in ihrem Gewissen anzusprechen vermögen, da fehlt es auch an dieser Einbürgerung der Norm im sozialen Leben. *Jahrreiss* erhebt daher die Forderung nach radikaler Begrenzung der Normenflut und sorgsamer Prüfung vor allem beim Erlaß von Strafvorschriften.

Die Kritik an Übermaß und Art der Gesetzgebung hat in neuerer Zeit in besonderem Maße in dem Versuche Ausdruck gefunden, durch eine begriffliche Definition die unerwünschten Normen zu kennzeichnen und für sie eine rechtliche Sonderbehandlung zu fordern. Diese

Bemühungen finden ihren Ausdruck in der Aufstellung des Begriffs des Maßnahmegesetzes. Ich muß freilich gestehen, daß ich die Bestrebungen, durch eine rechtsbegriffliche Definition der komplexen und vielschichtigen Erscheinung der Hypertrophie und Kurzfristigkeit der heutigen Gesetzgebung beizukommen, nicht für den richtigen Ansatz halten kann. Mit einer solchen Unterscheidung sind weder die tieferen Ursachen der gerügten Mängel erkannt, noch Wege gewiesen, die zu ihrer Überwindung führen könnten. Eine — noch dazu vage und rechtstheoretisch nicht haltbare — Begriffsbildung kann nicht ausreichen, um Phänomene richtig zu deuten und zu bewältigen, die in sehr weiten Zusammenhängen des modernen sozialen Lebens und der Verfassungsgestaltung ihre Erklärung finden und nur von diesen Grundlagen aus zu verstehen und zu reformieren sind. Als „Maßnahmegesetz" möchte man im Unterschied zu denjenigen Gesetzen, die eine rechtliche Ordnung aufrichten und ihren eigenen Wert in sich tragen, solche Anordnungen ansehen, bei denen die Zweckgerichtetheit, die Ausrichtung an einem praktisch-politischen Ziel im Vordergrund steht. Dabei wird insbesondere an situationsgebundene Normierungen gedacht, wie an das Investitionshilfegesetz oder die Platow-Amnestie und an wirtschaftliche Regelungen, die vorübergehende Notlagen und Krisen zum Gegenstand haben. Freilich wird aus dieser Unterscheidung nicht etwa die Rechtsfolge hergeleitet, daß solche Maßnahmegesetze der verfassungsrechtlichen Zulässigkeit und Wirksamkeit entbehrten. Es wird nur an eine verstärkte verfassungsgerichtliche Kontrolle über sie gedacht. Erfreulicherweise hat sich das Bundesverfassungsgericht sowohl der Anerkennung des Begriffes wie solchen rechtlichen Folgen durchaus versagt.

Denn der Begriff des Maßnahmegesetzes ist unklar und widerspruchsvoll. Wenn man Normen, die eine echte Rechtsgestaltung beinhalten, solchen Rechtsgeboten gegenüberstellt, die nur als Mittel zu einem vorgesetzten Ziel erlassen werden, so kann diese Unterscheidung nur in Verbindung mit einer vorausgesetzten vorpositiven Wertordnung gewonnen werden, an der die Rechtsverwirklichung zu messen ist. Sie bestimmt, wann eine Gesetzesbestimmung als Verwirklichung höherer Rechtswerte, wann nur als zweckrationale „Maßnahme" angesehen werden kann. Denn jedem Gesetz wohnt begrifflich sowohl das Element der Ausrichtung an der materialen Wertwelt der Gerechtigkeit, wie auch die Hinwendung zu bestimmten politischen Zielen inne. Auch der Erlaß eines Ehegesetzes kann vom Gesetzgeber unter ganz bestimmten zweckrationalen Zielsetzungen unternommen werden, wenn er durch eine Erschwerung der Ehescheidung etwa einer aufgetretenen Lockerung des Familienlebens entgegenzutreten hofft. Die Ausgestaltung erbrechtlicher Vorschriften kann — man denke an die Höfeordnung — etwa durch Rücksichten auf die Erhaltung einer gesunden Betriebsgröße bäuerlicher Wirtschaften beeinflußt werden. In jeder Norm verbinden sich Dienst am Rechtsgedanken mit einer aktuellen Zielgerichtetheit, sofern es sich nicht wie bei den Weistümern des älteren deutschen Rechts lediglich um Rechtsfeststellungen handelt. Sie sind dem modernen Recht fremd. Es ist auch keineswegs richtig, daß sich situationsgebundene Normen durch ein geringeres Maß an gerechter Ordnung hervorheben müssen. Im Sinne einer austeilenden Gerechtigkeit werden sie oft — freilich keineswegs immer — den Anschauungen einer Zeit durchaus entsprechen. Eine Differenzierung der Gesetze, die die einen als Mittel zum Zweck, als politische Zwecksetzungen devaluiert, die anderen als Ausdruck der Gerechtigkeit anerkennt, muß sich auf einen inhaltlichen Wertmaßstab, eine überpositive Ordnung, stützen. Ein Teil der Verfechter des Begriffs der „Maßnahmegesetze" vertritt aber einen Standpunkt streng normativ-formaler Rechtsinterpretation, die den Gedanken einer dem Recht innewohnenden oder gar vorgezeichneten Wertordnung ablehnt. Wenn diese Auffassung von Gesetzen spricht, die ihren Wert in sich tragen, so verfährt sie widerspruchsvoll und offenbart eine rechtstheoretische und verfassungsrechtliche Unklarheit. Diejenigen aber, die den Begriff des Maßnahmegesetzes bewußt mit einer überpositiven Ordnung verbinden, führen damit eine Art naturrechtlicher Bewertung für die Gesetzgebung ein, die an dem Mangel leidet, nur eine isolierte Frage naturrechtlich zu behandeln. Unbrauchbar erscheint mir endlich vor allem der Gedanke, für die sog. Maßnahmegesetze, die weithin gerade wirtschaftsrechtlichen Inhalts sein werden, eine erweiterte verfassungsgerichtliche Kontrolle zu verlangen. Das führt im Ergebnis dahin, daß wirtschaftspolitische Entscheidungen nicht in der öffentlichen Auseinandersetzung des parlamentarischen Verfahrens gefällt werden, sondern von einem in nicht kontrollierbarer Abgeschlossenheit wirkenden und nur punktuell Einzelprobleme behandelnden Richterkollegium getroffen werden. Ich vermag das nicht für einen Gewinn zu halten.

Der Versuch, den Mängeln der heutigen Gesetzgebung mit rechtlichen Unterscheidungen beizukommen, muß auch schon an einem anderen Umstand scheitern. Der *Gesetzesbegriff* unseres heutigen Verfassungsrechts läßt eine Differenzierung nach materialen Maßstäben nicht mehr zu. Er ist bis auf wenige Reste historisch-konventioneller Überlieferung rein formal gefaßt. Er stellt allein auf den Ursprung der Norm aus der Beschlußfassung der Volksvertretung ab, ohne noch andere inhaltliche Kategorien zu verwenden, als den bis zu äußerster Formalität ausgeschliffenen Maßstab der generellen Satzung. Alle älteren Verbindungen des Gesetzes zu einer inhaltlichen Qualität, die Forderung einer materialen Übereinstimmung mit dem Gebot der Gerechtigkeit und dem Gemeinwohl, hat der moderne Gesetzesbegriff längst abgestreift. Die Abgrenzung des heutigen Gesetzesbegriffes stammt aus der staatsrechtlichen Festlegung des Mitwirkungsrechts der Legislative im 19. Jahrhundert. Zunächst noch im Umfang begrenzt auf den Erlaß von Normen, die Freiheit und Eigentum berührten, überließ dieser Begriff Staatsorganisation und Amtssphäre weithin noch der Verordnungsgewalt des Landesherrn. Mit dem wachsenden Gewicht parlamentarischer Einrichtungen und der Verwirklichung des formalen Rechtsstaatsprinzips aber erweiterte sich der Rechtssatzbegriff auf alle Eingriffe in den Rechtsbereich des Bürgers. Heute werden als Rechtssätze alle Anordnungen angesehen, die — abgesehen von dem im deutschen Recht noch festgehaltenen Sonderbereich der Verwaltungsverordnungen, d. h. der inneren Amtsorganisation und der Anstaltsordnung — für die Allgemeinheit bindende generelle Festsetzungen enthalten. Unter ihnen nehmen die Gesetze als die Beschlüsse der Volksvertretung den obersten Rang ein. Mit diesem politisch-formellen Gesetzesbegriff unseres heutigen Verfassungsrechtes sind Unterscheidungen nach inhaltlichen Gesichtspunkten innerhalb dieses Bereiches, vor allem solche, an die sich rechtliche Konsequenzen knüpfen würden, nicht mehr vereinbar. Auch kurzfristige, situationsgebundene Anordnungen, Gesetze, die eher technische Einzelheiten regeln oder Planungsfunktionen erfüllen, nehmen an der Qualifikation des Gesetzesbegriffs teil. Eine rechtliche Sonderstellung nehmen lediglich solche Gesetzesbeschlüsse ein, die als *Individual- oder Einzelfallgesetze* angesprochen werden können. Sie liegen dort vor, wo der Gesetzgeber einen einzelnen bestimmbaren Fall oder eine Gruppe solcher Fälle abweichend von einer allgemeinen Regel behandelt, ohne dafür in einer Singularität des Tatbestandes — etwa der Verlängerung der Wahlperiode des Parlaments in Notzeiten — oder der Einrichtung einer individuellen Organisationseinheit eine sachliche Berechtigung nachweisen zu können. Solche Einzelanordnungen durch Gesetz untersagt in unserer Verfassungsordnung der Gleichheitssatz und der Rechtsstaatsgedanke, der individuelle Bevorzugung oder Benachteiligung als Willkür ausschließt. Eine Stellungnahme zu den Erscheinungen der heutigen Gesetzgebung wird — unter Beiseitelassung rechtsbegrifflicher Erörterungen — von einer soziologischen Analyse der tieferen Gründe dieser Phänomene auszugehen haben. Auf diesem Hintergrunde wird es möglich sein zu erkennen, wo Abhilfen möglich sein können, oder wo die kritisierten Verhältnisse in Gegebenheiten ihren Grund finden, die Besserung nicht leicht erhoffen lassen. Das Schwergewicht der nachfolgenden Untersuchung wird also auf einer soziologischen Klärung und einer rechtspolitischen Überlegung liegen.

II. Übermaß der Gesetzgebung

In nahezu jeder Befassung mit den Fragen der Gesetzgebung findet sich heute der Vorwurf über die Flut der Normen, denen Rechtsanwendung und Bürger ausgesetzt sind. Unablässig ergehen heute neue Normen, werden frühere geändert. Kam der Reichsgesetzgeber des Jahres 1882 noch mit 141 Druckseiten jährlich aus, so umfaßt der Jahrgang 1956 des Bundesgesetzblattes bereits 2156 Seiten und selbst der schmalere Band 1959 noch 1150 Seiten. Ähnliche Zahlen lassen sich aus anderen kontinentalen Ländern berichten. Dazu tritt noch die Landesgesetzgebung und die schwer übersehbare Menge von Verordnungen, örtlichen Satzungen und anderen Vorschriften, denen sich der Staatsbürger als einer verwirrenden Masse von Rechtsstoff gegenübersieht. Er vermag diese Paragraphenmenge weder zu übersehen, noch irgendwie in sein Rechtsgefühl aufzunehmen.

Zu dem *Übermaß der Normenproduktion* gesellt sich aber auch eine unmäßige Aufblähung der einzelnen Gesetzesvorschrift. Der moderne Gesetzgeber neigt zur Festlegung immer genauerer Einzelheiten, er überläßt der ausführenden Instanz immer weniger. Nicht selten zeigt er auch eine Freude an unwesentlichen Details, und weithin läßt sich eine Tendenz zum Perfektionismus beobachten, die auch selbstverständliche Folgerungen noch einmal ausdrücklich hervorhebt, kanzleimäßige Verfahrensanweisungen erteilt und bei Gesetzen, die soziale Leistungen verteilen, die Maßstäbe immer mehr differenziert und verfeinert. Kein Wunder, daß daher die Gesetze anschwellen. Die preußischen Beamtengesetze des 19. Jahrhunderts umfaßten rund 60 - 70 Paragraphen. Ein heutiges Landesbeamtengesetz kommt schon auf 220 - 250 Paragraphen. Aus dem verhältnismäßig kurzen Abschnitt des Handelsgesetzbuches über Aktiengesellschaften sind im Aktiengesetz von 1937 schon über 300 Paragraphen geworden. Wenn das neue Strafgesetzbuch zustandekommt, wird es sicherlich doppelt so umfangreich sein wie das jetzige. Fast ist man versucht, von einem Erfahrungssatz auszugehen, daß jede Neufassung eines Gesetzes seinen Umfang mindestens auf die doppelte Zahl von Vorschriften erweitert.

Die Kritik muß aber auch zuweilen ein Nachlassen der Qualität der Gesetze feststellen. Mit der Zunahme des Details geht eine geringere dogmatische Verarbeitung des Stoffes Hand in Hand, die zugleich auch zu einer Unterlassung der Herausarbeitung leitender allgemeiner Grundlagen in der Rechtsnorm führt. Dabei vermag die Fülle der Einzelanordnungen keineswegs vor Lücken zu bewahren. Es ist vielmehr eine alte Erfahrung, daß Kasuistik nur zu leicht weniger sichere Maßstäbe für die Rechtsanwendung an die Hand gibt, weil sie Lücken im Recht beläßt und die leitenden Richtlinien vernachlässigt.

Ein stark in Erscheinung tretender Mangel ist die *rasche Veränderlichkeit* heutiger Gesetze. Liegt sie auch häufig in der schnellen Wandlung der sozialen Verhältnisse begründet, nicht selten offenbart sich doch hier fehlender Widerstand gegen die Neigung allzu leichter Anpassung an faktische Veränderungen und die perfektionistische Gewöhnung an immer neue detaillierte Vorschriften beim Auftauchen neuer Fragen. Dieser Zug zur Novellierung ist nicht nur bei Gesetzen auf dem Gebiete des wirtschaftlichen Lebens zu beobachten, wo man ihn im Gegenstande der Normierung noch eher erklärt finden kann, er erstreckt sich auch auf grundlegende Ordnungen. Darunter leidet vor allem die *Rechtssicherheit*. Der Bürger kann sich auf das Bestehenbleiben der Norm nicht verlassen, und diese kann angesichts fortwährender Änderungen nicht im Bewußtsein der Menschen festwurzeln.

In manchen Fällen begegnen wir freilich auch bei dem Gesetzgeber anstelle der Vorliebe für ins einzelne gehende Regelungen umgekehrt der Bereitschaft, Entscheidungen auszuweichen und sie durch unbestimmte und weite Formulierungen den ausführenden Behörden oder den Gerichten zuzuweisen. Das neue Ehegüterrecht, das die Ausarbeitung mancher erbrechtlicher Konsequenzen offengelassen hat, bietet hier ebenso Beispiele wie das Kartellgesetz oder das vor der Verabschiedung stehende Bundesbaugesetz. Hier liegt der Mangel auch darin, daß der Gesetzgeber in einer schwierigen und tief in die wirtschaftlichen Verhältnisse eingreifende Materie die Konsequenzen seiner Anordnungen nicht wirklich ins einzelne verfolgt hat und damit die Verantwortung für die Auswirkung des Gesetzes der späteren Ausführung zuschiebt. So sehr es an sich begrüßenswert sein kann, wenn der Gesetzgeber seine heutige Bevorzugung für das Detail zügelt und der Gestaltungsfreiheit der Verwaltung Raum öffnet, bei Gesetzen, die für das wirtschaftliche Leben weitreichende Folgen mit sich bringen, sollten die Grundzüge ihrer tatsächlichen Wirkung vom Gesetzgeber sorgsam bedacht und in aller Klarheit vorgezeichnet werden.

III. Zweifel am Gesetzgeber

Wenn wir über das äußere Erscheinungsbild der Gesetze hinaus den Blick auf die innere Einstellung des Gesetzgebers richten, so fällt eine gewisse Ängstlichkeit und Zurückhaltung ins Auge. Eine Neigung zu einem gewissen Übermaß an Kontrollen und Sicherungen zugunsten des Bürgers mag als ein Erbe der rechtlosen Zeit unter Hilter verstanden werden. Bedenklicher ist die allgemeine Abneigung, der Verwaltung ein notwendiges Maß echter Ermessensfreiheit zu gewähren und nicht ihre Hand bis in alle Einzelheiten zu führen. Schwerwiegend ist es, wenn um verfassungsrechtlicher oder politischer Bedenklichkeit willen notwendigen Regelungen ausgewichen wird, wie wir das gegenwärtig beim Notstandsrecht oder bei manchen Materien des Sozialrechts beobachten können. Je mehr sich die Wahlperiode eines Parlaments ihrem Ende nähert, um so weniger kann man den Erlaß wenn auch dringlicher, so doch unpopulärer Gesetze erwarten.

Es stellt keine Besonderheit der deutschen Gesetzgebung, sondern eine heute weitverbreitete Situation dar, wenn die neueren Normen, vielfach das Fehlen einer klaren, der heutigen sozialen Problematik und der modernen Erkenntnis des Menschen entsprechenden Konzeption erkennen lassen. In einer Zeitepoche tiefer sozialer Wandlung hieße es den Gesetzgeber überfordern, wenn man von ihm Einsichten erwartet, die ihm die Soziologie und die Philosophie nur unvollkommen zu liefern imstande sind. Es fehlt vor allem der Sozial- und Wirtschaftsgesetzgebung an einem klaren Leitbild für ihre Anordnungen. Das Denken verharrt gern in herkömmlichen Vorstellungen, wendet sich weder dem isolierten und lebensungewissen Menschen der Massengesellschaften in seinen besonderen Nöten zu, noch ergreift es die sozialen Verschiebungen. Vielleicht sollten schon längst andere Schichten zum Gegenstand sozialpolitischer Aufmerksamkeit geworden sein, als nur die Arbeiterschaft, deren Aufstieg zu sozialer Anerkennung und ausreichender Teilhabe am Gesamtprodukt weithin heute erfreulicherweise als vollzogen angesehen werden kann. Auch in den Vorstellungen über die soziale Funktion des Eigentums, in der mangelnden Berücksichtigung des Übergangs der Gesellschaft zu einer von Gruppen gestalteten und beherrschten Gesellschaft und in dem Fehlen einer sozialen Verkehrspolitik zeigen sich die gleichen Lücken im Sozialbild unserer Zeit. In dieser Unsicherheit und Ratlosigkeit der Selbstdeutung unserer Epoche, die mehr der materiellen Gütererzeugung, als der geistigen Reflexion zugewandt ist, drängt sich dann die Frage auf, wieweit ein solches Zeitalter zu grundlegenden Gesetzgebungswerken berufen sein könnte. Es ist jedenfalls sicher, daß die Gegenwart nicht in der Fülle einer ihrer selbst sicheren Anschauung, einer gefestigten religiösen oder philosophischen Überzeugung steht, wie dies doch von der so kodifikationsfreudigen Zeit der späten Aufklärung gesagt werden kann und wie es selbst von der so eigenartig selbstbewußten Ära des spätidealistischen Positivismus gilt. Unsere Zeit ist eher ungewiß, fragend und manchmal verzweifelnd. Dennoch wird das praktische Bedürfnis immer wieder von ihr Gesetzgebungswerke erfordern. Der Gesetzgeber wird also in redlichem Bemühen suchen müssen, eine Deutung der menschlichen und sozialen Erscheinungen unserer Zeit zu finden und auf ihr seine Vorschriften zu begründen.

Zweifel am Gesetzgeber und seinem Werk melden sich aber auch von einer ganz anderen Seite an. *Wer ist eigentlich der heutige Gesetzgeber?*

Die Verfassungsordnung überträgt die Aufgabe an die Regierung, der die Initiative zur Gesetzgebung zugewiesen ist, und an das Parlament, dem die eigentliche materielle Entscheidung über den Norminhalt verbleibt. Wenn ich hier von der Vorbereitung des Gesetzes durch die Regierung als dem Normalfall ausgehe, so wird das durch die Praxis bestätigt. Eine mir vorliegende neuere Statistik aus der 3. Wahlperiode des Bundestages — die also noch nicht deren Gesamtergebnis enthält — zeigt, daß von 395 Gesetzentwürfen, die an den Bundestag gelangten, 258 von der Bundesregierung, 3 vom Bundesrat und 134 vom Bundestag selbst kamen. Unter den 205 verabschiedeten Gesetzen stammten aber 179 von der Regierung, nur eines vom Bundesrat und nur 25 vom Bundestag. Bei den Vorschlägen, die aus der Mitte des Parlaments kommen, besteht also eine sehr viel geringere Aussicht, zum Gesetz aufzusteigen, als bei den Regierungsvorschlägen.

Wir müssen aber nun die Frage erheben, bringt die rechtliche Verteilung der Aufgaben die Verfassungswirklichkeit voll zum Ausdruck? Zunächst ist es sicher, daß das Gewicht der Regierung für die Verabschiedung eines Gesetzes größer ist, als aus dem Wortlaut der Verfassung erkennbar wird. Sie formuliert das Gesetz, sie begleitet seinen parlamentarischen Weg, und von ihr kann auch die Abstimmung der Mehrheitsfraktion beeinflußt werden. Es kommt aber daneben noch auf eine ganz andere Erscheinung an. In weitestem Umfang wirkt heute bei der Gesetzgebung die formierte Öffentlichkeit, wirken die *Interessenverbände* mit. Sie werden schon bei der Aufstellung des Entwurfes durch die Regierung beteiligt, sie beeinflussen, oft maßgeblich, die Arbeit der Parlamentsausschüsse und die Rücksicht auf ihre Wünsche mag endlich die Schlußabstimmung weitgehend mitbestimmen. Für die deutschen Verhältnisse würde vielleicht eine Feststellung zu weitgehend erscheinen, die ich bei einem belgischen Politiker fand: das Parlament registriere vielfach nur mehr die Entscheidungen, die außerhalb des Parlaments durch die beteiligten Gruppen selbst getroffen seien. Aber auch in Deutschland lassen sich genügend Beispiele massiven Interesseneinflusses anführen. Ich erinnere an den Kampf um die Länge der Lastwagenzüge auf den Straßen, wo man sogar hinter dem ministeriellen Standpunkt das praktische Interesse der Bundesbahn an einer Verkürzung ihrer wichtigsten Konkurrenten nur zu deutlich erkennen kann. Bringen Vorgänge offenen oder verdeckten Druckes der Interessenten, wie wir sie kürzlich bei der Reform der Sozialversicherung erlebt haben, nicht die Gefahr mit sich, die Autorität eines Gesetzes erheblich herabzusetzen? *Wenn der Bürger in einem Gesetz nur mehr eine Art Abkommen zwischen mächtigen Gruppen zu sehen vermag, wenn er gar die Regierung vor wohlorganisierten Einflüssen zurückweichen sieht, was bleibt dann von der Vorstellung eines die gesellschaftlichen Kräfte unter höheren Gesichtspunkten regelnden Rechtes?* Tritt hier nicht an die Stelle des Gesetzes der Vertrag pluralistischer Kräfte, an den sich vielleicht noch die durch die teilnehmenden Gruppen vertretenen Kreise, schwerlich aber mehr der unbeteiligte Bürger — auf dessen Rücken sich möglicherweise der Ausgleich vollzieht — innerlich gebunden halten können?

IV. Die Gesetzgebung im Zeichen des Wohlfahrtsstaates

Wir haben bisher die Phänomene der Gesetzgebung betrachtet, wie sie sich einer kritischen Beobachtung darbieten. Wenn wir uns nun der Frage nach den Ursachen und Kräften zuwenden, die diese Erscheinung hervorgerufen haben, so mag vorher bemerkt sein, daß diese Untersuchung in einem gewissen Umfang zeigen wird, wie die beklagten Züge der modernen Gesetzgebung zu einem nicht unerheblichen Teil in sozialen Verhältnissen und verfassungsrechtlichen Gegebenheiten ihre Erklärung finden, die einer Änderung kaum zugänglich erscheinen. Es werden in dieser Aufhellung der Gründe für die heutige Lage auch die Grenzen sichtbar werden, in denen eine Abhilfe erhofft werden kann. Wir wollen zunächst diejenigen dieser Gründe ins Auge fassen, die den soziologischen Wandlungen der Gegenwart entspringen.

Die Vermehrung des Ausmaßes der Gesetzgebung hängt eng zusammen mit der Erscheinung des *modernen Wohlfahrtsstaates.* Wenn der Staat in ihm in vermehrtem Maße eine Vorsorge für die Menschen übernommen hat, so bedingt das unvermeidlich eine Ausdehnung auch der Gesetzgebung, die hierfür die Grundlagen zu schaffen und die Maßstäbe festzulegen hat. Sehen wir doch täglich, wie bei allen möglichen sozialen Notständen und Schwierigkeiten sofort der *Ruf nach dem Gesetzgeber* ertönt. Darüber hinaus aber bedingt der Wohlfahrtsstaat in einem ganz besonderen Maße eine Erweiterung des Gesetzesstoffes. Das ihm eigene Streben nach Sekurität drückt sich in dem Verlangen aus, für alle möglichen Risiken des Lebens staatliche Hilfe und Vorsorge zur Verfügung zu stellen. Das kann nicht ohne weitere Vermehrung der Gesetze geschehen. Noch stärker wirkt aber in dieser Richtung das Verlangen nach Gleichheit, das gerade im deutschen Volke außerordentlich stark ausgeprägt ist. Wo es um Austeilung von Vorteilen, Gewährung von Renten und um die Verlagerung der Steuerlast geht, kurz, auf dem ganzen Felde der Sozial- und Wirtschaftspolitik, dominiert bei uns die Forderung nach strikter Einheitlichkeit, ja, Uniformität innerhalb des ganzen Bundesgebietes. Im Ausland, etwa in der Schweiz, wo sogar Steuerlasten und soziale Vorteile von Kanton zu Kanton schwanken können, waltet hier eine andere Auffassung vor. Für die Bundesrepublik — vielleicht nicht ohne Zutun der großen sozialen Erschütterungen der neueren Zeit — kann man die in Art. 72 GG für die konkurrierende Gesetzgebung aufgestellte Schranke, es müsse für die bundesrechtliche Regelung ein Bedürfnis im Blick auf die Rechts- und Wirtschaftseinheit bestehen, viel eher für eine Umschreibung eines allgemein und stets gegebenen Moments ansehen. Die Bevölkerung bei uns duldet keine irgendwie wesentlichen örtlichen oder ländermäßigen Differenzierungen auf dem sozialen oder wirtschaftlichen Gebiete. Sie fordert aber auch sonst eine genaue Uniformität aller staatlichen Leistungen und Lasten. Von hier aus geht ein erheblicher Druck in der Richtung auf eine immer ausgedehntere Gesetzgebung auf dem Gebiete der wirtschaftlichen und sozialen Verteilung aus. Man mag dabei freilich bezweifeln, ob die Neigung zu immer fortschreitender Differenzierung der Maßstäbe, die etwa das Recht der Sozialleistungen und das Steuerrecht aufweist, wirklich der Sache der Gerechtigkeit dient, ob hier nicht für die Gewandteren und Mächtigeren unter den Beteiligten Möglichkeiten der Vorteilserlangung eröffnet werden, die die angeblich erzielte Verfeinerung des Maßstabes wieder illusorisch machen? Würden nicht manchmal einfachere, aber sichtbare und beständige Maßstäbe eine höhere Gerechtigkeit verbürgen?

Man bezeichnet gern den Wohlfahrtsstaat als einen Verwaltungsstaat, in dem das Schwergewicht staatlicher Tätigkeit sich in die Verwaltung verlagere. Ich kann diese Kennzeichnung nicht für richtig halten. Der Wohlfahrtsstaat ist vielmehr ein Staat strenger Zentralisierung der Entscheidung — eben um ihrer Gleichmäßigkeit willen — und der Verlagerung der wesentlichen Verfügungen auf die Gesetzgebung, er ist ein *Gesetzgebungsstaat.* Indem er dem Staate eine hohe Verantwortung für die Lebensgestaltung der von ihm abhängig gewordenen Bürger auferlegt, weist er die hierfür nötigen Dispositionen einer rasch veränderlichen Gesetzgebung zu, deren Gestaltungsraum dadurch — sofern sie es nur ausnutzen will — erheblich gesteigert wird. Der Verwaltung bleiben gerade in diesem Bereich nur Funktionen einer streng gesetzlich normierten, rein ausführenden Tätigkeit. Es genüge, auf die Gesetzgebung über den Lastenausgleich und die Sozialversicherung als Beispiel hinzuweisen.

V. Die Gesetzgebung als Mittel staatlicher Wirtschaftslenkung

Wenn an der heutigen Gesetzgebung ihre Situationsgebundenheit und die oft kurzfristig nötig werdenden Änderungen gerügt werden, so treten diese Merkmale besonders auf dem Gebiete der staatlichen Maßnahmen auf dem wirtschaftlichen Bereiche hervor. Entgegen der theoretischen Annahme einer verbreiteten volkswirtschaftlichen Lehre stellt die marktwirtschaftliche Ordnung kein Wirtschaftssystem dar, in dem der Staat nur durch Eingriffe die gestörte Harmonie wieder zurechtrückt, sondern leben wir vielmehr in einer wirtschaftlichen Ordnung, die durch eine begrenzte, aber erhebliche staatliche Leitung und Lenkung gekennzeichnet wird, so sehr sie im Grundsatz der freien wirtschaftlichen Initiative offenen Raum gewährt. In diesem wirtschaftlichen System entsteht daher ein ständiger Bedarf an wirtschaftsrechtlichen Regulierungen, die wegen ihrer Auswirkung notwendig der gesetzlichen Grundlage bedürfen. Von hier aus werden, wenn wir Preisregulierungen, Subventionen, Beihilfen, Kreditgewährungen an bestimmte Kreise, Ausfuhrförderung usw. ins Auge fassen, die kurzfristigen und an bestimmte wirtschaftliche Lagen gebundenen Gesetze begreiflich. Ein großer Teil der in der Literatur hervorgehobenen kurzlebigen Gesetze fällt in diesen Bereich, und man übertreibt nicht, wenn man auch den hier bestehenden mehr grundsätzlichen Ordnungen bestimmter Gewerbe oder Berufe eine besondere Tendenz zu häufiger Novellierung nachsagt. Gefördert durch die Rechtsprechung des Bundesverfassungsgerichts zu Art. 12 GG, ist gerade das Feld des Gewerbe- und Berufsrechts in eine noch unübersehbare Bewegung geraten, die zuweilen infolge der Verfassungslage — wie etwa auf dem Gebiete des Apothekenrechts — eine ganze Kette gesetzgeberischer Lösungen heraufbeschwört.

Das maßgebende Mittel der wirtschaftlichen Lenkung stellt — abgesehen von den erwähnten unmittelbaren Austeilungen und Hilfen — das Steuerrecht dar. Im Kampf um die Höhe der Abschreibungen oder um die Umsatzsteuerbegünstigung der Großunternehmen, die mehrere Produktionsstufen in sich vereinigen, vollzieht sich ein wichtiges Stück Wirtschaftspolitik. Kein Wunder daher, daß auch die Steuergesetzgebung von Jahr zu Jahr unruhig Neuerungen gebiert, denen nur noch das auf beiden Seiten, von Staat und Wirtschaft, unterhaltene Heer der Steuerbeamten und der Steuerberater, d. h. der spezialisierten Fachleute, wirklich zu folgen vermag.

Daß gerade auf diesem Gebiete auch die inhaltlichen Lösungen der Gesetzgebung oft nicht überzeugend wirken, hat nicht nur im Widerstreit wirtschaftlicher Interessen seine Ursache. Es zeigt sich hier das schon erwähnte Fehlen eines sozialen Zielbildes, das den Wandlungen der modernen Gesellschaft zu folgen imstande ist. Lassen Sie mich das an zwei Beispielen aufzeigen. Der unübersichtliche und unbefriedigende Zustand unseres Rechts der Sozialleistungen ist die Folge des Fehlens einer klaren Vorstellung über die anzustrebende soziale Gewährleistung, aber auch über ein ausgewogenes soziales Gefüge überhaupt. Stattdessen arbeitet sich die Gesetzgebung zwischen immer steigenden Leistungsanforderungen und finanziellen Möglichkeiten mit fallweisen Aushilfen durch. Es wird heute gern von der Eigentumsbildung gesprochen, mit der sich von anderen Voraussetzungen her Vorstellungen sozialer Mitbestimmung verbinden. Es bleibt sehr zu fragen, ob diese Bestrebungen, soweit ihnen der Gedanke einer Verselbständigung des Einzelnen oder einer Verlagerung der wirtschaftlichen Leitung auf breite Schichten vorschwebt, in einer richtigen Beziehung zu den Gegebenheiten der modernen Massengesellschaft stehen. In ihr sind nicht nur Eigentum und Wirtschaftsleitung längst auseinandergetreten, sondern ist auch der selbständig wirtschaftende Einzelne viel stärker von seiner Gruppenorganisation abhängig, als oft erkannt wird. Sie ist es weitgehend, und nicht Sonne und Regen, die heute die Ertragslage des Landwirts bestimmt. Für die Leitung des wirtschaftlichen Bereiches aber geht es um das Management, die Auswahl des leitenden Personals, die Sicherung der gesamtwirtschaftlich nötigen Investitionsquote und erst in diesem Rahmen um die Beteiligung weiterer Kreise am Ertrage. So ist es kein Wunder, daß auch Gesetze auf diesem Felde leicht den Charakter von Austeilungen annehmen, die — gar am Vorabend von Wahlen vorgenommen — kein Muster sozialer Gerechtigkeit darstellen. Ein besonderes Beispiel interessengebundener und vorübergehender Gesetzgebung sind rechtssatzmäßige Planaufstellungen, die freilich mehr der Stufe des Kommunalrechts (Bauplanung) und der Raumplanung angehören.

VI. Verfassungsrechtliche Ursachen der Gesetzesausdehnung

Neben den Gesichtspunkten sozialer Entwicklung, die für die Zunahme der Gesetzgebungstätigkeit verantwortlich gemacht werden können, gilt es aber auch, auf verfassungsrechtliche Zusammenhänge hinzuweisen, die in der gleichen Richtung sich auswirken. Hier ist zunächst der *Rechtsstaatsgedanke* in seiner heutigen Ausgestaltung anzuführen. Auf seine fortschreitende formale Ausbildung führt sich die schon früher gekennzeichnete Auflösung des Gesetzesbegriffes zurück, die schließlich jede generelle Anordnung dem Vorbehalt des Gesetzes unterstellt. Die damit erhobene Forderung, daß jeder Rechtssatz durch Gesetz oder auf Grund gesetzlicher Ermächtigung ergeht, verbunden mit der Erweiterung des Rechtssatzbegriffes auf alle allgemeinen Rechtsgebote, muß notwendig zu einer starken Ausweitung der Gesetzgebungstätigkeit führen. Diese Wirkung wird noch verstärkt durch die begleitende Vorstellung, daß die Stellung des Bürgers möglichst genau gesetzlich umschrieben werden soll und daß der Raum der Verordnung tunlichst einzuengen sei. Dazu tritt ferner die Auffassung, daß der Bereich des Ermessens einzuschränken sei. Wird aber für jede Materie des staatlichen Bereichs auf diese Weise eine ausführliche Gesetzgebung notwendig, so muß die Menge der Normen ansteigen. Schon wird heute eine gesetzliche Regelung aller Einzelheiten des Strafvollzuges gefordert, und wir werden wohl noch die Forderung erleben, daß auch die Einzelheiten des Schulrechts bis hinab zum Schulausflug und zur Strafarbeit eingehend gesetzlich festgelegt werden.

Es gehört zu den Schwächen des deutschen Rechtsdenkens, daß die *Vorstellung des rechten Maßes* in ihm keinen gesicherten Platz einnimmt. Dabei wird nur zu leicht übersehen, daß Übertreibungen nicht etwa eine Fortsetzung der Entwicklung in gerader Linie zu einer weiteren Stufe bedeuten, sondern viel eher gewissermaßen im Kreise zur entgegengesetzten Wirkung führen können als der, die ursprünglich erstrebt wurde. Eine Flut von unbedeutenden Gesetzen stärkt den Rechtsstaatsgedanken nicht, sie erstickt ihn unter dem Ballast des Unwesentlichen. Die Auffassung, das Rechtsstaatsprinzip fordere immer ausführlichere, immer weiter in Einzelfragen führende Gesetze, vermag ich unter diesen Gesichtspunkten nicht zu teilen. Es kommt darauf an, daß die wesentlichen Rechtspositionen des Bürgers gesichert sind, nicht aber ist es notwendig, die Verwaltung in allen Einzelheiten gesetzlich zu binden.

Die Wirkung einer formal aufgefaßten Rechtsstaatsidee wird ergänzt durch die tatsächliche Konsequenz der umfassenden *Generalklausel in der Verwaltungsgerichtsbarkeit.* Sie erhöht den Zug zur Gesetzgebung unter zwei Gesichtspunkten. Einmal neigt der Gesetzgeber schon an sich wegen der erwarteten Gerichtskontrolle zu ausführlicher Gestaltung und Ausformung der Vorschriften, um möglichen Auslegungsfragen zu entgehen und die Sphäre etwaiger fehlgehender Ermessensentscheidungen einzuengen. Zum anderen aber ist er veranlaßt zu solcher ausgedehnter Gesetzesgestaltung, wenn er sicher sein will, daß sein Wille zur Ausführung kommt. Allgemeine Formeln und unbestimmte Begriffe, die er verwendet, können dagegen in der Prüfung der Gerichte einen Sinn erhalten, der von seiner Willensrichtung abweicht.

Verlagert sich schon unter dem Einfluß eines formalen Rechtsstaatsprinzips und der Rechtskontrolle der Verwaltung das Schwergewicht verwaltungsmäßiger Entscheidung immer mehr in die Gesetzgebung, so entspricht dieser Entwicklung zugleich auch eine fortschreitende *Schwächung der Selbständigkeit der Verwaltung.* Vergleicht man die Stellung und die Selbständigkeit der Behörden der inneren Verwaltung in der Mittel- und Kreisstufe, wie sie etwa noch in den 20er Jahren bestand, mit dem heutigen Stande, so fällt der Rückgang an eigener Entscheidung sichtbar ins Auge. Der Umfang der Verwaltungstätigkeit hat — sogar stark — zugenommen, aber sie ist ihrem Charakter nach viel stärker ausführende Tätigkeit geworden, deren Maßstäbe und Einzelheiten bereits durch Gesetze und zentrale Anordnungen genau vorgeschrieben werden. Diese Veränderung im Wesen der inneren Verwaltung läßt im gegenwärtigen Verwaltungsgeschehen die Schwerpunkte unten und oben sich festsetzen: auf der einen Seite bei den ausführenden Gemeinden, auf der anderen bei den immer mehr die eigentliche Verwaltungsentscheidung an sich ziehenden zentralen Ministerien. Manche Umstände tragen hierzu bei. Die zu Gegenspielern des Staates aufgerückten Verbände tendieren zu zentraler Behandlung und stärken die Zentralisierung. Der nicht unbedeutende Einfluß der Landtage und Landtagsausschüsse auf die laufende Verwaltung kommt ebenfalls den zentralen Verwaltungsstellen insofern zugute, als nur sie den Gegenpart hierzu zu bilden vermögen. Von hier wird es verständlich, wie sich ein System entwickeln kann, wo auch wichtigere laufende Fragen durch gesetzgeberische Eingriffe immer neu entschieden werden und die Ausführlichkeit der Gesetze der Zentralisierung in die Hände arbeitet, die durch Rechtssatz und Weisung von oben herab die Steuerung ausübt. Die Fragen, die ich hier berühre, reichen weit über unser Thema hinaus. Ich glaube nicht, daß es leicht sein wird, von diesem Stande der Entwicklung wieder zur Herstellung einer größeren Selbständigkeit der inneren Verwaltung zu kommen. Die Kräfte, die nach Uniformität und Zentralisierung drängen, sind auch im außerstaatlichen Bereich, in Wirtschaft und Arbeitsleben, ungemein stark.

Wir haben schon in diesen letzten Ausführungen erkennen können, wie sich heutzutage das Verhältnis zwischen Gesetz und Verwaltung verschiebt. *Die Gesetzgebung wird in einem gewissen Umfang zum Mittel einer laufenden administrativen Steuerung der Verwaltung,* sie greift also über den ihr funktionell im Sinne einer Funktionenteilung zugewiesenen Raum hinaus. In einer parlamentarischen Demokratie ist die Gewaltenteilung an sich schon gelockert. Ist es auch übertrieben, zu behaupten, sie werde nur mehr durch das Widerspiel der pluralistischen Kräfte im Staat dargestellt, so kann doch zugegeben werden, daß die Machtkonzentration auf die mit der Leitung der Mehrheitspartei(en) identische Regierung einer gewissen Verbindung von Legislative und Exekutive dient. Zwar wird, schon wegen des Vorhandenseins einer parlamentarischen Opposition, der Gegensatz zwischen Regierung und Parlament keineswegs aufgehoben, er erweist sich vielmehr als durchaus lebendig. Aber die eigentliche politische Entscheidung, sowohl was Gesetzgebung wie richtunggebende Orientierung der Verwaltung anlangt, wird doch in den Händen der Regierung und der mit ihr eng zusammenwirkenden Fraktionsleitung der Mehrheitsgruppe zusammengefaßt. Von hier aus erfahren, vor allem in den Ländern, die

Tendenzen zur *legislativen Einflußnahme auf die Verwaltung* eine Förderung. So wie auch das Parlament durch seine Ausschüsse in laufende Fragen der Verwaltung einzugreifen vermag, so werden Entscheidungen, die früher die Verwaltung aus ihren Kräften bewältigt hätte, dem Gesetzgeber zugeschoben. Wenn, um ein schon angeführtes Beispiel noch einmal in anderem Zusammenhang zu beleuchten, der Gesetzgeber durch Gesetz oder durch eine unter seiner Zustimmung ergehende Verordnung die Länge der Lastwageneinheiten auf den Straßen regelt, so ist das eine Entscheidung, die früher zweifellos allein der Verwaltung verblieben wäre. Man wird es aber gerade an diesem Beispiel verstehen können, daß angesichts der Beeinflussung durch zentralisierte Gruppeninteressen und infolge der hohen hier mitspielenden wirtschaftlichen Interessen der Weg der gesetzgeberischen Behandlung dieser Frage mit seiner öffentlichen Kontrolle und seiner Offenlegung der Gegensätze doch heute richtiger erscheinen kann, als die ältere Lösungsform.

Es ist schon früher darauf hingewiesen worden, wie sehr die Gegenwart dahin drängt, vor allem soziale und wirtschaftliche Entscheidungen streng uniform für das ganze Bundes- oder wenigstens Landesgebiet zu treffen. Diesem Verlangen wird aber die Verlagerung der Disposition zum Gesetzgeber besser gerecht, als die Erledigung im Rahmen der Verwaltung, deren Ermessen zu örtlich abweichenden Lösungen führen könnte. Man kann demnach vom Standpunkt der Funktionenteilung an der Übertragung solcher ihrer ausführenden Natur nach eher in den Bereich der Verwaltung gehörenden Entscheidungen an dem Gesetzgeber Kritik üben. Man wird aber nicht übersehen können, daß hier nicht willkürliche Übergriffe der parlamentarischen Instanzen vorliegen, sondern daß starke Momente der gesellschaftlichen Zentralisation wie auch das allgemeine Rechtsbewußtsein die Übernahme der Verfügung durch die Legislative nahelegen.

Als letzten Gesichtspunkt verfassungsrechtlicher Art, der auf eine Erweiterung der legislativen Betätigung hinwirkt, darf der *Föderalismus* genannt werden. Man wird sich in seinem Rahmen damit abfinden müssen, daß Gesetzesmaterien, in denen nicht durch Rahmengesetze des Bundes — wie dies im Beamtenrecht geschehen ist — eine gewisse grundlegende Übereinstimmung gesichert bleibt, vom Landesgesetzgeber in erheblicher Mannigfaltigkeit gestaltet werden, so daß sich dann (mit Berlin) 11 verschiedene Lösungen ergeben können. Die Länder befinden sich bei der Ausübung einer solchen Gestaltungsfreiheit im guten Recht, und man wird hinzufügen müssen, daß sie in der gesetzgeberischen Behandlung einzelner Gebiete untereinander doch in verhältnismäßiger Übereinstimmung bleiben. Das Maß der tatsächlich eingetretenen Verschiedenheiten im Landesrecht bleibt hinter dem möglichen Umfang solcher Differenzierung erheblich zurück. Wenn auf dem Felde des Kommunalrechts die Differenzierung stärker ausgefallen ist, so ist das manchmal bedauert worden; man kann aber dazu auf die verschiedenen gemeinderechtlichen Überlieferungen der deutschen Länder hinweisen.

Im ganzen ergeben die Überlegungen, die wir zu den auf eine umfangreiche Gesetzgebungstätigkeit drängenden soziologischen Faktoren (Wohlfahrtsstaat und Wirtschaftslenkung) und den in die gleiche Richtung wirkenden Prinzipien des Verfassungsrechts angestellt haben, daß wir es hier mit weitreichenden Ursachen der übermäßigen Ausdehnung und der anderen Mängel der Gesetzgebungstätigkeit zu tun haben. Ihnen zu begegnen, wird nur in einem begrenzten Rahmen möglich sein. Man wird sich mit einem dauernden Anstieg der legislativen Aktivität abzufinden haben, und man wird auch die Unsicherheit des Gesetzgebers gegenüber den Bedingungen der modernen Gesellschaft nicht leicht überwinden können. Das darf aber nicht davon abhalten, so weit wie möglich dem Erlaß vermeidbarer Gesetze entgegenzuwirken und Mittel ins Auge zu fassen, die einer besseren Gestaltung der Gesetze dienen könnten.

VII. Abhilfen im Rahmen der Technik der Gesetzgebung

Die Einsicht in die tieferen Ursachen der heutigen Gesetzgebungsnot macht es deutlich, daß der Situation nur gewissermaßen auf zwei verschiedenen Ebenen begegnet werden kann. Gewisse Mängel der legislativen Tätigkeit gehen auf das Verfahren der Gesetzgebung zurück, und sie lassen sich daher mit den Mitteln einer technischen Verbesserung eindämmen. Wo andererseits die Gründe für die Erscheinungen der hohen Zahl, des Umfangs und der inneren Gestalt der Gesetze auf den Wandel der sozialen Verhältnisse, die Erweiterung der Staatstätigkeit und auf verfassungsrechtliche Prinzipien zurückweisen, greifen die möglichen Abhilfen über den engeren Bereich der Gesetzgebung hinaus. Wir wollen zunächst die erste Gruppe derjenigen Möglichkeiten ins Auge fassen, die im Rahmen einer Methodik der Gesetzgebungstechnik den kritisierten Überwucherungen der Rechtserzeugung zu steuern vermögen.

So sehr die Zunahme der gesetzgeberischen Aktivität in weiterreichenden Zusammenhängen ihren Grund hat und daher mit technischen Mitteln nicht bekämpft werden kann, so sicher ist es freilich auch, daß die Vermehrung von Zahl und Umfang der Gesetze auch durchaus vermeidbare Ursachen besitzt. Soweit der *Geltungseifer des einzelnen Fachressorts* oder gar des Referenten zur Steigerung der Normenerzeugung beiträgt, läßt sich durch eine schärfere Steuerung in der Zulassung neuer Gesetze und Gesetzesänderungen bereits viel erreichen, die dem Fachminister, jedenfalls aber dem Kabinett, bei der Prüfung über Notwendigkeit und Dringlichkeit vorgelegter Entwürfe obliegt. In diesem Zusammenhang muß auch auf den Umstand hingewiesen werden, daß manche Landtage nach der Deckung des ersten Nachkriegsbedarfs an neuen Normen und an Anpassung älterer Rechtsbestände der Versuchung ausgesetzt sind, ihre geringer werdende legislative Aufgabe durch nicht unbedingt nötige Neufassungen und Erweiterungen des Rechtsstoffes zu strecken. Man wird auch hier auf Beschränkung dringen müssen. Eine wirkliche Abhilfe in diesem Felde ist freilich nur von grundlegenderen Überlegungen zu erwarten, die sich mit der Funktion der Landtage und ihrer Tagungsdauer zu befassen hätten.

Alle an der Gesetzgebung beteiligten Instanzen können den hier verfolgten Bestrebungen einen wichtigen Dienst leisten, wenn sie sich dem *Perfektionismus* entgegenstemmen, der immer mehr Einzelheiten in die Gesetze aufzunehmen bereit ist und immer wieder nach neuen Ergänzungen und Verbesserungen strebt, ohne zu bedenken, daß die beständige, wenn auch unvollkommenere Norm an innerer Geltungskraft dem Produkt einer fließenden Normenvariierung allemal überlegen ist. Den „Verfeinerungen" sozialer, steuerlicher oder wirtschaftlicher Normen, die noch dazu nicht selten nur die Einfügung von Interessentenwünschen in das Gesetz bedeuten, sollte ein viel größerer Widerstand entgegengesetzt werden.

Was den Umfang der Gesetze anlangt, so ist eine strenge Begrenzung auf die nötigen Normen zu fordern. In den älteren Grenzen ist die erreichte Knappheit der Fassung vor allem das Ergebnis sorgsamer dogmatischer Durchdringung, die an Stelle einer ausführlichen Kasuistik die klare Herausarbeitung der Grundpfeiler der normativen Gebote angestrebt hat.

Begrüßenswert sind die in mehreren Ländern, jetzt auch im Bunde, veranstalteten Sammlungen des geltenden Rechts, die in einer Reihe übersichtlicher Bände die noch geltenden Gesetze unter Ausmerzung älterer überholter Normen zusammenstellen. Diese auch schon in der Schweiz erprobte Neudarbietung und Verkürzung des Gesetzesstoffes sollte überall Nachahmung finden. Auch könnte mehr noch von der Möglichkeit Gebrauch gemacht werden, ältere, unübersichtlich gewordene Gesetze neu zu redigieren, wobei man die Paragraphenfolge auch unverändert lassen könnte, um bestehende Literatur und Gewöhnung zu schonen.

Man hat den Vorschlag gemacht, es möge die dogmatische Prüfung der vorgelegten Entwürfe einem unabhängigen wissenschaftlichen Gremium, etwa einer Art von Gesetzesrat, vorgelegt werden. Ich glaube indessen nicht, daß diese Aufgabe einer materialen Durchprüfung der Gesetze nach den Maßstäben guter Gesetzesarbeit von einem von außen kommenden, nur intermittierend tätigen Gremium geleistet werden kann. Die Übernahme der in der englischen Welt verbreiteten Einrichtung einer besonderen kleinen Zentralstelle für die technische Arbeit der Aufstellung von Gesetzentwürfen dürfte sich bei uns wohl kaum einbürgern lassen. So wird man hier vor allem darauf verweisen müssen, daß die gesetzestechnische Verantwortung respektiert und geltend gemacht werden möge, die den Rechtsfragen allgemeiner Art nahestehenden Ministerien, vor allem dem Justiz- und Innenministerium, auch gegenüber Entwürfen von anderen Fachressorts obliegt.

Eine der wichtigsten Aufgaben jeder hochstehenden Gesetzgebungsarbeit ist die Erhaltung der *Einheit und Einheitlichkeit des Rechts.* Hier drohen heute besondere Gefahren aus der funktionellen, zuweilen aber auch regionalen Aufspaltung des Rechts. Es gibt heute Rechtsgebiete, die nur von besonderen Spezialisten überblickt werden können; in ihnen kann es dazu kommen, daß sich Sonderbildungen breit machen, Abweichungen von allgemeinen Grundregeln des Rechts sich einstellen, spezielle von der allgemeinen Rechtsbildung abweichende Begriffe geformt werden. Soweit sich hier nicht die echte Gestaltungskraft eines neu aufsteigenden Lebensbereiches geltend macht, sondern nur die spezialistische Besonderung eines Teilbereiches sich auswirkt, verdienen solche Erscheinungen scharfe Beobachtung und rechtzeitige Reduzierung. Auch für die Gesetzgebung der Länder muß hervorgehoben werden, daß es für die Ausbildung von Besonderheiten Grenzen gibt und daß die gemeinsamen Grundlagen des Verwaltungsrechts nicht preisgegeben werden dürfen. Ich will nur auf eine Frage hinweisen, die in diesem Zusammenhang auftaucht. Der Deutsche Juristentag hat dankenswerterweise für diesen Sommer als ein Thema für seine Beratungen die Frage der Ratsamkeit gesetzlicher Ausbildung eines allgemeinen Teils des Verwaltungsrechts gesetzt. Da die Zuständigkeit zu einer solchen Gesetzgebung dem Landesgesetzgeber zufällt, würde eine gesetzgeberische Betätigung auf diesem Felde die unmittelbare *Gefahr einer Aufsplitterung der allgemeinen Lehren des Verwaltungsrechts* mit sich bringen, die in jahrzehntelanger Arbeit als gemeindeutsches Werk von Rechtslehre und Rechtsprechung ausgeformt worden sind. Das würde die Gefahr eines schweren Rückschrittes für die deutsche Rechtseinheit heraufbeschwören, die nur mit größter Mühe durch eine neue Anstrengung wissenschaftlicher Kritik und Begriffsbildung verteidigt werden könnte. Schon jetzt muß man feststellen, daß in wachsendem Maße Teilfragen des allgemeinen Verwaltungsrechts, oft ziemlich zusammenhanglos, in einzelnen Verwaltungsgesetzen geregelt werden. Hier liegt jedenfalls ein Bereich vor, in dem Bescheidung des Gesetzgebers dringend geboten erscheint.

In anderen Sparten vermag die dem Bunde eingeräumte Zuständigkeit zur Rahmengesetzgebung eine grundsätzliche Einheitlichkeit der Gestaltung zu bewahren. Auch könnte eine Zusammenarbeit der Länder bei der Aufstellung gemeinsamer Musterentwürfe — wie sie erfreulicherweise jetzt schon praktiziert wird — sich als nützlich erweisen.

Angesichts der Überfülle von Gesetzen wird auch die Frage erneute Überprüfung verdienen, ob die nach 1945 mit so großer Strenge durchgeführte *Zurückdrängung des Umfangs der Verordnungen* in diesem Ausmaß begründet gewesen ist. Das Bundesverfassungsgericht zeigt sich glücklicherweise neuerdings bei der Auslegung des Art. 80 GG nicht überstreng. Angesichts der gerichtlichen Kontrolle, der grundsätzlichen Bindung jeder Ausführungsnorm an das zugrunde liegende Gesetz und im Hinblick auf das heutzutage sehr dicht gewordene Netz gesetzlicher Vorschriften, das an sich schon keinen weiten Raum mehr für die Verordnung beläßt, könnte eine Verlagerung des Erlasses von Einzelheiten auf Ausführungsvorschriften der Überbelastung des Gesetzgebers steuern und zugleich die Gesetze von den rasch veränderlichen Details entlasten, die ihre häufige Änderung mitbedingen. Es kann hier nicht näher untersucht werden, inwieweit dabei auch die Sphäre der Selbstverwaltung an manchen Stellen erweitert werden könnte, deren autonomes Recht an ähnliche Schranken gebunden ist wie die Verordnung. Keinesfalls freilich dürfte eine solche Erweiterung der abhängigen Rechtsetzung zur Ausrüstung von wirtschaftlichen Gruppen und Zusammenschlüssen mit Rechtsetzungsbefugnis führen. Es gehört zu den Grundprinzipien rechtsstaatlicher Normsetzung, nur dem Staate und den von ihm beaufsichtigten öffentlichen Verbänden den Weg zum Erlaß allgemeinverbindlicher Rechtsgebote zu eröffnen.

Ein Gedanke, der gelegentlich geäußert worden ist, zielt dahin, unter den vom Parlament erlassenen Gesetzen diejenigen Normen, die erkennbar kurzfristige oder gar periodische Normen enthalten, gar nicht mit dem Namen Gesetz auszustatten, sondern sie etwa als „Gesetzesbeschlüsse" zwar an dem Vorrang der Legislative teilhaben zu lassen, aber nach ihrem Inhalt von den auf die Dauer berechneten Normen abzugrenzen. Man kann zur Begründung darauf verweisen, daß der souveräne Gesetzgeber — beispielsweise der Gesetzgeber der absoluten Monarchie — stets verschiedene Bezeichnungen für seine Erlasse verwendet hat, mit denen er auch eine gewisse inhaltliche Kennzeichnung erreichte.

VIII. Die Aufgabe des Gesetzgebers

Die Überlegungen zur Überwindung von Fehlerscheinungen der heutigen Rechtsetzung in ihren in weiteren Strukturen von Gesellschaft und Recht begründeten Ursachen werden sich zunächst einer klareren Erfassung der Aufgabe des Gesetzgebers zuwenden müssen. Sie hat sich in der Gegenwart gegenüber früher sichtlich erweitert. Für die ältere Rechtsentwicklung stand im Vordergrund gesetzgeberischer Tätigkeit der *Erlaß grundlegender Normen,* die bestimmte Lebensbereiche dauerhaft zu ordnen bestimmt waren. Noch die Kodifikationsidee des ausgehenden 19. Jahrhunderts hat sich von einer solchen Konzeption gesetzgeberischer Aufgaben leiten lassen. Daß hier eine wichtige Funktion des Gesetzes auch heute liegt, ist selbstverständlich. Aber daneben sind dem Gesetzgeber neue Funktionen zugefallen. Im modernen Wohlfahrtsstaat fällt ihm die soziale Verteilung und die Bestimmung der Richtlinien staatlicher Vorsorge zu, die ihm vor allem soziale Zielbestimmungen und die Herstellung einheitlicher Maßstäbe der Staatsleistungen für das ganze Rechtsgebiet anvertraut. Weiter aber vermag sich der Staat der Wahrnehmung wirtschaftslenkender Aufgaben nicht zu entziehen, die ihm wiederum ein weites Feld gesetzlicher Regelung auferlegen. Nach beiden Richtungen muß der heutige Gesetzgebungsstaat immer erneute Entscheidungen treffen und eine ausgedehnte Verantwortung für die Lebensgestaltung seiner Bürger auf sich nehmen.

Damit ist aber das Gesetz zu einer ganz neuen Stellung im staatlichen Leben gelangt. Es ist in einem viel hervorstechenderen Sinne als die frühere, nur bestimmte Lebensbereiche dauerhaft ordnende Rechtsetzung Träger politischer Bestimmung und aktueller Entscheidung geworden. Es setzt seine Autorität ein, um dem sozialen Zusammenleben Impulse und Leitung zu geben, um rationale Planungen aufzustellen und Maßstäbe für die staatliche Obsorge zu entwickeln.

Kann diese gewandelte und erweiterte Funktion des Gesetzes, soweit es sich wirklich um die Aufstellung der richtunggebenden Normen handelt, auf andere Stellen verlagert werden? Könnte sie in einer sozialen Umwelt, die auf strenge Einheitlichkeit der Maßstäbe gerechter Verteilung und auf Übersichtlichkeit der hier getroffenen Entscheidungen drängt, von einem weniger der Öffentlichkeit und ihrer Kontrolle zugänglichen Staatsorgan übernommen werden? Diese Fragen legen klar, daß man die heutige Rolle des Gesetzgebers nicht ohne den Blick auf seine Bedeutung für die demokratischen Grundlagen des Staates begreifen kann. Erblickt man das Wesen der Demokratie nicht in einer mißverstandenen Mitentscheidung aller an allen Maßregeln, sondern in der Herleitung aller Entscheidungsgewalt aus einem letztlich vom

Volk erteilten Auftrage, einem begrenzten Auftrage, und in der Kontrolle der Öffentlichkeit über die Ausführung dieser Beauftragung und in der Verantwortung für sie, so liegt ein entscheidendes Merkmal der Gesetzgebung in ihrer Publizität, in der Durchsicht, die ihr Verfahren auf die beteiligten Kräfte und auf die um Durchsetzung ringenden Interessen eröffnet. Der Gesetzgebung kommt im demokratischen Staate auch deshalb die erste Rolle zu, weil sie — abgesehen von ihrer Wahrnehmung durch Repräsentanten des Volkes — in einem öffentlichen und kontrollierbaren Verfahren vor sich geht. Ihr müssen daher die obersten Entscheidungen vorbehalten bleiben. Nur in ihrem Bereich können die pluralistischen Gruppeninteressen sichtbar gemacht werden und besteht daher die Möglichkeit, sie in einer an dem höheren Ziel des Gemeinwohls ausgerichteten Ordnung zu überwinden. Die große Rolle des Gesetzes erweist sich von hier aus als verfassungsrechtlich bedingt.

Es kann keinen Ausweg bedeuten, die notwendigen Entscheidungen auf die Gerichte und ihre Nachprüfung zu verlagern. Das würde praktisch das Ergebnis einer Überlassung der Festlegung sozialer und wirtschaftlicher Entscheidungen an die Verwaltung sein, die dann einer gerichtlichen Kontrolle unterläge. Gerichtsentscheidungen vermögen die Lebensverhältnisse nur jeweils an einem Punkte zu erfassen, sie können auch die Auswirkungen eines Urteils nicht verfolgen und auffangen. Der Richter leistet durch Wahrung der Rechtsschranken und Fortbildung des Rechts eine wichtige Mitarbeit an der Handhabung des Rechts. Zur Leitung der Wirtschafts- und Sozialpolitik können aber die Gerichte ihrer Natur nach nicht berufen sein.

Das beständige Element des Rechtslebens hat heute zu einem erheblichen Teile seine Festlegung im Rahmen der *Verfassung,* vor allem ihrer grundrechtlichen Bestimmungen, gefunden. Hier sind bestimmte Grundsätze der gesetzgeberischen Verfügung entrückt und für eine lange Dauer fixiert. Hier sind vor allem die Rechte der Einzelpersönlichkeit inmitten der zunehmenden Sozialgestaltung des Wohlfahrtsstaates gesichert. In ihren grundrechtlichen Freiheiten setzt die Verfassung aller gesetzgeberischen und administrativen Sozialformung eine feste Grenze; durch ihre Leitsätze gibt sie ihr bestimmte Weisungen und Richtlinien.

IX. Forderungen an den Gesetzgeber

Aus der leitenden und gestaltenden Aufgabe, die heute dem Gesetzgeber in einem so viel weiteren Maße zufällt, ergeben sich vor allem zwei Grundforderungen an seine Betätigung. Der Gesetzgeber muß sich oberhalb der verschiedenen um Einfluß und Berücksichtigung ringenden wirtschaftlich-sozialen Interessen halten. Ihm liegt es ob, zwischen den verschiedenen Kreisen und Kräften des Volkes, ungeachtet der Lautstärke, mit der einzelne Gruppen ihre Wünsche anmelden, einen gerechten Ausgleich zu finden und seine Lösungen am *Gesamtwohl* zu orientieren. Sowohl die Parlamente wie die politischen Parteien stehen hier angesichts der fortschreitenden gruppenmäßigen Aufgliederung des Volkes vor einer schweren Aufgabe. Von ihrer erfolgreichen Bewältigung hängt aber die Autorität des Gesetzes und damit auch die des demokratischen Staates ab.

Zweitens aber muß das Gesetzgebungsverfahren eine öffentliche Kontrolle über die in ihm zur Geltung kommenden Kräfte und Einflüsse ermöglichen. Angesichts der Zweifel, die der zunehmende Einfluß der Verbände an der Qualität und Selbständigkeit der Gesetzgebungsorgane erweckt, sollte auch das Verfahren einer Stärkung der objektiven Kräfte einer über dem Einzelnutzen stehenden Rechtsetzung dienstbar gemacht werden. Besondere Aufmerksamkeit sollte daher der Zusammensetzung der Parlamentsausschüsse durch die Parlamente und die politischen Parteien zugewandt werden, um zu verhüten, daß hier, wo heute das Schwergewicht der legislativen Arbeit liegt, Spezialisten und Interessenvertreter die Oberhand haben. Es wäre zu erwägen, bei besonders umstrittenen Materien eine *öffentliche Anhörung* der beteiligten Organisationen zu veranstalten; sie wird deren verdeckten Einfluß nicht ausschalten, wohl aber der Öffentlichkeit eine gewisse Kontrolle bieten können.

Von geringerer Bedeutung ist in diesem Zusammenhang die Stärkung der Selbständigkeit des Parlaments, für die man oft einen Ausbau in der Art des amerikanischen Gesetzgebungsdienstes empfiehlt. Eine solche Ausrüstung der Legislative mag sich als nützlich erweisen, sie wird sich vom Gruppeneinfluß ebensowenig absetzen können wie die Gesetzesvorbereitung der Ministerien. Ebensowenig vermöchte ich in der Einführung von plebiszitären Elementen in einem Zeitalter der Gruppenformierung des Volkes einen Weg zu erblicken, der die pluralistischen Tendenzen zu verdrängen vermöchte. Sie würden vielmehr in der Agitation der Volksabstimmung sich eher noch stärker durchzusetzen vermögen.

So bleibt im tieferen Sinne nur ein weiteres grundlegendes Verlangen zu stellen: Wenn der Gesetzgebung eine so zentrale Rolle zukommt, so bedarf es einer möglichst hohen *Qualität des Gesetzgebers*, d. h. der Mitglieder der Volksvertretungen. Wir stehen damit an einem Punkte, der auch von anderen Zusammenhängen her sich immer wieder als ein Problem von zentraler Wichtigkeit erweist. Der moderne Gesetzgebungsstaat freiheitlicher Prägung kann nur funktionieren, wenn das

Parlament zur Repräsentation des Volkes wirklich durch die demokratischen Vorgänge der Auswahl seiner Mitglieder wie aber auch durch ihre integrierende Wirksamkeit legitimiert erscheint. *Die Frage nach Stellung und Bedeutung des Gesetzes in unserer Gegenwart mündet so ein in eine nicht minder ernste Frage nach der zureichenden Auswahl des leitenden politischen Personals.*

X. Zur Mitwirkung der Exekutive und der Gerichte an der Rechtsbildung

Was den Anteil der *Regierung* an der Gesetzgebung, vor allem an der Vorbereitung der Gesetzesentwürfe anlangt, so kann auch für sie die Forderung der Orientierung an Maßstäben oberhalb partikularer Interessen erhoben werden. Der bürokratischen Welt fällt diese Haltung vielleicht leichter als dem Parlament, das stärker dem Druck von Gruppen und Verbänden ausgesetzt ist. Im ganzen gelangen im übrigen auch, ohne daß wie in der Schweiz Verfassungsbestimmungen solche Anhörung vorschreiben, die beteiligten Organisationen schon bei der ministeriellen Aufstellung der Entwürfe zur Anhörung. An dieses Stadium der Gesetzgebung knüpfen daher weniger kritische Änderungswünsche an. Es bliebe zu erwägen, ob nicht in grundlegenden Materien von der rechtzeitigen Aufstellung von Expertenkommissionen ein umfangreicherer Gebrauch zu machen wäre. Voraussetzung dafür ist freilich, daß solche Gremien aus wirklich unabhängigen Personen und nicht aus Vertretern der beteiligten Interessen zusammengesetzt sind.

Der richterlichen Gewalt fällt die wichtigste Funktion bei der Rechtsetzung dort zu, wo das Verfassungsgericht zur Prüfung der Gesetze am Maßstab der Verfassung berufen ist. Hier ist dem Richter gegenüber den wechselnden Strömungen und Gruppierungen des politischen Lebens, die die Gesetzgebung bestimmen können, die Hut der dauerhaften Fundamente der Rechtsordnung anvertraut, vor allem auch der Schutz persönlicher Freiheiten vor der staatlichen Ingerenz, vielleicht aber auch bereits vor dem sozialen Übergewicht der Verbandsmacht. Da die Verfassung nur die allgemeinen Linien grundrechtlicher Ordnung vorzeichnen kann, übt die Verfassungsgerichtsbarkeit, mehr noch als der Richter im allgemeinen, eine rechtsfortbildende und rechtsschöpferische Mitarbeit aus. Auch in ihr kommt es auf die Einhaltung des rechten Maßes an. Es ist ein gutes Zeichen, daß in der Rechtsprechung des Bundesverfassungsgerichts die Formel vom „Ermessen des Gesetzgebers" zurückzutreten beginnt. Ermessen bezeichnet eine in einen festen rechtlichen Rahmen gefügte Freiheit der Ausführung. Was dem Gesetzgeber zusteht, ist mehr, es ist eine wirkliche Gestaltungsfreiheit in den Schranken der Richtsätze der Verfassungsordnung. Man wird daher überhaupt die Übertragung verwaltungsrechtlicher Maßstäbe auf die verfassungsgerichtliche Prüfung — ich denke auch an den neuerdings so beliebt gewordenen Maßstab der Verhältnismäßigkeit — mit Zurückhaltung aufnehmen müssen. Das Grundgesetz setzt ferner weder eine bestimmte Wirtschaftsordnung, noch eine ins einzelne vorgezeichnete Sozialordnung fest, sondern legt nur einzelne begrenzende Richtsätze — Schutz von Eigentum, Freizügigkeit, beruflicher Bewegungsfreiheit — fest. Es wäre eine Verkennung der Aufgabe der Rechtsprechung, wenn diese aus diesen Ansätzen ein ganzes verbindliches Wirtschaftssystem als verfassungsrechtlich vorgeordnet ableiten wollte.

Entsprechendes läßt sich auf anderer Stufe von der Berufung der *Verwaltungsgerichte* sagen. Im Rahmen unseres Themas haben sie eine wichtige Aufgabe dort, wo bisher keine oder nur eine unzureichende gesetzliche Durchdringung mancher Materien vorhanden war, wie dies teilweise im Schulrecht der Fall war. Hier wirkt ihr Einfluß dahin, daß auch diese Gebiete eine rechtsstaatliche Gesetzesordnung erhalten. Auch können sie, wie die Rechtsprechung überhaupt, durch eine — der heutigen Anerkennung der rechtsbildenden Funktion richterlicher Rechtsfindung folgend — die dogmatische Fortentwicklung nicht scheuende Judikatur zur Ersparnis an neuen Gesetzesakten beitragen, indem sie auftretende Fragen von sich aus bereits einer Lösung zuführen, soweit die Grundlinien eines Gesetzes eine solche Rechtsfindung gestatten. Auch hier aber gilt der Wunsch nach Erkenntnis der Grenzen richterlicher Aufgaben. Fällt dem Richter die Sicherung der Einhaltung der Rechtsschranken durch die Verwaltung zu, so muß andererseits den Behörden der zureichende Spielraum des Ermessens erhalten bleiben. Das Amt des Dienstes am Recht schließt für die Gerichte auch stets eine gewisse Bescheidung in sich; nicht ihnen kann es zukommen, die laufenden Entscheidungen oder die Ergänzung der gesetzlichen Maßstäbe für sie an sich zu ziehen.

Die *Wissenschaft* hat wie seit jeher in diesem Zusammenwirken der vielerlei Kräfte der Rechtserzeugung und Rechtshandhabung die Obhut der allgemeinen Grundlagen des Rechts und seiner grundlegenden Begriffe. Damit ist ihr zugleich die Wacht über die *Einheit des deutschen Rechtsdenkens* anvertraut. Sie hat einst über partikularer Zersplitterung und fremdrechtlicher Überlieferung den Bau gemeindeutscher Lehren und Auffassungen auf den verschiedenen Hauptgebieten des Rechts im 19. Jahrhundert aufgerichtet. Das gemeine deutsche Privatrecht, das gemeine deutsche Staatsrecht, die allgemeinen Lehren des Verwaltungsrechts sind solche Schöpfungen der deutschen Rechtswissenschaft. Diese ihre Funktion ist heute nicht weniger wichtig, wo wieder einmal ein Strom partikularen und provinziellen Geistes durch unser Volk geht. Die Wissenschaft wird gegenüber einer die fachliche und regionale Spezialisierung des Rechts übertreibenden Gesetzgebung den Schutz der deutschen Rechtseinheit sich angelegen sein lassen. Glücklicherweise ist es noch so, daß zuweilen die freie Bildung rechtlicher Begriffe an Macht kaum hinter dem Gesetzgeber zurücksteht.

XI. Zusammenfassung

Am Schlusse mögen einige der hier entwickelten Gedanken in knapper Form nochmals ausgesprochen sein:

1. Eine Grundforderung ist die sorgsame Überprüfung der Anzahl und des Umfanges der Gesetze und die tunlichste Unterlassung vermeidbarer Rechtsänderungen. Nur eine Beschränkung des Rechtsstoffes vermag seine innere Geltungskraft und Autorität zu erhöhen.

2. Es ist ein Bedürfnis einer guten Gesetzgebung, ihre Normen dogmatisch eingehend durchzuarbeiten. Ein Gesetz soll weder Grundentscheidungen ausweichen, indem es durch allgemeine Formeln wesentliche Fragen den ausführenden Behörden und den Gerichten zuweist, noch soll es in weitgehende Kasuistik eintreten. Der Herausarbeitung der tragenden Gedanken und normativen Maßstäbe kommt daher der Vorrang vor der Ausführlichkeit eines Gesetzes zu.

3. Es gilt, die erweiterte und gesteigerte Rolle des Gesetzgebers im modernen Wohlfahrts- und Sozialstaat unvoreingenommen zu erkennen. Von ihm müssen weitgehend die Richtlinien und Impulse der staatlichen Lebensgestaltung und Lenkung ausgehen. Daher sind diese leitenden Entscheidungen auch heute trotz ihrer situationsbedingten Natur zu Recht der Gesetzgebung zugefallen, weil sie nur hier in offener Auseinandersetzung der gesellschaftlichen Kräfte und Gruppen und unter öffentlicher Kontrolle vor sich gehen.

4. Die Entlastung des Gesetzgebers fordert, daß der Verwaltung, wo es angeht, ihre Selbständigkeit und Initiative erhalten bleibt. Das gilt auch gegenüber der ausgeprägten Tendenz des heutigen deutschen Lebens zu weitgehender Uniformität und damit zunehmender Zentralisierung aller staatlichen Anordnungen.

5. Es erscheint angebracht, die Grundsätze erneut zu überprüfen, unter denen eine weitgehende Zurückdrängung der Verordnungen zugunsten des formellen Gesetzes erfolgt ist. Hier liegt eine der Quellen der Überforderung des Gesetzgebers.

6. Die Erkenntnis der Mitwirkung der Gerichte an der Rechtsfortbildung kann dazu beitragen, durch Bewältigung auftretender Rechtsprobleme im Wege richterlicher Entscheidung das Eingreifen des Gesetzgebers zu ersparen.

7. In der heutigen Entwicklung des deutschen Rechts ist die Erhaltung der Einheit des Rechtsdenkens, der allgemeinen Lehren und der einheitlichen Rechtsmethodik eine grundlegende Aufgabe, die sowohl dem Gesetzgeber — auch im Sinne einer möglichen Bescheidung in seiner Betätigung — aufgetragen, wie letztlich der Rechtswissenschaft anvertraut ist.

8. Die Forderung nach besseren Gesetzen und stärkerer inhaltlicher Gestaltungskraft des Gesetzgebers mündet notwendig aus in das Verlangen nach einem guten Gesetzgeber, d. h. nach einer richtigen Auswahl der in Politik und Parlament tätigen Personen. Stärkung der repräsentativen Rolle des Parlaments bedeutet auch Erhöhung der Autorität des Gesetzes.

Wie in der gesamten modernen Rechtsentwicklung ist das Gesetz auch heute die Grundlage des menschlichen Zusammenlebens. Es ist aber zugleich der zentrale Faktor der politisch-sozialen Auseinandersetzung im Staate und das Mittel der einheitlichen Steuerung des nationalen Lebens im heutigen Sozialstaat geworden. Je bedeutsamer damit die Funktion der Gesetzgebung geworden ist, desto mehr kommt es darauf an, daß die Öffentlichkeit ein Vertrauen in die objektive Gerechtigkeit der erlassenen Normen und in ihre Ausrichtung am Gemeinwohl oberhalb spezieller Interessen und Gruppierungen gewinnen kann.

Gesetzgebung und Politik

I. Recht und Staatsmacht

Das Verhältnis zwischen Recht und Politik hat die Rechtslehre seit jeher beschäftigt. Auf der einen Seite bindet die Ordnung des Rechts auch die staatlichen Gewalten und unterwirft sie seinem Gebot, auf der anderen kommt den staatlichen Organen, vor allem auch im Bereich der Gesetzgebung, bei der Ausformung und Fortbildung des Rechts ein entscheidender Anteil zu. Im Staat der Gegenwart ist die Rechtsordnung Ausdruck der staatlichen Anordnung; sie wird getragen und durchgesetzt von der staatlichen Macht. Zugleich aber strebt im Gedanken des Rechtsstaates die heutige Zeit danach, das Handeln aller Repräsentanten des politischen Gemeinwesens einer festen Rechtsordnung zu unterstellen und ihnen damit im Interesse der persönlichen Freiheit des Einzelnen Grenzen zu setzen und sie an bestimmte Verfahrensformen zu binden. Daß in der Entstehung der gesetzten Rechtsnormen Macht und Recht sich begegnen, daß sich im Gesetz die politische Gestaltung einer staatlichen Leitung niederschlägt oder jedenfalls ausdrücken kann, das hat schon die Rechtslehre des 19. Jahrhunderts erkannt, die dieser Frage zuerst näher nachgegangen ist[1]. Das war auch bereits der älteren Rechtslehre bewußt, wenn sie das Gesetz als Zeichen der obersten Gewalt definierte[2]. Diese Spannung liegt im Wesen des Rechts beschlossen, das Ordnung innerhalb eines Gemeinwesens darstellt und daher notwendig dessen politische Grundlagen und Ziele in sich aufnimmt. Durch das Recht wird aber zugleich innerhalb des Gemeinwesens mit bindender Kraft auch für dessen leitende Gewalten eine dauerhafte Ordnung aufgerichtet, die den Bestand des staatlichen Verbandes sichert, die Verhältnisse seiner Glieder unter der Idee der Gerechtigkeit — so wie sie in den Grundanschauungen des Gemeinwesens verstanden wird — regelt und die damit nicht nur die Einzelnen, sondern auch die Träger politischer Macht dem Rechtsgebot unterstellt.

Aus: Dimensionen des Rechts. Gedächtnisschrift für René Marcic. Hrsg. von Michael Fischer, Raimund Jakob, Erhard Mock, Helmut Schreiner. Bd. 2, Berlin: Duncker & Humblot 1974, S. 889 - 904.

[1] Vgl. *Georg Jellinek,* Allgemeine Staatslehre, 3. Aufl., 7. Neudruck 1960, S. 364 ff.; ferner *Gustav Radbruch,* Rechtsphilosophie, 1932, S. 76 ff.

[2] Siehe *Bodin,* Six Livres de la République, Ausg. Paris 1583, I, 10, S. 216 f.; ferner *Sebastian Medicis,* De Legibus, Ed. Köln 1574, Pars 1, qu. 8: „Quia condere legem, est signum supremae potestatis."

Die Lösung dieser Problematik kann nur von einer Einsicht in die Grundlagen der Verbindlichkeit des Rechts herkommen. Die Geltung des Rechts ruht stets auf einer Verbindung zweier Momente: In ihr vereinen sich der ideelle Anspruch der normativen Verpflichtung und die Realität der Verwirklichung der Norm im Leben der Gesellschaft. Der Anspruch des Rechts auf Verbindlichkeit ergibt sich nicht etwa aus der hinter ihm stehenden Macht, wie das die positivistische Lehre des 19. Jahrhunderts teilweise annahm, sondern aus dem inneren Bezug der rechtlichen Regel auf die Idee der Gerechtigkeit, auf ihre Übereinstimmung mit der grundlegenden ethischen Anschauung des Zeitalters von einer gerechten sozialen Ordnung. Dieser Anspruch wächst aber erst dann zur aktuellen Geltung, d. h. zur echten Verbindlichkeit innerhalb einer Gemeinschaft, wenn der Rechtsgedanke in dieser Gemeinschaft Annahme gefunden hat, wenn die Norm von der Überzeugung der überwiegenden Zahl ihrer Glieder getragen und grundsätzlich befolgt wird. Das braucht nicht notwendig auf ethischer Gesinnung, es kann auch auf Tradition, Ordnungssinn, Hinnahme der gegebenen Ordnung beruhen. Legt man diese Lehre von der Notwendigkeit einer Annahme oder Anerkennung der Rechtsgebote als des realen Elements der Rechtsgeltung zugrunde[3], wird das komplexe Verhältnis von Recht und Macht erkennbar. Das Recht dankt seinen normativen Anspruch nicht der Macht, sondern seinem Bezuge auf den Gedanken gerechter Ordnung menschlicher Verhältnisse, wie er sich im Bilde einer ideal geltenden natürlichen und zeitlosen Gerechtigkeit und in der jeweiligen historisch-konkreten Rechtsüberzeugung eines Zeitalters ausprägt[4]. Aber es wird positives Recht erst, wenn es „verwirklicht" wird, wenn es von der Gemeinschaft angenommen und — aus welchen Gründen auch immer — befolgt wird. Bei dem letzteren Prozeß kann der Macht, die diese Annahme durchsetzen und befördern kann, eine erhebliche Rolle zufallen, aber niemals eine allein entscheidende. Recht kann sich auch in nicht staatlich organisierten Gemeinschaften entwickeln, wie der Bestand der überstaatlichen Rechtsordnung, des Völkerrechts, oder

---

[3] Für die nähere Ableitung und Begründung der Anerkennungstheoriee siehe *H. Welzel*, Die Frage nach der Rechtsgeltung (Arbeitsgem. f. Forschung des Landes NW, Geisteswiss. Abt., Heft 128), 1966, S. 8 ff.; *ders.*, Naturrecht und Materiale Gerechtigkeit, 4. Aufl. 1962, S. 239 ff. Siehe auch *Ryffel*, Rechts- und Staatsphilosophie, 1969, S. 371 ff. zur Richtigkeit und Effektivität der Rechtsnorm. Es darf nicht übersehen werden, daß auch im Element der legitimen Macht ein Moment der Legitimität, d. h. der rechtlichen Anerkennung, liegt. Vgl. *Hermann Heller*, Staatslehre, 1935, S. 191 f.; *R. Herzog*, Allgemeine Staatslehre, 1971, S. 175 f.

[4] Es bedarf hier keines Eingehens auf die Frage, ob der ideelle Bezug des Rechts allein durch die Verbindung zu einem zeitlosen, naturrechtlichen Rechtsgedanken hergestellt werden kann. Gerechtigkeit lebt auch als Idee in jedem Zeitalter in bestimmten langdauernden Wertvorstellungen. Vgl. *Ryffel*, S. 156 ff., 278 ff.

auch der des Kirchenrechts zeigt, wie es aber auch aus der Geltung übergreifender Rechtsregeln im Common Law[5] oder der gemeinsamen Rechtstradition der europäischen Staaten erhellt, die sich heute etwa in der Rechtsprechung europäischer Gerichte neu belebt[6]. Die tatsächliche Geltung des Rechts kann sich in einer menschlichen Gesellschaft auch ohne organisierte zentrale Macht durch die „soziale Sanktion", durch das abwehrende Verhalten der Rechtsgenossen gegen den Rechtsverletzer (Ablehnung des Verkehrs, Zufügung von sozialen Nachteilen, Achtungsverlust) ausreichend realisieren, so daß man von einer allgemeinen Befolgung der Normen in einer solchen Gemeinschaft sprechen kann[7]. Auch in einer nicht staatlich verfaßten Verbindung kann sich eine feste Anschauung über die soziale Ordnung bilden, für deren Beachtung die Rechtsgenossen in ihrem Verhalten untereinander wirksam eintreten und umgekehrt kann auch in einem staatlichen Verbande eine Norm, wenn sie die Annahme durch die Gesellschaft nicht zu erreichen oder zu bewahren imstande ist, der positiven Geltung entbehren oder sie später verlieren, können sich innerhalb der staatlichen Rechtsordnung und gegen sie normative Regeln als Gewohnheit durchsetzen, so sehr in einem Zeitalter rationalisierter Rechtsetzung solche Vorgänge — abgesehen von der Rolle des Richterrechts — nicht leicht zureichende Artikulation und allgemeine Aufnahme finden.

Das Verhältnis von Recht und politischer Macht ist also nicht, wie es zuweilen in der Rechtstheorie angenommen worden ist, das eines Gegensatzes, sondern einer Spannung innerhalb eines unlösbaren Zusammenhanges. Beide sind untereinander verbunden. Macht vermag Legitimität und gesicherten Bestand nicht ohne rechtliche Anerkennung und ohne eine Ausübung in der Form rechtlichen Verfahrens zu finden. Recht kann auch ohne die Deckung staatlicher Macht in einer sozialen Einheit zur Entstehung gelangen, aber die bestehende politische Macht wirkt bei seiner Erzeugung und Fortbildung in entscheidender Weise mit und beeinflußt nicht nur die Chance seiner realen Verwirklichung, sondern auch — in der Form der Formulierung und Direktion der sozialethischen Anschauungen eines Zeitalters — den Zusammenhang der Rechtsnormen mit ihren ideellen ethischen Grundlagen.

Die Entstehung und Geltung des Rechts beruht demnach, wenn man sie aus der Enge positivistischer Lehren vom Zwange als der Wurzel

---

[5] Siehe hierzu *Hans Huber,* Common Law und Gesetz in der englischen politischen Theorie, in: Humanität und politische Verantwortung. Hrsg. v. Richard Reich, 1964, S. 74 ff.

[6] Zur geschichtlichen Einheit der europäischen Rechtssysteme siehe *H. Coing,* Die ursprüngliche Einheit der europäischen Rechtswissenschaft, 1968.

[7] Vgl. *Hans Huber,* Über die Geltung des Völkerrechts, in: Rechtstheorie, Verfassungsrecht, Völkerrecht. Ausgew. Aufsätze, 1971, S. 574 f.

der Rechtsgeltung löst und in den weiteren Kreis des Bezuges auf die ideelle Forderung der Gerechtigkeit und in den Zusammenhang der soziologischen Vorgänge um eine Formulierung, Kundgabe, Annahme und Befolgung der Norm innerhalb der Gesellschaft rückt, auf einer Verbindung ideeller normativer Verbindlichkeit mit einem Prozeß der effektiven Erfüllung des Normgebotes in der realen Umwelt. Vornehmlich im zweiten Bereich zeigt sich die Spannung von Recht und Macht, zugleich aber ihre gegenseitige Verbundenheit. Je mehr sich die neuere Rechtslehre von den älteren Vorstellungen der Rechtsanwendung als einer logischen Subsumtion des Einzelfalles unter allgemeine Regeln löst und die Rechtsfindung als einen in Gesetzgebung und Rechtsanwendung sich vollziehenden Prozeß ansieht[8], desto deutlicher wird es, daß hier ein komplexer Vorgang vorliegt, der einfache Formeln wie die der Überordnung des Rechts über die Macht oder umgekehrt ausschließt. Es handelt sich vielmehr um eine höchst differenzierte Beziehung, die je nach dem Stande der Rechtsanschauung, der Struktur der Rechtsnormen wie andererseits nach der Entwicklung der sozialen Verhältnisse und der Formen staatlichen Lebens sehr verschiedene Ausgestaltungen gewinnen kann. René Marcic ist daher zuzustimmen, wenn er gesagt hat, daß Recht und Politik sich nicht widerstreiten[9]. Wenn er fortfährt, daß ihre Spannung nur ein Scheinproblem sei und sie gleichen Sinn haben, so treten dabei bestimmte Grundanschauungen seiner Lehre von einer Gleichstellung von Rechts- und Staatsordnung sowie von dem Stufenbau des Rechts hervor, die eine andere Auffassung nicht übernehmen wird[10]. Aber es kommt entscheidend auf die Einsicht an, daß die Rechtserzeugung ein vielfältig gestufter Vorgang ist, in dem der staatlichen Macht keine ausschließliche und nicht immer die überwiegende, aber jedenfalls eine wesentliche Rolle bei der Erringung der effektiven Verwirklichung der Rechtsgebote wie bei ihrer inhaltlichen Gestaltung zufällt. Hier ist der Ansatzpunkt, von dem aus sich die Funktion der Gesetzgebung und ihre Beziehung zur Politik verstehen läßt.

II. Die Rolle der Gesetzgebung im rechtsgeschichtlichen Ausblick

Gesetzgebung ist eine Form rationaler Rechtserzeugung durch staatliche Organe. Rechtsgeschichtlich reicht sie in frühe Zeiten zurück, auch wenn sie wohl stets Epochen folgt, in denen die Bildung und Fortbildung des Rechts der Gewohnheit, dem Herkommen überlassen war und

[8] Grundlegend in diesem Sinne *J. Esser*, Grundsatz und Norm in der richterlichen Fortbildung des Privatrechts, 2. Aufl. 1964. Vgl. auch *Marcic*, Rechtsphilosophie, 1969, S. 222 ff.

[9] *Marcic*, S. 221.

[10] Vgl. hierzu *Ryffel*, S. 171.

in denen der numinose Charakter der Rechtsetzung und Rechtsanwendung — dem wir im Alten Testament in dem göttlichen Ursprung des mosaischen Rechts begegnen — noch stark lebendig war. Ausdehnung und Erscheinungsform der Gesetzgebung ist in den verschiedenen Epochen der Rechtsgeschichte eine sehr unterschiedliche. In Zeiten stärker statischer Gesellschaftszustände, wie in der frühen Antike und dem frühen Mittelalter, dient das Gesetz oft mehr der Aufzeichnung bestehender Rechtssätze als der Schaffung neuer Regeln, so sehr auch diese Form der deklarativen Festlegung Möglichkeiten zur weiterbildenden Fortbildung eröffnet[11]. Perioden rascher Veränderung dagegen, in denen gesellschaftliche Erneuerungen oder Umwälzungen vor sich gehen, verwenden das Gesetz gern als Mittel der vom Staate ausgehenden Veränderung. Das läßt sich etwa in der Zeit der stürmischen Periode der Lösung Englands von der römischen Kirche unter Heinrich VIII. ebenso beobachten, wie später in der französischen Revolution, deren Gesetzesflut sehr bedeutend ist. In solchen Momenten wird dann auch der politische Gehalt der Gesetzgebung, ihre Funktion als Instrument politischer Gestaltung besonders sichtbar, während dort, wo die Gesetzgebung mehr als Zusammenfassung bestehender und überlieferter Normen in Erscheinung tritt, das politische Moment zurücktritt und daher im 19. Jahrhundert im Rahmen der Zivilrechtslehre diese Seite der Rechtsetzung kaum mehr Beachtung fand[12]. Manche Zeiten überlassen auch Teile der Rechtsordnung der Fortentwicklung durch Gerichte und Rechtswissenschaft, wie dies für das Zivilrecht in den meisten Ländern Europas für das 16. und 17. Jahrhundert gilt.

Das Gesetz kann also in einer verschiedenen Rolle erscheinen. Als Ausdruck überlieferter Ordnung gewinnt es einen bewahrenden Charakter. Wenn sich die Stände einer Provinz bei dem Übergang an einen neuen Souverän im Zeitalter des Barock versprechen ließen, daß nichts an dem alten Recht des Landes geändert werden solle, so trat hier dies konservative Moment der gesetzten Ordnung hervor. In Zeiten der Neugestaltung umgekehrt wird das Gesetz zum Instrument der vom Staate bewirkten Veränderung. Es liegt auf der Hand, daß damit sein politischer Gehalt sich erhöht. Im 19. Jahrhundert, einer Zeit langsamer Rechtsfortbildung, wird — jedenfalls im Bereiche des Zivil- und Straf-

[11] Zu diesen Zügen der Festhaltung und zugleich Veränderung in der frühmittelalterlichen Aufzeichnung der Volksrechte *H. Conrad,* Deutsche Rechtsgeschichte, 2. Aufl., Bd. I, 1962, S. 129 ff.

[12] Es ist bemerkenswert, daß *Savigny* diese Fragen keineswegs verkannt hat. In seiner Schrift „Vom Beruf unserer Zeit für Gesetzgebung und Rechtswissenschaft", 3. Aufl. 1840 (hier zitiert nach d. Neuausgabe Tübingen 1892), bemerkt er, daß bei dem französischen Code „die politischen Elemente der Gesetzgebung vor den technischen von Einfluß gewesen" seien und legt eingehend die politische Motivierung des Code Civil dar (S. 32 ff.).

rechts — am Gesetz vor allem das Moment rechtlicher Vervollkommnung, die technische Seite betont. In der Gegenwart, das wird im letzten Abschnitt noch darzulegen sein, hat das Gesetz inmitten einer stärkeren Wandlung der gesellschaftlichen Anschauungen, wieder sehr viel mehr Elemente der politischen Gestaltung in sich aufgenommen, nicht zuletzt auch wegen der außerordentlichen Ausdehnung seines Anwendungsbereiches auf Maßnahmen, die früher der Administration überlassen blieben.

Die Erscheinung des Gesetzes hängt auch eng mit der Staatsverfassung zusammen. Wo das Volk oder seine Vertreter als Gesetzgeber auftreten, wird die Gesetzgebung eine entwickeltere Form, vor allem im Verfahren des Zustandekommens gewinnen, als dort, wo wie im absoluten Staat, der Herrscher allein die Rechtsetzung handhabt. In einem dualistisch gebauten Staatswesen, wo mehrere Kräfte an der Konstitutierung des Ganzen mitwirken, kann das Gesetz, vor allem als Verfassungsgesetz, einen Zug des Vertrages gewinnen. In der ständischen Monarchie des späteren Mittelalters bildet sich daher für grundlegende Rechtsetzungen die Form des Herrschaftsvertrages aus; in solchen Abreden, die immer wieder von neuen Herrschern beschworen und erneuert werden, spiegelt sich die Gliederung der Gewalten innerhalb des ständischen Staates wider[13].

In der heutigen Rechtslehre fehlt es weithin an theoretischer Befassung mit der Funktion und Aufgabe der Gesetzgebung. Wohl wird Begriff und verfassungsrechtliche Stellung des Gesetzes markiert, aber so sehr etwa heute eine steigende Aufmerksamkeit sich der Rechtsfortbildung durch den Richter zuwendet, so sehr mangelt es an einer Untersuchung der Bedeutung und der Aufgabe der Gesetzgebung. Die Aufgabe des Gesetzgebers, die von ihm zu bewährende Kunst, Stil und Technik der Rechtsetzung bleiben der praktischen Erfahrung überlassen, während freilich die politische Seite des Rechtsetzungsvorgangs, der Einfluß der Parteien und Interessenverbände, das Gesetzgebungsverfahren, zureichend Beachtung findet[14]. Es war wohl vor allem das späte Naturrecht, das eine Lehre von der Gesetzgebung ausgeformt hatte, wie sie bei Montesquieu beispielgebend hervortrat, in Deutschland aber gerade im Anschluß an die Kodifikationen bis zur Wende des

---

[13] Zur Erscheinung des ständischen Herrschaftsvertrages im späten Mittelalter siehe *Werner Näf*, Herrschaftsverträge und Lehre vom Herrschaftsvertrag, Schweiz. Beiträge zur Allgemeinen Geschichte 7 (1949), S. 26 ff.; *J. W. Gough*, The Social Contract, 2. Aufl. 1957, S. 36 ff.

[14] Als Beiträge zur Gesetzgebungslehre könnte man nennen: *Heinrich Triepel*, Vom Stil des Rechts, 1947, S. 84 ff.; *K. Eichenberger*, Rechtsetzungsverfahren und Rechtsetzungsformen in der Schweiz, Verh. d. Schweiz. Juristenvereins, ZSR, NF, 73 (1954), S. 16 a ff.; siehe ferner *H. Dölle*, Vom Stil der Rechtssprache, 1949.

19. Jahrhunderts weitergeführt wurde[15]. Savignys berühmte Schrift über den Beruf für die Gesetzgebung bildet in gewissem Sinne den Ausklang dieser Strömung, in der das späte Naturrecht versuchte, seine nun voll entfalteten Vorstellungen eines besseren Vernunftrechts in die Form neuer Gesetze und Reformen einzubringen[16]. Das 19. Jahrhundert hat sich dann in der Auseinandersetzung um die Verfassungsfragen alsbald anderen Seiten der Gesetzgebung, dem Anteil der Parlamente an ihr und dem Schutz des Bürgers durch das Gesetz, zugewandt.

Das Bild des als Gesetzgeber hervortretenden Staatsmannes wie es in der Antike in Griechenland Lykurg und Solon verkörperten[17], ist der späteren Zeit erhalten geblieben und auch im Mittelalter sehen wir immer wieder Ansätze einer zusammenfassenden Gesetzgebung bei starken Herrschern auftreten[18]. In diesem Bilde wird jedenfalls die staatsgestaltende Funktion des Gesetzes festgehalten. Im übrigen aber tritt diese Rolle der Gesetzgebung wie diese überhaupt im frühen und hohen Mittelalter zurück. Das hängt mit einer ganz anderen Auffassung des Rechts zusammen. Für die Epoche des Mittelalters ist das Recht beständig, in seinen Wurzeln im göttlichen und natürlichen Recht gegründet. Der Zug geht zur Bewahrung, zur Erhaltung des altüberlieferten Rechts, nicht zu seiner Änderung. Noch die Bauern des Bauernkrieges 1525 fordern nicht Änderung des Rechts, sondern nur die Wiederherstellung des „guten alten Rechts"[19]. Unter diesen Umständen gewinnen auch Gesetze vielfach mehr den Charakter der Aufzeichnung. Erst sehr langsam hat sich im Mittelalter eine Gesetzgebung als Mittel der bewußten Änderung und Neugestaltung des Rechts und die staatliche Regelung bestimmter Lebensbereiche entwickelt[20]. In vielen Ländern

---

[15] Ein Beispiel etwa *Justi*, Natur und Wesen der Staaten, Ausg. Mitau 1771 (Neudruck Aalen 1969), S. 332 ff. Eine Reihe von Schriften zur Lehre von der Gesetzgebung führt auf: *F. Schmitthenner*, Grundlinien des allgemeinen oder idealen Staatsrechts, Gießen 1843, S. 299.

[16] Über diese Verbindung vom späten Naturrecht zu den Kodifikationen siehe *H. Thieme*, Das Naturrecht und die europäische Privatrechtsgeschichte, 1947, S. 17 ff.; *Fr. Wieacker*, Aufstieg, Blüte und Krisis der Kodifikationsidee, Festschr. Boehmer, 1954, S. 34 ff.; *ders.*, Privatrechtsgeschichte der Neuzeit, 2. Aufl. 1967, S. 322 ff.; *H. Conrad*, Die geistigen Grundlagen des Allg. Landrechts f. d. preußischen Staaten von 1794 (Arbeitsgem. f. Forschung NW, Geistesw. Abt., Heft 77), 1958.

[17] Siehe hierzu *Aristoteles*, Politik, 1273 b.

[18] Erinnert sei an die Gesetze Friedrich II.: Hierzu *Thea Buyken*, Das römische Recht in den Constitutionen von Melfi (Wiss. Abh. d. Arbeitsgem. f. Forschung NW, 17), 1960.

[19] Vgl. hierzu *Stephan Skalweit*, Reich und Reformation, 1967, S. 183 f.

[20] Die Gesetze dieser Epoche sind, von wenigen Ausnahmen abgesehen, auf bestimmte, jeweils wichtige Materien beschränkt, wie Fundamentalgesetze (Verfassungsgesetz oder Verfassungsvertrag: Goldene Bulle), teils Innovationen spezieller Art. Zum Aufkommen einer Gesetzgebung siehe *Th. Plucknett*, Statutes and their Interpretation in the First Half of the XIVth

Europas blieb ein weiter Bereich, vor allem das Zivilrecht und teilweise auch das Strafrecht, außerhalb einer umfänglicheren Gesetzgebung, lebte vielmehr unabhängig von staatlicher Einwirkung in der Geltung und Anwendung des römischen Rechts oder eines Common Law fort[21].

Es kann hier keine Geschichte des Gesetzesbegriffs gegeben werden. Für die ältere Zeit steht der Gesetzesbegriff in nahem Bezuge zur lex aeterna und naturalis, weist daher einen notwendigen inneren Bezug auf die Gerechtigkeit und das bonum commune auf. Das Gesetz ist, wie Thomas Aquinas sagt[22], „aliquid rationis", es ist nicht reiner Willensakt, sondern von der Vernunft gelenkter Akt. Die Forderung, daß das Gesetz einen inneren Bezug zu Gerechtigkeit und Gemeinwohl haben muß, erhält sich in seinem Begriff bis in das 18. Jahrhundert[23]. Das gilt auch für die Lehre des absoluten Fürstenstaates, der keineswegs überwiegend einer rein voluntaristischen Deutung des Gesetzes folgt, wie sie — als Außenseiter — Thomas Hobbes vertreten hat[24]. Allerdings wird, zuerst etwa in der Reformgesetzgebung des späten Mittelalters[25], dann aber vom aufsteigenden Fürstenstaat der Neuzeit das Gesetz als Mittel der Umgestaltung und Vereinheitlichung ergriffen. Ein wichtiges Beispiel bietet die in einem Zuge durchgeführte Gesetzgebung Heinrichs VIII. von England über die religiöse Reform. Sie hat ihre Bedeutung auch darin, daß sie eine mit Beteiligung des Parlaments unternommene „Reformation" darstellt, die in wenigen Jahren das Land auf eine neue Grundlage stellte[26].

Century, 1922, S. 30 f.; *Gaines Post*, Studies in Medieval Legal Thought, 1964, S. 552 ff. In der Lehre bleibt aber der Zusammenhang mit dem natürlichen Recht eng, das positive Recht erscheint als seine, wenn auch zeitlich verschiedene Ausprägung. Vgl. *Walter Ullmann*, Principles of Government and Politics in the Middle Ages, 1961, S. 248 ff.

[21] *Ullmann*, S. 160 ff.

[22] Summa Theol. 1 - 2, 90. Diese Verbindung zur innewohnenden Rationalität des Gesetzes und damit zum bonum commune erhält sich auch noch bei *Fr. Suarez*, De Legibus ac Deo Legislatore, 1612, Lib. I, cap. 5, 7, 12.

[23] Bindung an das public good noch bei *Locke*, Two Treatises of Government, 1690, Lib. 2 § 135; *Pufendorf*, De Officio Hominis et Civis, Lib. 2, cap. 12, § 3; *Heineccius*, Elementa iuris naturae et gentium, Halle 1738, Lib. 2, § 152; *Svarez*, Vorträge über Recht und Staat. Ed. H. Conrad u. G. Kleinheyer, 1960, S. 14/15. Bei *Locke* und *Svarez* klingt auch bereits der Schutz der bürgerlichen Rechte, Freiheit und Eigentum an.

[24] Vgl. *Hobbes*, De cive, 1642, cap. 12; Leviathan, cap. 25. Die Deutung dieser Auffassung als allgemeiner absolutistischer Gesetzesbegriff bei *C. Schmitt*, Verfassungslehre, 1928, S. 140, die oft wiederholt worden ist, ist nicht zutreffend.

[25] Zum Reichstag des Hl. Römischen Reiches als Ausdruck ständischer Mitregierung und seiner Rolle bei den Reformen des 15. und 16. Jahrhunderts siehe *Friedrich Hermann Schubert*, Die deutschen Reichstage in der Staatslehre der frühen Neuzeit, 1966, S. 62 ff., 138 ff.

[26] Das Parlament von 1529 - 36 entfaltete auch eine umfangreiche weltliche, zumeist soziale Gesetzgebung, aber entscheidend ist doch die Inan-

Der moderne Gesetzesbegriff, in dem das Gesetz als Weg der rationalen Fortentwicklung des Rechtes oder auch seiner umfassenden und zugleich weiterbildenden Kodifikation erscheint, ist eine Errungenschaft des Naturrechts. Werden auch die Schranken des natürlichen Rechts festgehalten, bleibt die Bindung an das Gemeinwohl, also eine innere Qualität, dem Gesetzesbegriff erhalten, so löst sich doch das Gesetz nunmehr von der Einbettung in eine überlieferte und theologisch begründete Ordnung und vermag so zum Instrument bewußter Reform und Erneuerung zu werden. Noch freilich richtet sich der Blick nicht auf die politische Seite. Recht und Politik sind begrifflich noch nicht auseinandergetreten. Die Aufgabe des Gesetzgebers wird mehr an der Beförderung einer gerechten und besseren Regelung orientiert, das Moment der Einwirkung auf den Gesellschaftszustand wird eigentlich erst voll mit der französischen Revolution bewußt[27]. Tatsächlich tritt hier dann im Zusammenhang mit den Freiheitsrechten des Menschen eine Neuformung des Rechts in vielen Gebieten, in der Herstellung von Freiheit und Gleichheit der Menschen, der Lösung von korporativen Schranken (Gewerbefreiheit), der Vereinheitlichung des Eigentumsbegriffs im Sinne des städtischen Eigentums, dem Übergang zur religiösen Toleranz ein. Sie ist teilweise, aber nicht in der Beseitigung der ständischen Unterschiede und dem Freiheitsgedanken, von den Kodifikationen der deutschen Einzelstaaten im 18. Jahrhundert schon eingeleitet[28]. Mit dieser Gesetzgebung erscheint auch ein neuer Begriff des Gesetzes. Enthielt auch bereits der ältere Begriff den Gedanken der Regel und damit allgemeiner Geltung, so konnte doch die Gerechtigkeit sich auch im Einzelgesetz, im Privileg, äußern. Mit der Aufklärung gewinnt die Allgemeinheit der Regelung den Charakter der Sicherung vor Ungleichheit und Willkür[29].

Mit dem Übergang in die konstitutionelle Theorie des 19. Jahrhunderts werden am Gesetzesbegriff andere Seiten betont. Die innere Qualifikation der Norm durch die Gerechtigkeit und das Gemeinwohl tritt

---

spruchnahme der säkularen Entscheidung über die kirchlichen Fragen, ein Übergriff in bisher nicht betretenes Gebiet. Im Widerstand gegen ihn starben Morus und Fisher. Vgl. *W. O. Woodward,* The Role of Parliament in the Henrician Reform, Schweiz. Beiträge zur allg. Geschichte 16 (1958), S. 56 ff.; *Stanford E. Lehmberg,* The Reformation Parliament 1529 - 1536, 1970, S. 105 ff., 249 ff. Wir kennen auch die Hand, die diese Reformen führte, Heinrichs Kanzler Thomas Cromwell.

[27] Zu dieser gesellschaftlichen Wandlung *Fr. Wieacker,* Das Sozialmodell der klassischen Privatrechtsgesetzbücher und die Entwicklung der modernen Gesellschaft, 1953, S. 7 f.; *ders.,* Individuum und Gemeinschaft in der Privatrechtsordnung des 18. und des beginnenden 19. Jahrhunderts, 1956, S. 29 ff.

[28] Siehe *H. Conrad,* Das Allgemeine Landrecht von 1794 als Grundgesetz des friderizianischen Staates, 1965; *Fr. Wieacker,* Individuum, S. 9 ff.

[29] Hierzu *E. W. Böckenförde,* Gesetz und gesetzgebende Gewalt, 1958, S. 53 ff., 84 ff.

zurück, sie wird nun im Rahmen der Gewaltenteilung zur allgemeinen Regel, und zwar im Sinne der späten Aufklärung zu einer solchen, aus der die einzelnen Anwendungsfälle durch logischen Schluß, durch „Subsumtion“, beantwortet werden können. Auf den Prozeß der Gesetzesinterpretation konzentriert sich das Interesse der Rechtswissenschaft des 19. Jahrhunderts. Zugleich tritt im konstitutionellen Staatsrecht nunmehr die Bedeutung des Gesetzes als Schutz von Freiheit und Eigentum des Bürgers hinzu. Und endlich wird dem englischen Vorbild entnommen, daß Gesetze nur mehr Rechtsnormen heißen, an denen die Volksvertretung mitgewirkt hat. Damit werden bestimmte politische Fragen an der Gesetzgebung bedeutsam. Die Teilnahme des Parlaments, die Abgrenzung des Umfangs dieser Mitwirkung, der Rechtsstaatsgedanke, der das Gesetz zur Basis staatlichen Handelns, mindestens zu seiner Schranke ausgestaltet[30]. Dem Blicke entschwindet aber nun sowohl die Frage nach der Funktion des Gesetzes in der Relation von Staat und Recht, wie vor allem die Rolle des Gesetzes als Festlegung bestehenden Rechts oder politisch formende Neugestaltung. Natürlich bleibt im Staatsrecht die politische Natur der Gesetzgebung, der Kampf um die Beteiligung an ihr, der politische Charakter gewisser Gesetze deutlich. Aber die Rechtslehre verbirgt diese Fragen der gesellschaftlich-politischen Konsensbildung zum Gesetzestext hinter der positivistischen Formel vom „Willen des Gesetzgebers“ und verliert zusehends auch die soziale Wirkung und Bedeutung der Gesetzgebung aus den Augen. Auch der Charakter des Gesetzes als grundlegende dauerhafte Norm, wenngleich weithin praktisch noch gewahrt, geht mit der Formalisierung der Merkmale auf die Allgemeinheit verloren[31] und bereitet der im 20. Jahrhundert anschwellenden Gesetzesflut den Boden. Noch werden in der Mitte des 19. Jahrhunderts im Gegensatz Gesetz und Verordnung bei Lorenz von Stein Bestrebungen sichtbar, dem Gesetz die Bedeutung als Grundnorm zu erhalten, aber die fortschreitende Formalisierung entleert den Gesetzesbegriff immer mehr. Im Rechtssatzbegriff zeichnet sich dieser Begriff deutlich ab, dem es immer schon, und erst recht in der Gegenwart, schwerfällt, eine sinnvolle Trennungslinie zwischen genereller Regel und Einzelentscheidung zu ziehen, weil alle inhaltlichen Qualifikationen des Gesetzesbegriffes verschwunden sind. Ohne daß das Staatsrecht die Gesetzgebung als politischen Vorgang aus den Augen verliert, wird doch in der Rechtslehre das Gesetz nur mehr in seiner Funktion innerhalb der Rechtsbildung gewürdigt und gesehen. Es rückt damit in einen unrichtigen Gegensatz zu Staatsmacht — die es doch als „Gesetzgeber“ formt — und

[30] Zur Entwicklung des Gesetzesbegriffs im 19. Jahrhundert *Böckenförde* (vgl. Anm. 29) und *Hans W. Kopp*, Inhalt und Form der Gesetze, Zürich 1958.

[31] Zur Bedeutung der Dauerhaftigkeit des Gesetzes siehe *H. Huber* (Anm. 7), Ausgew. Aufsätze, S. 42; *Eichenberger*, ZSR, NF, 73 (1954), S. 33 a.

Politik. Die Rolle des Gesetzes als rationale Form gesellschaftlicher Veränderung bleibt hinter dem Streben nach rechtstechnischer und konstruktiver Vervollkommnung des Rechts verborgen[32]. Das Gesetz wird nur mehr als Rechtsgesetz, nicht mehr als Form der politischen Selbstgestaltung des Gemeinwesens erfaßt. Es ist „Rechtsquelle“, nicht politischer Vorgang[33]. Namentlich die vom Zivilrecht bestimmte Lehre läßt die Bedeutung des Gesetzes als Ergebnis der politischen Auseinandersetzung — vom Einzelfall abgesehen, wo man hierauf als Interpretationshilfe zurückgreift — aus den Augen. In der reinen Rechtslehre, die den Staat nur mehr als Rechtsordnung begreift, ist diese Entwicklung dann zu ihrer logischen Endfolge geführt.

III. Die Gesetzgebung im modernen Sozialstaat

Das Bild, das die Rechtslehre des 19. Jahrhunderts von der Gesetzgebung entwarf, war in seinen Grundzügen von den Anschauungen der späten Aufklärung vorgezeichnet. Hier erscheint das Gesetz, wie es Montesquieu ausdrückte[34], als Ausdruck der Vernunft, angewandt auf die Besonderheit von Land, Religion und Staatsform. Es erschien als Aufgabe des Gesetzgebers, für die in der gegebenen sozialen Umgebung vorliegenden Verhältnisse eine gerechte und dauerhafte rechtliche Ordnung zu schaffen, in der sich menschliche Freiheit und die Sicherheit der bürgerlichen Existenz entfalten konnte. Zwar hat die historische Rechtsschule dem Recht in der Entwicklung des Volksgeistes eine andere Grundlage gegeben, aber in der Anschauung des vorigen Jahrhunderts blieb doch jene rationale Deutung des Gesetzes vorherrschend. In ihr entstand die Hoffnung auf ein vervollkommnetes geschlossenes System des Rechts, dessen Ausdruck die Kodifikationen sein wollten. Aus dem gesetzlichen Bestand sollten sich die Lösungen der Einzelfälle konstruktiv ergeben, so daß in der späten Aufklärung dem Richter nur mehr eine vollziehende Funktion zugewiesen, zweifelhafte Fragen aber sogar einer vom Gesetzgeber selbst vorgenommenen Interpretation vorbehalten wurden[35]. Die liberale Auffassung hat diese Konzeptionen fortgeführt und zu der Vorstellung des rechtsstaatlichen Gesetzes als Schutz der Freiheit und des Eigentums der Bürger weiterentwickelt.

---

[32] In „Verfassung und Verfassungsrecht“ (Staatsrechtl. Abhandl., 2. Aufl. 1968, S. 210 f.) hat *R. Smend* die Doppelrolle des Gesetzes im Bereich von Rechtsbildung und staatlicher Integration hervorgehoben.

[33] Vgl. etwa *Heinrich Henkel*, Einführung in die Rechtsphilosophie, 1964, S. 63 f.; *R. Zippelius*, Allg. Staatslehre, 3. Aufl. 1971, S. 135.

[34] *Montesquieu*, Esprit des Lois, Buch I, cap. 3.

[35] Siehe *Montesquieu*, Buch 11, cap. 6: der Richter ist „la bouche qui prononce les paroles de la loi“. Zum Interpretationsverbot siehe *J. Lukas*, Festgabe Laband, Bd. 1, 1908, S. 420 ff. und *Franz Wieacker*, Privatrechtsgeschichte der Neuzeit, 2. Aufl. 1967, S. 333.

Der Ton liegt dabei auf dem privaten Bereich, dem die staatliche Macht nur einen ordnenden Rahmen setzt. Der politische Gehalt der Gesetze, der gerade in den Reformen des späten Absolutismus, in der französischen Revolution und der deutschen Reformperiode sehr bedeutend gewesen war, wurde dabei in den Hintergrund gerückt. Vor allem die Privatrechtslehre hielt nun die rechtlichen Maßstäbe für sachgegeben, strebte nach technischer Vervollkommnung und ließ die Bezüge des Rechts zur sozialen Welt wie zu den Fragen sozialer Gerechtigkeit außer Augen[36]. Der Prozeß der Rechtsbildung wird nicht so sehr als ein Vorgang politischer Auseinandersetzung, als der Erfassung bestimmter sachlicher Bezüge angesehen. Ohne daß die politischen Momente im Vorgang der Gesetzgebung oder in einzelnen gesetzgeberischen Lösungen übersehen werden, glaubte die Anschauung des formalen Rechtsstaates, wie sie die konstitutionelle Lehre entwickelte, an eine Rechtsgestaltung durch besondere Verfahren, die dies Element zurückdrängen und das Recht stärker an einer formalen Gerechtigkeitsidee orientieren. Die Einkleidung des Gesetzgebungsvorgangs in die Figur des „Staatswillens", die Lösung des Rechts von seinen sozialen Voraussetzungen und Wirkungen diente einer solchen Verdrängung der politischen Komponente. Eine solche Rechtstheorie hob in der Rechtsordnung stärker den bewahrenden Charakter, die Sicherung bestehender Ordnungen hervor. Es war ein Verdienst der Interessenjurisprudenz, demgegenüber wieder den Blick auf die widerstreitenden sozialen Kräfte zu lenken, unter denen die Rechtsordnung zu entscheiden hat.

In der Gegenwart bietet die Anschauung vom Recht und von der Gesetzgebung ein anderes Bild. Auch die Erscheinungen selbst haben sich seit langem verändert. Der moderne Sozialstaat sieht sich nicht mehr, wie der liberale Staat, als bewahrende Ordnungsmacht, der die Bewegung der privaten Initiative überläßt. Vielmehr nimmt er in einem zunehmenden Maße die Sozialgestaltung in eigene Hand. Er ist nicht nur ein Staat umfassender Vorsorge für die Lebensführung des Einzelnen geworden, der diesen Risiken und nicht mehr zu erbringende Lebenssicherungen abnimmt[37], er sucht im Sinne egalitärer demokratischer Tendenzen und sozialistischer Umverteilung auf weiten Gebieten des sozialen Lebens, in der Wirtschaft, der Erziehung, der Sozialvorsorge ausgleichend und formend einzugreifen. Hierbei wird das Gesetz

---

[36] So vermag noch jetzt *Henkel*, Einführung in die Rechtsphilosophie, 1964, S. 17 das Recht als Schöpfung eines Gemeingeistes zu definieren und betont von daher die Vorgegebenheit der Grundlagen der Gesetzgebung (S. 160).

[37] Das Bundesverfassungsgericht hat dem Staate gestattet, durch Einbeziehung weiterer Kreise in die Rentenversicherung dem Einzelnen die selbstverantwortliche Eigenvorsorge abzunehmen, obwohl nach seiner Ansicht der Sozialstaat das nicht unbedingt erfordert (BVerfGE 29, S. 221, 236).

zum Mittel dieser Einwirkung des Staates, es gewinnt einen gewissen instrumentalen Charakter. Das Gesetz wird, wie Badura es ausgedrückt hat[38], „gesellschaftliches Gestaltungsmittel". Die verändernde Seite der Rechtsetzung, ihre Möglichkeit der Innovation, der vorausschauenden Änderung sozialer Verhältnisse gewinnt stärker an Bedeutung. Gewiß gibt es auch heute eine Zahl von Gesetzen, die mehr die sachlich gegebene und überlieferte Anschauung erfassen oder die in der Hauptsache technische Fortbildung anstreben. Aber daneben wächst der Anteil der Gesetze, die mit ihren Anordnungen in die sozialen Verhältnisse formend und lenkend eingreifen, die Ausdruck einer Staatsgesinnung sind, die nicht mehr der Privatautonomie allein das Feld überläßt, sondern sie durch gestaltende Maßnahmen begrenzt und leitet.

Zugleich aber vollzieht sich eine Ausdehnung der Gesetzgebung. Indem die staatliche Rechtsetzung über den Sinn einer dauerhaften Rahmenordnung hinaus aktuelle soziale und politische Ziele in der Gesetzgebung verwirklicht, muß sie sich rascher wandelnden Lagen anpassen, und wird das Gesetz veränderlicher, stärker zeitbezogen. Man hat das im Begriff des Maßnahmegesetzes — freilich oft mit einer verfehlten negativen Bewertung — auszudrücken versucht[39]. Die Steigerung des Umfangs der Gesetzgebung und ihre Anreicherung durch vorübergehende Einzelheiten beruht aber auch auf gewissen Übersteigerungen des formalen Rechtsstaatsgedankens, der der ergänzenden Ausführung durch Verordnungen zu wenig Raum gibt und in einem Vertrauen auf die Schutzfunktion des Gesetzes, die nur mehr teilweise begründet ist, immer mehr Einzelheiten von Lebensverhältnissen und vor allem öffentlichen Einrichtungen und Verwaltungstätigkeiten eingehender Regelung unterwerfen möchte[40]. Im Grunde geht heute ein Teil der Gesetzgebung in fortlaufende Administration über. Richtet man etwa den Blick über das nationale Recht hinaus auf die Rechtsetzung im Bereiche der EWG, die ständig sich wechselnden wirtschaftlichen Lagen anzupassen hat, so ist über die Grundordnungen hinaus das Merkmal der ständigen rechtlichen Ordnung verlassen und der Charakter beweglicher administrativer Gestaltung überwiegt in Formen genereller Anordnungen. Die Auflösung des Unterschiedes zwischen Verordnung und Verfügung, die am unteren Rande etwa im Verkehrsrecht oder Organisationsrecht sichtbar wird, beleuchtet nur die völlige Entleerung und

---

[38] *Peter Badura*, Das Recht als gesellschaftliches Gestaltungsmittel, Hochschulwochen für staatswiss. Fortbildung in Hessen, 1969, S. 12; *ders.*, in dem Bande „Recht" des Fischer Lexikon, Aufl. 1971, S. 125 ff.

[39] Vgl. zum Maßnahmegesetz *K. Hesse*, Grundzüge des Verfassungsrechts der Bundesrepublik Deutschland, 5. Aufl. 1972, S. 204.

[40] Hierzu meine Darlegung, Die Aufgabe der Gesetzgebung in unserer Zeit, DÖV 1960, S. 603 ff. (abgedruckt in *diesem* Bande als Beitrag Nr. 21); siehe auch *Schambeck*, Vom Sinnwandel des Rechtsstaates, 1970, S. 27 f.

Formalisierung des Begriffs der Rechtsnorm, in der nicht nur jede inhaltliche Qualität geschwunden ist, sondern die auch die Merkmale der Dauerhaftigkeit, der Grundsätzlichkeit oder Allgemeinbedeutung längst verloren hat.

Endlich aber verändert sich die Einschätzung des Gesetzes. Erschien dem 19. Jahrhundert das Gesetz als ein beständiger Rahmen, innerhalb dessen bürgerliche Freiheit und Privatautonomie sich gesichert ausleben konnte, war man geneigt, im Gesetz einen Ausdruck des — freilich unklar vorgestellten — Allgemeinwillens zu sehen, so richtet sich der Blick heute schärfer auf die Entstehung des Gesetzes im Zuge einer politischen Auseinandersetzung. Das Gesetz geht aus dem Kampfe der Gruppen und Parteien im Parlament hervor, seine häufigen Änderungen spiegeln den Wechsel der politischen Macht, und je mehr das Gesetz Werkzeug gesellschaftlicher Einwirkung wird, desto sichtbarer wird sein politischer Charakter. Das Recht als Mittel der Sozialgestaltung wird in einer pluralistischen Gesellschaft zum Ausdruck veränderlicher politischer Konstellationen[41]. Zugleich verstärkt sich im Ringen der politischen Kräfte bei dem Gesetz ein Zug des Vertraglichen, der Übereinkunft zwischen verschiedenen Gruppen.

Es kann jedenfalls festgestellt werden, daß heute in ganz neuer Schärfe der Blick auf die politische Seite der Gesetzgebung fällt. Gerade neuere Reformen im Strafrecht oder Privatrecht, Gebieten, die einst von politischen Fragen weiter entfernt schienen, zeigen deutlich, wie sehr etwa Ehescheidung, Sexualstrafrecht, Eigentumsordnung nicht allein mehr als Aufgabe reiner Rechtsgestaltung, sondern als Probleme sozialer und politischer Anschauungsgegensätze erscheinen. Tiefergehend kann man sagen, daß im heutigen Vorstellungsfeld von der Gesetzgebung die Machbarkeit gesellschaftlicher Ordnungen, die Idee ständigen Wandels überwiegt. Gerechtigkeit erscheint auch weniger als bewahrende, wie als verändernde Forderung im Sinne einer austeilenden sozialen Angleichung. Demgegenüber wird das Moment der Beständigkeit nun in der Verfassungsordnung gesucht, die als höhere Ordnung über den wechselnden Strömungen eine gewisse Beständigkeit an Grundprinzipien und Wertsetzungen verbürgen soll[42]. Die heute in der Bundesrepublik Deutschland zu beobachtende Neigung, für alle Fragen Ausgangspunkte in der Verfassungsordnung zu suchen, spiegelt diese Funktion der Verfassungsordnung — vor allem wo sie mit höherem, durch Rechtsprechung gesicherten Rang eine grundrechtliche Regelung

---

[41] Zu der Ausrichtung des Rechts am künftigen Werden siehe *F. Ermacora*, Futurologie in Rechts- und Staatswissenschaften, Festschr. Ernst Kolb, 1971, S. 81 ff.

[42] Zu dieser Kontinuitätsfunktion der Verfassung siehe *K. Hesse*, S. 14.

aufrichtet — als ausgleichender Basis und auch als Schutz von Minderheiten deutlich wieder.

Es ist ein Vorzug der heutigen Situation und der ihr entsprechenden Anschauung, daß klarer als früher die Relation zwischen Rechtsentstehung und politischer Formung im Gemeinwesen erkannt wird. Es wird dadurch der Blick sicherer auf die sozialen Bezüge des Rechts, auf die auch den Ordnungen des Privatrechts, etwa dem Eigentum oder der Gestaltung der Unternehmen, zugrundeliegenden politischen Vorstellungen gelenkt[43]. Aber es gilt, nicht einer instrumentalen Auffassung des Rechts die Tür zu öffnen, wie sie dem Denken des Sozialismus entsprechen mag, wie sie aber im Grunde die Verbindung zu der Vorstellung der Gerechtigkeit und der Freiheit gefährden kann. Wenn der Gedanke des Rechtsstaates in moderner materieller Gestalt, als Sicherung persönlicher Freiheit im sozialen Umraum und unter sozialer Verantwortung, erhalten bleiben soll, so bedarf das Gesetz einer Sicht, die es nicht nur als Instrument politischen Willens, sondern als ausgleichende Ordnung einer Gesamtheit begreift. Oberhalb der politischen Gruppen muß das staatliche Gesetz die neutrale Funktion der staatlichen Macht verkörpern, die heute im pluralistischen Staat immer mehr eine ihrer wichtigsten Aufgaben wird und die im Mehrheitsentscheid des antagonistischen parlamentarischen Spieles mitunter verloren gehen könnte. Recht darf nicht Ausdruck des jeweiligen Machtstandes unter Gruppen sein, es muß die gemeinsame Grundlage des Zusammenlebens in einem Gemeinwesen sichtbar machen. Das Recht muß sich aber vom Rechtsstaat her auch an der Freiheit orientieren. Hier liegt ein inhaltliches an eine Qualität gebundenes Erfordernis vor, das zwar nicht im Begriff, wohl aber in einer verfassungsrechtlich begründeten Forderung an den Gesetzgeber enthalten ist[44].

Es scheint an der Zeit, den Gesetzesbegriff, der allzulange in den Banden der konstitutionellen Staatslehre gelegen hat und der auf dieser Grundlage immer mehr formalisiert und ausgehöhlt worden ist, zum Gegenstand neuer Untersuchung und Erkenntnis zu machen.

Funktion und Bedeutung des Gesetzes haben sich gewandelt. Es geht nicht mehr um Abgrenzung eines Rahmens bürgerlicher Privatordnung gegen den Gesetzgeber, sondern um ein Verständnis der sozialgestaltenden Aufgabe der Gesetzgebung in einem von Verfassung wegen freiheitlich fundierten Gemeinwesen. Das schließt ein nur instrumen-

[43] Zum politischen Gehalt der Eigentumsordnung siehe *Badura*, Recht als Gestaltungsmittel (s. Anm. 38); *P. Saladin*, Grundrechte im Wandel, Bern 1970, S. 391 ff. Zum Unternehmen die eindringliche Untersuchung von *F. Rittner*, Öffentlichrechtliche Elemente in der Unternehmensverfassung, in: J. Kaiser, Planung, Bd. V, 1970, S. 61 ff.

[44] Siehe hierzu auch *Stern*, Der Rechtsstaat, 1971, S. 12 f.

tales Verständnis aus, das im letzten Grunde auf eine Deutung des Gesetzes als Mittel der politischen Macht hinausliefe. Das führt aber auch hinaus über die Deutung des Gesetzes als Schranke einer vorausgesetzten Staatsmacht, die in dieser Form nicht mehr besteht. Es gilt vielmehr, die Rolle des Gesetzes in einer Gruppengesellschaft zu verstehen, in der ständige staatliche Einwirkung auf die soziale Entwicklung ein Moment der staatlichen Leitung darstellt, in der aber zugleich das Element der ausgleichenden Beständigkeit, des Vertrauens und der Einbeziehung aller Gruppen in die Gesamtheit ebensowenig übersehen werden darf wie die schwierige Problematik persönlicher Freiheit in einer immer mehr verwalteten Welt, in der der Lebensraum des Einzelnen immer enger in die öffentliche Vorsorge verflochten wird und Freiheit daher vor allem in der Achtung eigener Verantwortung, in der Toleranz und in der Neutralität staatlicher Einwirkung gesucht werden muß.

Das Gesetz als Auftrag der Verwaltung

I. Wandlungen im Verwaltungsbild und überlieferte Formenlehre der Verwaltung

In den letzten Jahren hat sich die verwaltungsrechtliche Diskussion in zunehmendem Maße auch den Grundfragen der Verwaltung und des Verwaltungsrechts zugewandt. Es wird in weitem Maße erkannt, daß die begrifflichen Fundamente, auf denen das Verwaltungsrecht in der zweiten Hälfte des 19. Jahrhunderts aufgebaut wurde, für eine geänderte Wirklichkeit der Verwaltung in der Gegenwart nicht mehr zureichen. Zu einem Teil liegt hier ein Vorgang vor, dem sich die deutsche Staatsrechtslehre ganz allgemein gegenübergestellt sieht. Sie arbeitet noch in erheblichem Umfang mit den begrifflichen Vorstellungen, die im konstitutionellen Staate des 19. Jahrhunderts geprägt wurden, die aber nun sowohl in ihrem Realitätsbezuge wie in ihrer politischen Grundrichtung nicht mehr verwendbar sind. Es wird heute, um nur einige Beispiele zu nennen, weithin gesehen, daß die Unterscheidung von formellem und materiellem Gesetz in der Prägung *Labands* nicht mehr gültig sein kann[1], daß der „Vorbehalt des Gesetzes" neu bestimmt oder gar aufgegeben werden muß[2], daß Begriffe wie Anstalt, Anstaltsgewalt, Gewaltverhältnis[3] keine Aussagekraft mehr haben. Die Vorstellungen, auf denen *Laband* und *O. Mayer* aufbauten, waren für eine andere Zeit, für einen anderen Staat geprägt, der die Charakteristika des dualistischen konstitutionellen Staates aufwies. Sie sollten in diesem Gegenüber von monarchischer Exekutive und Parlament der ersteren eine starke Selbständigkeit bewahren, dem letzteren Grenzen zie-

Aus: Die Öffentliche Verwaltung 1969, S. 585 - 593.

[1] Zur Entstehung dieser Unterscheidung siehe *E. W. Böckenförde,* Gesetz und gesetzgebende Gewalt, 1958, S. 226 ff. Zur Kritik siehe *H. Rupp,* Grundfragen der heutigen Verwaltungsrechtslehre, 1965, S. 26 f.; *F. Ossenbühl,* Verwaltungsvorschriften und Grundgesetz, 1969, S. 54 ff.; *K. Hesse,* Grundzüge des Verfassungsrechts der Bundesrepublik Deutschland, 3. Aufl. 1969, S. 188 f.

[2] Gegen Beibehaltung des Begriffs *K. Vogel,* VVDStRL 24 (1966), S. 147 ff.; er möchte stattdessen allein auf den Eingriff in den Grundrechtsbereich abstellen. Das reicht indes schon im Sinne der politischen Funktion des Gesetzes nicht hin. Gegen ihn in der Diskusssion *Badura,* S. 213; *v. d. Heydte,* S. 217 f.; *Zacher,* S. 235 (alle in VVDStRL 24). Ferner *K. Hesse,* S. 189, Anm. 4.

[3] Kritisch zu Anstalt und Gewaltverhältnis *W. Rüfner,* Formen öffentlicher Verwaltung im Bereich der Wirtschaft, 1967, S. 113 ff., 290 ff., 344 ff. Mit stärkerem Festhalten an den überholten Vorstellungen O. Mayers: *W. Brohm,* Strukturen der Wirtschaftsverwaltung, 1969, S. 168 ff.

hen. In einer parlamentarischen Demokratie, die ein Gemeinwesen mit einer einheitlichen politischen Grundlage und Richtungsformung darstellt, in der dem vom Volke eingesetzten repräsentativen Parlament eine zentrale Position zukommt, ist die Vorstellung eines aus politischen Momenten begründeten Reservates der Verwaltung nicht mehr gültig. Eine Selbständigkeit der Exekutive kann hier nur aus ihrer Aufgabe, aus dem Zusammenspiel und der Mitwirkung der Exekutive und des Parlaments an den staatsleitenden Entscheidungen und aus der im Vollzuge der in diesem Bereich getroffenen Entscheidungen notwendigen Gestaltungsfreiheit gerechtfertigt werden. Vor der Theorie des deutschen Staats- und Verwaltungsrechts liegt heute die Aufgabe, diese ältere Begriffswelt, wo nicht zu überwinden und durch der demokratischen Realität angemessene Konzeptionen zu ersetzen, doch wenigstens zu wandeln und anzupassen. Das Erbe *O. Mayers*, dessen Schwächen und Einseitigkeiten noch immer nicht klar genug erkannt werden, bedarf dringlich der Überholung. Dazu kommt ferner die Notwendigkeit, sich von einem allzu formalen Denken im Stil der positivistischen Rechtslehre abzuwenden und zu erkennen, daß viele der aus dieser Sphäre stammenden Formeln — generell-abstrakt-konkret[4], innen-außen[5], Recht und bloßes Interesse[6] — zu leeren Hülsen geworden sind, mit denen etwa der Unterschied von Rechtssatz und Verfügung, die Abgrenzung besonderer Verwaltungsbereiche (Verwaltungsvorschriften) oder die Zuteilung von Klagebefugnissen vor den Verwaltungsgerichten nicht mehr sachgerecht und mit Aussagekraft definiert werden können. Soweit man diese Kategorien weiterverwenden muß, müssen sie ergänzt, materiell wieder näher bestimmt werden. Es handelt sich dabei gewiß nicht darum, zu verkennen, daß auch in den Anfängen des Positivismus echte ethische und inhaltliche Vorstellungen vorhanden waren, in denen bestimmte Gerechtigkeitsideen lebendig waren[7], daß die Grundlagen außerpositiver Art zwar nicht mehr bewußt gemacht

[4] Es genügt hier auf die Diskussion um die Rechtsnatur der Verkehrszeichen hinzuweisen, die die Lehre und Formelhaftigkeit dieser termini deutlich enthüllt. Vgl. *Podlech*, DÖV, 1967, S. 740 ff.; *Penski*, DÖV 1966, S. 845 ff. und etwa die Diskussion um eine Schutzgebietsanordnung im Wasserrecht (§ 19 WHG), wo sich BayVerwGH, VerwRspr. 19, S. 291 und BVerwGE 29, S. 207 gegenüberstehen.

[5] Hier vor allem die Kritik hinsichtlich der Verwendung dieses Kriteriums bei den Verwaltungsanordnungen: vgl. *Ossenbühl*, S. 456 ff. und vor allem *W. Schmidt*, Gesetzesvollziehung durch Rechtsetzung, 1969, S. 29 ff.

[6] Die Zulassung der Klagmöglichkeit im Verwaltungsprozeß hängt heute — man denke vor allem an Interventionen Dritter — von dem Nachweis unmittelbaren Interesses ab, und die Figur des subjektiven öffentlichen Rechts ist nur mehr eine konstruktive Ausdrucksform für dies Betroffensein. Dem Begriff kommt daher eher eine abnehmende Bedeutung zu. A. A. wohl *Rupp*, S. 146 ff., *W. Henke*, Das subjektive öffentliche Recht, 1968, S. 54 ff.

[7] Vgl. hierzu *F. Wieacker*, Privatrechtsgeschichte der Neuzeit, 2. Aufl. 1967, S. 430 ff.

wurden, aber wirksam blieben, und daß der Abstand zu politischen Tendenzen auch seine guten Seiten besaß. In dem Formalismus des späteren Denkens, das vielfach überhaupt sozialethische und politische Gesichtspunkte ganz beiseite läßt und abweist (Reine Rechtslehre), verliert aber das rechtliche Systemdenken seine Maßstäbe und glaubt an eine — infolge der Spannung zum realen Sozialgeschehen nicht mögliche — Autonomie rechtlicher Begrifflichkeit[8]. Vor allem aber darf die verwaltungsrechtliche Lehre den Bezug zum gesellschaftlichen Leben und zu den Aufgaben der Verwaltung in der jeweiligen Epoche nicht verlieren.

Daß sich das Bild der modernen Verwaltung gegenüber der Zeit der zweiten Hälfte des 19. Jahrhunderts im Zuge einer tiefgreifenden Veränderung auch der gesellschaftlichen Strukturen gewandelt hat, wird heute in zunehmendem Maße erkannt. *Ernst Forsthoff* hat mit seinem Hinweis auf die Leistungsverwaltung in der „Daseinsvorsorge" schon 1937 einen bahnbrechenden Beitrag geleistet, und heute rückt die Konzeption einer Verwaltung, die sich auf Ordnung und Überwachung im liberalen Sinne beschränkt — sie hat tatsächlich auch im 19. Jahrhundert der Wirklichkeit übrigens niemals entsprochen[9] —, ganz in den Hintergrund. Die Verwaltung nimmt heute sozialgestaltende Aufgaben größten Umfanges auf sich. Auch ohne daß man sich auf den Sozialstaat und seine verfassungsrechtliche Festlegung zu berufen braucht, wird das Leben des Individuums in einer fortschreitenden urbanisierten Umwelt mehr und mehr von Vorsorge, Lenkung, Planung und Förderung durch die staatliche Hand abhängig. Verkehrswege, Versorgung mit Wasser, Strom, schon auch Wärme, umgekehrt Abfallbeseitigung, Vorsorge für Krankheit, Alter, Beschäftigung, die Erhaltung und Reinigung seiner Umwelt, alles das muß der moderne Mensch, in den Städten zumal, dem Wirken der Verwaltung überlassen. Die Grundvorstellung von der eigenständigen Lebensgestaltung des Einzelnen, wie sie der liberalen Gesellschaftskonzeption zugrunde lag — und auch in ihr nur für eine Schicht des mittleren und oberen Bürgertums verwirklicht war —, ist heute nicht mehr der Wirklichkeit gemäß. Der moderne Mensch ist in außerordentlichem Maß von Gruppenbezügen, Organisierung seiner Interessen, öffentlicher Vorsorge und Hilfe abhängig, und die Fragen seiner Relation zu Staat und Verwaltung verschieben sich

---

[8] Vgl. zu dieser Selbstgenügsamkeit der begrifflichen Konstruktion *Wieacker*, S. 434.

[9] Im Grunde hat nur *O. Mayer* mit seiner verhängnisvollen Verengung des Blickfeldes diese fruchtbaren Materien des Unterrichtswesens, der kommunalen Betriebe und der über Gewerbepolizei längst hinauswachsenden Wirtschaftsförderung nie in seine Betrachtung einbezogen. Vgl. zur Ausweitung der Verwaltung im 19. Jahrhundert *Rüfner*, S. 52 ff.; *H. Klein*, Die Teilnahme des Staates am wirtschaftlichen Wettbewerb, 1968, S. 58 f.

von dem ausschließlichen Interesse an Fernhaltung und Isolierung auf das Moment gleichberechtigter Teilhabe und der Bewahrung einer Selbständigkeit ungeachtet der Einordnung in überindividuelle Vorkehrungen[10].

Hier liegen die Schwierigkeiten in der heutigen Auseinandersetzung um die Rechtsgrundlagen des Verwaltungsrechts. Der übernommene Begriffsapparat, ausgebaut an dem Bilde einer „Eingriffsverwaltung", enger noch an den Handlungen des Polizeirechts (in einer heute auch schon überholten Sicht umfassenden Eingreifens zur Verhütung von Gefahren), ist auf eine Abwehr des Handelns der Verwaltung abgestellt. Aber die Bereiche solcher bloß punktuellen Einwirkungen treten relativ heute zurück. Auch das Baurecht, das im Grundzug noch diese Struktur zeigt, hat längst durch Einbeziehung des Plangedankens und in der Berücksichtigung nachbarlicher Interessen diese älteren Züge ergänzt und erweitert. Dessen Begriffe aber passen dort nicht mehr, wo es sich um Leistung, um Vorsorge handelt, weil es sich hier nicht um Abwehr, sondern um Teilnahme, um die Einfügung des individuellen Lebensplans in die größeren Planungen und Einrichtungen, um Gleichheit und um Freiheit im Sinne der Mitwirkung handelt. An die Stelle punktueller Bezüge treten im Sozialrecht, oft auch im Wirtschaftsrecht, im Bildungswesen und im Recht der öffentlichen Sachen Dauerverhältnisse, deren Grundstruktur vom Verwaltungsakt her, der der Rechtsprechung noch für die Behandlung von Einzelfragen aus ihnen dient, nicht mehr voll erfaßt wird. Im Verwaltungsrecht zeigt sich hier die gleiche Schwäche, die auch im Zivilrecht am Ende des 19. Jahrhunderts bestand; auch unser bürgerliches Recht nimmt in seinen allgemeinen Grundlagen, die auf Kauf und sonstige Abwicklungsrelationen gestellt sind, Dauerverhältnisse zu wenig in Bedacht. Hier mag auch die Geringschätzung des Vertrages zum Teil ihre Ursache haben, die im Verwaltungsrecht ferner freilich auch noch von der Neigung zu rein hoheitlichem Vorgehen getragen wird[11]. Es entsteht hier ein Geflecht von Rechten und Pflichten zwischen Verwaltung und Einzelnem, das zumeist auch Dritte — etwa bei Wirtschaftssubventionen unter dem Gedanken der Gleichheit und Teilhabe[12], im Schulwesen in der Einfügung der Erziehungsberechtigten — einbezieht. Hier, wo oft mehrere Rechts-

[10] Eine Darlegung der Wandlungen der Verwaltung im modernen Sozialstaat gibt *Badura*, DÖV 1968, S. 446 ff. Vgl. *ders.*, Verwaltungsrecht im liberalen und im sozialen Rechtsstaat, 1966 und *Ernst Forsthoff*, Rechtsfragen der leistenden Verwaltung, 1959, S. 47 ff.

[11] Vgl. hierzu jetzt auch *Bullinger*, Öffentliches Recht und Privatrecht, 1968, S. 64.

[12] Ein typischer Fall der Einwirkung von Subventionen auf Dritte ist behandelt in BVerwGE 30, S. 191 ff. (Förderung von Winzer-Genossenschaften), vgl. auch *Badura*, in: I. v. Münch (Hrsg.), Besonderes Verwaltungsrecht, 1969, S. 271.

bereiche miteinander sich begegnen, nützt die alleinige Abstellung auf Freiheit und Abwehr nicht, hier kommen Abwägungen, Beteiligungen, auch oft verfahrensrechtliche und institutionelle Sicherungen in Frage[13]. Erst recht müssen neue Formen und Begriffe entwickelt werden für den Bereich der Planung, in dem das Einzelinteresse sich notwendig in ein Gefüge von Gemeininteresse, Nachbarinteressen und finanziellen Grenzen einfügen muß, wo aber die Probleme auch darin liegen, es überhaupt rechtzeitig und wirksam zur Geltung zu bringen, was mit bloßen Abwehransprüchen wiederum nur unvollkommen möglich wird, eher mit angemessener verfahrensrechtlicher Benachrichtigung und Beteiligung[14].

Die Aufnahme der Generalklausel für die Zuständigkeit der Verwaltungsgerichte hat die Aufmerksamkeit der Rechtslehre, die in gewissem Maß den gerichtlichen Entscheidungen folgt, auf Gebiete gelenkt, die früher weitgehend vernachlässigt wurden, Schule, Wirtschaft, Sozialversorgung. Gerade damit sind die Bereiche der Leistungsverwaltung erschlossen worden, die die an *O. Mayer* orientierte Wissenschaft so weitgehend vernachlässigt hatte. In diesen Bereichen zeigt sich aber der Mangel des bisherigen Begriffsapparates am deutlichsten. Für eine Vorstellung, die vom selbständigen (auch ökonomisch selbständigen) Individuum ausging, war etwa die Zuweisung des Bedürftigen an eine rein objektiv, ohne Recht darauf, gegebene Hilfe angemessen. Im Sozialstaat erscheint hingegen angemessen, von einer Pflicht des Staates zur Sorge für einen Mindeststandard der Lebenshaltung auszugehen und entsprechend einen Anspruch zu gewähren[15]. Es ist nicht verwunderlich, daß gerade im Wirtschaftsrecht, wo die Grenzen zwischen privater und öffentlicher Betätigung, zwischen Formen öffentlicher Unternehmung sich infolge der Grundrechtsbindung abschwächen, die alten Kategorien am stärksten in Frage gestellt werden[16].

---

[13] Lehrreich BVerwGE 23, S. 351. Der Eingriff der Schulaufsicht, der die Einrichtung neuer Klassen anordnet, wird aus einem weiten Begriff der Schulaufsicht aufrechterhalten, zumal „es letzten Endes zum Nachteil der Eltern und Schüler und damit der gesamten Gesellschaft gereichen würde, wenn die vielfach im wesentlichen von finanziellen und personellen Gesichtspunkten beeinflußten kommunalen Einwendungen ... ein zu starkes Gewicht erhalten würden". Hier kann eine Erfüllung des Gesetzesauftrags sich erst ergeben, wenn man nicht bloß die Rechte der Gemeinde, sondern auch die aller Beteiligten vor Augen hat.

[14] Zur Problematik des Planes siehe *Imboden / Obermayer*, VVDStRL 18 (1960), S. 113 ff., 144 ff.; *E. Forsthoff*, in: Planung III. Hrsg. von *Joseph H. Kaiser*, 1968, S. 21 ff.

[15] Treffend zur liberalen Sicht von „Armut als Schuld" und der heutigen Sozialstaatlichkeit *Hans J. Wolff*, Verwaltungsrecht, Bd. III, 1966, S. 189 f. Dazu BVerwGE 1, S. 159; 5, S. 27.

[16] Vgl. *Rüfner*, S. 264 ff.; 348 ff.; *Klein*, Teilnahme des Staates, S. 161 ff., 228 ff.; *Brohm*, Strukturen, S. 149 ff.

Die Diskussion der letzten Jahre hat neben vielen Einzelfragen vor allem ihr Augenmerk auf die zentrale Problematik des Verhältnisses von Gesetz und Verwaltung gerichtet. Mit ihr hängen eine Reihe von Fragen eng zusammen, unter denen der Begriff des Gesetzes, der Vorbehalt des Gesetzes, die Natur der Verwaltungsvorschriften, das Ermessen und die Frage eines selbständigen Raumes der Exekutive am meisten behandelt worden sind[17]. Den Kern dieses Bereiches bildet die Beziehung der Verwaltung zu den leitenden Staatsfunktionen, das Maß ihrer Abhängigkeit von ihnen und die Möglichkeit ihrer Einwirkung auf sie. In dieser Debatte zeichnen sich verschiedene Strömungen ab. Die eine von ihnen zielt darauf hin, gewisse Tendenzen des liberalen Verwaltungsdenkens und einer formalen Legalität zur Vollendung zu führen, indem sie — nicht ohne gewisse Einflüsse der reinen Rechtslehre — nach einem allseitigen Gesetzesvorbehalt für jedes Handeln der Verwaltung ruft und alles Verwaltungshandeln nur als Gesetzesvollzug — in einem freilich oft unklar gelassenen Sinne — ansehen möchte[18]. Für diese Auffassung hat *Jesch* ausgeführt[19]: „Der demokratische Gesetzesbegriff dient der Selbstverteidigung der Individualsphäre und damit der Beschränkung der Regierungsgewalt." Hier wird also die Aufgabe des Gesetzes Schutz des Einzelnen. In dieser Auffassung wird das Gesetz als Ermächtigung, vor allem aber als Schranke der Verwaltung angesehen. Es ist der Schutz des Bürgers, der von einem rechtsstaatlichen Denken her durch eine möglichst eingehende gesetzliche Ermächtigung und Festlegung erreicht werden soll, die sich auch auf die Leistungsverwaltung — vor allem die Gewährung von Subventionen — erstrecken soll. Wenn auch in Einzelheiten, etwa in der Zulassung von Globalermächtigungen[20] oder Ermächtigungen durch nichtgesetzliche parlamentarische Entscheidungen[21] beweglich, so zielt doch diese Lehre darauf hin, innerhalb der Verwaltung Unterschiede zwischen eingreifender und gewährender Verfügung nicht anzuerkennen. Man mag sich fragen, ob die Vertreter dieser These nicht von einem traditionellen Gesetzesbegriff ausgehen, der der heutigen parlamentarischen Wirklichkeit nicht mehr entspricht. Eine wichtige Rolle spielt bei diesen Erwägungen wohl auch, daß eine strikte Beschränkung

---

[17] Ich nenne nur einige Arbeiten: *D. Jesch*, Gesetz und Verwaltung, 1961; *H. H. Rupp*, Grundfragen der heutigen Verwaltungsrechtslehre, 1965; *Vogel / Herzog*, VVDStRL 24 (1966), S. 125 ff., 183 ff.; *F. Ossenbühl*, Verwaltungsvorschriften u. Grundgesetz, 1969; *W. Schmidt*, Gesetzesvollziehung durch Rechtsetzung, 1969.

[18] In diesem Sinne ist vor allem *Jesch* anzuführen, in der Grundlinie aber auch *Rupp*.

[19] *Jesch*, S. 29.

[20] *Jesch*, S. 222 erklärt sie für unzulässig.

[21] Vgl. *Rupp*, S. 145.

der Verwaltung dem richterlichen Eingriff weiten Raum öffnet, in dem manche[22] heute die entscheidende Garantie gerechter Lösungen sehen wollen.

Andere Stimmen begrenzen die strenge Bindung an den Gesetzesvorbehalt auf die Eingriffsverwaltung, auf die Einwirkung auf den Rechtsbereich des einzelnen Bürgers, und sehen für die gewährende Verwaltung auch nichtgesetzliche demokratische Ermächtigungen (Haushalt) für ausreichend an. Sie betonen, daß dort, wo die Verwaltung mit dem rechtlichen Umkreis der Einzelnen noch gar nicht in Berührung steht, bei der internen Planung, der eigenen Organisation, der einfachen Gewähr von Leistungen (Bauten, Museen, Erwachsenenbildung) bestimmte gesetzliche Grundlagen in der Regel nicht bestehen[23]. Die Vertreter dieser Meinung, die unter sich ebenso wie die der anderen viele Abweichungen zeigen, sind keineswegs auf eine Einschränkung der Gesetzmäßigkeit der Verwaltung oder des leitenden Gewichts der Gesetzgebung aus. Ihnen geht es darum, einmal schärfer die Funktion des Gesetzes und ihre Grenzen, damit aber auch den Sinn des Gesetzesvorbehalts im rechtsstaatlichen Sinne, zu erfassen, zum anderen aber die eigentliche Aufgabe der Verwaltung festzuhalten, die mehr als je heute eine gestaltende, planende, bewegende sein muß und sich nicht im bloßen Vollzug erschöpft. Wollte man übertreiben, so könnte man darauf verweisen, daß in der Gegenwart zuweilen Beamte statt einer demonstrativen — ihnen aber versagten — Streikbewegung zu der Form des „genauen Gesetzesvollzuges" als Form der Unwirksamkeit verwaltenden Handelns greifen. Ohne dies zu sehr zu betonen, zeigt dies Beispiel doch, daß jedenfalls Vollzug nicht nur im Sinne strikter, gewissermaßen berechenbarer Aktion gemeint sein kann. Sollte etwa eine Stadtverwaltung, weil sie keine Ermächtigung hat, rechtzeitig für die Erschließung neuer Quellen für ihre Wasserversorgung Pläne, Grundstückskäufe usw. vorzunehmen, warten und diese Vorsorge unterlassen, weil sie sonst Leistungen ohne gesetzliche Grundlage vorbereitete? Kann man die Tätigkeit eines Lehrers als bloßen Vollzug ansehen. Wäre diese pädagogische Leistung ohne eigene Gestaltung, Be-

[22] So meint *Vogel*, VVDStRL 24, S. 144, die Verwirklichung der Gerechtigkeit sei von der Gesetzgebung auf die Rechtsprechung übergegangen, womit er letzterer gewissermaßen doch wohl berichtigende Funktionen zuweist. Seine Ansicht erklärt sich aus der — heute im Denken der philosophischen Ethik schon abklingenden — Neigung, nur konkrete ethische Entscheidungen mehr anzuerkennen (S. 143). Dagegen richtig schon *Hollerbach*, in: VVDStRL 24, S. 234.

[23] In dieser Richtung sind zu nennen *H. Peters*, Die Wandlungen der öffentlichen Verwaltung in der neueren Zeit, 1954; *ders.*, Verwaltung ohne gesetzliche Ermächtigung, Festschrift Hans Huber, Bern 1961, S. 206 ff.; *ders.*, Die Verwaltung als eigenständige Staatsgewalt, 1965; *Vogel* und *Herzog*, VVDStRL Bd. 24; *F. Ossenbühl*, S. 187 ff.; *Ipsen*, VVDStRL 24, S. 222 und *E. Kaufmann*, dort, S. 219 ff.

weglichkeit und auch ein Maß an Entscheidungsfreiheit denkbar? Es gehört ein gutes Maß Formalismus dazu, alle Verwaltungstätigkeiten nur unter dem einen Gesichtspunkt der Gesetzesrelation ohne Unterscheidungen zu sehen. Es liegen dem aber zwei weitere Unklarheiten und Fehldeutungen zugrunde. Einmal wird verkannt, was eigentlich das Gesetz im demokratischen Staate darstellt, weshalb die Gesetzmäßigkeit der Verwaltung besteht, zum anderen aber wird der Gehalt der Verwaltung nicht gesehen, die dem Gesetz Leben gibt, die es in der Vielfalt der gesellschaftlichen Vorgänge überhaupt erst zur Wirkung bringt. Wenn man näher zusieht, findet man heute eine weitgehende Unklarheit zum Gesetzesbegriff. Sowohl die Definition bereitet Schwierigkeiten — das zeigt der Begriff des Maßnahmegesetzes oder die Unsicherheit, wie man den Inhalt des Gesetzes bestimmen könnte — wie die Funktion des Gesetzes im staatlichen Prozeß. Denn diejenigen, die für eine weitgehende Gesetzesbindung eintreten, betonen zugleich die Grundrechtsbindung, damit also die Mediatisierung des Gesetzgebers und fordern eine Rechtskontrolle über die Gesetzgebung[24]. Auch wenn man dies nicht im Sinne einer endlichen Herrschaft der Kontrolle, d. h. der Richter, deuten will, so bleibt doch die Frage, ob zwischen der so starken Betonung der Gesetzesherrschaft auf der einen, dem Mißtrauen gegen den Gesetzgeber auf der anderen Seite nicht eine seltsame Kluft besteht, die jedenfalls dem demokratischen Sinn der Gesetzgebung nicht gerecht wird.

Die folgenden Darlegungen können diesen Bereich grundsätzlicher Beziehung von Gesetz und Verwaltung nicht erschöpfend behandeln, sondern nur einige Linien skizzieren. Sie werden vor allem versuchen, vom Boden einer demokratischen Verfassung her ein Verständnis für die Rolle des Gesetzgebers in der Bestimmung der aktuellen Staatsziele, des Ausgleichs der gesellschaftlichen Interessen und der entsprechenden Anleitung der Verwaltung zu gewinnen, eine Aufgabe, die in den Satzungen der Verfassung ihre Grenzen und auch ihre Richtweisungen findet, ferner Klarheit zu erreichen über die aller Gesetzgebung innewohnenden politischen Elemente sozialer Gestaltung und Setzung von Prioritäten und endlich die Rolle der Verwaltung in der Realisierung des Gesetzes, in der Erfüllung ihres mit dem Gesetz ihr gegebenen *Auftrages,* bestimmte Gemeinwohlvorstellungen zu verwirklichen und unter Achtung gegebener individueller Rechte und Interessen der Allgemeinheit zu dienen, herauszuarbeiten. Es gehört zu den Einbußen, die der positivistische Formalismus der Verwaltungsrechtslehre gebracht hat, daß in dem überall gleichen Schema Norm-Normvollzug feinere Unterschiede, Differenzierungen zwischen den Bereichen der

---

[24] Vgl. z. B. *Rupp,* S. 273/74, wo die Letztentscheidung des Gesetzgebers abgelehnt wird.

Verwaltung verloren gegangen sind. Es gibt zweifellos Verwaltungszweige, die heute lediglich mechanischen Vollzug kennen, bei denen vor allem der egalitäre Zug unserer Zeit strikteste Gesetzesbindung im Sinne der genauen Berechenbarkeit fordert. Dazu gehören neben dem Besoldungsrecht das Recht der Sozialleistungen (vor allem der Sozialversicherung), das gesamte Abgabenrecht. Dies sind die Gebiete, die auch dem Computer offenstehen und für ihn bereitet werden können[25]. Andere Bereiche, wie etwa die Entscheidungen des Baurechts, mögen weithin gebunden sein, sie fordern doch eine mitgestaltende Arbeit der Verwaltung, die weit mehr als bloße Anwendung fester Normen ist. Erst recht gilt dies von denjenigen Gebieten, in denen die Verwaltung vorplant, vorsorgt, fördert. Hier greift sie selbst in die Zukunft hinein, setzt Maßstäbe. Es entspricht der neueren Tendenz von Rechtsprechung und Lehre, die in solchen Entscheidungsräumen entwickelten Grundsätze, vor allem die durch Verwaltungsvorschriften festgelegten Linien, als nach außen verbindliche Rechtsetzung anzusehen, aber eben infolge dieser Fähigkeit, rechtsgestaltend das Gesetz zu ergänzen, findet hier kein bloßer Vollzug im Sinne strikter Bindung statt.

Ein letzter Punkt mag erwähnt sein. Um die Mitte des 19. Jahrhunderts bildete für die Behandlung der Verwaltung neben den rechtlichen Regeln die Beachtung der sozialen Wirklichkeit bei Männern wie *R. v. Mohl, Lorenz von Stein* und *Rudolf Gneist* einen festen Bestand ihrer Lehre. Erst die ausschließliche Zuwendung zum Verwaltungsrecht hat diese fruchtbare Beziehung abgebrochen. Heute baut sich, oft am amerikanischen Vorbilde orientiert[26], eine Verwaltungslehre wieder auf. Sie darf nicht isoliert neben dem Verwaltungsrecht bestehenbleiben. Sonst bildet sich hier eine neue, das Recht mehr als Schranke betrachtende Praxislehre, während die Erkenntnisse der praktischen Erwägungen umgekehrt für die Rechtslehre unwirksam bleiben. Glücklicherweise hat die deutsche Verwaltungsrechtslehre seit langem auch in vielen ihrer Vertreter die Verbindung zu dem Geschehen der Verwaltung aufrechterhalten können. Ein Formalismus, der nur die rechtlichen Schranken der Verwaltung herausarbeitet und ihre positive Aufgabe nicht erkennt, beraubt sich aber der Verwertung dieser Möglichkeiten.

---

[25] Vgl. *H. J. v. Oertzen*, Automationsgerechte Gesetze, DVBl. 1969, S. 61 ff., der wohl vornehmlich auch diesen Bereich im Auge hat, aber wohl in Ausdehnung auf Erlaubniserteilung doch die Fähigkeit der Computer überschätzt, ferner *W. Schmidt*, S. 103 ff.

[26] Ein Überblick über die neuere Verwaltungslehre bei *Morstein-Marx*, DÖV 1967, S. 145 ff.

II. Die Stellung der Verwaltung und des Gesetzes im staatlichen Funktionsprozeß

Ehe wir uns einem kurzen Abriß der Stellung von Gesetzgebung und Verwaltung im gegenwärtigen Aufbau der staatlichen Vorgänge zuwenden, empfiehlt sich ein knapper historischer Rückblick. Der Bereich, den heute die Verwaltung als eine ausführende Verwirklichung der Staatsziele deckt, hat sich in der geschichtlichen Entstehung langsam entwickelt. Im hohen Mittelalter war die Staatstätigkeit noch hauptsächlich beschränkt auf die Erhaltung von Frieden und Ordnung, die Einhebung von Abgaben und die Übung einer — im Umfang und Begriff weiter als die heutige Rechtsprechung reichenden — Justizpflege. Im späteren Mittelalter setzten dann die Aktivitäten der Fürsten zur Förderung der gemeinen Wohlfahrt ein, wie Verbesserung der Verkehrswege und Häfen, Exportförderung, Hilfe für den Anbau bestimmter Produkte. Diese Aufgabenstellung wurde in der Folge weiter, im Merkantilismus durch größere Bemühung um wirtschaftliche Daten erweitert[27], und wir sehen bei *Veit v. Seckendorff* unter den Aufgaben des Territorialfürsten „Erhaltung und Vermehrung der Leute und ihres Vermögens" erscheinen[28]. Die Staatswissenschaft des 18. Jahrhunderts wies dann dem Staate und seinem Regenten eine allgemeine, oft als Polizei bezeichnete Vorsorge für das Wohlergehen, für die „Glückseligkeit" seiner Untertanen zu[29]. In dieser weitgefaßten Zielsetzung der politischen Gewalt lag zugleich ein umfassender Auftrag der Verwaltung. Sie bedurfte daneben keiner speziellen Aufträge, wiewohl die Beamten selbst mit solchen versehen wurden. Doch empfindet noch jene Zeit es als normal, daß Kaiser Joseph II. dem Gouverneur, den er nach dem neuerworbenen galizischen Gebiet sandte, nichts weiter mitgab als die Instruktion: „Fac". Die rechtlichen Grenzen der Verwaltung lagen nicht in ihrem Auftrag, sondern in den ihr begegnenden wohl-

---

[27] Für die Denkart dieser Zeit mit ihrer Ausrichtung auf das Gemeinwohl siehe *Hans Maier,* Die ältere deutsche Staats- und Verwaltungslehre, 1966, S. 80 ff., 95 ff.; *Knemeyer,* AöR 92 (1967), S. 153 ff.; *I. Bog,* Der Reichsmerkantilismus, 1959, S. 1 ff.

[28] *Veit v. Seckendorff,* Teutscher Fürstenstaat, Teil II, Jena 1737, Kap. 8, § 7, S. 215.

[29] Zum 18. Jahrhundert siehe *Maier,* S. 184 ff., 230 ff. Wirtschaftsförderung ist ein wesentlicher Teil staatlicher Aktion. Sie vor allem hebt der Staatsminister *Graf von Hertzberg* vor der Preußischen Akademie der Wissenschaften in einer Rede vom 1. 10. 1789 hervor, in der er auch die Vervollkommnung des Landbaus, der Fabriken und Handlungen betont (Abhandlung über das dritte Jahr der Regierung Königs Friedrich Wilhelm II. und zu beweisen, daß die Preußische Regierung nicht despotisch ist, welche den 1. Oktober 1789 in einer öffentlichen Versammlung der Akademie der Wissenschaften zu Berlin vorgelesen wurde von dem Grafen von Hertzberg, Staatsminister, Curator und Mitgliede der Akademie — S. 19 ff.).

erworbenen Rechten der Bürger[30]. Das Gesetz wurde auch dem Gedanken der Förderung des allgemeinen Wohls unterstellt[31].

Bis weit in das 19. Jahrhundert bleibt es bei diesem allgemeinen, an Wohlfahrt und Vorsorge orientierten Zweck der Verwaltung. Mit Aufkommen des konstitutionellen Staates wird freilich das Gesetz zur Grenze, aber es dauert bis ins letzte Drittel des Jahrhunderts, bis es auch zur Voraussetzung staatlichen Handelns wird, bis für dies — jedenfalls für den Eingriff in Bürgerrechte — eine gesetzliche Grundlage gefordert wird[32]. In der konstitutionellen Situation hat das Gesetz eine doppelte Funktion. Es sichert die Mitwirkung der Gesellschaft bei obersten Entscheidungen, und es dient zugleich, im Vorbehalt gewisser Maßregeln für den Gesetzgeber, dem Schutz des Individuums. In jedem Fall bildet es eine höchste, souveräne Entscheidung, die niemand in Zweifel ziehen kann. Daraus folgt der Vorrang vor der Verwaltung. Für diese genügen aber sehr allgemeine Aufträge, und immer noch wahrt die Exekutive durch die Nichterstreckung des Gesetzesvorbehalts auf Organisation, interne Verwaltungsvorschriften, als Anstalten qualifizierte Verwaltungsbereiche erhebliche Reservate[33]. Die Relation der Verwaltung zum Gesetz bleibt die der Bindung, aber einer Bindung, die noch viel Gestaltungsfreiheit — nicht nur im Ermessensbegriff — läßt. Die Gesetze beschränken sich zumeist auf allgemeine Linien, so daß der Ausführung, auch der politisch gerichteten und geleiteten, bedeutender Raum belassen wird. Aus einer festen Tradition des Staates schöpft dabei die Verwaltung eine Grundausrichtung, die sie auch als Auftrag und innere Bindung empfindet.

In der Gegenwart haben sich die Verhältnisse grundlegend gewandelt. Eine traditionelle Eigenausrichtung der Exekutive ist entfallen. Neben der demokratisch legitimierten parlamentarischen Gesetzgebung kann es für sie keine eigene Richtschnur geben, abgesehen von der auf der Gesetzesgrundlage entwickelten Leitung durch die obersten Exekutivorgane, die Minister, die hierfür dem Parlament verantwortlich sind. Bereiche, die der Verwaltung selbst zustehen, gibt es in diesem Rah-

---

[30] Zu dieser Grenzziehung von außen her siehe *W. Rüfner*, Verwaltungsrechtsschutz in Preußen von 1749 - 1842, 1962, S. 32 ff.; *G. Chr. v. Unruh*, Subjektiver Rechtsschutz und politische Freiheit in der vorkonstitutionellen Staatslehre Deutschlands, 1969, S. 2 f.

[31] Vgl. *Carl v. Dalberg*, Von Erhaltung der Staatsverfassungen, Erfurt 1795, S. 19 f.

[32] Vgl. meine Darlegungen, in: Festschrift Deutscher Juristentag, 1960, Bd. 2, S. 247 f. (abgedruckt in *diesem* Bande als Beitrag Nr. 7).

[33] Sie werden klar bezeichnet bei *Anschütz*. Die gegenwärtigen Theorien über den Begriff der gesetzgebenden Gewalt, 2. Aufl. 1901, S. 66 ff., 169 ff. Hier erscheinen auch vorkonstitutionelle Ermächtigungen zur Rechtsetzung z. B. in Schulsachen als Grundlage der Verordnungen der Exekutive.

men nur mehr in einem verminderten traditionellen Umfang, in der Organisation, in der internen Weisunggebung, in geringem Umfang im Rahmen besonderer Verwaltungsverhältnisse (Anstalten). Hier vermag nach der herrschenden Lehre die Verwaltung noch aufgrund ihrer allgemeinen Zuständigkeit zu handeln, soweit nicht in Rechte der Bürger eingegriffen wird. Dagegen sind Gebiete, die früher geringe gesetzliche Grundlagen besaßen, nun in die strengere Gesetzmäßigkeit einbezogen, wie das Wehrrecht, das Unterrichtswesen oder die Sozialhilfe. Die Verwaltungsgesetze sind zahlreicher und inhaltlich ausgedehnter, so daß sich eine stärkere materielle Bindung ergibt. Endlich ist auch die Beweglichkeit im Vollzuge durch die fortschreitende Auflösung der Ermessenslehre und die mindestens partielle Kontrolle der Ermessensübung eingeschränkt.

Hinter dieser Entwicklung verbirgt sich zugleich aber auch eine große Unsicherheit in den Grundlagen. Sie lehnt sich an das überlieferte Vorstellungsgefüge an, sucht dies aber in manchen Punkten zu ändern. Aus der geänderten Verfassungslage ergibt sich zwar eine verstärkte Betonung des Gesetzes als Ausdruck der demokratisch legitimierten parlamentarischen Festsetzung, zugleich infolge der Überordnung der Verfassung aber auch eine unmittelbare Einwirkung vor allem der Grundrechte in den Vollzug. Der weithin bemerkbaren Neigung, den Umfang des Vorbehalts des Gesetzes nunmehr statt aus dem Rechtsbereich des Einzelnen nur mehr von den Grundrechten her zu bestimmen[34], begegnen Bedenken. Keineswegs erscheint der gesamte rechtliche Bereich des Einzelnen durchweg grundrechtsgedeckt, und ferner bleibt die Frage auch in der Grundrechtsinterpretation noch offen, inwieweit in speziellen Verwaltungszügen (öffentlicher Dienst, Dauerverhältnissen) Einschränkungen der Grundrechte zugelassen sind[35]. Der Umfang, in dem eine gesetzliche Grundlage des Verwaltungshandelns nötig ist, wird, darin ist der traditionellen Linie zu folgen, von der Einwirkung des Gesetzesinhalts auf die Position der Individuen her bestimmt („Freiheit und Eigentum"), nicht aber aus dem Maß, in dem übergesetzliche Gewährleistungen der Grundrechte den Gesetzgeber binden. Der Sinn des Gesetzesvorbehaltes ist es, ein allgemeines Maß aufzurichten, nach dem sich die Zuständigkeit des Gesetzgebers zur Normsetzung gegenüber der Verwaltung regelt; den Grundrechten mag zu entnehmen sein, inwiefern diese Regelung inhaltlich besonders ausgerichtet oder beschränkt sein muß[36].

---

[34] So *Vogel*, VVDStRL 24, S. 151; ebenso wohl auch *Schmidt*, Gesetzesvollziehung, S. 261 ff.

[35] Gegen diese Deutung des Vorbehalts auch *K. Hesse*, Grundzüge, S. 189.

[36] Der Bestand eines allgemeinen Vorbehalts wird auch von *W. Schmidt*, S. 262 nicht geleugnet, aber er möchte ihn nach den Grundrechten individua-

Die Bestimmung des Verhältnisses von Gesetz und Verwaltung muß von einem Verständnis der Funktionen ausgehen, die heute im demokratisch-parlamentarischen Staatswesen den verschiedenen Organbereichen zufallen. Dabei gilt es sich zu lösen sowohl von einer allzu formalen ausschließlichen Verwendung der Vorstellung, daß staatliche Aktion sich in Normsetzung und Normvollzug teile und mit diesem einfachen Schema die Aufgliederung der komplizierten modernen Tätigkeit des Gemeinwesens ausreichend bewältigt werden könne, wie von der Neigung der deutschen staatsrechtlichen Tradition zur Umdeutung der Gewaltenteilung in eine mehr oder weniger starre Aufteilung abstrakt definierter Staatsfunktionen. Die Gewaltenteilung ist zuallererst ein politisches Prinzip, das durch die Verteilung von Entscheidungsgewalt, durch Gliederung der Kräfte und Organbereiche, die aber unter sich zusammenarbeiten, eine Mäßigung der Staatsmacht und damit den Schutz der Freiheit der Einzelnen bewirken will[37]. In diesem Sinne muß sie im parlamentarischen System, das seiner Grundlage gemäß auf die enge Zusammenarbeit von Regierung und Parlament in der Staatsleitung ausgerichtet ist[38], besondere Züge annehmen. Die politische Grundlinie der Gewaltenteilung kann hier nicht durch strenge Teilung der Aufgaben von Parlament und Exekutive, sondern durch Machtverteilung an anderen Punkten erreicht werden; dazu gehört der Gegensatz Regierung und Opposition, die organisatorische Verselbständigung der Exekutive (Art. 65, 67 GG) sowie die Einbeziehung der pluralistischen gesellschaftlichen Strukturen in die politische Ausgleichfunktion. Für das parlamentarische Regierungssystem ist bestimmend, daß in ihm kein dualistischer Aufbau stattfindet, sondern die obersten Entscheidungen in der Ebene der Staatsleitung in engem Zusammenwirken der Legislative mit den Führungsorganen der Exekutive getroffen werden. Wie immer man Staatszweck und Staatsziel definieren mag, die umfassende Aufgabe des modernen Staates bedingt, daß über die jeweilige konkrete Zielsetzung innerhalb einer allgemeinen Formel des Gemeinwohls oder des sozialen Rechtsstaates jeweils aktuelle Bestimmung nötig wird. Wirtschaftslenkung durch Steuergesetze oder staatliche Förderung, das Ausmaß sozialer Leistungen der Gemeinschaft, das Berufsrecht, alle diese und andere Gegenstände bedürfen

---

lisieren. Hier wird die Funktion des Gesetzes zu einseitig nur von der Schranke her gesehen. Wie oben auch *E. Stein*, Lehrbuch d. Staatsrechts, 1968, S. 95.

[37] Zu dieser politischen Struktur der Gewaltenteilung *M. J. C. Vile*, Constitutionalism and the Separation of Powers, 1967, S. 53 ff., 90 f., der auf ihren Ursprung in der Lehre von der gemischten Regierungsform hinweist; *W. Kägi*, Von der klassischen Dreiteilung zur umfassenden Gewaltenteilung, Festschrift f. Hans Huber, 1961, S. 157 ff.; *M. Imboden*, Montesquieu und die Lehre der Gewaltentrennung, 1959, S. 9 ff.; *Hesse*, Grundzüge, S. 180.

[38] Vgl. hierzu jetzt *Ian Gilmour*, The Body Politic, 1969, S. 247.

immer wieder der Änderung und Anpassung. Sie werden heute zumeist durch Gesetze getroffen. Das folgt einmal daraus, daß ein weitverstandener Gesetzesvorbehalt zu gesetzlicher Fixierung nötigt, zum anderen werden aber auch dort, wo die individuellen Bereiche nicht unmittelbar berührt werden, durch Maßnahmen staatlicher wirtschaftlicher Lenkung Lebensinteressen aller berührt, die eine Zuweisung der Entscheidung an die Legislative geboten erscheinen lassen (vgl. Art. 109 Abs. 3 und 4 GG)[39]. Gerade im Rahmen des Sozialstaates, der eine den gesellschaftlichen Gegebenheiten folgende, bewegliche Lenkungs- und Regelungsaufgabe zu erfüllen hat, gewinnt das Gesetz als Bestimmung des jeweils erzielten Interessenausgleichs und damit der aktualen Staatsleitung eine wesentliche Rolle.

Diese Rolle des Gesetzes als Mittel gesellschaftlicher Steuerung, als Werkzeug wechselnder politischer Intention, ist freilich in der Theorie noch unvollkommen verstanden. Zu sehr dominiert noch die aus dem späten Naturrecht stammende Vorstellung vom Gesetz als einer dauerhaften, die Rechtsordnung fortbildenden Norm, die vor allem in Gestalt der großen Kodifikationen das bürgerlichrechtliche und strafrechtliche Denken beherrscht. Neben dieser Funktion, die auch in den grundlegenden Gesetzen der Verwaltung (VwGO, Gemeindeordnungen, Wassergesetze usw.) durchaus erkennbar ist, übernimmt aber die Gesetzgebung in der Gegenwart in zunehmendem Maße die Aufgabe laufender gesellschaftlicher Sozialgestaltung und wirtschaftlicher Steuerung. Ohne daß übersehen wird, daß wichtigste Entscheidungen hier noch immer anderen Stellen anvertraut sind (Währungsstabilität, Regelung des Lohnniveaus, Kreditgewährung) nimmt die Gesetzgebung heute Anteil an der steigenden Verantwortung des Staates an den in § 1 des Stabilitätsgesetzes vom 8. 6. 1967 umschriebenen Wirtschaftszielen. Die Rechtstheorie, zu stark an einer irrigen Entgegensetzung von Recht und Politik — Rechtsetzung hat stets ein politisches Moment der sozialen Formung in sich — und an einem nur auf die Rechtsatzqualität bezogenen Bilde des Gesetzes orientiert, unterschätzt dies politische Moment des Gesetzes. Es ist natürlich verschieden stark nach der Art der Norm; aber auch ein Bürgerliches Gesetzbuch ist, als Ganzes genommen, ein Bekenntnis zu einer bestimmten Sozialordnung, etwa der „bürgerlichen“ anstelle einer sozialistischen. Da die für die Verwaltung bedeutsamen Gesetze zugleich deren Tätigkeit und Ausrichtung bestimmen, tritt bei ihnen dies politische Moment naturgemäß klarer in Erscheinung.

---

[39] Zur Zulässigkeit wirtschaftslenkender Gesetze, vor allem der Steuergesetze siehe *Friauf*, Verfassungsrechtliche Grenzen der Wirtschaftslenkung und Sozialgestaltung durch Steuergesetze, 1966; *Werner Weber*, AöR 90 (1966), S. 452 ff.; *Stern / Münch*, Gesetz zur Förderung der Stabilität und des Wachstums, 1967, S. 199.

Diese Betrachtung macht jedenfalls erkennbar, daß sowohl rechtstheoretisch wie verfassungsrechtlich zwischen Gesetzen mehr dauerhafter „rechtsordnender" Funktion und solchen Normen, die mehr aktuelle sozialgestaltende Zielsetzungen beinhalten, kein grundsätzlicher, in irgendeiner Weise im Geltungsmaß oder im Maß der gerichtlichen Kontrolle sich auswirkender Unterschied bestehen kann. Die Theorie vom „Maßnahmegesetz" bleibt auf eine soziologisch beachtliche, aber rechtlich unerhebliche Klassifizierung beschränkt. Dies hat nun erfreulicherweise auch das Bundesverfassungsgericht festgestellt[40].

Es würde hingegen zu weit gehen, aus der auf bestimmte aktuelle Verhältnisse gerichteten Natur vieler Gesetze darauf zu schließen, daß das Merkmal der Allgemeinheit für das Gesetz nicht mehr gelte. Seine Maßgeblichkeit folgt, wie das Bundesverfassungsgericht dargelegt hat[41], aus Art. 19 Abs. 1 Satz 1 GG wie auch aus Art. 3 GG[42]. Allerdings bringt es die wirtschaftgestaltende Gesetzgebung mit sich, daß mitunter Regelungen sehr spezielle Verhältnisse betreffen, die singuläre Einzelfälle oder Einzelgruppen im Auge haben. Läßt sich hier die Besonderung dieser Herausnahme der Materie gegenüber allgemeineren Kategorien gegenüber dem Gleichheitssatz rechtfertigen, so dürfte auch eine Einzelfallregelung statthaft sein[43]. Ein solches Gesetz als Verwaltungsakt zu kennzeichnen, wie es die Rechtsprechung zum Erlaß von Gesetzen über Änderung von Gemeindegrenzen im Einzelfall unternommen hat[44], erscheint nicht begründet. Die Grenze zwischen abstrakt-generell und konkret ist nicht durch formale Merkmale zu bestimmen, sondern

---

[40] BVerfGE 15, S. 130, 146 f.; 24, S. 33, 52; Urt. v. 7. 5. 1969, DÖV 1969, S. 424.

[41] BVerfGE 24, S. 367, 394; Urt. v. 7. 5. 1969, DÖV 1969, S. 424.

[42] Daher erscheint die Aufgabe der Allgemeinheit bei *Vogel*, VVDStRL 24, S. 140 f. nicht zutreffend. So auch *Schaumann*, dort, S. 214.

[43] Das hat das Bundesverfassungsgericht sowohl im Fall der hamburgischen unmittelbar durch Gesetz erfolgten Legalenteignung anerkannt, BVerfGE 24, S. 369, 397 (hier unter Hinweis auf die Natur der Enteignung, die das Eigentum als solches nicht aufhebt oder einschränkt), wie in anderen Fällen: BVerfGE 13, S. 225, 229 (Bahnhofsapotheken als generelle Regelung), Urt. v. 7. 5. 1969, DÖV 1969, S. 424.

[44] OVG Münster, in: OVGE 15, S. 375 und 22, S. 317. Die Zuweisung als Verwaltungsakte und zugleich formelle Gesetze war für die Klagmöglichkeit nicht notwendig, da diese sowieso gegen den Gesetzgeber nur vor dem Verfassungsgerichtshof NRW gegeben war. Im Ergebnis erkannten die Urteile indes den Gesetzescharakter dadurch an, daß sie ihre Prüfung am Maßstab der Nachprüfung von Gesetzen orientierten. In seiner neueren Entscheidung v. 15. 3. 1969 — VGH 8/69 — hat der VGH NRW nunmehr sich dem in BVerfGE 24, S. 369 ff. für die Legalenteignung entwickelten Maßstab begrenzter Prüfung (S. 406) angeschlossen, der aber auch als solcher der Natur eines Gesetzgebungsaktes Rechnung trägt. Ähnlich VerfGH Rheinland-Pfalz, Urt. v. 21. 3. 1969 — VGH 6/68. Es erscheint wichtig, daran festzuhalten, daß dem Gesetzgeber kraft seiner unmittelbaren demokratischen Legitimierung ein weiteres Maß an Entscheidung und Bestimmung zusteht als der gesetzesgebundenen Verwaltung.

setzt den Blick auf die Bedeutung des Falles, seine Auswirkung auf weitere Kreise (die bei Grenzänderungen stets gegeben ist) und schließlich auch, das ergeben diese Überlegungen, die Erkenntnis voraus, daß Gesetze auch begrenzte Tatbestände singulärer Natur regeln können. Es ist denkbar, daß gewisse engere Verhältnisse regelnde Akte vom Gesetzgeber bewußt dem Gesetz vorbehalten werden, um einer größeren demokratischen Legitimierung willen. Es wäre folgerichtig, heute in dem Gesetzesbegriff die Doppelung Labandscher Prägung in materielle und formelle Gesetze aufzugeben und den Rechtsakt des Parlaments in Gesetzesform schlechthin als Gesetz anzuerkennen. Daraus folgt dann aber auch, daß für ihn bei einer Nachprüfung die Maßstäbe der Gesetzgebung zu gelten haben[45].

Nicht alle für die Verwaltung richtunggebenden Entscheidungen ergehen indes als normale Gesetze. Wenn wir daran festhalten, daß der Gesetzesvorbehalt sich auf Maßregeln beschränkt, die in den Rechtskreis der Bürger eingreifen, so können diejenigen Entscheidungen, die eine unmittelbare Einwirkung nicht ausüben und die demgemäß dem Gesetzesvorbehalt nicht unterfallen[46], auch durch andere richtunggebende parlamentarische Akte, vor allem durch den Haushalt, getroffen werden. Abgesehen davon, daß heute eine zutreffende und rasch Raum gewinnende Lehre die alte Zuweisung des Haushalts zu den Nichtrechtssätzen ablehnt und seine Rechtssatznatur — freilich im Sinne besonderer begrenzter Innengeltung — annimmt[47], reicht es hier aus, daß der Entschluß der staatsleitenden Organe in deutlicher Form erkennbar geworden ist. Diese Auffassung hat sich auch die Rechtsprechung zu eigen gemacht[48]. Diejenigen, die auch für alle Gewährungen des Staates ein Gesetz als Grundlage fordern, übersehen zwei wesentliche Punkte. Würde jede Subvention gesetzlich verankert, so würde die Gefahr entstehen, daß sie — bei der Tendenz zu Eigentumssicherung und Vertrauensschutz — damit unwiderruflich würde. Die Folgen für den Staatshaushalt wären unübersehbar. Und ferner gehört gerade zur Förderungsmaßnahme eine hohe Beweglichkeit, die der Haushaltsansatz ermöglicht, das Gesetz aber verhindern würde. Es bleibt also ab-

---

[45] So auch BVerfGE 24, S. 369, 406 im Ergebnis.

[46] Der Umstand, daß mittelbar Auswirkungen und Beeinträchtigungen Dritter folgen können, dürfte nicht maßgeblich sein. A. A. *Vogel*, VVDStRL 24, S. 151 f. Zweifelnd vom Wettbewerbsgedanken her *Klein*, Die Teilnahme des Staates am wirtschaftlichen Wettbewerb, 1968, S. 260 ff. Die Abhilfe könnte hier ggf. in einer Verpflichtungsklage liegen. Vgl. BVerwGE 30, S. 191 ff.

[47] Vgl. hierzu *Jesch*, S. 22, 185; die Stellungnahme des BVerfGE 20, S. 56, 89 f., die *Labands* Lehre strikt ablehnt, geht in gleicher Richtung. Zweifelnd dagegen *Ossenbühl*, S. 218, Anm. 159.

[48] Hess. VGH, ESVGH 14, S. 50; BayVerwGH, VwRspr. 19, S. 347; BVerwGE 30, S. 191.

schließend die Feststellung, daß die Neigung, den Gesetzesvorbehalt einfach auf alle Leistungsgewährungen zu erstrecken, an der differenzierten Struktur der Verwaltungstätigkeit vorübergeht. Sie entspringt aus einem formalen Weiterdenken von Zusammenhängen, die nur im Bereich des Schutzes individueller Rechte Geltung haben.

Zeigt sich mithin, daß auch in der heutigen Verfassungsordnung der Umfang der Gesetzesbindung nicht für alle Aktivitäten der Verwaltung vom Gesetzgebungsvorbehalt her gleichmäßig gestaltet ist, so ist nun der Blick auf den Begriff der Ausführung, des Vollzuges zu richten, und das Maß und der Sinn der gesetzlichen Bindung sind von diesem Blickpunkt her ins Auge zu fassen. Es stellt einen weiteren Mangel einer formalen Betrachtungsweise dar, auch innerhalb des Bereichs der Ausführung nicht hinreichend zu differenzieren. Ausführung ist nicht nur diejenige Form der Realisierung von Gesetzesinhalten, die in strikter Bindung an die vorgezeichneten Maßstäbe nur eine Art Subsumtionsprozeß vornimmt, sondern im Bereich der Verwaltung gehört zur Ausführung gerade ein wesentliches Element der Mitgestaltung und ergänzenden Konkretisierung. Es gibt, darauf ist hingewiesen worden, gewiß Gesetze, die lediglich eine strikte Anwendung erfordern und sozusagen „computerreif" sind. Sie machen aber nur einen Teil der Arbeit der Verwaltung aus, zumeist auf Gebieten, wo finanzielle Leistungen in Frage stehen, die im Sozialstaat streng egalitär und genau bemessen werden. Andere Gesetze hingegen bedürfen zu ihrer Realisierung eines erheblichen Moments aktiver Ergänzung, Vorbereitung, Planung und Verdeutlichung durch die Verwaltung[49]. Die Bekämpfung der Verunreinigung der Gewässer, die Aufstellung von Planungen im Baurecht, das Eingreifen der Exekutivpolizei gegenüber Demonstrationen kann nicht in einen reinen Vollzug aufgelöst werden. Erst recht gilt das von der Wirtschaftslenkung und der Planung auf dem wirtschaftlichen Gebiete. Daß dennoch hier nicht „rechtsfreie" Tätigkeit, sondern gesetzesgebundene Wirksamkeit vorliegt, ergibt sich aus der allgemeinen Lage der Verwaltung. Dies Element der Mitgestaltung, das sich nicht nur in den Bereichen der unbestimmten Begriffe und des Ermessens zeigt, sondern auch in dem Maß der Dichtigkeit der gesetzlichen Normen, entspricht der Struktur des jeweiligen Verwaltungsgebietes.

Wenn wir von dieser grundsätzlichen Feststellung ausgehen, die im einzelnen eine Erörterung der Lehre von dem Ermessen, den unbestimmten Begriffen und den inneren Bindungen der Verwaltung vor-

[49] *Herzog*, VVDStRL 24, S. 191 hat deutlich dies verschiedene Maß der Bindung und, wie er es nennt, kompakte Normen (mit klar umrissenen Aufträgen) und diffuse Normen (die mehr nur Ermächtigung sind) unterschieden.

aussetzen würde, die hier nicht vorgenommen werden kann, so soll doch in dieser Betrachtung der Bedeutung des Gesetzes für die Verwaltung zuletzt das Augenmerk auf die Vielheit der Einwirkungen gelenkt werden, die im Bereich der Gesetzesbindung von der Norm ausgeht. Das Gesetz bedeutet für die Verwaltung Ermächtigung, Schranke und vor allem Auftrag. Als Ermächtigung schafft das Gesetz im Rahmen des Gesetzesvorbehalts der Verwaltung die rechtliche Grundlage zum Handeln. Es entspricht dem demokratischen Gemeinwesen, daß es für Einwirkungen auf den Rechtskreis der Bürger ohne eine solche Grundlage kein Handeln gibt; ein allgemeiner, vorgesetzlicher Auftrag der Verwaltung besteht nach dieser Richtung nicht mehr. Daß für ein Verwaltungshandeln ohne Eingriff in Einzelrechte andere Grundlagen — Haushaltsgesetze, in gewissem Umfang auch spezielle Kompetenznormen im Sinne eines speziellen Auftrags (z. B. für Planungen ohne Außenwirkung) oder einfaches Verwaltungshandeln (Bauten, Veranstaltung von Ausstellungen usw.) — zureichen können, ist dargelegt worden. Auch die sogenannte gesetzesfreie Verwaltung ist in Wirklichkeit nicht Handeln im rechtsfreien Raume; sie kann nur im Kompetenzbereich eines Organs erfolgen und nur aus dem besonderen Aufgabengebiet, dem es dient, gerechtfertigt werden.

Die Bedeutung des Gesetzes als Schranke gehört zu den rechtsstaatlichen Grundvoraussetzungen. Sie liegt begründet im Vorrang des Gesetzes. Die Verwaltung hat keine eigenständige Macht, sie folgt den Richtlinien und Geboten, die ihr von dem staatsleitenden Bereich, vom Gesetz her (und ergänzend von der ministeriellen Steuerung im Gesetzesrahmen) zugehen[50]. Daneben aber haben sich die Grundrechte als entscheidende Schranken des Verwaltungshandelns entfaltet. Sie werden um so bedeutsamer, je weiter der Entscheidungsrahmen der Verwaltung gezogen ist. Insbesondere innerhalb der Leistungsverwaltung beginnt sich die Gleichheit als ein wesentliches Moment der Begrenzung zu entfalten[51].

Das Gesetz enthält aber noch ein drittes, bisher meist nur am Rande bemerktes Element[52]. Es gibt der Verwaltung einen Auftrag, bestimmte

---

[50] Indem heute zunächst durch die Lehre von der Selbstbindung durch gleichmäßiges Handeln der Verwaltung (vgl. dazu *W. Schmidt*, Gesetzesvollziehung, S. 100 ff.; *Ossenbühl*, Verwaltungsvorschriften, S. 514 ff.), sodann durch die Herausarbeitung der These, daß interne Verwaltungsvorschriften zur Ermessenslenkung Rechtssätze sind, diese Weisungen der Prüfung der Gerichte geöffnet werden *(Ossenbühl, Schmidt)*, diese Verwaltungsweisungen bindende Außenwirkung erlangen, vollzieht sich einerseits eine Einengung der Handlungsbreite, andererseits erkennt man hier Rechtssätze an, eine Konstituierung eigener Rechtsetzungsgewalt der Verwaltung ohne Gesetzesgrundlage.

[51] Vgl. zur Gleichbehandlung OVG Berlin, DÖV 1966, S. 717 (Anspruch auf Zuwendungen für Theaterbesuche für alle Besuchervereinigungen).

vom Gesetz festgelegte Ziele zu verwirklichen. Es gehört zum Grundbezug zwischen Gesetz und Verwaltung, daß das erstere auf diese Ausführung, auf die Erfüllung dieses Auftrages angewiesen bleibt. Selbst das Gesetz mit strikter Bindung bleibt etwa in den zu seiner Durchführung notwendigen organisatorischen Vorkehrungen, den zu entwerfenden Formularen usw. auf eine ergänzende Ausführung angewiesen. Im allgemeinen bereitet die Erfüllung dieser Pflicht kein rechtliches oder praktisches Problem. Es gehört zum selbstverständlichen Gesetzesgehorsam der Verwaltung, daß sie ihre Aufträge wahrnimmt. Die Bedeutung dieses Moments liegt aber darin, daß es geeignet ist, jene Maßregeln der Vorplanung, der zukunftsgerichteten vorsorglichen Betätigung der Verwaltung zu decken, die etwa in dem früher angeführten Beispiel rechtzeitiger Vorkehr für die Wasserversorgung einer Stadt oder die Einrichtung der notwendigen Schulklassen bei steigendem Zustrom erfolgen. Sie sind vom Gesetz her gedeckt, weil sie die Verwaltung instand setzen, später ihrem Auftrag zu genügen. Nur selten wird in diesem Zusammenhang die Frage auftreten können, ob etwa eine ungenügende Wahrnehmung eines Auftrages vorliegen könnte. Sie wird vielleicht in der Weiterentwicklung in einem Bereich erhoben werden können, der freilich keinen zwingenden Gesetzesauftrag, sondern eine Ermächtigung zu freier Entscheidung erhält: im universalen Tätigkeitsbereich der Gemeinden könnte die Frage mangelnder Versorgung der Einwohner etwa bei den städtischen Verkehrsbetrieben auftreten. Ob hier ein Versorgungsauftrag besteht, soll hier nicht entschieden werden. Der Fall wird nur genannt, um zu verdeutlichen, daß Probleme mangelnder Auftragserfüllung denkbar sein können.

In diesem Auftrage der Verwaltung liegt zugleich die Verpflichtung, in ihrem Handeln das Allgemeininteresse wahrzunehmen. Es gehört zu den Schwierigkeiten des am Einzelfall orientierten verwaltungsgerichtlichen Verfahrens, daß oft nur der Gegensatz zwischen Einzelinteresse und Verwaltung hervortritt und nicht genügend deutlich wird, daß hier nicht nur das Individualinteresse, sondern im Handeln der Verwaltung auch das Gemeinwohl auf dem Spiel steht. Einige Fälle mögen das beleuchten. In einer trefflichen Entscheidung hat der bayerische Verfassungsgerichtshof mit geringen Einschränkungen eine Kreisverordnung über das Befahren des Königsees mit Fahrzeugen ohne Triebkraft aufrechterhalten, die zugunsten des allgemeinen Touristenverkehrs dies Befahren einschränkte. Der Grund lag, abgesehen von Art. 141 der Verfassung von Bayern (Naturgenuß) in der Vorordnung des

[52] Das OVG Lüneburg hat aus dem „allgemeinen Überwachungsauftrag" des Landesrechnungshofes (Art. 48 LS) eine Zuständigkeit des Rechnungshofes für Pflichtprüfungen gemeindlicher Wirtschaftsbetriebe abgeleitet (Vw-Rspr. 18, S. 662).

Gemeininteresses am Besuch des Sees durch die staatliche Schiffahrt vor den Individualinteressen[53]. Ähnliche Momente zeigt die Beschränkung, die das Landratsamt Starnberg für die Motorboote auf dem Starnberger See mit Festsetzung einer Höchstzahl (und zeitlicher Begrenzung der Erlaubnis) vorgesehen hatte; hier wurde die Pflicht zur Daseinsvorsorge durch Berücksichtigung der Bedürfnisse einer breiten Allgemeinheit den Interessen einer kleinen Minderheit vorangestellt[54]. Ähnliches gilt von der Aufhebung einer Sperrung eines Weges anläßlich von Veranstaltungen im Eisstadion durch die Gemeinde Füssen, die hier wiederum am Blick auf die gemeinen Interessen ausgesprochen wurde[55]. In allen diesen Fällen rechtfertigte sich das Handeln der Verwaltung aus dieser ihrer Rolle als Walter des Gemeininteresses[56]. Es ist nicht nötig, darauf hinzuweisen, daß dieser Gesichtspunkt vor allem in Bausachen — Verhütung von Splittersiedlungen, Beachtung nachbarschützender Bestimmungen — eine wichtige Rolle spielt. Er läßt sich im Blick auf diesen Auftrag, den das Gesetz der Verwaltung gibt, bestimmte Ziele auch aktiv zu verwirklichen, am besten begründen und verstehen.

Aus diesem Auftrage ergeben sich aber auch für die Verwaltung bestimmte Richtlinien. In der Ausübung ihres Ermessens wird sie ihn im Auge zu behalten haben. In der Überschreitung dieses Zieles, dem Hineinbringen anderer Zielrichtungen, hat schon die ältere Lehre vom Ermessensmißbrauch eine Fehlhandlung erblickt. Umgekehrt vermag etwa der Auftrag flankierende, sichernde, vorbereitende und ergänzende Maßnahmen zu tragen. So hat etwa der bayerische Verfassungsgerichtshof einen kurzen Schularrest (1 Stunde) als notwendiges Mittel einer angemessenen Schulerziehung auch im Hinblick auf die Grundrechtseinschränkung der persönlichen Freiheit gerechtfertigt[57]. In diesen Zusammenhang mögen auch Auskunftspflichten, Duldung von Besichtigungen usw. gehören. In einem besonderen Maße endlich tritt der Auftrag in Erscheinung, wenn es sich im Bereich vertraglicher Einigung innerhalb der Verwaltung oder im Verhältnis von Verwaltung und Bürger um die Bemessung der Gegenleistungen für Gewährungen, Erlaubnisse und dergleichen handelt. Hier werden als wirtschaftliche Leistungen, die eine Verwaltungsentscheidung rechtfertigen, nur solche

---

[53] VwRspr. 18, S. 257.

[54] DVBl. 1968, S. 599.

[55] BayVerfGHE 21 II, S. 198 ff.

[56] Fraglich ist dagegen, ob in der Entscheidung des Hess. VGH, VwRspr. 18, S. 280 (Freigabe von Kanalstrecken für Wasserski trotz starker Belästigung der Hausanwohner am Kanal) das Gemeininteresse deutlich genug erkannt worden ist. Vgl. ferner zu diesen Problemen BVerwGE 29, S. 289 (Belästigung durch Autokino).

[57] BayVerfGHE 20 II, 1 ff.

in Frage kommen können, die dem speziellen Auftrag der vertragsschließenden Behörde dienen, innerhalb dessen sie handelt[58].

Aus dem weiten Bereich der Fragen um das Verhältnis des Gesetzes zur Verwaltung hat diese Untersuchung nur einige Grundlinien erörtern können. Das mußte indes genügen, um die Hauptlinie deutlich zu machen. Das Bild der Verwaltung und ihrer Aufgaben, aber auch die Erscheinung des Gesetzes und seine Funktion für die Verwaltung haben sich im heutigen Staatswesen gewandelt und reicher differenziert. Es reicht nicht mehr zu, allein mit den älteren Vorstellungen vom Gesetz als Schranke und von einer Vorstellung einfacher extensiver Ausdehnung strenger Gesetzesbindung an die Probleme heranzutreten. Es muß auch die Stellung der Verwaltung im Gesamtrahmen des staatlichen Handlungsprozesses und ihre mitgestaltende Rolle bei der Erfüllung der ihr erteilten Gesetzesaufträge berücksichtigt werden. Von einer solchen vielseitigeren Sicht her können sich neue Gesichtspunkte auch für die gerichtliche Würdigung des Verwaltungshandelns, aber auch für manche begleitenden und vorbereitenden Verwaltungshandlungen erschließen.

---

[58] Vgl. BGHZ 26, S. 84 ff.; BGH, VwRspr. 18, S. 409.

Zur Neubestimmung der kommunalen Selbstverwaltung

I. Selbstverwaltung im demokratischen Staat

1. Wenn sich heute eine gewisse Unsicherheit über die Bestimmung des Ortes der kommunalen Verwaltung im Rahmen des gesamten staatlichen Aufbaus geltend macht, so hat das seinen Grund nicht in Krisenerscheinungen der gemeindlichen Selbstverwaltung oder in einer Beeinträchtigung ihrer Position. Die Gemeinden nehmen im Leben der Bundesrepublik einen wesentlichen Platz ein, den sie mit voller Aktivität erfüllen. Die Ungewißheit beruht vielmehr auf dem Empfinden, daß die überlieferte Theorie der Gemeinde und ihre rechtliche Grundlage nicht mehr in ausreichender Deckung mit einer veränderten Wirklichkeit steht. Die Rechtsordnung, einschließlich des Grundgesetzes, hält Anschauungen und Begriffe einer früheren Stufe der kommunalen Entwicklung fest, die dem Wandel der gesellschaftlichen Verhältnisse und der Funktion der Gemeinde im Sozialstaat nicht mehr voll zu entsprechen vermögen. Das gilt sicherlich von den theoretischen Ansätzen, die noch auf dem Gegeneinander von Staat und Gesellschaft im Sinne des 19. Jahrhunderts beruhen und die Gemeinde als einen bürgerlichen Freiraum gegen die Staatsverwaltung stellen[1], deren demokratisches Fundament in der Gegenwart außer acht bleibt.

Das gilt aber auch von Auffassungen, die die Gemeinden im Sinne genossenschaftlicher Konzeptionen als eine in sich geschlossene Lebensgemeinschaft, als ein räumlich und personell klar abgegrenztes Gebilde eigenen Wuchses verstehen wollen[2]. Solche Vorstellungen mochten im Blick auf Dorf und Kleinstadt noch am Beginn dieses Jahrhunderts

Aus: Archiv für Kommunalwissenschaften, 12. Jg. (1973), S. 1 - 42.

[1] Zur Ableitung der Stellung der Gemeinde aus der liberalen Gegenüberstellung von Staat und Gesellschaft kritisch: *Otto Gönnenwein,* Gemeinderecht, Tübingen 1963, S. 7; zur Bedeutung dieser Idee für die Auffassung der nichtgemeindlichen (beruflichen usw.) Selbstverwaltung vgl. *Peter Pernthaler,* Die verfassungsrechtlichen Schranken der Selbstverwaltung in Österreich, in: Verhandlungen des III. Österreichischen Juristentages, Bd. I, Teil 3, Wien 1967, S. 36 ff.

[2] Zur Kritik des genossenschaftlichen Ansatzes vgl. *Arnold Köttgen,* Kommunale Selbstverwaltung zwischen Krise und Reform, Stuttgart u. a. 1968, S. 8 f. (Schriftenreihe des Vereins für Kommunalwissenschaften, Bd. 25); positiver: *Klaus Stern* und *Joachim Burmeister,* Die kommunalen Sparkassen, Stuttgart u. a. 1972, S. 52 f. (Schriftenreihe des Vereins für Kommunalwissenschaften, Bd. 34).

eine gewisse Berechtigung haben, als ältere Ortsbildungen noch in erheblichem Maße nachwirkten. In der Gegenwart hat sich das Bild der Gemeinde in allen ihren Formen weitgehend gewandelt. Die Gesetzgebung hält freilich, angefangen mit Art. 28 Abs. 2 GG noch an der Idee eines abgrenzbaren Kreises von Angelegenheiten der örtlichen Gemeinschaft fest und legt damit das Bild einer geschlossenen Gemeinschaft zugrunde. Aber eben diese Situation hat sich heute verändert. Das Dorf, einst ein festumrissenes Gebilde, ist der Entleerung und inneren Wandlung ausgesetzt. Mit der Mobilität der Bevölkerung dringen zunehmend städtische Lebensformen ein, ein Teil der Bewohner lebt nur noch als Einpendler zu benachbarten Städten in der dörflichen Zone[3]. Aus den kleineren Orten entschwindet die Schule[4], bald auch der Pfarrer. Die Einrichtungen wandern in ein anderes, größeres dörfliches Zentrum.

Erst recht verfließen die festen Konturen in der Großstadt. Räumlich reicht ihre Einwirkung weit über das Stadtgebiet hinaus, sowohl durch ihre kommerzielle und kulturelle Anziehung, wie auch durch die Ansiedlung der Arbeitskräfte im billigeren Randgebiet — der Versuch einer scharfen Grenzziehung ihres Ausstrahlungskreises und Wirkungsraumes würde daher der Realität widersprechen. Die Großstadt bezieht — teilweise sogar in der rechtlichen Form der Verbandsbildung — ihre Umgebung in ihr Verwaltungsgeschehen ein.

Aber auch der Aufgabenkreis der Gemeinde erweist sich als veränderlich. Was läßt sich heute noch als klar umrissene örtliche Angelegenheit bezeichnen? Der Nahverkehr greift über das städtische Weichbild hinaus. In ihrer örtlichen Planung sieht sich die Gemeinde in steigendem Maße von der überörtlichen Landesplanung abhängig. Auch die Versorgungsbetriebe geraten in eine überörtliche Verflechtung. Das städtische Gaswerk ist schon Vergangenheit[5]; in der Versorgung mit

---

[3] Zur Lage der kleinen Gemeinden heute vgl. *Arnold Köttgen*, Der Strukturwandel des flachen Landes als Verwaltungsproblem, in: Archiv für Kommunalwissenschaften (AfK), 3. Jg. (1964), S. 155 ff.; *Frido Wagener*, Reform kleiner Gemeinden in Europa, in: Verwaltungsarchiv (VerwArch.), Jg. 62 (1971), S. 97 ff.; *Werner Thieme*, Vom Nutzen kleinerer Gemeinden, in: AfK, 11. Jg. (1972), S. 358 ff.; zum Ergebnis der Gebietsreform in der Bundesrepublik, die gerade die kleinen Gemeinden besonders berührt hat und ihre Zahl zwischen 1968 und 1972 von 24 282 auf 15 857 verringerte, vgl. *Sigmund Wimmer*, Gebietsreform — eine Zwischenbilanz zum 1. Juli 1972, in: Der Städtetag, N. F., 25. Jg. (1972), S. 641; von einem in Einkommen und Sozialversorgung unterprivilegierten Raum spricht bei den kreisangehörigen Gemeinden *Hans Albert Berkenhoff*, Der unterprivilegierte Raum in der Bundesrepublik, in: Der Bayerische Bürgermeister (BayBgm.), 25. Jg. (1972), S. 1 ff.

[4] Zur Übertragung der Schulträgerschaft auf einen Zweckverband vgl. BVerfGE 26, S. 228, 238 f. (keine Verletzung der Selbstverwaltungsgarantie).

[5] Zur Seltenheit der Gaseigenversorgung heute vgl. *Karl Beck*, Gebietsreform und Versorgungswirtschaft, in: Der Städtetag, N. F., 23. Jg. (1970),

elektrischer Energie wehren sich die Städte gegen die Konzentration bei privaten oder halböffentlichen großen Unternehmen und suchen wenigstens die Verteilung am Ort in der Hand zu behalten[6].

2. Diese neueren Entwicklungen lassen sich nicht durch einen Rückgriff auf die Anfänge der modernen kommunalen Selbstverwaltung einfangen. Man hat mit Recht hervorgehoben, daß die Gedankenbilder, von denen der Freiherr vom Stein und die Theoretiker der Mitte des 19. Jahrhunderts ausgingen, uns heute nur mehr eine sehr begrenzte Hilfe bieten können[7]. Der Freiherr vom Stein hatte — gestützt auf Anschauungen, die ihm die englische Morallehre vermittelt hatte[8], und geleitet von älteren deutschen Überlieferungen — die Selbstverwaltung als eine Einrichtung angesehen, durch die der Bürger zu lebendiger sittlicher Gesinnung an die öffentliche Verantwortung herangeführt werden sollte. Das Gemeindebild Steins war aber korporativ im Sinne der Heranziehung vor allem der Grundbesitzer und der Gewerbeschicht bestimmt und gründete sich auf eine politisch-ethische Motivierung[9]. In manchen Zügen kehrt auch bei Rudolf von Gneist noch die Idee einer Heranziehung der Bürger zu aktiver Mitwirkung im Staat wieder, wenn er bei seinem Selbstverwaltungsbegriff das Gewicht in erster Linie auf die Bürgerbeteiligung legte[10]. Ebenso wie Stein stellte er die

S. 168; *Frido Wagener*, Neubau der Verwaltung, Berlin 1969, S. 61; in der Erdgasversorgung können sich die Gemeinden auf ihr Wegerecht stützen. Vgl. *Werner Hoppe*, Erdgasversorgung durch gemeindliche Unternehmen, in: DVBl. 1965, S. 581 ff.

[6] Zum Vordringen überortlicher Energieunternehmen vgl. *Gerold Küffmann*, Verdrängung der kommunalen Energieversorgung, in: Der Städtetag, N. F., 22. Jg. (1969), S. 210 ff.; *Arnulf Klett*, Der Energiemarkt der Zukunft, ebenda, N. F., 24. Jg. (1971), S. 543. Die Berufung auf eine durch Art. 28 Abs. 2 GG geschützte örtliche Eigenversorgung als Teil des Wesenskerns gemeindlicher Tätigkeit dürfte nur gegen staatliche Eingriffe schützen, die diese Betätigung unterbinden oder begrenzen, nicht aber gegen wirtschaftliche Veränderungen. Kritisch zur Anführung des Art. 28 GG: *Volker Emmerich*, Die kommunalen Versorgungsunternehmen zwischen Wirtschaft und Verwaltung, Frankfurt 1972, S. 102 ff.

[7] In diesem Sinne: *Ernst Forsthoff*, Die Daseinsvorsorge und die Kommunen, Köln 1958, S. 16 f.

[8] Hierzu *Dietrich Schwab*, Die Selbstverwaltungsidee des Freiherrn vom Stein und ihre geistigen Grundlagen, Frankfurt 1971, S. 38 ff.

[9] Zum Festhalten Steins an den korporativen Gedanken vgl. *Erich Becker*, Die staatspolitische Bedeutung der Preußischen Städteordnung vom 19. November 1808, in: Festschrift für Karl Gottfried Hugelmann. Hrsg. von Wilhelm Wegener, Aalen 1959, S. 51, 53; *Heinrich Heffter*, Die deutsche Selbstverwaltung im 19. Jahrhundert, Stuttgart 1950, S. 213.

[10] Vgl. *Rudolf von Gneist*, Verwaltung, Justiz und Rechtsweg, Berlin 1869, S. 108 ff.; auf die Beziehung zu Stein weist auch *Heffter*, Die deutsche Selbstverwaltung, S. 377, hin, der auch richtig die Verbindung zur Staatsverwaltung in Gneists Denken betont (S. 394), aber im übrigen zu sehr einen Kontrast seiner Ideen mit dem Liberalismus annimmt.

Gemeinde nicht der Staatsverwaltung gegenüber, sondern sah sie als einen Teil der gesamten Verwaltung an, bei dem Staat und Gesellschaft miteinander in Verbindung treten. Die Voraussetzungen für eine solche ehrenamtliche Gemeindeverwaltung durch Honoratioren schwanden aber schon in der zweiten Hälfte des 19. Jahrhunderts, und so konnte diese Vorstellung nicht mehr realisiert werden[11]. Lorenz von Stein endlich sah die Gemeinde als Teil der freien Verwaltung an, in der die Gesellschaft Teile der staatliche Aufgaben durch ihre Kräfte verwaltet, und zu dem er auch das Vereinswesen rechnete (wobei er freilich den Verein im weiteren Sinne des modernen Verbandswesens verstand)[12].

Alle diese Ansätze, von denen diejenigen Gneists und Lorenz von Steins von dem Gegensatz zwischen Staat und Gesellschaft ausgingen, entsprachen einer gesellschaftlichen Situation, die vergangen ist. Im späteren 19. Jahrhundert, als sich auch politisch das liberale Element vor allem in den größeren Kommunen eine Stimme verschaffte, hatte es Sinn, die Selbstverwaltung dem konstitutionellen Staat als eine der freien Gesellschaft näherstehende Einrichtung gegenüberzustellen[13]. Mit dem Heraufkommen des demokratischen Staates nach 1918 verlor diese Betrachtungsweise indes ihre Bedeutung. Allerdings wirken die älteren Anschauungen auch heute noch in den rechtlichen Institutionen nach. Die Garantie der Selbstverwaltung in der Verfassung entspringt der Idee des pouvoir municipal, die aus Frankreich und Belgien auf Preußen hinüberwirkte, und ebenso reichen in das 19. Jahrhundert die Ansätze einer Formel zurück, die den Gemeinden die Regelung ihrer eigenen Angelegenheiten übertrug, mithin einen weiten Rahmen örtlicher Zuständigkeit schuf[14].

---

[11] So *Hans Herzfeld*, Demokratie und Selbstverwaltung in der Weimarer Epoche, Stuttgart 1957, S. 11; zum Vordringen des Fachbeamten im 19. Jahrhundert in der Gemeindeverwaltung: *Otto Ziebill*, Politische Parteien und kommunale Selbstverwaltung, 2. Aufl., Stuttgart u. a. 1971, S. 18 f. (Schriftenreihe des Vereins für Kommunalwissenschaften, Bd. 7); zum Zurücktreten des liberalen Einflusses gegen die Jahrhundertwende: *Helmuth Croon, Wolfgang Hofmann* und *Georg Christoph von Unruh*, Kommunale Selbstverwaltung im Zeitalter der Industrialisierung, Stuttgart u. a. 1971, S. 29 ff. (Schriftenreihe des Vereins für Kommunalwissenschaften, Bd. 33).

[12] *Lorenz von Stein*, Verwaltungslehre, 2. Aufl., II. Teil, Stuttgart 1869, S. 3 ff., 274 ff.

[13] Vgl. *Heffter*, Die deutsche Selbstverwaltung, S. 239, 246; *Werner Weber*, Staats- und Selbstverwaltung in der Gegenwart, 2. Aufl., Göttingen 1967, S. 62.

[14] Die rheinische Gemeindeordnung (GO) vom 23. 7. 1845 (§ 61) und die Städteordnung (STO) vom 15. 5. 1856 (§ 34) sprechen von „allen Gemeindeangelegenheiten" als Aufgabe der Gemeinden, die STO für die östlichen Provinzen vom 30. 5. 1853 (§ 11) von den „eigentümlichen Verhältnissen und Einrichtungen der Gemeinden", die Landgemeindeordnung für die östlichen Provinzen vom 3. 7. 1891 verwendet wieder den Ausdruck „alle Gemeindeangelegenheiten" (§ 102).

In der Gegenwart klingt eine ältere, auf genossenschaftliche Vorstellungen zurückgehende Tradition in der bayerischen Gemeindeordnung an (§ 1), die von den Gemeinden als „ursprünglichen" Gebietskörperschaften spricht. Man kann hierin heute wohl nur mehr eine mitgeführte Theorie erblicken[15], der kein rechtlicher Aussagewert zukommt. Verwandte Auffassungen bestehen teilweise im Ausland, namentlich in der Schweiz, wo die Gemeindeautonomie aus geschichtlicher Tradition besonders betont wird, wenngleich die Wandelbarkeit des gemeindlichen Aufgabenkreises von der Rechtsprechung nicht verkannt wird[16]. Dieser älteren Schicht der kommunalen Entwicklung entstammt auch die Beschränkung der gemeindlichen Zuständigkeit auf örtliche Aufgaben. Diese Begrenzung läßt sich bei der eingetretenen Verflechtung aller Bereiche über den örtlichen Kreis hinaus nur noch in einem beweglicheren Sinne deuten, der der überörtlichen Verbundenheit Rechnung trägt.

Diese älteren Vorstellungen von der Stellung und Bedeutung der Gemeindeselbstverwaltung im Staat vermögen die heutige Realität nur mehr unvollkommen wiederzugeben. Der Wandel der Verhältnisse und der Anschauungen macht es nötig, die Erscheinung der Gemeinde und ihre Funktion von der Gegenwart her neu zu bestimmen. Das gilt zunächst in ihrem Verhältnis zum Staat. Sie kann hier nicht mehr, wie in der Zeit des konstitutionellen Staates, als ein Gegenüber zum Staat mit anderer gesellschaftlich-politischer Grundlage angesehen werden, sondern sie erscheint als ein — durch seine Autonomie herausgehobener — Bestandteil des gesamten Verwaltungsaufbaus. Es mag darauf hingewiesen werden, daß die meisten Landesverfassungen die Selbstverwaltung in dem der Verwaltung gewidmeten Abschnitt behandeln[17].

---

15 Gegen die Lehre von der Ursprünglichkeit schon *Fritz Stier-Somlo,* Die neueste Entwicklung des Gemeindeverfassungsrechts in Deutschland, in: VVDStRL 2 (1925), S. 131; *Hans Peters,* Grenzen der kommunalen Selbstverwaltung in Preußen, Berlin 1926, S. 11 ff.; für heute: *Hans Klüber,* Das Gemeinderecht in den Ländern der Bundesrepublik Deutschland, Berlin 1972, S. 11; *Franz Mayer,* Selbstverwaltung und demokratischer Staat, in: Demokratie und Verwaltung, Berlin 1972, S. 332 (Schriftenreihe der Hochschule Speyer, Bd. 50).

16 Zur schweizerischen Theorie: *Max Imboden,* Gemeindeautonomie und Rechtsstaat, in: Staat und Recht, Ausgewählte Schriften, Basel 1971, S. 331 ff.; zur Rechtsprechung: *Antoine Favre,* Droit constitutionnel Suisse, 2. Aufl., Fribourg 1970, S. 484 ff.; in Österreich werden heute Bestand und Aufgabe der Gemeinde als vom Staat delegiert angesehen. Vgl. *Pernthaler,* Die verfassungsrechtlichen Schranken, S. 17; *Ludwig Fröhler,* Die Gemeinde im Spannungsfeld des Sozialstaates, Linz 1970, S. 16.

17 So die Verfassungen von Baden-Württemberg (Art. 71), Hessen (Art. 137), Nordrhein-Westfalen (Art. 78), Niedersachsen (Art. 44). Bayern versetzt die Selbstverwaltung in den Abschnitt „Grundlagen des Bayerischen Staates" (Art. 10) und in Rheinland-Pfalz (Art. 49) und Saarland (Art. 122) steht sie in einem Sonderabschnitt „Selbstverwaltung".

Da im demokratischen Gemeinwesen kein qualitativer Unterschied mehr zwischen Gemeinde und Staat hinsichtlich der demokratischen Legitimation besteht, begründet sich die gemeindliche Demokratie nicht mehr aus einem Gegensatz zum Staat, sondern aus dem Gedanken einer Verstärkung des demokratischen Elements, einer Rechtfertigung der Gemeindeverwaltung als einem Mittel zur selbständigen politischen Willensbildung im engeren Kreis und zur Wahrnehmung der hier aus dem unmittelbaren Kontakt mit dem Bürger zu bewältigenden Aufgaben. Die Gemeinden erscheinen als Zentren selbständiger Initiative und dezentraler Entscheidung. Und endlich wird die Funktion der Gemeinden heute nicht mehr als Darstellung einer vorgegebenen korporativen Lebensform verstanden werden können, vielmehr hat sie eine spezifische Aufgabe innerhalb des modernen Leistungsstaates, in dem es ihr zufällt, neben der örtlichen Durchführung allgemeiner Staatsaufgaben eine Vorsorge für die Grundbedürfnisse des Bürgers zu betreiben und den Lebensraum ihrer Einwohner auszugestalten.

3. Die Rolle der Gemeinden muß heute demnach im Blick auf ihre besondere Stellung im Rahmen einer öffentlichen Verwaltung erfaßt werden, bei der weitgehend an die Stelle hoheitlicher Eingriffsverwaltung staatliche Vorsorge und Leistung getreten ist. In der Vergangenheit haben die Gemeinden mit dem Ausbau von Einrichtungen der Versorgung und der sozialen Hilfe vielfach Pionierarbeit geleistet; heute sind diese Bereiche auch von der allgemeinen staatlichen Gesetzgebung und Verwaltung aufgenommen und vielfach in überörtliche Zusammenhänge überführt worden. Es genügt, hier an die Sozialhilfe, die Arbeitsvermittlung oder das nun auch in staatliche Lenkung übergehende Krankenhauswesen zu erinnern. Auch in der Aufgabenstellung zeigt sich, daß man die Gemeinde nicht als eine ursprünglich vorgegebene Einheit zu verstehen hat, sondern daß sie Gestalt und Funktion im größeren Rahmen der Entwicklung der Staatstätigkeiten und des Verwaltungsaufbaus erfährt. Die heutigen Gemeinden sind im 19. Jahrhundert in den deutschen Staaten als örtliches Glied der Organisation der Verwaltung geschaffen worden[18]. Eine unmittelbare Verbindung zu der Städtefreiheit des Mittelalters bestand nicht mehr, abgesehen von den Hansestädten, deren reichsstädtische Überlieferung sie aus dem kommunalen Bereich heraushob. Ihrer Aufgabe wie ihrem Bestand nach sind die Gemeinden im deutschen Raum Schöpfungen des 19. Jahrhunderts, wenn auch in West- und Süddeutschland eine beträchtliche — territoriale — Kontinuität zu früheren Gemeindekörpern besteht[19].

---

[18] Besonders in Süddeutschland (Bayern, Württemberg) gingen die Städte Anfang des 19. Jahrhunderts durch eine Phase der Verstaatlichung; vgl. *Franz-Ludwig Knemeyer,* Regierungs- und Verwaltungsreform in Deutschland zu Beginn des 19. Jahrhunderts, Köln 1970, S. 118, 142 ff., 259 ff.

Gilt das vornehmlich für die ländlichen Gemeinden, so ist auch in den Städten das durch die Gemeindeordnungen des frühen 19. Jahrhunderts erst begründete autonome Leben weitgehend unterschieden von dem in Privilegien erstarrten patrizischen Regime der Städte im absolutistischen Staat.

Die aus der Gegenüberstellung von Staat und Gesellschaft abgeleitete Kontrastierung Staat — Gemeinde im 19. Jahrhundert hat diese Zusammenhänge oftmals verdunkelt und versucht, einen autonomen Bereich der Gemeinde als Gegenpart der staatlichen Verwaltung zu entwickeln. In der Tat gehen aber heute der eigene Wirkungsbereich der Gemeinde und die ihr vom Staat übertragenen Aufgaben oft ineinander über. Auch ein anderer in der Vergangenheit zuweilen umstrittener Gegenstand hat heute an Bedeutung verloren, die staatliche Aufsicht über die Gemeinde. Sie ist in der Regel auf eine Rechtsaufsicht reduziert, die aber infolge der Handlungsschwäche des Staates nur zurückhaltend ausgeübt wird[20]. Längst hat sich das Schwergewicht des staatlichen Einflusses auf die Gemeinden von der formellen Ausübung einer Aufsicht in die immer eingehender ausgestaltete gesetzliche Regelung des gemeindlichen Aufgabenkreises — etwa im Städtebau, im Sozialwesen, neuerdings auch im Krankenhauswesen — und in die Einflußnahme auf dem Wege der finanziellen Dotierung verlagert.

Daß die Gemeinde im demokratischen Staat nicht mehr aus einem anderen politischen Grundprinzip her interpretiert werden kann als die gesamte Staatsverwaltung, hat man noch zur Zeit der Weimarer Republik nicht verstanden. Man hat damals — das klingt noch in der kritischen Literatur am Ausgang dieser Periode an[21] — die Verwandlung der älteren Honoratiorenverwaltung der Gemeinden bedauert und hat sogar in der zentralistischen Tendenz der Demokratie einen Gegner der Selbstverwaltung vermutet[22]. Namentlich aber richtete sich damals die Kritik gegen das — mit der Demokratisierung unvermeidlich verbundene — Vordringen der politischen Parteien in der Kommunal-

---

[19] Hierzu *Erich Becker,* Gemeindliche Selbstverwaltung, Berlin 1941, S. 131 ff. und *derselbe,* Entwicklung der deutschen Gemeinden und Gemeindeverbände im Hinblick auf die Gegenwart, in: Handbuch der kommunalen Wissenschaft und Praxis. Hrsg. von Hans Peters, Bd. 1, Berlin, Göttingen und Heidelberg 1956, S. 76/77.

[20] Als besonderen Fall staatlicher Mitwirkung durch Genehmigung (Denkmalspflege, Augsburger Zeughaus) vgl. BVerwG, in: DVBl. 1971, S. 213.

[21] Vor allem bei *Arnold Köttgen,* Die Krise der kommunalen Selbstverwaltung, Tübingen 1931, S. 17 ff.; *Ernst Forsthoff,* Die Krise der Gemeindeverwaltung, Berlin 1932, S. 51 ff.

[22] Vgl. z. B. *Stier-Somlo,* S. 128; *Hans Helfritz,* Die Entwicklung des Gemeindeverfassungsrechts seit der Revolution, ebenda, S. 226/27; *Köttgen,* Die Krise, S. 37 ff. (kritisch hierzu). Rückblickend betont als Irrtum bei *Forsthoff,* Die Daseinsvorsorge, S. 19.

politik, die man als Beeinträchtigung ihres als Fachverwaltung verstandenen Wesens ansah[23]. In Wirklichkeit hatte sich dieser Wandel aber schon vor dem Ersten Weltkrieg angebahnt. Längst hatte sich in den großen Gemeinden eine besondere kommunale Bürokratie ausgebildet, die freilich bis in die Weimarer Zeit hin Neutralität gegenüber den Parteien zu wahren suchte[24]. Die persönliche Beteiligung der führenden Schicht des Bürgertums war bereits vor 1914 stark zurückgegangen, nachdem sich die beruflichen Anforderungen an Unternehmer und Selbständige stark erhöht hatten[25]. So hat die Egalisierung des Wahlrechts nach 1918 nur eine schon im Gang befindliche Politisierung gefördert und zugleich das Parteienspektrum für die Mehrheitsbildung verändert. Die damals von manchen befürchtete zentralistische Auswirkung des Parteiwesens für die Selbstverwaltung blieb aus und ist auch trotz der weiteren Verstärkung des politischen Elements in der Gemeindeverwaltung nach 1945 nicht eingetreten[26]. Dagegen haben sich die laufbahnmäßigen Unterschiede zwischen dem in den Gemeinden tätigen Fachbeamtentum und dem der Staatsverwaltung eher akzentuiert. Die Ausbildung der Gemeindeverwaltung in bürokratischer Form war in den größeren Orten aus sachlicher Notwendigkeit bereits lange vor 1918 erfolgt. Die wichtigsten Wandlungen der Gegenwart im gemeindlichen Erscheinungsbild rühren vor allem aus der zunehmenden überörtlichen Verflechtung der Lebenszusammenhänge und der Erweiterung und Verlagerung der öffentlichen Aufgaben her.

4. Will man die Lage der Gemeinden innerhalb des gegenwärtigen Staatsaufbaus umschreiben, so wird man drei Momente in den Vordergrund stellen müssen, die hier zunächst einmal thesenartig vorangestellt werden, um dann nähere Begründung zu erfahren:

a) Im Gesamtaufbau des Staates hat die Selbstverwaltung einen wichtigen und festen, auch durch eine verfassungsrechtliche Garantie gesicherten Platz. Ihre Bedeutung liegt nicht in einem Gegenbild zur Struktur des demokratischen Gemeinwesens, sondern in der Konstituierung dezentraler Zentren der Initiative und Entscheidung. Die Selbst-

---

[23] *Köttgen*, Die Krise, S. 47 ff.; *Forsthoff*, Gemeindeverwaltung, S. 61 ff.

[24] Vgl. zu dieser parteipolitischen Zurückhaltung *Hans Luther*, Erinnerungen. Politiker ohne Partei, Stuttgart 1960, S. 47 ff., 64 ff.; *Christian Engeli*, Gustav Böß, Oberbürgermeister von Berlin 1921 - 1930, Stuttgart u. a. 1971, S. 213 ff. (Schriftenreihe des Vereins für Kommunalwissenschaften, Bd. 31); sowie *Ziebill*, Politische Parteien, S. 27 f.

[25] Zum Rückgang persönlicher Beteiligung der führenden Bürgerkreise vgl. *Croon, Hofmann, v. Unruh*, S. 38 f.

[26] Zur Wirkung der Gemeinden in der Dezentralisation vgl. *Mayer*, S. 333; *Hans H. Klein*, Demokratie und Selbstverwaltung, Festschrift für Ernst Forsthoff, München 1972, S. 175; *Georg Christoph v. Unruh*, Die Einrichtungen der kommunalen Selbstverwaltung, in: DVBl. 1973, S. 3, 11.

verwaltung erfüllt damit eine Rolle der Auflockerung und Gliederung der Verwaltung mit dem Ziel der Belebung und Indienstnahme örtlich-regionaler Kräfte. Diese Kennzeichnung bedeutet nicht eine Neigung zur Betrachtung der Gemeinden als mittelbare Staatsverwaltung. Ich sehe in der Gemeinde vielmehr einen selbständigen Verwaltungskörper, der sich allerdings in die politische Gesamtkonzeption der Verwaltung eingliedert, aber durch seine Autonomie und seine Fundierung auf eine eigene politische Legitimierung eine gesonderte Stellung gegenüber der hierarchisch aufgebauten Staatsorganisation besitzt.

In der dezentralisierenden Wirkung zeigt sich eine gewisse Beziehung zum Föderalismus, die auch in der Schweiz stets in dieser Hinsicht betont wird. Die Selbstverwaltung dient einem gegliederten, die regionalen und örtlichen Faktoren entfaltenden Bau der öffentlichen Institutionen. Der starre Zentralismus Frankreichs und — heute gemildert — Italiens bildet das Gegenbeispiel. Die Rolle der Gemeinde erfährt durch ihre Anerkennung als selbständige Körperschaft mit eigener Verfügungsgewalt eine Bestätigung, die der Ausbildung ihrer Verantwortung dient.

b) Verstärkt und zugleich legitimiert wird diese Stellung durch die selbständige politische Grundlage der kommunalen Verwaltung in Gestalt der Wahl durch die Gemeindebürger. Es handelt sich dabei, weil es um einen territorialen Verband mit umfassender Zuständigkeit geht, dem alle Bewohner des Gemeindegebietes angehören, um eine echte politische Konsensbildung, da in der Gemeinde über politische Fragen der Verwaltungsführung entschieden wird. Das unterscheidet die kommunale von der beruflich-sozialen Selbstverwaltung, bei der nicht eine Gesamtheit, sondern nur jeweils ein sachlich abgegrenzter Kreis von Menschen an den Dispositionen mitwirkt. Erst recht unterscheidet sich die politische Entscheidungsbefugnis der Gemeinden von der Verwaltung solcher Lebensbereiche, in denen andere spezifische Sachstrukturen obwalten, wie dies für Unterrichtsanstalten oder Wirtschaftsbetriebe gilt, die durch politische Stellungnahmen nicht sachgemäß geführt werden können. In den beruflich-sozialen Verbindungen wohnt den Einrichtungen eigener Willensbildung oft ein Charakter ständischer Formierung bei, was auch in der Abstufung oder Verteilung der Stimmrechte zum Ausdruck gelangt.

Die Gemeinde hingegen bildet eine echte politische Lebensform, weil sie mit ihrer Einbeziehung aller Bewohner eines Gebietes und ihrem umfassenden Wirkungskreis einen politischen Körper zu bilden vermag. Daß sich bei den großen Städten dabei in gleicher Weise wie im Staat die Frage der Wirkungsstärke repräsentativer Einrichtungen und der Möglichkeit einer Intensivierung der Beteiligung erhebt, unterstreicht diese politische Natur der Gemeinde. Es muß indes hinzugefügt werden, daß rechtlich die politische Freiheit der Gemeinde nur die Ausfüllung der ihr eröffneten Räume des Ermessens umgreift, soweit diese eine gestaltende Tätigkeit zulassen. Grundsätzlich bleibt die Tätigkeit der Gemeinden Verwaltung und als solche ist sie gesetzesgebunden und zur Gleichbehandlung aller ihrer Bürger verpflichtet.

c) Das entscheidende Moment für die Ortsbestimmung der Gemeinde in der Gegenwart kommt aber aus ihrer Funktion. Sie kann nicht mehr wie einst Darstellung einer mehr oder weniger in sich geschlossenen örtlichen Lebensgemeinschaft sein. Sie gewinnt ihre Bestimmung aus ihrer Rolle im modernen Leistungsstaat. Es ist anerkannt, daß unter den Tätigkeiten der Gemeinde ihre Vorsorge für den Bürger in den Vordergrund getreten ist. In einer Gesellschaft, in der der Einzelne, wie Forsthoff dargelegt hat[27], immer stärker in seinem engeren Lebenskreis von der Darbietung notwendiger Leistungen durch die Allgemeinheit abhängig wird, diese Leistungen aber überwiegend im Gemeindeverband zu erbringen sind, ist damit die essentielle Bedeutung der Gemeinde definiert. Man könnte, noch über die Idee der Daseinsvorsorge hinausgehend, hier von der Aufgabe der Gestaltung der menschlichen Lebenszusammenhänge sprechen, in der Koordination örtlicher Verwaltung wie vor allem auch in der planenden Vorherbestimmung. Je stärker die Einwirkung der Umwelt auf die persönliche Lebensführung in das Bewußtsein tritt, desto deutlicher wird die Verantwortung der Gemeinde in dieser Beziehung.

5. Aus dieser ersten Übersicht lassen sich noch einige Folgerungen ziehen:

a) Das Zurücktreten eines grundsätzlichen Gegensatzes zwischen Staats- und Selbstverwaltung führt auch zu einer gewissen Relativierung des Unterschieds zwischen eigenen Angelegenheiten der Gemeinden und übertragenem Wirkungsbereich. Er bleibt hinsichtlich des Umfangs der Aufsichtsbefugnisse und anderer Bindungen rechtlich erheblich, aber in der organisatorischen Aufteilung der Gemeindegeschäfte werden oft beide Arten von Angelegenheiten miteinander verbunden. Auch ist es heute zweifelhaft, ob die sachliche Abgrenzung der eigenen und der übertragenen Aufgaben noch den gegenwärtigen Gegebenheiten voll Rechnung trägt. Man wird also den Unterschied von Selbstverwaltungsangelegenheiten, denen besonderer verfassungsrechtlicher

[27] Vgl. *Ernst Forsthoff*, Rechtsfragen der leistenden Verwaltung, Stuttgart 1959, S. 15 ff.; *derselbe*, Der Staat der Industriegesellschaft, München 1971, S. 27, 75 ff.; vgl. dazu auch *Hendrik Gröttrup*, Die kommunale Leistungsverwaltung, Stuttgart u. a. 1973 (Schriftenreihe des Vereins für Kommunalwissenschaften, Bd. 37).

Schutz zuteil wird, und Auftragsangelegenheiten (Pflichtaufgaben nach Weisung) zwar festzuhalten haben, aber mit dem Zusatz, daß dieser Unterschied an Gewicht eingebüßt hat. Es bleibt richtig, daß die Länder ihren Gemeinden Aufträge nur auf gesetzlicher Grundlage erteilen können; der Bund kann dies überhaupt nur tun, indem er den Ländern Aufgaben zuteilt[28]. Es ist dabei bedeutsam, daß das Grundgesetz — ebenso wie Landesverfassungen — hier Vorsorge trifft, daß den Gemeinden mit der Übertragung neuer Aufgaben auch die nötigen finanziellen Mittel zufließen (Art. 106 Abs. 8 GG).

b) Die Gemeinde bildet — darin ähneln ihre Probleme denen des heutigen Föderalismus — keinen in sich geschlossenen Lebenskreis mehr. Ihre Tätigkeit spielt sich vielmehr in steigendem Maß in einem administrativen wie finanziellen Verbund zu Land und Bund ab. Das ist besonders deutlich bei der kreisangehörigen Gemeinde, deren Aufgabenerfüllung überhaupt nur mehr zusammen mit der des Kreises gesehen werden kann, der für die kleineren Orte ergänzende Einrichtungen und Verwaltungsdienste zu leisten hat[29]. Das Bundesverfassungsgericht[30] hat dies richtig umschrieben, wenn es von der fortschreitenden Integration der Kreise in die Selbstverwaltungsorganisation spricht und betont, daß die Gemeinden und Kreise mit gleichwertigen Selbstverwaltungsaufgaben betraut sind. Daraus rechtfertigt es dann die Erhebung einer Kreisumlage. In einer anderen Entscheidung erkennt das Gericht an, daß ein Kernbereich der Wahrnehmung örtlicher Angelegenheiten seitens der Gemeinden durch die Verfassungsgarantie gesichert ist, es weist aber auf die Notwendigkeit hin, in der Umgrenzung dieser Aufgaben der geschichtlichen Entwicklung Rechnung zu tragen. Daher erachtet es die — auch zwangsweise — Einfügung von Gemeinden in Schulverbände als eine Form wechselseitiger Verflechtung von Gemeinden und damit als eine zulässige, die Selbstverwaltung nicht beeinträchtigende Einrichtung[31].

c) Die Gemeinden bleiben Teil der Verwaltungsorganisation der Länder. Das ist eine föderalistische Grundentscheidung, die für die Erhaltung der Eigenorganisation der Länder von großer Bedeutung ist. Sie hat freilich sehr weitgehende, gegenwärtig nicht durchweg mehr leicht zu nehmende Folgerungen. Die Gemeinden bleiben, ungeachtet ihrer Erwähnung in Art. 106 Abs. 8 und 107 Abs. 2 GG finanziell von den Ländern abhängig. Auf der anderen Seite wird aber ihre Aufga-

---

[28] Vgl. *Klüber*, Das Gemeinderecht, S. 36.

[29] Zu dem Ineinandergreifen der Gemeinde- und Kreisverwaltung vgl. *Werner Weber*, Staats- und Selbstverwaltung, S. 83 f.; *v. Unruh*, S. 6 ff.

[30] BVerfGE 23, S. 353, 366 f.

[31] BVerfGE 26, S. 228, 237 ff.

benstellung mehr und mehr von der Bundesgesetzgebung bestimmt, die ihnen zunehmend neue Arbeitsbereiche zuweist und in ihnen durch eingehende gesetzliche Durchgestaltung auch den materiellen Entscheidungsvollzug weitgehend determiniert. Darüber hinaus bleibt der Bund darauf angewiesen, in den Ländern eine einigermaßen gleichmäßige Organisationsstruktur für die Ausführung seiner Gesetze vorzufinden.

Diese Zusammenhänge sind rechtlich nur unvollkommen erfaßt. Wieweit eine Rechtspflicht der Länder besteht, eine solche Kommunalorganisation gleichmäßiger Art darzubieten, ist in Art. 28 Abs. 2 GG nicht geregelt; nur die Existenz der Gemeindeverbände ist gesichert[32]. Es wäre aber zu weitgehend, aus diesem Gesichtspunkt für den Bund eine Rahmenkompetenz für die Gemeindeorganisation zu fordern; in der Verneinung einer solchen Änderung teile ich die Beschlußfassung, mit der sich kürzlich der Deutsche Juristentag gegen eine solche Kompetenz des Bundes ausgesprochen hat[33]. Aber sicherlich besteht zwischen der weitreichenden Ingerenz des Bundes auf das Tätigkeitsfeld der Gemeinden und deren verfassungsrechtlicher Stellung zu Land und Bund eine gewisse Spannung. Sie kann nur teilweise durch die Aktivität der kommunalen Spitzenverbände überbrückt werden, denen hier die Aufgabe zufällt, einen direkten Kontakt zum Bundesgesetzgeber herzustellen[34]. Weitergehende organisatorische Rechtspositionen, etwa ein Anhörungsrecht der Gemeinden und Gemeindeverbände bei ihren Bereich berührenden Gesetzen, wie es Art. 71 Abs. 3 der Landesverfassung von Baden-Württemberg vorsieht, könnten nützlich sein. Dagegen wäre eine Einfügung der Gemeinden in den Gang der Willensbildung des Bundes in einer darüber hinausgehenden Gestalt oder eine Beteiligung an der Stellungnahme des Bundesrates strukturell schwer zu bewerkstelligen, ohne das bestehende föderale System erheblich umzugestalten.

---

[32] Vgl.: Nur die Institution von Gemeindeverbänden, nicht die heutige Ausgestaltung in ihren Formen, ist gesichert: *Klaus Stern*, Bonner Kommentar, 2. Aufl. 1964, Rdnr. 166 zu Art. 28.

[33] Vgl. *Günter Püttner*, Gutachten F zum 49. Deutschen Juristentag, München 1972: Empfiehlt es sich, durch Einführung einer Ziff. 6 in den Art. 75 des Grundgesetzes dem Bund die Befugnis zum Erlaß von Rahmenvorschriften im Gemeindewesen zu verleihen?; *Hans Klüber, Günter Seeb* und *Fritz Ossenbühl*, Rahmengesetzgebung des Bundes für das Gemeinwesen?, in: DÖV 1972, S. 472 ff.; und zum Beschluß des 49. Deutschen Juristentages: Eildienst des Landkreistages Nordrhein-Westfalen, 1972, Nr. 19, S. 241.

[34] Zur Ergänzung der örtlichen Gemeinden durch die Verwaltung des Kreises vgl. *Werner Weber*, Die Gemeinden im nachbarschaftlichen und im bundesstaatlichen Spannungsfeld, Göttingen 1962, S. 10 f.; *Willi Albers*, Die Aufgaben- und Einnahmenverteilung auf die öffentlichen Gebietskörperschaften und die gemeindliche Selbstverwaltung, in: AfK, 1. Jg. (1962), S. 76; *Wagener*, Neubau, S. 61; *v. Unruh*, S. 6 f.

d) Die Gemeinden stehen heute ebenso wie die Länder in einem Verbundsystem, das sich, wenn auch in der Anlage des Grundgesetzes nicht anerkannt, praktisch immer mehr durchsetzt. Man kann zwar beobachten, daß der Ausdruck des kooperativen Föderalismus heute manchen Zweifeln und Anfeindungen ausgesetzt ist, aber der Trend zu einer solchen Verbindung setzt sich, wie schon am Ausgang der Weimarer Republik Johannes Popitz richtig erkannt hatte, immer stärker durch. Die Konsequenz dieser Einsicht ist, daß die Gemeinde nicht mehr in lokaler Absonderung gesehen werden kann, daß vor allem der Begriff der „örtlichen Angelegenheiten" flexibel ausgelegt werden muß[35]. Das heißt endlich, daß auf manchen Gebieten an die Stelle einer eigenen Entscheidung oder Vorkehr durch die Gemeinde ein Recht zur Beteiligung an überörtlichen Einrichtungen und Planungen treten muß[36].

II. Die Gemeinde als Mittelpunkt dezentraler Initiative und Entscheidung

6. Von der in älterer Zeit deutlich erkennbaren engeren Lebensgemeinschaft der Gemeinde sind sicherlich noch in Dörfern und kleinen Städten Elemente anzutreffen. Aber auch hier löst sich diese Gemeinschaft durch das Eindringen moderner städtischer Lebensformen, die zunehmende Mobilität der Bevölkerung, die Trennung von Wohnstätte und Arbeitsplatz (Pendler) und endlich den Übergang zu nebengewerblicher Landwirtschaft zusehends auf. Vieles entgleitet der kleinen Gemeinde, wie Schule, Versorgungseinrichtungen und soziale Dienste, manches kann — bei entsprechender Vergrößerung des örtlichen Raumes der Gemeinden — in ihrem Bereich gehalten werden. Damit zeigt sich, daß die Bestimmung dessen, was die Gesetze als „örtliche Angelegenheiten" den Gemeinden zu eigener Verantwortung zuweisen, kein

---

[35] Daß die Definition der „örtlichen Angelegenheiten" nur mehr relativ verstanden werden kann, dazu das Oberverwaltungsgericht (OVG) Lüneburg, in: DVBl. 1969, S. 776; *Gönnenwein*, S. 34, 35; *Mayer*, S. 334; die Rechtsprechung verweist hier auf eine der geschichtlichen Entwicklung angepaßte Auslegung: BVerfGE 23, S. 353, 366; 26, S. 226, 238; doch kann die örtliche Beschränkung auch zur entscheidenden rechtlichen Grenze werden: den Gemeinden oblag es nicht, Befragungen über atomare Bewaffnung zu veranstalten. Vgl. BVerfGE 8, S. 123, 134. — Mit dem Recht, die Aufgaben der örtlichen Gemeinschaft wahrzunehmen, ist der Gemeinde das Recht gegeben, Beteiligung an Verfahren zu verlangen (Genehmigung eines Flugladeplatzes), die ihre Interessen berühren: BVerwG, in: DVBl. 1969, S. 302. Vgl. aus älterer Zeit Pr.OVG 13, S. 89, Petition der Stadt Stettin gegen Getreidezille als örtliche Angelegenheit des Hafens: dagegen anders Pr.OVG 41, S. 34.

[36] Zu dieser Wandlung eigener Vorkehr in ein Recht auf Teilhabe, etwa im Recht der Energieversorgung (Beteiligung an der Verteilung) vgl. *Klaus Stern*, Die verfassungsrechtliche Position der kommunalen Gebietskörperschaften in der Elektrizitätsversorgung, Berlin 1966, S. 32; *Günter Püttner*, Das Recht der kommunalen Energieversorgung, Stuttgart 1967, S. 22 f.

sicher feststehender Kreis von Angelegenheiten ist, der sich aus der Tradition ergibt, sondern ein Aufgabenkreis, der jeweils den sich fortentwickelnden Verhältnissen angepaßt werden muß. Dieser Bereich muß entsprechend den Bedürfnissen und der Leistungsfähigkeit der Gemeinde bestimmt werden. Eine solche Auffassung führt über bloße Bestandsgarantien hinaus zu einer gewissen Beweglichkeit bei zwei Grundelementen der Gemeinde, bei ihrem Gebietsumfang und ihrem Aufgabenkreis. In beiden Fällen muß dem geschichtlichen Wandel Rechnung getragen werden, wie dies die Rechtsprechung bereits für den Aufgabenkreis anerkannt hat[37]. Die Lösung wird indes davon abhängen, ob man von einem mehr traditionellen Bild örtlicher Verbundenheit ausgeht oder, wie ich meine, zutreffender, sich von der heutigen Struktur der Gesellschaft und der Funktion der Gemeinde in ihrer Mitte leiten läßt.

7. Was den räumlichen Zuschnitt der Gemeinden anlangt, so ist das Problem der Anpassung an gewandelte Verhältnisse in der Gebiets- und Verwaltungsreform angesprochen worden. Die deutschen Länder haben damit eine Aufgabe angefaßt, die lange anstand. Die heutige Gebietseinteilung auf dem Lande, zumeist am Beginn des 19. Jahrhunderts geschaffen, stand nicht mehr im Einklang mit den Anforderungen einer modernen Verwaltung. Es fehlen freilich sichere Maßstäbe für die Neugliederung, die sich ohne weiteres allgemeine Anerkennung verschaffen. Man hat indes versucht, Grundsätze in den Gutachten und Planungen zu entwickeln, die bei der Vorbereitung der einzelnen Reformen ausgearbeitet wurden. Damit sind bestimmte Ziele einer räumlichen Gestaltung der Verwaltung entwickelt worden.

Als ein grundlegender Ansatz hat sich dabei die Forderung nach Einheitlichkeit der Lebensverhältnisse im Bundesgebiet oder — wie man es auch erweiternd formulieren könnte — nach Gleichwertigkeit der Verwaltungsleistungen für den Bürger erwiesen. Sie ergibt sich, von der neueren verfassungsrechtlichen Fixierung in Art. 106 Abs. 3 Ziff. 2 GG abgesehen, aus der Beweglichkeit der Bevölkerung, ihrem ausgesprochenen Verlangen, überall annähernd gleichwertige Verhältnisse vorzufinden, und dem Egalitätsdenken unserer Zeit[38]. Die Tragweite dieser Forderung, die zugleich das föderale Gefüge wie die über-

---

[37] Zur Bestimmung des verfassungsrechtlich gewährleisteten Kernbereichs der Selbstverwaltung muß auf die Entwicklung und die historischen Formen der Selbstverwaltung Rücksicht genommen werden: BVerfGE 11, S. 263, 274; 17, S. 172, 182; 23, S. 353, 366; 26, S. 228, 258.

[38] Vgl. auch den Hinweis in Art. 104 a GG auf den Ausgleich unterschiedlicher Wirtschaftskraft. Zur Einheitlichkeit der Lebensverhältnisse als Maßstab vgl. *Ulrich Scheuner,* Wandlungen im Föderalismus der Bundesrepublik, in: DÖV 1969, S. 517 (abgedruckt in *diesem* Bande als Beitrag Nr. 19).

lieferten kommunalen Verhältnisse angreift, stellt eine gegenwärtige Realität dar, von der man auszugehen hat. Es trägt zu ihrer Verstärkung auch bei, daß das Gemeinderecht in der Bundesrepublik nur mehr einen einheitlichen Typ der Gemeinde kennt, der den Unterschied zwischen Stadt und Land auch äußerlich abgeflacht hat[39].

Die Suche nach den richtigen Leitprinzipien für die Neugliederung, die besonders im Gebiet der mittleren und größeren Städte weitgehende Probleme aufwirft, hat Literatur und Praxis der Verwaltungsreform stark beschäftigt[40]. Für die ländlichen Gemeinden steht im Vordergrund die Frage nach einer gewissen Mindestgröße, die der Leistungserwartung angepaßt ist. Das Moment der unmittelbaren Bürgerbeteiligung und der örtlichen Beziehung kann dabei durch die Einrichtung von Samtgemeinden gefördert werden, auf die diejenigen Aufgaben übertragen werden, denen die einzelnen Gemeinden nicht mehr nachkommen können, oder durch Gliederung größerer Gemeinden in Ortsbezirke. Weitere Probleme betreffen die Kreisinstanz, sowohl deren Ausdehnung wie die Rückeingliederung mittlerer Städte, die dazu dient, den Kreis administrativ und finanziell zu stärken. Für das Problem der in ihr Umland ausstrahlenden Stadt sind verschiedene Lösungen gewählt worden: Rückführung in den Kreis mit vergrößertem Territorium (Lösung Göttingen) oder auch Gründung mehrerer selbständiger Gemeinden nebeneinander. Endlich hat auch das großstädtische Ballungsgebiet Behandlung erfahren, entweder durch erhebliche Vergrößerung der Städte oder durch Bildung von Stadtverbänden, in denen die zentrale Stadt mit zahlreichen Umlandgemeinden vereint wird.

Unter den Gesichtspunkten, nach denen die Reform durchgeführt wurde, stehen im Vordergrund Effizienz und Leistungsfähigkeit der Gemeinde sowie die Schaffung ausreichender Versorgungsgrundlagen für die Bürger. Dahinter tritt der Integrationswert für die politische Bürgergemeinde vielleicht etwas zurück. Die Anfechtung einer Reihe von Reformmaßnahmen hat auch der Rechtsprechung Gelegenheit zur Stellungnahme gegeben, die unter dem Gedanken der Verfassungsgarantie, in dem sie angerufen wurde, eine mehr konservative Note ge-

---

[39] Zur Problematik der Einheitsgemeinde (im österreichischen Recht) vgl. *Peter Oberndörfer,* Gemeinderecht und Gemeindewirklichkeit, Wien 1971.

[40] Übersichten bei *Frido Wagener,* Neubau der Verwaltung, Berlin 1969; vgl. ferner: *Klaus Stern,* Geleitwort, in: AfK, 8. Jg. (1969), S. 205; *Ulrich Scheuner,* Zur kommunalen Verwaltungsreform in Deutschland, ebenda, S. 209 ff.; *Hans Schäfer,* Gebietsreform — Verbandsgemeindeordnung — Funktionalreform, ebenda, S. 249 ff.; *Günter Püttner,* Stufenweise Reform, ebenda, S. 266 ff.; *Hans Tigges,* Zentralistische oder föderative Kommunalreform?, ebenda, S. 278 ff.; *Franz-Ludwig Knemeyer,* Gesamtreform der Verwaltung in Niedersachsen, ebenda, S. 306 ff.; *Alfons Galette,* Verwaltungsneuordnung zwischen Plan und Verwirklichung, ebenda, S. 329 ff.; *Hans Pagenkopf,* Kommunalrecht, Köln 1971, S. 122 ff.

zeigt hat[41]. Im allgemeinen haben die Gerichte die ergangenen Gesetze nur an dem von ihnen angenommenen Verfassungsprinzip des Gemeinwohls gemessen und gefordert, daß die erfolgte Lösung einer Konzeption folgte, Systemtreue bewahrte und auf einem, angemessenes rechtliches Gehör gewährenden Verfahren beruhte. Auf das Problem, in welchem Umfang die Gesetze, die die Änderung von Gemeindegrenzen aussprechen, einer Nachprüfung unterworfen sind — ich neige dazu, in ihnen echte Rechtsetzungsakte zu sehen — und wie weit die Nachprüfung reichen soll, kann hier nicht eingegangen werden[42]. Da die Rechtsprechung sich stets nur punktuell zu den Reformen äußern kann, konnten von ihrer Stellungnahme keine allgemeinen Maßstäbe für die Neugliederung erwartet werden[43]. Ihr oblag es mehr, die rechtsstaatlichen Gesichtspunkte zur Geltung zu bringen.

8. Sicherlich zeichnen sich aber in den Erörterungen, die die Reform hervorgerufen hat, weitere Probleme ab. Man wird annehmen können, daß auch in Zukunft die Gemeinde in ihrer räumlichen Abgrenzung eine etwas beweglichere Gestalt zeigen wird. Dabei wird es um Lösungen gehen, die nicht einfach den Weg der Vergrößerung wachsender Städte gehen, sondern sich um differenziertere Gestaltungen bemühen. Es wird sich darum handeln, die Stadt mit dem weiteren Umland zu verknüpfen, in dem sie Mittelpunkt ist, in dem sie als Zentrum bestimmter erzieherischer und kultureller Einrichtungen und als Wirtschaftskern Ausstrahlungswirkung entfaltet und in dem zahlreiche ihrer Arbeitskräfte Wohnung finden. Die Bildung von Zweckverbänden und andere Formen zwischengemeindlicher Vereinigungen werden hier eine bedeutsame Rolle spielen können. Sie finden aber ihre Begrenzung darin, daß solche mittelbaren Bildungen der direkten politischen Wirkung und Legitimation des Bürgerverbandes entbehren. Nehmen sie überhand, so absorbieren sie zuviel der gemeindlichen Eigeninitiative und bilden ein schwer durchschaubares Geflecht interkommunaler

---

[41] Hierzu *Walter Bückmann*, Verfassungsfragen bei den Reformen im örtlichen Bereich, Berlin 1972; *Ernst Friesenhahn*, Die verfassungsrechtliche Garantie der kommunalen Selbstverwaltung in der Bundesrepublik Deutschland und die Rechtsprechung der Verfassungsgerichte, Gedenkschrift für Max Imboden, Basel 1972, S. 115 ff. (dort Überblick über das umfangreiche Schrifttum).

[42] Kritisch zur Rechtsprechung: *Friesenhahn*.

[43] Die wichtigsten Entscheidungen des Verfassungsgerichtshofs Nordrhein-Westfalen vom 30. 2. 1969 (Bonn), OVGE 25, S. 303; vom 15. 3. 1969, ebenda, S. 313; vom 5. 5. 1969, DÖV 1969, S. 570; vom 18. 4. 1972 (Aachen), Eildienst des Landkreistages NRW 1972, Nr. 18, S. 227 (diese letzte Entscheidung mit weitergehender Prüfung); Verfassungsgerichtshof Rheinland-Pfalz vom 21. 3. 1969, in: AfK, 8. Jg. (1969), S. 375 (Dokumentation, Selbstverwaltungsgarantie und kommunale Gebietsreform); AöR 95 (1970), S. 589; Amtliche Sammlung (AS), Bd. 11, S. 73 ff.; Bayerischer Verfassungsgerichtshof vom 10. 12. 1971, in: BayVBl. 1972, S. 43.

Beziehungen[44]. Das Problem der Zusammenarbeit der größeren Städte mit ihrer von ihnen beeinflußten Umgebung wird in der kommenden Stadtentwicklung noch eine große Rolle zu spielen haben[45]. In der Bundesrepublik ist infolge der Aufteilung unserer Wirtschaftszentren und der föderalen Struktur die Bildung übergroßer Hauptstadtzentren vermieden worden, wie wir sie etwa in England und Frankreich vorfinden. Bei einem fortschreitenden Gang der Verstädterung werden aber Ballungsräume entstehen, innerhalb derer um der administrativen Übersicht willen und im Bestreben, menschliche Kontakte zu erhalten, eine Aufgliederung unerläßlich erscheint. Welche schwierigen Fragen hier entstehen, davon gibt die mühsame Diskussion um eine kommunale Neuordnung des Ruhrgebietes einen Vorgeschmack[46].

Man wird damit rechnen müssen, daß im städtischen Bereich nicht mehr die geschlossenen Ortsbilder und Versorgungsräume wie im 19. Jahrhundert zu erreichen sein werden. Versorgung, Bildungseinrichtungen und Verkehr sind heute in Planung und Wirkung nicht mehr an das Weichbild einer Gemeinde zu knüpfen. Neben der engen Zusammenarbeit, die sich auf dem Land zwischen der kleineren Gemeinde und dem Landkreis ergeben hat, erscheint auf der Ebene größerer Städte der vorerst noch etwas unbestimmt als Region umschriebene Raum, mag man ihn sich als mit der Stadt verbundenen interkommunalen Verband oder als eine neue — etwa an die Stelle der Regierungsbezirke tretende, aber großräumigere — kommunale Stufe der allgemeinen Verwaltung denken[47]. Vor allem für eine Raumordnung und die Einfügung der Stadtentwicklungsplanung in sie werden über die

---

[44] Zu den Grenzen einer Lösung durch zwischengemeindliche Verbände und Zusammenschlüsse: *Werner Weber*, Die Gemeinden, S. 18, 19. Ein gründlicher Überblick über die Methoden und Formen übergemeindlicher Zusammenarbeit bei *Erhard Mäding*, Administrative Zusammenarbeit kommunaler Gebietskörperschaften, in: AfK, 8. Jg. (1969), S. 1 ff.

[45] Ein neuartiges Beispiel für neu entstehende Bedürfnisse der Großstädte im Umland bildet der 1965 von München mit sechs Landkreisen gegründete Verein zur Sicherstellung überörtlicher Erholungsgebiete. Vgl. *Hans Jochen Vogel*, Der Erholungsflächenverein München als Beispiel regionaler Zusammenarbeit, in: Der Städtetag, N. F., 23. Jg. (1970), S. 114 ff.; über Zusammenschlüsse der Stadt München mit privaten Elektrizitätswerken, die eine gemeinsame Versorgung des Regierungsbezirks Oberbayern bewirken, vgl. ferner *Hans Jochen Vogel*, Die Amtskette, München 1972, S. 199.

[46] Vgl. zum Neugliederungsvorschlag des Innenministers von Nordrhein-Westfalen vom 18. 10. 1972: Eildienst des Landkreistages Nordrhein-Westfalen 1972, Nr. 20, S. 251 ff.

[47] Auf die weitschichtige Diskussion zur Region kann nicht eingegangen werden; vgl. *Olaf Boustedt*, Die Stadtregion — ihre Bedeutung für die Wissenschaft und Praxis, in: DÖV 1963, S. 797 ff.; das internationale Kolloquium des Vereins für Kommunalwissenschaften: *Die Verwaltungsregion*, Berlin 1967; zu übergemeindlichen Verbandsbildungen vgl. *Wagener*, Neubau, S. 147 ff.

örtlichen Grenzen der Gemeinden hinausgreifende Planungsverbände notwendig werden.

9. Eine entsprechende Auflockerung vollzieht sich im Personenverband der Gemeinde. In einer mobilen Gesellschaft gehören die Vorstellungen, die noch in den zwanziger und dreißiger Jahren dazu führten, zwischen Einwohnern und Bürgern einen Unterschied herzustellen, gründlich der Vergangenheit an. Die geltenden Gemeindeordnungen halten an dieser Unterscheidung noch fest, obwohl sie — abgesehen von einer Sperrfrist für das Gemeindewahlrecht — ihren Sinn durchaus verloren hat. Natürlich muß eine gemeindliche und rechtliche Verortung des einzelnen Bürgers erfolgen, die richtigerweise an den Hauptwohnsitz anknüpft. Aber sicherlich ist damit keine Abgrenzung der Interessen verbunden, die den einzelnen möglicherweise mit mehreren Gemeinden verbinden. Auch hier gilt der Grundsatz der Verflechtung. Der Erwerbstätige, der im Außenbezirk in einer selbständigen Gemeinde wohnt, hat seinen wirtschaftlichen Mittelpunkt in der Stadt. Möglicherweise besitzt er ein Zweithaus in einer entfernteren Gemeinde mit höherem Freizeitwert. Auch hier ergeben sich weiträumigere Verbindungen. Das städtische Zentrum hält der Umgebung zentrale Versorgungs- und Bildungseinrichtungen (Schulen, Krankenhäuser, Verkehrsverbindungen) vor und leistet damit auch finanzielle Beiträge für seine Umgebung.

Ein besonderes, schweres Problem entsteht in der Frage der Einfügung der in wachsender Zahl in die Bundesrepublik kommenden Gastarbeiter. Sein Umfang erhellt aus der Feststellung, daß fast ein Fünftel der Bewohner Münchens Ausländer sind und in manchen seiner Bezirke die Kinder dieser Ausländer schon 25 % der schulpflichtigen Kinder ausmachen[48]. Neben den allgemeinen staatlichen und internationalen Fragen erheben sich auch kommunale Probleme. Ist es angängig, so große Teile der Bevölkerung einer Stadt von der aktiven politischen Mitwirkung an ihrem Regiment ganz auszuschließen?

Im Ergebnis zeigt sich, daß heute keine scharfe Abgrenzung des räumlichen und personellen Bereichs der größeren Städte mehr besteht. Anders natürlich in rechtlicher Beziehung, wo feste Grenzen unentbehrlich sind, wo aber ein Netz von Beziehungen die Stadt mit ihrem Umland verbindet. Die hier anstehenden Fragen, Hinausgreifen der Wohnsiedlung über den städtischen Bereich, Verflechtung der Versorgungseinrichtungen (z. B. Wassereinzugsgebiete, Plätze zur Deposition von Müll), statistische Folgen (scheinbare Bevölkerungsabnahme der Kernstädte), können hier nur erwähnt werden.

---

[48] *Vogel,* Die Amtskette, S. 320.

III. Der Aufgabenbereich der Gemeinde

10. Stärker noch als die dynamisch gewordenen Abgrenzungen befindet sich der sachliche Aktionsbereich der Gemeinde in starker Bewegung. Ursprünglich war dieser Aufgabenkreis eng bemessen. Stein übertrug den Städten nur die Vermögensverwaltung und die Polizei — bei dieser zeigt die Entwicklung allerdings gewisse Schwankungen[49] — sowie eine allgemeine Sorge für das Gemeinwesen[50], eine damals noch recht unbestimmte Formel[51]. Erst im späteren 19. Jahrhundert haben die Städte aus der Zuweisung aller Gemeindeangelegenheiten an sie die praktische Folge gezogen, daß sie befugt seien, auf vom Staate nicht geordneten Gebieten eigene Initiativen zu entfalten. Es erfolgte ein umfassender Aufbau von Versorgungs- und Wirtschaftsbetrieben und ein breiter Einstieg in soziale und kulturelle Aktivitäten, der den Gemeinden das Profil gegeben hat, das ihr Bild bis in die Gegenwart hinein bestimmt[52]. Auch heute findet immer noch — auf Grund der nunmehr anerkannten allgemeinen Zuständigkeit der Gemeinden — eine Erweiterung der gemeindlichen Tätigkeiten statt. Freilich geschieht das bereits weniger in Gestalt der Übernahme neuer eigener Selbstverwaltungsangelegenheiten als durch die Erweiterung der Auftragsangelegenheiten, die infolge der zunehmenden staatlichen Tätigkeit den Gemeinden gesetzlich übertragen werden. Notwendig müssen alle die auf unmittelbaren Verkehr mit dem Bürger zugeschnittenen Aufgaben, für die keine Staatsbehörden zuständig sind oder errichtet werden, den Gemeinden übergeben werden. Diese Entwicklung ist unvermeidlich, aber sie bedeutet, daß der eigene Bewegungsraum der Selbstverwaltung sich verengt und daß sie in weiten Bereichen ihrer Tätigkeit — hinsichtlich der Aufsicht wie finanziell — von der Vorgestaltung durch die Gesetzgebung abhängig wird[53].

---

[49] Die Polizei wurde Auftragsangelegenheit und engte sich, wo sie den städtischen Behörden überlassen war, auf Gefahrenabwehr ein. Vgl. *Ernst Rudolf Huber*, Deutsche Verfassungsgeschichte seit 1789, Bd. 1, Stuttgart 1957, S. 175; vgl. hierzu StO 1808 (Text hrsg. von August Krebsbach, Stuttgart 1957), §§ 165 - 167, wo ausdrücklich die Ortspolizei auf die Sicherheit und das Wohl der Einwohner bezogen ist.

[50] Vgl. StO 1808, § 108.

[51] Zur Ausbildung der Allseitigkeit des gemeindlichen Wirkungskreises durch Gewohnheit vgl. *Becker*, Festschrift Hugelmann, S. 53.

[52] Eine eingehende Behandlung der Entwicklung der gemeindlichen Versorgungsbetriebe bei *Klaus Stern* und *Günter Püttner*, Die Gemeindewirtschaft, Stuttgart 1965, S. 11 ff. (Schriftenreihe des Vereins für Kommunalwissenschaften, Bd. 8).

[53] Zu den Auswirkungen der Bundesgesetzgebung auf Spielraum und Organisation der Gemeinden vgl. *Arnold Köttgen*, Die Gemeinde und der Bundesgesetzgeber, Stuttgart 1957, S. 70 ff. (Schriftenreihe des Vereins für Kommunalwissenschaften, Bd. 1).

Andererseits läßt sich eine Art Aussonderung mancher Aufgaben aus dem örtlichen Zusammenhang und der gemeindlichen Verfügung feststellen. Das gilt einmal für die Versorgung mit Energie und Gas, sodann aber auch für Verkehrseinrichtungen und für soziale und schulische Angelegenheiten. Vor dem Ersten Weltkrieg waren 78 % aller städtischen Gemeinden an der Gaserzeugung und über 90 % an der Wasserversorgung beteiligt; in der Elektrizitätsversorgung lag der kommunale Anteil freilich nur bei 40 %, da hier stets die Beteiligung von privaten Unternehmen stärker gewesen ist[54]. In der Gegenwart wird diese Position schwächer. Die Beschaffung von Gas erfolgt heute in der Regel durch den Anschluß an überörtliche Erdgasquellen, wobei die Gemeinde ihren Einfluß durch ihre rechtliche Position im Wegerecht wie als Abnehmer zur Geltung bringen kann. Auch in der Energieversorgung wird heute der Übergang zum Verbund häufiger. Ob den Gemeinden die Berufung auf die Durchführung der Versorgung als eine traditionelle, daher von der Gewähr der Selbstverwaltung umfaßte Aufgabe[55] helfen wird, bleibt offen. Es wird eher darauf ankommen, daß sie sich aktiv in die überörtlichen Planungen und Anlagen einzuschalten verstehen[56]. Zum mindesten in der Verteilung werden sie eine starke Stellung behalten können.

Aber das darf nicht darüber hinweg täuschen, daß sich auf diesem Feld weittragende Veränderungen vollziehen. Heute schon ist die Bundesrepublik mit 60 % ihres Energiebedarfs importabhängig[57], und dieser Anteil wird sich noch steigern. Es kann also nicht erwartet werden, daß die Gemeinden hier noch selbständig die Entwicklung steuern können. Erst recht dürfte dies von dem Ausbau der Atomkraft gelten. Irre ich nicht, sind Gemeinden an den bestehenden oder im Bau befindlichen Atomkraftwerken nicht beteiligt. Auch hinsichtlich der Wasserversorgung muß man für eine weitere Zukunft damit rechnen, daß sie infolge Fernbezugs überörtlichen Charakter annehmen wird, auch wenn sie heute noch ganz überwiegend in kommunaler Hand liegt. Dazu trägt wohl auch bei, daß hier die Gemeinde stärker gebunden ist, diese Einrichtung ihren Bürgern zu bieten[58]. Flugplätze, die anfangs kommunale

[54] Übersicht bei *Stern* und *Püttner*, Die Gemeindewirtschaft, S. 31.

[55] Vgl. *Stern*, Die verfassungsrechtliche Position; *derselbe*, Kommunalwirtschaft und Verfassungsrecht, Köln 1970; kritisch hierzu: *Emmerich*, Die kommunalen Versorgungsunternehmen.

[56] Hierzu *Klett*, Der Energiemarkt, S. 543; zur Lage der kommunalen Energieversorgung: *Küffmann*, S. 210 ff.; vgl. ferner *Püttner*, Kommunale Energieversorgung.

[57] Antwort des Bundesministers für Wirtschaft und Finanzen auf eine Anfrage zur Energieversorgung vom 17. 7. 1972, BTDrucks. VI/3663, S. 6.

[58] Dazu *Arnold Köttgen*, Gemeindliche Daseinsvorsorge und gewerbliche Unternehmerinitiative im Bereich der Wasserversorgung und Abwässerbeseitigung, Göttingen 1961, S. 62, 63.

Einrichtungen waren, sind heute — schon wegen der enormen Kosten — meist von Zusammenschlüssen getragen, an denen Gemeinden und Länder oder auch der Bund beteiligt sind[59].

Gleiche Entwicklungen lassen sich heute bei den sozialen und kulturellen Tätigkeiten beobachten. Die im 19. Jahrhundert noch von einzelnen Gemeinden ausgebaute soziale Fürsorge ist längst durch eine bundeseinheitliche Sozialhilfegesetzgebung in einen festen Rahmen gestellt, der gewiß noch erhebliche Eigeninitiativen in der Durchführung zuläßt, aber zeigt, wie Angleichung und Herstellung einheitlicher Standards der Vorsorge den kommunalen Spielraum beschränken. Ähnliches vollzieht sich heute im Krankenhauswesen, das eine Domäne kommunaler und freier Betätigung bildete[60] und heute im Wege der Bundesgesetzgebung in ein Bedarfsplanungssystem der Länder eingefügt wird, das in Verbindung mit einer zentralen Finanzierung die einzelnen Einrichtungen in eine überörtliche Gesamtplanung einbezieht[61]. Auf dem kulturellen Sektor sind die Gemeinden durch Errichtung von Fachschulen und Einrichtungen der Erwachsenenbildung vorangegangen. Zeitweise konnten Gemeinden sogar als Träger von Universitäten auftreten (Köln, Frankfurt). Hier sind nunmehr die Länder als Kostenträger nachgerückt, und wiederum werden die Hochschulgesetzgebung sowie die Regelung des Berufsausbildungswesens für Fachschulen einheitliche Typenrahmen schaffen.

11. In rechtlicher Beziehung ergibt sich aus diesen Überlegungen zur Wandlung des kommunalen Wirkungsbereiches, daß der Begriff der den Gemeinden in Art. 28 Abs. 2 GG gewährleisteten „Angelegenheiten der örtlichen Gemeinschaft“ nur in einer der geschichtlichen Veränderung entsprechenden beweglicheren Auslegung zu ermitteln sein wird. Man kann dabei nicht mehr auf einen festen Bestand der Aufgaben abstellen, weil sich manches aus dem örtlichen Bereich auf eine allgemeine Landes- oder Bundesebene verlagert hat. Auch dann wird sich aber die Garantie der gemeindlichen Tätigkeit möglicherweise als Teilhaberecht auswirken können. Die Rechtsprechung erkennt die Beweglichkeit des Aufgabenbereiches, der dem geschichtlichen Wandel unterliegt und der den Unterschied örtlicher und überörtlicher Aufgabenbereiche relativiert[62], sie hält aber daran fest, daß Art. 28 Abs. 2

---

[59] Zur Initiative der Stadt Berlin für den Ausbau des Flughafens Tempelhof, an dem freilich Land und Reich dann teilnahmen, vgl. *Engeli,* S. 136.

[60] Zur Zusammenarbeit kommunaler und freier Wohlfahrtspflege siehe BVerfGE 22, S. 180, 202.

[61] Siehe *Gesetz zur wirtschaftlichen Sicherung der Krankenhäuser und zur Regelung der Krankenhauspflegesätze vom 29. 7. 1972* (BGBl. I, S. 1009).

[62] Zur Anpassung an geschichtlichen Wandel: BVerfGE 1, S. 167, 178; 8, S. 332, 359; 11, S. 266, 274; 23, S. 353, 366; 26, S. 228, 238. — OVG Lüneburg,

GG einen Kernbereich gemeindlichen Wirkens gewährleistet[63]. Ließe sich der Begriff „örtliche Angelegenheiten" besser definieren oder ersetzen? Das ist zweifelhaft. Man könnte auf den Bereich der gemeindlichen Vorsorge für das Wohl des Bürgers verweisen oder auf Fragen des bürgerschaftlichen Zusammenhalts abstellen. Wichtiger erscheint es, den der Gesetzgebung weithin zugrundeliegenden Begriff in einer den gegenwärtigen Verhältnissen entsprechenden Form zu interpretieren, nach der er die von der Stadt als zentralem Ort unterhaltenen Veranstaltungen der Versorgung auch des Umlandes mit deckt und dort, wo Tätigkeitsfelder in überörtliche Verbindungen eingehen, der Gemeinde eine Beteiligung an ihnen sichert.

12. In einem gewissen Sinn erscheint auch die Formel der gemeindlichen Allzuständigkeit heute weiter gefaßt, als es der Realität entsprechen würde. Als Aussage darüber, daß der Gemeinde als Tätigkeitsfeld offensteht, was der Gesetzgeber des Landes oder des Bundes nicht an sich gezogen hat, wohnt ihr heute noch rechtliche Bedeutung bei. Die Gemeinden können neue Tätigkeitsgebiete aufnehmen, können gesellschaftliche Bedürfnisse, die eine kommunale Einrichtung rechtfertigen, aus eigener Initiative befriedigen[64]. So hat etwa vor einigen Jahren die Stadt Frankfurt ein kommunales Kino eröffnet, um thematisch anspruchsvollere Filme zeigen zu können, eine Unternehmung, die wohl noch nicht viel Nachahmung gefunden hat. Aber tatsächlich haben die Gemeinden heute nur geringere Möglichkeiten, neue Aktivitäten aufzunehmen und Pionierdienste zu leisten, als noch vor einigen Jahrzehnten. Neuauftretende soziale Probleme werden in weiterem Umfang als früher alsbald von der Gesetzgebung erfaßt und damit der gemeindlichen Eigeninitiative entzogen. Den Gemeinden fällt dann nur die Durchführung der gesetzlichen Maßregeln zu, die der Bund — oder in einzelnen Fällen auch das Land — getroffen haben. Es genügt, sich die Liste neuerer Grundgesetzänderungen anzusehen, um diese Ausdehnung der zentralen Regelung zu beobachten. Wenn hier etwa Umweltschutz, Lärmbekämpfung und Abfallbeseitigung erscheinen, so wird der Zusammenhang mit kommunalen Bereichen deutlich. Wenn die Gemeinden auch in ihrer Betätigung durch die Ausdehnung der gesetzgeberischen Gestaltung von Sozialbereichen begrenzt werden, so wird

---

OVGE 11, S. 149, 150. Zur Überschreitung der Gebietsgrenzen im Begriff „örtlich" siehe OVG Lüneburg, in: DVBl. 1970, S. 801.

[63] Zum garantierten Kernbereich siehe BVerfGE 23, S. 353, 365; 26, S. 228, 238. — Ferner *Hans J. Wolff*, Rechtsformen gemeindlicher Einrichtungen, in: AfK, 2. Jg. (1963), S. 149 ff.; *Klaus Stern*, Der rechtliche Standort der Gemeindewirtschaft, in: AfK, 3. Jg. (1964), S. 94.

[64] Zur Allzuständigkeit als geltendes rechtliches Prinzip siehe BVerfGE 21, S. 117, 128; ferner *Stern*, Bonner Kommentar, Rdnr. 87 - 89; *Gönnenwein*, Gemeinderecht, S. 37; *Klüber*, Das Gemeinderecht, S. 21.

man doch nicht, wie Hans Peters meinte[65], annehmen können, daß sie ihre Aktivität zugunsten freier Verbände und privater Tätigkeit zu beschränken hätten, es sei denn, es ist — wie etwa im Bereich der Wirtschaft — ausdrücklich vorgeschrieben. Das Subsidiaritätsprinzip besitzt keine verfassungsrechtlichen Grundlagen, und aus ihm können so weitgehende Folgerungen nicht abgeleitet werden[66]. Aber jedenfalls ist festzuhalten, daß den Gemeinden die Befugnis verbleibt, in dem gesetzgeberisch freigebliebenen Raume ihrerseits eigene Initiativen zu ergreifen.

13. Weniger können sich die Gemeinden dagegen sichern, daß ihnen der Gesetzgeber fortgesetzt neue Aufgaben zur Ausführung zuweist. Wenn die in den Gemeindeordnungen vorgeschriebene Form, daß neue Aufgaben der Gesetzesform bedürfen[67], gewahrt ist, können die Gemeinden sich nicht dagegen wehren, daß solche Angelegenheiten ihnen zugewiesen werden, zumal alle, unmittelbaren Kontakt zur Bevölkerung erfordernden Aufgaben schwerlich von anderer Stelle wirksam wahrzunehmen sind. Zuweilen macht es sich freilich der Bund sehr leicht, den Gemeinden die Last der Bewältigung von Folgeerscheinungen der Gesetzgebung aufzubürden. So steht in dem vom Bund erstatteten Städtebaubericht 1970 der lapidare Satz: „Die Ausstattung neuer Wohngebiete mit Einrichtungen des Gemeinbedarfs ist in erster Linie Aufgabe der Gemeinden." Bei solchen Hinweisen könnte man eher von einem Ausweichen vor Lösungen und einem Weiterreichen der Probleme an die Gemeinden sprechen[68].

---

[65] *Hans Peters,* Die kommunale Selbstverwaltung und das Subsidiaritätsprinzip, in: AfK, 6. Jg. (1967), S. 5 ff.; Peters räumt zwar ein, daß das Subsidiaritätsprinzip nicht im Grundgesetz ausdrücklich enthalten sei, will es aber anwenden im Verhältnis der Gemeinden zu den Trägern der freien Wohlfahrtspflege. Eine allgemeine Geltung des Subsidiaritätsprinzips als ungeschriebenen Verfassungssatz für den Staat nimmt an: *Josef Isensee,* Subsidiaritätsprinzip und Verfassungsrecht, Berlin 1968, S. 220 ff.; er bezieht dies auch auf die Relation Gemeinde - Staat (S. 248 ff.).

[66] Gegen eine verfassungsrechtliche Geltung des Subsidiaritätsprinzips: *Roman Herzog,* Subsidiaritätsprinzip und Staatsverfassung, in: Der Staat, Bd. 2 (1963), S. 399 ff.; *Werner Thieme,* Subsidiarität und Zwangsmitgliedschaft, Saarbrücken 1962, S. 12 ff.; *Ulrich Scheuner,* Gemeindeverfassung und kommunale Aufgabenstellung in der Gegenwart, in: AfK, 1. Jg. (1962), S. 159; *Stern* und *Burmeister,* S. 187 f.

[67] Nach der föderalen Zuständigkeit muß diese Zuweisung durch den Landesgesetzgeber (ggf. bei der organisatorischen Ausführung von Bundesgesetzen) erfolgen. Vgl. *Köttgen,* Die Gemeinde und der Bundesgesetzgeber, S. 74 ff.

[68] Siehe BTDrucks. VI/1497, S. 7. Ähnlich bemerkt der Sozialbericht des Bundes im Hinblick auf den in § 8 Abs. 2 des Städtebauförderungsgesetzes vom 27. 7. 1971 festgelegten Sozialplan, die Gemeinden sollten sich bemühen, die unsoziale Verwendung des Eigentums zu verhüten.

14. Der Eigeninitiative der Gemeinden bei der Übernahme gesellschaftlich bedeutsamer Aufgaben sind demnach grundsätzlich vom Kommunalrecht her keine Schranken gesetzt, weil hier die Regel der allgemeinen Zuständigkeit für Angelegenheiten der örtlichen Gemeinschaft zur Geltung gelangt[69]. Rechtliche Grenzen sind nur der wirtschaftlichen Betätigung gezogen, eine Beschränkung, die erstmals gegen Ende der Weimarer Republik eingeführt wurde. Hier fordert die Gesetzgebung, außer der Relation zur wirtschaftlichen Leistungsfähigkeit der Gemeinde, die Rechtfertigung durch einen öffentlichen Zweck. Eine Reihe von Gemeindeordnungen[70] setzen hinzu, daß der öffentliche Zweck nicht besser und wirtschaftlicher durch einen anderen — in der Regel wird dies die private Wirtschaft sein — erfüllt werden kann. Auch in dieser einschränkenden Bestimmung wird man keine Ausprägung des Subsidiaritätsprinzips sehen können, weil sie nicht dem Vorrang anderer wirtschaftlicher Betätigung, sondern in erster Linie dem Schutz der Gemeinden vor wirtschaftlicher und finanzieller Überlastung dienen soll[71].

Nicht minder bedeutsam sind heute aber auch die finanziellen Grenzen. Gerade in dem für die Gemeinden so kennzeichnenden Bereich der Versorgung drohen manche Einrichtungen — vor allem der Nahverkehr — die Gemeinden mit dauernden hohen Defiziten zu belasten. Diese Entwicklung wirft langfristig Probleme auf. Es kann zunächst davon ausgegangen werden, daß gerade im Versorgungsbereich die Tätigkeit der Gemeinden unter dem Gedanken des Sozialstaats als eine ihnen besonders zufallende Aufgabe erscheint[72]. Auf der anderen Seite sehen die Gemeindeordnungen mit Recht vor, daß grundsätzlich Gemeindebetriebe, in welcher Form sie auch geführt werden[73], zwar nicht dem fi-

---

[69] Siehe *Stern* und *Püttner*, S. 176 ff.; zum Verhältnis zur Bundeskompetenz für „Wirtschaft" (Art. 74 Ziff. 11 GG) siehe *Stern* und *Burmeister*, S. 176 ff.

[70] So BayGO, Art. 75; GO Nds., § 89; GO NW, § 69; GO Rh-Pf., § 80; GO Saar, § 83.

[71] Siehe auch *Isensee*, S. 79 ff.; *Stern* und *Burmeister*, S. 189. — Nur Art. 75 der BayGO geht hier mit der Formel, wirtschaftliche Kommunalunternehmen dürften nur errichtet werden, wenn der Zweck nicht ebenso gut und wirtschaftlich durch einen anderen erfüllt werden könnte, weiter und nähert sich dem Subsidiaritätsgedanken. Zurückhaltend dem Prinzip gegenüber: *Klüber*, Das Gemeinderecht, S. 239; *Pagenkopf*, Kommunalrecht, S. 150.

[72] Zur Daseinsvorsorge als Aufgabe im Versorgungsbereich siehe *Köttgen*, Kommunale Selbstverwaltung, S. 157 ff.; *Klüber*, Das Gemeinderecht, S. 32; *Stern* und *Burmeister*, S. 98 ff.

[73] Die heutige Auffassung neigt dazu, die äußere Form des Betriebes, ob privatrechtlich oder öffentlich-rechtlich, gering einzuschätzen und etwa die Beziehungen der Versorgungsbetriebe zum Benutzer allgemein dem Bereich der Verwaltung zuzurechnen, damit auch deren Bindungen (Grundrechte, Diskriminierungsverbot usw.) Platz greifen. Vgl. BGHZ 52, S. 328 ff.; in diesem Sinne: *Heinrich Siedentopf*, Grenzen und Bindungen der Kommunal-

nanziellen Gewinn dienen sollen[74], aber zum mindesten kostendeckend sein sollen. Das schließt einen maßvollen Gewinn nicht aus[75]. Diese gemeinwirtschaftliche Einstellung wird es daher gestatten, bei im Verbund geführten Versorgungszweigen auch in der Tarifgestaltung einen inneren Ausgleich zwischen ertragabwerfenden und defizitären Zweigen vorzunehmen, sofern damit nicht eine mißbräuchliche Ausnutzung von Monopolstellungen verbunden ist[76].

Auf der anderen Seite kann eine defizitäre Entwicklung auch dazu führen, bei nicht elementaren Einrichtungen, wie etwa dem städtischen Theater, schärfer die Frage zu stellen, welchen Bevölkerungsschichten sie dienen und in welchem Verhältnis ihre Kostendeckung zu anderen Aufgaben steht. Gerade bei kulturellen Veranstaltungen tritt dann die Frage auf, ob sie nicht einem weiteren Bereich jenseits der städtischen Grenzen dienen und daher eine Beteiligung der Länder — die partiell schon eingesetzt hat — angemessen wäre[77].

Der finanzielle Zusammenhang führt zu einer weiteren Frage. Inwieweit ist der Betrieb von Versorgungseinrichtungen der Gemeinden, den die Gesetzgebung offenläßt, etwa auch eine Pflicht der Gemeinden? Die erwähnten Bestimmungen über wirtschaftliche Unternehmen suchen das Tätigkeitsfeld der Gemeinden einzuschränken. Nirgends aber erscheint, von Ausnahmen unter speziellen Gesichtspunkten (Gesundheit) abgesehen, eine Pflicht dazu, etwa einen Schlachthof zu betreiben, Verkehrsbetriebe trotz des Defizits aufrechtzuerhalten, die Energieversorgung zu gewährleisten. Glücklicherweise besteht wohl nirgends

---

wirtschaft, Stuttgart 1963, S. 53 f. und *Hans H. Klein,* Die Teilnahme des Staates am wirtschaftlichen Wettbewerb, Stuttgart 1968, S. 90 ff., die die Versorgung zur Verwaltung rechnen. Flexibler in dieser Hinsicht, aber mit Hereinnahme öffentlich-rechtlicher Bindungen in das Privatrecht: *Wolfgang Rüfner,* Formen öffentlicher Verwaltung im Bereich der Wirtschaft, Berlin 1967, S. 368 ff., 377 ff.; kritisch hierzu: *Volker Emmerich,* Das Wirtschaftsrecht der öffentlichen Unternehmen, Bad Homburg 1969, S. 58 ff.; *derselbe,* Die kommunalen Versorgungsunternehmen, S. 30 ff.

[74] So mit Recht *Köttgen,* Kommunale Selbstverwaltung, S. 176.

[75] Vgl. *Rüfner,* S. 147, 153.

[76] In diesem Sinne freilich zurückhaltend: *Rüfner,* S. 160, 161; ablehnend gegen solchen internen Ausgleich bei der Bundespost: *Hans Heinrich Rupp,* Verfassungsrechtliche Aspekte der Postgebühren und des Wettbewerbs der Deutschen Bundespost mit den Kreditinstituten, Köln 1971, unter Hinweis auf das Gebührenprinzip der Kostendeckung, das er bei den gewinnbringenden Zweigen (Fernsprechwesen) für nicht gewahrt ansieht. Ich würde für wichtige Versorgungsbetriebe aus dem Sozialstaatsprinzip die Befugnis ableiten, das Äquivalenzprinzip bei Gebühren oder die Entgelte bei privatrechtlicher Betriebsgestaltung für ein dem Gemeinwohl dienendes Verbundsystem auszugestalten.

[77] Zum Theater siehe *Dieter Sauberzweig,* Städtische Kulturpolitk, in: Der Städtetag, N. F., 23. Jg. (1970), S. 113; zu seinen regionalen Aufgaben und der Landesbeteiligung: *Alfons Tallert,* Gedanken zum städtischen Theater, in: Der Städtetag, N. F., 25. Jg. (1972), S. 58 ff.

die Absicht, wichtige Grundversorgungen, wie etwa den Nahverkehr, aufzugeben (Einschränkungen sind hier freilich schon weit gediehen). Eine positive Verpflichtung der Gemeinden zum Betrieb der im heutigen Leistungsstaat für wesentlich angesehenen Einrichtungen läßt sich nicht nachweisen. Sie könnte in dringenden Fällen allenfalls aus dem Verfassungsprinzip des Sozialstaats hergeleitet werden[78]. Das Problem ist noch nicht erörtert worden. Praktisch geht die Entwicklung vielfach einen anderen Weg. Kostenlastige Einrichtungen erhalten finanzielle Zuschüsse von Bund oder Land und werden, wie Krankenhäuser oder Kindergärten, zugleich in Bedarfsplanungen einbezogen, die den Umfang der erforderlichen oder jedenfalls anzustrebenden Einrichtungen festlegen[79].

Die finanziellen Erwägungen leiten zu einem letzten, hier nur kurz zu erwähnenden Zusammenhang. Läßt sich aus Art. 28 GG ein Anspruch der Gemeinden gegen Bund und Länder ableiten, daß ihnen eine angemessene finanzielle Ausstattung verfügbar bleibt, um ihren Aufgaben nachkommen zu können? Man wird diese Frage grundsätzlich bejahen können, zumal nun auch das Grundgesetz in Art. 106 Abs. 5 - 9 hierzu ausführliche Vorschriften gibt. In diesen Bestimmungen ist wohl eine mittelbare Verbürgung auf angemessene finanzielle Ausstattung der Gemeinden zu sehen[80]. Daneben ist es auch stets so gewesen, daß den Gemeinden gewisse Lasten, die ihre Kräfte übersteigen oder die durch besondere, in ihrem Bereich bestehende staatliche Einrichtungen entstehen, ganz oder teilweise vom Staat abgenommen worden sind. Das vollzieht sich heute u. a. im Sozialbereich (Krankenhäuser, Kindergärten). Umgekehrt kommen den Gemeinden auch manche staatlichen Institutionen zugute (etwa Behörden, Einrichtungen der Streitkräfte, Unterrichtsanstalten), auch wenn sich heute die Frage stellt, ob nicht die Folgelasten etwa von Hochschulen für die Gemeinde zusätzliche Lasten begründen. Stets haben jedenfalls Residenzstädte aus der Anwesenheit der Zentralverwaltung und ihres — im monarchischen Zeitalter besonders sichtbaren — Repräsentationsaufwandes, einschließlich des Unterhalts von Museen, Theatern, Orchestern usw., weitgehenden

---

[78] Sieht man etwa von der aus Gesundheitsgründen nötigen Wasserversorgung oder der Müllabfuhr ab, so könnte der Sozialstaat hier angerufen werden, um Pflichten abzuleiten. Vgl. *Köttgen*, Gemeindliche Daseinsvorsorge, S. 62, 63; siehe auch *Fröhler*, S. 28, 29; *Klüber*, Das Gemeinderecht, S. 248 (zum Nahverkehr); *Stern* und *Burmeister*, S. 98 ff. (unter Hinweis auf Leistungsgewährungen als Erfüllungen des Sozialstaatsprinzips).

[79] Siehe *Gesetz zur wirtschaftlichen Sicherung der Krankenhäuser*, §§ 6, 21 ff.; *Kindergartengesetz von Nordrhein-Westfalen* vom 21. 12. 1971 (GVBl. S. 534), §§ 6, 16 ff.

[80] Vgl. *Hans Meyer*, Die Finanzverfassung der Gemeinden, Stuttgart 1969, S. 63 ff.; einschränkender *Karl M. Hettlage*, Die Gemeinden in der Finanzverfassung, in: AfK, 3. Jg. (1964), S. 13 f.

Nutzen gezogen. Es gehört zu den Paradoxien der Bundesrepublik, daß ihre Hauptstadt Bonn in dieser Hinsicht bisher keine nennenswerte Förderung erfahren hat, diese vielmehr — aus politischen Gründen — überwiegend noch der alten Hauptstadt Berlin zugeflossen ist[81].

IV. Die Gemeinde als dezentrale demokratische Ordnung

15. Es ist schon früher dargelegt worden, daß sich die Stellung der Gemeinde im demokratischen Staat nicht mehr aus einem von dessen Verfassungsordnung abweichenden Prinzip ableiten läßt. Im Gegenteil, die Gemeinde erscheint als Grundlage des demokratischen Aufbaus[82]. Diese selbständige demokratische Basis der Gemeinde, die sich auf Wahlen ihrer Bürger gründet, fand in der älteren Sicht ihre Rechtfertigung aus der damit erreichten Belebung und Stärkung des politischen Engagements der Staatsbürger (Stein), und sicherlich kommt diesem Gedanken auch in der Gegenwart noch Bedeutung zu. Allerdings scheint mir die entscheidende Begründung der eigenen politischen Existenz der Gemeinden jetzt darin zu liegen, daß damit Zentren der Initiative und Eigenverantwortung geschaffen werden, die das öffentliche Leben gliedern und dem Gemeinwesen eine zusätzliche örtliche Legitimierung verschaffen. Eine bloße Auflockerung der staatlichen Verwaltung würde dies Ergebnis nicht erreichen können. Der Hinweis darauf, daß die Gemeinde eine bestehende Lebensgemeinschaft verkörpere, in der sich die unmittelbare Anteilnahme der Bürger auswirke, kann heute nur mehr in begrenztem Umfang reale Geltung besitzen. Es bleibt zwar eine ideale Forderung, daß eine bürgerschaftliche Selbstverwaltung unter lebhafter Beteiligung der Bürgergemeinde zustande kommt[83]. Die Gemeinde teilt jedoch das Geschick aller auf die Aktivität der Bürger abgestellten Verbände — Gewerkschaften, Vereine usw. — nicht nur der staatlichen, sondern auch der gesellschaftlichen Sphäre, daß sie unter der Passivität des Bürgers zu leiden haben, der zwar stets bereit ist, Leistungen entgegenzunehmen, aber sich nicht aktiv engagieren möchte. Die Situation ist in kleineren Orten noch etwas günstiger, aber in den größeren Städten kann von einer unmittelbaren, über die Teilnahme an der durch die Parteien gesteuerten Wahl hinausgehenden Beteiligung ihrer Bewohner nur bei besonderen Gelegenheiten, bei Störungen in den Funktionen und Leistungen oder Umge-

[81] In der Regierungserklärung des Bundeskanzlers Willy Brandt vom 18. 1. 1973 findet sich nun die Inaussichtstellung einer Kooperation von Stadt, Land und Bund, damit Bonn seine Funktion als Bundeshauptstadt erfüllen kann (7. Sitzung des Deutschen Bundestages, BT-Sten.Ber., S. 133 A).

[82] Die GO von Baden-Württemberg und Bayern betonen diese Eigenschaft der Gemeinde besonders.

[83] *Otto Ziebill*, Bürgerschaftliche Verwaltung, Stuttgart 1954.

staltungen bekannter Stadtbilder oder Einrichtungen gesprochen werden. Auch die heute oft angesprochenen Bürgerinitiativen beschränken sich zumeist auf solche Fälle. Dennoch kann auf das Verlangen nach stärkerer Teilnahme der Bürgerschaft nicht verzichtet werden.

Grundlage der demokratischen Ordnung der Gemeinde ist also einmal die Forderung ihrer Homogenität mit dem Gesamtstaat (Art. 28 Abs. 1 GG), sodann die durch die selbständige demokratische Legitimierung des örtlichen Verbandes bewirkte Ermöglichung wirksamer und eigenverantwortlicher Wahrnehmung der Interessen eines begrenzten Kreises durch eigene Organe. Demgegenüber scheint mir das heute gern überall als Begründung angeführte Prinzip der Gewaltenteilung sekundär. Eher ist es bedeutsam, wie beim Förderalismus auf den Beitrag zum politischen Pluralismus hinzuweisen, der in der Möglichkeit liegt, daß in den Gemeinden andere politische Kräfte herrschen können als in Land und Bund.

16. Die demokratische Ordnung in den Gemeinden beruht, das bedarf keiner Betonung, auf der Mitwirkung der politischen Parteien. Ihre Arbeit — ergänzt durch die lokaler Gruppen — macht deutlich, daß es in der Gemeinde um echte politische Gestaltung und Entscheidung geht. Dort, wo ihr bei der Ausführung übertragener Aufgaben ein Ermessen zusteht, und dort, wo sie aus eigener Initiative Selbstverwaltungsangelegenheiten wahrnimmt, vermag die Gemeinde politisch zu entscheiden. Es gibt also eine echte Gemeindepolitik. Dabei wäre nicht so sehr an das Begriffspaar Regierung und Verwaltung anzuknüpfen. Auch innerhalb der Verwaltung kann es politische Gestaltung geben. Daß dies zumeist verkannt wird, beruht auf der allzu engen Vorstellung, die unsere heutige Wissenschaft von der Verwaltung hat. Sie sieht in ihr im wesentlichen nur Gesetzesausführung, die tunlichst auf das engste rechtlich gebunden sein sollte. Diese Anschauung geht an dem eigentlichen Kern aller Verwaltungstätigkeit, die gewiß gesetzesgebunden ist, aber Initiative, Planung, vorherschauende Gestaltung in sich begreift, verständnislos vorbei. Nur von einer richtigen Konzeption der Verwaltung aus kann man das Moment des Politischen in der Gemeinde begreifen, das gerade hier eine so große Bedeutung hat, wo der Lebensraum des Bürgers unmittelbar und vorausschauend geformt wird.

Freilich geht Gemeindepolitik in einem begrenzten Rahmen vor sich und unterscheidet sich von der Politik auf der staatlichen Ebene. Die Gemeinde nimmt, auch wo sie eigenständig handelt, einen ihr gesetzlich erteilten Auftrag wahr[84]. Sie ist in ihrem Bestand und ihren Einrich-

---

[84] Die grundsätzliche Rückführung auf die staatliche Ermächtigung und die daraus sich ergebende Verantwortung betont mit Recht *Klein*, Festschrift Forsthoff, S. 177.

tungen für alle Bürger bestimmt. Es muß in ihrem Aufbau sichtbar sein, daß sie allen Bürgern dient und allen offensteht. So sehr auch in der Gemeinde die jeweils herrschende Mehrheit ihrer Vertretungskörperschaft befugt ist, ihre Konzeptionen zu verwirklichen, so sind die Grenzen durch die gesetzlichen Bindungen, in denen die Gemeinde steht, doch erheblich enger als beim staatlichen Gesetzgeber in Land und Bund. Es obliegt der Gemeinde nicht, auf Veränderungen der in Verfassung und Gesetz festgelegten sozialen Ordnung hinzuwirken. Das ist Sache der staatlichen Politik, nicht der Gemeindepolitik. Es bleibt demnach der Gemeinde, da sie Verwaltung auf gesetzlicher Grundlage führt, ein bestimmtes Maß der Unparteilichkeit und Neutralität aufgegeben. Sie kann vor allem nicht die ihren Organen anvertrauten Entscheidungen anderen, nicht amtlichen Stellen übertragen oder deren Vorentscheid folgen. In einer lebendigen Gemeinde werden sich Entscheidungen auch oft über politische Grenzen hinweg aus der Orientierung an der Sache und der gemeinsamen Zielsetzung ergeben[85].

17. In der Gegenwart wird für die demokratische Grundlage der Gemeinde nachdrücklich die Forderung nach einer stärkeren Partizipation der Bürger erhoben. Es ist bereits hervorgehoben worden, daß die Möglichkeiten einer solchen aktiveren Beteiligung angesichts des mehr auf Entgegennahme von Leistungen abgestellten Verhaltens der Bürger begrenzt erscheinen. Dennoch lassen sich eine Reihe von Gestaltungen angeben, die einer besseren Heranführung der Bürger an den kommunalen Diskussions- und Entscheidungsprozeß dienen können.

a) Die Gemeindeorganisation bietet nur beschränkte Möglichkeiten. In größeren Städten trägt sie unvermeidlich mit der Fülle der Probleme den Charakter einer bürokratischen Administration, an der der Bürger, wenn man von ehrenamtlicher Mitwirkung absieht, eine Beteiligung immer noch am ehesten durch Wahlen und Mitarbeit in politischen Parteien und Gruppen erreicht[86]. In der Richtung auf eine unmittelbare Entscheidung der Bürger ist die in den süddeutschen Gemeindeordnungen vorgesehene direkte Wahl des Bürgermeisters durch die gesamte Bürgerschaft hervorzuheben. Der in der baden-württembergischen Gemeindeordnung vorgesehene Bürgerentscheid (§ 21), den eine Zweidrittelmehrheit des Gemeinderats für wichtige Gemeinde-

[85] Beispiele solcher Zusammenarbeit bei *Vogel,* Die Amtskette, S. 90 ff.; siehe auch zur Sachorientierung kommunaler politischer Entscheidungen *Ziebill,* Bürgerschaftliche Verwaltung, S. 26 ff.; zur Struktur örtlicher Parteien ferner *Thomas Ellwein,* Parteien und kommunale Öffentlichkeit, in: AfK, 10. Jg. (1971), S. 18 ff.

[86] In diesem Sinne auch *Eberhard Laux,* Kommunale Selbstverwaltung im Staat der siebziger Jahre, in: AfK, 9. Jg. (1970), S. 226.

angelegenheiten anordnen kann, hat dagegen keine Bedeutung erlangt[87].

b) Ein gutes Mittel zur Gewinnung weiterer Kreise zu aktiver Mitwirkung ist die in vielen Gemeindeordnungen zugelassene Heranziehung von Bürgern zur Arbeit in den Ausschüssen, gegebenenfalls sogar mit Stimmrecht[88]. Sie dient vor allem der Beteiligung Sachverständiger oder der Berücksichtigung besonderer Gruppen und Interessen.

c) Von großer Bedeutung ist die offene Information der Bürger über kommunale Vorgänge. Hierfür sind Öffentlichkeit der Sitzungen des Gemeinderates und seiner Ausschüsse, ausreichende Information der örtlichen Presse und Ausbau sonstiger Kommunikationsmöglichkeiten der Gemeinde von Bedeutung. Auch die Veranstaltung von Bürgerversammlungen gehört hierher.

d) Verwandt hiermit ist das Verlangen nach „offener Planung“, d. h. rechtzeitiger Information und Diskussion mit der Bürgerschaft über wichtige, die Öffentlichkeit interessierende Planungen. Hier öffnet sich zweifellos ein wichtiges Feld der Partizipation.

Offenlegung von Planungen, Diskussion mit den Beteiligten und eventuell auch mit Verbänden kann zu größerer Transparenz und aktiver Mitwirkung führen. In den §§ 4 und 8 des Städtebauförderungsgesetzes finden sich nun sogar ausdrückliche gesetzliche Vorschriften, die eine möglichst frühzeitige Heranziehung der betroffenen Bürger und sonstiger Interessenten anordnen[89]. Man wird freilich nicht übersehen können, daß auch diesen Bestrebungen gewisse Grenzen gesetzt sind. Die zu frühe Offenlegung von Bauleitplänen und Bebauungsplänen könnte Ansätze für die Bodenspekulation liefern; auch könnte eine breite Teilnahme der Öffentlichkeit zu Verzögerungen führen.

---

[87] *Hans Reschke,* Kann die öffentliche Verwaltung öffentlich verwalten?, in: AfK, 10. Jg. (1971), S. 7, weist darauf hin, daß solche Entscheide nicht vom Gemeinderat herbeigeführt wurden, sondern lediglich aus Bürgerbegehren hervorgingen.

[88] Siehe GO Hessen, § 62 Abs. 6; GO Niedersachsen, § 51, Abs. 3; GO Rheinland-Pfalz, § 46, Abs. 5; GO Saar, § 48, Abs. 2; gemäß § 42 Abs. 2 der GO NW haben die zugezogenen Bürger volles Stimmrecht: *Johannes Rauball,* Kommentar zur Gemeindeordnung, München 1968, S. 130; hierzu allgemein *Ziebill,* Bürgerschaftliche Verwaltung, S. 48 ff.

[89] Zur Aufstellung und Erörterung des Sozialplans siehe *Manfred Schmidt,* Der Sozialplan im Städtebauförderungsgesetz, in: BayBgm., 25. Jg. (1972), S. 33 ff.; zur Beteiligung der Bürger an der Planung, insbesondere Raumplanung und Bauplanung, siehe *Werner Ernst,* Fortentwicklung des Planungsrechts, ebenda, S. 61 ff.; *Renate Mayntz,* Funktionen der Beteiligung bei öffentlicher Planung, in: Demokratie und Verwaltung, Berlin 1972, S. 341 (Schriftenreihe der Hochschule Speyer, Bd. 50); *Rudolf Stich,* Die Mitwirkung des Bürgers und der Öffentlichkeit an der Planung, ebenda, S. 341 ff., 356 ff.

e) Eine Beteiligung weiterer Kreise wird auch durch die Zusammenarbeit der Gemeinden mit freien Verbänden ermöglicht. Die in den Gemeinden heute tätigen freien Verbände sind sehr verschiedener Art. Aber sie stellen ein Stück des Bürgerlebens dar, das man nicht unterschätzen sollte. In diesen Bereich gehört auch die Heranziehung der freien Wohlfahrtsverbände, die in der Sorge für soziale und caritative Anliegen den Gemeinden vieles an Hilfe und Anregung bieten können[90]. Auch hier ist indes auf die bestehenden Grenzen hinzuweisen. Bei der Heranziehung von Interessenverbänden wird die Gemeinde auf Ausgewogenheit zu achten haben, und sie hat auch die innere Struktur dieser Verbände wie ihre Repräsentativität für das vertretene Interesse zu prüfen[91]. Keineswegs jedenfalls können Verbänden Entscheidungen überlassen werden, die Gemeindeorgane zu treffen haben.

Eine Einrichtung, die heute als Form stärkerer Partizipation empfohlen wird, scheint mir dagegen grundsätzlichen Bedenken zu unterliegen, das imperative Mandat. Das imperative Mandat gehört einer älteren, ständischen Form der Vertretung an, in der korporativ geformte Einheiten in ihren Delegierten sich versammelten. Es ist seit dem Ende des 18. Jahrhunderts durch die moderne Form der Repräsentation mit freiem Mandat überwunden worden[92]. Seine heutige Anwendung würde dazu führen, Entscheidungen aus den öffentlich tagenden kommunalen Gremien in nicht überschaubare politische Gruppen zu verlagern, die zudem nicht notwendig für die Bürgerschaft repräsentativ wären. Offene Verantwortung und Kontrolle würden dabei weitgehend unmöglich werden. Das gilt besonders, wenn man das imperative Mandat mit der Forderung nach jederzeitiger Abwahl der Vertreter oder sogar kommunaler Amtsinhaber verbindet. Das imperative Mandat ist, wie wiederholt werden muß, keine plebiszitäre Einrichtung, sondern es setzt formierte Körper von Auftraggebern voraus; es trägt also ständische Züge[93]. Fehlt es an solcher Grundlage, wirkt es sich als

[90] Grundlegend zur Zusammenarbeit im Bereich der Wohlfahrtspflege BVerfGE 22, S. 180, 203 f.

[91] Hierzu *Prodromos Dagtoglou*, Partizipation Privater an Verwaltungsentscheidungen, in: DVBl. 1972, S. 716 f.

[92] Zur Herausbildung des freien Mandats in England im 18. Jahrundert siehe *A. H. Birch*, Representative and responsible government, London 1964, S. 28 ff.; über die Rolle Edmund Burkes hierbei: *Christoph Müller*, Das imperative und freie Mandat, Leiden 1966, S. 21 f.; für Frankreich ist nicht das englische Beispiel, sondern Diderot maßgebend. Siehe *Eberhard Schmitt*, Repräsentation und Revolution, München 1969, S. 125 f.

[93] Die Mitglieder des englischen Parlaments im Mittelalter waren zunächst Vertreter der entsendenden örtlichen Gemeinschaft, die sie durch ihr Votum verbinden konnten. Vgl. *J. G. Edwards*, The Plena Potestas of English parliamentary representatives, in: Historical studies of the English parliament, Bd. I. Hrsg. von E. B. Fryde und Edward Miller, Cambridge, 1970, S. 136 ff.; *Helen M. Cam*, The legislators of medieval England, ebenda, S. 269 ff.

Zerstreuung der Verantwortung und Verhinderung wirksamer Entscheidungen und Planungen aus. Es ist mit der repräsentativen Demokratie moderner Art nicht vereinbar[94].

Neben der Verstärkung der Partizipation ist für die Fortbildung der Demokratie in den Gemeinden die Beachtung der pluralistischen Struktur der heutigen Gesellschaft nötig. Gemeindeverwaltung ist eine für alle Bürger gesetzlich begründete und geführte Verwaltung, sie ist daher an ein Gebot der Sachlichkeit und Neutralität gebunden, das ihr den Konsens aller ihrer Bürger sichert. Hier liegen Grenzen parteilicher Durchstrukturierung, die sich insbesondere aus dem so stark hervortretenden Dienstleistungscharakter moderner kommunaler Verwaltung ergeben. Auch in ihren Leistungen muß die Stadt den Lebensbereich aller ihrer Bewohner im Auge haben. Ihr Verhältnis zu einzelnen Schichten, Gruppen und Verbänden wird sich von dieser Forderung nach Offenheit und Dienstleistung für alle Bürger bestimmen lassen müssen.

V. Die Gemeinde als Stätte der Gestaltung des menschlichen Lebensraums

18. Die Gemeinde kann in der Gegenwart nur von ihrer Funktion innerhalb von Staat und Gesellschaft her bestimmt werden. Das unterscheidet die heutige Sicht von der des 19. Jahrhunderts. Damals wurde sie als eine gegebene Einheit gesehen, sozusagen rein räumlich definiert. Die Formel von der örtlichen Lebensgemeinschaft als eines in sich geschlossenen Kreises, schien ausreichend zu sein. In der Tat lag für den größten Teil dieses Jahrhunderts die eigentliche Initiative im Ausbau des sozialen Lebens beim Bürger. Im Rahmen der öffentlichen Ordnung füllte seine private und gewerbliche Tätigkeit den Entwicklungsraum weithin aus, ohne daß noch viele planende Elemente vorlagen. Man kann das gut am Baurecht beobachten. Erst 1875 erging das preußische Baufluchtliniengesetz, das zunächst nicht mehr als eine äußere Ordnung in die Straßenführung einführte. Stadtplanung gehört — sieht man von einigen Fällen der Haupt- und Residenzstädte ab (z. B. Wiener Ringstraße) — erst der letzten Zeit des vorigen Jahrhunderts an. Um diese Zeit setzt aber die Ausdehnung der gemeindlichen Aktivitäten ein, vor allem auf sozialem und wirtschaftlichem Gebiet, das nun immer mehr das Bild der Gemeinde, vor allem der größeren Städte, prägt. Das entwickelt sich fort zu dem, was dann in neuerer Zeit von Ernst Forsthoff als „Daseinsvorsorge" bezeichnet worden ist. Es ist bemerkenswert, daß sich in den Gemeindeordnungen diese Wandlung nur unvollkommen widerspiegelt. Sie nehmen die weitere

[94] So auch *Roman Herzog,* Allgemeine Staatslehre, Frankfurt 1971, S. 219 f.

Aufgabenstellung der Gemeinden, zu der gewiß die festgelegte Allzuständigkeit das rechtliche Tor bildet, mehr in negativem Sinn, in der Begrenzung der wirtschaftlichen Tätigkeit kommunaler Art auf.

In dieser Richtung aber ist die Funktionsbestimmung der Gemeinde heute zu suchen. Nicht als Darstellung eines selbständigen Lebenskreises, sondern als Übernahme einer spezifischen Aufgabe im Rahmen des Sozialstaates. Sie ist durch den Ausdruck Daseinsvorsorge vielleicht schon nicht mehr zureichend gekennzeichnet. Es geht nicht mehr nur um die bloße Befriedigung von Grundbedürfnissen, sondern darüber hinaus um die Gestaltung des gesamten Rahmens der menschlichen Lebensführung in ihrer Umgebung und ihrem gesellschaftlichen Rahmen. Wir stehen in unserer allgemeinen Entwicklung an einer Schwelle, wo die bloße Konsumsteigerung mit ihren Folgen Zweifel zu erwecken beginnt und wir stärker wieder auf die Urbanität, die Wohnlichkeit und Humanität unserer Umgebung zu achten beginnen. Nach dieser Richtung wächst der Gemeinde, vor allem der größeren Stadt, heute eine neue wichtige Funktion zu. In ihr als einem engeren Subsystem mit näherer Kommunikation und Reaktion[95] kann die Gestaltung der menschlichen Umwelt wirksamer begonnen werden als im größeren Rahmen des Staates. Natürlich fügt sich die kommunale Tätigkeit in den weiteren Rahmen ein, den staatliche Gesetzgebung und Ausrichtung ziehen. Die Nähe zum Bürger, die Überschaubarkeit der Verhältnisse machten es der Gemeinde möglich, die hier anstehenden Probleme der öffentlichen Einwirkung auf den menschlichen Lebensraum besonders wirksam anzugehen.

Diese Aufgabe der Gemeinde reicht in weitem Umfang in das heute ständig wichtiger werdende Gebiet der Planung und vorausschauenden Bereitstellung der erforderlichen Einrichtungen hinein. Das geht von der Sicherung der Energie- und Wasserversorgung, der Anlage von Erholungsgebieten, der bewußten Schaffung neuer, außerzentraler städtischer Mittelpunkte bis zu der Erstellung der Einrichtungen, die veränderte Lebensrhythmen mit sich bringen, wie Altenheime und Kindergärten. Es geht dabei in weitestem Sinn um Verwirklichung der modernen Leistungsverwaltung, die nun über Gewährleistung der elementaren Lebenssicherung hinaus in weitere Gebiete vordringt, was man mit Häberle auch mit dem Gedanken der Grundrechtsrealisierung in Zusammenhang setzen kann[96]. Unter diesem Aspekt erhalten man-

---

[95] Zur Selbstverwaltung als engerem politischen Subsystem mit rascherer Reaktion siehe *Adalbert Podlech*, in: VVDStRL 28 (1970), S. 263 (Diskussionsbeitrag).

[96] Siehe *Peter Häberle*, Grundrechte im Leistungsstaat, in: VVDStRL 30 (1972), S. 28 ff. über soziale Gewährungen als Grundrechtserfüllung im Leistungsstaat.

che der heute in Staat und Gemeinde eingeleiteten Bestrebungen eine bessere Erhellung. Die Wirtschaftspolitik der Gemeinde, die heute noch weithin eine Wachstums- und Anziehungsbemühung darstellt, angetrieben von den Impulsen der Hebung des Gewerbesteuerertrages und der Beschäftigungssicherung, wird in höherem Maße zu einer Abwägung der Vorzüge weiterer Industrialisierung gegenüber der Sicherung von Wohn- und Lebensmöglichkeiten, also zu neuer Problemstellung und Prioritätenwahl gelangen[97]. Der Gedanke des Umweltschutzes, den zunächst die staatliche Gesetzgebung aufnehmen wird, muß ebenfalls in diesen Aspekt eingeordnet werden. Es genügt dabei aber nicht, nur — wie sich gelegentlich beobachten läßt — neue Industrieansiedlungen zu bekämpfen und bestehende Anlagen anzuklagen. Vielmehr handelt es sich hier um die viel komplexere Aufgabe, die Fortentwicklung einer hochindustrialisierten Gesellschaft so zu lenken, daß wirtschaftliche Expansion und Erhaltung menschlicher Lebensbedingungen in Einklang gebracht werden.

19. Auch auf diesem Gebiet werden die Gemeinden ihre Funktion nur im Verbund mit ihrem Umland wie mit den übergeordneten Gemeinschaften von Land und Bund wahrnehmen können. Das gilt insbesondere auch für die städtische Planung, sei sie Bauplanung, Verkehrsplanung oder Investitionsplanung. Die Koordination dieser städtischen Planungen, ihre Einfügung in eine allgemeine Stadtentwicklungsplanung, liegt heute noch weithin im gesetzesfreien Raum, zumal dem Bundesgesetzgeber hier nur eine beschränkte Kompetenz über Art. 75 Ziffer 4 GG zusteht[98]. Aber natürlich ist die Stadt hier angewiesen auf die Einfügung in die raumordnenden und wirtschaftlichen Planungen höherer Ebenen und auf die Zusammenarbeit mit ihnen bei der Bearbeitung von Projekten. Ein erfolgreiches Beispiel hierfür bietet etwa die Errichtung der Olympia-Bauten in München und Kiel durch Bildung von Gesellschaften des bürgerlichen Rechts, bei denen der Bund

---

[97] Vgl. hierzu *Robert Schneider,* Die Gemeinde als wirtschaftspolitisches Entscheidungszentrum, Berlin 1971, S. 156 ff.

[98] Hierzu *Eberhard Schmidt-Aßmann,* Gesetzliche Maßnahmen zur Regelung einer praktischen Stadtenwicklungsplanung. Gesetzgebungskompetenzen und Regelungsintensität, in: Raumplanung — Entwicklungsplanung, Düsseldorf 1972, S. 107 f., 137 ff. (Veröffentlichungen der Akademie für Raumforschung und Landesplanung, Bd. 80); *Werner Weber,* Planende Verwaltung als Aufgabe der Gegenwart, in: Aufgaben und Möglichkeiten der Raumplanung in unserer Zeit, Düsseldorf 1972, S. 17 ff. (Veröffentlichungen der Akademie für Raumforschung und Landesplanung, Bd. 78); *Eberhard Schmidt-Aßmann,* Probleme des modernen Städtebaus in verfassungsrechtlicher Sicht, in: DVBl. 1972, S. 627 ff.; *Peter Lerche,* Die Gemeinden in Staat und Gesellschaft als Verfassungsproblem, in: Buch deutscher Gemeinden 1965. Hrsg. vom Deutschen Gemeindetag Bad Godesberg, Köln 1965, S. 20; *Hans Albert Berkenhoff,* Kommunale Selbstverwaltung und zentrale Pläne, in: Der Städtebund, 26. Jg. (1971), S. 161 ff.

die Hälfte, Land und Gemeinde je ein Viertel der Aufwendungen übernahmen[99].

Diese Aufgabe der Stadt wird heute schon weithin mit dem Begriff der Stadtentwicklungsplanung umschrieben. Die hier notwendige Koordinierung verschiedener Pläne und die umfassendere Sicht der Entwicklung sind dabei richtig erfaßt. Schwierig erscheint aber vor allem noch die eigentliche Ziel- und Prioritätensetzung. Was ist unter wohnlicher Umwelt, Urbanität, menschlicher Formung der Lebensführung wirklich zu verstehen? Haben die Städte eine zureichende futurologische Sicht der künftigen Entwicklung? Dieses Problem scheint noch der vertieften Diskussion und des Nachdenkens zu bedürfen. Wenn man auf die vergangenen 25 Jahre des Aufbaus nach dem Krieg zurückblickt, wird man skeptisch über die Richtigkeit der Zielsetzung urteilen müssen, die in der Tat über flüssige Verkehrsgestaltung, Sorge für wirtschaftliches Wachstum und Anlage neuer, oft recht langweiliger Siedlungen häufig nicht hinausgegangen ist. Die Kapitulation vor dem Individualverkehr ist kein Ruhmesblatt, wenn es sich auch hier um eine internationale Fehlleistung handelt. Dagegen dürfte die weitausgedehnte dörfliche Streusiedlung im Stadtumland eine typisch bundesdeutsche Entwicklung darstellen, die mit einem hohen Verlust an urbaner Lebendigkeit und Kommunikation erkauft worden ist. Glücklicherweise finden sich bei uns infolge der geringeren Stadtgröße erst einige Beispiele abschreckender Stadtkernentleerung mit nach Büroschluß toten Innenstädten. Hier überall wird die Stadtentwicklung neue Prioritäten, auch solche stark von bisherigen Vorstellungen abweichende, setzen müssen[100]. Neben den wirtschaftlichen Möglichkeiten werden künftig die menschlichen Gegebenheiten größeres Gewicht beanspruchen, nicht nur der „Freizeitwert“ der Stadt, sondern auch ihre Fähigkeit, in ihrer Mitte urbanes Leben herzustellen, sinnvolle Verdichtungsunterzentren zu bilden und allen Lebensaltern ihre Entfaltung zu ermöglichen.

---

[99] Vgl. hierzu die Übersicht der Vorgänge in der BTDrucks. VI/3547 vom 13. 6. 1972; vgl. auch *Vogel,* Die Amtskette, S. 113 ff.

[100] Siehe *Rudolf Hillebrecht,* Städtebau und Stadtentwicklung, in: AfK, 1. Jg. (1962), S. 41 ff.; *derselbe,* Tendenzen heutiger Stadtplanung, in: AfK, 6. Jg. (1967), S. 185 ff.; *Olaf Boustedt,* Planung ohne Plan? Zur Futurologie in der Stadtentwicklung, in: AfK, 11. Jg. (1972), S. 29 ff.; *Klaus Zimmermann,* Zum Image-Konzept in der Stadtentwicklungsplanung, ebenda, S. 288 ff.; ferner die zusammenfassende und lebendige Darstellung der Probleme einer Stadtplanung bei *Martin Neuffer,* Städte für alle, Hamburg 1970.

VI. Schlußbemerkungen

Es konnte nicht die Aufgabe einer kritischen Würdigung der Lage der Selbstverwaltung sein, ein ganz neues Bild zu zeichnen. Dazu steht die kommunale Selbstverwaltung zu tief in der gesamten Verwaltungstradition. Aber es sollten Stellung und Funktion der Kommunalverwaltung von der veränderten Lage her durchdacht und überkommene Vorstellungen geprüft werden. Dabei sind Stadtverfassung und das Finanzwesen ausgespart worden. In der Tat liegen die Probleme heute nicht so sehr in der Organisation. Was hier als Aufgabe vor uns liegt, ist die Erfassung und Formung des überörtlichen Verbundes, für die noch bessere als die bestehenden Formen der Verbandszusammenarbeit oder der lockeren Bildung privater Gesellschaften zu finden wären. Im Finanzwesen ist der grundsätzliche Anspruch der Gemeinden in der Verfassung anerkannt, aber hier liegen die Fragen in der praktischen Verwirklichung, die wiederum nur in dem größeren Verbund des gesamten Finanz- und Konjunktursystems erfolgen kann.

Es ging hier darum, Bestand, Legitimation und Funktion der Gemeindeverwaltung herauszustellen. Dabei gilt es zunächst, die Begründung der kommunalen Selbständigkeit in der Schaffung von Instanzen dezentraler eigenverantwortlicher Initiative und Wahrnehmung regional-örtlicher Interessen zu erfassen. Die Gemeinden erfüllen hier eine Rolle der Aufgliederung, auch des politischen Ausgleichs im pluralistischen Staat. Der Bestand der Gemeinden von der räumlichen Abgrenzung wie von den Sachaufgaben her unterliegt dabei geschichtlichen Wandlungen, die immer wieder eine Anpassung an veränderte Lebensverhältnisse und neue Bedürfnisse erfordern. Räumliche Umgrenzung und Aufgabenkreis der Gemeinden sind daher, unbeschadet des verfassungsrechtlich gewährleisteten Kernbereichs, der verändernden Gestaltung unterworfen.

Ihre besondere Stärke und Legitimation gewinnt die kommunale Selbstverwaltung, eingefügt in die demokratische Ordnung des gesamten Gemeinwesens, aus der in ihrem Kreis selbständig durch Wahlen begründeten demokratischen Fundierung. Die Gemeindedemokratie steht heute vor dem überall sich stellenden Problem der Aktivierung der Bürgerbeteiligung, sie vermag aber in ihrer Nähe zum Bürger leichter Formen aktiver Partizipation zu entwickeln. Die Gemeinde bleibt, in dem Bereich ihres Ermessens innerhalb ihrer gesetzesgebundenen Verwaltung, Stätte echter politischer Entscheidung. Als Teil der Verwaltung freilich obliegt ihr zugleich, ihre Dienste und Leistungen für alle Bürger bereitzuhalten und dem Gesamtwohl aller ihrer Einwohner zu dienen, in Einfügung in die vom Staat gesetzte und gestaltete soziale und wirtschaftliche Gesamtordnung.

Endlich aber wird heute die Rolle der gemeindlichen Verwaltung durch ihre Funktion bei der Gestaltung der menschlichen Umgebung bestimmt. Im modernen Leistungsstaat ist die Gemeinde die Stätte, an der dessen Vorsorge und Planung mit den unmittelbaren Bedürfnissen der Menschen in überschaubaren und koordinierten Bereichen in Beziehung tritt. Über die Versorgung der Bürger hinaus fällt der Gemeinde, in einer freilich nach Größe und Leistungskraft abgestimmten Form, die Aufgabe zu, ihren Einwohnern eine humane, wohnliche Umgebung zu schaffen. Durch die Koordinierung der örtlichen Planung und ihre Einordnung in weitere überörtliche Verbindungen kann gerade die Gemeinde auf diesem Feld, das in der modernen Leistungserwartung eine zentrale Bedeutung gewinnt, Entscheidendes leisten. Eine besondere Verantwortung kommt dabei den großen Städten zu, in denen sich die Probleme des menschlichen Zusammenlebens am dringlichsten stellen. In der leistenden Hilfe für die Lebensführung, der planenden Vorausschau für die Gestaltung des menschlichen Lebensraumes einer zunehmend urbanisierten Bevölkerung liegen maßgebende Zukunftsaufgaben der Gemeinden. Faßt man sie ins Auge, so besteht kein Anlaß anzunehmen, daß die gemeindliche Selbstverwaltung nicht auch in der Zukunft eine wesentliche Aufgabe in unserem Gemeinwesen zu erfüllen hat.

Zusammenfassung
Zur Neubestimmung der kommunalen Selbstverwaltung im demokratischen Sozialstaat

Die Rolle, die die Gemeinde im demokratischen Leistungsstaat der Gegenwart zu erfüllen hat, kann nicht mehr durch die ältere Vorstellung eines Gegensatzes zwischen der hoheitlichen Verwaltung des Staates und dem Bereich kommunaler gesellschaftlicher Realisierung der Freiheit bestimmt werden, die der liberalen Staatskonzeption entsprach. Auch kann die Gemeinde in ihrer vielseitigen Verflechtung nicht mehr als eine in sich abgeschlossene ursprüngliche genossenschaftliche Einheit verstanden werden. Staat und Gesellschaft sind heute aufeinander bezogen. In der Demokratie stehen die Gemeinden nicht in einem Kontrast zur staatlichen Verwaltung, sondern fügen sich — wenn auch als autonome Einheit — in deren Gesamtbau ein.

Die Stellung der Gemeinde wird stark berührt von den tiefgreifenden Wandlungen der tatsächlichen Verhältnisse, die die örtliche Gemeinschaft in zunehmendem Maß in ihrem territorialen wie personalen Bestand in größere funktionale Zusammenhänge einordnen und die Vorstellung eines geschlossenen Ortsbildes und Aufgabenkreises in das differenziertere Bild einer weithin im Verbundsystem stehenden Verwaltungseinheit verwandeln. Dieser Veränderung trägt die Gebietsreform Rechnung, die freilich nicht leicht für komplexe Situationen der räumlichen Verflechtung Lösungen zu finden vermag. Der überörtliche Zuschnitt zeigt sich in der mehrfachen Zuordnung der Bürger zu Wohnort und Arbeitsstätte und in der Ausbildung von Erholungslandschaften um die großen Städte.

Die Erscheinung der Gemeinde wird in der Gegenwart von ihren Funktionen im Aufbau der Verwaltung zu bestimmen sein. Die Gemeinden stellen dezentrale Zentren der Entscheidung und Initiative dar, die die Aufgliederung und Lebendigkeit der Verwaltung unterstützen. Ihre besondere Begründung und Rechtfertigung gewinnen sie aus dem Konsens der Bürger. Mit anderen repräsentativen Einrichtungen teilen sie freilich das Problem, die Mitwirkung der Bürger stärker zu aktivieren.

Endlich ergibt sich die Position der Gemeinden aus ihrem Aufgabenkreis. Auch er befindet sich in Bewegung. Das Verbundsystem kommt darin zum Ausdruck, daß sich das für die Gemeinden wichtige Gebiet der Versorgung mehr und mehr in weiträumigere Einrichtungen einordnen muß und an die Stelle eigener Betriebe oft die Teilhabe an größeren Netzversorgungen tritt. Der Gemeinde bleibt vor allem die koordinierende und planende Vorherbestimmung und Gestaltung der menschlichen Lebenssphäre, die sie aus größerer Nähe zum Bürger wirksamer als Bund oder Land zu leisten vermag.

Voraussetzungen und Form der Errichtung öffentlicher Körperschaften (außerhalb des Kommunalrechts)

Wie das Recht der Verwaltungsorganisation überhaupt, hat auch das Recht der öffentlichen Körperschaften in der neueren Verwaltungsrechtslehre keine sehr starke Bearbeitung erhalten. Abgesehen von dem Bereich der Gebietskörperschaften, der zum Kommunalrecht gehört und in diesem Rahmen eine umfangreiche Darstellung gefunden hat[1], sind die grundlegenden Fragen des Körperschaftsrechts nur von Zeit zu Zeit eingehender untersucht worden. Den Grund hierfür darf man nicht in einer geringen Bedeutung dieses Gebietes suchen, sondern in der Unübersichtlichkeit der über zahlreiche Verwaltungszweige und Gesetze verstreuten Materie und in dem Wandel ihrer Grundvorstellungen. Die Entwicklung eines neben der Gemeindeverwaltung stehenden weiteren Kreises selbständiger Träger öffentlicher und staatlicher Aufgaben, die Ausdehnung des Gedankens der Selbstverwaltung auf soziale, berufliche und wirtschaftliche Verbände mit Eigenverantwortung ist erst ein Werk des späteren 19. Jahrhunderts. In diesem Raum haben sich aber auch notwendig jeweils die wechselnden Auffassungen von der Rolle des Staates gegenüber den Eigenkräften der Gruppen sowie vom Umfang und den Grenzen der Staatstätigkeit geltend gemacht. Theorien des Korporativismus haben sich hier in der Weimarer Zeit gezeigt, denen nach 1933 ein scharfer Zentralismus folgte, der die Autonomie der Selbstverwaltungskörper in gelenkte Abhängigkeit zu überführen drohte. In der Gegenwart hat die Verbandsbildung sich vielfach mit einem ihre Notwendigkeit leugnenden Individualismus auseinanderzusetzen gehabt. Die Schwierigkeiten des Gebietes sind vor allem auch dadurch vermehrt worden, daß zwar die Rechtslehre zu einer Klärung des Begriffs der Körperschaft und seiner Abgrenzung von anderen Typen selbständiger Verwaltungsträgerschaft gelangt ist, die Gesetzgebungspraxis aber die Ausdrücke oft in einem sehr lockeren Sinne verwendet und es an klarer Abhebung gegenüber den Anstalten

---

Aus: Gedächtnisschrift Hans Peters. Hrsg. von Hermann Conrad, Hermann Jahrreiß, Paul Mikat, Hermann Mosler, Hans Carl Nipperdey, Jürgen Salzwedel. Berlin - Heidelberg - New York 1967, S. 797 - 821. — Abdruck mit freundlicher Genehmigung des Springer-Verlages, Berlin - Heidelberg - New York.

[1] Es darf hier auf die grundlegende Arbeit von *Hans Peters*, Grenzen der kommunalen Selbstverwaltung in Preußen, Berlin 1925, verwiesen werden.

und anderen Formen rechtsfähiger Verwaltungsgebilde fehlen läßt. Die zusammenfassenden Übersichten der verschiedenen Arten öffentlichrechtlicher Verbände, die *Arnold Köttgen*[2] und *Werner Weber*[3] vor nunmehr 20 Jahren gaben, hatten zwar das Bild während der Jahre 1933 - 1945 vor Augen, als ein ungeregelter Sprachgebrauch angesichts der von oben ausgeübten Lenkung[4] aller Verbände die Konturen besonders stark verwischte. Aber die damals geübte Kritik an der Gesetzgebung, die die Begriffe Körperschaft, Anstalt, Genossenschaft, Stiftung in wenig exaktem und oft sogar irreführendem Sinne verwandte, ist leider auch in der Gegenwart nach wie vor aktuell[5]. Die Ausbreitung der Erscheinung der öffentlichen Körperschaften in weiteren Bereichen der Verwaltung gehört erst der zweiten Hälfte des 19. Jahrhunderts an. Erst in dieser Zeit beginnen sich auch die Begriffe zu klären, löst sich die Figur der öffentlichen Körperschaft von dem allgemeinen Begriff der vom Staate anerkannten oder privilegierten Korporation und bildet sich die Konzeption der öffentlichen Anstalt aus, auch sie freilich alsbald wieder durch die Bezeichnung nur organisatorisch verselbständigter administrativer oder technischer Einrichtungen (Krankenhäuser, Museen) als nicht rechtsfähige Anstalten in ihren Konturen verunklärt. Es hat auch in der Wissenschaft lange gedauert, bis ein zusammenhängender Überblick über die Typen rechtsfähiger Träger öffentlicher und staatlicher Aufgaben und eine systematische Gliederung ihrer Formen gewonnen war.

Die hier vorgelegte Untersuchung befaßt sich nur mit einem Teilgebiet. Sie beschränkt sich auf öffentliche Körperschaften und hier wiederum auf die Frage, in welcher rechtlichen Form sie begründet werden können und unter welchen Voraussetzungen der Staat überhaupt in der Lage und befugt ist, körperschaftliche Verbindungen zu errichten und ihnen staatliche Aufgaben zuzuweisen. Bei dieser Erörterung bleibt, wie schon erwähnt, das Kommunalrecht beiseite. Die Gemeinde als lokale Einheit der allgemeinen staatlichen Verwaltung nimmt einen besonderen Platz ein und hat eine eigene Geschichte. Der Blick richtet sich vielmehr in erster Linie auf die Körperschaften, die

---

[2] *Arnold Köttgen*, Die rechtsfähige Verwaltungseinheit, Berlin 1939.

[3] *Werner Weber*, Die Körperschaften, Anstalten und Stiftungen des öffentlichen Rechts, 2. Aufl., München 1943.

[4] Daher spielten damals die vom Staat her mit äußeren Weisungen gelenkten „Leitungsverbände" eine große Rolle. Vgl. *Köttgen*, S. 48 ff. Die Erscheinung ist heute ganz zurückgetreten, vgl. *Hilmar Lyncker*, Die Rechtsgrundlagen der öffentlichen Körperschaft im heutigen Verwaltungsrecht, Diss. Bonn 1960, S. 80.

[5] Zu den wenig exakten amtlichen Bezeichnungen siehe für die frühere Zeit *Köttgen*, S. 92; *Weber*, S. 16 f., 41 ff., 86 f. Für die Gegenwart weisen auf ähnliche Mängel hin: *Forsthoff*, Lehrbuch des Verwaltungsrechts, 9. Aufl. 1966, S. 458; *Lyncker*, S. 80.

im Bereich des sozialen, wirtschaftlichen, kulturellen und beruflichen Lebens bestimmte öffentliche und staatliche Aufgaben erfüllen. Die Stellung der Gemeinde wird durch ihre Rolle als Trägerin eines umfassenden Verwaltungsauftrags[6] im Rahmen der allgemeinen Verwaltung umschrieben. Sie ist ein wesentlicher Bestandteil der staatlichen Verwaltungsorganisation, ungeachtet der Selbständigkeit, die sie im Bereich ihrer Selbstverwaltung besitzt[7]. Ihre Existenz ist von der Verfassung garantiert und demnach als notwendig vorausgesetzt. Im Unterschied davon stehen die Körperschaften mit besonderer Aufgabe in einem loseren Verhältnis zu der Staatsorganisation. Die Selbstverwaltung steht bei ihnen im Vordergrund. Ihr Bestand wird nicht als notwendig vorausgesetzt; er muß sich im Gegenteil erst im Rahmen von Verfassung und Gesetz als gerechtfertigt und erforderlich erweisen. Diese Verschiedenheiten rechtfertigen es, hier die kommunalen Körperschaften mit ihrer anderen Struktur und ihrem umfassenden Aufgabenkreis beiseite zu lassen.

I. Der Begriff der Körperschaft

Der Begriff der öffentlichen Körperschaft, wie ihn die heutige Verwaltungsrechtslehre kennt, hat zwar ältere Wurzeln, ist aber erst in der zweiten Hälfte des 19. Jahrhunderts klar ausgeformt worden. Gemeinden und Zünfte gehen zwar auf die mittelalterliche Entwicklung zurück, aber sie bildeten im absoluten Staat keinen Ansatzpunkt für ein allgemeines Recht der Vereinigungen. Erst am Ausgang des 18. Jahrhunderts ließ der absolute Staat die Bildung freier Assoziationen zu, sofern sie nicht dem gemeinen Wohl zuwiderliefen. Der Erwerb der Rechtspersönlichkeit war aber für Vereinigungen nur bei Verfolgung eines gemeinnützigen Zweckes und bei staatlicher Genehmigung möglich. Sie wurden dann als privilegierte Korporationen bezeichnet (§§ 2, 6, 22, 25 II 6 ALR). Öffentliche und private Korporationen wurden noch nicht unterschieden. Auch Stadtgemeinden, Zünfte und Universitäten hatten nur die Stellung von privilegierten Korporationen (§§ 108, 191 II 8 und § 67 II 12 ALR). Eine besondere Regelung bestand dagegen für die religiösen Gemeinschaften, von denen die vom Staate „aufge-

---

[6] Diese weite Zuständigkeit ist den Gemeinden und Kreisen durch die Verfassung (Art. 28 GG) zugesichert. Man umschreibt sie gemeinhin mit dem Ausdruck der „Universalität des Wirkungskreises", der freilich seine Abgrenzung auch durch die staatliche Gesetzgebung (in den Grenzen der Verfassungsgarantie) erhält. Vgl. *Gönnenwein*, Gemeindeverwaltung, Tübingen 1963, S. 32 ff. und schon *Peters*, S. 193.

[7] Der Unterschied zwischen Aufgaben des Staates und solchen der Selbstverwaltung wirkt sich nicht so streng aus, daß nicht die Gemeinde in der Gesamtheit ihrer Funktionen als einheitlicher Träger örtlicher Verwaltung erschiene (vgl. *Gönnenwein*, S. 36 ff.).

nommenen“ die Position privilegierter Korporationen erlangt hatten (§ 17 II 11 ALR), während andere nur geduldete Gesellschaften bleiben (§ 20). Bis zur Mitte des 19. Jahrhunderts blieb daher weithin der Begriff der privilegierten Korporation im Vordergrund, der sowohl im heutigen Sinne öffentlichrechtliche wie privatrechtliche Vereinigungen umfaßte[8]. Dann begann sich eine Scheidung der öffentlichen und privaten Korporationen auszubilden[9]. *Lorenz v. Stein* stellte die freie Vereinsbildung, die eine Staatsaufgabe verfolgt, in den weiteren Zusammenhang der Verwaltung als einen Berührungspunkt zwischen Staat und Gesellschaft und verband den Korporationsbegriff mit dem der Selbstverwaltung[10]. Bei *O. Mayer* wurden dann die juristischen Personen des öffentlichen und privaten Rechts klar geschieden und die mitgliedschaftliche Körperschaft von der Anstalt abgehoben. Leider wurde der letztere Begriff dann wieder durch die Hereinnahme von organisatorisch abgeteilten administrativen Einrichtungen wie Krankenhäusern, Schulen, Museen als sogenannte nicht rechtsfähige Anstalten verunklärt[11]. In jedem Falle läßt sich feststellen, daß in der zweiten Hälfte

---

[8] Diese Entwicklung spiegelt noch *L. v. Rönne,* Das Staatsrecht der preußischen Monarchie, 2. Aufl., Bd. I, 2, 1864, S. 152 ff., auf der Grundlage des Art. 31 der preußischen Verfassung von 1850 wider.

[9] Früher als im preußischen Recht tritt die Unterscheidung im bayerischen Recht auf, wo freilich nur Stadt- und Landgemeinden, anerkannte Kirchen und Universitäten als öffentliche Körperschaften erscheinen. Vgl. *Ernst v. Moy,* Das Staatsrecht des Königreichs Bayern, Teil I, München 1840, S. 340 f.; *Joseph Pözl,* Lehrbuch des Bayerischen Verwaltungsrechts, 3. Aufl., München 1860, S. 224, 230, 242.

[10] Verwaltungslehre, Bd. I, Stuttgart 1865, S. 509 ff., 566 ff. In seinem Begriff der öffentlichen Korporation sind freilich Anstalten, Körperschaften und Stiftungen noch nicht geschieden.

[11] *O. Mayer,* Deutsches Verwaltungsrecht, 3. Aufl., Bd. 2, Leipzig 1924, S. 322 ff. Dieser Begriff der öffentlichen Anstalt als einer sowohl rechtsfähige wie nicht rechtsfähige Gebilde umfassenden Bezeichnung ist seither festgehalten worden. Siehe *Forsthoff,* Lehrbuch, S. 460 f., 468; *H. J. Wolff,* Verwaltungsrecht, Bd. II, München 1962, S. 4 f. Gegen diese Verbindung rechtlich selbständiger Anstalten mit bloßen organisatorisch verselbständigten Verwaltungskomplexen in einem Begriff spricht, daß Begründung und Rechtslage beider Formen sehr unterschiedlich sind. Neuestens wird der weitergehende Begriff von *Jecht,* Die Öffentliche Anstalt, Berlin 1963, unter funktionellen Gesichtspunkten verteidigt. Er möchte die Anstalt ganz der leistenden Verwaltung zuweisen (was weder für das Monopol der Arbeitsvermittlung noch ähnliche Zwangsrechte gewisser wirtschaftlicher Anstalten ausreicht) und in ihr einen Organisationstyp sehen, dessen Merkmale er offenbar hauptsächlich gegenüber der Behörde als eine gewisse Weisungsunabhängigkeit umschreiben möchte. Damit verliert der Begriff aber ziemlich alle festen Konturen und bloße Forschungseinrichtungen, wirtschaftliche Unternehmen und Versorgungsbetriebe werden in den Begriff einbezogen (*Jecht,* S. 90 ff.). Es wird nicht beachtet, daß für die Errichtung rechtsfähiger Anstalten andere Grundsätze gelten als für die bloße Ausgliederung aus Behörden und Verwaltungsbereichen. Es sollte auch nicht übersehen werden, daß das Grundgesetz in Art. 87 Abs. 3 den Begriff der rechtsfähigen Anstalt voraussetzt (so richtig *Maunz / Dürig,* Grundgesetz, Rdnr. 38 u. 53 zu Art. 87).

des 19. Jahrhunderts die Bezeichnung der öffentlichen Körperschaft in der Gesetzessprache erschien[12] und nun auch auf die im sozialen und beruflichen Felde auftretenden selbständigen Träger öffentlicher und staatlicher Aufgaben angewendet wurde. Seitdem steht das Bild der öffentlichen Körperschaft in der Verwaltungsrechtswissenschaft fest.

Die öffentliche Körperschaft setzt einen öffentlichen oder staatlichen Zweck voraus, dem sie dient. Das unterscheidet sie von privaten Vereinigungen, auch soweit diese gemeinnützige oder gar öffentliche Aufgaben wahrnehmen[13]. Sie bilden stets einen mitgliedschaftlichen Verband, einen Personenverband. Das bedingt auch eine innere Verfassung, die diesen Mitgliedern eine wirkliche Mitwirkung an den Geschäften der Körperschaft gibt. Ein im Sinne einer älteren Ausdrucksweise genossenschaftliches Element gehört zum Wesen der Körperschaft. Die Mitglieder können nicht nur bloße Objekte, Verwaltete oder Destinatäre sein[14]. Die Einrichtung und Verfassung der Körperschaft kann, wie wir sehen werden, weitgehend vom Staat her bestimmt werden. Sie muß aber einen Bereich eigenverantwortlicher Entscheidung behalten, den man als Selbstverwaltung bezeichnen kann[15]. Ihre Einfügung in den Zusammenhang der staatlichen Verwaltungsorganisation bedingt endlich eine Staatsaufsicht[16]. Schließlich aber ist es bei der Körperschaft unstreitig, daß sie ein rechtsfähiges Gebilde ist[17].

---

[12] Nach der Städteordnung für die sechs östlichen Provinzen v. 30. 5. 1853 (§ 9) sind die Stadtgemeinden „Korporationen des öffentlichen Rechts". Ebenso LandgemeindeO für die sieben östlichen Provinzen v. 5. 7. 1891 (§ 5). Dagegen werden Jagdgenossenschaften (JagdO v. 15. 7. 1907, § 16) und Wassergenossenschaften (WasserG v. 7. 4. 1913, § 209) nur einfach für „rechtsfähig" erklärt.

[13] Es steht auf einem anderen Blatt, daß solche im Privatrecht wurzelnden Verbindungen wie Parteien und Interessenverbände, oder Unternehmen wie die Presse, eine politische und öffentliche Rolle, ja sogar eine verfassungsrechtlich zu umschreibende Mitwirkung am Verfassungsleben ausüben können. Das sind funktionelle Aufgaben, die sie nicht zu Teilen der institutionellen Staatseinrichtungen machen.

[14] Die Notwendigkeit von Mitgliedern wird allgemein bejaht, ihre aktive Beteiligung betont von *E. R. Huber*, Wirtschaftsverwaltungsrecht, 2. Aufl., Bd. I, Tübingen 1953, S. 184. Die mitgliedschaftliche Struktur wird hervorgehoben vom BayVerfGH, VwRspr. 3, S. 657; Württ.-Bad.VGH, ESVGH 4, S. 188. Nicht folgen kann ich *Forsthoff* (S. 453 f.), wonach die Mitglieder von den Verwaltungsgeschäften und der Organbestellung ausgeschlossen sein können. Ohne ein, wenn auch begrenztes, Maß eigener Mitentscheidung ist das Element der korporativen Struktur nicht erfüllt. Sonst liegen anstaltliche Formen vor. Vgl. hierzu *Lyncker*, S. 78 ff.

[15] Zur Verbindung des Körperschaftsbegriffs mit Selbstverwaltung siehe *Huber*, Bd. I, S. 186 f.; *ders.*, Selbstverwaltung der Wirtschaft, Stuttgart 1958, S. 41 f. Meine Darlegungen, DÖV 1952, S. 611, und in: Öffentlichrechtliche Zusammenschlüsse der Jägerschaft (Gutachten), S. 15.

[16] Zur Notwendigkeit der Staatsaufsicht: BayVerfGH, VwRspr. 3, S. 657; *Jecht*, S. 23.

Von diesen Merkmalen bedarf nur das der öffentlichen Aufgabe noch eines Wortes der Erläuterung. *Hans Peters* hat in einer seiner letzten Arbeiten mit Recht darauf aufmerksam gemacht, daß es im Verwaltungsrecht nötig ist, zwischen öffentlichen und staatlichen Aufgaben zu unterscheiden[18]. So wie wir heute neben der Staatsorganisation den Bereich des Öffentlichen kennen, in dem nicht institutionell zum Staat gehörige politische und soziale Verbände und Kräfte an der Gestaltung des Verfassungslebens und der Aufgaben der Gesamtheit einen freien Anteil nehmen[19], so gehört dazu, daß neben den vom Staat an sich genommenen Aufgaben des Ganzen — einem Kreis, den die Gesetzgebung immer wieder neu umgrenzen, erweitern, aber — seltener — auch verringern kann — andere für die Gesamtheit bedeutsame und wichtige Angelegenheiten von freien Kräften wahrgenommen werden. Die Bewältigung dieser Aufgaben kann durch freie private Kräfte erfolgen: Ein Beispiel bilden private Forschungseinrichtungen, wie sie z. B. die Görres-Gesellschaft darstellt, der *Hans Peters* durch lange Jahre so erfolgreich vorstand, oder — im Ausland — die Stiftungsuniversitäten (Harvard, Yale usw.) oder private Sozialeinrichtungen. Es kann sein, daß deren Kraft nicht mehr ausreicht, daß sie staatliche Stützung, nicht nur in finanzieller Hinsicht, benötigen. Hier ist ein Punkt, an dem unter Umständen bei personalen Aufgabenbereichen die Körperschaft sich als Gestaltungsmöglichkeit anbietet, um berufliche, wirtschaftliche, kulturelle oder soziale Angelegenheiten von öffentlicher Bedeutung organisatorisch zusammenzufassen und einer dauerhaften Pflege und Vorsorge zu überantworten. In einem solchen Falle braucht die Aufgabe nicht eine staatliche zu werden, sie bleibt in jenem Bereich des öffentlichen Interesses, daher in einer Selbständigkeit gegenüber dem Staate. Allerdings können solche Verbände dann zusätzlich unter Umständen staatliche Aufgaben der Aufsicht, der Berufsgerichtsbarkeit usw. übertragen erhalten. Etwas anderes ist es dagegen, wenn der Staat für gewisse staatliche Aufgaben, etwa des Bankwesens oder der Forschung, eine Auflockerung seiner Organisation durch Bildung von Trägern dieser Aufgaben mit Eigenverantwortung sucht. Dann haben wir es mit dezentralisierten staatlichen Aufgabenbereichen zu tun. Im Ergebnis wird man daher für die Erscheinung der Körperschaft, wie auch *Forsthoff* ganz richtig dargelegt hat[20], mit verschiedenen Formen ihres

---

[17] Auf die Frage der Teilrechtsfähigkeit kann hier nicht eingegangen werden. Siehe dazu *Bachof*, AöR 83 (1958), S. 208 ff.; *Jecht*, S. 78 f.

[18] Öffentliche und staatliche Aufgaben, Festschrift für H. C. Nipperdey, Bd. II, München 1964, S. 877 ff.

[19] Zu diesem Begriff des Öffentlichen siehe *E. Forsthoff*, Die öffentliche Körperschaft im Bundesstaat, Tübingen 1931, S. 15; *R. Smend*, Zum Problem des Öffentlichen und der Öffentlichkeit, Gedächtnisschrift für W. Jellinek, 1955, S. 11 ff.

Ursprungs und ihrer Nähe zum Staat zu rechnen haben, und dem entspricht auch, daß sie entweder in erster Linie öffentlichen Aufgaben dienen, die in ihnen eine staatliche Anerkennung und Förderung erfahren, oder staatliche Aufgaben wahrnehmen, mit denen sie im Wege einer Dezentralisierung staatlicher Verwaltungsführung betraut werden. Die Aufgaben, die eine Körperschaft erfüllt, können vordem durch einen nichtöffentlichen Verband wahrgenommen worden sein; aber ebenso möglich ist es, daß sie nun erst aus der unmittelbaren Staatsverwaltung in die mittelbare überführt werden[21].

Von der Körperschaft unterscheidet sich die Anstalt — hier wird nur die rechtsfähige Anstalt betrachtet — durch das Fehlen von Mitgliedern, den mangelnden Charakter als Personenverband. Die Anstalt kann Benutzer, Destinatäre, Beiräte haben. Sie ist sogar nicht selten mit einem erheblichen Maß an Unabhängigkeit und damit Eigenverantwortung ausgestattet, die in einzelnen Fällen — etwa bei den Anstalten der Sozialversicherung — mit Selbstverwaltung bezeichnet wird. Aber ihre Natur wird bestimmt durch ihre staatliche Aufgabe[22] und die in ihr zusammengefaßten sachlichen und administrativen Mittel zur Erfüllung dieser Aufgabe. Ihre Erscheinung wird bestimmt durch Verselbständigung einer Verwaltungsaufgabe unter eigener Leitung, unter Verfügung über die zweckdienlichen hoheitlichen und sachlichen Mittel. Das Funktionelle, Sachliche überwiegt, obwohl die personelle Mitarbeit und Mitwirkung der beteiligten Interessenten und Kreise durchaus entwickelt sein kann. Staatsaufsicht gehört auch hier zum Normalbild[23].

---

[20] Lehrbuch, S. 452/53. Nur würde ich bei der Zurechnung ausgesprochener Leitungsverbände zur Körperschaftsform zurückhaltend sein.

[21] Auf einer ganz eigenen Linie hat sich die Qualität der Kirchen als öffentliche Körperschaften entwickelt. Ursprünglich wurden sie einfach vom Staat auf diese Weise dem öffentlichen Bereich eingeordnet. Noch in der Weimarer Zeit leitete man aus dieser Eigenschaft der Kirchen die Staatsaufsicht ab. Heute dagegen, wo Art. 137 WeimRV im Sinne eines Fortfalls dieser Bindung an den Staat verstanden wird, bezeichnet der Körperschaftsbegriff gewisse Vorrechte der Religionsgesellschaften, aber darüber hinaus bedeutet er mehr, nämlich die Hervorhebung der Religionsgemeinschaften als vom Staate anerkannter, von ihm als im Bereich des Öffentlichen als bedeutsam angesehener und mit einem öffentlichrechtlichen Status versehener Bildungen. Vgl. in diesem Sinne *H. Marré*, NJW 1965, S. 1514 ff. Gegen einen öffentlichrechtlichen Status *H. Weber*, Die Religionsgemeinschaften als Körperschaften des öffentlichen Rechts im System des Grundgesetzes, Berlin 1966, S. 85 ff. Vgl. auch *K. Hesse*, JöR 10 (1961), S. 50 ff.

[22] Es scheint, daß man bei den öffentlichen Anstalten doch wohl nur solche vorfindet, die übertragene staatliche Aufgaben erfüllen. Im Unterschied zu Körperschaften, die öffentlichen Zwecken dienen, auch bevor sie durch Verleihung die Eigenschaft öffentlicher Korporationen erhalten, dürfte das bei Anstalten nicht vorkommen.

[23] Vgl. *Jecht*, S. 85 ff. Nicht unbedenkliche Ausnahmen in einigen Rundfunkgesetzen bei Rundfunkanstalten (S. 90).

Eine dritte Form der rechtsfähigen Einheit des öffentlichen Rechts ist die Stiftung. Sie wird durch die Bereitstellung von Sach- oder Geldmitteln gekennzeichnet, die einem bestimmten, meist genau bezeichneten öffentlichen oder staatlichen Zweck gewidmet sind und in ihrem Bestande von der Verwaltungsorganisation abgelöst bleiben. Während die Stiftung im Privatrecht — man denke an die der Wissenschaft dienenden Stiftungen (Volkswagenwerk, Thyssen) — sich neue Möglichkeiten erschließt, ist sie im öffentlichen Bereich eine seltenere Erscheinung, aber durchaus lebensfähig und brauchbar[24].

II. Rechtsform der Errichtung der Körperschaft

Es darf zunächst bemerkt werden, daß allein der Staat befugt ist, öffentliche Körperschaften zu errichten. Körperschaften selbst können, sofern sie nicht etwa dazu ausdrücklich gesetzlich ermächtigt wären, keine weiteren derartigen Gebilde gründen[25].

Die Frage nach der rechtlichen Form der Errichtung stellte sich noch nicht bei den älteren überkommenen Körperschaften, den Kirchen, Gemeinden und Universitäten. Im Landesrecht wurde die Errichtung von Körperschaften — oder die Beilegung der Qualität als öffentliche Korporation an bestehende Verbände — als Teil der Organisationsgewalt angesehen. In Preußen vermochte der König öffentliche Körperschaften zu schaffen, obgleich man in der Regel den Gesetzgebungsweg vorzog[26]. Später trat an seine Stelle nach 1918 das Staatsministerium[27]. Dagegen hat das Reich unter den Verfassungen von 1871 und 1918 die Errichtung von Körperschaften und Anstalten dem Gesetzgeber vorbehalten[28]. In der Praxis, wie sie seit dem ersten Weltkriege aufkam, hat der Staat

---

[24] Zur öffentlichen Stiftung siehe *Hans J. Wolff*, Verwaltungsrecht, Bd. II, München 1962, S. 5; *Harry Ebersbach*, Die Stiftung des öffentlichen Rechts, Göttingen 1961 (der die Schwierigkeit scharfer Grenzziehung zwischen Stiftung und Anstalt betont).

[25] Die Vorschrift des Art. 137 Abs. 5 Satz 3 WeimRV, nach der die als Körperschaften anerkannten Religionsgesellschaften durch Zusammenschluß (ohne staatliche Beteiligung) neue Körperschaften bilden können, entspricht dem Umstand, daß die kirchlichen Vereinigungen nicht Teile der Staatsorganisationen sind, daher hier staatliche Mitwirkung entfallen kann.

[26] Die preußischen Universitäten des 19. Jahrhunderts, damals freilich als Staatsanstalten angesehen, wurden durchweg durch Kabinetts-Ordre geschaffen. Siehe *L. v. Rönne*, Staatsrecht, Bd. II, 2, S. 414, Anm. 3. Nach 1918 trat das Staatsministerium in diese Rolle ein. Vgl. *Köttgen*, Deutsches Universitätsrecht, Tübingen 1933, S. 11 ff. Man konnte sich dabei auf § 67 II 11 ALR berufen. Vgl. *Thieme*, Deutsches Hochschulrecht, Köln 1956, S. 30. Zur Kompetenz der Exekutive zur Schaffung von Korporationen siehe auch *Hubrich*, ArchbürgR 33 (1909), S. 39; *Ermacora*, VVDStRL 16 (1958), S. 205.

[27] Vgl. hierzu *Werner Weber*, Die Körperschaften, Anstalten usw., S. 29.

[28] *Werner Weber*, S. 29.

sich freilich auch für manche öffentlichen Aufgaben durch die Schaffung von privaten Rechtsträgern geholfen, eine Entwicklung, die mit den Kriegsgesellschaften des ersten Weltkrieges einsetzt und über die Syndikate von Kohle und Kali nach 1918 bis heute nachklingt[29].

In der Gegenwart ist die rechtliche Situation verändert. Die fortschreitende begriffstheoretische Erweiterung des Rechtssatzbegriffes und die daraus gezogenen Folgerungen für die Funktionsordnung sowie die parallel laufenden Rechtsstaatsvorstellungen haben dazu geführt, den Bereich der Organisationsgewalt einzugrenzen. Auch wenn man nicht extremeren Meinungen folgt, die hier jede Veränderung an die Gesetzesermächtigung binden wollen[30], so ist doch heute davon auszugehen, daß die Errichtung selbständiger Rechtsträger im Rahmen der Verwaltungsorganisation, vor allem aber auch die Zuweisung hoheitlicher Befugnisse und überhaupt staatlicher und öffentlicher Aufgaben an sie, einer gesetzlichen Grundlage bedarf[31]. Die Landesverfassungen schweigen sich freilich über diesen Punkt aus; nur für den Bund ergeben sich aus Art. 87 Abs. 3 GG in erheblichem Umfang verfassungsrechtliche Bindungen. Sieht man zunächst von den besonderen Begrenzungen für den Bund ab, die sich aus der föderalen Struktur ergeben, so gilt heute allgemein, daß rechtsfähige Körperschaften und Anstalten nur mehr durch ein Gesetz oder auf Grund einer gesetzlichen Ermächtigung errichtet werden können. Ihre Gründung liegt außerhalb des Bereichs der exekutiven Organisationsgewalt[32]. In der Tat verlangen

---

[29] Hierzu *E. W. Böckenförde,* Die Organisationsgewalt im Bereich der Regierung, Berlin 1964, S. 43 ff. Für die Gegenwart ist freilich durch das Urteil des Bundesverfassungsgerichts im Fernsehstreit insofern eine Grenze gezogen, als es auch privatrechtliche Organisationsformen an die Kompetenzordnung des Grundgesetzes bindet und damit die privatrechtliche Einkleidung sozusagen „durchstößt" (BVerfGE 12, S. 205, 246 ff.). Siehe hierzu auch *Köttgen,* JöR 11 (1962), S. 202, und VVDStRL 16 (1958), S. 173.

[30] Ohne Vollständigkeit seien genannt *Lutz Richter,* Die Organisationsgewalt, Leipzig 1926, S. 11 ff.; *Ermacora,* VVDStRL 16 (1958), S. 222 ff.; *D. Jesch,* Gesetz und Verwaltung, Tübingen 1961, S. 16, 145. Kritisch hiergegen *Böckenförde,* S. 42 ff., 89 ff., und *H. H. Rupp,* Grundfragen der heutigen Verwaltungsrechtslehre, Tübingen 1965, S. 145 f.

[31] *Böckenförde,* S. 96 f., möchte zwischen der bloßen Errichtung der Körperschaft und ihrer Betrauung mit hoheitlichen Befugnissen oder Ausgliederungen aus der staatlichen Verwaltung unterscheiden und nur letztere an ein Gesetz binden. Da jede Errichtung einer Körperschaft die Schaffung autonomer Wahrnehmung öffentlicher Aufgaben in sich schließt und die Verwaltungsorganisation daher nach außen verändert, halte ich diesen Unterschied nicht für begründet.

[32] Man wird eine richtige Lösung nur finden, wenn man sich klarmacht, daß Organisationsgewalt nicht nur eine exekutive Kategorie ist, auch wenn man richtig daran festhält, daß sie im demokratischen Staate der Exekutive grundsätzlich verbleiben kann. Bei den rechtsfähigen öffentlichen Einheiten hat sich heute ein Wandel der rechtlichen Auffassung vollzogen, der sie der legislativen Begründung zuweist.

auch Lehre und Rechtsprechung diese gesetzliche Grundlage[33]. Es liegt nicht selten der Fall vor, daß der Gesetzgeber nur einen bestimmten Typ von öffentlichen Körperschaften vorsieht, deren Zahl und den Zeitpunkt der Errichtung aber weiterer Entscheidung überläßt[34]. Daher ist es, und das gilt allgemein für die Länder, ausreichend, wenn die Errichtung auf Grund gesetzlicher Ermächtigung erfolgt, wobei diese Errichtung sowohl Rechtsverordnung sein kann wie Verwaltungsakt.

Die Gründung einer Körperschaft hört aber auch dann, wenn sie nicht mehr der Exekutive zusteht, nicht auf, ein Akt der Organisationsgewalt (aber nunmehr der legislativen) zu sein[35]. Das bedeutet, daß es für die Gründung einer Körperschaft nicht zureicht, daß der Bund sich dabei auf seine legislative Zuständigkeit allein stützt. Er muß auch, da insoweit der Bereich der Verwaltungsorganisation berührt wird, den das Grundgesetz zur Verwaltung zählt (vgl. Art. 84 Abs. 1 GG), eine Verwaltungskompetenz besitzen[36]. Unter diesem Gesichtspunkt kann der Bund nur unter drei Bestimmungen öffentliche Körperschaften und Anstalten (sowie Stiftungen) an seine Organisation anfügen:

a) im Rahmen des Art. 87 Abs. 2 GG, wo eine Sonderbestimmung für bereits bestehende Einrichtungen eingreift;

---

[33] Vgl. *Hans J. Wolff*, Verwaltungsrecht, 6. Aufl., Bd. I, 1965, S. 188; *Forsthoff*, S. 458/59; *W. Reuß*, in: *Bettermann / Nipperdey*, Die Grundrechte, Bd. III/1, Berlin 1958, S. 107; *G. Rinck*, Wirtschaftsrecht, Köln 1963, S. 296; *Lyncker*, S. 26, 32. Aus der Rechtsprechung spricht Württ.-Bad.VGH (ESVGH 4, S. 187) von einem Hoheitsakt auf Grund Gesetzes (für eine vor 1945 errichtete Körperschaft); die Entscheidung des BVerwG, DÖV 1966, S. 197, betrifft dagegen einen Fall, in dem die Änderung der Organisation der technischen Überwachungsvereine durch VO erfolgte. Das BVerfG sieht in der Gründung offenbar einen Verwaltungsakt, erkennt aber als Form der Gründung Sondergesetz wie Exekutivakt an (BVerfGE 10, S. 89, 101). Ob die Gründung einer Körperschaft den Charakter eines Rechtssatzes hat, ist normalerweise zweifelhaft, doch dürfte die Übertragung hoheitlicher Befugnisse eher eine VO erfordern. Die Lehre ist unsicher. Der StGH in NRW hat sogar bei der Auflösung einer Gemeinde durch Gesetz des Landtags ein nur formelles Gesetz, d. h. einen materiellen Verwaltungsakt, angenommen (OVGE 14, S. 375). Das ist bei der Gemeinde m. E. nicht zutreffend, aber zeigt die Richtung, in der die überwiegende Auffassung geht. Vgl. auch *Geller / Kleinrahm*, Die Verfassung des Landes Nordrhein-Westfalen, 2. Aufl., Göttingen 1963, S. 120 f., 178 f., 518 f.

[34] Zu dieser Schaffung eines Typus mit nachfolgender Einzelgründung siehe BVerfGE 10, S. 89, 101. Vgl. auch *Lyncker*, S. 29.

[35] Daher rechnet sie die heutige Meinung im Grunde zur Verwaltung.

[36] Von dieser Auffassung gehen *Maunz / Dürig*, Rdnr. 55 zu Art. 87, aus, wenn sie für Art. 87 Abs. 3 GG eine vorherige materielle Regelung fordern, d. h. die Errichtung der Körperschaft als Ausführung deuten. Praktisch freilich gewährt Art. 87 Abs. 3 diese Verwaltungszuständigkeit des Bundes. Davon geht wohl auch BVerfGE 10, S. 89, 100 aus, wo nur auf die Gesetzgebungskompetenz des Bundes für die Verbandsgründung abgestellt ist.

b) im Rahmen des Art. 87 Abs. 3 GG, sofern ihm für die Aufgaben der Körperschaft die Gesetzgebungszuständigkeit zusteht;

c) im Rahmen des Art. 84 Abs. 1 GG, soweit er mit Zustimmung des Bundesrats Körperschaften des Landesrechts „einrichtet".

Von der föderalen Seite dieser Bestimmung wird später zu sprechen sein. Hier genügt es, festzustellen, daß Art. 87 Abs. 3 und Art. 84 Abs. 1 GG jeweils ein Bundesgesetz, und zwar ein formelles Bundesgesetz, erfordern[37].

Zur Errichtung gehört die Zuweisung einer öffentlichen oder staatlichen Aufgabe (davon nachher), aber auch die Festlegung von räumlichem Wirkungsbereich, Sitz und Namen[38]. Sofern die Gründung einer Körperschaft unmittelbar durch Gesetz erfolgt, handelt es sich um ein Einzelgesetz (Sondergesetz), das aber seiner Natur nach einen individuellen Fall behandelt und daher kein unzulässiges Ausnahmegesetz darstellt[39]. Eine besondere Form der Errichtung ist die Gründung durch Staatsvertrag, die bisher allerdings, soweit ich sehe, nur für Anstalten des öffentlichen Rechts, nämlich Rundfunkanstalten, angewendet worden ist[40]. Der Vorgang der Schaffung einer öffentlichen Körperschaft kann, entsprechend ihrer Natur als Ausgliederung aus der staatlichen Verwaltung oder als Anerkennung einer aus den Kräften freier gesellschaftlicher Verbindung hervorgegangenen Vereinigung in ihrer öffentlichen Bedeutung, in zwei Formen erfolgen. Entweder überträgt der Staat einen bisher staatlichen Wirkungskreis auf eine neu errichtete Körperschaft oder er erhebt eine bereits bestehende private Gemeinschaft zur öffentlichen Korporation[41].

Man hat früher häufig angenommen, daß sich eine Körperschaft auch bilden könne, wenn eine Vereinigung hoheitliche oder staatliche Aufgaben wahrnimmt: sie werde dann, kraft ihrer Funktion, nach ihrem Wesen zur Körperschaft[42]. Heute, wo bereits die Schaffung eines neuen

---

[37] Vgl. *Lyncker*, S. 27/28.

[38] Zur Namengebung siehe *Reuß*, Die Grundrechte, Bd. III/1, S. 120.

[39] In diesem Sinne (zum Erftverband) BVerfGE 10, S. 89, 107 ff. Geht man davon aus, daß richtigerweise die Errichtung und Auflösung einer Körperschaft durch Rechtssatz (Gesetz oder VO) erfolgt und nur ausnahmsweise durch Einzelakt (bei vorheriger Festlegung des Typus) — so auch *Geller / Kleinrahm*, S. 518 f. — so kann ein solcher naturgemäß individueller Organisationsakt nicht unstatthaft sein.

[40] Vgl. Übersicht der Verträge bei *Hans Schneider*, VVDStRL 19 (1961), S. 76 ff., und (zum II. Fernsehen) Urteil des BVerwG v. 5. 11. 1965 (BVerwGE 22, S. 299, 306). Auf die Frage der Zulässigkeit einer Ländergemeinschaftseinrichtung ist hier nicht einzugehen.

[41] Vgl. hierzu *Forsthoff*, S. 452 f.; *Reuß*, Grundrechte, Bd. III/1, S. 119; *Böckenförde*, S. 51 f.

öffentlichen Verwaltungsträgers als eine ein Gesetz erfordernde Vorkehr angesehen wird, ganz abgesehen davon, daß dies bei Übertragung hoheitlicher oder staatlicher Aufgaben der Fall sein muß[43], wird eine solche Entstehung von Körperschaften kraft Wesens nicht mehr anerkannt werden können[44]. Etwas anderes ist es, wenn eine formell als Anstalt oder einfach (ohne nähere Kennzeichnung) als rechtsfähige öffentliche Einheit begründete Einrichtung wegen ihres mitgliedschaftlichen Charakters als Körperschaft aufgefaßt wird oder ihr nahekommt. Nicht aber kann eine private Vereinigung nur durch ihre Aufgabenstellung ohne gesetzliche Grundlage in das öffentliche Recht überführt werden.

Mit der Gründung wird den Körperschaften in der Regel — das ist aber kein notwendiges Element — eine Befugnis zur Rechtsetzung (Autonomie) über ihre Mitglieder verliehen. Sie erstreckt sich in erster Linie auf die Gestaltung der inneren Organisation. Möglich ist es aber auch, daß der Staat im Gesetz oder in Ergänzung zu ihm der Körperschaft ihre Satzung mitgibt, sie also selbst gestaltet. Diese Formung der Körperschaft von oben ist heute wohl seltener geworden. Jede Autonomie muß auf einer ausdrücklichen gesetzlichen Verleihung beruhen, die ihren Umfang und das Maß erlaubter Eingriffe auf die Mitglieder festlegt. Begrifflich ist indes die Gewährung von Autonomie von der Delegation rechtsetzender Gewalt an Organe der Exekutive scharf zu unterscheiden. Es ist daher unrichtig, wenn man Art. 80 GG (und entsprechende landesrechtliche Vorschriften) auf die autonome Rechtsetzung hat anwenden wollen[45]. Die Autonomie ist Ausdruck der Kräfte der Eigenbestimmung und Selbstverwaltung in der Körperschaft, sie findet in dieser mitgliedschaftlichen Verankerung ihre demokratische und rechtsstaatliche Legitimität, ist daher nicht an die engen Grenzen des Art. 80 gebunden[46]. Allerdings bleibt der Grundsatz bestehen, daß

---

[42] So vor allem *E. R. Huber*, Wirtschaftsverwaltungsrecht, Bd. I, S. 106 f., 275 ff. Vgl. *Spanner*, DÖV 1957, S. 643; *Geller / Kleinrahm*, Die Verfassung von NRW, S. 518 f.

[43] *Böckenförde*, S. 92, 96.

[44] So zu Recht *W. Weber*, Die Körperschaften, Anstalten usw., S. 81 ff., *Forsthoff*, S. 458.

[45] So vor allem *R. Hamann*, Autonome Satzungen und Verfassungsrecht, Heidelberg 1958, S. 63 ff.; ferner *W. Küttner*, Die Rechtsetzungsbefugnis von Selbstverwaltungskörpern nach dem Bonner Grundgesetz, Diss. Bonn 1965 (eingeschränkt in bezug auf die innere Selbstbestimmung der Körperschaft).

[46] Zum Unterschied von Delegation und Autonomie eingehend *Hans Schneider*, Autonome Satzung und Rechtsverordnung, in: Festschrift Philipp Möhring, München 1965, S. 52 ff.; *Maunz / Dürig*, Rdnr. 31 ff. zu Art. 80; *Forsthoff*, S. 447; *Lyncker*, S. 65 ff., 71 ff.; *Hans J. Wolff*, NJW 1958, S. 2010 ff. Vor allem in diesem Sinne jetzt BVerfGE 19, S. 253, 266 f. (und früher schon BVerfGE 12, S. 319, 325).

jede Autonomie begrenzt ist, und das Prinzip des „ultra vires" gilt hier wie bei jeder Ermächtigung zu Rechtsetzung[47].

III. Die Körperschaft im bundesstaatlichen Aufbau

Hält man fest, daß nur der Staat rechtsfähige Körperschaften und Anstalten des öffentlichen Rechts gründen kann, so folgt daraus, daß sich Bund und Länder diese Befugnis im Rahmen ihrer Kompetenz teilen. Wie schon erwähnt, kommt es dabei nicht allein auf die Zuständigkeit zur Gesetzgebung an. Sie muß gegeben sein und bildet nach der Auffassung des Bundesverfassungsgerichts die äußerste Grenze auch aller Verwaltungsbefugnisse des Bundes, mithin auch seiner organisatorischen Kompetenz[48]. Aber da es sich bei der Errichtung von Körperschaften um Einrichtungen der mittelbaren Staatsverwaltung, mithin um einen Ausfluß der Verwaltungsorganisation handelt, bedarf der Bund einer nach den Art. 83 ff. GG vermittelten Zuständigkeit zur Verwaltung, da deren Organisation berührt wird[49]. Dieses Doppelerfordernis tritt deshalb nicht deutlich in Erscheinung, weil das Grundgesetz dem Bunde in Art. 87 Abs. 3 GG gestattet, bundesunmittelbare Körperschaften und Anstalten im Rahmen seiner Gesetzgebungszuständigkeit zu gründen, also hier gesetzgeberische und administrative Kompetenz koppelt. Aber ohne Art. 87 Abs. 3 GG würde der Bund zwar Vereinigungen im Bereich der bundeseigenen Verwaltung (Art. 86) frei schaffen können, nicht aber in der Sphäre, in der ihm sonst nur die Gesetzgebungszuständigkeit zusteht. Art. 87 Abs. 3 gewährt mithin dem Bunde eine Möglichkeit, seine Verwaltung in der Form mittelbarer Staatsverwaltung nicht unerheblich zu erweitern. Mit Recht bemerkte daher die amtliche Begründung zur Wirtschaftsprüferordnung (BTag, 3. Wahlp., Drucks. Nr. 201, S. 33):

„Daß Art. 87 Abs. 3 Satz 1 nicht nur eine Organisationsnorm, sondern auch eine Kompetenznorm darstellt, die es ermöglicht, Verwaltungszuständigkeiten, welche nach dem Grundgesetz (Art. 83) den Ländern

---

[47] Daraus folgt, daß Körperschaften ihren Aufgabenkreis nicht selbst durch Satzung erweitern können: BayVerfGH, VwRspr. 3, S. 657.

[48] BVerfGE 12, S. 205, 229. Dieser Grundsatz gilt aber nur im Bereiche der gesetzesgebundenen Verwaltung. Das BVerfG will ihn auch auf die nicht-gesetzesausführende Tätigkeit erstrecken, die es generell Art. 30, 83 ff. GG unterwirft (BVerfGE 12, S. 205, 247). Gegen eine solche Bindung der gesetzesfreien Verwaltung an den 8. Abschnitt des Grundgesetzes indessen: *Köttgen*, JöR 3, S. 73; 11, S. 202 ff. Für den Bestand einer gesetzesfreien Verwaltung ist namentlich *Hans Peters* stets mit Nachdruck eingetreten: Verwaltung ohne gesetzliche Ermächtigung, Festgabe Hans Huber, Bern 1961, S. 206 ff.; Die Verwaltung als eigenständige Staatsgewalt, Köln 1965, S. 15, 24 f.

[49] Hierzu eingehend *Hans Schneider*, AöR 83 (1958), S. 21 ff. Vgl. auch *Maunz / Dürig*, Grundgesetz, Rdnr. 55 zu Art. 87.

zustehen würden, auf den Bund zu übertragen, dürfte nicht bestritten sein, sofern die Voraussetzungen für den Erlaß eines entsprechenden Gesetzes, also auch die Voraussetzungen des Art. 72 Abs. 2 GG, erfüllt sind[50]."

Der Raum zur Einrichtung mittelbarer Staatsverwaltung, den Art. 87 Abs. 3 dem Bunde eröffnet, ist nicht gering bemessen. Vor allem die Zuständigkeiten des Art. 74 Ziff. 1, 11, 12, 13, 17, 19 kommen hier in Frage. Von ihnen haben die Bereiche von Wirtschaft (Ziff. 11) und Arbeit (Ziff. 12) besondere Reichweite, da sie in einem weiten Sinne zu verstehen sind[51] und die Regelung der gewerblichen Tätigkeit einschließlich der beruflichen Verhältnisse der in einem Gewerbe tätigen Personen mitumfassen. Ergänzend tritt bei einer Erfassung unselbständig Tätiger dazu das Arbeitsrecht (Ziff. 12) als Grundlage hinzu[52].

Freilich zieht Art. 87 Abs. 3 dem Bunde aber auch wiederum eine Schranke darin, daß er nur bundesunmittelbare Körperschaften und Anstalten erlaubt. Die vom Bunde errichtete Körperschaft darf keine ihr unterstellten regionalen Körperschaften oder Behörden haben[53]. Ein organisatorischer Aufbau, der eine zentrale Bundeskörperschaft mit einem Unterbau vorsähe, würde sowohl Art. 87 Abs. 3 wie dem Grundsatz der Geschlossenheit der Landesverwaltung widersprechen und eine unzulässige Mischverwaltung darstellen[54]. Schließt diese Rechtslage

[50] Vgl. hierzu auch *Köttgen,* JöR 11, S. 273 ff.

[51] In diesem Sinne BVerfGE 5, S. 25, 28.

[52] In der schon erwähnten Begründung zur Wirtschaftsprüferordnung (BTag, 3. Wahlp., Drucks. Nr. 201, S. 32) führt die Bundesregierung aus: „Die Zuständigkeit des Bundes für den Erlaß des Gesetzes ergibt sich aus Art. 74 Ziff. 11 GG. Die Berufstätigkeit der Wirtschaftsprüfer gehört zum Leben der Wirtschaft, der sie dient. Es muß daher, wie auch bereits für das Gesetz über Wirtschaftsprüfer im Genossenschaftswesen vom 17. Juli 1952 (BGBl. I, S. 385), davon ausgegangen werden, daß das Berufsrecht der in der Wirtschaft tätigen Personen von dem Ausdruck ‚Recht der Wirtschaft' mit umfaßt werden sollte." Dabei können die Zuständigkeiten der Gebiete „Wirtschaft" und „Arbeit", besonders bei Regelung auch der Lage unselbständiger Berufstätiger, kombiniert werden. So das BVerwG im Urteil v. 25. 2. 1966 (DÖV 1966, S. 651) hinsichtlich der Arbeitskammer für das Saarland (Gesetz v. 25. 11. 1960, Amtsbl. S. 887). Vgl. hierzu auch *W. Reuß,* Die Grundrechte, Bd. III/1, S. 98.

[53] Vgl. *Köttgen,* JöR 3 (1954), S. 115; 11, S. 276/77; *Maunz / Dürig,* Rdnr. 53 zu Art. 87, und BVerfGE 14, S. 197 ff.

[54] Zum Begriff der Mischverwaltung siehe *Köttgen,* DÖV 1955, S. 485 ff.; *Gerner,* BayVBl. 1955, S. 193 ff.; *Füßlein,* DVBl. 1956, S. 1 ff.; *Schneider,* AöR 83, S. 3 ff. Unter dem Gesichtspunkt der Mischverwaltung hat *Köttgen* gegen alle Formen bundesrechtlicher Dachverbände Bedenken erhoben (JöR 3, S. 119 f.), aber JöR 11, S. 274 ff., etwas eingeschränkt. Gegen ihn weist *H. Schneider,* AöR 83, S. 10 ff., zu Recht darauf hin, daß organisatorische Verbindungen zwischen Bundes- und Landeskörperschaften sowie Formen des Zusammenwirkens, die keine bindende Weisungsmöglichkeit eröffnen, ohne Bedenken sind.

eine organisatorisch abhängige Untergliederung der Bundeskörperschaft im Bundesrahmen aus, so steht sie doch nicht einer Regelung entgegen, die eine Bundeskörperschaft zum Dachverband für in den Ländern errichtete Körperschaften macht. Hier würden nur dann Bedenken entstehen, wenn der Bundeskorporation rechtlich bindende Weisungs- und Aufsichtsrechte zugeteilt würden. Wo dies nicht der Fall ist, wo nur etwa den Organisationen der Länder eine Mitwirkung in der Bundeskörperschaft offensteht oder andere Formen des Zusammenwirkens vorgesehen sind, die keine Überordnung der bundesrechtlichen Körperschaft mit sich bringen, besteht kein Bedenken[55]. Soweit neuere Gesetze (§ 177 BRAO, § 78 BNotO) Berufskammern auf Bundesebene die Befugnis geben, „Richtlinien" aufzustellen, so sind damit keine rechtsetzenden Befugnisse gemeint, sondern Zusammenfassungen von in der Praxis erarbeiteten Grundsätzen, die einen Anhalt geben, aber keine Rechtsvorschrift darstellen[56]. Wo eine Aufteilung der Befugnisse in selbständiger Form zwischen Bundes- und Landesorganisation besteht, letzterer ein Einfluß auf die erste zusteht (durch Teilnahme an ihrer Organisation), aber nicht umgekehrt, kurz, eine organisatorische Abhängigkeit fehlt, kann die Organisation eines Berufsstandes oder eines sonstigen Bereiches in der Form eines Bundesdachverbandes und einzelner Länderkammern oder -verbände eingerichtet sein. Gemäß Art. 84 Abs. 1 GG kann der Bund, aber nur mit Zustimmung des Bundesrates, auch im Rahmen seiner allgemeinen Möglichkeit, auf die Einrichtung[57] der Behörden in den Ländern gesetzgeberisch einzuwirken, unmittelbar öffentliche Körperschaften des Landesrechts schaffen, die dann der Landesaufsicht unterstehen.

Was die Länder anlangt, so können sie unabhängig öffentliche Körperschaften im Gebiet ihrer ausschließlichen Zuständigkeit errichten (z. B. Schule und Hochschulbildung), ebenso in den Bereichen der konkurrierenden Gesetzgebungszuständigkeit, solange der Bund noch das Feld offenläßt und keine kodifikatorische Regelung getroffen hat[58].

---

[55] Vgl. *H. Schneider*, AöR 83, S. 10 ff.

[56] Vgl. für die Rechtsanwaltskammer *A. Bülow*, Bundesrechtsanwaltsordnung, Berlin 1959, S. 70.

[57] Daß der Begriff der Einrichtung in Art. 84 auch die „Errichtung" von Behörden und Verwaltungseinheiten umfaßt, ist allgemein anerkannt. Vgl. *Maunz / Dürig*, Rdnr. 21 zu Art. 84; *H. Schneider*, AöR 83, S. 19/20; *Köttgen*, JöR 11, S. 229. Beispiele solcher Tätigkeit des Bundes bei *Köttgen*, S. 232 ff.

[58] Das Bundesverfassungsgericht neigt dazu, eine solche kodifikatorische Regelung nur selten anzunehmen und hält dadurch den Ländern eine Betätigung offen. Vgl. BVerfGE 10, S. 89, 100 (für die Wasserverbände).

IV. Das Erfordernis der legitimen öffentlichen Aufgabe

Ein Fragenbereich ist bei der Gründung von Körperschaften am wenigsten behandelt, obwohl er einen zentralen Punkt betrifft und in weitschichtige Zusammenhänge weist. In welchem Umfang steht es überhaupt dem Staat frei, die mittelbare Staatsverwaltung als Form der Ausgliederung staatlicher Agenden, der Heranziehung und Disziplinierung von Bereichen des öffentlichen Lebens oder der Anerkennungen von Gruppenbestrebungen zu verwenden? Zwar vermag der Gesetzgeber den Kreis staatlicher und öffentlicher Aufgaben abzustecken, aber sicherlich nur innerhalb gewisser äußerster Grenzen. Im Grunde führt diese Überlegung auf zwei tiefere Probleme. Wieweit ist der Staat berechtigt, den Umkreis der staatlichen Aufgaben auszudehnen und die Erscheinungen des öffentlichen Lebens durch Heranziehung an seine Organisation einzugliedern? Und umgekehrt, gibt es Kernbereiche hoheitlichen Staatshandelns, die der Staat in eigener unmittelbarer Führung behalten muß, die er nicht Körperschaften übertragen darf, über die er nur eine Aufsicht, heute zumal oft nur eine Rechtsaufsicht, führt? Diese Fragen verweisen auf die Prinzipien, nach denen sich das Verhältnis von Staat und Wirtschaft gestaltet. Aus diesem weiten Felde können hier nur Grundlinien skizziert werden.

Die Fragestellung wird zuweilen überdeckt durch die Einordnung zahlreicher Erscheinungen dieses Gebietes in den Begriff der wirtschaftlichen, sozialen usw. Selbstverwaltung[59]. Unzweifelhaft ist es ein Zug des modernen Staates, daß er gewisse öffentliche und staatliche Aufgaben den Beteiligten selbst überträgt und ihnen Gestaltungsfreiheit einräumt. Aber diese Gebiete spezieller Selbstverwaltung bedürfen auch der Begrenzung und Einordnung in das Ganze. Sie sind Ausdruck der pluralistischen Formung der heutigen Gesellschaft, aber sie dürfen sich nicht zu Formen ständischer Sonderung verfestigen, die schließlich in eine ständestaatliche oder korporative Struktur ausmünden würden. Sie müssen auch stets unter der Forderung des Gemeinwohls als dem überragenden Gebot bleiben, und ihre Verbandsformen dürfen nur dem öffentlichen, dem allgemeinen Interesse dienen, nicht aber etwa rein wirtschaftlichen Zielen und Vorteilen einer Gruppe oder wirtschaftlichen Unternehmung. Darum müssen private wirtschaftliche Interessenverfolgung — auch in der Form von Interessenvereinigungen — und die Aufgabenstellung öffentlicher Körperschaften getrennt bleiben.

---

[59] Auf die Bejahung des Selbstverwaltungsgedankens und die Förderung der Wirtschaft als Staatsaufgabe weist hin: BVerfGE 10, S. 89, 104; 15, S. 235, 240. Die Zulässigkeit der Übertragung von Verwaltungsaufgaben an Körperschaften betont BayVerfGH, VwRspr. 3, S. 657; 4, S. 269.

In der Vergangenheit sind diese Linien zuweilen verdeckt und überschritten worden. Insbesondere die Ausdehnung der eigenen Wirtschaftstätigkeit des Staates im Gefolge des ersten Weltkrieges und der Sozialisierungstendenzen des Beginns der zwanziger Jahre haben schwer einzuordnende Erscheinungen hervorgerufen, die zu erheblichen Teilen in Formen des Privatrechts blieben[60]. Nach 1933 hat sich unter dem Einfluß zentraler Lenkung durch die Bildung von Leitungsverbänden dieses Bild eher noch weiter verunklärt. Demgegenüber zeigt sich nach 1945 die Tendenz, schärfere Prinzipien in folgender Richtung zu entwickeln:

a) Die Verfolgung privater und rein wirtschaftlicher Interessen ist von der Wahrnehmung öffentlicher Fragen zu trennen. Für die Vertretung privater und wirtschaftlicher Interessen ohne Allgemeinbedeutung dürfen öffentliche Verbände nicht errichtet werden[61].

b) Der Staat darf nicht durch öffentliche Verbände rein fiskalische oder wirtschaftliche Interessen verfolgen. An sich steht es zwar dem Staate frei, eigene wirtschaftliche Betriebe zu gründen, aber hierzu steht ihm die Privatrechtsordnung oder die öffentliche Einrichtung (sog. nicht rechtsfähige Anstalt) offen[62].

c) Nur ausnahmsweise werden private Vereine oder Gesellschaften mit hoheitlichen oder staatlichen Aufgaben betraut werden können. Das ist zwar rechtlich nicht unstatthaft, erscheint aber wegen der mangelnden Aufsicht und der unzureichenden Gestaltung der Relation zu Dritten als untunlich[63].

d) Der Staat kann in gewissen Grenzen Wirtschaftslenkung ausüben. Zu den Mitteln, deren er sich hierbei bedient, gehören neben den Steuern, Subventionen und Krediten auch die für bestimmte Berufe und

---

[60] Eine Übersicht über diese Gestaltungen bei *Böckenförde,* S. 42 f.; *E. R. Huber,* Wirtschaftsverwaltungsrecht, Bd. I, S. 518 ff.

[61] Vgl. BayVerfGH, VwRspr. 4, S. 274, und ferner *Frentzel,* GewArch. 1963, S. 92; *ders.,* DVBl. 1964, S. 973.

[62] Zur Konkurrenz des Staats im privaten Bereich vgl. VGH Kassel, BB 1964, S. 453.

[63] Für unstatthaft hält solche Übertragung, soweit sie nicht historisch überkommen ist, *W. Reuß,* Die Grundrechte, Bd. III/1, S. 128 ff.; *ders.,* Wirtschaftsverfassung, in: *Brauchitsch,* Verwaltungsgesetze des Bundes und der Länder. Hrsg. *v. Ule,* Bd. VII, 1, Sonderdruck S. 62, 64. Hingegen wird mit Recht eine solche Übertragung als zulässig angesehen von *E. R. Huber,* Wirtschaftsverwaltungsrecht, Bd. I, S. 566 ff.; DÖV 1952, S. 456 ff. Ebenso meine Darlegung VVDStRL 12, S. 31, 62; *H. Krüger,* DÖV 1952, S. 545 ff. Ein Beispiel für Wahrnehmung öffentlicher (nicht staatlicher) Aufgaben sind die Dampfkesselüberwachungsvereine, vgl. *Peters,* Festgabe Nipperdey, Bd. II, S. 882. Keine Hoheitstätigkeit sieht hier vorliegen *Forsthoff,* S. 458, Anm. 3. Als staatliche Aufgaben sieht die Funktionen der DÜV an *Rupp,* Privateigentum an Staatsfunktionen, Tübingen 1963, S. 17 ff.

Wirtschaftszweige gebildeten Körperschaften, die öffentliche Funktionen der Sammlung und Ordnung in diesem Bereich ausüben. Daß staatliche Wirtschaftslenkung mit diesen Mitteln zulässig ist, gehört zum anerkannten Bestand der Rechtsprechung[64], die hierbei zuweilen auf die Sachgerechtigkeit der Mittel hinweist[65].

Aus dieser Übersicht folgt, daß grundsätzlich die Errichtung einer öffentlichen Körperschaft an das Vorliegen einer staatlichen oder öffentlichen Aufgabe gebunden bleibt. Es wäre unzulässig, diese Rechtsgestalt für lediglich fiskalische Zwecke zu verwenden, etwa den Betrieb eines staatlichen Wirtschaftsunternehmens oder gar einer reinen Produktionsstätte[66]. Ebenso aber haben Korporationen in ihrer Verfolgung von Gruppeninteressen diese im Rahmen des Gemeinwohls als allgemeine, nicht als finanzielle Berufs- oder Wirtschaftsinteressen wahrzunehmen. Es ist nicht notwendig, daß eine Körperschaft stets hoheitliche Aufgaben verfolgt. Es genügt die Wahrnehmung einer öffentlichen, d. h. im Bereich des Öffentlichen liegenden und für die Gesamtheit bedeutsamen Funktion oder die Erfüllung staatlicher, d. h. bereits vom Staat als Gesamtinteresse beanspruchter Aufgaben. Die Rechtsprechung hat dieses Merkmal durch einen Zusatz ein wenig straffer gezogen und fordert eine legitime öffentliche Aufgabe[67]. Damit betont sie, daß zwar dem Staate in der Bestimmung von Angelegenheiten als staatliche oder öffentliche Aufgaben ein Ermessen zusteht[68], daß aber hier eine gewisse Abwägung des Gedankens der freien Selbstbestimmung auf der einen Seite und der Bedürfnisse der Ordnung auf der anderen, der Begrenzung der staatlichen Aufgaben und der Einfügung in organisierte Wahrnehmung öffentlicher Aufgaben und der sachlichen Vorzüge einer öffentlichen Gestaltung eines Bereiches stattfindet. Keineswegs wird aber darüber hinaus gefordert, daß für die Errichtung der Körperschaft eine „Daseinsnotwendigkeit" bestehen müsse[69]. Auch

---

[64] Allgemein BVerfGE 4, S. 7, 19; 6, S. 55, 81. Insbesondere bei den Steuern darf Wirtschaftslenkung ein Nebenzweck sein: BVerfGE 13, S. 331, 345; 16, S. 147, 161; 19, S. 101, 114.

[65] Hervorhebung der Sachgerechtigkeit; BVerfGE 13, S. 331, 341; 19, S. 101, 115.

[66] Eingehend zur Trennung wirtschaftlicher und allgemeiner Interessen: BVerfGE 15, S. 235, 241 (bei den Industrie- und Handelskammern). Vgl. auch OVG Rheinland-Pfalz, Entsch. 1, S. 367.

[67] BVerfGE 10, S. 89, 102; 10, S. 354, 363; 15, S. 235, 241. Ferner OVG Rheinland-Pfalz, DÖV 1959, S. 316 („von sachlicher Notwendigkeit getragene öffentliche Zwecke"); VGH Kassel, BB 1964, S. 453 („soziale Notwendigkeit"); BVerwG, DÖV 1966, S. 651 („legitime öffentliche Aufgaben").

[68] Zu dem hier obwaltenden Ermessen: BVerfGE 10, S. 89, 102; BVerwG, DVBl. 1962, S. 533.

[69] Dies fordern *Quidde*, DÖV 1958, S. 521 ff., und *Gass*, DÖV 1960, S. 778 ff. Dagegen *Forsthoff*, S. 452; *W. Thieme*, Subsidiarität und Zwangsmitglied-

ist es, wenn staatliche Aufgaben übertragen werden, nicht nötig, daß die Körperschaft alle in ihr Gebiet fallenden Funktionen übernimmt[70]. Auf der anderen Seite wird man anerkennen können, daß in der Einschätzung von Aufgaben als öffentliche oder staatliche Wandlungen eintreten können. Früher hierher gerechnete Zwecke können heute eher als rein wirtschaftliche Betätigung erscheinen[71].

Grundsätzlich ist davon auszugehen, daß Bund und Länder im Unterschied zu den Gemeinden keiner allgemeinen Einschränkung ihrer wirtschaftlichen Betätigung unterliegen[72], daher auch Wirtschaftszweige in eigene Hand nehmen können (Monopole) und ebenso über die öffentliche Bedeutung einer Aufgabe bestimmen können. Das Subsidiaritätsprinzip, aus dem eine Rangfolge im Sinne des Vorrangs der kleineren Einheit folgern soll[73], gehört nicht zu den allgemeinen Grundsätzen des Grundgesetzes, das ihm weder in Art. 28 bei der Festlegung der Gemeindezuständigkeit (etwa gegenüber dem privaten Bereich) folgt[74], noch in seinem Gesamtaufbau sich von ihm beeindruckt zeigt[75].

Demnach kann der Staat öffentliche Verbände mit öffentlichen Aufgaben betrauen, ohne jeweils danach zu fragen, ob dieses Interesse besser durch private Organisationen wahrgenommen werden könnte.

Wenn die Rechtsprechung das Vorliegen einer „legitimen öffentlichen Aufgabe" als Voraussetzung für die Errichtung einer Körperschaft fordert, zieht sie damit eine Grenze gegenüber der Neigung, den Begriff

---

schaft, Saarbrücken 1962, S. 22 f. Ausdrücklich lehnt die Daseinsnotwendigkeit jetzt ab: BVerwG, DÖV 1966, S. 652.

[70] OVG Rheinland-Pfalz, DÖV 1959, S. 315 ff. (neben der Notarkammer kann für andere Berufsfragen Aufsicht des OLG-Präsidenten bestehen).

[71] Der VGH Kassel, BB 1964, S. 452 ff., erkennt die Feuerversicherung noch als Monopol im Blick auf Sicherung von Kredit und Sicherheit an. Kritisch hierzu: *Lamm*, dort, S. 453. Vgl. auch BVerwG, JZ 1964, S. 452.

[72] So mit Recht *Rinck*, Wirtschaftsrecht, S. 28 f. (mit Einschränkung auf Forderungen der Gesamtheit, was zu eng ist). Enger *W. Reuß*, bei *Brauchitsch*, Bd. VIII, 1, S. 84 ff.

[73] Zum Inhalt des Prinzips vgl. *Stern*, Bonner Kommentar, 2. Bearbeitung, Rdnr. 2 zu Art. 28.

[74] Für eine Geltung des Prinzips im deutschen Recht als mittelbar im Grundgesetz enthaltene Regel: *Maunz / Dürig*, Rdnr. 54 zu Art. 1; *Süsterhenn / Schäfer*, Kommentar zur Verfassung von Rheinland-Pfalz, 1950, S. 219; *Süsterhenn*, Festschrift Nawiasky, 1956, S. 141 ff.; *Geller / Kleinrahm*, Verfassung von NRW, S. 536. Gegen diese Geltung zu Recht: *Stern*, Rdnr. 2; *Thieme*, S. 12 ff.; *E. R. Huber*, DÖV 1956, S. 205; *Bachof*, Die Grundrechte, Bd. III/1, S. 202 ff.; *H. Krüger*, Allgemeine Staatslehre, Stuttgart 1964, S. 722 ff.; *Herzog*, in: Der Staat 2 (1963), S. 410 ff.; BVerwG, DÖV 1966, S. 652. Unklar (Geltung für Erwerbswirtschaft, aber nicht bei öffentlichen Aufgaben): VGH Kassel, BB 1964, S. 453.

[75] Auch die im Kommunalrecht geltende Regel, daß Gemeindebetriebe nur im Bedarfsfall und hinter privaten Unternehmen eingerichtet werden sollen, gilt nicht für Bund und Länder.

der Körperschaft in zu weitem Umfang anzuwenden, ihn wirtschaftlichen Interessen oder dem Anerkennungsbedürfnis von Gruppen und Berufen dienstbar zu machen, bei denen ein sachliches Bedürfnis für die Einbeziehung in die mittelbare Staatsorganisation fehlt. Es wird also eine Schranke der Ausdehnung der mittelbaren Staatsverwaltung nach der Seite der Bedeutung und der Legitimität der verfolgten öffentlichen Aufgaben gezogen. Von einer entgegengesetzten Seite aus ergibt sich eine andere Begrenzung aus dem Gesichtspunkt, daß gewisse Hoheitsaufgaben des Staates sich einer Ausgliederung und Übertragung auf Körperschaften — gleich ob zur Selbstverwaltung oder als übertragene Aufgaben — entziehen. Es gibt einen weiten Bereich staatlicher Grundanliegen, die zwar den Gemeinden als Gliedern des allgemeinen Verwaltungsaufbaus zur Ausführung übertragen werden können, die sich aber der Überantwortung an spezielle Körperschaften entziehen. Weder die Verteidigung noch die Außenpolitik, die Erhebung der Steuern oder die allgemeine Polizei — um nur einige Gebiete zu nennen — kann der Staat aus der Hand geben[76]. Dagegen lassen sich bestimmte Funktionen der Wirtschafts- und Gewerbeaufsicht, Randgebiete polizeilicher Natur (etwa im Wasserrecht), vor allem aber auch Angelegenheiten der sozialen Vorsorge und Hilfe sowie der Versicherung wie solche des Unterrichts, der Wissenschaft und Forschung sehr wohl in die Hand von selbständigen Trägern mittelbarer Staatsverwaltung legen[77]. Grundsätzlich gilt dies allgemein für solche Aufgaben, die ihre Grundlage im Bereich des Öffentlichen haben, die also nicht staatliche Aufgaben im eigentlichen Sinne sind[78]. Im allgemeinen neigt der Staat auch dazu, die wichtigen Zweige seines Handelns in unmittelbarer Verwaltung festzuhalten. In der Praxis bereitet diese Grenzziehung nur an einer Stelle Schwierigkeiten, bei der Berufs- und Ehrengerichtsbarkeit, die mit beruflichen Kammerorganisationen in Verbindung steht.

So sehr sich heute zuweilen unklare Vorstellungen über die Stellung und Bedeutung der Rechtsprechung geltend machen, die ihre Funktionen zwar mit der Rechtsordnung, aber nicht mit dem Staate verknüpfen wollen, so sehr wird jeder eindringenderen Betrachtung deutlich, daß schon vom mittelalterlichen Recht her die Rechtsprechung einen Kern

---

[76] Zu Grundsatzfragen der Aufgabenverteilung und gesetzlichen Aufgabenverlagerung siehe *Erich Becker*, in: Verwaltung. Hrsg. v. *Morstein Marx*, Berlin 1964, S. 204 ff.

[77] Eine solche Übertragung staatlicher Aufgaben kann als mittelbare Staatsverwaltung bezeichnet werden und bleibt in einem gewissen Bereich statthaft. So auch *Hans Peters*, Festschrift Nipperdey, Bd. II, S. 893 f.

[78] Die Grenze zwischen öffentlichen und staatlichen Aufgaben fällt nicht mit der von Selbstverwaltung und übertragenen Aufgaben zusammen. Denn einmal wandeln sich die letzteren im Laufe der Zeit, zum anderen läßt sie einen Raum gesetzlicher Ermessensbestimmung hinsichtlich der Abgrenzung offen.

der staatlichen hoheitlichen Autorität bildet[79]. Im 19. Jahrhundert hat der Staat mit Nachdruck den Grundsatz verwirklicht, alle Gerichtsbarkeit zur staatlichen zu machen und hat die Reste patrimonialer und ständischer Justiz[80] beseitigt[81]. In der Angliederung einer sowohl im Personen- wie im Sachbereich eng begrenzten Berufsgerichtsbarkeit an öffentliche Körperschaften (Rechtsanwalts-, Ärzte- usw. -kammern) hat man aber kein Bedenken erblickt. Von der schärferen Anspannung des Gedankens der richterlichen Unabhängigkeit und der Geschlossenheit des Gerichtsaufbaus sind heute indes hier Bedenken aufgetreten. Manche lehnen jede Trägerschaft gerichtlicher Zuständigkeit durch nichtstaatliche Personen des öffentlichen Rechts ab[82]. Nur Bund und Länder, nur staatliche Gerichte dürfen demnach nach Art. 92 GG Rechtsprechung üben. Das Bundesverfassungsgericht ist dieser Ansicht nicht gefolgt. Es läßt vielmehr solche Berufsgerichte dann zu, wenn sie zwar von einer Körperschaft getragen sind, aber dank der sachlichen und personellen Bindung an den Staat als staatliche Gerichte erscheinen und die Betrauung der Körperschaft sachgerecht erscheint[83].

Man wird dieser Sicht folgen können. Rechtsprechung kann stets nur als staatliche übertragene Aufgabe einer Körperschaft anvertraut sein, und nur in engen Grenzen, die jede Neubildung ständischer oder feudaler Justiz ausschließen. Es muß dann aber nicht nur in allen Einzelheiten durch Staatsgesetz geregelt, sondern auch in personeller Hinsicht streng an den Grundsätzen des Art. 92 ausgerichtet sein[84].

Ist die Errichtung einer öffentlichen Körperschaft nach diesen Voraussetzungen statthaft, so ergibt sich daraus, daß sie, sofern dafür eine ausdrückliche gesetzliche Grundlage vorhanden ist, sowohl Personen als

---

[79] Noch *Carl Gottlieb Svarez* weist in seinen Vorträgen beim preußischen Kronprinzen (Vorträge über Recht und Staat. Hrsg. v. *H. Conrad* und *G. Kleinheyer* = Wiss. Abhandl. d. Arbeitsgemeinschaft f. Forschung d. Landes NRW, Bd. 10, Köln 1960, S. 481) auf diesen Zusammenhang unter Betonung der Ausübung der Justiz durch den Herrscher in älterer Zeit hin.

[80] Zu dieser zählte auch die akademische Gerichtsbarkeit über Universitätsangehörige.

[81] So BVerfGE 10, S. 200, 214.

[82] In diesem Sinne *Bettermann,* Die Grundrechte, Bd. III/2, S. 628 ff.; *Häberle,* DÖV 1965, S. 371, neigt in gleiche Richtung.

[83] So BVerfGE 10, S. 200, 213 ff. (Württembergische Friedensgerichte); 14, S. 56, 65 ff. (Badisch-Württembergische Gemeindegerichtsbarkeit v. 1960); 18, S. 241, 253 ff. (Berufsgerichte). Zustimmend im Grundsatz: *Menger,* JuS 1966, S. 66.

[84] Da die Bestimmungen über Berufsgerichte Gerichte schaffen wollen, kann ein unvollkommenes Gericht auch nicht in eine Verwaltungsstelle umgedeutet werden (so aber BayVerfGH, VwRspr. 4, S. 285). Sie sind vielmehr nichtig (*Bettermann,* S. 630; BVerfGE 18, S. 235, 257). — Die Bedenken gegen die Trägerschaft können bei Gemeindegerichten nur geringer sein; denn Gemeinden sind Teil der allgemeinen Verwaltungsorganisation, und insofern ist der staatliche Charakter von Gemeindegerichten eher anzunehmen.

Zwangsmitglieder heranziehen wie von ihnen Zwangsbeiträge erheben kann[85]. Diese nach 1945 immer wieder umstrittenen Fragen sind nun ausgetragen. Auch die Übernahme von Zwangsversorgungseinrichtungen ist von der Rechtsprechung gutgeheißen worden[86]. Immer aber wird hier gefordert werden müssen, daß für diese Belastungen der Mitglieder von Körperschaften eine ausreichende gesetzliche Grundlage besteht; eine implizierte Zuständigkeit der Körperschaften, Geldleistungen zu fordern, ist ebensowenig anzuerkennen wie ihre Befugnis, über die gesetzlich vorgesehenen Aufgaben hinaus Versorgungseinrichtungen ohne Gesetzesgrundlage einzurichten[87].

Im übrigen weisen diese Punkte bereits auf das Problem der Grenzen hin, die die Grundrechte dem körperschaftlichen Zwange ziehen.

V. Körperschaftsgründung und Grundrechte

Es gehört zum Bilde des heutigen deutschen Verwaltungsrechts, daß es dort, wo es sich um Beziehungen von Verwaltung und Bürgern handelt, in wachsendem Maße inhaltlich von den Grundrechtsbestimmungen beeinflußt wird[88]. Nach der Erhebung der Grundrechte zum grundlegenden Bestandteil der Rechtsordnung ist das eine notwendige Konsequenz, bei der nur das Ausmaß eine Frage bilden kann. Die Neigung, in den allgemeinen Klauseln der Grundrechte immer mehr eine höhere detaillierte Rechtsordnung auch für Einzelfragen zu suchen, die eine von der Ungemessenheit grundrechtlicher Verbürgungen ausgehende Interpretation vertritt[89], hat in der Tat in manchen Richtungen dazu geführt, daß nicht nur das Gewicht des Gemeinwohls, sondern auch Grundprinzipien des Verwaltungsrechts hinter den Tendenzen der weiten Auslegung individueller Rechte zurücktreten. Aber selbst diese

[85] Für die Zulässigkeit von Zwangsmitgliedschaft: BVerfGE 10, S. 354, 361 ff.; BayVerfGH, VwRspr. 3, S. 658 f.; 4, S. 272 f.; OVG Rheinland-Pfalz, Entsch. 7, S. 124 = DÖV 1959, S. 315; VGH Stuttgart, NJW 1958, S. 1603; OLG Hamburg, BB 1952, S. 113; LG Göttingen, MDR 1958, S. 526. Ferner *Ipsen*, in: Aktuelle Probleme der Versicherungswirtschaft, Berlin 1954, S. 41; *W. Weber*, dort, S. 16; *G. Schnorr*, Öffentliches Vereinsrecht, Köln 1965, S. 65; *I. v. Münch*, Bonner Kommentar, 2. Aufl., Note 52 zu Art. 9. Für die Zulässigkeit von Zwangsbeiträgen außer den eben Genannten: BVerwG, DVBl. 1962, S. 532; DÖV 1966, S. 652. Bedenklich BayVerfGH, VwRspr. 4, S. 274, der aus dem Gewaltverhältnis ein allgemeines Recht zur Beitragserhebung ableiten will. Ähnlich Württ.-Bad.VGH EVGH 8, S. 95.

[86] BVerfGE 10, S. 354, 362; 12, S. 319, 323 ff. Siehe auch *Lyncker*, S. 104 ff.

[87] Betonung der Gesetzesgrundlage durch den BayVerfGH, VwRspr. 3, S. 661 (keine Aufgabenerweiterung). Ferner BVerwG, DÖV 1966, S. 652.

[88] Grundsätzlich hierzu *K. J. Partsch*, Verfassungsprinzipien und Verwaltungsinstitutionen, Tübingen 1958.

[89] Gegen diese Tendenz meine Darlegungen, VVDStRL 22 (1965), S. 37 ff. (abgedruckt in *diesem* Bande als Beitrag Nr. 28).

Entwicklung hat es nicht zuwege bringen können, in dem hier behandelten Felde der Körperschaftserrichtung und vor allem dem hierbei gegen die Mitglieder entfalteten Zwang grundsätzliche Hindernisse in den Weg zu stellen. Die Bemühungen, hiergegen die Art. 2, 3, 9, 12 und 14 GG anzurufen, sind von der Rechtsprechung im ganzen zurückgewiesen worden. Sie werfen teilweise tiefergehende Probleme des Wirtschaftsrechts auf, denen hier in diesem kurzen abschließenden Überblick indes nur mehr in Hinweisen nachgegangen werden kann.

Wenn man gegen die durch Zwangsrechte von Körperschaften begründeten Einschränkungen der persönlichen Freiheit Art. 2 GG ins Feld führt, so trägt diese Berufung angesichts der herrschenden Interpretation nicht sehr weit. Es ist allgemein anerkannt, daß die in Art. 2 zugesicherte persönliche (und auch wirtschaftliche) Handlungsfreiheit durch jedes verfassungsmäßig zustande gekommene Gesetz eingeschränkt werden kann, jedenfalls aber nicht eine unbegrenzte individuelle Freiheit verbürgt, sondern an soziale Schranken gebunden ist[90]. Die Rechtsprechung hat wirtschaftslenkende und in die wirtschaftlich-soziale Verfügung des Einzelnen eingreifende staatliche Maßnahmen bei Vorliegen von Interessen des Gemeinwohls als zulässig anerkannt; sie zählen daher zur verfassungsmäßigen Ordnung, in deren Schranken sich die Freiheit des Art. 2 GG entfaltet[91]. Im Ergebnis stellt Art. 2 GG gegen die Ausstattung von Körperschaften mit den nötigen Zwangsbefugnissen kein Hindernis dar.

Noch weniger kann dies von einer Berufung auf Art. 3 GG gesagt werden. Ist die Errichtung einer Körperschaft legitim, und ist die Abgrenzung des erfaßten Mitgliederkreises vollständig oder sachgerecht erfolgt, so ist kein Anlaß zu fragen, weshalb die Eingliederung eines Personenkreises in einen Zwangsverband an sich eine Gleichheitsverletzung darstellen soll[92]. Auch das Bestehen einer solchen Ordnung in

---

[90] Grundlegend BVerfGE 4, S. 7, 19 f. Ferner BVerwGE 1, S. 323; 6, S. 140. BayVerfGH, VwRspr. 3, S. 269; 4, S. 270. OVG Rheinland-Pfalz, Entsch. 7, S. 124; *W. Reuß*, Grundrechte, Bd. III/1, S. 107. Der Versuch von *Küchenhoff*, DÖV 1966, S. 224 ff., einen Vorrang der Individualverfügung vor dem Gemeinwohl zu entwickeln, übersieht Art. 28 GG und die einen uneingeschränkten Individualismus ausschließende Sozialstaatsklausel.

[91] In diesem Sinne: BVerfGE 10, S. 89, 102; 15, S. 235, 239. VGH Kassel, BB 1964, S. 452. — Zur Zulässigkeit der Wirtschaftslenkung allgemein: BVerfGE 16, S. 147, 161; 19, S. 101, 114. Zur Zulässigkeit der Konkurrenz öffentlicher Unternehmen mit privaten Betrieben: VGH Kassel, BB 1964, S. 453; BVerwG, JZ 1964, S. 453.

[92] Nachdrücklich hat das BVerwG (JZ 1964, S. 454) den Gedanken zurückgewiesen, der hinter der Anrufung des Art. 3 in diesem Zusammenhang steht, daß es einen Vorrang privater Betätigung oder einen Anspruch auf Chancengleichheit im wirtschaftlichen Bereich gäbe. Im ganzen zu Art. 3 auch *W. Reuß*, Grundrechte, Bd. III/1, S. 106; *I. v. Münch*, Bonner Kommentar, Rdnr. 52 - 54 zu Art. 9.

einem Lande, aber nicht in anderen, verstößt angesichts der Möglichkeit bundesstaatlicher Differenzierung nicht gegen Art. 3. Das gilt auf Grund historischer Tatsachen auch für Verschiedenheiten — z. B. im Recht der Notare — eines Landes[93].

Größeres Gewicht kommt dem Art. 9 GG zu. Aber auch seine Schranken greifen in dem hier erörterten Bereich nicht ein[94]. Daß die Koalitionsfreiheit sich nur auf die Sozialpartner bezieht, daher andere Verbände nicht berührt, ist allgemein anerkannt[95]. Die überwiegende Lehre nimmt an, daß Art. 9 Abs. 1 GG auch die negative Vereinigungsfreiheit einschließt[96]. Doch bezieht man diese Gewährleistung nur auf die private Vereinsbildung und nicht auf die öffentlichrechtlichen Verbände, da diese ihrer Natur nach, soweit sie die Mitgliedschaft gesetzlich ordnen, keinen Bezug zur freien Verbandsbildung haben[97]. Auch wenn man mit *Quidde*[98] hiergegen einwendet, daß gewiß die negative Vereinsfreiheit dann nicht getroffen wird, soweit dringliche Bedürfnisse des Gemeinwohls den öffentlichen Zusammenschluß rechtfertigen, daß aber die gesetzliche Mitgliedschaft möglicherweise die positive Vereinsbildung, nämlich die durch den öffentlichen Verband ausgeschaltete freie Bildung im gleichen Bereich unmöglich macht, so wird doch auch hier stets zwischen der Forderung des Gemeinwohls auf Bildung solcher öffentlichen Zusammenschlüsse und dem individualen Freiheitsbereich abzuwägen sein. Zumeist werden auch öffentliche Verbände selbst parallele private Vereinigungen nicht ausschließen, wenn auch weniger aussichtsreich gestalten.

Nur unter besonderen Umständen kann bei der Errichtung einer Körperschaft Art. 12 GG berührt werden. Das ist vor allem dann der Fall, wenn mit der körperschaftlichen Zusammenfassung die Ordnung eines Berufes mit einer Ehren- oder Berufsgerichtsbarkeit vorgesehen ist. Nach der bekannten, vom Bundesverfassungsgericht im Apothekenurteil[99] niedergelegten „Stufentheorie“ ist ein strenger Maßstab vor allem an solche Beschränkungen der Berufsfreiheit anzulegen, die die Berufswahl, d. h. den Zugang zum Beruf oder auch die Entfernung

---

[93] BVerfGE 10, S. 354, 371. Vgl. ferner BVerfGE 16, S. 6, 24; 17, S. 381, 388/89 (Notare).

[94] Art. 9 greift nicht ein bei Anstalten des öffentlichen Rechts: BVerfGE 10, S. 354, 362.

[95] OVG Rheinland-Pfalz, Entsch. 1, S. 367.

[96] Statt aller hierzu *I. v. Münch,* Bonner Kommentar, 2. Aufl., Rdnr. 51 - 52 zu Art. 9.

[97] So BVerfGE 10, S. 354, 361/62; BVerwG, DVBl. 1962, S. 533; Württ.-Bad., VGH, ESVGH 8, S. 95; OVG Rheinland-Pfalz, Entsch. 7, S. 124; VGH Kassel, BB 1964, S. 452; LG Göttingen, MDR 1958, S. 526.

[98] Grundrechtsschutz von Zwangsmitgliedschaften, DÖV 1958, S. 521 ff.

[99] BVerfGE 7, S. 377 ff. Vgl. *Leibholz / Rinck,* Grundgesetz 1966, S. 165.

aus ihm, regeln. In der deutschen Gesetzgebung wird der Zugang zu einem Beruf nirgends von der Zugehörigkeit zu einer beruflichen Kammer abhängig gemacht[100]. In der Regel ist auch die Entziehung der Zulassung eine in die Hand des Staates gelegte Entscheidung, während die körperschaftliche Berufsgerichtsbarkeit nur über Verfehlungen mit der Möglichkeit befindet, die Unwürdigkeit für die Ausübung des Berufs festzustellen[101]. Nur die Bundesrechtsanwaltsordnung (§ 114 Abs. 1 Ziff. 4 der BRAO v. 1. 8. 1959, BGBl. I, S. 565) gibt der Ehrengerichtsbarkeit auch die Befugnis, die Ausschließung als Strafe zu verhängen, läßt aber Rechtsmittel an den Bundesgerichtshof zu (§ 145). Die Entfernung berufsunwürdiger Personen aus einem freien Berufe, dem die Öffentlichkeit ein besonderes Vertrauen entgegenbringen muß, gehört aber zu den nach Art. 12 GG zulässigen Beschränkungen der Berufswahl. Sie kann, zumal in letzter Instanz ein Gericht entscheidet, aber auch die Ehrengerichte der BRAO staatliche Gerichte sind, nicht anders beurteilt werden, weil eine körperschaftliche Mitwirkung stattfindet.

Die gesetzliche unfreiwillige Zusammenfassung eines Berufes oder eines Wirtschaftszweiges in einer öffentlichen Körperschaft hingegen betrifft lediglich die Berufsausübung, und auch diese nur mittelbar, weil sie nur den Anknüpfungspunkt einer organisatorischen — und gegebenenfalls finanziellen — Belastung bildet. Sofern die Bildung der Körperschaft als legitime öffentliche Aufgabe erscheint, entspricht sie dem vom Bundesverfassungsgericht für eine Beschränkung der Berufsausübung geforderten Merkmal der „vernünftigen und sachgerechten Erwägung“[102]. So wird im allgemeinen Art. 12 GG durch die Zusammenfassung von Personen in einer gesetzlich angeordneten Körperschaft nicht berührt. Dasselbe gilt aber auch, wenn der Staat eine bestimmte Tätigkeit der öffentlichen Hand vorbehält, weil er sie als eine öffentliche Aufgabe betrachtet. Der Grundsatz der Erhaltung eines Berufes in seiner freien Gestaltung ist in Art. 12 GG nicht enthalten, wenn überwiegende Gründe des Gemeinwohls für eine andere Regelung sprechen[103].

---

[100] Das bei der Zulassung von Rechtsanwälten von der Anwaltskammer zu erstattende Gutachten (§ 8 Abs. 2 BRAO), das nur vorbereitenden Charakter für die staatliche Entscheidung hat, steht auf einem anderen Blatt.

[101] Vgl. z. B. Gesetz über die Kammern und die Berufsgerichtsbarkeit der Ärzte, Apotheker, Tierärzte und Zahnärzte in Nordrhein-Westfalen v. 3. 6. 1954 (GS.NW S. 376), § 24 Abs. 1 Ziff. e.

[102] BVerfGE 7, S. 377, 405 f.; *Leibholz / Rinck*, S. 164.

[103] So für eine herkömmliche monopolistische Feuerversicherung: VGH Kassel, BB 1964, S. 452 ff. Vgl. auch BVerwG, JZ 1964, S. 452. Der Schutz gegen wettbewerbswidriges Vorgehen einer öffentlichen Anstalt liegt nicht in Art. 12 GG, sondern im Privatrecht.

Wenn man endlich gegenüber körperschaftlichen Zusammenschlüssen Art. 14 GG angeführt hat, so richtet sich das vor allem auf die entstehenden finanziellen Lasten. Indes schützt Art. 14 GG nicht vor Heranziehung zu öffentlichen Abgaben, Beiträgen und anderen ähnlichen Lasten[104].

Suchen wir am Ende unserer Untersuchung ihr Ergebnis zu überblicken, so wird man sagen können, daß sich in der Gegenwart hinsichtlich der Rechtslage bei der Gründung von Körperschaften vor allem drei Tendenzen bemerkbar machen: Erstens zeigt sich infolge einer strengeren Anspannung des Grundsatzes der Gesetzmäßigkeit der Verwaltung ein durchgängiges Bedürfnis für gesetzliche Grundlagen bei der Errichtung einer Körperschaft und ihrer Ausstattung mit Aufgaben und Zwangsrechten. Zum zweiten zeigt sich die Tendenz, den Anwendungsbereich der Rechtsfigur der öffentlichen Korporation klarer zu umgrenzen, ihn scharf von Wirtschaftsunternehmungen in rechtsfähiger Form zu scheiden und auf die Wahrnehmung legitimer öffentlicher und staatlicher Aufgaben zu begrenzen. Endlich aber tritt mit größerer Schärfe der Vorbehalt für die Bewahrung bestimmter Bereiche, vor allem der Gerichtsbarkeit, in staatlicher Hand hervor und wirkt sich vor allem in der Beurteilung der beruflichen Ehren- und Berufsgerichtsbarkeit aus.

104 BVerfGE 10, S. 354, 371.

V. Grundrechte

Die rechtliche Tragweite der Grundrechte in der deutschen Verfassungsentwicklung des 19. Jahrhunderts

I. Zur Fragestellung: Rechtsgeltung und Anwendung der Grundrechte im 19. Jahrhundert

1. Freiheitsrechte der Bürger treten erst mit den Einwirkungen der Französischen Revolution in den Gedankenkreis der deutschen Staatslehre und Staatspraxis ein. Die Idee der Menschenrechte, die die französische Nationalversammlung verkündet hatte, fand zunächst in der allgemeinen Anschauung in Deutschland bereite Aufnahme. Einen berühmten Ausdruck dieses Widerhalls bilden die Worte, die *Friedrich Schiller* in der Rütliszene des „Wilhelm Tell“ Stauffacher über die „ewigen Rechte“, die unveräußerlich am Himmel hangen und den Urstand der Natur wiedergeben, in den Mund legt[1]. In der Stellungnahme der deutschen Staaten freilich bewirkten der gewaltsame Verlauf der Französischen Revolution und die folgenden Jahre des Abwehrkampfes gegen Frankreich eine starke Zurückhaltung gegenüber der Idee der Freiheitsrechte, die auch die Epoche nach 1815 noch bestimmte. Zwar fanden Freiheitsrechte unter erheblichen Beschränkungen in die süddeutschen Verfassungen des frühen Konstitutionalismus Eingang, aber die größeren Staaten schlossen sich von dieser Entwicklung aus. Auch die spätere Gestaltung nach 1848 zeigte wiederum in Lehre und Praxis manche einschränkende Tendenz. So weicht das Bild, das die Stellung der grundrechtlichen Vorschriften bis 1918 bietet, stark von der Gegenwart ab. Unter der Geltung des Grundgesetzes, und schon etwas begrenzter seit der Weimarer Reichsverfassung, haben die Grundrechte eine grundlegende Stellung im Bau der Verfassung gewonnen. Gestützt auf den Vorrang der Verfassung vor dem Gesetz bilden sie in weitem Umfang die Grundlage der Gestaltung des Verhältnisses von Staat und Bürger und richten darüber hinaus einen Rahmen maßgebender objektiver Satzungen auf, der die gesamte Rechtsordnung beeinflußt und den die Rechtsprechung des Bundesverfassungsgerichts — in nicht glücklicher Begrifflichkeit[2] — als Wertordnung der Grund-

Aus: Festschrift für Ernst Rudolf Huber. Hrsg. von Ernst Forsthoff, Werner Weber, Franz Wieacker. Göttingen 1973, S. 139 - 165. — Abdruck mit freundlicher Genehmigung des Verlages Otto Schwartz & Co., Göttingen.

[1] 2. Akt, 2. Szene.

rechte bezeichnet. Ganz anders und bescheidener stellt sich die Stellung der Freiheitsrechte im 19. Jahrhundert dar. Auch damals nahmen sie keine unerhebliche Position ein. Aber ihre rechtliche Tragweite blieb weit hinter der der Gegenwart zurück. Es fehlte an einem durchsetzbaren höheren Rang der Verfassung vor dem einfachen Gesetz. Die Freiheitsrechte erschienen daher eher als gesetzliche Bestimmungen, die bestehendes Recht ergänzten oder auch veränderten, als wie als Normen höheren Ranges. Ihre Wirkung war begrenzt, zumal vielfach die Auslegung ihnen nur programmatischen Charakter beilegte. Trotzdem hatten die Freiheitsrechte, nach 1815 wie 1848, eine wichtige Rolle in der Beseitigung älterer Schranken und Einrichtungen als verfassungsrechtliche Sozialgestaltung[3]; das gilt besonders etwa für die Gleichheit, die Religionsfreiheit oder die freie Wahl des Berufes. Aber das 19. Jahrhundert war noch keineswegs bereit, den Freiheitsrechten eine grundlegende Stellung zuzuweisen. Gerade die positivistische Staatslehre verhielt sich ihnen gegenüber wiederum zurückhaltend und wollte sie nicht als subjektive Rechte anerkennen[4]. Nach der Mitte des Jahrhunderts nahmen einige Verfassungen, so die Reichsverfassung von 1871, die französische von 1875, keine Grundrechte auf, und so konnte Anfang dieses Jahrhunderts *Friedrich Giese* meinen, daß wichtiger als „solch allgemeine und juristisch wenig brauchbare Sätze" die Ausgestaltung der Freiheit durch Spezialgesetzgebung sei.

2. Man kann die Rolle der Grundrechte unter sehr verschiedenen Gesichtspunkten betrachten. In der Regel wird ihre Erscheinung im 19. Jahrhundert vom Inhalt der einzelnen Verfassungstexte aus gewürdigt, wobei man das allmähliche Zurücktreten der beigefügten Beschränkungen und den Ausbau des Katalogs der Rechte beobachten kann. Man kann auch ihren Gehalt auf dem Hintergrund der sozialen Entwicklung beurteilen und kann feststellen, daß die Grundrechtskataloge im 19. Jahrhundert noch vorwiegend die Züge einer bürgerlichen Gesellschaft zeigen und keine sozialen Bestandteile enthalten, wie sie erstmals in der Weimarer Reichsverfassung erscheinen[5]. Diese Unter-

---

[2] Vgl. BVerfGE 12, S. 1, 4; 21, S. 362, 371; 32, S. 98, 108; 33, S. 23, 29. Kritisch zu der Konzeption einer „Wertordnung" *K. Hesse*, Grundzüge des Verfassungsrechts der Bundesrepublik Deutschland, 6. Aufl. 1973, S. 124.

[3] Auf diese Bedeutung der Grundrechte weist hin: *E. R. Huber*, Deutsche Verfassungsgeschichte, Bd. 1, 1957, S. 351. Vgl. ferner für 1848 die Begründung der Vorlage der Grundrechte in der Nationalversammlung durch *G. Beseler* (30. Sitzung vom 3. 7. 1848): *Franz Wigard*, Stenographische Berichte der deutschen constituierenden Nationalversammlung, Bd. 1, S. 700; *Beseler* weist auf die Bedeutung für die politische Einheit der Deutschen, die Lösung vom Polizeiunwesen und den Rechtsstaat hin.

[4] Eine Übersicht über die Auseinandersetzungen über den Charakter der Freiheitsrechte vor 1914 bei *F. Giese*, Die Grundrechte, 1905, S. 27 ff. (gegen subjektive Rechte *Laband, Hänel, O. Mayer* u. a.).

suchung gilt einem anderen Fragenbereich, der rechtlichen Tragweite der Grundrechte und ihrer Anwendung. Es genügt, um die begrenzte Bedeutung der Grundrechte im vorigen Jahrhundert zu erkennen, nicht, nur von ihrem Inhalt auszugehen. Man muß auch die Gründe berücksichtigen, aus denen heraus sie nur eine beschränkte praktische Wirkung entfalteten. Zu ihnen gehört das Fehlen eines höheren Ranges der Verfassung, mindestens in der tatsächlichen Durchsetzung. Man ging ferner davon aus, daß Grundrechte die bestehende Gesetzgebung nicht ohne weiteres veränderten, und gab endlich manchen Bestimmungen lediglich die Bedeutung einer an den Gesetzgeber gerichteten Aufforderung ohne aktuellen Rechtsgehalt[6]. Die Rolle der grundrechtlichen Gewährleistungen richtete sich in erster Linie gegen die Verwaltung, nicht den Gesetzgeber.

Die Aufgabe dieser Studie ist es, diese Zusammenhänge darzulegen und zugleich auf Grundlagen im älteren deutschen Staatsrecht hinzuweisen, in denen die natürliche Freiheit vor der positiven Anordnung des bürgerlichen Zustands zurücktrat. Es ist auch hinzuweisen auf die unterschiedlichen Auffassungen des 19. Jahrhunderts vom Wesen der Grundrechte; der stärker am westlichen Vorbild orientierten liberalen Richtung stand die konservative Auslegung gegenüber, die im Positivismus wieder die Vorhand gewann. Der Blick wird aber zugleich sich auf bestimmte Eigenheiten der deutschen Entwicklung richten. Von Anfang an umfassen die deutschen Verfassungen neben der Gewähr individueller Rechte des Einzelnen auch die Verbürgung grundlegender Einrichtungen des öffentlichen Lebens, des Unterrichts, des Verhältnisses von Kirche und Staat. Hier wirkt sich eine Tradition aus, die in der älteren Überlieferung wurzelt und die über individuelle Freiheiten hinaus stets auch institutionelle Grundlagen der Rechtsordnung betont. Die folgende Darstellung wird von einer Erörterung des Inhalts der Grundrechte weithin absehen. Ihr kommt es auf die geistige Grundkonzeption und die rechtliche Stellung der Gewährleistungen an. Soweit die Praxis herangezogen ist, gebietet der Raum eine Beschränkung auf das Beispiel Preußens.

---

[5] Zu diesem Gesichtspunkt *E. R. Huber* (Anm. 3), Bd. 2, 1960, S. 776 f.; *G. Oestreich,* Geschichte der Menschenrechte und Grundfreiheiten im Umriß, 1968, S. 95, 98.

[6] Vgl. den Überblick über die Deutung der Grundrechte bei *Anschütz,* Die Verfassungs-Urkunde für den Preußischen Staat, 1912, S. 91 ff.

II. Natürliche und bürgerliche Freiheit im 18. Jahrhundert und der Übergang zur Idee der Grundrechte

3. Die Idee der Grundrechte ist in Deutschland von Frankreich her übernommen worden. Ungeachtet der engen geistigen Verbindungen zum Westen hatte sich vor 1789 in der deutschen Anschauung kein Ansatz für die Übernahme des Gedankens menschlicher Freiheitsrechte gebildet, wie er im angelsächsischen Raum sich ausgebildet hatte. Die Geschichte der modernen Freiheitsrechte setzt mit den Auseinandersetzungen der großen englischen Revolution im 17. Jahrhundert ein. In einem weiteren und tieferen Sinne lassen sich Wurzeln der dort zutage tretenden Auffassung von menschlicher Würde und Freiheit in das Mittelalter zurückverfolgen. Hier begegnen wir vor allem mit dem Einsetzen des Humanismus der Anerkennung der Würde des Menschen und der Bedeutung der Einzelperson[7]. Und seit dem Auftreten kommunaler und ständischer Bestrebungen tritt schon im Mittelalter der Gedanke der Freiheit und des Schutzes bestimmter Freiheiten hervor, wenn auch das Denken der Epoche immer nicht so sehr auf eine gesonderte Freiheit einzelner wie auf die Entfaltung der Freiheit im Rahmen der rechtlichen Ordnung, auf die Verwirklichung der allgemeinen Gerechtigkeit abzielte[8]. Der Schritt zu einer Vorstellung bestimmter Rechte des Menschen, die ihm von Natur aus zustehen und die ihm auch in der Gesellschaft erhalten bleiben, geschah aber erst nach dem Übergang zu einer Theorie des Staates, die ihn aus der Einigung der zunächst im natürlichen Stande der Freiheit und Gleichheit lebenden Menschen hervorgehen ließ. Wenn sich in England die Forderung nach der Sicherung von liberty and property erhob, so vereinten sich hier eine politische Mißdeutung christlicher Freiheit mit naturrechtlicher Auffassung und historischer Wiederbelebung älterer Freiheitsgedanken[9]. Eine weitere theoretische Ausgestaltung erhielt der Gedanke des Fortbestandes fundamentaler Rechte im Staatsverband durch *John*

[7] Die dignitas humana erscheint schon bei *Thomas Aquinas*, Summa Theologiae 2 - 2 qu. 64, 2. Hierzu *H. Welzel*, Naturrecht und materiale Gerechtigkeit, 4. Aufl. 1962, S. 143. Zur spätmittelalterlichen Entwicklung siehe *W. Ullmann*, Principles of Government and Politics in the Middle Ages, 1961, S. 300 ff.; *ders.*, The Individual and Society in the Middle Ages, 1967, S. 137, 141.

[8] Zu den ständischen Freiheiten siehe *R. v. Keller*, Freiheitsgarantien für Person und Eigentum im Mittelalter, 1933; *Theo Mayer-Maly*, ÖstZöffR 1955, S. 419 ff.; *H. Schambeck*, Vom Sinnwandel des Rechtsstaates, 1970, S. 8 ff.

[9] *J. Bohatec*, England und die Geschichte der Menschen- und Bürgerrechte, 1956, S. 30 ff. Grundlegend sind die Debatten der Offiziere der Armee Cromwells in Putney im Oktober 1647. Vgl. den Text bei *A. S. P. Woodhouse*, Puritanism and Liberty, 1951, S. 1 ff. Zu den theologischen Grundlagen des Freiheitsgedankens vgl. *dens.*, in seiner Einleitung, S. 61 ff.

Locke, der mit Nachdruck in der Erhaltung von Freiheit und Eigentum Zweck und Rechtfertigung des politischen Verbandes erblickte[10]. Auf die Weiterentwicklung dieser Ideen in den amerikanischen Kolonien, auf die neben *Pufendorf*[11] und *Locke*[12] die allgemeine naturrechtliche Gedankenströmung in noch nicht im einzelnen geklärter Weise einwirkte, gründete sich dann die Aufnahme der Menschenrechte in die Virginia Bill von 1776 und die Verfassungen anderer Einzelstaaten im Zeitpunkt der amerikanischen Erhebung. Von dort nahm der Gedanke seinen Weg nach Frankreich und gelangte über die Erklärung der Menschenrechte von 1789 nach Deutschland.

4. Die Entwicklung des deutschen Rechtsdenkens ging von einer verwandten Grundlage der Annahme eines Naturzustandes der menschlichen Freiheit und Gleichheit und eines vertraglichen Eintritts in die bürgerliche Gesellschaft aus, beschritt aber in den weiteren Folgerungen andere Wege. Dem Übergang in die politische Verbindung wurde die Wirkung beigelegt, daß damit der Einzelne aus dem status naturalis in den status politicus oder civilis übertrete, der nunmehr seinen Stand und seine Rechte bestimme, und in dem von der libertas naturalis nur dasjenige residuum verbleibe, das die bürgerlichen Gesetze belassen[13]. Die natürliche Freiheit tritt in dieser Auffassung ganz hinter den Anordnungen der bürgerlichen Gesetze zurück. Der Herrscher vermag frei über sie zu bestimmen, gebunden allein durch die Grenzen des Staatszwecks, zu dem freilich auch die bürgerliche Sicherheit gehört. Erst gegen Ende des 18. Jahrhunderts wird stärker betont, daß der Endzweck des Staates die Bewahrung der bürgerlichen Freiheit sei[14], und dringt die Ansicht vor, daß die natürliche Freiheit im Staate

---

[10] *Locke*, Two Treatises on Government (ed. *Laslett*, 1960), II, §§ 61, 87, 94, 119, 123.

[11] Zum Einfluß *Pufendorfs* auf Amerika siehe *H. Welzel*, Festschrift Smend, 1952, S. 387 ff. und dazu jetzt einschränkend *H. Denzer*, Moralphilosophie und Naturrecht bei Samuel Pufendorf, 1972, S. 28, Anm. 103.

[12] Zu *Lockes* begrenzter Einwirkung auf die Kolonien siehe *John Dunn*, in: *Yolton*, John Locke: Problems and Perspectives, 1969, S. 45 ff.

[13] Siehe diese Vorstellung bei *Heineccius*, Elementa iuris naturalis et gentium, 1738, Lib. II, §§ 3, 6, 14; *G. Achenwall*, Ius naturae, 1763, Lib. I §§ 177 bis 186; *Nettelbladt*, Systema elementare universae iurisprudentiae naturalis, 4. Aufl., 1777, Introductio, §§ 209 - 214; *v. Martini*, Allg. Recht der Staaten, 1788, § 86; *Beck*, Vorträge zum Unterricht des Erzherzogs Josef. Hrsg. v. *H. Conrad* (Wiss. Abh. d. Arbeitsgemeinschaft f. Forschung des Landes NW, 28), 1964, S. 191 - 93; *Carl Gottlieb Svarez*, Vorträge über Recht und Staat. Hrsg. v. *H. Conrad* (Wiss. Abh. d. Arbeitsgemeinschaft f. Forschung d. Landes NW, 10), 1960, S. 258 - 260.

[14] Vgl. *J. H. G. von Justi*, Natur und Wesen der Staaten. Hrsg. v. *Scheidemantel*, Mitau 1771 (Neudr. Aalen 1969), § 235, S. 532: „Bei allen Grundgesetzen des Staates muß also die bürgerliche Freiheit der hauptsächliche Endzweck sein.“ *Svarez* (Anm. 13), S. 65 und 467 f. Im gleichen Sinne drückt sich

als wohlerworbenes Recht Schutz finde und somit auch dem Einzelnen eine rechtliche Grundlage bieten kann[15]. Aber diese Vorstellungen verdichten sich noch nicht zu einer Konzeption im Staate fortbestehender natürlicher Rechte des Menschen. Und die Vorstellung eines nach Abzug der im Staatszweck begründeten gesetzlichen Ordnung verbleibenden Restbestandes an Freiheit erhält sich noch ins 19. Jahrhundert hinein, auch als bereits der Gedanke der Menschenrechte angenommen wurde. So werden die Freiheiten der Untertanen bei *Maurenbrecher* dahin definiert, das von der bürgerlichen Freiheit dem Einzelnen nach Abzug der vom Staatszweck geforderten Schranken als übrig gewisse Rechte (Freiheit der Person, Freiheit des Gewissens usw.) verbleiben[16]. Hier klingt die ältere Konzeption noch deutlich an, die der natürlichen Freiheit die durch die Gesetze umgrenzte bürgerliche oder politische Freiheit gegenüberstellte. Die Freiheitsrechte werden damit zu gesetzlichen oder verfassungsrechtlichen Gewährleistungen. Sie werden betont als staatsbürgerliche Rechte, nicht als naturrechtliche Freiheiten oder Menschenrechte aufgefaßt. Das gilt besonders auch von der Auslegung der in den süddeutschen Verfassungen gegebenen Freiheitsverbürgungen, die in der Literatur durchweg als staatsbürgerliche Gewährungen erscheinen[17].

5. In der deutschen Tradition des 18. Jahrhunderts läßt sich für die Umschreibung der Stellung des Individuums im Staate noch eine andere Linie feststellen, die die Stellung des Menschen im Sinne einer ethischen Pflichtenlehre umschreibt und die ebenfalls eine wichtige und nachwirkende Komponente des deutschen staatsrechtlichen Denkens darstellt. Das Bild des Menschen wird in dieser Anschauung nicht so sehr aus den ihm natürlich zustehenden Rechten entwickelt, als vielmehr durch die ihm moralisch obliegenden Pflichten bestimmt. Diese Konzeption reicht schon in die reformatorische Epoche — und

---

in Preußen auch § 79 Einl. AGB i. d. F. von 1791 aus. Vgl. *H. Conrad*, Das allgemeine Landrecht von 1794 als Grundgesetz des friderizianischen Staates, 1965, S. 16.

[15] Zu dieser stärkeren Hervorhebung des Bestandes einer natürlichen Freiheit im Staate siehe *W. Rüfner*, Verwaltungsrechtsschutz in Preußen 1749 - 1842, Bonn 1962, S. 40 ff.

[16] *Romeo Maurenbrecher*, Grundsätze des heutigen deutschen Staatsrechts, 1837, S. 79 und 80. Ähnlich auch die Gegenüberstellung der natürlichen und der sittlichen Freiheit des Menschen bei *Friedrich Schmitthenner*, Grundlinien des allgemeinen idealen Staatsrechtes, 1848, S. 556 ff.

[17] Vgl. zu dieser Sicht als staatsbürgerliche Rechte *R. v. Mohl*, Das Staatsrecht des Königreichs Württemberg, Bd. 1, 1829, S. 267 ff. und 289 ff.; *Cucumus*, Lehrbuch des Staatsrechts der constitutionellen Monarchie Baierns, 1825, S. 124 ff. (hier erscheinen zwar noch die Urrechte des Menschen, aber sie werden dann doch nur als verfassungsmäßige Rechte und Verbindlichkeiten des Staatsbürgers dargestellt); *Aretin / Rotteck*, Staatsrecht der constitutionellen Monarchie, 2. Aufl., Bd. 2, 1838, S. 1 ff.

über sie hinaus auf ältere Pflichtenlehren — zurück. Sie entfaltet die Position des Menschen in der Gesellschaft (societas) im Bilde gewisser Grundpflichten gegen Gott, gegen die Gesamtheit und das politische und ökonomische Dasein und endlich in der Pflicht zu tolerantia et pietas gegen den Nächsten[18]. Bei *Pufendorf* begegnen wir diesen Pflichten als im Naturgesetz begründeten Pflichten im Naturzustande; sie sind zu einer Lehre der officia hominis et civis gegen Gott, sich selbst und den Nächsten ausgearbeitet[19]. In dieser Anschauung bildet die natürliche Religion, aus der sich ein festes Band der menschlichen Gemeinschaft ergibt, ebenso ein Band der Gesellschaft, wie auch die Achtung des Menschen vor sich selbst — in der auch die Frage der Selbsterhaltung und der körperlichen Unversehrtheit enthalten ist — und die darin liegende Pflicht zur Selbstvervollkommnung ein Fundament geselligen Lebens darstellt. In den Pflichten gegen andere aber liegen Grundmomente des Zusammenlebens, wie das Gebot, niemanden zu verletzen, oder die Pflicht alterius utilitatem promovendi. In diesen Rahmen fügt sich auch der Gedanke der Gleichheit ein, die nicht als menschliches Recht erscheint, sondern wiederum als die Verpflichtung, den Nächsten zu behandeln „tanquam naturaliter sibi aequalem, seu, ut aeque hominem"[20].

In dieser Konzeption zeigt sich, stärker als in der mehr individualistisch ausgerichteten westlichen Denkform der Fundamentalrechte, die Einbindung des Menschen in Gemeinschaft und staatliches Zusammenleben, in der das gerade bei *Pufendorf* so lebhaft betonte soziale Element des menschlichen Daseins zum Ausdruck gelangt. Man mag hier mit *Rudolf Smend* eine Ausprägung des andersgerichteten deutschen Staatsbildes erblicken, das nicht wie im Westen auf einen Aktivismus des Widerstandes, der Demokratie und der Grundrechte ausgerichtet ist als wie auf die Ausbildung eines Fürsten-Untertanen- und Beamtenethos[21]. Es zeigt sich jedenfalls, daß manche Themen menschlicher Grundpositionen, die der Westen im Rahmen der grundrechtlichen Konzeption abgehandelt hat, hier im Gewande der Pflichtenlehre auftreten, sei es die Bewahrung von Leben und körperlicher Unversehrtheit,

---

[18] Siehe *Melanchthon*, Loci praecipui theologici, Ausg. 1559; *Stupperich*, Melanchthons Werke in Auswahl, Bd. II, 2, 1958, S. 718 und 719 = CR 21, S. 1005.

[19] Elementorum Jurisprudentiae Universalis Libri II, Ausg. Jena 1669, Lib. II; Observario 4 §§ 8, 21 - 23; De Jure Naturae et Gentium, ed. *Hertius*, 1744, Lib. II, 4 und III, 3; De officio Hominis et Civis, 1673, Ausg. *I. Weber*, Gießen 1709, cap. 4, 5, 7; und hierzu *Denzer* (Anm. 11), S. 127 ff.

[20] *Pufendorf*, De Jure Naturae et Gentium, Lib. III, 2; De officio Hominis et Civis, cap. 6.

[21] *R. Smend*, Staatswissenschaftliche Abhandlungen, 2. Aufl. 1968, S. 519; dazu *Ehmke*, Festschrift R. Smend, 1962, S. 31.

die Gleichheit der Menschen oder das aus den officia humanitatis abgeleitete Gebot, das Recht des anderen zu achten[22].

Diese Pflichtenlehre des Menschen wurde im 18. Jahrhundert weithin in der Naturrechtslehre aufgenommen[23]. In ihr gelangt eine protestantische Tradition zum Ausdruck, die die Lage des Menschen in einem ethischen Pflichtenkreis umreißt und in der die soziale Verpflichtung dem persönlichen Recht übergeordnet erscheint[24]. Hier klingen im Festhalten älterer Vorstellungen von der Verbindung von Recht und Pflicht Züge des deutschen Staatsdenkens an, die neben den individualistischen Zügen naturrechtlichen Denkens die Aufgabe der Einordnung in die politische Ordnung und deren Aufgabe der Beförderung der Wohlfahrt betonen. Man mag von hier aus Fäden knüpfen zu der Neigung frühkonstitutioneller deutscher Grundrechtskataloge, nicht nur neben den Rechten auch der Pflichten des Untertanen eingedenk zu bleiben[25], sondern auch die Verbürgung öffentlicher Einrichtungen und Ordnungen in sich aufzunehmen[26].

6. So stellt sich gegenüber der westlichen Entwicklung, die zu der Idee der im Staate fortwirkenden natürlichen Rechte führt, die deutsche Anschauung als stärker durch den Blick auf die positive Gestaltung der menschlichen Stellung im Staate bestimmt. Mit dem Übergang zum status civilis tritt die natürliche Freiheit zu einem residuum zurück, soweit die bürgerliche Ordnung Freiräume beläßt. Erst am Ausgang des Jahrhunderts, schon unter Einwirkungen neuer Ideen der Revolution, werden dann im ersten Entwurf des preußischen ALR und im österreichischen Gesetzbuch für Westgalizien (1797) natürliche Rechte des Menschen im Staate anerkannt[27]. Im Grunde erfolgte die

[22] Vgl. hierzu etwa die Darlegungen bei *Thomasius,* Institutiones Jurisprudentiae Divinae, 1694, Lib. II, cap. 2, §§ 152 ff., cap. 6, §§ 43 ff.

[23] *Thomasius* (Anm. 22), Lib. II, cap. 1 - 6; *Heineccius* (Anm. 13), Lib. I, § 123; *Achenwall,* Prolegomena Iuris Naturalis, 1763, § 62 (officiale moralia); *Nettelbladt,* Systema elementare (Anm. 13), §§ 418, 454, 842. Die Tugendpflichten des Menschen gegen sich selbst und andere begegnen noch bei *I. Kant,* Metaphysik der Sitten (Ed. *Meiner,* 1959), Teil II 1, 2, S. 261 ff. und 303 ff., hier als Anfangsgründe der Tugendlehre (Moral) deutlicher von den Rechtspflichten geschieden. Zur Unterscheidung von rechtlichen und moralischen Pflichten siehe auch *M. Stolleis,* Staatsraison, Recht und Moral in philosophischen Texten des späten 18. Jahrhunderts, 1972, S. 20 ff.

[24] Siehe *Denzer* (Anm. 11), S. 145.

[25] Vgl. Verfassung Bayern, 1818, §§ 12, 13; Baden, 1818, § 8; Württemberg, 1819, § 23.

[26] Siehe Verfassung Bayern, 1818, §§ 9, 19, 21; Württemberg, 1819, §§ 62 ff. (Gemeinden), 70 ff. (Kirchen), 84 (Unterricht); Verf. der Nationalversammlung Frankfurt, 1848, Abschn. VI, §§ 147 ff. (Religionsgemeinschaften), §§ 152 und 157 (Wissenschaft und Unterricht), § 184 (Gemeinden).

[27] Vgl. hierzu *H. Conrad* (Anm. 14), S. 16 und *ders.,* Rechtsstaatliche Bestrebungen im Absolutismus Preußens und Österreichs am Ende des 18.

Eingrenzung der Staatsmacht im deutschen Kreise nicht so sehr über die Idee vorgegebener Individualrechte als über die Einschränkung des Staatszwecks, in der Bekämpfung der älteren Idee der Wohlfahrtszwecke und ihre Begrenzung auf die Sicherheit des Eigentums und den ungestörten Gebrauch der natürlichen Freiheit[28], endlich bei *Kant* auf die Verfolgung der Erhaltung des Rechts und der Gesetze[29]. Mit anderen Worten, die Linie des deutschen Denkens führt eher in die Richtung des rechtsbewahrenden Rechtsstaats als in die einer Konzeption grundrechtlicher Verbürgungen[30]. Der objektive Rechtsgehalt überwiegt die subjektive Einkleidung, und es mag eine Brücke von dieser älteren Gedankenwelt hinüberführen zu neueren Akzentuierungen der Grundrechtsinterpretation unter institutionellen und sozialstaatlichen Gesichtspunkten, die neben der Freiheit vom Staat auch die Teilhabe an der staatlichen Ordnung beinhalten[31]. In der deutschen Anschauung des 18. Jahrhunderts steckt zugleich auch die Neigung, die dem Einzelnen verbleibende Sphäre als staatsfrei zu deuten, damit als einen Raum freien Beliebens und privater Staatsferne, während dem westlichen Denken stets die aktive politische Bedeutung individueller Grundrechte als Basis eines freien Gemeinwesens vertraut blieb.

7. Als dann seit der Französischen Revolution die Idee der Menschenrechte auch in Deutschland eindringt und aufgenommen wird, wird nicht auch das westliche Staatsbild übernommen, sondern die Nachwirkungen der älteren deutschen Überlieferung bleiben wirksam. Der Gedanke unveräußerlicher natürlicher Rechte fand in der Folge in der staatsrechtlichen Lehre zwar Anerkennung, zumal in der westlich orientierten liberalen Richtung, aber die Verbürgung der Freiheiten wurde in Anlehnung an ältere Auffassungen doch dem Bereich der bürgerlichen Freiheit, d. h. der durch den Staat erfolgenden Gewährleistung zugerechnet. Die bürgerliche Freiheit, so betonte *Maurenbrecher*, schließt den Bereich der Freiheit ein, der nach Erreichung des Staats-

---

Jahrhunderts (Wiss. Abh. d. Arbeitsgemeinschaft f. Forschung des Landes NW, 95), 1961, S. 29. Doch wurde sowohl die Einführung von *Svarez* in der Endfassung des preußischen ALR abgeschwächt, *Conrad* (Anm. 14), S. 27, wie die Ausführung des Westgalizischen Gesetzbuchs über natürliche Rechte von *Zeiller* nicht in das österreichische ABGB übernommen wurde. Vgl. *Conrad*, Rechtsstaatliche Bestrebungen, S. 38; *Jörg Franke*, Das Wesen der Frankfurter Grundrechte von 1848/49 im System der Entwicklung der Menschen- und Grundrechte, Diss. Bonn 1970, S. 18 ff.

[28] Zu dieser Begrenzung des Staatszwecks siehe *Schambeck* (Anm. 8), S. 12 ff.

[29] *Kant*, Metaphysik der Sitten (Anm. 23), Rechtslehre, § 45.

[30] *Schambeck* (Anm. 8), S. 16 ff.

[31] Siehe hierzu *Häberle*, VVDStRL 30 (1972), S. 74 f.; *ders.*, DÖV 1972, S. 731 ff.; dazu *v. Mutius*, VerwArch., Bd. 64 (1973), S. 183 ff.

zwecks übrig bleibt und sich von ihm her — wenn auch vorkonstitutionell — bestimmt[32]. *Schmitthenner* unterscheidet die natürliche Freiheit, die nur eine moralische Bedeutung hat, von der durch die Gesetzgebung genauer im rechtlichen Sinne bestimmten staatsbürgerlichen Freiheit[33]. Bedeutsam ist auch der durchgehend gemachte Unterschied zwischen den Rechten der bürgerlichen Freiheit, die gegenüber der Staatsgewalt einen Freiraum schaffen und negativ bestimmt sind, und den Rechten der politischen Mitwirkung (Wahlrecht)[34]. In dieser Unterscheidung kommt die spezifisch deutsche Auffassung, die die Freiheit nicht als politische Grundlage für ein freies Gemeinwesen würdigt, sondern als Ausdruck bürgerlicher Staatsferne auffaßt, deutlich zum Ausdruck[35]. Nur bei einem konservativen Autor der Zeit, bei *Friedrich Julius Stahl,* wird sie im Anschluß an angelsächsische Vorstellungen auch politisch verstanden. Die Freiheitsrechte haben für ihn zum Gegenstand die Freiheiten und Güter des unabhängigen Daseins des Menschen, aber auch diejenigen seines gesellschaftlichen Daseins. Sie machen den Untertanen zum Staatsbürger. Freilich hält auch *Stahl* daran fest, daß hier nicht Menschenrechte, sondern staatliche Gewährungen vorliegen[36]. In diesen Auffassungen der Freiheitsrechte als Sicherung der Freiheit vom Staate lebt im Grunde die alte bürgerliche Freiheit als staatlich gewährte Eingriffsfreiheit fort. Es ist interessant, daß durchweg die Behandlung der Rechte auch zugleich mit der Betonung der Untertanenpflichten, des verfassungsmäßigen Gehorsams verbunden erscheint[37].

Indem die Freiheitsrechte positiv als staatliche Gewährung verstanden werden, wird auch ihre rechtliche Tragweite bestimmt. Da die Verfassung noch nicht klar als eine dem Gesetz gegenüber höhere Norm angesehen wird[38], erscheinen die Grundrechte als Gesetzesaussagen, die

---

[32] *Maurenbrecher* (Anm. 16), S. 79.

[33] *Schmitthenner* (Anm. 16), S. 557 f.

[34] Siehe *Aretin / Rotteck* (Anm. 17), Bd. 2, S.. 2; *Maurenbrecher* (Anm. 16), S. 320; *Schmitthenner* (Anm. 16), S. 560 und 561, wo die bürgerliche Privatfreiheit von den politischen Rechten unterschieden wird; *Cucumus* (Anm. 17), S. 130.

[35] Siehe hierzu *R. Smend,* Bürger und Bourgeois, in: Staatsrechtliche Abhandlungen, 2. Aufl. 1968, S. 314 ff., unter Hinweis auf die abweichende (politische) Konzeption der preußischen Reformer.

[36] *Fr. J. Stahl,* Die Philosophie des Rechts, 5. Aufl., Bd. II, 2, 1878, S. 518 bis 529.

[37] Siehe *Maurenbrecher* (Anm. 16), S. 77 f. und 81 f.; *R. v. Mohl* (Anm. 17), Bd. 1, S. 279 ff.

[38] *Schmitthenner* (Anm. 16), S. 561: „Die verfassungsmäßigen politischen Rechte sind in der Regel bloß gesetzliche, indem sie nur auf den Grundgesetzen des Staates beruhen". Es ist bezeichnend, daß etwa *v. Mohl* (Anm. 17) jeweils im einzelnen bei der Erläuterung der Freiheitsrechte immer wieder auf die speziell dazu ergangene oder von früher bestehende Gesetzgebung abstellt.

jeweils in das bestehende Recht eingefügt werden, dies zuweilen abändern, aber andererseits auch keine tiefgreifenden Einwirkungen äußern. So bedeutet die Sicherung der Gleichheit nur die Gleichheit vor dem Gesetz, die aber weder die Aufhebung der Standesvorrechte des hohen und niederen Adels noch beispielsweise die volle bürgerliche Gleichheit der Juden mit sich bringt[39]. Die unmittelbar juristische Bedeutung mancher dieser Bestimmungen wird angenommen[40], aber sie fügen sich in die bestehende und künftige Spezialgesetzgebung ein, von der im Grunde im eigentlichen Sinne die Realisierung der Verbürgungen erwartet wird[41]. Es sind also nicht nur die zahlreichen Einschränkungen der Freiheitsrechte, die namentlich etwa die Pressefreiheit weitgehend beengen, sondern es ist das Fehlen der Anerkennung eines höheren Ranges und einer richtunggebenden Bedeutung, die ihre Tragweite im Vormärz noch recht begrenzt erscheinen lassen. Dazu tritt noch die politische Abneigung vieler Regierungen gegen den Gedanken grundrechtlicher Sicherungen. Gegen eine stärkere Aufnahme von Garantien in die Bundesverfassung wehrten sich erfolgreich die süddeutschen Staaten; die beiden führenden Staaten, Österreich und Preußen[42], nahmen keine Grundrechte an, und der Bund wirkte kraft des Vorrangs der Bundesgesetzgebung sogar noch einschränkend auf die Grundrechte der geistigen und politischen Freiheit, vor allem die Pressefreiheit, ein. Darauf wie auf die den verfassungsrechtlichen Verbürgungen beigefügten zahlreichen Vorbehalte und Einschränkungen braucht hier nicht eingegangen zu werden. Insgesamt ergibt sich daraus der beschränkte Wirkungshorizont der Freiheitsrechte vor 1848[43].

---

[39] Siehe hierzu *Cucumus* (Anm. 17), S. 131 ff., der eine ständische Einteilung ablehnt, aber von dem der Fortbestand der Vorrechte des Adels ohne weiteres angenommen wird. Ferner *Ernst v. Moy,* Das Staatsrecht des Königreichs Bayern, Bd. 1, 2, 1841, S. 17 f., der deutlich die Gleichheit auf die gleichmäßige Gesetzesanwendung beschränkt.

[40] *Stahl* (Anm. 36), S. 525.

[41] Zum Vorrang des Bundesrechts in Pressesachen (Pressegesetz des Dt. Bundes v. 20. 9. 1819) siehe *R. v. Mohl* (Anm. 17), Bd. 1, S. 306; *H. A. Zachariae,* Deutsches Staats- und Bundesrecht, 3. Aufl. 1865, S. 459 ff. Zur Durchsetzung des Vorrangs seiner Gesetzgebung durch den Bund *E. R. Huber* (Anm. 3), Bd. 1, S. 744 und 745.

[42] Vgl. *H. A. Zachariae* (Anm. 41), S. 437.

[43] Infolge der inhaltlichen Beschränkungen und unbestimmten Fassung blieben die Grundrechte, so meint *H. A. Zachariae* (Anm. 41), S. 441, „in ihrer practischen Bedeutung fast gänzlich annuliert".

III. Die Grundrechte in der Paulskirche und in der preußischen Verfassungsurkunde

8. Das Revolutionsjahr 1848 stellte in der Entwicklung der Grundrechte im deutschen Raume einen grundlegenden Einschnitt dar. Von nun an öffneten sich auch die Einzelstaaten in ihrem Verfassungsrecht der Aufnahme von Grundrechten, Preußen in den Verfassungen von 1848 und 1850, Österreich freilich erst in dem insoweit heute noch in Geltung stehenden Staatsgrundgesetz von 1867[44]. Tritt somit der Widerstand der Regierungen gegen die Aufnahme von Freiheitsrechten zurück, so bleiben doch die eingrenzenden Grundanschauungen aus der bisherigen Entwicklung zu einem nicht unerheblichen Teile erhalten und bestimmen noch auf Jahrzehnte hinaus das Bild der Konzeption der Grundrechte wie die praktische Anwendung. Ungeachtet einer namentlich in der Frankfurter Nationalversammlung bestehenden Neigung, auf den Gedanken der Menschenrechte oder der „Urrechte" oder unveräußerlicher Grundlagen zurückzugreifen[45], bleibt doch eine Grundauffassung maßgebend, nach der die Grundrechte Gewährungen des positiven Verfassungsrechtes darstellen. Angesichts des nach wie vor nicht entwickelten Vorranges der Verfassung, jedenfalls aber der mangelnden Befugnis der Gerichte, Gesetze auf ihre Verfassungsmäßigkeit zu prüfen[46], bleiben die Freiheitsrechte dem gesetzlichen Eingriff weitgehend offen. Und nicht weniger bleibt eine Neigung zu eingrenzender Auslegung, zur Einschätzung als bloße Direktiven für den Gesetzgeber wirksam. Im letzteren Punkt freilich setzen sich in Frankfurt, wie wir sehen werden, zunächst Anschauungen stärker durch, die auf alsbaldige Anwendung abzielen.

9. Der Wille der Frankfurter Nationalversammlung war klar erkennbar dahin gerichtet, in den Grundrechten eine rechtlich verbindliche feste Grundlage der deutschen Einheit aufzurichten und eine vom Bunde gesetzte, auch für die Einzelstaaten maßgebende Rechtsbasis zu schaffen. In dieser Richtung bewegten sich auch die politischen Vorstellungen von der Aufgabe der Grundrechte und von dem Entschluß, den Freiheitsrechten vor den politischen Fragen zeitlichen Vorrang in den Beratungen zu geben[47]. Es macht für diese Einstellung keinen entschei-

---

[44] Siehe den Text bei *Klecatsky*, Das österreichische Bundesverfassungsrecht, 2. Aufl. 1973, S. 617 ff.

[45] Zu dieser Neigung, naturrechtliche und positive Gedankenreihen hier zu verbinden, im Vormärz wie in der Paulskirche, siehe *Oestreich* (Anm. 5), S. 87. Zur Heranziehung der Gedanken der Menschenrechte oder „Urrechte" in Frankfurt siehe *Franke* (Anm. 27), S. 74 ff.

[46] Scharf in diesem Sinne *Carl v. Kaltenborn*, Einführung in das constitutionelle Verfassungsrecht, 1863, S. 350 und 351.

denden Unterschied, ob die Grundrechte mehr naturrechtlich als Prinzipien und Grundsätze allgemeiner menschlicher Art[48] oder als gesetzgeberische Gewährleistungen des Staates aufgefaßt wurden[49]. Es läßt sich indes beobachten, daß von seiten der Linken die Neigung eher zu naturrechtlichen Unterstreichungen und zu einer ausgedehnten und verbindlichen Festlegung von Rechten ging, während die gemäßigten Gruppen in den großen Debatten um die Abschaffung der Standesvorrechte oder das Verhältnis von Kirche und Staat mehr zur Zurückhaltung in der Normierung tendierten und sich auf ihrer Seite Bedenken zeigten, ob man von Bundes wegen die Einzelstaaten ohne weiteres an diese Rechte binden könnte[50].

Den politischen Sinn der Grundrechte hebt der Vorspruch des Berichts des von der Nationalversammlung für ihre Beratung der Grundrechte eingesetzten Ausschusses und der Vortrag des Berichterstatters *Georg Beseler* klar hervor. Es geht um die Bekräftigung der politischen Einheit des deutschen Volkes in diesen Rechten[51], um die Absage an den Polizeistaat und die Befestigung des Rechtsstaats[52], um die Aufstellung von Normen, die den Einzelstaaten als Maßstab dienen und die sie nicht aufheben oder beseitigen können[53]. Bei *Beseler* wird aber noch ein weiterer bezeichnender Grund für die alsbaldige Befassung mit den Freiheitsrechten angeführt. Man wolle, so führt er aus, hier in der sozialen Bewegung, die ganz Deutschland ergriffen habe, eine Grenze finden, über welche die Bewegung nicht hinausgeführt werden soll[54]. Hier tritt eine wesentliche Idee der gemäßigten Gruppe in Erscheinung, das Bestreben, die Revolution in Bahnen der Mäßigung zu halten. Und zugleich fällt ein Blick auf die sozialen Probleme, von denen sonst in Frankfurt nicht in zu breitem Maße die Rede war[55].

---

47 Über die politischen Vorstellungen, auf die hier nicht eingegangen wird, siehe *Ernst Eckardt*, Die Grundrechte vom Wiener Kongreß bis zur Gegenwart, 1913, S. 18 ff.; *Herbert Arthur Strauss*, Staat, Bürger, Mensch. Die Debatten der deutschen Nationalversammlung 1848/49 über die Grundrechte, 1947, S. 18 ff.; *Jörg Franke* (Anm. 27), S. 47 ff.; *Frank Eyck*, The Frankfurt Parliament 1848/49, 1968, S. 206 ff.

48 Hierzu *Strauss* (Anm. 47), S. 33; *Franke* (Anm. 27), S. 72 ff.

49 Dazu *Strauss* (Anm. 47), S. 40. Für eine feste und unerschütterliche Festlegung klar anerkannter Rechtsverbürgungen sprach sich aus der Abgeordnete *Fuchs* in der 43. Sitzung v. 13. 7. 1848; *Wigard* (Anm. 3), Bd. 2, S. 1051.

50 Zu diesen politischen Tendenzen siehe *Strauss* (Anm. 47), S. 45 f.; *Eyck* (Anm. 47), S. 216 ff. In den Debatten vertrat die Linke einen deutlich zentralistischen Standpunkt, während die Gemäßigten auf die Einzelstaaten Rücksicht zu nehmen strebten.

51 *Beseler*, in der 30. Sitzung v. 3. 7. 1848, in: *Wigard* (Anm. 3), Bd. 1, S. 701.

52 *Beseler*, S. 701.

53 *Beseler*, S. 701.

54 *Beseler*, S. 700, und dazu *Eyck* (Anm. 47), S. 211.

Auch die rechtliche Tragweite der Grundrechte wurde schon am Beginn der Beratungen berührt. Schon der Ausschußbericht bemerkt[56], daß sich stets die Frage des Vollzuges der Volksrechte erheben werde. Dabei werde sich ein Unterschied der Gesetzesvorschriften bemerkbar machen. Einzelne werden sofort ins Leben treten, andere würden auf weitere Ausführung durch Gesetze und Regierungsmaßnahmen angewiesen sein. Ähnlich äußerte sich der Berichterstatter *Beseler*[57]. Während der Beratungen ergab sich dann immer wieder der Gegensatz derer, die zur Mäßigung und Begrenzung neigten, zu jenen, die eine weitgehende rechtliche Aussage und Bindung der einzelnen Staaten erstrebten. Gegen zu viele Detailbestimmungen, die in den Wirkungsbereich der einzelnen Staaten eingriffen, sprach sich *Reichensperger* aus[58], während in den Endberatungen der Kölner *Venedey* einen scharfen Angriff auf das Ergebnis unternahm, das allzusehr der künftigen Gesetzgebung freie Hand gelassen habe. Im Ausschuß habe man überall in die Grundrechte unbestimmte Ausdrücke hineingesetzt, die die Fragen offen ließen[59].

10. In einem Punkte nahmen die Frankfurter Grundrechte die besondere deutsche Rechtsüberlieferung nachdrücklich auf. In ihnen finden sich weithin Sicherungen auch institutioneller Einrichtungen, objektive Festlegungen für Grundfragen des öffentlichen Lebens, sei es das Verhältnis von Kirche und Staat, die Unterrichtseinrichtungen, die Verkündung der Freiheit der Wissenschaft, Regelungen für das Jagdrecht oder Garantien für die Selbständigkeit der Gemeinden[60]. Damit folgt die Verfassung — und ihr ist später die preußische Verfassungsurkunde vom 31. 1. 1850 ebenso beigetreten — der deutschen Tradition, die nicht notwendig Aussagen über Bürger und Staat und über die Ziele und Grenzen staatlicher Tätigkeit stets in subjektive Freiheitsrechte kleidet, sondern die auch wesentliche Bereiche des sozialen Lebens in die

---

[55] Mit Recht hebt *Oestreich* (Anm. 5), S. 95, den bürgerlichen Charakter der Frankfurter Grundrechte hervor. Nur in der Debatte der 166. Sitzung v. 8. 1. 1849 um wirtschaftspolitische Fragen kam die Lage der arbeitenden Klassen zugleich mit anderen Fragen (Schutzzoll, Export) zur Sprache und fand in Hinweisen auf ein Recht auf Arbeit Ausdruck. *Wigard*, Bd. 7, S. 5113 ff. Hier wies der Abgeordnete *Eisenstuck* auf die Notwendigkeit der Aufnahme der arbeitenden Klasse in den Staat und auf Arbeitsschutz und Altersvorsorge hin, S. 5115 und 5118; vgl. hierzu *Strauss* (Anm. 47), S. 71 ff. Ein Hinweis auf die soziale Notlage der Arbeiter auch in der 37. Sitzung v. 13. 7. 1948, bei *Mohl*, in: *Wigard* (Anm. 3), Bd. 2, S. 857 (arbeitslose Wollzeugweber).

[56] *Wigard*, Bd. 1, S. 682.

[57] *Wigard*, Bd. 1, S. 701.

[58] *Wigard*, Bd. 2, S. 357 (54. Sitzung v. 3. 8. 1848).

[59] *Wigard*, Bd. 5, S. 3890 (130. Sitzung v. 6. 12. 1848).

[60] Vgl. Frankfurter Reichsverfassung §§ 146 - 151 (Staat und Kirche), §§ 153 bis 157 (Unterricht), § 152 (Wissenschaftsfreiheit), § 169 (Jagdrecht), §§ 184 - 185 (Gemeinden).

Grundrechtsverbürgungen einbezieht[61]. Gerade diese Bestandteile haben sich in ihren Formulierungen als weittragend und zukunftsgerichtet erwiesen und haben besonders die Weimarer Verfassung und das Grundgesetz beeinflußt.

11. Die Frage der rechtlichen Kraft der Grundrechtsaussagen trat am Ende der Beratungen, im November und Dezember 1848 noch einmal in dringlicher Weise in Erscheinung. Nun, in einer schon politisch schwieriger gewordenen Lage, erhob sich erneut die Frage, wieweit man durch die beabsichtigte Vorwegverkündung der Grundrechte die Einzelstaaten binden könne und wolle. *Beseler* vertrat nun zurückhaltende Thesen. Er meinte jetzt in einer Abwendung von früheren Auffassungen, daß die Grundrechte in erster Linie Normen für die Gesetzgebung der Einzelstaaten enthielten, weniger eine unmittelbare Geltung für sich beanspruchen könnten. Vieles in ihnen sei Material für die Verarbeitung durch die Landesversammlungen. Die Vorschriften über Kirche und Schule beispielsweise müßten erst durch die Landesverfassung eingeführt werden. Wie könne man die Pressefreiheit alsbald wirksam gestalten ohne ein Pressegesetz?[62]. Diese Auffassungen, denen alsbald *Riesser* entgegentrat, drangen nicht im Ausschuß durch[63]. Bei der Beratung im Plenum am 21. 12. 1848 kamen ähnliche Stimmen zum Ausdruck. Der Abg. *Gombart* bezeichnete die nunmehr vorgelegten Grundrechte im Namen der konservativen Fraktion als rechtswidrig, weil sie eine Anmaßung eines Gesetzgebungsrechts durch den Bund enthielten. Sein Antrag, den Text den Einzelstaaten und ihren Versammlungen zunächst zur Annahme vorzulegen, verfiel aber der Ablehnung[64].

In diesem Stadium, als sie den Entschluß faßte, die Grundrechte als Reichsgesetz selbständig vorweg herauszugeben, befaßte sich aber die Nationalversammlung noch einmal gründlich mit der Frage alsbaldiger Geltung. Das Ergebnis bildet das mit den Grundrechten, die am 21. 12. 1848 angenommen wurden, zugleich beschlossene Einführungsgesetz, das der Reichsverweser am 27. 12. 1848 verkündete[65]. Dieses Gesetz, das

[61] *H. Zoepfl*, Grundsätze des gemeinen deutschen Staatsrechts, 5. Aufl., Bd. 2, 1863, S. 38, spricht hier von „Grundsätzen" der Verfassung. Der rechtliche Unterschied zu den Rechten wird freilich in jener Zeit noch nicht deutlich erfaßt.

[62] Vgl. seine Darlegungen bei *Johann Gustav Droysen*, Aktenstücke und Aufzeichnungen zur Geschichte der Frankfurter Nationalversammlung. Aus dem Nachlaß hrsg. v. *R. Hübner*, 1924, S. 228 ff.

[63] Bei *Droysen*, S. 229.

[64] *Wigard* (Anm. 3), Bd. 6, S. 4305 ff. (141. Sitzung v. 21. 12. 1848) und dazu *E. R. Huber* (Anm. 3), Bd. 2, S. 782 f.

[65] Text des Einführungsgesetzes in *Wigard* (Anm. 3), Bd. 5, S. 3886; ferner in *Theodor Mommsen*, Die Grundrechte des deutschen Volkes. Hrsg. v. *Lothar Wickert*, 1969, S. 76 ff.

in der Literatur über die Grundrechte von 1848 eine verhältnismäßig sehr zurückgesetzte Rolle spielt, enthält in der Tat grundlegende Bestimmungen. Es führt die Grundrechte im ganzen Umfange des Deutschen Reiches ein, aber mit der Maßgabe, daß in Art. 1 alle alsbald in Wirksamkeit tretenden Bestimmungen genau aufgeführt sind. Zu diesen alsbald in Geltung tretenden Bestimmungen gehören — in der Zählung der späteren Textfassung der Reichsverfassung — die §§ 131, 132, 133 (unter Vorbehalt späterer Reichsgesetze), 134 - 136, 138, 141, 142, 144 - 148, 152, 154, 155, 158, 161 - 166, 168, 175, 177. Damit sind praktisch wichtigste Bestimmungen umfaßt wie Freizügigkeit, Briefgeheimnis, Freiheit der Person, Glaubensfreiheit, Wissenschaftsfreiheit, freie Berufswahl, Vereins- und Versammlungsrecht und Eigentum. Andere Grundrechte, wie die Unverletzlichkeit der Wohnung, die Aufhebung des Jagdrechts und die Abschaffung der Standesvorrechte sind in Gemäßheit der Art. 3, 7, 8 des Einführungsgesetzes der ungesäumt oder im Falle der Standesvorrechte in 6 Monaten ergehenden Gesetzgebung der Länder aufgetragen. Ausdrücklich bestimmte das Einführungsgesetz in Art. 1 Abs. 2, daß alle mit der Reichsverfassung in Widerspruch stehenden Bestimmungen der Länder außer Kraft treten. Es ordnete ferner an, daß das Reich die Ausführung der nötigen Ausführungsgesetze der Länder überwachen solle, bei Versäumung der im Art. 8 für die Anpassung der Landesverfassungen an die Abschaffung der Standesvorrechte gesetzten Frist sogar eingreifen und eine Landesversammlung berufen könne. Umgekehrt sollten bis zum Erlaß vorgesehener Reichsgesetze die bestehenden Bestimmungen in Kraft bleiben (Art. 6)[66].

Die Nationalversammlung hat also, als sie die Grundrechte als Reichsgesetz verkündete, gleichzeitig eingehend für Klarstellung gesorgt, welche Vorschriften alsbald Anwendung finden und von den Einzelstaaten beachtet werden sollten, für welche dagegen noch ergänzende Reichs- oder Landesvorschriften erforderlich sein würden. Das zeigt noch einmal, daß die Versammlung grundsätzlich von der aktuellen rechtlichen Wirksamkeit der Grundrechtsartikel ausging. Das war wohl auch stets die Grundlinie ihrer Beratungen. Nur so erklärt sich das ungemein harte Ringen um manche Bestimmungen, wie die Abschaffung der Standesvorrechte oder das Verhältnis von Kirche und Staat. Hier freilich ist die wichtige Bestimmung des § 147 Abs. 1 (Selb-

---

[66] Wenn das Einführungsgesetz bestrebt war, große Teile der Grundrechte zum geltenden Recht zu erklären, so betonten die Motive zu dem Gesetz (*Wigard* [Anm. 3], Bd. 5, S. 3886) doch wiederum, daß nicht alle Grundrechte von gleich aktualer Bedeutung waren. Sie unterschieden unmittelbar geltende Vorschriften, solche die die Lösung der Landesgesetzgebung zuwiesen und endlich solche, bei denen erst Reichsgesetze die nötige Ausführung bringen würden.

ständigkeit der inneren Verwaltung jeder Religionsgemeinschaft) ebenso wie die Festlegung der Aufsicht des Staates über die Schule nicht in den Katalog der alsbald wirksamen Rechte aufgenommen, sondern der ungesäumten Verfügung der Landesgesetzgebung übertragen. Bei der Beseitigung der Standesvorrechte war, vorbehaltlich der nötigen Abänderung von Landesverfassungen und des Privatrechts, auch die alsbaldige Geltung vorgesehen. Hier hatte man den Gleichheitssatz weitgehender verstanden, als dies später in der Auslegung der preußischen Verfassungsurkunde, wie wir sehen werden, der Fall war.

12. Das Selbstzutrauen und der Geltungsanspruch, mit dem die Frankfurter Nationalversammlung am 27. 12. 1848 die Grundrechtsbestimmungen und das Einführungsgesetz als unmittelbar wirksames Reichsrecht verkündet hatte, stand in einem tiefen Gegensatz zu der wirklichen politischen Lage. Die beiden großen Staaten, unter denen Preußen mit dem Erlaß der später wieder aufgehobenen Verfassung vom 5. 12. 1848 bereits den Pfad zu eigenen Grundrechten beschritten hatte, lehnten es ebenso wie Bayern und Hannover ab, die Grundrechte zu publizieren, was gleichbedeutend mit einer Ablehnung ihrer rechtlichen Wirksamkeit war[67]. Andere Staaten, wie Württemberg, Baden und eine Reihe kleinerer Länder veröffentlichten die Grundrechte und verliehen ihnen damit aktuelle Geltung. Die württembergische Regierung erließ, um ein Beispiel zu geben, unter dem 14. 1. 1849 eine Verfügung in Betreff der Einführung der Grundrechte des deutschen Volkes, die feststellte, daß die Grundrechte als Beilage zum württembergischen Gesetzblatt am 31. 12. 1848 veröffentlicht wurden und damit die alsbald verbindlichen Normen dieses Textes für Württemberg am 17. 1. 1849 verbindliche Kraft erlangt hätten. Zugleich traf diese Verfügung bereits ausführende Bestimmungen über Standesvorrechte und die Haft für Untersuchungsgefangene[68]. Trat demnach unzweifelhaft das Recht der Grundrechte zu dem vorgesehenen alsbald wirksam werdenden Teile in einer Reihe deutscher Staaten in Kraft, so dürften sich hieran wohl keine tieferen Einwirkungen angeschlossen haben. Mit der Außerkraftsetzung durch den Bundesbeschluß von 1851 — dessen Wortlaut mit der Verleugnung einer jemals erfolgten Geltung das dunkle Kapitel der Reaktion um ein schwerwiegendes Element bereicherte — fielen aber diese Rechtswirkungen fort. Rein äußerlich ist damit die rechtliche Ausstrahlung der Frankfurter Grundrechte nicht sehr weit-

---

[67] Vgl. hierzu *Zoepfl* (Anm. 61), Bd. 1, S. 494 f.; *E. R. Huber* (Anm. 3), Bd. 2, S. 781 f.

[68] Siehe die württembergische Verfügung sämtlicher Ministerien v. 14. 1. 1849 in der amtlichen Veröffentlichung: Die Änderungen im öffentlichen Recht und Privatrecht Württembergs in Folge der Grundrechte des deutschen Volkes, Stuttgart 1949, S. 54 ff.

tragend gewesen. Ihre innere Bedeutung, auch als Vorbild für die preußische Gesetzgebung und die Gestaltung in anderen Ländern, ist höher zu veranschlagen, und ihre Fernwirkung auf die Weimarer Verfassung bezeugt die bedeutende geistige Wirkung, die von ihnen ausging.

Das weitere Schicksal der Frankfurter Grundrechte bedarf nur kurzer Erwähnung. Nach dem Ende der Nationalversammlung und dem Scheitern der preußischen Einigungsbestrebungen wurde die alte Ordnung des Bundes wieder ins Leben gerufen[69]. Zugleich mit diesem Beschluß erging der Beschluß des Bundestages, betreffend die sogenannten Grundrechte des deutschen Volkes[70]. Er stellte fest, daß die Grundrechte weder als Reichsgesetz noch auf Grund einer Verbindlicherklärung in den einzelnen Staaten nach dem Einführungsgesetz vom 27. 12. 1848 für rechtsgültig gehalten werden könnten. Sie seien daher in allen Bundesstaaten für aufgehoben zu erklären. Mit dieser im Geiste der nun anhebenden Reaktionsperiode getroffenen Maßnahme fand die äußere Geschichte der Grundrechte der Paulskirche ihren Abschluß. Der Bund nahm seinerseits nun Anlaß, die Vorordnung bundesrechtlicher Grundsätze zu betonen, und forderte die Einzelstaaten auf, ihre Einrichtungen mit den Grundgesetzen des Bundes in Übereinstimmung zu bringen. Die vom Bunde unter dem 6. und 13. 7. 1854 erlassenen Bundesbeschlüsse über Pressefreiheit und Vereinswesen[71], die weitgehende Beschränkungen der grundrechtlichen Freiheiten einführten, bedeuteten danach eine von Bundes wegen auferlegte Einschränkung der landesrechtlichen Freiheitsverbürgungen. Damit wurde, diesmal von anderer Richtung her, wiederum ein Vorgang des Bundesrechts geltend gemacht, der wohl auch am stärksten sich in den kleineren Staaten auswirkte[72].

13. Faßt man die Ergebnisse dieses Überblicks über die Auffassungen zur rechtlichen Geltung der Grundrechte aus der Zeit der Einheitsbewegung von 1848 zusammen, so lassen sich folgende Grundsätze aufstellen:

a) Es herrschte die Überzeugung vor, daß die Grundrechte unmittelbar anwendbares Recht setzen wollen, soweit sie nicht auf spätere Gesetze hinwiesen oder ihrer zur Ausführung bedurften. Die Frage, wann

---

[69] *E. R. Huber* (Anm. 3) Bd. 3, S. 134 ff. Die betr. Anordnungen bei *H. A. Zachariae*, Die deutschen Verfassungsgesetze der Gegenwart, 1855, S. 43 ff.

[70] *E. R. Huber* (Anm. 3), Bd. 3, S. 136 f. Text der Aufhebung bei *Zachariae* (Anm. 69), S. 50 und *E. R. Huber*, Dokumente zur deutschen Verfassungsgeschichte, Bd. 2, 1964, S. 2.

[71] Text bei *Zachariae* (Anm. 69), S. 48 ff.; *E. R. Huber*, Dokumente (Anm. 70), Bd. 2, S. 2 ff.

[72] Siehe hierzu *Zachariae*, Staats- und Bundesrecht (Anm. 41), Bd. 1, S. 478.

aktuelles Recht, wann eine Forderung für den Gesetzgeber vorliege, blieb freilich im Einzelfall offen und konnte zu erheblichen Abschwächungen der Geltungskraft führen[73].

b) Für die rechtliche Wertung blieb die theoretische Grundlage der Freiheitsrechte ohne große Bedeutung. Auch wo man von „unveräußerlichen Rechten" ausging, wurde daraus nicht eine überpositive Geltung von Sätzen abgeleitet. Letztlich erkannte man an, daß das positive Verfassungsrecht die Rechtsnatur bestimme.

c) Die Freiheitsrechte wurden als Änderungen zur bestehenden Gesetzgebung in manchen Fällen angesehen. Gerade in der lebhaften Debatte um die Aufhebung der Standesvorrechte, in der man auch über die Beibehaltung des Adels stritt, trat dieser Gedanke deutlich hervor[74]. Demgegenüber machten sich aber Bestrebungen geltend, bei älteren Rechtsanordnungen erst eine förmliche Aufhebung durch den Gesetzgeber zu fordern. Sie wurden namentlich in der späteren Praxis sehr bedeutsam[75].

d) Von einem Vorrang des Verfassungsrechts vor dem Gesetzgeber ist kaum etwas zu spüren. Die Anschauung einer Überordnung des Verfassungsrechts war noch wenig entwickelt.

e) Der deutschen Tradition entsprechend nahmen objektive Verbürgungen institutioneller Art einen breiten Raum ein. Eine klare begriffliche Scheidung dieser Regeln von den personalen Verbürgungen war noch nicht entwickelt.

f) Es bestand bei der Mehrheit die Auffassung, daß die Freiheitsrechte von Reichs wegen als für die Einzelstaaten verbindlich zu erlas-

[73] So meinte *Fr. J. Stahl,* Die deutsche Reichsverfassung nach den Beschlüssen der deutschen Nationalversammlung, Berlin 1849, S. 62, daß sich in den Grundrechten viele sehr allgemeine Aussagen befänden (z. B. Gleichheit, Wissenschaftsfreiheit), die erst nähere Gestalt gewinnen müßten.

[74] In den Debatten der 52. und 53. Sitzung v. 1. und 2. 8. 1848 (*Wigard* [Anm. 3], Bd. 2, S. 1292 ff. und 1325 ff.), sprach man sich weithin scharf gegen die Standesvorrechte aus. Gegen *Moritz Mohl,* der gegen den Adel sprach (dort S. 1294) trat *Ernst Moritz Arndt* für einen echten Adel auf, S. 1299. Siehe hierzu *Strauss* (Anm. 47), S. 98 ff.

[75] In Preußen, wo dieses Problem entsprechend auftrat, hat die zweite Kammer während der 50er und frühen 60er Jahre mit Nachdruck danach gestrebt, anstelle älterer einschränkender Normen neue gesetzliche Bestimmungen zu setzen und das ältere Recht beiseite zu rücken. Der Erfolg war begrenzt. Ein Beispiel bildete der Vorstoß für die Einführung der Zivilehe im Jahre 1859. Der kirchliche und konservative Widerstand führte aber in diesem Jahr wie bei Neueinbringung im nächsten Jahre zur Ablehnung des Herrenhauses. Vgl. *L. v. Roenne,* Das Staatsrecht der preußischen Monarchie, 2. Aufl., Bd. 1, 2, 1864, S. 125 f. Die vorliegende Untersuchung hat aus Raum- und Zeitgründen die Befassung der preußischen Kammern mit Fragen der Grundrechte nicht mehr eingehender einbeziehen können. Hier wäre eine ergänzende Klärung indes wünschenswert.

sen seien. So verfuhr auch das Einführungsgesetz. Freilich begegnete gerade dieser Punkt dem entschiedenen Widerstande mehrerer der größeren Staaten[76].

14. Mit dem Scheitern der von der Nationalversammlung eingeführten Verfassung ging das Schwergewicht der grundrechtlichen Entwicklung auf die Einzelstaaten über. Von grundlegender Bedeutung war hier die preußische Verfassungsurkunde vom 31. 1. 1850, in der sich künftig, angesichts der Zurückhaltung des Reiches 1867/71, das Problem für den größeren Teil des deutschen Territoriums stellte. Diese Erörterung beschränkt sich daher auf die preußische Entwicklung, zumal in den süddeutschen Ländern die alten Verfassungen der Zeit vor 1848 in Geltung blieben und nur um 1848 wie auch später einzelne Ergänzungen und Verbesserungen in den grundrechtlichen Bestimmungen erfuhren.

Wendet man sich der dogmatischen Ausarbeitung der Freiheitsrechte in der Lehre zu, so hat diese erst in der weiteren Entwicklung eine deutlichere Ausprägung gefunden. Nach einer ersten Periode stärkerer Beachtung der Freiheitsrechte[77] traten in der Lehre in der Folge eher die Tendenzen zu abschwächender und einengender Interpretation der Grundrechte überhaupt in den Vordergrund. Das entsprach der in der zweiten Hälfte des Jahrhunderts vorwiegenden Neigung, das Recht des Monarchen und die Stärke der Staatsgewalt zu betonen, ihr gegenüber aber die konstitutionellen Einrichtungen eher herabzuspielen[78]. Erst die Arbeiten *Georg Jellineks* zur Geschichte der Grundrechte[79] und zum Begriff der subjektiven öffentlichen Rechte[80] brachen wieder einer breiteren, auch die internationale Seite beachtenden Auffassung die Bahn, ohne freilich bis 1914 die herrschende Lehre und die Praxis zu ändern.

15. Faßt man die Auffassungen der Staatsrechtslehre zusammen, so bietet sich das Bild einer recht zurückhaltenden Beurteilung der Freiheitsrechte. Im einzelnen kann man auf folgendes hinweisen:

---

[76] Auch in der Literatur sprachen sich Stimmen für die Abweisung einer Geltung der reichsrechtlichen Grundrechte aus. Vgl. *Fr. J. Stahl* (Anm. 73), S. 73; *David Hansemann* in den Verhandlungen der I. preußischen Kammer am 28. 3. 1849 wegen Eingriffs in die Selbständigkeit Preußens (Berichte, S. 45 und 46).

[77] Hier ist vor allem auf *L. v. Rönne* (Anm. 75), Bd. 1, 2, S. 17 ff., hinzuweisen.

[78] Zu dieser Tendenz, die etwa dazu führte, in der Gesetzgebung der monarchischen Mitwirkung als „Sanktion" einen übermäßigen Platz zu geben, *H. Quaritsch*, Staat und Souveränität, Bd. 1, 1970, S. 182.

[79] Die Erklärung der Menschen- und Bürgerrechte, 1895, 4. Aufl. 1927.

[80] System der subjektiven öffentlichen Rechte, 1905.

a) Naturrechtliche Gedanken traten mit dem Aufkommen des Positivismus ganz zurück. Es wurde nun allgemein betont, daß der Staat hier Rechte gewähre[81] oder, wie dies *Giese* ausführte, eine gewisse staatsfreie individuelle Sphäre belasse, indem er seine Allmacht nicht in vollem Umfang ausübe[82].

b) Neben den Rechten bleibt immer die Hervorhebung auch der Pflichten und der staatlichen Souveränität[83].

c) Das Problem eines Vorranges der Verfassung fand vor allem im Blick auf eine etwaige Geltendmachung vor dem Richter, eine negative Beantwortung. Einige Autoren, vor allem *R. Ihering* und *v. Gneist,* traten Anfang der 60er Jahre für ein solches Prüfungsrecht in den Verhandlungen des Juristentages 1862 und 1863 ein[84]. Aber die Mehrheit der Redner und die Versammlung wandte sich, namentlich wie auch schon Jahre zuvor *Reichensperger*[85], gegen diesen Gedanken und erkannte nur ein Prüfungsrecht der Gerichte für das formelle Zustandekommen eines Gesetzes und die Verfassungs- und Gesetzmäßigkeit der Verordnungen an, soweit dies nicht von Verfassungs wegen ausgeschlossen war (wie in Preußen VU 1850 Art. 106 Abs. 2). Die Frage ist nach dem Ende des preußischen Konflikts nicht mehr aufgenommen worden, und so blieb es dabei, daß gegenüber einem Verfassungsverstoß des Gesetzgebers keine Abhilfe gegeben war. Auch für die Verwaltungsgerichtsbarkeit hat später *Giese* ausdrücklich eine Durchsetzung der Grundrechte gegen den Gesetzgeber abgelehnt; es gehöre gar nicht zur Aufgabe des Verwaltungsrichters, die Grundrechte zu schützen[86].

Hier liegt ein entscheidender Grund für eine Schwäche der praktischen Geltung der Freiheitsrechte. Sie besaßen im Grunde immer nur die Bedeutung eines Gesetzes gegenüber älteren Normen.

d) Auf eine Abschwächung zielte auch die Neigung einer Anzahl von Schriftstellern (*Laband, O. Mayer* u. a.), den Grundrechten nur die Qualität objektiver Normen zuzusprechen, die Ableitung subjektiver Rechte aber abzuweisen, da es kein Recht des Untertans gegen den Staat geben

---

[81] *Adolf Arndt,* Die Verfassungsurkunde für den preußischen Staat, 7. Aufl. 1911, S. 34; *C. Bornhak,* Preußisches Staatsrecht, 2. Aufl. 1911, S. 293.

[82] *Giese* (Anm. 4), S. 58 und 59.

[83] Vgl. *v. Rönne* (Anm. 75), Bd. 1, 2, S. 163 ff.; *J. Pözl,* Lehrbuch des Bayerischen Verfassungsrechts, 3. Aufl. 1860, S. 94.

[84] *Ihering,* Verhandlungen d. Vierten Deutschen Juristentages, 1862, als Berichterstatter, S. 10 ff., 41 ff.; *Gneist,* Fünfter Deutscher Juristentag, 1863, S. 212 ff.

[85] Fünfter Deutscher Juristentag, 1863, S. 25 ff. Siehe auch *Bluntschli,* dort, S. 21 ff. Im gleichen Sinne *Kaltenborn,* Einleitung in das constitutionelle Verfassungsrecht, 1863, S. 351.

[86] *Giese* (Anm. 4), S. 74.

könne[87]. Auch hierdurch wurde eine weitere begrenzende Wirkung der Rechte, vor allem in Richtung auf den Gesetzgeber, verneint.

e) Eine an die ältere Lehre anknüpfende Einschränkung enthielt auch die oft vertretene Meinung, daß zahlreiche Grundrechte nur Weisungen für künftige Gesetzgebung, kein aktuelles Recht enthielten[88]. Auch wo dies nicht so streng betont wurde, nahm jedoch die Praxis Anlaß, mit großer Vorsicht die Auswirkung auf die ältere, oft einschränkende Regelung in Gesetzen, Verordnungen und Erlassen zu beurteilen. So wurden etwa im Bereich der Freizügigkeit und persönlichen Freiheit zahlreiche ältere einengende Vorschriften weiter angewendet, die Religionsfreiheit (Art. 12), der man aktuelle Geltung beimaß, durch Festhaltung zahlreicher diskriminierender Beschränkungen der nicht korporierten Religionsgemeinschaften beschränkt und bei der Gleichheit eine wirkliche Auswirkung auf Standesvorrechte durch Zulassung von Ausnahmen in engen Grenzen gehalten[89]. Im Ergebnis lief das darauf hinaus, auch unter gesetzlichen Beschränkungen die Tür zu öffnen[90]. Die Wirkung der Grundrechte wurde damit auf die Richtung gegen die Verwaltung beschränkt, man verwies ihre Bedeutung, wie oft gesagt wurde, in das Verwaltungsrecht[91]. Das lief in anderer Hinsicht darauf hinaus, daß man die eigentliche Erfüllung der Grundrechte nicht aus ihrer unmittelbaren Geltung und Anwendung als vielmehr von der in ihrer Ausführung ergehenden Spezialgesetzgebung erwartete[92]. Sieht man von den Begrenzungen ab, die hier Pressefreiheit und Vereins- und Versammlungsrecht erfuhren, kann man das für andere Grundrechte — etwa die persönliche Freiheit oder den Anspruch auf Rechtsschutz — für zutreffend halten. Die Lage glich insofern derjenigen in

---

[87] *Bornhak* (Anm. 81), S. 295.

[88] *Bornhak* (Anm. 81), S. 296; *v. Rönne-Zorn,* Das Staatsrecht der preußischen Monarchie, 5. Aufl., Bd. 2, 1906, S. 150, wo *Zorn* meint, es bleibe nach Entkleidung der Grundrechte von historischen und politischen Elementen juristisch nicht viel übrig.

[89] Siehe hierzu *v. Rönne* (Anm. 75), Bd. 1, 2, S. 23 ff., (persönliche Freiheit), S. 29 ff. (Briefgeheimnis) und allgemein zu dieser Einschränkung *E. R. Huber* (Anm. 3), Bd. 3, S. 102 ff. Vor allem die Standesvorrechte des hohen Adels blieben als „Ausnahmen" erhalten (auch als reichsrechtlich gesichert). Bei der Religionsfreiheit blieb z. B. eine Beschränkung der Religionsübung nicht korporierter Gemeinschaften erhalten, und beim Eigentum ließ man stark einschränkende Bestimmungen für den Grundbesitzerwerb der Mennoniten fortgelten (dazu *v. Rönne,* Bd. 1, 2, S. 52 ff.).

[90] Gegen Begrenzungen durch Polizeiverordnungen freilich *v. Rönne-Zorn* (Anm. 88), Bd. 2, S. 251.

[91] *Bornhak* (Anm. 81), S. 293; *v. Rönne-Zorn* (Anm. 88), Bd. 2, S. 149 und 150; *Giese* (Anm. 4), S. 24 und 74; *Pözl* (Anm. 83).

[92] *Hans Georg Frhr. v. Münchhausen,* Die Grund- und Freiheitsrechte im geltenden preußischen Recht, 1908, führt auf S. 12 ff. eine ganze Liste von Spezialgesetzen auf, die diese Rechte verwirklicht haben.

Frankreich, wo auch nach 1875 die Menschenrechte der Revolution nicht unmittelbare Geltung besaßen, aber durch die grundlegenden Gesetze über Presse, Vereine, Rechtsschutz eine weitgehende gesetzliche Verwirklichung fanden.

f) Endlich zeigte sich eine Neigung, die „Rechte der Preußen“ auch streng auf Staatsbürger zu beschränken und Ausländern nicht zuteil werden zu lassen[93].

Überblickt man diese Stellungnahmen der Literatur, die vielfach, wie wir sehen werden, enger als die der Rechtsprechung waren, so erkennt man, wie stark vor 1914 die Kräfte waren, die einer grundlegenden Heranziehung der Freiheitsrechte entgegenstanden und die sie im Ergebnis weithin in die Rolle programmatischer Satzungen zurückdränten, denen keine große unmittelbare rechtliche Bedeutung zukam. Es entspricht der Tendenz, daß im Kulturkampf die Art. 15 und 18 VU durch ein Gesetz vom 5. 4. 1873 aufgehoben und durch einschränkendere Bestimmungen mit Richtung gegen die katholische Kirche ersetzt wurden. Auch die Praxis zeigte übrigens in diesen Jahren eine ähnliche Tendenz[94]. Man muß sich diese doktrinelle Lage vor Augen halten, wenn man verstehen will, weshalb den Grundrechten vor 1914 im Rechtsleben eine so verhältnismäßig geringe Bedeutung zukam. Weder hob sie ein erhöhter Verfassungsrang noch eine Geltendmachung gegenüber den Gesetzen unter den Rechtsnormen besonders heraus. Manche der begrenzenden Vorstellungen, vor allem die Neigung, in Grundrechten nur programmatische Erklärungen ohne aktuellen Gehalt zu sehen, wirkten später noch auf die Interpretation der Weimarer Verfassung ein. Erst durch die Gesetzgebung, so meinte *Hermann Schulze,* fänden die schattenhaften Gestalten der preußischen Grundrechte eine klare Formulierung, die dem Einzelnen den nötigen Rechtsschutz gewähre[95].

IV. Die preußischen Grundrechte in der Rechtsprechung

16. Richtet man den Blick auf die Rechtsprechung in Preußen, für die bis 1875 das Preußische Obertribunal, dann das Preußische Oberverwaltungsgericht in diesen Problemen maßgebend war, so erhellt sich das Bild in gewissem Umfang. In der Praxis der obersten Verwaltungs-

[93] *v. Rönne-Zorn* (Anm. 88), Bd. 2, S. 161. Entgegenkommender für die allgemeinen bürgerlichen Rechte *Anschütz,* Die Verfassungs-Urkunde für den Preußischen Staat, Bd. 1, 1912, S. 99 f. Die Rechtsprechung wandte Art. 12 nur für Inländer an (OTr. 82, S. 199, v. 24. 5. 1878); ebenso die Vereins- und Versammlungsfreiheit (OVG 53, S. 265, v. 10. 11. 1908).

[94] Siehe z. B. die Entscheidungen des Preußischen Obertribunals (OTr.) 71, S. 359, v. 14. 10. 1873 und S. 406, v. 12. 10. 1874.

[95] *Hermann Schulze,* Das preußische Staatsrecht, 2. Aufl., Bd. 1, 1888, S. 369.

gerichte erfuhren die Grundrechte doch eine nicht unbeträchtliche Anwendung, in einem gewissen Umfang auch in der Überwindung älterer Rechtsverhältnisse. Freilich wiederholen sich auch in diesem Rahmen jene rechtlichen Vorstellungen, die die grundrechtlichen Bestimmungen einer unmittelbaren Anwendung oftmals entzogen, die Frage nach der aktualen Wirksamkeit, die Fortgeltung älterer Vorschriften, die Begrenzung auf eine Wirkung nur gegen die Willkür der Verwaltung, nicht gegen eine Verfügung des Gesetzgebers. Einer kurzen Analyse dieser Judikatur soll dieser letzte Abschnitt dienen[96].

17. Wenden wir uns zunächst solchen Entscheidungen zu, in denen die Heranziehung grundrechtlicher Vorschriften, gewissermaßen als Änderungsgesetze zum vorherigen Rechtszustand, dazu geführt hat, in einzelnen Fällen eine Realisierung des Grundrechtszwecks zu bewirken. Hierher gehört die Entscheidung, daß die Pressefreiheit es sichert, daß ein in Preußen wohnhafter Ausländer auch ohne Besitz der preußischen Staatsbürgerschaft die Stelle eines Zeitungsredakteurs übernehmen durfte[97]. In einer Entscheidung zur Religionsfreiheit wurde entschieden, daß die Vorschrift des Art. 12 VU auch den Geistlichen nicht anerkannter Religionsgemeinschaften die Vornahme rein geistlicher Handlungen wie Taufe und Trauung gestattet; nur Handlungen mit bürgerlicher Wirkung (Ziviltrauung) seien den als Korporationen bestehenden Religionsgemeinschaften vorbehalten. Eine Bestrafung wegen unbefugter Amtsausübung konnte daher nicht stattfinden[98]. In diesem Urteil stellte das Gericht ausdrücklich die aktuale Geltung der Religionsfreiheit (Art. 12) fest: „Es bedarf keiner Ausführung, daß diese Bestimmung der Verfassungs-Urkunde der rechtlichen Beurteilung zugrunde gelegt werden muß; denn die Verfassungs-Urkunde ist jedenfalls ein Gesetz, welches, wo es, wie in diesem Falle, bestimmt und nicht bloß in Hinweisung auf eine künftige Gesetzgebung disponiert, sofort zur Anwendung kommt." In einem Falle der Haussuchung leitete das Obertribunal aus Art. 6 VU und dem Gesetz vom 12. 2. 1850 ab, daß eine Haussuchung nur auf Anordnung des Richters oder der Staatsanwaltschaft stattfinden dürfe, nicht als polizeiliche Maßnahme[99]. In der späteren Praxis spielt namentlich die Vereinsfreiheit eine Rolle. Art. 29 VU, bestätigt durch das Gesetz vom 11. 3. 1850, erlaubte die Abhaltung einer geschlos-

[96] Es ist zu bemerken, daß die führenden Kommentare zur preußischen Verfassungsurkunde von *Arndt* und *Anschütz* die Rechtsprechung nur sehr teilweise erfaßt haben.

[97] OTr. 24, S. 172, v. 3. 5. 1852.

[98] OTr. 25, S. 220, v. 18. 3. 1853.

[99] OTr. 71, S. 354, v. 14. 10. 1873. Da der Staatsanwalt später zu der Durchsuchung hinzugekommen war, wurde zur tatsächlichen Klärung zurückverwiesen.

senen Versammlung ohne polizeiliche Genehmigung[100]. In einer geschlossenen Veranstaltung der Sozialdemokraten durfte nach Aufhebung des Sozialistengesetzes — das insoweit die Vorschrift des Art. 27 VU einschränkte — eine Fahne mit der Inschrift „Ferdinand Lassalle 1863" gezeigt werden[101]. Die im Gesetz vom 11. 3. 1850 untersagte Anwesenheit von Frauen bei politischen Veranstaltungen galt nicht für eine geschlossene sozialdemokratische Versammlung (Art. 29 VU)[102]. Dagegen durfte eine solche Veranstaltung nicht am Sonntag zur Zeit des Hauptgottesdienstes stattfinden[103].

Wiederholt hat das OVG Eingriffe der Polizei gegen religiöse Betätigung nicht anerkannter Religionsgemeinschaften aufgehoben. So wurde die Verfügung gegen einen evangelisch-lutherischen Prediger aufgehoben, die ihm untersagte, im Ornat Begräbnisse vorzunehmen[104]. Dagegen hatte das Obertribunal noch einen katholischen Geistlichen bestraft, der Trauungen in einer ohne staatliche Genehmigung bischöflich errichteten Parochie vorgenommen hatte. Hier gab offenbar die bürgerliche Wirkung der Trauung den Ausschlag[105].

18. Eine unmittelbare Anwendung fanden in der Rechtsprechung auch die objektivrechtlichen Bestimmungen über Schule und Religion. Bei der Schule wurde insbesondere der Charakter der Schule als Veranstaltung des Staates herausgestellt. In einem Streit, in dem es um die Anstellung eines deutschsprachigen Lehrers an einer von polnischen Kindern besuchten Schule ging, wurde der Schulgemeinde gegenüber festgestellt, daß der Staat die Unterrichtssprache bestimme[106]. Obwohl es sich in diesem Falle um die Erteilung von Religionsunterricht handelte, wurde diese Linie aufrechterhalten, weil im Unterschied zu anderen Schulbestimmungen der Verfassung Art. 24 Abs. 2 nicht näher gesetzlich durchgeführt sei. Hier wie in anderen Fällen wurde zugleich der Charakter des Religionsunterrichts als einer staatlichen, nicht kirchlichen Veranstaltung klar hervorgehoben[107]. Wie auch heute noch

---

100 OVG 9, S. 406, v. 25. 11. 1883.

101 OVG 21, S. 400, v. 13. 6. 1891.

102 OVG 34, S. 439, v. 24. 1. 1899.

103 OVG 35, S. 424, v. 9. 6. 1899.

104 OVG 16, S. 386, v. 3. 12. 1887. Ebenso OVG 31, S. 418, v. 12. 3. 1897.

105 OTr. 46, S. 31, v. 31. 5. 1861.

106 OVG 50, S. 176, v. 14. 5. 1907.

107 OTr. 73, S. 406, v. 12. 10. 1874: Erteilung des Religionsunterrichts durch einen nicht vom Staat bestellten Geistlichen strafbar; dabei wurde die Behauptung, der Religionsunterricht sei Kirchensache, ausdrücklich zurückgewiesen. OTr. 80, S. 377, v. 14. 6. 1877: Religionsunterricht wurde vom Lehrer ohne missio canonica erteilt. Art. 24, Abs. 2 VU wurde als nicht gegenwärtiges Recht bezeichnet, und Art. 12 gab nach Auffassung des Gerichts der

war auch der Gemeinde als Trägerin der Schule gegenüber die Anstellung der Lehrer Aufgabe des Staates, nicht Gemeindesache[108]. Aus der Selbständigkeit der Kirchen in der Verwaltung ihrer Angelegenheiten (Art. 15 VU) zog die Rechtsprechung den Schluß, daß hinfort Kirchenbeamte keine Staatsbeamten mehr seien[109]. Eine interessante Auslegung fand die Frage des Petitionsrechts von Gemeinden. Das OVG erkannte es auch juristischen Personen gemäß Art. 32 VU zu, aber es band die Gemeinde an die Beschränkung auf ihre örtlichen Aufgaben. Eine Petition der Stadt Stettin wegen Erhöhung der Getreidezölle, die die bisherige Einfuhr über ihren Hafen zu beschränken drohte, wurde wegen des Einschlages lokaler Interessen entgegen der amtlichen Beanstandung für statthaft gehalten[109a].

19. Den Entscheidungen, die die Einwirkung von Vorschriften der Verfassungsurkunde als unmittelbar geltendem Recht zum Ausdruck brachten, standen freilich eine größere Zahl von Urteilen gegenüber, in denen die Rechtsprechung den grundrechtlichen Bestimmungen gegenüber eine eingrenzende Auslegung vornahm oder beschränkende Rechtsvorschriften aufrechterhielt. Diese Auffassung, in den Freiheitsrechten nur Richtlinien zu sehen, die der Gesetzesanwendung, aber nicht dem Gesetzgeber Schranken auferlegten, erstreckte sich auf viele Bereiche. Besonders scharf trat diese Entwicklung bei der Vorschrift des Art. 4 VU über die Gleichheit hervor. Sie wurde in Lehre und Praxis als Gleichheit vor dem Gesetz gedeutet, nicht aber als Herbeiführung der Gleichheit entgegen bestehenden gesetzlichen Unterschieden. Das Obertribunal hob freilich eine ältere Bestimmung, die Standesherren gestattet, in Prozessen über ihre Domäne Eide durch ihre „Beamten" abzuleisten, als Art. 4 VU widersprechend auf[110]. Aber es hielt das Ehehindernis der Ungleichheit des Standes aus dem ALR für den Adel aufrecht, weil Art. 4 VU nur in staatsbürgerlichen, nicht in privaten Verhältnissen Geltung besitze[111].

Kirche kein Recht, den Unterricht durch ihre eigenen Geistlichen oder Lehrer halten zu lassen. Vgl. auch OVG 22, S. 396.

[108] OVG 58, S. 182, v. 25. 11. 1910.

[109] OVG 19, S. 420, v. 7. 12. 1889. Anders bei einem Superintendenten, der als Träger der staatlichen Kirchengewalt angesprochen wurde, OVG 20, S. 451, v. 27. 9. 1890.

[109a] OVG 13, S. 89, v. 10. 3. 1886. Anders dagegen wegen Fehlen eines lokalen Interesses die Petition einer Gemeinde gegen Erhöhung der Zölle, OVG 41, S. 34, v. 7. 3. 1902. Man darf hier an die neuere Rechtsprechung des Bundesverfassungsgerichts zur Abstimmung von Gemeinden über die Atombewaffnung erinnern, BVerfGE 8, S. 104 ff.

[110] OTr. 27, S. 76, v. 29. 1. 1854.

[111] OTr. 34, S. 177, in Bezug auf § 30 II 1 ALR und unter Verweis auf OTr. 26, S. 347 ff. Im gleichen Sinne auch OTr. 44, S. 140, v. 21. 12. 1860. Bei anderen Standesvorrechten des hohen Adels half man sich mit dem Hinweis, sie seien

Im Vereinsrecht, wo die Rechtsprechung aus den Grundrechten gewisse Lockerungen ableitete, wurde daran festgehalten, daß Art. 27 VU und 29 VU eine polizeiliche Überwachung nicht ausschlössen, und daher die Abhaltung einer Versammlung in polnischer Sprache untersagt werden könne[112]. Auch das Verbot der Verordnung vom 11. 3. 1850 gegen die Beteiligung von Frauen an politischen Versammlungen fand Anerkennung[113]. Die Meinungsfreiheit wurde dahin eingegrenzt, daß sie sich wie die Pressefreiheit in Art. 27 VU nur auf die Presse beziehe, nicht aber die Theaterzensur ausschließe[114]. Die Bemalung eines Scheunentores in dänischen Farben wurde nicht als bildliche Darstellung und als durch Art. 27 VU gedeckt angesehen, sondern konnte gemäß § 10 II 17 ALR untersagt werden[115].

Die Einführung der Freiheit des religiösen Bekenntnisses (Art. 12) bedeutete nicht eine Aufhebung aller Unterschiede unter den religiösen Gemeinschaften und aller den nicht anerkannten Gemeinschaften auferlegten Beschränkungen. Zwar wandte sich die Rechtsprechung, wie wir gesehen haben, gegen Beschränkungen der eigentlichen Religionsübung für diese religiösen Vereinigungen, aber man blieb der Ansicht, daß religiöse Vereinigungen ohne Korporationsrechte bei Befassen mit öffentlichen Angelegenheiten zu politischen Vereinen würden und deren Beschränkungen unterlägen[116]. Eine Eingrenzung der Religionsfreiheit stellte es auch dar, wenn das Obertribunal auf Grund älterer Gesetzesvorschriften von 1833 den Austritt aus einer jüdischen Synagogengemeinde in der Provinz Posen für unzulässig hielt, weil

---

Ausnahmen und von Bundes wegen geboten. Vgl. *v. Rönne* (Anm. 75), Bd. 1, 2, S. 193 ff. Zu diesem Zweck erging ein verfassungsänderndes Gesetz als deklarative Feststellung am 10. 6. 1854. Vgl. *E. R. Huber* (Anm. 3), Bd. 3, S. 103; *Anschütz* (Anm. 93), S. 109, zur Freiheit des Gesetzgebers hinsichtlich der Gleichheit.

112 OVG 32, S. 395.

113 OVG 34, S. 439, v. 24. 1. 1899. Allerdings weist *Anschütz* (Anm. 93), S. 516, darauf hin, daß die VO vom 3. 11. 1850 als ein förmlich verabschiedetes Gesetz angesehen werden konnte.

114 OVG 24, S. 311, v. 1. 12. 1892. Ferner OVG 29, S. 429, v. 24. 1. 1895.

115 OVG 41, S. 432, v. 16. 3. 1902. Zu der Anwendung eines Zwanges in Fragen der Nationalsprache auf Grund des preußischen Gesetzes über die Geschäftssprachen von 1876 siehe *Theodor Schieder,* Das Deutsche Kaiserreich von 1871 als Nationalstaat (Abhandlungen der Arbeitsgemeinschaft f. Forschung des Landes NW, Bd. 20), 1961, S. 32 ff. und 95 ff. Der preußische Staat ging nach 1870 entgegen seiner älteren Praxis hier zu unduldsamerer Haltung über.

116 In diesem Sinne auch noch *Anschütz* (Anm. 93), S. 205 ff. Siehe die Entscheidung des OTr. 25, S. 355, v. 22. 6. 1853: Schließung einer freien evangelischen Gemeinde wegen Befassung mit politischen Gegenständen. Ebenso OTr. 76, S. 398, v. 11. 1. 1876, für eine religiöse Versammlung, die sich mit politischen Fragen befaßt. Zum Mißbrauch dieser Möglichkeit in den frühen 50er Jahren und ihrer Einschränkung *v. Rönne* (Anm. 75), Bd. 1, 2, S. 119 f.

staatsbürgerliche Pflichten durch Art. 12 VU nicht berührt worden seien, zu denen es die Beitragspflicht zur Synagoge rechnete. Im Ergebnis freilich berührte diese Entscheidung die Religionsfreiheit deshalb in geringerem Maße, weil sie nur den Austritt eines der jüdischen Religion weiter zugehörenden Juden, nicht den Austritt aus der jüdischen Religionsgemeinschaft überhaupt verneinte[117]. Mit der Aufrechterhaltung der staatlichen Befugnis zur Verleihung der Korporationsrechte an Religionsgemeinschaften hing es zusammen, daß nicht korporierten Gemeinden die Führung der Bezeichnung evangelisch-lutherisch untersagt werden konnte[118]. Dasselbe galt für die Bezeichnung gottesdienstlicher Gebäude als „Kirchen", die im altpreußischen Gebiet den korporierten Gemeinschaften vorbehalten blieb, in Schleswig-Holstein freilich, da dort § 18 II 11 ALR nicht galt, nicht diesen Kirchen ausschließlich gesichert werden konnte[119]. Eine interessante Entscheidung betraf die Veranstaltung von Prozessionen. Einer katholischen Gemeinde in Arnsberg wurde die Veranstaltung während der Zeit des evangelischen Hauptgottesdienstes nach § 10 II 17 ALR untersagt, weil durch den hörbaren Gesang der Gottesdienst der evangelischen Gemeinde gestört werde. Die Entscheidung, die nicht Art. 12 VU, sondern Art. 29 VU (Versammlungen) anzog, läßt einen gewissen antikatholischen Duktus wohl nicht verkennen, obwohl in ihr auch Fragen der religiösen gegenseitigen Toleranz stecken, die damals nicht erörtert wurden[120]. Insgesamt zeigen die hier angeführten Entscheidungen die Bereitschaft der Rechtsprechung, aus älteren oder neueren Gesetzen stammende Begrenzungen grundrechtlicher Freiheiten hinzunehmen, weil diese nicht gegen den Gesetzgeber gerichtet sind[121]. Gesetzliche Beschränkungen der Grundrechte blieben demgemäß möglich, wobei die Rechtsprechung aber auch die polizeilichen Begrenzungen in diese Kategorie einreihte[122]. Bauverbote auf Grund von behördlich genehmigten

---

[117] OTr. 24, S. 301, 1852. Die Frage ähnelt der heutigen Problematik des Kirchenaustritts unter der Erklärung, man wolle der Kirche selbst weiter zugehören. Vgl. hierzu *Listl*, Das Grundrecht der Religionsfreiheit in der Rechtsprechung der Gerichte der Bundesrepublik Deutschland, 1971, S. 196 ff.; *Heinrich Eisenhofer*, in: Diaconia et Ius, Festgabe für Heinrich Flatten, 1973, S. 335 ff.

[118] OVG 38, S. 435, v. 23. 11. 1900.

[119] OVG 43, S. 164, v. 27. 3. 1903.

[120] OVG 23, S. 409, v. 8. 11. 1892.

[121] Vgl. in dieser Richtung die Ausführungen bei *v. Rönne* (Anm. 75), Bd. 1, 2, S. 53 ff.; über die Beschränkungen der Mennoniten *Anschütz* (Anm. 93), S. 215 ff. zur Bekenntnisfreiheit.

[122] OVG 7, S. 370, v. 10. 3. 1881: Polizeiliches Eingreifen gegen das Konkubinat verstößt nicht gegen Art. 5 VU. Dagegen erklärte OVG 9, S. 353, v. 14. 6. 1882, die berühmte Kreuzbergentscheidung, polizeiliche wohlfahrtsstaatliche Vorkehrungen nicht mehr als verfassungsmäßig und durch § 10 II 17 ALR gedeckt. Daß wegen Einsturzgefahr eines Gebäudes die Abhaltung

Bebauungsplänen wurden schon vor der Einführung des Fluchtliniengesetzes von 1875 für statthaft gehalten[123].

Eine Begrenzung der grundrechtlichen Wirkung ergab sich in manchen Fällen auch aus der Beurteilung einzelner Verfassungsbestimmungen als bloßer Programmsätze ohne unmittelbare Geltung. Doch hat die Rechtsprechung von dieser in der Literatur stark betonten Sicht nicht allzu umfangreich Gebrauch gemacht. Anzuführen ist die Behandlung des später im Kulturkampf durch Gesetz vom 15. 4. 1873 sowieso geänderten Art. 15 über die Selbständigkeit der inneren kirchlichen Ordnung. Er wurde vom Obertribunal als lediglich gesetzgeberische Verheißung bezeichnet, die erst nach Erlaß ausführender Bestimmungen ins Leben treten könne[124]. Auch für Art. 26 VU, der ein besonderes Gesetz über das Unterrichtswesen in Aussicht stellte, wurde angenommen, daß bis zum Zustandekommen dieses Gesetzes das ALR für die Schule weiterhin Grundlage bleibe[125].

In erheblichem Umfang ging die Rechtsprechung mithin auch mit der Lehre in Übereinstimmung. Sie war vielleicht stärker als diese bestrebt, die Artikel der Verfassung, wo möglich, auch unmittelbar zur Wirksamkeit zu bringen, aber sie sah in ihnen keine Bindung des Gesetzgebers, sondern ließ gesetzliche Begrenzungen des älteren wie späteren Rechtes zu. Im Grunde begrenzte sich damit die Bedeutung der Freiheitsrechte auf die spezielleren gesetzlichen Vorschriften, die im Einzelfall wohl dazu führen konnten, daß ältere Beschränkungen oder auch widerstreitende polizeiliche Einwirkungen hinweggeräumt wurden. Eine allgemeine überhöhende Geltung für die Grundrechte läßt sich aber der Rechtsprechung nicht eigentlich entnehmen. Der Verfassungsvorrang blieb, solange eine Möglichkeit richterlicher Prüfung der Verfassungsmäßigkeit durchaus fehlte, ein mehr theoretischer Gesichtspunkt.

20. Der Gesamtüberblick über die Rechtsprechung zeigt, daß die preußischen Grundfreiheiten in ihr eine nicht unbeträchtliche Anerkennung und Anwendung fanden, freilich in dem soeben ausgeführten begrenzten Sinne. Die Freiheitsrechte besaßen daher vor 1914 eine

---

einer Versammlung in ihm untersagt werden durfte, nahm dagegen OVG 6, S. 270, v. 26. 6. 1880 an. Nichtgesetzliche Beschränkungen gegen Veröffentlichungen in dänischer Sprache hielt in Schleswig-Holstein das Urteil OVG 54, S. 391, v. 18. 3. 1909 aufrecht. Allgemein für die Anwendbarkeit polizeilicher Schranken auch in grundrechtlichen Fällen OVG 11, S. 365, v. 9. 1. 1884.

[123] OTr. 50, S. 19, v. 31. 5. 1866. Ebenso OTr. 74, S. 137, v. 12. 12. 1874.

[124] OTr. 34, S. 194.

[125] OVG 36, S. 208, v. 9. 1. 1900. Ausführlich zur unmittelbaren Geltung einzelner Bestimmungen der Art. 21 - 26 VU über die Schule spricht sich das Urteil OVG 50, S. 176, v. 14. 5. 1907 aus.

unmittelbare rechtliche Geltung, aber sie waren weit entfernt davon, etwa als Grundlage der Rechtsordnung oder als objektive Normen fundamentaler Art, die den Gang der Gesetzgebung bestimmten, angesehen zu werden. Der Gesetzgeber hat vielen von ihnen eine — zuweilen mit mancherlei Beschränkungen versehene — Ausführung und Verwirklichung gegeben, und hier lag vielleicht die eigentliche Auswirkung der Grundrechte. Die Grundrechte dienten in diesem Umfang doch als eine Art Richtschnur auch für den Gesetzgeber. Die persönliche Freiheit, ein wenn auch in manchem beschränktes Recht der Vereins- und Versammlungsfreiheit, der Presse- und Meinungsfreiheit, wurde in der Gesetzgebung geschaffen. Dasselbe gilt für das Eigentum, wenn man auch daran festhielt, daß das Gesetz ohne Entschädigung in Eigentumsrechte eingreifen dürfe, dies freilich nur in seltenen Fällen tat[126].

Die Frage, ob sich in der Haltung der Gerichte eine geschichtlich sich ändernde Linie zeichnen läßt, würde ich zögern, bejahend zu beantworten. In der Stellungnahme zum Vereinsrecht läßt sich vielleicht eine langsam etwas freiere Handhabung beobachten, aber etwa in den Problemen der Bekämpfung der politischen Äußerungen nationaler Gruppen ergab sich eher eine Tendenz zur Verschärfung nach der Gründung des Deutschen Reiches und bis 1914 hin. Erkennbar werden Einseitigkeiten der Handhabung der Bekenntnisfreiheit während des Kulturkampfes freilich teilweise durch Kampfgesetze gedeckt.

Abschließend vermag man diesem Überblick zu entnehmen, wie starke lehrmäßige wie praktische Gründe einer breiten Wirkung der grundrechtlichen Vorschriften im 19. Jahrhundert entgegenstanden. Von dem überwiegenden Teile der Lehre in der zweiten Hälfte des Jahrhunderts mit Zurückhaltung beurteilt, konnten die Grundrechte, denen die Bewegung von 1848 eine größere Bedeutung zugemessen hatte, sich im Recht der Einzelstaaten, vor allem Preußens, nur in beschränktem Maße entfalten. Erst mit der Revolution von 1918 und dem Übergang zu einer demokratischen Staatsform eröffnete sich dann die Möglichkeit, und nun in bezeichnender Anknüpfung an manche Gedanken der Zeit von 1848, die Grundrechte mit größerem Gewicht in den Gesamtbau der Staatsordnung einzufügen. In der Monarchie hatten sie angesichts der Neigung zur Betonung der Allmacht der Staatsgewalt und der Freiheit des Gesetzgebers diese Bedeutung nicht gewinnen

---

[126] Zur Befugnis der gesetzlichen Eingriffe ins Eigentum *Anschütz* (Anm. 93), S. 161 f. Siehe auch OVG 49, S. 388. Vor allem blieben aber auch allgemeinpolizeiliche Begrenzungen des Eigentums statthaft. OVG 8, S. 327, v. 5. 12. 1881 (Verbot von Ofenklappen wegen Vergiftungsgefahr); OVG 21, S. 411, v. 4. 4. 1881 (Schießstand nahe bei Krankenhaus); OVG 24, S. 395, v. 7. 1. 1893 (Lehmgrube neben Bahnlinie; Gefährdung wegen Absinken).

können. Der Aufstieg des Ranges und der Bedeutung der Verfassungsordnung brachte ihnen, endgültig freilich auch erst unter dem Grundgesetz, die Entfaltung zu einem fundamentalen Bestandteil der gesamten Verfassungs- und Rechtsordnung.

Die institutionellen Garantien des Grundgesetzes

I. Grundbegriffe

1. Die Ausbildung des deutschen Grundrechtssystems

Im Mittelpunkt der traditionellen Anschauung von den Grundrechten stehen die individuellen Freiheitsrechte. Neben ihnen scheinen diejenigen grundrechtlichen Bestimmungen, die nicht Rechte des Einzelnen verbürgen, sondern die dazu bestimmt sind, Einrichtungen des Rechtslebens und wichtige Institutionen des staatlichen und öffentlichen Lebens mit einem erhöhten Rechtsschutz zu umkleiden, mehr am Rande zu stehen. Eine solche Einschätzung würde indes einen doppelten Fehler begehen. Einmal zeigt ein Blick auf die geschichtliche Entwicklung der Grundrechte, vor allem auch auf ihre früheren Formulierungen, daß von früh an die individuellen Grundrechte in den meisten Deklarationen und Verfassungen begleitet werden von anderen Bestimmungen, die einzelne Grundsätze des Rechts festlegen oder bestimmte Gegebenheiten des öffentlichen Lebens schützen wollen. Die Erklärung der Rechte des Staates Virginia vom 12. Juni 1776 schließt auch die Forderung einer freien Regierung, der Gewaltenteilung und freier Wahlen in sich (Art. 4 - 6), und auch die Erklärung der Menschenrechte von 1789 enthält ein Bekenntnis zum Gesetz als Ausdruck des allgemeinen Willens und zur Gewaltenteilung (Art. 6 und 16). Zum anderen aber ist die Beifügung von Garantien bestimmter Rechtseinrichtungen und von grundlegenden Bildungen des öffentlichen Rechts ein Charakteristikum der deutschen Verfassungsentwicklung. Im Unterschied zu den westlichen Verfassungen gehören Bestimmungen über die Kirchen, über Unterricht und Wissenschaft, über Selbstverwaltung und — in neuerer Zeit — auch über Beamtentum zum herkömmlichen Bestand der deutschen Verfassungen.

Das Bild der Grundrechte und ihrer Entwicklung wird leicht zu einseitig auf die Ausprägung abgestellt, die sie in der Erklärung der Menschenrechte der französischen Revolution erfahren haben. Die Geschichte der Grundrechte reicht aber weiter zurück. Und in jedem Lande, das den Gedanken aufnahm und weiterbildete, hat sich eine

---

Aus: Recht, Staat, Wirtschaft. Hrsg. von Hermann Wandersleb, bearb. von Erich Traumann. Bd. 4, Düsseldorf 1953, S. 88 - 119. — Abdruck mit freundlicher Genehmigung des Pädagogischen Verlages Schwann, Düsseldorf.

verschiedene Gestalt ergeben. Der Ursprung des Gedankens der Grundrechte liegt im angelsächsischen Bereich. Das hat schon einst Georg Jellinek[1] richtig erkannt, wenn auch seine Annahme, daß die Wurzel der Grundrechtsidee in der Religionsfreiheit liege, sich nicht hat halten lassen[2]. Die *angelsächsische Auffassung der Grundrechte* geht jedenfalls — das ist ein entscheidender Unterschied von der französischen Entwicklung — auf eine wesentlich ältere Schicht des Denkens zurück, die noch von einer religiösen Grundstimmung getragen wird. Es sind die großen religiösen und politischen Auseinandersetzungen des englischen 17. Jahrhunderts, in denen der Gedanke an den Staat als einen Vertrag (Covenant) seiner Bürger, an die Begrenzung der Staatsmacht, an die natürliche Gleichheit der Menschen und an ihre Freiheit aufsteigt. Es ist ein Zeichen der engen geistigen Verflochtenheit des damaligen europäischen Lebens, daß, vermittelt durch den Prediger John Wise in Massachusetts (1652 - 1725), auch Gedanken von Samuel Pufendorf auf die sich formende amerikanische Anschauung stark eingewirkt haben[3]. Die entscheidende Figur des angelsächsischen Bereiches aber ist in diesem Zusammenhang John Locke. Seine Darlegung des sozialen Vertrages, der angeborenen Rechte des Menschen auf Freiheit und Eigentum, der Grenzen des Staates faßt die Anschauungen des britischen Kreises in so klassischer Form zusammen, daß sie bis heute eine ungewöhnlich tiefe und weite Auswirkung behalten haben[4]. Ist bei Locke der rationalistische Einschlag auch schon stärker, so bleibt doch bei ihm der tiefere religiöse Grund erhalten. Mit Unrecht hat der Historiker Gerhard Ritter[5] gemeint, die geistige Grundlage der amerikanischen Freiheitserklärungen aus der Zeit der Erhebung gegen das Mutterland aus einer rein säkularen und rationalistischen Anschauung erklären zu können. Sie sind nicht frei von rationalen Ideen, aber sie fußen auf einer tiefer gegründeten Überlieferung, nicht zuletzt auch deshalb, weil sie mit Bewußtsein an die alten Freiheiten der englischen Geschichte anknüpfen[6].

Dieser starke traditionale Zug beherrscht bis heute die englische Entwicklung. *Großbritannien* kennt keine geschriebene Verfassung, daher auch keine förmliche Verbriefung der Grundrechte. Ältere Er-

---

[1] Die Erklärung der Menschen- und Bürgerrechte, 3. Aufl. 1919.

[2] Das ist nachgewiesen worden von *G. A. Salander,* Vom Werden der Menschenrechte, 1926, S. 67 ff.

[3] *H. Welzel,* in: Festgabe für Rudolf Smend, 1952, S. 387 ff.

[4] Vgl. von neueren *J. W. Gough,* John Locke's Political Philosophy, Oxford 1950; *A. Passerin d'Entrèves,* Natural Law, 1951, S. 48 ff.

[5] Histor. Zeitschrift 169 (1949), S. 245 ff.

[6] Die Bedeutung der Überlieferung für die anglo-amerikanischen Grundrechte ist sehr bedeutend. Vgl. *Kelly Harbison,* The American Constitution, Its Origins and Development, 1948, S. 193 ff.

klärungen, wie die Bill of Rights von 1689, haben nur historische Bedeutung. So beschränkt sich daher in England der Gedanke der bürgerlichen Rechte auf die Anerkennung gewisser überlieferter Freiheiten, unter denen die persönliche Freiheit (Habeas Corpus), der Anspruch auf ein förmliches und gerechtes Gerichtsverfahren, der Schutz des Eigentums und das Recht auf free discussion voranstehen. Aber auch diese Rechte ruhen nur auf überlieferter Ansicht und der Anerkennung der Rechtsprechung. Andere uns geläufige Rechte, wie die Freiheit der Versammlungen, genießen keinen spezifischen Schutz. Dem Gesetzgeber aber steht jederzeit der Eingriff in diese Rechte frei. Im ganzen liegt also die Gewähr der bürgerlichen Freiheiten in England nicht in speziellen Garantien, sondern in der Rule of Law, im Vertrauen auf die erprobte Mäßigung des parlamentarischen Gesetzgebers. Ein Zustand, wie er weitgehend auch vor 1918 in den deutschen Landesverfassungen bestand, die samt ihren Grundrechten leicht abgeändert werden konnten.

In der praktischen Entwicklung haben die Grundrechte in *Frankreich* eine ganz ähnliche Gestalt gewonnen. Durchaus verschieden aber ist ihre geistige Grundlage. Hier trifft es zu, daß die Grundrechte aus einem aufgeklärten, rational-säkularen Denken herkommen, das einen betonten individualistischen Charakter trägt. Hier fehlt von Beginn an die religiöse Grundlage, und die Freiheit der religiösen Überzeugung ist nicht nur eine Freiheit des Glaubens, sondern zugleich des Unglaubens. Der individualistische Zug ist diesen Grundrechten, entsprechend der allgemeinen französischen Neigung zum Individualismus, erhalten geblieben. Auch in Frankreich sind die Grundrechte nicht förmlich verbrieft. Die Aufführung einzelner Rechte in der Verfassung von 1946 hat nur deklarative Bedeutung. Die herkömmlichen Freiheiten ruhen hier auf positivem Gesetzesrecht, das seinerseits auf den als Rechtsgrundsätze fortgeltenden Menschenrechten der Revolution fußt. Die droits de l'homme sind das Fundament für das Regime der libertés publiques. Erst in der Verfassung von 1946 hat sich in Frankreich ein neuer Zug dieser Tradition hinzugesellt. Die Verkündung sozialer Rechte, des Rechts auf Arbeit, des Rechts auf Schutz der Gesundheit und der Existenz, des Rechts auf Teilnahme an der Bildung, legt keine bindenden Rechtssätze fest, sie stellt nur eine Erklärung dar, die den Willen zu einer zeitgemäßen Erneuerung und Erweiterung des Grundrechtsgedankens bekundet[7].

In den *Vereinigten Staaten* sind einige wenige grundrechtliche Bestimmungen schon 1799, die wichtigsten aber erst am Nachabend des

---

[7] Zur heutigen französischen Theorie der libertés publiques siehe *Burdeau*, Manuel de droit public, 1948; *M. Waline*, L'individualisme et le droit, 2. Aufl. 1949, S. 375 ff.

Bürgerkriegs in den 60er Jahren der Verfassung angehängt worden. Hier freilich ist das rechtliche Bild ein anderes. Die Grundrechte sind gering an Zahl — neben den Garantien des förmlichen Gerichtsverfahrens und dem Verbot der rückwirkenden Gesetze stehen durchaus die beiden Sätze des due process of law und der equal protection of the law im Vordergrund —, aber sie bilden einen Bestandteil der übergeordneten Verfassung, sie binden rechtlich den Gesetzgeber in Bund und Einzelstaaten. Und ihr Schutz ist dank der Befugnis der Bundesgerichte, die Einhaltung der Bundesverfassung durch Bund und Länder zu prüfen, durch die Bundesgerichtsbarkeit gesichert. Daher haben die Civil Liberties in den Vereinigten Staaten eine außerordentliche Bedeutung für das Verfassungsleben gewinnen können.

Ähnlich steht es in der *Schweiz.* Auch hier enthält die Bundesverfassung einige Grundrechte, die durch die kantonalen Verfassungen ergänzt werden. Der gerichtliche Schutz ist allerdings dadurch begrenzt, daß nur die Akte der Kantone der Verfassungsbeschwerde an das Bundesgericht unterliegen, die Handlungen des Bundes selbst aber dieser Kontrolle entzogen sind.

Die *deutsche Tradition der Grundrechte* steht nicht lediglich im Gefolge der französischen Revolution. Wichtige Ansätze des deutschen grundrechtlichen Bestandes, vor allem das Prinzip der religiösen Toleranz und der Schutz des Eigentums, reichen schon weiter zurück. Wenn die deutsche Bundesakte von 1815 die Glaubens- und Gewissensfreiheit (Art. 16) aufnahm, so geschah das nicht in Aufnahme westlicher Ideen, sondern es wird auf eine lange, aus den Religionsfrieden des 16. Jahrhunderts sich ableitende deutsche Tradition zurückgegriffen. Das deutsche Grundrechtssystem, so wie es die frühkonstitutionellen Verfassungen in Süddeutschland auszugestalten beginnen und wie es dann die Verfassung der Frankfurter Nationalversammlung 1849 umfänglich zusammenfaßt, unterscheidet sich erheblich von dem französischen Bilde. Gewiß wurden viele Formulierungen aus dem westlichen Muster übernommen. Aber neben ihnen stehen andere durchaus auf eigenem Boden gewachsene Rechte und Verbürgungen. Vor allem, die deutschen Grundrechte sind niemals so rein individualistisch ausgestaltet. Stets schwingt in ihnen der Gedanke an die ihnen korrespondierenden Pflichten mit. Und es ist auch ein sie kennzeichnender Zug, daß sie in stärkerem Maße auf den Staat ausgerichtet sind[8]. Ihre geistige Grundlage ist durch die idealistische Philosophie und ihr Menschenbild mitbestimmt. Vor allem aber gehören von Anfang an zu dem Grundrechtsbestand der deutschen Verfassungen objektive Verbürgungen neben

---

[8] Zu dieser Eigenart der deutschen Entwicklung *Rudolf Smend,* Bürger und Bourgeois, 1933; *Ritter,* S. 257 ff.

den individuellen Rechten. Kirche und Schule, Selbstverwaltung und Unabhängigkeit der Gerichte bilden einen festen Bestandteil dieses Rechtsgebietes. Neben den Schutz der Persönlichkeit treten also die grundlegenden Bestimmungen über gewisse Bereiche des individuellen, aber auch des öffentlichen Lebens. Besonders stark ist diese Seite dann in der Weimarer Verfassung von 1919 zum Ausdruck gekommen. Sie hat geradezu neben die Freiheitsrechte bewußt einen gesonderten Teil über die Ordnung des Gemeinschaftslebens gesetzt.

Im ganzen können wir wohl, was die heutige positive Ausgestaltung angeht, drei Systeme unterscheiden. In England und Frankreich sind die Grundrechte kein positives übergeordnetes Verfassungsrecht, sondern Bestandteil der allgemeinen Rechtsordnung. Grundlage ist der Gedanke des Rechtsstaates; er schützt zugleich die bürgerlichen Freiheiten. Ein besonderer gerichtlicher Schutz durch eine Verfassungsgerichtsbarkeit fehlt. In den Vereinigten Staaten und der Schweiz ein begrenztes Grundrechtssystem der Bundesverfassung, dessen Ausdeutung weitgehend durch den Richter erfolgt; dessen Macht reicht in der Schweiz freilich nur gegen kantonale Akte. Endlich das System vollkommen ausgebauten Grundrechtsschutzes in der Bundesrepublik und ferner in Österreich. Die Grundrechte in ausgedehnter Formulierung als Teil des übergeordneten Verfassungsrechts, dessen Schutz einer besonderen Verfassungsgerichtsbarkeit anvertraut ist.

2. Einteilung der grundrechtlichen Bestimmungen

Eine systematische Einteilung der Grundrechte ist im deutschen Recht erst unter der Weimarer Verfassung vorgenommen worden. Die älteren Landesverfassungen — die Reichsverfassung von 1871 enthielt bekanntlich nur organisatorische Vorschriften — wurden vor 1918 mehr im Sinne des englischen und französischen Systems als Grundlage bürgerlicher Freiheitssicherung, nicht aber als die positive Ausgestaltung der Freiheiten angesehen, die der Gesetzgebung verblieb. Für die Gliederung der Grundrechte boten sich verschiedene Gesichtspunkte an. Zunächst stand im Vordergrund der Diskussion der Weimarer Zeit die Unterscheidung zwischen alsbald mit rechtlicher Wirkung versehenen Grundrechten und bloßen Programmsätzen, die sich nur an den Gesetzgeber wendeten, aber keine rechtliche Bindung erzeugten. Sie klingt noch nach in der Bestimmung des Art. 1 Abs. 3 GG, der allen Grundrechten unmittelbare rechtliche Wirksamkeit zulegt, um damit jene ältere Erörterung zu vermeiden. Es wurde zwar bei dieser Diskussion übersehen, daß auch solche Grundrechte, die nicht sofort anwendbare Sätze enthalten, doch insofern bereits geltendes Recht darstellen, als sie gewisse Prinzipien rechtlich bindend festlegen, etwa den Schutz der Arbeitskraft (Art. 156 WeimRV). Es gibt grundlegende Verfassungsprinzipien, die nicht die Form subjektiver Rechtsverbürgungen annehmen, dennoch aber von großer rechtlicher Tragweite sein können. Die Art. 20 und 28 GG sind hierfür ein Beispiel; in ihnen sind wichtigste Maximen des demokratischen Staates bindend festgelegt.

Ein anderer Einteilungsgesichtspunkt, namentlich von Richard Thoma entwickelt[9], teilt die Grundrechte ein nach dem Maße ihrer rechtlichen Verbindlichkeit. Einige Grundrechte sind verfassungskräftig, d. h. sie können nur durch ein verfassungsänderndes Gesetz geändert werden. Andere dagegen können nur als gesetzeskräftig bezeichnet werden, weil ihre Änderung durch einfaches Gesetz erfolgen kann, wobei die weitere Frage sich erhebt, ob dieser Vorbehalt nur für formelle Gesetze gilt oder auch Verordnungen mit umfaßt. Eine dritte Gruppe von Grundrechten endlich gewährt eine Freiheit oder ein Recht dem Grundsatze nach, fügt aber hinzu, daß diese Verbürgung „nach Maßgabe der Gesetze“ oder „im Rahmen der Gesetze“ erfolge; sie weist also an sich die nähere Ausgestaltung des Grundrechts dem einfachen Gesetzgeber zu (z. B. Eigentum in Art. 14 Abs. 1 GG). Auch bei diesen Grundrechten bleibt freilich in der grundsätzlichen Gewähr des Rechtsinstitutes als solchem eine bedeutsame Bindung des Gesetzgebers. Endlich hat Thoma noch darauf abgestellt, ob Grundrechtssätze auch gegen polizeiliche Eingriffe schützen (polizeifeste Grundrechte) oder ebenso wie andere gesetzliche Einschränkungen auch polizeiliche Begrenzungen zulassen. Diese Gliederung kann auch heute noch zur Verdeutlichung der rechtlichen Tragkraft des einzelnen Grundrechtssatzes mit Nutzen verwendet werden.

Es ist indes nötig, neben der Einteilung der Grundrechte nach ihrer rechtlichen Wirkung auch ihren eigentlichen Inhalt zu berücksichtigen. Gegenüber der Weimarer Verfassung haben sich heute auch die Grundlagen der rechtlichen Wirkung der Grundrechte verändert. Das Grundgesetz ist bestrebt, Änderungen der Grundrechte nur in begrenztem Umfang zuzulassen. Es entzieht die fundamentalen, von ihm naturrechtlich verstandenen Grundlagen der grundrechtlichen Position des Einzelnen jeder Änderung, auch der durch ein verfassungsänderndes Gesetz (Art. 79 Abs. 3 GG). Soweit das Grundgesetz aber gesetzliche Beschränkungen der Grundrechte gestattet, fordert es stets einen Eingriff in Form eines allgemeinen Gesetzes unter ausdrücklicher Nennung des betroffenen Grundrechts (Art. 19 Abs. 2 GG). Im Grunde darf man wohl die drei ersten Artikel des Grundrechtsteiles als eine Art allgemeine Grundlage der gesamten Rechtsverbürgungen ansehen. Was

[9] *R. Thoma*, Festgabe für das Preuß. OVG, 1925, S. 183 ff.; *ders.*, in: Nipperdey, Die Grundrechte und Grundpflichten der Reichsverfassung, Bd. 1, 1929, S. 1 ff.

aber die Begrenzung der Grundrechte durch den Gesetzgeber anlangt, so begnügt sich das Grundgesetz nicht mit speziellen Ermächtigungen zu beschränkenden Eingriffen in den einzelnen Grundrechtsbestimmungen, sondern fügt in Art. 2 Abs. 1 GG allen Grundrechten eine innewohnende Beschränkung bei. Es kennt also nicht nur die besonderen jedem einzelnen Grundrechtssatz beigefügten Einschränkungen, sondern stellt allgemeine Schranken für alle Grundrechte auf. Insbesondere verbietet es — hierin in Übereinstimmung mit mehreren Landesverfassungen (Hessen, Art. 2, 17; Rheinland-Pfalz, Art. 10, 13; Bayern, Art. 114 Abs. 2) — den Mißbrauch der Grundrechte zum Kampf gegen die freiheitliche Verfassungsordnung.

Wenn wir die Grundrechte nach ihrem Inhalt einteilen, so können wir unterscheiden zwischen Freiheitsrechten, institutionellen Garantien, Schutz der Ordnungen des Gemeinschaftslebens, verfassungsrechtlichen Leitprinzipien und endlich sozialen Grundrechten.

Die *Freiheitsrechte* bilden den klassischen Bestandteil der Grundrechte. Da das Grundgesetz darauf verzichtet hat, einen Grundrechtsteil in gleicher Ausführlichkeit aufzunehmen wie die Weimarer Verfassung — man wollte dadurch den provisorischen Charakter betonen —, so nehmen — da man sie keineswegs beiseite lassen oder kürzen wollte — diese Freiheitsrechte den Hauptteil der Verbürgungen des Grundgesetzes ein. Das führt eine gewisse Einseitigkeit der Regelung des Grundgesetzes herbei, indem die liberal-individualistische Tendenz dadurch stärker hervorgehoben erscheint als in der Weimarer Verfassung, die ihr in einem ganzen eigenen Teile mit objektiven Festlegungen und sozialen Verheißungen ein Gegengewicht entgegenstellte. Es wird in hohem Maße von der Auslegung der stärker sozial ausgeformten Bestandteile des Grundgesetzes — Art. 3, 14 Abs. 2 und 3 —, namentlich aber von der fruchtbaren Heranziehung des in Art. 20, 28 GG niedergelegten Prinzips des *sozialen Rechtsstaates* abhängen, wieweit eine einseitige Entwicklung vermieden werden kann. Erfreulicherweise hat das Bundesverfassungsgericht auf die weittragende Bedeutung dieses letzteren Satzes hingewiesen:

> „Wenn auch die Wendung vom ‚sozialen Bundesstaat' nicht in den Grundrechten, sondern in Art. 20 des Grundgesetzes (Bund und Länder) steht, so enthält sie doch ein Bekenntnis zum Sozialstaat, das bei der Auslegung des Grundgesetzes wie bei der Auslegung anderer Gesetze von entscheidender Bedeutung sein kann[10]."

Die meisten der herkömmlichen Freiheitsrechte sind Rechte der Sicherung der individuellen Sphäre gegen den Staat; Georg Jellinek

[10] BVerfGE 1, S. 105.

hat sie als Rechte des status negativus bezeichnet. Aber auch in diesen Grundrechten ist diese gegen den Staat gerichtete Seite nicht das Ganze ihrer verfassungsrechtlichen Bedeutung. Viele von ihnen enthalten neben dem individuellen Freiheitsrecht zugleich die Festlegung eines objektiven Rechtsgrundsatzes oder einer grundlegenden Einrichtung des öffentlichen Lebens oder der Rechtsordnung. Die Gleichheit des Art. 3 GG enthält neben dem individuellen Recht auf gleichmäßige Behandlung zugleich ein allgemeines objektives Verbot willkürlichen Handelns des Staates. In Art. 5 GG ist nicht nur das individuelle Recht auf Freiheit der Meinungsäußerung, Information und Pressefreiheit gewährt. Die Freiheit der öffentlichen Meinung ist — wie schon Art. 12 der Virginia-Erklärung von 1776 ausspricht, der sie als „one of the great bulwarks of liberty" bezeichnet — zugleich ein fundamentales Prinzip des demokratischen Verfassungslebens[11]. In dem Recht auf Freiheit des Gewissens und Glaubens (Art. 4 Abs. 1 GG) ist das objektive Prinzip der religiösen und weltanschaulichen Toleranz enthalten. Viele der individuellen Freiheitsrechte legen also zugleich eine Garantie grundlegender Ordnungen des Gemeinschaftslebens fest.

Der Begriff der *institutionellen Garantien* ist erstmals von Carl Schmitt entwickelt worden und hat sich rasch allgemein durchgesetzt[12]. Man hat darunter verfassungsrechtliche Verbürgungen von öffentlich-rechtlichen Einrichtungen zu verstehen. Es muß sich also bei ihnen um Bestandteile der öffentlichen Ordnung, des Staates oder des politischen und administrativen Bereiches handeln, nicht aber um Institute des Privatrechts. Zu unterscheiden sind sie von bloßen Spezialbestimmungen, die eine positive Einzelheit regeln, ohne eine Einrichtung zu gewährleisten, wie z. B. die Gewährung des Rechts der Akteneinsicht an die Beamten (Art. 129 Abs. 3 WeimRV) oder die Festlegung des 1. Mai als gesetzlichen Feiertag (Art. 57 Verf. v. Rheinland-Pfalz). Das Grundgesetz vermeidet im allgemeinen solche Spezialbestimmungen; man kann hier höchstens Art. 34 GG nennen, der mit der Regelung der Amtshaftung eine Ausgestaltung eines Folgesatzes des Rechtsstaatsprinzips vornimmt. Die institutionellen Garantien, die das Grundgesetz enthält, sind: Das Recht der Gemeinden auf Selbstverwaltung, d. h. die Selbstverwaltung der Gemeinden als grundlegender Bestandteil der staatlichen Verwaltungsordnung (Art. 28 GG), die Einrichtung des Berufsbeamtentums (Art. 33 Abs. 4 - 5 GG), die wissenschaftliche Lehrfreiheit (Art. 5 Abs. 3), die Stellung der Richter (Art. 97, 98, 101 GG),

[11] Über den notwendigen Zusammenhang von Demokratie und freier öffentlicher Meinung siehe *Sir Ivor Jennings,* Cabinet Government, 2. Aufl., 1951, S. 13; *Hans Huber,* in: Festgabe für Karl Weber, 1950, S. 34 ff.

[12] *Carl Schmitt,* Freiheitsrechte und institutionelle Garantien der Reichsverfassung, 1931; *ders.,* Verfassungslehre, 1928, S. 170; *ders.,* HdbDStR, Bd. 2, 1932, S. 595 f.

die Stellung der Presse (Art. 5 GG) und der Parteien (Art. 21 GG). Endlich aber gehört hierher die Regelung der rechtlichen Position der großen Religionsgemeinschaften (Art. 4, 140 GG).

Die institutionellen Garantien sind keine subjektiven Rechte; sie führen sich insbesondere, wie es ihrer Natur als Teil der öffentlichen Ordnung entspricht, nicht auf naturrechtliche Grundlagen zurück. Daher haben sie von vornherein innere Grenzen. Daß sie an die Verfassungsordnung gebunden sind, ist bei ihnen selbstverständlich. Sie dürfen niemals so ausgelegt werden, daß sie die Ordnung des Ganzen der Verfassung und des Staates stören können. Übertriebene Interpretationen verbieten sich durch ihr Wesen von selbst.

Neben den institutionellen Garantien und nahe verwandt mit ihnen stehen die *Gewährleistungen grundlegender Ordnungen des Gemeinschaftslebens*. Carl Schmitt hat sie als Institutsgarantien bezeichnet, als Verbürgungen traditioneller Normenkomplexe und Rechtsbeziehungen[13]. Man wird sie als Schutz von grundlegenden Ordnungen des Gemeinschaftslebens am klarsten charakterisieren. Hierher gehört die Anerkennung von Grundeinrichtungen unserer Rechtsordnung, wie Ehe (Art. 6 GG), Eigentum und Erbrecht (Art. 14 Abs. 1 GG), Vertragsfreiheit (Art. 151 bayer. Verf.), geistiges Eigentum (Art. 162 bayer. Verf.).

Ferner mag man zu diesen Grundordnungen des Rechts auch diejenigen Gewährleistungen zählen, die manche Landesverfassungen auf dem Gebiete der Wirtschaftsverfassung aussprechen: Schutz der Gewerbefreiheit (vgl. auch Art. 2 und 12 GG, ferner Art. 52 Verf. v. Rheinland-Pfalz), der Einrichtung der Betriebsvertretungen (Verf. von Bremen, Art. 46), der Arbeitszeitbegrenzung (Verf. von Bremen, Art. 55).

Von diesen Ordnungen des Gemeinschaftslebens sind zu unterscheiden bloße Kompetenzbestimmungen, wie sie in den Vorschriften der Art. 73 ff. über die Verteilung der Gesetzeszuständigkeiten zwischen Bund und Ländern enthalten sind. Wenn Art. 74 Ziff. 10 die Materie der Versorgung der Kriegsbeschädigten dem Bunde zuweist, so liegt darin keine Gewähr für diese Versorgung selbst. Etwas anderes sind auch die im Rahmen zusammenhängender objektiver Ordnungen auftretenden Gewährleistungen bestimmter bestehender Rechtssituationen, die man auch als status quo-Garantien bezeichnet hat. Hierher gehört z. B. Art. 7 Abs. 3 Satz 1 GG, der den Religionsunterricht zum ordentlichen Lehrfach der Schulen erklärt. Hier ist nichts weiter festgelegt als der Fortbestand einer positiven Regelung. In der Weimarer Verfassung fand sich eine wichtige solche Vorschrift in Art. 173; er be-

---

[13] *Carl Schmitt*, HdbDStR, Bd. 2, S. 596.

stimmte, daß die bisherigen Staatsleistungen an die Kirchen bestehen bleiben, bis eine Ablösung dieser Leistungen erfolgt sei.

Für einige Sachgebiete fügen sich institutionelle Garantien und Verbürgungen grundlegender Lebensordnungen zu einem Gefüge zusammenhängender Normen zusammen, so daß hier die Grundzüge einer verfassungsrechtlich festgelegten Ordnung der Materie entstehen. Das gilt insbesondere von dem Bereich des Verhältnisses von Staat und Kirche; herkömmlicherweise enthalten die deutschen Verfassungen die Grundlagen des Staatskirchensystems. Auch für das Gebiet des Unterrichts legen das Grundgesetz — und nicht minder viele Landesverfassungen — die Hauptzüge einer Ordnung fest, die vor allem die konfessionellen Verhältnisse und die Beziehungen zwischen öffentlichem und privatem Schulwesen regeln.

Auf anderen Gebieten dagegen enthält das Verfassungsrecht nur einige, nicht zusammenhängende Vorschriften, die dem Gesetzgeber wohl gewisse Schranken ziehen, ihm aber doch die Gestaltung der Materie mehr oder weniger nach verschiedenen Richtungen freigeben. Das gilt etwa vom Bereich des Familienrechts, wo die Sätze über Gleichheit der Geschlechter (Art. 3 Abs. 2 GG), Ehe, Familie und uneheliche Kinder (Art. 6) und das elterliche Erziehungsrecht (Art. 7 Abs. 2 GG, vgl. Art. 25 Verf. v. Rheinland-Pfalz) sich nicht zu einem einheitlichen Ganzen zusammenfügen. Das gilt auch für das Gebiet des wirtschaftlichen Lebens. Man hat freilich die Meinung vertreten, in den Bestimmungen des Grundgesetzes sei auch eine *Wirtschaftsverfassung* enthalten[14]. Die Anhänger der sog. neoliberalen Wirtschaftstheorie nehmen einen notwendigen Zusammenhang an zwischen einer demokratischen Verfassung und einem Wirtschaftssystem des freien Wettbewerbs. Diese Auffassung erweist sich bei näherer Prüfung indes als unbegründet. Unzutreffend ist schon ihr Ausgangspunkt, daß es zwischen einer Marktwirtschaft und einer zentral geleiteten Planwirtschaft keine Übergänge gebe, daß vielmehr jede von planenden Eingriffen geleitete Wirtschaft bereits zu dem Bilde totaler Planung hinstrebe. Die Praxis der Mehrzahl der Staaten der westlichen Welt in der Gegenwart lehrt das Gegenteil. Unrichtig ist auch, daß zwischen Staatsverfassung und Wirtschaftsverfassung ein so enger Zusammenhang bestehe, daß einem bestimmten Verfassungssystem ein ganz bestimmtes Wirtschaftssystem entsprechen müsse. Es ist richtig, daß ein System vollkommener planwirtschaftlicher Lenkung autoritäre Machtmittel des Staates bedingt, die in einem demokratischen Staate nicht ohne weiteres herzustellen sind. Begrenzte staatliche Interventionen aber sind mit der Demokratie durchaus vereinbar. Großbritannien ist durch den

[14] *Franz Böhm*, Wirtschaftsordnung und Staatsverfassung, 1950.

Übergang zu einer sozialistisch beeinflußten Wirtschaftsform nicht etwa aus dem Kreise der demokratischen Staaten ausgeschieden, obwohl man festgestellt hat, daß kein Staat außerhalb des Kreises der Sowjetunion weiter auf dem Wege der Übertragung des privaten Eigentums in öffentlichen Besitz gegangen ist als England[15]. Dem demokratischen Staate steht, auch wenn ihm die Freiheitsrechte und das Prinzip des Rechtsstaates gewisse Grenzen ziehen, ein erheblicher Spielraum wirtschaftlicher Gestaltung frei. Er ist keineswegs gezwungen, in der Verfassung überhaupt Festlegungen über sein Wirtschaftssystem zu machen. Die älteren Verfassungen des 19. Jahrhunderts enthalten für gewöhnlich keine oder nur wenige wirtschaftliche Regelungen[16]. Die Weimarer Verfassung versuchte ein einigermaßen umfassendes System wirtschaftlicher Ordnung festzulegen. Dank seiner inhaltlich disparaten Gestalt als Mischung liberaler und sozialistischer Elemente[17] entbehrte es aber der Einheit; in der Praxis haben die mehr sozialistisch orientierten Bestandteile (Sozialisierung, Art. 156; Recht auf Arbeit, Art. 163; Aufbau eines Systems wirtschaftlicher Mitwirkung der Arbeiter, Art. 165) nur eine teilweise gesetzgeberische Verwirklichung erfahren, während in der Rechtsprechung die liberale Tendenz (Betonung des Eigentums, Art. 153; der Vertragsfreiheit, Art. 152 und der Gewerbefreiheit, Art. 151) stärker zum Ausdruck kam[18]. Das Grundgesetz hat bewußt davon abgesehen, ein eigentliches System der Wirtschaftsverfassung aufzunehmen[19]. Es begnügt sich mit einzelnen grundlegenden Bestimmungen, die im ganzen mehr nach der Seite der wirtschaftlichen Freiheit orientiert sind. Die Landesverfassungen sind hierin weitergegangen. Angesichts der Tatsache, daß eine Wirtschaftspolitik nur vom Bunde her bestimmt sein kann, mag man sich aber fragen, ob sie hieran gut getan haben[20]. Gerade die Gewährleistungen bestimmter Ordnungen des Gemeinschaftslebens sind hier von Bedeutung. Sie ziehen der wirtschaftlichen Gestaltung des Staates Schranken. Art. 2 GG umschließt im Rahmen der freien Entfaltung der Persönlichkeit auch die wirtschaftliche Entfaltung. Mit ihr ist ein gewisses Ele-

---

[15] *W. Friedmann,* Law and Social Change in Contemporary Britain, London 1951, S. 28.

[16] So mit Recht in eingehender Darlegung *Herbert Krüger,* Grundgesetz und Kartellgesetzgebung, 1950, S. 1 ff.; *ders.,* in: DVBl. 1951, S. 361 ff. Ebenso *Walter Strauß,* Wirtschaftsverfassung und Staatsverfassung, 1952, S. 18 ff.

[17] Hierzu *Gustav Giere,* Das Problem des Wertsystems der Weimarer Grundrechte, 1932, S. 66 ff.

[18] Das zeigte sich namentlich in der starken Betonung des Eigentums. Vgl. *A. Buschke,* Die Grundrechte der Weimarer Verfassung in der Rechtsprechung des Reichsgerichts, 1930, S. 105 ff.; *O. Kirchheimer,* Die Grenzen der Enteignung, 1930, S. 35 ff.

[19] *H. Krüger,* DVBl. 1951, S. 363.

[20] Schule, Verfassung und Wirtschaft, 1948, S. 18 f.

ment des Wettbewerbes im wirtschaftlichen Leben gesichert. Wenn Art. 5 Abs. 1 die Pressefreiheit sichert, so werden damit ein staatliches Zeitungsmonopol oder staatliche Differenzierungen zwischen Zeitungen ausgeschlossen[21]. Der Staat ist nicht gehindert, eine eigene Staatszeitung herauszugeben, wie sie zur Zeit in Rheinland-Pfalz geplant wird. Aber er darf keine Differenzierungen nach politischen Gesichtspunkten einführen — man denke an Papierzuteilungen in Zeiten der Verknappung — noch darf überhaupt eine staatliche Regelung auf publizistischem Gebiete beschränkenden Charakter über die Bekämpfung strafbarer, staatsfeindlicher oder sittlich gefährdender Veröffentlichungen hinaus tragen. Ferner untersagt Art. 5 Abs. 3 mit der Festlegung der Freiheit der Wissenschaft und Kunst jede Erneuerung eines Systems zwangsweiser Regelung, wie sie das Reichskulturkammergesetz enthielt. Besonders weittragende Schranken, die wir hier nicht im einzelnen untersuchen können, legt Art. 12 mit der Normierung der Berufsfreiheit und dem Verbot der Zwangsarbeit der staatlichen Wirtschaftspolitik an. Wenn auch die Zulassung einer Regelung der Berufsausübung ein gewisses Maß von Regulierung der Ausübung und auch des Zuganges und der Beendigung der Berufsübung über rein polizeiliche Maßnahmen hin zuläßt[22], so ist doch damit anderseits berufsregelnden Vorschriften ein enger Rahmen gezogen, und eine staatliche Arbeitseinsatzpolitik mit Zwangsverpflichtungen ist schlechthin unzulässig.

Eine weitere hier zu erwähnende Kategorie von Verfassungssätzen sind die *verfassungsrechtlichen Leitprinzipien.* Wir könnten sie auch Festlegungen von Staatszielen und programmatischen Richtlinien für bestimmte Sachgebiete staatlichen Handelns nennen. Es handelt sich hier um Prinzipien objektiven Rechts, die die Verfassung mit Verfassungskraft ausspricht, um damit Zweigen der Staatstätigkeit oder dem Staate überhaupt eine Richtschnur bindend zu weisen oder eine Norm für die Auslegung und Anwendung des Rechts auf bestimmten Gebieten zu geben. Ich will nur einige wichtige Beispiele hier erwähnen. Die wichtigste dieser Bestimmungen ist die schon berührte Vorschrift der Art. 20, 28 GG, die vom sozialen Rechtsstaat handelt. Hier ist ein Interpretationsgrundsatz von größter Tragweite und — da Art. 20 zu den unveränderlichen Bestandteilen des Grundgesetzes gehört (Art. 79 Abs. 3 GG) — von höchster Geltungskraft niedergelegt. Für die Abgrenzung von Enteignung und Eigentumsbindung, für die Frage der

[21] Die Auferlegung einer geringen Steuer auf Zeitungen und Zeitschriften hat der Württ.-Bad. StGH für statthaft gehalten; wenn aber hiervon befreit sein sollten außer den reinen Amtsblättern nur die Publikationen der „anerkannten“ Religionsgesellschaften, so hat der StGH diese Differenzierung nicht für vereinbar mit der Gewissensfreiheit gehalten (Urt. v. 4. 4. 49, VerwRspr. 4, S. 11/12).

[22] Zu diesem Problem vgl. jetzt *Uber,* Die Freiheit des Berufs, 1952.

Pflicht des Gesetzgebers zur Herstellung erträglicher Lebensbedingungen für alle (BVerfGE 1, S. 105) kann dies Prinzip von großer Bedeutung werden. Eine andere solcher Festlegungen ist etwa die Bekundung des Willens zu einer friedlichen und völkerrechtsgemäßen Außenpolitik, wie sie in Art. 24 - 26 GG ausgesprochen ist. Sie bindet die obersten Gesetzgebungs- und Regierungsorgane des Staates.

Eine letzte Gruppe der Grundrechtsbestimmungen endlich bilden die *sozialen Grundrechte*. Sie sind im Unterschied von den Freiheitsrechten, die den Eingriff des Staates beschränken (status negativus), auch von den positiven politischen Rechten, wie dem Wahlrecht (status activus), Rechte gegen den Staat auf staatliche Maßnahmen und Leistungen. Sie waren in der Weimarer Verfassung nicht selten. Der Schutz der Arbeitskraft (Art. 157), die Schaffung eines Systems der sozialen Versicherung (Art. 161), die Verheißung eines allgemeinen Zugangs zur Ausbildung (Art. 146 Abs. 1) boten Beispiele solcher Rechtszusicherungen und Verheißungen. In den letzten 30 Jahren hat der Gedanke der sozialen Grundrechte überhaupt erst eigentlich im modernen Verfassungsdenken festen Fuß gefaßt. Einen spürbaren Einfluß hat dabei die Verfassung der Sowjetunion, vor allem die Stalinsche Verfassung von 1936 mit ihren Gewährungen eines Rechts auf Arbeit, Urlaub, Teilnahme an der Bildung usw. gehabt. Nach dem zweiten Weltkriege hat sich Frankreich in der Präambel seiner Verfassung vom 28. 10. 1946 zu dem Gedanken sozialer Grundrechte bekannt. Vor allem aber hat der Gedanke eine ausgedehnte Wirkung auf die Bemühungen um einen Schutz der Menschenrechte im Schoße der Vereinten Nationen gehabt. Schon die — als rechtlich noch unverbindliche Deklaration ergangene — Erklärung der Menschenrechte, die die Generalversammlung der Vereinten Nationen am 10. 12. 1948 angenommen hat, enthält zahlreiche soziale Grundrechte: Da finden wir das Recht auf Arbeit, auf gerechte Arbeitsbedingungen, auf einen angemessenen Lebensstandard, auf Schutz der Mutterschaft und auf Teilnahme an den Bildungsgütern (Art. 23 - 26). Als man an die Ausarbeitung einer Konvention der Menschenrechte, einer rechtsverbindlichen Abmachung, im Rahmen der III. Kommission des Wirtschafts- und Sozialrates ging, hat man zunächst soziale Rechte fortgelassen und sich auf die Freiheitsrechte beschränkt. Doch wurde von seiten vieler Staaten, besonders auch von der Sowjetunion, auf Aufnahme sozialer Rechte gedrängt[23]. Die XI. Tagung des Wirtschafts- und Sozialrates beschloß, auch die sozialen Grundrechte in die Arbeiten einzubeziehen, und während des Jahres 1951 wurden zwei Konventionen, die eine für die individuellen Rechte, die andere für die sozialen Rechte, ausgearbeitet. Die VI. (Pariser) Session

[23] Vgl. Verhandlungen des III. Ausschusses, 138. Sitzung v. 15. 11. 1948; 297. Sitzung v. 30. 10. 50; 360. Sitzung v. 5. 12. 1950.

der Generalversammlung hat im Februar 1952 dies Vorgehen gebilligt und die Fortarbeit an den beiden Konventionen beschlossen[24].

Das Grundgesetz hat keine solchen Rechte aufgenommen. Mehrere Landesverfassungen enthalten aber eine ganze Anzahl sozialer Rechte. Nehmen wir das Beispiel der an solchen Vorschriften reichen hessischen Verfassung vom 11. 12. 1946, so finden wir dort einen besonderen Abschnitt „Soziale und wirtschaftliche Rechte und Pflichten". Hier begegnen uns ein Recht auf Arbeit und auf Fürsorge im Falle der Arbeitslosigkeit Art. 28), auf Schutz der Gesundheit der Arbeitenden (Art. 30), auf Urlaubsgewährung (Art. 34), auf einen ausreichenden Lebensbedarf als Arbeitsentgelt (Art. 33). Daneben mag noch das Recht auf einen gerechten Lohn (Bayern, Art. 168; NW, Art. 24 Abs. 2; Rh.-Pfalz, Art. 56), auf Unterstützung im Falle der Not und Hilflosigkeit (Berlin, Art. 14; Bremen, Art. 58), auf eine angemessene Wohnung (Bremen, Art. 14) und auf Bildung (Bayern, Art. 128; Bremen, Art. 27) hervorgehoben werden.

Die sozialen Grundrechte weisen gegenüber den anderen Gruppen verfassungsmäßiger Rechte entscheidende Unterschiede auf. Die Freiheitsrechte, aber auch die institutionellen Garantien und der Schutz von Lebensordnungen, lassen sich rechtlich so ausgestalten, daß sie unmittelbar verbindliches, von dem Richter anwendbares Recht enthalten. Anders bei den sozialen Grundrechten. Ein Recht auf Arbeit richtet sich nicht gegen den Staat, sondern im Grunde gegen private Unternehmer, die eine Anstellung vornehmen sollen, oder gegen die Volksgemeinschaft, damit sie entsprechende Maßnahmen trifft, um eine Beschäftigung aller Arbeitsfähigen zu sichern. Es stellt also als Verfassungssatz noch keine unmittelbar dem Einzelnen eine abgegrenzte rechtliche Befugnis verleihende Vorschrift dar, sondern eine Verpflichtung des Gesetzgebers. Nicht anders steht es etwa mit dem Recht auf Teilnahme an der Bildung. Hier können einzelne Anordnungen, wie die Befreiung vom Schulgeld oder die Unentgeltlichkeit des Unterrichts, von der Verfassung ausgesprochen werden[25]. Aber die Verwirklichung des Zuganges aller Begabten zu einer Ausbildung ist wiederum kein für das einzelne Individuum zu konkretisierender Anspruch, sondern eine allgemeine Verpflichtung des Staates. Das Recht auf Fürsorge und auf Unterstützung kann ggf. als Individualrecht derart ausgestaltet werden, daß man jedem das Recht auf gewisse Mindestsätze zuspricht. Im gan-

---

[24] Vgl. Resolution Nr. 543 (VI). Vgl. zum Problem der sozialen, wirtschaftlichen und kulturellen Rechte im Rahmen der internationalen Bestrebungen zum Schutz der Menschenrechte *H. Lauterpacht*, International Law and Human Rights, 1950, S. 284 f., 354 f. sowie „Um die Erklärung der Menschenrechte, Ein Symposium", Zürich 1951, S. 31 *(Carr)*, 102 *(Maritain)*, 118 f. *(Laski)*, 140 ff. *(Sergius Hessen)*.

[25] Hess. Verf., Art. 59 und dazu Urteil des hess. StGH, VerwRspr. 2, S. 20.

zen aber gehören die sozialen Verfassungsrechte, wie Hans Huber[26] nachgewiesen hat, einer ganz neuen und andersartigen Schicht grundrechtlicher Bestimmungen an. Sie sind sogar in gewissem Umfang Gegenpole der freiheitlichen Bestimmungen. Denn ein Recht aller auf Arbeit ist ohne Eingriffe in Vertragsfreiheit, Gewerbefreiheit und Eigentum vom Staate nicht zu verwirklichen. Es kann, wie Carl Schmitt[27] gesagt hat, „nur in einem System von Organisationen, Meldungen, ärztlichen Untersuchungen, Arbeitsnachweisen, Arbeitsanweisungen und Pflichten zur Leistung angewiesener Arbeit bestehen". Die Aufnahme sozialer Rechte in die Verfassungen beinhaltet also jedenfalls eine gewisse Begrenzung und Beeinträchtigung der herkömmlichen Freiheitsrechte. Die beiden Gruppen von Rechten gehören verschiedenen Ideenwelten, im Grunde auch verschiedenen Staatskonzeptionen an. Dort der begrenzte, individuelle Freiheiten bewahrende Staat und hier der moderne Wohlfahrtsstaat. Es ist daher zu begreifen, daß sich gegen die Aufnahme solcher Rechte in die Verfassungen überhaupt ernste Bedenken erheben[28]. Kurz zusammengefaßt können wir die Besonderheiten der sozialen Rechte wie folgt umschreiben:

a) Sie sind Rechte auf positive Leistungen und Veranstaltungen des Staates. Sie richten sich also auf die Daseinsvorsorge des Staates (Forsthoff). Nicht Abwehr, sondern im Gegenteil Tätigwerden des Staates und Ausbreitung seiner Intervention sind ihr Inhalt.

b) Diese Rechte sind Ausdruck nicht der liberalen und individualistischen Gedankenwelt, sondern der sozialen Gerechtigkeit. Sie zielen ab auf den modernen Wohlfahrtsstaat. Vielfach sind sie letzten Endes nicht gegen den Staat gerichtet, sondern gegen den privaten Partner. Das Recht auf (bezahlten) Urlaub richtet sich gegen den Arbeitgeber. Wo die sozialen Rechte auftreten, wird Eigentum und rechtliche Handlungsfreiheit beschränkt werden.

c) Der metaphysische Hintergrund des Schutzes der fundamentalen Gegebenheiten der menschlichen Persönlichkeit, der die klassischen Grundrechte trägt, wird nicht auch für die sozialen Rechte in Anspruch genommen werden können. Auch sie stehen freilich zur menschlichen Persönlichkeit, ihrer Würde, ihrer Gleichheit in einer Beziehung. Aber es fragt sich, ob in der traditionellen religiösen und humanitären Gedankenwelt die sozialen Grundrechte gleich fundamental begründet sind wie die klassischen Freiheitsrechte.

[26] *Hans Huber*, Soziale Verfassungsrechte, in: Die Freiheit des Bürgers im schweizerischen Recht, Festgabe der jur. Fakultäten zur Hundertjahrfeier der Verfassung, 1948, S. 149 ff.

[27] Verfassungslehre, 1928, S. 169.

[28] *Hans Huber*, S. 159 ff.

d) Die sozialen Grundrechte sind — von Ausnahmen abgesehen — nicht justitiabel. Sie können erst durch umfassenderes Tätigwerden des Staates verwirklicht werden, auf ein solches Tätigwerden des Gesetzgebers aber gibt es keinen individuellen Anspruch, wie das BVerfG (BVerfGE 1, S. 106) mit Recht entschieden hat.

e) Ein besonderes Problem erhebt sich endlich bei den sozialen Rechten im Verhältnis von Bund und Ländern. Soweit die Landesverfassungen solche Rechte aussprechen, sind sie teilweise gar nicht in der Lage, sie aus eigener Kraft zu verwirklichen. Ein Recht auf Arbeit kann nur die Wirtschaftspolitik des Bundes, nicht aber eines Landes wirksam machen. Es ginge auch schwerlich an, daß etwa in Erfüllung solcher Verheißungen einzelne Länder versuchen wollten, eine von der Wirtschaftspolitik des Bundes abweichende Linie wirtschaftlicher und sozialer Gestaltung einzuschlagen.

Zum Schluß der allgemeinen Betrachtungen einige Hinweise allgemeinerer Art zur Auslegung grundrechtlicher Bestimmungen.

1. Unter den Grundrechten sind im Grundgesetz gewisse Kernsätze herausgehoben, denen eine erhöhte, für die übrigen Grundrechte maßgebende Bedeutung zukommt. Das gilt insbesondere für die drei ersten Artikel des Grundgesetzes. Weiter gehören hierher das Prinzip des sozialen Rechtsstaates sowie der Gedanke des Schutzes der Verfassung, wie er in Art. 2 Abs. 1, 9 und 18 sowie in Art. 21 GG ausgesprochen ist.

2. Der Gedanke, daß hinter allen Grundrechten eigentlich ein einheitliches rechtliches Prinzip, eine Art umfassendes subjektives Recht steht, scheint mir nicht glücklich. Thoma hat früher den Anspruch auf Freiheit von ungesetzlichen Eingriffen des Staates als das allgemeine Freiheitsrecht bezeichnet, das allen anderen zugrunde liege[29]. Und neuerdings hat Friedrich Klein versucht, diesen Gedanken aufzunehmen und diesen Anspruch als „Hauptgrundrecht" zu bezeichnen, dessen Einzelausstrahlungen die einzelnen Grundrechte seien[30]. Ich lehne diese Konstruktion aus grundsätzlichen Bedenken heraus ab. Einmal ist dies Hauptgrundrecht nichts anderes als das allgemeine Rechtsstaatsprinzip, also ein Satz objektiven Rechts, der hier nur in einen subjektiven Anspruch verwandelt wird, ohne daß dazu ein erkennbares Bedürfnis vorliegt. Denn ein staatliches Gebot, das einen ungesetzlichen Eingriff enthält, wird auch im Verwaltungsprozeß den Kläger in seinen subjektiven Rechten verletzen. Es bedarf also dieser Konstruktion eines allge-

---

[29] *Thoma,* Festg. für das Preuß. OVG, 1925, S. 187; *ders.,* in: Nipperdey, Die Grundrechte und Grundpflichten der Reichsverfassung, Bd. 1, 1929, S. 15 ff.

[30] *F. Klein,* VVDStRL 8 (1950), S. 84/85.

meinen Freiheitsrechtes nicht, um etwa die verwaltungsgerichtliche Zuständigkeit zu begründen[31]. Vor allem ist aber eine solche Formalisierung der Grundrechte geeignet, ihren eigentlichen tieferen metaphysischen Kern in der menschlichen Persönlichkeit zu verdecken. Das Recht auf Freiheit von gesetzlichen Eingriffen oder ein „allgemeines Freiheitsrecht" als vage und unbestimmte Erscheinung lassen sich nicht als fundamentale Bestandteile menschlicher Würde und Personhaftigkeit aufweisen, wohl aber persönliche Freiheit, Gleichheit, Glaubensfreiheit und andere konkrete und durch eine lange Tradition umrissene Rechte. Der Kern des Grundrechts ist die menschliche Persönlichkeit, ihr Schutz, ihre Sicherung, nicht aber ein formaler Anspruch auf Abweisung ungesetzlicher staatlicher Eingriffe.

3. Jedes Grundrecht bedarf einer geistesgeschichtlichen Ausdeutung an Hand seiner Geschichte und Tradition. Es ist nicht möglich, Grundrechte mit den formalen Mitteln der am bürgerlichen Recht geschulten sogenannten juristischen Logik auszulegen, sie verlangen eine stärker auf den sachlichen Gehalt und seine materialen Probleme abgestimmte Ausdeutung. Hierzu einige Beispiele. Die Frage, was Autonomie der Religionsgesellschaften meint, kann nicht aus einem Begriff der Autonomie — der an den vom Staate geschaffenen und abhängigen Körperschaften entwickelt worden ist — dargelegt werden, sondern er muß ganz speziell aus dem in der deutschen Entwicklung herausgebildeten Verhältnis von Staat und Kirche in seiner jeweiligen Struktur her verstanden werden[32]. Was Freiheit der Wissenschaft (Art. 5 Abs. 3 GG) bedeutet, kann nicht aus einem abstrakten Freiheitsbegriff, sondern nur aus dem Universitätsbegriff der klassischen Epoche, aus der idealistischen Deutung der Hochschule als einer Stätte freier Forschung und Lehre, gewonnen werden[33].

4. Jedes Grundrecht ist gleich jedem anderen Verfassungssatz nicht isoliert für sich, sondern im Zusammenhang des ganzen Grundrechtssystems und überhaupt der Verfassung auszulegen. Darin kommt Verschiedenes zum Ausdruck. Einmal gelten die grundlegenden Festlegungen der Verfassung, Demokratie, Rechtsstaat (auch sozialer Rechtsstaat), Gewaltenteilung für alle Grundrechte. Allen Grundrechten sind auch, wie Art. 2 Abs. 1 GG auch hervorhebt, als Bestandteilen der Ver-

---

[31] Daher ist es zweifelhaft, ob auch das oft vertretene formelle subjektive Recht auf fehlerfreie Ausübung des Ermessens eine nötige und glückliche Konstruktion darstellt. Vgl. *Haueisen*, DVBl. 1952, S. 521 ff.

[32] Die Kirchen können nicht einfach mit der üblichen Kategorie der öffentlichen Körperschaft erfaßt werden. Vgl. *R. Smend*, Festgabe für Dibelius, 1950, S. 184; *Forsthoff*, Lehrbuch des Verwaltungsrechts, 2. Aufl., Bd. 1, 1952, S. 373; *Köttgen*, DVBl. 1952, S. 487 f.

[33] Vgl. *R. Smend*, VVDStRL 4 (1928), S. 32 ff.

fassung Begrenzungen immanent. Als von dem Verfassungssystem gewährte Rechte können sie nicht den Sinn haben, verfassungswidrige Freiheiten zu decken und zu stützen. Jedes Grundrecht hat auch gewisse, aus seiner geschichtlich-ideellen Herkunft sich ergebende immanente Schranken. Diese Auffassung weicht von der oft formalen Ausdeutung ab, die heute vielfach den Grundrechten gegeben wird. Sie allein aber kann dem Sinne des Grundrechtssystems als eines lebendigen und der politischen Integration dienenden Bestandteils der Verfassung gerecht werden. Die Glaubensfreiheit, eines der am stärksten geschützten Grundrechte, hat z. B. ihre immanenten Schranken dort, wo religiöse Bräuche mit den Grundlagen unserer Rechtsordnung in Widerspruch treten. Eine religiöse Sekte, die etwa den Selbstmord unter gewissen Umständen gebieten würde, oder die im Gewande weltanschaulicher Doktrinen zugleich revolutionäre Tendenzen besäße, könnte sich nicht auf Art. 4 GG berufen, um solche Ziele zu verfolgen.

II. Die institutionellen Garantien

1. Die Selbstverwaltung (Art. 28)

Das Recht der Selbstverwaltung verbürgte bereits die Weimarer Verfassung (Art. 127); ebenso erscheint es in vielen Landesverfassungen. Es erfaßt, auch dem Wortlaut des Art. 28 nach, nur die kommunale, nicht aber die wirtschaftliche und soziale Selbstverwaltung. Zum Begriffe der Selbstverwaltung als der durch selbständige juristische Personen unter eigener Verantwortung geführten örtlichen oder regionalen Verwaltung gehört:

a) daß eigene Körperschaften für den örtlichen oder regionalen Bereich gebildet werden;

b) daß diesen Körperschaften ein bestimmter Aufgabenkreis als eigene Angelegenheiten zur selbständigen Entscheidung überlassen werden, neben denen weitere Aufgaben ihnen vom Staat auftragsweise zugewiesen werden mögen. Bei den deutschen Gemeinden ist eine — hinter dem Staate subsidiäre — Universalität des Aufgabenkreises herkömmlich;

c) daß dem Staate eine Aufsicht über die Erfüllung der Aufgaben zusteht;

d) daß die Leitung dieser Körperschaften durch die Mitwirkung der Bewohnerschaft des Gemeindegebietes maßgebend bestimmt wird.

Art. 28 gewährt den Gemeinden und Gemeindeverbänden von Bundes wegen eine verfassungsrechtliche Sicherung. Er steht nicht zufällig im Abschnitt „Bund und Länder“; mit dieser Garantie greift der Bund, wie er auch sonst unmittelbare Beziehungen zu den Gemeinden haben kann[34], zugunsten der Gemeinden auch im Blick auf die Landesstaatsgewalt ein. In erster Linie ist dabei in Art. 28 ein Grundsatz des objektiven Rechts enthalten, der die Länder verpflichtet, eine gemeindliche Selbstverwaltung in dem vorgeschriebenen Rahmen zu erhalten. Daneben lassen sich aber auch bestimmte subjektive Rechte für die Gemeinden und Gemeindeverbände aus Art. 28 ableiten.

Diese Rechte umfassen freilich keinen Anspruch auf Bestand und Gebiet der einzelnen Gemeinde[35]. In den Gemeindeordnungen der Länder ist beides zur Verfügung der Staatsgewalt gestellt; notwendige Veränderungen der Gemeindegrenzen, Eingemeindungen und auch Vereinigungen von Gemeinden können nicht unter Berufung auf Art. 28 angefochten werden. Art. 28 gewährt aber den Gemeinden auch keine Sicherung für die Zuweisung aller örtlichen Angelegenheiten an die Gemeinden. Gestützt auf den Wortlaut des Art. 28 Abs. 2 GG wird zwar von den kommunalen Spitzenverbänden und in gemäßigter Form von H. v. Mangoldt[36] die These vertreten, den Gemeinden (nicht den Gemeindeverbänden) sei die umfassende örtliche Zuständigkeit gewährleistet[37]. Damit würde die Errichtung örtlicher Behörden für Zweige der Staatsverwaltung nicht vereinbar sein. Eine solche Ausdeutung widerstreitet nicht nur der herkömmlichen Ordnung der Verwaltungsorganisation, sie würde nicht nur die schwierige Frage aufwerfen, was denn örtliche Angelegenheiten sind, die den Gemeinden verbleiben müssen, sie übersieht vor allem, daß die Selbstverwaltung kein Gegensatz zur Staatsverwaltung, sondern in einem weiteren Sinne ein Bestandteil ihres Aufbaues ist. Soziologisch und ideell ist die Vorstellung, daß die Gemeinden eine demokratischere Einrichtung seien als der demokratische Staat, eine in die Gegenwart nicht mehr passende Reminiszenz aus einer Zeit, wo in der Tat die Mitwirkung der Bevölkerung an der Kommunalverwaltung weiter ausgedehnt war als die an den Staatsgeschäften[38]. Art. 28 GG steht also dem nicht entgegen, daß der Staat durch seine Gesetzgebung nach den Bedürfnissen der Gesamtheit den Kompetenzkreis der Gemeinde abgrenzt; er hat dabei nur die Pflicht, einen gewissen umfassenderen Wirkungskreis ihr im örtlichen Bereich zu erhalten. Er ist aber nicht gehindert, selbst örtliche Angelegenheiten durch Staatsbehörden wahrnehmen zu lassen[39]. Art. 28 GG

---

[34] z. B. über Art. 84 Abs. 1 GG vgl. *Köttgen,* DVBl. 1952, S. 421.

[35] Württ.-Bad. VGH, AöR 75, S. 247.

[36] Das Bonner Grundgesetz, S. 180.

[37] So auch *Neuhoff,* DÖV 1952, S. 259 ff. Vgl. auch *Koellreutter,* DÖV 1951, S. 235.

[38] Auf diese Wandlungen des Gemeinderechts weisen zutreffend hin *Werner Weber,* DÖV 1948, S. 19; *Schmidt-Brücken,* DÖV 1951, S. 566 f.

enthält also jedenfalls auch keine Bestandsgarantie des derzeitigen Standes der Verteilung von Staats- und Gemeindeaufgaben. Er ist auch vereinbar mit der Aufrechterhaltung des bewährten und in dem Gemeinderecht verankerten Unterschiedes von Selbstverwaltungs- und Auftragsangelegenheiten[40].

Art. 28 GG richtet sich auch in keiner Weise gegen die staatliche Aufsicht. Ihr Fortbestand wird durch die grundgesetzliche Vorschrift nicht berührt[41]. Soweit sich aus der Garantie des Art. 28 Abs. 2 subjektive Rechte der Gemeinden ableiten lassen, sind sie jedenfalls dem Gesamtsinne der Institution, mithin also der herkömmlichen Ausgestaltung des Gemeindewesens untergeordnet. Denn Art. 28 will nicht neues Recht setzen, vielmehr bestehendes erhalten und sichern[42]. Jedenfalls aber ist aus Art. 28 zu entnehmen, daß der Staat die Einrichtung der Gemeindeselbstverwaltung als solche zu bewahren hat, sie auch nicht aushöhlen oder durch indirekte Einwirkungen — finanzielle Beschränkungen oder Steigerung der aufsichtlichen Anforderungen — ihres Wesens entkleiden darf[43]. Der BadVGH hat sich in einem bemerkenswerten Urteil zu diesen Grundsätzen ausgesprochen. Bei der allmählichen Wiedereinrichtung der Stadt Kehl hatte die Aufsichtsbehörde für den ersten freigewordenen Stadtteil unter Auflösung der bisherigen Restverwaltung in einem Vorort eine neue Verwaltung eingesetzt und Bürger in den Gemeinderat von sich aus — ohne Wahl — berufen. Der VGH hat diese Verfügung aufgehoben, weil sie mit der Beseitigung der Rechte des bisherigen gewählten Stadtrates (der Restverwaltung im Vorort Kehl-Sundheim) und mit der Einsetzung von Beauftragten die verfassungsmäßige Garantie der Selbstverwaltung verletzt[44]. Der StGH für Rheinland-Pfalz hat eine staatliche Anordnung, wonach die Gemeindewaldungen durch staatliche Förster zu verwalten seien, ebenfalls für einen Verstoß gegen den Grundsatz der Selbstverwaltung gehalten.

Die Stellung der Selbstverwaltung ist über Art. 28 GG hinaus geschützt worden durch die Zubilligung einer Verfassungsbeschwerde der

---

[39] Für diese Auslegung des Art. 28 *Schaefer*, DÖV 1951, S. 573; *Kollmann*, DÖV 1951, S. 145 f. lehnt es sogar überhaupt ab, aus Art. 28 GG subjektive Rechte der Gemeinden gegen den Bund herzuleiten, da hier nur eine institutionelle Garantie gegeben sei.

[40] So auch *v. Mangoldt*, S. 181.

[41] *Koellreutter*, DÖV 1951, S. 235.

[42] Während die ältere Ansicht zu Art. 127 WeimRV aus dieser Vorschrift keine subjektiven Rechte ableitete (*Carl Schmitt*, Verfassungslehre, S. 171), erkennt die Rechtsprechung heute solche an. Vgl. Württ.-Bad. VGH, AöR 75, S. 249; Bayer. StGH, VerwRspr. 2, S. 171 (aber nicht für Gemeindeverbände); zurückhaltender Bad. VGH, DÖV 1951, S. 309.

[43] Bad. VGH, DÖV 1951, S. 309.

[44] Bad. VGH, DÖV 1951, S. 307 ff. = VwRspr. 4, S. 187 ff.

Gemeinden an das BVerfG wegen Verletzung des Art. 28 GG. § 91 BVerfGG gewährt diese Verfassungsbeschwerde, soweit nicht die Länder schon einen gleichartigen Rechtszug an das Landesverfassungsgericht geschaffen haben. Zwar sind gegen diese Bestimmung verfassungsrechtliche Bedenken erhoben worden; sie greife in das den Ländern vorbehaltene Gebiet des Kommunalwesens ein[45]. Aber man wird sie doch als eine zulässige Ergänzung des Art. 28 GG ansehen dürfen. Nachdem der Bund von Verfassungs wegen eine Gewährleistung des gemeindlichen Selbstverwaltungsrechts übernommen hat, kann ihm auch offenstehen, sie durch eine Verfassungsbeschwerde zu schützen.

Die verfassungsrechtlichen Garantien der Selbstverwaltung können aber keinen Schutz vor einer anderen Gefahr bieten, die die Selbstverwaltung heute bedroht: die innere Veränderung ihrer Natur, die die Vorstellung einer durch Kräfte der Bevölkerung geführten rein örtlich bestimmten Eigenverwaltung in der Wirklichkeit des Gemeindelebens mehr und mehr auflöst. Die Züge einer ehrenamtlichen Verwaltung hat die Gemeindeselbstverwaltung — außer im kleinsten Kreise der Landgemeinden — längst eingebüßt. In größeren Orten ist auch der Ehrenbeamte ein beruflich tätiger Funktionär, wobei es keinen Unterschied macht, wie man seine Besoldung rechtlich benennt, ob sie Gehalt oder Aufwandsentschädigung genannt wird. Zugleich aber muß auch festgestellt werden, daß in den größeren Orten eine stärkere Anteilnahme der Gesamtbevölkerung an der Gemeindeverwaltung nicht mehr stattfindet. In dem Maße aber, in dem sich statt dessen die Parteien als Vertreter der Bevölkerung in der Gemeindeverwaltung auswirken, treten überörtliche und gemeindefremde Gesichtspunkte in die Entscheidungen ein. Zugleich wird das für die moderne Gemeindeverwaltung in größeren Orten unentbehrliche beamtete Element fachlicher Kenntnis aus der Leitung zurückgedrängt. Indem man ferner nach 1945 die Staatsaufsicht zu beschränken gesucht hat, der Staat auch selbst eine Schwächung erfahren hat, die ihn an einer wirklichen Geltendmachung aufsichtlicher Befugnisse hindert, ist im Kommunalbereich die Teilnahme der Gemeinden am Gesamtgefüge der öffentlichen Verwaltung zu schwach betont, die Stellung gegen den Staat in einer bedenklichen Form zu sehr hervorgehoben worden. In anderen Ländern mit glücklicherer Entwicklung ist die örtliche Gemeinde eine lebendige Zelle demokratischer Entwicklung in höherem Maße geblieben. In Deutschland wird die Teilnahme der Bevölkerung an den Gemeindeangelegenheiten planmäßig wieder der Hebung bedürfen. Durch Ausspielen der Kommunalverwaltung gegen den Staat wird dies aber ebensowenig geschehen, wie durch eine unter dem Mantel der Kommu-

---

[45] *Kollmann,* DÖV 1951, S. 145 ff. *Schaefer,* DÖV 1951, S. 572 ff. Dagegen *Müthling,* DÖV 1951, S. 169 f.; *Grafe,* DÖV 1952, S. 74 ff.

nalisierung erfolgende Herrschaft der Parteien in der Gemeinde. Schon jetzt zeigen sich die praktischen Folgen darin, daß der Staat, da er der Gemeindeverwaltung nicht sicher ist, die Zentralisierung bei den Ministerialinstanzen verstärkt[46]. Das Verhältnis des Staates zur Selbstverwaltung der Gemeinden und Gemeindeverbände bedarf ebenso einer Erneuerung wie die Gestaltung der Gemeindeverwaltung, ihr organisatorischer Aufbau. Vier wichtige Fragengebiete seien hier, da es nicht möglich ist, in diese rechtspolitischen Probleme hier einzutreten, nur angedeutet:

a) Gibt es außer in den kleineren Landgemeinden noch eine echte örtliche Selbstregierung? Oder liegt die Selbstverwaltung nicht schon seit langem darin, daß ein örtlicher Bereich bürokratischer Verwaltung für seine besonderen Interessen und Gesichtspunkte gegenüber der staatlichen Verwaltung eintritt?

b) Liegt die eigentliche Aufgabe der Gemeinden in der sachlich einwandfreien Erledigung eines örtlichen Bereiches öffentlicher Aufgaben, so steht sie damit zum Staate und seiner Verwaltung nicht in einem Gegensatz, sondern im Verhältnis der Ergänzung. Kann dies örtliche Moment aber wirksam vertreten werden durch Steigerung der politischen Natur der Gemeindeverwaltung, zumal die parteipolitischen Vertreter in der Gemeinde häufig von Gesichtspunkten und Weisungen bestimmt werden, die aus der Landes- oder Bundesebene kommen?

c) Läßt sich eine finanzielle Eigenverantwortung der Gemeinden sichern oder muß man, wie die Lage heute ist, mit einer untrennbaren Verflechtung der Gemeindefinanzen mit der allgemeinen Finanzentwicklung rechnen[47]?

d) In der Gemeindeverfassung wird es nötig werden, nach der aus fremder Wurzel eingeführten Vorstellung einer Erledigung der Gemeindegeschäfte durch ein Gemeindeparlament mit einem Ausschußsystem wieder zu einer Form zurückzukehren, die eine ordnungsgemäße laufende Behandlung der Angelegenheiten durch hauptamtliche Vertreter unter Kontrolle einer Gemeindevertretung sicherstellt. Die Verbindung von parlamentarischer Vertretung und exekutiver Führung der Gemeindeangelegenheiten verstößt gegen eine gesunde Verteilung der Geschäfte, gegen den Grundsatz einer Gewaltenteilung und enthält keine Förderung der demokratischen

[46] Darauf weist mit Recht hin *Werner Weber*, DVBl. 1952, S. 10.

[47] Vgl. hierzu das zutreffende Urteil des BVerfG über die Pflicht der Gemeinden, an der Tragung allgemeiner Lasten, u. a. auch an der Personalübernahme nach dem Ausführungsgesetz zu Art. 131 GG mitzuwirken. Vgl. Urt. v. 20. 3. 52, BVerfGE 1, S. 167 (Verf.-beschwerde der Stadt Offenbach).

Struktur der Gemeinde, weil hier die Exekutive nicht mehr kontrolliert wird, vielmehr mit der parlamentarischen Institution selbst sich gleichsetzt[48].

2. Die politischen Parteien

Die Bestimmungen in Art. 21 und 38 GG bedeuten in ihrer Gesamtheit eine Anerkennung und Sicherung der verfassungsrechtlichen Bedeutung und Stellung der politischen Parteien; zugleich unternimmt Art. 21 es, die Erscheinung der Parteien in gewissen grundlegenden Punkten Normativbestimmungen zu unterwerfen. Im strengen Sinne kann man diese Regelung der Parteien, da sie nicht darauf ausgeht, eine rechtliche Gewähr zu bieten, nicht eine institutionelle Garantie nennen. Aber sie kommt einer solchen doch sehr nahe und bedeutet in der Wirkung doch eine Sicherung des Bestandes der Parteien.

Inhaltlich wird bei der Betrachtung dieser Vorschriften mit Recht auf den Wandel hingewiesen, der in dieser verfassungsrechtlichen Anerkennung der politischen Parteien gegenüber der früheren stillschweigenden Übergehung ihrer Existenz liegt. Wir müssen aber doch ein wenig näher fragen, worin denn die eigentliche rechtliche Bedeutung dieser Anerkennung zu suchen ist? Verfassungstheoretisch liegt sie in dem offenen Bekenntnis zu der grundlegenden Funktion, die den Parteien in dem die Demokratie kennzeichnenden Ringen verschiedener Meinungsgruppen um die Macht und die Leitung des Staates zukommt[49]. Damit werden zugleich unrealistische Vorstellungen zurückgewiesen, die sich einen demokratischen Prozeß der Willensbildung ohne solche intermediären Gruppen vorstellen wollen[50]. Im heutigen sozialen Leben findet eine allgemeine Tendenz zur Gruppenbildung statt; sie zeigt sich in Gestalt der Parteien im politischen Leben nicht minder wie im wirtschaftlichen oder sozialen Wettbewerbe. Die Honoratiorenparlamente des altliberalen bürgerlichen Stiles gehören der Vergangenheit an und lassen sich weder mit dem Mittel der Gesetzgebung noch dem einer Wahltechnik wieder beleben. Die Anerkennung der Parteien besagt aber noch mehr. Sie gibt ihnen einen bestimmten öffentlich-rechtlichen Status. Nicht in dem Sinne irgendeiner Annähe-

---

[48] Zur Krise der Gemeindeverwaltung siehe *Schmidt-Brücken*, DÖV 1951, S. 565 ff.; *Werner Weber*, DVBl. 1952, S. 5 ff.; *Köttgen*, DVBl. 1952, S. 421 ff.

[49] Die Charakterisierung der Demokratie als eines Wettkampfes verschiedener Gruppen um die Macht hat *Josef Schumpeter*, Kapitalismus, Sozialismus und Demokratie, Dt. Übers., 1946, S. 427 ff. entwickelt. Sie stellt gegenüber den alten Theoremen der volonté générale eine moderne Konzeption dar.

[50] Den Parteien „Mediatisierung" des Bürgers vorzuwerfen (*Werner Weber*, Spannungen und Kräfte im westdeutschen Verfassungssystem, 1951, S. 22), heißt, diese soziologische Gegebenheit der Gegenwart verkennen.

rung oder Einfügung in die Staatsorganisation. Das Wesen der politischen Partei ist darauf gegründet, daß sie freie Bildungen ohne Staatseinfluß und Staatsaufsicht sind, die um den Einfluß im Staate ringen. Die Parteien können nicht Teil der staatlichen Herrschaftsorganisation werden, ohne ihr Wesen aufzuopfern[51]. Der öffentlich-rechtliche Status besagt vielmehr nur, daß sie als Bestandteile des Verfassungslebens anerkannt sind, also nicht nur legale, sondern „anerkannte", mit einem gewissen Vorzug versehene Bildungen des öffentlichen Lebens darstellen. Sie sind rechtlich befähigt, Teilnehmer einer Verfassungsstreitigkeit zu sein. Entscheidungen der Verfassungsgerichtsbarkeit[52] haben sie heute als „andere Beteiligte" im Sinne des Art. 93 Abs. 1 Ziff. 1 GG, mithin als parteifähig im Verfassungsstreit wie auch als Träger der Verfassungsbeschwerde anerkannt. Durch Art. 21, sagt das Bundesverfassungsgericht, „ist von Bundes wegen der moderne Parteienstaat legalisiert; die Parteien sind in die Verfassung eingebaut. Ein solcher Einbau enthält die Anerkennung, daß die Parteien nicht nur politisch und soziologisch, sondern auch rechtlich relevante Organisationen sind".

Diese gehobene öffentlich-rechtliche Stellung wirkt sich bei den Parteien rechtlich auch auf anderen Gebieten aus. So räumt ihnen § 8 des Körperschaftssteuergesetzes in der Fassung vom 28. 12. 1950 hinsichtlich ihrer Einnahmen eine weitgehende Befreiung ein. Zahlreiche Rechtsvorschriften behandeln sie als anerkannte Träger öffentlicher Funktionen, weisen ihnen Vertretung in Organen, Vorschlagsrechte oder sonstige Mitwirkung bei Organen des Staates oder Einrichtungen des öffentlichen Lebens zu. Beispielsweise schreibt das bayer. Gesetz über den Bayerischen Rundfunk vom 10. 8. 1948 (GVBl. S. 135), § 3 Abs. 2 Ziff. 2 vor, daß den politischen Parteien angemessene Sendezeiten zu gewähren sind.

Art. 21 enthält in mehrfacher Hinsicht eine Sicherung für die Parteien. Er legt zunächst den wichtigen Grundsatz der freien Parteigründung fest. Daraus folgt nicht nur die von allen Schranken des Vereinsrechts freie Befugnis zur Gründung einer politischen Partei, sondern weiterhin auch der Anspruch einer solchen Partei oder Wählergruppe auf Berücksichtigung, und zwar gleichmäßige Berücksichtigung, bei der Wahl. Die Verfassungsgerichtsbarkeit hat, einer Praxis schon der Weimarer Zeit folgend, den Anspruch aller Parteien und Wählergruppen auf gleichmäßige Behandlung im Wahlrecht anerkannt und läßt

[51] *W. Weber* bezeichnet die Parteien zu Unrecht als „Element des staatlichen Herrschaftsapparates" (S. 22). Unleugbar liegen gewisse Tendenzen zu stärkerer offizieller Stellung der Parteien vor, sie haben aber nicht in diesem Maß Gestalt gewonnen.

[52] OVG Lüneburg, Verw Rspr. 3, S. 265 ff.; BVerfG Urt. v. 5. 4. 52, BVerfGE 1, S. 223 ff.

nur im Interesse der Herstellung eines arbeitsfähigen Parlaments eng begrenzte Ausnahmen vom Prinzip der vollen Gleichheit zu. Sie gestattet bei einem Verhältniswahlsystem oder bei den diesem ähnelnden sog. Mischsystemen eine gewisse Benachteiligung solcher kleiner Gruppen bei der Reststimmenverwertung, die unter 5 % der Gesamtstimmenzahl bleiben, wobei die Möglichkeit einer aus der konkreten Sachlage begründeten Erhöhung dieses Satzes auf 7,5 % offengelassen ist[53]. Sachliche und politische Differenzierungen zwischen den Parteien sind indes durch Art. 21 untersagt, solange nicht die Verfassungswidrigkeit oder Strafbarkeit in Frage steht. Diese Privilegien stehen indes nur Parteien zu. Politische Vereine können sie nicht beanspruchen und unterliegen dem Maßstab des Art. 9 Abs. 2 GG. Unter einer politischen Partei ist dabei nicht jede sich im öffentlichen Leben mit dem Ziele politischen Einflusses betätigende Gruppe zu verstehen. Merkmal einer politischen Partei — im Unterschied zu bloßen Interessengruppen und „Bewegungen" — ist Ziel und Wille, sich an den verfassungsmäßigen Formen der staatlichen Willensbeeinflussung und Willensbildung, also am parlamentarischen Leben in Bund und Ländern normal zu beteiligen. Ob auch rein örtliche Wählergruppen für Kommunalwahlen der Vorzüge des Art. 21 teilhaftig sind, muß freilich zweifelhaft sein[54]. Kein rechtliches, aber auch kein theoretisches Element des Parteibegriffes ist die von Wilhelm Grewe geforderte Ausrichtung einer Partei und ihres Machtstrebens am Gemeinwohl[55]. Das ist eine ethische Forderung an die politisch handelnden Menschen, aber kein begriffliches Merkmal. Der Begriff des Gemeinwohls ist auch gerade im Kampfe der politischen Parteien umstritten, so daß stets eine Partei für sich seine Förderung beanspruchen wird. Eine objektive Nachprüfung ist, wie Grewe selbst (S. 79) zugibt, nicht wohl möglich. Innerhalb eines modernen Staates kann es Gruppen mit Sonderinteressen geben, die nicht deswegen von der politischen Willensbildung ausgeschlossen werden dürfen, weil sie ihre besonderen wirtschaftlichen, konfessionellen, nationalminderheitlichen oder klassenmäßigen Gesichtspunkte stark in den Vordergrund stellen. Sollen etwa nur wirtschaftliche, oder auch klassenmäßige und konfessionelle Sonderinteressen diskriminieren? Mit Recht hat die Rechtsprechung eine solche politische Wertdifferenzierung unter den Parteien abgelehnt[56]. Als Grenze bleibt hier nur der Rahmen der Strafbarkeit und Verfassungswidrigkeit. Politische Gruppen, die die Teil-

---

[53] BVerfGE 1, S. 256.

[54] Gegen eine solche Anerkennung Bedenken äußerten am 38. Dt. JurTage *V. Nathusius* (Verhandlungen d. 38. Dt. JurTages C 53) und *Römer* (C 80).

[55] Festgabe für Erich Kaufmann, 1950, S. 78 ff. Zustimmend *H. Krüger*, DÖV 1952, S. 547.

[56] Hess. VGH, in: DVBl., 1949, S. 161.

nahme am parlamentarischen Leben eines demokratischen Staates ablehnen — z. B. rechtsradikale „Kreise“ und „Bewegungen“ —, genießen den Schutz des Art. 21 GG nicht, sie sind keine politischen Parteien.

Den Parteien ist die Mitwirkung an der politischen Willensbildung zugestanden. Das wirkt sich vor allem, wie dargelegt, in der Ausgestaltung des Wahlrechts aus, aber auch in dem Anspruch, in öffentlichen Einrichtungen gleichmäßig berücksichtigt zu werden. Keineswegs ist damit aber ein Monopol politischer Willensbildung begründet. Politische Vereine sind ebenso zulässig, wie die politische Meinungsbildung durch Presse, Rundfunk und Film, oder wie die Vertretung besonderer wirtschaftlicher und sozialer Interessen durch Verbandstätigkeit, auch durch legale Mittel der politischen Beeinflussung von Öffentlichkeit und Parlament. Heute befinden sich die Gruppenbildungen des öffentlichen Lebens, die im Wege solcher Beeinflussung um Einfluß ringen, im Stadium nicht anerkannter Existenz. Nur einzelne von ihnen, wie die Gewerkschaften und die Arbeitgeberverbände oder solche Gruppen, die irgendwie als öffentliche Körperschaften (z. B. berufsständische Kammern) organisiert sind, besitzen einen öffentlichen Status. Zweifellos aber ist der Einfluß und die Bedeutung dieser außerparlamentarischen Gruppen auf Öffentlichkeit und politisches Leben im Zunehmen. Diese Erscheinung kann in allen Ländern beobachtet werden. Im Westen, wo die politische Theorie durchweg freier und realistischer verfährt als in Deutschland, wo oftmals noch überholte verfassungstheoretische Fragestellungen nachwirken, ist diese Tätigkeit der „Pressure Groups“ oder „Interest Groups“, wie man sie in den Vereinigten Staaten nennt, durchaus anerkannt. Sie bilden gerade etwa im Zweiparteiensystem, das keineswegs alle Kräfte und Strömungen des Volkes widerspiegeln kann, eine sogar als wertvoll und wichtig erkannte Ergänzung des parlamentarischen Repräsentativprinzips[57]. Voraussetzung ihrer Betätigung ist freilich auch hier, daß sie sich verfassungsmäßiger Mittel bedienen. Die Verwendung von Kampfmitteln des sozialen Kampfes, die für andere Zwecke und nur für sie von der Rechtsordnung zugebilligt sind, als Druckmittel zu außerparlamentarischer politischer Beeinflussung von Regierung und Parlament ist verfassungs- und rechtswidrig. In der Einrichtung eines Bundeswirtschaftsrates[58] würde sich für diese heute im rechtsfreien Raum wirkenden Gruppen

---

[57] Eine amerikanische Untersuchung (Toward a more responsible Two-Party System. A Report of the Committee on Political Parties of the American Political Science Association, New York 1950, S. 19 ff., 85 ff.) betont, daß man gegenüber den Interessengruppen die Stellung der Parteien stärken müsse.

[58] *H. Krüger*, DÖV 1952, S. 545 ff.; *Walter Strauß*, in: Ratgeber von Parlament und Regierung. Hrsg. vom Institut zur Förderung öff. Angelegenheiten, 1951, S. 45 ff.

oder Teile von ihnen der Weg organisierten Einflusses eröffnen, ohne daß damit die heutigen Formen freier Einwirkung wegfallen würden[59].

Das Grundgesetz gewährt den Parteien in Art. 21 den wichtigen Schutz, daß Maßnahmen gegen sie, die ihre Betätigung behindern oder ihren Bestand aufheben, nur nach vorherigem Spruche des BVerfG statthaft sind. Während sich politische Vereinigungen, die verfassungswidrige Ziele verfolgen, von vornherein außerhalb des Rahmens grundrechtlichen Schutzes bewegen (Art. 9 Abs. 2) und ein Einschreiten gegen sie nicht von einer vorherigen Feststellung der Verfassungswidrigkeit durch die Verfassungsgerichtsbarkeit abhängig ist, auch sonst den Grundrechten nach Art. 2 Abs. 1 die immanente Schranke der Verfassungsmäßigkeit innewohnt, sind die Parteien durch Art. 21 Abs. 2 privilegiert. Da es schwer halten wird, in dem Verfahren zugleich in klarer Form Neugründungen und Nachfolgeorganisationen eindeutig zu bezeichnen, wird das Verfahren nach Art. 21 bei Selbstauflösung der Partei — wie sie jetzt (1952) die Sozialistische Reichspartei vollzogen hat — in seiner Wirksamkeit begrenzt bleiben. Nur die Möglichkeiten strafrechtlichen Eingreifens bleiben neben Art. 21 Abs. 2 erhalten. Landesverräterische oder hochverräterische Ziele können unabhängig von der Gewähr des Art. 21 Abs. 2 bekämpft werden, da sich diese Maßnahmen nicht gegen eine Partei, sondern notwendig stets gegen Personen wenden.

Das Bestreben der Verfassung, das innere Leben der Parteien zu normieren, wird von beschränkter Wirkung sein. Im Zusammenhang mit der Feststellung der Verfassungswidrigkeit wird es wichtig sein, die demokratischen Grundsätze der inneren Ordnung einer Partei im Auge zu behalten. Wenn die nichtdemokratische Ordnung einer Partei sich mit der Verfolgung verfassungswidriger Ziele verbindet, wird sie ein zusätzliches Indiz für die Verfassungswidrigkeit einer Partei sein können. Ob es gelingen kann, eine wirkliche Kontrolle der Parteifinanzen zu begründen, muß nach ausländischen Erfahrungen zweifelhaft sein.

Bedeutsam ist endlich, daß sich aus dem Gebrauch der Mehrzahl in Art. 21 verfassungsrechtlich die Notwendigkeit mehrerer Parteien, also der rechtliche Ausschluß einer Einheitspartei ergibt, daß also alle Parteien, die auf Alleinherrschaft hinstreben, schon deshalb verfassungswidrig handeln. Weiterhin folgt daraus, daß auch die Opposition einen öffentlich anerkannten Status beanspruchen kann.

Die Problematik der Parteien und ihrer heutigen Stellung kann hier nicht eingehend untersucht werden. Nur einige Fragen hebe ich hervor.

---

[59] Über Interessengruppen vgl. meine Ausführungen, in: Recht, Staat, Wirtschaft, Bd. 3, S. 144, und die dort genannte Literatur.

Mit Recht wird heute von G. Leibholz betont, daß die heutigen Massenparteien eine gänzlich andersgeartete soziologische Struktur aufweisen als die liberalen Honoratiorenparteien früherer Zeit. Versuche, die Verhältnisse des bürgerlichen Zeitalters mit individuell gewählten und allein für sich handelnden Persönlichkeiten im Parlament wiederherzustellen, gehören der politischen Romantik an. In Art. 38 bemüht sich das Grundgesetz, innerhalb des Parlamentes die Stellung des einzelnen Abgeordneten zu stärken. Angesichts der ganz auf die Fraktionen abgestellten Arbeitsweise des Parlamentes, die den Zugang zu der entscheidenden Arbeit der Ausschüsse von den Fraktionen abhängig macht (vgl. § 12 GeschO d. BTages vom 6. 12. 1951 über den Stellenanteil der Fraktionen), ist die Stellung eines fraktionslosen Abgeordneten sehr schwach. Art. 38 schützt ihn davor, daß ihn ein Zerwürfnis mit seiner Partei zum Mandatsverlust nötigt, aber er sichert ihm weder fernere Ausschußmitarbeit noch Wiederwahl. Neuere Vorgänge in Großbritannien haben gezeigt, daß die Parteidisziplin stärker ist als die Verwurzlung des Abgeordneten in seinem Wahlkreis.

Manche erwarten eine grundlegende Änderung von einer Wahlreform. Ich teile diese Auffassung nicht. Man mag das Zweiparteiensystem für geeigneter halten, arbeitsfähige Regierungen hervorzubringen. Ob es in einem stark politisch zerklüfteten Volke nicht für manche Gruppen das Gefühl des Unvertretenseins und daher die Staatsfremdheit verstärken würde, mag zu überlegen sein. Vor allem zeigt die Erfahrung des Auslandes[60], daß die Mehrheitswahl noch keineswegs ein Zweiparteiensystem verbürgt. Wo regional stark entwickelte Gruppen bestehen, können sie sich behaupten. Es fragt sich auch durchaus, ob nicht die lockere und beweglichere Art der Verlagerung des politischen Schwergewichtes im Verhältniswahlsystem, die eine gewisse politische Stabilität sichert, gegenüber dem scharfen und bei tiefen weltanschaulichen Gegensätzen der Hauptparteien nicht ungefährlichen Wechsel der Macht einen Vorzug bedeuten kann[61].

Ich glaube, das eigentliche Problem der Parteien in der Gegenwart liegt vor allem in ihrer Struktur und Wirkungsweise. Der Parteiapparat, eine in der Massenpartei unentbehrliche Stütze der Partei, hat sich zu stark in den Vordergrund geschoben. Die Parteien drängen zu sehr danach, verfestigte Interessen dieses Kernes, ihrer Organisation und der in ihm tätigen Berufspolitiker zu vertreten und verlieren dadurch

---

[60] Vgl. *Duverger,* L'influence des systèmes électoraux sur la vie politique, 1950, S. 15 ff.

[61] So auch die ausgezeichneten Darlegungen zum Problem der politischen Parteien bei *O. v. d. Gablentz,* Politische Parteien als Ausdruck gesellschaftlicher Kräfte (Schriftenreihe der Deutschen Hochschule für Politik, Berlin), 1952, S. 16, 25, 31.

an Zusammenhang mit der Wählerschaft. Es ist weniger die oft erwähnte Demokratisierung der Parteien, als vielmehr die Frage der Auswahl ihrer leitenden Vertreter und die Pflege der Beziehungen dieser Leitung zur Öffentlichkeit und zur Anhängerschaft, was den Kern dieser Probleme ausmacht[62].

3. Die Presse

Die Freiheit der Presse ist in der Vergangenheit vornehmlich unter dem Gesichtspunkt des in ihr gegebenen individuellen Rechts auf Presse- und Informationsfreiheit betrachtet worden. In Art. 5 GG steckt aber ebenso eine institutionelle Garantie. Denn die Presse ist, obwohl ebenso wie Parteien und Gewerkschaften eine wesensmäßig freie Bildung, im demokratischen Staate eine unentbehrliche Institution. Schon die Erklärung der Rechte des Staates von Virginia vom 12. 6. 1776 erklärte in Art. 12:

„Die Freiheit der Presse ist eines der großen Bollwerke der Freiheit und kann niemals, außer durch despotische Regierungen, beschränkt werden."

Heute lesen wir in Art. 111 bayer. Verfassung:

„Die Presse hat die Aufgabe, im Dienst des demokratischen Gedankens über Vorgänge, Zustände und Einrichtungen und Persönlichkeiten des öffentlichen Lebens wahrheitsgemäß zu berichten."

Der wegen mancher seiner Bestimmungen kritisierte Entwurf eines Bundespressegesetzes[63] erklärt in § 4 Abs. 1, daß die Zeitungspresse „eine öffentliche Aufgabe" erfüllt. In der Tat muß bei der Presse ebenso wie bei dem Beamtentum und der Unabhängigkeit der Richter klar sein, daß die gewährten Freiheiten des Gesetzes nicht nur um des einzelnen Berechtigten willen, sondern um der damit in ihrem Bestande und ihrer Funktion geschützten öffentlichen Einrichtung willen gewährt werden. Sie sind daher auch grundsätzlich unverzichtbar. Ein Journalist, der diese Freiheit aufgibt, der sich Beschränkungen und Bindungen gegen sein Gewissen unterwirft, handelt gegen die höheren Pflichten seines Berufsstandes. Daher suchen die Pressegesetze der Länder gegen wirtschaftliche und sonstige sachfremde Einflüsse — zu denen aber nicht politische Meinungen gehören — im Pressewesen anzukämpfen, indem sie etwa Offenlegung der Eigentumsverhältnisse fordern (Ges. v. Nordrh.-Westf. vom 17. 11. 1949 [GV/NW 1949 S. 293], § 2; hamb. Ges. vom 3. 10. 1949 [GVOBl. S. 245], § 7) oder Monopolbil-

[62] *v. d. Gablentz,* S. 9 ff., 23 f.

[63] *Lüders,* Presse- und Rundfunkrecht, 1952, S. 266 ff.

dungen verhindern (Ges. v. Württ.-Baden vom 1. 4. 1949 [RegBl. S. 59], § 10).

Namentlich in Großbritannien ist diese öffentliche Funktion der Presse und der freien öffentlichen Diskussion seit jeher stärker als bei uns anerkannt gewesen. Ohne sie, so sagt Sir Ivor Jennings[64], kann die Demokratie nicht bestehen. Es gehört mit zu dieser starken Einschätzung der Freiheit der öffentlichen Diskussion, daß das englische Recht sie einerseits in vorbildlicher Weise fördert — hier werden Namen und Tatsachen offener genannt als bei uns, und der Grundsatz einer fairen, auch die Gegenseite berücksichtigenden Berichterstattung ist geachtet und gefordert —, auf der anderen Seite aber mit strengen Begrenzungen hinsichtlich des Ehrenschutzes, der Kritik an den Gerichten und verfassungswidriger Tendenzen umgibt[65].

Aus der Pressefreiheit als einer institutionellen Garantie ergeben sich manche Folgerungen. Einmal die einer wirklich freien Zulassung. Jede Begrenzung der öffentlichen Diskussion im Interesse bestimmter politischer Richtungen oder bestehender Unternehmen ist zugleich ein Verstoß gegen die Einrichtung der Pressefreiheit. Freie Gründung von Presseunternehmen, freie Zulassung der Personen zu diesen ist zu fordern. Auf der anderen Seite sind Maßnahmen zur Bekämpfung verfassungsfeindlicher und strafbarer Bestrebungen sowie zum Schutze der öffentlichen Ordnung keine Einschränkung der verfassungsrechtlichen Institution. Das gilt auch für ein begrenztes und mit klar umrissenen Begriffen arbeitendes Gesetz, das Schmutz und Schund bekämpft.

Zur Pressefreiheit gehört auch das von einer Reihe von Pressegesetzen (z. B. Bayer. Ges. vom 3. 10. 1949, § 4; Hess. Ges. vom 23. 6. 1949, § 3) gegenüber den Behörden festgelegte Recht auf Auskunft. In der praktischen Verwirklichung bedeutet das freilich nicht sehr viel. Immerhin hat ein Verwaltungsgericht sich dahin ausgesprochen, daß ein Journalist von einer Stadtverwaltung nicht von der Pressekonferenz ausgeschlossen werden dürfe, weil er an ihren Maßnahmen Kritik geübt habe. Und der französische Staatsrat hat die Verfügung des Ministère des Beaux Arts, einem Schriftsteller, der die Restaurierungsarbeiten an der Kathedrale von Chartres kritisiert hatte, den Zutritt zu diesem Monument zu untersagen — bekanntlich sind die Kirchen seit der Gesetzgebung von 1905 staatliche Gebäude mit kirchlicher Widmung —, mit betonter Mißbilligung aufgehoben[65a].

Was die Schranken der Pressefreiheit angeht, so ist darauf hinzuweisen, daß Art. 5 unter „allgemeinen Gesetzen“ die nicht speziell

[64] *Sir Ivor Jennings,* Cabinet Government, 2. Aufl. 1951, S. 13.

[65] Vgl. *E. C. S. Wade,* Constitutional Law, 4. Aufl. 1950, S. 336 ff.

[65a] Conseil d'Etat, Urt. v. 18. 11. 1949; Sirey 1950, 3, 49 (Arrêt Carlier).

gegen die Pressefreiheit gerichteten Gesetze versteht. Gesetze, die andere, höher zu bewertende Grundlagen des Gemeinlebens schützen, können die Pressefreiheit einschränken[66]. Das gilt auch für Vorschriften, die den Schutz gegen entsittlichende und verrohende Schriften bezwecken.

Stärker noch als die Presse sind Film und Rundfunk Mittel der öffentlichen Meinungsbeeinflussung, die nicht vom individuellen Recht her allein, sondern von ihrer öffentlichen Funktion aus verstanden und rechtlich geordnet werden müssen. Es ist ein Grundproblem der heutigen öffentlichen Meinung, ob sie mehr Spiegel wirklicher Stimmungen des Volkes oder Beeinflussung der Volksansicht durch Gruppen und Individuen darstellt[67]. Beim Film und beim Rundfunk jedenfalls überwiegt das letztere, und daher sind beides Mittel, die nicht im Bereiche voller individueller Freiheit belassen werden können. Der Film arbeitet heute unter wesentlich wirtschaftlichen Gesichtspunkten mit einer internen Selbstkontrolle ohne Staatseinwirkung. Der Rundfunk dagegen ist ein durch die Gesetzgebung vom Staatseinfluß freigestelltes, gewissermaßen politisch neutralisiertes Unternehmen. Die bestehenden Ordnungen der Rundfunkunternehmen drücken dies entweder dadurch aus, daß sie die Unabhängigkeit des Rundfunks betonen (VO der brit. MilReg. über den Nordwestdeutschen Rundfunk vom 6. 8. 1949, § 2) oder, wie die süddeutschen Gesetze, von einer Selbstverwaltung des Rundfunks sprechen, wobei freilich mangels körperschaftlicher (mitgliedlicher) Verfassung von eigentlicher Selbstverwaltung keine Rede sein kann, vielmehr dadurch eben jene Neutralisierung und Unabhängigkeit von Staatsaufsicht ausgedrückt werden soll.

4. Beamtentum

Die Weimarer Verfassung enthielt in Art. 129 eine institutionelle Garantie des Beamtentums, die zugleich mit der Gewährung individueller „wohlerworbener" Rechte verbunden war. Diese Rechte sind manchmal in sehr weiter Form von der Wissenschaft ausgelegt worden. Die in Art. 33 Abs. 5 GG enthaltene Gewähr ist daher in manchem enger umgrenzt. Ebensowenig wie bei den Parteien ist es von Bedeutung, daß diese Garantie nicht im Grundrechtsteil, sondern in einem anderen Abschnitt steht. Die Bestimmung will das deutsche Beamtentum in seinem hergebrachten Wesen sichern. Der Umstand, daß in

---

[66] Vgl. *R. Smend*, in: VVDStRL 4 (1928), S. 51 f.

[67] Zu den Problemen der öffentlichen Meinung siehe *Hans Huber*, in: Festgabe für Karl Weber, 1950, S. 34 ff. *Karl Mannheim*, Freedom Power and Democratic Planning, 1950, S. 53, bezeichnet trennend Radio, Film, Fernsehen usw. als „Organized public persuasion", als eine Maschinerie der Erziehung, auch der Erwachsenenerziehung.

einer wenig glücklichen Fassung, die sich aus zahlreichen Umstellungen der Entstehungsgeschichte erklärt[68], die Vorschrift des Art. 33 Abs. 5 GG nicht davon spricht, daß das Beamtentum, sondern das Recht des „öffentlichen Dienstes" unter Berücksichtigung der hergebrachten Grundsätze des Beamtentums zu regeln sei, hat keine inhaltliche Bedeutung in dem Sinne, daß damit etwa einer Abschwächung dieser Grundsätze das Wort gegeben sei. Es wird hierdurch nur die Gesamtheit des öffentlichen Dienstes in die Garantie einbezogen, ohne daß aber eine Unterstellung auch der Angestellten und Arbeiter im öffentlichen Dienst unter die Grundsätze des Beamtenrechts damit verlangt wird[69]. Da die Fragen des Umfangs dieser Garantie im Schrifttum weitgehend erörtert sind, kann ich mich hier auf eine kurze Zusammenfassung beschränken. Sie muß zugleich auch die Vorschrift des Art. 33 Abs. 4 GG in Betracht ziehen.

1. Art. 33 Abs. 4 GG trägt der verfassungsrechtlichen und verfassungspolitischen Bedeutung einer gefestigten und von den jeweiligen Schwankungen des politischen Lebens unabhängigen Ausgestaltung des öffentlichen Dienstes dadurch Rechnung, daß er die Ausübung hoheitlicher Befugnisse mit dieser besonderen Form des öffentlichen, vor allem des beamteten Dienstes in Beziehung setzt. Aus der andersartigen Qualität des hoheitlichen Bereiches gegenüber privatem Handeln ergibt sich die Notwendigkeit, hier, wo der Gleichheitssatz streng gilt und jede Willkür und Parteilichkeit verbietet[70], auch eine andere Form der funktionellen Erledigung dieser Aufgaben zu wählen. Das Erfordernis der Übertragung hoheitlicher Aufgaben auf Angehörige des öffentlichen Dienstes stellt eine institutionelle Sicherung für die besondere Natur des staatlichen Amtsbereiches gegenüber privater Geschäftsbesorgung oder fiskalischer Wirtschaftstätigkeit dar. Berufsbeamtentum und Rechtsstaat stehen in der Demokratie in einem aus Erfahrung begründeten nahen Verhältnis. Nur durch eine besondere Ausgestaltung des Rechts des öffentlichen Dienstes können die Gefahren beschworen werden, die der Parteienstaat für die Wahrnehmung öffentlicher Aufgaben mit sich bringen kann.

2. Art. 33 Abs. 5 GG enthält eine sowohl für den Bundes- wie den Landesgesetzgeber bindende, unmittelbar anwendbare Rechtsnorm. Soweit landesgesetzliche Vorschriften — und gegen gewisse Seiten der

---

[68] Zur Vorgeschichte die eingehenden Darlegungen von *Gerhard Wacke*, Entstehungsgeschichte und Inhalt des Art. 33 Abs. 5 GG, in: Neues Beamtentum. Hrsg vom Institut zur Förderung öffentl. Angelegenheiten, 1951, S. 152 ff.

[69] Vgl. *Fischbach*, DVBl. 1951, S. 524 f.; *Wacke*, S. 162 f., 172 f.

[70] In eingehender Darlegung dieses verfassungsrechtlichen Zusammenhanges *Köttgen*, DVBl. 1951, S. 652 f. Vgl. auch *Forsthoff*, DÖV 1951, S. 460 ff.

hessischen Gesetzgebung (Streikrecht, Angleichung an das Arbeitsrecht) kann man Bedenken erheben — mit den Grundsätzen des Art. 33 Abs. 5 GG nicht im Einklang stehen, sind sie unwirksam oder bei Inkrafttreten des Grundgesetzes, wenn sie früher erlassen worden waren, unwirksam geworden. Art. 33 Abs. 5 stellt aber nicht nur einen lediglich den Gesetzgeber bindenden Grundsatz auf, sondern enthält auch im Einzelfall anwendbares Recht. Er ist nämlich, wie Heyland eingehend nachgewiesen hat[71], insoweit alsbald verbindlich, als er von den hergebrachten Grundsätzen des Berufsbeamtentums abweichende gesetzliche Regelungen betrifft.

3. Wenn Art. 33 Abs. 5 auch das Recht des öffentlichen Dienstes mitumfaßt und in seine Anerkennung als zu erhaltender Institution einschließt, wenn er also auch für dies vom gewöhnlichen Arbeitsrecht abweichende Recht seine Besonderheit anerkennt und verbürgt[72], so bedeutet das keineswegs, daß er damit eine Vermischung zwischen diesem öffentlichen Dienstrecht und dem Beamtenrecht gestattet. Nach dem Wortlaut sollen die hergebrachten Formen des Berufsbeamtentums erhalten bleiben, und das entspricht auch der Entstehungsgeschichte[73]. Art. 33 Abs. 5 fordert also ein getrenntes besonderes öffentliches Dienstrecht und ein Beamtenrecht herkömmlichen Charakters. Eine Verschmelzung beider würde seinem Inhalt widersprechen[74]. Insbesondere ist durch Art. 33 Abs. 5 ausgeschlossen, das Beamtenrecht nach den Grundsätzen des Arbeitsrechts auszugestalten. Die von verschiedenen Seiten[75] vorgetragenen Vorschläge auf eine Umformung des heutigen Beamtenrechts im Sinne einer Angleichung oder Verbindung mit dem Arbeitsrecht würden also auf eine Verfassungsänderung hinauslaufen[76]. Die subsidiäre Anwendung des Arbeitsrechts nach dem hessischen Beamtengesetz erscheint unter diesem Gesichtspunkt nicht bedenkenfrei[77].

4. Zu den hergebrachten Grundsätzen des Berufsbeamtentums, die Art. 33 Abs. 5 — freilich mit der Einschränkung „unter Berücksichtigung" — schützt, gehört zunächst das Wesen des Beamtenverhältnisses

[71] DÖV 1951, S. 462 ff. Ebenso *H. Krüger,* Bayer. BeamtenZtg., 1950, S. 174; *Heyland,* DÖV 1950, S. 86. A. A. *Wacke,* S. 161.

[72] *Wacke,* S. 166; *Gerber,* DVBl. 1951, S. 492.

[73] *Wacke,* S. 167 f.

[74] *Fischbach,* DÖV 1951, S. 455; *ders.,* DVBl. 1951, S. 524 ff.

[75] *Oppler-Rosenthal,* Die Neugestaltung des öffentlichen Dienstes, 1950; *Mestern,* in: Neues Beamtentum. Hrsg vom Institut zur Förderung öffentl. Angelegenheiten, 1950 und dazu kritisch *Fischbach,* DVBl. 1951, S. 524 ff. und *Ule,* DVBl. 1951, S. 566 f. Ferner *Oppler,* DÖV 1951, S. 482 ff.

[76] *Gerber,* DVBl. 1951, S. 494.

[77] Zu den hergebrachten Rechten siehe *Wacke,* S. 168 ff.; *Fischbach,* DVBl. 1951, S. 99 ff.; *Jüsgen,* DÖV 1951, S. 474 ff.

als öffentlich-rechtliches Dienst- und Treueverhältnis[78]. Es gehört ferner dazu die Anstellung grundsätzlich als lebenslängliches Verhältnis und die Erhaltung eines dem heutigen gleichwertigen Versorgungsrechtes. Auch eine grundlegende Umgestaltung des letzteren würde das Bild des Beamtentums entscheidend umgestalten. Eine Annäherung an versicherungsrechtliche Grundsätze würde den Sinn der wirtschaftlichen Sicherung verändern, die dem traditionellen Bilde des Beamtentums gemäß ist[79]. Gesichert ist auch der Rechtsweg für vermögensrechtliche Ansprüche, wobei infolge der Entwicklung der Verwaltungsgerichtsbarkeit zu einem der ordentlichen Gerichtsbarkeit gleichgearteten Zweige der Gerichtsbarkeit auch die Verweisung dieser Ansprüche an ein Verwaltungsgericht die Bedingungen des Art. 33 Abs. 5 erfüllen würde[80]. Die Entfernung aus dem Dienste nur auf dem Wege des Dienststrafrechts, sobald die Anstellung einmal lebenslänglich geworden ist, ist ein weiterer Bestandteil der hergebrachten Grundsätze[81]. Endlich gehören hierher die Natur des Gehalts als Unterhaltsbetrag, nicht als zeitlich bemessenes Entgelt[82], die Vereinigungsfreiheit aber unter Ausschluß des Streikrechts und die Zulassung von Beamtenvertretungen[83].

5. Mit der Erhaltung dieser Grundsätze ist nicht nur das individuelle Recht des einzelnen Beamten, nicht eine für ihn manche Vorteile bietende Position gesichert, sondern die gesamte Institution eines neutralen, in sachlicher Unbefangenheit die Staatsinteressen und die Dienste für die Allgemeinheit verwaltenden Beamtentums hängt an diesen Einrichtungen. Sie stellen freilich nur die äußere Sicherung der Institution dar; ihr Leben muß sie empfangen aus der inneren Haltung des Beamtentums selber, aus der Aufrechterhaltung des ihm eigenen Berufsethos. Nicht zu den hergebrachten Bestandteilen des Berufsbeamtentums gehört, daß der Zugang zu ihm auf bestimmte Vorbildungen und Laufbahnen beschränkt bleibt. Die Hereinnahme von Außenseitern ist statthaft, ebenso wie der Übergang von einer Laufbahn in die andere, wenn beides als ergänzende Maßnahme, nicht als grundsätzliche Aufhebung der Erfordernisse von Vorbildung und Berufsgang gedacht ist.

---

78 *Ule,* DVBl. 1951, S. 566; *Fischbach,* DVBl. 1951, S. 102.

79 Für Gleichstellung der Verwaltungsgerichtsbarkeit in dieser Hinsicht *Jüsgen,* S. 477, während *Ule,* Gerichtlicher Rechtsschutz im Beamtenrecht, 1951, und *Bachof,* DÖV 1951, S. 477 ff., für die ausschließliche Zuständigkeit der Verwaltungsgerichte für alle beamtenrechtl. Ansprüche eintreten.

80 *Wacke,* S. 170.

81 *Jüsgen,* S. 476.

82 *Fischbach,* S. 101 f.; *Jüsgen,* S. 476.

83 *Jüsgen,* S. 476; *Wacke,* S. 171.

6. Gewisse Probleme wirft die Stellung des Beamtentums zum politischen Leben auf. Sie berührt namentlich die Frage, inwieweit der Beamte auch nach heutigem Recht, das den Grundrechten einen besonders nachdrücklichen Schutz angedeihen läßt (Art. 1, 19, 79 GG), kraft seines Dienstverhältnisses gewisse Beschränkungen auf sich nehmen muß. Man hat von mehreren Seiten[84] darauf hingewiesen, daß die bisherige Lehre vom Gewaltverhältnis — in Wirklichkeit nichts anderes als eine traditionelle Lehre begrenzter Rechtsetzungs- und Eingriffsbefugnisse der Verwaltung auf sozusagen gewohnheitsrechtlicher Grundlage — sich nicht ohne weiteres heute aufrechterhalten läßt, von den prinzipiellen konstruktiven Bedenken gegen diese ganze Vorstellung von dem Gewaltverhältnis und der Unterwerfung unter seine Begrenzungen abgesehen. Ich glaube, daß man hier die älteren Lösungen nicht einfach wird unbesehen übernehmen können, wie dies z. B. v. Mangoldt meint[85], aber doch auch nicht die Veränderungen überschätzen darf. Wenn wir festhalten, daß ein gewisses Maß einschränkender Gewalt gewohnheitsrechtlich mit gewissen Dienst- und Versorgungsverhältnissen gegeben ist — also im Bereich der sog. Dienst- und Anstaltsgewalt —, so wird man das als eine gesetzliche Einschränkung der Grundrechte, teilweise aber auch als eine von ihnen als immanent empfundene Begrenzung ansehen können. Vor allem darf diese Frage nicht ohne den Blick auf das Ganze des Beamtenverhältnisses und seine Stellung zum Staate behandelt werden. Sie stellt sich nicht nur bei der politischen Treupflicht des Beamten, sondern ebenso bei seiner Pflicht zur politischen Unparteilichkeit im Amte und zur Vermeidung des Anscheins politischer Parteilichkeit bei seinen Funktionen, endlich bei den Pflichten, die ihm aus dem Beamtenverhältnis für eine geordnete und anständige Lebensführung überhaupt erwachsen. Der Beamte steht nicht in einem lockeren Vertragsverhältnis zum Staat, sondern in einer echten inneren Treubindung. Er ist Diener der Gesamtheit, nicht einer Partei, wie es auch der Entwurf eines künftigen Gesetzes im Einklang mit zahlreichen Landesgesetzen wieder ausdrücklich festlegen will. Damit ist er aber auf die Wahrnehmung der Interessen der Allgemeinheit hingewiesen[86]. Man kann nicht die Vorzüge des Beamtentums auf der einen Seite betonen, aber auf der anderen ihre Grundlage in der Bindung des Beamten an den Staat, in dem Bekenntnis zu einer kontinuierlichen und überparteilichen Staatsidee übersehen.

Es erhebt sich die Frage, inwieweit dem Beamten überhaupt eine politische Betätigung durch die Verfassung garantiert wird. Ich erkenne

[84] *Köttgen*, DVBl. 1951, S. 653; *Fischbach*, DVBl. 1951, S. 100.

[85] Das Grundgesetz, S. 79.

[86] Zum Grundsätzlichen des heutigen Beamtentums siehe *Forsthoff*, DÖV 1951, S. 460 f.; *Gerber*, DVBl. 1951, S. 489 ff.

hier keine Verfassungsgarantie für gegeben. Wenn der Gesetzgeber im Sinne erwägenswerter Forderungen[87] zu der Meinung gelangen sollte, es sei eine grundsätzliche Herausziehung des Beamten aus dem politischen Leben als Sicherung des Berufsbeamtentums vor den besonderen Gefahren des Parteienstaates geboten, so stände dem das Grundgesetz nicht entgegen. Nur das aktive Wahlrecht müßte dem Beamten erhalten bleiben[88]. Gewisse Schritte in dieser Hinsicht unternimmt bereits mit der Festlegung der Unvereinbarkeit von parlamentarischem Mandat und Beamtenverhältnis das geltende Recht[89].

In der Weimarer Zeit standen Lehre und Rechtsprechung ganz überwiegend auf dem Standpunkt, daß den Beamten eine besondere politische Treupflicht gegenüber dem Staate auferlegt sei, die es ihnen verwehre, sich politisch in staatsfeindlicher Weise zu betätigen und gegen den Staat gerichtete Bestrebungen aktiv zu unterstützen[90]. Ich stehe auf dem Standpunkt, daß diese Grundsätze auch für das geltende Recht gelten[91]. Nicht nur hat der Verfassungsgesetzgeber in viel eindringlicherer Weise den Verfassungsschutz ausgedehnt und durch die Heraushebung eines unveränderlichen Kernes der Verfassung betont[92], die meisten Länder haben in ihren Verfassungen oder Beamtengesetzen[93] diese Treupflicht besonders gesetzlich festgelegt. Die Ansicht, daß auch für den Beamten und ebenso für den öffentlichen Bediensteten überhaupt eine solche Treupflicht gelte — die ich bei den öffentlichen Bediensteten für abgestuft halten würde, d. h. für je nach ihrer Funktion für enger begrenzt —, hat freilich, wie das Schicksal des Erlasses der Bundesregierung vom 19. 9. 1950 (GMBl. vom 20. 9. 1950) gezeigt hat, in der Rechtsprechung nur eine sehr teilweise Anerkennung erfahren. Namentlich die Arbeitsgerichte haben wohl in der Mehrzahl die ergangenen Entlassungen aufgehoben[94]. Es wird auch in dieser Frage für das Beamtentum wichtig sein, sich nicht von einem Wunsche nach größt-

---

[87] Hierzu die gründlichen Ausführungen der Schrift von *Theodor Eschenburg,* Der Beamte in Partei und Parlament (Schriften des Instituts zur Förderung öffentl. Angelegenheiten, Heft 3), 1952.

[88] *Fischbach,* DVBl. 1951, S. 101.

[89] Siehe die Zusammenstellung bei *Eschenburg,* S. 208 ff.

[90] StGH in *Lammers-Simons,* Bd. 2, S. 80 ff., RGZ 127, S. 1 ff.; *W. Merk,* AöR, NF, 19 (1930), S. 116 ff.; Pr. OVG 85, S. 451; 86, S. 436.

[91] Ich darf auf meine näheren Darlegungen verweisen in dem Gutachten: Politische Treupflicht im öffentl. Dienst. Hrsg. vom Deutschen Bund für Bürgerrechte, 1951, S. 65 ff. Dort auch *Grewe,* S. 35 ff.

[92] Vgl. meine Ausführungen, in: Festgabe für Erich Kaufmann, 1950, S. 322 ff.

[93] Treupflicht im öffentlichen Dienst, S. 76 ff.

[94] Zur ganzen Frage siehe im hier vertretenen Sinne *Koellreutter,* DÖV 1951, S. 467 ff.

möglicher Freiheit, sondern von den traditionellen Grundgedanken seiner institutionellen Stellung bestimmen zu lassen.

5. Die Stellung der Religionsgemeinschaften

Es kann in diesem Zusammenhang nicht meine Aufgabe sein, eine Darstellung des weiten Gebietes der Beziehungen von Staat und Kirche nach dem gegenwärtigen Verfassungsrecht zu geben. Es können hier nur einige Fragen hervorgehoben werden, die vor allem die Wandlungen betreffen, die für die gegenwärtige Lage sich aus der Veränderung der Verhältnisse ergeben. Der Verfassungskonvent von Herrenchiemsee und der Parlamentarische Rat haben es vermieden, die großen und schweren Fragen des Staatskirchenrechts von Grund auf aufzurollen. Sie haben den Weg gewählt, es bei den Rechtsetzungen zu lassen, die einst die Nationalversammlung in Weimar getroffen hat. In den Art. 4, 140, 141 und 123, die das heutige Staatskirchenrecht umschließen und von denen Art. 140 zugleich die Art. 136 - 141 der Weimarer Verfassung in das Grundgesetz eingliedert, ist keine neue rechtliche Gestaltung gegenüber der Zeit vor 1933 vorgenommen. Das dürfte wohl nicht so sehr darin seinen Grund haben, daß man die kirchlichen Angelegenheiten den Ländern überlassen wollte, als daß man angesichts der tiefgreifenden Anschauungsunterschiede der größeren Parteien in diesen Fragen auf eine neue Gestaltung bewußt verzichtete[95].

Das Recht des Verhältnisses von Staat und Kirche bildet ein umfassendes Ganzes, in dem subjektive Rechte, institutionelle Garantien, Schutzgewähr für Grundordnungen des Gemeinschaftslebens und sogar positive Einzelregelungen nebeneinander hergehen. Ein eigentliches Grundrecht gewährt die Glaubens- und Gewissensfreiheit des Art. 4 GG und die Freiheit der religiösen Vereinigungen in Art. 137 Abs. 2 WeimRV. Beide Vorschriften enthalten zugleich den objektiven Rechtssatz allgemeiner weltanschaulicher Toleranz des Staates. Daneben stehen institutionelle Gewährleistungen für die Kirchen, die öffentliche Körperschaften sind oder diesen Status erwerben (Art. 137 Abs. 6 u. 7), für die Religionsgesellschaften miteinander überhaupt im Sinne einer inneren Selbständigkeit (Art. 137 Abs. 4 WeimRV). Bestandsgarantien für die Erhaltung der Staatsleistungen (wenigstens provisorisch) gibt Art. 138 WeimRV, während das kirchliche Eigentum eine echte grundrechtliche Sicherung empfängt[96]. Es ist, ebenso wie die Autonomie der

[95] Vgl. *Köttgen*, Kirche im Spiegel deutscher Staatsverfassung der Nachkriegszeit, DVBl. 1952, S. 485 ff.; *Smend*, ZevKR 1 (1952), S. 13.

[96] Zur grundrechtlichen Sicherung des Kirchenguts siehe die grundlegenden Untersuchungen von *Johannes Heckel*, Festgabe für R. Smend, 1952, S. 104 ff., 129 ff.; *Carl Schmitt*, HdbDStR, Bd. 2, S. 597, sprach hier nur von einer Bestandsgarantie.

Kirchen nach Art. 137 WeimRV, als Recht der kirchlichen Gemeinschaften ausgestaltet, steht also nicht Individuen, sondern der ganzen Gemeinschaft und ihren Untergliederungen zu[97]. Mit dem auf den Schutz des Kirchenguts in seiner öffentlichen Funktion gerichteten Grundrecht aber verbindet sich eine Garantie des kirchlichen Eigentums. Eingehender sind gegenüber dem Grundgesetz die Gestaltungen der Länderverfassungen. Hier ist auch, wenn auch nur in einzelnen Ansätzen, wohl der Versuch gemacht, neue Wege zu zeigen und neue Gestaltungen zu versuchen. Hier finden wir noch die institutionelle Garantie der theologischen Fakultäten[98], eine wirkliche dauerhafte Bestandsgarantie der Staatsleistungen an die Kirchen (z. B. bayer. Verf., Art. 145), positive Zusagen des Staates für Schutzgewährung an die Kirche und die Geistlichen (z. B. bayer. Verf., Art. 144) und die Bestandsgarantie der kirchlichen sozialen Einrichtungen und Schulen als gemeinnützige Anstalten (Rheinland-Pfalz, Art. 46).

Wenn dergestalt manche Landesverfassungen (z. B. Bayern, Rheinland-Pfalz) ein umfassenderes Bild der staatskirchenrechtlichen Beziehungen zu zeichnen suchen, so folgen sie wie die anderen Landesverfassungen, die einzelne Fragen parallel oder ergänzend zum Grundgesetz (und der WeimRV) regeln, einer seit den Anfängen des deutschen Konstitutionalismus bestehenden Tradition. Stets sind staatskirchenrechtliche Abschnitte Bestandteile der deutschen Verfassungen gewesen.

Wenn, von wenigen Ansätzen abgesehen, die Regelungen im wesentlichen den Weimarer Stand wiederholen, neu bestätigen oder in einigen geringen Punkten ergänzen und vervollständigen, bedeutet das, daß nun die Rechtslage eben die gleiche geblieben ist wie in der Weimarer Zeit? Vom Staate her gesehen und vom Wortlaut der Vorschriften her könnte das wohl weitgehend diesen Anschein haben. Daß hier indes sehr viel tiefere Probleme liegen, hat Rudolf Smend dargelegt[99]. Der gleiche Wortlaut, den Art. 140 aus der Weimarer Verfassung herübernimmt, bezeichnet, so sagt er mit Recht, in einer tief veränderten Lage nicht mehr das gleiche. Zustimmend hat Arnold Köttgen von einer „Auswechslung des verfassungsrechtlichen Hintergrundes" gesprochen. Dabei haben sich wohl die Voraussetzungen ideeller wie tatsächlicher und rechtlicher Art sowohl auf seiten der Kirchen wie des Staates verschoben. Keiner der Beteiligten vermag über das tief aufwühlende Geschehen und Erlebnis des Kirchenkampfes der Zeit von 1933 - 1945

---

[97] Zum korporativen Charakter dieses Grundrechts siehe *Heckel,* S. 124, 132 ff.

[98] *Carl Schmitt,* zweifelt, ob sie nicht nur eine Bestandsgarantie sei (S. 597, Anm. 89).

[99] ZevKR 1 (1952), S. 1 ff.; Festgabe für Otto Dibelius, 1950, S. 184 ff. Dazu jetzt *Köttgen,* DVBl. 1952, S. 485 ff.

hinweg einfach an das alte Verhältnis wieder anzuknüpfen, als sei nichts geschehen.

Für die römische Kirche liegen bei ihrer alten und oft schon schmerzlichen Erfahrung mit den Staaten und ihren Regierungen vielleicht weniger tiefgreifende Einschnitte vor. Sie befand sich auch dem Staate von 1918 gegenüber nur teilweise in der Lage einer staatsnahen kirchlichen Gemeinschaft. Anders für die evangelischen Kirchen. Der Einschnitt des Jahres 1918 war tief und brachte für sie Entschluß und Notwendigkeit zur Lösung von jahrhundertelanger Bindung an den Staat[100]. Aber eine gewisse Nähe blieb doch erhalten, die erst langsam einem erwachenden Autonomiegedanken der Kirche wich. Für sie ist das Erleben des Bruches mit dem Staate ein viel einschneidenderes gewesen. Sie hat darum dann auch die Lösung mit allem Nachdruck innerlich vollzogen. In der Theologischen Erklärung von Barmen (1934), die die Grundordnung der Evangelischen Kirche in Deutschland vom 13. 7. 1948 in Art. 2 Abs. 2 „bejaht" und die einzelne neugefaßte landeskirchliche Ordnungen ausdrücklich als „Glaubenszeugnis" anerkennen (Ordnung der Evang. Kirche der Altpreußischen Union vom 21. 6. 1951, Grundartikel Abs. [7]) heißt es[101]:

> „Wir verwerfen die falsche Lehre, als solle und könne der Staat über seinen besonderen Auftrag hinaus die einzige und totale Ordnung menschlichen Lebens werden und also auch die Bestimmung der Kirche erfüllen.
>
> Wir verwerfen die falsche Lehre, als solle und könne sich die Kirche über ihren besonderen Auftrag hinaus staatliche Art, staatliche Aufgaben und staatliche Würde aneignen und damit selbst zu einem Organ des Staates werden."

Von der evangelischen Kirche ist die Auseinandersetzung mit dem Staate, wie Smend sagt, als die Beendigung des konstantinischen[102] Zeitalters der Nähe von Staat und Kirche empfunden worden. Ihre Lösung vom Staate hat sich aber, wie schon die Barmer Erklärung zeigt, auch theologisch akzentuiert. An die Stelle eines Verständnisses der Kirche als einer von heterogenem Recht gehaltenen und gestützten Gemeinschaft, ist der Rückgriff auf die frühchristliche Sicht der Gemeinde als die Versammlung des lebendigen Zeugnisses getreten und die derge-

[100] Über den Bruch von 1918 und das Wachstum der neuen Kirchenverfassungen siehe *Adolf Deichmann*, Reichsverfassung und Kirchenverfassung, 1931.

[101] Text bei *Wilhelm Niesel*, Bekenntnisschriften und Kirchenordnungen der nach Gottes Wort reformierten Kirche, 2. Aufl., Zürich - Zollikon 1946, S. 333 ff.

[102] *Smend*, ZevKR 1, S. 10. Ebenso *Hermann Diem*, Theologie als kirchliche Wissenschaft, 1951, S. 178.

stalt spiritualisierte Kirche steht dem Staate mit eigenem Anspruch und mit deutlicher Sonderung vor aller säkularen Verbindung gegenüber[103]. So nimmt die evangelische Kirche, wie es die katholische Kirche seit je unter dem Gedanken ihrer göttlichen Stiftung als societas perfecta tut, heute dem Staate gegenüber ein eigenes Recht und eine Autonomie in Anspruch, die nicht aus seiner Vergabung abgeleitet ist.

Das ist freilich nur die eine Seite. Nicht die Kirche und ihr Selbstverständnis, sondern der Staat und seine Anschauungen haben seit anderthalb Jahrhunderten das Staatskirchenrecht geprägt[104]. Aber auch in der Auffassung des Staates ist ein Wandel nicht verkennbar. Er ist zunächst zurückgekommen von der Stellung, die der totalitäre Staat den Kirchen gegenüber zu entwickeln suchte. Hier lag ein großangelegter Versuch vor, die Kirchen, nachdem der Versuch, sie in Abhängigkeit zu führen, mißlungen war, beiseite zu drängen und sie in ihrer Natur als Gemeinschaften öffentlichen und sichtbaren Bekenntnisses zu leugnen[105]. Der totalitäre Staat setzte zwar in manchem die liberale Tradition der Trennung von Staat und Kirche fort, aber er hatte doch im Grunde eine andere von seinem Wesen als Glaubensgemeinschaft[106] geprägte Anschauung. Da der totalitäre Staat eine weltliche Religion vertritt, da er die innere Bindung des Menschen an höhere Mächte leugnet, so suchte er die Kirche in einer polemischen Aufnahme von Tendenzen der Spiritualisierung und Individualisierung als rein innere Angelegenheit zu nehmen und sie dementsprechend aus der Öffentlichkeit wegzudrängen und in einen Winkel zu verbannen. Er versagte in fortschreitender Verschärfung der Kirche die Wirksamkeit in ihrer öffentlichen Aufgabe: Jugenderziehung, Caritas, Presse, Kundgebung, alles das wurde als Übergriff der Kirche in wesensmäßig säkulare und staatliche Bereiche bezeichnet. Der Liberalismus hatte zwar auch die Kirche aus der Sphäre der Verfassung und der anerkannten Öffentlichkeit verdrängen wollen. Aber er beläßt ihr den Raum der freien Verbandsbildung und der individuellen Freiheit; das ist in einem demokratischen Staatswesen genug zu einer weiten Entfaltung kirchlichen Lebens. Die Kirchen können ihrem Auftrag nach nicht darauf verzich-

---

[103] Vgl. *Diem,* S. 181 ff., 219 ff.

[104] Daran erinnert mit Recht *Köttgen,* in kritischer Mahnung gegen Smend, DVBl. 1952, S. 486.

[105] Eine eingehende Darlegung dieser Prinzipien des Dritten Reiches bei *Werner Weber,* Festgabe für Smend, 1952, S. 365 ff.

[106] Vgl. zum pseudo-religiösen Untergrund totalitärer Regime und ihrem Unterschied zu bloß autoritären (weltanschaulich neutralen oder gar religiös betonten) Regimen, *Waldemar Gurian,* The Review of Politics 14 (1952), S. 3 ff. Zur totalitären Geisteswelt grundlegend *J. L. Talmon,* The Origins of Totalitarian Democracy, London 1952 (über civil religion in der Epoche der Frz. Revolution) und die Bemerkungen bei *H. Gollwitzer,* Hist. Zeitschrift 173 (1952), S. 73 ff.

ten, über die innerkirchliche Verkündigung hinweg in die Öffentlichkeit zu wirken. Sie müssen dies als Pflicht ihres öffentlichen Auftrages, als Ausübung eines ihnen aufgegebenen Wächteramtes gegenüber dem Staat empfinden[107]. Wie ernst man auch auf evangelischer Seite — für die katholische Kirche ist das stets selbstverständlich gewesen — diese Rolle gegenüber dem Staate nimmt, mag eine Wendung aus der neuen Kirchenordnung bezeugen, die sich 1951 die Nederlandse Hervormde Kerk gegeben hat; dort wird in Art. 8 Ziff. 4 der Kirche aufgetragen, sich mit ihrer Arbeit der christlichen Durchdringung (kerstening) an Obrigkeit und Volk zu wenden, um das Leben nach Gottes Verheißungen und Geboten auszurichten[108].

Aber hat der Staat seine Anschauungen nicht auch verändert? Oder wandeln sie sich langsam? Kein Zweifel jedenfalls, daß die Flut des liberalen Denkens abgelaufen ist. Auch der heutige Staat tritt, so starke Reminiszenzen an früheres Denken in vielen Kreisen noch erhalten sind, von neuer Besinnung aus an die Fragen heran. Das gilt nicht nur für diejenigen Landesverfassungen, die wie etwa die bayerische Verfassung oder die Verfassung von Rheinland-Pfalz stärker von dem Christentum innerlich aufgeschlossenen Parteien gestaltet wurden. Man darf es wohl als eine tiefere, wenn auch noch schwer im einzelnen greifbare Strömung bezeichnen.

Einst haben nur kleine Kreise innerhalb der evangelischen Welt die tiefe Wendung des Kulturkampfes und seine Bedeutung für das staatliche Verständnis seiner Beziehung zur Kirche empfunden[109]. Heute ist die liberale Situation des Staates geistesgeschichtlich vergangen. Vorerst freilich ist seine Grundlage durch keine andere ersetzt. Aber auch der Staat ist innerlich in Bewegung. Ob die alte, von der Weimarer Verfassung vorausgesetzte Tendenz zunehmender Trennung im Sinne einer liberalen Sonderung noch voll gültig ist, bleibt ebenso offen wie Möglichkeiten, die sich mehr der amerikanischen Auffassung der Trennung eines im Grundsatz christlich gestimmten Staates von den Kirchen um der Gleichheit aller Bekenntnisse und um der Toleranz willen nähern[110]. Die Trennung in den Vereinigten Staaten, verfassungsrechtlich festgelegt, ist aus dem Geiste der Duldsamkeit erwachsen, nicht der Gegnerschaft zur Kirche.

---

[107] *Karl Barth,* Christengemeinde u. Bürgergemeinde, 1946. Siehe auch *Smend* zum Öffentlichkeitsanspruch, S. 13.

[108] Kerkorde, Ausg. 1951, S. 5. Dazu *Otto Weber,* in: Festgabe für R. Smend, 1952, S. 354.

[109] Dazu *H. Bornkamm,* Hist. Zeitschr. 170 (1950), S. 60 ff., der mit Recht aufweist, wie sehr der Staatsbegriff, selbst in der damaligen Auseinandersetzung, in die Krise geriet, S. 294 ff.

[110] Zu dieser Grundtendenz der amerikanischen Entwicklung siehe *Evarts B. Greene,* Religion and the State New York, 1951, S. 78 ff., 107 ff.

Diese kurzen Andeutungen mögen genügen. Zum Schluß mögen nur einige Fragen des heutigen Verhältnisses von Staat und Kirche kurz zusammengefaßt werden:

1. Entscheidend ist für die Gestaltung des Staatskirchenrechts das staatliche Recht. Es kann einseitig die Regelung vornehmen, es kann aber auch die Besonderheit der kirchlichen Autonomie berücksichtigen. Hier liegen Möglichkeiten eines neuen Ansatzes, der die kirchliche Selbständigkeit nicht mehr als eine vom Staat verliehene ansieht.

2. Noch verwendet der Staat den am Ausgang des 18. Jahrhunderts geprägten Ausdruck der Religionsgesellschaften, mit dem er die Kirchen auf gleichem Boden behandelt wie andere von ihm geschaffene oder eingefügte Körperschaften. Statt dessen wird es notwendig werden, zu erkennen, daß die Kirchen öffentliche Körperschaften nicht im normalen Sinne dieses terminus sind. Die Folgerungen für ihre öffentlich-rechtliche Stellung sind zwar mit diesem Begriffe umschrieben, und insofern behält er eine positive Anwendung[111], nicht aber ist ihr Wesen und ihr Grundverhältnis zum Staate damit erfaßt. Der Begriff der Körperschaft muß hier also in einem besonderen nichttechnischen Sinne ausgelegt werden[112].

3. Die Kirchen haben aus ihrem Auftrage heraus einen Anspruch auf Teilnahme am öffentlichen Leben. Er wird ihnen durch das heutige Staatskirchenrecht nicht verwehrt, in der Form ihrer Stellung als öffentliche Körperschaften, in der Gewähr theologischer Fakultäten im Kreise der geistigen Zentren der Hochschulen, der Feiertagsruhe und sozialer Betätigung sogar in gewissem Umfang gesichert. Darüber hinaus gewährt der Staat durch Staatsleistungen der Kirche Hilfe in dieser Arbeit. Er erkennt sie als Mitträgerin der sozialen Tätigkeit in seinen Organen und Ausschüssen an, er weist ihr in den Rundfunkunternehmen Sitze im Verwaltungsrat zu. Wenn solcher Art die Kirchen auch in das politische Leben mit vorsichtiger Äußerung, mit Rat und Mahnung herüberwirken, etwa zu Fragen der Erziehung, der Gestaltung des Eherechts usw. Stellung nehmen, so treten sie damit nicht auf den gleichen Boden wie Interessengruppen[112]. Sie erfüllen niemals einen nur in ihrer Natur als gegenwärtige Organisationen mit weltlichen Interessen liegende Anregung, sondern sie gehorchen einem weiteren Auftrage, der am Menschen und seinem Los einen tieferen Anteil nimmt.

---

[111] Zu dieser Deutung des Begriffes öffentliche Körperschaft für die Kirchen jetzt *Forsthoff*, Lehrbuch des Verwaltungsrechts, 2. Aufl. 1951, S. 373, Anm. 2; *Smend*, S. 13.

[112] Bedenklich daher die Gleichstellung mit politischen Ständen und Gruppen bei *Werner Weber*, Spannungen und Kräfte im westdeutschen Verfassungsleben, 1951, S. 57, wo sie als „Oligarchien" erscheinen. Dazu siehe auch *Köttgen*, S. 487.

4. Grundlage der heutigen Haltung des Staates bleibt unveränderlich die Toleranz, auch gegenüber weltanschaulich von den Kirchen entfernten Gruppen, auch gegenüber kirchlichen Abspaltungen, Sekten und Weltanschauungsgemeinschaften. Sie ist ein Erbe, das der Staat auch nach Ablauf liberaler Strömungen festhält, denn sie wurzelt in älteren und tieferen Gedanken.

Die Gleichheit der Gemeinschaften dagegen ist in Weimar faktisch nicht hergestellt worden, und die Gliederung der verschiedenen Religionsgesellschaften bleibt merkbar aufrechterhalten[113]. Sie zeigt sich vor allem in der Tatsache, daß der Staat einigen von ihnen gegenüber, den großen geschichtlichen Kirchen, sich vertraglich gebunden hat. Wiewohl das Grundgesetz sich vorsichtig von einer Entscheidung der Frage nach der Fortgeltung der Konkordate zurückhält (Art. 123), haben nicht nur einige Landesverfassungen diese Fortgeltung bejaht — wobei ihre Kompetenz dahingestellt bleiben mag —, sondern auch die Lehre geht von dieser Fortdauer aus. Sie stützt sich darauf, daß die Landeskonkordate zu Bestandteilen des Reichskonkordats wurden, dies aber nach der Lehre von der Rechtskontinuität des deutschen Staates erhalten geblieben ist und Fortgeltung besitzt, als seine Bestandteile daher auch die einzelnen Konkordate, die mindestens, soweit der Partner (Preußen, Baden) hinweggefallen ist, als objektives Recht Fortgeltung beanspruchen[114]. Diese wichtige Entscheidung zugunsten der fortdauernden Konkordatsbindung hat für das Verhältnis des Staates sowohl zur katholischen Kirche, die das Reichskonkordat im ganzen Gebiete sichert, wie zu den evangelischen Landeskirchen, die an einzelnen Landesverträgen beteiligt waren, große Bedeutung. Die Praxis hat sich auf diesen Boden der Fortdauer gestellt. Um nur eine außenpolitisch bedeutsame Wirkung zu bezeichnen, sei erwähnt, daß das Reichskonkordat in Art. 11 die „gegenwärtige Diözesanorganisation und -zirkumskription der katholischen Kirche im Deutschen Reich" beiderseits bindend festlegt. Daraus folgt, daß ihrem alten Brauche entsprechend die katholische Kirche gehalten ist, solange nicht verbindliche internationale Vereinbarungen den territorialen Bestand des Deutschen Reiches geändert haben, diese Einteilung nicht zu verändern. Der Vatikan ist dieser Verpflichtung bisher nachgekommen, sowohl im Osten wie an der Saar, wenn auch der polnische Episkopat unter scharfem Druck des polnischen Staates sich zu einem Abkommen vom 14. 4.

---

[113] Siehe *Köttgen*, S. 488 und zu der erheblichen praktischen Bedeutung dieser Stellung in Dienstrecht, Steuerrecht usw. *Bopp*, DÖV 1952, S. 516, sowie *Werner Weber*, Die Ablösung der Staatsleistungen an die Religionsgesellschaften, 1948, S. 54 ff.

[114] Zur Fortgeltung der Konkordate siehe *Werner Weber*, Ablösung der Staatsleistungen, S. 30 ff., und *Joseph H. Kaiser*, Die politische Klausel der Konkordate, 1949, S. 90 ff.

1950 bereit gefunden hat[115], in dem er die vom polnischen Staat gewünschte und angeordnete neue Einteilung der Diözesen in den deutschen Ostgebieten annimmt und sich in Rom für ihre Anerkennung einzusetzen zusagt. Der Vatikan hat hierzu bis heute keine Stellung genommen, und man darf erwarten, daß er die Bindungen des Reichskonkordates getreulich einhalten wird.

---

[115] Nähere Darlegungen bei *Arthur W. Just,* Kirchenpolitik in Polen, in Außenpolitik 3 (1952), S. 510/11.

Zur Systematik und Auslegung der Grundrechte

17. Die Auslegung des Art. 5 GG sieht sich, wie die bisherigen Darlegungen gezeigt haben, einer gewissen Schwierigkeit gegenüber. Der volle Gehalt der Pressefreiheit kann nicht allein in dem individuellen Recht der freien Äußerung in der Presse aufgefangen werden. Um die ganze Tragweite der Pressefreiheit als eines Bestandteils des öffentlichen Lebens zu erfassen, ist es notwendig, ihre institutionellen Momente herauszuarbeiten, d. h. die Elemente objektiven Rechts, die in den grundrechtlichen Sätzen zugleich enthalten sind. Das Nebeneinander der grundrechtlichen individuellen Freiheiten und der institutionellen Garantien wirft grundsätzliche Probleme der Interpretation grundrechtlicher Bestimmungen auf. Nicht mit Unrecht hat ein neuerer Bearbeiter des Themas[95] von der komplizierten Rechtsproblematik der Pressefreiheit und der Gefahr interpretativer Irrtümer gesprochen. Art. 5 GG führt mitten hinein in Grundfragen der Verfassungsinterpretation, die es daher hier geboten erscheinen lassen, in einem Umweg einige grundlegende Gedanken zu diesem allgemeinen Problem zu entwickeln. Das gilt um so mehr, als die folgende Auslegung mit ihrer starken Betonung der institutionellen Seite wie auch in anderer Hinsicht von manchen Linien der heute herkömmlich gewordenen Auslegung abweicht.

Das Grundgesetz ist als Ganzes in einer gewissen Antithese zur Weimarer Verfassung entstanden, und so hat auch seine Grundrechtsauffassung sich deutlich von der der Weimarer Epoche abgesetzt. Davon zeugen zunächst die Betonung der unmittelbar verbindlichen Natur der grundrechtlichen Festsetzungen in Art. 1 Abs. 3 sowie der naturrechtliche Einschlag in Art. 1 Abs. 2 GG. Aber vielleicht sind in diesen Bestimmungen doch auch gewisse Nachwirkungen der früheren Auffassung in den Anschauungskreis des Grundgesetzes eingegangen. Unter der Weimarer Verfassung erschien es als eine Hauptfrage, ob die Grundrechtssätze bloße Programmerklärungen oder bindende rechtliche Vorschriften seien. Im Zusammenhang mit dieser Fragestellung

Aus: Veröffentlichungen der Vereinigung der Deutschen Staatsrechtslehrer, Heft 22 (1965), S. 33 - 62 (Auszug aus: Pressefreiheit, in: VVDStRL 22, S. 1 - 100). — Als für die allgemeine Grundrechtsinterpretation bedeutsam ist hier nur der diesen allgemeinen Problemen gewidmete Teil des sonst in den VVDStRL leicht zugänglichen Referates abgedruckt.

[95] Vgl. *Dagtoglou,* Wesen und Grenze der Pressefreiheit, 1963, S. 13, 28.

hat Richard Thoma seine Lehre entwickelt, die das Problem der Begrenzung der Grundrechte an dem Gehalt ihrer Festigkeit gegenüber Gesetz, Verordnung oder Polizeigewalt maß[96]. Schon klang auch bei Thoma bereits die Vorstellung eines umfassenden, aus dem Rechtsstaatsgedanken abgeleiteten Freiheitsrechtes an, wie man es heute meint in Art. 2 GG finden zu können[97]. Vor allem aber machte sich schon in der Zeit nach 1918 die Neigung geltend, im Bestreben nach Festigung der aktuellen rechtlichen Geltung der Grundrechte, nach der direkten Einwirkung einzelner Grundrechtssätze auf die bestehende Gesetzgebung zu fragen. Gegen diese Tendenz, Grundrechtsbestimmungen wie Novellierungen zu geltenden Gesetzen zu behandeln, möchte ich mich zuerst wenden[98]. Das bedeutet nicht eine Ablehnung des Prinzips, daß bestehendes Recht künftig am Grundgesetz zu messen ist. Das Bedenken liegt vielmehr darin, daß der Maßstab des Vergleiches gewissermaßen dem als reformbedürftig aufgefaßten bisherigen Recht, statt der neuen Wertsetzung der Grundrechte entnommen wird[99]. Am deutlichsten läßt sich dieser Vorgang einer am bisherigen Gesetzesstand orientierten Interpretation des Grundgesetzes bei der Anwendung von Art. 12 GG erkennen. In der grundlegenden Entscheidung zum Apothekenrecht hat das Bundesverfassungsgericht mit Erfolg danach gestrebt, sich von einem solchen Wege der Anlehnung an das bisherige Recht

[96] Vgl. *Richard Thoma*, Grundrechte und Polizeigewalt, in: Festgabe zum 50jähr. Bestehen des Preuß. Oberverwaltungsgerichts, Berlin 1925, S. 183 ff., 191 ff.; *ders.*, in: *Nipperdey*, Die Grundrechte u. Grundpflichten der Reichsverfassung, Bd. 1, 1929, S. 33 ff. Übernahme dieser Kategorien auch bei *Anschütz*, Die Verfassung des Deutschen Reichs, 14. Bearb., Berlin 1933, S. 517 f.

[97] Vgl. *Thoma*, in: *Nipperdey*, Bd. 1, S. 15 - 20; *ders.*, in: *Anschütz / Thoma*, Handbuch d. Deutschen Staatsrechts, Bd. 2, 1932, S. 619 f.

[98] Gegen diese Tendenz, Grundrechte als technische Gesetzesänderungen aufzufassen, bereits *R. Smend*, in: VVDStRL 4 (1928), S. 45 ff.

[99] Da die Verfassung mit rechtlichen Begriffen arbeitet und vorhandene Verhältnisse im Auge hat, muß sie unvermeidlich in erheblichem Umfang sowohl bestehende rechtliche Begriffe wie gesetzliche Regelungen zur Voraussetzung machen oder von ihnen ausgehen, ohne sie damit normativ verfestigen oder umgekehrt ändern zu wollen. Solche Erwähnungen, Verweisungen oder Übernahmen durchziehen die ganze Verfassung. Auf das Problem ist schon die Weimarer Epoche aufmerksam geworden: *Albrecht Buschke*, Die Grundrechte der Weimarer Verfassung in der Rechtsprechung des Reichsgerichts, Berlin 1930, S. 40 ff. Neuerdings hat *Walter Leisner* ihm eine eindringliche Behandlung gewidmet: Von der Verfassungsmäßigkeit der Gesetze zur Gesetzmäßigkeit der Verfassung, Tübingen 1964; *ders.*, Die Gesetzmäßigkeit der Verfassung, JZ 1964, S. 201 ff. Er fordert — wohl etwas zu weitgehend — Verselbständigung der verfassungsrechtlichen Begrifflichkeit. Aufruhen der Verfassung auf der Gesetzesbasis ist nicht an sich bedenklich. Das Grundverhältnis ist differenzierter gesehen, auch im Sinne der nötigen Ausgestaltung und Erfüllung der Verfassung durch das einfache Gesetz, bei *Peter Häberle*, Die Wesensgarantie des Art. 19 Abs. 2 Grundgesetz, Karlsruhe 1963, S. 180 ff. Vgl. zum Problem auch BVerfG, DVBl. 1964, S. 353 ff.

fernzuhalten, und das Grundrecht frei und einheitlich aus sich selbst zu verstehen[100]. Indem es hierbei aber dennoch gewerberechtlichen Reminiszenzen in den einzelnen Merkmalen folgte — Verwendung des Gefahrenbegriffs[101], einfache Gleichsetzung der Berufsfreiheit des Art. 12 GG mit der Gewerbefreiheit[102], Betrachtung regelnder Ausgestaltung des Grundrechts als Einschränkung schlechthin[103] — und in der Betonung der freien Berufswahl (Zulassung) wiederum die Gewerbefreiheit in die Mitte rückte, hat es in der Folge der Verstrickung in Einzelfragen des Gewerberechts nicht immer ausweichen können. So ist die Rechtsprechung dazu gelangt, die Hinzunahme des Milchhandels in einem Lebensmittelgeschäft als Berufswahl[104] anzusehen, dagegen die Aufnahme der Führung von rezeptpflichtigen Arzneien durch Drogisten nur als Frage der Berufsausübung zu betrachten[105]. Auch die Rechtsprechung zu Art. 101 GG streift wohl die Grenze zu Problemen, in der in der gewiß ernst zu nehmenden Frage der ordnungsgemäßen Besetzung der Gerichte aus der Verfassung gesetzesreformerische Tendenzen in die Auslegung einfließen[106]. Es ist ein richtiger Grundsatz, daß an den grundlegenden objektiven Gehalten, die in der Wertordnung der Grundrechte verkörpert sind, auch das einfache Gesetzesrecht zu messen ist[107]. Aber die von der Verfassung aufgestellten Maßstäbe und

[100] BVerfGE 7, S. 377 ff.

[101] BVerfGE 7, S. 377, 406.

[102] BVerfGE 7, S. 377, 399. Glücklicher die Definitionen dort S. 402. Gegen diese Deutung auch *Ehmke*, VVDStRL 20 (1963), S. 92.

[103] BVerfGE 7, S. 403, wo die Ordnungsbefugnis des Gesetzgebers allzusehr nur als Einschränkung gesehen wird. Richtig dagegen die Handwerksentscheidung BVerfGE 13, S. 97, 122, wo mit Recht gesagt wird: „Art. 12 Abs. 1 setzt selbst die Notwendigkeit gesetzlicher Regelungen voraus."

[104] BVerfGE 9, S. 39. Vgl. auch BVerwGE 2, S. 345.

[105] BVerfGE 9, S. 73. Das Ergebnis dieser Unterscheidung ist richtig, aber die Begründung überzeugt nicht. Denn für das Lebensmittelgeschäft ist der Milchhandel u. U. ebenso peripher, wie nach der Ansicht des BVerfG der Arnzneiverkauf für den Drogisten. Dabei bleibt fraglich, ob wirklich dies Verbot nicht die Substanz des Drogistengeschäfts berührt (S. 79). Entscheidend ist vielmehr, daß hier überragende Gründe des Gemeinwohls, die ein wesentliches Gemeinschaftsgut (Gesundheit) sichern, für die bestehende Regelung sprechen (vgl. BVerfGE 7, S. 406). — Wie sehr die gewählten Maßstäbe die Gerichte in gewerberechtliche Detailprobleme hineinziehen, zeigt auch die Meinung, daß zwar die Zahl der Autodroschken (Taxi) begrenzt werden darf, nicht aber die von Mietwagen (die oft eine ähnliche Rolle erfüllen). Vgl. BVerwGE 1, S. 92 u. 171 gegen BVerwGE 1, S. 97 u. 165. Vor allem BVerfGE 11, S. 168, 184/185. Man kann zwar den wirtschaftspolitischen Erwägungen dieser Unterscheidung folgen, muß sich aber fragen, ob hier nicht die Reichweite des Verfassungsrechts allzu weit ausgedehnt wird. Vgl. auch die Stellungnahme zum Kassenarzt (BVerfGE 11, S. 30) und zur Zulassung von Chefärzten der Krankenhäuser zur Kassenpraxis (BVerfGE 16, S. 286).

[106] Vgl. die Entscheidungen BVerfGE 4, S. 331; 14, S. 156; 15, S. 245; ferner BVerfG, in: DVBl. 1964, S. 395, 629.

Richtweisungen sollten nicht in zu großer Nähe zum bisherigen Recht entwickelt werden, wo dies die Verfassung selbst nicht erkennbar im Sinne hat[108].

18. Der richtige Grundgedanke, daß die Grundrechte eine für die ganze Rechtsordnung grundlegende und richtungweisende Reihe von Wertmaßstäben festlegen, darf allerdings nicht interpretativ überanstrengt werden. Das geschieht dort, wo man sich nicht damit begnügt, die in den Grundrechten niedergelegten, auch das überkommene Recht ergreifenden Regeln und Prinzipien zu ermitteln, sondern ein Streben nach tunlichst weiter Ausdehnung grundrechtlicher Bindung verfolgt wird, das sich in entsprechenden Formeln einer absoluten Erstreckung der Freiheitsverbürgungen oder etwa in dem auf der Freiburger Tagung dieser Vereinigung aufgestellten, aber kritisch aufgenommenen Satze „in dubio pro libertate" ausprägt[109]. Eine solche Tendenz wird namentlich auch dort erkennbar, wo man die Grundrechte in ein lückenloses Anspruchssystem umdenken möchte, wo man den Sinn der Grundrechte in einem Wert- und Anspruchssystem erblickt und dementsprechend dazu neigt, die Wertentscheidungen der grundrechtlichen Sätze alsbald in klingender Münze in Ansprüche aufzufächern[110]. Hier

---

[107] In diesem Sinne BVerfGE 13, S. 318, 325: „Doch hat jeder Richter bei Auslegung und Anwendung einfachen Rechts den Einfluß der Grundrechte auf alle Bereiche des einfachen Rechts zu beachten."

[108] Zu diesem Punkt siehe *Leisner,* Von der Verfassungsmäßigkeit der Gesetze, S. 20 ff. Vgl. auch *Zippelius,* Wertungsprobleme im System der Grundrechte, München 1962, S. 89.

[109] Diesen Gedanken hat *Peter Schneider* seiner Sicht der Freiheitsrechte zugrundegelegt. Vgl. „In dubio pro libertate", in: Hundert Jahre Deutsches Rechtsleben, Festschrift Dt. Juristentag, Bd. 2, Karlsruhe 1960, S. 263 ff.; *ders.,* in: VVDStRL 20 (1963), S. 31 ff. Kritisch hiergegen dort *Ehmke,* S. 86 f. Als Versuch, die allgemeine, naturrechtliche Freiheit ins positive Recht zu überführen, hat auch *Hans Huber,* Die Garantie der individuellen Verfassungsrechte, ZSR 1936, S. 119 a, diesen Gedanken abgelehnt. Gegen eine vereinfachende Lehre der Grundrechtseffektivität auch *Graf v. Pestalozza,* Der Staat 2 (1963), S. 443 ff.

[110] Hier scheinen mir die Bedenken gegen den Ansatz der Grundrechtskonzeption *Dürigs* zu liegen, der für einen lückenlosen Schutz der unteilbaren Freiheit (*Maunz / Dürig,* Grundgesetz, Rdnr. 3 zu Art. 2) und für ein Wert- und Anspruchssystem (Rdnr. 5 zu Art. 1) eintritt, aus dem dann jede praktisch werdende weitere individuelle Freiheit ohne weiteres ableitbar wird (Rdnr. 6 zu Art. 2). Trotz beigefügter Vorbehalte und Einschränkungen (vgl. Rdnr. 29 zu Art. 1) steckt in dieser Auffassung eines allgemeinen „Auffangrechts" für alle Freiheiten von unbegrenzter Ausdehnung, das *Dürig* in Art. 2 GG sehen will, eine extensive Konzeption der Grundrechte als eines Systems negativer unbegrenzter Freiheit, der nur von außen her gewisse Schranken gezogen werden können. Damit wird nicht nur die historische Entstehung und Spezialisierung einzelner Freiheitsverbürgungen verkannt, sondern auch Freiheit als Lösung von jeder Bindung mißverstanden. Mit dieser Kritik soll nicht die Möglichkeit systematischer Zusammenschau der Grundrechte abgelehnt werden, wohl aber ihre Deutung als „lückenloses"

wird dem Ganzen der aus einzelnen Verfestigungen freiheitlicher Positionen bestehenden Grundrechte ein geschlossenes System unterlegt[111]

oder geschlossenes System, noch dazu mit zusätzlicher Ausdehnungsfähigkeit (wie hier *Ehmke,* VVDStRL 20, S. 88 ff.). Bedenken empfinde ich daher auch gegen die Neigung der schweizerischen Rechtslehre, in die Reihe der vorhandenen Grundrechte ergänzende Rechte aus dem System hinzuzufügen (vgl. *Zaccaria Giacometti,* Die Freiheitskataloge als Kodifikation der Freiheit, Zürich 1955, S. 7 ff. und hierzu *Hans Huber,* ZSR 1936, S. 118 a ff.). Die hier anstehenden Probleme einer neu auftretenden sozialen Problematik können teilweise ihre Lösung finden aus der Einsicht, daß in manchen Fällen einzelne Grundrechte zugleich auch Teilbereiche anderer Verbürgungen decken oder gar auswechselbar sind. So kann z. B. für die Eigentumsgarantie des Art. 14 GG, die im schweizerischen Verfassungsrecht fehlt, dort die stark auf den Schutz bestehender wirtschaftlicher Positionen abgestellte Gewerbefreiheit (Art. 31) oder auch der Gleichheitssatz (Art. 4) eine ähnliche Schutzfunktion übernehmen (siehe dazu die wichtigen Darlegungen von *Hans Huber,* in: Jus et Lex, Festgabe für Max Gutzwiller, Basel 1959, S. 543 ff.). Das wirft auch das hier nicht zu verfolgende Problem auf, wie sich Gewerbefreiheit und Eigentum zueinander verhalten. Es ist vom BVerfG im Urteil v. 13. 2. 1964 (Apothekenmehrbesitz) berührt worden (DÖV 1964, S. 454), brauchte aber im Zusammenhang dieses Urteils nicht behandelt zu werden. Man wird vorerst vielleicht sagen können, daß die Eigentumsgarantie die aktivierte wirtschaftliche Erwerbsposition sichert, daß sie aber dort nicht eingreift, wo nur Chancen vorliegen oder wo die Berufsfreiheit als solche keinen Schutz vor einschränkendem oder sicherndem Staatseingriff gewährt.

[111] Im tieferen Grunde liegt hier ein Gegensatz der methodischen Auffassung vor. Auf der einen Seite die Einsicht, daß gerade für die Grundrechte die an den Kodifikationen des 19. Jahrhunderts entwickelte systematisch-abstrahierende Auslegung — gleich ob sie den subjektiven Willen des Gesetzgebers oder die objektive Sinngebung des Gesetzes (wie das BVerfG, vgl. Entsch. Bd. 1, S. 299, 312) zum Ausgang nimmt — wegen der Natur der Grundrechte als gesonderter Verstärkung bestimmter Rechtsgarantien keine brauchbare Lösung ergibt und daher nirgends wie hier eine Anwendung des Stils der Topik sich anbietet. Zur Topik siehe *Theodor Viehweg,* Topik und Jurisprudenz, 2. Aufl., München 1963; *Richard Bäumlin,* Staat, Recht und Geschichte, Zürich 1961, S. 26 ff.; *Graf von Pestalozza,* Der Staat 2 (1963), S. 429 f. Hier wird eine spezifisch verfassungsrechtliche Hermeneutik ins Auge gefaßt, die sich an Problemen, Zusammenhängen und Prinzipien orientiert, nicht aber an der Herstellung einer logisch oder scheinlogisch ableitbaren Systemeinheit. Auf der anderen Seite die Auffassung, daß die Auslegung der Grundrechte sie zu einem obersten, möglichst umfassenden und generellen System der Freiheit zu entfalten habe (in diesem Sinne etwa *Dürig,* AöR 81 [1956], S. 121 ff.). Typisch für diese Tendenz ist die Rechtsprechung des BVerfG zu Art. 2 GG. Sie versteht Art. 2 im Sinne eines allgemeinen Freiheitsrechts und eines Ursprungs aller Freiheiten (BVerfGE 6, S. 32, 36 ff.), nimmt aber auf der anderen Seite diese Freiheit durch die Subsumierung aller rechtsstaatlich einwandfrei zustande gekommenen Gesetze wieder zurück (BVerfGE 6, S. 32, 36 ff.; 10, S. 89, 102; 10, S. 354, 363; 16, S. 286, 304). Daß diese Rechtsprechung nicht das letzte Wort zu Art. 2 GG sein kann, sondern daß hier nur mit einer Akzentverlagerung auf den persönlichkeitsrechtlichen Kern des Grundrechts weiterzukommen ist, ist evident, und darin liegt der richtige Ansatz von *Hans Peters,* Das Recht auf freie Entfaltung der Persönlichkeit in der höchstrichterlichen Rechtsprechung (Arbeitsgem. f. Forschung NRW Heft 109, Köln 1963), der aber seinerseits darin zu weit geht, daß er aus Art. 2 auch wesentliche, z. B. wirtschaftliche Freiheitsbetätigungen ausschließt und ihn zu stark auf das Kerngebiet der Persön-

und die Neigung gefördert, die Grundrechte als eine über alle Rechtsmaterien sich erhebende Superkodifikation zu verstehen, so daß in immer weiterem Umfang rechtliche Fragen nicht an Hand der präzisen Normierungen der Gesetze, sondern durch eine Auslegung der Grundrechtssätze einer Lösung zugeführt werden[112]. Eine solche Auffassung verkennt, daß sowohl das Zivilrecht wie das öffentliche Recht in weitem Umfang der näheren Durchformung jener Grundsätze dient, die die Grundrechte enthalten, diese vom Gesetzgeber vorgenommene Ausprägung der grundrechtlichen Gehalte — von erkennbaren Überschreitungen abgesehen —, nicht nochmals durch eine extensive Grundrechtsinterpretation „überformt" werden sollte. Gewiß gibt es in allen Grundrechtskatalogen Einzelbestimmungen, die unmittelbar novellierende Bedeutung haben — im Grundgesetz mögen Art. 3 Abs. 2 oder Art. 16 Abs. 1 Satz 2 als Beispiele angeführt werden — aber die weite Ausdeutung grundrechtlicher Vorschriften bis zur Lösung von Einzelfragen birgt dort, wo es nicht um bereits spezielle Sätze, sondern um die allgemeinen Prinzipien des Grundrechts geht, auch die Gefahr in sich, daß eine solche Interpretation die Rechtsentwicklung unnötig hemmt und einengt. Die Geschichte der Rechtsprechung des amerikanischen Supreme Court ist hier ein warnendes Beispiel, besonders auf wirtschaftlichem Gebiete. Es genüge, an seine Stellungnahme zur Frage der Arbeitszeit[113] und zu den Mindestlöhnen[114] zu erinnern, die

---

lichkeitsentfaltung begrenzt (S. 47 ff.). — Gegen das Denken von einem geschlossenen System her siehe auch *Ehmke*, S. 82 ff., 89 f. Das System wird vielmehr erst im Sinne der Ganzheit einer Verfassung in der Auslegung und Anwendung verwirklicht. Vgl. *Häberle*, Die Wesensgehaltgarantie des Art. 19 Abs. 2 Grundgesetz, Karlsruhe 1963, S. 4 f.; *Jörg Paul Müller*, Die Grundrechte der Verfassung und der Persönlichkeitsschutz des Privatrechts, Bern 1964, S. 78.

[112] Wenn das Bundesarbeitsgericht (NJW 1962, S. 1981) einen normalen Fall der Karenzzeit für kaufmännische Angestellte (gegen Gehaltszahlung) nicht an den ausreichend im Zivilrecht ausgebildeten Grundsätzen der Sittenwidrigkeit mißt, sondern ausführliche (ergebnislose) Darlegungen zu Art. 12 GG unternimmt, so könnte man einen solchen Fall der Überinterpretation annehmen.

[113] In einer extensiven Ausdeutung der Vertragsfreiheit der Due Process of Law Klausel erklärte der Supreme Court in Lochner v. New York 198 US 45 (1905) ein Gesetz des Staates New York für eine Verkürzung dieser Freiheit, das die Arbeitszeit für Bäckereien auf 10 Stunden täglich begrenzte, für verfassungswidrig. Es dauerte bis 1917, bis dieser Standpunkt sukzessiv aufgegeben war. Vgl. hierzu *Merle Fainsod, Lincoln Gordon* und *Joseph C. Palamountain*, Government and the American Economy, 3. Aufl., New York 1959, S. 77; *Ernst Wolf*, Verfassungsgerichtsbarkeit und Verfassungstreue in den Vereinigten Staaten, Basel 1961, S. 127 ff.; *Horst Ehmke*, Wirtschaft u. Verfassungsrechtsprechung des Supreme Court zur Wirtschaftsregulierung, Karlsruhe 1961, S. 345 ff.

[114] Noch 1923 erklärte der Supreme Court wiederum auf Grund des Due Process und der „Laissez-faire"-Doktrin, ein Gesetz über Mindestlöhne zum Schutz der Arbeiter für verfassungswidrig (Adkins v. Children's Hospital

längere Zeit den sozialen Fortschritt in der Gesetzgebung aufgehalten hat. Gerade auf wirtschaftlichem Gebiete, wo wechselnde Verhältnisse und Anschauungen eine hohe Beweglichkeit des sozial entscheidenden Gesetzgebers erfordern, können zu enge verfassungsrechtliche Begrenzungen zur Erstarrung führen. Grundrechte sind ihrem Wesen nach die Festlegung grundlegender Freiheitsverbürgungen und prinzipieller objektiver Wertmaßstäbe. Sie setzen Grenzen, aber sie gewähren auch einen in der Regel weiten Raum gesetzgeberischer Freiheit der Gestaltung[115].

19. In einem zweiten Punkt kann ich mich kürzer fassen. Aus der Interpretation der Weimarer Periode übernahm die Grundrechtsinterpretation das Denken im Gegensatz von grundsätzlicher Freiheit des einzelnen und beschränkender Staatsgewalt. Hier hat seinerzeit Thoma den Weg gewiesen, der das objektive Prinzip des Rechtsstaates zu einem allgemeinen Anspruch umformte, frei von Eingriffen ohne gesetzliche Grundlage zu bleiben. Damit wird nur das objektive Prinzip des Rechtsstaats in einen subjektiven Anspruch umgewandelt. Das hat eine gewisse Nützlichkeit für die Konstruktion einer vom Anspruchsdenken her aufgebauten Verwaltungsgerichtsbarkeit. Im Verfassungsrecht bedeutet diese Lehre indes — ich darf hier Hans Huber zitieren[116] — „nichts anderes als der Versuch, die allgemeine naturrechtliche Freiheit in das positive Recht zu überführen, neben den sachlich bestimmten auch eine allgemeine Freiheit anzunehmen". Gegenüber der Gesetzgebung muß diese Konzeption leer laufen, und so hat denn auch das Bundesverfassungsgericht die Auslegung des Art. 2, die es in diesem Sinne als allgemeines Freiheitsrecht deutet, damit pariert, daß es jedes verfassungsgemäß zustandegekommene Gesetz als Einschränkung anerkennt.

Die Auffassung einer solchen ursprünglichen und allgemeinen Freiheit[117], anstelle bestimmter, um spezifische Bereiche konzentrierter

---

261 US 525), und erst 1937 brachte ein Wechsel der Mehrheit im Gericht die Abwendung von dieser Haltung (West Coast Hotel Co. v. Parrish 300 US 379). Vgl. *Fainsod*, S. 165 f.; *Wolf*, S. 132 ff.; *Ehmke*, S. 349 ff.

[115] Hierzu vor allem die Klärungen bei *Häberle*, S. 180 ff., zum Unterschied der einschränkenden und der ausgestaltenden Rolle des Gesetzgebers. Auch das Bundesverfassungsgericht erkennt eine „Entschließungsfreiheit" des Gesetzgebers an (vgl. BVerfGE 9, S. 250, 255; 14, S. 288, 312), obwohl es hier in einem weniger glücklichen Sprachgebrauch auch immer noch den Begriff des Ermessens verwendet (z. B. Bd. 10, S. 229, 246).

[116] ZSR 1936, S. 119 a.

[117] Zu welchen manchmal fehlgehenden Folgerungen die Vorstellung unbegrenzter Freiheiten führt, mag ein Beispiel aus dem Bereich der Meinungsfreiheit zeigen. *Löffler* meint bei Behandlung des Verbots des Verkaufs von Studentenzeitungen im Hochschulbereich (NJW 1961, S. 529 ff.) in bezug auf das „Unterwerfungsverhältnis" (S. 630): „Auch für Studenten er-

Freiheitsverbürgungen, verträgt sich auch nicht mit der vom Bundesverfassungsgericht ausgesprochenen Einsicht[118], daß im Grundgesetz nicht das Menschenbild „eines isolierten souveränen Individuums" obwaltet, sondern eine Gemeinschaftsgebundenheit der Person anzuerkennen ist. Jede Freiheit ist eine Freiheit im Recht, d. h. innerhalb einer menschlichen Gemeinschaft. Der freie Mensch kann diese Freiheit immer nur innerhalb einer Gemeinschaft gewinnen und üben. Es ist kaum nötig, in diesem Zusammenhang auf die Kritik hinzuweisen, die Hegel an der Vorstellung einer nicht an der sittlichen Pflicht substantiierten abstrakten Freiheit übt[119], oder auf Jaspers Bezug zu nehmen, bei dem es über das „Phantom der absoluten Freiheit" heißt: „Jede Freiheit, die Freiheit eines Einzelnen ist, muß aber im Gegensatz stehen, sich im Prozeß und Kampf entfalten, und darum immer beschränkt sein[120]." Im Grunde läuft die heute weithin angewandte Deutung der Freiheitsrechte, die sie möglichst absolut und weit zu deuten sucht, auf jene naturrechtliche Regel hinaus, die die französische Verfassung von 1791 in ihrem Artikel 4 dahin formulierte, daß jeder alles tun dürfe, was nicht andere schädige. Aber dieser Artikel schließt mit dem Satze:

„Ces bornes ne peuvent être déterminés que par la loi."

Schon diese allgemeine naturrechtlich fundierte Freiheit führte also, ebenso wie die allgemeine Handlungsfreiheit des Art. 2 GG in der herrschenden Auslegung, nur zu der Erkenntnis, daß der Zusammenstoß aller dieser unbegrenzten Rechte mit benachbarten Befugnissen allein durch das Gesetz gelöst werden könne[121]. Für das Verständnis der historisch umgrenzten, auf spezifische Lebensbereiche abgestellten Freiheiten ist damit nichts gewonnen.

---

gibt sich z. B. aus der Natur der Sache, daß z. B. die reibungslose Durchführung der Vorlesungen eine Einschränkung des Grundsatzes der Redefreiheit des einzelnen (Art. 5 Abs. 1 GG) erfordert." Natürlich besteht in jeder akademischen Diskussion volle Freiheit der Meinungsäußerung des Studenten. Wenn er in der Vorlesung nicht „durcheinanderredet" oder Seminar und Übung einen geordneten Diskussionsgang kennen, so gehört das nicht zur Beschränkung der „Redefreiheit" oder Meinungsäußerung, sondern zum Anstand und zur natürlichen Ordnung gesellschaftlichen Zusammenlebens.

[118] BVerfGE 4, S. 7, 15.

[119] Siehe *Hegel*, Philosophie des Rechts. Hrsg. v. J. Hoffmeister, 4. Aufl. Hamburg 1955 (Philos. Bibl. 104 a), §§ 149, 153 - 157.

[120] *Karl Jaspers*, Philosophie, 3. Aufl., Bd. 2, 1956, S. 193. Daselbst weiter S. 195: „Absolute Freiheit ist schließlich sinnwidrig: Freiheit wird leer, wo sie ohne Gegensatz ist; sie ist im Gegensätzlichen als Prozeß."

[121] Im Grunde handelt es sich bei dieser allgemeinen vom Naturrecht angenommenen Freiheit um eine Formel für den vorgesellschaftlichen Zustand. Im gesellschaftlichen Dasein gilt natürlich der Grundsatz, den wir schon bei *Achenwall*, Prolegomena Iuris Naturalis, Göttingen 1763, § 84, umschrieben finden mit der alten Formel: „quae tibi non vis fieri alteri ne feceris." Für alle praktischen Zwecke liegt aber damit nur eine leere Formel vor.

20. In enger Beziehung zu der Vorstellung einer allgemeinen ursprünglichen Freiheit steht die Neigung, alle Grundrechte in ein einheitliches geschlossenes System zu fassen und entweder Art. 2 GG für sich oder die ersten drei Artikel des Grundgesetzes zu Hauptfreiheitsrechten zu erheben[122]. Ihm gegenüber stellen dann die anderen Grundrechte nur spezielle Ausformungen und Ausstrahlungen dar, gewissermaßen Folgerungen aus einem allgemeinen Prinzip des status negativus[123]. Die Folge dieser Auffassung wäre es, Art. 2 GG gegenüber den besonderen Ausprägungen des Freiheitsgedankens für subsidiär zu erklären[124]. Dieses Systemdenken ist indes ebenso grundsätzlich unrichtig wie historisch unhaltbar. Der Gedanke wäre nicht einmal richtig, wenn es lediglich Freiheitsrechte als Grundrechte gäbe. Alle anderen grundrechtlichen Sätze, soziale Grundrechte, institutionelle Gewährleistungen, ja im Grunde bereits auch so grundlegende Bestandteile des liberalen Kataloges wie Gleichheit und Eigentumsschutz, sind aus dem Obersatz der allgemeinen Freiheit nicht abzuleiten[125]. Man braucht

---

[122] Für diese weitverbreitete Auffassung möge es genügen, auf die Darstellung dieses Standpunktes bei *Maunz / Dürig*, Grundgesetz, Art. 2 I, Rdnr. 6 ff., zu verweisen. Hier wird Art. 2 als Hauptfreiheitsrecht, zugleich als das Auffangrecht für unbenannte Freiheiten (also als Ergänzungsnorm für neu zu postulierende Freiheiten) in Anspruch genommen.

[123] Die entscheidende Stelle BVerfGE 6, S. 32, 37: „Neben der allgemeinen Handlungsfreiheit ... hat das Grundgesetz die Freiheit menschlicher Betätigung für bestimmte Lebensbereiche ... durch besondere Grundrechtsbestimmungen geschützt." Vgl. auch bereits BVerfGE 1, S. 264, 273 f.; 4, S. 52, 56/57.

[124] Diese Folgerung ist von der hier vertretenen Ansicht aus, daß die Grundrechte jeweils besondere Verstärkungen bestimmter und begrenzter Freiheiten oder Rechtspositionen sind, abzulehnen. Die Annahme eines Hauptgrundrechts aber ließe es als angezeigt erscheinen, Art. 2 GG nur heranzuziehen, soweit spezielle Normen des Grundrechtsteils nicht konkrete Verbürgungen enthalten. So auch *Dürig*, Art. 2, Abs. 1, Rdnr. 6. In ähnlichem Sinn auch das BVerfGE 4, S. 52, 57; 11, S. 234, 238; 13, S. 240, 246; 15, S. 235, 239.

[125] Das wird bei der Gleichheit evident, sobald man sie nicht nur als Gleichheit der Rechtsanwendung und Rechtsetzung, sondern als Ausdruck demokratischer Egalität versteht, wie sie etwa sich ausprägt in der Steuerprogression, der Bekämpfung wirtschaftlicher Machtstellungen (Art. 74 Ziff. 16 GG) oder in dem Ausschluß von Steuervorteilen des höher besteuerten Wählers bei der Wahlspende (BVerfGE 8, S. 51 ff.). Unter diesem Gesichtspunkt sind Freiheit und Gleichheit sogar betonte Gegensätze, die niemals miteinander voll verwirklicht werden können, da eine egalisierende Gleichheit, wie sie der modernen Demokratie entspricht, nicht ohne erhebliche Einschränkungen und ein gewisses Maß an Zwang verwirklicht werden kann. Vgl. hierzu *C. J. Friedrich*, Man and his Government. An Empirical Theory of Politics, New York 1963, S. 360 ff. Ebensowenig läßt sich das Eigentum aus einer allgemeinen Freiheitsidee ableiten. Das zeigt sich schon historisch im Nebeneinander von „property and liberty" in der frühen englischen Grundrechtsauffassung des 17. und 18. Jahrhunderts (vgl. *Locke*, Two Treatises, Buch 2, Kap. 4 u. 5). Vor allem aber spricht hierfür die Ableitung des Eigentums aus der Arbeit, wie wir sie bei *Locke* finden (Buch 2, Kap. 5, § 28, und dazu *Peter Laslett*, Ausgabe der Treatises, Cambridge 1960, S. 306) und wie sie *Hegel* ebenso im Blick auf die bürgerliche Gesellschaft betont

nicht die Lehre der modernen französischen Doktrin anzunehmen, daß im Zeitalter des „homme-situé“ die Freiheit als „liberté-autonomie“ niedergehe und an die Stelle der Sicherung individueller Bewegungsfreiheit mehr der Gedanke des Schutzanspruchs gegen die Gesamtheit trete[126]. Es genügt festzuhalten, daß die Grundrechte heute nicht mehr nur eine negative Funktion gegenüber der Staatsgewalt erfüllen, sondern zugleich objektive Richtsätze der ganzen Rechtsordnung aufstellen, daß sie sogar, wie schon bei der Frage der Konzentrationsvorgänge in der Presse erörtert, beispielsweise bei Art. 5 GG zu einer Pflicht des Staates führen können, aktiv als Schützer und Gestalter der Preßfreiheit, vor allem aber der Rundfunkfreiheit, tätig zu werden. Das ist aus der Konzeption eines Hauptfreiheitsrechts nicht mehr herzuleiten[127].

Die Vorstellung eines geschlossenen oder lückenlosen Systems entstammt dem methodischen Denkkreis der deutschen zivilistischen Kodifikationen und stellt einen Bestandteil der juristischen Denkwelt des 19. Jahrhunderts dar, wie sie in Deutschland herrschend wurde. Die Übertragung dieser Begrifflichkeit auf die Grundrechte ist aber von Grund aus verfehlt, weil diese ihrer verfassungsrechtlichen Natur nach nicht als geschlossene Kodifikation, sondern nur als eine Reihe besonderer Verbürgungen der individuellen und sozialen Ordnung gedacht werden können. Die Grundrechte sind nicht so aufgebaut, daß sie Ableitungen eines abstrakten allgemeinen Prinzips darstellen. Sie sind vielmehr einzeln oder in Gruppen jeweils historisch gesondert entstanden und jedes einzelne Grundrecht hat seine spezielle, oft auch national differenzierte Geschichte. Die Männer, die im 17. Jahrhundert die Idee menschlicher Grundrechte ausformten, und die Schöpfer der amerikanischen Verfassungen in den Einzelstaaten wie im Bund, von denen ein amerikanischer Richter gesagt hat, sie seien keine Feiglinge gewesen, waren von solchen Systemvorstellungen weit entfernt. Sie strebten danach, fundamentale menschliche Bereiche mit wirksamen Siche-

---

hat (Philosophie des Rechts, §§ 65 ff., 199 ff.; zum Hintergrund dieser Lehre *Joachim Ritter*, Hegel und die französische Revolution [Arbeitsgemeinschaft f. Forschung, NRW, Heft 63], Köln 1957, S. 34 ff.). Es entspricht im Grunde dieser Verschiedenheit von Freiheit, Gleichheit und Eigentum, daß sie das BVerfG nebeneinander anwendet, vgl. BVerfGE 14, S. 263, 277: „Das Eigentum ist ebenso wie die Freiheit ein elementares Grundrecht“, und zur Gleichheit dort S. 278.

[126] Vgl. *Burdeau*, Les libertés publiques, Paris 1961, S. 20 ff.

[127] Die Zusammenhänge sind wiederum von der modernen französischen Lehre klar gesehen. Vgl. *Maurice Duverger*, Institutions Politiques et Droit Constitutionnel, 6. Aufl., Paris 1962, S. 213: „Les libertés traditionelles ne sont pas abandonnés mais leur contenu se modifie. On ne se préoccupe pas seulement de les mettre à l'abri de toute intervention de l'Etat, on se préoccupe aussi de les mettre à l'abri de l'action des ‚puissances privées‘, c'est à dire des forces économiques. Cela implique parfois une intervention de l'Etat qui contredit directement la conception classique.“

rungen zu umgeben, sie gingen von den Kämpfen und Nöten ihrer Zeit aus, wenn sie Grundfreiheiten forderten und festlegten. So standen am Beginn der Entwicklung die Garantien für Liberty and Property — die erste als Freiheit von willkürlicher Einschränkung persönlicher Freiheit, als Schutz vor Haft und Unfreiheit verstanden —, so haben sich dann jeweils aus neuen ideellen Entwicklungen und aus neuen Bedürfnissen neue Rechte dazugefunden, während im Laufe der Geschichte andere zurücktraten oder verschwanden. So hat sich in der neueren Zeit die Garantie des Eigentums, das die französische Revolution noch als „droit inviolable et sacré" bezeichnete[128], in den modernen Verfassungen merklich abgeschwächt oder ist etwa das elementare Recht auf freie Auswanderung verschwunden[129]. Es erscheint von diesem Gesichtspunkt her nicht richtig, wenn das Bundesverfassungsgericht in einer Entscheidung[130] die Frage stellt, ob die Religionsfreiheit im Sinne des Werbens und der Propaganda „sich als ein Unterfall der freien Meinungsäußerung darstellt". Eine historische Besinnung wird hier zeigen, daß die Wurzel aller geistigen Freiheiten in der Idee der Toleranz, der religiösen Freiheit liegt und diese daher nicht einen Unterfall der Meinungsfreiheit bilden kann[131].

21. Die einzelne Grundrechtsverbürgung muß vielmehr als eine selbständige, wenn auch gedanklich oder geschichtlich möglicherweise in Zusammenhang mit anderen Rechtsgewährungen stehende Norm angesehen werden. Sie ist ihrer Bestimmung nach stets auf einen bestimmten Lebensbereich oder ein bestimmtes Rechtsgebilde, dem sie eine erhöhte rechtliche Sicherheit zu gewähren bestimmt ist, abgestellt

---

[128] Menschenrechte von 1789/91, Art. 18. Daß diese strenge Eigentumskonzeption in der Tat der sozialen Wirklichkeit der französischen Revolution entsprach, wird heute deutlich erkannt. Vgl. *Norman Hampson,* A Social History of the French Revolution, London 1963, S. 251 ff.; *A. Cobban,* The Social Interpretation of the French Revolution, Cambridge 1964, S. 86 ff., 132 ff.

[129] Vgl. BVerfGE 2, S. 266 ff. Bei diesem Fall, wo es nur um eine Freiheit der Ausreise (nicht der Abwanderung aus dem Land) ging, brauchte übrigens das Gericht an sich die weitere Freiheit nicht zu verneinen.

[130] BVerfGE 12, S. 1, 4.

[131] Wenn es auch nicht richtig ist, daß der Grundrechtsgedanke überhaupt aus der Idee der religiösen Freiheit stammt, wie *Georg Jellinek* annahm (Die Erklärung der Menschen- und Bürgerrechte, 4. Aufl. 1927, S. 42 ff.; dagegen *O. Vossler,* HZ 142 [1930], S. 530 ff., und *Gerhard Ritter,* HZ 169 [1949], S. 8 ff.), so ist doch kein Zweifel, daß der Ansatz jeder geistigen Freiheit im Ringen um Toleranz und Freiheit des religiösen Bekenntnisses liegt. Vgl. *J. Bohatec,* England und die Geschichte der Menschen- und Bürgerrechte, Graz - Köln 1956, S. 43 ff., 69 ff., 76 ff.; *Joseph Lecler,* Histoire de la tolérance au siècle de la Réforme, Paris 1954, Bd. 1, S. 159 ff., 177 ff., Bd. 2, S. 411 ff.; *Pierre Lanarès,* La liberté réligieuse, Ambilly-Annemasse 1964, S. 33 ff.; *Frede Castberg,* Freedom of Speech in the West, Oslo - New York 1960, S. 137 ff.

oder legt, soweit in ihr der Charakter objektiver Rechtssetzung überwiegt, einen bestimmten Wertmaßstab fest. Der Gegenstand grundrechtlichen Schutzes ist immer gegenständlich begrenzt. Jedes Grundrecht wird in eine Verfassung nicht um eines vollkommenen Systems willen aufgenommen, sondern dient der Vereinigung aller Bürger in der Anerkennung bestimmter grundlegender Werte und Maßstäbe, die entweder aus gefestigter Tradition oder aus neuerer oft schmerzlicher Erfahrung oder aus sonstigen Gründen — etwa dem Andrängen bestimmter Interessen und Probleme — dem Verfassunggeber als fundamental für die von ihm aufzurichtende politische Ordnung erscheinen. In den Grundrechten drückt sich ein Stück des Verfassungskonsenses aus, der jede Verfassung begründet und trägt[132], Entlehnungen von fremden Mustern, naturrechtliche Vorstellungen, ein Traditionsgefälle und endlich zugegebenerweise ein gewisses Vollständigkeitsstreben beeinflussen den Inhalt der grundrechtlichen Festlegungen. Aber die geschichtlich so ungemein wandelbare Erscheinung der Grundrechtskataloge zeigt doch deutlich, daß jeweils aktuelle historische Gründe die Auswahl, das relative Gewicht und auch die besondere Schutzrichtung der Grundrechte bestimmen[133].

Man kann den Gedanken eines geschlossenen Systems der Freiheitsrechte auch nicht dadurch bewahren, daß man sich auf einen naturrechtlichen Charakter dieser Rechte stützt. Stimmt es schon kritisch, daß heute oft auch sehr positivrechtlich ausgerichtete Autoren sich an dieser Stelle in den Mantel der Stoa und ihres Glaubens an die Grundzüge der Menschennatur hüllen wollen, so sollte die umfangreiche Diskussion, die in den letzten anderthalb Jahrzehnten um das Naturrecht geführt worden ist[134], so sollten die wenig gelungenen Versuche unmittelbarer Anwendung naturrechtlicher Prinzipien in der Rechtspre-

---

[132] Hierzu eine treffende Bemerkung aus dem Urteil des amerikanischen Supreme Court in West Virginia State Board of Education v. Barnette 319 U. S. 624 (1943), S. 624, 636: „Government of limited power need not be anemic government. Assurance that rights are secure tends to diminish fear and jealousy of strong government, and by marking us feel safe to live under it makes for its better support. Without promise of a limiting Bill of Rights it is doubtful if our Constitution could have mustered enough strength to enable its ratification."

[133] In ähnlicher Richtung, wenn auch mit etwas anderen Akzenten, vgl. *Jörg Paul Müller*, S. 76, 135 ff.

[134] Vgl. hierzu die Arbeiten in dem von *Werner Maihofer* herausgegebenen Sammelbande „Naturrecht oder Rechtspositivismus" (Wege der Forschung, Bd. 16), Darmstadt 1962; ferner *Erik Wolf*, Das Problem der Naturrechtslehre, 2. Aufl., Karlsruhe 1959; *Hans Welzel*, Naturrecht und materiale Gerechtigkeit, 4. Aufl., Göttingen 1962; *Rudolf Henning*, Der Maßstab des Rechts im Rechtsdenken der Gegenwart, Münster 1961; *Arthur Kaufmann*, Naturrecht und Geschichtlichkeit, Tübingen 1957; *Alfred Verdross*, Die Erneuerung der materialen Rechtsphilosophie, ZSR 76, S. 182 ff.; *Wilhelm Weischedel*, Recht und Ethik, 2. Aufl., Karlsruhe 1959.

chung[135] vor einem Beschreiten dieses Weges warnen. Wer sich hier auf naturrechtliche Prinzipien berufen möchte, von dem ist ein volles klärendes Bekenntnis zu seinen methodischen Grundlagen zu fordern; es gibt keinen Abkürzungsweg zu naturrechtlichen Grundsätzen über eine Anerkennung des Naturrechts im positiven Recht[136]. Zudem kennt das Naturrecht nur oberste Prinzipien, und es würde daher schwerlich möglich sein, über gewisse fundamentale Aussagen — Menschenwürde, Persönlichkeit, Menschengleichheit — hinaus die einzelnen modernen Freiheitsverbürgungen in ihren Besonderheiten naturrechtlich zu fundieren.

22. Erblickt man in den Grundrechten nicht eine Ableitung aus einem obersten Satze oder ein geschlossenes System von Gewährleistungen, sondern einzelne, auf die besondere Verstärkung des rechtlichen Schutzes bestimmter Freiheiten, bestimmter Einrichtungen oder oberster Rechtsmaßstäbe gerichtete Verfassungssätze, so wird es deutlich, daß jedes Grundrecht in seiner geschichtlichen wie in seiner dogmatischen Zielrichtung und Ausgestaltung eine innere Mitte seiner Gewährleistung, damit aber auch eine innere Begrenzung in sich trägt, die seinem Geltungsraum einen festen Kern und eine spezifische Ausdehnung geben. Von hier aus läßt sich auch der Geltungsbereich solcher grundrechtlicher Sätze bestimmen, die anscheinend ohne hinzugefügte Beschränkung formuliert sind. So wird die Freiheit des Glaubens und des religiösen Bekenntnisses (Art. 4 GG) — hier kann ich zustimmend auf eine Entscheidung des Bundesverfassungsgerichts verweisen[137] —

---

[135] Hier ist vor allem auf die Bemühungen des Bundesgerichtshofes hinzuweisen, in einzelnen Fragen des Ehe- und Familienrechtes aus einer überpositiven Grundlage konkrete Entscheidungen abzuleiten. Hierzu kritisch *Franz Wieacker,* Rechtsprechung und Sittengesetz, JZ 1961, S. 337 ff.; *H. U. Evers,* Zum unkritischen Naturrechtsbewußtsein in der Rechtsprechung der Gegenwart, JZ 1961, S. 241 ff.; *Helmut Simon,* Katholisierung des Rechts (Bensheimer Hefte 16), Göttingen 1962; *Peter Schneider,* Naturrechtliche Strömungen in deutscher Rechtsprechung, Archiv für Rechts- und Sozialphilosophie 42 (1956), S. 98 ff.; *Weischedel,* S. 3 ff., 19 ff.; *Arthur Kaufmann,* Recht und Sittlichkeit, Tübingen 1964, S. 34 f.; *Erwin Stein,* NJW 1964, S. 1745 ff.

[136] Es enthält einen philosophischen Widerspruch, wenn die Geltung naturrechtlicher Elemente der Grundrechte aus der positiven Verweisung des Art. 1 GG abgeleitet wird. Das natürliche Recht bedarf der positiven Anerkennung nicht. Was würde auch bei deren Rücknahme gelten?

[137] BVerfGE 12, S. 1 ff. Versagung der bedingten Entlassung aus der Strafhaft wegen Anwerbung von Mitgefangenen zum Glaubensabfall unter Versprechung von Genußmitteln wird nicht als Verletzung von Art. 4 GG angesehen, weil ein solcher Mißbrauch der Glaubenswerbung keinen Schutz verdient. Hier heißt es (S. 4): „Das Grundgesetz hat nicht irgendeine, wie auch immer geartete freie Betätigung des Glaubens schützen wollen, sondern nur diejenige, die sich bei den heutigen Kulturvölkern auf dem Boden gewisser übereinstimmender sittlicher Grundanschauungen im Laufe der geschichtlichen Entwicklung herausgebildet hat ...“.

solche Bekundungen und Bezeugungen der inneren weltanschaulichen oder religiösen Haltung schützen, die im Kreise der modernen Zivilisation als Betätigung des Glaubens oder der Weltanschauung auf dem Boden übereinstimmender humaner Grundauffassungen im Licht geschichtlicher Entwicklung anerkannt werden. Die freie Religionsbetätigung wird mithin im Verständnis einer im Kreise der großen Kulturen der Welt und der Völker der Erde bestehenden Anschauung und in deren Grenzen respektiert[138]. Das bedeutet, daß sich nicht auf Art. 4 GG berufen könnte, wer religiöse Handlungen orgiastischer Art oder Opferzeremonien vornehmen wollte, die in diesem durch moderne humanitäre Vorstellungen bestimmten Bilde religiös-weltanschaulicher Glaubenshaltung und Glaubensbetätigung nicht enthalten sind und etwa in heutiger Auffassung als befremdende Überschreitung der religiösen Tradition erscheinen würden[139]. Ebensowenig deckt Art. 4 GG, der nicht etwa im Sinne einer allgemeinen Protektion des Gewissensvorbehaltes interpretiert werden kann[140], aber auch überfeinerte religiöse Skrupel gegenüber sittlich anerkannten allgemeinen Pflichten, also etwa Bedenken gegen das Zahlen von Steuern oder gegen Impfzwang[141]. Auch

[138] Es wäre zu eng, hier ein westliches oder christliches Verständnis anzusetzen. Die Vorstellungsbreite muß vielmehr alle großen Kulturbereiche der Welt umgreifen und, bei aller Vertiefung, die christliche Einsicht hier bringen kann, ein allgemein menschliches Verständnis der religiösen Freiheit anstreben. In diesem Sinne ist Art. 18 der Allgemeinen Erklärung der Menschenrechte der Vereinten Nationen vom 10. 12. 1948 zu verstehen und muß eine weltweite menschenrechtliche Deutung der Glaubensfreiheit heute sich ausrichten. Vgl. *Carrillo de Albornoz,* The Basis of Religious Liberty, New York 1963, S. 91 ff.

[139] Ein Beispiel einer durch die heutige Grundanschauung der Menschenrechte überwundenen religiösen Glaubensbetätigung bildet die in der alten indischen Religion angelegte Scheidung der Kasten, die die indische Verfassung von 1950, Art. 17, ausdrücklich aufhebt; die Verfassung verbietet in Art. 15 ausdrücklich religiöse Diskriminationen im Zugang zu öffentlichen Stätten, Brunnen usw. Vgl. *Lanarès,* S. 56 f.

[140] Unrichtig daher eine Interpretation in diesem Sinne bei *Witte,* AöR 87 (1962), S. 187 ff.; *Heinrich J. Scholler,* Die Freiheit des Gewissens, Berlin 1958, S. 110 ff.

[141] Für diese Einstellung der Glaubensfreiheit auf den eigentlichen Bereich religiös-weltanschaulicher Überzeugung und ihrer Ausübung unter Nichteinbeziehung solcher weit ausgedehnter Bekundung religiös motivierter Bedenken gegen allgemeine bürgerliche Einrichtungen und Verpflichtungen unpolitischer Natur bietet die Praxis der Europäischen Kommission für Menschenrechte Beispiele. Die Kommission hat das Gesuch einer niederländischen Gemeinde und ihres Geistlichen abgewiesen, die nicht zur allgemeinen staatlichen Altersversicherung beisteuern wollten, weil nach der Lehre der reformierten Kirche die Gemeinde ihrem Geistlichen den Lebensunterhalt zu reichen habe, dieser also der Versicherung nicht bedürfe. Der niederländische Hooge Rad hatte diesen Einwand schon abgelehnt, weil die Gewissensfreiheit nicht von der Befolgung der unabhängig vom Bekenntnis auferlegten allgemeinen Bürgerpflichten entbinde (Ned. Jurisprudentie 1960, Nr. 436 = Yearbook of the European Court on Human Rights 3 [1960], S. 649 ff.). Die Kommission wies noch darauf hin, daß das niederländische

kann die Berufung auf das gläubige Gewissen nicht die Privatrechtsordnung aufheben oder beiseite rücken. Ein anderes Beispiel solcher Sinngebung und Geschichte folgender innerer Abgrenzung von Grundrechten bildet die Wissenschaftsfreiheit, die nach der herrschenden Lehre nicht jede Art wissenschaftlicher Betätigung deckt, sondern nur eine solche, die auf an wissenschaftlicher Erkenntnis orientierter Forschung und Lehre beruht, wobei die historische Entstehung des Instituts auf den Zusammenhang der Lehrfreiheit im Bereiche der deutschen Hochschulen weist[142]. Nur wenige Grundrechte sind nicht in dieser Form ihrer Natur nach gegenständlich begrenzt, abgesehen von dem anders strukturierten Gleichheitssatz. Die Existenz solcher mit der Zielrichtung des einzelnen Grundrechts zusammenhängender innerer Begrenzungen ist auch in der Lehre längst erkannt worden[143]. Man sollte diese aus der Sinngebung und der geschichtlichen Entfaltung der

Recht Personen, die innere Bedenken haben, die Leistung des Beitrags in Steuerform gestattet (Yearbook 5 [1962], S. 299). Dieselbe Stellung nahm die Kommission zu den religiös begründeten Bedenken eines niederländischen Landwirts gegen den Zwangsbeitritt zu einer Schutzvereinigung gegen die Tuberkulose der Rinder ein (Yearbook, Bd. 5, S. 279). Hinzuweisen wäre auch auf die Stellungnahme deutscher Gerichte zum Impfzwang (BVerwGE 9, S. 78) und zur Röntgenuntersuchung (BayVerfGH, N. F., 8 II, S. 1 ff.). Zum Ganzen meine Ausführungen, in: Festschrift f. H. Jahrreiß, Köln 1964, S. 380 f.

142 Diese Deutung der Freiheit der Wissenschaft aus der spezifischen geistigen Welt der deutschen Universitäten hat — *Paulsen* folgend — *Rudolf Smend* zuerst deutlich gemacht und damit erst dies Grundrecht dem Leerlauf entrissen (VVDStRL 4, S. 56 ff.). Sie ist heute allgemein in dieser besonderen geschichtlichen Entstehung und Sinngebung anerkannt. Vgl. *R. Thoma,* Die Lehrfreiheit der Hochschullehrer, Tübingen 1952, S. 1 ff.; *Ernst Friesenhahn,* Staatsrechtslehrer und Verfassung, 1950, S. 10 ff. Es kann dabei dahingestellt bleiben, ob im heutigen Geltungsumfang diese Freiheit auf den Bereich von Lehre und Forschung an den wissenschaftlichen Hochschulen beschränkt ist (so *Köttgen,* Das Grundrecht der deutschen Universität, Göttingen 1959, S. 15 ff., 26 ff.) oder wissenschaftliche Lehre in einem weiteren — freilich nicht ihre rein praktische Anwendung und kommerzielle Nutzung umfassenden — Sinne in sich schließt (so *Wehrhahn,* Lehrfreiheit und Verfassungstreue, Tübingen 1955, dem ich insoweit folge). Nicht klar entschieden in diesem Punkte BVerfGE 15, S. 256, 264.

143 In einer der obigen Darlegung verwandten Weise hat *Klein* diese immanente Begrenzung der Grundrechte als „immanente sachliche Gewährleistungsschranken" bezeichnet (Das Bonner Grundgesetz, 2. Aufl., Vorbem. XV 1 und 2, S. 124 ff.). Er weist dabei richtig auf die Bedeutung des geschützten „Objekts" (Lebensbereiches) hin. Diese Grenze ergibt sich, was zu betonen ist, nicht erst aus einer Abwägung gegenüber anderen Gütern, sondern aus der limitierten Tragkraft des gesicherten Gutes. Das wird nicht deutlich erkannt bei *Hamel,* Die Bedeutung der Grundrechte im sozialen Rechtsstaat, Berlin 1957, S. 38 ff., obwohl beide Momente — die Grenze der eigenen Tragkraft und der Vorrang anderer höherer Werte im Grenzgebiet — nicht immer einfach zu scheiden sein dürften. Von einem anderen Gesichtspunkt her, von dem der notwendigen gesetzlichen Aktualisierung und Umhegung des Grundrechtsgehaltes, hat *Häberle,* S. 51 ff., die gleichen Probleme sichtbar gemacht. Klar hiervon abzugrenzen sind jedenfalls die ausdrücklich im Text beigefügten Vorbehalte und Beschränkungen.

Grundrechtssätze herzuleitende Absteckung ihres Wirkungsbereiches jedoch nicht mit der Bezeichnung „Schranke“ belegen, weil damit auf eine von außen kommende Eingrenzung hingewiesen wird[144]. Es handelt sich indes hier nicht um Beschränkungen zugunsten anderer, in der Abwägung für höheren Wertes befundener Güter, sondern um eine sinngemäße vom Kern des Grundrechts her entwickelte Grenze seiner Tragkraft. Daß eine solche Grenze zuweilen auch ausdrücklich formuliert wird (z. B. in Art. 8 Abs. 1 die friedliche und unbewaffnete Versammlung) ändert nichts an der Natur dieser aus Verfassungsintention und geschichtlicher Ausformung abzuleitenden inneren Begrenzung.

23. Aus dem gleichen Grundgedanken heraus ergibt sich auch eine neue Sicht auf Art. 19 Abs. 2 GG, der den Wesensgehalt der Grundrechte schützt. Wenn jedem Grundrecht ein bestimmter gegenständlich umschriebener Lebensbereich zu eigen ist, so ist es auch möglich, von dieser grundsätzlichen Zielsetzung her den Kernbereich des Schutzes von innen heraus positiv zu umreißen, andererseits aber auch deutlicher zu erkennen, wo man es mehr mit Randauswirkungen und entfernteren Konsequenzen des gewährten Schutzes zu tun hat. Dehnt man zuerst jedes Grundrecht im Sinne der Grundrechtseffektivität so weit wie möglich aus, so wird diese Eingrenzung der unbedingt gesicherten und schutzwürdigen Mitte der grundrechtlichen Gewährleistung sehr viel schwieriger als wenn man vom Zentrum der zu sichernden Lebenssphäre oder Einrichtung ausgeht[145].

24. Wenn hier die Annahme eines von vornherein im Sinne einer allgemeinen Freiheit verstandenen umfassenden Grundrechtssystems abgelehnt wird, so wird damit nicht ausgeschlossen, daß die Auslegung den Grundrechten, soweit dies nicht schon in ihrer Gruppierung oder Kennzeichnung im Verfassungstext geschehen ist, unter sich und in ihrem Zusammenhange eine gewisse Ordnung zuerkennen muß. Die Grundrechte einer Verfassung sollen in ihrer Gesamtheit dem Staatswesen eine den Konsens der Bevölkerung schaffende Wertgrundlage geben, man kann sie daher als eine Ordnung von Wertsetzungen auffassen, die von einer einheitlichen Grundgesinnung getragen ist.

Soweit damit von Werten und einer Wertordnung gesprochen wird, soll damit die hinter den positivierten Rechtssätzen stehende ethische

---

[144] Der Unterschied der hier vertretenen Auffassung zu der von *Dürig*, der betont, Grundrechte seien nicht schrankenlos (Grundgesetz, Art. 2 Abs. 1, Rdnr. 25), besteht darin, daß hier von einer gegenständlich bestimmten Reichweite des einzelnen Rechts ausgegangen wird, während *Dürig* der Freiheit eine dem Grundsatz nach unbegrenzte, aber dann von außen her wieder einzuschränkende Ausdehnung gibt.

[145] Ansätze in dieser Richtung, in manchem zu weit geführt, bei *Häberle*, S. 179 f., 222 ff.; ferner *Jörg Paul Müller*, S. 78 f.

Anschauungsgrundlage bezeichnet werden. Nicht aber soll damit eine im Sinne mancher Strebungen der materialen Wertethik als unwandelbar anzusehende, dem Menschen erkennbare Wert- und Rangordnung, also eine Form naturrechtlicher Fundierung gesucht werden[146]. Ich gehe vielmehr von der Erkenntnis aus, daß es sich bei dieser in einem Grundrechtskatalog sich ausprägenden Wertvorstellung um traditionelle Maßstäbe eines bestimmten geschichtlich gewordenen und bestimmbaren Kulturkreises handelt, im konkreten Bestand der modernen Freiheitsrechte europäischer Verfassungen mithin um die aus antik-stoisch-christlicher Überlieferung erwachsene Anschauungswelt der humanen europäischen Rechtstradition[147]. Sie ist es, in der das Menschenbild wurzelt, aus dem die modernen Menschenrechte erwachsen sind, in denen die Würde und die Individualität jedes einzelnen Menschen, die Freiheit und Verantwortlichkeit seiner sittlichen Orientierung und auch die soziale Verwurzelung und Geschichtlichkeit seines Seins und Denkens vorausgesetzt wird[148]. Es würde vielleicht im Strome heutigen philosophischen Denkens richtiger sein, von ethischen Prinzipien statt von „Werten“ zu sprechen, aber im Blick auf die hinter dem

---

[146] Die Bemühungen von *Max Scheler* und *Nicolai Hartmann* über eine Aufweisung einer im Sein begründeten Sphäre inhaltlich bestimmter Werte hinaus auch zu einer Festlegung solcher Werte und einer Rangordnung unter ihnen zu gelangen, erfahren heute unter dem Gesichtspunkt der geschichtlichen Bedingtheit der Werterfahrung Kritik. Vgl. *Hans Welzel,* Naturrecht und materiale Gerechtigkeit, 4. Aufl. 1962, S. 221 f.; *Arthur Kaufmann,* Naturrecht und Geschichtlichkeit, 1957, S. 8 ff.; *ders.,* Recht und Sittlichkeit, 1964, S. 37 f.; *Weischedel,* S. 21 ff.; *Zippelius,* Wertungsprobleme im System der Grundrechte, Berlin - München 1962, S. 103 ff.; *Peter Schneider,* VVDStRL 20 (1963), S. 20 f.

[147] Eine Bestimmung der in einer Rechtsgemeinschaft oder einem Staat als gültig angenommenen ethischen Grundlagen wird daher nur in der Aufdeckung der geistig-sittlichen Tradition möglich sein, die diese Anschauung geformt hat und trägt. Vgl. *Weischedel,* S. 29 ff. Tatsächlich arbeitet die Rechtsprechung weitgehend mit solchen überlieferten Wertvorstellungen, meist freilich in der etwas flacheren Konzeption des allgemeinen Konsenses, des gegenwärtigen Rechtsempfindens oder der in der Gesellschaft lebendigen sittlichen Anschauungen (Zusammenstellung solcher Formeln bei *Zippelius,* S. 132 ff.). Dabei sind aber zwei Momente zu beachten. Einmal die Notwendigkeit der Fortentwicklung, des immer neuen Ringens um die beste Verwirklichung der für die Gegenwart gültigen Maßstäbe der Gerechtigkeit (*Weischedel,* S. 33 ff.; *Welzel,* S. 252 f.). Zum anderen bleibt — das Problem kann hier nicht erörtert werden — die Frage, ob über dem Wandel geschichtlicher Anschauungen (auch der langfristigen Überlieferung) nicht bestimmte bleibende Gegebenheiten erkennbar sind, die ontologisch in der Seinsstruktur und in der ethischen Bestimmung des Menschen erkennbar werden.

[148] Zur Bedeutung des Menschenbildes siehe *Weischedel,* S. 10 ff.; *H. H. Jescheck,* Das M. unserer Zeit und die Strafrechtsreform, Tübingen 1957, S. 13 ff.; *Georg Dahm,* Die Stellung des Menschen im Völkerrecht unserer Zeit, Tübingen 1961, S. 28 ff.; *Hans Huber,* Das Menschenbild des Rechts, ZSR 80 (1961), S. 1 ff.; ferner (auf naturrechtlicher Grundlage) *Alfred Verdross,* Abendländische Rechtsphilosophie, 2. Aufl. 1963, S. 257 ff.

Grundgesetz stehende Anschauungswelt und die starken Einflüsse, die auch heute von der materialen Wertethik ausgehen, scheint es erlaubt, an der Vorstellung von Werten und einer Ordnung von Werten festzuhalten.

Freilich kann nicht übersehen werden, daß auch innerhalb eines Verfassungstextes durchaus nicht immer eine einheitliche Konzeption obwaltet. Stellt die Verfassung einen Kompromiß verschiedener sozialer Kräfte und politischer Richtungen dar, so können auch in den grundrechtlichen Normen Antinomien und Konflikte angelegt sein. Manche von ihnen, wie die Schwierigkeit, Freiheit und Gleichheit miteinander in Einklang zu setzen, oder Meinungsfreiheit und Persönlichkeitsschutz zueinander in das rechte Verhältnis zu setzen, stellen nicht vermeidbare, in der Sache angelegte Probleme dar. Andere Widersprüche und Unausgeglichenheiten wurzeln indes in einem uneinheitlichen Gedankenhintergrund oder politischen Kompromissen — so konnte man in der Weimarer Verfassung deutlich bestimmte sozialistische, liberale oder religiös bestimmte Einflüsse unterscheiden[149] — oder auch in redaktionellen Schwächen. So erscheint etwa in Art. 6 Abs. 1 und 5 der Ausgleich zwischen dem Schutz der Familie und der Förderung der sozialen Lage des unehelichen Kindes keineswegs bereits konfliktlos angelegt, und auch das Elternrecht des Art. 6 Abs. 2 GG ist mehr kompromißhaft mit dem staatlichen Erziehungsrecht abgestimmt.

Demgegenüber muß eine Grundrechtsauslegung von dem Gedanken der interpretativ herzustellenden Einheit und Harmonie der Verfassung ausgehen. Sie muß daher bei den Grundrechten auf die gegenseitige Begrenzung, Zusammenstimmung und die wechselseitige Ergänzung abstellen. Eine Verfassung ist ihrer Intention nach ein auf politische Einigung und Übereinstimmung angelegtes Dokument. Ihre Auslegung muß daher diesen harmonisierenden und integrierenden Charakter tragen[150]. In dieser Aufgabe der Zusammenstimmung liegt dann auch die Herstellung eines gewissen systematischen Zusammenhanges, einer Wertordnung. Nicht zulässig erscheint mir aber auch in diesem Rahmen die Ergänzung der positiven Grundrechtssätze aus einem vorausgesetzten Systemgedanken im Sinne der Substituierung fehlender Rechtsverbürgungen[151]. Abhilfe kann hier die zuweilen gegebene Aus-

---

[149] Vgl. hierzu *Gustav Giere*, Das Problem des Wertsystems der Weimarer Grundrechte, Breslau 1932, S. 33 ff. Die Schrift zeigt die Gründlichkeit, mit der diese Probleme bereits in den 20er Jahren diskutiert wurden.

[150] Vgl. *Ehmke*, VVDStRL 20 (1963), S. 66 f., 77 ff., 82 ff.; *Graf v. Pestalozza*, Der Staat, 2 (1963), S. 438. In diesem Punkte — aber nur in diesem — übereinstimmend *Ernst Forsthoff*, Zur Problematik d. Verfassungsauslegung, Stuttgart 1961, S. 37; *Tsatsos*, Zur Problematik des Rechtspositivismus, Stuttgart 1964, S. 26.

tauschbarkeit der Grundrechtssicherungen gewähren[152]. Endlich können aus den Grundrechten von umfassender Tragweite, wie Gleichheit oder Menschenwürde, auch gewisse lückenfüllende Konsequenzen gezogen werden[153].

25. Die hier entwickelte Sicht wird sich den Vorwurf einer Relativierung der Grundrechte gefallen lassen müssen. Sie kann dem nur erwidern, daß es dem Schutze der wesentlichen Verbürgungen dient, wenn klar der begrenzte Kern einer Freiheitsgewährung anstelle einer vagen allgemeinen Handlungsfreiheit hervortritt und damit der fundamentale Sinn der Menschenrechte anstelle einer ausufernden Anspruchsgesinnung des status negativus als Grundlage bürgerlicher Freiheit im politischen Sinne integrierender politischer Freiheit festgehalten bleibt. Was die hier abgelehnte Tendenz einer „Grundrechtseffektivität" in möglichst weitem Verstande erreicht, ist weithin nur eine Kollision der Grundrechte unter sich. Soll, wenn man Art. 4 GG im Sinne vollen Schutzes der Gewissensbedenken versteht, diese Freiheit oder die ihr entgegenstehende Vertragsfreiheit (zu der auch Vertragstreue gehört) gesichert sein?

Bei einer Auslegung, die die einzelnen Grundrechte in ihrem geschichtlichen und aktuellen Gehalt versteht und daraus erst im Sinne einer zusammenstimmenden Verfassungsauslegung eine Ordnung fügt, wird es in entscheidender Weise auf eine Abwägung der in ihnen verkörperten Wertmaßstäbe und Wertsetzungen ankommen. Aber bedarf es im übrigen einer solchen Abwägung nicht erst recht, wenn sich vom Ausgangspunkt einer allgemeinen Freiheit und einer absoluten Deutung der Freiheit die Kollisionen häufen? In der Tat wird hier nicht nur auf eine jeder Rechtsprechung schon längst unentbehrliche Methode der Wägung und Abgrenzung von Normen und Ansprüchen untereinander verwiesen — die nur im Bereich des kodifizierten Rechts weithin durch Aufsteigen zu abstrahierenden Obersätzen und systematische Schlußfolgerungen ersetzt wird —, sondern es wird damit auf eine der Grund-

---

151 Vgl. oben Anm. 110.

152 Vgl. zu Art. 12 und 14 GG oben Anm. 110, und *Ernst Forsthoff*, Verfassungsmäßiger Eigentumsschutz und Freiheit des Berufs, in: Staatsbürger und Staatsgewalt, Jubiläumsschrift zum 100jähr. Bestehen der deutschen Verwaltungsgerichtsbarkeit, Bd. 2, Karlsruhe 1963, S. 19 ff.

153 Beispiele bieten die Gleichheit in der Rechtsprechung des schweizerischen Bundesgerichts oder der substanticlle Due Process des amerikanischen Bundesrechts. Vgl. *Ehmke*, Wirtschaft und Verfassung, 1961, S. 269 ff. Zur Herstellung einer Wertordnung durch die interpretierende Anwendung siehe auch *Hans Huber*, Berner Kommentar zum Schweizer. Zivilrecht, Art. 6 ZGB (Bern 1962), S. 531; *G. Dürig*, in: Summum Ius, Summa Iniuria. Tübinger Ringvorlesung, 1963, S. 82. Vgl. auch die Anerkennung der im Grundrechtsabschnitt aufgerichteten „objektiven Wertordnung" durch BVerfGE 7, S. 198, 205.

rechtsauslegung im besonderen spezifische Problematik aufmerksam gemacht. Gerade wenn man den Gedanken eines vorgegebenen Systems der Grundrechte oder ihrer Herleitung aus einem Obersatz ablehnt, kommt es bei ihrer Abgrenzung gegeneinander auf wertende Bestimmung an[154]. Das gilt

a) für die Herausarbeitung des Kernbereichs innerhalb des einzelnen Grundrechts,

b) für die Lösung von Kollisionen und die Festlegung einer Ranghierarchie — die gewiß nur begrenzt möglich ist — unter den Grundrechten,

c) für die Grenzziehung zwischen dem verstärkten Schutzbereich der Grundrechte und denjenigen Normen der Rechtsordnung, die außerhalb dieses Bereiches liegen, daher sich gegenüber den grundrechtlichen Sätzen behaupten, oder die sich mit dem Geltungsbereich des Grundrechts überschneiden und daher in ihrem Verhältnis zu ihm bestimmt werden müssen. Für den letzteren Fall hat die Rechtsprechung den Gedanken entwickelt, daß in dieser Abwägung das Gewicht des grundrechtlichen Satzes auch auf die Auslegung der gegenüberstehenden Norm einwirke[155].

Aus der Einsicht, daß Anwendung rechtlicher Normen in Ausführung und Rechtsprechung nicht allein auf logischer Ableitung beruht, sondern gerade bei der Konkretisierung allgemein gehaltener Regeln stets auch neue ergänzende Wertentscheidungen fordert, ergibt sich die Bedeutung, die der Abwägung der beteiligten ethischen Prinzipien wie auch der Beurteilung der mitsprechenden sozialen Interessen in der Grundrechtsinterpretation zukommt.

26. In jeder Grundrechtsnorm können sich entsprechend ihrer Bestimmung als Bestandteil einer werthaften Ordnung, mit der die Verfassung für das gesamte soziale Leben Maßstäbe aufrichten will, verschiedene verfassungsrechtliche Elemente verbinden[156]. In der Mehrzahl

---

[154] Zur Wertabwägung siehe BVerfGE 7, S. 198, 208; 15, S. 77, 78; 16, S. 194, 202. Ferner *Dürig*, DÖV 1958, S. 197; *Hans Huber*, ZSR 82 (1963), S. 144; *Jörg Paul Müller*, S. 97. Kritisch zu dieser Methode der Abwägung *Graf v. Pestalozza*, S. 446 ff. Sie findet sich auch im amerikanischen Gebrauch. So spricht Richter *Frankfurter* in Communist Party of the Un. States v. Subversive Activities Control Board 367 U. S., S. 1, 97 (1961), davon, daß der Kongreß bei einem Gesetze gesucht habe „to reconcile competing and urgently demanding values within our social institutions". Vgl. ferner Richter *Douglas* in Scales v. Un. States 367 U. S. 203 (1961), 270/71: „balancing the right of speech and association against other values in society", und dazu *Hudon*, Freedom of Speech and Press in America, Washington 1963, S. 158, 171, 174.

[155] BVerfGE 7, S. 198, 208 f.; 10, S. 118, 121; 12, S. 113, 130; 15, S. 77, 78. Zustimmend hierzu *Hans Huber*, ZSR 82 (1963), S. 143 f.

grundrechtlicher Bestimmungen treten uns zunächst, vor allem in den Freiheitsrechten der liberalen Überlieferung, subjektive Berechtigungen des Einzelnen oder bestimmter Gruppen gegenüber. Daneben aber enthalten die meisten von ihnen zugleich objektivrechtliche Bestandteile, insbesondere die verfassungsrechtliche Gewährleistung eines Rechtsinstituts oder einer bestimmten institutionellen Ausgestaltung eines Lebensbereiches. So schützen Art. 8 und 9 GG neben der Rechtsverbürgung zugunsten von Individuen und Vereinigungen den Bereich der sozialen und politischen Gemeinschaftsbildung in seinen Grundformen, hält Art. 14 GG das Privateigentum als Grundlage einer auf individueller wirtschaftlicher Freiheit beruhenden Privatrechtsordnung aufrecht[157], sichert Art. 4 Glaubensfreiheit und Toleranz als Grundlage weltanschaulicher Offenheit und geistiger Freiheit des öffentlichen Lebens, enthält Art. 3 GG zugleich eine objektive Festlegung des Rechtsstaatsgedankens (Willkürverbot) wie eine Festlegung der egalitären Basis einer demokratischen Gesellschaft (Wesensgleichheit aller Bürger, Grundsatz der sozialen Egalisierung). Natürlich kann auch eine institutionelle Verbürgung allein für sich auftreten, wie es in Art. 6 Abs. 1 (Schutz von Ehe und Familie) der Fall ist, oder wie es besonders dort der Fall ist, wo kollektive oder korporativ-institutionelle Einrichtungen gesichert werden wie die Selbstverwaltung oder das Beamtentum (Art. 28 Abs. 2 und 33 Abs. 5 GG). Diese institutionelle Seite tritt

---

[156] Ich habe hierauf bereits früher hingewiesen (Die institutionellen Garantien des Grundgesetzes, in: Recht, Staat, Wirtschaft, Bd. 4 [1953], S. 93 — abgedruckt in *diesem* Bande als Beitrag Nr. 27). Diese Einsicht ist heute weithin anerkannt. Vgl. zur Unterscheidung subjektiver und objektiver Rechtsgewährungen in den Grundrechten allgemein *v. Mangoldt - Klein,* S. 80 ff.; *Dürig,* Grundgesetz, Art. 1 Abs. 3, Rdnr. 97 ff.; *Hans Huber,* ZSR 1936, S. 54 a ff., 60 a ff. Zum Nebeneinander individueller Rechte und objektiver Verbürgung *Willi Geiger,* Das Grundrecht der Pressefreiheit, in: Die Funktion der Presse im demokratischen Staat (Studien der katholischen Akademie in Bayern, Heft 5), 1958, S. 15; *Hans Huber,* ZSR 80 (1961), S. 15; *Lerche,* Übermaß und Verfassungsrecht, 1961, S. 239; *Häberle,* S. 70 ff.; *Dagtoglou,* Wesen und Grenzen der Pressefreiheit, 1963, S. 13 ff. Kritisch zu dieser Sicht *Schüle,* in: *Schüle / Huber,* Persönlichkeitsschutz und Pressefreiheit, 1961, S. 26, Anm. 63. Neuerdings hat *Ludwig Raiser* (Summum Ius, Summa Iniuria, Tübinger Ringvorlesung 1963, S. 152 ff.) in fesselnder Weise dargelegt, wie auch die Privatrechtsordnung selbst diese Spannung von subjektivem Recht und objektivem Rechtsinstitut in sich enthält.

[157] Zu dieser Funktion des Art. 14 GG siehe *Ipsen,* VVDStRL 10 (1952), S. 80 ff.; meine Darlegungen, in: *Reinhard / Scheuner,* Verfassungsschutz des Eigentums, Tübingen 1954, S. 70 ff. Von hier aus ergibt sich, daß im modernen Massenstaat, in dem die meisten Menschen ihre Lebensführung nicht mehr auf Sachgüterverfügung gründen, der Schutz der Rechtspositionen der Lebensstellung (Renten, öffentlichrechtliche Positionen usw.) im Begriff des Eigentums enthalten ist und daß auch der Aufsplitterung der Eigentumsvorstellung, etwa durch Schaffung öffentlichen Eigentums (wie im Wegegesetz v. Hamburg v. 4. 4. 1961, dazu kritisch *Werner Weber,* VVDStRL 21 (1964), S. 156 ff. und *Dürig,* dort S. 252) u. U. verfassungsrechtliche Grenzen gezogen sind.

bei den als Freiheitsrechte ausgeformten subjektiven Rechten im allgemeinen seltener in Erscheinung, da ihre Funktion auch durch die individuelle Behauptung der Rechtsgewähr tatsächlich erfüllt wird. Aber sie könnte, um ein Beispiel zu nennen, etwa beim Eigentum sichtbar werden, wenn der Gesetzgeber durch Aufspaltung und Wandlung des Eigentumsbegriffes es unternähme, das von der Verfassung vorausgesetzte Bild des privaten Eigentums aufzulösen oder auszuhöhlen[158], oder wenn er versuchen wollte, durch eine extreme Erleichterung der Scheidung die übernommene Form der Ehe als grundsätzlich lebenslanger Verbindung von Mann und Frau praktisch aufzuheben.

Der Gruppe der subjektiven Berechtigungen gehört noch eine Art von Grundrechten an, die das Grundgesetz — von Art. 6 Abs. 5 GG abgesehen — nicht kennt: die sozialen Grundrechte. Sind sie auch als individuelle Berechtigungen formuliert, — z. B. ein Recht auf Arbeit, auf Teilhabe an der Bildung — so enthalten sie doch in Wirklichkeit Verpflichtungen des staatlichen Gesetzgebers, für ihre Verwirklichung die geeigneten Maßnahmen zu treffen. Im Bereich der wirtschaftlichen Ordnung würde ein Recht auf Arbeit im Sinne eines Anspruchs auf Beschäftigung — die freie Wahl des Arbeitsplatzes in Art. 12 GG verbürgt nur den gleichmäßigen Zugang zum Arbeitsplatz und das Recht, ihn zu wechseln[159] — den Staat zu weitgehenden Eingriffen in die unternehmerische Verfügung (Einstellungspflichten, Schaffung von Arbeitsplätzen) nötigen. Die Durchsetzung sozialer Grundrechte würde zeigen, daß man es hier im Grunde mehr mit objektiven Richtsätzen der Verfassung für die Herstellung bestimmter Bedingungen der sozialen Ordnung zu tun hat[160].

Damit würden die sozialen Grundrechte sich einem letzten Bestandteil moderner Verfassungen nähern, den man als verbindliche Richt-

---

[158] Vgl. zu grundsätzlichen Problemen im Wasserrecht *Helmut Külz,* Zu Fragen des Eigentums und der Enteignung im neuen Wasserrecht, in: Staatsbürger u. Staatsgewalt. Jubiläumsschrift zum 100jährigen Bestehen der deutschen Verwaltungsgerichtsbarkeit, Bd. 2, Karlsruhe 1963, S. 293 ff.

[159] Es gehört zu den interpretativen Grundproblemen des Art. 12 Abs. 1 GG, daß er hauptsächlich nur auf einen geringen Ausschnitt des beruflichen Lebens, die selbständig oder freiberuflich Tätigen, Anwendung findet, obwohl er seiner Intention nach etwas anderes darstellt als die verfassungsrechtliche Bestätigung der Gewerbefreiheit. Nur dort, wo etwa Berufsvereinigungen ihre soziale Macht zur Herrschaft über die Einstellung von Arbeitnehmern in Betriebe ausweiten würden („closed shop"), würde die Funktion des Art. 12 GG auch im Berufsrecht der unselbständigen Arbeit sichtbar werden.

[160] Dieser Zusammenhang wird in der französischen Lehre deutlich erkannt. Vgl. *Burdeau,* Les libertés publiques, 1961, S. 21. Zum Wesen der sozialen Grundrechte siehe *Hans Huber,* Soziale Verfassungsrechte, in: Die Freiheit des Bürgers im schweizerischen Recht, Festgabe zur Hundertjahrfeier der Verfassung, 1948, S. 149 ff.

sätze des politisch-sozialen Lebens oder auch als Staatszielbestimmungen bezeichnen kann[161]. Manche von ihnen enthalten in erster Linie Wertentscheidungen, die für die Auslegung und Anwendung richtunggebend sind. Hier ließe sich etwa Art. 14 Abs. 2 Satz 1 („Eigentum verpflichtet") oder Art. 5 Abs. 3 Satz 2 GG anführen. Andere legen aber mit grundlegender normativer Kraft bestimmte Leitlinien der gesamten Staatspolitik fest, wie die Sozialstaatsklausel, das Verbot des Angriffskrieges (Art. 26) oder die Öffnung gegenüber übernationalen Einrichtungen (Art. 24). Diese Festlegungen, die teilweise — z. B. in Art. 24 und 26 GG — auch mit Kompetenzvorschriften zusammengehen, sind von der Verbürgung institutioneller Einrichtungen zu unterscheiden; sie sichern nicht bestehende Einrichtungen, sie weisen vielmehr der staatlichen Politik verbindlich den Weg.

Alle diese Elemente der Grundrechte ergänzen und durchdringen einander. Manche der Konsequenzen grundrechtlicher Verbürgungen werden erst durch eine institutionelle Betrachtung aufgedeckt werden können, etwa die Verpflichtung des Staates, zum Schutze einer Freiheit einzugreifen, wie sie die Rechtsprechung in der Pflicht zur Schaffung bestimmter Formen der Rundfunkorganisation angenommen hat. Die institutionelle Deutung führt also keineswegs, wie manche gemeint haben, die Gefahr einer Einschränkung der grundrechtlichen Freiheit herbei. Es kann freilich auch möglich sein, daß erst von der institutionellen Seite her sich der Blick auf die inneren Grenzen auch der subjektiven Berechtigung erschließt.

27. Mit der Hervorhebung der objektivrechtlichen Bestandteile der Grundrechte zeigt sich auch ein Weg zum Verständnis der Auswirkung der Grundrechte über die Relation Staat—Individuum hinweg auf die gesamte Rechtsordnung. Nur von wenigen[162] wird eine unmittelbare Erstreckung der Grundrechte auf privatrechtliche Rechtsverhältnisse angenommen. Denn hier gilt in der Tat, wie Ehmke nachgewiesen hat[163], der Satz von der Verkehrung des gegen den Staat gerichteten Freiheitsrechts in eine Norm des ordre public, die die Autonomie des Privatrechts aufhebt oder einschränkt. Würde man etwa die Norm des Gleichheitssatzes — der die öffentliche Betätigung des Staates möglicherweise auch im fiskalischen Gewande sich nicht ganz entziehen kann — auf das Zivilrecht ausdehnen, so würde an die Stelle einer

[161] Zu diesen Bestimmungen vgl. *v. Mangoldt / Klein,* S. 88 ff. (Grundsatznormen) und *Dürig,* Art. 1 Abs. 3, Rdnr. 99 („verbindliche Wertentscheidungen").

[162] Vor allem von *Nipperdey,* Die Grundrechte. Hrsg. v. Nipperdey / Bettermann, Bd. 2, 1954, S. 17 ff.

[163] Wirtschaft und Verfassung, S. 78 ff.

Rechtsordnung, die ungeachtet der natürlichen Verschiedenheit der Menschen eine formale Chancengleichheit gewährt, die sich in der Vertragsfreiheit auswirkt, ein System staatlich vorgeordneter Rechtsbeziehungen und Zwangsverträge treten. Im Presserecht würde die Ausdehnung der subjektiven Freiheit der Meinungsbildung in das innere Gefüge der Presseunternehmen — der englische Shawcross-Bericht hat das gut beleuchtet[164] — die Zerstörung der Zusammenarbeit von Verleger und Redakteur mit sich bringen. Wer wollte eine Zeitung finanzieren, wenn letztlich die Redakteure, die er einstellt, deren Kurs frei bestimmen könnten?

Wenn heute die Rechtsprechung[165] und ein beachtlicher Teil der Lehre[166] sich zu der Vorordnung der grundrechtlichen Sätze über die gesamte Rechtsordnung bekennt, so kann sich das weniger auf die subjektiven Berechtigungen beziehen, als eher nur auf die institutionellen Bestandteile der grundrechtlichen Vorschriften. Das Bundesverfassungsgericht spricht hier nicht mit Unrecht von der „objektiven Wertordnung" der Grundrechte, die als verfassungsrechtliche Grundentscheidung für alle Bereiche des Rechts gelte[167]. Auch von diesem Grundgedanken aus wird es noch notwendig sein, gewisse Schranken der Erstreckung zu ziehen und nur solche Wertgrundsätze der Grundrechte in die bestehende Rechtsordnung zur Auswirkung zu bringen, die schlechthin fundamental und über die Beziehung Staat—Individuum hinaus zu wirken imstande sind.

28. Die Überlegungen zur sog. „Drittwirkung" der Grundrechte zeigen auch, daß es notwendig ist, das Verhältnis der grundrechtlichen Verfassungssätze zum einfachen Gesetz differenzierter zu sehen, als dies in der bisherigen Lehre geschieht, die hierfür im wesentlichen nur die Kategorien der Überordnung der Verfassungsnorm oder ihrer Einschränkung durch den Gesetzgeber bereit hält[168]. Die Untersuchungen von Häberle haben klar gemacht, daß die Beziehung der Grundrechte zum Gesetz sich nicht in der Frage erschöpft, inwieweit Vorbehalte dem Gesetzgeber einschränkende Regelungen gestatten. Dem Gesetzgeber fällt vielmehr auch die Aufgabe zu, das Grundrecht auszugestalten, auszuführen und überhaupt erst der praktischen Realisierung zuzuführen. Gerade in dem hier vorliegenden Bereich gilt das von der Pressegesetz-

---

[164] Report of the *Royal Commission on the Press,* 1961/62 Cmnd. 1811, S. 103 f.

[165] Grundlegend BVerfGE 7, S. 198, 204 ff.

[166] Vgl. *Dürig,* Art. 1 Abs. 3, Rdnr. 127 ff.; *W. Leisner,* Grundrechte und Privatrecht, München - Berlin 1960, S. 152 ff., 285 ff.; *Hans Huber,* ZSR 82 (1963), S. 137 ff.

[167] S. 205.

[168] Zur Kritik siehe *Häberle,* S. 126 ff.

gebung, die etwa die nötigen Ordnungsvorschriften (Impressum usw.) und die der Pressefreiheit komplementäre Verantwortlichkeit sicherzustellen hat, und in noch höherem Maße von der Gesetzgebung der Länder über die Organisation der Rundfunkanstalten, ohne die die Art. 5 GG entsprechende politische Neutralisierung der Sendungen nicht erreicht werden kann[169]. Der Gesetzgeber bleibt hierbei allerdings stets an die grundlegenden Wertentscheidungen des Grundrechts gebunden und nur in einzelnen Vorschriften eröffnet die Verfassung (Art. 12 Abs. 1 Satz 2, Art. 14 Abs. 1 Satz 2) erweiterte Gestaltungsmöglichkeiten, übrigens verschiedenen Umfangs. Darüber hinaus ergeben sich noch andere, komplexere Relationen zwischen Verfassung und Gesetz aus der Tatsache, daß die Verfassungsregelung von einem bestimmten Gesetzesstande ausgeht, ihn zuweilen in Bezug nimmt oder bestätigt, daß sie jedenfalls ohne stete Verbindung zu Normen des einfachen Gesetzes nicht gehandhabt werden kann. Auch hier freilich ist es nötig, den Vorrang der Verfassung und ihre eigene Wertsetzung festzuhalten und zu sichern[170].

29. Eine Auslegung der Grundrechte, die den vielfältigen Beziehungen gerecht werden will, die hier aufzudecken versucht wurde, wird in erheblichem Maße eine wertende und schöpferische Verdeutlichung, eine Nachgestaltung und Fortbildung auf sich nehmen müssen. Das stellt die Rechtsprechung vor schwere Aufgaben und fordert die Anwendung einer entwickelten Auslegungsmethode, die die Rolle des Richters in seiner wertenden Entscheidung richtig versteht, Unsicherheiten durch Entwicklung von leitenden Prinzipien und „standards" zu beheben sucht, die der konkreten Anwendung den Weg weisen, und der Bedeutung der geschichtlichen Herkunft und Entwicklung der einzelnen Grundrechte ebenso wie ihrer sozialen Grundlage gerecht wird[171]. Daß eine solche den Inhalt der Verfassung ausschöpfende und ausformende Interpretation dem Gebot des Maßes und der Zurückhaltung unterliegt und der Stetigkeit bedarf, mag hervorzuheben sein. Aber ihr als „geisteswissenschaftlicher" Methode darum, wie es in gewiß begründeter Sorge für Rechtssicherheit und Präzision rechtsstaat-

---

[169] Für die Gesetzgebung über die Rundfunkanstalten hat das Bundesverfassungsgericht selbst — unter Aufstellung von Richtsätzen — diese ausgestaltende Aufgabe umrissen: BVerfGE 12, S. 205, 263 ff. — Ein anderes Beispiel solcher ausgestaltenden Gesetzgebung stellt (zu Art. 2 Abs. 2 GG) § 161 des Strafgesetzentwurfes E 1962 dar, der die Heilbehandlung definiert (BTag, IV. Wahlp., Drucksache 200/62, S. 38, 296 ff.).

[170] Diese Beziehung von Verfassung und Gesetz ist bereits oben in Anm. 99 behandelt worden.

[171] Zur Auslegungsmethodik in diesem Sinne siehe *Josef Esser*, Grundsatz und Norm, Tübingen 1956, S. 69 ff., 141 ff.; *Karl Larenz*, Methodenlehre der Rechtswissenschaft, Berlin 1960, S. 261 ff., 273 ff.; *W. Leisner*, DÖV 1961, S. 641 ff.

licher Rechtshandhabung Forsthoff unternommen hat[172], das Recht abzusprechen und die Rückkehr zu der systematischen Auslegung nach den „alten bewährten Regeln der juristischen Hermeneutik“[173] zu fordern, scheint mir die heutige Verfassungsproblematik zu verfehlen wie die moderne Ansicht von Recht und Rechtsprechung. Eine Verfassung, die wie das Grundgesetz sich zu einer die gesamte Rechtsordnung mit bestimmten grundrechtlichen Verbürgungen und Wertsetzungen ausrichtenden Absicht bekennt, kann nicht mit der Methode angewendet werden, die an den ins Einzelne ausgefeilten Kodifikationen des 19. Jahrhunderts entwickelt wurde. Ihre Sätze sind allgemeiner Natur und fordern daher stärker nachhelfende Deutung. Indem sich die Verfassung für eine Grundrechtsordnung als oberste Richtlinie der Rechtsordnung aussprach (Art. 1 Abs. 3 GG), hatte sie auch die Notwendigkeit einer angemessenen Auslegungsmethode damit festgelegt. Wertentscheidungen abzuweisen, heißt ferner hinter der heutigen Sicht richterlicher Aufgabenstellung zurückbleiben[174]. Gerade die von Forsthoff geforderte Auslegung der Verfassung als politische Norm[175] fordert die Herausarbeitung der in ihr liegenden Wertsetzungen. Der Irrtum liegt, so scheint mir darin, daß Forsthoff der Verfassung einen dezisionistischen Charakter gibt und sie nicht als eine lebendige, im politischen Leben fortwirkende und daher auch der Wandlung fähige Ordnung ansehen möchte.

Ein klares Bekenntnis zu den modernen Auslegungsmethoden gibt aber auch der Rechtsprechung, der Verfassungsgerichtsbarkeit zumal, einen sicheren Boden, und macht ihr ihre besondere Verantwortung deutlich. Ein Sichverstecken hinter dem Apparat der älteren logisch-systematischen Methodik dort, wo deren Grenzen überschritten werden, wäre eine Selbsttäuschung und ein Verfehlen des Auftrages der Gerichte. Der rechte Weg führt über die offene Erkenntnis der richterlichen Rolle in Nachformung und Fortbildung der grundrechtlichen Regelung. Sie macht es möglich, dann auch die Notwendigkeit der Entwicklung von „standards“, von Leitgedanken und Mittelwerten zu betonen, wie sie das Bundesverfassungsgericht für Art. 12 GG in der Apothekenentscheidung und für Art. 5 GG im Fernsehurteil (für Rundfunk und Fernsehen) entwickelt hat, in verhältnismäßiger Selbständigkeit gegenüber dem weiten und unvollständigen Wortlaut. Das ver-

---

172 Zwei Abhandlungen (Die Umbildung des Verfassungsgesetzes und Der introvertierte Rechtsstaat und seine Verortung), jetzt in: Rechtsstaat im Wandel, Verfassungsrechtl. Abhandlungen 1950 - 64, Stuttgart 1964, S. 147 ff., 213 ff. Ferner: Zur Problematik der Verfassungsauslegung, Stuttgart 1961.

173 Problematik, S. 34.

174 Zu ihr *Esser*, S. 14 ff.; ferner *Bachof*, Grundgesetz und Richtermacht, Tübingen 1959.

175 Problematik, S. 37.

hältnismäßig junge Alter der deutschen Verfassungsgerichtsbarkeit hat sie freilich noch nicht vor die Probleme gestellt, die soziale und wirtschaftliche Veränderungen und der langsame Wandel auch der allgemeinen ethischen Anschauungen mit sich bringen und die schärfer die Frage nach der Rolle der Gesetzgebung und ihrer Lösung neuer Aufgaben des sozialen Lebens auf der einen Seite und der ihr gegenüberstehenden bewahrenden Position der Verfassungsgerichtsbarkeit, die eine Konstanz der grundlegenden Wertordnung zu hüten hat, auf der anderen Seite aufwirft. Auch hat die pluralistische Gesellschaft der Bundesrepublik bislang, ungeachtet ihrer mannigfachen Interessen und Strömungen, keine Neigung gezeigt, scharf antagonistische Grundauffassungen auszuformen, die die Aufgabe der Rechtsprechung, gemeinsame übergeordnete moralische Traditionen und Wertmaßstäbe festzuhalten, schwieriger machen würden[176].

---

[176] Über die gestaltende Rolle der Verfassungsgerichtsbarkeit und ihr Verhältnis zum Gesetzgeber vgl. für die USA *Eugene V. Rostow*, The Sovereign Prerogative. The Supreme Court and the Quest for Law, New Haven 1962; *Donald M. Morgan*, The Marshall Court and Civil Liberties, in: Aspects of Liberty. Essays presented to Robert E. Cushman, Ithaca 1958, S. 163 ff.; *Ehmke*, Wirtschaft u. Verfassung, S. 76 ff. und passim; ferner (in mehr kritischem Licht) *Ernst Wolf*, Verfassungsgerichtsbarkeit und Verfassungstreue in den Vereinigten Staaten, Basel 1961. Zur deutschen Lage vgl. „Das Bundesverfassungsgericht“, hrsg. v. Gericht. Karlsruhe 1963 (vor allem den Vortrag von *Smend*, S. 23 ff.).

Die Funktion der Grundrechte im Sozialstaat

Die Grundrechte als Richtlinie und Rahmen der Staatstätigkeit

I. Ausgangspunkt der Grundrechtsinterpretation

Die Diskussion der letzten Jahre zur Reform des Grundgesetzes, die sich auch in der Einsetzung einer parlamentarischen Kommission zur Anpassung der grundgesetzlichen Strukturen ausgewirkt hat[1], richtet den Blick in der Hauptsache auf die organisatorischen Anordnungen der Verfassung, auf das Verhältnis von Bund und Ländern, die leitenden Regierungsorgane und ihr Verhältnis zum Parlament oder auf finanzielle Strukturverbesserungen. Die Grundrechte werden in die Erörterung nicht einbezogen. Das ist verständlich. Grundrechtsvorschriften wird man nicht leichthin ändern. Es ist eher Sache ihrer Auslegung, sie dem Wandel gesellschaftlicher Verhältnisse oder veränderten Zeitanschauungen anzupassen. In der Tat ist die breite Auswirkung, die die Grundrechte innerhalb der gesamten Rechtsordnung der Bundesrepublik gewonnen haben, weithin das Werk der Interpretation, die erst Tragweite und Ausstrahlung der Grundrechtsnormen in diesem Umfang erschlossen hat.

Die erste Periode in der Entwicklung der Bundesrepublik, die vom Aufbau wie auch vom Rückblick auf die vorangegangene Zeit totalitärer Herrschaft geprägt war, ist seit einigen Jahren zu Ende gegangen, und damit werden auch manche Ansätze der ersten Nachkriegsepoche kritisch in Frage gestellt. Gilt diese Besinnung auch für die Anwendung der Grundrechte? Ist die so stark vom liberalen Individualismus geprägte Anschauung, die das Bild der Grundrechte und ihre Ausdeutung überwiegend bestimmt hat, noch den heutigen gesellschaftlichen Verhältnissen ganz entsprechend? Ist die sozialstaatliche Komponente der Verfassungsordnung hierbei zureichend zur Geltung gekommen? Die wissenschaftliche Erörterung hat sich diesen Fragen noch wenig zugewandt. Unmittelbar nach 1945 erschien der Vorrang verständlich, den man der Herstellung einer wirtschaftlichen und sozialen Handlungsfreiheit und einer Sicherung der individuellen Lebensführung ein-

---

Aus: Die Öffentliche Verwaltung 1971, S. 505 - 513.

[1] Vgl. den Antrag der Fraktionen SPD und FDP vom 6. 5. 1971 auf Einsetzung einer Enquête-Kommission zur Reform der bundesstaatlichen Struktur (Bundestagsdrucksache VI/739).

räumte. Diese Tendenz kommt übrigens in den vor Erlaß des Grundgesetzes zustande gekommenen Landesverfassungen gar nicht so stark zum Zuge; in ihnen spiegeln sich vielmehr gerade im wirtschaftlich-sozialen Bereich die eindringlichen sozialethischen und gesellschaftspolitischen Überlegungen der ersten Jahre nach Kriegsende wider. Erst mit dem Grundgesetz gewann dann — da man hier nur eine vorläufige Ordnung schaffen wollte und sich daher auf den Kreis der überlieferten liberalen Freiheitsrechte im wesentlichen beschränkte — das Übergewicht dieser grundrechtlichen Konzeption, der gegenüber die Sozialstaatsklausel kein echtes Gegengewicht darstellt, die Vorhand. Im Parlamentarischen Rat riet der Abgeordnete *Zinn* — und er sprach eine überwiegend damals geteilte Auffassung aus — von einer umfassenden Neuschöpfung der Grundrechte ab, da die Zeit hierfür nicht reif sei und es an einer einheitlichen Auffassung über den neuen Staat und die neue Gesellschaft fehle[2]. Die nachfolgende Anwendung der Grundrechte hat diese Linie noch stärker ausgezogen und hat den Grundrechten den Charakter eines Kataloges oder auch eines Systems von Grundfreiheiten gegenüber dem Staat aufgeprägt, wie es der liberalen Tradition entsprach. Das hat gewiß der Verwirklichung der Freiheitsrechte in ihrer wichtigen, negativ gegen den Staat gerichteten Funktion gedient. Aber sind demgegenüber nicht andere, gerade der deutschen, stets stärker vom institutionellen Denken getragenen Grundrechtsauffassung eigene Züge zu sehr zurückgetreten, hat nicht das Denken allein vom Freiheitsrecht her vielfältigere Bezüge der Grundrechte im Rahmen der gesamten Rechtsordnung nicht zureichend entfaltet? Manche Auffassungen, die vielfach Gefolgschaft gefunden haben, streben danach, diesen individualistischen Grundzug der Grundrechte in einer systematischen Grundrechtskonzeption zu verankern. *Günter Dürig* erblickt in den Grundrechten ein Wertsystem, das einen lückenlosen Schutz der Freiheit verbürge. Diese Freiheit wird zwar nicht als schrankenlos angesehen, aber doch als eine grundsätzliche Freiheit von rechtlicher Beschränkung verstanden und in Art. 2 als einem „Hauptfreiheitsrecht", aus dem alle anderen Grundrechte herzuleiten seien, niedergelegt. Von einer ähnlichen Anschauung her hat *Peter Schneider* die Maxime „in dubio pro libertate" aus dem Grundverhältnis von Staat und Bürger entwickelt und als obersten Auslegungsgrundsatz für Verfassung und Grundrechtsnormen empfohlen[3].

---

[2] Siehe *Maunz / Dürig / Herzog*, Grundgesetz, Rdnr. 5, 6 und 11 zu Art. 1 und Rdnr. 3 - 7 zu Art. 2; hier wird aus Art. 1 Abs. 3 die „höchstmögliche Wirkungskraft" der nachfolgenden Grundrechte abgeleitet.

[3] Vgl. *Peter Schneider*, In dubio pro libertate, in: Hundert Jahre Deutsches Rechtsleben. Festschrift Dt. Juristentag 1960, Bd. 2, S. 263 ff.; *ders.*, VVDStRL 20 (1963), S. 31/32. Kritisch hierzu *H. Ehmke*, dort, S. 86 f. Vgl. auch ferner *Jörg Paul Müller*, Die Grundrechte der Verfassung und der Persönlichkeitsschutz des Privatrechts (Abh. z. schweiz. Recht, 360), Bern 1964, S. 83.

Im Blick auf die neuere Vergangenheit wird man diesen Auffassungen mit Verständnis begegnen können. Aber es müssen ihnen gegenüber auch Zweifel angemeldet werden. Um nur einige dieser Fragen kurz anzudeuten: Entspricht das Bild des ganz auf sich gestellten vereinzelten Individuums, wie es diese Konzeptionen voraussetzen, noch den sozialen Gegebenheiten unserer heutigen Gesellschaft, in der die überwiegende Zahl der Menschen in abhängiger Tätigkeit steht und ihre Sicherung, auch im Sinne wirtschaftlicher Freiheit, nicht in eigener Unabhängigkeit, sondern in einem ausgebauten System eigener und staatlicher Vorsorge für Beschäftigung, Krankheit, Alter und Daseinsgewährleistung findet? So sehr im Bereiche der Persönlichkeit, wo Menschenwürde und der Kern der freien Persönlichkeit in körperlicher, räumlicher und geistiger Hinsicht in Betracht stehen, zu Recht das Individuum im Mittelpunkt steht, kann die Vorstellung eines „Hauptfreiheitsrechtes" ausreichen, um das schwere Problem zu behandeln, wie in der Abhängigkeit der heutigen sozialen Verflechtung des Menschen seine wirtschaftliche und soziale Bewegungsfreiheit und seine Teilnahme an den Leistungen des Gemeinwesens gesichert werden kann? Vollends die Entfaltung der egalitären Züge einer sozialen Demokratie läßt sich von einer umfassenden Freiheit aus gar nicht zur Geltung bringen, weil sie notwendig Beschränkungen der Freiheit enthält, also auf Momenten der Kollision und Zusammenstimmung verschiedener Bestandteile der Grundrechte beruht. Die Formel eines „Hauptgleichheitsrechtes"[4] geht an dieser Problematik mit einer verbalen Wendung einfach vorüber. Auch im Raum des geistigen Lebens, wo sicherlich heute die individuelle Komponente sich gerade wegen der Beengung im sozialen Dasein stark entfaltet, ist bei der Anwendung der Grundrechte angesichts der pluralen Gruppenbildung und der modernen Organisation geistiger Kommunikation die Betonung der individuellen Freiheit allein nicht mehr ausreichend, um die Freiheitlichkeit in den Massenkommunikationsmitteln oder in Wissenschaft und Kunst zu erhalten. Hier kommt über ein institutionelles Denken in Verfassungsprinzipien und in Aufträgen an den Staat eine jener älteren Tradition noch verschlossene Rolle des Staates als Schützer der individuellen Freiheit, auch gegenüber mächtigen Sozialgruppen in Sicht. Neben diesen systematischen Fragen stellen sich aber Probleme hinsichtlich der sozialen Auswirkung der Grundrechtsinterpretation. Kann eine zu starke Betonung des Moments bestehender individueller Rechte, die dann im Sinne einer bestimmten Überlieferung gedeutet werden, nicht auch der Grundrechtsanwendung einen zu konservativen Zug verleihen? In der Betonung der Freiheit der Wissenschaft als eines Vorrechts der Hoch-

[4] Vgl. *Maunz / Dürig / Herzog*, Rdnr. 12 zu Art. 1.

schulautonomie[5] kann sich das ebenso zeigen wie in ständischen Vorstellungen, etwa der Umdeutung der Garantie richterlicher Unabhängigkeit in Besoldungsvorrechte. Es wäre natürlich zu einfach, in einer stärkeren Betonung der Gemeinschaftsbindung eine Lösung zu suchen. Aber es wäre angemessen auch den Elementen der Grundrechtsordnung, die neben den Freiheitsgewährungen auch Prinzipien der Sozialgestaltung festlegen, die Rechtsinstitute und soziale Ordnungselemente normieren, genügend Beachtung zu geben, nicht weniger aber auch die soziale Auswirkung der Grundrechte schärfer ins Auge zu fassen.

Dieser Fragenkreis, der hier nur kurz umrissen werden konnte, kann nicht allein vom Sozialstaatsprinzip her erfaßt und erhellt werden. Es wird in einem ersten Abschnitt notwendig sein, zur Klärung der systematischen Grundlagen der Grundrechtsinterpretation einen Beitrag zu leisten. Aber indem man die Grundrechte mit der Wirklichkeit wie mit den Wertungsproblemen des Sozial- und Wohlfahrtsstaates konfrontiert, treten doch auch die wichtigsten Grundfragen der Auslegung hervor, die man sich heute zu stellen hat[6]. Der Ausblick auf den Sozialstaat läßt sowohl das Problem der sozialen Einbindung des Individuums hervortreten, wie andererseits Wandlungen in der Akzentuierung einzelner Grundrechte (z. B. des Eigentums), die soziale Breitenwirkung (Drittwirkung) und endlich auch die gesellschaftliche und geschichtliche Bezogenheit der grundrechtlichen Normen.

Der Blick bleibt dabei auf das Grundgesetz gerichtet. Es wird nicht übersehen, daß gerade sozialstaatliche Probleme eine wichtige Rolle in den Landesverfassungen spielen. Hier finden wir die Aufnahme sozialer Grundrechte wie des Rechts auf Arbeit[7] oder des Rechts auf Bildung[8]. Aber die Ausgestaltung dieser Kataloge ist doch, etwa in der Be-

[5] Vgl. diese Deutung der Wissenschaftsfreiheit bei *A. Köttgen*, Das Grundrecht der deutschen Universität, Göttingen 1959, S. 18 f., 30 ff.; *Alexander Kluge*, Die Universitätsselbstverwaltung, Frankfurt 1958, S. 109 ff. Kritisch meine Darlegung, in: Bildungsplanung im Bereich der Wissenschaft, in: Festschrift f. Leo Brandt, Köln 1968, S. 618 f. und *W. Hennis*, Die deutsche Unruhe, Hamburg 1969, S. 31 ff.

[6] Den Fragen der Wandlung der Grundrechte, auch gerade im Zeichen des Sozialstaats geht nach *R. Bernhardt*, Wandlungen der Grundrechte (Frankfurter Jurist. Gesellschaft, Heft 4), 1971, S. 20 ff. Eine grundlegende kritische Prüfung der sozialen Auswirkung der Verfassungsinterpretation nimmt vor *Hans-Hermann Hartwich*, Sozialstaatspostulat und gesellschaftlicher status quo, Köln 1970. Das Buch ist freilich von einem Standpunkt aus geschrieben, der Vorstellungen einer gesellschaftlichen Veränderung in die Aussagen des Grundgesetzes hineindeutet, die in dessen Festlegungen nicht gegeben sind. Dennoch sind die kritischen Fragestellungen zur Handhabung der Grundrechte im wirtschaftlich-sozialen Feld interessant.

[7] Vgl. Bayern, Art. 166 Abs. 2; Berlin, Art. 12 Abs. 1; Bremen, Art. 8 Abs. 1; Hessen, Art. 28 Abs. 2; NRW, Art. 24 Abs. 1; Rheinl.-Pfalz, Art. 53 Abs. 2; Saar, Art. 45.

tonung der Bodenreform oder der Hervorhebung der Pflicht der Wirtschaft zur Bedarfsdeckung, oft zeitgebunden und vor allem haben sie — ungeachtet des Art. 142 GG — neben den Festsetzungen des Grundgesetzes nur eine geringe Bedeutung[9]. Es hat sich hier, wie einst auch schon unter der Verfassung von Weimar[10], eine Entwicklung vollzogen, die in der Auslegung und Anwendung der Grundrechte die traditionellen Elemente der Freiheitsrechte in den Vordergrund rückte und demgegenüber die sozialen Ansätze nicht entfaltete und zurücktreten ließ.

II. Die Grundrechte als individuell artikulierte Gewährleistungen und ihre Vorrangstellung in der Rechtsordnung

Wenn wir die Ausrichtung der Grundrechtsinterpretation und ihre Relation zu den sozialen Gegebenheiten der modernen Industriegesellschaft ins Auge fassen wollen, so wird es in diesem zweiten Abschnitt angebracht sein, zunächst sich die leitenden Grundsätze der bisherigen Ausdeutung kritisch vor Augen zu führen und ihre Auswirkung zu untersuchen. Das kann hier nur in einem kurzen Überblick geschehen. Aber schon er zeigt, daß sich heute zwei Grundrichtungen gegenüberstehen. Die eine, von einem großen Teil der Lehre getragen und zu erheblichen Teilen auch von der Rechtsprechung aufgenommen, folgt der liberalen Tradition und sieht den Kern der Grundrechtsentwicklung überwiegend im Freiheitsgedanken. Sie sucht daher die Grundrechte in erster Linie als gegen den Staat gerichteten Freiheitsraum so umfassend wie möglich zu entfalten, wobei sie namentlich danach strebt, die Grundrechte in ein geschlossenes System lückenloser Freiheitsverbürgung oder in eine allgemeine „Wertordnung" zu systematisieren. Ihr Bild vom Menschen und von der Gesellschaft wurzelt noch in einer Vorstellung der autonomen, auch sozial unabhängigen Person, in einem oft kantisch geprägten Bilde personaler Autonomie, das den wirtschaftlich und sozial in die Ordnungen der modernen Produktion und Lebensform eingefügten Menschen, der oft stärker von mächtigen sozialen Gruppen als vom Staate bedrängt wird, die Lage des „homme

[8] Vgl. Baden-Württemberg, Art. 11 Abs. 1; Bayern, Art. 128 Abs. 1; Bremen, Art. 27; NRW, Art. 8 Abs. 1.

[9] Dies ist trotz der Bemühung um Nachweis erheblicher durch Art. 142 aufrechterhaltener Bestände durch *E. W. Böckenförde* und *R. Grawert*, DÖV 1971, S. 119 ff. festzuhalten. Nur in Bayern hat das Recht auf Naturgenuß als soziale Verbürgung praktisch eine gewisse Anwendung gefunden. Vgl. BayVerfGH, VwRspr. 18, S. 257 (Königsee) und 20, S. 137 (Wegesperrung Füssen).

[10] Zu dieser Entwicklung unter der Weimarer Verfassung siehe *E. R. Huber*, AöR, N. F., 23 (1932), S. 46 ff., 72 ff.

situé"[11], dessen Freiheit mitunter auch der fördernden Stützen bedarf, nicht zur Kenntnis nimmt. Dieser Anschauung steht eine Richtung gegenüber, noch erst im Entstehen und weniger fest gefügt, die diese Vorstellung sowohl für geschichtlich zeitgebunden und heute zurücktretend, wie auch in der Grundlage der Funktion der Grundrechte nicht angemessen hält. Sie erblickt in den Grundrechten, ohne ihre grundlegende Bedeutung für die Anerkennung menschlicher Würde und Freiheit zu verringern, nicht ein grundsätzliches „System", eine nach dem Beispiel zivilrechtlicher Dogmatik aufgebaute „Ordnung", sondern aus einer Konzeption menschlicher Freiheit und Sicherung konzipierte jeweils besondere und selbständige Verstärkungen und Verbürgungen bestimmter Rechtspositionen, Einrichtungen und Verfassungsprinzipien[12], die jeweils von der aktuellen geschichtlichen Lage und dem Schutzbedürfnis gegen spezielle Gefährdungen der menschlichen Lage in ihrer Ausformung geprägt werden[13]. Diese Ansicht ist imstande, neben dem Gesichtspunkt der Sicherung von Freiheiten auch andere, stärker objektiv gefaßte Prinzipien der Grundrechtsverbürgung zur Geltung zu bringen, wie sie gerade der deutschen Entwicklung zu eigen sind, und das Problem der Einfügung der Grundrechte in die allgemeine Rechtsordnung vielseitiger als allein unter dem Schrankengesichtspunkt zu beleuchten. Sie ist auch in der Lage, stärker das zugrundeliegende Menschenbild auf die Wirklichkeit der sozial- und wohlfahrtsstaatlichen Einordnung des heutigen Menschen, auf die Probleme einer Freiheitsbewahrung trotz wirtschaftlich-sozialer Abhängigkeit und Hingabe an die geistige Führung durch die Massenkommunikationsmittel abzustellen. Der Unterschied dieser beiden Grundauffassungen — der natürlich im einzelnen in der Lehre reicher facettiert anklingt — hat also unmittelbare Bedeutung auch für die Einstellung gegenüber den Problemen des modernen Sozialstaates. Das soll nun an Hand einer Reihe grundlegender Fragen der Grundrechtsinterpretation aufgewiesen werden.

---

[11] Die deutsche Lehre hat etwa die grundlegenden Gedanken von *Georges Burdeau* zum Niedergang der „liberté-autonomie" und zum „homme-situé" sowie zum Übergang der sozialen Forderungen in eine Form der Aufträge an den Gesetzgeber (Les libertés publiques, 1961, S. 20 ff.) noch wenig zur Kenntnis genommen.

[12] Die modernen Verfassungen enthalten zahlreiche objektive Prinzipien und Zielsetzungen, auch über den Grundrechtsteil hinaus. Ich habe sie früher „Leitgrundsätze" genannt, ziehe aber jetzt die Bezeichnung Prinzipien vor. Vgl. meine Darlegung, AöR 95 (1970), S. 365, Anm. 27.

[13] Diese Ausführung knüpft an an meine Darlegungen zur Grundrechtsauffassung, VVDStRL 22 (1965), S. 33 - 62 (abgedruckt in *diesem* Bande als Beitrag Nr. 28). Ich weiß mich hier weitgehend in Übereinstimmung mit *K. Hesse,* Grundzüge des Verfassungsrechts der Bundesrepublik Deutschland, 4. Aufl. 1970, S. 116 ff., 124 ff. Vgl. ferner *Friedrich Müller,* Die Positivität der Grundrechte, 1969, S. 41 f.; *E. W. Böckenförde,* VVDStRL 28 (1970), S. 36.

1. Allgemeine Übereinstimmung herrscht heute darin, daß die Festlegungen der Grundrechte nach Möglichkeit als aktuelle verbindliche Normierungen aufzufassen sind. Durch Art. 1 Abs. 3 GG ist die ältere Problematik der Weimarer Zeit vom bloßen „Programmsatz“ überholt[14]. Es ist dagegen eher zweifelhaft, ob man von hier aus zu einem Grundsatz der „höchstmöglichen Wirkungskraft“[15], der weitgehendsten Effektivität der Grundrechte gelangen kann. Natürlich bedingt die aktuelle Normkraft der Grundrechte, daß sie voll in ihrer Aussage entfaltet werden. In der Formel von der Effektivität aber verbirgt sich doch wohl in erster Linie die Vorstellung einer umfassenden Freiheit als des Ausgangsprinzips der Grundrechte, die ihre Bedeutung als besondere soziale Sicherungen verdunkelt und am Ende, weil der überzogene Freiheitsgedanke die Gegenwirkung ruft, in ihrer Wirkungskraft abschwächt.

2. Eine übereinstimmende Meinung erkennt, wieder im Einklang mit Art. 1 Abs. 3 GG, an, daß die Grundrechte auch den Gesetzgeber binden, daß sie in ihrer Gesamtheit der Gestaltungsfreiheit des Gesetzgebers einen Rahmen setzen, an den er nicht nur als Schranke, sondern auch als Ziel und Auftrag verbindlich gebunden ist. Damit werden die Grundrechte zur bindenden Leitlinie für das Verhältnis von Staat und Bürger, aber darüber hinaus auch für die ganze Rechtsordnung. Diese Erhebung der Grundrechte zu einem Bestand höherer, alle Gebiete des Rechts durchdringender Normen ist einer der markantesten Züge der Entwicklung der letzten 20 Jahre. Das wirft dann freilich die Frage der Wirkung dieser Normen außerhalb des Staat-Bürger-Verhältnisses, der sog. Drittwirkung auf. Hier ist eine Lösung noch nicht gefunden. Sicher dürfte sein, daß in der Regel nicht eine einfache Erstreckung der Bestimmungen auf die Relationen zwischen Individuen denkbar ist. Hier herrschen andere soziale Strukturen vor (auch dort, wo es sich um Gruppenmacht handelt), und hier ist die gegenseitige Relation weithin durch den Grundsatz der Privatautonomie geprägt, die eine grundrechtliche Bindung individueller Entscheidungen ausschließt oder doch einschränkt. Die von *Dürig* vorgeschlagene Einfügung der Grundrechtsnormen in die Generalklausel[16] hat begrenzten Wert. Denn gerade diese Generalklauseln formulieren meist bereits die grundrechtlichen Festsetzungen in bestimmter Weise, und dies Tor würde auch nicht zureichen, um die Auswirkung wirklich zu erfassen. Der richtige Weg führt vielmehr dahin, die in den Grundrechten ent-

[14] Zu diesem Streit vgl. *Albrecht Buschke,* Die Grundrechte der Weimarer Verfassung in der Rechtsprechung des Reichsgerichts, 1930, S. 42 ff.

[15] *Maunz / Dürig / Herzog,* Rdnr. 5 zu Art. 2.

[16] *Dürig,* Festschrift f. H. Nawiasky, 1956, S. 157 ff. und *Maunz / Dürig / Herzog,* Rdnr. 56 ff. zu Art. 2.

haltenen objektiven Prinzipien und Festsetzungen in ihrem institutionell-funktionalen Gehalt auch für andere Rechtsgebiete und Rechtsbeziehungen jenseits des Staat-Bürger-Verhältnisses fruchtbar zu machen[17]. Die Rechtsprechung spricht hier von den in den Grundrechten ausgedrückten „Wertentscheidungen" der Verfassung; sie hat namentlich Grundsätze, die den Schutz von Ehe und Familie[18], die Meinungs- und Pressefreiheit[19] oder die persönliche Freiheit[20] betreffen, in dieser Weise als objektive Wertentscheidungen gekennzeichnet. Auch hat die arbeitsrechtliche Rechtsprechung dem Gedanken der Berufsfreiheit im Rahmen etwa der Wettbewerbsklauseln in Arbeitsverträgen und ähnlichen Abmachungen Bedeutung verliehen[21]. Diese Erstreckung der Grundrechtsaussage — in der Schweiz spricht man von Horizontalwirkung — hat sozialstaatliche Bedeutung insofern, als sie über die ältere Sicht der Grundrechte als bloßer Abwehrrechte hinausführt und ihren Grundgedanken eben dort, wo die negative Funktion nicht mehr zureicht, im gesellschaftlichen Leben Geltung verleiht[22]. Freilich wird man hier immer im Auge haben müssen, daß es stets einer Transponierung der Aussagen bedarf und dort die Drittwirkung am ehesten anzunehmen ist, wo es sich auch um Eindämmung sozialer Macht und ihres Gebrauchs[23] oder um kollektive Vorgänge handelt.

3. Es wird auch Anerkennung finden, daß zum Kern der Grundrechtsregeln die Sicherung menschlicher Freiheiten und die Gewährleistung subjektiver Rechte des Einzelnen gehört. Aber dieser Grundzug vieler grundrechtlicher Normen darf nicht allein betont werden und er darf vor allem nicht übersteigert werden zu der Vorstellung, alle Grundrechte seien nur der Ausfluß einer umfassenden allgemeinen Freiheit, des sog. Hauptfreiheitsrechts. Eine solche Konzeption[24] führt

[17] Zu dieser institutionellen Sicht der Drittwirkung führen richtig *Jörg Paul Müller* (Anm. 3), S. 163 f.; *K. Hesse*, Grundzüge, S. 146 und *Peter Saladin*, Grundrechte im Wandel, Bern 1970, S. 307 ff.

[18] Vgl. BVerfGE 13, S. 318; 19, S. 193, 198 (Aufenthalt für Ausländer und Art. 6 Abs. 1 GG).

[19] Fälle *Lüth* (BVerfGE 7, S. 198 ff.), *Blinkfuer* (BVerfGE 25, S. 256 ff.) und *Gründgens* (Beschl. v. 24. 2. 1971 — 1 BvR 435/68).

[20] Vgl. BVerfGE 10, S. 302, 322 (Unterbringung durch Vormund).

[21] Siehe BAG 13, S. 168, 174 ff.

[22] Hierzu *Bernhardt* (Anm. 6), S. 17.

[23] Hierfür ist der Fall *Blinkfuer* (Anm. 19) ein besonders gutes Beispiel.

[24] Das Bundesverfassungsgericht folgt ihr darin, daß es Art. 2 GG als Gewährleistung einer allgemeinen Handlungsfreiheit ansieht, die freilich nur subsidiär hinter den speziellen Grundrechten zum Zuge gelangt. BVerfGE 6, S. 32, 36 ff.; 12, S. 341, 347; 25, S. 371, 407. Diese Vorstellung einer lex generalis und der Grundrechte als leges specialis ist begrifflich und systematisch gleich bedenklich. Vom „Muttergrundrecht" spricht BGHZ 24, S. 72, 78.

zu einer Gefährdung des Sinns aller grundrechtlichen Sicherungen, der Bekräftigung bestimmter Verbürgungen und Rechtspositionen. Sie ist in einer Rechtsordnung, die notwendig Abgrenzung und Zusammenordnung ist, in ihrer absoluten Form ein Fremdkörper. In Wahrheit stammt sie von der gedachten naturrechtlichen Freiheit ab, die die deutsche Lehre des Absolutismus als vorstaatlich dachte und die sie nach der Staatsgründung ganz zurücktreten ließ[25]. Aber eine Freiheit von jeder Beschränkung ist auch schon als Vorstellung eine leere Idee, weil Freiheit nur dort sich entfaltet, wo sie gegenüber Schranken und Grenzen sich geltend macht. *Karl Jaspers* hat vom menschlichen Sein her die Vorstellung einer absoluten Freiheit als wesenlos erhellt. „Jede Freiheit", so sagt er, „die Freiheit eines Einzelnen ist, muß aber im Gegensatz stehen, sich im Prozeß und Kampf entfalten, und darum immer beschränkt sein". Und ferner: „Absolute Freiheit ist schließlich sinnwidrig: Freiheit wird leer, wo sie ohne Gegensatz ist; sie ist im Gegensätzlichen als Prozeß[26]." Eine solche unbeschränkte Freiheit hat aber zum notwendigen Gegenpol das Einsetzen weiter Schranken und führt somit im Grunde, wenn gedanklich übersteigert, nur zu einer Verunsicherung grundrechtlicher Aussagen[27].

Das lehrt auch deutlich die Geschichte der Auslegung des Art. 2 Abs. 1 GG, auf die sich das „Hauptfreiheitsrecht" gründet. Dies Recht zu einer Quelle der anderen Grundrechte zu erheben, ist allein historisch unrichtig. Die Grundrechte erwuchsen aus dem Streben nach wirtschaftlicher Sicherung, dem Eigentum, nach Schutz persönlicher Freiheit (Freiheit vor Haft usw.) und nach geistiger Freiheit, die zuerst in der religiösen Duldung Gestalt gewann[28]. Das späte Naturrecht entwickelte schon den Satz, daß die natürliche Freiheit nicht das Recht gebe, anderen zu schaden[29]. Eben dieser ebenso allgemeine wie leere Satz, daß jeder tun dürfe, was anderen nicht schadet, findet sich dann in den französischen Menschenrechten (Art. 4), und er fand sich auch in einer Vorstufe der jetzigen Fassung des Art. 2. Die Rechtsprechung ist

---

[25] Vgl. *Heineccius,* Elementa iuris naturae et gentium, Halle 1738, lib. 2 § 6; *Nettelbladt,* Systema elementare iurisprudentiae naturalis, 4. Aufl., Halle 1777, §§ 209 - 214; *Achenwall,* Jus naturae, 5. Aufl. 1763, Buch I, §§ 77 bis 86.

[26] Philosophie, 3. Aufl., Bd. 2, 1956, S. 194, 195.

[27] Auf diese Verunklärung durch die Entsprechung von Überdehnung und Schranke weist auch hin *Jörg Paul Müller* (Anm. 3), S. 134 ff., 142 ff. Ferner *Ehmke,* VVDStRL 20, S. 84 ff.

[28] Vgl. *Bohatec,* England und die Geschichte der Menschen- und Bürgerrechte, 1956, S. 43 ff., 69 ff.; *G. Oestreich,* Geschichte der Menschen- und Bürgerrechte im Umriß, 1968, S. 39 ff.

[29] Vgl. bei den in Anm. 25 genannten Autoren: *Heineccius,* Buch 2, § 7; *Nettelbladt,* § 211, *Achenwall,* Buch 1, § 78 (Unterschied von libertas und licentia).

den Weg gegangen, aus Art. 2 Abs. 1 eine allgemeine Handlungsfreiheit zu entwickeln, sie hat aber dann alsbald den weiteren Schritt getan, ebenso weite Schranken aufzustellen, indem sie als „verfassungsmäßige Ordnung" jedes verfassungsmäßig zustandegekommene, der Verfassung nicht widersprechende Gesetz ansah[30]. *Hans Peters* hat versucht, demgegenüber wieder eine Begrenzung des Art. 2 Abs. 1 auf den eigentlichen Kern, den Schutz der inneren Persönlichkeit, zu erreichen[31]. Er hat sich nicht mehr durchsetzen können, hat auch wohl die Grenze zu eng im rein inneren Bereich gesetzt und die Sicherung wesentlicher wirtschaftlich-sozialer Aktivitäten nicht einbegriffen. Die Lösung wird heute wohl nur in der Linie liegen können, die sich auch in der Rechtsprechung abzeichnet[32], daß dort, wo aus Art. 2 Abs. 1 die allgemeine Handlungsfreiheit abgeleitet wird, dem notwendig die Weite auch des allgemeinen Gesetzesvorbehalts als Schranke entspricht, daß dort aber, wo es wirklich um den eigentlichen Bereich freier Lebensgestaltung, der inneren und sozialen Selbständigkeit geht, auch die Schranken enger angesetzt werden müssen. Der allgemeinen Handlungsfreiheit gegenüber muß — hier greifen sozialstaatliche Forderungen ein — auch Raum für Erwägungen des Vorrangs sozialer Anforderungen, des Gemeinwohls, bestehen[33]. Jene Vorstellung eines allgemeinen Freiheitsrechts aber, so meine ich, sollte in Lehre und Rechtsprechung zurücktreten. Sie ist in ihrem Effekt durch rechtsstaatliche Grundsätze gedeckt, als Grundrecht aber fehlgreifend.

4. Mit dem Gedanken eines allgemeinen Freiheitsrechts ist auch die Vorstellung eines Systems der Grundrechte, einer logisch-systematischen Ordnung aufzugeben. Sie sind nicht Ausfluß *eines* allgemeinen Prinzips, sondern entstehen geschichtlich aus jeweils besonderen Lagen

---

[30] BVerfGE 4, S. 7, 15; 5, S. 32, 37; 12, S. 341, 347; 25, S. 371, 407.

[31] *Hans Peters,* Das Recht auf freie Entfaltung der Persönlichkeit in der höchstrichterlichen Rechtsprechung (Arbeitsgem. f. Forschung NW, Geistesw. Abt., Heft 109), 1963; *Peters / Salzwedel / Erbel,* Geschichtliche Entwicklung und Grundfragen der Verfassung, 1969, S. 205 f. Siehe in verwandtem Sinn *K. Hesse,* Grundzüge, S. 171 ff. Kritisch gegen das allgemeine Freiheitsrecht auch *W. Schmidt,* AöR 91 (1966), S. 42 ff., 79 ff.; *G. Erbel,* Das Sittengesetz als Schranke der Grundrechte, 1971, S. 173.

[32] Bei der Prüfung der Zulässigkeit statistischer Erhebungen im Blick auf Würde und Freiheit des Menschen hat das BVerfG (27, S. 1, 6) einen „unantastbaren Bereich privater Lebensgestaltung" herausgearbeitet. Das ist der eigentliche Gehalt des Art. 2 Abs. 1, der im Unterschied zur allgemeinen Handlungsfreiheit einen echten Grundrechtsbereich schützt.

[33] Auf den gegenseitigen Bezug von Freiheitsrecht und Schranken weisen zu Recht hin *Jörg Paul Müller* (Anm. 3), S. 139 f. und *Erbel* (Anm. 31), S. 175 Hier tritt auch die sozialstaatliche Bindung in Erscheinung. Eine Abwägung zwischen der Freiheit des einzelnen und den „Anforderungen einer sozialstaatlichen Ordnung" nimmt das BVerfG (29, S. 221, 235) vor (Aufhebung d. Jahresarbeitsverdienstgrenze in der Rentenversicherung). Es zeigt sich, daß gegenüber der sozialstaatlichen Bindung die allgemeine Freiheit zurücktritt.

des Verlangens nach Sicherung oder auch drängender Gefährdung. Es ist daher auch nicht möglich, ohne weiteres aus einem Grundgedanken weitere „fehlende“ Grundrechte zu entwickeln, so sehr es stets möglich ist, daß sich aus einem Grundrecht erweiternde Sätze und Rechte herausbilden oder sogar, wie dies neuestens bei der Gewissensfreiheit gegenüber der Religionsfreiheit des Art. 4 GG geschieht[34], ein neues verselbständigtes grundrechtliches Normgefüge ablöst[35]. Ein Ausgehen von einem Grundrechtssystem kann auch dazu verleiten, in die Verfassung eine Hierarchie der Grundrechte hineinzudeuten, einem Grundrecht oder einer Gruppe von ihnen — etwa den Rechten politischer Betätigung — Vorrang vor anderen zu verleihen. Solche Vorstellungen haben keine Grundlage in der Verfassungsnorm und öffnen zu leicht subjektiven Schwankungen die Tür[36].

Es ist vielmehr nötig, von den Bestrebungen einer Systembildung Abstand zu nehmen. Grundrechte sind, das zeigt auch ihre Geschichte und zeigt ihr Wandel im Laufe der Zeit, jeweils besondere Verstärkungen artikulierter Rechtspositionen oder Einrichtungen, sie sind in sich selbständige Ausprägungen des Schutzes gesonderter Bereiche des individuellen und sozialen Lebens. Sie stellen spezifische einem ganz bestimmten Schutzbereich zugewandte Sicherungen dar und sind daher stets auch in dieser Richtung und Funktion begrenzt[37]. Sie stehen natürlich, schon weil sie tatsächlich zu Grundrechtskatalogen zusammengefaßt in den Verfassungen erscheinen, in einem Zusammenhange. Er wirkt sich aber vor allem in der Forderung aus, die Grundrechte miteinander in Übereinstimmung (Konkordanz, Harmonie) auszulegen und anzuwenden[38]. Von dieser Konzeption der Grundrechte aus wird es aber möglich, auch ohne bereits die „immanenten Schranken“ in Anspruch zu nehmen, dem Gehalt eines Grundrechts von innen her Grenzen zu setzen. So wird es von hier aus verständlich, wenn die Rechtsprechung als Glaubensfreiheit nur eine Betätigung schützen kann, die sich auf dem Boden übereinstimmender sittlicher Anschauungen der Kulturvölker hält[39], oder wenn im Wesen der Demonstration und ihrer Abgrenzung gegenüber anderen Rechten das Moment der „Friedlichkeit“, der Überredung anstelle des Terrors und der Gewalt, wesentlich

---

[34] Vgl. *R. Bäumlin* und *E. W. Böckenförde*, VVDStRL 28 (1970), S. 3 ff., 33 ff. und dazu meine Darlegung, ZevKR 15 (1970), S. 242 ff.

[35] Zur Möglichkeit gegenseitiger Ergänzung oder auch „Vertretung“ von Grundrechten (z. B. Eigentum und Gewerbefreiheit) siehe *W. Rüfner*, Der Staat 7 (1968), S. 44 ff.

[36] Gegen solche Vorrangdeutungen auch *Bernhardt* (Anm. 6), S. 20 ff.

[37] Vgl. auch *Rüfner* (Anm. 35), S. 44; *F. Müller*, Die Positivität der Grundrechte, 1969, S. 41, 43.

[38] *K. Hesse*, Grundzüge, S. 132 f.

[39] BVerfGE 12, S. 1, 4 (Religionswerbung im Gefängnis).

ist[40]. Eine solche Auffassung vermeidet auch, durch zu weite Dehnung einzelner Rechte die Zahl der Kollisionen zwischen verschiedenen Grundrechten zu steigern. Auch wenn man zu Recht betont hat, daß solche Kollisionen oft nur Probleme des Verhältnisses von Grundrecht und Gesetz betreffen[41], so führt doch die heutige Neigung, auch im Bezuge der Grundrechte zur allgemeinen Rechtsordnung immer nach verfassungsrechtlichem Anhalt zu suchen, dazu, daß in wachsendem Maße dem Recht des einen das Recht des anderen als Beschränkung gegenübertritt. Die Rechtsprechung des Bundesverfassungsgerichts ist nun dazu übergegangen, hier auch Festlegungen des organisatorischen Teiles der Verfassung geltend zu machen; gegenüber dem Recht aus Art. 4 Abs. 3 zur Kriegsdienstverweigerung erscheint die Verweisung auf den verfassungsrechtlichen Rang der Einrichtung der Bundeswehr aus Art. 12 a Absatz 1, 73 Nr. 1 und 87 a Abs. 1 Satz 1 GG[42]. Die Rechtsprechung behilft sich in solchen Fällen mit dem Verweis auf die Wertentscheidungen der Verfassung[43]. Die Rechtsanwendung wird auch heute, wo die Grundlagen der Wertphilosophie stärker zurücktreten, ohne den Verweis auf Werte nicht auskommen. Aber man wird hier Zurückhaltung wahren müssen, um nicht innerhalb eines pluralistischen Gemeinwesens partikularen Anschauungen und ihren Werten ein Übergewicht zu geben[44]. Die Idee einer „Wertordnung" der Grundrechte oder der Verfassung endlich wird man mit erheblichem Vorbehalt aufnehmen müssen[45].

5. Für die Auswirkung grundrechtlicher Vorschriften in der heutigen gesellschaftlichen Wirklichkeit kann ihr Abwehrcharakter als Recht

---

[40] Daher ist zutreffend die Abgrenzung gegenüber dem Strafrecht in BGHSt 23, S. 471. Vgl. auch zu dieser Frage *Bernhardt* (Anm. 6), S. 21/22; *G. Ress,* in: Demonstration und Straßenverkehr (Beiträge zum ausl. öff. Recht u. Völkerrecht, 54), 1970, S. XXVI f. Die Fragen des Vorrangs der Nutzung öffentlicher Straßen freilich läßt sich auch dann nur durch Abwägungen lösen, die dabei den sozialen Gesichtspunkt der Bedürfnisse des Verkehrs der arbeitenden Bevölkerung beachten kann.

[41] So *Rüfner* (Anm. 35), S. 54 ff.

[42] BVerfGE 28, S. 243, 261. Vgl. auch schon BVerfGE 19, S. 135, 138.

[43] Siehe BVerfGE 10, S. 59, 81; 13, S. 331, 346; 14, S. 263, 277 (Eigentum als elementares Grundrecht und Wertentscheidung von besonderer Bedeutung für den sozialen Rechtsstaat); 19, S. 1, 8; 25, S. 256, 263. Ferner auch BGHZ 50, S. 133, 146 über die Grenzen der Freiheit der Kunst (kein isolierter Höchstwert). Zu dieser Judikatur *E. Stein,* Werte und Wertewandel in der Gesetzesanwendung des öffentlichen Rechts, in: Scritti in onore di Gaspare Ambrosini, Bd. 3, 1970, S. 2041 ff.

[44] Zu diesem Gesichtspunkt *Erbel* (Anm. 31), S. 248 ff. Hier greift der Gedanke der Neutralität des modernen Staates ein.

[45] Gegen den Gedanken einer Ermittelung einer objektiven Wertordnung aus den Grundrechten: *Graf Pestalozza,* Der Staat 2 (1963), S. 436 f.; *K. Hesse,* Grundzüge, S. 122. Kritisch auch *W. Leisner,* Scritti in onore di Gaspare Ambrosini, Bd. 2, S. 1177 ff.

gegen den Staat oft nicht mehr zureichen. Daher muß hier ergänzend daneben die Herausarbeitung der in ihnen liegenden institutionellen Elemente oder — wenn man diesen Ausdruck vermeiden will — Bestandteile objektiver Festsetzung eingreifen. In der Weimarer Zeit hatte schon *Carl Schmitt* den Unterschied zwischen Freiheitsrechten und institutionellen Garantien scharf herausgearbeitet, sie aber zugleich auch damit als Typen streng getrennt[46]. Es ist heute anerkannt, daß in vielen Grundrechtsvorschriften beide Bestandteile, sowohl subjektive Berechtigungen wie objektive rechtliche Aussagen, enthalten sind. Es genügt, auf die Bedeutung des Schutzes der Institution des Eigentums in Art. 14, der Ehe und Familie in Art. 6 Abs. 1 zu verweisen. Wenn sich gegen diese Einsicht immer noch Bedenken erheben[47], so wird zu Unrecht besorgt, hier könnten sich Einschränkungen der Freiheiten ergeben. Es wird nicht gesehen, daß diese heute nicht selten leerlaufen. Was nützt dem Bürger die Informationsfreiheit, wenn nicht das Gesetz für eine neutrale Vielfalt im Rundfunk und Fernsehen oder nötigenfalls auch für die Erhaltung der Konkurrenz in der Presse sorgt? Die neue Rolle, in der hier der Staat als Schützer und Förderer der grundrechtlichen Gewähr erscheint, läßt sich aber nur über diese objektiven Elemente umschreiben[48]. Es sind gerade die Wandlungen der modernen Industriegesellschaft, aus denen sich diese institutionelle Konzeption grundrechtlicher Normen als Forderung ergibt. Der Einzelne ist nicht mehr wirtschaftlich und sozial unabhängig, so daß er aus eigener Kraft die Freiheitsbereiche sichern kann. Hier tritt der Staat als Helfer bei der Realisierung der Freiheit — z. B. der Forschung bei Großvorhaben — oder als Instanz, die pluralistische Gestaltung sichert (Rundfunk), in Erscheinung. Hier wird auch die Breitenwirkung der Grundrechte im Verhältnis der Bürger untereinander bedeutsam, wenn es etwa um Einschränkungen der Meinungsäußerung durch die Inhaber der Kommunikationsmittel oder mächtige Gruppen in diesem Be-

---

[46] *C. Schmitt*, Verfassungslehre, 1928, S. 164 ff.

[47] So etwa bei *Roman Schnur*, VVDStRL 22 (1968), S. 102 ff., und bei *R. Scholz*, Koalitionsfreiheit als Verfassungsproblem, 1971, S. 230 ff., der diesen Standpunkt gerade bei der Koalitionsfreiheit zur Geltung bringt, deren Struktur und Auswirkung sich ohne Bezug auf objektive Elemente und ihre Bedeutung in der sozialen Ordnung schwerlich erfassen läßt (siehe auch *Scholz*, S. 258 zur Handlungspflicht des Gesetzgebers). Siehe auch die Hervorhebung der Entwicklung des Sozialstaats in der Entscheidung des Großen Senats des BAG v. 21. 4. 1971 zum Arbeitskampf. Ferner *Fr. J. Säcker*, Grundprobleme der kollektiven Koalitionsfreiheit, 1969, der diese objektive Sicht entschieden vertritt.

[48] Diese Rolle des Staates wird im Rahmen des Art. 5 GG am deutlichsten erkennbar, vor allem gegenüber Rundfunk und Presse. Für das Koalitionsrecht siehe etwa die Folgerung eines Auftrags für den Gesetzgeber zur Offenhaltung eines Arbeitskampfrechts: *Säcker* (Anm. 47), S. 85 ff. Ähnlich *P. Lerche*, Verfassungsrechtliche Zentralfragen des Arbeitskampfes, 1968, S. 37 ff.

reich geht. Gerade die Herausstellung der Ausstrahlung der Grundrechte in der Gestalt objektiver Ordnungselemente auf die Gesamtordnung bietet eine Methode, um angesichts der Begrenzungen des Abwehrrechts ihre normative Wirkung auch denjenigen zukommen zu lassen, die in der heutigen sozialen Einordnung allein nicht zu wirksamem Schutz imstande wären.

6. Die vorherrschende Auffassung zeigt eine besondere Schwäche in ihrer zu engen Fixierung auf die Problematik von Grundfreiheit und Schranke. In dieser Fragestellung, die das Gesetz nur als Begrenzung zu würdigen weiß, bekommt sie das weitere und vielseitigere Problem der Einfügung der Grundrechte in die allgemeine Rechtsordnung nicht zu Gesicht. Der Gleichheitssatz beispielsweise kann überhaupt erst durch die Gesetzgebung mit positivem Gehalt erfüllt werden, die oft genug hier nicht die Gleichheit beschränkt, sondern unterbliebene Angleichungen beseitigt. Auch die Freiheit des Rundfunks hat — auf Grund der Weisungen des Verfassungsgerichts, die weithin geschehene Gestaltungen bestätigten — durch Gesetz und Vertrag eine anwendbare Realisierung erfahren. *P. Häberle* hat richtig auf diese Funktion des Gesetzes als Weg der Ausgestaltung der Grundrechte hingewiesen, die sich von der Bedeutung des Gesetzesvorbehaltes klar unterscheidet[49]. Gewiß darf man diese Seite der gesetzlichen Ergänzung und Ausformung grundrechtlicher Normen nicht überbetonen, aber sie ist gerade für die Sozialgesetzgebung, die egalitäre Maßstäbe zu verwirklichen hat und sozialstaatliche Aufträge ausführt, von erheblicher Bedeutung. So kann etwa die sozialstaatliche Forderung der Bekämpfung von Arbeitslosigkeit auf dem Gebiet der Arbeitsvermittlung nur durch das Monopol staatlicher Arbeitsvermittlung gesichert werden, das insofern den Vorzug vor dem Freiheitsanspruch des Einzelnen behauptet; aber ohne die Handlung des Gesetzgebers ist hier das Ziel nicht erreichbar[50].

Es ist eine unrichtige Neigung, danach zu streben, daß alle Einzelheiten grundrechtlicher Verbürgung bereits verfassungsrechtlich festgelegt oder festzulegen wären. Man kann aus dem Grundgesetz kein Supergesetz machen, aus dem bereits alle Einzelfragen der speziellen Rechtsgebiete zu lösen wären. Die Grundrechte setzen einen Rahmen für den Gesetzgeber, aber sie nehmen ihm weder die Gestaltungsfreiheit noch schreiben sie ihm jeweils bestimmte spezifische Lösungen vor. Rundfunkfreiheit könnte auch in privaten Unternehmen verwirk-

---

[49] *P. Häberle,* Die Wesensgarantie des Art. 19 Abs. 2 Grundgesetz, 1962, S. 140 ff., 193 ff. Die kritische Auseinandersetzung hiermit bei *W. Schmidt,* AöR 91, S. 54 ff. leidet daran, daß Schmidt über ein einseitiges Eingriffsdenken nicht hinauskommt.

[50] Siehe BVerfGE 21, S. 245, 251. Ferner auch BVerfGE 27, S. 253, 283.

licht werden; die heutige öffentlich-rechtliche Lösung bietet Vorzüge, aber sie ist nicht die allein zulässige Regelung. Auch wird die Verfassung vielfach genötigt sein, auf bestehende gesetzliche Begriffe und Vorstellungen zu verweisen, ohne daß damit, wie man gemeint hat[51], nun die Gefahr einer Rangvertauschung von Verfassung und Gesetz vorliegt. Freilich wird man oftmals auch einen eigenen verfassungsrechtlichen Begriff (z. B. für „Ehe" in Art. 6 Abs. 1, für „Arbeits- und Wirtschaftsbedingungen" in Art. 9 Abs. 3 GG) entwickeln müssen, der vom gesetzlichen Stande unabhängig bleibt.

Vor allem aber wird es aus der Auffassung, daß jedes Grundrecht seine spezifische Funktion und seinen speziellen Schutzbereich hat, deutlich, daß nicht jede Berührung von Verfassungsnorm und Gesetz hier unter die Formel des Schrankendenkens gebracht werden kann. Der Vorrang der grundrechtlichen Norm bezieht sich auf diesen Schutzbereich. Die Betätigung grundrechtlicher Freiheiten oder die Ausführung grundrechtlicher Zielsetzungen berührt sich aber auch mit rechtlichen Setzungen, die nicht in den Schutzbereich eingreifen, ihn aber in die allgemeine rechtliche Ordnung einfügen. Diese Einfügung in die allgemeine Rechtsordnung ist noch zu wenig untersucht. Daß eine Religionsgemeinschaft sich für ihre Angestellten und Arbeiter dem normalen Arbeitsrecht unterwirft, gehört hierher, oder die Unterstellung eines als Kunst erscheinenden architektonischen Werkes unter baurechtliche Sicherheitsvorschriften oder endlich stellt das Verbot, aus einem fahrenden Zuge zu springen, keinen Verstoß gegen Art. 2 Abs. 2 Satz 2 GG dar. Die meisten dieser Grenzziehungen sind einleuchtend. Aber sie lassen sich vom bloßen Eingriffsdenken her nicht erfassen. Es ist bekannt, daß die Schrankenregelung des Grundgesetzes mehr oder weniger unvollkommen und mißglückt ist[52]. Hier haben wir es mit der Erscheinung zu tun, daß jedes Grundrecht, auch das „unbeschränkbare", sich an seinem Rande in die allgemeine Ordnung einfügt, weil damit sein eigentlicher Schutzbereich nicht betroffen wird. Gesehen ist dies Problem seit jeher im Staatskirchenrecht (Art. 137 Abs. 3 WeimRV) in der Figur des für alle geltenden Gesetzes, wie es auch jeweils eingeschlossen ist, wo auf die „allgemeinen Gesetze" verwiesen wird[53]. Es

---

[51] Vgl. *W. Leisner*, Von der Verfassungsmäßigkeit der Gesetze zur Gesetzmäßigkeit der Verfassung, 1964.

[52] Vgl. *K. A. Bettermann*, Grenzen der Grundrechte, 1968.

[53] Zur Problematik der allgemeinen Gesetze als Vorbehaltsschranken siehe etwa (zur Gewissensfreiheit) *R. Bäumlin*, VVDStRL 28, S. 18 ff.; *Böckenförde*, dort, S. 59 f., wo die elementaren Schranken aus der Erhaltung des Gemeinwesens angesprochen werden. Das berührt unser Problem nicht, das dagegen bei *Rüfner* (Der Staat 7, S. 54 ff.) angesprochen wird. Vgl. auch *Scholz* (Anm. 47), dessen funktionale Grundrechtsdeutung hier gute Ansätze ergibt, S. 113 ff., 335.

grenzt also an den Gesetzesvorbehalt, aber es überschreitet ihn, weil hier nicht oder nur unwesentlich der grundrechtliche Schutzbereich überhaupt berührt wird. Im Grunde stellt sich die Notwendigkeit, grundrechtlich geschützte Aktivitäten mit außerhalb des geschützten Raums liegenden Normen abzustimmen, bei den meisten Grundrechten.

7. Nur wenn man davon absieht, einen für alle Zeit als absolut gesetzten Handlungsfreiraum als Grundlage grundrechtlicher Normen anzunehmen, läßt sich auch das Verständnis für den geschichtlichen Wandel der Grundrechte gewinnen. Keineswegs sind die Einzelausgestaltungen aktueller Verfassungen aus naturrechtlichen Sätzen herzuleiten. Sie sind konkrete historische Ausformungen bleibender Gedanken (ob man diese naturrechtlich abstützen will oder nicht), aber auch der verfassungsändernden Neugestaltung — im Rahmen des Art. 79 Abs. 3 GG — offen. In der Tat zeigt die Geschichte der Grundrechte weitgehenden Wandel, sowohl in der Formulierung einzelner Verbürgungen wie in der relativen Akzentuierung, die sie empfangen. Längst ist die hohe Stellung, die das Eigentum bis in die Verfassung der französischen Revolution einnahm (Art. 17: „droit inviolable et sacré") Gestaltungen gewichen, die stärker die sozialrechtliche Bindung betonen. Heute zeichnen sich bereits Tendenzen ab, dem Bodeneigentum eine besondere, die soziale Verpflichtung verstärkende rechtliche Ordnung zuzuschreiben[54]. Die Koalitionsfreiheit, anfangs politisch eingeschränkt[55], wuchs sich zu einem zentralen Pfeiler der grundrechtlichen Normen zur Wirtschaftsordnung aus. Wie tiefgehend Veränderungen der Deutung selbst bei prinzipiellen Festsetzungen sein können, zeigt der Schutz des Lebens in Art. 2 Abs. 2 Satz 1 GG. Schon im Parlamentarischen Rat war umstritten, ob die körperliche Unversehrtheit auch das keimende Leben umfasse[56]. Die überwiegende Meinung der Literatur trat dafür ein, daß auch das Leben des noch Ungeborenen geschützt ist[57]. In der heutigen mehr zweckhaft geführten Debatte zu § 218 StGB scheint dieser Gesichtspunkt und damit die Auffassung über einen zentralen grundrechtlichen Begriff (Leben) zurückzutreten. Solche Erwägungen sollten deutlich machen, wie stark auch grundrechtliche Aussagen dem Wandel der Anschauungen und der gesellschaftlichen Veränderung unterliegen.

---

[54] Vgl. zum Bodeneigentum die Ausführungen des Bundesministers für Städtebau und Wohnungswesen *Lauritzen* vom 23. 3. 1971 (Bulletin Nr. 46, S. 465 ff.). Ferner hierzu *P. Saladin*, Grundrechte im Wandel, Bern 1970, S. 393 f.

[55] Siehe *Anschütz*, Reichsverfassung, 14. Aufl. 1933, S. 731. Zur Entwicklung der Koalitionsfreiheit auch *Scholz* (Anm. 47), S. 23 ff.

[56] Vgl. JöR, N. F., Bd. 1, S. 61.

[57] Vgl. *v. Mangoldt / Klein*, Grundgesetz, Anm. V 2 zu Art. 2 S. 186; *Maunz / Dürig / Herzog*, Rdnr. 21 - 24 zu Art. 2 II und die dort ferner Angeführten.

III. Die Rolle der Grundrechte im heutigen Wandel des Menschenbildes und der Gesellschaft

1. Die Ausformung wie die Auslegung der Grundrechte ist abhängig von der allgemeinen Rechtsanschauung[58], von dem Menschenbilde, das einer Epoche zugrunde liegt (oder ihr auch fehlt), von den gesellschaftlichen Verhältnissen, die Schutzbedürfnisse, Gefährdungen und Wertsetzungen hervorrufen. Von hier aus muß daher die Interpretation auch stets wieder auf außerverfassungsrechtliche Zusammenhänge Bezug nehmen. In der Judikatur des Bundesverfassungsgerichts wird die Erscheinungsform der modernen industriellen Massengesellschaft des öfteren als Grund dafür herangezogen, um soziale Maßregeln des Gesetzgebers, wie den Eingriff der staatlichen Arbeitsvermittlung[59] zu rechtfertigen oder die Bedeutung der Informationsfreiheit zu betonen[60]. Die traditionelle Betrachtung der Grundrechte, vor allem in ihrer Ausprägung als Freiheitsrechte, hat ein anderes Gesellschaftsbild, wohl auch ein anderes Menschenbild, vor Augen. Sie geht von dem Einzelnen als unabhängiger Persönlichkeit aus, der auch wirtschaftliche Selbständigkeit zu eigen ist. Sie sucht die Sicherung dieser Position in Freiheitsräumen gegen den Staat; in sozialer Hinsicht erscheinen Sacheigentum und selbständiger Erwerbsbetrieb hierfür besonders geeignet. Diese Situation gilt nur mehr für kleine Teile der heutigen Bevölkerung. Die meisten Menschen stehen heute in einer sozialen Position, in der sie ihre Lebensgestaltung nicht mehr aus eigener Sachherrschaft oder Tätigkeit formen, sondern in der sie von Verwendung und Schutz anderer, auch des Staates abhängen. In ihr spielt das Sacheigentum (als Eigenheim, Vermögensrücklage) noch eine Rolle, aber die soziale Sicherung obliegt in erster Linie der Sozialversicherung, dem Arbeitsschutz (im weiteren Sinne) und darüber hinaus der staatlichen Konjunkturpolitik einschließlich der Sorge um Arbeitsplatz und Vollbeschäftigung[61]. Diese Wandlung muß sich notwendig auch in der Auslegung der Grundrechte niederschlagen. Sie fordert etwa beim Eigentum, daß in den Schutzbereich auch öffentlich-rechtliche Ansprüche einbezogen werden[62].

---

[58] Auch hier zeigt sich, daß die Vorstellung, man könne grundrechtliche Normen nur aus sich heraus oder allein aus Normen im Verfassungsrang deuten, diese inneren Zusammenhänge unterschätzt.

[59] BVerfGE 21, S. 245, 251, 259. Vgl. auch BVerfGE 26, S. 58, 81. Die Marktwirtschaft wird einmal erwähnt in BVerfGE 18, S. 18, 26.

[60] BVerfGE 27, S. 71, 81.

[61] Diese Zusammenhänge sind richtig gesehen bei *Dieter Suhr,* Der Staat 9 (1970), S. 79 ff.

[62] Für diese Einbeziehung zu Recht *G. Dürig,* Festschrift f. Apelt, 1958, S. 13 ff.

2. Die Einwirkung dieser Wandlungen trifft naturgemäß die Gruppen der Grundrechte verschieden. Der Schutz von Leben und persönlicher Freiheit bleibt für den heutigen Menschen unverändert bedeutsam; unsere Zeit ist hier vielleicht eher empfindlicher geworden, zumal die medizinische Entwicklung neue Bedrohungen der Unversehrtheit wie auch der personalen Identität möglich macht[63]. Auch der Bereich der geistigen Freiheiten ist heute, möglicherweise als Gegenwirkung gegen die starke soziale Einbindung, eher fester umwallt. Seine Sicherung ist im Zeitalter der Massenkommunikationsmittel weithin individueller Verfügung entrückt und dem Staat anheimgegeben. Die Grundrechte der politischen Äußerung erfahren in der Demokratie, deren politischer Prozeß auf Diskussion, Verband, Versammlung angewiesen ist, besondere Ausgestaltung und erweiterte Garantie. Die Wandlung zeigt sich hier darin, daß neben der Abwehr staatlicher Beschränkung die Sicherung vor Gruppenmacht, vor sozialem und geistigem Druck, vor Terror und Beitrittsnötigung bedeutsam wird. Die kollektiven Züge werden deutlich sichtbar. Der veränderte gesellschaftliche Grund aber wirkt am stärksten auf die grundrechtlichen Normen des wirtschaftlichen und sozialen Bereiches ein. Hier lag der Akzent der älteren Auffassung auf der Freiheit durch Selbständigkeit. Demgegenüber rückt heute die Gleichheit mehr hervor, anstelle des eigenen Lebensraumes erscheint das Recht auf Beteiligung an den Leistungen der Allgemeinheit, die Teilhabe, und nicht zu Unrecht wird der Gegenwart zugeschrieben, ihr Streben gehe mehr nach sozialer Sicherheit als nach Freiheit[64]. Das Bundesverfassungsgericht spricht in einer neueren Entscheidung[65] es aus, daß in der Sozialversicherung die Beteiligten zu Freiheitsverzichten im Blick auf die wirksamere Versorgung bereit seien.

Die Problematik läßt sich gut an Art. 12 GG verdeutlichen. Geschichtlich und textmäßig hat er seinen Schwerpunkt in der Sicherung der Gewerbefreiheit. Es gibt gewiß Anwendungen in dem weiteren Kanon der beruflichen Freiheit im Bereich des Arbeitsrechts, aber die Judikatur hat diese Norm doch ganz überwiegend als Regel der selbständigen Berufszweige ausgestaltet. Für den größten Teil der Bevölkerung, der Angestellten und Arbeiter, bleibt der in Art. 12 doch auch liegende Gedanke einer freiheitlichen Berufsordnung ohne Folge[66]. Gewiß hat die Rechtsprechung nicht übersehen, daß sich die modernen sozialen Probleme gerade dort stellen, wo heute die staatliche Wirtschaftslen-

---

[63] Auf diese Gefahren verweist *Dürig*, in: Maunz / Dürig / Herzog, Rdnr. 29 - 41 zu Art. 2 Abs. 2 GG.

[64] Vgl. *Hans Huber*, Ausgewählte Aufsätze, 1971, S. 147 f.

[65] BVerfGE 29, S. 245, 256.

[66] Auch neuere Arbeiten zu Art. 12 GG lassen nur eine Betonung dieser Tendenz der Gewerbefreiheit erkennen. Vgl. *H. H. Rupp*, AöR 92 (1967), S. 212 ff.

kung eingreift und wo von ihr wirtschaftliche Freiheit mit den Bedürfnissen des Gemeinwohls abgewogen wird. In diesem Rahmen hat das Bundesverfassungsgericht dem Staat eine erhebliche Gestaltungsfreiheit zuerkannt[67], auch Ziele wie die eines Mittelstandsschutzes[68] anerkannt, aber auch in anderen Fällen, freilich aus mehr formalen Gründen, ältere Sicherungen mittelständischer Natur aufgehoben[69].

Aber Text und Auslegung des Art. 12 GG bewirken, daß die eigentlichen Fragen der heutigen Wirtschaftsordnung sich außerhalb der Reichweite des Art. 12 GG befinden. Das Problem der Mitbestimmung, der breiten Vermögensbildung, die Sorge für die Vollbeschäftigung, diese Kernfragen des Sozialstaates liegen nicht im Bereich des Art. 12 GG[70]. Sie sind, und das ist vielleicht auch gut, der Gestaltung des Gesetzgebers überlassen, der von dort keine Richtlinien des Grundgesetzes mitbekommen hat. Wenn Bindungen an verfassungsrechtliche Zielbestimmungen auftreten, so finden wir sie in Art. 109 Abs. 2 GG und im Stabilitätsgesetz vom 8. 6. 1967. Hier begegnen Beschäftigungsstand, Preisstabilität und Wirtschaftswachstum neben außenwirtschaftlichem Gleichgewicht als Ziele der staatlichen Wirtschafts- und Finanzpolitik und werden damit für diese verfassungsrechtliche Grundlagen geschaffen[71]. Aber im Ergebnis bleibt doch eine weite Freiheit des Gesetzgebers, die Freiheit des Einzelnen auch im Sozialstaat zu verwirklichen, freilich zum Teil mit anderen Mitteln als denen traditioneller Sicht[72].

---

[67] Zur Befugnis der Wirtschaftslenkung siehe BVerfGE 8, S. 143, 148 f.; 16, S. 147, 162; 29, S. 402, 409.

[68] Vgl. BVerfGE 13, S. 97, 107 ff. (Handwerk); 18, S. 315, 326 (leistungsfähige Landwirtschaft); 23, S. 50, 59 (Nachtbackverbot, Schutz d. Handwerksbetriebe gegen Brotfabriken); 21, S. 150, 158 (Schutz d. Weinbaus).

[69] Siehe BVerfGE 19, S. 100 ff. (Zweigstellensteuer).

[70] Die teilweise Aufnahme dieser Fragen in Art. 109 Abs. 2 GG hat, schon wegen der finanzwirtschaftlichen Ausrichtung des Art. 109, diese Lage nicht grundlegend verändert. Vgl. *P. Badura*, Wirtschaftsverfassung u. Wirtschaftsverwaltung, 1971, S. 45 ff.

[71] Die Zielsetzung für ein gesamtwirtschaftliches Gleichgewicht in Art. 109 Abs. 2 GG gibt freilich dem Bunde keine Gesetzgebungskompetenz außerhalb des öffentlichen Haushaltsrechts. Für die Wirtschaftslenkung bleibt der vom BVerfG weit ausgelegte Rahmen des Art. 74 Ziff. 11 GG die Basis (BVerfGE 29, S. 402, 409: Konjunkturzuschlag). Als Richtlinie für die hierbei zu verfolgenden wirtschaftlichen Ziele und für die globale Steuerung dürfte aber Art. 109 unmittelbar rechtliche Bedeutung haben. Vgl. zu den Verfassungsproblemen der globalen Steuerung *Elmar Stachels*, Das Stabilitätsgesetz im System des Regierungshandelns, 1970, S. 17 ff.; *Hans Huber* u. *E. Tuchtfeldt*, Wirtschaftspolitische Ziele in der Verfassung?, Bern 1970, S. 35 ff. Zum Konjunkturzuschlag siehe *K. M. Meessen*, BB 1971, S. 928 ff.

[72] Auf die weite gesetzgeberische Freiheit, die die Spannung zwischen individueller Freiheit und sozialstaatlicher Ordnung ausgleicht, weist nachdrücklich hin, BVerfGE 29, S. 221, 235 (Aufhebung der Jahresarbeitsverdienstgrenze in der Rentenversicherung).

3. Es wäre unrichtig, wollte man das Problem des Verhältnisses der Grundrechte zum Sozialstaat allein in ihrer Begegnung mit der Normierung des Sozialstaatsprinzips in Art. 20, 28 GG sehen. Aber ein Teil des Problems liegt gewiß auch dort. Entgegen Neigungen, das Sozialstaatsprinzip normativ geringer einzuschätzen, ist heute anerkannt, daß es ein Verfassungsprinzip aktueller normativer Aussage darstellt[73]. Als solches stellt es nicht nur einen Auslegungsgrundsatz dar[74], sondern kann eine Grundlage für soziale Leistungsansprüche bilden[75] und vor allem eine Richtlinie für den Gesetzgeber, in dessen Hand die Ausfüllung und Verwirklichung des Prinzips liegt. Dabei sind einige Folgerungen heute weithin anerkannt und angewendet. Das Sozialstaatsprinzip bildet eine Schranke für eine individualistische Handhabung der grundrechtlichen Normen, bis hin zur Berichtigung des zugrundeliegenden Menschenbildes[76], es dient als Grundlage für die gesetzgeberische Tätigkeit zum Schutz der sozial Schwächeren und zum sozialen Ausgleich, es findet seine Ausprägung in einer Betonung der Gleichheit mit Akzentuierung wiederum zugunsten sozial weniger begünstigter Kreise[77]. Gerade bei dem Gleichheitssatz, der in Lehre und Rechtsprechung fast nur unter dem Gebot der Gerechtigkeit, d. h. des Willkürverbots und der Chancengleichheit, gesehen wird, geht der soziale Gedanke eine Verbindung ein mit dem demokratischen Prinzip, von dem her Gleichheit — und zwar im Sinne egalitärer Tendenzen — als politisches Prinzip gefordert wird[78].

4. Für die Grundrechtsauffassung des Sozialstaates liegt es nahe, an eine Ergänzung der Freiheitsrechte durch die Einführung sozialer Grundrechte, d. h. grundrechtlicher Zusagen und Verheißungen, zu denken. In erster Linie kämen hier ein Recht auf Arbeit, auf Bildung oder auf soziale Sicherung (Lebensstandard) in Betracht[79]. Ihre Einführung würde indes notwendig ein Umdenken in der rechtlichen Deutung grundrechtlicher Normen fordern. Soziale Rechte können nicht in negativer Form gegen den Staat ausgedrückt werden, sie sind in ganz besonderem Maße staatliche Zielbestimmungen. Sie können auch nicht

---

[73] Vgl. *Reuß / Janz,* Sozialstaatsprinzip und soziale Sicherheit, 1960, S. 10 ff., 16 f.; *Werner Weber,* Der Staat 4 (1965), S. 430.

[74] Hierzu *Reuß / Janz,* S. 22 ff.

[75] Hier ist freilich Zurückhaltung geboten. Vgl. *Reuß / Janz,* S. 30.

[76] Zum Menschenbild (Ablehnung des isolierten Individuums) siehe BVerfGE 4, S. 7, 15. Zur Spannung Individuum-sozialstaatliche Ordnung BVerfGE 10, S. 354, 371; 21, S. 245, 258/59; 29, S. 221, 235.

[77] Siehe BVerfGE 13, S. 248, 259; 14, S. 42, 51; 14, S. 288, 299; 17, S. 210, 217.

[78] Die politisch-demokratische Seite des Gleichheitssatzes klingt an in BVerfGE 8, S. 47, 66/67 (Parteispenden).

[79] Vgl. *Th. Tomandl,* Der Einbau sozialer Grundrechte in das positive Recht, 1967, S. 7.

mit dem Anspruchs- und Schrankendenken der herkömmlichen Interpretation bewältigt werden. Im Kreis der Vereinten Nationen, wo die 1967 von der Generalversammlung angenommene und zur Zeichnung aufgelegte Konvention der wirtschaftlichen, sozialen und kulturellen Rechte diese Frage angefaßt hat, werden die Staaten aus diesen Rechten nicht in gleicher Weise wie aus den politischen und bürgerlichen Rechten verpflichtet. Diese Rechte stellen vielmehr Zielvorstellungen dar, denen die Staaten im Rahmen ihrer Möglichkeit nachstreben sollen[80]. Legt man diese Einsicht in die abweichende Struktur sozialer Grundrechte zugrunde — sie treten mit ihren Forderungen nach sozialer Einschränkung und sozialem Ausgleich zugleich auch in einen gewissen Gegensatz zu den Freiheitsrechten —, so zeigt sich, daß diese Rechte — von denen im Grundgesetz nur Spuren in Art. 6 Abs. 1, 4 und 5 sich finden — in der Richtung auf eine objektive Deutung als Zielbindung, als Gesetzgebungsaufträge aufzufassen sind. Ihr Anliegen wird daher im Grunde schon dort aufgenommen, wo institutionelle Anwendungen anderer Grundrechte stattfinden, bei denen notwendig Gedanken des Ausgleichs der Interessen und des staatlichen Schutzes für die vorgestellte soziale Ordnung auftreten[81]. Es wäre daher falsch, bei der Situation der Grundrechte im Sozialstaat auf soziale Rechte zu großes Gewicht zu legen.

Auch die Freiheitsrechte erfahren in seinem Kontext bereits Umgestaltungen, die stärker bei ihnen das Sicheinfügen des modernen Menschen und die Behauptung seiner Freiheit nicht allein durch Abwehr und Ausgrenzung, sondern durch Sicherung im sozialen Verband zur Geltung bringen[82].

5. Die Einwirkung sozialstaatlicher Verhältnisse auf die Grundrechte geht daher nicht nur im Sinne äußerer Begrenzungen und Einbindungen vor sich. Sie wird vor allem sichtbar in der veränderten Rolle des Gemeinwesens, seinem Eingreifen zur Erhaltung und Förderung der Freiheiten[83]. Das weist ebenfalls in die Richtung der Verstärkung der objektiven Elemente der Grundrechtsnormen. Ihre Funktionen als Zielsetzungen, als Richtlinien für den Gesetzgeber bei dessen Gestaltungsaufgabe zur Ausführung der Grundrechte tritt hervor[84]. Dabei treten

---

[80] Zur Natur der UN-Konventionen und zum Unterschied der Durchsetzung negativer Freiheiten und positiver sozialer Zusagen siehe *A. Khol*, Der Menschenrechtskatalog der Völkergemeinschaft, 1968, S. 37 ff.; *Tomandl*, S. 18 f.

[81] Siehe hierzu *Scholz* (Anm. 47), S. 188 ff.

[82] In diesem Sinne *R. Herzog*, Allgemeine Staatslehre, 1971, S. 394.

[83] Siehe hierzu *Suhr*, Der Staat 9, S. 92; vgl. auch BVerwGE 27, S. 364 (Privatschule).

[84] Vgl. hierzu auch *Saladin* (Anm. 54), S. 459 f.

wichtige Akzentverlagerungen auf. Die Sicherung, die in der traditionellen Deutung gegen den Staat sich wendet, wird heute vielfach — Art. 5 und 9 sind hier Beispiele — nun auch zugleich besonders bedeutsam in der Richtung auf soziale Gruppen und Mächte, die den Einzelnen in seiner Freiheit beengen. Die Erhaltung eines offenen Informationszugangs in Presse und Fernsehen, die Sicherung der negativen Verbands- und Koalitionsfreiheit[85] stellen solche Erfüllung staatlicher Vorkehr zum Schutz der individuellen Freiheit dar. Voraussetzung ist hierbei freilich, daß der Staat in dieser Rolle des Schützers grundrechtlicher Freiheiten dort, wo er positiv handelt und gestaltet, einen für die freiheitliche Gesamtordnung entscheidenden Punkt achtet. Sein Eingreifen muß in der heutigen pluralistischen Gesellschaft den Freiheitsraum dadurch achten, daß er oberhalb verschiedener Interessen und Richtungen eine unabhängige und neutrale Rolle bewahrt. Ein wichtiges Element der Freiheit im Sozialstaat liegt in dieser neutralen Rolle des Staates. Er darf wohl auf gesellschaftliche Veränderungen, sozialen Ausgleich und Schutz von sozial Schwächeren ausgehen. Aber er darf hierbei nicht die Mannigfaltigkeit der Interessen und Anschauungen innerhalb des Volkes außer acht lassen. Er muß sie berücksichtigen auch in ihren kollektiven Zusammenschlüssen (vgl. Art. 9 Abs. 3 GG), aber er darf hier nicht Partei ergreifen, erst recht nicht im geistigen Bereich. Diese Pflicht des Staates ist heute eigentlich erst bei Art. 4 GG voll ausgearbeitet, aber sie ist in Wirklichkeit ein durchgehender Zug, der bei der aktiven Rolle des Staates in der Gesellschaft, die er im sozialstaatlichen Gefüge übernimmt, das notwendige Korrelat der Gleichheit und der Freiheit des Einzelnen wie der Rücksicht auf die verschiedenen Gruppen und Strömungen im Gemeinwesen darstellt.

---

[85] Zu diesem Problem siehe jetzt *W. Däubler* u. *Th. Mayer-Maly*, Negative Koalitionsfreiheit?, 1971; *Scholz* (Anm. 47), S. 267 ff.

Privatwirtschaftliche Struktur und öffentliche Aufgaben der Presse

I. Die öffentliche Aufgabe der Presse

Die neuen Pressegesetze der Länder der Bundesrepublik Deutschland enthalten alle eine Vorschrift, in der die öffentliche Aufgabe der Presse bei der Beschaffung von Nachrichten, der Stellungnahme und der Mitwirkung an der Meinungsbildung hervorgehoben wird. Diese Formulierung folgt Gedanken, die in der Rechtsprechung wie im Schrifttum vielfach ausgesprochen worden sind. Sie hängt auch mit dem Bestreben zusammen, der Presse das Recht zur Wahrnehmung berechtigter Interessen auch in allgemeinen Angelegenheiten gemäß § 193 StGB zu gewährleisten. Indes haben auch manche Stimmen, ich darf hier auf Forsthoff und Dagtoglou verweisen, gewisse Vorbehalte gegenüber der Aufnahme einer solchen Bestimmung zum Ausdruck gebracht. Die Formel füge, so meinen sie, der Stellung der Presse nichts hinzu, leiste aber dem Mißverständnis Vorschub, als ob der Schutz der Pressefreiheit sich auf den engeren Bereich öffentlichen Wirkens der Presse einschränken lasse. In der Tat sind solche Mißdeutungen nicht ausgeblieben. Gegenüber dem Bemühen, den Schutz des Grundgesetzes auf die Wahrnehmung der politischen Funktion der Presse einzuengen, bleibt festzustellen, daß die Pressefreiheit die Position der Presse in ihrem vollen Umfang sichert. Das Bundesverfassungsgericht (Bd. 21, S. 271) hat dies jüngst gerade auch für den Anzeigenteil bestätigt.

Weitergehende Mißverständnisse ergeben sich dagegen aus der Meinung, man habe der Presse nicht nur eine hohe Bedeutung dank ihrer Teilnahme an der Meinungsbildung zuzuerkennen, sondern es erwüchsen ihr aus dieser öffentlichen Funktion auch Bindungen und Pflichten. Helmut Ridder, der die Pressefreiheit an sich schon in der Hauptsache nicht aus Art. 5 GG, sondern in Parallele zu den politischen Parteien aus Art. 21 GG ableiten möchte, zieht aus einer solchen Vorstellung die Folgerung, man müsse, entsprechend der Rechenschaftslegung der Parteien, auch von der Presse eine Publizität der Herkunft ihrer Mittel, vor allem aus dem Anzeigengeschäft, fordern. Für ein solches Verlangen fehlt es an jedem Anhalt im Grundgesetz. Es würde auch den ver-

---

Aus: ZV + ZV (Zeitungs-Verlag und Zeitschriften-Verlag) 1968, Heft 2, S. 31 - 36.

fassungsrechtlichen Sicherungen wirtschaftlicher Freiheit widersprechen, wenn für einen Wirtschaftszweig eine solche Auskunftspflicht über Geschäftsumfang und finanzielle Entwicklung vorgeschrieben werden sollte.

Viel tiefer aber reicht das Mißverständnis bei einer dritten Auffassung, die sich zwar nicht an die Formel der „öffentlichen Aufgabe“ unmittelbar anschließt, die aber vom Gedanken der öffentlichen Funktion der Presse ihren Ansatz nimmt. Herbert Krüger geht in seinen Betrachtungen über die öffentlichen Massenmedien (Die öffentlichen Massenmedien als Ergänzung der privaten Massenmedien, Frankfurt 1956) von der öffentlichen Zielsetzung aller Massenmedien aus und entnimmt dem die Forderung, die Medien sollten als Mittler höchster Kulturwerte wirksam werden.

Diesem hochgesteckten Ziel aber werden nach seiner Meinung die Formen der privatwirtschaftlichen Gestaltung der Presse nicht gerecht. Sie müßten sich am Publikumsgeschmack ausrichten und der Wettbewerb sei kein Mittel, um eine höhere Leistung zu erreichen; er führe eher noch zu einer Senkung des Niveaus. Als Abhilfe aus dieser Unzulänglichkeit schlägt Krüger vor, neben den privaten Medien und ihrer Fehlleistung zum Einsatz öffentlicher Unternehmen zu schreiten. In dieser Konzeption wird die privatwirtschaftliche Gestaltung und Freiheit der Presse als solche in Frage gestellt, indem man sie, in offensichtlicher Orientierung am Bilde der öffentlichen Anstalten des Rundfunks und des Fernsehens, in den Raum öffentlicher Vorsorge einbeziehen will.

Es berührt eigenartig, daß in der heutigen Diskussion über die Presse, nachdem noch vor kurzer Zeit ein so leidenschaftlicher Zug zur Bekämpfung jeden staatlichen Einflusses auf die Presse in der Öffentlichkeit vorherrschte, nun auf einmal eine so weitverbreitete Neigung zu staatlicher Manipulation in diesem Bereich auftritt. Der Grund liegt in dem verfehlten Gegensatz, den man zwischen der „öffentlichen Aufgabe“ der Presse, die doch nur eine soziologische, keine normative Aussage über ihre Stellung innerhalb der Meinungsbildung darstellt, und ihrer auf unternehmerischer Freiheit beruhenden organisatorischen Struktur aufrichten möchte, und aus dem dann die Bindungen und Einwirkungsmöglichkeiten des Staates begründet werden. In diesen Gedankengängen kommt eine Kritik der bestehenden Struktur der Presse zum Ausdruck, die ihre privatwirtschaftliche Gestaltung im Rahmen einer freiheitlichen Wirtschaftsordnung als verlegerisches Unternehmen in Zweifel ziehen will. Nell-Breuning hat in diesem Sommer in einem Vortrage vom Gegensatz der idealen Ziele der Presse und der wirtschaftlichen Beschaffung ihrer Mittel gesprochen und daraus Konsequenzen für die Unternehmensverfassung im Pressewesen gezogen, obwohl er sich verwahrt, hier einfach seiner bekannten Neigung zur Forderung der Mitbestimmung zu folgen. Im Grunde lehnen sich solche Vorstellungen immer an das Bild der öffentlichen Rundfunkanstalten an, ohne deren Ausnahmestellung zu erkennen. Tatsächlich spielt bei diesen Überlegungen auch heute ein aktuelles Problem mit herein. Erst in den letzten Jahren hat sich die Aufmerksamkeit stärker auf Konzentrationsvorgänge im Pressewesen gerichtet. Hier entsteht die Sorge, als könne ein zu starkes Übergewicht einiger weniger Unternehmen eine Beschränkung der Freiheit und Vielfalt der Meinungsbildung herbeiführen. Man möchte daher, wenn ich von extremen Stimmen absehe, hier die Hand des Staates im Sinne einer Beschränkung der Pressekonzentration eingreifen sehen.

Das Problemfeld, das sich aus diesen Auseinandersetzungen abzeichnet, betrifft eine grundlegende Seite der Pressefreiheit, nämlich ihre praktische, organisatorische Verwirklichung. Steht die der periodischen Presse eigene Form des Presseunternehmens als eines Wirtschaftsbetriebes im Einklang mit der Grundkonzeption der Pressefreiheit, ist sie deren natürlicher Ausdruck in einer auf Freiheit gegründeten Wirtschaftsordnung, oder ergeben sich Spannungen zu der meinungsbildenden Funktion der Presse? Um eine Antwort zu geben, müssen wir zunächst auf die Träger der Pressefreiheit eingehen, dann den Unterschied der Stellung der Presse gegenüber der der öffentlichen Massenmedien herausarbeiten und endlich zu den Problemen der modernen Veränderungen im Pressewesen Stellung nehmen.

II. Die Verwirklichung der Pressefreiheit in einer freiheitlichen Ordnung

1. Pressefreiheit als persönliches Recht und als Einrichtung des öffentlichen Lebens

In ihrer Herkunft und Geschichte hängt die Pressefreiheit engstens mit der Freiheit der Meinungsäußerung zusammen, die neben der besonderen Ausprägung der Religionsfreiheit im weltanschaulichen Bereich vor allem auch die freie Bekundung politischer Auffassungen sichert. In den geschichtlichen Anfängen ist der individuelle und personale Charakter der Freiheit noch deutlich ausgeprägt. Drucker und Verleger waren noch oft dieselben Personen, im 18. Jahrhundert gestaltete der Herausgeber einer Zeitung selbst weitgehend deren Inhalt. Erst im 19. Jahrhundert entwickelt sich langsam das Presseunternehmen, das aber erst in der zweiten Hälfte des Jahrhunderts größere Maße erreicht.

Von Anfang an freilich wurde auch die öffentliche und politische Rolle der Presse erfaßt. Wenn die Verfassung von Virginia 1776 die Pressefreiheit als „Bollwerk der Freiheit" bezeichnet, so spricht sie diese politische Funktion an. In der Gegenwart, wo die Presse zu einer gewaltigen Einrichtung des wirtschaftlichen und öffentlichen Lebens geworden ist, ist dieser politische Zug erhalten geblieben. Aber mit der steigenden Verbreitung und Wirkung der Presse läßt sich der individuelle Kern der Pressefreiheit nicht mehr mit gleicher Anschaulichkeit zur Darstellung bringen. Er muß in der komplizierten organisatorischen Struktur aufgespürt, in seiner unternehmerischen Ausprägung erfaßt und im Problem des Zugangs und des Anteils an der Meinungsbildung erläutert werden. Es bleibt, das betont vor allem Forsthoff, wichtig, das individuelle Freiheitsrecht im Auge zu behalten. Aber daneben muß die Pressefreiheit auch in ihrem objektiven Bestande, ihrer institutionellen Ausformung, beachtet werden, wenn man ihren vollen Gehalt und ihre heutige Realität verstehen will. Die Verfassung sichert in den Freiheitsrechten nicht nur Rechte einzelner sondern auch — und das gilt gerade von der Pressefreiheit — Einrichtungen, in denen sich die Freiheit verkörpert, wie die Familie (Art. 6 GG), das Eigentum (Art. 14 GG) oder im Bereich der Pressefreiheit die unternehmerische Freiheit, in der sie in moderner Zeit ihre Gestalt gefunden hat.

2. Die organisatorische Verwirklichung der Pressefreiheit

Im Bereich des Buchverlages — den die Pressefreiheit nicht weniger deckt wie den der Tages- und Wochenpresse — kommt das individuelle Recht des Autors noch unmittelbarer zur Geltung. Notfalls kann er sein Werk im Selbstverlag publizieren, obwohl natürlich auch hier längst der Erfolg, die „Durchsetzung" eines Buches, an die organisatorische Hilfe der Verlagshäuser gebunden ist. Die Zeitung hingegen ist ein Großbetrieb geworden. Bei ihr tritt nicht nur das Moment der Beteiligung an der öffentlichen, der politischen Meinungsbildung stärker hervor, in ihr hat auch die Meinungsäußerung selbst eine besondere organisatorisch-wirtschaftliche Gestalt gewonnen. Aus den bescheidenen Betrieben des 19. Jahrhunderts, in denen die Zeitung im Handsatz hergestellt wurde, sind Großunternehmen geworden, die viel Kapital erfordern und deren unternehmerische Leitung hohe Qualität und Wendigkeit erheischt, um ein Organ wirtschaftlich zu sichern.

Pressefreiheit kann nicht das Recht eines jeden bedeuten, sich in einer Zeitung zu äußern. Sonst müßten die Zeitungen Sammlungen von Leserbriefen darstellen. Unnötig zu sagen, daß eine solche Zeitung keine Chance des Überlebens hätte.

Die rechtliche Situation in Art. 5 GG ist vielmehr der des Art. 12 GG, der Berufsfreiheit, vergleichbar. Jeder darf seinen Beruf frei wählen, aber es gibt keinen Anspruch des Arbeitnehmers, in einem bestimmten Unternehmen Arbeit zu finden. Die Sicherung des Arbeitnehmers liegt nur in der objektiven Gewährleistung einer freien Berufsentscheidung und der Leistungsfähigkeit der Wirtschaft (einschließlich der Arbeitslosenunterstützung). Auch bei der Pressefreiheit ist die Verwirklichung der individuellen Freiheit in die reale Struktur der modernen Presse eingebunden. Die Meinungsbildung, die sich in einer Zeitung vollzieht, stellt eine kollektive Leistung dar. Politik, Wirtschaft, Literatur, Sport, das alles wird in einer Zeitung von verschiedenen Redakteuren mit spezieller Sachkenntnis behandelt. Die Gesamterscheinung der Zeitung aber wird durch die unternehmerische Leistung des Verlegers ermöglicht und zusammengehalten. Der Leser will Information, aber auch Meinung und Orientierung.

Er wünscht eine moderne Zeitung als Gesamtleistung, als kontinuierliche Unterrichtung und — so kann man sagen — Führung, er verlangt mit anderen Worten kein Mosaik individueller Meinungen, sondern ein zusammenhängendes ausgerichtetes Gesamtbild.

Wer sind also die Träger der Pressefreiheit? So wertvoll es ist, immer die alte liberale Deutung der Pressefreiheit als individuelles Grundrecht festzuhalten, eine Antwort kann hier nur im Blick auf die komplizierte Situation in der sozialen Wirklichkeit gegeben werden. In der modernen Gesellschaft, die hier wie sonst eine Gruppengesellschaft ist, eine aus überindividuellen Einheiten gebaute gegliederte Leistungsgesellschaft, haben viele an der Pressefreiheit ihren Anteil. Der Leser ist geschützt durch die Freiheit der Information, die es ihm erlaubt, sein Blatt zu wählen. Die Journalisten haben ihren Anteil, für den sie auch presserechtlich verantwortlich sind. Der Verleger endlich wird durch die Pressefreiheit mit seinem ganzen wirtschaftlichen Unternehmen in allen seinen Bezügen geschützt. In der schon erwähnten Entscheidung zum Anzeigengeschäft spricht das Bundesverfassungsgericht bezeichnend von dem „Verlag, der Anzeigen drucken läßt“, nennt also das verlegerische Unternehmen als Träger der Pressefreiheit. Blickt man auf diesen abgestuften Zusammenhang, in dem wie im Arbeitsleben Freizügigkeit (des Lesers wie des Redakteurs) und Vielfalt (der Unternehmer wie der Mitarbeiter) die objektive Garantie der Freiheit bieten, so wird deutlich, wie abwegig die Bemerkung des früheren Oberlandesgerichtspräsidenten Schmidt ist, der den Verleger als „Nutznießer“ der Pressefreiheit bezeichnet. Der Verleger ist nicht ein Nutznießer der journalistischen Arbeit anderer, er hat an der schöpferischen geistigen Leistung, die die Zeitung darstellt, einen entscheidenden Anteil, indem ihm die Zusammenordnung, die Ausrichtung, aber auch —

und das darf nicht unterschätzt werden — die wirtschaftliche Sicherung des Unternehmens obliegt. Seine Leistung bleibt eine grundlegende unternehmerische Vorbedingung, damit überhaupt unter den modernen Bedingungen eine leistungsfähige Presse vorhanden ist, in der Redakteure arbeiten, aus der sich Leser unterrichten können.

3. Wettbewerb und öffentliche Aufgabe

Wenden wir uns nach diesem grundsätzlichen Ausblick zu der Frage zurück, wie sich politische Funktion und privatwirtschaftliche Organisation der Presse verhalten, so erhebt Krüger gegen die Betriebsform der Presse den Einwand, sie führe die Presse in wirtschaftliche Abhängigkeit vom Kunden und nötige ihr daher die von diesem gewünschte Niveausenkung auf. Der marktwirtschaftliche Wettbewerb unter den Zeitungen aber biete hier keinen Ausweg. Diese Auffassung beruht auf einer Reihe grundlegender Fehlauffassungen vom Sinn der Pressefreiheit und der Funktion der Presse. Zunächst das Idealbild einer kulturell hochstehenden Presse. Wird hier nicht der Wertmaßstab einer geistigen Elite unzulässigerweise auf eine Massenerscheinung ausgedehnt? Natürlich gibt es auch heute Organe, die hohen Ansprüchen genügen. Im 19. Jahrhundert wurden die Zeitungen — eine Auflage um 20 000 galt um 1850 als eine hohe Auflage im Pariser Zeitungswesen — nur für eine kleine Schicht gedruckt. Wenn sie heute Massenauflagen haben, müssen sie anderen Erwartungen und Ansprüchen Rechnung tragen. Wollte man dem ein konstruiertes Idealbild entgegenhalten und von Staats wegen verwirklichen, wie es Krüger fordert, so wäre das das Gegenteil einer freien Presse.

Es wäre vielmehr der Fall einer staatlich gelenkten Meinungsbildung.

Was Krüger nicht einsieht, ist die Gewähr der Freiheit, die in der privaten Struktur der Presse liegt. Nur dadurch ist sichergestellt, daß verschiedene Strömungen, daß eine Vielfalt von Meinungen zur Geltung kommen. Das Denken Krügers geht demgegenüber vom Staate aus. In einer anderen Schrift (Der Rundfunk im Verfassungsgefüge und in der Verwaltungsordnung von Bund und Ländern, Hamburg 1960) hat Krüger seine etatistische Grundeinstellung deutlicher gemacht. Er sieht Meinungsbildung als einen Vorgang der Machtbildung an und möchte ihn daher als „Machtpolizei" dem Staate in oberster Verfügung zuweisen. Diese zur Begründung des Rundfunkmonopols geschriebene Studie ist schon für diesen Zweck irreführend, weil sie das Problem der Freiheit beiseite läßt, und statt dessen auf die „Machtbildung im Bereich der Kultur" abstellt. Die ganze Geschichte und der gesamte Sinn der

Pressefreiheit ist aber eben die Verhinderung einer solchen Verfügung des Staates über die Meinungsäußerung.

Es wird im Grunde die Funktion der Presse verkannt, wenn man sie als ein öffentliches Erziehungsmittel ansieht. Sie kann natürlich, wie auch der Rundfunk, vieles zur Unterrichtung und Erziehung beitragen. Aber sie ist doch in ihrer politischen Aufgabe Spiegel der Volksmeinung (sie führt die Meinung, aber sie wird auch von ihr getragen und beeinflußt), Ausdruck der gruppenmäßigen Strömungen im Meinungsbilde, Forum der Diskussion. Diese Aufgabe kann sie nur bei freier privatwirtschaftlicher Gestalt erfüllen. Natürlich befriedigt dabei die Presse verschiedene Bedürfnisse: Sie ist politische Stimme, Lehrpult, aber auch in Übernahme älterer Aufgaben der Kanzel und des Bänkelsängers, Vehikel des Skandals, des „social gossip"; auch „sex and crime" erfüllen alte, früher anders befriedigte Bedürfnisse der Leserschaft.

Wenn man von der „öffentlichen Aufgabe der Presse" spricht, so sollte es klar sein, daß dies eine soziologische Analyse, keine normative Aussage ist. Es wäre daher unrichtig, hieraus Folgerungen ziehen zu wollen. Wenn die neuen Pressegesetze teilweise eine „Sorgfaltspflicht" der Presse (Entwürfe sprachen von einer Pflicht zur Wahrheit der Berichterstattung) kennen, so kann das keine Rechtspflicht sein. Eine solche besteht nur im Rahmen der Tatsachenmitteilung (§ 193 StGB), wo der Redakteur die Nachricht „in guten Treuen" prüfen muß, ehe er eine u. U. fremde Interessen schädigende Neuigkeit bringt.

Die Presse ist kein Erziehungsmittel, sondern das Medium, durch das hindurch sich Meinungsfreiheit mit der Massenwirkung verwirklicht. Sie hat eine Mittlerstellung zwischen Volksmeinung und deren Vorformung im politischen Meinungskampf. Dem kann sie nur gerecht werden, wenn sie als *Vielfalt* vieler Organe besteht, wenn sie in privater Struktur existiert. Der Wettbewerb, den Krüger so abschätzig behandelt, ist insofern ihr Lebenselement, als er diese Vielfalt und das offene Ringen um Einfluß und Leserschaft sicherstellt.

Im Rahmen der Meinungsmedien, wo Rundfunk und Fernsehen staatlich organisiert sind, bleibt die privatwirtschaftliche Struktur der Presse, als unternehmerische verlegerische Realisierung, ein um so weniger entbehrliches Element, je stärker der Einfluß dieser anderen Massenmedien ist.

III. Die Pressefreiheit im Verhältnis zu den öffentlichen Massenmedien

1. Der moderne Prozeß der Meinungsbildung

Der demokratische Staat ist auf eine offene, allen Strömungen zugängliche Meinungsbildung angewiesen. Versteht man den Staat, in entschiedener Abkehr von den älteren in der deutschen obrigkeitlichen Tradition wurzelnden Vorstellungen vom Staat als Apparat oder als einer substantiellen Willenseinheit, als lebendigen *sozialen Prozeß,* als eine kontinuierliche geistig-politische Auseinandersetzung, die eine Konsensbildung zum Ziele hat, so wird die in einer freien Staatsstruktur entscheidende Rolle der öffentlichen Meinung deutlich. Auch für sie gilt das Gesetz der neuzeitlichen großräumigen Gesellschaft, daß Gruppenbildungen das gesellschaftliche Bild formen, nicht Individuen. Die Presse in ihrer oben beschriebenen organisierten Gestalt, als wirkungskräftiges unternehmerisches Phänomen, vermag an dieser Gruppendiskussion teilzunehmen, die das Kernstück demokratischer politischer Zielbestimmung und „Willensbildung" ist. Der demokratische Staat hat nicht, wie autoritäre oder ältere Staatsformen, eine festliegende starre politische Ausrichtung. In ihm wird immer neu um die Orientierung der politischen Ziele gerungen. Wie ohne die politischen Parteien und die Interessenverbände das Individuum im politischen Kampfe ohne Wirkung bleibt, so kann heute auch die öffentliche Meinung nur in organisierter Form bestehen, wenn sie Gehör erringen, wenn sie reale geistige Wirkung entfalten will. Die freie, auf privater Initiative beruhende Struktur der Presse bietet hierfür die freieste Form. Sie muß natürlich, hier wieder zeigt sich der Irrtum Krügers, wirtschaftlich fundiert sein, und das ist ohne unternehmerische Form, auch ohne Gewinnstreben — das hier systemimmanent und völlig legitim ist — nicht möglich. Diese Unternehmensform der Presse ist daher nicht, wie eine romantische Vorstellung geistiger Prozesse meint, die nicht vom Zusammenspiel der Kräfte (dem „team-work") und der Arbeitsteilung, sondern vom Bild des isolierten Einzelnen ausgeht, einer modernen Meinungsbildung unangemessen, es ist die Form, in der in einer pluralistischen Gesellschaft der Gruppen und Verbände allein eine offene Meinungsbildung organisiert sein kann. Entscheidend bleibt die Freiheit vom Staatseinfluß. Jeder Schritt auf einem Wege, der um einer Idealvorstellung einer kulturellen „Hochleistung" willen den Staat zum Garanten einer bestimmten Ordnungsvorstellung von der Presse beruft, ist gefährlich. Solche staatliche Ingerenz hat schon im wirtschaftlichen Leben ihre Bedenken. Bei der Pressefreiheit rührt sie immer an die Grundlagen des Grundrechts. Nur unter besonderen Ausnahmesituationen und nur ganz begrenzt können dem Staate hier Ordnungsaufgaben zuwachsen.

2. Die öffentlichen Massenmedien als Ausnahmeerscheinung in der Meinungsbildung

Die Kritiker der privatwirtschaftlichen Struktur der Presse sind stets mehr oder minder vom Beispiel der Rundfunk- und Fernsehanstalten eingenommen. Auch wenn sie, wie Nell-Breuning, anerkennen, daß Presse und Rundfunk nicht die gleiche Form aufweisen können, schweben ihnen mehr oder weniger deutlich Presseunternehmen vor, die nicht nach wirtschaftlichen Gesichtspunkten geführt werden, sondern die neutralen oder journalistischen Zeitungsgremien anvertraut wären. Über die Verbindung von Zeitung und wirtschaftlicher Verantwortung machen sie sich meist weniger Gedanken. Auch das ist bei ihrem Vorbild, den öffentlichen Anstalten, erklärlich. Dort decken die öffentlichen Gebühren einen großen Teil der Kosten.

Was hierbei übersehen wird, ist die Ausnahmestellung, in der sich die öffentlichen Anstalten befinden. Sie sind alles andere als normale Realisierungen der Rundfunkfreiheit, sondern ihre Existenz ist nur die Folge einer technisch bedingten besonderen Situation, dem Mangel an nutzbaren Wellenbereichen. Theoretisch könnte der Rundfunk ebensowohl kommerziell wie öffentlich organisiert sein. Im letzteren Falle müßte, wenn man eine staatliche Meinungskontrolle verhüten will, entweder die Organisationsform zwar staatlich, die Leitung aber neutral sein — eine Gestaltungsweise, unter der z. B. die Hochschulen mit ihrer Wissenschaftsfreiheit leben — oder — die bestehende Form — es müßten autonome Anstalten mit neutraler Leitung errichtet werden, oder endlich, man könnte eine pluralistische Versäulung des Rundfunks anstreben (wie in Holland). Liest man die grundlegende Fernsehentscheidung des Bundesverfassungsgerichts nach (Bd. 12, S. 205 ff.), so finden wir die Position der öffentlichen Anstalten dort nicht etwa aus Gründen ihrer besseren Eignung oder Leistung gerechtfertigt, sondern ausschließlich aus dem Mangel an Wellen und — nebenbei — aus dem hohen Aufwand, der für einen Sender nötig ist. Das Gericht macht es vollkommen klar, daß es bei anderer technischer Lage, einem Angebot ausreichender Wellenlängen, für eine freie Errichtung der Sendeanstalten eintreten würde. Aus dieser „Sondersituation" des Rundfunks hat das Gericht dann — in Anlehnung an das Bestehende — seine These abgeleitet, daß hier die Freiheit der Meinungsbildung durch die Beteiligung aller bedeutsamen politischen, weltanschaulichen und gesellschaftlichen Gruppen an der Organisation der Anstalten verbürgt werden solle. Ob die pluralistische Einflußnahme dieser Gruppen das gesetzte Ziel erreicht hat, will ich hier nicht untersuchen. Es mag genügen darauf hinzuweisen, daß in den meisten Ländern der Einfluß der Landtagsmehrheit bestimmend für die Auswahl der Leitung (des Intendanten) ist.

Daraus folgt jedenfalls, daß solche öffentlich-rechtlichen Lösungen keine normalen und allgemeinen Gestaltungsformen für die Freiheit der Meinungsbildung liefern können. Die bei manchen Autoren auftretende Idee, die Presse oder Teile von ihr in Stiftungen zu organisieren, verkennt, daß hier, wo eine freie Gestaltung möglich ist, der Eingriff in die Organisationsform bereits ein verfassungswidriger Einbruch in die Freiheit der Presse selbst wäre. Es gibt daher keine Ausdehnung des Beispiels der Rundfunkanstalten. Im Gegenteil, für die Zukunft werden im Sendebereich, wenn genügend Wellen verfügbar sind, sich die Probleme ganz neu stellen müssen. Das der privatwirtschaftlichen Freiheit der Presse entgegengehaltene Gegenbild öffentlicher Ordnung ist daher grundsätzlich abzulehnen. Es kann als Sonderfall im Bereich des Rundfunk- und Fernsehwesens zeitweise begründet sein.

Aber es kann auch dort nicht übersehen werden, daß es weithin auch der Machtbildung und Erstarrung förderlich gewesen ist, auch wenn man anerkennen will, daß die breitere Finanzierung und die große Konzentration der öffentlichen Anstalten dem Niveau der Sendungen — verglichen mit einem rein kommerziell aufgebauten Fernsehen — zugute kommt. Die früher berührten Probleme des Zugangs zur Äußerung im Fernsehen und der Weite der an seinen Darbietungen beteiligten Kreise werden jedenfalls in der jetzigen Organisationsform nicht besser gelöst als in der Presse. Man wird wohl ohne weiteres sagen können, daß die Presse noch immer einem viel weiteren Kreise von Personen eine massenwirksame geistige Äußerung bietet als das Fernsehen, wo ein engerer Kreis von Produzenten einen sehr großen Einfluß auf die öffentliche Meinung kraft öffentlicher Monopolstellung ausübt.

3. Gegenseitiges Verhältnis im Wettbewerb der Massenmedien

Es ist, wie wir gesehen haben, unvermeidlich, daß in der modernen Gesellschaft auch die Medien der Meinungsbildung einen organisierten Vorgang der Bildung und Äußerung der Auffassung darstellen, weil nur so eine Breitenwirkung und eine effektive Diskussion erzielt wird. Grundlegend bleibt aber die Forderung, daß — in diesem Rahmen — der Zugang zur Meinungsbildung für alle gestaltend Beteiligten, Verleger wie Redakteure, frei ist und daß eine große Vielfalt der Meinungsäußerungen tatsächlich erhalten bleibt. Diese Forderung wird im Bereich der Presse durch ihre privatwirtschaftliche Struktur gesichert.

Gewiß engt der erforderliche Kapitalaufwand den Kreis der möglichen Unternehmer im Pressebereich ein. Aber jedes andere System würde praktisch eher zur Zulassungssperre werden. Der Gedanke, Redakteurgruppen die Führung von Presseunternehmen zu geben, würde staatlichen Zugriff und damit wieder staatliche Auswahl bedingen, oder aber die letztere würde sich über die dann nötige staatliche Finanzierung einstellen können. Hier aber besteht zu einem bereits genannten Beispiel staatlicher Unterhaltung freier Institutionen, den Hochschulen, ein großer Unterschied. Bei den Hochschulen ist die Auswahl des Personals — heute praktisch in einer Art Selbstergänzung mit staatlicher Kontrolle erfolgend — durch die hohen Berufsqualifikationen und sichere Berufsstandards gesichert. Der Zugang aber zum Beruf des Journalisten muß nach der Bestimmung des Grundgesetzes frei bleiben. Wer könnte bei einer solchen Auswahl an eine mögliche Ausschaltung aller politischen Einwirkung des Staates glauben?

Die Erhaltung der freien Struktur der Presse kommt auch der Erhaltung der Vielfalt der Meinungsbildung im Gegensatz zu der öffentlichen Gestaltung der optischen und akustischen Massenmedien des Sendewesens zugute. Das Nebeneinander von öffentlichen und privaten Formen der Medien wirft hingegen Probleme vor allem im Bereich der Werbung auf. Geht man von der Pressefreiheit als objektiver Norm, als einem Gebot an den Staat, die Freiheit zu respektieren, aus, so folgt für ihn daraus die Pflicht, zwischen Presse und öffentlichen Massenmedien zum mindesten eine Chancengleichheit in der Werbung zu wahren. Die Konkurrenz staatlich finanzierter Anstalten darf nicht dahin führen, daß der Presse ihre finanzielle Grundlage im Werbewesen entzogen wird. Wenn der Staat eigene Presseorgane herausgibt, so steht ihm das frei. Übrigens haben diese, das „Bulletin“ oder die „Bayerische Staatszeitung“, begrenzte Zwecke und dementsprechend begrenzte Verbreitung. Als Verantwortlicher für die öffentlichen Anstalten aber hat der Staat darüber zu wachen, daß nicht öffentlich-rechtlich privilegierte Organe der Meinungsbildung einen ungleichen Einfluß durch Ausdehnung ihrer Werbung auf Kosten anderer Teilnehmer des Meinungsprozesses erlangen. Walter Leisner (Werbefernsehen und öffentliches Recht, Berlin 1967) hat, und ich stimme weitgehend mit ihm überein, die hier maßgebenden rechtlichen Gesichtspunkte dargelegt. Wenn die Veranstaltung der Rundfunksendungen nach der Meinung des Bundesverfassungsgerichts öffentliche Verwaltung ist, so gehört das Werbefernsehen nicht hierzu. Es erfüllt keine öffentliche Aufgabe und gehört auch nicht um der Finanzierung willen — da diese durch Gebühren sichergestellt wird — zum Bestand der öffentlichen Anstalten. Es ist vielmehr fiskalische Tätigkeit. Es genießt daher auch keine verfassungsrechtliche Sicherung in dem Sinne, daß es gegen aufsichtliche Verfügung des Staates gesichert wäre. Der Staat, d. h. die Länder, und im Rahmen seiner Kompetenz über die Regelung des Wettbewerbs (anders hier Leisner) der Bund können daher das Werbefernsehen als Gesetzgeber und Aufsichtsführende rechtlich beschränken oder sogar untersagen, zumal die Länder die öffentlichen Anstalten eingesetzt und gestaltet haben. Sie sind, von einer institutionellen Auffassung der Pressefreiheit her, sogar dazu gehalten, sofern die Ausdehnung des Wettbewerbes der Fernsehanstalten zu einer die Chancengleichheit verletzenden Bevorzugung eines bestimmten Massenmediums im freien Spiel der Meinungsbildung führt.

IV. Gesellschaftliche Veränderungen im Pressewesen und ihre Lösung

1. Das Problem der Konzentration

In den letzten Jahren wird die Tragfähigkeit der privatwirtschaftlichen Struktur der Presse durch eine Erscheinung berührt, die unter anderen Gesichtspunkten Kritik an ihr hervorruft. Die Bildung von Großunternehmen im Pressebereich läßt die Frage entstehen, ob damit nicht Vielfalt und Freiheit des Meinungsaustauschs beschränkt werden und ob nicht daraus sich Berechtigung zu staatlichem Eingriff ergibt. Im Zusammenhang hiermit ist namentlich gegenüber der Bildung großer Pressekonzerne der Gedanke einer Betonung der Freiheit der Mitarbeiter eines Presseorgans (oft als „innere Pressefreiheit" bezeichnet) hervorgerückt worden. Diese Veränderungen müssen nüchtern und unter Aufgliederung sowohl der Erscheinungen wie ihrer Ursachen gewürdigt werden. Mit dem Schwinden der weltanschaulich ausgerichteten Presse und ihrer Ersetzung durch eine „neutrale" Presse sind natürliche Möglichkeiten der Ausdehnung gegeben und gewinnt die Unterrichtung der Leser, auch dort, wo nur mehr ein lokales Organ verfügbar bleibt, ein weniger parteigebundenes Bild. Die hiermit wie mit der kostenmäßigen Bedeutung der Größenrelation zusammenhängende Schwächung der lokalen Presse stellt einen in gewissem Umfang schwer aufzuhaltenden Vorgang effektiverer Organisation dar. Dennoch bleibt der Zeitung, auch der lokalen, neben der größeren Schnelligkeit der Information durch den Rundfunk ein genügendes Feld der Unterrichtung im lokalen wie im politischen Felde. Was den Umfang der bereits eingetretenen Konzentration anbelangt, so wird man hier gut tun, nicht globalen Zahlen zu folgen, die zum Teil nicht Vergleichbares zusammenfassen, sondern präziser aufzugliedern. Dann zeigt sich, daß die oft genannte Zahl des Anteils des Springer-Konzerns an den Zeitungen von 31,2 Prozent nur durch die Hereinnahme der Auflage von „Bild" entsteht. Faßt man nur die großen überregionalen für die maßgebliche politische Meinungsbildung wesentlichen Organe zusammen, so hat neben der „FAZ“ (238 000 Auflage) und der „Süddeutschen Zeitung“ (217 000) die „Welt“ auch nur eine Auflage von 237 000 Exemplaren. Auch auf dem Gebiet der Illustrierten und anderen Publikumszeitschriften kann von der Überlegenheit nur einer Gruppe nicht gesprochen werden. Es ist vor allem die lokale Situation in Berlin und Hamburg und das Feld der billigen Massentagespresse überregionaler Art, wo ein Großunternehmen eine starke Position erlangt hat. Man wird sich auch hüten müssen, die Publikationen einer Verbandsgruppe als Einheit in der Ausrichtung zu betrachten. Mr. Thomson wird im Bericht der Royal Commission on the Press (1962) mit einer Äußerung angeführt, wonach er verschiedene Haltung der zu seinem Konzern gehörenden Organe schon aus geschäftlichen Gründen zulasse und fördere.

2. Probleme und Lösungen

Es können hier nicht die Fragen, die die Konzentration wirtschaftlich und rechtlich aufwirft, ausführlich erörtert werden. Nur einige Punkte seien hervorgehoben. Unter den Lösungsvorschlägen erfreut sich die gesetzliche Beschränkung der Auflagenhöhe einer Zeitung einer gewissen Beliebtheit, obwohl dabei die klare Verfassungswidrigkeit dieses Vorschlags schwerlich verkannt werden kann. Verfassungswidrig wäre diese Beschränkung vom Leser her, dem die Informationsmöglichkeit, die er wünscht, begrenzt wird, wie von der Pressefreiheit des Verlegers her, die auch die freie Verbreitung umfaßt. Es würde aber wohl auch der Zugang zum Beruf für ein Presseunternehmen damit erschwert und nicht bloß eine Ausübungsschranke errichtet (Art. 12 GG).

Einen anderen Weg würde die Anwendung von Gedanken des Rechts der Verhütung wirtschaftlicher Macht bieten. Das Recht der Europäischen Gemeinschaften kennt hier Formen auferlegter Entflechtung. Es scheint, daß sich die Betrachtungen der an der Arbeit befindlichen sog. Lücke-Kommission solchen Gedanken öffnen. Auch hier indes fehlen verfassungsrechtliche Grenzen nicht, die in der Eigentumsgarantie (Art. 14 GG) wie in der Pressefreiheit selbst liegen, die jedenfalls die wirtschaftlich mögliche und nötige Expansion eines Presseunternehmens sichert und auferlegte Limitierungen, auch im lokalen Bereich, fragwürdig macht.

Der wenigstens für vorwiegend politisch meinungbildende Organe empfohlene Weg der Umwandlung in eine Stiftung erweist sich bei näherer Prüfung als kaum gangbar. Ihm würde die wirtschaftliche Grundlage fehlen — die Entwicklung der englischen „Times“ ist hier ein beredtes Beispiel —, weil die großen politischen Zeitungen heute wirtschaftlich oft keine gewinnbringenden Objekte mehr sind. Wer aber sollte den Verlust decken?

Neuerdings wird in manchen Beiträgen die „innere Pressefreiheit", d. h. eine Mitwirkung der Redakteure bei der Festlegung der Richtung der Zeitung auch als Gegenmittel gegen einen durch Verlegerkonzentration erworbenen Einfluß empfohlen. Dieser alte schon in die 20er Jahre zurückgehende Gedanke verkennt indes die oben geschilderten Grundbedingungen einer Pressefreiheit unter den modernen organisierten Bedingungen. Es ist klar, daß ein verständiger Verleger seinen Redakteuren weite Freiheit im Detail lassen wird, aber ohne eine zusammenfassende Orientierung fehlt einer Zeitung die Tendenz, die auch dem Leser wichtig ist. Sie aber läßt sich schwerlich von der wirtschaftlich-unternehmerischen Verantwortung für das ganze Unternehmen trennen. Es gibt keine Ableitung eines solchen Mitbestimmungsrechts aus der Pressefreiheit, die jedem Beteiligten seinen bestimmten, aber auch begrenzten Anteil gewährt, aber in einer freien Wirtschaftsordnung nur dem die oberste Direktion geben kann, der Management und Risiko trägt. Auch hier endlich müßte man nach einer Dekkung etwaiger Verluste fragen.

Die privatwirtschaftliche Struktur der Presse darf nicht zu sehr heute unter der Frage der Konzentration gesehen werden, bei der sowohl der Gedanke einer Selbstbeschränkung wie der einer Einwirkung durch staatliche gezielte Förderung für kleinere und mittlere Unternehmen noch Möglichkeiten bieten, die vor jeder Erwägung gesetzlicher Eingriffe den Vorrang haben sollten. Es bleibt dabei, daß sie diejenige Gestaltung darstellt, die der personalen Freiheit im Pressebereich am besten entspricht und die dem weitesten Kreis von Personen Zugang zur Äußerung verschafft, die den staatlichen Einfluß am wirksamsten ausschließt und die endlich auch sich am leichtesten in die generelle Form der freiheitlichen Grundordnung und Wirtschaftsstruktur einfügt. Sie ist eng mit der wirtschaftlichen Selbständigkeit der Presseunternehmen verbunden, liefert aber in ihr die Gewähr einer Vielfalt der Meinungsbildung und einer strukturellen Unabhängigkeit von öffentlicher Manipulation der Meinung, die mit jeder Steigerung staatlicher Ingerenz als Gefahr unlöslich verknüpft bleibt. Die Erfüllung der öffentlichen Funktion der Presse, um mit einem Paradox zu schließen, gebietet gerade ihre private und privatwirtschaftliche Gestaltung als Garantie einer freien mannigfaltigen Artikulation der öffentlichen Meinung. Auf manchen Gebieten, die früher allein vom Standpunkt individueller Freiheit aus betrachtet wurden, zeigt es sich heute, daß der Staat — etwa in der Förderung der Wissenschaft oder im Schutz der Familie — zur Verwirklichung von Grundrechten helfend einwirken muß. Aber ein solcher Eingriff muß immer die Substanz der Freiheit im Auge haben und wird immer besser durch Förderung und Lenkung als durch Zwang geschehen. Es wird in erster Linie auch in Zukunft gelten, bei allen Überlegungen die Stärkung und Erhaltung einer privatwirtschaftlichen Grundlage der Presse, so sehr auch Änderungen und Bedürfnisse der Gesellschaft hier neue Formen und Mittel bringen werden, zur festen Ausgangsbasis zu nehmen.

Die Garantie des Eigentums in der Geschichte der Grund- und Freiheitsrechte

I. Einleitung: Das Eigentum im Rahmen der Grundrechte

In der Geschichte der Grundrechte nimmt das Eigentum einen entscheidenden Platz ein. Als sich im 17. Jahrhundert in der Auseinandersetzung der englischen Verfassungskrise die Idee gewisser den Bürgern zustehender natürlicher Freiheiten entfaltete, waren es Freiheit und Eigentum, die hierbei als erste benannte Rechte hervortraten. Mit ihrer Formulierung und Anerkennung vollzog sich der Durchbruch einer neuen sozialen Theorie. An die Stelle einer älteren, in feste ständische Gliederungen und Regulierungen eingefügten Lebensform — die sich freilich in England damals schon seit langem in Auflösung befand — trat eine neue, von der städtisch-bürgerlichen Auffassung getragene, auf Besitz und Erwerb gegründete soziale Ordnung. In ihr bildete das Eigentum die Grundlage der bürgerlichen Stellung wie auch des politischen Aufbaus. In der mittelalterlichen Epoche waren Freiheit und Eigentum stets Ausdruck der Bevorrechtigung bestimmter Gruppen und Kreise, Bestandteile einer örtlich und personell differenzierten Rechtslage. Sie stellten nicht allgemeine menschliche Rechte, sondern einseitig verliehene oder durch Vertrag gesicherte Berechtigungen dar und standen daher auch in der Regel in Verbindung mit bestimmten sozialen und politischen Funktionen und Pflichten. Nun aber wurde für jeden Bürger ein Schutzbereich seiner Güter und seines Lebensstandes in Anspruch genommen, der aus einer naturrechtlichen Anschauung der menschlichen Gesellschaft hergeleitet wurde. Darin kam eine neue Soziallehre wie auch der Aufstieg einer auf Besitz und Erwerb eingestellten bürgerlichen Handelswelt zum Ausdruck[1].

Aus: Ulrich Scheuner / Emil Küng, Der Schutz des Eigentums. Untersuchungen zu Artikel 14 des Grundgesetzes für die Bundesrepublik Deutschland. Hannover 1966, S. 5 - 45 (= Schriftenreihe der Niedersächsischen Landeszentrale für Politische Bildung. Verfassungsrecht und Verfassungswirklichkeit. 3).

[1] Die Umgestaltung der englischen Revolution des 17. Jahrhunderts liegt sowohl im Durchbruch einer neuen Theorie des Gemeinwesens, das in analytischer Weise von unten her, von seinen Gliedern her aufgebaut wird und damit in einer der Zeit entsprechenden rationalen Weise verstanden wird (vgl. *C. B. Macpherson*, in: Hobbes Studies, hrsg. von *Keith C. Brown*, Oxford 1965, S. 177 f. und *J. W. N. Watkins*, dort, S. 247) als auch in der aufbrechenden — wenn auch erst partiellen — Einsicht in die Grundlagen einer

Die Erscheinung des Eigentums hat über die Zeiten tiefe Wandlungen erfahren und wird immer wieder von den Veränderungen der gesellschaftlichen Struktur und der politischen Verfassung berührt. Es ist eine richtige Einsicht der Naturrechtslehre des 17. und 18. Jahrhunderts, daß Eigentumsordnung und Staatsverfassung engstens miteinander verknüpft sind; nur lag dem rationalen Naturrecht die Berücksichtigung der geschichtlichen Veränderungen fern. Es ging auf die Aufstellung allgemeiner Idealbilder aus. Die Eigentumsverfassung des Mittelalters war aus einer politisch-sozialen Aufgabenstellung erwachsen, die freilich ihre wirkliche Geltung lange überdauerte. Den Vorrechten des grundbesitzenden Adels entsprach ursprünglich seine militärisch-politische Funktion. Sie erhielten sich als der Unterbau einer ständischen Gesellschaftsordnung, mit dem sich Pflichten der örtlichen Verwaltung und Vorsorge verbanden. Das Eigentum im Rahmen dieser Ordnung, in welche die Mehrzahl der Landleute in Abhängigkeit eingefügt war, war kein volles Verfügungsrecht, sondern eine gebundene Befugnis, die sich nicht selten auch in der rechtlichen Vorstellung in ein Ober- und Untereigentum aufgliederte. Demgegenüber entwickelte sich in den Städten eine bewegliche, auf freie Verfügung und Erwerb ausgerichtete Eigentumsordnung. Sie ist die Wurzel der neueren Entwicklung geworden. Die große Wende der Eigentumsauffassung leitet auf dem Kontinent die französische Revolution ein. Sie löste, in Deutschland Anfang des 19. Jahrhunderts nachvollzogen, die alten Bindungen auf und entwickelte einen neuen Eigentumsbegriff, der sich auf die römisch-rechtliche Lehre und die Vereinheitlichungstendenz des späten Naturrechts gründete und ein frei verfügbares, für Stadt und Land gleiches Recht schuf. Damit war eine notwendige Grundlage für das beginnende industrielle Zeitalter gechaffen, das bewegliche, auf freien Verkehr gestellte Rechtsformen brauchte. Die bürgerliche Eigentumsordnung des 19. Jahrhunderts, die hieraus hervorging, begünstigte mit ihrer Betonung der Verfügungsfreiheit und der Beseitigung von Bindungen die Bildung von Besitz und Kapital. Für die nun in die Städte strömenden eigentumslosen Massen konnte sie keine anziehende Kraft entfalten. Ihr antwortete vielmehr in der Kritik von Karl Marx an der kapitalistischen Ordnung eine Auffassung, die die Vergesellschaftung des Eigentums an Produktionsmitteln forderte. Das 20. Jahrhundert steht inmitten einer weltweiten Auseinandersetzung der sozialen Systeme, die unmittelbar auch die Eigentumsauffassung berührt. Im Westen gründet sich die Lebensform einer freien Wirtschaft auf die Anerkennung und Erhaltung des Privateigentums. Demgegenüber erscheint in den kommunistischen Ländern das Recht an den Produk-

---

nicht mehr statisch verfaßten Erwerbsgesellschaft (vgl. *Macpherson,* The Political Theory of Possessive Individualism, Oxford 1962, S. 46 ff.).

tionsstätten in der Gestalt eines der Gesamtheit zustehenden Volks- oder Staatseigentums, dem nur für den Kreis der persönlichen Habe ein anderes, auf freie Verfügung gegründetes Eigentum zur Seite tritt. In dieser Übersicht können nur die Linien verfolgt werden, die zu der im Westen bestehenden Anschauung eines privaten Eigentums und der auf ihm beruhenden sozialen Ordnung führen.

Die Wandlungen in der Auffassung des Eigentums spiegeln sich auch in den Verfassungsbestimmungen wider. Bezeichnet die französische Erklärung der Menschenrechte von 1789 das Eigentum als ein „unverletzliches und heiliges Recht", so fehlt eine Gewährleistung des Eigentums ganz in den französischen Verfassungen von 1946 und 1958. Auch in Deutschland nennt der Verfassungsentwurf der Frankfurter Nationalversammlung das Eigentum „unverletzlich". Hingegen betonen die Verfassungen von 1919 und 1949 besonders seine Sozialpflichtigkeit. In diesem Wandel der Formulierungen läßt sich ein Stück Geschichte der Eigentumsauffassung erkennen. Solange die bürgerliche Welt im Aufstieg und an der Herrschaft war, erfuhr das Eigentum einen starken Schutz und stand unter den Grundrechten vornan. In der Gegenwart hingegen führen manche Strömungen zu einer zurückhaltenderen Hervorhebung des Eigentumsschutzes und verstärkt sich die Neigung zu einer funktionellen Bewertung des Eigentums. Aber auch heute bleibt der grundlegende Wert des Eigentums für eine freie Wirtschafts- und Sozialordnung deutlich[2]. Andere Grundrechte, wie die Berufsfreiheit und die wirtschaftliche Handlungsfreiheit, treten ergänzend hinzu und rücken zuweilen stärker in den Vordergrund der praktischen Anwendung. Aber die Ausstrahlung der Eigentumsgarantie auf weite Teile der Rechtsordnung bleibt erhalten und damit bleibt sie ein bestimmendes Element der gesamten Wirtschaftsordnung.

In dieser Wirkung der Gewährleistung des Eigentums kommt ein Zug zum Ausdruck, der den meisten Grund- und Freiheitsrechten zu eigen ist, hier aber besonders sichtbar wird. Ein Grundrecht bedeutet zunächst Schutz für einzelne individuelle Rechtspositionen gegenüber Einwirkungen staatlicher oder sozialer Mächte. Zugleich aber enthält ein Grundrecht auch einen Satz objektiven Rechts, der nicht nur individuelle Rechte, sondern die Einrichtung als solche schützt, zu deren Sicherung das Grundrecht dient, sei dies nun die Meinungsfreiheit, die religiöse Duldsamkeit oder das Eigentum. Diese institutionelle Garantie des Eigentums, die das Privateigentum als Rechtsform gewährleistet, muß in einer Darstellung, welche die geschichtliche Entwicklung der Eigentumsauffassungen behandelt, natürlich besonders in Erscheinung treten.

---

[2] Zur steigenden Bedeutung eines funktionellen Verständnisses des Eigentums siehe W. *Friedmann*, Law in a Changing Society, London 1959, S. 69 f.

II. Die Eigentumsauffassung in der Entstehungszeit der Menschenrechte

1. Eigentum in der ständisch gegliederten Gesellschaft

Im Unterschied zu den Rechten der persönlichen und geistigen Freiheit, deren Anerkennung und Durchsetzung sich erst in einem langen ideellen und politischen Ringen vollzog, nahm das Eigentum in der Neuzeit von Anfang an eine gesicherte Stellung ein, weil sein Schutz in Übereinstimmung mit den Grundlagen der sozialen Ordnung stand. Die Epoche des Mittelalters und die ihr folgende Zeit bis zur französischen Revolution trugen den Stempel einer beständigen, auf die Gliederung der Stände und Berufe aufgebauten sozialen Struktur. Daran änderte sich nichts, als die ältere Auffassung, die diese Ordnung als vorgegeben und natürlich annahm, zurücktrat und im 17. Jahrhundert die neue rationale Naturrechtslehre den Staat, einem aufsteigenden Wissenschaftsdenken entsprechend, aus seinen Elementen aufbaute, aus dem Vertrag und der Unterwerfung der Individuen. Mit dieser neuen Anschauung war freilich die Möglichkeit geschaffen, dem Einzelnen eine im vorstaatlichen Naturzustand begründete Rechtsposition gegenüber dem Staate zu gewähren. Die Achtung vor dem Eigentumsrecht reicht ins Mittelalter zurück. Freilich darf man dabei nicht von einem allgemeinen Begriff des Eigentums ausgehen, den es damals nicht gab. Der Schutz galt vielmehr bestimmten Rechten und Positionen, vor allem dem Grundbesitz, auf denen sich die soziale und auch die öffentliche Stellung des Einzelnen aufbaute. Dem Denken des Mittelalters entsprechend wurden diese Rechte nicht als unbegrenzte verstanden, sondern als in der sozialen Ordnung begründet und mithin gebunden angesehen. Sicherungen bestimmter Rechte begegnen uns schon in mittelalterlichen Herrschaftsverträgen zwischen Fürst und Untertanen und ähnlichen Verbürgungen. So ließen sich die englischen Barone in der Magna Charta 1215 zusichern, daß der König und seine Beamten nicht Holz von ihrem Besitz nehmen dürften[3]. Als sich 1426 die Stadt Ascoli Piceno nach einem Aufstand dem päpstlichen Gouverneur ergab, erhielt sie das Versprechen, daß ihre Einwohner mit ihrer Person und ihrer Habe sicher sein sollten[4]; viele fürstliche Privilegien für neuerworbene Gebiete kennen ähnliche Formeln. Aber unter den älteren

---

[3] Magna Charta, Art. 31. Vgl. auch Art. 28 (siehe *J. C. Holt*, Magna Charta, Cambridge 1965, S. 325). In der Goldenen Bulle des Königs Andreas von Ungarn von 1222 wird zugesichert, daß niemand der durch seine Dienstleistungen erworbenen Güter beraubt werden würde (*W. Näf*, Herrschaftsverträge des Spätmittelalters, Quellen zur neueren Geschichte, hrsg. vom Hist. Seminar der Univ. Bern, Heft 17, S. 9).

[4] Vertrag vom 8. 8. 1426, in: *Peter Partner*, The Papal State under Martin V., London: British School at Rome 1958, S. 230.

Freiheitsverbürgungen stehen die Eigentumsrechte zurück. Sie waren nicht wie andere Freiheiten gefährdet. Denn in einer ständisch gegliederten Gesellschaft war die Rechtsposition der führenden Schichten geschützt. Ruhte doch auch in den Städten die Teilnahme am politischen Regiment auf dem Besitz. Die unteren, nur auf ihre Arbeit angewiesenen Bevölkerungskreise fanden sich von politischer Mitwirkung ausgeschlossen.

Die Eigentumsrechte in der mittelalterlichen Ordnung waren abgestuft und weithin mit öffentlichen Aufgaben und Pflichten verbunden. Volles Eigentum an den großen Grundherrschaften war selten. Der Adel — in Deutschland sogar die Fürsten — besaß seine Rechte am Boden zu Lehen. In der feudalen Ordnung verbanden sich Grundbesitz und andere gleichstehende Rechte mit öffentlichen Funktionen, die anfangs militärische Dienste umfaßten, später in der Vorsorge für Gericht und für Erhaltung der öffentlichen Ordnung sich äußerten. Schon im späteren Mittelalter unterschied die Lehre zwei Arten von Eigentum, das Obereigentum des Lehnsherrn, das im Laufe der Zeit zu einer Reihe einzelner Berechtigungen zusammenschmolz, und das Untereigentum des Lehnsmanns, das kraft der unmittelbaren Nutzung immer mehr erstarkte[5]. Das bäuerliche Recht am Boden war nur sehr selten volles Eigentum. Zumeist stand es im grundherrlichen Verband als ein mit mancherlei Lasten beschwertes Recht. Nur in den Städten mit ihrer freieren wirtschaftlichen Ordnung bildete sich ein frei verfügbares volles Eigentum aus; von dort aus hat der spätere allgemeine Eigentumsbegriff seinen Ausgang genommen.

Im 17. Jahrhundert stand diese ältere Ordnung, die neben dem Besitz auch in Abstammung und Namen wurzelte, noch weithin aufrecht. Aber neben ihr und durch sie hindurch baute sich eine neue bürgerliche Ordnung auf, die sich auf den Erwerb, auf Geld und Besitz und auf freie Verfügung gründete. Diese Entwicklung war in England, wo sich städtischer Reichtum und aristokratische Elemente im Aufstieg der gentry verbanden, bereits weit fortgeschritten, und auf sie konnte sich die Entstehung eines Grundrechts des Eigentums stützen. In der gleichen Richtung wirkte der Einfluß des Römischen Rechts, das von einem allgemeinen Begriff des in der Verfügung nicht beschränkten Eigentums ausging und in der Naturrechtslehre die älteren Anschauungen verdrängte.

---

[5] Zu dieser Entwicklung siehe *Marcel Garaud,* La Revolution et la propriété foncière, Paris 1959; *Peter Kroll,* Die Eigentumsordnung des französischen Feudalismus und ihre Zerschlagung durch die große Revolution, Diss. Bonn 1964.

2. Freiheit und Eigentum als Ausgangspunkt der Menschenrechte

Der Ursprung der Idee natürlicher Menschenrechte geht auf die englischen politischen Auseinandersetzungen des 17. Jahrhunderts zurück. In ihnen wurden nicht nur die älteren ständisch geformten „Freiheiten" neu aufgenommen und umfassender verstanden. Dazu trat eine rationale naturrechtliche Begründung menschlicher Freiheiten, die dem neuen von den Anfängen her einsetzenden Denken der Zeit entsprach und die auch den — freilich mißverstandenen — religiösen Vorstellungen der Reformation entsprach. Die Freiheit des Christen wurde als Freiheit in dieser Welt, als politische Freiheit gedeutet.

Während die Reformatoren selbst im älteren Sinne das Eigentum als Dienst auffaßten und seine Bindungen betonten, wurde es nun zu einem höchsten Recht des Menschen. Die führenden Männer der englischen Revolution gehörten der bürgerlichen Welt an. Sie hielten an der Erhaltung und am Schutz des Besitzes fest. Sie waren zumeist auch überzeugt, daß Teilnahme am politischen Leben in Gestalt des Wahlrechts mit Besitz verbunden sein sollte. Im Jahre 1647 führte Cromwell in der Kirche von Putney — damals vor London — Gespräche mit seinen Offizieren über die künftige Gestalt des Staatslebens. In ihnen forderten wohl einige ein Wahlrecht für alle, die nicht in fremdem Dienst standen oder Unterstützung bezogen. Aber ältere Offiziere betonten, daß nur der Mann von Besitz ein echtes Interesse am Staate habe[6]. So verbanden sich in dieser Zeit Freiheit und Eigentum zu einer Grundvorstellung der natürlichen menschlichen Rechtsstellung.

Die Ausbildung der Idee vorgegebener Menschenrechte ist zunächst in literarischen Äußerungen erfolgt, bevor sie am Ende des 18. Jahrhunderts ihren Ausdruck in den Verfassungen fand. Unter ihnen kommt der Stimme von John Locke (Zwei Abhandlungen über die Regierung, 1690) wegen ihrer außerordentlichen Wirkung auf das angelsächsische Denken besondere Bedeutung zu. Für Locke steht das Recht auf Eigentum neben der natürlichen Freiheit im Mittelpunkt der natürlichen Sozialordnung. Er sieht in ihm eine vom Menschen geschaffene Lebensgrundlage und führt seinen Erwerb auf Arbeit zurück, ohne zu übersehen, daß mit der Geldwirtschaft auch eine Anhäufung erworbenen Gutes möglich ist. Die grundlegende Bedeutung des Eigentums tritt darin hervor, daß seine Sicherung als Begründung zum Eintritt in die politische Gemeinschaft angenommen wird. Im 18. Jahrhundert wird die Notwendigkeit eines Eigentumsschutzes Gemeingut der Lehre.

---

[6] Vgl. die Debatten bei *Woodhouse,* Puritanism and Liberty, London 1951, S. 57. Dazu *Bohatec,* England und die Geschichte der Menschen- und Bürgerrechte, Graz 1956, S. 33 f.; *C. B. Macpherson,* The Political Theory of Possessive Individualism, Oxford 1962, S. 120 ff.

Hatte schon im 17. Jahrhundert Veit Ludwig von Seckendorff den deutschen Fürsten geraten, auf die Sicherung der Güter der Untertanen bedacht zu sein, so erklärt Svarez, der Verfasser des preußischen Landrechts[7]: „Hauptzweck der Gesetze des Sachenrechts ist Sicherheit und ruhiger Genuß des Eigentums.“ Jetzt wird auch das Eigentum schon begrifflich als eine einheitliche Ordnung, als Ausdruck der privaten Besitzverteilung angesehen. Der Gedanke eines Schutzes des Eigentums als einer grundlegenden Einrichtung des sozialen und politischen Daseins gehört zum allgemeinen Gut der Literatur der Aufklärung.

So war der Boden vorbereitet, aus dem die ersten Formulierungen des Grundrechts des Eigentums in den Verfassungen erwachsen konnten. Sie nehmen ihren Ausgang von den Vereinigten Staaten. Im Grunde hing auch der Anlaß ihres Streites mit England und die Ursache des Abfalls mit der Eigentumsauffassung zusammen. Die amerikanischen Bürger sahen es als ungerecht an, daß das englische Parlament Steuern über sie beschließen konnte, obwohl sie in ihm nicht vertreten waren. Sie stützten sich hier auf die alte Auffassung, daß zur Freiheit des Bürgers wie zum Schutz eines Gutes gehöre, nicht ohne seine Zustimmung — oder die seiner gewählten Vertreter — besteuert zu werden. In der Erklärung, die die Kolonisten am 6. Juli 1775 zur Rechtfertigung ihrer Erhebung herausgaben, begegnen wir wieder dem Gleichklang von Freiheit und Eigentum. Es heißt dort: „In unserem eigenen Heimatland, in Verteidigung unserer angeborenen Freiheit, deren wir uns bis zu der jüngsten Verletzung stets erfreut haben, zum Schutze unseres Eigentums, das allein durch den ehrlichen Fleiß unserer Vorfahren wie unserer selbst erworben wurde, haben wir die Waffen ergriffen.“ In den Verfassungen, die sich in den darauf folgenden Jahren eine Reihe der Einzelstaaten gaben, klingt der gleiche Gedanke an. Die bekannteste von ihnen, die Erklärung der Rechte des Staates Virginia vom 12. Juni 1776 zählt unter den vorgegebenen Rechten „den Genuß von Leben und Freiheit, mit der Möglichkeit, Eigentum zu erwerben und zu besitzen“, auf. Die Verfassung von Pennsylvania vom 16. August 1776 nennt den Schutz des Eigentums unter den angeborenen und unveräußerlichen Rechten. Ähnlich lautet der Text der Verfassung von Massachusetts vom 25. Oktober 1780, wo zu den natürlichen, grundlegenden und unveräußerlichen Rechten „das des Erwerbs, Besitzes und des Schutzes des Eigentums“ gezählt wird.

Die Verfassung der Vereinigten Staaten, mit der 1787 der lose Staatenbund in einen Bundesstaat umgewandelt wurde, enthielt keine

---

[7] Äußerung aus den Vorträgen über Recht und Staat, die *Svarez* 1791/92 vor dem Kronprinzen in Berlin hielt (Vorträge über Recht und Staat, hrsg. von *H. Conrad,* Wiss. Abh. d. Arbeitsgemeinschaft f. Forschung des Landes NRW, Bd. 10, Köln 1960, S. 307).

Grundrechte. Unter dem Drängen weiter Kreise wurden indes schon 1791 zehn Ergänzungsartikel hinzugefügt, die grundrechtliche Bestimmungen enthalten. Unter ihnen ordnet Art. 5 an, daß niemand „des Lebens, der Freiheit, oder des Eigentums ohne rechtmäßiges Verfahren beraubt werden" dürfe. Nach dem Bürgerkriege legte der Ergänzungsartikel 14 (1868 eingefügt) auch den Einzelstaaten von Bundes wegen die gleiche Bindung auf. In der Tat hat der Schutz des Eigentums als eine grundlegende Sicherung auch in der Rechtsprechung der Vereinigten Staaten von früh an Anerkennung gefunden.

Wenn ähnliche Formeln vom Schutz des Eigentums als eines unverletzlichen und heiligen Rechts in den Verfassungen der französischen Revolution begegnen, so liegt der Schluß nahe, daß hier in gleicher Weise ein allgemeiner Grundsatz des Schutzes der bestehenden Vermögensrechte ausgesprochen ist wie in den Vereinigten Staaten, von deren Verfassungsbewegung aus ein wesentlicher Einfluß auf die Entstehung der Freiheitsrechte in Frankreich ausging. In Wirklichkeit verbirgt sich hinter den feierlichen Erklärungen in den Grundgesetzen der Französischen Revolution über das Eigentum indes eine tiefe soziale Auseinandersetzung, die einschneidend in die Rechtsordnung Frankreichs eingegriffen hatte. In Amerika, wo die alte ständische Ordnung kaum irgend Spuren hinterlassen hatte, konnte das Eigentum der Kolonisten ganz im Sinne der Naturrechtslehre als ein durch Okkupation oder Arbeit erworbenes Rechtssystem seine Garantie erhalten. Im alten Europa hingegen standen sich die vom Naturrecht entwickelte Vorstellung eines Eigentums als freier ausschließlicher Verfügung, wie es in der bürgerlichen Welt des Güterverkehrs bereits verwirklicht war, und die überlieferte gebundene Eigentumsordnung gegenüber, in der vor allem der ländliche Grundbesitz in der Ordnung der grundherrlichen Berechtigungen und Vorrechte noch verharrte. Dieser Bereich vermögensrechtlicher Güter, die „droits seigneuriaux" oder „droits féodaux", wie man sie in Frankreich nannte, die aus dem alten feudalen Obereigentum gebliebenen, nun nur mehr als eine Gruppe einzelner Vorrechte angesehenen Rechtstitel auf Abgaben, auf Dienste, auf Ausübung eines Vorkaufsrechts oder die Zwangsrechte der Mühlen und anderer grundherrlicher Einrichtungen, sollte nicht vom Schutz des Eigentums umfaßt werden. Sie wurden als überholte, als mit der neuen Freiheit der Revolution nicht mehr vereinbare Berechtigungen angesehen.

Nur die Rechte, vor allem diejenigen Rechte am Grundeigentum, die auf einem bürgerlichen Erwerb durch Vertrag, durch entgeltliche Leistung beruhten, bildeten den Gegenstand des so emphatisch ausgesprochenen Eigentumsschutzes. Die Erklärungen der Menschenrechte, die ihre geistige Grundlage für Frankreich ganz in der Vorarbeit der Literatur der Aufklärung besaßen, hatten als Eigentum nur das freie, bewegliche Verfügungsrecht im Auge, das in der Lehre des späteren Naturrechts auf römischrechtlicher Grundlage als Eigentum verstanden wurde. In dieser Hinsicht stimmte die Französische Revolution durchaus mit den amerikanischen Vorgängen überein, die nicht minder ihre Grundlage in den Anschauungen der Naturrechtslehre hatten. Zwar behandelt die Theorie des 18. Jahrhunderts noch durchweg die Lehre vom Ober- und Untereigentum im Zusammenhang der feudalen Rechte — sie spiegelte insofern nur den geltenden Rechtszustand wider —, aber der Begriff des Eigentums, von dem sie ausging, lehnte sich doch an das römische Recht an und erblickte im Eigentum das unbeschränkte Recht, andere von seinem Gebrauch auszuschließen und frei über den Gegenstand zu verfügen[8]. Das Eigentum wurde demgemäß nicht mehr im Sinne jener älteren von Bindungen durchzogenen Ordnung verstanden, sondern als ein absolutes Recht. Es wurde somit von dem allgemeinen Gedanken der Freiheit umfaßt, der das späte Naturrecht durchdrang und der sich gegen die überlieferten ständischen Bindungen wandte. Als Schranken des Eigentums erkannte diese Lehre nur mehr die vom Gesetz gegebenen Bestimmungen und die Rechte anderer an.

Allerdings kannte die Theorie des Naturrechts noch eine weitere Begrenzung des Eigentums, die es schon aus der mittelalterlichen Auffassung und Praxis übernahm. In Fällen besonderer Not (necessitas) kannte die Lehre als dominium eminens das Recht des Landesherrn, zum allgemeinen Wohl auf das Eigentum der Untertanen zurückzugreifen, es für Kriegszwecke heranzuziehen, bei Notfällen zu verwenden oder — das beginnt im 18. Jahrhundert — für öffentliche Unternehmen in Anspruch zu nehmen. In diesem Falle aber legte die Rechtsanschauung der durch diese Verwendung begünstigten Allgemeinheit im Sinne der Lastengleichheit aller die Leistung einer Entschädigung auf. In diesen Vorstellungen liegt die Wurzel des Instituts der Enteignung, wie es dann die Folgezeit ausformte[9].

Die Schutzgewährungen der Französischen Revolution für das Eigentum stehen gedanklich in dieser Anschauung des Naturrechts und sind sozial und politisch Ausdruck der neuen Freiheit, die die Umwälzung auf ihre Fahnen schrieb. Die älteren Berechtigungen der Grundherren, gegen die sich schon im letzten Drittel des 18. Jahrhunderts steigende Kritik erhoben hatte, die in den Heften der gewählten Vertreter des Dritten Standes kritisiert wurden, konnten hierbei keinen Platz finden.

---

[8] Vgl. *Heineccius,* Elementa iuris naturae et gentium, Halle 1738, Lib. I, § 231; *Achenwall,* Ius naturae, 5. Aufl., Göttingen 1763, Lib. I, § 136.

[9] *Heineccius,* Lib. II, §§ 168 - 172; *Nettelbladt,* Systema Elementare Universae Iurisprudentiae Naturalis, 4. Aufl., Halle 1777, §§ 1084, 1290.

Auf sie verzichtete der französische Adel in der Erklärung vom 4. August 1789, die unter dem Eindruck der ländlichen Unruhen des Sommers 1789 den Verzicht oder die Ablösung der Feudalrechte in Aussicht stellte. Die nähere Verwirklichung dieser Grundsätze erwies sich freilich als schwierig. In großem Maße waren jene älteren grundherrlichen Rechte längst in die Hände bürgerlicher Kreise übergegangen, die sie nun als normale Berechtigungen ansahen[10]. Der starke bürgerliche Grundzug der Französischen Revolution kam darin zum Ausdruck, daß die ersten Ausführungsdekrete vom 15./28. 3. 1790 und 3./9. 5. 1790, die zwischen den aus der Feudalordnung stammenden und den durch bürgerlichen Erwerb gegründeten Teilen dieser Rechte zu unterscheiden suchten, auch die Ablösung erschwerten. Erst die Dekrete vom 18. und 25. 6. 1792 brachten dann auf der Höhe der radikalen Epoche der Revolution den Großteil jener Rechte ersatzlos zum Verschwinden[11]. Ohne Gewährung einer Entschädigung wurden auch die Güter der Kirche von der Nation eingezogen. Man rechtfertigte das mit dem Gedanken, daß das korporative Eigentum der toten Hand von dem Schutze des Eigentums nicht erfaßt werde, das nur dem individuellen Eigentum gelte und das gerade den Einzelnen den Zugang zum Eigentum eröffnen sollte. So vermochte man in einer dialektischen Wendung die rücksichtslose Beseitigung überlieferter Rechtspositionen mit der Heiligkeit des Eigentums zu vereinen, die man feierlich in der Verfassung proklamierte.

Betrachtet man die Eigentumsgarantien der französischen Verfassungen der Revolutionsepoche (1791, 1793, 1795) im Lichte der Auseinandersetzungen um die Beseitigung der grundherrlichen Rechte und der Nationalisierung des Kirchengutes, so wird deutlich, daß hier die Gewährleistung zugleich zum Ausdruck einer tiefen sozialen Umwandlung wurde. Bei der Gründung des amerikanischen Staatswesens blieb der alte Gleichklang von Freiheit und Eigentum noch im Sinne einer Erhaltung der bestehenden Eigentumsordnung erhalten, die in Amerika sowieso der Züge der älteren europäischen Situation entbehrte. Ohne Eigentum konnte man sich auch keine bürgerliche Freiheit als Grundzweck des Staatsvertrages, des allgemeinen Konsenses, vorstellen[12]. In Frankreich dagegen gewann die Idee der Freiheit, mit der sich nun auch die der Gleichheit verband, einen revolutionären Sinn;

---

[10] Zur Stärke des bürgerlichen Besitzes an grundherrlichen Rechten siehe *A. Cobban,* The Social Interpretation of the French Revolution, Cambridge 1964, S. 43 ff.

[11] Vgl. hierzu *Kroll,* S. 137 ff., 220 ff.; *J. W. Hedemann,* Die Fortschritte des Zivilrechts im 19. Jahrhundert, Bd. II, 1, Jena 1930, S. 27 ff., 234 ff.

[12] Zur Eigentumslehre der Väter der amerikanischen Verfassung siehe *Bernard Schwartz,* The Rights of Property, New York 1965, S. 18 ff.; *Julius Stone,* Human Law and Human Justice, London 1965, S. 88 ff., 97 f.

die bisherige soziale Ordnung schwand vor ihr dahin. Auch hier standen Eigentum, Gleichheit und Freiheit in einer engen Verbindung. Nicht in dem Sinne, daß das Eigentum aus einem Freiheitsrecht abgeleitet worden wäre, aber sein Inhalt wurde durch die Gedanken von Freiheit und Gleichheit neu geformt. Die feudalen Berechtigungen mußten als mit der neuen Freiheit unvereinbar beseitigt werden. Das Ergebnis war die Herstellung einer für alle gleichen Eigentumsordnung, die einen bürgerlichen Charakter trug. Ein berühmter Vertreter der Staatswissenschaft des 19. Jahrhunderts, Lorenz von Stein, hat in einer in jungen Jahren verfaßten Schrift diese bürgerliche Zielsetzung der Großen Revolution scharf herausgearbeitet[13]: Wirtschaftliche Freiheit, verkörpert in der Aufhebung von Zünften und Gewerbebeschränkungen ging Hand in Hand mit der freien Verfügung über das Eigentum in einer beweglichen Güterordnung.

Die Verbürgungen der Französischen Revolution, die für die gesamte europäische Entwicklung beispielhaft wurden, trugen somit — und das entsprach der starken bürgerlichen Tendenz, die in jener Epoche immer, von wenigen radikaleren Strömungen abgesehen, vorherrschend blieb — das Zeichen einer Zuwendung zu einer neuen, auf Unbeschränktheit und Freiheit gegründeten Eigentumsauffassung. Darin begegneten sie sich mit der Umschreibung des Eigentums in den großen Kodifikationen des deutschen Raumes, dem preußischen ALR (§§ 1 ff. I 9) von 1794 und dem österreichischen ABGB (§ 353 ff.) von 1811. Diese beiden Gesetzbücher kennen freilich daneben noch die älteren Formen des Bodenrechts (geteiltes Eigentum), die in Zentraleuropa erst in der ersten Hälfte des 19. Jahrhunderts abgeschafft wurden. Auf dem Hintergrund dieser Veränderungen in der Eigentumsverfassung des kontinentalen Europa lassen sich die Aussagen der Verfassungen Frankreichs in der revolutionären und napoleonischen Zeit allein richtig verstehen. Geschützt wird nur das allgemeine, bürgerliche, freie Eigentum. Es erscheint als „droit inviolable et sacré“ (unverletzliches und geheiligtes Recht) in der Verfassung vom 3. 9. 1791 (Art. 2, 17) und kehrt auch, etwas nüchterner gefaßt, in den Verfassungen vom 24. 6. 1793 (Art. 2, 16, 19) und 22. 8. 1795 (Art. 1, 5) unter den Grundzwecken des Staates wieder. Zugleich wird nun auch (Verfassung 1793, Art. 19) der Schutz auf den Fall der staatlichen Entziehung ausdrücklich ausgedehnt, die nur im Fall der Notwendigkeit und gegen vorherige und gerechte Entschädigung gestattet wird. Die Charte Constitutionelle, die der zurückgekehrte Ludwig XVIII. am 4. 6. 1814 erließ, schließt die revolutionäre Umwälzung mit einer Bestandsgarantie ab. Alle Arten von Eigentum,

[13] *Lorenz Stein,* Socialismus und Communismus des heitigen Frankreichs, Leipzig 1842, S. 84 ff., 98 ff. Zu der Frage, ob nicht die bürgerliche Schicht die Gewinnerin der Revolution war, siehe *Cobban,* S. 67 ff., 86 ff.

auch das „nationale", d. h. während der Revolution erworbene, wird in seinem Bestand für „unverletzlich" erklärt (Art. 9).

So bildet die Entwicklung während der Französischen Revolution zugleich den Abschluß der Entstehungszeit der Eigentumsgarantie wie die Überleitung in das neue bürgerliche Zeitalter des 19. Jahrhunderts. Sie nimmt die Ideen auf, die die Naturrechtsperiode zum Gedanken eines freien, allgemeinen Eigentums geführt hatte, und gestaltet die überkommene soziale Ordnung in diesem Sinne um. Damit wird die Eigentumsgarantie mit hineingenommen in die neue, stärker individualistisch verstandene und von Freiheit und Gleichheit geprägte Ordnung der Menschenrechte, mit der die Französische Revolution die Grundrechtsentwicklung des europäischen Kontinents einleitete.

III. Die Eigentumslehre des bürgerlichen Zeitalters

1. Eigentum als wirtschaftliche Verfügungsmacht

Die Entwicklung der Eigentumsgarantie im 19. Jahrhundert folgt der Richtung, die in der Französischen Revolution eingeschlagen war. Wenn schon in der Verfassung von 1793 die Sicherung des Eigentums dadurch verstärkt worden war, daß auch der Eingriff der Enteignung an das Gesetz und gewisse Voraussetzungen gebunden wurde, so breitete sich diese Verbindung der Gewähr des Eigentums mit einer Festlegung der Grenzen der Enteignung auch in Deutschland aus. Auch darin folgte die Geschichte der Sicherung des Eigentums in Deutschland dem französischen Beispiel, das die grundherrlichen Berechtigungen und ähnliche patrimoniale Privilegien nicht in den Schutz einschloß. Wenn Frankreich diese älteren Rechte während der Revolution weithin ersatzlos beseitigt hatte, so vollzog sich der Prozeß ihrer Aufhebung in Zentraleuropa langsamer und schonender. Man suchte hier stets zwischen denjenigen Einrichtungen zu unterscheiden, die ohne Entschädigung ganz wegfallen sollten, und denen, für die eine angemessene Ablösung mit Rücksicht auf ihren rechtmäßigen Bestand und Vermögenswert vorzusehen war. So zog sich die Lösung des Grundbesitzes von den grundherrlichen Lasten durch Jahrzehnte hin, erhielt einen starken Antrieb im Jahre 1848, dauerte aber in einzelnen Fällen bis gegen das Ende des Jahrhunderts an[14]. Auf die Einzelheiten dieser Rechtsentwicklung kann nicht eingegangen werden. Einige Hinweise müssen genügen. In der Schweiz wurde durch das Gesetz vom 10. 11. 1798 ein Anlauf zur Abschaffung aller Feudallasten genommen, aber man kehrte im Interesse der Besitzer dann alsbald wieder zum Grundsatz einer Ablösung

[14] Vgl. *J. W. Hedemann*, Bd. II, 1, S. 31, 34/35. Ferner über die Beseitigung älterer Rechte PreußVerf 1850, Art. 40, 42 und BayerVerf 1818, § 7.

gegen Entgelt zurück, die sich bis tief ins 19. Jahrhundert hinzog. In Österreich hatte die Aufhebung grundherrlicher Lasten schon unter Joseph II. begonnen. Indes brachte erst das Jahr 1848 eine durchgreifende Gesetzgebung zur Ablösung, die mit Staatshilfe allmählich durchgeführt wurde. In Preußen befreite der Freiherr vom Stein 1808 das Grundeigentum von den Schranken der Veräußerung und leitete die Ablösung der Grundlasten ein. Sie wurde durch das Edikt vom 14. 9. 1811 für die größeren bäuerlichen Güter gegen Abtretung von Teilen des Bodens vorgesehen, aber allgemein erst durch das Gesetz vom 2. 3. 1850 vollzogen. Ähnliches gilt auch für andere deutsche Länder. Es ist daher begreiflich, daß die Verfassungsbestimmungen der Jahre nach 1848 oft ausdrücklich die Aufhebung älterer Rechte anordnen. Die Verfassung der Frankfurter Nationalversammlung von 1849 führt als entschädigungslos aufgehoben in §§ 167 - 168 die aus dem gutsherrlichen Verband fließenden Abgaben an, während sie die Zehnten und andere dingliche Belastungen für ablösbar erklärt.

Die in den Verfassungen der deutschen Länder enthaltenen Vorschriften über den Schutz des Eigentums sind vielfach so ausgestaltet, daß sie das Eigentum als unverletzlich bezeichnen und sodann Bestimmungen über die Zulässigkeit der Enteignung hinzufügen, die auf den Fall des allgemeinen Wohls beschränkt und an die Leistung einer Entschädigung gebunden wird[15]. Häufig wird auch der Schutz der persönlichen Freiheit und der des Eigentums im Zusammenhang ausgesprochen. So heißt es in der bayerischen Verfassung von 1818 § 8 Abs. 1: „Der Staat gewährt jedem Einwohner Sicherheit seiner Person, seines Eigentums und seiner Rechte[16].“

Ebenso wie für die Anordnungen der französischen Verfassungen des 19. Jahrhunderts, die den Grundsatz der Unverletzlichkeit des Eigentums und die Begrenzung der Enteignung wiederholen[17], darf aber auch für die deutschen Verfassungsnormen ihre praktische rechtliche Tragweite nicht überschätzt werden. Denn einmal bezog sich der Schutz nur auf das Sacheigentum im Sinne des Privatrechts, das durch gültige Rechtsakte begründet war, ohne sonstige Vermögensrechte insbesondere solche des öffentlichen Rechts in sich zu schließen. Sodann aber richtete sich die Sicherung in erster Linie gegen die Verwaltung,

[15] In dieser Fassung Frankfurter Verf. (1849), § 164; PreußVerf. (1850), Art. 9; Bayern (1818), IV § 8; Württemberg (1818), §§ 24, 30; Baden (1818), Art. 13, 14; Sachsen (1831), §§ 27, 31; Kurhessen (1852), § 22; Oesterr. Staatsgrundgesetz 1867, Art. 5.

[16] So insbesondere in Bayern, Württemberg, Baden.

[17] Verfassung vom 4. 8. 1830, Art. 7 und 8; Verfassung vom 4. 11. 1848, Art. 11. Ebenso lautet auch die Vorschrift des Art. 29 der sardinischen (italienischen) Verfassung vom 4. 3. 1848.

nicht gegen den Gesetzgeber. Der Gesetzgeber blieb vielmehr frei, Eigentumsrechte ohne Ersatz aufzuheben oder zu beschränken. Eine Prüfung der Gesetze auf Übereinstimmung mit der Verfassung war dem europäischen Kontinent im 19. Jahrhundert unbekannt. Er stand auf dem Boden der Souveränität des Gesetzgebers. Ein wesentlicher Teil des verfassungsmäßigen Schutzes des Eigentums lag also in der genauen Umschreibung des Enteignungstatbestandes und der Festlegung einer Entschädigungspflicht für diesen Fall. Im übrigen war zwar der Exekutive, auch im Wege der Verordnung, ein Eingriff in das Eigentum verwehrt; der Gesetzgeber blieb aber dazu ermächtigt, und er konnte dabei nach seinem Gutdünken Entschädigung gewähren oder versagen[18]. Der Gesetzgeber hat freilich von dieser Befugnis, Eigentumsrechte entschädigungslos zu entziehen, nur wenig Gebrauch gemacht. Für einen bestimmten Kreis eigentumsbelastender rechtmäßiger Staatseingriffe bot ferner in Preußen § 75 Einl. ALR in der Lehre von der Aufopferung für das gemeine Wohl und von der dabei entstehenden Entschädigungspflicht eine Grundlage für einen Ausgleich, die allerdings nicht gegenüber der Gesetgzebung oder der Ausübung von Majestäts- und Hoheitsrechten (wie z. B. der Kriegführung) galt[19].

Ungeachtet dieser für den Gesetzgeber offenstehenden Möglichkeiten eines Eingriffs in das Eigentum, kann aber doch für das 19. Jahrhundert von einem sehr weitgehenden Schutz des Eigentums ausgegangen werden. Er lag freilich nicht so sehr in den Verfassungsbestimmungen, die mangels eines klar anerkannten Vorrangs der Verfassung und beim Fehlen einer gerichtlichen Prüfung der Verfassungsmäßigkeit der Gesetze nur mehr allgemeine Richtlinien der Rechtsgestaltung darstellten. Er war vielmehr in der allgemeinen Einschätzung des Eigentums als der Grundlage des bürgerlichen und wirtschaftlichen Lebens begründet, die das 19. Jahrhundert kennzeichnete. Sie schloß sich an jene Vorstellungen von der grundlegenden Rolle des Eigentums in einer konstituierten Gesellschaft an, die die Naturrechtslehre bereits entwickelt hatte. Hatte diese in der Bewahrung von Eigentum und Freiheit den Zweck des Eintritts der Menschen in die politische Gesellschaft gesehen, so wurde nun mit der Aufgabe der Lehre vom Staatsvertrag der Besitz in die Konzeption einer auf der Freiheit und dem freien Willen des Individuums aufgebauten Privatrechtsordnung einbezogen. Kant erblickte in dem Erwerb der Verfügung über Sachen einen Ausdruck der Ausdehnung des Willens über eine Sachsphäre, blieb

[18] Zu dieser Verfügungsfreiheit des Gesetzgebers *L. v. Rönne,* Das Staatsrecht der Preußischen Monarchie, 2. Aufl., Bd. I, 2, Leipzig 1864, S. 59 f.; *G. Anschütz,* Die Verfassungs-Urkunde für den Preußischen Staat, Berlin 1912, S. 161 f.

[19] Zur Bedeutung der Lehre von der Aufopferung siehe *Anschütz,* S. 174 ff.

aber eben deshalb in einer Theorie der Okkupation als Grundlage des Eigentums stecken[20]. Ungleich tiefer griff Hegel das Problem an. Ihm bedeutet der Besitz eine Sphäre der Freiheit der Person, in der sich die gestaltende Kraft des Menschen auswirkt. Indem er somit den Gebrauch des Eigentums in den Vordergrund rückt, wird ihm die funktionelle Bedeutung des Eigentums erkennbar. Im Rahmen der bürgerlichen Gesellschaft bringt er es mit der Arbeit als dem Mittel der Befriedigung der Bedürfnisse in Beziehung und vermag so die Bedeutung des Eigentums als Kapital für die Gütererzeugung wie die Relation des individuellen Vermögens zum „allgemeinen Vermögen" zu erkennen. Nicht ohne Grund sind von Hegel dank dieser funktionellen Sicht und der Verknüpfung individuellen Eigentums mit dem Bau der Gesellschaft die weitreichendsten Einwirkungen auf die Eigentumslehre des 19. Jahrhunderts, gerade auch im sozialkritischen Sinne ausgegangen[21]. Die vorherrschende Rechtslehre und Sozialtheorie blieb in diesem Zeitalter bürgerlicher und liberaler Strömungen bei einer Vorstellung, die nicht die Funktion des Eigentums, sondern seine Verbindung mit der Freiheit des Individuums betonte. In einer auf Freiheit gegründeten gesellschaftlichen Ordnung verband sich das Eigentum als Moment der freien Verfügung über Sachen mit der Vertragsfreiheit zu einer auf freier Disposition und Vermögen beruhenden Wirtschafts- und Sozialordnung. Verbunden mit dem Erbrecht, das die Besitzposition dauerhaft gestaltete, war das Eigentum Grundlage einer bürgerlichen Besitz- und Wertordnung. Indem nunmehr alle Güter, auch der Boden, einer einheitlichen Rechtsgestaltung unterstellt wurden, damit frei verfügbar und belastbar waren, war eine bewegliche, der kapitalistischen Wirtschaft entsprechende Basis des freien Vermögensverkehrs und des Kredites geschaffen. In dieser zentralen Stellung des Eigentums innerhalb der Privatrechtsordnung und der gesellschaftlichen Verfassung des 19. Jahrhunderts lag — mehr als in verfassungsrechtlichen Normierungen — seine eigentliche entscheidende Sicherung.

Zum verfassungsrechtlichen Schutz des Eigentums gehörten vor allem auch die Bestimmungen über die Enteignung. Aus dem weiteren und umfassenderen Rechtsgedanken der Aufopferung zum gemeinen Wohl (jus eminens), der ein weiteres Feld von Staatseingriffen in die Vermögensrechte deckte und mit dem Gedanken der Gleichheit der Lasten verband, arbeitete die französische Gesetzgebung von 1810 und dann vom 7. 7. 1833 und 6. 5. 1841 einen engeren präziseren Begriff der Ex-

---

[20] Vgl. *Kant,* Metaphysik d. Sitten, Teil I, §§ 1 - 21. Dazu *Julius Stone,* Special Dimensions of Law and Justice, London 1966, S. 245 f.

[21] *Hegel,* Philosophie des Rechts, Ed. Hoffmeister, 4. Aufl., Hamburg 1955, §§ 41 ff., 59 ff., 187 ff. Dazu *Joachim Ritter,* Hegel und die Französische Revolution (Arbeitsgem. f. Forschung NRW, Heft 63), Köln 1957, S. 36 ff.

propriation heraus[22]. Er wirkte in das Recht der anderen Staaten hinaus und führte zu dem spezifischen Enteignungsbegriff des 19. Jahrhunderts — in der neueren deutschen Lehre gern als „klassische Enteignung“ bezeichnet, obwohl es sich um einen begrenzten zeitgebundenen Rechtsbegriff handelt. In der Frankfurter Verfassung von 1849 findet er sich in klarer Form umschrieben (§ 164 Abs. 2): „Eine Enteignung kann nur aus Rücksichten des gemeinen Besten, nur auf Grund eines Gesetzes und gegen gerechte Entschädigung vorgenommen werden.“ Seine Merkmale sind die Voraussetzung eines Gesetzes, das Vorliegen eines dem allgemeinen Wohl dienlichen Zweckes, in der Regel ein bestimmtes „Unternehmen“ des Staates oder eines vom Staat beliehenen Unternehmers, endlich das Verfahren (eine individuelle Heranziehung nach Planfeststellung und geordneter Rechtsschutz) und die gerechte, d. h. volle, vorherige oder jedenfalls prompt geleistete Entschädigung. Wenigstens die Grundzüge dieser Definition erscheinen in den meisten deutschen Landesverfassungen des 19. Jahrhunderts[23]. Angesichts der Tatsache, daß mit dem Bau der Landstraßen und später der Eisenbahnen die Inanspruchnahme privaten Eigentums für öffentliche Zwecke größeren Umfang annahm als früher, hatten diese Bestimmungen, wenn sie sich auch nur auf das Sacheigentum, vor allem das Grundeigentum, und auf die volle Entziehung und Übertragung des Eigentums bezogen, eine erhebliche praktische Bedeutung. Ihnen entsprachen durchweg die landesrechtlichen Enteignungsgesetze (Bayern 17. 11. 1837, Preußen 11. 6. 1874), die sich im allgemeinen auf den wichtigsten Fall, die Entziehung von Grundeigentum, beschränkten. Blieb es dem Gesetzgeber, wie schon vorhin festgestellt, auch frei, darüber hinaus dem Eigentum ersatzlos Schranken zu ziehen oder es auch ohne Entschädigung zu übertragen, so war das letztere doch eine Ausnahme, auf Kriegsleistungen, Bekämpfung von Krankheiten usw. beschränkt. So erfüllten jene Verfassungsvorschriften ihren Sinn durchaus, mit der Definition und Eingrenzung der Enteignung schwereren staatlichen Eingriffen in das Eigentum eine feste Grenze zu setzen und durch das Prinzip der Entschädigung der Werterhaltung zu dienen. Bis zum ersten Weltkrieg haben sich jedenfalls diese Bestimmungen als zureichender Schutz des Eigentums erwiesen.

---

[22] Siehe *J. W. Hedemann*, Bd. II, 1, S. 227 ff.

[23] Preußen (1850), Art. 9; Württemberg (1818), § 30; Sachsen (1831), § 31; Baden (1818), § 14; besonders ausführlich Sachsen-Altenburg (1831), § 54.

2. Der sozialistische Protest und die Sozialbindung des Eigentums

Richtet man den Blick allein auf die Verfassungsartikel und ihre gesetzliche Ausführung, so tritt die Stärke der Sicherung des Eigentums im 19. Jahrhundert vor Augen, aber dennoch bleibt dabei ein wesentliches Moment verborgen, die bittere und sich verschärfende Kritik an der bürgerlichen Eigentumsordnung im Bereich der sozialistischen Bewegung. Es gilt im Grunde für das gesamte 19. Jahrhundert, daß unter seiner glänzenden bürgerlichen Oberfläche unterirdisch ein Strom kritischer und revolutionärer Ablehnung der sozialen Verhältnisse einhergeht, dessen sich die Staatsmänner dieser Epoche stets wohl bewußt waren. Ein Ausblick auf diese Strömung gehört wohl im strengen Sinne nicht in eine Betrachtung der rechtlichen Entwicklung, aber er rechtfertigt sich deshalb, weil diese Tendenzen im 20. Jahrhundert auf die Gestaltung des Eigentums in stärkstem Maße eingewirkt haben. Die Wurzeln der Kritik reichen schon bis zu Rousseau zurück, der die sozialen Nachteile gehäuften Eigentums kritisierte; in der Französischen Revolution trat Babeuf für eine Aufhebung privaten Eigentums in einer kommunistischen Produktionsgemeinschaft ein[24]. Die strenge Unterdrückung seiner Bestrebungen bestätigt den bürgerlichen Charakter der Revolution, die einer sozialen Umwälzung fernblieb. In den Jahrzehnten nach 1815 entwickelten in Frankreich St. Simon und Fourier ihre Ideen von einer auf die Assoziation der Produktion gegründeten Lebensform. In der Revolution in Frankreich vom Jahre 1848 kamen diese Strömungen anfangs stärker in die Öffentlichkeit und Adolphe Thiers verfaßte damals gegen sie eine Verteidigung des Eigentums, die seine Notwendigkeit für die wirtschaftliche Ordnung und die Konkurrenz darlegte und auch die Konzentration des Besitzes durch seine produktionssteigernde Wirkung guthieß[25]. Im gleichen Jahr trat im Kommunistischen Manifest von Marx und Engels die grundsätzliche Ablehnung der bürgerlichen Eigentumsordnung hervor. In der in ihr gegebenen Aneignung des Ertrages der Arbeit durch den Kapitalisten, in der in ihr verkörperten Scheidung der Klassen und der Herabdrückung des Proletariats zu entfremdeter Abhängigkeit, Armut und Ausbeutung erblickte Marx eine durch Macht erhaltene Klassengesellschaft, der er die revolutionäre Veränderung und die Aufhebung des Privateigentums an Produktionsmitteln entgegenstellte.

Diese grundsätzliche Kritik hat gewiß die Rechtsordnung des bürgerlichen Zeitalters nicht verändern können. Wenn das Gothaer Programm

---

[24] Hierzu *J.-L. Talmon*, The Origins of Totalitarian Democracy, London 1952, S. 172 ff.

[25] *A. Thiers*, De la propriété, Paris 1848.

der Sozialdemokratischen Partei Deutschlands von 1875 die „Verwandlung der Arbeitsmittel in Gemeingut der Gesellschaft" forderte und noch das Erfurter Programm von 1891 das Privateigentum an Produktionsmitteln verneint, so legte die revisionistische Richtung später das Gewicht mehr auf eine soziale Gestaltung des Besitzrechts, der Besteuerung und der Arbeitsverhältnisse. Am Ausgang des Jahrhunderts aber nahmen auch weitere Kreise der Wissenschaft die Kritik an den sozialen Folgen der liberalen Wirtschafts- und Sozialordnung mit ihrer vollen Vertragsfreiheit — die noch nicht durch die Koalition der Arbeiter gemildert wurde — sowie der für die Besitzlosen entstehenden Härte der Eigentumsordnung und der formalen Rechtsgleichheit auf[26]. Es kann festgestellt werden, daß in Deutschland die staatliche Gesetzgebung im öffentlichen Wasser-, Bau- und Gewerberecht stärker an sozialen Schranken des Eigentums festhielt als in anderen Ländern. Auf die große Kodifikation des Jahrhundertausgangs, das Bürgerliche Gesetzbuch, vermochte diese Strömung freilich nicht einzuwirken. Wenn im Beginn des Jahrhunderts der Code Civil (1804) in Art. 544 das Eigentum als ein Gebrauchs- und Verfügungsrecht in der absolutesten Form bezeichnet hatte, so blieb das deutsche Gesetzbuch — hier wie in vielen Punkten hinter seiner Zeit als Ausdruck der bürgerlichen Gesellschaft zurückstehend — in § 903 bei einer absoluten Umschreibung des Eigentumsrechts stehen.

Immerhin hatte die Kritik, die in der sozialrechtlichen Lehre Otto Gierkes, in der Schrift des Wiener Professors Anton Menger über das bürgerliche Recht und die besitzlosen Klassen (1890) und dann nach 1900 in der Bodenreformbewegung an den ungünstigen sozialen Wirkungen der reinen liberalen Ordnung geübt wurde, in der Gesetzgebung an einzelnen Stellen, in der Bekämpfung der Bodenzersplitterung im Höferecht und in der Umlegung, in der Ermutigung der kleineren Vermögensbildung durch das Sparkassenwesen eine gewisse Auswirkung. Stärker noch hat im Ausland Léon Duguit die soziale Funktion des Eigentums betont und hat in der Vereinigten Staaten seit 1890 die Gesetzgebung dem Mißbrauch der Vertragsfreiheit wie der Eigentumskonzentration entgegenzuwirken gesucht[27]. Alle diese Tendenzen haben freilich erst nach dem ersten Weltkrieg auch im Bereich des Verfassungsrechts ihre Auswirkung gefunden, indem sie der sozialen Bindung des Eigentums den Weg bereiteten.

---

[26] Hierzu *F. Wieacker*, Das Sozialmodell der klassischen Privatrechtsgesetzbücher und die Entwicklung der modernen Gesellschaft, Karlsruhe 1953, S. 8 ff.; *ders.*, Privatrechtsgeschichte der Neuzeit, Göttingen 1952, S. 269 f.

[27] Zu diesen Bewegungen und Entwicklungen siehe *J. W. Hedemann*, Bd. II, 1, S. 135 ff., 311 ff.; *Wieacker*, Sozialmodell, S. 16 ff.; *Kurt Rudolph*, Die Bindungen des Eigentums, Tübingen 1960.

Wenn in der Entwicklung des Verfassungsrechts und der Rechtsordnung Deutschlands und anderer europäischer Länder das Eigentum während des 19. Jahrhunderts in seiner Rolle als Grundpfeiler der wirtschaftlichen und sozialen Ordnung unangefochten blieb und sein Inhalt dementsprechend als ein grundsätzlich unbeschränktes und freies Verfügungsrecht definiert wurde, so trug diese Auffassung, wenn wir sie im Lichte der sozialen Kritik betrachten, gewiß konservative Züge. Sie entsprach dem Aufbau der bürgerlichen Welt, ihrem Bedürfnis nach Sicherheit und Stetigkeit und ihrer in der damaligen Zeit noch geringen Neigung, die Bedeutung sozialer Fragen zu erkennen. Diese Auffassung des Eigentums mußte daher — in einer Epoche, in der die kollektive Vereinigung der Arbeitnehmer erst in den Anfängen stand und auch eine soziale Fürsorge erst am Beginn stand, für die an der Vermögensbildung nicht beteiligten Schichten Härten mit sich bringen. Diese Probleme lassen sich auch in einem Lande beobachten, das als einziges bereits in dieser Zeit die verfassungsrechtliche Garantie des Eigentums auch in der Rechtsprechung zur Geltung brachte, den Vereinigten Staaten von Amerika. Hier wurde in den Jahrzehnten vor dem ersten Kriege die Auseinandersetzung um die soziale Begrenzung des Eigentums, die in Europa vor allem literarisch geführt wurde, in der Stellungnahme der Gerichte erkennbar. Der allmählich anwachsenden Gesetzgebung der Einzelstaaten auf dem Gebiete der Regulierung wirtschaftlicher Macht und sozialen Schutzes der Arbeitskraft trat die Berufung auf Eigentum und Vertragsfreiheit entgegen und führte zu ausgedehnten gerichtlichen Erörterungen. Es ist früher darauf hingewiesen worden, daß die Verfassungen der Zeit der Gründung der Vereinigten Staaten den Schutz des Eigentums, da sie nicht einer älteren feudalen Ordnung begegneten, ohne Auseinandersetzung mit dem sozialen Gehalt der bestehenden Ordnung vornehmen konnten[28]. Nur an einem Punkte galt dies nicht, und er erwies sich daher in der ersten Hälfte des 19. Jahrhunderts als ein tiefgreifendes Problem. In der Auffassung der Südstaaten umfaßte die Sicherung des Eigentums auch die „peculiar institution", die Sklaverei, und noch 1857 neigte der Oberste Gerichtshof in dem Dred-Scott-Fall[29] dieser Ansicht zu. Demgegenüber

[28] Eine einzige Ausnahme von geringerer Bedeutung, bildeten die Güter der englisch Gesinnten, die nach der Unabhängigkeit auswanderten; ihre Einziehung sah man als gerechtfertigt an. Vgl. *H. Ehmke*, Wirtschaft und Verfassung. Die Verfassungsrechtsprechung des Supreme Court zur Wirtschaftsregulierung, Karlsruhe 1961, S. 95.

[29] In dieser Entscheidung (Scott v. Sandford, 19 How. 393) ging es um prozessuale Fragen, aber die Mehrheit der Richter ließ erkennen, daß sie ein Gesetz eines Nordstaates, das die Sklaverei verbot, nicht dahin auslegen wollte, daß ein dorthin geflüchteter Sklave die Freiheit erlangt habe. Vgl. *Ehmke*, S. 274 f.; *Bernard Schwartz*, The Reins of Power, London 1963, S. 83 ff.

vertraten die Nordstaaten und vom Gedanken des Menschenrechts bewegte Kreise den Standpunkt, daß die Sklaverei dem Naturrecht widerspreche und daher kein gesichertes Eigentum im Sinne der verfassungsrechtlichen Garantien darstelle[30]. Der Bürgerkrieg (1861 - 65) entschied für die letztere Auffassung. Wenn die nach ihm im Jahre 1868 eingeführte 14. Verfassungsergänzung erklärte, daß kein Einzelstaat den Bürger des Lebens, der Freiheit oder des Eigentums ohne geordnetes Verfahren (due process) berauben dürfe, so wurde damit nur nochmals die bürgerliche und freiheitliche Ordnung bekräftigt, wie sie schon die zehn ersten Verfassungsergänzungen von 1791 festgelegt hatten.

An diese erneuerte Sicherung des 14. Amendments aber knüpften die Auseinandersetzungen der folgenden Jahrzehnte um die beginnende Staatsintervention gegen wirtschaftlichen Machtmißbrauch und für gewisse soziale Schutzbestimmungen an. Die Rechtsprechung brachte freilich nicht direkt die Sicherung des Eigentums in den Vordergrund, sondern ging — dem angelsächsischen Denken entsprechend, das materielle Garantien gern in verfahrensrechtliche Formen einkleidet — von der Forderung des 14. Amendment nach einem „geordneten Verfahren" aus. Es dehnte diese Forderung auch auf die dem Verfahren zugrundeliegenden materiellen Normen aus (substantive due process) und gelangte so zu einer Sicherung der erworbenen Rechte[31]. Auf einem Umwege bedeutete das, daß den staatlichen Maßnahmen der Gedanke des Schutzes individueller freier Verfügung entgegengestellt wurde. Dabei lag der Schwerpunkt der Diskussion mehr noch als auf den „erworbenen Rechten" (vested rights), in denen die Eigentumsgarantie steckt, auf dem Grundsatz der Vertrags- und Handlungsfreiheit, dem „Laissez-faire"[32]. Seit den 80er Jahren unterwarf in diesem Sinne der Oberste Gerichtshof staatliche Gesetze einer Prüfung auf ihre Grenzen und ihre Vernünftigkeit, die Höchsttarife für Eisenbahnen, Gas- und Telefongesellschaften festlegten, Arbeitsschutzbestimmungen (Festlegung von Ruhepausen, Begrenzung der Nachtarbeit usw.) enthielten oder das Publikum vor betrügerischen Maßnahmen zu sichern suchten[33]. Lag das Gewicht der Sicherung auch hier nicht so sehr im Eigentum als in der

---

[30] *Ehmke*, S. 275.

[31] Zu dieser Entwicklung siehe *Ehmke*, S. 270 ff.; *Schwartz*, S. 126 ff. Substantive due process bedeutete mithin Prüfung von regulierenden Staatseingriffen an Hand der Bürgerfreiheiten (civil liberties), d. h., vom Eigentum gesehen, Abwägung zwischen freier Verfügung und sozialer Bindung.

[32] Vgl. zur Bedeutung der Vertragsfreiheit *Ehmke*, S. 280 f., 360 ff.

[33] Überblick dieser Rechtsprechung bei *Ehmke*, S. 289 - 290; *Fainsod / Gordon / Palamountain*, Government and American Economy, New York 1959, S. 67 ff., 239 ff.; *Bernard Schwartz*, The Rights of Property, New York 1965, S. 92 - 233.

individuellen Freiheit, der Vertragsfreiheit vor allem, so kam in dieser Rechtsprechung, die der staatlichen Regulierung durch die „police power" im Interesse der individuellen Grundrechte Schranken zog — Schranken, die wie die Bekämpfung von Höchstarbeitszeiten zum Schutz der Arbeitnehmer[34] oder von gesetzlichen Mindestlohntarifen[35] auch damals schon mehr und mehr als überholte soziale Stellungnahmen angesehen wurden — doch ein Zug des Vorrangs individueller Berechtigungen und ihrer Ausübung vor den sozialen Bindungen von Eigentum und Vertrag zum Ausdruck, der in der gleichen Richtung lag wie jene vorhin gekennzeichnete Haltung der europäischen Gesetzgebung in der Frage des Eigentumsrechts. Seit dem Beginn des 20. Jahrhunderts allmählich etwas abgeschwächt, ist diese Stellungnahme der amerikanischen Rechtsprechung erst in der Krise der 30er Jahre, im „New Deal", endgültig überwunden worden. So bestätigt auch dieser Ausblick auf die Handhabung der Verfassungsgarantie des Eigentums in den Vereinigten Staaten, wie sehr die Anschauungen bis zum ersten Weltkriege von einer auf die Erhaltung tunlichst wenig begrenzter individueller Verfügung gerichteten liberalen Tendenz geleitet wurden, die noch stärkeren sozialen Bindungen des Eigentums entgegentrat.

IV. Wandlungen des Eigentumsschutzes im 20. Jahrhundert

1. Verfassung und Eigentumsbindung

Für die Entwicklung der Auffassung und der Gewährleistung des Eigentums bildet der erste Weltkrieg eine Grenzscheide von tiefer Wirkung. Hatten sich vordem die Bestrebungen zu einer gewichtigeren Hervorhebung der Schranken des Eigentums gegenüber der Allgemeinheit nur zögernd ausbreiten und durchsetzen können, so wurde nun, unter der Wirkung der kommunistischen Revolution in Rußland und der Erschütterungen in ganz Europa, das Klima der Diskussion grundlegend ein anderes. Allenthalben erhoben sich die Forderungen der Sozialisierung oder wenigstens der sozialrechtlichen Begrenzung des Eigentums. Sie fanden auch in den Nachkriegsverfassungen ihren Niederschlag. Unter ihnen nimmt die Weimarer Reichsverfassung dank ihrer sorgsamen und eingehenden ideellen Vorbereitung einen beson-

[34] Lochner v. New York 198 U. S. 45 (1905). Das Gericht erklärte die Einführung des 10-Stundentages und der 60-Stundenwoche für Bäckereien für verfassungswidrig. Einige Jahre später (Muller v. Oregon 208 U. S. 412 [1908]) gab freilich das Gericht seine Ansicht selbst in dieser Frage auf. Vgl. *Ehmke*, S. 345 ff.

[35] Adkins v. Children Hospital 261 U. S. 525 (1923). Vgl. *Ehmke*, S. 348 ff.; *Fainsod*, S. 164 f.; *Schwartz*, Property, S. 178 ff., S. 3 ff., 121 ff.; *W. Friedmann*, Law in a Changing Society, London 1959, S. 65 ff.; *Julius Stone*, Social Dimensions of Law and Justice, London 1966, S. 248 ff.

deren Platz ein. In ihr wurde zwar das Eigentum „gewährleistet", aber der Text des Art. 153 Abs. 1 fügt alsbald hinzu: „Sein Inhalt und seine Schranken ergeben sich aus den Gesetzen", und ferner lesen wir in Art. 153 Abs. 3: „Eigentum verpflichtet. Sein Gebrauch soll zugleich Dienst sein für das gemeine Beste." Nimmt man hierzu, daß Art. 155 WeimRV ausführlich eine Verhütung des Mißbrauchs des Bodeneigentums im Sinne der Bodenreform festlegte und Art. 156 eine Vergesellschaftung geeigneter privater Unternehmungen vorsah, so klang hier eine neue Sprache an. Das Eigentum wurde nicht mehr als „unverletzlich" bezeichnet, es sollte stärker zugunsten der Allgemeinheit in Pflicht genommen, ja vielleicht teilweise in Gemeineigentum übergeführt oder gemeinwirtschaftlich zusammengefaßt werden.

Es ist allerdings richtig, daß diese Tendenzen der Verfassung nur zu einem sehr kleinen Teile in Erfüllung gingen. Es gehört als ein allgemeiner Zug zur Geschichte der Grundrechte in der Weimarer Verfassung, daß sie ihren eigentlichen Inhalt erst durch die Auslegung in Lehre und Rechtsprechung erhielten. Denn anfangs trat man ihnen mit denjenigen Anschauungen gegenüber, die im früheren Recht ausgebildet waren, wo mangels einer Durchsetzbarkeit die Grundrechte mehr die Bedeutung allgemeiner Programme für den Gesetzgeber gehabt hatten. Erst als sich stärker die Meinung durchsetzte, daß die Freiheitsrechte wenigstens in einer Anzahl ihrer Bestimmungen unmittelbar anwendbares Recht mit bindender Wirkung auch für den Gesetzgeber darstellten, trat ihre Bedeutung klarer heraus[36]. Zu diesem Zeitpunkt, als sich die Rechtsprechung und Theorie eingehender mit dem Gehalt der Grundrechte befaßte, war aber die Hochflut der sozialen und sozialistischen Tendenzen der Jahre nach 1918 abgelaufen. Die Bestimmungen erhielten nunmehr eine Auslegung, die stärker ihre freiheitlichen und liberalen Elemente betonte[37]. Diese Entwicklung läßt sich in starkem Maße auch bei der Gestaltung der Vorschriften über das Eigentum beobachten. Die auf eine Neugestaltung zielenden Elemente wurden im Laufe der Zeit so weit zurückgedrängt, daß schließlich Anschütz meinen konnte, daß die Gewährleistung keinen sachlichen Unterschied von der alten Formel der „Unverletzlichkeit" des Eigentums aufweise[38].

In einem gewissen Umfang hat sich ein ähnlicher Vorgang nach 1945 wiederholt. Das Grundgesetz hat freilich von vornherein den Eigentumsschutz mehr im erhaltenden Sinne ausgestaltet. Aber die franzö-

---

[36] Zu der Auseinandersetzung um unmittelbare Geltung und Programmbedeutung der Grundrechte siehe *Anschütz,* Die Verfassung des Deutschen Reichs, 14. Bearb. 1933, S. 515 ff.

[37] Zu diesem Bedeutungswandel der Grundrechte *E. R. Huber,* AöR, N. F., 23, S. 1 ff.

[38] *Anschütz,* S. 705.

sischen Verfassungen vom 12. 10. 1946 und 28. 9. 1958 enthalten überhaupt keine Sicherung des Eigentums. Die italienische Verfassung vom 27. 12. 1947 „erkennt das Privateigentum an und garantiert es", fügt aber ebenso wie die Weimarer Verfassung hinzu, daß das Gesetz seine Grenzen bestimmt, um seine soziale Funktion sicherzustellen und es allen zugänglich zu machen (Art. 42). In beiden Staaten aber hat sich, wenn auch mit einer Ausdehnung des Bereichs staatlichen oder nationalisierten Eigentums, die Privatrechtsordnung im herkömmlichen Sinne durchaus erhalten und befestigt. Stärkere Strömungen einer sozialistischen Tendenz haben sich in Großbritannien bemerkbar gemacht, wo Kohle und Energiewirtschaft verstaatlicht wurden und jetzt (1966) auch die Stahlindustrie wiederum in die Form einer nationalisierten Industrie übergeführt werden soll. Im Ergebnis aber hat diese Erweiterung des Sektors der öffentlichen Inhaberschaft von Unternehmungen die bestehende Eigentumsordnung im übrigen weder umgeformt noch erschüttert[39].

Faßt man das Schicksal der Bestimmungen der Weimarer Verfassung näher ins Auge, soweit sie von den Bindungen und Pflichten des Eigentums handeln und für das Bodenrecht Beschränkungen oder allgemein Vergesellschaftungen vorsahen, so erscheint das bleibende Ergebnis dieser Normen gering. Die Regel des Art. 153 Abs. 3 über die Pflichten des Eigentums faßte die Lehre als bloße Richtlinie auf oder schrieb ihr höchstens die Bedeutung einer Auslegungsregel zu. Die Anordnungen über die Verteilung und Nutzung des Bodens zum Zweck der Schaffung gesunder Wohnungen oder Heimstätten haben zwar zum Erlaß der Erbbaurechtsverordnung vom 15. 1. 1919, des Reichssiedlungsgesetzes vom 11. 8. 1919 und des Reichsheimstättengesetzes vom 10. 5. 1920 geführt. Alle diese von Ideen der Bodenreform getragenen Maßnahmen haben zwar eine gewisse tatsächliche Wirkung ausgeübt, sind aber doch im ganzen ohne die erhoffte weitere Wirkung geblieben[40]. Eher war es für die Entwicklung der Eigentumsgarantie von Bedeutung, daß seit 1919 eine Gesetzgebung einsetzt, die stärker als früher die sozialen Bindungen des Eigentums realisierte. Von einschneidender Bedeutung waren vor allem die Bestimmungen über den Mieterschutz, die den städtischen Hausbesitz bis zur Gegenwart in seiner freien Verfügung und in seinem Ertrage stark eingeschränkt haben. Daneben darf

---

[39] Zu der Sozialisierung und Nationalisierung siehe *H. Krüger*, Art. Sozialisierung, in: *Bettermann / Nipperdey*, Die Grundrechte, Bd. III/1, Berlin 1958, S. 275 ff.; für Frankreich *André de Laubadère*, Traité élémentaire de droit administratif, 3. Aufl., Bd. I, Paris 1963, S. 566 f.; für England siehe *Wade / Phillips*, Constitutional Law, 7. Aufl., London 1965, S. 286 ff.

[40] Einen Überblick über die gesetzlichen Maßnahmen zum Bodenrecht bei *Erman*, in: *Nipperdey*, Die Grundrechte und Grundpflichten der Reichsverfassung, Bd. III, Berlin 1930, S. 283 ff.; *J. W. Hedemann*, Bd. II, 1, S. 358 ff.

auf die zunehmenden Verfügungsbeschränkungen für den Grundbesitz hingewiesen werden. Beschränkungen im Erwerb landwirtschaftlicher Grundstücke, ein Ausbau der baurechtlichen Begrenzungen im städtischen Bodenrecht, Nutzungspflichten im land- und forstwirtschaftlichen Eigentum erscheinen in der neueren Gesetzgebung. Sie gehören keineswegs allein dem zentraleuropäischen Bereich an, sondern finden sich auch im englischen oder amerikanischen Recht[41]. Insgesamt aber bedeuten diese neuen Tendenzen in der Verfassungsgesetzgebung der Weimarer Republik wohl eine gewisse Akzentuierung der sozialen Bindungen des Eigentums, dessen unbeschränkte freie Verfügungsgewalt nach manchen Richtungen eingeschränkt wird, aber keine grundlegende Neuformung der Eigentumsordnung als Ganzes. Das Eigentum blieb auch unter der Verfassung von 1919 Grundlage des wirtschaftlichen Lebens als Basis der Vermögensverteilung, der Dispositionsbefugnis über die wirtschaftlichen Unternehmungen und als wichtiger Bestandteil der individuellen Freiheits- und Wirkungssphäre.

Wenn die Vorschriften des Art. 155 WeimRV, die ein bodenreformerisches Gesetzgebungsprogramm der Entwicklung des Grund und Bodens vorzeichneten, keine sehr weittragenden Auswirkungen herbeiführten, so gilt das gleiche von den Normen des Art. 156, die ein Programm der Sozialisierung entwarfen. Sie sahen vor, daß das Reich durch Gesetz unter enteignungsrechtlichen Vorschriften geeignete private Unternehmungen in Gemeineigentum überführen oder sich an ihnen in anderer Form bestimmenden Einfluß sichern durfte. Sie gaben ferner dem Reich die Befugnis, zum Zweck der Gemeinwirtschaft durch Gesetz Unternehmungen und Verbände auf der Grundlage der Selbstverwaltung zusammenzuschließen, um Arbeitgeber und Arbeitnehmer an der Verwaltung zu beteiligen und Erzeugung, Herstellung, Verteilung, Verwendung, Preisgestaltung sowie Ein- und Ausfuhr der Wirtschaftsgüter nach gemeinschaftlichen Grundsätzen zu regeln. In diesen weitmaschigen, aber unklaren Bestimmungen suchte man die Forderungen nach Vergesellschaftung privater Produktionszweige aufzufangen, die nach der Revolution von 1918 stark hervortraten. Die Erwartungen, die eine teils aus der sozialistischen Ideenwelt kommende, teils ständisch orientierte Literatur an diese Bestimmungen und das am 23. 3. 1919 erlassene Sozialisierungsgesetz knüpfte, erfüllten sich indes nicht. In Ausführung des Art. 156 kam es überhaupt nicht zu eigentlichen Sozialisierungen. Reich, Länder und Gemeinden wählten für ihren Einfluß auf die Wirtschaft vielmehr in den folgenden Jahren lieber die Form eigener Unternehmensgründung oder sog. gemischtwirtschaftlicher Beteiligung an privaten Unternehmen. Nach Art. 156

[41] Zu den ausländischen Entwicklungen siehe *Rudolph,* S. 45 ff., 83 ff.

Abs. 2 WeimRV wurden nur für einige Wirtschaftszweige organisatorische Zusammenfassungen unter dem Selbstverwaltungsgrundsatz gesetzlich angeordnet, von denen die der Kohle- und Kaliwirtschaft — beide 1919 erfolgt — die einzigen länger andauernden Regelungen blieben. Dem Reichskohlenrat wurde die Leitung der Brennstoffwirtschaft und die Überwachung des Reichskohlenverbandes und seiner Bezirkssyndikate übertragen, die sich mit Förderung, Absatz, Preisbildung und Anteilsgestaltung eines monopolistisch aufgebauten Absatzvorganges befaßten. Ähnlich war die Kaliwirtschaft (Reichskalirat, Kalisyndikat) aufgebaut. Es handelte sich hier um Bildung wirtschaftlicher Zusammenschlüsse in bereits stark konzentrierten Wirtschaftszweigen, die mit gewissen öffentlichrechtlichen Hoheitsbefugnissen ausgestattet waren. Man kann sie als Vorläufer der modernen marktordnenden Zusammenschlüsse und Verbände bezeichnen. Gegenüber den weitgehenden Gedanken einer Sozialisierung und den zeitweise (1919) gehegten Vorstellungen umfassender Planwirtschaft (Wissel und v. Moellendorf) war das Ergebnis gering. Eine ähnliche Entwicklung zeigte sich in Österreich, wo das Sozialisierungsgesetz vom 14. 3. 1919, nur in wenigen Fällen angewandt, ungünstige Erfahrungen zeitigte und die Bestrebungen ebenfalls liegenblieben[42]. Um die Mitte der 20er Jahre hatten die neuen Strömungen und die ihnen entsprechenden Verfassungsbestimmungen schon ihre Bedeutung verloren. Literarische Fortentwicklungen zu einer Konzeption der „Wirtschaftsdemokratie", in der sich die Weiterführung der wirtschaftlichen Selbstverwaltung und der öffentlichen Betriebe mit Gedanken einer Demokratisierung der Betriebsführung (Mitwirkung der Arbeitnehmer) verbanden[43], hielten die Ideen nur mehr im gedanklichen Felde aufrecht. Erst nach 1945 wurden diese Tendenzen wieder in der durch Art. 39 - 41 der hessischen Verfassung vom 1. 12. 1946 vollzogenen Sozialisierung von Betrieben des Bergbaus, der Eisenwirtschaft und des Verkehrs aufgenommen. Sie erwiesen sich aber wiederum als Randerscheinungen, die die fortgeltende Gesamtordnung nicht entscheidend berührten[44].

---

[42] Ein Überblick über die Sozialisierungsbestrebungen nach 1918 und die Gesetzgebung über wirtschaftliche Selbstverwaltungskörper bei *J. W. Hedemann*, Bd. II, 1, S. 328 ff.; *Friedländer*, in: *Nipperdey*, Grundrechte, Bd. III, S. 322 ff.

[43] Hier ist vor allem wichtig das Werk von *Fritz Naphtali*, Wirtschaftsdemokratie, im Auftrage des allgemeinen Deutschen Gewerkschaftsbundes geschrieben (1928, zweite Auflage Frankfurt 1966 mit Vorwort v. L. Rosenberg).

[44] Über den wirtschaftlich auch zum Fehlschlag führenden hessischen Sozialisierungsversuch siehe *Krüger*, S. 322. Er wurde teilweise erledigt durch das Abschlußgesetz v. 6. 7. 1954.

2. Die Ausdehnung des Eigentumsschutzes in der Weimarer Epoche

Die eigentliche bedeutsame Veränderung im verfassungsrechtlichen Schutz des Eigentums während der Weimarer Epoche vollzog sich vielmehr in umgekehrter Richtung, in einer in Lehre und Rechtsprechung in der Anwendung des Art. 153 WeimRV vorgenommenen inhaltlichen Erweiterung und Verstärkung der Sicherung des Eigentums im Sinne einer Einbeziehung aller Vermögensrechte in einen nun auch dem Gesetzgeber gegenüber wirksamen Schutz. Es handelt sich hierbei um eine aus der Auslegung und Anwendung der Verfassung entsprungene Fortentwicklung ihres Gehaltes. Der Wortlaut des Art. 153 WeimRV selbst bot zunächst, da er sich unter eher schwächerer Betonung der Garantie des Eigentums älteren Verfassungsgewährleistungen anschloß, keinen Anlaß. Der Anstoß zu einer neuen und erweiternden Auffassung des Eigentumsbegriffs der Verfassung und der im Enteignungsinstitut liegenden Sicherungen kam vielmehr von zwei Seiten. Einmal sah sich, wie soeben dargelegt, die Eigentumsordnung nach 1918 wenigstens vorübergehend Bestrebungen weitergehender Umgestaltung ausgesetzt, und sie erfuhr in der Inflation der Jahre 1921 - 23 wie in der ihr folgenden Aufwertung eine Erschütterung, die noch heute in der Erinnerung der Bevölkerung fortlebt. Diese Vorgänge drängten zu einem allgemeineren Schutz aller privaten Vermögensrechte. Zum anderen aber ergab sich diese ausdehnende Tendenz auch aus den nun stärker ins Gewicht fallenden Erwägungen über die wirtschaftliche Funktion des Eigentums, die über den an das Sacheigentum gebundenen engeren Begriff des bürgerlichen Rechts hinausführte. Die entscheidende Rolle in der einsetzenden Neufassung des Gehaltes der Eigentumsgarantie gab der im Jahre 1923 erschienene Aufsatz „Reichsverfassung und Eigentum" des berühmten Berliner Rechtslehrers Martin Wolff[45]. In ihm wurde zuerst entwickelt, daß alle Privatrechte vom Schutz der Verfassung ergriffen seien und daß die in den Enteignungsvorschriften des Art. 153 Abs. 2 WeimRV gewährte Sicherung sich auch auf Eingriffe durch das Gesetz selbst wie auf bloße Beschränkungen des Eigentums beziehe. Diese neue Sicht, die Eigentum und Enteignung von den Grundlagen einer wirtschaftlichen Erhaltung der Eigentumsordnung her und unter dem Eindruck der ungleich weitgehenderen, gerade von der Gesetzgebung ausgehenden Einwirkungen weiter und damit wirksamer im Sinne des individuellen Schutzes faßte, setzte sich alsbald in Lehre und Rechtsprechung durch. Sie führte zu einer Neugestaltung der Grundlagen des verfassungsrechtlichen Schutzes, die den Bestimmungen der

[45] *Martin Wolff*, Reichsverfassung und Eigentum, in: Festgabe für Wilhelm Kahl, Tübingen 1923, Teil IV. Eine wichtige weitere Äußerung im gleichen Sinne war die Schrift von *Heinrich Triepel*, Goldbilanzverordnung und Vorzugsaktien, Berlin 1924.

Verfassung eine weitere, von den engeren Voraussetzungen des bürgerlichen Eigentumsbegriffes und der technischen Enteignung des 19. Jahrhunderts absehende Sinngebung verlieh. Das Mittel der Ausdehnung der Garantien war vor allem der Enteignungsbegriff. Indem die Rechtsprechung sich von den technischen Begriffen der Enteignungsgesetze des 19. Jahrhunderts löste und den Enteignungsbegriff an Hand der Verfassung neu und selbständig bestimmte, schuf sie für das Eigentum eine allgemeinere und stärkere Sicherung. Die Lehre hat dabei auch offen ausgesprochen, daß diese erweiternde Auslegung des Enteignungsbegriffes und damit der Eigentumsgarantie auch unter dem Gesichtspunkt des stärkeren, durch die Einwirkungen und Erschütterungen auf dem Gebiete der Vermögensrechte bedingten Bedürfnisse nach Gewährleistung der Eigentumsordnung sich ergab[46].

Das Ergebnis dieser in wenigen Jahren ausgearbeiteten neuen Auffassung bildete eine neue Umschreibung der gesicherten Objekte und der Eingriffe, gegen die die Sicherung der Verfassung wirksam wurde. Legt man die entscheidende Rechtsprechung des Reichsgerichts zugrunde, die diese „erweiterte Enteignungslehre" ausarbeitete, so sind ihre Grundzüge[47]:

a) Als Eigentum im Sinne der verfassungsrechtlichen Garantie werden vermögensrechtliche Rechte aller Art geschützt. Insbesondere gehört hierzu der eingerichtete und ausgeübte Gewerbebetrieb, d. h. der bereits begonnene wirtschaftliche Betrieb, in den Aufwendungen und Arbeit geflossen sind. In der Weimarer Epoche beschränkte sich der Schutz auf Privatrechte und wurde noch nicht auf öffentlichrechtliche Positionen ausgedehnt. Die hierin liegende Frage, die angesichts der zunehmenden Umstellung der privaten Lebenssicherung von eigenem Vermögen auf Ansprüche gegen öffentliche Stellen auf Versorgung und Hilfe die Begrenzung auf privatrechtliche Berechtigungen ausschließt, ist freilich erst in der Gegenwart neu aufgenommen worden, wo auch öffentliche Berechtigungen, die nicht auf Fürsorge und Begünstigung, sondern auf eigener Arbeit und eigenem Aufwand beruhen, in die Sicherung einbezogen werden.

Diese Erweiterung des geschützten Bereiches entspricht auch der Rechtsentwicklung in anderen Ländern. Sie gilt seit jeher in den Ver-

---

[46] Vgl. *Anschütz,* S. 710.

[47] Die Entwicklung der Rechtsprechung ist so oft dargelegt worden, daß die Anführung einzelner Urteile unterbleiben und allgemein verwiesen werden kann auf: *Anschütz,* S. 711 ff.; *Werner Weber,* in: *Nipperdey / Bettermann,* Die Grundrechte, Bd. II, 1954, S. 338 ff.; *Ipsen,* VVDStRL 10 (1952), S. 77 ff.; *Scheuner,* in: *Reinhardt / Scheuner,* Verfassungsschutz des Eigentums, Tübingen 1954, S. 85 ff.; *Kimminich,* Kommentar zum Bonner Grundgesetz, 2. Aufl., Art. 14, Nr. 10, 43 ff.

einigten Staaten, sie wird auch von der österreichischen Lehre vertreten[48] und in der Schweiz zugrunde gelegt[49]. Erst recht findet sie im internationalen Bereich Anwendung, wo sich der Eigentumsschutz stets auf alle Arten von Vermögensrechten erstreckt.

b) Als Enteignung wird nicht nur die volle Entziehung des Eigentums angesehen, sondern auch eine Beschränkung, die über die Geltendmachung sozialer Bindung hinausgeht, den eigentlichen Gehalt der Eigentumsverfügung trifft und wesentlich mindert und damit dem Betroffenen gegenüber anderen Individuen oder Gruppen ein besonderes Opfer auferlegt. Damit wurden auch Eigentumsbeschränkungen in die Enteignungskategorie einbezogen und der Prüfung am Maßstab der verfassungsrechtlichen Verbürgung des Eigentums unterworfen.

c) Die im älteren Recht angenommenen Erfordernisse, daß bei der Enteignung der Eingriff eine Übertragung des Eigentums und zwar auf ein bestimmtes öffentliches Vorhaben oder „Unternehmen" zur Voraussetzung habe, wurden aufgegeben. Beeinträchtigungen konnten nun enteignend sein, auch wenn damit nur eine Benachteiligung auf der einen, kein Vorteil auf der anderen Seite (außer für das Gemeinwohl) entstand.

d) Der enteignende Eingriff war nach der technischen Lehre des 19. Jahrhunderts ein individueller Vorgang, ein Verwaltungsakt. Er konnte nunmehr auch in einer gesetzlichen Maßnahme liegen. Ebenso wie die amerikanische Rechtsprechung seit jeher auch die Gesetze des Bundes und der Einzelstaaten auf ihre Vereinbarkeit mit den Garantien der individuellen Freiheiten untersucht hatte, wurde damit auch die Legalenteignung, d. h. die durch ein allgemeines Gesetz hervorgerufene Wegnahme oder Beeinträchtigung des Eigentums, unter den Begriff der Enteignung gerechnet und damit an Entschädigung gebunden. Auch hier befand sich die Lehre in Übereinstimmung mit der Entwicklung in anderen Ländern, vor allem auch der Schweiz, sowie mit der Auffassung des Völkerrechts, die stets jede Art des beeinträchtigenden Eingriffs dem Enteignungsbegriff unterstellt hat.

e) Erhalten blieben bei dieser Lehre die eigentlichen, dem Schutze des Einzelnen dienenden Merkmale der Enteignung: Die Forderung

---

[48] Vgl. *Ermacora*, Handbuch der Grundfreiheiten und der Menschenrechte, Wien 1963, S. 135 f.

[49] Die eidgenössische Verfassung von 1874 kennt keine Eigentumsgarantie. Sie wird dort, und dies ist wegen der wirtschaftlichen Betrachtungsweise weithin möglich, ersetzt durch die Gewährleistung der Gewerbefreiheit (des Gewerbebetriebes) und das Willkürverbot (Art. 4 und 31 der Bundesverfassung). Vgl. zu dieser Möglichkeit der Ersetzung des Eigentumsschutzes durch andere Freiheiten *Hans Huber*, Ius et Lex, Festgabe für Max Gutzwiller, Basel 1959, S. 535 ff.

gesetzlicher Grundlage, das Erfordernis der Notwendigkeit der Maßnahme zum allgemeinen Wohl und endlich die Entschädigungspflicht.

Diese Lehre begegnete nur einer Schwierigkeit in der Frage, wie denn der enteignende Eingriff von der gesetzlich ausgesprochenen Bindung oder Begrenzung des Eigentums abzugrenzen sei. Die Rechtsprechung suchte die Lösung dieser Frage darin, daß sie von einem aus der Gleichheit — der alten schon im Naturrecht entwickelten Doktrin der Lastengleichheit aller Bürger — abgeleiteten Gesichtspunkt her eine Enteignung dann annahm, wenn dem Einzelnen nicht eine allen gemeinsame Grenze seiner Verfügungsbefugnis gesetzt wurde, sondern ein besonderes Opfer auferlegt wurde, das andere nicht gleicherweise belastete. Diese als Einzelaktstheorie bezeichnete Richtlinie setzte sich durch und blieb auch gegenüber Bemühungen maßgebend, sie durch die unbestimmteren und das Eigentum daher in geringerem Maß sichernden Formeln wie die der Beurteilung eines Eingriffs nach der Schutzwürdigkeit des Eigentums oder der Zumutbarkeit des Duldens der Maßnahme zu ersetzen.

Mit dieser Auffassung war praktisch eine der modernen Entwicklung, die in sehr viel weiterem Umfang individuelle Vermögensrechte zum Träger der persönlichen rechtlichen Position macht und die daher einen weiteren und beweglicheren, von den engen Begriffen des bürgerlichen Rechts gelösten Eigentumsbegriff verwenden muß, entsprechende Gestaltung der Eigentumsgarantie erreicht. Sie wurde noch dadurch verstärkt, daß die Rechtsprechung die Bemessung der Enteignungsentschädigung, die Art. 153 WeimRV etwas abschwächend durch das Wort „angemessen" umschrieb, im Sinne eines vollen Wertausgleichs verstand. Und ebenso bedeutete es eine Ergänzung und zusätzliche Sicherung, daß nun in der deutschen Lehre angenommen wurde, daß die Verfassung nicht nur die einzelnen individuellen Privatrechte, sondern auch die Institution des Eigentums als solches sichere. Diese institutionelle Deutung des Verfassungssatzes im Sinne der Lehre von den institutionellen Garantien hat zwar unmittelbar in jener Epoche noch keine Bedeutung in der Rechtsanwendung erlangt, machte aber deutlich, daß die Verfassung am Eigentum als einer Grundlage der Rechtsordnung und der gesellschaftlichen Lebensverhältnisse festhielt. Gegen diese neue Auffassung haben sich während der Jahre 1918 - 33 nur vereinzelte Stimmen erhoben[50]. Im ganzen war damit ein folgenreicher und bedeutsamer Schritt zu einer Modernisierung der Eigentumsgarantie getan. Gelöst von dem engen und zugleich auch in seiner Unbeschränktheit veralteten Eigentumsbegriff des bürgerlichen Rechts

[50] Vor allem *Carl Schmitt,* Die Auflösung des Eigentumsbegriffs, JW 1929, S. 495 ff.; *Kirchheimer,* Die Grenzen der Enteignung, 1930, S. 51 ff.

mit einer Erfassung aller derjenigen Gegenstände des heutigen Daseins, die als Vermögensobjekte der Lebensführung des Individuums wie dessen wirtschaftlicher Tätigkeit die Grundlage geben, gelöst auch von einem technischen und wiederum zu engen Enteignungsbegriff, war damit der Verfassung eine Auslegung gegeben, die dem Funktionswandel des Eigentums — dem der Enteignungsbegriff entsprechen muß — und der gesteigerten Bedeutung der Staatseinwirkung auf die soziale Ordnung in der Gegenwart gerecht wurde. Die Lehre und Judikatur unter dem Grundgesetz hat daher zu Recht an dem damals erarbeiteten Vorstellungskreis in seinen Grundlagen festgehalten.

Es kann auch nicht von dieser Auffassung gesagt werden, daß sie den Schutz der Eigentumsordnung überspannte. Indem sie in Anerkennung der stärker betonten Pflichtigkeit des Eigentums die Möglichkeit seiner Begrenzung durch staatliche Vorsorge auf den verschiedensten Gebieten weitgehender als früher zuließ, trug sie den neuen sozialen Gesichtspunkten des Rechts Rechnung. Die Rechtsprechung lehnte es auch stets ab, bloße wirtschaftliche Chancen oder Erwartungen bereits als gesichert anzusehen oder vom Recht mißbilligte Positionen zu schützen. Sie zog andererseits für bestimmte Fälle indirekter Einwirkungen staatlicher Maßregeln noch den älteren Gedanken der Aufopferung ergänzend heran. Man wird daher zu dem Urteil gelangen können, daß die neue Auffassung der Eigentumsgarantie unter der Geltung der Weimarer Verfassung in wesentlichen Teilen nur den Anschluß der deutschen Lehre an eine in anderen Ländern längst vollzogene erweiterte Sicht des Eigentumsschutzes vollzog und daß sie hierin im Einklang mit der modernen Entwicklung blieb, die einerseits unzweifelhaft die sozialen Verpflichtungen des Eigentümers verstärkt und die staatliche Lenkung und Beeinflussung der sozialen und wirtschaftlichen Verhältnisse ständig steigert, darum aber auf der anderen Seite auch einer erneuerten und erweiterten Interpretation der Eigentumsgarantie bedarf.

V. Ausblick

Dieser geschichtliche Überblick kann nicht abgeschlossen werden, ohne noch einmal zu betonen, wie sich in der heutigen Zeit die Eigentumsordnung in einer tiefen und weitreichenden Wandlung befindet, die auch die Probleme ihrer Sicherung verändert und neu stellt. Die Entwicklung seit der Französischen Revolution war dahin gegangen, ein einheitliches, auf freier Verfügung und geringer staatlicher Begrenzung aufgebautes Eigentum zur Grundlage der freien Wirtschaftsordnung zu machen. Diese Eigentumsauffassung, die die Verfassungstexte des 19. Jahrhunderts widerspiegeln, entsprach den Bedürfnissen einer liberalen und bürgerlichen Gesellschaftsform; sie wirkte als Ansporn der wirtschaftlichen Tätigkeit und als Sicherung des erworbenen Besitzes. Aber ohne die sozialen Vorkehrungen, die die heutige Zeit kennt, und in einer Epoche, wo die industrielle Entwicklung erst einer begrenzten Schicht Wohlstand bieten konnte, offenbarte sie für die nicht am Vermögen teilnehmenden Bevölkerungsteile Härten, die bis in die Gegenwart nachwirkend die Anschauungen weiter Teile der Erde und mancher Kreise auch in den industrialisierten Ländern gegen die Eigentumsvorstellungen einer auf dem Privateigentum beruhenden Wirtschaft eingenommen haben.

Gegenüber der auf festen Begriffen und Abgrenzungen ruhenden Welt des 19. Jahrhunderts erscheint die Eigentumsordnung heute von stärkerer Bewegung erfaßt. In den Ländern mit freiheitlicher Verfassungsgestaltung ruht das wirtschaftliche Leben nach wie vor auf dem Privateigentum. Aber die großen Vermögenskomplexe haben hier mehr eine funktionelle Bedeutung gewonnen. Meist in der Hand anonymer Gesellschaften, ist ihre Aufgabe, nicht so sehr individuelles Eigentum zu verkörpern, als innerhalb der Wirtschaftsordnung die freie private Verfügung zu gewährleisten, auf der die freie Leitung der Unternehmen, die Auswahl ihrer führenden Kräfte nach Maßstäben einer wirtschaftlichen und ertragsorientierten Betriebsführung (und nicht nach zentralistischen Plänen oder politischen Rücksichten), die letztlich individuelle finanzielle Risikoverteilung und endlich die dezentralisierte und erfolgsausgerichtete wirtschaftliche Disposition der Gesamtwirtschaft beruht. Auch bei dem freien Kapitalvermögen wirken sich die Bindungen durch staatliche Lenkung, soziale Verpflichtungen und u. U. Maßregeln gegen Machtmißbrauch stärker aus. Besonders aber wird in der Gegenwart und noch steigend in der Zukunft der Grund und Boden, als seltener und kostbarer werdende Basis des menschlichen Lebens, zunehmender Bindung unterliegen, wie sie sich in Raumordnung, Natur- und Landschaftsschutz und nachbarlicher Rücksicht auswirkt.

Im Leben der Bevölkerung der industriellen Staaten ist eine Wandlung im Gange, die die Lebenssicherung der Menschen vom eigenen Vermögen stärker auf Arbeitsertrag und Versorgungserwartung verlagert. Zugleich bedeutet ein gesamtwirtschaftliches Wachstumsdenken, das mit ständiger Inflation die Vermögensbildung einer ständigen Erosion aussetzt, eine Erschütterung der Eigentumszuversicht. Im Verein mit sozialen und sozialistischen Tendenzen schlägt sich diese in einer gewissen Abschwächung der für das Eigentum in den Verfassungen erscheinenden Verbürgungen aus. In modernen Verfassungen, wie der Frankreichs, aber auch in der unbestimmten Fassung des Eigentumsschutzes in einem internationalen Dokument wie dem ersten Zusatzprotokoll zur Europäischen Menschenrechtskonvention (Art. 1) vom 20. 3. 1952 erscheint die Gewähr des Eigentums nur mehr im Rahmen der Gesetze gegeben und wird die Befugnis des Staates, das Eigentum im allgemeinen Interesse zu beschränken oder zu kontrollieren, besonders hervorgehoben.

Neue und besondere Probleme erheben sich für die Sicherung des Eigentums auch im internationalen Bereich. Während des 19. Jahrhunderts wurde im Völkerrecht der Grundsatz strenger Achtung des Eigentums von Ausländern von den führenden Mächten auf der ganzen Welt durchgesetzt. Mit der kommunistischen Revolution in Rußland und seither mit der Ablösung der kolonialen Herrschaft haben in weiten Gebieten der Erde andere Vorstellungen die Herrschaft erlangt. Abgesehen von den kommunistischen Ländern, deren innere Ordnung mit einem Sektor freien ausländischen Eigentums nicht verträglich wäre, wird die überkommene Eigentumsverfassung auch von den neuen Staaten als Erbe der kolonialen Zeit vielfach in Frage gestellt und Nationalisierungseingriffen unterworfen. Auch im internationalen Felde werden daher heute die Probleme der Eigentumsordnung im Zeichen tiefer politischer und sozialer Veränderungen neu diskutiert. Ob die Bestrebungen der Länder mit einer freien Wirtschaftsordnung, durch bilaterale Abmachungen im Zusammenhang mit Krediten oder auch — was sich bisher nicht als erreichbar erwiesen hat — durch multilaterale Abkommen eine stärkere Sicherung des ausländischen Eigentums, vor allem neuer Investitionen in den Entwicklungsländern zu erreichen, erfolgreich sein werden, steht noch dahin[51].

So zeigt die geschichtliche Übersicht der Entwicklung der verfassungsrechtlichen Garantien des Eigentums, wie sich bei aller Dauerhaftigkeit bestehender Verhältnisse doch Erscheinung und Funktion des Eigentums zu allen Zeiten eng mit der gesamten sozialen Verfassung einer Gesellschaft verknüpft und daher mit ihr auch einem stetigen Wandel unterliegt. Seit ihrer Entstehung in der Mitte des 17. Jahrhunderts zeigt daher auch die Verfassungsgewährleistung des Eigentums in ihrer Geschichte eingreifende Wandlungen, vor allem wenn man ihre Auswirkung auf die gesamte Rechtsordnung ins Auge faßt. Anders als

---

[51] Zu den Problemen des Eigentumsschutzes im Völkerrecht siehe *Paul Guggenheim,* Der völkerrechtliche Schutz von Investitionen im Ausland, Schweizer Jahrb. f. intern. Recht 13 (1956), S. 57 ff.; *L. Bindschedler,* La Protection de la propriété privée en droit international public, Recueil des Cours de l'Academie de la Haye, 1956, S. 179 ff.; *Veith / Böckstiegel,* Der Schutz von ausländischem Vermögen im Völkerrecht, Baden-Baden 1962; *I. Foighel,* Nationalization, Copenhagen 1957; *G. White,* Nationalization of Foreign Property, London 1961; *Seidl-Hohenveldern,* Internationale Organisationen und der Schutz des Privateigentums, Journal du droit intern. 90 (1963), S. 626 ff.; *ders.,* Investitionen in Entwicklungsländern und das Völkerrecht, 1963.

bei anderen Grundrechten, die einen festeren Bestand und eine stetigere Entwicklung aufweisen, bleibt der Schutz des Eigentums und seine verfassungsrechtliche Ausprägung von Veränderungen der sozialen Verhältnisse, aber auch von der Wandlung der Vorstellungen über eine gerechte soziale Ordnung in stärkerem Maße abhängig. In der Gestaltung der Verfassungsgesetzgebung, aber auch in der Auslegung und Anwendung überlieferter Rechtssätze steht daher jede Epoche vor neuen Aufgaben der Gestaltung und der Interpretation.

bei anderen Grundfragen [illegible] und [illegible] Wesen [illegible] und seine [illegible] sozialen [illegible] der [illegible] Gesell- [illegible] und [illegible] vor- [illegible] der [illegible]

Gesamtbibliographie und Register

Gesamtbibliographie Ulrich Scheuner

Die mit dem Zeichen * versehenen Beiträge sind im vorliegenden Band abgedruckt. Die mit dem Zeichen + versehenen Beiträge sind abgedruckt in: Ulrich Scheuner, Schriften zum Staatskirchenrecht, hrsg. von Joseph Listl, Berlin: Duncker & Humblot 1973 (Staatskirchenrechtliche Abhandlungen, Bd. 3).

1927

1. Ueber die verschiedenen Gestaltungen des parlamentarischen Regierungssystems. Zugleich eine Kritik der Lehre vom echten Parlamentarismus,
in: AöR, N. F., Bd. 13 (1927), S. 209 - 233 und 337 - 380.

1928

2. Zur Frage der Grenzen der Nachprüfung des Ermessens durch die Gerichte,
in: Verwaltungsarchiv, Bd. 33 (1928), S. 68 - 98.

3. Die belgische Sprachengesetzgebung,
in: Nation und Staat. Deutsche Zeitschrift für das europäische Minoritätenproblem, 2. Jg. (1928/29), S. 307 - 315.

4. Dynamik und Statik in der Staatsrechtslehre. Eine Untersuchung zur Staats- und Rechtstheorie Léon Duguits und Hans Kelsens,
in: Revue internationale de la théorie du droit, 3. Jg. (1928/1929), S. 220 - 246.

1930

5. Art. 155 RV., Grundeigentum und soziale Eigentumsauffassung,
in: Leipziger Zeitschrift für Deutsches Recht, 24. Jg. (1930), Sp. 1169 bis 1171.

1931

6. Staat und Staatengemeinschaft,
in: Blätter für Deutsche Philosophie, Bd. 5 (1931), S. 255 - 269.

7. Die Entwicklung des öffentlichen Rechts in Frankreich in der Zeit vom 1. Januar 1927 bis 1. Juni 1931,
in: JöR 19 (1931), S. 137 - 198.

8. Die achte Tagung der Vereinigung der deutschen Staatsrechtslehrer in Halle,
in: Preußisches Verwaltungsblatt 52 (1931), S. 934 - 936.

9. Die Reform der österreichischen Bundesverfassung vom Jahre 1929,
in: ZaöRV 2 (1931), S. 226 - 251.

10. Die Gleichheit vor dem Gesetz im tschechoslowakischen Verfassungsrecht,
in: Prager Juristische Zeitschrift, 11. Jg. (1931), Sp. 391 - 402.

1933

11. Die staatsrechtliche Bedeutung des Gesetzes zur Behebung der Not von Volk und Reich,
in: Leipziger Zeitschrift für Deutsches Recht, 27. Jg. (1933), Sp. 899 - 906.

1934

12. Die nationale Revolution. Eine staatsrechtliche Untersuchung,
in: AöR, N. F., Bd. 24 (1934), S. 166 - 220 und 261 - 344.

13. Das Verordnungsrecht der Länder nach dem Gesetz über den Neuaufbau des Reiches.
in: RVBl. 1934, S. 513 - 517.

14. Beamtenpflicht und Berufspflicht,
in: Beamten-Jahrbuch, 21. Jg. (1934), S. 303 - 309.

1935

15. Gesetz und Einzelanordnung,
in: Festschrift für Rudolf Hübner zum siebzigsten Geburtstag. Hrsg. von der Rechts- und Wirtschaftswissenschaftlichen Fakultät der Universität Jena. Jena 1935, S. 190 - 217.

16. Die Neugestaltung des Vereins- und Verbandsrechts,
in: Deutsche Juristen-Zeitung, 40. Jg. (1935), Sp. 665 - 670.

17. Die Bedeutung der Unterscheidung zwischen öffentlichem und privatem Recht, insbesondere für die Gerichtsverfassung,
in: Deutsche Juristen-Zeitung, 40. Jg. (1935), Sp. 1462 - 1468.

18. Öffentliches Wirtschaftsrecht,
in: Mitteilungen des Jenaer Instituts für Wirtschaftsrecht, 1935, Heft 28, S. 3 - 11.

1936

19. Eigentum und Eigentumsbindung,
in: RVBl. 1936, S. 5 - 9.

20. Die Gerichte und die Prüfung politischer Staatshandlungen,
in: RVBl. 1936, S. 437 - 443.

21. Gewerbefreiheit und Polizeigewalt in der neuen Wirtschaftsordnung,
in: Deutsche Verwaltungsblätter, 84. Jg. (1936), S. 210 - 217.

22. Bündnissystem, Staatenverständigung und europäische Ordnung,
in: Völkerbund und Völkerrecht, 3. Jg. (1936/37), S. 742 - 747.

1937

23. Paßpolizei und Verwaltungsgerichte,
in: RVBl. 1937, S. 129 - 132.

24. Zur Neuordnung des Wegerechts,
in: RVBl. 1937, S. 729 - 733.

25. Der Gemeingebrauch an Straßen. Ein Beitrag zur Neugestaltung des deutschen Wegerechts,
in: Zeitschrift der Akademie für Deutsches Recht, 4. Jg. (1937), S. 484 bis 488.

26. Die heutige Lage im Mittelmeer und das englisch-italienische Mittelmeerabkommen,
in: Zeitschrift für Politik, Bd. 27 (1937), S. 60 - 71.

27. Die Rechtsstellung der Persönlichkeit in der Gemeinschaft,
in: Deutsches Verwaltungsrecht. Hrsg. von Hans Frank. München 1937, S. 82 - 98.

1938

28. Die freien Berufe im ständischen Aufbau,
in: Festschrift Justus Wilhelm Hedemann zum sechzigsten Geburtstag am 24. April 1938. Hrsg. von Roland Freisler, George Anton Löning, Hans Carl Nipperdey. Jena 1938, S. 424 - 443.

29. Das Energierecht und die Bedeutung der Energiewirtschaft,
in: Deutsche Verwaltung, 15. Jg. (1938), S. 264 - 267.

30. Zur Geschichte der Kolonialfrage im Völkerrecht,
in: Zeitschrift für Völkerrecht, Bd. 22 (1938), S. 442 - 473.

1939

31. Die Organisation der Verwaltung und ihr Aufgabenbereich auf den einzelnen Lebensgebieten,
in: RVBl. 1939, S. 262 - 269.

32. Die Befugnis zur Gewerbeausübung in der heutigen Wirtschaftsordnung und ihre polizeilichen Schranken. (Zur Auslegung der §§ 1 und 143 GewO.),
in: RVBl. 1939, S. 770 - 774.

33. Der Gleichheitsgedanke in der völkischen Verfassungsordnung, in: ZgesStW, Bd. 99 (1939), S. 245 - 278.

34. L'influence du droit interne sur la formation du droit international, in: Recueil des Cours (de l'Académie de Droit International), Tome 68, 1939 II, S. 99 - 206.

35. Neutrality as Practised since 1928, in: The International Law Association, Report of the fortieth Conference held at Amsterdam in the Royal Colonial Institute, August 29 to September 2, 1938. London 1939, S. 283 - 300.

1940

36. Die deutsche Staatsführung im Kriege, in: Deutsche Rechtswissenschaft. Vierteljahresschrift der Akademie für Deutsches Recht, Bd. 5 (1940), S. 1 - 43.

37. Die Vereinigten Staaten von Europa. Ein Kapitel zur Monroedoktrin, in: RVBl. 1940, S. 551 - 554.

38. Die Machtstellung der Vereinigten Staaten in Zentralamerika, in: Zeitschrift der Akademie für Deutsches Recht, 7. Jg. (1940), S. 309 bis 311.

39. Der britische Wirtschaftskrieg und die Neutralen, in: Deutsches Recht, 10. Jg. (1940), S. 57 - 60.

40. Politische Wissenschaft in der Auseinandersetzung um Volk und Raum, in: Deutsches Recht, 10. Jg. (1940), S. 850 - 852.

41. Politische Grundfragen unserer Zeit, in: Europäische Revue, 16. Jg. (1940), S. 357 - 359.

42. Die Neutralität Irlands im gegenwärtigen Konflikt, in: Monatshefte für auswärtige Politik, 7. Jg. (1940), S. 324 - 327.

1941

43. Staatstheorie und Verfassungsrecht des Faschismus, in: ZgesStW, Bd. 101 (1941), S. 252 - 286.

44. Die Sicherheitszone des amerikanischen Kontinents. (Die Erklärung von Panama vom 3. Oktober 1939), in: Zeitschrift für Völkerrecht, Bd. 24 (1941), S. 180 - 226.

45. Der Gedanke der Sicherheit Amerikas auf den Konferenzen von Panama und Habana und die Monroedoktrin, in: Zeitschrift für Völkerrecht, Bd. 24 (1941), S. 273 - 292.

46. Die Wegnahme feindlicher Staatsangehöriger von neutralen Schiffen. Zu den Fällen der „Asama Maru“ und der „Itape“, in: Zeitschrift für Völkerrecht, Bd. 24 (1941), S. 411 - 442.

47. Amerika,
in: Jahrbuch für auswärtige Politik, 7. Jg. (1941), S. 75 - 93.

48. Die Neutralitätspolitik der Vereinigten Staaten seit Beginn des Krieges,
in: Monatshefte für auswärtige Politik, 8. Jg. (1941), S. 83 - 93.

1942

49. Der Bau des Reiches und seine politischen Lebenskräfte,
in: Deutsches Recht 1942, S. 1169 - 1171.

1943

50. Entwicklungslinien des modernen Verkehrsrechts,
in: Zeitschrift der Akademie für Deutsches Recht, 10. Jg. (1943), S. 49 - 53.

51. Das europäische Gleichgewicht und die britische Seeherrschaft. Hamburg 1943. 104 S. (Wandel der Weltordnung).

1944

52. Die völkerrechtlichen Auswirkungen des modernen Wirtschaftskrieges,
in: ZgesStW, Bd. 104 (1944), S. 237 - 273.

53. Die Entwicklung des Waffenstillstandsrechts in der Gegenwart,
in: Auswärtige Politik, 11. Jg. (1944), S. 1 - 8.

1949

54. Die Annexion im modernen Völkerrecht,
in: Die Friedens-Warte, 49. Jg. (1949), S. 81 - 93.

1950

55. Die Auswanderungsfreiheit in der Verfassungsgeschichte und im Verfassungsrecht Deutschlands,
in: Festschrift für Richard Thoma. Tübingen 1950, S. 199 - 224.

56. Die staatsrechtliche Kontinuität in Deutschland,
in: DVBl. 1950, S. 481 - 485 und 514 - 516.

57. Die Verfassungen der führenden Staaten,
in: Recht, Staat, Wirtschaft. Hrsg. von Hermann Wandersleb, bearb. von Erich Traumann. Bd. 2, Stuttgart - Köln 1950, S. 1 - 60.

58. Der Verfassungsschutz im Bonner Grundgesetz,
in: Um Recht und Gerechtigkeit. Festgabe für Erich Kaufmann. Stuttgart - Köln 1950, S. 313 - 330.

59. Die Behandlung des deutschen Auslandsvermögens in den neutralen Ländern,
in: Nachrichten der Studiengesellschaft für privatrechtliche Auslandsinteressen, Nr. 5, April 1950, S. 6 - 9.

60.+Zum Problem des Naturrechts nach evangelischer Auffassung,
in: Kirche und Recht. Ein vom Rat der Evangelischen Kirche in Deutschland veranlaßtes Gespräch über die christliche Begründung des Rechts. Göttingen 1950, S. 27 - 44.

61. Londoner Konferenz, Besatzungsstatut, Kriegszustand,
in: AöR 76 (1950/51), S. 227 - 231.

62. Naturrechtliche Strömungen im heutigen Völkerrecht,
in: ZaöRV 13 (1950/51), S. 556 - 614.

63. Anmerkung zum Fall des Dampfers „Salerno". Entscheidung des britischen High Court of Justice als Prisengericht vom 6. Juni 1946,
in: Jahrbuch für internationales Recht, Bd. 3 (Nachtrag 1950/51; 1954), S. 144 - 147.

64. Anmerkung zum Fall des Dampfers „Sado Maru". Entscheidung des britischen High Court of Justice als Prisengericht vom 6. Dezember 1946,
in: Jahrbuch für internationales Recht, Bd. 3 (Nachtrag 1950/51; 1954), S. 150 - 151.

1951

65. Grundfragen des modernen Staates,
in: Recht, Staat, Wirtschaft. Hrsg. von Hermann Wandersleb, bearb. von Erich Traumann. Bd. 3, Düsseldorf 1951, S. 126 - 165.

66. Politische Betätigung von Beamten gegen die freiheitliche demokratische Grundordnung. Zur Vereinbarkeit der Maßnahmen des Bundes und der Länder gegen Mitgliedschaft und Betätigung von Angehörigen des öffentlichen Dienstes in verfassungsfeindlichen Organisationen mit dem Grundgesetz,
in: Politische Treuepflicht im öffentlichen Dienst. Drei Gutachten, erstattet von 1. der Gesellschaft zur Wahrung der Grundrechte e. V., Mannheim - Heidelberg; 2. Wilhelm Grewe; 3. Ulrich Scheuner zu dem Beschluß der Bundesregierung vom 19. September 1950 zur politischen Betätigung von Angestellten des öffentlichen Dienstes gegen die demokratische Grundordnung. Hrsg. vom Deutschen Bund für Bürgerrechte. Frankfurt/M. 1951, S. 65 - 92.

67. Zur Ausführung des Art. 4 Abs. 3 des Grundgesetzes. Gesetzgebung über Kriegsdienstverweigerung im Ausland,
in: DÖV 1951, S. 57 - 60.

68. Kriegsdienstverweigerung,
in: Die Kirche in der Welt. Wegweisung für die katholische Arbeit am Menschen der Gegenwart, 4. Jg., Münster 1951, S. 277 - 282.

69. Das Recht der Kriegsdienstverweigerung,
in: Die neue Furche, 5. Jg. (1951), S. 658 - 661.

70. Anmerkungen zur Frage der Beendigung des Kriegszustandes, in: AöR 77 (1951/52), S. 318 - 322.

71. Die Entstehung des indonesischen Staates, in: ArchVR 3 (1951/1952), S. 44 - 67.

72. Entstehung, Altersstufen und Untergang von Staaten im Lichte des Rechts, in: Kölner Zeitschrift für Soziologie, 4. Jg. (1951/52), S. 208 - 221.

73. Die Entwicklung der völkerrechtlichen Stellung Deutschlands seit 1945, in: Die Friedens-Warte, Bd. 51 (1951/53), S. 1 - 19.

74. Die Tagung der Deutschen Gesellschaft für Völkerrecht in Bonn am 26. und 27. März 1953, in: Die Friedens-Warte, Bd. 51 (1951/53), S. 367 - 370.

1952

75. Rechtsgutachten über die Verfassungsmäßigkeit der beiden Gesetze zur Neugliederung des Gebiets der Länder Baden, Württemberg-Baden und Württemberg-Hohenzollern vom 4. Mai 1951. Rechtsgutachten vom 20. 7. 1951. 22 S.; abgedruckt in: Der Kampf um den Südweststaat. Verhandlungen und Beschlüsse der gesetzgebenden Körperschaften des Bundes und des Bundesverfassungsgerichts. München 1952, S. 356 - 374 (Veröffentlichungen des Instituts für Staatslehre und Politik e. V. in Mainz. Bd. 1).

76. Die Erfahrungen mit der Viermächtebesetzung Österreichs und mit der Vorbereitung des österreichischen Friedensvertrages, in: Untersuchungen zur Lösung der deutschen Frage. Bericht über die Tagung des Verfassungsausschusses des Königsteiner Kreises in Bonn am 27. und 28. März 1952. Hrsg. vom Königsteiner Kreis — Vereinigung der Juristen, Volkswirte und Beamten aus der Sowjetischen Besatzungszone. Göttingen 1952, S. 63 - 81.

77. Verfassung und Verwaltungsaufbau des Südweststaates, in: DÖV 1952, S. 369 - 370.

78. Wirtschaftliche und soziale Selbstverwaltung, in: DÖV 1952, S. 609 - 615; auch abgedruckt in: Die staatliche Einwirkung auf die Wirtschaft. Hrsg. u. eingeleitet von Ulrich Scheuner. Frankfurt/M. 1971, S. 145 - 159.

79. Ausländische Erfahrungen zum Problem der Übertragung rechtsetzender Gewalt, in: Die Übertragung rechtsetzender Gewalt im Rechtsstaat. Frankfurt/M. 1952, S. 118 - 166 (Wissenschaftliche Schriftenreihe des Instituts zur Förderung öffentlicher Angelegenheiten e. V., Frankfurt/M., Bd. 12).

80. Die Auslegung verfassungsrechtlicher Leitgrundsätze. Rechtsgutachten zu der Frage der unmittelbaren Rechtswirkung des Art. 41 der hessischen Verfassung vom 11. Dezember 1946. Als Manuskript gedruckt. Wetzlar 1952, 55 S.

81. Probleme und Verantwortungen der Verfassungsgerichtsbarkeit in der Bundesrepublik,
in: DVBl. 1952, S. 293 - 298; auch abgedruckt in: Verfassungsgerichtsbarkeit. Hrsg. von Peter Häberle. Darmstadt 1976, S. 194 - 213 (Wege der Forschung. Bd. 495).

82. Die Rechtsprechung des Bundesverfassungsgerichts und das Verfassungsrecht der Bundesrepublik,
in: DVBl. 1952, S. 613 - 618 und 645 - 649.

83.* Der Bereich der Regierung,
in: Rechtsprobleme in Staat und Kirche. Festschrift für Rudolf Smend zum 70. Geburtstag am 15. Januar 1952. Göttingen 1952, S. 253 - 301.

84. Rudolf Smend — Leben und Werk,
in: Rechtsprobleme in Staat und Kirche. Festschrift für Rudolf Smend zum 70. Geburtstag am 15. Januar 1952. Göttingen 1952, S. 433 - 443.

85.+ Auflösung des Staatskirchenrechts? Zu den Erörterungen der Vereinigung der deutschen Staatsrechtslehrer in Marburg am 17. Oktober 1952,
in: ZevKR 2 (1952/1953), S. 382 - 393.

1953

86. Beitritt der Bundesrepublik zur Europäischen Verteidigungsgemeinschaft und Grundgesetz. Rechtsgutachten vom 18. August 1952. 81 S.; abgedruckt in: Der Kampf um den Wehrbeitrag. 2. Halbband: Das Gutachtenverfahren (30. 7. - 15. 12. 1952). München 1953, S. 94 - 154 (Veröffentlichungen des Instituts für Staatslehre und Politik e. V. in Mainz. Bd. 2).

87. Karl Rauch †,
in: Juristenzeitung 1953, S. 580.

88. Deutsche Staatstradition und deutscher Osten,
in: Jahrbuch der Albertus-Universität zu Königsberg/Pr. Begr. von Friedrich Hoffmann. Hrsg. vom Göttinger Arbeitskreis. Bd. 3, Kitzingen 1953, S. 58 - 83.

89. Die Ratifikation der Verträge und die Wiedervereinigung,
in: Bulletin des Presse- und Informationsamtes der Bundesregierung, Bonn 1953, Nr. 35 vom 21. Februar 1953, S. 297 - 299; auch abgedruckt in: SBZ-Archiv, 4. Jg. (1953), S. 34 - 36.

90. Die Selbständigkeit und Einheit der Rechtspflege,
in: DÖV 1953, S. 517 - 525.

91. Art. 146 GG und das Problem der verfassunggebenden Gewalt, in: DÖV 1953, S. 581 - 585; auch abgedruckt in: Volkssouveränität und Staatssouveränität. Hrsg. von Hanns Kurz. Darmstadt 1970, S. 288 - 300 (Wege der Forschung. Bd. 28).

92.* Die institutionellen Garantien des Grundgesetzes, in: Recht, Staat, Wirtschaft. Hrsg. von Hermann Wandersleb, bearb. von Erich Traumann. Bd. 4, Düsseldorf 1953, S. 88 - 119.

93. Nationalismus und Staatsbewußtsein in Deutschland, in: Recht, Staat, Wirtschaft. Hrsg. von Hermann Wandersleb, bearb. von Erich Traumann. Bd. 4, Düsseldorf 1953, S. 341 - 352.

94. Erwin Jacobi zum siebenzigsten Geburtstag, in: AöR 79 (1953/1954), S. 369 - 370.

95. Anmerkung zum Urteil des Judicial Committee of the Privy Council vom 12. Januar 1953 in Sachen Schiffahrts-Treuhand G.m.b.H. u. a. gegen Procurator General, in: ArchVR 4 (1953/1954), S. 364 - 366.

96.+Die Nachprüfung kirchlicher Rechtshandlungen durch staatliche Gerichte. Zum Urteil des BGH vom 18. 2. 1954 (— Az. III ZR 311/52 —, BGHZ 12, S. 323 ff. = KirchE 2, S. 189 ff. = NJW 1954, S. 1284 f.), in: ZevKR 3 (1953/1954), S. 352 - 359.

97. Zweiseitige Handelsverträge und multilaterale Handelsvereinbarungen, in: Die Friedens-Warte, Bd. 52 (1953/55), S. 97 - 115.

98. Bundesstaatliche Kompetenzverteilung und Beitritt zur Europäischen Verteidigungsgemeinschaft. Zweites Rechtsgutachten vom 10. August 1953. 54, 6 S.; abgedruckt in: Der Kampf um den Wehrbeitrag. Ergänzungsband, München 1958, S. 330 - 362 (Veröffentlichungen des Instituts für Staatslehre und Politik e. V. in Mainz. Bd. 2).

1954

99. Die staatliche Intervention im Bereich der Wirtschaft. Rechtsformen und Rechtsschutz, in: VVDStRL 11 (1954), S. 1 - 74.

100. Artikel: Genfer Konventionen, in: Evangelisches Soziallexikon. Hrsg. von Friedrich Karrenberg. 1. Aufl. Stuttgart 1954, Sp. 407 - 408; 6. Aufl. Stuttgart - Berlin 1969, Sp. 470 -471.

101. Artikel: Gesetz und Gesetzgebung, in: Evangelisches Soziallexikon. Hrsg. von Friedrich Karrenberg. 1. Aufl. Stuttgart 1954, Sp. 427 - 429; 6. Aufl. Stuttgart - Berlin 1969, Sp. 498 - 499.

102. Artikel: Glaubens- und Gewissensfreiheit, in: Evangelisches Soziallexikon. Hrsg. von Friedrich Karrenberg. 1. Aufl. Stuttgart 1954, Sp. 446 - 447; 6. Aufl. Stuttgart - Berlin 1969, Sp. 522 - 524.

103. Artikel: Menschenrechte,
in: Evangelisches Soziallexikon. Hrsg. von Friedrich Karrenberg. 1. Aufl. Stuttgart 1954, Sp. 717 - 718; 6. Aufl. Stuttgart - Berlin 1969, Sp. 865 - 866.

104. Artikel: Staat (A. Geschichte des Staatsdenkens — B. Staatsformen der Gegenwart),
in: Evangelisches Soziallexikon. Hrsg. von Friedrich Karrenberg. 1. Aufl. Stuttgart 1954, Sp. 985 - 992; 6. Aufl. Stuttgart - Berlin 1969, Sp. 1180 bis 1187.

105. Artikel: Verfassung,
in: Evangelisches Soziallexikon. Hrsg. von Friedrich Karrenberg. 1. Aufl. Stuttgart 1954, Sp. 1067 - 1069; 6. Aufl. Stuttgart - Berlin 1969, Sp. 1286 bis 1289.

106. Toleranz,
in: Evangelische Welt. Informationsblatt für die Evangelische Kirche in Deutschland, 8. Jg. (1954), S. 561 - 563.

107. Die Abgrenzung der Enteignung,
in: DÖV 1954, S. 587 - 592.

108. Das Bundesverfassungsgericht und die Bindungskraft seiner Entscheidungen,
in: DÖV 1954, S. 641 - 647.

109. Der fehlende Friede,
in: Mensch und Staat in Recht und Geschichte. Festschrift für Herbert Kraus. Kitzingen/Main 1954, S. 190 - 206.

110. Grundlagen des staatlichen Bewußtseins in Deutschland,
in: Aus Politik und Zeitgeschichte. Beilage 31 zur Wochenzeitung „Das Parlament" vom 4. 8. 1954, S. 418 - 420.

111. Berufsständische Versorgungseinrichtungen und Grundgesetz. Rechtsgutachten,
in: Aktuelle Probleme der Versicherungswirtschaft vom Standpunkt der Versicherungswissenschaft betrachtet. Hrsg. von Walter Rohrbeck. Berlin 1954, S. 71 - 107.

112. Die Vereinten Nationen und die Stellung der Nichtmitglieder,
in: Völkerrechtliche und staatsrechtliche Abhandlungen. Carl Bilfinger zum 75. Geburtstag am 21. Januar 1954. Köln - Berlin 1954, S. 371 - 403 (Beiträge zum ausländischen öffentlichen Recht und Völkerrecht. Heft 29).

113. Grundlagen und Art der Enteignungsentschädigung,
in: Rudolf Reinhardt / Ulrich Scheuner, Verfassungsschutz des Eigentums. Zwei Abhandlungen. Tübingen 1954, S. 63 - 162.

114. Die völkerrechtlichen Grundlagen der Weltwirtschaft in der Gegenwart. Festvortrag,
in: Verhandlungen des vierzigsten Deutschen Juristentages. Bd. 2, Tübingen 1954, S. A 19 - A 65.

115. Das Recht auf Kriegsdienstverweigerung,
in: Der deutsche Soldat in der Armee von morgen. Wehrverfassung, Wehrsystem, Inneres Gefüge. München 1954, S. 251 - 281 (Veröffentlichungen des Instituts für Staatslehre und Politik e. V. Mainz. Bd. 4).

116. Bürgerfreiheit und Bürgersinn in den deutschen Städten,
in: Der Städtetag, N. F., 7. Jg. (1954), S. 329 - 334; auch abgedruckt in: Die Stadt und ihre Bürger. Referate und Arbeitsergebnisse der Hauptversammlung des Deutschen Städtetages in Stuttgart am 3. und 4. 6. 1954. Hrsg. von der Hauptgeschäftsstelle des Deutschen Städtetages. Stuttgart 1954, S. 7 - 24.

117. Urteil des Judicial Committee of the Privy Council vom 2. Dezember 1946 in Sachen Co-operative Committee on Japanese Canadians v. Attorney-General of Canada and another,
in: Jahrbuch für internationales Recht, Bd. 5 (1954), S. 102 - 112.

118. Die verfassungsrechtlichen Grundlagen der Familienrechtsreform,
in: Kirche im Volk. Heft 12: Ehe und Eherecht. Stuttgart 1954, S. 39 - 52; auch abgedruckt in: Familienrechtsreform. Dokumente und Abhandlungen. Hrsg. von Hans Dombois und Friedrich Karl Schumann. Witten/Ruhr 1955, S. 42 - 56 (Glaube und Forschung. Veröffentlichungen des Christophorusstiftes in Hemer. 8).

119. Das internationale Recht der Rheinschiffahrt und der nationale Binnenverkehr (Cabotage). Rechtsgutachten. Duisburg 1954, 70 S.; unter dem Titel „Rechtsfragen der Rheinschiffahrt" auch abgedruckt in: Herbert Kraus / Ulrich Scheuner, Rechtsfragen der Rheinschiffahrt. Zwei Rechtsgutachten. Frankfurt/M. 1956, S. 72 - 188 (deutsch und französisch).

1955

120. Die Einheit des deutschen Rechtsstandes und die Frage der juristischen Ausbildung,
in: DÖV 1955, S. 321 - 324.

121. Probleme der staatlichen Schadenshaftung nach deutschem Recht,
in: DÖV 1955, S. 545 - 550.

122. Rechtsgrundlagen des Hochschulrechts,
in: DVBl. 1955, S. 137 - 140.

123. Voraussetzungen und Verfahren der Wiedervereinigung Deutschlands,
in: Europa-Archiv 10 (1955), S. 8071 - 8080.

124. Der Bereich der Rundfunkfreiheit,
in: Rundfunk und Fernsehen, 3. Jg. (1955), H. 4, S. 353 - 358.

125. Wandlungen in dem Ansehen und der Stellung der Beamten in Deutschland,
in: Der Forst- und Holzwirt 10 (1955), Nr. 1, S. 3 - 4; auch abgedruckt in: Der Beamtenbund, 6. Jg. (1955), S. 45 - 46.

126. Zur Frage der Kriegsdienstverweigerung,
in: Evangelische Verantwortung, 3. Jg. (1955), Nr. 9, S. 6 - 10.

127. Grundfragen der Staatshaftung für schädigende Eingriffe,
in: Forschungen und Berichte aus dem öffentlichen Recht. Gedächtnisschrift für Walter Jellinek. Hrsg. von Otto Bachof, Martin Drath, Otto Gönnenwein, Ernst Walz. München 1955 (2., unveränd. Aufl. München 1962), S. 331 - 345 (Veröffentlichungen des Instituts für Staatslehre und Politik e. V. Mainz. Bd. 6).

128. Besteht eine völkerrechtliche Pflicht zum Ausbau internationaler Flüsse?,
in: Zeitschrift für Binnenschiffahrt, 82. Jg. (1955), S. 358 - 360.

1956

129. Verfassungsrechtliche Fragen zur Friedhofsgestaltung,
in: Arbeitsgemeinschaft Friedhof und Denkmal e. V. (Hrsg.), Jahrestagung in Erlangen und Nürnberg vom 20. bis 22. Juni 1956. Kassel: Geschäftsstelle der Arbeitsgemeinschaft Friedhof und Denkmal e. V., Ständeplatz 13, 1956, S. 76 - 80.

130.+Begriff und Entwicklung des Rechtsstaats,
in: Macht und Recht. Beiträge zur lutherischen Staatslehre der Gegenwart. Hrsg. von Hans Dombois und Erwin Wilkens. Berlin 1956, S. 76 bis 88.

131. Recht und Gerechtigkeit in der deutschen Rechtslehre der Gegenwart,
in: Recht und Institution. Eine Fortsetzung des Göttinger Gesprächs von 1949 über die christliche Begründung des Rechts. Hrsg. von Hans Dombois. Witten/Ruhr 1956, S. 34 - 54 (Glaube und Forschung. Veröffentlichungen des Christophorusstiftes in Hemer. 9).

132. Sovereignty and the United Nations (Domestic Jurisdiction),
in: The United Nations ten years' legal progress. Collection of essays. Les Nations Unies. Quelques problèmes juridiques. The Hague: Nederlandse Studentenvereniging voor Wereldrechtsorde 1956, S. 17 - 42.

133. Probleme der internationalen Abrüstung. Einführung,
in: Hermann Volle, Probleme der internationalen Abrüstung. Eine Darstellung der Bemühungen der Vereinten Nationen 1945 - 1955. Frankfurt/M. 1956, S. XI - XIX (Dokumente und Berichte des Europa-Archivs. Bd. 14).

134. Hat der Föderalismus versagt? Wandlungen im deutschen Verfassungsleben,
in: Die politische Meinung, 1. Jg. (1956), Heft 7, S. 31 - 38.

135. Die Rechtslage der Saarbergwerke. Rechtsgutachten. Herne 1956. 20 S.; auch abgedruckt in: Zeitschrift für Bergrecht, Bd. 97 (1956), S. 334 - 354.

136. Die Rechtslage der Saarbergwerke,
in: DVBl. 1956, S. 145 - 150.

137. Grundrechtsinterpretation und Wirtschaftsordnung. Zur Auslegung des Art. 12 Grundgesetz,
in: DÖV 1956, S. 65 - 70.

138. Die Frage der deutschen Wiedervereinigung nach den Genfer und Londoner Gesprächen,
in: Außenpolitik 7 (1956), S. 355 - 362.

139. Artikel: Staatsstreich,
in: Handwörterbuch der Sozialwissenschaften. Hrsg. von E. von Beckerath u. a. Bd. 9, Stuttgart, Tübingen, Göttingen 1956, S. 762 - 763.

140. Handwerksordnung und Berufsfreiheit. Rechtsgutachten. — Hrsg. vom Deutschen Handwerkskammertag. Alfeld/Leine 1956. 31 S.

141. Die Funktionsnachfolge und das Problem der staatsrechtlichen Kontinuität,
in: Vom Bonner Grundgesetz zur gesamtdeutschen Verfassung. Festschrift zum 75. Geburtstag von Hans Nawiasky. Hrsg. von Theodor Maunz. München 1956, S. 9 - 48.

142. Stellung und Einfluß der Verbände im heutigen Staat,
in: Der Güterverkehr. Lastkraftwagen — Zugmaschinen — Lieferwagen. Organ der Arbeitsgemeinschaften Güternah- und Güterfernverkehr, 5. Jg. (1956), S. 289 - 294.

143. Die Frage der Kriegsdienstverweigerung,
in: Evangelische Welt, 10. Jg. (1956), Nr. 2, S. 17 - 19.

1957

144. Rechtsgutachten über den Abschluß und Rechtsbestand des Konkordates zwischen dem Hl. Stuhle und dem Deutschen Reiche vom 20. Juli 1933. Erstattet am 12. September 1955,
in: Der Konkordatsprozeß. In Zusammenarbeit mit Hans Müller, hrsg. von Friedrich Giese und Friedrich August Frhr. von der Heydte. 2. Teilband, München 1957, S. 670 - 714 (Veröffentlichungen des Instituts für Staatslehre und Politik e. V. in Mainz. Bd. 7).

145. Die Zuständigkeit zur Verwaltung der Bundeswasserstraßen, unter besonderer Berücksichtigung des preußischen Einschränkungsgesetzes (Gemeinschaftsgutachten mit P. Gieseke). München 1957. 71 S. (Das Recht der Wasserwirtschaft. Veröffentlichungen des Instituts für das Recht der Wasserwirtschaft an der Universität Bonn, 1957, Heft 3).

146. Samuel Freiherr von Pufendorf 1632 - 1694,
in: Die Großen Deutschen. Hrsg. von Hermann Heimpel, Theodor Heuss und Benno Reifenberg. Bd. 5, Berlin 1957, S. 126 - 135.

147. Probleme der Hochschullehrerbesoldung,
in: Leo Brandt / Ulrich Scheuner / Eugen Flegler / Siegfried Strugger, Wissenschaft in Not. Köln - Opladen 1957, S. 15 - 20 (Arbeitsgemeinschaft für Forschung des Landes Nordrhein-Westfalen. Sonderheft).

148.+Der Staat und die intermediären Kräfte,
in: Zeitschrift für evangelische Ethik, 1. Jg. (1957), S. 30 - 39.

149.+Menschenrechte und christliche Existenz,
in: Verantwortung für den Menschen. Beiträge zur gesellschaftlichen Problematik der Gegenwart. Hrsg. von Friedrich Karrenberg und Joachim Beckmann. Stuttgart 1957, S. 112 - 124.

150. Artikel: Cäsaropapismus,
in: Die Religion in Geschichte und Gegenwart. Handwörterbuch für Theologie und Religionswissenschaft. 3. Aufl., Bd. 1, Tübingen 1957, Sp. 1582.

151. Artikel: Cura religionis,
in: Die Religion in Geschichte und Gegenwart. 3. Aufl., Bd. 1, Tübingen 1957, Sp. 1889 - 1890.

152. Die wissenschaftliche Pflege des Völkerrechts in der Bundesrepublik Deutschland,
in: Berichte der Deutschen Gesellschaft für Völkerrecht, Bd. 1 (1957), S. 80 - 97.

153. Zum Gedächtnis von Geh. Hofrat Prof. Dr. Richard Thoma (1874 - 1957),
in: NJW 1957, S. 1309.

154. Das parlamentarische Regierungssystem in der Bundesrepublik. Probleme und Entwicklungslinien,
in: DÖV 1957, S. 633 - 638; auch abgedruckt in: Strukturwandel der modernen Regierung. Hrsg. von Theo Stammen. Darmstadt 1967, S. 296 - 312 (Wege der Forschung. Bd. 119).

155. Requisitionsentschädigung und Aufopferungsanspruch,
in: DÖV 1957, S. 681 - 686.

156. Die Verfassung der Bundesrepublik — ein staatlicher Neubau,
in: Schicksalsfragen der Gegenwart. Handbuch politisch-historischer Bildung. Hrsg. vom Bundesministerium für Verteidigung. Bd. 2, Tübingen 1957, S. 7 - 44.

157. Referat,
in: Der Staat und die Verbände. Gespräch, veranstaltet vom Bundesverband der Deutschen Industrie in Köln am 27. März 1957, mit Referaten von Ulrich Scheuner und Werner Weber. Hrsg. von Wilhelm Beutler, Gustav Stein, Helmuth Wagner. Heidelberg 1957, S. 10 - 18.

158.+Die staatskirchenrechtliche Tragweite des niedersächsischen Kirchenvertrages von Kloster Loccum,
in: ZevKR 6 (1957/58), S. 1 - 37.

159.+Grundfragen einer kirchlichen Verwaltungsgerichtsbarkeit,
in: ZevKR 6 (1957/58), S. 337 - 364.

1958

160. Die kollektive Sicherung des Friedens im gegenwärtigen Völkerrecht,
in: Berichte der Deutschen Gesellschaft für Völkerrecht. Heft 2: Verhandlungen der Tagung der Gesellschaft in Heidelberg am 4. und 5. April 1957. Karlsruhe 1958, S. 1 - 25.

161. Eine internationale Sicherungsmacht im Dienste der Vereinten Nationen,
in: Festgabe für Alexander N. Makarov. Stuttgart 1958, S. 389 - 415 (ZaöRV 19 [1958]).

162.* Die Parteien und die Auswahl der politischen Leitung im demokratischen Staat. Zur verfassungsrechtlichen Stellung der Parteien,
in: DÖV 1958, S. 641 - 645; auch abgedruckt in: Beiträge zur allgemeinen Parteienlehre. Zur Theorie, Typologie und Vergleichung politischer Parteien. Hrsg. von Gilbert Ziebura. Darmstadt 1969, S. 107 - 123 (Wege der Forschung. Bd. 106).

163. Das Grundrecht der Berufsfreiheit,
in: DVBl. 1958, S. 845 - 849.

164. Zur Auslegung des Interalliierten Reparationsabkommens vom 14. 1. 1946,
in: Der Schutz des privaten Eigentums im Ausland. Festschrift für Hermann Janssen zum 60. Geburtstag. Hrsg. von Fritz Kränzlin und H. E. A. Müller. Heidelberg 1958, S. 135 - 147.

165. Die Gemeinverträglichkeit im Rahmen des Gemeingebrauchs und der Nutzung öffentlicher Sachen,
in: Beiträge zum Recht der Wasserwirtschaft und zum Energierecht. Festschrift zum 70. Geburtstag von Paul Gieseke. Karlsruhe 1958, S. 73 bis 93.

166. Öffentlichrechtliche Zusammenschlüsse der Jägerschaft. Rechtsgutachten, erstattet dem Deutschen Jagdschutzverband e. V. in Bonn. Vom 3. August 1958. Bonn 1958. 38 S.

167. Artikel: Episkopalismus. 2. In der ev. Kirche,
in: Die Religion in Geschichte und Gegenwart. 3. Aufl., Bd. 2, Tübingen 1958, Sp. 532 - 533.

168. Grundfragen der internationalen Gemeinschaft in einer Zeit des Überganges,
in: Zeitschrift für evangelische Ethik, 2. Jg. (1958), S. 257 - 270.

1959

169. Anmerkung zum Urteil des Bundesverwaltungsgerichts vom 3. 10. 1958 (Az.: VII C 235.57), BVerwGE 7, S. 242 = DÖV 1959, S. 261. Zur Frage des Vorliegens einer ernsthaften, zur Verweigerung des Wehrdienstes mit der Waffe berechtigenden Gewissensentscheidung,
in: DÖV 1959, S. 264 - 266.

170. Artikel: Recht. II. Theologische Begründung des Rechts,
in: Evangelisches Kirchenlexikon. Kirchlich-theologisches Handwörterbuch. Hrsg. von Heinz Brunotte und Otto Weber. Bd. 3, Göttingen 1959, Sp. 460 - 464.

171. Artikel: Recht. III. Rechtsphilosophie,
in: Evangelisches Kirchenlexikon. Kirchlich-theologisches Handwörterbuch. Hrsg. von Heinz Brunotte und Otto Weber. Bd. 3, Göttingen 1959, Sp. 465 - 471.

172. Artikel: Itio in partes,
in: Die Religion in Geschichte und Gegenwart. 3. Aufl., Bd. 3, Tübingen 1959, Sp. 960.

173. Artikel: Ius in sacra,
in: Die Religion in Geschichte und Gegenwart. 3. Aufl., Bd. 3, Tübingen 1959, Sp. 1076.

174.+Artikel: Kirche und Staat. 1 - 5,
in: Die Religion in Geschichte und Gegenwart. 3. Aufl., Bd. 3, Tübingen 1959, Sp. 1327 - 1336.

175. Artikel: Kirchenhoheit,
in: Die Religion in Geschichte und Gegenwart. 3. Aufl., Bd. 3, Tübingen 1959, Sp. 1439 - 1440.

176. Artikel: Kirchenregiment,
in: Die Religion in Geschichte und Gegenwart. 3. Aufl., Bd. 3, Tübingen 1959, Sp. 1520 - 1522.

177. Artikel: Kollegialismus,
in: Die Religion in Geschichte und Gegenwart. 3. Aufl., Bd. 3, Tübingen 1959, Sp. 1720 - 1721.

178.+Artikel: Evangelische Kirchenverträge,
in: Staatslexikon. Recht — Wirtschaft — Gesellschaft. Hrsg. von der Görres-Gesellschaft. 6. Aufl., Bd. 3, Freiburg i. Br. 1959, Sp. 171 - 177 und Bd. 9 (= Erster Ergänzungsband), Freiburg i. Br. 1969, Sp. 919 - 924.

179. Der sowjetische Friedensvertragsentwurf vom 10. 1. 1959,
in: Recht in Ost und West, 3. Jg. (1959), S. 89 - 101; auch abgedruckt in: Bulletin des Presse- und Informationsamtes der Bundesregierung, Bonn, Nrn. 125, 126, 127 und 128 vom 15., 16., 17. und 18. Juli 1959, S. 1283 bis 1285, 1293 - 1294, 1303 - 1305 und 1318 - 1320.

180. Der Soldat und die Politik,
in: Neue Zeitschrift für Wehrrecht, 1. Jg. (1959), S. 81 - 88.

181. Krieg und Kriegswaffen im heutigen Völkerrecht,
in: Atomzeitalter, Krieg und Frieden. Hrsg. von Günter Howe. Witten - Berlin 1959, S. 76 - 107.

182. Erfolge und Schwächen des erneuerten deutschen Föderalismus,
in: Schweizer Monatshefte, 39. Jahr, Heft 8 - November 1959, S. 722 - 732 (Sonderheft „Föderalismus in der heutigen Welt").

183.+Kirche und Staat in der neueren deutschen Entwicklung,
in: ZevKR 7 (1959/60), S. 225 - 273; auch abgedruckt in: Staat und Kirchen in der Bundesrepublik. Staatskirchenrechtliche Aufsätze 1950 - 1967. Hrsg. von Helmut Quaritsch und Hermann Weber. Bad Homburg v. d. H. - Berlin - Zürich 1967, S. 156 - 198.

1960

184. Artikel: Landeskirche,
in: Die Religion in Geschichte und Gegenwart. 3. Aufl., Bd. 4, Tübingen 1960, Sp. 222 - 223.

185.* Die neuere Entwicklung des Rechtsstaats in Deutschland,
in: Hundert Jahre deutsches Rechtsleben. Festschrift zum hundertjährigen Bestehen des Deutschen Juristentages 1860 - 1960. Hrsg. von Ernst von Caemmerer, Ernst Friesenhahn, Richard Lange. Bd. 2, Karlsruhe 1960, S. 229 - 262; auch abgedruckt in: Rechtsstaatlichkeit und Sozialstaatlichkeit. Aufsätze und Essays. Hrsg. von Ernst Forsthoff. Darmstadt 1968, S. 461 - 508 (Wege der Forschung. Bd. 118).

186. Die neuere Entwicklung des deutschen Staatsrechts,
in: Juristen-Jahrbuch. Hrsg. von Gerhard Erdsiek. Bd. 1, Köln-Marienburg 1960, S. 120 - 138.

187.* Die Aufgabe der Gesetzgebung in unserer Zeit,
in: Mitteilungen der Kommunalen Gemeinschaftsstelle für Verwaltungsvereinfachung (KGSt), Köln-Marienburg, Sonderdruck, Juni 1960, 11 S.; auch abgedruckt in: DÖV 1960, S. 601 - 611 und in: Wirtschaftliche öffentliche Verwaltung. Beiträge zu kostenbewußtem Denken. Hrsg. von Reinhard K. J. Badenhoop. Stuttgart 1961, S. 11 - 37 (Veröffentlichungen der Kommunalen Gemeinschaftsstelle für Verwaltungsvereinfachung).

188. Wandlungen und Entwicklungen in der Satzung der Vereinten Nationen,
in: Deutsche Gesellschaft für die Vereinten Nationen, Mitteilungsblatt Nr. 29 (Juni 1960), S. 10 - 14 und Nr. 30 (August 1960), S. 16 - 20.

189. Der Inhalt der Koalitionsfreiheit. Rechtsgutachten zur Verfassungsbeschwerde der IG Metall gegen das Urteil des BArbG v. 31. 10. 1958, er-

stattet dem Arbeitgeberverband Schleswig-Holstein, Kiel, im Januar 1960. Bergisch-Gladbach. 67 S.; auch abgedruckt in: Werner Weber / Ulrich Scheuner / Rolf Dietz, Koalitionsfreiheit. Drei Rechtsgutachten. Berlin - Frankfurt/M. 1961, S. 27 - 91.

190.* Hegel und die deutsche Staatslehre des 19. und 20. Jahrhunderts, in: Studium Berolinense. Gedenkschrift der Westdeutschen Rektorenkonferenz und der Freien Universität Berlin zur 150. Wiederkehr des Gründungsjahres der Friedrich-Wilhelms-Universität zu Berlin. Berlin 1960, S. 129 - 151.

191. Die Rechtsetzungsbefugnis internationaler Gemeinschaften, in: Völkerrecht und rechtliches Weltbild. Festschrift für Alfred Verdross. Hrsg. von Friedrich August Frhr. von der Heydte, Ignaz Seidl-Hohenveldern, Stephan Verosta, Karl Zemanek. Wien: Springer 1960, S. 229 - 242.

192. Die Einwirkung der verfassungsgerichtlichen Feststellung der Nichtigkeit von Rechtsnormen auf vorgängige Hoheitsakte. Zur „Rückwirkung" und „Vorwirkung" der Nichtigerklärung von Rechtsnormen, in: Der Betriebsberater 1960, S. 1253 - 1256.

193. Die nachkoloniale Epoche. Politische Probleme in den Entwicklungsländern Asiens und Afrikas, in: Aus Politik und Zeitgeschichte. Beilage 6 zur Wochenzeitung „Das Parlament" vom 10. Februar 1960, S. 93 - 100.

194. Politische Probleme der nachkolonialen Epoche in den Entwicklungsländern Asiens, in: Moderne Welt. Zeitschrift für vergleichende geistesgeschichtliche und sozialwissenschaftliche Forschung, 1960, Heft 1, S. 19 - 34.

195. Artikel: Beuterecht im Seekrieg, in: Wörterbuch des Völkerrechts. Begr. von Karl Strupp. In 2., völlig neu bearb. Aufl. hrsg. von Hans-Jürgen Schlochauer. Bd. 1, Berlin 1960, S. 199 - 201.

196. Artikel: Bundesrath- und Herzog-Fälle, in: Strupp / Schlochauer, Wörterbuch des Völkerrechts. 2. Aufl., Bd. 1, 1960, S. 258 - 259.

197. Artikel: Campione-Zwischenfall, in: Strupp / Schlochauer, Wörterbuch des Völkerrechts. 2. Aufl., Bd. 1, 1960, S. 264.

198. Artikel: Cash and Carry-Klausel, in: Strupp / Schlochauer, Wörterbuch des Völkerrechts. 2. Aufl., Bd. 1, 1960, S. 270 - 271.

199. Artikel: Donauversinkungs-Fall, in: Strupp / Schlochauer, Wörterbuch des Völkerrechts. 2. Aufl., Bd. 1, 1960, S. 396 - 397.

200. Artikel: Durchsuchung von Schiffen,
in: Strupp / Schlochauer, Wörterbuch des Völkerrechts. 2. Aufl., Bd. 1, 1960, S. 407 - 408.

201. Artikel: Friedensbedrohung,
in: Strupp / Schlochauer, Wörterbuch des Völkerrechts. 2. Aufl., Bd. 1, 1960, S. 570 - 572.

202. Artikel: Friedenssicherungsgedanke,
in: Strupp / Schlochauer, Wörterbuch des Völkerrechts. 2. Aufl., Bd. 1, 1960, S. 586 - 590.

203. Artikel: Friedensvertrag,
in: Strupp / Schlochauer, Wörterbuch des Völkerrechts. 2. Aufl., Bd. 1, 1960, S. 590 - 595.

1961

204. Ablauf und Bedeutung der Genfer Abrüstungskonferenz von 1960. Eine Einführung,
in: Die Genfer Abrüstungskonferenz von 1960. Ausgewählte Dokumente zu den Verhandlungen der Zehnmächte-Abrüstungskommission in Genf (März - Juni 1960). Zsgest. von Hermann Volle und Helga Haftendorn. Frankfurt/M. - Berlin 1961, S. IX - XVIII (Schriften des Forschungsinstituts der Deutschen Gesellschaft für Auswärtige Politik e. V. Bonn).

205. Die föderalistische Ordnung in den Vereinigten Staaten und der Schweizerischen Eidgenossenschaft,
in: Föderalistische Ordnung. Ansprachen und Referate der vom Bund Deutscher Föderalisten und vom Institut für Staatslehre und Politik e. V. am 9. und 10. März 1961 in Mainz veranstalteten staatswissenschaftlichen Arbeitstagung. Hrsg. von Adolf Süsterhenn. Koblenz 1961, S. 63 - 81; auch abgedruckt unter dem Titel: Die föderalistische Ordnung der USA und der Schweizer Eidgenossenschaft, in: Presseveröffentlichungen über den Bundesrat, Nr. 125 vom 16. 3. 1961, S. 58 - 91.

206. Artikel: Recursus ab abusu,
in: Die Religion in Geschichte und Gegenwart. 3. Aufl., Bd. 5, Tübingen 1961, Sp. 855 - 856.

207. Artikel: Reservatrechte,
in: Die Religion in Geschichte und Gegenwart. 3. Aufl., Bd. 5, Tübingen 1961, Sp. 1069.

208. Artikel: Völkerrecht,
in: Handwörterbuch der Sozialwissenschaften. Hrsg. von E. von Beckerath u. a. Bd. 11, Stuttgart, Tübingen, Göttingen 1961, S. 328 - 333.

209.* Das repräsentative Prinzip in der modernen Demokratie,
in: Verfassungsrecht und Verfassungswirklichkeit. Festschrift für Hans Huber. Bern: Stämpfli 1961, S. 222 - 246; abgedruckt auch in: Zur Theo-

rie und Geschichte der Repräsentation und Repräsentativverfassung. Hrsg. von Heinz Rauch. Darmstadt 1968, S. 386 - 418; auszugsweise abgedruckt in: Parlamentarismus. Hrsg. von Kurt Kluxen. Köln, Berlin 1967, S. 361 - 373; 2. Aufl. 1969, S. 361 - 373; 3. Aufl. 1971, S. 361 - 373.

210. Die Vertretung wirtschaftlicher Interessen in der Demokratie, in: Wirtschaftliche Interessen in der Demokratie. Vorträge und Referate. Hrsg. vom Deutschen Industrie- und Handelstag. Bonn 1961, S. 7 - 25 (Deutscher Industrie- und Handelstag. Schriftenreihe. Heft 73).

211. Aufgaben und Probleme des Verfassungsschutzes, in: Vorträge gehalten anläßlich der Hessischen Hochschulwochen für staatswissenschaftliche Fortbildung (24. bis 30. April 1960 in Bad Wildungen). Bd. 31, Bad Homburg v. d. H. - Berlin - Zürich 1961, S. 21 - 52.

212. Die neuen Hochschulverfassungen in Nordrhein-Westfalen, in: Mitteilungen des Hochschulverbandes, Bd. 9 (1961), S. 125 - 133.

213. Die Bundesrepublik Deutschland, ein Provisorium? (Diskussionsbeitrag in der Sendereihe „Unteilbares Deutschland" des Westdeutschen Rundfunks und des Senders Freies Berlin am 4. 2. 1961), in: Monatsschrift der Vereinigung Deutscher Auslandsbeamten e. V., 24. Jg. (1961), S. 76 - 78.

214.+Der Schutz der Gewissensfreiheit im Recht der Kriegsdienstverweigerer, in: DÖV 1961, S. 201 - 205.

215. Europe and the United Nations, in: Annuaire Européen/European Yearbook, Vol. 8 (1961), S. 67 - 90 (in englischer Sprache: S. 67 - 82, in französischer Sprache: S. 82 - 90).

216. Artikel: Internationale Streitmacht, in: Wörterbuch des Völkerrechts. Begr. von Karl Strupp. In 2., völlig neu bearb. Aufl. hrsg. von Hans-Jürgen Schlochauer. Bd. 2, Berlin 1961, S. 91 - 93.

217. Artikel: Kaperei, in: Strupp / Schlochauer, Wörterbuch des Völkerrechts. 2. Aufl., Bd. 2, 1961, S. 190 - 192.

218. Artikel: Kollektivaktion, in: Strupp / Schlochauer, Wörterbuch des Völkerrechts. 2. Aufl., Bd. 2, 1961, S. 238 - 239.

219. Artikel: Kollektive Selbstverteidigung, in: Strupp / Schlochauer, Wörterbuch des Völkerrechts. 2. Aufl., Bd. 2, 1961, S. 239 - 242.

220. Artikel: Kollektive Sicherheit, in: Strupp / Schlochauer, Wörterbuch des Völkerrechts. 2. Aufl., Bd. 2, 1961, S. 242 - 251.

221. Artikel: Konterbanderecht,
in: Strupp / Schlochauer, Wörterbuch des Völkerrechts. 2. Aufl., Bd. 2, 1961, S. 290 - 293.

222. Artikel: Kriegsschiffe in neutralen Gewässern,
in: Strupp / Schlochauer, Wörterbuch des Völkerrechts. 2. Aufl., Bd. 2, 1961, S. 366 - 367.

223. Artikel: Kursanweisung,
in: Strupp / Schlochauer, Wörterbuch des Völkerrechts. 2. Aufl., Bd. 2, 1961, S. 385.

224. Artikel: Neutrale Gewässer,
in: Strupp / Schlochauer, Wörterbuch des Völkerrechts. 2. Aufl., Bd. 2, 1961, S. 583 - 586.

225. Artikel: Neutralisation,
in: Strupp / Schlochauer, Wörterbuch des Völkerrechts. 2. Aufl., Bd. 2, 1961, S. 586 - 590.

226. Artikel: Neutralität,
in: Strupp / Schlochauer, Wörterbuch des Völkerrechts. 2. Aufl., Bd. 2, 1961, S. 590 - 596.

227. Artikel: Neutralität, Bewaffnete,
in: Strupp / Schlochauer, Wörterbuch des Völkerrechts. 2. Aufl., Bd. 2, 1961, S. 596 - 597.

228. Artikel: Neutralitätsgesetze,
in: Strupp / Schlochauer, Wörterbuch des Völkerrechts. 2. Aufl., Bd. 2, 1961, S. 597 - 599.

229. Artikel: Neutralitätsrechte und -pflichten im Seekrieg,
in: Strupp / Schlochauer, Wörterbuch des Völkerrechts. 2. Aufl., Bd. 2, 1961, S. 601 - 607.

230. Artikel: Neutralitätswidrige Dienste,
in: Strupp / Schlochauer, Wörterbuch des Völkerrechts. 2. Aufl., Bd. 2, 1961, S. 607 - 608.

231. Artikel: Pariser Seerechtsdeklaration von 1856,
in: Strupp / Schlochauer, Wörterbuch des Völkerrechts. 2. Aufl., Bd. 2, 1961, S. 739 - 740.

232. Artikel: Prisenhof,
in: Strupp / Schlochauer, Wörterbuch des Völkerrechts. 2. Aufl., Bd. 2, 1961, S. 793.

233. Artikel: Prisenrecht,
in: Strupp / Schlochauer, Wörterbuch des Völkerrechts. 2. Aufl., Bd. 2, 1961, S. 794 - 802.

1962

234.+Rechtsgrundlagen der Beziehungen von Kirche und Staat, in: Kirche und Staat. Gespräch über Kirche und Staat am 14. und 15. Oktober 1961 in Arnoldshain. Frankfurt/M. 1962, S. 5 - 20 (Veröffentlichung Nr. 47 der Evangelischen Akademie in Hessen und Nassau).

235.+Artikel: Staatskirche, in: Die Religion in Geschichte und Gegenwart. 3. Aufl., Bd. 6, Tübingen 1962, Sp. 314 - 316.

236. Artikel: Summepiskopat, in: Die Religion in Geschichte und Gegenwart. 3. Aufl., Bd. 6, Tübingen 1962, Sp. 525 - 526.

237. Artikel: Territorialismus, in: Die Religion in Geschichte und Gegenwart. 3. Aufl., Bd. 6, Tübingen 1962, Sp. 692.

238. Artikel: Zirkumskriptionsbulle, in: Die Religion in Geschichte und Gegenwart. 3. Aufl., Bd. 6, Tübingen 1962, Sp. 1918.

239. Artikel: Triepel (Heinrich), in: Staatslexikon. Hrsg. von der Görres-Gesellschaft. 6. Aufl., Bd. 7, Freiburg i. Br. 1962, Sp. 1044 - 1045.

240.* Struktur und Aufgabe des Bundesstaates in der Gegenwart. Zur Lehre vom Bundesstaat, in: DÖV 1962, S. 641 - 648.

241.* Das Wesen des Staates und der Begriff des Politischen in der neueren Staatslehre, in: Staatsverfassung und Kirchenordnung. Festgabe für Rudolf Smend zum 80. Geburtstag am 15. Januar 1962. Hrsg. von Konrad Hesse, Siegfried Reicke, Ulrich Scheuner. Tübingen 1962, S. 225 - 260.

242. Erfahrungen und Probleme des geltenden Beamtenrechts für die politische Stellung des Beamten, in: Ulrich Scheuner / Hans Joachim von Merkatz, Die politischen Pflichten und Rechte des deutschen Beamten. Öffentlicher Dienst zwischen Parteiung und Staatsräson. Baden-Baden 1962, S. 15 - 33 (Deutsches Berufsbeamtentum. Heft 4).

243. Verfassungsgerichtsbarkeit. Diskussionsbeitrag, in: Verfassungsgerichtsbarkeit in der Gegenwart. Länderberichte und Rechtsvergleichung. Internationales Kolloquium, veranstaltet vom Max-Planck-Institut für ausländisches öffentliches Recht und Völkerrecht. Heidelberg 1961. Köln - Berlin 1962, S. 834 - 839 (Beiträge zum ausländischen öffentlichen Recht und Völkerrecht. 36); auch abgedruckt in: Verfassungsgerichtsbarkeit. Hrsg. von Peter Häberle. Darmstadt 1976, S. 278 - 284 (Wege der Forschung. Bd. 495).

244. Gemeindeverfassung und kommunale Aufgabenstellung in der Gegenwart,
in: Archiv für Kommunalwissenschaften 1 (1962), S. 149 - 178.

245. Ius gentium and the Present Development of International Law,
in: Volkenrechtelijke Opstellen. Festschrift für Gesina Hermina Johanna van der Molen. Kampen: J. H. Kok N. V. 1962, S. 123 - 136.

246. Sicherheit und Neutralität als Elemente der sovetischen Außenpolitik (1917 - 1960),
in: Forschungen zur osteuropäischen Geschichte. Bd. 8, Berlin 1962, S. 299 - 319.

247. Rudolf Smend zum 80. Geburtstag,
in: Juristenzeitung 1962, S. 183 - 185.

248. Staatsrechtliche Probleme einer Verteidigung der Bundesrepublik,
in: Wehrwissenschaftliche Rundschau, 12. Jg. (1962), S. 196 - 207.

249. Internationale Angelegenheiten,
in: Ökumenische Rundschau, 11. Jg. (1962), S. 65 - 74.

250. Der Dienst der Ökumene an der Welt,
in: Lutherische Monatshefte, 1. Jg. (1962), S. 218 - 229.

251. Artikel: Rhein,
in: Wörterbuch des Völkerrechts. Begr. von Karl Strupp. In 2., völlig neu bearb. Aufl. hrsg. von Hans-Jürgen Schlochauer. Bd. 3, Berlin 1962, S. 117 - 124.

252. Artikel: Schiffahrt-Treuhand v. Procurator-General-Fall,
in: Strupp / Schlochauer, Wörterbuch des Völkerrechts. 2. Aufl., Bd. 3, 1962, S. 208 - 209.

253. Artikel: Seekriegsrecht,
in: Strupp / Schlochauer, Wörterbuch des Völkerrechts. 2. Aufl., Bd. 3, 1962, S. 229 - 237.

254. Völkerrechtsgeschichte. IV. Neueste Entwicklung (seit 1914),
in: Strupp / Schlochauer, Wörterbuch des Völkerrechts. 2. Aufl., Bd. 3, 1962, S. 744 - 761.

1963

255. Meinungsfreiheit und Pressefreiheit in der Bundesrepublik Deutschland,
in: Deutsche Sektion der Internationalen Juristen-Kommission. Vorträge der Tagungen des Jahres 1963 in Bad Neuenahr und Paris. Frankfurt/M. 1963, S. 37 - 54.

256.* Artikel: Verfassung,
in: Staatslexikon. Hrsg. von der Görres-Gesellschaft. 6. Aufl., Bd. 8, Freiburg i. Br. 1963, Sp. 117 - 127.

257. Der Einfluß des französischen Verwaltungsrechts auf die deutsche Rechtsentwicklung,
in: DÖV 1963, S. 714 - 719.

258. Gegenstand und Träger des Verfassungsschutzes,
in: Bayerische Verwaltungsblätter 1963, S. 65 - 68.

259. Der Schutz der Menschenrechte in der internationalen Gemeinschaft,
in: Aus Politik und Zeitgeschichte. Beilage 35/36 zur Wochenzeitung „Das Parlament" vom 4. September 1963, S. 3 - 18.

260. Hochschule und Landesverteidigung,
in: Wehrwissenschaftliche Rundschau, 13. Jg. (1963), S. 679 - 684.

261. Verfassungsrechtliche Grundlagen der staatlichen Wirtschaftspolitik,
in: Vierzigste Hauptversammlung der Gesellschaft von Freunden und Förderern der Rheinischen Friedrich-Wilhelms-Universität zu Bonn e. V. am 6. Juli 1963. Bonn, S. 21 - 38.

262. Europa und das Problem seines Zusammenschlusses,
in: Weltgeschichte der Gegenwart. Hrsg. von Felix von Schroeder. Bd. 2: Die Erscheinungen und Kräfte der modernen Welt. Bern und München: Francke 1963, S. 160 - 178.

263. Erik Wolf. Ordnung der Kirche,
in: ZevKR 10 (1963/64), S. 46 - 60.

264. Hans Dombois. Das Recht der Gnade,
in: ZevKR 10 (1963/64), S. 61 - 74.

1964

265. Artikel: v. Pufendorf, Samuel,
in: Handwörterbuch der Sozialwissenschaften. Hrsg. von E. von Beckerath u. a. Bd. 8, Stuttgart, Tübingen, Göttingen 1964, S. 658 - 659.

266. Artikel: Regierung,
in: Handwörterbuch der Sozialwissenschaften. Hrsg. von E. von Beckerath u. a. Bd. 8, Stuttgart, Tübingen, Göttingen 1964, S. 781 - 784.

267. Die Verantwortung der Kirche in der Demokratie,
in: Die Mitarbeit. Evangelische Monatshefte zur Gesellschaftspolitik, 13. Jg. (1964), S. 241 - 247.

268. Sozialethische Fragen zur internationalen Ordnung der Gegenwart. Referat, gehalten bei der Tagung „Die Rechtsprobleme der Zeit und die Botschaft der Kirche" vom 23. bis 26. Oktober 1963,
in: ANSTÖSSE. Berichte aus der Arbeit der Evangelischen Akademie Hofgeismar, Nr. 2/3 (Mai) 1964, S. 101 - 107.

269. Die rechtsstaatliche Ordnung des Grundgesetzes,
in: Der Rechtsstaat — Angebot und Aufgabe. Eine Anfrage an Theologie und Christenheit heute. In Verbindung mit Theo Immer und Karl

Linke, hrsg. von Ernst Wolf. München 1964, S. 11 - 27 (Theologische Existenz heute. N. F., Nr. 119).

270. Die großen Friedensschlüsse als Grundlage der europäischen Staatenordnung zwischen 1648 und 1815,
in: Spiegel der Geschichte. Festgabe für Max Braubach zum 10. April 1964. Hrsg. von Konrad Repgen und Stephan Skalweit. Münster/Westf. 1964, S. 220 - 250.

271. Abrüstung und Rüstungskontrolle in der internationalen Politik. Einführung,
in: Hermann Volle und Claus-Jürgen Duisberg, Probleme der internationalen Abrüstung. Die Bemühungen der Vereinten Nationen um internationale Abrüstung und Sicherheit 1945 - 1961. Bd. 1/I, Frankfurt/M. - Berlin 1964, S. XV - XLVII.

272. Christliche Verantwortung gegenüber den neuen Mitgliedern der Staatengemeinschaft,
in: Ökumenische Rundschau, 13. Jg. (1964), S. 312 - 323.

273. Zur Neuregelung der Nebentätigkeit der Hochschullehrer,
in: Mitteilungen des Hochschulverbandes, Bd. 12 (1964), S. 220 - 227.

274. Die Grundrechte der Europäischen Menschenrechts-Konvention in ihrer Anwendung durch die Organe der Konvention,
in: Festschrift für Hermann Jahrreiß zu seinem siebzigsten Geburtstag. Hrsg. von Karl Carstens und Hans Peters. Köln - Berlin - Bonn - München 1964, S. 355 - 384.

1965

275.* Artikel: Staat,
in: Handwörterbuch der Sozialwissenschaften. Hrsg. von E. von Beckerath u. a. Bd. 12, Stuttgart, Tübingen, Göttingen 1965, S. 653 - 664.

276. Der Staatsgedanke Preußens. Köln - Graz 1965. 52 S. (Studien zum Deutschtum im Osten. Heft 2).

277.* Pressefreiheit,
in: VVDStRL 22 (1965), S. 1 - 100.

278. Die Förderung der Vermögensbildung der Arbeitnehmer und das Verfassungsrecht. Rechtsgutachten,
in: Bundesarbeitsblatt 1965, S. 666 - 686.

279. Fünfzig Jahre Völkerrecht,
in: Fünfzig Jahre Institut für Internationales Recht an der Universität Kiel. Hamburg 1965, S. 35 - 69; auch veröffentlicht unter dem Titel: 50 Jahre Völkerrecht, in: Jahrbuch für internationales Recht, Bd. 12 (1965), S. 11 - 41.

280. Gegensätze der deutschen und der französischen Europa-Politik, in: Europa-Archiv 20 (1965), S. 8 - 14.

281. Die Meinungsbildung in der Demokratie, in: Die Mitarbeit. Zeitschrift für Gesellschafts- und Kulturpolitik, 14. Jg. (1965), S. 1 - 11.

282. Die Stellung der Streitkräfte im modernen Völkerrecht, in: Bundeswehr und Recht. Eine Sammlung von Referaten von Adolf Schüle, Ulrich Scheuner, Hans-Heinrich Jeschek. Köln - Berlin - Bonn - München 1965, S. 27 - 62.

283. Verfassungsrechtliche Probleme einer zentralen staatlichen Planung, in: Planung I. Recht und Politik der Planung in Wirtschaft und Gesellschaft. Hrsg. von Joseph H. Kaiser. Baden-Baden 1965, S. 67 - 89.

284. Vom Nutzen der Diskontinuität zwischen Legislaturperioden, in: DÖV 1965, S. 510 - 513.

285. Bildungsplanung und ihre Rechtsgrundlagen, in: DÖV 1965, S. 541 - 546.

286.* Politische Repräsentation und Interessenvertretung, in: DÖV 1965, S. 577 - 581.

287. Erwin Jacobi †, in: DÖV 1965, S. 620.

288. Zum Stand der Neuregelung der Nebentätigkeit der Hochschullehrer, in: Mitteilungen des Hochschulverbandes, Bd. 13 (1965), S. 96 - 100.

289. Diskussionsbeitrag, in: Sir Ivor Jennings, Die Umwandlung von Geschichte in Gesetz. Köln - Opladen 1965, S. 29 - 33 (Arbeitsgemeinschaft für Forschung des Landes Nordrhein-Westfalen. Geisteswissenschaften. Heft 101).

1966

290. Das Amt des Bundespräsidenten als Aufgabe verfassungsrechtlicher Gestaltung. Tübingen 1966. 78 S. (Veröffentlichung des Theodor Heuss Archivs).

291. Die Verwaltungsreform und die bürgerschaftliche Mitwirkung in der Selbstverwaltung, in: Die Gemeinde. Zeitschrift für die schleswig-holsteinische Selbstverwaltung, 18. Jg. (1966), Heft 3, S. 65 - 70; auch abgedruckt in: Der Gemeinderat. Zeitschrift für die kommunale Selbstverwaltung in Nordrhein-Westfalen, 20. Jg. (1966), Heft 6, S. 82 - 87.

292. Die Vertretung des Unternehmers in der Demokratie, in: Junioren-Tagung 1965 des Wirtschaftsverbandes EBM (Eisen, Blech und Metall verarbeitende Industrie e. V.). Vorträge. Düsseldorf 1966, S. 5 - 20.

293.* Die Garantie des Eigentums in der Geschichte der Grund- und Freiheitsrechte,
in: Ulrich Scheuner / Emil Küng, Der Schutz des Eigentums. Untersuchungen zu Artikel 14 des Grundgesetzes für die Bundesrepublik Deutschland. Hannover 1966, S. 5 - 47 (Schriftenreihe der Niedersächsischen Landeszentrale für Politische Bildung. Verfassungsrecht und Verfassungswirklichkeit. 3).

294.* Politische Koordination in der Demokratie,
in: Die moderne Demokratie und ihr Recht. Modern Constitutionalism and Democracy. Festschrift für Gerhard Leibholz zum 65. Geburtstag. Hrsg. von Karl Dietrich Bracher, Christopher Dawson, Willi Geiger, Rudolf Smend unter Mitwirkung von Hans-Justus Rinck. Bd. 2: Staats- und Verfassungsrecht. Tübingen 1966, S. 899 - 922.

295. Artikel: Auswärtige Gewalt,
in: Evangelisches Staatslexikon. Hrsg. von Hermann Kunst und Siegfried Grundmann in Verbindung mit Wilhelm Schneemelcher und Roman Herzog. 1. Aufl. Stuttgart - Berlin 1966, Sp. 103 - 105; 2. Aufl. Stuttgart - Berlin 1975, Sp. 109 - 111.

296. Artikel: Europa,
in: Evangelisches Staatslexikon. 1. Aufl. Stuttgart - Berlin 1966, Sp. 449 bis 454; 2. Aufl. Stuttgart - Berlin 1975, Sp. 577 - 581.

297. Artikel: Hegemonie,
in: Evangelisches Staatslexikon. 1. Aufl. Stuttgart - Berlin 1966, Sp. 751 bis 753; 2. Aufl. Stuttgart - Berlin 1975, Sp. 958 - 960.

298.+ Artikel: Konkordat,
in: Evangelisches Staatslexikon. 1. Aufl. Stuttgart - Berlin 1966, Sp. 1124 - 1130; 2. Aufl. Stuttgart - Berlin 1975, Sp. 1365 - 1370.

299. Einführung,
in: Heinz Dröge / Fritz Münch / Ellinor von Puttkamer, Die Bundesrepublik Deutschland und die Vereinten Nationen. München 1966, S. 1 - 8 (Schriften des Forschungsinstituts der Deutschen Gesellschaft für Auswärtige Politik e. V. Bonn. Bd. 23).

300. Die Kirche im säkulären Staat,
in: Evangelische Welt, 20. Jg. (1966), S. 642 - 646.

301.+ Die Stellung des Ökumenischen Rates im internationalen Leben,
in: Zeugnis und Dienst im Spannungsfeld der Zeit. Beiträge aus der Evangelischen Kirche der Union zum sechzigsten Geburtstag von Franz-Reinhold Hildebrandt. Hrsg. von Oskar Söhngen und Günter Heidtmann. Beiheft der Evangelischen Kirchenzeitung „Kirche in der Zeit". Düsseldorf 1966, S. 44 - 51.

302.+Auseinandersetzungen und Tendenzen im deutschen Staatskirchenrecht. Kirchenverträge und Gesetz, Kirchensteuern, Gemeinschaftsschule, Religionsfreiheit,
in: DÖV 1966, S. 145 - 153.

303.* Wandlungen im Föderalismus der Bundesrepublik,
in: DÖV 1966, S. 513 - 520.

304. Professor Dr. Dr. h. c. Hans Peters †,
in: NJW 1966, S. 440 - 441.

305. Probleme der gegenwärtigen Entwicklung des Völkerrechts,
in: Entwicklungstendenzen des Völkerrechts. Internationales Kolloquium vom 25. - 27. September 1965. Hrsg. von der Evangelischen Akademie Loccum. Loccum 1966, S. 5 - 25 (Loccumer Protokolle 17/1965).

306. Auftrag der Kirche in der Gesellschaft ist unverändert. Bedeutung der Kirche im säkulären Staat,
in: Evangelischer Pressedienst 1966, Nr. 243, S. 4.

1967

307. Stellung und Aufgaben kommunaler Regionalverbände,
in: Die Verwaltungsregion. Aufgaben und Verfassung einer neuen Verwaltungseinheit. Bericht über ein internationales Kolloquium. Stuttgart 1967, S. 11 - 34 mit Zwischenergebnis S. 78 - 79 und Schlußwort S. 128 bis 132 (Schriftenreihe des Vereins für Kommunalwissenschaften e. V. Berlin. Bd. 16).

308. Nichtstaatliche Organisationen und Gruppen im soziologischen und rechtlichen Aufbau der heutigen internationalen Ordnung,
in: Jahrbuch der Arbeitsgemeinschaft für Forschung des Landes Nordrhein-Westfalen 1966. Köln - Opladen 1967, S. 573 - 599.

309. Neuorientierungen im Verhältnis von Kirche und Staat,
in: Lutherische Monatshefte, 6. Jg. (1967), S. 272 - 278; Kurzthesen daraus auch abgedruckt in: Evangelische Welt, 21. Jg. (1967), S. 288 - 289.

310. Thesen zum Verhältnis von Kirche und Staat. Neun Thesen über das Verhältnis von Kirche und Staat in der Bundesrepublik. Vorgetragen und entfaltet auf dem zwölften Evangelisch-Katholischen Publizistentreffen in Königstein (Taunus) vom 28. 4. - 1. 5. 1967,
in: Kirche in der Zeit. Evangelische Kirchenzeitung, 22. Jg., Düsseldorf 1967, S. 282 - 283.

311.+Zum Schutz der karitativen Tätigkeit nach Art. 4 GG. Rechtsgutachten vom 19. September 1967. 13 S.

312.+Wie soll eine Landeskirche geordnet werden? Überlegungen zur landeskirchlichen Situation,
in: Zeitwende. Die Neue Furche, 38. Jg., Hamburg 1967, S. 366 - 390.

313.+Die Kirche im säkulären Staat,
in: Im Lichte der Reformation. Fragen und Antworten. Jahrbuch des Evangelischen Bundes. Bd. 10, Göttingen 1967, S. 5 - 33; unter demselben Titel auszugsweise abgedruckt in: Universitas. Zeitschrift für Wissenschaft, Kunst und Literatur, 23. Jg. (1968), S. 1279 - 1289.

314. Conflict of Treaty Provisions with a Peremptory Norm of General International Law and its Consequences. Comments on Arts. 50, 61 and 67 of the ILC's 1966 Draft Articles on the Law of Treaties,
in: ZaöRV 27 (1967), S. 520 - 532.

315. Decisions ex aequo et bono by International Courts and Arbitral Tribunals,
in: International Arbitration. Liber amicorum for Martin Domke. Edited by Pieter Sanders. The Hague: Nijhoff 1967, S. 275 - 288.

316. Deutsch-französische Zusammenarbeit nach dem Regierungswechsel in Bonn. Deutsche Aspekte,
in: Europa-Archiv 22 (1967), S. 165 - 168.

317.* Voraussetzungen und Form der Errichtung öffentlicher Körperschaften (außerhalb des Kommunalrechts),
in: Gedächtnisschrift Hans Peters. Hrsg. von Hermann Conrad, Hermann Jahrreiß, Paul Mikat, Hermann Mosler, Hans Carl Nipperdey, Jürgen Salzwedel. Berlin - Heidelberg - New York 1967, S. 797 - 821.

318. Die Anwendung des Art. 48 der Weimarer Reichsverfassung unter den Präsidentschaften von Ebert und Hindenburg,
in: Staat, Wirtschaft und Politik in der Weimarer Republik. Festschrift für Heinrich Brüning. Hrsg. von Ferdinand A. Hermens und Theodor Schieder. Berlin 1967, S. 249 - 286.

319. Vergleich der Rechtsprechung der nationalen Gerichte mit der Rechtsprechung der Konventionsorgane bezüglich der nicht verfahrensmäßigen Rechte der Europäischen Menschenrechtskonvention,
in: Menschenrechte im Staats- und im Völkerrecht. Vorträge und Diskussionen des Zweiten Internationalen Kolloquiums über die Europäische Konvention zum Schutze der Menschenrechte und Grundfreiheiten (Wien, 18. bis 20. Oktober 1965). Hrsg. von der Rechts- und staatswissenschaftlichen Fakultät an der Universität Wien. Karlsruhe 1967, S. 195 - 237. — In englischer Sprache unter dem Titel: Comparison of the jurisprudence of national courts with that of the organs of the Convention as regards other rights, in: Human Rights in National and International Law. The proceedings of the Second International Conference on the European Convention on Human Rights held in Vienna under the auspices of the Council of Europe and the University of Vienna, 18 - 20 October 1965. Edited by A. H. Robertson. Manchester: University Press; Dobbs Ferry: Oceana Publications 1968, S. 214 - 266. — In französischer Sprache unter dem Titel: Confrontation de la jurispru-

dence des tribunaux nationaux avec la jurisprudence des organes de la convention en ce qui concerne les droits autres que les droits judiciaires, in: Les droits de l'homme en droit interne et en droit international. Actes du 2e colloque international sur la Convention Européenne des Droits de l'Homme (Vienne 18 - 20 octobre 1965). Bruxelles: Presses universitaires 1968, S. 347 - 410.

320. Rudolf Smend zum 85. Geburtstag,
in: DÖV 1967, S. 47.

321. Der Entwurf des Parteiengesetzes. Zu der Stellungnahme von Politologen der Freien Universität Berlin,
in: DÖV 1967, S. 343 - 345.

322.+Die Religionsfreiheit im Grundgesetz,
in: DÖV 1967, S. 585 - 593; auch abgedruckt in: Zur Geschichte der Toleranz und Religionsfreiheit. Hrsg. von Heinrich Lutz. Darmstadt 1977, S. 372 - 400 (Wege der Forschung. Bd. 246).

323. Ernst Forsthoff 65 Jahre,
in: DÖV 1967, S. 628 - 629.

324. „Umfrage zur Großen Koalition" — Antwort,
in: Zeitschrift für Politik, N. F., 14. Jg. (1967), S. 394 - 396.

325. Die Wandlungen der westlichen Sicherheitspolitik und ihre Auswirkungen auf die Deutschland-Frage,
in: Information für die Truppe, Köln 1967, Beilage 3, S. 33 - 47.

1968

326. Aktive Entwicklungspolitik und soziale Gerechtigkeit,
in: Lutherische Monatshefte, 7. Jg. (1968), S. 446 - 470.

327. Zum Jahre der Menschenrechte,
in: Lutherische Monatshefte, 7. Jg. (1968), S. 616 - 619.

328.+Die Beschlüsse des Weseler Konvents in ihrer Auswirkung auf die Entwicklung der Kirchenordnung in Rheinland-Westfalen,
in: Weseler Konvent 1568 - 1968. Eine Jubiläumsschrift. Düsseldorf 1968, S. 163 - 191 (Schriften des Vereins für Rheinische Kirchengeschichte. Nr. 29).

329.+Wandlungen im Staatskirchenrecht in der Bundesrepublik Deutschland,
in: Dieter Stoodt / Ulrich Scheuner, Staat und Kirche in der Bundesrepublik. Frankfurt/M. 1968, S. 27 - 59 (Schriften der Evangelischen Akademie in Hessen und Nassau. Heft 77).

330.+Der Dienst in der kirchlichen Verwaltung. Festvortrag zur Hundertjahrfeier des Landeskirchenamts in Kiel. Kiel 1968, S. 7 - 27.

331.+Kirchenverträge in ihrem Verhältnis zu Staatsgesetz und Staatsverfassung,
in: Festschrift für Erich Ruppel zum 65. Geburtstag. Hrsg. von Heinz Brunotte, Konrad Müller und Rudolf Smend unter Mitwirkung von Klaus Bielitz und Johann Frank. Hannover, Berlin und Hamburg 1968, S. 312 - 328.

332. Rechtliche Voraussetzungen der Bildungsplanung im Bereich der Wissenschaft,
in: Festschrift für Leo Brandt zum 60. Geburtstag. Hrsg. von Josef Meixner und Gerhard Kegel. Köln - Opladen 1968, S. 613 - 631.

333. Parteiengesetz und Verfassungsrecht,
in: DÖV 1968, S. 88 - 94.

334.* Privatwirtschaftliche Struktur und öffentliche Aufgaben der Presse,
in: ZV + ZV. Das Organ für Presse + Werbung, 65. Jg. (1968), Nr. 2 vom 12. Januar 1968, S. 31 - 36 auch abgedruckt in: Archiv für Presserecht, 1968, Nr. 22, S. 725 - 730.

335. An investigation of the influence of the European Convention on Human Rights and Fundamental Freedoms on national legislation and practice,
in: International Protection of Human Rights. Proceedings of the Seventh Nobel Symposium — Oslo, September 25 - 27, 1967. Edited by Asbjörn Eide and August Schou. Stockholm 1968, S. 193 - 215.

336. Gewandeltes Verhältnis zwischen Staat und Kirche,
in: Evangelischer Pressedienst 1968, Nr. 55 vom 5. 3. 1968, S. 5.

337. Parlamentarisches Regierungssystem oder Proporzdemokratie? Das Wahlrecht und der Auftrag zur Staatsleitung,
in: Der Wähler, N. F., Nr. 13/14 — April/Mai 1968, S. 2 - 7.

338. Die Verfassungsmäßigkeit des Zweiten Vermögensbildungsgesetzes. Rechtsgutachten. (Zusammen mit einem weiteren Rechtsgutachten von Wilhelm Reuß abgedruckt.) Köln 1968, S. 5 - 60 (insgesamt 120 S. — Schriftenreihe des Bundesministers für Arbeit und Sozialordnung. Heft 14).

339.+Fortfall gemeindlicher Kirchenbaulasten durch völlige Änderung der Verhältnisse?,
in: ZevKR 14 (1968/69), S. 353 - 361.

1969

340. Erörterungen und Tendenzen im gegenwärtigen Staatskirchenrecht der Bundesrepublik,
in: Essener Gespräche zum Thema Staat und Kirche. Hrsg. von Joseph Krautscheidt und Heiner Marré. Bd. 1, Münster/Westf. 1969, S. 108 - 138.

341.* Das Gesetz als Auftrag der Verwaltung,
in: DÖV 1969, S. 585 - 593.

342. Zur kommunalen Verwaltungsreform in Deutschland. Problematik und geschichtlicher Rückblick,
in: Archiv für Kommunalwissenschaften 8 (1969), S. 209 - 248 auch abgedruckt unter dem Titel: La réforme administrative dans les différents lander de la République fédérale d'Allemagne, in: Revue internationale de droit comparé, Année 23, Paris 1971, S. 821 - 838.

343. Revision des Grundgesetzes?,
in: Politisch-Soziale Korrespondenz, 18. Jg. (1969), Nr. 9 vom 1. 5. 1969, S. 2 - 3.

344. Die außenpolitischen Probleme der neuen Bundesregierung,
in: Kurt Birrenbach / Albrecht Düren / Otmar Emminger / Hartmut Jäkkel / Ulrich Scheuner / Klaus Schütz / Theo Sommer / Gilbert Ziebura, Außenpolitik nach der Wahl des 6. Bundestages. Opladen 1969, S. 9 - 21.

345. Gemeinschaftsrecht und europäische Menschenrechtskonvention,
in: Einführung in die Rechtsfragen der europäischen Integration. Hrsg. vom Gustav-Stresemann-Institut e. V. für europäische Informations- und Bildungsarbeit Bergisch-Gladbach. Köln 1969, S. 299 - 308 2. Aufl. Bonn 1972, S. 303 - 312 (Europäische Hefte. Schriftenreihe des Gustav-Stresemann-Institutes e. V. für europäische Informations- und Bildungsarbeit. Nr. 4).

346.+ Kirchensteuer und Verfassung,
in: ZRP 1969, S. 195 - 197.

347. Christliche Verantwortung in einer Welt des Unfriedens und der Spannung. Bemerkungen zu Sektion IV,
in: Ökumenische Rundschau, 18. Jg. (1969), S. 95 - 109.

348. Entwicklungslinien der deutschen Frage,
in: Europa-Archiv 24 (1969), S. 453 - 464.

349.* Entwicklungslinien des parlamentarischen Regierungssystems in der Gegenwart,
in: Festschrift für Adolf Arndt zum 65. Geburtstag. Hrsg. von Horst Ehmke, Carlo Schmid, Hans Scharoun. Frankfurt/M. 1969, S. 385 - 404.

350. Conflict of Treaty Provisions with a Peremptory Norm of General International Law,
in: ZaöRV 29 (1969), S. 28 - 38.

351. Die Rolle der Handelsverträge im internationalen Wirtschaftsrecht der Gegenwart,
in: Timetikos tomos hyper Elia G. Kyriakopulu. Bd. 2, Thessalonike 1969, S. 873 - 901 (Aristoteleion Panepistemion Thessalonikes. Epistemonike epeteris ekaiomene hypo tes echoles ton nomikon kai oikonomikon epistemon. T. 13).

352. Das Für und Wider zum Problem der Notstandsgesetze, in: Vorträge, gehalten anläßlich der Hessischen Hochschulwoche für staatswissenschaftliche Fortbildung. Bd. 62, Bad Homburg v. d. H. - Berlin - Zürich 1969, S. 42 - 67.

353. Die Neutralität im heutigen Völkerrecht. Köln - Opladen 1969, 52 S. (Arbeitsgemeinschaft für Forschung des Landes Nordrhein-Westfalen. Heft 61) englische Übersetzung eines Auszugs unter dem Titel: Neutrality in Public International Law Today, in: Law and State. A biannual collection of recent German contributions to these fields. Edited by the Institute for Scientific Co-operation Tübingen. Vol. 7 (1973), S. 53 - 72.

354. The functioning of parliamentary government in modern democracies, in: Review of Ghana Law, Vol. 1, Accra 1969, S. 104 - 114.

355. Der Staat, wie wir ihn wünschen. Nach zwanzig Jahren Bundesrepublik, in: Die politische Meinung, 14. Jg. (1969), Heft 127, S. 19 - 30.

356. Ziele und Grenzen deutscher Außenpolitik. Zwischen Kontinuität und neuen Akzenten,
in: Die politische Meinung, 14. Jg. (1969), Heft 129, S. 15 - 23.

357. Nach zwanzig Jahren Bundesrepublik,
in: Juristen-Jahrbuch, Bd. 10 (1969/70), S. 1 - 18.

1970

358. Aufgabe und Erscheinungsbild der Kirche in der modernen Gesellschaft, in: Die Finanzierung kirchlicher Aufgaben. Hrsg. von der Evangelischen Akademie Loccum. Loccum 1970, S. 1 - 19 (Loccumer Protokolle 10/1970).

359. Ursachen von Konflikten und Kriegen aus der Sicht des Völkerrechts, in: Alternativen zum Konflikt. Genf 1970, S. 75 - 88 (Studien des Ökumenischen Rates. Nr. 8).

360.+Die verfassungsmäßige Verbürgung der Gewissensfreiheit. Ein Bericht von der Tagung der Vereinigung der Deutschen Staatsrechtslehrer in Bern 1969,
in: ZevKR 15 (1970), S. 242 - 257.

361. Das Grundgesetz in der Entwicklung zweier Jahrzehnte,
in: AöR 95 (1970), S. 353 - 408.

362. Die Oder-Neiße-Grenze und die Normalisierung der Beziehungen zum Osten,
in: Europa-Archiv 25 (1970,) S. 377 - 386; auch abgedruckt in: Hans Adolf Jacobsen / Mieczyslaw Tomala, Wie Polen und Deutsche einander sehen. Beiträge aus beiden Ländern. Düsseldorf 1973, S. 223 - 233.

363.* Verantwortung und Kontrolle in der demokratischen Verfassungsordnung,
in: Festschrift für Gebhard Müller. Hrsg. von Theo Ritterspach und Willi Geiger. Tübingen 1970, S. 379 - 402; gekürzte englische Übersetzung unter dem Titel: Responsibility and Control in a Democratic Constitution, in: Law and State. A biannual collection of recent German contributions to these fields. Edited by the Institute for Scientific Cooperation Tübingen. Vol. 11 (1975), S. 51 - 66.

364. Die Ausbeutung der Mineralvorkommen der Ozeane als Problem der internationalen Rechtsgestaltung,
in: Meerestechnik — Marine Technology 1 (1970), Nr. 3, S. 95 - 100.

1971

365. Amt und Demokratie,
in: Amt und Demokratie. Vorträge, gehalten auf der Tagung evangelischer Juristen 1970. Hrsg. von Georg Lanzenstiel. München 1971, S. 9 - 42.

366. Verfassungsprobleme der Wirtschafts- und Währungsunion,
in: Integration. Beiträge zur Europaforschung. Hrsg. von der Kommission der Europäischen Gemeinschaften, Generaldirektion Presse und Information, Brüssel 1971, Heft 3/4, S. 145 - 161; überarbeitete Neufassung und Übersetzung unter dem Titel: Constitutional problems of the development of the European Community, in: Basic Problems of the European Community. Edited and introduced by P. D. Dagtoglou. Oxford: Blackwell 1975, S. 66 - 88.

367. Bündnispolitik als Grundlage der europäischen Friedensordnung,
in: Europa-Archiv 26 (1971), S. 225 - 232.

368. Verfassungsrechtliche Gesichtspunkte zu der Fortbildung des Arbeitskampfrechts im Beschluß des Großen Senats [des Bundesarbeitsgerichts] vom 21. April 1971,
in: Recht der Arbeit 1971, S. 327 - 334.

369. Fundamental rights and the protection of the individual against social groups and powers in the Constitutional system of the Federal Republic of Germany,
in: René Cassin, Amicorum discipulorumque liber 3: Protection des droits de l'homme dans les rapports entre personnes privées. Paris: Pedone 1971, S. 253 - 268.

370. Die besonderen Vertragsbeziehungen zwischen den beiden deutschen Staaten,
in: Ostverträge, Berlin-Status, Münchener Abkommen, Beziehungen zwischen der BRD und der DDR. Vorträge und Diskussionen eines Symposiums, veranstaltet vom Institut für Internationales Recht an der Universität Kiel 27. - 29. März 1971. Hamburg 1971, S. 255 - 262 (Veröffentlichungen des Instituts für Internationales Recht an der Universität Kiel. 66).

371.+Das Problem der Gewalt und der gewaltsamen sozialen Veränderung in der ökumenischen Diskussion,
in: Ökumenische Rundschau, 20. Jg. (1971), S. 126 - 139 englische Übersetzung unter dem Titel: The Ecumenical Debate on Violence and violent social Change, in: The Ecumenical Review, Genf, World Council of Churches, 23. Jg. (1971), S. 235 - 251.

372. Können Lutheraner einverstanden sein? Der Kompromiß im Anti-Rassismus-Beschluß,
in: Christ und Welt, Nr. 7 vom 12. 2. 1971, S. 14.

373. Die Vereinbarkeit des Kirchenlohnsteuerabzugsverfahrens mit dem Grundgesetz,
in: Axel Frhr. von Campenhausen / Theodor Maunz / Ulrich Scheuner / Herbert Scholtissek, Die Mitwirkung der Arbeitgeber bei der Erhebung der Kirchensteuer. Vier Rechtsgutachten zur Frage ihrer Verfassungsmäßigkeit. Berlin 1971, S. 41 - 88 (Staatskirchenrechtliche Abhandlungen. Bd. 2).

374.+Verfassungsrechtliche Fragen der christlichen Gemeinschaftsschulen,
in: Festgabe für Theodor Maunz zum 70. Geburtstag. Hrsg. von Hans Spanner, Peter Lerche, Hans Zacher, Peter Badura, Axel Frhr. von Campenhausen. München 1971, S. 307 - 328.

375. Zur Entwicklung des parlamentarischen Verfahrens im Deutschen Bundestag,
in: Demokratisches System und politische Praxis der Bundesrepublik. Für Theodor Eschenburg. Hrsg. von Gerhard Lehmbruch, Klaus von Beyme, Iring Fetscher. München 1971, S. 143 - 160.

376. Wirtschaftslenkung im Verfassungsrecht des modernen Staates. Einführung,
in: Die staatliche Einwirkung auf die Wirtschaft. Hrsg. und eingeleitet von Ulrich Scheuner. Frankfurt/M. 1971, S. 9 - 84.

377. Das Bekenntnis des Grundgesetzes zum repräsentativen Prinzip und zum Föderalismus als verfassungsrechtliches Problem,
in: Alexander Hollerbach / Ulrich Scheuner / Walter Strauß, Totalrevision des Grundgesetzes?, Karlsruhe 1971, S. 25 - 42.

378.* Probleme der staatlichen Entwicklung der Bundesrepublik,
in: DÖV 1971, S. 1 - 5.

379.* Die Funktion der Grundrechte im Sozialstaat. Die Grundrechte als Richtlinie und Rahmen der Staatstätigkeit,
in: DÖV 1971, S. 505 - 513.

380. Die Bundesrepublik im west-östlichen Spannungsfeld,
in: Hochland 1971, S. 28 - 43.

381. Einleitung,
in: Carl Otto Lenz, Notstandsverfassung des Grundgesetzes. Kommentar. Frankfurt/M. 1971, S. 11 - 18.

382. Gutachtliche Äußerung zur Frage der Verwendung von Wehrpflichtigen im Rahmen des Grundwehrdienstes für Verwaltungsaufgaben in den Streitkräften und in der Bundeswehrverwaltung. Vom 30. November 1970,
in: Wehrgerechtigkeit in der Bundesrepublik Deutschland. Bericht der Wehrstruktur-Kommission an die Bundesregierung. Bonn 1971, S. 109 bis 119.

1972

383. Diskussionsbeiträge und schriftliche Bemerkungen,
in: Aktuelle Probleme der Ministerialorganisation. Referate und Diskussionsbeiträge der internationalen verwaltungswissenschaftlichen Arbeitstagung der Hochschule für Verwaltungswissenschaften Speyer 1971. Berlin 1972, S. 80 - 82, 142, 157 - 159, 285 - 287, 298 - 299 (Schriftenreihe der Hochschule Speyer. Bd. 48).

384. Bestandsaufnahme und Prognose zur Fortentwicklung des Europäischen Parlaments,
in: Zeitschrift für Parlamentsfragen, 3. Jg. (1972), S. 496 - 515.

385. Die rechtliche Stellung der Kirchen in der Entwicklung von Staat und Gesellschaft,
in: Militärseelsorge. Zeitschrift des Katholischen Militärbischofsamtes Bonn, 14. Jg. (1972), S. 228 - 254.

386. Sinn und Auslegung des § 34 des Pfarrerdienstgesetzes der Evangelischen Kirche im Rheinland [Zur Problematik der politischen Betätigung der Pfarrer],
in: Handreichung für die Mitglieder der Landessynode und der Kreissynoden in der Evangelischen Kirche im Rheinland Nr. 26. Düsseldorf 1972, S. 9 - 19.

387.* Kooperation und Konflikt. Das Verhältnis von Bund und Ländern im Wandel,
in: DÖV 1972, S. 585 - 591.

388. 50 Jahre deutsche Staatsrechtswissenschaft im Spiegel der Verhandlungen der Vereinigung der Deutschen Staatsrechtslehrer. I. Die Vereinigung der Deutschen Staatsrechtslehrer in der Zeit der Weimarer Republik,
in: AöR 97 (1972), S. 349 - 374.

389.* Staatszielbestimmungen,
in: Festschrift für Ernst Forsthoff zum 70. Geburtstag. Hrsg. von Roman Schnur. München 1972, S. 325 - 346; auch abgedruckt in: Verfassung.

Beiträge zur Verfassungstheorie. Hrsg. von Manfred Friedrich. Darmstadt 1978, S. 329 - 354 (Wege der Forschung. Bd. 452).

390. Die überbetriebliche Ertragsbeteiligung der Arbeitnehmer und die Verfassungsordnung. Rechtsgutachten. Köln 1972. 79 S. (Schriftenreihe des Bundesministers für Arbeit und Sozialordnung. Heft 20).

391. Wolfgang Friedmann (Nachruf),
in: FAZ, Nr. 227 vom 30. 9. 1972, S. 8.

1973

392. Einleitung,
in: Althusius-Bibliographie. Bibliographie zur politischen Ideengeschichte und Staatslehre, zum Staatsrecht und zur Verfassungsgeschichte des 16. bis 18. Jahrhunderts. Hrsg. von Hans Ulrich Scupin und Ulrich Scheuner. Bearb. von Dieter Wyduckel. Bd. 1, Berlin 1973, S. XIX bis XXXIII.

393. Krieg und Bürgerkrieg in der Staatenwelt der Gegenwart,
in: Festschrift für Friedrich Berber zum 75. Geburtstag. Hrsg. von Dieter Blumenwitz und Albrecht Randelzhofer. München 1973, S. 467 - 487; Teilabdruck unter dem Titel: Gewaltanwendung und Friedenssicherung in der heutigen Staatenwelt, in: Universitas. Zeitschrift für Wissenschaft, Kunst und Literatur, 32 (1977), S. 413 - 417; englische Übersetzung unter dem Titel: War and Civil Strife on the Present International Scene, in: Law and State. A biannual collection of recent German contributions to these fields. Edited by the Institute for Scientific Cooperation Tübingen. Vol. 9 (1974), S. 7 - 23.

394.* Zur Neubestimmung der kommunalen Selbstverwaltung,
in: Archiv für Kommunalwissenschaften 12 (1973), S. 1 - 44.

395. Wandlungen in Aufgabenbereich und Struktur der Vereinten Nationen. Einführung,
in: Die Vereinten Nationen und die Mitarbeit der Bundesrepublik Deutschland. Hrsg. von Ulrich Scheuner und Beate Lindemann. München - Wien 1973, S. 15 - 44 (Schriften des Forschungsinstituts der Deutschen Gesellschaft für Auswärtige Politik e. V. Bd. 32).

396. Der Internationale Gerichtshof ist kein politischer Krisenschlichter. Wenn der Ölboykott aufgehoben werden soll, müssen die Politiker verhandeln,
in: Handelsblatt, Nr. 241 vom 14./15. 12. 1973, S. 6.

397. Der Staat im Felde der internationalen Ordnung,
in: Vom Wohlfahrtsausschuß zum Wohlfahrtsstaat. Der Staat in der modernen Industriegesellschaft. Hrsg. von Gerhard A. Ritter. Köln 1973, S. 137 - 160.

398. Die Rolle der Sozialpartner — Gewerkschaft, Arbeitgeberverbände — in Staat und Gesellschaft,
in: Die Rolle der Sozialpartner in Staat und Gesellschaft. Hrsg. von Heinrich Basilius Streithofen. Stuttgart 1973, S. 9 - 58 (Walberberger Gespräche. Tagungsprotokolle des Instituts für Gesellschaftswissenschaften Walberberg e. V.).

399. Kirchen im demokratischen Staat. Was folgt aus dem weltanschaulichen Pluralismus?,
in: Lutherische Monatshefte, 12. Jg. (1973), S. 76 - 81.

400. Der Bestand staatlicher und kommunaler Leistungspflichten an die Kirchen (Art. 138 Abs. 2 WRV),
in: Diaconia et ius. Festgabe für Heinrich Flatten zum 65. Geburtstag. Hrsg. von Heribert Heinemann, Horst Herrmann, Paul Mikat. München - Paderborn - Wien 1973, S. 381 - 396.

401. Das Mehrheitsprinzip in der Demokratie. Opladen 1973. 68 S. (Rheinisch-Westfälische Akademie der Wissenschaften. Geisteswissenschaften. Vorträge. G 191).

402. Normative Gewährleistungen und Bezugnahme auf Fakten im Verfassungstext. Ein Beitrag zur Auslegung des Grundgesetzes,
in: Öffentliches Recht und Politik. Festschrift für Hans Ulrich Scupin zum 70. Geburtstag. Hrsg. von Norbert Achterberg. Berlin 1973, S. 323 bis 341.

403.* Die rechtliche Tragweite der Grundrechte in der deutschen Verfassungsentwicklung des 19. Jahrhunderts,
in: Festschrift für Ernst Rudolf Huber. Hrsg. von Ernst Forsthoff, Werner Weber, Franz Wieacker. Göttingen 1973, S. 139 - 165 (Göttinger Rechtswissenschaftliche Studien. Bd. 88).

404. Die staatsrechtliche Stellung der Bundesrepublik. Zum Karlsruher Urteil über den Grundvertrag,
in: DÖV 1973, S. 581 - 584.

405. Anmerkung zum Urteil des Bundesverwaltungsgerichts vom 6. 7. 1973 (Az.: VII C 36.71), BVerwGE 42, S. 346 = NJW 1973, S. 1815. Zur Frage der Versetzungserheblichkeit des Religionsunterrichts,
in: NJW 1973, S. 2315.

406. Ständische Einrichtungen und innerstaatliche Kräfte in der Theorie Bodins,
in: Jean Bodin. Verhandlungen der internationalen Bodin-Tagung in München. Hrsg. von Horst Denzer. München 1973, S. 379 - 397.

1974

407. Zwei Darstellungen der Allgemeinen Staatslehre,
in: Der Staat 13 (1974), S. 527 - 535.

408.* Nationalstaatsprinzip und Staatenordnung seit dem Beginn des 19. Jahrhunderts,
in: Staatsgründungen und Nationalitätsprinzip. Unter Mitwirkung von Peter Alter hrsg. von Theodor Schieder. München - Wien 1974, S. 9 - 37 (Studien zur Geschichte des neunzehnten Jahrhunderts. 7).

409. Zur Entwicklung des Parlaments unter der Ordnung des Grundgesetzes,
in: Gesellschaft, Parlament und Regierung. Zur Geschichte des Parlamentarismus in Deutschland. Hrsg. von Gerhard A. Ritter. Düsseldorf 1974, S. 421 - 441; auch abgedruckt in: Aus Politik und Zeitgeschichte. Beilage 39 zur Wochenzeitung „Das Parlament" vom 28. September 1974, S. 3 - 17.

410. Zur Entwicklung der politischen Planung in der Bundesrepublik Deutschland,
in: Im Dienst an Recht und Staat. Festschrift für Werner Weber zum 70. Geburtstag. Hrsg. von Hans Schneider und Volkmar Götz. Berlin 1974, S. 369 - 389.

411. Einwirkungen der modernen Entwicklung des Seekriegsrechts und Seerechts,
in: Seemacht und Außenpolitik. Hrsg. von Dieter Mahnke und Hans-Peter Schwarz. Frankfurt/M. 1974, S. 59 - 80 (Rüstungsbeschränkung und Sicherheit. Schriften des Forschungsinstituts der Deutschen Gesellschaft für Auswärtige Politik e. V., Bonn. Bd. 11).

412. Die Rechtsstellung der Kirchen in der pluralistischen Gesellschaft,
in: Kirche als Körperschaft öffentlichen Rechts? Hrsg. von der Evangelischen Akademie Loccum. Loccum 1974, S. 82 - 95 (Loccumer Protokolle 8/1974).

413. Fragen des internationalen Verkehrs in der Europäischen Gemeinschaft,
in: Festschrift für Hermann Jahrreiß zum 80. Geburtstag. Köln - Berlin - Bonn - München 1974, S. 209 - 227.

414.* Gesetzgebung und Politik,
in: Dimensionen des Rechts. Gedächtnisschrift für René Marcic. Hrsg. von Michael Fischer, Raimund Jakob, Erhard Mock, Helmut Schreiner. Bd. 2, Berlin 1974, S. 889 - 904.

415. Die karitative Tätigkeit der Kirchen im heutigen Sozialstaat. Verfassungsrechtliche und staatskirchenrechtliche Fragen,
in: Essener Gespräche zum Thema Staat und Kirche. Hrsg. von Joseph Krautscheidt und Heiner Marré. Bd. 8, Münster/Westf. 1974, S. 43 - 71.

416. Eine zweckrationale Gestaltung der föderalen Ordnung. Zum Sachverständigenbericht zur Neugliederung des Bundesgebiets,
in: DÖV 1974, S. 16 - 20.

417.* Die Lage des parlamentarischen Regierungssystems in der Bundesrepublik,
in: DÖV 1974, S. 433 - 441.

418. Das System der Beziehungen von Staat und Kirchen im Grundgesetz. Zur Entwicklung des Staatskirchenrechts,
in: Handbuch des Staatskirchenrechts der Bundesrepublik Deutschland. Hrsg. von Ernst Friesenhahn und Ulrich Scheuner in Verbindung mit Joseph Listl. Bd. 1, Berlin 1974, S. 5 - 86.

1975

419. Die internationalen Beziehungen der Kirchen und das Recht auf freien Verkehr,
in: Handbuch des Staatskirchenrechts der Bundesrepublik Deutschland. Bd. 2, Berlin 1975, S. 299 - 344.

420. Staatsräson und religiöse Einheit des Staates. Zur Religionspolitik in Deutschland im Zeitalter der Glaubensspaltung,
in: Staatsräson. Studien zur Geschichte eines politischen Begriffs. Hrsg. von Roman Schnur. Berlin 1975, S. 363 - 405.

421. Die Erhaltung des gesamtwirtschaftlichen Gleichgewichts. Der verfassungsrechtliche Auftrag zur aktiven Konjunkturpolitik,
in: Verfassung, Verwaltung, Finanzkontrolle. Festschrift für Hans Schäfer zum 65. Geburtstag am 26. Januar 1975. Hrsg. von Eckart Schiffer und Helmut Karehnke. Köln - Berlin - Bonn - München 1975, S. 109 - 128.

422. Die Evangelische Kirche,
in: Handbuch der deutschen Außenpolitik. Hrsg. von Hans-Peter Schwarz. München - Zürich 1975, S. 224 - 229.

423. Solidarität unter den Nationen als Grundsatz in der gegenwärtigen internationalen Gemeinschaft,
in: Recht im Dienst des Friedens. Festschrift für Eberhard Menzel zum 65. Geburtstag am 21. 1. 1976. Hrsg. von Jobst Delbrück, Knut Ipsen, Dietrich Rauschning. Berlin 1975, S. 251 - 277; englische Übersetzung mit gekürztem Anmerkungsteil unter dem Titel: Solidarity Among the Nations as the Basic Principle of International Society Today, in: Law and State. A biannual collection of recent German contributions to these fields. Edited by the Institute for Scientific Co-operation Tübingen. Vol. 15 (1977), S. 38 - 58.

424. Fundamental Rights in European Community Law and in National Constitutional Law. Recent Decisions in Italy and in the Federal Republic of Germany,
in: Common Market Law Review, Bd. 12 (1975), S. 171 - 191.

425. Die internationale Organisation der Staaten und die Friedenssicherung. Zum Werk Walther Schückings (1875 - 1935),
in: Die Friedens-Warte, Bd. 58 (1975), S. 7 - 22.

426. Die Menschenrechte in der ökumenischen Diskussion,
in: Ökumenische Rundschau, 24. Jg. (1975), S. 152 - 164.

427. Konsultation des Ökumenischen Rates der Kirchen über Menschenrechte,
in: ZevKR 20 (1975), S. 113 - 116.

428. Der Grundrechtsschutz in der Europäischen Gemeinschaft und die Verfassungsrechtsprechung. Zum Beschluß des Bundesverfassungsgerichts vom 29. Mai 1974,
in: AöR 100 (1975), S. 30 - 52.

429. Aufgaben und Strukturwandlungen im Aufbau der Vereinten Nationen,
in: Die Vereinten Nationen im Wandel. Hrsg. von Wilhelm A. Kewenig. Berlin 1975, S. 189 - 235.

430. 50 Jahre Max-Planck-Institut für ausländisches öffentliches Recht und Völkerrecht,
in: Max-Planck-Gesellschaft. Berichte und Mitteilungen. München 1975, Heft 2, S. 25 - 35.

431. Geleitwort zur Ausstellung,
in: Robert von Mohl (1799 - 1875). Ausstellung zu seinem 100. Todestag, veranstaltet von der Universitätsbibliothek und dem Universitätsarchiv Tübingen, 4. bis 29. November 1975. Bearb. von Peter M. Ehrle und Volker Schäfer. Tübingen 1975, S. 11 - 13.

432. Staatswissenschaft in der Zeit des Übergangs. Robert von Mohl (1799 bis 1875) — Zum Gedenken an einen großen liberalen Gelehrten,
in: Neue Zürcher Zeitung, Nr. 284 vom 6./7. 12. 1975, S. 61.

1976

433. Die Vereinten Nationen als Faktor der internationalen Politik. Opladen 1976, 54 S. (Rheinisch-Westfälische Akademie der Wissenschaften. Geisteswissenschaften. Vorträge. G 210).

434.* Konsens und Pluralismus als verfassungsrechtliches Problem,
in: Rechtsgeltung und Konsens. Hrsg. von Günther Jakobs. Berlin 1976, S. 33 - 68 (Schriften zur Rechtstheorie. Heft 49).

435. Die Überlieferung der deutschen Staatsgerichtsbarkeit im 19. und 20. Jahrhundert,
in: Bundesverfassungsgericht und Grundgesetz. Festgabe aus Anlaß des 25jährigen Bestehens des Bundesverfassungsgerichts. In Gemeinschaft mit Martin Drath u. a. hrsg. von Christian Starck. Bd. 1, Tübingen 1976, S. 1 - 62.

436. Zur Medienpolitik der Parteien,
in: Materialien zur Medienpolitik. Gutachten zu den medienpolitischen Konzeptionen der im Deutschen Bundestag vertretenen Parteien. Hrsg. von der Kirchlichen Zentralstelle für Medien, Bonn. Köln 1976, S. 11 - 55.

437. Die Aufgabe der Christen bei der Friedenssicherung in der Welt,
in: Die Christenheit und der Weltfriede. Hrsg. vom Evangelischen Kirchenamt für die Bundeswehr. Bonn-Bad Godesberg 1976, S. 27 - 51 (Beiträge aus der ev. Militärseelsorge. Heft 20 — Dezember 1976).

438. Die ökumenische Gemeinschaft der Kirchen,
in: ZevKR 21 (1976), S. 351 - 379.

439. Perspektiven einer Europäischen Union. Zum Bericht des Ministerpräsidenten Leo Tindemans,
in: Europarecht 11 (1976), S. 193 - 212.

440. The Optimal Economic Constitution of the European Community with Reference to the Economic Constitutions of the Member States. Report,
in: Common Market Law Review 13 (1976), S. 191 - 213.

441. Stan obecny i przyszlośc stosunków między Polska a RFN (Stand und Zukunft der Beziehungen zwischen Polen und der Bundesrepublik Deutschland. Polnische Übersetzung),
in: Sprawy Międzynarodowe 19 (Warschau 1976), Heft 2, S. 23 - 36.

442. Planning and reform of the governmental structure in the Federal Republic of Germany,
in: A. F. Leemans (Editor), The Management of Change in Government. The Hague: Nijhoff 1976, S. 297 - 313.

1977

443. Volkssouveränität und Theorie der parlamentarischen Vertretung. Zur Theorie der Volksvertretung in Deutschland 1815 - 1848,
in: Der moderne Parlamentarismus und seine Grundlagen in der ständischen Repräsentation. Beiträge des Symposiums der Bayerischen Akademie der Wissenschaften und der International Commission for Representative and Parliamentary Institutions auf Schloß Reisenburg vom 20. bis 25. April 1975. Unter Mitwirkung von Karl Möckl hrsg. von Karl Bosl. Berlin 1977, S. 297 - 340.

444. Christliche Wertvorstellungen als Beitrag zum öffentlich-rechtlichen Rundfunkprogramm,
in: Materialien zur Medienpolitik 2. Was sollen — was können religiöse Sendungen im Rundfunk? Referate der Jahrestagung 1976 der Katholischen Rundfunk- und Fernseharbeit. Hrsg. von der Kirchlichen Zentralstelle für Medien, Bonn. Köln 1977, S. 25 - 43.

445. Von der europäischen zur weltweiten Gemeinschaft der Völker,
in: Die Schweiz in einer sich wandelnden Welt. Hrsg. von Daniel Frei. Zürich: Schulthess Polygraphischer Verlag 1977. S. 109 - 153 (Sozialwissenschaftliche Studien des Schweizerischen Instituts für Auslandsforschung. N. F. Bd. 5).

446. Die Haltung dritter Staaten im Bürgerkrieg,
in: Um Recht und Freiheit. Festschrift für Friedrich August Freiherr von der Heydte zur Vollendung des 70. Lebensjahres. Hrsg. von Heinrich Kipp, Franz Mayer, Armin Steinkamm. Bd. 1, Berlin 1977, S. 515 - 534.

447. Die Verantwortung der Kirche in internationalen Angelegenheiten,
in: Kirche im Spannungsfeld der Politik. Festschrift für Bischof D. Hermann Kunst D. D. zum 70. Geburtstag am 21. Januar 1977. Hrsg. von Paul Collmer, Hermann Kalinna, Lothar Wiedemann. Göttingen 1977, S. 249 - 260.

448. Die internationale Ordnung und die menschliche Zukunft,
in: Neue Zürcher Zeitung, Nr. 44 vom 22. 2. 1977, S. 12.

449. Grundrechte und Verfassungskonsens als Stützen der Verfassungsordnung,
in: Weimar als Erfahrung und Argument. Ansprachen und Referate anläßlich der Feier des 25jährigen Bestehens der Kommission für Geschichte des Parlamentarismus und der politischen Parteien (am 5. Mai 1977 in Bonn-Bad Godesberg). Hrsg.: Kommission für Geschichte des Parlamentarismus und der politischen Parteien. Bonn-Bad Godesberg 1977, S. 25 - 39.

450. Stellung des Verlegers in einer freien Presse,
in: ZV + ZV. Zeitschrift für Presse + Werbung, 74. Jg. (1977), Nr. 22 vom 3. Juni 1977, S. 977 - 980.

451. Internationale Verträge als Elemente der Bildung von völkerrechtlichem Gewohnheitsrecht,
in: Internationales Recht und Wirtschaftsordnung. Festschrift für F. A. Mann zum 70. Geburtstag am 11. August 1977. Hrsg. von Werner Flume, Hugo J. Hahn, Gerhard Kegel, Kenneth R. Simmonds. München 1977, S. 409 - 438.

452. Die Kirchen und die Einrichtungen der Wissenschaft,
in: Kirche und Staat auf Distanz. Historische und aktuelle Perspektiven. Hrsg. von Georg Denzler. München 1977, S. 207 - 214.

453. Menschenrechte in übernationaler Verantwortung,
in: Die politische Meinung, 22. Jg. (1977), Heft 174, S. 87 - 96.

454. Robert von Mohl. Die Begründung einer Verwaltungslehre und einer staatswissenschaftlichen Politik,
in: 500 Jahre Eberhard-Karls-Universität Tübingen. Beiträge zur Geschichte der Universität 1477 - 1977. Hrsg. im Auftrag des Universitäts-

präsidenten und des Senats der Eberhard-Karls-Universität Tübingen von Hansmartin Decker-Hauff, Gerhard Fichtner und Klaus Schreiner. Tübingen 1977, S. 515 - 538.

455. Die Kontrolle der Staatsmacht im demokratischen Staat. Die Eingrenzung der Macht in der Verfassungsordnung der Bundesrepublik Deutschland. Leer 1977, 85 S. (Schriftenreihe der Niedersächsischen Landeszentrale für Politische Bildung. Verfassungsrecht und Verfassungswirklichkeit. 14).

456. Die internationalen Probleme der Gegenwart und die nationale Entscheidungsstruktur,
in: Regierbarkeit. Studien zu ihrer Problematisierung. Hrsg. von Wilhelm Hennis, Peter Graf Kielmannsegg, Ulrich Matz. Stuttgart 1977, S. 255 - 295.

457. Hans Peter Ipsen 70 Jahre,
in: DÖV 1977, S. 852 - 853.

458. Vorwort,
in: Michael Quaas, Staatliche Hilfe an Kirchen und kirchliche Institutionen in den Vereinigten Staaten von Amerika. Berlin 1977, S. 7 - 9 (Staatskirchenrechtliche Abhandlungen. Bd. 6).

459. Das imperative Mandat in Staat und Gemeinde. Eine kritische Untersuchung,
in: Hamburg — Deutschland — Europa. Beiträge zum deutschen und europäischen Verfassungs-, Verwaltungs- und Wirtschaftsrecht. Festschrift für Hans Peter Ipsen zum siebzigsten Geburtstag. Hrsg. von Rolf Stödter und Werner Thieme. Tübingen 1977, S. 143 - 172.

460. Grundgesetz und Menschenrechte,
in: Die Welt, Nr. 193 vom 20. 8. 1977, Beilage S. II.

461. Das Rundfunkmonopol und die neuere Entwicklung des Rundfunks. Zum Urteil des Bayerischen Verfassungsgerichtshofs vom 30. 6. 1977,
in: Archiv für Presserecht 1977, S. 367 - 371.

462. Deutschland in der Welt,
in: CDU Grundsatzdiskussion. Beiträge aus Wissenschaft und Politik. Hrsg. von Richard von Weizsäcker. München 1977, S. 163 - 169 (Goldmann Sachbuch 11191).

1978

463. Constitutional Traditions in the United States and in Germany,
in: Deutsch-Amerikanisches Verfassungsrechtssymposium 1976 / American-German Bicentennial Symposium on Constitutional Law. Pressefreiheit / Freedom of the Press — Finanzverfassung im Bundesstaat / Financial Powers in the Federal System. Hrsg. von Wilhelm A. Kewenig. Berlin - München 1978, S. 11 - 36 (Veröffentlichungen des Instituts für Internationales Recht an der Universität Kiel. Bd. 78).

464. Die Verfassung Deutschlands im Rahmen der europäischen Staatenordnung,
in: Vom Staat des Ancien régime zum modernen Parteienstaat. Festschrift für Theodor Schieder zu seinem 70. Geburtstag. Hrsg. von Helmut Berding, Kurt Düwell, Lothar Gall, Wolfgang J. Mommsen, Hans-Ulrich Wehler. München - Wien 1978, S. 485 - 503.

465. La aportación de las Iglesias al establecimiento de las disposiciones de la Constitución alemana del 11 de agosto de 1919 (Constitución del Reich de Weimar) y de la Ley Fundamental de Bonn del 23 de mayo de 1949, reguladoras del Derecho eclesiástico del Estado,
in: Constitución y relaciones Iglesia-Estado en la actualidad. Actas del Simposio hispano-alemán organizado por las Universidades Pontificias de Comillas y Salamanca (Madrid, 13 - 15 marzo 1978). Salamanca: Universidad Pontificia 1978, S. 23 - 37 (Bibliotheca Salmanticensis. Estudios 24).

466. Bürgerinitiativen im demokratischen Rechtsstaat,
in: Ulrich Scheuner / Wolfgang Sternstein / Roderich Kulbach, Bürgerinitiativen. Hannover 1978, S. 7 - 26 (Schriftenreihe der Niedersächsischen Landeszentrale für Politische Bildung. Fakten, Meinungen, Argumente. Folge 4).

467. Zur Rechtstheologie von Hans Dombois,
in: ZevKR 23 (1978), S. 1 - 7.

468. Zur Rolle der Verbände im Rahmen der sozialen Verwaltung nach der Lehre von Lorenz von Stein. Die Stellung Lorenz von Steins in der neueren Staats- und Gesellschaftslehre,
in: Staat und Gesellschaft. Studien über Lorenz von Stein. Hrsg. u. eingeleitet von Roman Schnur, mit einer Bibliographie von Max Munding. Berlin - München 1978, S. 273 - 304.

469. Zur Auslegung der Charta durch die Generalversammlung. Die Erklärung über freundschaftliche Beziehungen und Zusammenarbeit der Staaten,
in: Vereinte Nationen 26 (1978), S. 111 - 117.

470. Christliche Kirche und internationale Ordnung,
in: Einheit der Kirche — Einheit der Menschheit. Perspektiven aus Theologie, Ethik und Völkerrecht. Mit Beiträgen von Franz Böckle, Otto Hermann Pesch, Karl Rahner, Ulrich Scheuner. Hrsg. von Otto Hermann Pesch. Freiburg i. Br. 1978, S. 100 - 132.

Personenregister

Sachwortregister

ULRICH SCHEUNER

Schriften zum Staatskirchenrecht

Herausgegeben von Joseph Listl

608 S. 1973. Lw. DM 124,—

(Staatskirchenrechtliche Abhandlungen, Band 3)

„Der repräsentative Band, der zu seinem Teil die Lebensernte Ulrich Scheuners einbringt, darf als ein Ergebnis des Staatsrechts wie des Kirchenrechts begrüßt werden. Zu den heiklen und umfochtenen Fragen des Verhältnisses von Staat, Kirche und Recht gibt es bisher kein Werk von vergleichbarer Überschau, Vielseitigkeit und Ausgeglichenheit, Differenziertheit und Sensibilität. Wer hier als Fachfremder rasch eine erste Orientierung sucht, wird das Buch ebenso mit Gewinn zur Hand nehmen, wie der Kenner der Materie, dem es vielfältige Anregungen vermittelt. In der Tat dürfte es nur wenige belangvolle Fragen des Staatskirchenrechts geben, die in diesen Beiträgen nicht untersucht oder doch im Überblick angeleuchtet worden sind."

Prof. Dr. Martin Heckel, Tübingen, in: Die Öffentliche Verwaltung

„Es muß als ein Glücksfall für die deutsche Staatskirchenrechtswissenschaft und darüber hinaus für das Staatsrecht der Bundesrepublik angesehen werden, daß im vorliegenden Band insgesamt dreißig der wichtigsten Veröffentlichungen Scheuners zum Staatskirchenrecht aus dem Zeitraum von 1950 bis 1973 in einer systematischen Anordnung und im vollen Wortlaut der Öffentlichkeit vorgelegt werden. Die Auswahl, die Joseph Listl, ein Schüler Scheuners, in diesem vorzüglich ausgestatteten Band als ausgewiesener Sachkenner und mit großem Geschick getroffen hat, enthält die Summe des staatskirchenrechtlichen Schrifttums Ulrich Scheuners. Sie ist darüber hinaus ein historisches Dokument der einzelnen Phasen der Entwicklung des Staatskirchenrechts in der Bundesrepublik Deutschland während der ersten 25 Jahre ihres Bestehens."

Prof. Dr. Peter Weides, Köln, in: Archiv des öffentlichen Rechts